【东莞名片】

全国文明城市
国家环境保护模范城市
全国绿化模范城市
中国优秀旅游城市
全国科技进步先进市
全国“两基”教育先进市
国家卫生城市
全国体育先进市
游泳之乡
举重之乡
全国篮球城市
龙舟之乡
广东历史文化名城
国家公共文化服务体系示范区

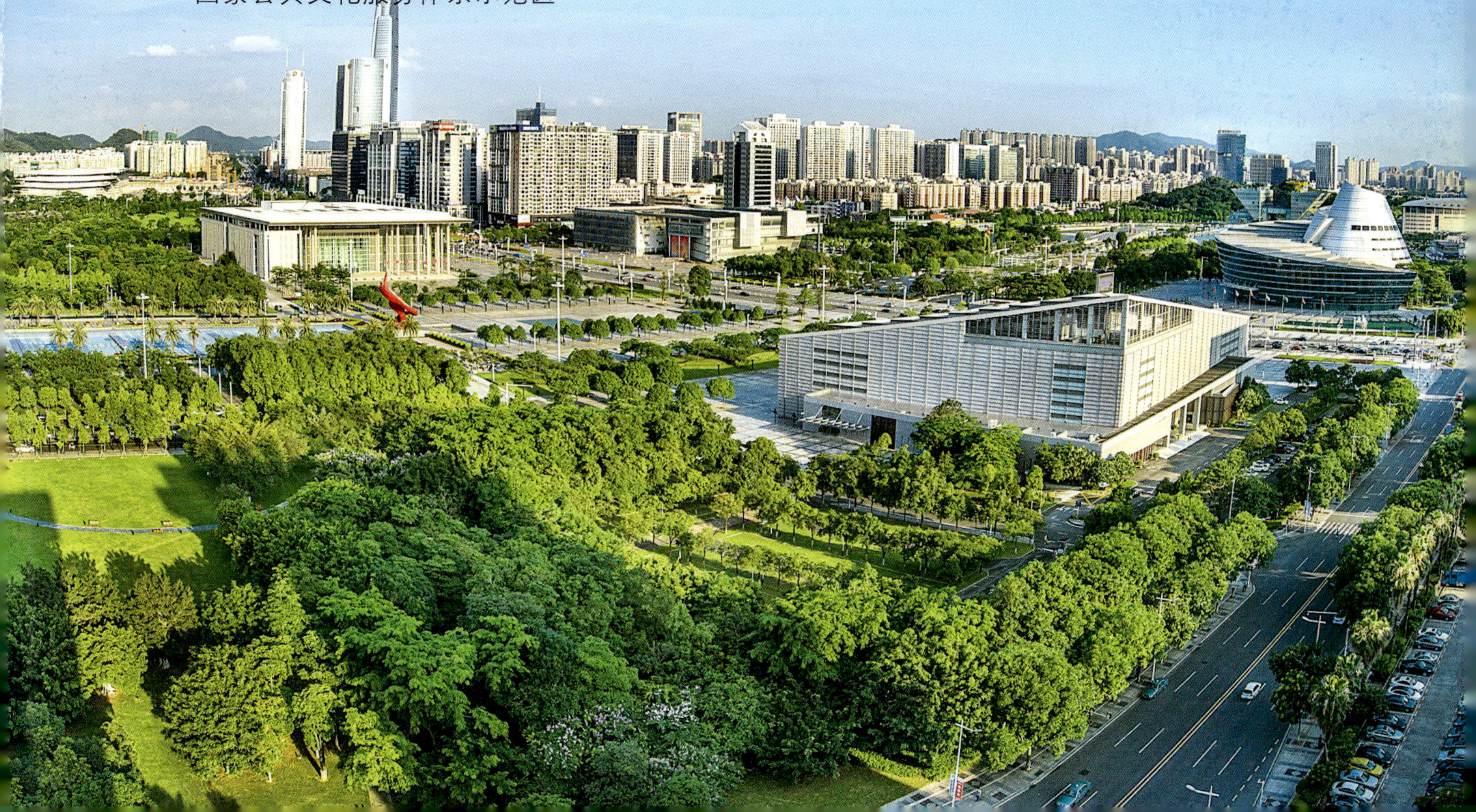

【数字东莞·2014】

户籍人口 191.39万人
常住人口 740.95万人
土地面积 2460平方千米
地区生产总值 5881.18亿元
第一产业增加值 20.84亿元
第二产业增加值 2697.90亿元
规模以上工业增加值 2593.54亿元
第三产业增加值 3162.44亿元
人均地区生产总值 70604元
农林牧渔业总产值 33.94亿元
固定资产投资 1427.11亿元
社会消费品零售总额 1615.29亿元
外贸进口总额 654.61亿美元
外贸出口总额 970.69亿美元
实际利用外资 45.29亿美元
地方公共财政预算收入 455.21亿元
地方公共财政预算支出 457.68亿元
城镇居民人均可支配收入 36764元
农村居民人均纯收入 22327元

中国年鉴奖暨全国年鉴编纂质量综合一等奖
中国地方志年鉴奖一等奖
广东省年鉴编纂质量奖特等奖

# 东莞年鉴

# DONGGUAN YEARBOOK

## 2015（总第15卷）

中共东莞市委员会
东莞市人民政府　主管
东莞年鉴编委会　主办

SPM
南方出版传媒
广东人民出版社

**图书在版编目（CIP）数据**

东莞年鉴. 2015 /《东莞年鉴》编委会主办. —
广州：广东人民出版社，2015.8
ISBN 978-7-218-10327-3

Ⅰ. ①东… Ⅱ. ①东… Ⅲ. ①东莞市—2015—年鉴
Ⅳ. ①Z526.53

中国版本图书馆CIP数据核字（2015）第192088号

**东莞年鉴·2015**

中共东莞市委员会　东莞市人民政府　主管
东莞年鉴编委会　主办
地　　址：广东省东莞市鸿福路99号行政办事中心主楼5楼
邮　　编：523888
电　　话：0769-22831396
邮　　箱：szb@dg.gov.cn
网　　址：http://history.dg.gov.cn

**出 版 人：**曾　莹
**责任编辑：**余小华　钱　丰
**封面设计：**张德全
**责任技编：**黎碧霞

**出版发行：**广东人民出版社
地　　址：广州市大沙头四马路10号（邮政编码：510102）
电　　话：（020）83798714（总编室）
传　　真：（020）83780199
网　　址：http://www.gdpph.com

**海外发行：**香港经济导报社图书业务部
地址Add：香港轩尼诗道342号国华大厦10字楼
电话Tel：852-25738217转图书部
传真Fax：852-25738469
邮箱Email：eiasub@pacific.net.hk
网址http：//www.jdonline.com.hk
HONG KONG，MACAO，TAIWAN & OVERSEA GENERAL DISTRIBUTOR：
ECONOMIC INFORMATION & AGENCY，BOOKS DEPT
10/F，KUO WAH BUILDING，342 HENNESSY ROAD，HONGKONG

**排　　版：**东莞市正本电分制版有限公司
**印　　刷：**深圳市精典印务有限公司
**书　　号：**ISBN 978-7-218-10327-3
**开　　本：**889mm×1194mm　1/16
**印　　张：**47.5　**字　数：**2200千
**版　　次：**2015年9月第1版　2015年9月第1次印刷
**印　　数：**1—3500册

**国内定价：**人民币260.00元
**海外定价：**港　币430.00元

# 编辑说明

一、《东莞年鉴》根据《地方志工作条例》第八条和《广东省地方志工作规定》第八条“以县以上行政区域名称冠名的地方志书、地方综合年鉴，分别由本级人民政府负责地方志工作的机构按照规划组织编纂，其他组织和个人不得编纂”的规定，由东莞市人民政府地方志办公室组织编纂。

二、《东莞年鉴》于2001年创刊，每年出版一卷。《东莞年鉴》2015年卷主要记载2014年东莞市发生的大事、要事及基本情况，力求全面、系统、翔实地记述全市经济建设、社会建设和各行各业的发展历程，为各级领导、社会各界及广大民众提供地情服务，并为编修地方志书奠定基础。

三、《东莞年鉴》2015年卷正文采用分类编辑法，以类目、分目、条目组成主体，条目为基本形式，其标题以黑体字加“【 】”表示。正文设“特载、东莞之最、总述、党政机关、民主党派·社会团体、人事·社保·民政、外事·侨务、莞台合作·莞港澳合作、区域合作·扶贫开发、政法、军事、城建·环保、交通·邮政业、信息服务业、农业、工业、商贸流通业、对外经济·口岸、旅游业·餐饮业、金融业、财政·税务、经济管理、科学技术·社会科学、教育、文化、体育·卫生、社会生活、园区、镇街、人物、经济社会统计资料、大事记、附录”等类目。

四、《东莞年鉴》2015年卷采用全彩色印刷，公共版以“开放东莞”为主题，正文配置丰富多彩的图片，形象生动、鲜明直观地体现东莞风采，以达到图文并茂的效果，增强信息量和观赏性。

五、《东莞年鉴》2015年卷的数据采用法定计量单位，分别由各单位和各镇街提供。若与统计部门公布的数据不一致，使用时应以统计部门公布的数据为准。

六、《东莞年鉴》2015年卷稿件作者署名，除“撰稿人员”栏目中刊列外，“特载”等类目正文的作者在标题下方标明，其他类目的作者则在条目文末标出。图片在该图片下方标明；未标出摄影人员的图片，均由撰稿单位提供。

七、《东莞年鉴》2015年卷配有双重检索系统。前有目录检索，后有按汉语拼音字母顺序排列的主题索引，方便读者检索。

八、《东莞年鉴》2015年卷配置电子版，设置视频欣赏、背景音乐等，采用多媒体检索技术。

九、《东莞年鉴》的编纂工作在市委、市政府的领导下，得到各单位、各镇街的支持与配合，并依靠全市撰稿人员共同参与而完成，在此谨致谢意。由于编辑水平有限，书中难免有疏漏或不当之处，敬请批评指正。

## 《东莞年鉴》编纂委员会



## 《东莞年鉴》编辑部



## 《东莞年鉴》撰稿人员（按姓氏笔画为序）



## 《东莞年鉴》高级顾问

# 目　录
# CONTENTS

## 特　载
## SPECIAL SECTION



## 东莞之最
## NUMBER ONES OF DONGGUAN



## 总　述
## DONGGUAN PROFILE

## 党政机关

## PARTIES AND GOVERNMENT ORGANIZATIONS

东莞年鉴
DONGGUAN YEARBOOK

## 民主党派·社会团体

## DEMOCRATIC PARTIES·SOCIAL ORGANIZATIONS

## 人事 · 社保 · 民政
## HUMAN RESOURCES MANAGEMENT · SOCIAL SECURITY · CIVIL AFFAIRS

## 外事·侨务

## FOREIGN AFFAIRS · OVERSEAS CHINESE AFFAIRS



## 莞台合作·莞港澳合作

## TAIWAN—DONGGUAN, HONG KONG—DONGGUAN AND MACAO—DONGGUAN COOPERATION

## 区域合作·扶贫开发

## REGIONAL COOPERATION · POVERTY ALLEVIATION AND DEVELOPMENT



## 政 法

## LEGAL SYSTEM

# 军 事
## LOCAL MILITARY AFFAIRS



# 城建・环保
## URBAN CONSTRUCTION・ENVIRONMENTAL PROTECTION

## 交通·邮政业
## TRANSPORTATION · POSTS

## 信息服务业

## INFORMATION SERVICE

## 农 业
## AGRICULTURE



## 工 业
## INDUSTRY

## 商贸流通业
## COMMERCE



## 对外经济·口岸
## FOREIGN TRADE & ECONOMY · PORTS

## 旅游业·餐饮业
## TOURISM · CATERING



## 金融业
## BANKING

## 财政·税务

## FINANCE · TAXATION



## 经济管理

## ECONOMIC MANAGEMENT

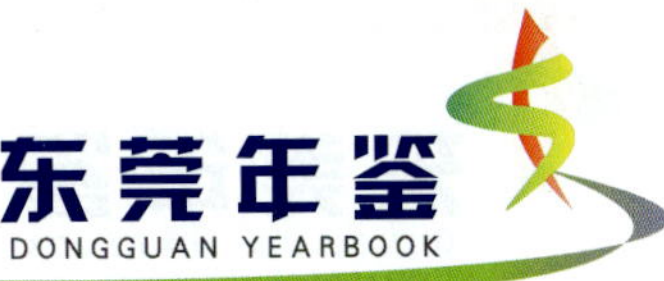




## 科学技术·社会科学

## ECONOMIC MANAGEMENT

# 教　育

## EDUCATION

# 文 化
## CULTURE

## 体育·卫生

## SPORTS·HEALTH



## 社会生活

## SOCIAL LIFE

## 园 区
## ZONE ECONOMY



## 镇 街
## URBAN AND TOWNSHIP

东莞年鉴
DONGGUAN YEARBOOK

东莞年鉴
DONGGUAN YEARBOOK

# 人 物

# FIGURES

## 经济社会统计资料

## ECONOMIC AND SOCIAL STATISTICS



## 2014年大事记

## CHRONICLE OF MAJOR EVENTS IN 2013



## 附 录

## SELECTION OF DOCUMENTS



## 索 引

## INDEX



## 图片专辑——开放东莞

## SPECIAL SELECTION OF PHOTOS —OPENING DONGGAUN

莫屋
拔蛟窝
鲤鱼门海鲜街
万江农机加油站
石美
万江酒店
企石
梅树堿
罗浮尾
万江第二中学
石美学校
成安制衣厂
严屋
顺风加油站
石美酒家
振业纸厂
万江自来水厂
新河新村
环城车站
华凯手袋厂
贯诚楼
鼎扬电子厂
市人民医院
天龙美食
东盛大厦
敬老院
居民
万江加油站
农行
万江公安分局
翅家庄酒家
万江加油站
万江中学
江都酒店
大树堿
裕辉油库
鸿昌管材厂
万江粮所
万江机关幼儿园
万江街办
国税分局
东莞粉厂
北隅
工商银行
东正派出所
水蛇涌小学
水蛇涌
牌楼基
新瑞华大酒家
金泰花苑
江滨花园
西隅
大莲塘卫生站
大莲塘
大莲塘小学
金泰小学
金泰
金泰派出所
金泰幼儿园
运输公司转运站
博厦
文化广场
莞城街办
东莞中学
博物馆
老干活动中心
东城文化站
商业银行
豪侠
共联
共联市场
共联商业区
建行
荔城花园
东联汽车修理厂
金叶酒店
市税务局莞城分局
洪运汽车修理厂
绿邑园艺
市汽车总站
博厦食品厂
东莞市海事局
市化肥厂
共联影剧院
丽晶酒店
新华书店
播民广场
市公路局
市人民检察院
市人民法院
市司法局
曲海小学
曲海
晨晖幼稚园
城区食品公司
坝头
加油站
加油站
幼儿园
东莞体育运动学校
坝头小学
坝头派出所
讯通水泥电杆厂
工商银行
红山停车场
东莞体育中心
东莞海关
城区汽修厂
电脑城
浩宇大厦
华丰酒家
市种子研究所
市委
市政府
胜利
胜和
行政办事中心
官桥滘
官桥滘小学
南城街办
东莞市地方税务局
展示中心
会议大厦
宏远外国语学校
元美
利民市场
篁村老人活动中心
歌剧院
图书馆
东莞国际会展中心
塘溪酒家
新科电子厂
加油站
亨美
群众艺术馆
建华卫生品厂
中心小学
篁村
三元里
科学技术博物馆
阳光小学
青少年科技活动中心
新基水闸
皇都酒店
黄金花园
电化集团
篁村派出所
简沙洲
简沙洲小学
雀巢有限公司
火炼树综合市场
火炼树
中森集团
加油站
海关大厦
新基
新基酒店
治安队
光裕五金厂
东泰
加油站
新和卫生站
全元化工有限公司
周溪
新基街卫生站
黄金大厦
广东彩色显象管有限公司
缉私分局
绵纺公司
西平
第三门诊部
袁屋边
高新综合市场
大荣鞋材厂
BP加油站
诺基亚有限公司
白马
永兴贴纸厂
精英名都
新能源有限公司
南城汽车客运站
南城社保局
加能橡胶工业公司
铁和公司
晨光公司
丰田汽车
南方物流
南城供电公司
永诚药材厂
雅园卫生站
雅园
利光电
汽车展场
长城机电设备公司
南国名都大酒店（筹备处）
市慢性病防治院第五门诊部
南城石材市场
东莞五金机电广场
56.2 黄旗岗

东莞市中心城区图
广东省地图院 东莞市国土资源局 合编
东城自来水公司
东莞邮区中心局
金桥楼
东城第三小学
长盈玩具厂
新世纪玩具厂
东莞市事故车辆估价场
东莞市建设局
迎桑电子
东莞市国家税务局
东莞技工学校
樟村
樟村门诊部
第三水厂
市经贸学校
市地方税务局
市劳动局
市经贸学校
市农机学校
东莞实验中学
东莞理工学校城市学院
华利制衣厂
永日春鞋业
东航电梯
温塘陶瓷厂
华艺工艺厂
东城第一小学
马可波罗磁砖
致丰厂
联益装饰
温塘供电站
东城一中
长利通讯
东莞质量技术监督局
富洋楼
禾丰皮具有限公司
东莞锅炉厂
东莞社会福利院
丰和制衣厂
福新文教厂
富集鞋厂
东城第七小学
农村信用社
光辉大厦
罗沙
主山
市二轻联盛工业公司
东正注塑
广朋电子
东莞兴达铝型材厂
竹园
竹园小学
竹园治安队
主山加油站
浩嘉制衣厂
东莞立洲食品有限公司
东浩制衣有限公司
先达得表业
金诚实业公司
金泽花园
建设银行
东城派出所
东华医院
东城医院第三门诊部
综合市场
雅柏表业
横坑卫生站
大宋玩具厂
东海海鲜楼
东城公安分局
东城国土资源分局
东城街办
科润彩艺印刷厂
聚一聚餐馆
东风加油站
志诚车行
汽车城
横坑小学
市工商局
东莞电视台
东城乌石岗医疗门诊部
丽进制衣厂
昌发针织
石井
石井幼儿园
横坑林场
东莞客运东站
国丰制衣厂
横坑
超联玩具厂
东城幼儿园
东城中学
飞翔皮具制品厂
横坑加油站
市城乡规划局
市机关住宅区
黄旗山城市公园
黄旗山
东城区绿化所苗圃场
主山
豆腐岭
高威电线厂
东泰纸品厂
良平变电站
虎英林场
松子岭
加油站
将军帽
狸猫洗面
高尔夫球场高级会所
高尔夫球场办公楼
东莞市交通局机动车驾驶员培训中心
上屯
东城职业高级中学
立新
为民小学
立新加油站
东联印刷厂
新成纸品厂
锦波五金厂
翰擎企业集团
东莞市交通局
东华中学（初中部）
东城利民隔热板厂
同沙小学
同沙
翔立手袋厂
翰东手袋厂
育才学校
华兴加油站
东华高级中学
同沙邮政所
光明小学
合和大楼
东华中学
光明
东城第八小学
东海实业集团
电化集团
同沙林场
渔场
同沙生态公园
同沙水库
水库指挥部
莞长客运站
黄公山
松山湖大道
环城路
东莞大道
八一路
东升路
莞樟路
温南路
东城中路
石井支路
迎宾路
雍华庭
珠三角环线高速公路

# 领导关怀

2014年9月11日，中共中央政治局委员、国务院副总理汪洋（左二）到东莞视察　（郑琳东　摄）

2014年9月9日，中共中央政治局委员、广东省委书记胡春华在教师节到东莞视察。图为胡春华（右四）到东莞阳光第六小学看望学生和教育工作者　（郑家雄　摄）

2014年1月16日，全国政协副主席、国家民族事务委员会主任王正伟到东莞视察。图为王正伟（左二）在寮步镇了解少数民族经商、务工服务管理工作

2014年12月2日，中共中央委员、中国工程院院长周济到东莞调研。图为周济（前排右一）在2014年中国(东莞)国际科技合作周会场调研　（郑琳东　郑志波　摄）

2014年9月28日，中共中央委员、广东省委副书记、省长朱小丹到东莞调研。图为朱小丹（前排左二）在华南设计创新院调研

2014年6月4日，中共中央委员、广东省委副书记马兴瑞到东莞调研。图为马兴瑞（左二）在黄江镇梅塘社区了解“村改居”情况

（郑家雄　摄）

2014年3月25—27日，海协会会长陈德铭到东莞调研，图为陈德铭（左一）在松山湖高新科技园区了解情况

2014年11月21日，农业部部长韩长赋到东莞调研。图为韩长赋（左四）在虎门镇集体资产交易管理中心了解情况

（郑家雄　摄）

2014年8月21日，国家新闻出版广电总局党组副书记、副局长聂辰席到东莞视察。图为聂辰席（右二）在第六届中国国际影视动漫版权保护和贸易博览会主会场了解情况，广东省委常委、宣传部部长庹震（右三）陪同　（郑琳东　摄）

2014年9月3日，广东省委常委、常务副省长徐少华到东莞调研。图为徐少华（中）在启盈集团了解跨境电商发展情况　（郑家雄　摄）

2014年6月18日，广东省副省长招玉芳到东莞调研。图为招玉芳（左一）在2014中国加工贸易产品博览会会场了解情况

2014年3月10日，广东省副省长陈云贤到东莞调研。图为陈云贤（左二）在松山湖电子信息工程研究院了解情况　（郑琳东 摄）

2014年7月2日，广东省副省长刘志庚到东莞调研。图为刘志庚（右三）在从莞高速公路常平段了解建设情况　（杨泽彬　摄）

2014年5月21日，广东省副省长许瑞生到东莞调研。图为许瑞生（左二）在东莞高盛科技园了解情况　（曹雪琴　摄）

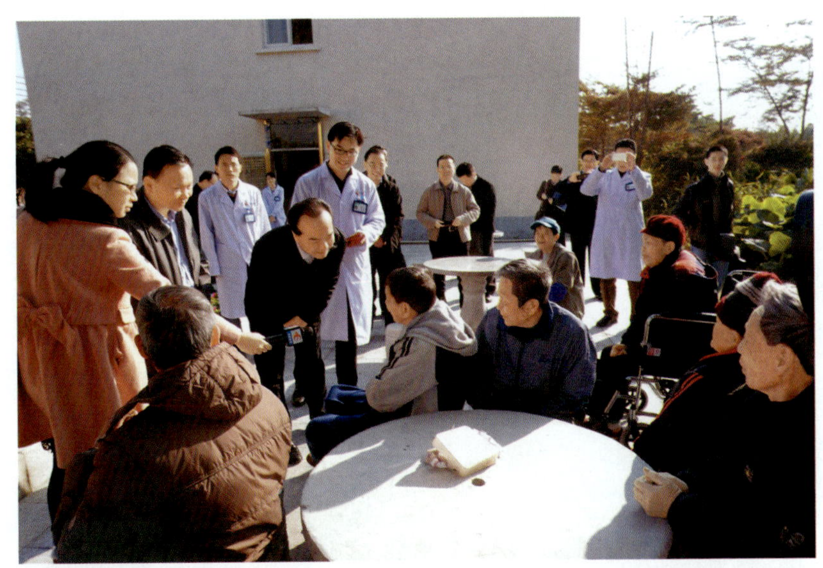

2014年1月22日，广东省副省长林少春到东莞调研。图为林少春（中）在泗安医院慰问麻风病休养员　（吴宗才　摄）

2014年8月6日，广东省副省长邓海光到东莞调研。图为邓海光（前排左一）在常平镇调研

2014年12月30日，广东省副省长李春生到东莞调研。图为李春生（左二）在厚街镇绿洲鞋业公司检查消防安全工作

新城之美——东莞市城市中心区 （张超满 摄）

东莞年鉴
DONGGUAN YEARBOOK

# 广东21世纪海上丝绸之路国际博览会

2014年10月31日，广东省省长朱小丹在海博会国际论坛上作讲话　（郑志波　摄）

2014年10月31日至11月2日，由广东省贸促会主办的“广东21世纪海上丝绸之路国际博览会”（简称海博会）在东莞市广东现代国际展览中心举办。该博览会吸引来自42个国家和地区（包括海上丝绸之路沿线国家25个）的173家商（协）会、1015家企业参展，包括三星、正大、丰益（嘉里）、华为等世界500强企业和跨国公司。设置展位2040个，分广东海上丝绸之路发展展示区、投资合作平台展示区、特色优势产品贸易合作区、旅游文化合作展区、跨境贸易电子商务展示区及口岸物流展示区，展出电子、家居用品、农产品、旅游文化等特色产品2000多种。期间，来自沿线国家的全国性采购商，国内国字号的八大商（协）会以及广百集团、武汉中百等商贸龙头企业，共6000多家境内外采购企业、1.5万名专业买手到场采购，入场观展、采购的人员达9.65万人次。

**2014年10月31日，广东21世纪海上丝绸之路国际博览会在东莞市广东现代国际展览中心开幕**

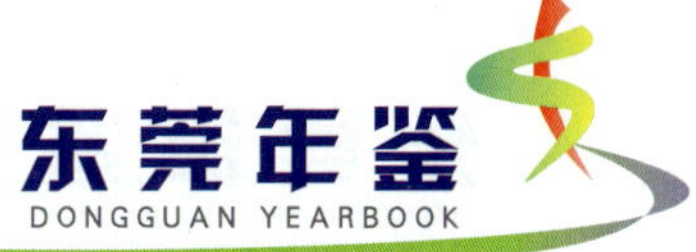

2014年11月1日，“欧洲及海上丝绸之路沿线国家主流媒体看广东”记者团到访东莞市。图为市长袁宝成接见记者团 （郑志波 摄）

2014年11月2日，组委会举行媒体发布会，通报首届海博会的成果 （郑志波 摄）

东莞跨境电子商务O2O外贸交易会会馆 （郑志波 摄）

市民逛海博会 （郑琳东 摄）

2014年11月2日，来自韩国牙山市的机器人表演得到广大市民的追捧 （郑志波 摄）

虎门港作业区

东江秋色 （张汉兴 摄）

东莞年鉴
DONGGUAN YEARBOOK

# “三重”建设提速

① 华为机器有限公司

② 华为终端局部（效果图）

③ 松山湖国际机器人产业基地

广东粤海高端装备技术产业园首期启动区选址地块

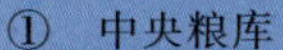
① 中央粮库

② 东莞中谷油脂有限公司

③ 2014年9月28日，广东省新型研发机构现场会在东莞召开
（郑琳东 摄）

④ 2014年12月1日，2014全国电机能效提升工作会议在东莞召开，中国工程院院长周济，工信部党组副书记、副部长苏波等领导参观东莞玖龙纸业有限公司节能改造示范点
（郑家雄 摄）

2014年，东莞市继续推进“三重”（重大项目、重大产业集聚区、重大科技专项）建设。**重大项目建设：**重大项目164个，完成投资343.6亿元，比上年增长10.8%。其中华为终端总部项目、中堂江南农批冷链物流项目等45个项目开工建设，年度投资70.2亿元；大岭山金立工业园三期项目、松山湖中医药健康科技研发项目等27个项目竣工投产，落实投资131.8亿元。**重大产业集聚区建设：**粤海高端装备技术产业集聚区等8个产业集聚区纳入“三重”目标管理。粤海高端装备技术产业集聚区成功申报省级重大区域发展平台“东莞粤海银瓶合作创新区”，中以国际科技合作产业园首个开发区域建筑工程主体架构完工，两岸生物技术产业合作基地引进博奥木华等33家优质项目，松山湖大学创新城科技服务业集聚区主体工程完工，南城国际商务区完成编制各项专项规划设计方案，虎门港临港产业集聚区引进项目8个，麻涌粮油食品产业集聚区引进粮油食品大型项目13宗，横沥模具产业集聚区建成模具检测技术中心、模具3D打印技术中心、装备节能中心等子中心。**重大科技专项建设：**重大科技专项8项，其中公共科技创新平台类5项、总投资13.65亿元，省创新科研团队类1项，重大科技项目类2项。

东莞市厚街镇横岗湖之晨 （李回立　摄）

东莞年鉴
DONGGUAN YEARBOOK

# 入选国家公共文化服务标准化试点地区

2014年8月15日，东莞第十届读书节、南国书香节暨东莞书展启动

2014年6月18日，东莞市文化惠民千场文艺演出走进大朗

东莞展览馆

东莞市中心广场夜景

2014年9月，根据《文化部办公厅关于开展公共文化服务标准化等试点工作的通知》，东莞作为全国10个地区之一入选国家公共文化服务标准化试点地区，这也是广东省唯一的入选城市。2014年，东莞市全面实施文化惠民工程，开展公益培训209场次、组织公益演出1000场、放映公益电影10061场。完善文化志愿者常态化管理和制度化建设。莞产音乐剧《妈妈再爱我一次》获中宣部“五个一工程”奖，音乐剧《钢的琴》和歌曲《中国梦》获得广东省第九届精神文明建设“五个一工程”奖。第六届省群众音乐舞蹈花会东莞获6金6银2铜，居全省金牌榜首。创编拍摄大型连续剧《袁崇焕》，启动开展《大明长城》等10个东莞本土重大历史题材创作。举办东莞市2014年群众音乐舞蹈花会、东莞第十届读书节、2014南国书香节暨东莞书展等活动。启动历史文化街区申报与历史建筑评定，形成《东莞城市历史文化特色与价值》研究成果。开展第一次全国可移动文物普查。扶持民办博物馆，有各类民办博物馆14座，居全省第一位。推进广播影视产业发展，全年电影票房达3.55亿元，比上年增长44.7%，居全省第三位、地级市第一位。

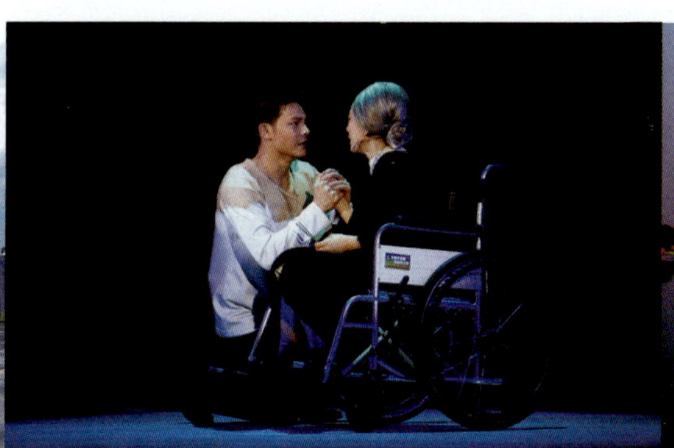

莞产音乐剧《妈妈再爱我一次》

东莞市玉兰大剧院

魅力东莞　（曹永富　摄）

东莞年鉴
DONGGUAN YEARBOOK

# 水乡特色发展经济区亮点频现

“东莞水乡”门户网站

2014年，东莞市水乡特色发展经济区亮点频现。水乡特色发展经济区管委会获省批准成立，建立“东莞水乡”门户网站，机构运作逐步规范化。京东现代服务产业园、中粮集团南方基地、亚洲云中国总部基地、凤凰国际文化社区、联想增益供应链等一批重大项目落户。在基础设施建设方面，水乡大道改造工程、横海桥重建工程、虎门港穗丰年水道整治项目竣工；在示范项目建设方面，全面启动10大示范片区、6个特色村落和4段标志岸线的规划建设；休闲旅游项目建设方面，马滘河“花海漂游”、华阳湖夜游等旅游项目建成，沙田穗丰年疍家文化体验园完成一期工程。开展“两高一低”（高能耗、高污染、低水平）企业整治与退出，加快审核列入“两高一低”引导退出名单的104家企业；石碣沙腰污水处理厂扩建工程主体基本建成，下马四围河涌综合治理示范项目开始试运行。

道滘镇独特的水乡环境

水乡风貌

马滘河“花海漂游”

七夕公园

2013年12月底，水乡大道（东莞大道延长线段）完工。图为通车后的道滘路段

华阳湖湿地公园

旗峰美景 （周海猛 摄）

东莞年鉴
DONGGUAN YEARBOOK

# 入围国家新型城镇化综合试点城市

2014年11月18日，东莞市新型城镇化工作会议召开，12月19日《中共东莞市委、东莞市人民政府关于全面推进新型城镇化发展的意见》出台，全面部署新型城镇化建设，提出把东莞建设成“国际制造名城、现代生态城市”。

LED生产线 （郑志波 摄）

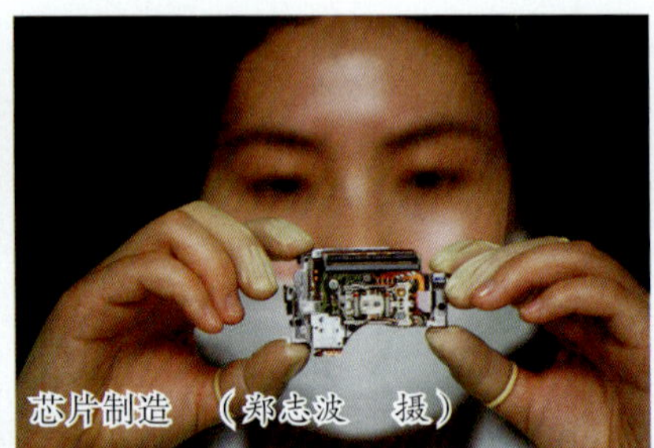
芯片制造 （郑志波 摄）

国际自行车比赛 （李梨 摄）

工业机器 （胡国球 摄）

流水线 （陈伟君 摄）

东莞优美城市环境

# “全国质量强市示范城市”通过验收

2014年1月17日，国家验收组对东莞创建“全国质量强市示范城市”进行考核验收

2012年8月，副市长张科带队参加“全国质量强市示范城市”申述论证会

2014年8月28日，东莞市召开全市机械产品质量提升工作会议

2014年1月16—17日，国家质检总局对东莞市创建“全国质量强市示范城市”开展现场验收工作。2012年9月起，东莞成功获批“质量强市示范城市”创建资格，是全国首批25个城市之一，也是广东省唯一获此资格的地级市。至2013年底，经全面评估，东莞市提前一年向国家质检总局提出验收申请。2014年1月，东莞市高分通过国家验收，成为全国首批通过验收的地级市之一。

2012年10月18日，东莞市召开质量强市暨创建全国示范城市动员会议

创建“全国质量强市示范城市”宣传

# 获批国家级两化深度融合暨智能制造试验区

2014年12月18日，东莞市政府与菜鸟网络科技有限公司以及北京银泰置地签订投资合作框架协议，市长袁宝成等见证签约仪式　（郑家雄　摄）

自2009年东莞市成为“国家级信息化和工业化融合试验区”以来，装备制造业支柱性日益显著，创新能力日益增强，信息化和智能化应用全面提升。至2014年，东莞市推进“两化”（信息化与工业化）深度融合，打造“两化”融合典型示范。5月27日，东莞市获得国家工信部批复同意，成为“国家级两化深度融合暨智能装备制造试验区”。

东莞天安数码城

东莞现代制造业实训中心

# 2014年中国加工贸易产品博览会

2014年6月18—21日，2014中国加工贸易产品博览会在东莞举行。前身是广东外商投资企业产品（内销）博览会，自 2012 年升格以来成功举办两届，是中国唯一的、直接服务于加工贸易产品拓展国内外市场的国家级博览会。本届中国加工贸易产品博览会致力于推动加工贸易产品“全国行”“全球行”和“网上行”，展会设置家电电子、家庭用品等5大展区，并配套举办“加博汇”微商城推介会、采购对接等25场活动，吸引8个国家13个境外采购团，全国25个省、市以及港澳地区1210家企业参展。

2014年6月19日，中共中央政治局委员、省委书记胡春华（前排中）在市委书记徐建华（前排右）、市长袁宝成（后排中）等陪同下参观2014年中国加工贸易产品博览会

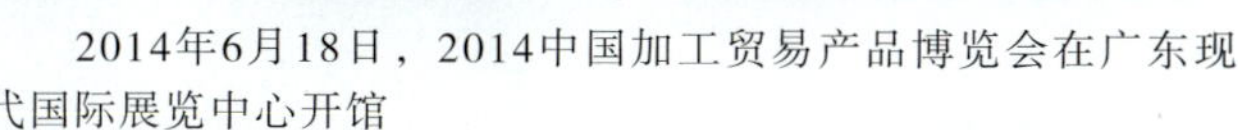
2014年6月18日，2014中国加工贸易产品博览会在广东现代国际展览中心开馆

# 特　　载 SPECIAL SECTION

# 政府工作报告

## ——2014年1月7日在东莞市第十五届人民代表大会第四次会议上

东莞市人民政府市长　袁宝成

各位代表：

现在，我代表市人民政府，向大会报告2013年政府工作，对2014年工作提出建议，请予审议。并请政协各位委员和其他列席人员提出意见。

### 2013年工作回顾

刚刚过去的一年，是东莞加快推动高水平崛起的奋进之年。在市委的正确领导下，全市上下以党的十八大和十八届三中全会精神为指导，深入贯彻习近平总书记视察广东重要讲话精神，着力优环境、上项目、强统筹、抓改革，扎实推进各项工作，较好地完成了市第十五届人大三次会议确定的年度目标任务。

*一年来，我们坚持稳中求进的总基调，实现了经济提速与转型加速*　预计全市生产总值5500亿元，增长9.7%，快于全国全省平均水平，为“十二五”以来年度最高增速。来源于东莞的财政收入974亿元，增长15.2%，其中市公共财政预算收入409亿元，增长14.8%。进出口总额突破1500亿美元。各项人民币存款余额突破8000亿元，达到8595亿元。规模以上工业增加值、固定资产投资等实现近年最快增长。产业转型升级步伐加快，创新驱动力持续增强。东莞获得最具成长性创新型城市、国家知识产权示范城市等荣誉称号，成功成为第二批国家电子商务示范城市。

*一年来，我们奏响工作落实年的主旋律，以实干抓出工作实效*　发扬真抓实干的优良传统，狠抓市委各项决策的执行落实，狠抓“三重”建设的跟踪落实，狠抓十件民生实事、企业与基层减负、扶持镇村发展等任务的分解落实。部门镇街在争

创“单打冠军”中实现了新的发展，东莞高水平崛起的基础进一步夯实。

一年来，我们凝聚改革创新的正能量，积极谋求重点领域突破　商事登记改革得到国家工商总局、省委省政府及广大企业的认可，行政审批事项精简一半以上，农村综合改革推动村组负债率降至近二十年最低，创新土地机制整合盘活土地近十万亩，节能减排获得中央财政大力支持，东莞成为承担全省创新社会管理试点工作最多的城市。一系列改革的锐意推进，为转型发展增创了制度红利。

一年来，我们厉行八项规定等新要求，在锤炼作风中提升政府形象　公务接待和庆典活动大幅压减，铺张浪费和奢靡之风有效遏制，文牍主义和形式主义切实改进，一批影响群众切身利益的问题得到及时解决，一批违法违纪典型案件得到严厉查处，深入基层、联系群众的氛围日渐形成，政府形象和社会满意度进一步提升。

一年来，我们主要抓了以下工作：

——狠抓市委和市政府1号文的贯彻落实　在全国率先构建提高开放型经济水平政策体系。成功举办加博会、漫博会、台博会，办展水平和档次有了明显提高。开展外贸九大课题调研，形成加工贸易产业提升综合服务体系等成果，为全国外经贸发展探索新路径。深化加工贸易审批制度改革，加工贸易监管从“四方联网”拓展至“八方联网”。组团“走出去”赴南美、俄罗斯、以色列开拓市场、开展招商，赴北京、上海和台湾拜访重点企业。举办新商机推介会，促进镇村空置厂房与客商对接。新引进中集集团、联想增益、世纪互联等重大项目65宗、总投资927亿元。全面减免和规范涉企收费，全面放开再生资源回收市场，尽最大努力帮助企业减轻负担、轻装上阵。

——统筹推进重大产业集聚区规划建设　以新一轮城市总体规划修编为契机，强化主体功能区和经济区规划。水乡特色发展经济区规划通过省审批，被誉为“特色最鲜明的田园型、湿地型生态宝地”。启动10个示范片区、6条特色村落、4段标志性岸线规划建设，总投资486亿元的20个项目顺利推进，实现一年良好开局。松山湖高新区经济高速增长，所有主要经济指标增幅超过20%，台湾高科技园、两岸生物产业基地、中以产业园等建设扎实推进。虎门港与沙田镇统筹发展成效明显。全港集装箱突破190万标箱，货物吞吐量达1.1亿吨，分别从2011年的全省第九、第五跃居第四。生态园获批创建“国家生态工业示范园区”。长安新区基本完成收地1.2万亩，填海有关的各项前期准备工作有序推进。

▲ 东莞市委副书记、东莞市人民政府市长袁宝成作东莞市人民政府工作报告

——加快重大产业项目落地和重要基础设施建设　相继启动两批44个总投资588亿元的重大产业项目。华为终端总部规划设计方案正抓紧报批。粤海项目完成产业规划编制，启动了配套路网建设。加强土地整合，统筹龙湾片区等水乡地块3.6万亩，统筹粤海等重大项目地块3万亩，统筹轨道站点周边土地9600亩，盘活存量土地、处置闲置土地2.2万亩，为重大产业项目落地提供有力支撑。加快47个省市重要基础设施项目建设，完成年度投资184亿元。东莞新火车站正式启用。沿江高速东莞段、水乡大道建成通车。地铁2号线11个站点主体工程封顶，6个区间双线贯通。完成高快速路、国省道和镇村联网路新建改造105公里，建成水利防灾减灾工程30宗、110千伏及以上输变电工程8项、天然气管网110公里。

——推进重大科技平台和投融资平台建设　大学创新城动工建设。北大东莞光电研究院正式奠基。引进清华创新中心、华南设计创新院、岭南创意研究院等院所5家。新增省创新科研团队7家，总数21家，位居全省第三。专利申请和授权量均位居全省第三。成立国内首个检测资源联盟。科技合作周升格为国家级。建立莞商学院。发挥东实集团、水投集团投融资作用，探索城市重大空间和项目的统筹开发。启用民间金融街，推动私募债发展，助力中小微企业融资。引导支持玖龙纸业资产重组，全市主营业务收入超百亿元企业增至7家，超50亿元企业增至33家。

——积极争取先行先试政策红利　主动拜访国家部委和省有关部门，为全市改革发展争取支持。入围国家节能减排财政政策综合示范市，获得每年至少4亿元、3年12亿元以上的中央财政支持。中小河流治理重点县项目获国家1.8亿元补贴，加博会获省财政五年共1.5亿元支持。全国城乡土地生态利用制度综合改革试点获国家批准。入选全国城市共同配送试点城市。获评全国农村社区建设全覆盖示范单位。开展国家外向型经济转型升级综合配套改革试验区申报创建工作，省级可持续发展实验区、清溪保税物流中心（B型）通过省的审批。

——深化商事登记与行政审批制度改革　全面铺开商事登记改革，充分激发了市场活力，新增市场主体同比增长21.5%，市场主体总量达56.7万户，在全省地级市中排名第一。扎实推进后续监管等改革，正式推行网上登记，颁发全国首批电子营业执照。深入推进简政放权，完成第二阶段行政审批事项清理，压减55.1%。积极争取压减158项上级管理审批事项。

——积极扶持镇村基层转型发展　市镇财政安排14.4亿元，用于村（社区）治安、环卫和行政管理支出，减轻了基层负担。32个镇街可支配收入增长24.8%，整体债务率进一步下降。继虎门之后，东城、长安跻身“300亿元俱乐部”。9个欠发达镇生产总值增速全部高于全市平均水平。扎实推进全国农村综合改革示范试点，建成农村集体资产交易和“三资”监管平台，80%以上的村基本完成组级经济统筹。村组两级经营纯收入增长10.6%；资产负债率降至19.3%，降幅为近十年最大。

——扎实推进生态建设和环境治理　开展新一轮绿化大行动，新增绿化面积1.2万亩，完成生态景观林带建设96.4公里。实施南粤水更清行动计划，推进水乡环境五项整治，加强石马河和茅洲河流域治理，基本建成7个环保专业基地。实施清洁空气行动计划，实行市区第三阶段环保限行，淘汰黄标车2.2

万辆，更新清洁能源公交车1380辆。环境空气质量优良天数占74.4%。完成市区环保热电厂技改，推广垃圾分类试点。启动万台注塑机示范市创建工作。顺利完成节能减排年度任务。构建大城管格局，试运行数字城管系统。拆除违法建筑49.4万平方米，违建多发态势得到遏制。

——加强社会建设与管理创新　积极创建全省创新社会管理引领区，争当全省社会建设排头兵，强化顶层设计，抓好全省构建现代社会组织体制试点，推动异地务工人员融入东莞。完善政府购买服务机制，转移政府职能87项。打造平安东莞，推进“四化五警”建设，将2万多名治安员整合为辅警。推动警力下沉，提高路面见警率和管事率。深入开展“雷霆扫毒”等行动，严厉打击暴力犯罪和涉众型普遍犯罪。成功蝉联全国社会管理综合治理优秀市。建成劳动关系预警系统，引入社工、律师参与信访调解。扎实推进“两建”工作。设立医疗争议专业调解委员会。抓好食品药品、安全生产、消防安全等专项整治。排查整改突发事件风险隐患627处。社会大局保持和谐稳定。

——切实抓好民生工程和十件实事　投入229.7亿元发展民生事业，向社会承诺的十件实事圆满完成。新建11所公办幼儿园。完成职教城一期建设，理工学校新校、高技能公共实训中心投入使用，技师学院正式开学。公办中职教育实现免费入学。新莞人子女积分入学公办学位增加11.3%。普通高考总录取率等四项高考指标连续两年全省第一。扎实推进文化名城建设，实施百千万文化惠民工程，成功创建首批国家公共文化服务体系示范区。城市文明程度指数位居全国地级市第8名。一批优秀文艺作品获国家级、省级大奖。获得2015年羽毛球苏迪曼杯承办权。建成网球中心和篮球中心。连续第九年提高基本养老金，低保标准提高到每人每月510元。推行居民重大疾病医疗保险，发行600万张新社保卡。新建3386套公租房。为632户低收入家庭提供住房保障。建成一批平价商店、平价医院和诊室，推广平价药包。推行医药分开，取消药品加成。组建市属公立医院管理中心。为8.7万名妇女免费实施“两癌”筛查，为2.6万对夫妇免费提供孕前检查。新莞人与户籍人口享受同等职业技能培训补贴标准。发放就业补贴2.9亿元。妥善应对“3·20”超强龙卷风冰雹灾害、H7N9禽流感疫情。

——全面推进对口帮扶和对外协作等工作　加大市内帮扶力度，81个欠发达村村组两级纯收入增长22%。推进省内“双到”扶贫工作。加大对口帮扶韶关力度，成立专门指挥部，明确7个镇街“一对一”帮扶任务。认真抓好援疆工作，25个援建项目全面竣工。稳步推进援藏工作，8个援建项目超额完成进度。对口援助广西河池、重庆巫山进展顺利。深莞惠产业合作、交通对接等日益加强。穗莞合作不断深化。与呼伦贝尔结为友好城市。国防动员、统计审计、人口计生、外事侨务、工青妇幼、民族宗教、档案方志、科普法普、气象、打私等工作扎实推进。

——着力整治“四风”问题　撤并72.7%的考核检查评比表彰活动，压减47%的节庆、论坛、展会活动。加强对重大政策落实情况、机关作风建设的明查暗访，查摆整改庸懒散奢问题4371个。改进会风文风，厉行勤俭节约，严控各类支出。全面停止新建楼堂馆所，控制和压减镇街财政供养人员。开展整治“小金库”、违规使用专项资金专项行动。推进法治政府建设，公开市级“三公”经费。改革“市民评机关”模式，引入第三方机构测评机关服务质量。59个部门在“阳光热线”与群众进行交流。加快建设网上办事大厅，推动审批事项和服务事项上网办理，不断提升行政效率。

各位代表！回首过去一年，我们砥砺奋进，以高效实干谱写了转型发展的新篇章。这些成绩的取得，离不开上级和市委的坚强领导，离不开市人大、市政协与各民主党派的监督支持，离不开全市广大干部群众、外来投资者、中央和省驻莞单位及驻莞部队的共同努力，离不开港澳台同胞、海外侨胞以及国际友人的关心帮助。在此，我代表市人民政府，表示衷心的感谢！

与此同时，我们也清醒地看到，东莞仍然处在改革攻坚期、发展转型期和矛盾凸显期，有不少问题需要引起高度重视：一是经济平稳较快发展的基础还不牢固。外部环境复杂多变，企业经营压力仍然较大，规模以上工业增加值、进出口等指标增长有所反复。二是区域统筹发展与“三重”建设的力度仍需加大。全市产业发展的层次仍待提升，按主体功能区规划统筹推进的大格局有待完善。重大项目落地动工仍需加速，产能释放尚需时日。三是诸多深层次矛盾有待在深化改革中强力破解。核心竞争力不强、新产业带动不足、资源要素供给紧张等问题仍然存在，企业与市场活力有待进一步激发，扶持企业发展的政策效果仍需加强，重构利益平衡机制难度不小。四是群众关注的热点问题亟待进一步解决。市民对公交出行、人才入户、城市内涝等问题意见较多，治安管理、教育公平、医疗改革等任务艰巨。五是机关作风改进仍然任重道远。“四风”问题仍有待大力改进，财政资金使用绩效有待提升，行政效率、服务水平和管理能力需进一步提高。对这些问题，我们必须认真加以解决。

## 2014年工作安排

今年是全面贯彻落实党的十八届三中全会精神、全面深化改革的第一年，也是东莞推动高水平崛起的攻坚年。我们应充满信心地看到，我国经济总体处于平稳增长区间，工业化、城镇化快速发展，内需潜力巨大。党的十八届三中全会开启了改革开放新航程，将释放出更多制度红利，对经济社会发展产生重大而深远的影响。我市近年来转型升级积蓄的厚实能量正在逐步释放，创新驱动发展的趋势日益明显，一大批重大产业项目启动建设，如能有效推动这些因素产生叠加效应，东莞就一定能够实现新的更大发展。同时也要清醒地看到，世界经济形势错综复杂，不确定性因素依然很大，欧美债务风险并未完全消除，新的增长动力源尚不明朗，国内生产要素价格持续上涨，我市以制造业为主的工业经济面临更大挑战和压力。今年政府工作的总体要求是：认真贯彻落实党的十八届三中全会、中央经济工作会议、省委十一届三次全会和市委十三届四次全会、市委经济工作会议精神，以提高经济增长质量和效益为中心，按照“稳中求进、稳中求好、稳中求优”的方针，把握“攻坚年”要求，聚力改革攻坚、项目攻坚、效能攻坚，力争稳步迈过“爬坡越坎”的阶段，顺利突破转型升级的“拐点”，努力开拓东莞高水平崛起更加广阔的前景。

具体来讲，改革攻坚，就是要深入贯彻落实上级和市委部署，坚持问题导向，把改革创新贯穿于经济社会发展各个领域各个环节，坚决破除阻碍高水平崛起的瓶颈，增创体制机制新优势，让东莞重新焕发出再领风骚的蓬勃生机。项目攻坚，就是要用好重大平台载体，破解立项审批、征地拆迁等难题，在

项目招商、项目落地上求突破，让重大项目对产业转型升级的带动效应尽快显现。效能攻坚，就是要扎实开展群众路线教育实践活动，深入整治“四风”，最大限度促进审批提速、行政提效、服务提质，让全社会感受到市场环境、创业条件、干部作风在一天天好转。

综合考虑各方面因素，今年全市发展的预期目标是：生产总值增长9%，人均生产总值增长7.8%，市公共财政预算收入增长10%，固定资产投资总额增长12%，社会消费品零售总额增长9.5%，外贸出口总额增长5%；服务业增加值占生产总值比重53%，现代服务业增加值占服务业增加值比重58.7%；先进制造业、高技术制造业增加值占规模以上工业增加值比重分别达到45%和35%，研发经费支出占生产总值比重1.94%，发明专利申请量和授权量分别增长15%和25%，全员劳动生产率增长7.8%；单位生产总值能耗下降4.25%，化学需氧量、氨氮、二氧化硫和氮氧化合物等主要污染物排放量分别下降2%、2%、5%和13%；城市居民人均可支配收入、农村居民人均纯收入均增长8%，城镇登记失业率、居民消费价格涨幅分别控制在3%以内和3.5%左右。

围绕以上目标要求，要突出落实好今年市委1号文和市政府1号文精神，坚定不移推进改革发展，脚踏实地促进转型升级。重点做好几方面工作：

## 一、向改革要动力要红利，增创高水平崛起新优势

十八届三中全会吹响了新一轮全面深化改革的号角，改革再起跑已成为十三亿人民的强烈共识，成为不可阻挡的潮流。已经尝到改革开放甜头的东莞，只有再立潮头，在中央顶层设计的基础上，增强主动改革、自我革命的勇气，打破利益固化的藩篱，激发更加蓬勃的内生动力和改革红利，才能继续在全国城市竞争中处于领先地位，再创“新东莞奇迹”。

*以提升开放型经济水平为目标，深化市场取向的经济体制改革*　正确处理政府与市场的关系，区别对待不同发展水平与市场发育程度的镇街，因地制宜发挥政府统筹引导作用和市场配置资源的决定性作用。创新加工贸易模式，全面实施加工贸易增效计划，建立开放型经济“四大体系”，创建国家级综合保税区，提升莞港台合作新内涵。放开社会投资限制，探索实行市场准入负面清单的管理模式。搭建民营资本与创新团队、创业项目融合平台，强化市场对科技项目及技术研发的路线选择。以管资本为主加强国有资产监管，对国有企业和国有不动产进行清产核资，引导国有企业逐步退出市场充分竞争行业，以资本运作方式，更多地参与城市基础设施和重大产业平台建设。

*以打造商事登记“东莞模式”为突破，推进政府治理体系和治理能力现代化*　深化商事登记制度改革，推进电子营业执照应用平台建设，在“宽进”基础上，创新机制倒逼部门加强后置“严管”，为全国市场监管创造新的经验。在其他审批领域试行“宽进严管”。进一步清理压减行政审批事项，力争成为行政审批最少的城市之一。在卫生计生、食品药品监管、文化广电新闻出版等领域探索推进政府职能转变和机构改革。试点在规划、环保、食品药品监管等领域，探索实施按区域设置相关监管部门工作机构。进一步完善市镇财税分成机制，在保持总体稳定的前提下，理顺市镇事权和支出责任。深入推进农村综合改革，加快政务服务中心和综合服务中心建设。提高依法行政水平，推行行政首长出庭应诉、镇街政府法律顾问制度，加强重大政府行为法律审查。继续争取申请成为“较大的市”。

*以城乡土地生态利用制度综合改革为抓手，建立健全资源与环境开发保护的科学机制*　开展城乡建设用地增减挂钩试点。允许符合条件的集体经营性建设用地出让、租赁、入股。推进农村宅基地制度改革。积极创建国土资源节约集约模范市。创新闲置土地分类处置、地下空间权使用管理等制度。向省争取土地事权审批改革试点。放宽农用地结构调整，有偿易地建设高标准基本农田。高效发展都市农业和都市渔业。完善生态补偿制度，健全环保市场、绿色金融等生态经济激励机制。强化环保责任考核，建立生态环境损害责任终身追究制。加强主体功能区分区生态管理，在市属园区率先探索生态与产业协调发展之路。

以深化户籍制度、公交体制、医药卫生等改革为重点，让社会充满活力又和谐有序。加快入户制度改革，凡符合条件的大专以上应届毕业生、本市职校技校毕业生等10类人才均可直接入户。推进公交体制改革，在市区、跨镇公交和水乡5镇开展试点。深化医药卫生体制改革，着力在健全全民医保体系、完善基本药物制度、推进公立医院改革等方面取得突破。深化文化体制改革，推动文化产业加快发展，提高报业集团、广电传媒集团等经营性文化资产的运作水平。深化物业、停车等民生价格改革。创新社会治理体制，在有效监管前提下加大社会组织培育力度。推进政府购买公共服务制度改革，凡能够购买的，通过合同、委托等方式向社会购买。健全“社工+志愿者”联动机制，充分调动社会力量参与社会治理，进一步增强社会活力。

## 二、大力扶持实体经济，打造东莞制造升级版

实体经济直接创造物质财富，是社会生产力的集中体现。东莞起步和腾飞靠的是实体经济，高水平崛起同样要大力扶持以先进制造业为核心的实体经济发展，努力让东莞从制造业大市变成制造业强市。

*大力发展先进制造业和战略性新兴产业*　依托现有产业基础和重大产业平台，集聚发展电气机械、汽车装备、通信设备等先进制造业，大力发展智能终端、云计算、生物医药、新能源、3D打印等战略性新兴产业，培育发展机器人产业。推广物联网智能路灯改造应用。巩固制造业产业优势，进一步延伸和完善产业链，形成上下游产业与制造业互相配套、互相支撑的良好产业生态。促进信息化和工业化融合，加大工业技改资助力度，支持家具、服装等传统优势行业研发自动化生产线，鼓励劳动密集型企业利用机械手等进行智能技术改造。

*积极培育制造业企业中的顶梁柱*　完善大企业培育政策，深入实施“双百”工程，落实市镇领导挂点服务机制。鼓励大型企业兼并重组，推动企业增资扩产或设立总部。探索建立优质企业镇街间产能扩张及利益共享机制。力争新增主营业务收入超百亿元企业2家、超50亿元企业2家、规模以上企业300家。加力扶持中小微企业，促进产业结构“星月同辉”。

*构建政产学研资合作体系*　加强科技合作与技术转移。依托散裂中子源项目建设，集聚关联产业和高端实验机构，探索规划建设东莞科学城。推进技术标准体系建设，建立国家模具

产品质量监督检验中心。推动大型骨干企业研发机构全覆盖。大力支持企业上市和到“新三板”、区域性股权交易中心挂牌融资。办好民间金融街。推进科技金融创新试验区建设。集聚发展股权投资、小额贷款、融资担保、融资租赁等机构。支持设立民营银行。优化财政扶持方式，提高撬动效果，促使科技和金融创新成为实体经济发展的助推器。

大力发展电子商务和生产性服务业　以获评国家电子商务示范城市为契机，用好市财政每年1.5亿元的专项资金，加大力度扶持电子商务发展。探索实行电商企业集群注册。支持松山湖、专业镇和专业市场建立电商交易平台，深入开展“莞货网上行”等活动。全面启动跨境贸易电子商务服务试点，开展国际邮件业务，让东莞制造产品借助电子商务的翅膀，更多地畅销全省全国和全球市场。大力发展楼宇经济。推进全国城市共同配送试点建设。继续办好加博会、漫博会、台博会、科技合作周等品牌展会。提升物流业发展水平，加快发展工业设计、检测认证、文化创意、信息服务和健康服务等生产性服务业。

营造有利于实体经济发展的“小气候”　抓好现有减负政策落实。通过延续社保缴费费率优惠、下调堤围费征收标准、扩大“营改增”行业范围、减免31项收费等措施，再为企业年度减负22.8亿元以上。完善再生资源回收利用体系，建设再生资源集中处理中心。建立走访企业常态化制度。规范劳动力市场，打击劳务中介不法行为。加快职业教育发展，资助开展技能培训，培养更多技能人才。制定扶持民间资本进入制造业的政策体系，让来东莞发展的企业喜欢东莞、认可东莞、扎根东莞，继续使东莞成为制造业投资的首选之地。

## 三、实施区域协调发展战略，开启产业地区布局新篇章

加快统筹建设水乡特色发展经济区　全面启动路网基础设施建设，重点推进万望路等8项道路桥梁改扩建工程。启动水乡新城建设，加快万江龙湾等10大示范片区、道滘大罗沙等10大“区中园”的规划建设。突破行政界限，跨镇域整合产业、土地、基础设施和公共服务等资源。实施综合治水、土壤治理、植树造林等行动，重现香飘四季、鱼翔浅底的水乡田园风光。

以大学创新城引领中部地区提升发展水平　加快大学创新城基础设施建设，引进武汉大学、台湾交通大学等创新资源。加快台湾高科技园、两岸生物产业基地、中以产业园建设。对生态园等园区设立严格的产业准入标准，确保投资强度。构建松山湖与周边镇垂直服务、对接联动机制，实现共同发展。东莞暂时还没有高水平的大学，但东莞必须通过非常措施吸引全国乃至全球的高水平大学的资源在东莞生根、开花、结果。

以粤海产业园带动东部各镇壮大产业规模　抓紧确定粤海合作开发模式，加快规划编制和土地统筹，铺开“三纵三横”路网等建设，同步推进招商引资，力争成为省级新区和国家新型城镇化试点。加强山区片等东部各镇产业统筹规划，探索设立高端先进制造业转移园，加强与粤海和深圳的对接，强化产业合作和配套服务，在接受辐射中做强产业经济。

探索打造珠江口东岸现代产业集聚区　加大虎门、长安、沙田、厚街、麻涌和长安新区“五镇一区”区域经济发展统筹力度，摸清岸线、空间和产业等现状，科学研究规划，明确产业定位，主动对接前海、南沙，提升区域发展水平。加快虎门港西大坦1至4号码头泊位报批，推进立沙岛精细化工产业园、麻涌港区粮油加工制造产业园建设。加快长安新区总体规划报批，启动用海规划修编，推进外围海堤立项报批，创新新区控股公司运营管理模式，积极向上争取实施区域围填海。

## 四、加速重大产业项目落地，燃点经济发展新引擎

再造审批流程，推动项目建设大提速　大刀阔斧推动项目审批流程优化再造，大幅压缩项目审批从立项到施工的平均时间。全面梳理和规范审批办理时限、申报材料等，编制审批目录和流程图，逐步实现全流程电子审批，打造项目建设“高速通道”。凡是其他城市能做到的，东莞一定要做到；其他城市比东莞快的，东莞力争通过改革做得更快一点。

打好重大项目落地攻坚大会战　强化用地保障，新增指标70%用于重大项目建设。发挥东实集团、水投集团等作用，及时协调解决项目融资、征地拆迁等问题，督促在建项目加快进度。增加项目考核权重系数，对先进镇街（园区）给予用地指标奖励。提高项目履约率和开工率，以华为终端项目为龙头，推动年内新启动两批总投资600亿元以上的重大产业项目。

力争重大项目招商取得新成效　建立重大项目招商信息共享、布局统筹、选址流转等利益分享机制，提高镇村统筹招商的积极性。以重大产业平台为载体，开展统筹招商活动，针对欧美日韩台等国家和地区重点招商，主动拜访大型央企民企，力争年内再引进若干个总投资超百亿元及数十亿元的重大项目。

## 五、实施扩容提质工程，加快新型城镇化进程

中央已就我国城镇化建设作出总体部署。作为城镇化的先行者，东莞必须抓住新的机遇，推动新型城镇化继续走在全省乃至全国前列，积极打造生产空间集约高效、生活空间宜居适度、生态空间山清水秀的美丽东莞，努力形成产业支撑城市发展、城市助推产业升级、产城一体化的良好格局。

巩固发挥城镇化的先发优势，提高城市发展的质量和水平　加强城市顶层设计，加快城市总体规划修编，确保一张蓝图管到底。完善“一中心、多支点”的组团式城镇群格局，不断提高核心城区的首位度，推动各镇加快就地升级发展，打造配套完善、各具特色的城市节点，以现代化的基础设施网络紧密联结，以优美的生态绿化带融洽分隔。结合轨道站点TOD开发，推动城市功能布局优化，进一步完善市镇交通、商贸等功能配套，不断提升城市品质。

推进南城国际商务区建设　按照打造“城市会客厅”的要求，加快南城国际商务区建设，尽快完成土地注入、收地等基础工作，确定准入条件、开发时序与合作模式，抓紧启动市政工程，引进一批总部企业和高端服务业。整合提升中央商圈和各镇商业片区，建设更多环境美、质量好、服务优的商场，让市民愿意在东莞消费，提高消费在国民经济中的拉动作用。

加快轨道交通等重要基础设施建设　力争地铁2号线一、二期土建工程基本完工，实现“隧道通”和“轨道通”，启动运营筹备，为2015年通车做足准备。加强沿线土地统筹开发。推动现代有轨电车试验段规划建设。加快虎门港澳客运码头、高铁虎门站开发建设。加快梨川大桥、东平东江大桥、从莞高

速东莞段、环莞快速路二期等建设。扎实推进4G网络、天然气管网、江库联网等工程。加快电网建设，确保投产110千伏及以上输变电工程15项。进一步打通镇村联网路、断头路、跨界路，构建"一张网"全覆盖的交通设施网络。

推动"三旧"改造常态化、长期化　探索组建城市更新和土地整备中心。完善利益平衡机制，引导集体和民营资本参与"三旧"改造。加强规划管控，实施分区控制、差别化地价等政策。每年预留5%新增建设用地指标支持成片更新改造。实行财政补助、不设容积率上限、有条件分割销售等优惠政策，鼓励"工改工"和建设工业大厦，从严控制改建商品房，真正腾挪出新空间来支撑产业转型升级。

以创建活动为抓手，深入推进环境治理和节能减排　积极创建国家生态市、国家森林城市、国家水生态文明城市。完善大岭山、银屏山森林公园二期配套设施，启动常平旗岭等森林公园建设。抓好湿地公园、生态景观林带建设和绿道管理。深入实施南粤水更清、清洁空气等行动计划。加强石马河、茅洲河、沙河、马嘶河、潼湖等跨市河流污染共治，加快挂影洲围中心涌综合整治。试行河长制。有河流污染的镇街至少完成一条内河涌整治，力争实现不黑不臭。完善截污支次管网，提升污水处理厂运营效果。加强东江水源保护，提升供水水质。用好全国节能减排财政政策综合示范市专项资金，推进"绿色水乡"等九大示范工程。加快淘汰黄标车，扩大环保限行区域。划定高污染燃料禁燃区。推动产业配套所需的污染企业进驻环保产业基地，关停不符合环保要求的企业。通过实实在在的举措，让城市融入大自然，让市民望得见蓝天白云、看得见青山绿水、呼吸到清新空气。

## 六、加大民生投入力度，积极构筑幸福保障网

把建设"平安东莞"作为民生首要任务　保持严打高压态势，重点打击"两抢一盗"、电信诈骗、黄赌毒、传销等违法犯罪活动。加快公安新情报指挥中心平台建设，建成6000个高清视频监控点。落实安全生产"一岗双责"，强化重大隐患排查整改，深化消防安全网格化管理，全面推进消防行政审批与技术审查分离。加快城市综合应急平台建设，强化突发事件联动处置。健全社区矫正工作机制。集中解决积案信访和突出问题，加强欠薪逃匿预警监控，确保社会和谐稳定，进一步提高群众安全感，尽最大努力尽可能让群众走在路上不担心被抢包，住在家里不担心被盗窃，睡在床上不担心有火灾。

认真解决垃圾处理、城市内涝、食品安全等群众关注的热点问题　着力办好十件民生实事。探索垃圾处理利益平衡机制，加快环保热电厂选址、新建和技术改造，建设花园式、公园式、让市民放心的现代垃圾处理厂。加大存量垃圾治理力度，探索将垃圾填埋场改造为休闲绿化公园。推进垃圾分类及收运处置。加强气象灾害预警和市镇内涝整治。加快123宗城乡防灾减灾工程建设。推进通讯基站的规划建设及景观化改造。加快"智慧城市"、"数字城管"建设。积极治理交通拥堵，完成市主干公路交通堵塞点改造工程。开展城市"六乱"和无证医疗机构、生活噪音等专项整治。坚决遏制新增违建，逐步消化存量违建。加强农产品检测和食品药品监管，加大假冒伪劣产品查处力度，确保群众吃得放心、用得安心。

全面发展文教体卫等各项事业　进一步提高公共文化服务水平，支持重大文化项目建设，扶持文艺精品创作。争创全国文明城市三连冠。制定和落实国家历史文化名城保护规划，整合提升虎门销烟遗址、南社和塘尾古村落等旅游资源，推动东莞从旅游客源地向目的地转变，让世界各地不仅认可东莞的经济发展，也被东莞的文化历史所吸引。全面落实创建教育现代化先进市各项措施。提高民办义务教育在校生补助标准。健全民办学校教师待遇政策。大力发展高等教育。推动中职学校专业向工科为主转变。开办外国语学校，异地扩建启智学校，筹办康复实验学校。强化未成年人心理健康教育。完善体育设施。积极筹办苏迪曼杯。办好第八届市运会。推进市人民医院分院、儿童医院、中心血站等建设，开展家庭医生式服务试点。妥善化解医患纠纷，建设平安医院。完善社区卫生服务体系，让群众看病更加方便和便宜。

加强对欠发达镇村、困难群众和对口地区的帮扶　完善市镇主导开发、三级利益共享的统筹发展模式，探索镇村以土地、资金等入股大型基建、园区开发和"三旧"改造。完成村居委会和集体经济组织换届选举。提高市内扶贫实效，力争欠发达村村组两级纯收入增长8%以上、贫困户总脱贫率50%以上。织牢社会保障的安全网，完善社保体系，加大就业资助、教育救助、慈善救助力度。加快深莞惠一体化步伐，深化穗莞战略合作。加强对口帮扶韶关工作，共同成立东韶实业公司，加快"一园一城七组团"开发建设。继续做好省内"双到"扶贫以及对口支援新疆兵团第三师、西藏林芝、广西河池等工作。

## 七、加强自身建设，打造透明政府、回应政府和公信政府

扎实开展群众路线教育实践活动　严格落实八项规定等要求，深入改进作风，严禁新建楼堂馆所，进一步清理规范庆典、论坛等活动，公开和压减"三公"经费。加强廉政建设，严格落实廉政责任制和廉洁从政各项规定，深入开展"红包"礼金、公款吃喝突出问题专项治理，严肃查办违纪违法案件，主动接受人大、政协、社会舆论等对行政权力的监督。集中解决形式主义、官僚主义、享乐主义和奢靡之风问题，使联系群众成为机关新风尚。畅通利益诉求表达渠道，让市民的诉求有人听、有回应、有结果、有反馈。

建立健全"问题导向、目标管理"的政府工作机制　探索搭建统一投诉平台。通过购买第三方服务开展工作作风和工作绩效明查暗访。深入开展民主评议政风行风。以存在问题和工作目标倒逼整改，促进过程规范、流程再造、程序简化，切实解决落实不力、吃拿卡要等群众、企业和基层反应强烈的突出问题，不断提高政府的执行力，增强群众对政府的信任感。

加强财政资金、集体经济的审计和绩效监管　增强预算完整性和约束力，建立健全政府支出绩效评估考核体系，选取若干村集体试点实施预算制度，强化审计监管，严格监督公共资金依法有效使用。深化农村集体资产交易和"三资"监管平台建设，全面完成村级交易点建设。加强农村廉政风险防控。

加强政府性债务和农村债务控制　坚持量入为出、量力而为、精打细算，杜绝盲目举债搞"政绩工程"，严控新增或续借政府性债务。不能光顾面子，不顾里子，要多做雪中送炭的事，少行锦上添花之举。合理厘清公共基础设施项目投资的市、镇分摊责任。禁止市直部门自行要求镇街增加人员和投入。实行镇街债务风险等级分类管理，重点监控类镇街

原则上每年在本级税收分成新增部分至少提取1/3建立偿债准备金。推动村集体增资减债，严禁过度分红甚至借债分红。凡有银信借款的村，在每年积累或土地转让收益中提留一定比例用于还债。

建设全国一流网上办事大厅　完成电子政务云平台二期建设，全面提高网上办理率和网上办事深度，逐步把所有镇街部门平台整合为子平台，把所有资源信息共享到云数据库上。拓展电子审批监察系统，实行网上办事效能监察。通过几年努力，让群众切身感受到“上网一看，一目了然；键盘一按，事情办完”，真正做到少跑路就能办好事、不求人就能办成事。

各位代表！35年前，十一届三中全会为莞邑大地带来了改革开放的春天；35年后，十八届三中全会又一次吹响了全面深化改革的冲锋号。长风破浪会有时，直挂云帆济沧海。让我们在中共东莞市委的坚强领导下，高举改革发展的旗帜，团结和带领全市人民，在爬坡路上攻坚克难，在新征程上锐意前行，为实现伟大的中国梦奋笔书写东莞高水平崛起的新篇章！

## 名词注解

单打冠军　即市委十三届三次全会提出的对部门镇街的单项工作考核机制，鼓励镇街、部门根据自身实际，在单项工作的考核中争当全市、全省第一。

市委和市政府1号文　分为2013年和2014年。2013年市委和市政府1号文指《关于全面提高开放型经济水平的若干意见》（东委发［2013］1号）和《进一步减轻企业负担优化营商环境的实施意见》（东府［2013］1号）；2014年市委和市政府1号文指《关于学习贯彻党的十八届三中全会精神全面深化改革加快高水平崛起的意见》（东委发［2014］1号）和《关于进一步扶持实体经济发展的若干意见》（东府［2014］1号）。

外贸九大课题调研　即2013年6月汪洋副总理视察东莞提出的外贸调研课题，包括开拓内销市场、拓展新兴市场、“走出去”、外贸综合服务企业发展、跨境贸易电子商务发展、提升研发设计能力、收购国外品牌、扩大进口、区域通关模式创新等。

“四方联网”拓展至“八方联网”　指外经贸、海关、检验检疫、企业共同搭建的加工贸易管理服务平台拓展至国税、外汇、工商、财政等部门。

全港集装箱突破190万标箱　全港包括虎门港一类口岸、虎门港总体布局规划及东莞市港政管辖范围内虎门港的所有码头。其中，虎门港集团控股的码头吞吐量达150万标箱。

民间金融街：位于南城，是我市2013年10月启用的从事民间金融相关业务的机构组织和配套中介的集聚区。

共同配送：即共享第三方物流，指多家客户联合共同由一家第三方物流公司提供配送服务。

万台注塑机示范市　指我市承担的省电机效能提升（2013—2015年）及注塑机节能改造工作试点推广任务，计划用5年时间，引导企业完成1万台注塑机的伺服节能改造或更新，实现年节电约5亿千瓦时。

“四化五警”　“四化”即治安管理网格化、治安巡逻常态化、治安监控全面化、治安打击精确化；“五警”即科技兴警、人才强警、动态布警、从严治警、从优待警。

“两癌”筛查　为全市35岁至59岁户籍妇女进行免费宫颈癌、乳腺癌体检筛查。

四风：形式主义、官僚主义、享乐主义和奢靡之风。

开放型经济“四大体系”　适应加工贸易转型升级需要的中小企业产业提升综合服务体系、内销服务体系、管理服务体系和开放型监管体系。

市场准入负面清单的管理模式　指政府以列明企业不能投资的领域和产业禁区的方式，管理市场准入的体制机制。

智能终端：指具有多媒体、通讯、网络、数据管理等功能的智能设备，如智能手机。

3D打印　指通过电脑软件对设计出的产品按三维空间分层切片，由3D打印机对粉末状金属或塑料等原材料进行层叠式黏合，直接构造形成零件或成品。

“双百”工程　即我市鼓励和支持大型骨干企业做大做强，积极培育百家大型骨干企业和主营业务收入超百亿元企业。

新三板　即“代办股份转让系统”，是专门为国家级科技园区非上市的高科技公司股份转让提供的交易平台，主要解决初创期高新技术企业股份转让及融资问题。

区域性股权交易中心　指为特定区域内的企业提供股权、债券的转让和融资服务的私募市场，俗称“四板”市场。

股权投资　指企业购买其他企业的股票，或以货币资金、无形资产和其他实物资产直接投资于其他单位。

融资租赁　指企业购买设备等实物时，由第三方金融机构出资，企业向第三方支付实物租金的新型融资方式。

电商企业集群注册　以企业作为集群注册托管公司，允许多家电子商务企业将地址登记为该托管公司的住所，组成企业集群，并通过电子营业执照应用平台的相关功能实现网上登记注册和登记注册信息公示的新型注册登记模式。

跨境贸易电子商务服务试点　指国家发改委、海关总署共同牵头开展的试点工作，推动外贸电子商务企业与口岸管理相关部门实现业务协同与数据共享，优化通关监管模式，提高通关管理和服务水平。

水乡10大示范片区　即在水乡地区建设水乡新城、万江龙湾、麻涌水乡、道滘大罗沙、洪梅洪屋涡水道西岸、望牛墩赤滘口河西岸、中堂水乡风情岛、沙田—虎门港穗丰年水道、石碣水南—唐洪、高埗中心涌等。

水乡10大“区中园”　即在水乡地区建设大罗沙文化产业园、龙湾滨江商务休闲区、水乡科技产业园、水乡电子商务产业园、麻涌粮油加工产业园、中堂现代物流产业园、麻涌“四季飘香”都市农业产业园、虎门港临港产业集聚区、四乡旅游产业园、国际健康产业城等。

河长制　即由污染河流区域内各镇街党政主要负责人担任“河长”，加强对河涌整治绩效考核，推动河涌整治。

九大示范工程　指东莞市为推进国家节能减排财政政策综合示范市建设实施的示范工程，包括“绿色水乡”节能减排综合示范区、松山湖绿色低碳科技创新城、节能减排指标监测预警云平台、注塑机伺服节能改造和电机能效提升系统工程、主要污染物减排、洁净煤技术研发与应用、节能与新能源汽车研发和应用、国家级地区性绿色生态示范区、可再生能源和清洁能源示范等。

一园一城七组团　“一园”指莞韶产业转移园，“一城”指在韶关芙蓉新区规划建设约5平方公里的莞韶城，“七组团”指我市选取7个镇街与韶关7个县（市）“一对一”结对帮扶。

# 商事制度改革创新

东莞市是广东省4个商改试点城市之一，2012年5月在大朗镇试点，同年12月全市推开。以2014年3月为节点，整个改革可分为两个阶段。一是2014年3月前，主要承担为全国、全省改革探路的任务，重点在压减行政审批事项、先照后证、注册资本认缴制、放宽市场主体住所登记、企业年检备案制、搭建协同监管体系等方面进行探索，多项实践成果推广至全省和全国。二是2014年3月全省商事制度改革推开后，东莞全面执行全省改革的标准和要求，加快改革创新的步伐，推出住所信息申报制、电商企业集群注册、全程电子化网上登记等创新举措，并打造后续监管的"东莞模式"，为"宽进"和"严管"探索一条行之有效、符合东莞实际的改革路径。

## 一、前端准入更加便利

*全国首创电商企业集群注册*　建立集群注册托管公司，允许多家电商企业将地址登记为托管公司的住所，组成企业集群，并依托电子营业执照应用平台，实现网上登记注册和登记注册信息公示，企业通过电子营业执照应用平台办理注册，在线提交申请材料，登记机关网上审查、网上发放电子营业执照。2014年4月在松山湖高新区启动改革，到年底松山湖申请登记集群企业400家，初步建成电子商务虚拟产业园和大学生创业园。

*全省地级市率先推行住所信息申报制*　2014年5月21日，东莞在大朗镇试点启动住所信息申报制，除娱乐服务、重污染及餐饮行业外，经营者向登记机关申报住所或经营场所信息，自行填报地址、房屋产权人、使用权取得方式、住所房屋规划用途等内容，并对申报的住所信息真实性负责，即可办理登记，无须提交其他住所证明文件。5月21日至12月31日，大朗镇新增市场主体4483户，比上年增长38.5%，增速比全市同期水平高出30个百分点。其中，新增企业1345户，增长65%，比全市同期水平高出20个百分点。

*试点推行全程电子化网上登记管理*　作为全省全程电子化登记管理的试点，东莞率先探索以电子营业执照应用平台为支撑，开发网上登记管理系统，首先在集群注册企业测试运行，依托数字证书进行身份认证，全流程网上申报、网上审核、网上发照，申请人无需提交任何纸质材料，即可完成工商登记注册。截至年底，采取全程电子化工商登记方式登记的企业有139家。在此基础上，市工商局以工商数据为源头，推动部门登记信息互通互认，在外商投资企业实施"十证联办"，实现"一站受理、一表填报、同步审核、限时办结、同步发证、分头领取"。

## 二、后续监管稳步推进

*搭建商改后续监管制度框架*　2014年4月15日，市政府印发《关于深化商事登记制度改革加强市场监管的实施意见》，确立后续市场监管体系的思路，明确开展企业信息公示、建设协同监管信息化系统、厘清部门职责等15项措施。市工商局协同相关部门、镇街，合力抓好贯彻落实，制定信用约束管理、部门督查考核、基层综合监管网络、信息共享平台建设等配套方案，搭建全市后续监管的制度框架。并以"一个平台、一支队伍、一套机制"为核心，构建"政府主导、部门监管、企业自律、社会监督"的多元共治体系。

*搭建协同监管信息化平台*　上线应用全市商改后续监管系统，将工商登记信息按照经营范围关键词和地址同步推送到部门，各部门在规定时限内开展许可监管，并反馈监管信息和违法线索，实现部门之间信息互联互通、协同精细化监管，提升市场监管效能。平台累计推送涉及许可项目的工商登记信息3.9万条，收到反馈信息3.4万条，信息反馈率达到87%。

*组建基层市场协管队伍*　以大朗镇为试点，整合村（社区）市场税务协管、食品安全协管等力量，组建村（社区）基层协管队伍，引入网格化管理理念，开展网格化市场主体核查，发现和反馈无证照经营等违法线索，并配合监管部门开展后续监管执法，实现日常巡查与监管执法相分离，弥补基层监管力量不足，使市镇两级市场监管体系拓展为市镇村三级，部门监管和属地管理有机融合。8月12日，市政府举行现场会，全面推广大朗经验。全市各镇街按照市政府的部署，组建基层市场协管队伍559支，人数超过3100人，基本实现村村有队伍、户户受监管。

*建立部门联动的信用约束机制*　率先在电子营业执照平台上自主开发东莞市企业信息公示系统，以工商部门的登记注册信息为基础，整合税务、质监、食药监、公安等45个部门267项目录的1200多万条企业信用信息，按照企业基本信息、审批许可资质信息、违法违规不良信息、表彰奖励信息四大类，全方位展现企业在各个环节和领域的信用情况。同时，将工商部门的经营异常名录、黑名单、信用分类监管、退出机制等4项信用约束制度推广到39个市场监管部门。各部门结合自身职能，分别出台标准，对未按规定履行信息公示义务或有其他轻微违法行为的市场主体纳入经营异常名录，对有严重违法行为

▲ 2014年4月1日，东莞市在松山湖高新区举行电子商务企业集群注册启动仪式　（邴兴　摄）

的列入“黑名单”，明确相应的惩戒政策，初步形成“一处违法、处处受限”的信用约束合力。

### 三、商改红利持续释放

全市新登记市场主体114791户，比上年增长8.1%。新登记企业46406户，增长44%，企业注册资本976亿元，增长166.5%，新登记企业数量及注册资本双双创下历史新高。全市市场主体达到632290户，企业达到210777户，两项数据稳居全省地级市第一。全市每千人拥有市场主体从改革前的65户增加到76户，比全省平均的63户多13户。全市市场秩序平稳有序，根据抽样调查显示，新登记市场主体开业率达96.8%，市场主体持照经营率达84.5%，其中不涉及许可的一般经营项目市场主体持照率更高达94.2%，基本做到“放而不乱”。东莞的商改实践受到广泛关注，国新办组织13家中外媒体到东莞实地采访。中央电视台新闻联播对东莞改革动态进行聚焦关注。广东电视台、南方日报等省级媒体连续报道东莞商改经验。东莞多项创新举措上升为全省、全国的改革部署，受到借鉴推广。

（工商局　冯庆才）

# 项目投资建设审批体制改革

党的十八大报告和十八届三中全会《决定》指出，要将深化行政审批制度改革作为转变政府职能、推动全面深化改革的重要任务。为打造法治化、国际化营商环境，推动全面深化改革，2014年1月，市政府出台《东莞市项目投资建设审批体制改革实施方案》（下称《实施方案》），提出“凡是其他城市能做到的，东莞一定要做到；其他城市比东莞快的，东莞力争通过改革做得更快一点”的总体要求，正式拉开项目投资建设审批体制改革的序幕。

### 一、改革背景

一是落实省委省政府工作部署的需要　省委省政府部署开展新一轮行政审批制度改革，特别是把投资领域的审批制度改革作为整个行政审批制度改革的攻坚重点。2013年，省府办印发《广东省企业投资管理体制改革方案》，要求各市和省各部门制定具体改革工作方案，从实际出发推进各项改革。

二是营造法治化国际化营商环境的需要　项目投资建设审批体制是法治化国际化营商环境的核心组成部分。东莞市率先推动项目投资建设审批体制改革，取得良好成效。但与新一轮中央和省的改革要求相比，与企业的实际诉求相比，该市项目投资建设审批体制仍存在一定问题，不少企业希望东莞市在推进法治化国际化营商环境建设中，深化项目投资建设审批体制改革。

三是推动全面深化改革的需要　东莞市发展正处于爬坡越坎的关键期、转型升级的换挡期，必须坚定不移全面深化改革。而行政审批制度改革作为新时期全面深化改革的重要任务之一，对全面深化改革起重要的牵引和带动作用。为此，必须以深化行政审批制度改革为抓手，加快行政体制改革，从而推动改革全面深化。

### 二、改革路径

改革分别从“放开、宽进、剥离、脱钩、缩减、合并、切分、并联、容缺、共享”十大路径，推动项目投资建设审批提速、行政提效、服务提质。

一、放开　针对激发市场主体活力的问题，全面放宽社会投资项目准入，培育中介服务市场。比如，市管权限内不涉及公共资源开发利用的项目一律取消核准，改为备案管理，形成以备案制为主的企业投资管理体制；优化企业投资、外商投资、企业境外投资的项目准入条件，对交通、能源、城建、社会事业等涉及公共资源的领域并且具有一定投资回收能力的项目，实行竞争性配置。

二、宽进　针对审批关卡多的问题，在相关领域推进“宽进”改革。比如，取消企业投资项目备案手续中的“资金来源证明”项目；推进取消项目用地产业发展核准；电子报批指标校核不再作为审查事项，改由设计单位提供经济技术指标并自行把关。

三、剥离　针对审批效率较低的问题，推动行政审批与技术审查相分离。比如，逐步推行技术性审查市场化，重点推进项目节能评审、环评、方案论证、施工图审查、消防设计审查、质检和验收等审查工作，实行技术性审查与行政性审批相分离；继续推进消防设计技术审查与行政审批分离。

四、脱钩　针对前置审批项目较多的问题，推动审批项目脱钩。比如，建设工程消防设计审核、备案与建设工程规划许可并联办理；水土保持方案审查不作为环境影响评价文件审批的前置条件。

五、缩减　针对审批事项多的问题，在确保底线安全的前提下，压减审批项目或缩小审批范围。比如，除重大建设工程、可能发生次生灾害工程和学校医院等人员密集场所建设工程外，不再进行抗震设防要求的审核；压缩市级立项的项目预审范围，对已取得土地使用证且不涉及土地用途和地块位置变更的项目，无需办理用地预审；土地利用总体规划确定的城镇和集体建设用地范围内已查明无重要矿床的项目，不再进行矿产压覆矿审批；不属于地质灾害易发区的项目，在用地报批材料中无需提交地质灾害危险性评估报告。

六、合并　针对审批环节较多的问题，对可以归并的事项全面优化整合。比如，修建性详细规划方案审查与建筑设计方案审查合并为建设工程设计方案审查；施工与监理合同备案、保函备案和安全措施备案纳入施工许可合并办理；部分满足特定建设条件的政府投资建设项目，可将项目建议书和可行性研究报告合并报批，仅做一次编报和审批；对已取得项目建议书批复、国土预审批复的政府投资建设项目，建设单位可申请由规划部门核发的选址意见书与建设用地规划许可合并办理。

七、切分　针对部分审批事项设置不合理，导致审批流程不顺畅的问题，推动审批事项切分优化。比如创新实施基坑基础与主体分开单独报建，为基坑基础先行施工创造条件；将“建设项目竣工环境保护验收”分为两个部分进行，“建筑物竣工环境保护验收”作为“竣工验收备案”的前置条件，但不

作为行政许可事项，“项目竣工环境保护验收”作为行政许可事项，但不作为“工程质量验收”的前置条件。

八、并联　针对审批流程串联较多的问题，对审批流程进行系统梳理，全面增加并联审批事项。比如项目建设工程规划许可证可与人防工程设计审查同步办理；企业投资项目备案与立项阶段其他审批事项实现并联办理；企业投资的备案类项目及竞争性配置类项目涉及单独选址的，压覆矿产资源审理、地质灾害危险性评估结果认定与用地预审同步办理。

九、容缺　针对以往材料不全不能审批的问题，推行容缺预审制度。对具备审批基本条件、申报主要材料要件齐全且符合法定条件，但次要条件和手续有欠缺的项目，允许先缺件预审或受理；对部分未能完善国土、规划前期手续而无法按法律法规要求办理施工许可的省、市重点工程，实行质量安全监督提前介入。

十、共享　针对审批实体散的问题，利用信息化手段，推动审批部门间信息实时共享。比如，完善网上办事大厅项目投资建设审批功能模块，逐步实现项目审批事项网上申请、网上办理，项目审批信息网上共享；推进批文共享库建设，加强政务信息共享平台与审批部门业务系统间的数据对接交换，实现前后置审批部门间批文的实时共享，促进线上线下协同审批。

## 三、改革推进情况

改革启动以来，各相关部门扎实推进改革措施的落实和创新工作，逐渐摸索出一条具有东莞特色的投改路径。

一是细则出台与政策辅导联动　夯实改革基础　2014年1月起，根据《实施方案》的工作计划，有关部门制定实施细则、办事指南及工作流程等配套政策。市环保局、规划局、住建局、人防办等20多个投改相关部门已印发实施了实施细则、办事指南及工作流程等配套政策，初步形成“1+X”的政策文件体系，明晰各单位的改革措施、实施步骤和保障机制等内容，标志着《实施方案》改革措施的正式落地和全面启动。

二是试点推进与全面实施同步　积累改革经验　投改工作全面启动实施后，全市建设项目在审批过程中均可享受投改带来的改革便利和改革红利。同时，抓好项目流程的实操测试工作，在全市选取68个项目作为投改试点，以解剖麻雀的方法，对试点项目的进展情况进行全面跟进研究。建立集中辅导机制，召开项目投资建设审批专题辅导会，对试点项目存在的问题进行集中解答。通过试点推进的方式，对制约项目进度的障碍进行协调，对投改政策存在的问题进行研究，为完善相关操作积累改革经验。

三是线下改革与线上改革贯通　创新改革手段　针对缺乏全市性实体办事大厅的现实情况，推动投改事项向网上迁移，以网上办事大厅建设作为推进行政审批制度改革的重要突破口，以投改作为推动网上办事大厅建设的重要着力点，创新形成线下改革与线上改革相贯通的改革新手段。一方面，以线下改革推动线上建设。制定出台投改实施细则，为东莞网上办事大厅建设提供首个创新蓝本，改变过去由于部门操作细则缺失，网上办事大厅建设无法推进的困境。随着网上办事大厅项目投资建设审批相关功能模块的建成使用，群众可通过网上办事大厅实现投改全流程网上办事。另一方面，以线上建设倒逼线下改革。通过全面开展标准化试点工作、建设项目投资建设审批信息资源共享库、推进电子证照库建设和应用等，为实行“T+0”并联审批和“T+1”同步审批创造条件，也推动项目投资建设审批的全流程梳理、事项简化和时限压缩，实现倒逼线下改革深化的效果。

四是探索实践与政策完善对接　深化改革措施　制定完善的配套政策是改革措施能否落地实施的关键。为此，东莞市针对在投改实施过程中，部门之间改革衔接协调不顺畅等问题，以及各部门探索形成的有益经验，制定《关于深化项目投资建设审批体制改革工作的配套规定》（以下简称《配套规定》）。《配套规定》立足投改实际，融合部门创新探索，具有鲜明的问题导向和东莞特色，提出20条改革配套措施，以政策文件形式对部门探索经验进行推广，对部门间操作衔接等问题进行优化，借鉴国内省市先进做法，完善东莞市投改政策。

五是改革创新与系统攻坚并进　突破改革难点　探索改革新路径，借助外商投资管理服务改革试点的机遇，推动项目投资建设直接落地改革试点，在全市16个镇街（园区）选取约40个项目，开展以企业依法承诺制、备案制和事后监管制为主要内容的改革试点，形成较为细化完善和共识一致的改革试点方案，并根据试点实践，对改革操作进行逐步完善。直接落地改革试点作为推动项目投资建设审批体制改革的一部分，丰富了东莞市投改探索经验，为创新投改路径提供巨大推力。

## 四、改革成效

通过改革，东莞市社会投资项目从立项到验收审批所需的实际时间从过去的18个月，缩短到7个多月；财政投资项目从过去的24个月，缩短到10个多月。除2个自身原因停止投资的项目和3个尚未启动的项目外，其余项目均反映在相关审批环节享受到投改红利。总体来看，改革实施一年多来，措施逐步完善，初见成效。

一、发力改革攻坚 改出营商环境的新红利

投改从放宽准入、培育中介、强化监管等方面，实行以市场为取向的系列重大改革，有利于激发市场主体活力，营造法治化、国际化营商环境。一是改出社会投资的新奶酪　通过改革，最大程度放宽项目投资准入条件，形成以备案制为主的企业投资管理体制，将市场能办好的放回给市场，增强企业投资自主权。例如，通过实行项目备案立项与其他审批事项并联办理、取消社会投资项目备案的“资金来源证明”等改革措施，一般社会投资项目有营业执照就能完成项目的备案，获得投资的“准生证”。通过这一改革，社会投资项目立项从原来最多40多天改为现在最多5天。二是改出专业中介的新奶酪　结合支持社会组织承接政府职能转移，推动技术审查市场化改革。在条件成熟的审批领域，将技术性审查工作交由具有相应技术资质的合法机构进行审查。通过这一改革，相关领域的专业中介技术服务机构迎来更广阔的市场空间，实现更大的发展。三是改出诚信企业的新奶酪　在简政放权的同时，强调加强项目投资建设事中事后监督，加大对违法违规和失信企业的惩戒力度。同时，规范中介管理，建立中介诚信评价、管理联动和退出机制，搭建公开、公平、规范的竞争择优平台，强化中介机构的法律责任。通过这些改革，为诚信企业创造更好的发展环境，让诚信企业获得更大竞争优势。四是改出宽进严管的新奶酪　以“宽进严管”为特色的商事登记制度改革，已极大激发市场主体活力。通过将“宽进严管”的精髓应用于项目投资审批体制改革，催生出更多的制度红利。例如，通过对建设工程规划核实测量工作严格把关，推动取消电子报批指标校核，率先探索在规划审批领域以后端“严管”促前端“宽进”。据估算，实施这一项改革，减少项目单位资料准备和修改时间约2个多月。

二、狠抓效能攻坚 压出治理能力的新提升

以压减行政审批项目和时间为突破口，从不该管、管不

▲ 广东粤海高端装备技术产业园首期启动区选址地块

好、管不了的领域退出来，转向加强对市场活动的监管和提高服务水平，政府职能实现新提升。一是压出政府的效能提升　针对审批周期较长的问题，着力提高政府行政审批的效能。通过这一轮改革，社会投资项目从立项到验收审批所需的实际时间从过去的18个月，缩短到7个多月，降幅超过60%，审批效率居于全国领先水平。二是压出政府的职能归位　在确保底线安全的前提下，缩减25项行政审批。通过取消这些审批，减少寻租空间，相关部门权力边界更为清晰，主要精力也可以从整天忙于审材料、批项目中解放出来，更多用于加强发展战略、规划、政策、标准等规则的制定和实施，以及加强市场监管，从而实现政府职能的"归位"。三是压出政府的全程协同　分立项设计、施工许可、竣工验收三个阶段，推进串联的审批事项改为同步办理或并联审批。例如，项目建设工程规划许可证可与人防工程设计审查同步办理；环评审批不以水土保持前置审批等。串联改并联，在提高审批效率的同时，也倒逼着政府各部门加强彼此间的审批联动和监管协同。四是压出政府的审批创新　为实现审批事项和审批时间的大幅度减少，采用一系列审批创新手段。例如，建设全国一流的网上办事大厅、推行容缺预审受理、试行"形式审查制"、逐步推行技术审查市场化等。审批方式的创新，提升政府审批服务质量，让广大投资者真正做到少跑路就能办好事、不求人就能办成事。

三、助推项目攻坚　省出经济发展的加速度

今天的投入就是明天的产出，提高项目审批速度就是提高经济发展速度。改革围绕实体经济的发展，提出系列针对性强的改革措施，确保实现项目"落地快"和"投产快"，形成经济发展的加速度。一是省出项目落地的加速度　为加快项目落地，提出许多实招。例如通过创新实施基坑基础与主体分开单独报建，为基坑基础先行施工创造条件，节约项目的实际建设时间。这些措施已全面推行并显现成效，仅实施基坑基础与主体分开单独报建这一项改革，就可使项目建设周期缩短至少6个月，使项目实现提前投入运营，有效降低项目单位的成本。二是省出抢抓商机的加速度　社会投资项目从立项设计到施工许可的审批时间由原来的200多天压缩到现在的45天。同时，为提高企业抢抓商机的加速度，实施一些创新举措，为社会投资项目验收得更快创造条件。例如对有需要的重大工程项目，可实施多部门联合综合验收。实施这些改革，促进项目实现"早建设、早投产、早获益"，从而赢得发展先机。三是省出接轨国际的加速度　对接自贸区的改革理念和措施，通过审批标准化、流程再造、规范监管等重点改革，实现审批事项更加透明、审批行为更加规范、审批效能更加领先，创造出便于企业高效运作的营商环境，使企业在东莞投资经营更加自由、更加便捷，使东莞在企业资金周转、资源配置等方面的效率更接近于国际水平，从而获取并确立相对于其他城市企业的发展优势。　（政研室）

# 外商投资管理服务改革试点

2014年，东莞市入选成为省实施外商投资管理服务改革试点城市，围绕建设法治化、国际化营商环境的总目标，按照立足现有法律、立足省级权限、立足问题导向的原则，实施外商投资从项目审批、市场准入、工程建设到运营监管的全流程改革，力争通过1—2年的试点改革，建立一套在全省乃至全国"可复制、可推广"的外商投资便利化管理服务机制，形成一套"贯穿全程、管理到位"的事中事后监管体系，使东莞成为外商投资项目审批最快捷、市场准入最便利、部门联合管理最

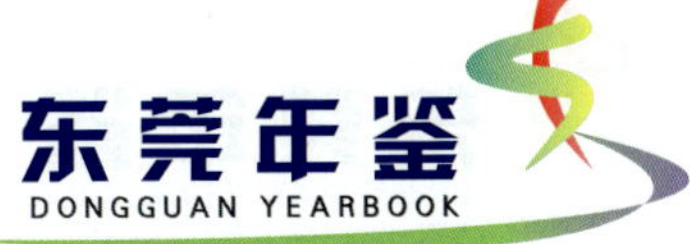


到位、政府服务最高效的城市之一。

## 一、试点意义

一是提高开放型经济水平的重要举措　对外开放是广东发展的强大动力与传统优势。东莞作为外商投资高度集中的制造业大市，大力推进外商投资管理服务体制改革，特别是在加工贸易转型升级、商事登记制度改革、项目投资审批制度改革等领域积极改革创新，走在全省乃至全国前列，提升了开放型经济的发展水平，形成了坚实的改革基础。东莞曾在全国首创外商投资“一条龙”服务，当前开展的外商投资管理服务改革，按照国际惯例和世贸组织规则，围绕开放型经济转型升级的现实需要，针对外资审批、市场准入、工程建设和运营监管等环节的体制瓶颈，建立一套便利化、一体化、透明化的管理服务机制，是“一条龙”服务的升级版，对提高东莞开放型经济水平，为全国其他地区推进外商投资管理体制积累可复制、可推广的经验，具有启发和示范意义。

二是积极应对国内区域竞争的重要举措　随着国家对外开放格局的不断拓展和深入，来自长三角、环渤海以及中西部地区的竞争日趋激烈，尤其是上海自贸区的设立增强了吸引高端投资的比较优势。面对挑战，广东省在筹建粤港澳自贸区的同时，提出自贸区之外试点探索外商投资管理体制改革，侧重于探索管理服务新模式，立足于现有法律法规，立足于省级审批权限，坚持问题导向，探索易于启动、易于实施、易于推广的改革措施与创新机制，力争使相关改革更早见效、更快见效、更广泛见效，与自贸区形成既有区别又相呼应的改革发展格局，对巩固和提升广东省吸引利用外资的综合竞争力，再创发展新优势，具有积极作用。

三是以开放倒逼改革的重要举措　以开放倒逼改革，是广东推进改革发展的成功法宝和重要经验。外商投资管理服务改革，实施从项目审批、市场准入、工程建设到运营监管的全流程改革，特别是在外资准入以后简化项目投资建设的相关行政审批手续，推动后端改革的深化，以此牵引政府职能的加快转变，打造以开放促改革的新亮点，促进全省实现外商投资改革由单点突破向全程贯通跨越，为推动全省改革开放继续走在全国前列做出贡献。

## 二、先试先行探索改革

东莞试点主要探索以下四方面的改革：

——推动项目审批便捷化改革　在外商投资审批领域重点推进三项工作：

一是标准化　结合东莞实际情况，重新制定一整套合同、章程、可行性报告等申报资料的模板，把申报资料全部实行格式化、模板化，方便企业准备申报资料。

二是便利化　在符合国家法律法规要求的基础上，对国家没有明确要求的材料能减则减，能免则免，新设外资项目所需要的资料由原来的10份精简为6份；同时，将市级权限内鼓励类、允许类涉及许可经营的项目，许可条件由前置审批改为后置审批，并在经营范围后面加注“取得许可后方可经营”字样。

三是电子化　建立外资项目网上审批系统，涵盖项目设立、变更等业务的在线申报和审核，企业可以24小时全天候网上申报，并实现法律风险企业提示、敏感字眼预警、申报资料在线修改、发文管理、数据统计分析等多项功能。

——扩大市场准入便利化改革　针对企业市场准入环节办证时间长、审批手续繁等问题，探索建设外商投资市场准入的“单一窗口”，在全国率先启动外商投资“多证联办”改革，释放改革红利。主要有三方面制度创新：

一是建立最便捷的联办机制　东莞“多证联办”的联办机制是以“一表一图”（企业信息采集表和多证联办操作流程图）为基础，依托网上办事大厅的“单一窗口”，摒弃以往多人员、多客户端、多单证系统操作，利用网上办事大厅作为统一平台申报，实现一口对外、一次受理和一次操作。依托联办机制的创新，由过去的串联递进改为并联推进、同步审核、限时办结，实现办理时间的大幅压缩，新设外资企业办齐10个证照从原来需要2个月至半年时间，大幅缩短到3—4个工作日。

二是实施最广泛的联办范围　与外省市的“四证联办”“五证联办”等相比，东莞的改革主要有两点重大突破。一方面，实现“十证联办”，涵盖外商投资企业在新办企业时所需要办理的所有登记注册类证照和许可，真正实现“一站式”和“一条龙”服务。另一方面，东莞参与联办的部门既有工商、财政、商务、社保等地方部门，也有国税、地税、海关、外汇、检验检疫、质监等六个国家、省直属单位，改革具有更大牵动性。

三是打造最高效的联办载体　“多证联办”依托网上办事大厅和政务信息资源共享平台，通过电子证照（数据）的互通共享，最大限度实现部门的信息共享与审批联动，突破实体办事大厅的束缚。商务部门进行全程网上预审，实现企业一手递件一手领证。工商部门通过共享平台，与商务部门共享企业数据，实现当天递件当天领证。企业现场所需提供材料从原来的51份，减少到23份，减少55%。通过这些措施，实现线下改革向线上迁移，同时线上改革如电子证照、网上审批等，反过来也推动线下改革的深化，促进线上改革与线下改革的良性互动。

——推进工程建设“直接落地”改革　根据《东莞外商投资管理服务试点改革方案》的部署，针对企业相关产业项目的直接落地进行探索研究，借鉴国内项目投资建设审批改革的先进做法，制定《东莞市项目投资建设直接落地改革试点方案》，探索开展面向产业项目的以企业依法承诺制、备案制和事后监管制为主要内容的直接落地改革试点，取得初步成效：

一是加快项目审批速度，促进项目落地建设　直接落地改革最大限度简化部门审批环节，变“先批后建”为“先建后验”，提高项目审批速度。整体审批流程所需时间大幅缩减至2个月，促进项目落地建设，推动企业抢抓发展机遇。

二是服务监管全程介入，推动服务效能提升　直接落地改革从根本上改变部门监管的方式，使工程监管重点由过去的事前审批，转到现在的事前、事中和事后结合监管，倒逼政府实现从“被动”审批到“主动”监管的转变。政府职能加快转变，政府部门把握“放”和“管”，做到管住和管好该管的事。

三是强化企业主体地位，引导企业自主自律　直接落地改革突出企业在项目建设过程中自主选择的权力和自我约束的责任，企业可以根据自身情况，自主选择是否与部门或与哪些部门签订承诺书，也可自主依法确定勘察、设计、监理、施工等单位，更可自主选择动工时间。

——拓展企业运营“协同监管”改革　东莞市全面推进加工贸易管理服务平台建设，初步实现“八方联网”，取得技术、功能、部门、信息四大整合成效。平台具备电子化手册联网管理功能、电子化手册联网核销功能、外商投资项目联网审批功能、企业诚信信息联网管理功能和部门联网数据共享功能。

（商务局）

# 农村综合改革

面对农村发展遇到的集体经济增长后劲乏力、基层管理任务不断加重、公共开支日益膨胀等困难和挑战，东莞市贯彻中央和省关于农村改革的决策部署，相继出台农村综合改革“1+5”系列政策，不断加大改革探索力度，全力推动农村改革发展。特别是2014年，根据国务院综改办和广东省委农办的部署要求，东莞市以水乡特色发展经济区、莞城街道、黄江镇、虎门镇“一区三镇街”为试点单位，创建全国农村综合改革示范试点，力求以改革破困局、解难题、促发展。经过改革，在农村产权管理制度、农村集体经济发展方式、农村公共服务供给体制和农村基层社会治理等重点领域取得成效。主要措施有四个方面：

## 一、完善农村产权管理制度

围绕赋予农民更多财产权利，重点抓好农村集体“三资”（资金、资产、资源）的管理和服务，力促集体资产的保值增值。

一是建设农村集体资产交易平台　全市建立32个镇街农村集体资产交易平台和372个村级交易点，虎门等镇试点推进集体资产网上交易。截止2014年，全市累计成功交易12117宗，总体溢价率达到9.1%，直接为农村集体增收达14.1亿元。在交易平台建设中，遵循“交审分离”的原则，交易事项审查由镇街的农村集体资产管理部门兼顾，交易活动服务机构则可单独设置，也可与现有的招投标中心、采购中心等机构合署，或委托中介机构代理。镇级和村级交易平台根据交易权限和标准承接不同交易事项，所有交易项目均向社会公开，交易竞投人不限于本镇或本村范围，除行业要求和信用要求外，对意向竞投人一般不设特定准入条件。同时，各类型交易的招标和成交信息必须在市农村集体资产管理网和镇街分网上同步公布，同时还通过镇街政府门户网站、微博群、手机报、电视台、社区公布栏等方式，扩大交易信息传播范围，吸引更多的意向人参与交易。

二是建设农村“三资”监管平台　建成覆盖市、镇、村、组四级的“三资”监管平台，建立集体经济合同台账6.2万份、集体资产台账17.4万宗，全市村组两级集体经济组织全部纳入平台。市、镇两级监管部门利用平台可以对全市所有经联社、经济社的每一份合同、每一笔开支、每一张凭证实时全程监控，变事后监督为全过程监督，实现集体资产管理阳光化、信息化和规范化。

三是加强农村集体节支减债工作　加强债权债务管理，建立还贷基金制度，规定凡有借款的村组必须在每年积累或土地转让收益中提留一定比例用于还债；把村组收款情况与村干部的绩效工资挂钩，联合法院等部门开展集中追收行动，加大集体经济应收未收款追收力度。在146个村（社区）推行村级预算制度试点，控制集体开支，强化收支约束。至2014年，全市村组两级集体总资产1375.9亿元，约占全省同级资产的三分之一；资产负债率17.7%，再创历史同期新低。

四是开展农村集体土地确权　制定市及试点镇的农村土地承包经营权确权登记颁证实施方案，提出“直接确地”和“确股确地”两种确权方式及相应的操作程序、保障措施等。石龙和麻涌两镇作为省确定的土地承包经营权确权试点，开展承包经营权确权登记颁证工作。

## 二、转变农村集体经济发展方式

坚持把农村集体经济转型发展作为稳增长、调结构、促

▲　南城白马社区

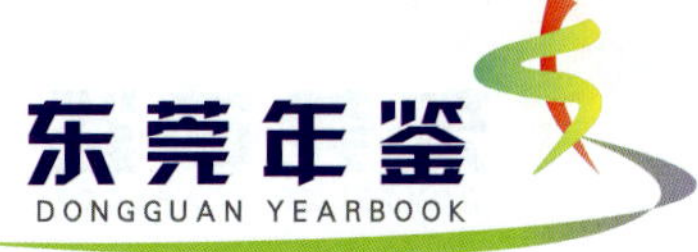


改革的重中之重，坚持科学谋划，统筹兼顾，破解传统发展难题，探索科学发展新路，激活农村发展活力。

一是推动干部思想转变　针对部分基层干部谈到发展就想到要地建厂出租的情况，教育引导各级干部解放思想，认清发展形势，突破对传统发展路径的依赖，争取通过集约节约用地产生更大的产值，通过资产有效运作产生更大的经济效益。

二是推动分散开发向统筹开发转变　推行"市、镇主导开发，市、镇、村三级分利"的发展模式，引导村（社区）以土地、资金等形式入股市镇大型基础设施建设、园区开发、"三旧"改造项目。2014年，全市各村（社区）共投资81亿元，参股市、镇重大优质项目514宗，每年增加村集体收入9.5亿元，促进镇村共赢发展。

三是推动低层次物业出租向高级物业经济转变　出台镇村招商引资、"三旧"改造、村制造业纳税大户和村重点项目税收等奖励政策，设立每年1亿元镇村产业升级奖补资金，对"工改工"、创新型经济等9大类产业升级项目进行补贴，鼓励集体引进上规模的优质项目，促进集体物业租赁经济转型升级。

四是推动集体闲置资金从银行收息向多元化投资转变　鼓励集体经济按自愿和稳健的原则，将闲置资金投入保本型的理财产品，以及收益稳定、风险较小的股权型项目。支持市信托等市级投融资平台，择优选定一批经营稳定、收益良好的优质项目，面对集体经济融资。2014年，全市共投入98亿元进行信托理财、银行投资等理财项目1700多宗，投资型经济规模较上年增长30.5%。

## 三、创新农村社会管理体制

坚持重心下移和权力下放，探索基层治理体系建设，优化基层管理和村民自治体制机制。

一是创新农村基层组织运行机制　在村（社区）进行区域化党组织设置改革，建立作为镇街党委派出机构的党工委。创新构建"一核心、两联席、三统筹、四公开、五监督"的党工委运行机制，增强基层党组织的领导核心作用。"一核心"，即强化村（社区）党组织总揽全局的领导核心地位；"两联席"，即建立完善村级班子联席会议制度和党群联席会议制度；"三统筹"，即党组织统筹指导村民自治工作、统筹指导村级经济组织运作、统筹指导村级群团组织和社会组织发展；"四公开"，即承诺事项公开、决策过程公开、实施结果公开、群众意见公开；"五监督"，即上级监督、内部监督、制度监督、平台监督、社会监督。在全省率先设立覆盖全市镇村、"两新"组织的616个党代表工作室，完善密切联系服务群众的体制机制。

二是创新基层党务政务服务机制　在开展政务服务中心建设试点的基础上，在万江街道试点建设集党务、政务、公共服务于一体的党政公共服务中心，整合原有的分散办事窗口，构建统一集中的办事平台。推行"社区代办"服务模式，有94项业务居民可以不出社区就能办成，初步实现"不出社区能办事，有没熟人办成事"的目标，极大方便群众办事。

三是创新村民自治和群团参与治理机制　先后建设55个社区综合服务中心示范点，实施"一事一议一自治"的服务机制，通过社区综合服务中心的点菜式、项目式服务，解决一批与群众生活息息相关的问题。成立"阳光雨党员服务中心""白玉兰家庭服务中心""莞香花青少年服务中心"等一批群团组织，扶持发展社会组织，发挥其社会治理的作用。

四是创新异地务工人员融入机制　在莞城等镇街探索试行选拔异地务工人员参与社会管理和参政议政，选拔优秀新莞人党员挂任社区党工委兼职委员（无薪酬）。创新社工服务方式，试点推行新莞人社工岗位，面向新莞人开展家庭纠纷调解、子女关爱等"社工+志愿者"社会服务。

## 四、提升农村公共服务供给能力

建立健全农村公共财政保障机制，提升公共服务供给能力。

一是统筹公共开支　根据"保基本、保必须"的原则，从市镇参与税收分成收入中切块5%，设立农村基本公共事务补助专项资金，专门用于补助村（社区）负担较重的治安、环卫、行政管理等重大公共事务开支。2014年补助全市各村（社区）的公共事务专项资金共16.7亿元，以后各年的补助还将随税收收入同步增长，有效地减轻农村基层的负担。

二是统筹治安管理　以镇街为单位，完成对各村（社区）治安联防组织的整合与统筹管理，按常住人口数量的3.5‰统一配置村级辅警，由市镇统一补助治安经费开支，由镇街公安机关进行统一管理，实现统一着装、统一培训、统一指挥调度、统一考核，改变以往村级治安员管理混乱、效能较低的局面。

三是统筹环卫管理　以镇街为单位统筹村级环卫管理事务，逐步由市、镇两级承担村级环卫支出，由镇街统一采用市场化方式负责村级环卫保洁、垃圾收集工作，并统一将垃圾转运至无害化处理厂进行处理。全市共有19个镇实现城乡环卫标准化、一体化管理，370个村（社区）环卫管理事务由镇街统筹管理，环卫管理资金负担减轻60%以上。　（市委农办）

# "三重"建设全面推进

2014年，东莞市各级各部门贯彻落实《东莞市2014年"三重"建设目标管理责任制方案》精神，全面推进市重大项目建设、重大产业集聚区建设、重大科技专项工作，推动产业转型升级。

## 一、重大项目建设总体进展顺利

2014年全市重大建设项目共164个，包含交通基础设施项目、能源保障项目、现代产业项目、绿色发展项目、社会事业项目等，全年完成投资343.6亿元，占年度计划109.7%，同比增长10.8%。列入省重点建设项目26项，全年完成投资131.6亿元，占年度计划108.4%,同比增长18.5%。

工作成效：一是新开工项目实现全年目标。2014年全年实现华为终端总部项目、中堂江南农批冷链物流项目等45个项目开工建设，总投资576亿元，年度投资额70.2亿元；其中产业项目39个，总投资531.8亿元，全部投产后预计年产出2020

亿元，年税收101亿元。二是投产项目释放产能。到2014年年底，实现大岭山金立工业园三期项目、松山湖中医药健康科技研发项目等27个项目竣工投产，落实投资131.8亿元；其中产业项目14个，完成投资65.5亿元，估算年产出约340亿元，年税收17.6亿元。

## 二、重大产业集聚区建设取得突破

2014年，东莞市创新工作思路，加强统筹协调，产业集聚区建设工作力度加大，产业集聚明显加快，全年列入“三重”目标管理的产业集聚区共8 个，分别是粤海高端装备技术产业集聚区、中以国际科技合作产业园、两岸生物技术产业合作基地、松山湖大学创新城科技服务业集聚区、南城国际商务区、虎门港现代物流基地、麻涌粮油食品产业集聚区、横沥模具产业集聚区。

工作成效：粤海高端装备技术产业集聚区成功申报省级重大区域发展平台“东莞粤海银瓶合作创新区”；基本完成第一阶段土地统筹任务，研究整理出16547.31亩可连片开发的土地，并完成配套给产业园的2000亩用地指标申报手续；融资、园镇统筹、路网设施配套逐步完善；重大项目开始入驻，粤海普洛斯电商物流项目于11月动工建设，环普工业园项目也于11月签订项目投资协议，完成控规调整。中以国际科技合作产业园工程建设进展顺利，首个开发区域建筑工程主体架构于7月底完工；对外招商成果丰硕，全年共引进5个以色列项目（累计引进24个以色列项目）；项目示范正式运作，中堂镇下马四围河涌治理项目于8月底完工，桥头镇大东洲填埋场渗沥液处理项目已完成财审；举办首届珠三角（东莞）水处理创新交流会。两岸生物技术产业合作基地启动政策支持文件编制申报；完成“莞榕计划”首期招商任务，全年接洽100余个生物技术项目，引进博奥木华、优尼德生物、意祥生物、健林医药等33家优质项目；配套设施加快建设，台科花园已完工，组织工程竣工验收；育成中心二期项目已完成主体封顶。松山湖大学创新城科技服务业集聚区主体工程按计划完工；已引进清华大学、华南理工大学、广东工业大学、暨南大学、同济大学、深圳光启高等理工学院、北京航空航天大学入驻大学创新城，分别共建清华东莞创新中心、华南协同创新研究院、东莞华南设计创新院、东莞暨南大学研究院和同济大学东莞研究院、东莞前沿技术研究院。南城国际商务区完成各项专项规划设计方案编制；启动商务区基础设施建设，已将《东莞市南城国际商务区北部片区项目投资建设方案》上报市政府，成功纳入“绿色通道”； 招商取得初步成果，已引进广东庆丰汽车集团总部和东莞控股集团总部入驻。虎门港临港产业集聚区项目建设超计划完成，立沙岛精细化工园全年共引进项目8个，引资总额约68.14亿元；配套工程同步完善，消防特勤站、水上溢油化救应急中心等2项配套工程已建成；港口物流强劲增长，截至年底，已开通2条外贸航线和23条内贸航线，其中新增5条内贸航线，引进宁波远洋和鸿盛港泰两家内贸大型船公司；西大坦5-8号泊位集装箱年吞吐量达229.36万标箱，同比增长51.56%；东莞保税物流中心完成进出口货物总值65.21亿美元，同比增长14.55%。麻涌粮油食品产业集聚区粮油重大项目引进势头强劲，全年洽谈粮油食品项目40多宗，引进粮油食品大型项目13宗，涉及投资总额近200亿；新签约与增资项目有7宗，投资总额达27.2亿元；粮油产业集聚发展迅猛，麻涌粮油食品加工综合产业园拥有粮油仓储食品加工企业50多家，规上企业25家，其中主营业务收入10亿元以上企业8家，20亿以上企业5家，30亿以上企业3家；粮油食品仓储物流量增长迅速，虎门港粮油基地港口年接卸进口粮食已达300多万吨、大豆218万吨、豆粕113万吨、植物油244万吨；粮食仓储能力达400万吨，加上中粮产业园规划的58万吨仓储和省储扩建项目等，总仓储能力超过500万吨。横沥模具产业集聚区产业项目陆续启动，2014年建成模具检测技术中心、模具3D打印技术中心、装备节能中心等子中心；创新服务体系初步建成，产业与科技金融人才“三融合”效应开始释放，推动产业与技术融合，累计服务镇内外企业超200家，促成23个校企合作项目。

▲ 华为终端项目

## 三、重大科技专项工作扎实推进

2014年列入“三重”目标管理的重大科技专项共8项，包括公共科技创新平台类5项，省创新科研团队类1项，重大科技项目类2项，其中公共科技创新平台类有云计算产业技术创新与育成中心、深圳清华大学研究院创新中心、同济大学研究院、北京大学东莞光电研究院和华南协同创新研究院，五个平台总投资13.65亿元；省创新科研团队类项目5项，共获省资助1.2亿元；重大科技项目含省战略性新兴产业LED专项项目6项，核心技术攻关项目4项，共获省资助9300万元。

工作成效：重大科技项目方面，2014年列入“三重”目标管理责任制的10个项目，有8个进入产业化阶段并实现销售收入，一批关键技术取得重大进展，有效提升企业自主创新能力。形成一批科技成果。其中省战略性新兴产业核心技术攻关项目申请专利15项，发明专利11项；获得授权专利3项；发表论文、专著7篇；获得新产品、新材料各1 种；制定技术标准1项；省LED专项申请专利77项，其中发明专利32项；获得专利授权33项；发表论文、专著29篇；形成新产品6种，新材料2种；获得新装备4 项。突破一批关键技术。如“高线分辨柔性线路板用无卤耐挠典导电银浆及其应用的关键技术”项目解决低黏度、高附着力、高韧性特种PU 树脂的分子结构和分子量调控问题，确保其组合物具有高韧性、高附着力和高收缩率，并与银粉具有良好的相容性，提高导电线路的导电稳定性和使用寿命。产生较好的经济社会效益。如广东银禧科技股份有限公司等企业承担的8个项目进入产业化阶段，实现产品销售收入38007.07 万元，出口创汇5374.26万美元，净利润2234.83万元，缴税1109.82万元。其中本年度实现销售收入29676.69万元，出口创汇3923.31万美元，净利润1313.95万元。重大公共科技创新平台方面，2014年列入重大科技专项（平台项目）的5个平台建设均取得重大进展。集聚一批创新资源。如云计算中心获批国家级科技企业孵化器，组织申请国家和省市级科研项目89项，获批立项44项，获批资助总经费3800多万；华南协同创新研究院吸引国内外优秀的研发力量与相关企业，来莞筹建骨齿科个性化加工的装备开发、材料开发和应用与服务一体化的3D打印等研发平台。启动一批科研项目。如东莞深圳清华大学研究院创新中心开展包括单晶蓝宝石纤维及其增强复合材料研究及产业化等10大项目的接洽与研究；东莞同济大学研究院确立任意曲面超材料薄膜电路研发和先进制造等5个项目的研发。引进一批科技人才。如云计算中心引进各类人才总数达526人，其中两院院士2人，加拿大工程院院士1人，正副高级职称人员74人，博士、硕士学位人员153人，其中有4名科学家获批东莞市“创新领军人才”。中心积极培养人才，开设培训班课程150多项，培训人员达4400人；北京大学东莞光电研究院建立一支近100人的团队，其中专职技术人员超过70人，具有博士学位的高级研发人才近20名，有海外留学背景的高级人才近10名。此外，还从国外高端科研机构引进多名高层次人才，协助推动研究院的建设和发展。孵化一批高科技企业。如云计算中心2014年新孵化企业11家，使孵化企业增至18家，总注册资金达近2亿元；东莞深圳清华大学研究院创新中心新孵化企业8家，总注册资金达近1.1亿元。支持服务行业发展。如云计算中心2014年服务企业1000多家，承担社会服务和各类合作科技项目达107项，服务合同金额达近2亿元，同比增长32%；华南协同创新研究院完成华南理工大学可产业化项目和与东莞合作项目的摸底调研，完成对常平、长安、大朗等镇的行业领域龙头企业的走访调研，依托研究院组建技术开发中心、院企研发中心等，推进技术的孵化和产业化。省创新科研团队方面，2014年共完成项目投入14486.04万元，项目累计完成投入35215.3万元。通过项目实施，团队在相关产业领域获得一批专利和科技成果，其中申请发明专利38项，获得授权7项；申请实用新型专利20项，获得授权16项；参与起草标准11项，其中军队标准2项，行业标准1项，企业标准8项；研发新产品17项，新装备2项，新工艺、新方法、新模式8项；编写计算机软件18项；发表论文32篇，其中SCI（科学引文索引）收录19篇；取得医疗器械临床许可5项，上市许可2项。部分团队项目进入产业化阶段，其中易事特团队已完成项目单项产品研制、测试认证，实现单项产品的批量生产销售，并完成500KW实验微网的建设工作；福地新视野团队经过技术改进，RetiView 2000型眼科光学相干层析成像系统实现稳步生产，RetiCam眼底照相机获得药监局注册证，解决量产工艺问题，实现稳步生产；众生药业团队DXZ923项目已完成中试设备的订制和安装并制备安全性评价研究试验样品，双特异性抗体项目开展药代动力学和初步安全性评价研究，WCH016项目已完成中试样品的制备，开展急性毒性试验；东阳光药业团队冬虫夏草项目已实现产业化并达到吨级规模，生物面膜项目已实现产业化年产500万片，光宁达单抗项目已完成中试放大试验，重组人胰岛素和甘精胰岛素项目新工艺通过试验，质量到国际先进水平，获得临床批件；华中研究院团队智能相机项目完成图像预处理算法固件的实现，力位传感项目已完成直线电机原型机上安装嵌入式磁传感器，进行位置传感原理攻关。机器人集成技术完成SCARA机器人的组装与调试，RFID智能传感器项目获得华为周转箱项目，具备现场应用实施的能力。

## 四、重大项目招商引资稳步推进

截至2014年，东莞市共有209个已签约的招商引资重大项目（已剔除取消投资合同的项目；项目投资规模标准为内资6亿元以上、外资1亿美元以上，增资扩产项目为内资2亿元以上、外资3000万美元）。其中85个为2012年签约项目，67个为2013年签约项目，57个为2014年签约项目；上报总投资额为3367亿元，平均投资额为16亿元，总用地需求为73727亩。经测算，209个项目平均投资强度为457万元/亩，产出比为1550万元/亩，税收贡献为76万元/亩。

工作成效：一是与2013年相比，2014年招商引资重大项目开工率上升。截至2013年，招商引进的156个项目中有67个项目开工建设，整体开工率为43%。截至2014年，招商引进的209个项目中有130个项目开工建设，整体开工率为62%，较2013年度开工率上升19个百分点。二是2012—2014年，年度投资计划均基本完成，年度完成投资额逐年提高。2012年投资计划为108亿，实际完成111亿，完成比例为103%；2013年投资计划为196亿，实际完成190亿，完成比例为97%；2014年投资计划为255亿，实际完成248亿，完成比例为97%。计划2014年竣工投产的项目38个，实际共有东城万达广场、桥头雷风科技、寮步高伟光学电子有限公司等19个项目竣工投产，东城生益电子增资项目、高埗陆逊梯卡华宏（东莞）眼镜有限公司增资扩产项目、沙田—虎门港中信太和高端移动通讯产品自动化设备研发及制造项目等16个项目部分竣工投产，投产（含部分投产）计划完成率92%。

（发改局）

# “三保合一”医疗保险制度建立

东莞医疗保险制度从1992年起，先后在基本医疗保险、住院补充医疗保险、门诊补充医疗保险、其他补充医疗保险等方面进行创新实践与探索，逐步实现城镇职工、城镇居民和农民的“三保合一”。东莞的“三保合一”模式，打破城乡身份和职业界限，解决广大外来务工人员的参保问题，建立统一的社会基本保障医疗保险制度——不分职业性质、城乡身份、就业状态、户籍地域，只要工作和生活在东莞，所有机关企事业单位职工（包括异地务工人员）、城镇居民、农村农民、在校学生、自由职业（灵活就业）者等均可在同“一个制度”下同等参保缴费，同等享受财政补贴，同等享受医疗保障待遇，实现医保的全民公平享有。

## 一、坚持“低水平、广覆盖”原则，走出东莞全民医保之路

东莞市于2000年建立职工基本医疗保险制度，以“低水平、广覆盖”为原则，建立统筹结合和单建统筹两种医疗保险形式。其中单建统筹只实行“住院统筹”、不建立医保个帐，这一做法照顾不同单位的承受能力，以一个较低的参保门槛，将包括异地务工人员的更多职工纳入制度内，更重要的是为后来的全民医保制度奠定基础。2004年，依据职工医保制度模式，建立面向城乡居民的农居民基本医疗保险制度，也就是制度的“同轨”。接着，东莞市通过“保持职工医保待遇水平稳步增长，农居民医保筹资水平适当快速提高”的方式，在2008年实行两项制度的对接与合并，实现在缴费、待遇、基金、管理方面的完全统一，彻底突破医保的城乡二元分割和职工与居民间的分割，提高全市医保的统筹规模和层次，增强医保基金的抗风险和调剂共济能力，同时开展社区门诊统筹，转变为“门诊、住院保障兼顾”的全面保障模式。

## 二、坚持公平优先兼顾差异，建立多层次全民医保体系

2013年，东莞市完成全民医保“一个制度”的顶层设计，实现从“城乡一体化”向“一个制度覆盖所有人群”的转变，真正建立起“基本险”加“补充险”的、公平的全民医疗保险制度。“基本险”是“住院+门诊双统筹”的医保制度模式，属强制险，面向所有参保人；在此基础上，建立住院补充和医保个帐的“补充险”，允许所有参保单位自愿选择，同时利用基本险结余基金建立“大病险”，面向所有参保人。东莞“大病险”由社保部门利用原有的“信息管理系统”和“医保结算平台”自主运营，办事方便，结算高效。东莞多层次的全民医保体系，呈现以下特点：一是模式统一。在“基本险”层面实现不分单位和人群，所有参保人同缴费、同保障，享受相同财政补贴，体现公共服务的均等化；二是层次分明。按“基本险”和“补充险”分类实施，保障层次由低向高、循序渐进。三是发展可持续。“基本险”费率仅3%，适应东莞市人口年轻化的实际情况，而且增强费率弹性，为人口老龄化做好制度准备。

## 三、坚持基本保障，使群众分享改革发展的成果

全民公平医保制度的改革，加上“低水平缴费、高标准享受待遇”的制度实践，提高医保参保的吸引力，保证制度“低水平、广覆盖”。到2014年底，全市基本医疗保险参保616万人，从政策上覆盖大部分常住人口。参保人每月缴费仅为“上年度全市职工月平均工资”的3%，其中住院统筹2个百分点，门诊统筹1个百分点。2014年7月开始，参保缴费按2013年度2506元的平均工资征缴，每个参保人实际只需要平均承担75.18元/月（包含单位、个人缴纳），缴费水平远低于全国企业职工缴费的平均水平。“基本险”参保人，住院医疗费用报销比例最高达95%（退休人员为100%），住院和特定门诊年度最高支付限额20万元；门诊基本医疗费按70%报销，不设封顶线；除住院和门诊医疗保障外，在不增加缴费的前提下，同时享受“重大疾病和意外伤害保障”和“生育医疗保障”。“大病险”的年度最高支付限额为30万元，另设20万元/年的“意外伤害保障”。符合政策条件的女性参保人或男性参保人的配偶生育，还可以享受2000元或3500元的生育医疗待遇。

## 四、坚持科学管理，确保医保服务高效与公平

2001年，东莞市成立社会保障局负责管理所有社会保险政策与业务，通过整合资源，全面提升医保管理服务效率和质量。从2008年开始，住院医疗费结算方式逐步调整为“总额预付”结算方式；门诊统筹坚持对参保人执行“社区首诊，逐级转诊”的就医政策，对定点社区卫生服务机构实行按人头付费。同时，通过“三大目录”规定、信息化等手段细化基本医疗原则，规范医务人员医疗行为和参保人就诊习惯。在医保管理手段上，坚持信息化和社会化管理的结合，以社保信息系统为依托，与全市社保经办机构、市内外定点医药机构、银行、参保单位、相关政府部门等网网相连。同时，将结算、费用管控、首诊转诊管理等经办业务前移至定点医疗机构，发挥它们在医保管理经办方面的作用，社保部门重点做好监督管理。现场结算率始终保持在99%以上，参保人身份初次核定、首诊转诊办理等业务全部由定点医疗机构完成。

## 五、坚持保基本强基层，积极推动深化医药卫生体制改革

东莞市从2008年建立门诊统筹制度起，就实行严格的社区首诊就医规定、门诊慢性病下放社区管理、与定点社区卫生服务机构按人头付费结算费用、结余奖励机制等制度措施；住院总额预付下，按“支持基层医院做大、支持三级医院做强”的原则，逐渐提高基层医院总额所占的比例；医保待遇上向基层医疗机构倾斜，拉开各级医疗机构间的差距。通过医保政策引导人们的基本就医需求往基层下沉，利用医保资金分配促进卫生资源合理配置，从而夯实基层医疗卫生服务网底、扭转医疗资源配置“倒三角”局面，改变原有医疗卫生资源分配格局，促进各级医疗机构重新分工，积极推动医改工作。（社保局）

# 东莞之最

NUMBER ONES OF DONGGUAN

龙舟竞渡

## 经济发展

【全国唯一入选信息城市竞争力10强的地级市】 2014年5月，中国社科院发布《中国城市竞争力蓝皮书2014》，在中国294个城市综合经济竞争力排名中，东莞市居全国第十二位，与上年持平；在中国289个城市信息城市竞争力中，东莞市排名第10名，是唯一进入前十名的地级市。

【全域城市竞争力居全国地级市第一位】 2014年5月，中国社科院发布《中国城市竞争力蓝皮书2014》，东莞市在中国289个城市全域城市竞争力排名中，仅次于香港、澳门与深圳市，居全国第四位、地级市第一位。在全域城市竞争力大项中，东莞市居内地城市城乡人均收入比第一位。在全域城市竞争力的分项指标中，东莞市在每百人公共图书馆和人均教育支出两个项目均排全国第二位、地级市第一位。

【城市创意指数居全国地级市第一位】 2014年12月，2014中国城市创意指数排行榜公布，该指标体系包括要素推动力、需求拉动力、相关支撑力和产业影响力4个一级指标，政府投入、科技创新等10个二级指标和23个三级指标。根据计算结果，上海、北京、广州、深圳、杭州、东莞、苏州、南京、西安、宁波市位居中国城市创意指数榜前十强，东莞市居全国地级市第一位。

【全国首创电子商务企业集群注册】 2014年1月，东莞“市政府1号文”出台，在全国范围内率先启动电子商务企业集群注册，组建东莞市首家电子商务企业集群注册托管公司——清研联华集群注册托管有限公司成立。4月，东莞市电子商务企业集群注册启动仪式举行，有119家企业申请集群注册，其中55家登记成立。

【入围“中国财力最强50城市”】 2014年2月，《投资时报》发布《2013中国财力最强50城市》榜单，东莞市以公共财政预算收入409亿元排在第三十名；在非省会城市25强名单中，东莞市排在第十三位；居广东省地级市首位。

【全国首个家具知识产权快维中心——中国东莞（家具）知识产权快速维权援助中心】 2014年5月22日，全国首个家具知识产权快维中心——中国东莞（家具）知识产权快速维权援助中心在东莞市厚街镇启用。该中心具备专利快速预审、快速确权、快速维权三大功能。

【全国首笔跨境电商集约化退税业务】 2014年7月1日，东莞市率先启用跨境电商通关服务平台。9月5日，东莞市启动跨境电商零售出口退税首笔单一业务办结仪式。

【全国首笔支小再贷款业务】 2014年4月4日，人民银行东莞中心支行成功为东莞市农商行发放全国首笔支小再贷款，金额4500万元。

【“全国重点镇”数居广东省各市之首】 2014年8月，国家住建部、发改委等七部委联合下发最新一批的全国重点镇名单，全国有3675个重点镇，其中广东省有123个镇上榜，东莞市此次有12个镇入选榜单，数量在广东省居首位。

【全国百强镇最多的城市】 2014年10月17日，中国社会科学院《中小城市绿皮书：中国中小城市发展报告（2014）》发布，在首次发布的中国综合实力百强镇

（不含街道办）排名中，东莞市属下的镇占据10个席位（虎门镇居第八位），成为全国百强镇最多的城市。

【虎门镇名列中国综合实力千强镇第一位】 2014年7月，国家统计局公布全国综合实力千强镇测评结果，虎门镇凭借其经济、环境等优势，名列全国综合实力千强镇第一位。

【全国最大的供港蔬菜基地——石碣镇】 截至2014年，东莞市石碣镇有80多个供港蔬菜原料供应基地、40多个蔬菜原料分销点、120多个蔬菜原料加工点，供港蔬菜量占香港蔬菜进口市场的30%，为全国最大的供港蔬菜基地。仅1-10月，供港澳蔬菜总量29.13万吨，日均900多吨，出口总值1.16亿美元。

【虎门港集装箱吞吐量增幅保持全国超百万标箱港口第一位】 2014年，虎门港集装箱吞吐量229.36万标箱，比上年增长51.6%，增幅连续3年保持全国超百万标箱集装箱港口第一位，成为珠三角第二大内贸港区。

【莞产“快意”电梯出口量居国内第一位】 2012—2014年，东莞市“快意”电梯出口量每年保持50%以上的增速，分别出口至东南亚、中东、大洋洲和美洲等多个国家，连续3年居中国载客电梯出口量第一位。

【全国首个接入海关总署跨境B2C贸易电子商务通关服务平台的海关监管场所——启盈国际快件中心】 2014年，东莞市扶持虎门港启盈国际快件中心发展，该中心是全国首个接入海关总署跨境B2C贸易电子商务通关服务平台的海关监管场所。7月1日，海关总署跨境电商通关服务平台率先在东莞投入使用，启盈国际快件监管中心率先发出跨境电商货物通关“全国第一票业务”。

【华南地区第一艘海洋钻井辅助船】 2014年8月18日，位于东莞市麻涌镇的广东中远船务工程有限公司举行第一艘海洋钻井辅助船“EDRILL-1”命名仪式，并于10月交付泰国使用。此钻井辅助驳船总排水量1.61万吨，总长近百米，为华南地区第一艘海洋钻井辅助船。

【华南地区最大光电通讯基地】 2014年9月，国家工信部官网发布《关于同意北京经济技术开发区管理委员会等22家单位开展产业集群区域品牌建设试点工作的通知》，东莞市清溪镇凭借强大的光电通讯集群，成功入围国家首批产业集群区域品牌建设试点。此次全国产业集群区域品牌建设试点有22个，广东省占4个，清溪镇独占鳌头。

▲ 海博会

【首届海博会在东莞市举办】 2014年10月31日至11月2日，首届广东21世纪海上丝绸之路国际博览会（简称海博会）在东莞市的广东现代国际展览中心举行。海博会吸引来自42个国家和地区（包括海上丝绸之路沿线25个国家）173家商（协）会、1015家企业参展，达成签约项目451个，签约资金达1747亿元，启动海上丝绸之路跨境电商平台24个，汇聚25个国家333个品牌2186种商品。

【快递业务量、业务收入均列全省地级市第一位】 2014年，东莞市邮政行业快递业务量4.64亿件，增长68%；业务收入58亿元，增长27%。快递业务量和业务收入均列全省地级市第一位、居全国50个重点城市第七位。

【出口退税总额居广东省首位】 2014年，东莞市国税局创新外贸供货企业分类管理办法，将出口300强民营企业纳入“当月退税”高速通道，加快进度，办理出口退税305.05亿元，比上年增长15.11%，办理总额居广东省首位。

【保费收入保持广东省地级市首位】 2014年，东莞市累计实现保费收入258亿元，继续保持广东省地级市首位。

【在全国股份转让系统挂牌企业数、在前海股权交易中心挂牌企业数均居广东省地级市第一位】 2014年，东莞市在全国股份转让系统挂牌的企业有17家，在前海股权交易中心挂牌的企业近200家，数量均居广东省地级市第一位。

【东莞市村镇银行数居广东省地级市首位】 截至2014年，东莞市先后成立村镇银行6家，分别是2010年开业的长安村镇银行、2012年开业的厚街华业村镇银行和大朗东盈村镇银行、2014年开业的常平新华村镇银行、虎门长江村镇银行、黄江珠江村镇银行，数量在广东省地级市中排第一位。辖内村镇银行资产总额33.63亿元，负债总额23亿元，所有者权益10.63亿元。

【广东省设立台资银行数量最多的地级市】 2014年，东莞市支持台湾彰化银行在莞设立首家分支机构，帮助玉山银行东莞分行开办台资企业人民币业务及设立同城支行。截至2014年，东莞市设立台资银行两家，成为广东省设立台资银行数量最多的地级市。

【广东省首家信用卡发卡量超100万张的地级市银行】 2014年，中国工商银行东莞分行信用卡发卡量突破百万张大关，成为中国工商银行系统、广东同业首家信用卡发卡量超100万张的地级市银行。

【广东省首个国家低碳试点园区——松山湖高新区】 2013年10月，工信部和发改委联合印发《关于组织开展国家低碳工业园区试点工作的通知》，松山湖高新区在全市和全省表现出极强的竞争力，最后在全国近百个单位中脱颖而出，入选首批国家低碳试点园区，成为广东省首个国家低碳试点园区。

## 社会发展

**【购置亚洲最高消防登高车】** 2014年1月8日，东莞市投资2400万元购置的101米登高消防车驶入消防特勤大队大队营区。这种101米智能曲臂登高消防车可在100米左右高度支起供水管路，在150米左右高度进行外部灭火，为亚洲最高消防登高车。

**【政府效率居中国地方政府第一位】** 2014年底，《2014年中国地方政府效率研究报告》发布，经电子政务、政府公共服务、政府公共物品、政府规模、居民经济福利五大因素测算，首次推出54个重点城市政府效率排行榜。其中，东莞市势力压深圳、广州市，政府效率排在第一位，随后是苏州、长沙、拉萨等城市。

**【率先在全国推行外商投资"十证联办"改革】** 2014年9月10日，东莞市出台《东莞市外商投资企业网上多证联办实施办法（试行）》，实施"十证联办"改革后，新设外资企业办齐10个证照，从原来需要2个月至半年的时间，缩短到3—4个工作日。这标志着东莞市在全国率先打通项目从登记注册到开业的"一站式"服务链。

**【获评当当网全国购书记录最多的地级市】** 据当当网《2014当当中国图书消费报告》，2014年东莞市以购书475.71万册，列"非直辖城市图书消费十大城市"第十位，在广东省仅居广州、深圳市之后，占全省总量近10%，是进入该榜的两个非省会城市之一，成为当当网全国购书记录最多的地级市；超过江西、广西、云南等13个省（自治区）。

**【全国第一个NBA标准比赛场馆】** 2014年2月27日，位于寮步镇的东莞篮球中心主体育馆举行首场测试赛，标志着该馆投入使用。东莞篮球中心是全国第一个NBA标准比赛场馆，还是耗资6.38亿元的"中国最贵篮球馆"。

**【中国首次公开销毁执法走私查没象牙活动在东莞市举办】** 2014年1月6日，海关总署与国家林业局在东莞市举办中国首次公开销毁执法走私查没象牙活动，合计6.1吨，规模居世界前列。

**【全省生活质量水平最高的城市】** 据广东省社会科学院现代化战略研究所发布的《2014广东现代化进程》报告，东莞市现代化水平达77.80%，在全省排第五位。基本现代化标准包含经济发展、社会发展、生活质量、生态环境和科技教育等5个指标，其中，东莞市城市居民人均可支配收入、农村住户人均纯收入、城镇恩格尔系数等生活质量水平指标均在全省前列，综合达89.87%，居全省第一位；城市化水平、社会保障覆盖率、基尼系数、人均预期寿命、万人公共交通车辆拥有量等社会发展水平指标在全省排名较前，综合达94.64%，位列全省地级市第二名。

**【农民人均纯收入居广东省地级市首位】** 2014年2月，据广东省分市县农村住户调查数据（深圳市未参评）显示，东莞市2013年农民人均纯收入达27214元，为全国平均水平的三倍多，居广东省地级市首位。

**【高考质量四项指标居广东省第一位】** 2014年，东莞市普通高考总录取率达95.54%，每万户籍人口升重点人数为15.65人，升本科人数为65人，升大学人数为134人，实现高考质量四项指标连续3年居广东省第一位。

**【电影票房收入居广东省地级市第一位】** 2014年，东莞市电影票房收入达3.55亿元，比上年增长44.7%，居广东省地级市第一位。

**【广东省博物馆最多的地级市】** 截至2014年，东莞市建成博物馆34家，其中民办博物馆17家。东莞市博物馆数量居广东省第一位。

**【民办博物馆数居广东省第一位】** 截至2014年，东莞市大力扶持民办博物馆建设，拥有民办博物馆14座，民办博物馆数居广东省第一位。

**【广东省群众音乐舞蹈花会金牌数居第一位】** 2014年12月8日，广东省第六届群众音乐舞蹈花会在肇庆市落下帷幕，东莞参赛作品获评6枚金牌、6枚银牌、2枚铜牌，金牌数居广东省第一位。

**【国家高新技术企业数居广东省地级市第一位】** 2014年，东莞市拟通过国家高新技术企业复审的企业有69家，通过率达92%，在广东省居地级市第一位；且国家高新技术企业数量达755家，继续领跑其他地级市。

**【资助异地务工青年圆"大学梦"力度居全省第一位】** 2014年，东莞市主动服务异地务工青年，实施"圆梦计划"，资助2000名新生代产业工人圆"大学梦"，资助力度连续4年居全省第一位。

**【全省首个镇级兽医实验室——厚街镇农业技术服务中心兽医实验室】** 2014年，东莞市厚街镇农业技术服务中心兽医实验室通过广东省畜牧兽医局兽医实验室考核组的考核，获得兽医实验室考核证书，成为全省首个通过考核的镇级兽医实验室。

**【入选"广东十大最美街坊"】** 2014年12月30日，"广东十大最美街坊"致敬典礼在广州市举行。东莞市厚街镇年过七旬不认老、自发将旧河床改造成休闲长廊的"愚公队"和虎门镇坚持雨天为跌倒老太守护、富而仁义的"路虎车主"从全省100余候选人中脱颖而出，入选2014"十大广东最美街坊"。

▲ 东莞篮球中心

# 总　述 DONGGUAN PROFILE

东莞市中心广场

编辑：施雪芬

## 市情综述

**【境域】** 东莞市位于广东省中南部，珠江口东岸，东江下游的珠江三角洲。因地处广州之东，境内盛产莞草而得名。介于东经113° 31′ —114° 15′ ，北纬22° 39′ —23° 09′ 。最东是清溪镇的银瓶嘴山，与惠州市惠阳区接壤；最北是中堂镇大坦乡，与广州市区和增城区、惠州市博罗县隔江为邻；最西是沙田镇西大坦西北的狮子洋中心航线，与广州市番禺区隔海交界；最南是凤岗镇雁田水库，与深圳市宝安区相连。毗邻港澳，处于广州至深圳经济走廊中间。西北距广州59公里，东南距深圳99公里，距香港140公里。东西长70.45公里，南北宽46.8公里，全市陆地面积2460平方公里，海域面积97平方公里。

**【建置】** 东莞因地处广州之东，盛产莞草而得名。于东晋咸和六年（公元331年）立县，初名宝安，隶属东官郡。唐至德二年（757年）更名东莞，县治从芜城（今宝安南头）移至到涌（今莞城）。南宋绍兴二十二年（1152年）分东莞的香山镇立香山县（今中山市）；明万历元年（1573年）将东莞守御千户所、编户五十六里立新安县（今深圳市），东莞地域随之缩小。清沿明制。民国期间，先后隶广东省粤海道、粤中行政区、第一行政区和第四行政区。1949年10月17日，东莞全境解放。初期属东江行政区管辖。1950年3月，东莞县隶珠江专区。1952年，撤销珠江专区，东莞县隶粤中行政区。1956年2月，撤销粤中行政区，东莞县隶惠阳专区。1958年11月，东莞县曾短期隶广州市。1959年1月，撤销惠阳专区，东莞县划归佛山专区。1963年6月，复置惠阳专区，东莞县又隶惠阳专区。1985年9月，国务院批准撤销东莞县，设立东莞市（县级），仍属惠阳地区管辖。1988年1月7日起，国务院批复将东莞市升格为地级市，直属广东省管辖。（刘念宇）

**【行政区划】** 2014年，东莞市下辖4个街道、28个镇，领导248个社区、350个村。2000—2014年，东莞市行政区划主要变更有：2000年1月，附城区街道办事处更名为东城街道办事处；2001年11月，篁村区街道办事处更名为南城街道办事处；2002年11月，万江区街道办事处更名为万江街道办事处；2002年12月，撤销城区人民政府筹备组，改设莞城街道办事处。（参见“2014年东莞市行政区划”表）

**【地质·地貌】** 东莞市地质构造上位于北东东向罗浮山断裂带南部边缘的北东向博罗大断裂南西部、东莞断凹盆地中。地势东南高、西北低。地貌以丘陵台地、冲积平原为主，丘陵台地占44.5%，冲积平原占43.3%，山地占6.2%。东南部多山，尤以东部为最，山体庞大，分割强烈，集中成片，起伏较大，海拔多在200—600米，坡度30°左右，银瓶嘴山主峰高898.2米，是东莞市最高山峰；中南部低山丘陵成片，为丘陵台地区；东北部接近东江河滨，岗地发育，陆地和河谷平原分布其中，海拔30—80米之间，坡度小，地势起伏和缓，为易于积水的埔田区；西北部是东江冲积而成的三角洲平原，是地势低平、水网纵横的围田区；西南部是濒临珠江口的江河冲积平原，地势平坦而低陷，是受潮汐影响较大的沙咸田地区。东莞市握东江和广州水道出海之咽喉，有海岸线115.94公里（含内航道），主航道岸线53公里，拥有深水良港——虎门港。

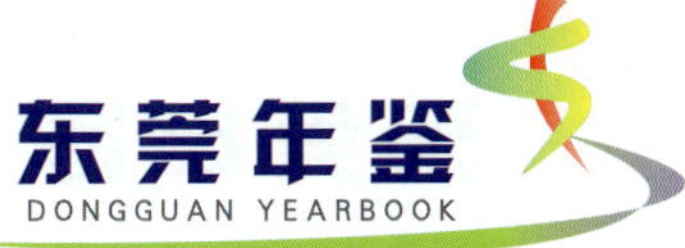


【河流】 东莞市主要河流有东江、石马河、寒溪水。境内96%属东江流域，东江干流自东北角惠州市博罗县、惠阳区之间入境后，沿北部边境自东向西行至桥头新开河口；有发源于深圳市宝安区的石马河流入，至企石有企石河流入。至石龙分出南支流后，北干流续流至石滩，与来自广州市增城区的支流汇流，经市境的大盛注入狮子洋；南支流斜向西南流经石碣、万江，在峡口接纳来自市境中部的寒溪水，峡口以下有3支较小的支流牛山水、蛤地水和小沙河，自东向西汇入，续流至泗盛注入狮子洋。北干流与南支流之间为东江三角洲的河网区。

【海洋】 东莞市海域面积为97平方公里，主要分布在狮子洋和伶仃洋。大陆海岸线长97.2公里，属南亚热带浅海区，拥有海岸线的有长安、虎门、沙田、厚街、麻涌、洪梅和道滘等7个镇。全市拥有威远岛、泥洲岛、木棉山岛、涌口沙、虾缯排5个海岛，海岛岸线长34.58公里，海岛面积24.13平方公里。沿海滩涂负1米以内潮间带2057公顷，负3.5米以内潮间带3697公顷。东莞海域有鱼类约90多种，贝类18种，甲壳类21种。浮游植物有硅藻、甲藻、蓝藻等3门，共247种，其中硅藻占优势。平均生物数8.32万个/升、生物量0.17毫克/升。浮游动物有10个种群29属约63种，生物量变幅在0.20—0.24毫克/升间，平均0.22毫克/升。海域潮间带底栖动物有环节动物、软体动物、甲壳动物和鱼类等四大类32种。东莞市港口资源丰富，狮子洋、伶仃洋的深槽紧靠东莞市的海岸线，麻涌镇的新沙，沙田镇的立沙、泥洲岛、西大坦，虎门镇的威远岛、沙角等拥有深水岸线和深槽通过的海域，是建设深水港区的优良港址，而且深水岸线内侧的陆域土地多平坦宽广，又处在东江入海河口区，淡水资源条件好，陆域水、土资源组合优势明显。截至2014年，海洋环境质量总体保持稳定，局部有所改善，全海域海水依然劣于海水水质四类标准，属于严重污染海域。

（市海洋与渔业局）

【植被】 东莞市在历史上是森林茂密的地区，地带性森林植被类型为南亚季风常绿阔叶林，组成种类多样而富于热带性，由于人口激增，历代砍伐，使原生性森林大幅减少，主要由壳斗科、樟科、山茶科、大戟科、桃金娘科、杜英科、山矾科、梧桐科等种类组成，其中大多数是热带亚热带分布种，较常见的有樟树、阴香、铁冬青、华润楠、浙江润楠、假柿树、银柴、土蜜树、鸭脚木、蒲桃等。随着东莞市实施林业生态工程，森林植被恢复成效显著，据调查野生植物1630种，野生珍稀植物115种，生物多样性位居全省前列。东莞市主要植被分为：针阔叶混交林，林下植被主要有野漆、椭圆叶豺皮樟、三桠苦、山乌桕、鬼灯笼和乌毛蕨、芒萁等；典型常绿阔叶林，常见种类红花荷、蕈树、黄樟、黄杞、青冈栎、网脉山龙眼等；季风常绿阔叶林，常见种类鸭脚木、乌榄、樟树等；常绿灌丛，常见种类鸭脚木、银柴、鼠刺、豺皮樟、九节、梅叶冬青、桃金娘等。其中山地、丘陵及未经开垦的岗地现状植被以人工林和次生林群落占优势，林下以灌木、蕨类植物或草本为主，沟谷等较为阴湿的山地多见攀缠植物。现状植被反映出由热带向亚热带过渡而热带性较强的特征，与南亚热带气候特点相适应。 （林业局）

【气候】 东莞市属于亚热带季风气候，长夏无冬，光照充足，热量丰富，气候温暖，温度变幅小，雨量充沛，干湿季明显。2014年，东莞市天气气候主要特点是：年总降水量1935.6毫米，比常年平均值略偏多5.7%；年平均气温22.9℃，比常年平均值偏高0.3℃；年日照时数1958.8小时，比常年平均值略偏多3.7%。基本气候特征属正常年份。年内降水分布不均匀，偏多、偏少月份两极化。3月30日开汛，比常年偏早；汛期总降水量1460.6毫米，比常年平均值略偏少3.3%，其中前汛期偏多12.6%，后汛期偏少22.6%。各月气温波动较大，夏秋气温持续偏高。全年高温（≥35℃）日数14天，为近10年来最多，低温（≤5℃）日数3天。 （气象局）

【矿产资源】 东莞市内已知矿产有Ⅶ类19种，矿床点66处。其中，金属矿产Ⅲ类8种，矿床点34处：黑色金属矿产10处（铁矿点9处，钛铁矿1处），有色金属矿产23处（铜矿点4处、铅锌矿点4处、钨矿点10处、锡矿点4处、钛矿点1处），贵金属黄金矿化点1处。非金属矿产Ⅵ类11种32处：冶金辅助原料矿产9处（耐火黏土4处、泥炭土4处、石油1处），化工原料矿产14处（黄铁矿点6处、重晶石矿点3处、钾长石矿点4处、石盐矿点1处），建材非金属矿点3处（水泥灰岩2处、水泥粘土1处）。主要分布在东莞中部、南部和东部的山地、丘陵地带。矿产分布分散，无规律。

【动植物资源】 东莞市野生动物种类繁多，主要分布于山区和丘陵地带，体型较大的野兽多栖息在东南山区，一般兽类出没于平川、丘陵。主要野生动物有：哺乳类、鸟类、鱼类（134种）、

▲ 东江秋色——位于五环路东莞特大水道桥下的东江支流 （张汉兴 摄）

甲壳类和多种贝类、两栖、爬行类、昆虫类等。主要野生植物有：维管束植物1630种，隶属210科，805属，其中蕨类植物125种，37科，66属；裸子植物7种，5科，5属；被子植物1498种，168科，734属（其中双子叶植物143科，556属，1135种；单子叶植物25科，178属，363种）。内陆水域中常见浮游生物8门110属。

【旅游资源】 东莞市既有滨海秀色、稻海蕉林、荔红荷香、旗峰胜迹等自然风景，又有丰富的人文景观，是广东省历史文化名城、中国近代史开篇地、东江人民抗日根据地、改革开放的先行地。2004年，东莞市评出新“八景”：“松湖烟雨”（松山湖高新技术产业开发区）、“大道朝晖”（东莞大道）、“广场揾萃”（市中心广场）、“古塞飞虹”（虎门大桥）、“虎英叠翠”（虎英郊野公园及御景湾周边景观）、“板岭凝芳”（绿色世界、水濂山森林公园及周边景观）、“莲峰赏鹭”（长安莲花山风景区）、“金沙漾月”（石龙金沙湾）。同年东莞市获评“中国优秀旅游城市”。2011年4月，又被亚太旅游联合会、国际度假联盟组织与中华生态旅游促进会、中国人民对外友好协会、中国国际友好城市联合会授予“中国最具投资价值旅游城市”称号；同年11月，又获评“中国十大特色休闲城市”称号。截至2014年，东莞市境内有鸦片战争博物馆（威远炮台、沙角炮台、海战博物馆）、广东观音山国家森林公园、松山湖景区、新华南MALL·欢笑天地、东莞市科学技术博物馆、龙凤山庄影视旅游区、粤晖园、香市动物园等8个国家级AAAA旅游景区，有林则徐销烟池与虎门炮台旧址、东莞可园等全国重点文物保护单位，有鸦片战争博物馆、可园博物馆等爱国主义教育基地，有村头村遗址、金鳌洲塔等广东省文物保护单位。 （刘念宇）

【人口】 2010年第六次全国人口普查时，东莞市常住人口822.02万人，其中男性人口444.62万人，女性人口377.40万人；0—14岁人口67.81万人，15—64岁人口735.64万人，65岁及以上人口18.58万人。2014年，东莞市常住人口834.31万人，其中户籍人口191.39万人；城镇常住人口740.95万人，人口城镇化率88.81%，是广东省第三大人口城市。2014年出生人口2.14万人，出生率为11.2‰；死亡人口1.03万人，死亡率5.37‰；人口自然增长率5.83‰。人口密度为每平方千米3392人，在广东省各地级市中居第一位。

【民族】 2014年，东莞市常住人口834.31万人，以汉族为主，另有壮族、苗族、土家族、瑶族、侗族、布依族等55个少数民族，少数民族常住人口约40万人。

【语言】 东莞市境内流行粤方言和客方言。粤语区面积、人口均占全市绝大部分，客方言主要通行在东南部与惠州、深圳相邻的丘陵地带，约占全市面积18%。在32个镇街中，纯粤语镇街有石龙、长安、沙田、洪梅、道滘、麻涌、万江、中堂、望牛墩、石碣、高埗、大朗、寮步、茶山、企石、石排、常平、横沥、东坑、桥头等20个。兼有2种方言的镇街中，莞城、东城、南城、厚街、虎门、大岭山、塘厦、黄江、谢岗等9个镇街大部分甚至绝大部分讲粤方言；清溪、凤岗2个镇大部分讲客方言。全市仅樟木头是纯客方言镇。

【民俗】 东莞市是广东省历史文化名城，岭南文化的发源地之一，有丰富的民俗文化遗产资源。比较有代表性的民俗有赛龙舟、粤曲粤剧、咸水歌、客家山歌、舞狮（龙、麒麟、凤）等。

端午节赛龙舟 东莞市民间相传近300年的习俗。水乡片及东江沿岸地区各镇街或乡村，从每年的农历五月初一开始，举办为期近一个月的传统龙舟赛，并根据当地潮汐大小，定出各自固定竞渡或趁景的日子，故又称之为“龙舟月”。期间，凡是举办赛龙舟的镇街或乡村，都会广邀周边乡镇前来游龙趁景，招呼附近前来观景的乡亲好友吃“龙船饭”、浸“龙舟水”。

粤曲粤剧 东莞市戏曲文化历史悠久，是粤剧艺术的重要发源地之一，是著名的“粤剧曲艺之乡”，涌现很多粤剧名伶：何非凡、陈天纵、丁公醒、陈笑风、陈小茶、楚岫云、卢启光等。粤剧在东莞市有着深厚的群众基础，“粤韵金声”“粤剧黄金周”是东莞市传承和发展本土粤剧艺术的两大品牌活动。

咸水歌 渔民操广州方言演唱的一种渔歌，主要流传于东莞市新湾、沙田、麻涌、中堂等地。咸水歌主要有情歌和哀歌两种。

客家山歌 东莞市清溪、樟木头等镇的客家人唱山歌早就有名，流传下来的山歌，可分为放牛歌、割草歌以及四六联、白口联、平山民歌等，词曲不固定，一般都是即兴编唱。

舞狮（龙、麒麟、凤） 在东莞市历史悠久，源远流长，每逢新春及喜庆日子，人们喜舞狮以示吉庆，深受群众喜爱。截至2014年，长安镇被国家体育总局命名为“龙狮之乡”，麒麟则以清溪镇、樟木头镇较为出色。

各镇街还有一些特色的民俗风情，其中有东坑的“二月二”卖身节、石排康王宝诞、望牛墩乞巧节、横沥牛墟和常平端午游木龙和厚街端午舞木龙等。

（市文广新局）

▲ 客家山歌邀请赛

# 2014年东莞市行政区划

| 镇（街道） | 社区、村委会（个） | 村委会名称 | 社区居民委员会（居民委员会）名称 |
|---|---|---|---|
| 莞城 | 8 | | 东正 市桥 北隅 西隅 罗沙 博厦 兴塘 创业 |
| 石龙 | 10 | 西湖 忠维 林屋 蒲溪 新维 王屋洲 黄家山 | 中山东 中山西 兴龙 |
| 虎门 | 30 | | 虎门寨 东方 则徐 大宁 树田 白沙 沙角 怀德 博涌 镇口 村头 新联 九门寨 居岐 金洲 南面 北栅 小捷滘 北面 陈村 东风 武山沙 黄村 南栅 龙眼 宴岗 赤岗 路东 新湾 民泰 |
| 东城 | 23 | | 岗贝 花园新村 东泰 温塘 桑园 周屋 余屋 鳌峙塘 峡口 柏洲边 上桥 下桥 樟村 梨川 堑头 主山 石井 同沙 光明 牛山 立新 火炼树 星城 |
| 万江 | 28 | | 万江墟 万江 石美 莫屋 拔蛟窝 黄粘洲 蚬涌 谷涌 小享 滘联 上甲 新村 新谷涌 共联 水蛇涌 大莲塘 牌楼基 严屋 大汾 流涌尾 金泰 曲海 坝头 胜利 官桥滘 简沙洲 新和 新城 |
| 南城 | 18 | | 鸿福 宏远 胜和 元美 亨美 三元里 篁村 新基 周溪 袁屋边 白马 石鼓 蛤地 西平 雅园 水濂 新城 宏图 |
| 中堂 | 20 | 潢涌 三涌 湛翠 凤冲 袁家涌 吴家涌 鹤田 中堂 一村 东向 蕉利 槎滘 下芦 马沥 四乡 | 中心 斗朗 红锋 东泊 江南 |
| 望牛墩 | 22 | 李屋 望东 扶涌 赤滘 五涌 下漕 上合 聚龙江 望联 洲湾 洲涡 杜屋 寮厦 芙蓉沙 官桥涌 横沥 福安 石排 官洲 朱平沙 锦涡 | 望牛墩 |
| 麻涌 | 15 | 麻一 麻三 麻四 大步 东太 新基 川槎 鸥涌 华阳 南洲 大盛 漳澎 黎滘 | 麻涌 麻二 |
| 石碣 | 15 | 石碣 唐洪 黄泗围 西南 单屋 梁家村 沙腰 刘屋 水南 四甲 鹤田厦 涌口 横滘 桔洲 | 城中 |
| 高埗 | 19 | 冼沙 卢溪 宝莲 塘厦 草墩 护安围 保安围 三联 横滘头 低涌 朱磡 新联 欧邓 芦村 高埗 凌屋 上江城 下江城 | 新创 |
| 洪梅 | 10 | 洪屋涡 新庄 梅沙 氹涌 黎洲角 夏汇 尧均 乌沙 金鳌沙 | 洪梅 |
| 道滘 | 14 | 南城 南丫 闸口 大鱼沙 小河 永庆 北永 昌平 厚德 九曲 大罗沙 大岭丫 蔡白 | 兴隆 |
| 厚街 | 24 | | 竹溪 厚街 珊美 宝屯 三屯 陈屋 赤岭 河田 寮厦 汀山 环冈 大迳 新围 桥头 南五 新塘 涌口 双岗 溪头 沙塘 宝塘 下汴 白濠 湖景 |
| 沙田 | 18 | 中围 和安 大流 泥洲 杨公洲 福禄沙 阇西 民田 先锋 西大坦 穗丰年 大泥 齐沙 稔洲 义沙 西太隆 | 横流 滨港 |
| 长安 | 13 | | 长盛 涌头 霄边 咸西 锦厦 新安 乌沙 新民 沙头 上沙 厦岗 厦边 上角 |
| 寮步 | 30 | 西溪 凫山 石龙坑 石步 良边 富竹山 塘唇 向西 霞边 上屯 下岭贝 竹园 上底 药勒 刘屋巷 浮竹山 陈家埔 井巷 小坑 长坑 | 寮步 塘边 横坑 岭厦 新旧围 缪边 牛杨 泉塘 坑口 良平 |

续表

| 镇（街道） | 社区、村委会（个） | 村委会名称 | 社区居民委员会（居民委员会）名称 |
|---|---|---|---|
| 大岭山 | 23 | 太公岭　大塘朗　下高田　连平　鸡翅岭　马蹄岗　金桔　大沙　百花洞　大塘　水朗　杨屋　矮岭冚　颜屋　大片美　梅林　元岭　大岭　新塘　旧飞鹅　大环 | 大岭山　农场 |
| 大　朗 | 28 | 高英　洋乌　洋坑塘　松柏朗　黎贝岭　松木山　犀牛陂　水平　宝陂　石厦　杨涌　沙步　新马莲　佛子凹　蔡边　水口 | 大朗　佛新　巷头　屏山　竹山　巷尾　求富路　长塘　黄草朗　大井头　圣堂　长富 |
| 黄　江 | 7 | | 新市　田美　三新　梅塘　宝山　北岸　长龙 |
| 樟木头 | 10 | | 圩镇　樟罗　百果洞　樟洋　石新　柏地　官仓　裕丰　金河　樟新 |
| 凤　岗 | 12 | 雁田　官井头　油甘埔　凤德岭　塘沥　黄洞　竹塘　竹尾田　三联　五联　天堂围 | 凤岗 |
| 塘　厦 | 22 | | 塘厦　三局　林村　石潭埔　四村　振兴围　大坪　莆心湖　平山　诸佛岭　桥陇　龙背岭　石鼓　田心　横塘　蛟乙塘　凤凰岗　莲湖　沙湖　石马　清湖头　塘新 |
| 谢　岗 | 12 | 黎村　窑山　南面　大龙　大厚　赵林　稔子园　五星　曹乐　谢岗　谢山 | 泰园 |
| 清　溪 | 21 | 浮岗　上元　清厦　铁松　铁场　谢坑　青皇　大埔　长山头　三中　九乡　三星　渔樑围　厦坭　大利　土桥　重河　松岗　罗马　荔横 | 清溪 |
| 常　平 | 33 | 岗梓　塘角　苏坑　袁山贝　金美　还珠沥　朗贝　桥沥　卢屋　九江水　朗洲　陈屋贝　司马　霞坑　漱旧　漱新　黄泥塘　元江元　横江厦　沙湖口　白石岗　松柏塘　上坑　木棆　下墟　板石　田尾　白花沥　桥梓　麦元　土塘 | 常平　新民 |
| 桥　头 | 17 | 田头角　李屋　朗厦　岗头　屋厦　禾坑　邓屋　邵岗头　东江　山和　石水口 | 莲城　田新　桥头　大洲　迳联　岭头 |
| 横　沥 | 17 | 石涌　隔坑　半仙山　田头　田坑　横沥　村头　长巷　田饶步　六甲　村尾　水边　新四　山厦　月塘　张坑 | 恒泉 |
| 东　坑 | 16 | 东坑　坑美　角社　塔岗　黄麻岭　初坑　凤大　黄屋　寮边头　长安塘　新门楼　井美　彭屋　丁屋 | 草塘　骏达 |
| 企　石 | 20 | 铁岗　深巷　湖美　博夏　上洞　江边　旧围　清湖　东平　上截　下截　东山　莫屋　杨屋　新南　南坑　铁炉坑　企石　霞朗 | 宝石 |
| 石　排 | 19 | 石排　下沙　福隆　庙边王　沙角　黄家壆　赤坎　向西　水贝　田寮　横山　埔心　谷吓　塘尾　李家坊　田边　中坑　燕窝 | 太和 |
| 茶　山 | 18 | 上元　茶山　下朗　横江　增埗　卢边　寒溪水　南社　塘角　博头　冲美　粟边　孙屋　超朗　京山　刘黄 | 茶山圩　茶溪 |
| 松山湖 | 4 | | 松山湖　东部　南部　北部 |
| 虎门港 | 1 | | 虎门港 |
| 生态产业园区 | 1 | | 生态产业园区 |
| 合　计 | 598 | 350 | 248 |

（民政局）

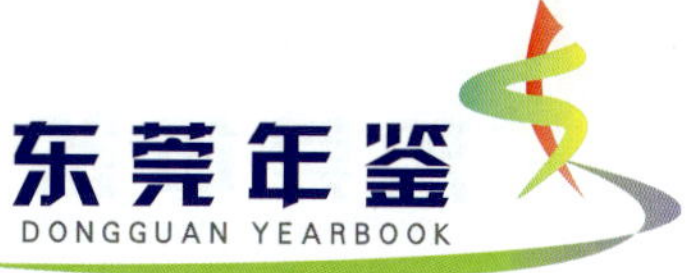


# 经济建设

**【经济建设概况】** 2014年，东莞市宏观经济保持平稳增长，总体运行处于合理区间。全市生产总值5881.18亿元，比上年增长7.8%，快于全国平均水平0.4个百分点，与全省持平；分三大产业看，第一产业增加值20.84亿元，增长2.5%，第二产业增加值2697.9亿元，增长9.2%，第三产业增加值3162.44亿元，增长6.3%，三大产业比重为0.3：45.9：53.8；人均生产总值突破1.1万美元大关，达到中等发达国家水平，高于全省平均水平；来源于东莞市的财政收入达1066.21亿元，比上年增长9.4%，增幅高于生产总值增速，其中市公共财政预算收入455.21亿元，增长11.2%；全市进出口总额1625.3亿美元，比上年增长6.2%，其中出口970.7亿美元，增长6.8%，增速高于全国和全省平均水平。

**【实体经济效益提升】** 2014年，东莞市发展以先进制造业为核心的实体经济，出台扶持实体经济发展的50条措施，开展“千干扶千企”活动，鼓励大型企业兼并重组，扶持中小微企业做大做强。推进民营资本投向实体经济，促成民营资本与智能装备、新能源、新科技、节能环保、生物医药等优质实体经济项目对接。2014年，东莞市实体经济质量效益提升，规模以上工业实现增加值2593.54亿元，比上年增长8.8%，其中规模以上民营工业增加值801.13亿元，占规模以上工业增加值30.9%。新增规模以上工业企业145家，新增百亿元企业2家，华为终端成为首家主营业务收入突破500亿元的企业；新增境内外上市企业7家，总数达29家；新增全国股转系统挂牌企业15家、区域性股权交易中心挂牌企业近200家，均居全省地级市第一位。一批战略性新兴产业初具规模，华为终端、步步高电子、宇龙通信、欧珀移动等大型手机生产企业的生产状况较好，智能手机年出货量2.3亿部，占全球的17.7%。从事云计算应用的企业超2000家，物联网及相关产业年产值680亿元。全市电子商务主体达5.4万户，数量成为全省地级市第一位，电子商务交易额增长26%。

**【重大项目建设提速】** 2014年，东莞市完善督查机制，实行重大项目动态管理，坚持每月会诊督促重大项目建设，建立健全市领导挂钩督导、“五个一”（一个项目、一个领导、一个班子、一条龙服务、一个月检查）、“明白卡”与“销号制”（每个项目办一个卡，存在问题逐条列出，每解决一个问题打一个勾，所有问题解决后进行销号）等制度机制，推进重大项目建设。重大产业项目建设全面提速，全市新开工重大项目45个、总投资576亿元。一批项目建设投产速度创下新纪录，松山湖高新区记忆科技总部提前7个月开工，中集集装箱总部、中以产业园、华为终端总部、虎门中国电子、长安步步高等一批项目加快建设，大朗三星第一毛织高新塑料等27个项目基本完工投产，产能逐步释放。重大平台和重要基础设施加快建设，挂影洲中心涌等8个示范片区和基础项目开工，水乡大道改造等工程竣工，粤海银瓶合作创新区首个产业项目动工，总投资100亿元的环普工业园项目签约。省市重要基础设施项目建设超额完成年度目标，带动全社会固定资产投资1427亿元，增长10%。地铁2号线车站全部封顶，隧道全线贯通；虎门二桥动工；东部快速路改造完成；4G网络基本实现全覆盖。

**【开放型经济成效显著】** 2014年，东莞市深挖外贸发展新增长点，实施加工贸易增效计划，率先在全国构建开放型经济“四大体系”（建设加工贸易中小企业产业提升综合服务体系、加工贸易中小企业内销综合服务体系、加工贸易管理服务体系、开放型加工贸易监管体系），出台稳定外贸增长37条。

*参与“一带一路”（丝绸之路经济带、21世纪海上丝绸之路）建设* 成功承办首届广东21世纪海上丝绸之路国际博览会和中国（广东）—马来西亚经贸合作交流会；在马来西亚、印尼、巴西和阿联酋等4个新兴市场国家设立经贸代表处；赴伊朗、土耳其、希腊、巴西、智利、阿根廷等地开展系列经贸活动，达成各类投资贸易合作金额45.2亿元；成功开通“粤满俄”“粤新欧”集装箱铁路货运班列。

*加快发展跨境贸易电子商务* 2014年东莞市率先启用全国统一版的“海关跨境贸易电子商务服务平台”，完成“全国第一票”跨境电子商务货物通关；在实施“集约化阳光通关、批量化商品退税”方面先行一步。东莞市东信进出口有限公司完成1008票跨境电子商务B2C小包的集约化阳光通关，并实现全国首笔通过海关总署通关平台以9610监管代码下申报的跨境电子商务出口退税；建设跨境电子商务公共监管仓，规划建设6个跨境电子商务园区，成功举办跨境电子商务O2O外贸交易会。

*加强口岸建设* 出台《东莞市口岸中长期发展规划（2014—2020年）》。推动深赤湾码头成功获批第一批国家指定粮食进口口岸，将虎门港打造成为华南第二大内贸枢纽港区。位于虎门港的东莞保税物流中心（B区）进入全国B型保税区四强，清溪保税物流中心（B型）获得海关总署支持设立。2014年全市口岸进出境货运量3253.5万吨，比上年增长14.5%，进出境人员73.5万人次，东莞港区集装箱达289.2万标箱，增幅连续三年保持全国超百万标箱港口第一位。

*促进外商投资* 2014年东莞市合同引进外资43.15亿美元，增长6.8%；实际利用外资45.29亿美元，增长15%；引进外商投资商业、金融、物流、医药以及先进制造业等超亿美元项目15宗，涉及投资金额35.13亿美元，增长112%，比2013年翻一番。

**【经济体制改革稳步推进】** 2014年，东莞市加快网上办事大厅建设，大力推动“T+0”并联审批和“T+1”同步审批；进一步拓展网上办事大厅功能，建设政务信息资源共享平台、镇街（园区）办事站、企业专属网页和市民个人网页，并提前完成34个镇街（园区）办事站建设，在全市所有593个村（社区）规划网上办事大厅服务点。东莞市在外商投资企业率先推行“多证联办”改革，外商投资企业批准证书和批复文件、营业执照、组织机构代码证、国税登记证、地税登记证、社保登记证、新设外商投资企业外汇信息登记、财政登记证、海关报关单位注册登记证、检验检疫自理报检单位备案登记证等10个证照均实现网上联办，企业仅用3、4个工作日即可领齐。深化科技体制改革，创新对新型研发机构的扶持机制，扩大项目经费使用自主权，推进科技成果收益权和资产处置权改革，引入股权激励机制。推进科技金融产业“三融合”，获得省批准成为金融、科技、产业融合创新综合实验区；通过设立创新创业种子基金、贷款风险补偿金、贷款贴息、创业投资机构风险补助专项资金等方式，引导创业投资机构和商业银行进行金融创新；建立科技创新和产业进步项目“拨投联动”“拨贷联动”与“拨贴联动”支持机制。推进国有企业改革，按“竞争性”和“准公共性”标准完成对市属国有企业的分类；印发《东莞市市属国有资本经营预算试行办法》，加强市属国有资本收益管理；选取东莞市燃料工业总公司和东莞市电子工业总公司实施公司制改造，推动非公司制国企业的公司制改造步伐。

**【区域协调发展步伐稳健】** 2014年，东莞市规划构建“一中心四组团”（中心组团、西北组团、西南组团、东北组团、东南组团）的新型城镇化格局。加快建设“三大增长极”（水乡特色发展经济区、松山湖高新区、粤海高端装备产业园），水乡特色发展经济区管委会获省批准成立，粤海银瓶合作创新区上升为省级战略，松山湖高新区主要经济指标增长25%以上。长安新区完成总体规划编制，松山湖高新区与生态产业园、长安镇与长安新区实行统筹发展。引导农村集体经济加快发展优质物业型、服务型、投资型经济的激励机制，支持集体经济以土地、物业或自有资金，通过直接入股、合作开发、信托投资等多种方式，参与园区开发、经营性基础设施建设等投资项目。开展村组引入职业经理人和专业团队经营管理工作试点，实行农村集体经济统筹管理改革。2014年，全市村组两级实现经营总收入171.5亿元，比上年增加8.5亿元，增长5.2%，资产负债率17.7%，降至历史同期最低水平。参与全国全省区域统筹发展，落实《珠三角规划纲要》，深莞惠“3+2”经济圈（深圳、东莞、惠州、汕尾、河源）一体化步伐加快。东莞韶关帮扶合作进入新阶段，“一中心七组团”（在韶关主城区规划建设约5平方公里的莞韶城，东莞7个镇街与韶关7个县市“一对一”结对帮扶）平台初步形成，引进125个总投资达317亿元项目。东莞揭阳“双到”扶贫工作（扶贫工作规划到户，责任到人）顺利开展。援疆援藏、对口帮扶广西河池、重庆巫山等工作扎实开展。 （市委政策研究室）

## 产业转型升级

**【实体经济发展】** 2014年，东莞市强化招商引资，引进20亿元以上项目7宗，协议投资总额185亿元，超额完成年初计划引进4宗重大项目的任务。引进内资项目1577宗，实际投资总额391.51亿元，比上年增长31.03%。搭建内资重大项目招商一体化信息平台，建立信息共享、布局统筹、选址流转和利益分享等功能模块，为招商引资工作提供平台支撑。制定《东莞市招商引资重大项目效益保障及退出机制实施办法（试行）》《东莞市招商引资重大项目投资协议（范本）》《东莞市招商引资重大项目奖励办法实施细则》，规范重大项目引资流程，强化投资效益保障。加强骨干企业培育服务，研究制定《东莞市关于鼓励和支持企业兼并重组的暂行办法》，引导企业做大做强；开展市镇领导挂点大型骨干企业走访，由市镇两级领导对三类1076家企业进行挂点服务。推荐宇龙通信、玖龙纸业等7家企业纳入《2014-2015年度省重点支持大型骨干企业目录》，2014年主营业务收入超50亿元企业为33家，其中，超百亿企业9家，50—100亿元企业24家；华为终端（东莞）有限公司完成主营业务收入超500亿元，实现东莞市五百亿元企业零的突破。实施名牌战略，组织申报2014年工业企业品牌培育试点企业、工业企业质量标杆等项目，增强企业品牌管理能力；召开2014年度东莞市质量管理小组成果发表交流会，引导企业加强质量管理；全市新增名牌名标54个（件），其中驰名商标6件。

**【工业技术改造加快】** 2014年，东莞市推进技术改造，出台《2014年东莞市加强技术改造投资统计工作方案》；推荐东莞市8个重点技改项目申报国家工业转型升级强基专项资金，成功争取国家3800万元的财政支持；颁布实施《东莞市市级企业技术中心认定管理办法》，规范市级企业技术中心认定、评价、扶持等管理事项；出台《东莞市企业技术改造投资项目备案实施细则》，明确权限、放宽准入、简化手续，有效鼓励全社会开展技改投资。全年经备案的技改项目96个，累计预算投资36.78亿元，其中固定资产投资32.75亿元。

实施“机器换人”专项行动　出台《东莞市关于加快推动工业机器人智能装备产业发展的实施意见》《东莞市推进企业“机器换人”行动计划（2014—2016年）》，由市政府设立东莞市“机器换人”专项资金，采用事后奖励、拨贷联动、设备租赁补助、贷款贴息等资助方式，每年2亿元连续三年共6亿元支持企业“机器换人”。截至2014年，收到有效申报项目438个，总投资38.65亿元，其中莞产设备6.49亿元。全年完成工业技改投资额124.55亿元，比上年增长28.6%；年化劳动生产率为10.21万元/人，提高12%。

推进工业技改与金融融合　出台《关于大力推广融资租赁促进技术改造的工作方案》，以风险共担、利益共享为基础，建立融资租赁风险补偿制度、履约保函风险补贴制度和实施融资租赁业务奖励计划。

**【民营中小企业发展】** 2014年，东莞市构建“1+N”的政策体系，加快推动企业并购、梯度培育、民营股权投资基金等“N”政策落实。组织召开民营资本项目企业座谈会；举办民营资本投资实体经济项目对接会。加强中小微企业扶持。实施“323”高成长型中小企业培育计划。用好国家、省、市扶持资金，全年受理申报项目338个，推荐申报各级财

▲ 先进的毛织机械设备

政资金项目108个，为117个中小微企业项目拨付专项资金1473万元。抓好企业家培训。高水平办好莞商学院，开展民营企业家课堂、民营企业家面对面、专题巡回辅导等108场次各类培训活动，累计培训莞商企业家超过9500人次。

**【信息化、工业化深度融合】** 2014年，东莞市推动信息经济发展，统筹相关部门推进“智慧东莞”十大工程建设，引进神州数码、软通动力等智慧城市建设运营商，编制《东莞市促进信息消费实施方案》，促进全市信息消费，助推消费升级和民生改善。加强信息基础设施保障，出台《东莞市无线通信基站建设管理暂行办法》，以管理重心下移推动宽带网络建设；启动通信基站站址专项规划，新增3G/4G基站1.08万座，实现4G网络信号东莞全覆盖；累计建成WLAN热点达8210个，AP接入点3.6万个，超额完成省制定年度任务目标。打造“两化”（信息化和工业化）融合典型示范，东莞市被认定为国家级两化深度融合暨智能制造试验区，成为继顺德区之后全国第二个获此殊荣的城市。玖龙纸业公司入选2014年工信部信息化与工业化融合管理体系贯标试点企业，广东星河生物科技股份有限公司等3家企业入选2014年省经信委“两化”管理体系贯标试点企业名单。

**【节能综合监管体系建设】** 2014年，东莞市出台《东莞市进一步加大节能工作力度确保完成综合示范节能目标的“1+8”工作方案》，综合产业低碳化、交通清洁化、可再生利用能源规范化等工作措施，通过能源管理中心云平台建设、电机能效提升、百家企业清洁生产行动等手段，推动综合示范城市节能目标的细化落实。在全国率先出台市、镇两级能耗“双红线”制度，要求新上项目万元工业增加值能耗不得超出镇街自行制定的“红线”的同时，不得高于0.585吨标准煤的市级“红线”，实现能耗增量监管。推进水乡特色发展经济区“两高一低”企业整治与退出工作，优化产业结构。推进电机能效提升和注塑机改造。制定严于国家的淘汰进程，配套1.75亿元改造补贴，加快企业改造步伐。设立600万元的合同能源管理项目开立保函补贴专项资金和2000万元的合同能源管理项目风险补偿专项资金，提供节能技改金融保障。截至2014年，超过450家企业开展电机能效提升，总功率75万千瓦，超额完成省对东莞市5000台注塑机节能改造的任务。 （市经信局）

**【招商引资水平提高】** *加强与新兴国家经贸往来* 2014年，东莞市参与21世纪海上丝绸之路建设，扩大与沿线国家经贸往来，市组织企业赴伊朗、土耳其、希腊、巴西、智利、阿根廷等新兴国家开展系列经贸活动，达成各类投资贸易合作金额45.2亿元，拓宽与沿线国家的合作领域。*开展“企业总部大走访”活动* 拜访海外总部、中国区总部及东莞总部，成功推动一批企业总部将资源投放到东莞。其中，促成联丰商业集团公司在凤岗镇增资30亿元，中南创发公司在常平镇投资8亿元设立研发生产中心，丰益国际集团公司在东莞市的4个项目合计增资2.5亿美元。*落实招商引资“一站通”工作* 整合招商资源，安排专人跟进大项目从招商洽谈到落户投产“全过程”，2014年，东莞市引进商业、金融、物流、医药以及先进制造业等超亿美元项目15宗，涉及投资金额35.13亿美元，增长112%，比2013年翻一番。*加大力度推动“三大增长极”发展* 统筹水乡发展经济区、松山湖高新科技园区和粤海产业园区的招商引资，严格控制产业准入标准。与粤海集团公司签署合作协议，促成粤普仓储和粤普工业两大项目落地，投资总额1.5亿美元。粤海普洛斯电商物流项目签约并动工，标志着东莞粤海银瓶合作创新区启动产业建设进程。

**【加工贸易转型升级】** *构建开放型经济体系* 2014年，东莞市贯彻落实市委“1号文”全面深化改革的要求，率先将副总理汪洋提出外经贸发展课题的研究成果，转化为支持东莞先行先试的具体措施。于年初率先在全国构建开放型经济体系，建立加工贸易中小企业产业提升综合服务体系、内销综合服务体系、管理服务体系、监管体系“四大体系”，力争实现突破。*实施“加工贸易增效计划”* 在成功取得试点经验的基础上，在全市加工贸易领域全面实施“加工贸易增效计划”，推动加工贸易企业创建品牌、拓展内销、提升R&D水平，力争当好全国加工贸易转型升级排头兵。*举办2014加博会* 2014年6月18—21日，“2014中国加工贸易产品博览会”在东莞市广东现代国际展览中心成功举办。吸引来自全国25个省（市、区）及港澳台地区的1210家企业参展，展位2811个；到会采购商达6300余家、专业买手达1.63万名，展会意向成交金额达896亿元，比上年增长16.5%。省委书记胡春华参观时指出，希望参展企业和采购商充分用好加博会的平台，深入洽谈，加强合作，共同开拓国内外市场，促进加工贸易转型升级。*搭建内销拓展平台* 2014年，完善“大麦客”商业模式，鼓励加工贸易企业在以集体品牌开拓内销的基础上，支持“大麦客”加工贸易产品订购中心在新疆喀什等地筹建展示中心、接单中心和批发中心，帮助企业拓展内销市场。支持市玩具和婴童用品协会和北京百荣集团合作打造“北京百荣—东莞玩具和婴童用品一条街”，于7月18日营运，近50家知名玩具企业入驻，开展实体批发销售。同时，联合检验检疫局，以东莞玩具和婴童用品产业为切入点，在质量管理、社会责任、行业自律等方面推动行业转型升级，打造成为省级乃至国家级质量安全示范区。

**【外贸增长潜力挖掘】** *稳定外贸增长措施出台* 2014年，东莞市把握国家和广东省外贸政策环境向好态势，结合国家、省的文件精神，特别是结合省在全国率先出台支持外贸稳定增长实施方案，将国家和省的利好政策率先转化为支持东莞市先行先试的具体措施，出台稳定外贸增长37条措施，优化企业的进出口环境。*外贸新业态培育* 2014年，东莞市在推广以“广东汇富”为代表的外贸供应链管理服务新业态的基础上，推动国家、省出台扶持外贸综合服务企业发展的措施，破解以“广东汇富”为代表的外贸新业态企业面临的政策瓶颈，推动企业特别是民营企业提升核心竞争力，参与国际市场竞争。全市外贸综合服务企业进出口172美元，比上年增长14%，占全市外贸进出口11%。推动东莞轻工业品进出口有限公司等4家企业成为全省外贸综合服务试点企业和重点培育企业。*电子商务快速发展* 2014年，东莞市以建设国家电子商务示范城市为契机，制定电子商务发展规划及配套政策，成功引进大龙网、递四方、银盈通等一批电商龙头企业，覆盖物流、支付、第三方平台、运营服务等各个重要环节，加速形成电商发展的全产业链条、全生态系统。在海关总署的支持下，率先启用全国统一版的“海关跨境贸易电子商务服务平台”，实现跨境电商通关“全国第一票”。*外贸转型升级示范基地加快建设* 2014年，东莞市成功召开全省外贸转型升级示范基地培育工作现场会，加快建设全市示范基地生态圈，其中大朗毛织基地获评国家级示范基地，松山湖高新区电子信息等4个产业集群获评省级示范基地，呈现出传统产业与新兴产业全面开花的良好态势，打造“大朗毛织”“长安模具”等区域品牌，推动基地企业抱团拓展市场。*外贸转型升级支援服务中心筹建* 2014年，由东莞市商务局、科学技术局、港澳事务局、莞城街道办事处共同筹建“东莞市外贸转型升级支援服务中心”，旨在通过汇聚国内及港台转型升级服务资源，以功能整合提升，构建中小企业两端延伸综合服务体系，为外贸企业提供工业设计、服务外包、品牌创建、生产力提升辅导、融资创投、知识产权及人才孵化等“一站式”服务，帮助中小外贸企业实现转型升级。签约进驻辅导机构有16家，包括台湾工业设计中心、华南工业设计院、优策科技创新服务中心等企业机构。

**【商务管理服务水平提高】** *外商投资管理服务试点改革* 2014年，东莞市制定《东莞市外商投资管理服务试点改革方案》，优化外商投资从项目审批、市场准入、工程建设到运营监管的全流程，推行网上电子化审批和跨部门数据信息共享，实现3—4个工作日完成外商投资市场准入“多证联办”，促进项目的落地和投产。*通关便利化水平全面提升* 成功获批清溪保税物流中心（B型）项目，与虎门港的保税物流中心（B型），形成全市“两翼齐飞”的保税物流格局。争取国家有关部委支持设立东莞国际邮件互换局兼交换站，开通“粤满俄”“粤新欧”集装箱铁路班列，与“一带一路”沿线国家的交通对接实现突破。推动宏业货柜码头、寮步车检场申请国家粮食进口指定口岸资格，深赤湾码头获批第一批国家指定粮食进口口岸。*跨境贸易电子商务服务平台搭建* 在海关总署支持下，东莞市于2014年7月1日率先启用全国统一版的“跨境贸易电子商务服务平台”，对接电商企业、支付企业和物流企业，推动东莞市常态化、规模化、持续性的货物通关开始，实现数据的互联互通。（市商务局）

## 政治建设

**【依法治市】** 2014年，东莞市全面推动《法治东莞建设五年规划（2011—2015年）》实施。强化工作部署，起草《东莞市2014年依法治市工作要点》和《2014年依法治市重点工作任务分解表》，经第20次依法治市工作领导小组会议审议通过后，以市委名义印发实施。加强制度创新，制定下发《东莞市依法治市工作领导小组成员单位职责》，建立依法治市工作领导小组成员单位向依法治市工作领导小组汇报工作制度，探索建立和实施聘任依法治市工作监督员制度，并完成首批17名依法治市工作监督员的聘任。推进重点工作落实，组织开展企业依法治理试点和按法治框架解决基层矛盾试点工作，组织实施法治惠民实事工程，其中市第二人民法院的信息惠民工程被列入省各地级以上市2014年度法治惠民实事工程项目，并按时保质完成，同时以定期报告、调研督查等形式督促全市有关单位落实年度重点工作任务。开展对法治惠民工程、依法治企试点工作、法制宣传教育、法治文化建设等多项依法治市重点工作调研，形成《关于东莞市第一人民法院司法建议工作的情况汇报》《深入开展法制宣传教育 大力弘扬社会主义法治精神》等多份调研报告。推进法治文化建设，总结推广全市法治宣传教育“一镇一品牌”工作经验，抓好法治文化建设示范点培育工作，东莞市“空中普法基地”和长安镇获评“广东省法治文化建设示范点”。加强队伍建设，举办全市依法治市工作培训班，市直单位联络员、各镇街依法治镇办主任以及依法治市工作监督员150多人参加培训。

（市依法治市办）

**【行政审批制度改革推进】** 2014年，东莞市继续开展对75个部门职能及审批事项的清理工作，促使于5月30日公布实施《东莞市人民政府2014年行政审批制度改革事项目录（第三批）》，决定取消行政审批事项31项、日常管理事项50项，转移日常管理事项12项，决定下放经济社会管理权限58项，使行政审批事项累计压减68.1%、日常管理事项累计压减67.5%。结合镇港统筹发展体制改革，将沙田镇纳入简政强镇事权改革范围，将515项事权下放给其行使。

优化审批流程，简化规范审批的办理条件、申报材料、办理时限、办理环节等，促使审批提速增效，39个单位一大批事项审批时限压减幅度达50%以上。推进审批标准化建设，选定市经信局等26个单位作为试点，探索推进行政审批标准化建设，制定办事指南、业务手册413套，优化业务流程。推进审批事项网上办理，结合网上办事大厅建设，推进有关事项网上办理，实行动态管理。

加强审批监管，采取多项措施强化后续监管，促使规范用权。经市政府同意于5月出台《东莞市行政审批事项目录管理办法》《东莞市进驻网上办事大厅服务事项目录（2014年）》，对东莞市保留的行政审批事项和日常管理事项实行动态管理。印发《关于做好第三批行政审批制度改革取消和下放事项实施工作的通知》，要求各有关单位针对取消事项、下放事项逐一制定切实可行的实施方案，督促抓好后续监管工作。

（市编办）

**【民主党派和党外知识分子暑期座谈会】** 2014年，东莞市完善党外人士建言渠道，发挥民主党派参政议政职能。在暑期座谈会上，市委领导与各民主党派负责人就东莞市经济社会发展展开研讨，并专门听取市委统战部关于上年暑期座谈会上民主党派所提意见的落实情况报告。2014年暑期座谈会上，各民主党派提出关于经济社会发展的意见建议13宗，关于民主党派自身建设的意见建议8宗。市委统战部根据市委书记徐建华的指示，着重对民主党派的建言跟进落实督查，建立起民主党派意见建议落实情况例行通报制度。（市委统战部）

**【基层政权建设】** （参见“社会生活”类目第398页“基层政权建设·社区建设”）

## 文化建设

**【精神文明建设概况】** 2014年，东莞市落实《深化全国文明城市创建工作责任书》，通过第四届全国文明城市复查验收，获评“全国文明城市”三连冠。麻涌、寮步、桥头、大岭山镇获评“全国文明村镇”，南城街道、东城街道、东莞海关、大朗工商分局获评“全国文明单位”。

**【“全国文明城市”创建责任落实】** 2014年，东莞市市委书记、市文明委主任徐建华动员、部署、督导深化“全国文明城市”创建工作，凝聚“两手抓、两手硬”的共识，并代表市文明委与所有33个镇街（园区）和26个主要责任单位签订《深化全国文明城市创建工作责任书》。106项测评内容被分解为649项具体任务落实到具体责任单位，深化创建工作纳入镇街（园区）、单位年度工作考核内容并加大考核权重，形成“无缝对接”责任体系。

**【“涉黄”问题整治取得显著成效】**

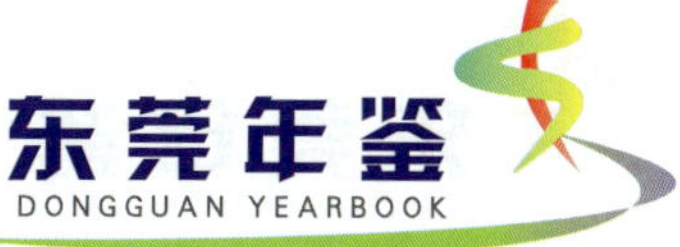


2014年，东莞市市委、市政府把“涉黄”问题整治作为争创全国文明城市“三连冠”的首要任务，组织全市持续开展“扫黄”整治专项行动，先后6次向中央文明办、省委宣传部上报相关整改情况。全市娱乐服务场所“涉黄”违法犯罪活动得到有效打击和遏制，实现整治向根治、扫除向根除转变。

【核心价值观建设】 2014年，东莞市出台《关于培育和践行社会主义核心价值观的行动方案》，推进核心价值观建设。开展核心价值观基层宣讲活动74场，核心价值观公益广告全覆盖，打造出133个核心价值观建设示范点，打造出核心价值观“主题广场”“主题公园”66个、“主题街路”33条。全市发布“善行义举榜”1200多个并实现公共场所、机关、学校、社区（村）全覆盖。开展“小手拉大手 齐心创文明”入户宣传、“爱在天地间”核心价值观主题演出等活动1300多场次。4篇经验做法得到中宣部、中央文明办和省委宣传部、省文明办肯定推广。

【志愿之城建设】 2014年，东莞市出台《关于推进志愿服务制度化 建设“志愿之城”的实施意见》，推进“志愿之城”建设。构建起以东莞志愿服务综合信息平台为支撑的招募注册、培训教育、服务记录、激励保障机制，实现597个社区（村）志愿服务站全覆盖、“社工+志愿者”联动模式日益成熟，基本实现党政机关、事业单位、国有企业、大中型非公经济组织志愿服务队伍全覆盖，行业志愿服务岗位化、专业化水平显著提升。截至2014年，全市注册志愿者达74.73万人、志愿服务组织4054个、志愿服务项目2.99万个，累计服务时长871.1万小时。同时，东莞志愿服务综合信息平台实现与省志愿者服务网的对接，东莞市志愿服务工作走在全国、全省前列。

【诚信制度化建设】 2014年，东莞市贯彻落实中央文明委《关于推进诚信建设制度化的意见》，推进诚信建设制度化。组织工商、税务、农业等14个部门，邀请媒体近80家次，全年在全省率先以新闻发布会形式集中发布企业诚信“红黑榜”3次，向社会发布诚信企业“红榜”3739家、失信企业“黑榜”267家。同时，各职能部门通过网站、报纸、电视、政务微博微信等方式，累计向社会发布诚信“红黑榜”36场次，在全社会掀起声势浩大的诚信建设热潮。

【“好人”建设】 2014年，东莞市出台《东莞市系列道德人物选树宣传工作方案》，每月评选并在各镇街轮流发布“东莞好人”，每年评选发布“东莞最美人物”，每两年评选发布“东莞道德模范”，适时认定和发布“东莞时代楷模”，构建起更加完整、规范、科学的道德人物选树体系。东莞市累计评选发布“东莞好人”508人、“东莞道德模范”（含提名奖）95人，其中3人获评“全国道德模范提名奖”、4人获评“中国好人”，2人获评“广东省道德模范”、8人获评“广东好人”。建成1300多个“道德讲堂”并坚持正常开展活动，开展道德模范和“身边好人”学习宣传活动1500多场次。中央电视台和《人民日报》《南方日报》都推出“东莞好人”专题报道。

【文明健康生活方式培育】 2014年，东莞市出台《关于积极培育文明健康生活方式的实施方案》，广泛动员组织市民参与读书学习、文化娱乐、体育运动、环保公益等健康活动。推进“节俭养德”行动，广泛开展“文明餐桌”“俭以养德、人人行动”等教育实践活动。推进“文明旅游”行动，全面实现在办证通关环节开展教育引导、在签约组团环节建立双重教育制度、在交通运输环节做好文明旅游宣传、在旅途行程环节落实领队导游“一岗双责”。推进“文明交通”行动，强化安全设施、执法查处、宣传教育、志愿劝导、典型引领“五结合”，营造安全文明的出行环境。推进“文明家风大讨论”全民行动，广泛开展“寻找最美家庭”“晒幸福晒家风”和家训家规征集等活动500多场次。连续举办10届读书节，累计超过580万人次参加“新东莞·新阅读”全民掌上阅读活动。“我们的节日”主题活动形成“一镇一品牌”，每年开展活动220多场，参与群众超过1000万人次。连续八年面向弱势群体开展“幸福东莞·城市暖流行动”6000多项活动。

【未成年人思想道德建设】 2014年，东莞市在全省地级市中率先设立“未成年人思想道德建设专项基金”，并由市福利彩票公益金划拨200万元作为启动资金。全市中小学心理健康教育专职教师发展至203人、兼职教师1520人。建成东莞市家庭教育指导中心、白玉兰家庭服务中心（室）86个、儿童友好社区120个、流动服务站72个，构建起立体化家教服务模式。212所“学校少年宫”基本建成并挂牌，实现公办学校全覆盖。建成“未成年人素质拓展基地”97个。中小学校开展“我的中国梦”、中华传统美德、“三爱”等主题活动。寮步、长安镇新建成青少年活动中心（宫）并投入使用，全市建成并投入使用的青少年活动中心（宫）达6个。

【城市环境秩序优化】 日常巡查 2014年，东莞市常态组建市文明创建办督导组，高密度、高频次开展常态化巡查督导，通过开出整改意见书、实施限期整改、发出督查通报、媒体动态曝光、组织“回头看”等“五管齐下”，推进创建工作常态化、精细化、科学化。市创建办督导组出动250多批次，发现各类问题400多宗，推出媒体“曝光台”160多期，推进创建难点盲点整

▲ 2014年10月29日，“东莞好人”颁奖典礼暨“道德模范与身边好人”现场交流会在横沥镇举行

改率达95%以上。*专项整治* 建立健全“四位一体”监督检查机制，推动集贸市场综合整治取得显著成效。采取“地毯式”大排查、实施限期整改、加强动态监管相结合方式，推进市容环境、城市“六乱”、社会治安等30多项专项整治工作，实现城市环境秩序显著改善。*骑行督导* 实现市、镇文明委领导骑单车巡查督导创建工作常态化，其中33个镇街（园区）每周骑行督导巡查不少于2次、每月召开督导整改会议，限期整改存在问题。2014年，市创建办督导组在大城区范围内组织95次骑行督导活动，并抽调各职能部门25人分赴28个镇开展骑行督导巡查，得到社会各界和广大群众的好评。

**【基层群众性精神文明创建活动】** 2014年，东莞市高标准、严要求对16个第四届全国文明村镇、文明单位申报、复查对象实地检查，推动整改提高。根据《全国文明城市测评体系（地级市修订版）》和《全国未成年人思想道德建设工作测评体系（2014年版）》，对管理办法（2012年版）进行修订，出台《东莞市群众性精神文明创建活动管理办法（2014年修订）》，提升2014—2015年度文明镇街、文明社区（村）、文明单位创建的科学化水平。2014年，麻涌、寮步、桥头、大岭山镇获评“全国文明村镇”，南城街道、东城街道、东莞海关、大朗工商分局获评“全国文明单位”。（吴诗娴）

## 社会建设

**【社会建设概况】** 2014年，东莞市紧扣中央、省委部署的社会体制改革任务，聚焦干部群众关心的热点难点问题，重点抓好流浪乞讨未成年人综合救助保护等7个省市共建项目，推进全省创新社会管理引领区创建工作，推进社会建设的目标引领、依法治理、协同创新和社会服务能力明显提升。出台《东莞市创新基层社会治理综合改革实施方案》及配套政策，推进基层社会改革创新。推动工、青、妇等群团组织参与社会治理，白玉兰家庭服务中心入选全省十个“社会创新实验基地”。全面加大社会组织综合管理力度，制定完善《东莞市社会组织信用信息管理暂行办法》等政策文件，探索将需要履行重要社会责任的各类非政府组织及其活动全部纳入管理范围，确保管理无遗漏、无死角、无盲区。提升社会事业建设水平，投入252.3亿元发展民生事业，比上年增长9.8%，连续十年提高基本养老金标准，低保标准每人每月提高到510元，五保供养水平每人每年提高到1.65万元，成为该年度全省社会救助重点工作唯一全面达标地区，并将非莞籍老人纳入免费乘公交范围。全力维护社会大局保持和谐稳定，全面清剿“涉黄”违法行动，妥善处理裕元公司怠工事件，涉及30人以上劳资突发和欠薪逃匿事件分别下降58.7%、73.2%，医闹事件下降38%，全年未发生重特大安全事故。

**【创新基层社会治理“莞版”改革30条出台】** 2014年，东莞市研究制定出台《东莞市创新基层社会治理综合改革实施方案》，从创新和完善基层党建、集体经济和农业产业发展、民主治理、依法治理、综合服务管理和统筹治理体制机制等六大方面，系统推出切合基层实际、具有地方特色的30条改革措施，构筑社会环境城乡同治、多元主体协同共治、公共服务政社联治、矛盾冲突依法综治的基层善治格局。“莞版”改革30条彰显“城乡治理一张网、运转协调一核心、综合服务一站式、社区事务一同干、集体经济一盘棋、维权维稳一体化”等“六个一”东莞特色，获评“2014年中国十大社会治理创新”奖。

**【样板社区“微治理”模式探索】** 2014年，东莞市围绕政府服务落地与居民自治发动两大重点，明确样板社区创建目标，制定财政奖补办法，出台“微心愿”“微平台”“微组织”“微机制”等指导意见。全市33个大型楼盘踊跃参与，其中8个楼盘具备样板雏形，综合展示“党建有力、民主自治、管理有序、服务完善、治安良好、文明祥和”的创建成效，初步探索出一条以小区“微治理”推动基层社会治理创新的有效途径，获省推广创建经验。

**【社会组织规范发展】** 2014年，东莞市适时调整政府购买服务重点，将扶持培育重心由支持项目向提升能力转变，实行严格的资质审查、公开招标、绩效评估和优胜劣汰制度，促使社会组织完善内部治理、提升服务绩效。截至2014年，在民政部门登记备案的社会组织达到4728家，其中3A以上等级75家、具备承接政府转移职能和购买服务资质174家，电子、家具等20多个行业实现“一业多会”。

**【异地务工人员服务组织建设】** 2014年，东莞市利用异地商会资源，引导异地商会成立异地务工人员服务组织，协助党委政府服务管理异地务工人员。截至2014年，成立异地商会60多家，其中19家异地商会建立异地务工人员服务组织，为异地务工人员提供就业援助、心理疏导和矛盾调处等服务，在维护稳定、扶危济困和团结凝聚等方面发挥积极作用。“东莞市异地务工人员服务组织”项目获评全省基层社会治理创新优秀项目。

**【流浪乞讨未成年人综合救助保护】** 2014年，东莞市开展为期3个月的综合救助保护流浪乞讨未成年人专项行动，出台以《东莞市流浪乞讨未成年人综合救助保护暂行办法》为核心，包括主动发现、快速处置、依法核查、临时救助、分类安置、社会参与、保障监督等7个工作机制和17项工作指南的“1+7+17”政策体系，完善“政府主导、民政牵头、部门负责、社会参与”的立体式综合救助保护网络，为全省乃至全国破解这一难题探索有益经验。全市发动3.4万名城管、环卫、出租车司机和60万志愿者参与，救助保护流浪乞讨未成年人514人，破获操纵乞讨人员违法犯罪案件2宗，基本消除街面未成年人流浪乞讨现象。

**【公共服务政策与项目公众评议试点工作】** 2014年3月，东莞市在全省率先开展公共服务政策与项目公众评议试点工作，制定“1+3”实施方案，选取政府购买社工服务、居家养老服务两项公共服务政策和莞城街道罗沙社区推行的“一事一议”财政奖补制度为试点，招标选聘东莞职业技术学院和东莞市现代社会组织评估中心作为第三方评估机构开展公众评议。科学设计36项评价指标，采取专家评估与民众参与相结合、舆情搜集和对比分析相结合、定量分析与定性分析相结合等方式，力求公正客观地得出评价意见。东莞市有关做法作为经验在全省总结交流会上被推广，并得到国务院办公厅的高度关注。

**【社会融合示范区建设】** 2014年，东莞市按照“寮步全面推进、东城重点突破”的思路，指导寮步镇创建全市社会融合示范区，指导东城街道拓宽异地务工人员参与基层社区社会管理渠道。寮步镇出台异地务工人员社会融合系列文件；东城街道在岗贝、花园新村、东泰花园、星城社区等4个试点开展异地务工人员进社区党支部任专职委员，并以东泰社区为试

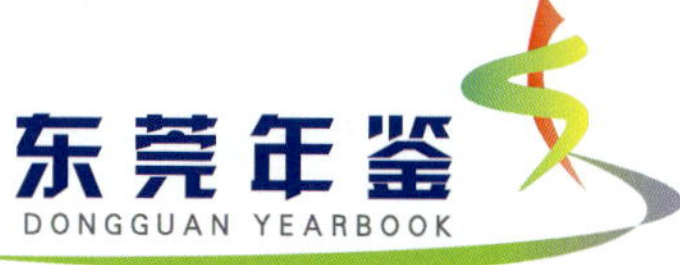

点，探索新老莞人社会融合。（袁凤兰）

**附：2014年东莞市社会工作委员会主要领导名录**

主　任：姚　康

## 生态建设

**【推进生态文明体制改革】**　2014年，东莞市制定实施《东莞市生态文明体制改革实施方案（2014—2017）》，部署推进各方面的体制机制改革。成立市环境保护委员会，完善环保责任考核、排污总量考核制度，在石马河、茅洲河、水乡特色发展经济区试点推行“河长制”，以生活垃圾处理项目为试点，推行建立区域生态补偿机制。开展第三轮行政许可事项清理，取消行政审批1项、管理事项1项，转移管理事项1项，委托管理2项。截至2014年，累计取消行政审批13项，审批事项压减率达68.4%。

（市环保局）

**【生态工程建设】**　2014年，东莞市城建局将生态文明的理念融入到工程建设中，参与水乡特色经济发展区等建设，打造生态休闲区、清水河、绿色大道，助推生态文明建设。全力加快东江与水库联网供水水源（一期）、运河综合整治B段、污水处理厂及截污管网三期、挂影洲围中心涌水环境综合整治示范等4项工程的建设。其中，完工的江库联网工程，设计输水流量达30立方米/秒，远期规划每年可提供4.5亿立方米的供水量，供水保证率达97%，可为东莞市长安、虎门等15个镇街（园区）1140平方公里供水，涉及年供水人口达350万人，解决市中部及沿海片供水水源单一的局面，保证供水并提高应对东江突发性水事故的能力。在建的挂影洲围中心涌水环境综合整治示范工程整治景观面积约20万平方米，通过清淤清障、增建排站、新建连通渠、截污治污、景观绿化、桥梁改造等措施，将排涝标准由5年一遇提高到20年一遇，实现清水河、景观河、安全河的目标。（市城建工程管理局）

**【国家生态市创建】**　截至2014年，东莞市完成国家生态市创建重点工程78项。全市18个镇创建成为国家、省生态镇，478个村（社区）创建成为生态村（社区），其中，东坑、望牛墩镇获评省级生态镇，56个村（社区）创建为市级生态村（社区），生态村（社区）覆盖率达80.6%。（市环保局）

**【国家森林城市创建】**　2014年，东莞市新建、改建蛤地公园等各类公园33个，科学开发利用水乡片各镇街湿地资源，推动华阳湖湿地公园二期工程、弹流鱼保育湿地公园等项目建设；开展道路绿化查漏补缺，升级道路绿化102.8公里；利用水乡统筹发展契机，新增水岸绿化62.8公里。举办第十届粤港澳台盆景艺术博览会、“绿色东莞在我心中”征文比赛和“聚焦森林城市　情系美丽东莞”摄影比赛等活动。

**【公园体系完善】**　截至2014年，东莞市有公园广场1210个、面积145.30平方公里，城市绿化覆盖率47.57%，城市人均公园绿地面积18.33平方米。2014年，东莞市森林公园建设持续优化。在森林公园主景区、出入口广场设置LED（发光二极管）显示屏8套，全面更新园区交通指引牌、标识牌、警示牌415套。实施大岭山森林公园二期项目石洞核心区、厚街大迳村出入大岭山森林公园道路工程建设，建成鸡公仔防火应急通道等配套设施，建成大屏嶂森林公园观音阁景点，实施银瓶山森林公园二期项目清溪湖环湖防火通道和清园路工程等项目建设，完成常平旗岭、清溪山水天地森林公园3.9公里防火通道和登山步道，完成凤岗南门山森林公园8.5公顷公园绿化。银瓶山森林公园清溪景区成功创建“国家4A级旅游景区”。

（市城市综合管理局　林业局）

**【海洋生态文明建设】**　2014年，东莞市启动美丽海湾建设，整治修复虎门威远岛西南侧，出台《东莞市创建黄唇鱼省级自然保护区方案》，提出2017年创建黄唇鱼省级自然保护区，将黄唇鱼自然保护区打造成海洋生态文明新名片。发布《2013年东莞市海洋环境状况公报》，监测结果表明，全市海水质量基本保持稳定，局部有所好转。

（市海洋与渔业局）

▲ 银瓶山森林公园

# 党政机关

# PARTIES AND GOVERNMENT ORGANIZATIONS

东莞市行政办事中心

编辑：李文蔚

## 中国共产党东莞市委员会

### 市委重要决策

【全面深化改革】 2014年1月23日，东莞市委出台1号文《中共东莞市委关于全面深化改革的实施意见》，全面深入落实《中共中央关于全面深化改革若干重大问题的决定》和省委贯彻落实意见，着力增创体制机制新优势，加快实现高水平崛起。市委1号文提出全面深化改革的86条内容和330项改革事项，部署推进开放型经济制度体系、深化市场取向改革、加快转变政府职能、科技体制改革、土地利用制度改革、民主政治及法治东莞建设、文化体制机制创新、社会事业和社会治理体制改革创新、农村综合改革、生态文明制度建设等10个方面重点领域改革。提出力争到2017年，基本完成各项改革任务，在一系列重要领域和关键环节改革上取得决定性成果。4月10日，《东莞市2014年改革行动计划》发布，围绕开放型经济制度、土地利用制度、社会事业和社会治理体制改革、农村综合改革、城镇化等12个方面推出60条具体改革举措和要求。2014年，市委全面深化改革领导小组召开5次会议，审议外商投资企业网上多证联办、全面推进新型城镇化发展、创新基层社会治理综合改革等改革事项，以及《东莞市2014年全面深化改革行动计划》《东莞市改革事项综合评估工作方案》等文件；全市推进项目投资建设直接落地改革、外商投资市场准入"十证联办"改革、农村综合改革、城乡土地生态利用综合改革等取得重要进展，全

**2014年中共东莞市委机构设置**

（2014年12月）

| | | |
|---|---|---|
| 市直机关 | 正处级 | 纪律检查委员会机关（监察局）、市委办公室、组织部、宣传部、统一战线工作部、民主党派办公室（不定级）、政法委员会、政策研究室、台湾工作办公室（人民政府台湾事务局）、直属机关工作委员会、老干部局、机构编制委员会办公室、社会工作委员会（不定级） |
| | 副处级 | 企业工作委员会、企业纪律检查工作委员会（不定级）、社会组织工作委员会、社会组织纪律检查工作委员会、市委督查室（不定级） |
| 事业单位 | 正处级 | 市委党校（行政学院）、东莞日报社、广播电视台、党史研究室、接待办公室、粤桥山庄管理处、东莞市社会科学院（不定级） |
| | 副处级 | 电子政务办公室 |

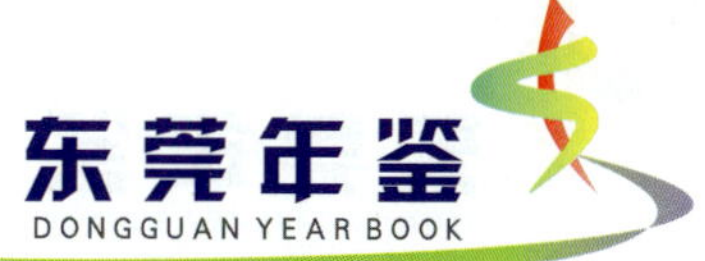

面深化改革实现良好开局。

【依法治市推进】 2014年10月29日，东莞市委书记、市人大常委会主任徐建华主持召开市委十三届第八十六次常委会议，专题传达学习党的十八届四中全会精神，研究部署学习贯彻工作。会议强调，全市各级各部门必须深入学习贯彻党的十八届四中全会精神，按照中央、省委的部署要求，扎实推进依法治市，加快建设法治东莞，为全面深化改革、加快转型升级、实现高水平崛起提供有力的法治保障。会议要求，进一步完善法治东莞建设有关举措，高质量起草好市委贯彻中央、省委全会决定的实施意见，提交市委十三届五次全会审议。11月3日，市委出台《中共东莞市委关于学习贯彻党的十八届四中全会精神的意见》，要求全市各级党组织和领导干部深刻领会全会精神实质，认真组织学习宣传全会精神，切实把思想和行动统一到全会精神上来，围绕法治经济、法治政府、法治社会、法治文化、法治队伍、公正司法等6个方面，全面推进法治东莞建设。

【海洋经济加快发展】 2014年5月4日，东莞市委书记、市人大常委会主任徐建华主持召开市委十三届第七十一次常委会议，审议《中共东莞市委 东莞市人民政府关于加快发展海洋经济的意见（送审稿）》。会议强调，发展海洋经济要找准定位，注重海、港、陆结合，特别要超前做好珠江口东岸现代产业集聚区和虎门港、长安新区的规划建设。7月7日，《中共东莞市委 东莞市人民政府关于加快发展海洋经济的意见》出台，提出以虎门港建设为龙头，以长安新区等重点海洋产业区为载体，以体制机制创新、海洋科技创新为动力，科学利用海洋资源，优化海洋经济布局，加快转变海洋经济发展方式，构建现代海洋产业体系，建设海洋经济综合实力较强、开发开放水平较高、生态环境良好、体制机制灵活的海洋经济发展示范区，力争到2020年，基本建成海洋强市。

【农村改革全面深化、现代农业加快发展】 2014年3月27日，东莞市委、市政府召开全市农村农业工作会议，贯彻党的十八届三中全会、中央及全省农村工作会议精神，研究部署全市农村农业工作。市委书记、市人大常委会主任徐建华出席会议并讲话。会议强调，全市各级各部门要始终把农村农业工作作为重中之重来抓，始终坚持城乡一体发展方向，始终坚持以全面深化改革为根本动力，始终加强党对农村工作的领导，开创农村农业发展新局面。9月13日，市委出台《中共东莞市委、东莞市人民政府关于全面深化农村改革加快发展现代农业的意见》，全面部署创建全国农村综合改革示范试点、深化农村产权制度改革、完善农村社会治理机、制健全城乡一体化体制机制、完善农业支持和保护体系、构建完善的农业经营体系等八大工作任务，推动东莞农村农业改革发展，加快实现农村农业转型升级。

【新型城镇化发展推进】 2014年6月20日，东莞市委书记、市人大常委会主任徐建华主持召开市委十三届第七十八次常委会议，传达全省城镇化工作会议精神，研究贯彻意见。会议强调，全市上下要领会贯彻会议精神，主动对接全省城镇化总体规划、珠三角全域规划和深莞惠一体化规划，以大思路、大框架谋划新型城镇化建设。会议要求，筹备召开全市新型城镇化工作会议。11月18日，全市新型城镇化工作会议召开，市委书记、市人大常委会主任徐建华和市委副书记、市长袁宝成出席会议并讲话。会议强调，要贯彻落实中央、全省城镇化工作会议精神特别是中共中央总书记习近平和中共中央政治局委员、省委书记胡春华关于城镇化工作的重要讲话精神，全力推进新时期新型城镇化工作，推动东莞在珠三角世界级城市群中加快崛起。会议要求，推进新型城镇化发展要正确把握和处理扩容与提质，产、城、人，政府与市场，发展与保护，建设与管理五个关系。12月19日，《中共东莞市委、东莞市人民政府关于全面推进新型城镇化发展的意见》出台，全面部署全市新型城镇化建设，提出以经济区理念统筹推动组团式发展，构建“一中心四组团”新型城镇化发展新格局，把东莞建设成为“国际制造名城、现代生态都市”。

【基层社会治理综合改革创新】 2014年8月28日，东莞市召开全市社会工作会议，研究部署社会改革发展任务，市委书记、市人大常委会主任徐建华出席会议并讲话。会议强调，要准确把握形势，增强社会建设的责任感和紧迫感，深化社会体制改革，提升社会治理能力。11月17日，市委全面深化改革领导小组第五次会议召开，审议通过《东莞市创新基层社会治理综合改革实施方案》。提出围绕创新基层社会治理综合改革目标，突出抓好基层统筹治理体制机制、基层党建体制机制、基层综合服务管理体制机制、基层民主治理体制机制、基层依法治理体制机制、基层集体经济和农业产业发展体制机制等6个方面重点改革任务。12月31日，《东莞市创新基层社会治理综合改革实施方案》出台。

【新型研发机构发展】 2014年9月28日，广东省新型研发机构现场会在东莞市召开，中共中央政治局委员、省委书记胡春华，省委副书记、省长朱小丹出席会议并讲话。10月9日，市委书记、市人大常委会主任徐建华主持召开市委十三届第八十五次常委会议，传达全省新型研发机构工作现场会精神，研究贯彻意见。会议强调，全市上下要以现场会在东莞市召开为动力，加快新型研发机构平台建设和制度创新；要学习借鉴先进国家地区的经验做法，促进科研院所与重点产业的对接，鼓励有条件的企业建立新型研发机构；要撬动金融资本、社会资本、民营企业参与新型研发机构建设，引导民营企业发展高科技和战略性新兴产业。10月9日，《东莞市加快新型研发机构发展的扶持办法》发布，从加大财税扶持、推动技术创新成果转化、促进技术服务与企业孵化良性互动、完善科技项目的投融资功能、推动各类科技资源协同创新、引进高水平人才等方面推出38条核心政策措施，扶持新型研发机构加快发展。

【国家可持续发展实验区创建】 2014年9月29日，东莞市委书记、市人大常委会主任徐建华主持召开市委十三届第八十四次常委会议，审议通过《东莞市国家可持续发展实验区建设规划（2014—2018）》。会议强调，要提高思想认识，把创建国家可持续发展实验区作为转变发展方式、加快转型升级、推进产业结构调整的重要抓手，推动产业转型、城市转型和社会转型。提出重点实施产业转型升级、人口质量优化和生态环境提升等三大任务，加快建设科技创新与产业发展示范区、生态环境与资源综合利用示范区、城乡统筹发展示范区、可持续发展特色示范镇等四个主题示范区，力争到2018年，把东莞市建设成为国家可持续发展的实验区、外向型经济转型升级的示范区、提升人口质量的引领区、先发地区资源环境治理的样板区。

【“全国节能减排财政政策综合示范城

市”创建】 2014年4月10日，东莞市召开“全国节能减排财政政策综合示范城市”建设动员暨环保工作会议，市委书记、市人大常委会主任徐建华出席并讲话。会议强调，要切实增强创建“全国节能减排财政政策综合示范城市”的责任感和紧迫感，围绕国家节能减排政策导向和资金投向，全面推进节能减排和环境保护，将东莞建设成为“全国节能减排财政政策综合示范城市”的样板、转型升级和生态文明的典范，为全省乃至全国节能减排工作探索经验、提供示范。

## 市委重要会议

【中共东莞市委十三届四次全会】 于2014年1月13—14日召开。会议主要任务是全面贯彻党的十八届三中全会、中央经济工作会议、中共中央总书记习近平系列重要讲话以及省委十一届三次全会精神，总结2013年工作，部署全面深化改革及2014年工作。全会强调，2014年要坚持“稳中求进，稳中求好，稳中求优”，把改革创新贯穿于经济社会发展各个领域各个环节，以改革促转型升级、促创新发展、促民生改善、促作风转变，统筹推进经济、政治、文化、社会、生态文明以及党的建设，稳步迈过“爬坡越坎”的阶段，突破转型升级的“拐点”，开创高水平崛起的新局面，为广东实现“三个定位、两个率先”的目标任务作出应有贡献。会议提出，要把准发展方位，切实增强全面深化改革的信心、勇气和智慧；要把握正确方向，确保全面深化改革沿着正确的方向前进；要明确目标任务，加快建立健全与实现高水平崛起相适应的制度体系；要突出着力重点，尽快在重要领域和关键环节改革上取得新突破；要坚持求真务实，把各项改革决策部署落到实处。全会要求，突出抓好全面深化改革、加快转型升级、实施创新驱动、全面提升开放型经济水平、统筹区域协调发展、改善民生、生态文明建设、从严治党等方面工作。

【各镇街党委书记座谈会和各镇街镇长（办事处主任）、园区负责人座谈会】 2014年2月7日，东莞市委书记、市人大常委会主任徐建华和市委副书记、市长袁宝成分别主持召开各镇街党委书记座谈会和各镇街镇长（办事处主任）、园区负责人座谈会。徐建华强调，2013年，东莞继续巩固转型升级的良好态势，基本形成转型升级“拐点”；2014年，各镇街党委要重点抓好开展群众路线教育实践活动、全面深化改革、加快转型升级、加强基层组织建设等工作。袁宝成要求，各镇街、园区领导干部要密切配合党委中心工作，以崭新的精神面貌铺开推进新一年各项工作，努力做到教育实践活动和各项工作“双促进”。

【全市第一季度经济形势分析会】 于2014年4月30日召开。东莞市委书记、市人大常委会主任徐建华出席会议并讲话。会议强调，各级各部门要进一步把思想统一到中共中央总书记习近平系列重要讲话精神和中共中央政治局委员、省委书记胡春华对东莞工作的要求和市委、市政府的决策部署上来，认清形势，进一步增强做好经济工作的信心决心；要突出抓好实施“五个行动计划”（重大项目建设提速行动计划、重点企业技术改造、民营资本发展实体经济、加工贸易转型升级、科技金融产业“三融合”）、全面深化改革、维护社会大局和谐稳定、加强精神文明建设等重点工作，推动经济社会健康持续发展；要紧盯2014年经济工作主要预期性指标和经济工作薄弱环节，确保全年各项任务如期完成；要结合开展群众路线教育实践活动，切实改进作风，加大推动工作落实的力度,力争稳步迈过“爬坡越坎”的阶段，突破转型升级的“拐点”。

【全市上半年经济形势分析会】 于2014年7月25日召开。东莞市委书记、市人大常委会主任徐建华出席会议并讲话。会议主要任务是分析研判经济形势，研究部署下半年经济工作。会议要求，各级各部门要坚定加快发展的信心决心，继续围绕重大项目建设提速行动计划、重点企业技术改造、民营资本发展实体经济、加工贸易转型升级、科技金融产业“三融合”等“五大行动计划”，采取扎实有效的应对举措，打好下半年经济发展攻坚战，确保完成全年目标任务。

【全市外贸稳增长工作会议】 于2014年10月13日召开。东莞市委书记、市人大常委会主任徐建华出席会议并讲话。会议分析研判外贸形势，明确工作要求和应对举措，动员全市上下坚定信心，攻坚克难，坚决打好稳定外贸增长攻坚战，确保完成全年外贸稳增长目标任务。会议强调，要准确把握当前稳定外贸增长面对的严峻形势，切实增强政治责任意识，坚定工作信心；要将解决外贸数据流失作为“一把手”工程来抓，突出抓好重点企业，坚持“一企一策”的方法；要着力深化改革，全面加快转型，大力培育增量；要加强为企业提供优质服务，营造良好营商环境。

【全市前三季度经济形势分析会】 于2014年10月24日召开。东莞市委书记、市人大常委会主任徐建华出席会议并讲话。市委副书记、市长袁宝成总结分析前三季度经济形势，提出做好第四季度经济工作的意见。会议强调，要正确认识当前经济形势，坚持转型升级的正确方向，大力推动三次产业协调发展，促进“三驾马车”协调拉动，大力实施创新驱动，突出重点，狠抓落实，努力完成第四季度和全年预期目标，确保全年经济增速高于全省平均水平。

## 市委重要工作

【市领导带头开展党的群众路线教育实践活动】 2014年1月26日，东莞市委书记、市人大常委会主任徐建华主持召开市委十三届第六十一次常委会议，专题学习中共中央总书记习近平关于党的群众路线教育实践活动系列重要讲话精神，研究部署全市党的群众路线教育实践活动。会议强调，全市各级要以中共中央总书记习近平系列重要讲话精神为指引，认真谋划开展好教育实践活动，确保取得实实在在的成效。2月8日，全市党的群众路线教育实践活动工作会议召开，全面动员部署群众路线教育实践活动，徐建华出席会议并作重要讲话。2月8日起，全市各级党组织紧紧围绕“为民务实清廉”主题，全面落实“照镜子、正衣冠、洗洗澡、治治病”的总体要求，扎实有序开展教育实践活动取得显著成效，有效遏制“四风”突出问题，维护群众切身利益，推进改革发展事业。期间，徐建华先后11次主持召开市委常委会，听取有关情况汇报，审议有关文件材料，研究部署工作；同时，带头深入学习，带头听取意见，带头查摆问题，带头整改落实，把关四套领导班子的对照检查材料，全程参加指导寮步镇党委班子专题民主生活会和寮步镇横坑社区党工委专题组织生活会。

【中共中央总书记习近平系列重要讲话精神学习贯彻】 2014年，东莞市委通过召开常委会议、组织中心组学习等形式，学习贯彻中共中央总书记习近平系列重要讲话精神。1月26日，市委书记、市人大常委会主任徐建华主持召开市委十三届第六十二次常委会议，专题学习中共中央总书记习近平关于党的群众路线教育实践活动系列重要讲话精神。2月24日，全市学习贯彻中共中央总书记习近平系列讲话精神集中轮训开班，分期分批组织市管干部学习贯彻中共中央总书记习近平系列讲话精神。徐建华出席开班仪式并讲话，要求全市领导干部深刻认识学习贯彻中共中央总书记习近平系列重要讲话精神的重大意义,坚持以中共中央总书记习近平系列重要讲话精神武装头脑、指导实践、推动工作。7月18日，徐建华主持召开市委十三届第八十次常委会议，学习贯彻中共中央总书记习近平在中央政治局第十六次集中学习时的讲话精神。9月3日，市委中心组召开专题学习会，深入学习《习近平总书记系列重要讲话读本》，深刻领会中共中央总书记习近平建设“21世纪海上丝绸之路”的重要战略构想。10月9日，徐建华主持召开市委十三届第八十五次常委会议，学习中共中央总书记习近平在全国党的群众路线教育实践活动总结大会上的重要讲话精神，研究贯彻意见。12月8日，徐建华主持召开市委十三届第八十八次常委会议，传达中共中央总书记习近平在文艺工作座谈会上重要讲话精神，研究贯彻意见。2014年，全市各级领导干部围绕学习中共中央总书记习近平系列重要讲话精神撰写学习体会文章140多篇，编辑出版《深入学习习近平同志系列讲话精神》理论体会文章。

【省委十一届三次全会精神传达贯彻】 2014年1月13日，东莞市委书记、市人大常委会主任徐建华主持召开市委十三届第五十九次常委会议，传达省委十一届三次全会精神，研究贯彻意见。会议强调，全市上下要认真传达学习省委十一届三次全会精神，准确把握全会精神实质，用全会精神推进全面深化改革及2014年主要任务，确保取得实效，努力谱写东莞全面深化改革、推动科学发展、实现高水平崛起的新篇章。突出抓好重点领域改革和东莞先行或承担的国家和省试点改革项目，力求改革突破，努力实现全面深化改革良好开局；全面落实市政府2014年1号文，大力扶持实体经济发展；狠抓“三重”建设，加快转型升级步伐；统筹区域协调发展，加快打造水乡特色发展经济区、松山湖大学创新城、粤海高端装备技术产业园“三大增长极”，提升新型城镇化质量；以创建全省创新社会管理引领区为抓手，加强社会建设，推动发展成果惠民；改进工作作风，不断提高党建科学化水平。1月13—14日，市委接着召开十三届四次全会，深入学习贯彻会议精神，研究部署全面深化改革及2014年主要任务。

【省人大、政协“两会”精神传达贯彻】 2014年1月21日，东莞市传达贯彻省人大、政协“两会”精神会议召开，市委书记、市人大常委会主任徐建华出席会议并讲话。会议强调，全市上下要深入学习领会省“两会”精神，切实把思想和行动统一到省委、省政府的决策部署上来，按照省委十一届三次全会和省“两会”的要求部署，扎实抓好各项工作，确保经济持续健康发展和社会和谐稳定。突出抓改革，力争在全面深化改革方面实现良好开局；突出抓发展，切实提高经济发展质量和效益；突出抓民生，努力保持社会大局和谐稳定；突出抓作风，进一步营造狠抓落实的良好氛围。

【全国人大、政协“两会”精神传达贯彻】 2014年3月14日，东莞市委书记、市人大常委会主任徐建华主持召开市委十三届第67次常委会议，传达全国人大、政协“两会”精神，研究贯彻意见。3月17日，省传达贯彻全国“两会”精神电视电话会议结束后，全市传达贯彻全国“两会”精神电视电话会议召开，徐建华出席会议并讲话。会议强调，全市上下要认真学习、深刻领会中共中央总书记习近平参加广东代表团审议重要讲话和全国“两会”精神，统一思想，迅速行动，以中共中央总书记习近平重要讲话和全国“两会”精神为指引推动改革发展稳定各项工作。会议要求，要认真实施《中共东莞市委关于全面深化改革的实施意见》，努力实现全面深化改革良好开局；要以提高经济增长质量和效益为中心，深入推进“三重”建设，大力实施创新驱动发展战略，加快打造开放型经济升级版，力争顺利突破转型升级“拐点”；要突出抓好市政府2014年1号文落实，深入实施扶企强企、造月揽月、引擎换装行动，强化金融支撑、商务支撑、资源支撑，做大做强实体经济；要坚持物质文明和精神文明两手抓、两手硬，坚决打击“黄、赌、毒”违法犯罪活动，大力培育和践行社会主义核心价值观。

【中共中央政治局委员、省委书记胡春华调研指示精神传达贯彻】 2014年3月23—24日，中共中央政治局委员、省委书记胡春华率省委调研组到东莞市调研。23日上午，胡春华主持召开全省打击整治“涉黄”问题专项工作会议。23日下午至24日，省委调研组围绕东莞重大项目建设和企业转型升级两大主题进行调研。3月25日，市委书记、市人大常委会主任徐建华主持召开市委十三届第六十八次常委会议，传达胡春华在东莞市调研指示精神，研究贯彻意见。会议指出，全市上下要迅速把思想和行动统一到胡春华在东莞市调研重要指示精神上来，进一步突出工作重点，确保全市各项部署落到实处、取得实效，努力交出物质文明和精神文明两份好的答卷。会议强调，必须采取措施确保不再发生影响重大的热点问题,切实维护好社会和谐稳定；必须奋发有为加快发展，全力以赴确保经济平稳增长；要按照中共中央总书记习近平和中共中央政治局委员、省委书记胡春华的重要讲话精神，在坚定不移抓好物质文明建设的同时，持之以恒抓好精神文明建设；要加强正面宣传，塑造东莞城市形象。

【水乡特色发展经济区建设】 2014年1月26日，东莞市委书记、市人大常委会主任徐建华主持召开市委十三届第六十二次常委会议，审议通过《〈广东东莞水乡特色发展经济区发展总体规划（2013—2030年）〉实施方案（送审稿）》，明确水乡经济区发展战略定位、目标、政策导向和主要任务。2月11日，水乡特色发展经济区工作会议召开，全面部署2014年水乡经济区建设重点工作任务，徐建华出席会议并讲话。会议强调，水乡经济区要把省的重大部署和巨大支持转化为加快发展的强大动力，加快形成特色发展的实在举措，推动水乡经济区建设取得新突破。会议提出，2014年要突出抓好规划编制和实施、基础设施建设、产业体系建设、统筹城乡一体发展、提高民生保障水平、体制机制创新、推进区域紧密合作、加强宣传推介等十方面41项重点工作任务。11月12日，徐建华、袁宝成到水乡特色发展经济区专题调研并召开座谈会。徐建华强调，下来水乡经济区围绕2015年实现“三年初见成效”的目标要求突出抓好环境再造、惠民富民、示范项目建设、机制创新四项工作，努力给市委、市政府和全市人民群众特别是水乡人民群众交出一份满意答卷。2014年，水乡经济区环境综合治理取得新突

▲ 马滘河花海

破，主要河涌水质从中度污染转变为轻度污染，水体环境质量明显提升；一批重大基建项目建成投入使用，多个示范项目逐步建成；统筹发展体制机制建设取得重要进展。

【“扫黄”专项整治】 2014年2月9日上午，中央电视台曝光东莞市多间娱乐场所存在“涉黄”违法行为。当天下午，东莞市委书记、市人大常委会主任徐建华，市委副书记、市长袁宝成主持召开专题会议，研究部署整治“涉黄”违法犯罪行为。当晚，全市开展娱乐场所统一清查整治行动，查封被中央电视台曝光的12间娱乐场所，对全市1900多间娱乐场所进行地毯式、拉网式清查。2月10日上午，徐建华主持召开市委十三届第六十三次常委会议，观看中央电视台有关报道，传达学习中共中央政治局委员、省委书记胡春华关于东莞市娱乐场所“涉黄”问题重要批示精神和公安部、省委、省政府工作要求，研究贯彻落实意见和整治措施。会议强调，要深化思想认识，突出标本兼治，坚持齐抓共管，以刮骨疗毒的态度和铁腕整治的力度，集中力量打一场“扫黄”歼灭战和持久战。会议决定，成立以徐建华为组长，袁宝成、姚康为副组长的市“扫黄”专项行动工作小组，在全市开展为期3个月的娱乐场所涉“黄、赌、毒”问题集中整治行动。2月10日起，市委、市政府采取关停整顿存在“涉黄”问题或可能滋生色情活动环境条件的场所、实行“两个一律”［凡是查处不力，再被举报仍有“涉黄”活动并查实的，属地镇（街道）党委书记、公安分局长、派出所长、村（社区）书记一律先免职再按规定从严处理；凡党员干部参与经营“涉黄”场所、充当“涉黄”场所“保护伞”的，一律先免职再按规定从严处理］、严肃处理“2·9”专案相关责任人等严厉措施，集中整治“涉黄”违法犯罪活动，同时把“涉黄”问题列为群众路线教育实践活动首要整改问题。至5月5日，全市处理“2·9”专案犯罪嫌疑人429人；处理各类娱乐服务场所2791间，查处行政案件341宗，立刑事案件176宗，抓获涉案人员1579人。9月18日，《关于进一步加强和规范娱乐服务场所管理的意见》“1+4”政策文件出台，建立实施娱乐服务场所长效监管机制，推动娱乐服务场所涉“黄、赌、毒”整治由“运动式”向“常态化”转变，加快构建企业守法、行业自律、部门监管、社会监督的综合治理格局。

【裕元公司劳资纠纷事件妥善处置】 2014年4月5日起，东莞市高埗镇台资企业裕元公司陆续有员工聚集和上访，反映企业没有依法为员工足额购买社保及缴存住房公积金。4月15日起，裕元公司各厂区开始出现较大范围员工怠工，参与怠工人数在高峰期达到3.6万人。事件发生后，市委、市政府高度重视，市委书记、市人大常委会主任徐建华，市委副书记、市长袁宝成等市领导多次作出批示，要求千方百计做好稳控工作，采取有效措施妥善化解事件。4月16日，市委副书记、市长袁宝成主持召开处置化解裕元公司劳资纠纷事件协调会议，专题研究部署化解裕元公司劳资纠纷有关工作措施。4月21日，在市委、市政府的督促协调下，裕元公司依法依规出台社保、住房公积金调整方案，明确从5月1日起依法足额缴存社保和公积金，并根据员工意愿，依法办理补缴。4月23日，徐建华在高埗镇召集市有关领导、有关部门和高埗镇主要负责人召开专题工作会议，进一步研究部署化解处置措施。徐建华强调，要集中精力，加大力度，攻坚克难，依法、妥善解决好本次劳动纠纷事件，为全市解决类似问题探索经验做法。在各方共同努力下，4月30日，裕元公司生产秩序恢复正常，事件得到妥善化解。

【“三重”建设推进】 2014年3月20日，东莞市“三重”建设工作会议召开，市委书记、市人大常委会主任徐建华出席会议并讲话。会议强调，全市上下要进一步增强加快“三重”建设的责任感紧迫感，以提高项目履约率为重点，狠抓“三重”项目开工建设，加快形成一批新的投资增长点、产业增长点、创新增长点和区域增长点。3月23日下午至24日，中共中央政治局委员、省委书记胡春华率省委调研组来东莞市调研重大项目建设和企业转型升级，徐建华陪同调研。7月3日，徐建华率有关市领导巡回检查9个市重点督办重大产业项目并主持召开市领导巡回检查重大项目暨挂钩督导工作协调会，现场检查、现场办公，及时梳理和解决项目建设中存在的突出问题。通过全市上下真抓实干，2014年全市“三重”建设取得新成效。全年安排重大建设项目164个，累计完成投资343.6亿元，占年度计划109.7%，比上年增长10.8%；列入省重点建设项目26项，完成投资131.6亿元，占年度计划108.4%，比上年增长18.5%；全年安排省、市“十二五”重要基础设施建设项目31个，累计完成投资136.7亿元，占年度投资计划86.8%；在重大项目建设的带动下，全市固定资产投资总额达1427.11亿元，比上年增长10.0%。2014年纳入“三重”目标管理责任制的重大科技专项8项，其中公共科技创新平台类5项，省创新科研团队类1项，重大科技项目类2项，均取得重要进展，形成一批科技成果，聚集一批创新资源，取得良好经济社会效应。

【《珠三角规划纲要》“九年大跨越”实施】 2014年5月18日，广东省推进珠三角“九年大跨越”工作会议在广州召开，东莞市委书记、市人大常委会主任徐建华和市委副书记、市长袁宝成参加会议。5月21日，徐建华主持召开市委十三届第七十三次常委会议，传达省“九年大跨越”工作总结会精神，研究贯彻意见。会议强调，全市上下以提高认识为基础，以深化改革为动力，以科

技创新为支撑，以项目建设为重点，以狠抓落实为保障，贯彻落实《珠三角规划纲要》，确保完成“九年大跨越”工作任务。会议要求，要重点抓好重大项目建设、技术改造、重大平台建设、扶持大型骨干企业和科技创新5项重点工作。截至2014年，实施《珠三角规划纲要》“九年大跨越”工作取得重要进展，主要经济社会发展指标均完成或超额完成省下达任务。

【深莞惠区域协调发展推进】 2014年10月16日，深莞惠经济圈（3+2）党政主要领导联席会议在东莞市召开，河源、汕尾两市按“3+2”（深莞惠+汕尾、河源）模式加入深莞惠经济圈后首次参会。会议通报深莞惠三市联席会议第七次会议以后深莞惠经济圈建设进展情况，审议通过《深莞惠交通运输一体化规划》及深圳、东莞、惠州、汕尾、河源五市近期共同推进的21项重点合作事项。根据《深莞惠交通运输一体化规划》，2020年前，深莞惠三市将实施“公路畅通、轨道加速、港口提质、民航增效、换乘便捷、物流提升、公交跨市、管理协调、交通智能”九大工程，重点推进214个项目建设，力争建成快速连通、高效辐射、一流服务、绿色智能的深莞惠一体化交通运输系统。

【新一轮扶贫开发“双到”工作推进】 2014年4月29日，东莞、揭阳市扶贫开发“双到”（规划到户、责任到人）工作座谈会召开。东莞市委书记、市人大常委会主任徐建华，揭阳市委书记、市人大常委会主任陈绿平出席座谈会并分别讲话。9月5日，徐建华主持召开市委十三届第八十三次常委会议，传达全省扶贫开发“双到”工作现场会精神，研究贯彻意见。9月10日，全市扶贫开发工作会议召开，传达贯彻全省扶贫开发“双到”工作现场会精神，研究部署市内、市外扶贫工作，徐建华出席会议并讲话。会议强调，要深刻把握形势，进一步增强做好扶贫开发工作的责任感和紧迫感；要突出问题导向，重点抓好强化产业带动、增加群众收入、完善基础设施、优化公共服务、加大智力扶贫等方面工作，推动扶贫开发取得新突破。2014年，全市各级各部门大力推进新一轮扶贫开发“双到”工作取得新进展新成效，截至2014年，统筹落实帮扶资金6.70亿元，实施到村帮扶项目2665个、到户帮扶项目6.89万个。

【对口帮扶韶关】 2013年，广东省作出调整加强对口帮扶暨推进产业园区建设的决策部署，东莞市对口帮扶韶关市。2014年5月21日，东莞市委书记、市人大常委会主任徐建华主持召开市委十三届第七十三次常委会议，审议《东莞市鼓励优质企业项目落户莞韶产业园暂行办法（送审稿）》。5月22日，东莞、韶关市对口帮扶工作第三次联席会议暨招商项目签约仪式在韶关市举行，东莞市领导徐建华、袁宝成、王检养，韶关市领导郑振涛、艾学峰等出席会议及签约仪式。会议通报东莞、韶关市新一轮对口帮扶招商引资情况，现场签约39个项目、总投资132.4亿元。6月16—18日，中共中央政治局委员、省委书记胡春华到韶关市调研并检查推进粤东西北振兴发展工作，充分肯定东莞市对口帮扶工作取得的成效。12月8日，徐建华主持召开市委十三届第八十八次常委会议，传达珠三角地区对口帮扶粤东西北地区工作会议精神，研究贯彻意见。会议强调，要坚持不懈把对口帮扶工作抓紧抓好，着力推动产业项目建设落地生根；加大区县对口帮扶力度，进一步强化“七组团”（东莞市7个镇街与韶关市7个县市结对帮扶形成“七组团”）对口帮扶责任，狠抓工作落实。12月12日，东莞韶关对口帮扶第四次联席会议召开，传达珠三角地区对口帮扶粤东西北地区工作会议精神，总结2014年对口帮扶工作，研究部署2015年工作。东莞市委书记、市人大常委会主任徐建华和韶关市委书记、市人大常委会主任郑振涛分别讲话。2014年，东莞对口帮扶韶关工作实现良好开局，莞韶产业园扩能增效加快推进，莞韶城一期动工建设，“七组团”对口帮扶全面铺开。

▲ 2014年6月26—27日，世界莞商大会在东莞市召开

【2014中国加工贸易产品博览会举办】 2014年6月18—21日，2014中国加工贸易产品博览会（简称加博会）在东莞厚街广东现代国际展览中心举行。18日开幕，副省长招玉芳发表致辞。19日，中共中央政治局委员、省委书记胡春华，省委副书记马兴瑞，省委常委、秘书长林木声，副省长招玉芳等省领导在市委书记、市人大常委会主任徐建华，市委副书记、市长袁宝成，副市长贺宇等陪同下参观加博会。该届加博会突出促进加工贸易产品“全国行”“全球行”“网上行”功能，设置电商互动展示区、工业设计服务区、采购洽谈区、服装鞋帽区、家电电子区、食品饮品区、精品馆区、家庭用品区等展区，参展企业1210家。展会期间，观展、采购人员超13万人次，达成商贸合作项目（含合同、协议和意向）7109宗，比上届增长13.6%；意向成交金额896亿元，比上届增长16.5%；举办“加博汇”微商城推介会等配套活动23场。

【世界莞商大会召开】 2014年6月26—27日，世界莞商大会在东莞市召开。中联办副主任林武，省委常委、统战部部长林雄，中国工程院院士李德毅，中联办社团联络部部长李汝求，省委统战部副部长、省工商联党组书记杨浩明，东莞市领导徐建华、袁宝成、李毓全、黄双福、李小梅、张科、贺宇等出席开幕式，1300多名来自全球各地的莞商精英参会。世界莞商联合会会长莫浩棠向大会作题为《打造三大平台　追求一个梦想》的世界莞商联合会2012—2014工作报告。市委书记、市人大常委会主任徐建华在开幕式上致辞。徐建华希望广大莞商做转型升级、创新创业的先锋，做富而思源、反哺桑梓的表率，做义利兼顾、促进和谐的楷模。大会表彰20名青年优秀莞商，并借助东莞广播电视台视频直播的形式，举行14个由莞商投资或参与建设的重大项目竣工和奠基典礼，总投资额近200亿元。

【广东21世纪海上丝绸之路国际博览会】 参见“区域合作·扶贫开发”类目第167页同名条目。

【全国电机能效提升工作会议在东莞市召开】 2014年12月1日，全国电机能效提升工作会议在东莞市召开。会议总结2013年以后全国电机能效提升计划实施及进展情况，交流地方经验做法和政策措施，安排部署下一步工作。中国工程院院长周济、工业和信息化部副部长苏波出席会议并讲话，广东省委副书记、省长朱小丹出席会议，副省长刘志庚致辞，东莞市在会上作经验介绍。

【东莞市党政代表团拜访上级部门】 2014年1月11日，东莞市委书记、市人大常委会主任徐建华，市委副书记、市长袁宝成率市党政代表团拜访省科技厅，就加强国际科技合作、推动科技金融产业融合、申报国家可持续发展示范区等工作争取省科技厅支持。1月16—20日，徐建华、袁宝成率队走访省经信委、省公安厅、省国土厅、省食药监局、南方报业传媒集团、南方广播影视传媒集团、省外办等省直单位，争取上级部门指导和支持。8月4日，徐建华率队拜访省卫计委、省安监局、省林业厅，汇报东莞市相关工作开展情况，争取省直部门支持。市领导张科、鲁修禄、喻丽君陪同拜访。8月8日，徐建华率队赴广州拜访省审计厅，就数字化审计等事项争取省审计厅支持。

【东莞市党政代表团学习考察活动】 2014年3月7日，东莞市委书记、市人大常委会主任徐建华率党政代表团赴清远市学习调研城市规划、水环境治理、城市扩容提质方面经验和做法。市领导李毓全、姚康、黄双福等参加调研。8月9—13日，徐建华率队赴内蒙古自治区开展经协工作，与呼伦贝尔市就进一步深化交流合作进行洽谈对接，学习考察呼伦贝尔市在转型升级、全面深化改革、扩大对外开放、保护生态环境等方面的经验做法。11月22日至12月1日，徐建华率市党政企代表团赴伊朗、土耳其、希腊三国开展经贸合作及外事交流活动，达成各类投资贸易合作项目金额17.2亿元，副市长杨晓棠陪同出访。12月25日，徐建华率党政代表团赴深圳光启高等理工研究院考察调研，市委副书记、市长袁宝成，市委常委、常务副市长张科陪同调研。

【市委书记接受采访和发表署名文章】 2014年4月，东莞市委书记、市人大常委会主任徐建华接受《南方》杂志记者书面专访，谈在第二批党的群众路线教育实践活动中市主要领导该如何履行“一把手”责任。6月5日，徐建华接受南方报业传媒集团联合采访，介绍东莞市落实“九年大跨越”要求、推动转型升级的举措。6月13日，徐建华接受人民网记者专访，介绍东莞市开展党的群众路线教育实践活动以来的一系列举措、创新办法和活动成效。6月27日，徐建华就东莞经济发展形势、全面深化改革、加快转型升级、重塑城市形象等话题，接受《羊城晚报》和香港《文汇报》采访。9月11日，徐建华接受新华社《半月谈》杂志采访，重点介绍东莞上半年外经贸成绩亮点、近年来东莞经济在量与质方面的重要变化、深化改革的成效与下来思路、推进转型升级的经验与思考等。11月14日，徐建华接受集团南方日报社社长、南方报业传媒集团总编辑张东明率领的《法治中国，广东实践——地市一把手访谈》报道组专访，介绍东莞2014年以来出台的经济领域改革举措对促进公平竞争和平等保护的效果及下一步举措、建立政府权力清单制度进展、信访处理情况及未来机制建设举措、下阶段加强法治建设的思路等。

2月7日，《南方日报》刊发徐建华署名文章《继续保持敢为人先的改革锐气》。5月14日，《人民日报》刊发徐建华署名文章《倾心构建现代公共文化服务体系》。6月6日，《东莞日报》刊登徐建华撰写的《以习近平总书记系列重要讲话精神为指引　推动东莞实现高水平崛起》的理论文章。10月23日，《人民日报》刊发徐建华署名文章《借力海博会　再创新优势》。

【市委常委会议听取有关部门工作汇报】 2014年，东莞市委书记、市人大常委会主任徐建华多次主持召开市委常委会议，听取有关部门工作情况汇报，对有关工作作出指示和部署。1月26日，主持召开市委十三届第六十二次常委会议，听取全市宣传文化工作情况汇报。7月18日，主持召开市委十三届第八十次常委会议，听取市安全生产工作情况汇报。10月9日，主持召开市委十三届第八十五次常委会议，听取市中级人民法院和市人民检察院工作情况汇报。10月29日，主持召开市委十三届第八十六次常委会议，听取团市委工作情况汇报。12月8日，主持召开市委十三届第八十八次常委会议，听取市社工委工作情况汇报。12月19日，主持召开市委十三届第九十一次常委会议，听取市人大常委会党组和市政协党组工作情况汇报。

【市委中心组学习讨论会】 2014年，东莞市委组织召开36期市委中心组学习会。其中5期为东莞学习论坛，其他31期分别是：1月13日，传达学习省委十一届三次全会精神；3月14日，传达学习全国“两会”精神；3月14日，专题学习贯彻新修订的《党政领导干部选拔任用工作条例》；3月25日，邀请中宣部政研所副所长、教授戴木才作“培育和弘扬社会

▲ 2014年12月1日，全国电机能效提升工作会议在东莞市召开。图为中国工程院院长周济、工业和信息化副部长苏波等领导在东莞玖龙纸业有限公司节能改造示范点调研（郑家雄　摄）

主义核心价值观 弘扬中华传统美德”的辅导报告；3月25日，传达学习中共中央政治局委员、省委书记胡春华到东莞市调研指示精神；4月24日，传达学习省委督导组组长座谈会精神；5月20日，专题学习《广东省信访条例》；5月21日，传达学习省推进珠三角“九年大跨越”工作会议精神；5月30日，专题学习中共中央总书记习近平在兰考县专题民主生活会时的重要讲话精神和中共中央政治局委员、书记处书记、中组部部长赵乐际在学习中央政治局常委教育实践活动点经验座谈会上的讲话精神；6月19日，邀请省政府参事黄伟宗作“建设21世纪海上丝绸之路”专题报告；6月20日，传达学习中共中央政治局委员、省委书记胡春华赴韶关调研和到东莞市参加加博会讲话精神；7月3日，集中观看《百年潮·中国梦》；7月7日，传达学习全省经济工作座谈会精神；7月18日，集中学习中共中央总书记习近平在中央政治局第十六次集中学习时的讲话；7月18日，传达学习中共中央政治局委员、省委书记胡春华和广东省委副书记、省长朱小丹率团赴新疆考察援疆工作指示精神；8月6日，传达学习全省“社会矛盾化解年”工作推进会精神；8月22日，传达学习全省第二批教育实践活动整改落实和建章立制工作会议精神；8月25日，传达学习中共中央总书记习近平在十八届中央纪委三次全会上的重要讲话精神；9月3日，举办丝绸之路与东莞文化专题报告会；9月5日，传达学习全省扶贫开发“双到”工作现场会精神；9月11日，举办《习近平总书记系列重要讲话读本》专题报告会；9月25日，举办“加快法治建设，促进国家治理体系和治理能力现代化”专题报告会；9月29日，传达学习中共中央政治局委员、省委书记胡春华和省委副书记、省长朱小丹率团赴西藏考察调研精神；10月9日，专题学习中共中央总书记习近平在全国党的群众路线教育实践活动总结大会上的重要讲话精神；10月9日，传达学习全省国资国企改革发展工作会议精神；10月28日，专题学习党的十八届四中全会精神；10月28日，传达学习全省党委秘书长、办公室（厅）主任会议精神；11月13日，传达学习全省建立乡镇（街道）领导干部驻点普遍直接联系群众制度工作部署会议精神；11月18日，专题学习中共中央总书记习近平关于城镇化工作的重要讲话精神；12月5日，举办党的十八届四中全会精神专题报告会；12月8日，专题学习中共中央总书记习近平在文艺工作座谈会上重要讲话精神；12月8日，传达学习全省市委书记抓基层党建工作述职评议会议精神。

【东莞学习论坛】 2014年，东莞市委举办5期东莞学习论坛（第46—50期）。2月19日，邀请北京航空航天大学廉洁研究与教育中心主任、中国监察学会常务理事任建明作题为“努力构建反腐倡廉的新机制”的专题报告。3月13日，邀请国家行政学院原副院长、博士生导师、全国政协委员周文彰作题为“把让群众满意当成干部用权最高标准”的报告。6月19日，邀请国家发展和改革委员会学术委员会秘书长、博士生导师张燕生作题为“建设21世纪‘海上丝绸之路’”的报告。7月28日，邀请国防大学战略教研部副主任、少将金一南作题为“新挑战、新机遇、新举措——国家安全形势与安全筹划”的报告。8月22日，邀请国家新闻出版广电总局（国家版权局）版权管理司司长于慈珂作题为“版权保护与创新发展”的专题报告。 （袁志育）

**附：2014年中共东莞市委书记、副书记、常委、秘书长、副秘书长名录**

市委书记：徐建华
市委副书记：袁宝成 姚 康
市委常委：徐建华 袁宝成 姚 康
戚优华 甄瑞潮 刘卫芳
李小梅 梁国英（任至5月）
邓志广 王检养 潘新潮
张 科（6月到任）
市委秘书长：杨晓棠（任至6月）
黄少文（6月到任）
副秘书长：谢小薇 吴世文 安连天
黄荣峰

## 综合协调服务

【办文工作】 2014年，东莞市委办完善各项工作制度和流程，制定《市领导干部外出请示报告制度》《关于规范文件制发若干事项的通知》等制度，提高办文效率和水平。开展市委党内规范性文件清理，查阅1988年1月以后市委党内规范性文件3912份，梳理需清理的文件291份，全部提出清理意见并制发清理决定；备案工作考核综合得分与广州等少数城市并居全省第一位，市委常委会充分肯定市委党内规范性文件制发报备和清理工作。全年办理各类文电2200多份；制发各类文件360多份；处理市领导批示件3550件；完成34次市委常委会议的材料准备、会务组织、联系媒体等工作，制发市委常委会议纪要52份，下发市委常委会议决定事项通知22份；向省委办报备市委党内规范性文件28份；审查备案下级党内规范性文件50份。做好市委和市委办公章管理、来访来电办理、市委办各类文件报刊收发处理、“市委办专栏”部分资料管理以及领导交办的其他工作任务。

【会务工作】 2014年，东莞市委办编印《市领导公务活动预报表》281期，《市外领导来莞情况汇总表》212期；主办协办全市2014年度工作总结大会、市委第十三届四次全会、加博会、世界莞商大会开幕式等全市性会议活动53场；组织统筹省委调研组到东莞市调研农村综合体制改革和新农村建设情况，市党政代表团赴清远市学习考察、赴内蒙古呼伦贝尔市开展经协工作以及市委主要领导赴镇街（部门）调研等重要公务活动33场。印刷市委办、市府办文件1036件（次），完成2014年版全市机关内部电话本编印工作。

【文稿工作】 2014年，东莞市委办撰写市委十三届五次全会报告，市委主要领导在全市党的群众路线教育实践活动系列会议、全市新型城镇化工作会议、全市外贸稳增长工作会议等重要会议上的讲话以及《实施珠三角规划纲要“九年大跨越”工作情况汇报》《关于学习贯彻党的十八届四中全会精神的意见》等各类文稿500多篇，其中呈送省委和省委主要领导17篇。

【信息工作】 2014年，东莞市委办编发《工作交流》70期，《领导信息专报》27期；向省委办公厅报送信息427篇，被省委办采用221篇；获省、市领导批示40多篇次，报省信息采用总分和获省领导批示数量均居全省地级以上市第二位。及时、准确报送“扫黄”专项行动、城巴司机上访、裕元公司劳资纠纷、凤凰卫视报道东莞“丐帮”等重大突发事件紧急信息70多篇。9月，市委办成功申请成为中央办公厅信息直报点。承办全市应急管理暨办公室系统信息工作会议，牵头完成《东莞年鉴》“中共东莞市委”分目的组稿和《东莞市情手册》2013年卷的编印工作。 （袁志育）

**附：2014年中共东莞市委办公室主要领导名录**

机关党委书记、市委办主任：
谢小薇（兼）

# 2014年东莞市委、市政府重点工作完成情况

| 总体要求 | 年度目标及工作内容 | 责任单位 | 完成情况 | 进度 |
|---|---|---|---|---|
| 市政府重点工作完成情况 | | | | |
| （一）创新加工贸易模式，全面实施加工贸易增效计划，建立开放型经济体系，创建国家级综合保税区，提升莞港台合作新内涵。 | 1.贯彻落实市委、市政府1号文并出台相关配套实施文件；积极推进清溪保税物流中心（B型）申报工作；继续加强与香港生产力促进局、香港贸发局等港台机构合作，拓宽合作领域。全年外贸出口增长5%。 | 商务局 | 出台实施《东莞市加工贸易增效计划》《东莞市建设加工贸易中小企业产业提升综合服务体系实施办法》等实施办法；东莞清溪保税物流中心（B型）项目获海关总署等部委批复同意设立；拜访香港生产力促进局和香港贸发局，推动“机器换人”和“走进南非”等工作；联合拟定《东莞市外贸转型升级支援服务中心建设方案》经市政府审定通过。2014年全市外贸出口970.9亿美元，比上年增长6.9%，超额完成目标。 | 完成 |
| （二）放开社会投资限制，探索实行市场准入负面清单的管理模式。搭建民营资本与创新团队、创业项目融合平台，强化市场对科技项目及技术研发的路线选择。 | 2.落实放开社会投资限制改革，对不涉及公共资源开发利用的项目一律取消核准，改为备案；具有一定投资回收能力的公共资源开发利用项目改为竞争性配置；逐步探索市场准入负面清单项目的管理模式。 | 发改局 | 出台《项目投资建设立项审批体制改革实施办法》，社会投资领域除限制类项目外基本全面开放。 | 完成 |
| | 3.简化投资审批手续，优化流程，下放技改投资审批权限，鼓励全社会开展技改投资，全年办理技改投资立项审批80个以上。 | 经信局 | 出台《东莞市经济和信息化局企业技术改造投资项目备案实施细则》。截至2014年，全市经备案技改项目96个，累计预算投资36.78亿元，其中，固定资产投资32.75亿元。 | 完成 |
| | 4.探索建立创新科研团队项目与财政资助风投机构的“拨投联动”机制以及商业银行的“拨贷联动”机制，推动创新团队、创业项目在评审、监管、产业化等方面与风投机构及商业银行的有效对接。 | 科技局 | 出台《东莞市创新财政投入方式促进科技金融产业融合工作方案》《东莞市创新创业种子基金实施方案》《东莞市引进创新科研团队项目专项资金管理实施细则》，建立拨投联动机制，重点支持创新团队项目在内的创新创业项目；建立团队项目财政资金银行监管机制，委托科技支行对省第四批和市第一批团队项目财政资金进行监管，有市一批团队项目承担单位与银行达成初步贷款意向。 | 完成 |
| （三）以管资本为主加强国有资产监管，对国有企业和国有不动产进行清产核资，引导国有企业逐步退出市场充分竞争行业，以资本运作方式，更多地参与城市基础设施和重大产业平台建设。 | 5.开展国有企业清产核资工作；按分步实施、先易后难原则，研究推进有关企业退出市场充分竞争性行业；选取2—3家条件成熟的非公司制法人性质的市属企业实施公司制改造，依照企业发展战略规划改组国有资本投资公司。 | 国资委 | 对市属企业状况进行研究，酝酿有关竞争性企业退出工作部署；燃料总公司和电子工业总公司完成公司制改造。 | 完成 |
| （四）深化商事登记制度改革，推进电子营业执照应用平台建设，在“宽进”基础上，创新机制倒逼部门加强后置“严管”，为全国市场监管创造经验。探索实行电子商务企业集群注册。 | 6.根据国家、省商事登记制度改革部署，在前端登记方面规范统一改革措施，在后续监管方面多方探索，规范登记审批服务、完善后续市场监管、强化保障措施，促使商事登记制度改革走向规范化、制度化的阶段。分区域、分试点推进电子商务企业集群注册，然后全市推广。 | 商改办<br>工商局 | 前端登记方面，实施“先照后证”改革，执行新的工商登记前置审批事项目录和前置改后置审批事项目录，并于10月起实施年报制度；在松山湖高新区试点电子商务企业集群注册，截至2014年，申请集群注册企业420家。后续监管方面，上线应用后续监管信息化系统，印发《关于深化商事登记制度改革加强市场监管的实施意见》，配套制定12套工作方案及制度；召开全市现场会议，推广试点经验；组织39个部门建立信用约束管理制度，实现企业信息对外公示。 | 完成 |
| （五）进一步清理压减行政审批事项，力争成为行政审批最少的城市之一。 | 7.以转变政府职能为核心，最大限度减少政府对微观事务的管理，进一步精简行政审批事项，大力优化行政审批运行机制，加强对行政审批设定、实施的监督管理。 | 编办 | 出台《东莞市人民政府2014年行政审批制度改革事项目录（第三批）》，完成第三批取消事项等改革事项的实施工作，经三批调整后审批事项精简68.1%，日常管理事项压减67.5%。试点推进行政审批标准化建设，出台《东莞市行政审批事项目录管理办法》，建设事项目录管理系统，促使审批事项管理标准化、规范化、法制化。 | 完成 |

续表

| 总体要求 | 年度目标及工作内容 | 责任单位 | 完成情况 | 进度 |
|---|---|---|---|---|
| （六）在卫生计生、食品药品监管、文化广电新闻出版等领域探索推进政府职能转变和机构改革。试点在规划、环保、食品药品监管等领域，探索实施按区域设置相关监管部门工作机构。 | 8.完成新一轮政府职能转变和机构改革工作。 | 编　办 | 完成市府办、农业局、商务局、人力资源局、发改局、经信局、城管局、外事局、卫计局、公路局等10个部门的机构改革。 | 完成 |
| （七）进一步完善市镇财税分成机制，在保持总体稳定的前提下，理顺市镇事权和支出责任。 | 9.重新调整市对镇街基本公共服务财力补助方案，在理顺市与镇财权与事权的基础上，加大对镇街转移支付力度，激发市镇两级发展的活力。 | 财政局 | 经市政府同意，出台体制补助调整方案，方案整合原有对镇街的补助政策，加大对欠发达镇街的转移支付力度，比原方案增加超过3亿元，全部补助资金已下拨到各镇街。 | 完成 |
| （八）深入推进农村综合改革，加快政务服务中心和综合服务中心建设。 | 10.指导水乡特色发展经济区各镇街、莞城、黄江、虎门等镇街开展创建全国农村综合改革示范试点工作，力争到年底相关试点镇街在赋予农民财产权利、完善农村治理体系、完善城镇化发展体制机制、加快农村集体经济组织转型改制、创新农业经营体制机制等重点改革环节取得较大突破。同时，深入推进农村综合改革各项重点工作。 | 市委农办 | 2014年基本完成农村集体资产交易平台建设、农村集体“三资”（资金、资产、资源）监管平台建设、农村基层党工委设置、农村基本公共服务经费统筹、农村治安管理统筹、农村环卫管理统筹等改革事项；完善集体经济组织股权流转机制、推进农村集体经济多元化发展、组级经济统筹管理、改善农村人居环境、构建新型农业经营体系等改革事项进展较为顺利。 | 完成 |
|  | 11.出台《东莞市社区政务服务中心建设试点方案》，完成东城、寮步、虎门、清溪、洪梅和常平等6个试点镇街社区政务服务中心建设；出台《东莞市社区综合服务中心建设运营“以奖代补”实施办法》，完成莞城街道西隅社区等50个社区综合服务中心（站）建设。 | 民政局 | 全市有11个镇街的115个村（社区）建成社区政务服务中心。在总结试点经验、广泛开展调研基础上，将原《东莞市社区政务服务中心建设试点方案》调整为《东莞市村（社区）综合服务管理中心建设实施方案》，该方案报市委全面深化改革领导小组审定。出台《东莞市社区综合服务中心建设运营“以奖代补”实施办法》，全市有17个综合服务中心（站）新建成并投入使用，其中有8个获得社区综合服务中心建设“以奖代补”资金奖励。 | 基本完成 |
| （九）提高依法行政水平，推行行政首长出庭应诉、镇街政府法律顾问制度，加强重大政府行为法律审查。继续争取申请成为“较大的市”。 | 12.制定全市依法行政考评方案；加强政府工作人员法律知识培训；推行行政首长出庭应诉，形成全市行政首长积极出庭应诉、自觉接受司法监督新局面；建立镇街政府法律顾问制度。制定《东莞市重大行政决策听证规定》，保障公民对政府重大决策的知情权和参与权。 | 法制局 | 制定《东莞市2014年依法行政考评方案》并进行考评；举办全市依法行政及行政应诉培训班，提升执法人员依法行政意识和法律知识水平；推进行政首长出庭应诉工作体制机制创新，细化应诉范围，确定操作程序等，东莞市行政机关负责人出庭应诉渐趋常态化。出台《关于建立镇街法律顾问制度的实施意见》，将政府法律顾问制度建设延伸至镇街；《东莞市重大行政决策听证办法》经市政府审议通过，将印发实施。 | 完成 |
| （十）开展城乡建设用地增减挂钩试点。积极创建国土资源节约集约模范市。 | 13.全市铺开城乡建设用地增减挂钩试点工作，计划完成33.33公顷；争取创建成为国土资源节约集约模范市。 | 国土局 | 在试点镇街完成增减挂钩27.24公顷（樟木头镇12.40公顷，凤岗镇14.84公顷），另大岭山镇59.68公顷报省国土厅。国土资源节约集约模范市创建活动计划2015年上半年开展，东莞市成立创建工作领导小组，制定实施方案，推动创建工作。 | 基本完成 |
| （十一）创新闲置土地分类处置、地下空间权使用管理等制度。 | 14.制定实施《东莞市存量建设用地盘活工作方案》，促进东莞市闲置土地分类处置及存量土地盘活；出台地下空间开发利用管理实施细则。 | 国土局 | 《东莞市2008–2013年闲置土地处置工作方案》、建立联动机制、全面加强建设用地开发利用监管工作的通知》《关于成立东莞市建设用地开发利用监管会审小组的通知》正在审定中，计划建立东莞市土地利用批后监管联动机制。制定地下空间开发利用管理实施细则（送审稿）上报市政府，在市府办征求意见时，因部门意见存在分歧，正进一步修改完善。 | 基本完成 |

续表

| 总体要求 | 年度目标及工作内容 | 责任单位 | 完成情况 | 进度 |
|---|---|---|---|---|
| （十二）放宽农用地结构调整，有偿易地建设高标准基本农田。 | 15.以水乡片区为试点，适当放宽农用地结构调整，落实设施农用地政策；推行有偿易地建设高标准基本农田。 | 国土局 | 国土资源部和农业部联合下发《关于进一步支持设施农业健康发展的通知》，东莞市严格执行相关政策报批，有效保障全市都市农业快速发展。东莞市有2个镇街进行易地建设高标准基本农田。 | 完成 |
| （十三）高效发展都市农业和都市渔业。 | 16.建设农业园、休闲观光农业示范点、设施农业示范基地，培育壮大新型农业经营主体，推动农村土地承包经营权流转，壮大特色产业和新兴产业，举办农业展会，推进平台园区化、经营集约化、产业特色化、生产科技化、产品品牌化、形态休闲化等“六化”进程。 | 农业局 | 麻涌、望牛墩镇园区项目通过审批；认定东坑镇“东安农业园”为小型农业园；新认定农业龙头企业2家，落实各级财政农业龙头企业贷款贴息资金1109万元和国家农业综合开发项目资金686万元。评选出3个市级休闲观光农业示范点，打造2条休闲观光农业旅游线路。落实土地流转和规模经营奖励，对17个镇街860多公顷流转土地436.2万元；评选出农业科技成果转化示范基地5个、科技示范户24个以及农业主导品种8个、农业主推技术14项；召开都市型果蔬新品种展示暨科技成果转化现场会。 | 完成 |
| | 17.开展建设渔业展示中心前期论证工作；指导培育休闲渔业企业，推进休闲渔业发展；研究制定都市现代渔业扶持政策，推动生产设施标准化建设；加强水产品质量监管，指导创建3个无公害生产基地，建成36个水产品快速检测点。 | 海洋渔业局 | 编制完成渔业展示中心项目建议书；指导东莞市开心休闲渔业有限公司开展休闲渔业活动；制定下发渔船更新改造贷款贴息资金管理办法及操作规程、政策性渔业保险和休（禁）渔补助实施方案；创建4个无公害生产基地；建成36个水产品快速检测点。 | 完成 |
| （十四）完善生态补偿制度，健全环保市场、绿色金融等生态经济激励机制。 | 18.根据国家、省相关政策要求，探索建立生态补偿制度，开展绿色金融激励机制，加大对节能环保等绿色行业的信贷支持。 | 环保局<br>财政局<br>人行东莞支行 | 研究起草《东莞市生态保护补偿方案》。运用再贴现工具，引导银行机构支持绿色中小微企业融资。向8家银行办理572笔8.88亿元的再贴现业务。运用支小再贷款工具引导金融机构向节能环保等绿色行业中的小微企业提供信贷支持；组织217名金融顾问为225家中小微企业提供金融服务。 | 基本完成 |
| （十五）强化环保责任考核，建立生态环境损害责任终身追究制。加强主体功能区分区生态管理，在市属园区率先探索生态与产业协调发展之路。 | 19.出台《东莞市环境保护责任考核办法》、《东莞市环境保护责任考核指标体系》及实施细则，强化环境保护考核工作。 | 环保局 | 出台《东莞市环境保护责任考核办法》《东莞市环境保护责任考核指标体系》，按照方案完成环保责任考核工作。 | 完成 |
| | 20.修编完成《东莞市生态控制线管理规定》。 | 规划局 | 规定通过市长令形式进行延期。 | 完成 |
| （十六）加快入户制度改革，凡符合条件的大专以上应届毕业生、东莞市职校技校毕业生等10类人才均可直接入户。 | 21.完成人才入户政策的基础建设，确保人才入户政策顺利实施；制定人才入户政策配套办法，建设人才入户组织架构和网络服务平台。 | 人力资源局<br>公安局 | 颁布实施新的人才入户政策，相关配套措施、操作办法及组织架构确定并逐步完善。全年受理条件准入类人才入户申请3071人；受理积分入户申请4106份，发放入户卡3607份（含随迁8038人）。 | 完成 |
| （十七）推进公交体制改革，在市区、跨镇公交和水乡5镇开展试点。 | 22.稳步推进公交体制改革，组建公共交通管理公司，将市区、跨镇公交和水乡5个镇纳入“政府购买服务”试点改革。 | 交通局 | 2014年7月，市水乡新城公共汽车公司统筹运营水乡5个镇（中堂、望牛墩、麻涌、洪梅、道滘）公交服务。东莞巴士有限公司规划11条跨镇公交线路并申办线路经营许可，9月开通首条跨镇公交线路，年内开通9条线路。制定《政府购买公交服务实施方案》《东莞市跨镇公交资源整合工作方案》等7个配套方案。 | 完成 |
| （十八）深化医药卫生体制改革，着力在健全全民医保体系、完善基本药物制度、推进公立医院改革等方面取得突破。 | 23.巩固社区卫生服务机构实施基本药物制度成果，鼓励其他医疗机构优先使用基本药物；推进医药分开，试点公立医院实施取消药品加成政策工作；推进政事分开，完成镇街公立医院卫生监督和疾病预防控制职能剥离工作。 | 卫生计生局 | 开展基本药物采购情况调研工作，与社保部门理顺新增基本药物纳入医保报销目录事项。继续推进医药分开试点工作，在5所公立医院试点实施取消药品加成政策，试点1年为群众减轻医药费用负担4723万元。出台《东莞市各镇街公立医院剥离卫生监督和疾病预防控制职能工作实施方案》。 | 完成 |

续表

| 总体要求 | 年度目标及工作内容 | 责任单位 | 完成情况 | 进度 |
|---|---|---|---|---|
| （十八）深化医药卫生体制改革，着力在健全全民医保体系、完善基本药物制度、推进公立医院改革等方面取得突破。 | 24.结合东莞市医疗保险新制度实施，推动医保各项政策贯彻落实，健全完善全民医保体系。 | 社保局 | 出台《东莞市社会保险定点零售药店管理办法》《东莞市社会医疗保险定点医药机构医疗费用结算办法》《东莞市社会保险定点医疗机构管理实施办法》，健全完善东莞市全民医保体系；出台《关于扩大非本市户籍职工在莞就读子女参加社会基本医疗保险试点范围有关问题的通知》，扩大非东莞市户籍职工在莞就读子女参加社会基本医疗保险试点范围；出台《关于调整东莞市社会基本医疗保险社区卫生服务门诊用药范围的通知》，新增社区门诊用药625种。 | 完成 |
| （十九）深化文化体制改革，推动文化产业加快发展，提高报业集团、广电传媒集团等经营性文化资产的运作水平。 | 25.通过文化产业园区、龙头产业项目和行业社会组织的建设，打造文化产业品牌，构造公共服务平台，推动文化产业快速发展。积极组织园区（基地）、企业申报国家、省、市文化产业发展专项资金和资质认定。 | 名城建设办<br>文广新局 | 出台《关于加快推动文化产业园区（基地）建设的工作方案》；完成2014年东莞市级文化产业园区、基地和重点文化企业的认定工作。协助书香世家文化传播有限公司获得国家文化产业发展专项资金实体书店扶持试点奖励200万元，艺展中心、东游网络获省文化产业发展专项资金150万元。鼓励重点园区争创国家级文化产业园区（基地），推荐凤岗婚庆基地申报国家文化产业示范基地。 | 完成 |
| | 26.围绕公共文化服务“社会化”工作，加强社会组织的培育，建立政府向社会组织购买公共文化服务及服务评价机制。 | 文广新局 | 出台《东莞市公共文化服务社会化发展促进办法》。“千场演出”150场次面向市外进行招标，中标企业完成150场演出。 | 完成 |
| | 27.提高报业集团、广电传媒集团等经营性文化资产的市场化运作水平。 | 名城建设办 | 完善东莞日报社、东莞广播电视台两个媒体管理模式；对市直媒体的绩效考核方案将报市政府审批。 | 完成 |
| （二十）深化物业、停车等民生价格改革。 | 28.完善物业服务收费管理，合理调整物业服务收费政府指导价；完善机动车停放保管服务收费管理，制定和调整各类停车场收费标准。 | 发改局 | 颁布实施《关于进一步完善我市住宅物业服务收费管理的通知》，出台完善物业服务收费管理的政策规定；向市政府提请《关于我市物业服务收费问题的请示》，提出合理调整物业服务收费政府指导价、建立突破政府指导价量化评核指标等建议，待市政府审批后执行。基本完成机动车停放保管服务收费情况调研和成本监审工作。 | 完成 |
| （二十一）创新社会治理体制，在有效监管前提下加大社会组织培育力度。推进政府购买公共服务制度改革，凡能够购买的，通过合同、委托等方式向社会购买。 | 29.继续开展社会组织等级评估工作；管好、用好市社会组织发展扶持专项资金，发挥专项资金的最大效益；建设好社会组织孵化基地，打造优质服务品牌。 | 民政局 | 全年受理38家社会组织评估申请，第三方评估机构已提交初评结果。指导专项资金资助的28个项目开展服务，完成所有资助项目的终期评估。开通社会组织孵化基地网站，委托第三方技术团队开展孵化培育服务，累计为30家孵化机构提供超过1000小时的一对一管理咨询。开展6期社会组织能力建设培训，有700多家社会组织近1200人次参训。 | 完成 |
| | 30.市财政预算安排2816万元用于购买社工服务，提供社工服务岗位353个，确保财政资金用到实处，发挥实效。 | 财政局 | 3月，通过公开招标方式确定11家协议承接东莞市社会工作服务的定点社会组织。全年共拨付市属单位购买社工服务经费2640.72万元。 | 完成 |
| （二十二）依托原有产业基础和重大产业平台，集聚发展电气机械、汽车装备、通讯设备等先进制造业，大力发展智能终端、云计算、生物医药、新能源、3D打印等战略新兴产业，培育发展机器人产业。推广物联网智能路灯改造应用。 | 31.统筹推进全市战略性新兴产业，组织申报并实施一批国家、省重点支持的项目；实施新能源汽车推广应用方案，分步推广；制定重点发展的战略性新兴产业支持政策。 | 发改局 | 新能源汽车推广应用方面，第一期100辆新能源汽车推广应用工作通过招标确定实施单位，正在由中标单位组织实施；第二期推广应用工作方案正在制定。在组织东莞市项目申报国家、省重点产业专项方面，组织国云科技和中科院云计算育成中心的专用云通用解决方案研发及推广项目申报2014年云计算工程专项等。东莞市迈科科技有限公司锰酸锂动力电池的研发和产业化和东莞市杉杉电池材料有限公司电动汽车用高能量密度锂离子电池电解液的研发及产业化成功纳入省战略性新兴产业区域集聚发展试点，获得1070万元国家、省财政资金支持。 | 完成 |

续表

| 总体要求 | 年度目标及工作内容 | 责任单位 | 完成情况 | 进度 |
|---|---|---|---|---|
| （二十二）依托原有产业基础和重大产业平台，集聚发展电气机械、汽车装备、通讯设备等先进制造业，大力发展智能终端、云计算、生物医药、新能源、3D打印等战略新兴产业，培育发展机器人产业。推广物联网智能路灯改造应用。 | 32.用好"信息化发展专项资金"，扶持重点企业和项目。深入实施"科技东莞"工程，全年安排市财政专项资金扶持一批技术改造和技术创新项目。出台东莞市云计算相关政策，大力推动省市共建云计算应用产业基地建设。推动出台全市智能手机产业发展规划，加快新一代通信设备产业发展。推广物联网智能路灯改造"莞城模式"，争取在更大范围内推广。 | 经信局 | 完成《东莞市智能手机产业基地调研报告》《东莞市智能手机产业基地发展规划（2015—2020年）》的编制。出台《关于加快推进我市云计算发展的实施意见》；即将出台《东莞市云计算应用产业基地发展规划（2015—2017年）》；开展2014年产业技术进步专项资金工作，一批技术改造和技术创新项目列入拟资助计划。 | 完成 |
| | 33.围绕先进制造业和战略性新兴产业领域，搭建科技创新平台，组织实施一批科技计划项目，认定15家市级研发机构和30家创新型企业，培育认定150家国家高新技术企业。 | 科技局 | 发动4批市科技项目申报工作，有15家市级工程中心和5家重点实验室通过专家评审进入中介评审环节，有10家国家认可实验室和2家省工程中心进入中介评审环节，有23家创新型企业通过中介审计，235家企业拟认定为国家高新技术企业，正报国家备案。 | 完成 |
| （二十三）促进信息化和工业化融合，加大工业技改资助力度，支持家具、服装等传统优势行业研发自动化生产线，鼓励劳动密集型企业利用机器手进行智能技术改造。 | 34.推进"两化深度融合试点示范区"建设，优化东莞市两化融合标杆企业认定工作；开展3—4场各类两化融合宣传推广活动；全年争取各级财政资金扶持5个以上传统行业技改项目。 | 经信局 | 开展2014年东莞市两化融合标杆企业评选活动，预计认定约20家优秀企业和项目。举行6场两化融合推广活动；推荐并获得国家工业转型升级项目资助1个；推荐上报省产业结构调整专项资金技术改造项目5个，列入公示资助计划。 | 完成 |
| | 35.完成五大支柱产业和四大特色产业的数控一代技术路线图编制，指导创新应用示范工程实施；支持一批项目，计划立项支持数控一代项目约20个；争取举办1—2次专业数控一代成果展览。 | 科技局 | 五大支柱产业和四大特色产业的数控一代技术路线图编进工业攻关（数控一代）指南；支持一批项目，工业攻关（数控一代）项目立项15项，立项金额达到1040万元，正在签合同。承办国家数控一代成果展，展示16个数控一代示范省以及五大行业的实施情况和成果；组织国际机器人展览。 | 基本完成 |
| （二十四）抓好原有减负政策落实。通过延续社保缴费费率优惠、下调堤围费征收标准、扩大"营改增"行业范围、减免31项收费等措施，再为企业年度减负22.8亿元以上。 | 36.抓好减负政策落实，下调堤围防护费征收标准，取消、停征、免征和降低31项收费等措施，每年为企业减负8.83亿元。继续推行延续社保缴费费率优惠、"营改增"（营业税改增值税）相关措施。 | 发改局<br>财政局 | 严格执行减负措施；继续免收出口商品检验检疫费，实施堤围防护费按省规定费率的80%计征，对月营业额2万元以下的中小微企业、不按营业额计征及月营业额2万元以下的个体工商户免征等政策，预计可为企业减负8.07亿元。落实全省免征39项涉企收费省级收入政策，每年可为企业减负1.37亿元。 | 完成 |
| （二十五）完善再生资源回收利用体系，建设再生资源集中处理中心。 | 37.巩固统一开放的再生资源回收市场格局，优化再生资源回收堆场设置布局，探索开展生活性再生资源绿色环保回收网络体系建设试点。继续推进市场监管体系建设；开展再生资源集中处理中心筹建工作，争取年内落实1—2个再生资源集中处理中心建设，引导再生资源回收堆场升级改造。 | 商务局<br>供销社 | 全市再生资源网上拍卖交易平台于12月举行第一次网上拍卖；完成生活性再生资源绿色环保回收网络体系建设试点调研报告；石碣镇再生资源集中处理中心于11月动工建设；组织部分镇街重点企业召开加工贸易废品回收网上交易平台宣讲会，引导试点企业积极应用网上交易平台。 | 完成 |
| （二十六）规范劳动力市场，打击劳务中介不法行为。加强职业教育发展，资助开展技能培训，培养更多技能人才。 | 38.完善人力资源中介服务机构的准入机制；定期向社会公布存在重大劳动违法的劳务派遣机构和人力资源中介服务机构；实施异地务工人员职业技能培训鉴定补贴政策，力争完成异地务工人员技能提升资助性培训3万人。 | 人力资源局 | 对全市98家人力资源中介服务机构进行年度检查；颁发劳动力技能晋升培训补贴一系列政策文件，全年组织劳动力技能晋升培训3.01万人。 | 完成 |

续表

| 总体要求 | 年度目标及工作内容 | 责任单位 | 完成情况 | 进度 |
|---|---|---|---|---|
| （二十七）制定扶持民间资本进入制造业的政策体系，让来东莞发展的企业喜欢东莞、认可东莞、扎根东莞，继续使东莞成为制造业投资的首选之地。 | 39. 开展引导民间资本进入制造业专题调研，全年争取引导民间资本投资的制造业项目100宗。 | 经信局 | 全市引进2000万元以上民营投资制造业165宗。 | 完成 |
| （二十八）完善大企业培育政策，深入实施“双百”工程，落实市镇领导挂点服务机制，建立走访企业常态化制度。探索建立优质企业镇街间产能扩张及利益共享机制。力争新增主营收入超百亿元企业2家、超50亿元企业2家。 | 40.进一步完善大企业培育政策体系，研究制定鼓励企业兼并重组相关政策；落实市镇领导挂点服务机制。充分调动镇街、园区的积极性和企业的主动性，力争主营业务收入超50亿元企业达到35家，其中超百亿元企业9家。 | 经信局<br>商务局<br>金融工作局<br>国资委 | 出台《2014年市镇两级领导挂点服务大型骨干企业工作方案》。全年主营收入超百亿元企业10家（新增3家），其中华为终端公司主营收入超500亿元。 | 完成 |
| （二十九）鼓励大型企业兼并重组，推动企业增资扩产或设立总部。 | 41.研究制定鼓励东莞市企业兼并重组相关政策，为东莞市培育大企业开辟新途径。 | 经信局 | 《东莞市关于鼓励和支持企业兼并重组的暂行办法》上报市政府审定。 | 基本完成 |
| | 42.以解决企业生产经营问题、开展政策辅导为切入点，鼓励外资行业龙头企业加快增资扩产、并购重组或设立总部，提升东莞企业在母公司集团中的竞争力。 | 商务局 | 新增研发机构255宗、千万美元增资项目60宗，办理并购项目29宗、合并项目5宗。 | 完成 |
| （三十）加力扶持中小微企业，促进产业结构“星月同辉”。 | 43.实施小微企业上规模培育工程，从2013年起五年内每年全市新增规模以上工业企业300家；实施民营企业上市梯度培育工程，积极引导和推动企业上市；高水平办好“莞商学院”，推进民营企业家经营管理者素质提升工程。 | 经信局 | 落实《关于培育小微企业上规模的若干措施》，出台《东莞市促进小微工业企业发展资金实施细则》等配套政策，建立规模以上企业培育库，库内企业约1300家。实施民营企业上市梯度培育工程，做好民营企业上市梯度培育库更新确认。累计举办6期莞商学院企业发展论坛和4期企业家面对面活动，开展4期莞商学院企业家课堂，启动东莞市优秀中青年企业家培养计划专题培训，深入镇街举办61场“暖企”活动，近8000人参加。 | 完成 |
| （三十一）依托散裂中子源项目建设，集聚关联产业和高端实验机构，探索规划建设东莞科学城。 | 44.围绕散裂中子源项目建设，牵头开展相关产业布局及发展战略布局课题研究。加快项目建设，年度完成投资1.5亿元。开展东莞科学城建设专题调研，拜访中科院高能物理所和考察英国卢瑟福·阿普尔顿国家实验室及周边科学城。 | 发改局<br>城建局<br>科技局 | 基建方面，完成投资1.6亿元，占年度投资计划的107%。在产业布局及发展战略布局课题研究方面，因散裂中子源产业布局及发展战略布局课题研究专业性较强，项目第一次招标因报名机构不足流标，正在开展第二次招标工作。 | 完成 |
| （三十二）加强科技合作与技术转移。推进技术标准体系建设，建立国家模具产品质量监督检验中心。 | 45.推进国际科技合作，组织国际科技交流活动。 | 科技局 | 组织出访瑞典、丹麦、芬兰，重点推进国际人才团队引进以及生物医药项目洽谈、医疗机构改革经验交流；组织出访白俄罗斯和俄罗斯，重点推进项目与白俄罗斯国立工业大学、俄罗斯西北纳米技术中心等单位的技术合作对接。组织省市国际科技合作项目，对21项立项项目给予500万元资助；推荐8家企业申报省级对外科技合作项目；推动2家企业获认定为省级国际科技合作基地。 | 完成 |

续表

| 总体要求 | 年度目标及工作内容 | 责任单位 | 完成情况 | 进度 |
|---|---|---|---|---|
| （三十二）加强科技合作与技术转移。推进技术标准体系建设，建立国家模具产品质量监督检验中心。 | 46.在长安、塘厦、茶山3个省级标准化示范镇建立支柱产业标准体系，在东城街道建立民政服务业标准体系；争取国家模具产品质量监督检验中心获准筹建；积极引进学术带头人和专业技术人才，进行技术能力论证与设备论证。 | 质监局 | 完成茶山镇服装、食品、电子信息行业技术标准体系，塘厦镇电子信息、电池电源行业技术标准体系和长安镇模具热流道技术标准体系的编制；完成东城街道民政管理服务标准体系的编制。国家质检总局批复同意筹建国家模具产品质量监督检验中心（广东）；制定人才招聘计划并完成首批招聘任务，确定国内外典型模具钢性能对比等研究方向及《低压注塑模具》等标准化项目。 | 完成 |
| （三十三）大力支持企业上市和到“新三板”、区域性股权交易中心挂牌融资。 | 47.推动2家企业上市；推动5家企业“新三板”挂牌；深化与区域性股权交易中心的合作，鼓励企业在前海股权交易中心等区域性股权交易中心挂牌。 | 金融工作局 | 鼓励和引导符合条件的7家企业到境内外交易所上市，推动15家企业到全国股份转让系统挂牌，促进近200家符合条件的企业到前海股权交易中心等区域性股权交易中心挂牌融资。 | 完成 |
| （三十四）推进科技金融创新试验区建设。 | 48.推动东莞银行、浦发银行的科技支行开发更多适合科技型中小企业的金融产品，推进科技保险试点，推进科技金融创新试验区建设。 | 科技局<br>金融工作局<br>松山湖（生态园）管委会 | 出台《东莞市创新财政投入方式促进科技金融产业融合的工作方案》。通过招投标确定人保和平安2家科技保险承保公司。2014年，两家承保公司受理试点地科技保险保额15.5亿元，保险费约50万元。 | 完成 |
| （三十五）办好民间金融街，集聚发展风险创业投资、小额贷款、融资担保、融资租赁等机构。支持设立民营银行。 | 49.完成两批小额贷款公司的审批设立工作，推动小额贷款公司、融资性担保公司、融资租赁公司等机构在民间金融街的集聚发展；支持符合条件的企业申报民营银行。 | 金融工作局 | 召开2次东莞民间金融街准审会，完成2家小额贷款公司的审核通过、登记注册工作；分行业召开3次推进民间金融街建设工作座谈会，加大招商宣传力度。 | 完成 |
| （三十六）优化财政扶持方式，提高撬动效果，促使科技和金融创新成为实体经济发展的助推器。 | 50.探索组建种子项目基金，争取设立科技信贷风险准备金池，推动科技支行开展政府资助应收账款质押贷款等科技金融产品创新。 | 科技局<br>金融工作局 | 出台《东莞市创新创业种子基金实施方案》，启动受托管理机构招投标工作；市财政设立2亿元信贷风险准备金，首批签约的20家中小企业获得科技支行1.8亿元授信。 | 完成 |
| | 51.推动东莞市创新财政投入方式、促进科技金融产业融合试点工作的实施；会同试点银行开展“拨贷联动、拨改贷、创新小巨人、科技金融合作模式创新”等融资平台业务的试点工作。 | 财政局<br>科技局 | 在科技金融产业融合发展方面，5月印发工作方案，9月召开启动仪式，分别与浦发银行、东莞银行签订合作协议，科技金融产业融合发展工作进入全面推进阶段。 | 完成 |
| （三十七）以获评国家电子商务示范城市为契机，用好市财政每年1.5亿元的专项资金，加大力度扶持电子商务发展。 | 52.制定《东莞市电子商务专项资金管理暂行办法》。 | 商务局 | 出台《东莞市电子商务专项资金管理暂行办法》。 | 完成 |
| （三十八）支持松山湖、专业镇和专业市场建立电子商务交易平台，深入开展“莞货网上行”等活动。 | 53.大力支持市场主体开展各类电子商务活动，打造“莞货网上行”3D工程；支持专业市场实施升级改造，应用电子商务；加快推动广东商品国际采购中心建设，重点支持厚街家具、虎门服装、大朗毛织、长安五金机械4个市场集群打造现代交易平台。 | 商务局 | 推动成立全市首个电子商务产业园（高盛科技园），成立松创电子商务产业基地、虎门电子商务产业园、百达国际电子商务城、大莹服装电子商务城、意法电子商务城、大朗电子商务产业中心等一批电子商务园区。虎门服装市场集群和大朗毛织商品市场集群获省经信委认定为广东商品国际采购中心，全市有3个广东商品采购中心和1个重点培育对象。 | 完成 |
| （三十九）全面启动跨境贸易电子商务服务试点，开展国际邮件业务，让东莞制造产品借助电子商务的翅膀，更多地畅销全省全国和全球市场。 | 54.全面启动跨境电子商务服务试点，建设跨境电子商务专业园区，广泛组织发动企业参与，研究建设整合监管、税政、交易、物流、支付等体系的综合信息服务平台。 | 政策研究室<br>商务局 | 在全市建立虎门、松山湖、大朗、东城、凤岗、邮政等跨境电子商务园区；组织首届线上线下跨境网贸会；建设跨境贸易电子商务综合服务平台，创新建立东莞跨境电子商务公共监管仓，实现核查方式简化、监管方式创新。全市有跨境电子商务企业约3500家，涵盖物流、支付、第三方平台、运营服务等重要环节。 | 完成 |

续表

| 总体要求 | 年度目标及工作内容 | 责任单位 | 完成情况 | 进度 |
|---|---|---|---|---|
| （四十）大力发展楼宇经济。 | 55.宣传及贯彻东莞市楼宇经济政策，认定和奖励一批优质楼宇。 | 经信局 | 经过审核，南城华凯广场的运营商符合奖励标准，待审定后发函进行资金拨付。 | 完成 |
| （四十一）推进全国城市共同配送试点建设。提升物流业发展水平，加快发展工业设计、监测认证、文化创意、信息服务和健康服务等生产性服务业。 | 56.统筹推进城市共同配送试点体系建设，用好中央财政补助资金支持重点项目建设。举办“东莞杯”工业设计大赛；认定1—2个市级创意产业园区；指导各园区提升服务水平，在政策辅导、项目申报、人才培训、招商引资等方面服务好园区内企业。 | 经信局<br>商务局 | 举办第十届“东莞杯”工业设计大赛，评审推荐4件作品分别获“省长杯”工业设计大赛第4、9、10和15名；完成《东莞市创意产业园区认定办法》初稿。城市共同配送试点工作设有7个建设项目，其中6个项目完成验收。 | 完成 |
| （四十二）继续办好加博会、漫博会、台博会、科技合作周等品牌展会。 | 57.举办第三届加博会，提升加博会影响力。 | 商务局<br>厚街镇 | 6月18—21日举办第三届加博会。 | 完成 |
| | 58.坚持“品牌化、专业化、国际化、市场化、产业化”的办展思路，致力将漫博会打造成为“国际动漫产业最佳对接平台和中国最具影响力的玩具礼品交易平台”，成为中国动漫产业发展的“晴雨表”。 | 松山湖（生态园）管委会 | 8月21—25日举办第六届漫博会，吸引443家国内外企业参展，意向和现场成交额34.9亿元，入场参观和直接参与的观众超过63万人次。 | 完成 |
| | 59.举办东莞台湾名品博览会，发挥展会平台作用，深化莞台经贸合作，帮助东莞市台资企业开拓内销市场。 | 台湾事务局 | 10月16—19日，“2014东莞台湾名品博览会”举行，吸引31.8万人次参观采购，交易额26.46亿元。 | 完成 |
| | 60.举办合作周活动，组织各种形式的科技、人才项目与技术展示、科技交流与合作及科技创新论坛，吸引海内外更多的优质科技资源与高端人才“为我所用”，加速提升东莞市自主创新水平和创新型城市形象。 | 科技局<br>人才办 | 2014中国（东莞）国际科技合作周暨东莞市招才引智活动于12月2—5日举办，举办近30场科技和人才交流合作活动，组织约200家企业单位和1000个项目参展，吸引400多名海内外高层次人才来莞洽谈对接，达成合作意向项目超过200项。 | 完成 |
| （四十三）加快统筹建设水乡特色发展经济区。全面启动路网基础设施建设，重点推进万望路等8项道路桥梁改扩建工程。 | 61.全面启动横向南通道、横向中通道、疏港大道延长线、银龙路（含银龙桥）、望沙路（洪梅段）升级改造、水乡大道延长线、望中路和沿江高速立沙岛互通立交等8项道路桥梁改扩建工程。 | 东实公司<br>路桥总<br>城建局<br>交通局<br>虎门港<br>管委会<br>（沙田镇） | 银龙路（含银龙桥）：完成项目建议书，完成可行性研究报告初稿，编制环境影响评价、水土保持报告；进行初步设计及勘察。<br>横向中通道：11月开始审核初步设计概算，12月市财政审核办公室出具审核意见（征求意见稿）。各立项相关工作同步开展，召开水土保持报告评审会，按评审意见修改中，环境影响评价报告正在编制。<br>望沙路：完成项目建议书、可行性研究报告并报市发改局；水土保持报告送市水务局审批。项目勘察设计招标文件于12月上网公开。<br>望中路：完成项目建议书、可行性研究报告。9月完成郭洲大桥通航净空尺度和技术论证、通航安全影响论证和通航安全评估项目招标，确定中标人。项目勘察设计招标文件于12月上网公开招标。环境影响评价、水土保持、通航论证报告在编制。<br>疏港大道延长线：项目完成施工招标，进行施工前准备。<br>沿江高速公路立沙岛互通立交工程：项目建议书、可行性研究报告、水土保持、环境影响评价报告获批；待办理用地预审后报省发改委立项；勘察、初步设计、施工图设计完成。<br>横向南通道：景观绿化工程完成10个标的施工图设计及施工图审查，施工3标、4标、5标和7标开工建设的部分基本完成；市政道路工程完成施工图设计及市住建局施工图备案。<br>水乡大道延长线：项目建议书、水土保持、通航条件、海事安全报告获批，可行性研究报告经省交通厅评审，环境影响评价报告经专家复审，规划选址报告报省住建厅审批；用地预审准备报批材料。同步开展勘察设计。 | 未完成① |

注：①因工程部分前期手续不完善、电缆迁改及省一级审批环节用时较长等原因，导致后续工作落后原定计划。

续表

| 总体要求 | 年度目标及工作内容 | 责任单位 | 完成情况 | 进度 |
|---|---|---|---|---|
| （四十四）启动水乡新城建设，加快万江龙湾等十大示范片区、道滘大罗沙等十大“区中园”的规划建设。 | 62.水乡新城：签定合作合同并成立合作开发公司，开展土地统筹，启动控制性详细规划调整，制定土地的开发方案，启动部分成熟地块征地、拆迁，启动部分基础设施工程建设。水乡科技产业园：启动园区土地统筹、总体规划，启动亚洲云数据中心的设计和建设。水乡电子商务产业园：做好产业园规划等相关工作。 | 东实公司<br>洪梅镇<br>道滘镇<br>望牛墩镇 | 东实公司与洪梅镇签定统筹合作合同，成立合作开发公司，加快推进梅沙村土地统筹；与道滘镇商议合作开发模式及签署合作协议；启动梅沙大桥连接线工程建设，开展桩基施工。亚洲云项目，投资方确定设计方案，市发改局明确招标方式为项目方自主招标。督促亚洲云公司尽快制定工作节点安排，重新启动设计方案报批，尽快报送设计方案给市规划局审批。水乡科技产业园因涉及大量基本农田保护地，项目暂停。 | 未完成① |
| | 63.石碣唐洪食街：完成唐洪食街一期工程建设并投入使用；配合做好袁崇焕纪念园修缮。 | 石碣镇 | 唐洪美食街酒楼1、2号楼建筑主体封顶，正在外墙装修；进行袁崇焕纪念公园修缮。 | 基本完成 |
| | 64. 望牛墩特色示范片区：完成扶涌特色村、示范片区内水乡公园建设。 | 望牛墩镇 | 完成扶涌特色村和水乡公园建设。 | 完成 |
| | 65.万江龙湾片区：完成开发地块征地拆迁及按开发进度将地块推出市场，开展部分项目建设。 | 东实公司<br>万江街道 | 坝头储备地块完成挂牌出让；2个新增用地批次报批材料报市国土局；启动龙湾服务区“三旧”改造项目报批。 | 完成 |
| | 66.中堂水乡风情岛特色示范片区：力争在2014年完成风情岛内部分项目建设。中堂现代物流产业园：建成高端现代服务物流园。引进和落实鱼珠木材加工交易中心项目、物美（华南）供应链电子商务中心及保利电子商务港等项目。 | 中堂镇 | 中堂水乡风情岛特色示范片区：基本完成四乡特色村庄中心公园、四乡生态大道、四乡景观湖、景观河改造工程、广深高速公路（中堂段）桥底景观改造工程及下马四围河涌综合治理示范项目。<br>东莞鱼珠木材加工交易中心：第一期工程完工，修改第二期初步设计方案。<br>物美（华南）供应链电子商务中心：项目可行性研究报告通过市专家组评审论证；办理用地规划、城建规划调整手续，其中用地规划调整方案在编制中，城建规划调整手续编制完成。<br>东莞市保利电子商务港项目：一期办理《建设用地规划批准书》，完成土地预审；二期缴纳违法用地处罚款，并向省申请农用地转用手续，待省批复。 | 基本完成 |
| | 67.道滘凤凰国际文化社区：启动社区土地统筹，做好项目用地的规划报建审批手续，首期项目动工建设。<br>东莞国际健康产业城：完成项目土地统筹及首期用地的规划报建审批手续，争取下半年转入项目市政路网工程建设及项目一期工程建设。 | 东实公司<br>道滘镇 | 道滘凤凰国际文化社区：道滘镇与东实集团和凤凰集团三方就用地规划、拆迁补偿、供地时间、学校搬迁等问题达成共识，根据道滘镇提出的拆迁目标时间表调整开发次序，同意保留学校和部分工厂，在规划上调整为产业用地。<br>东莞国际健康产业城：完成项目790户土地统筹户主签名确认；完成26家厂房的丈量计价，收集业主意见及要求。 | 未完成② |
| | 68.麻涌四季飘香都市农场：完成门禁系统、围墙，部分道路等改造建设以及部分花卉的种植。<br>麻涌粮油加工产业园：招引重大项目，设立麻涌镇促进粮油贸易发展专项资金，深化粮油物流加工第一镇品牌。 | 麻涌镇 | 四季飘香都市农场项目：于7月动工建设，种植培育苗木花卉13.33公顷，正在建设码头工程。<br>麻涌粮油加工产业园：制定《麻涌镇扶持粮油贸易企业发展专项资金管理暂行办法》，招引益海嘉里小麦粉、农垦嘉益粮油、周黑鸭食品等粮油加工项目，深粮项目完成投资1亿元。 | 完成 |

注：①水乡新城城市规划与土地规划不符，需协调。水乡科技产业园因涉及大量基本农田保护地，导致项目暂停。

②道滘凤凰国际文化社区：与凤凰集团就文化产业物业回购问题未达成共识。

东莞国际健康产业城：部分群众认为土地统筹价格偏低，导致土地统筹进度较慢。

续表

| 总体要求 | 年度目标及工作内容 | 责任单位 | 完成情况 | 进度 |
|---|---|---|---|---|
| （四十四）启动水乡新城建设，加快万江龙湾等十大示范片区、道滘大罗沙等十大“区中园”的规划建设。 | 69.洪梅洪屋涡水道西岸片区：完成洪屋涡水道标志性岸线工程、洪屋涡水道标志性岸线提升工程、内河涌水环境治理工程。启动洪屋涡水道标志性岸线延伸工程。 | 东实公司<br>洪梅镇 | 洪屋涡水道标志性岸线工程全部完成。洪屋涡水道标志性岸线提升工程的体育休闲设施、河堤软化处理及种植水生植物工程全部完成。内河涌水环境治理工程：内河涌排水系统工程基本完成；景观水闸完成预算财审，在办理立项手续。洪屋涡水道标志性岸线延伸工程：完成预算，部分子项预算财审完成，立项相关手续办理中，按水乡管委会要求重新对项目审批。 | 基本完成 |
| | 70.镇港穗丰年水道特色示范片区：建成一期工程。<br>虎门港临港产业集聚区：突出集装箱码头与保税物流两大核心业务，推动临港物流业发展；加强引进项目的跟踪服务，推动一批物流、化工、粮油等项目动工建设，壮大临港经济实力。 | 虎门港管委会（沙田镇） | 沙田镇穗丰年水道特色示范区：一期工程完成竣工验收。<br>集装箱码头及保税物流业务：虎门港西大坦作业区5-8号泊位集装箱吞吐量累计完成223.27万标箱；保税物流累计完成进出口63.48亿美元。<br>推动项目建设：推进市12个重大项目的建设，累计完成年度投资20.3亿元。 | 完成 |
| | 71.高埗镇：充分利用中心涌片区的规划成果，加大招商引资的力度，积极引入社会资金加快片区的建设；着力推动中心涌下游截污次支管网、雨污分流建设和水果批发市场项目建设。 | 高埗镇 | 中心涌下游截污次支管网、雨污分流建设正办理项目前期立项手续，完成项目环境影响评价报告批复，项目水土保持方案批复。水果批发市场项目建设：主体建设完成，装修完成60%，道路完成80%。 | 完成 |
| （四十五）突破行政界限，跨镇域整合产业、土地、基础设施和公共服务等资源。实施综合治水、土壤治理、植树造林等行动，重现“香飘四季、鱼翔浅底”的水乡田园风光。 | 72.开展植树造林行动，营造水乡生态林网38.5公里。 | 林业局 | 完成全部水乡生态林网建设任务，并进行验收。 | 完成 |
| | 73.以水乡特色发展经济区为试点，开展土壤环境保护和综合治理，制定土壤环境保护和综合治理方案，摸清水乡特色发展经济区土壤环境质量状况，划分土壤环境质量等级。 | 环保局 | 制定《东莞市土壤环境保护和综合治理实施方案》《东莞市石碣镇典型重金属污染农田土壤修复示范项目实施方案》《东莞市麻涌镇协忠电镀工业区土壤环境调查与污染修复示范项目实施方案》；麻涌协忠项目报国家环保部作为土壤污染治理与修复试点备选项目，并组织召开专家评审会，获省级重金属污染防治专项资金225万元。 | 基本完成 |
| | 74.全面实施水系堤岸综合整治工程，制定水乡经济区群闸联调方案，建立水乡经济区河网水系良好的调度运行格局，加快污水外排。 | 水务局 | 《东莞市水乡河网区水系综合规划》通过专家评审，待报省发改委审查，其中含水系堤岸综合整治工程和群闸联调工程的规划。 | 基本完成 |
| | 75.在有条件的地区试点推进生活污水综合治理工程，全年动工3宗左右示范项目，推动水乡其他镇村农村生活污水治理工程建设。 | 水务局 | 麻涌华阳村、望牛墩杜屋村、望牛墩扶涌文林村3宗分散式生活污水处理示范工程完成可行性研究等前期工作，但有关工程方案需要评估优化。市水投集团联系相关部门对广东普天蓝瑞环保科技有限公司提出分散式污水处理技术进行研究讨论，待形成可行性方案再报市水乡管委会审核。 | 未完成① |
| | 76.全面实施工业污水综合管控工程。 | 环保局 | 出台《水乡特色发展经济区工业污染综合管控实施方案》。制定推进水乡“两高一低”企业退出工作方案，加大工业排污监管力度，严查违法排污行为，全面整治水乡高污染燃料禁燃区锅炉。 | 完成 |
| | 77.全面实施面源环境综合整治工程，加强非法畜禽养殖整治长效监管、落实生活垃圾无害化治理、推进水域面源垃圾全覆盖清理，以及推进麻涌环保热电厂建设。 | 环保局<br>城管局<br>水务局<br>东实公司 | 麻涌环保热电厂：进行项目前期筹建的各项手续办理，完成项目建议书编制，项目运营单位和抓斗、焚烧炉排、汽轮机等设备的招标，以及项目征地合同的签订。<br>非法畜禽养殖整治：制定《关于印发东莞市畜禽养殖区域划分实践方案的通知》，在全市范围内划定畜禽养殖禁养区和限养区。印发《水乡特色发展经济区非法畜禽养殖业整治长效监管方案》。<br>生活垃圾无害化处理：加强对积存垃圾的清理整治，全面清查卫生死角，基本完成水乡经济区水域面源整治。 | 完成 |

注：①有关工程方案需要评估优化，未能全面实现动工。

续表

| 总体要求 | 年度目标及工作内容 | 责任单位 | 完成情况 | 进度 |
|---|---|---|---|---|
| （四十六）加快大学创新城基础设施建设，引进国内外优质高校创新资源。 | 78.加强与武汉大学等高校院所的对接，推动联合共建东莞武汉大学研究院等公共科技创新平台。 | 科技局<br>松山湖（生态园）管委会 | 武汉大学研究院的组建方案由学校校务会通过。 | 完成 |
| | 79.完成首期工程大学创新城、研究院一期土建工程及市政道路工程，二期工程动工建设。 | 东实公司 | 研究院一期（B-1栋、B-2栋）主体结构封顶，砌筑工程完工，消防、水电、幕墙等安装工程进入收尾阶段；道路工程完成沥青路面施工。华南协同创新研究院（A区）、研究院二期（D区地块）完成施工单位招标。正进行土方工程施工。 | 基本完成 |
| （四十七）加快台湾高科技园、两岸生物产业基地、中以产业园建设。 | 80. 围绕生物技术及高端电子信息引进优质龙头项目，加大招商引资力度；开展高频次对中国台湾及欧美地区招商推介；深化两岸合作，在人才、科技、金融等方面谋求突破；规划建设建成一批载体。力争完成中以产业园第一个开发区域的建设；推动以色列推介会签约项目落地；争取引进20个高科技合作项目，并启动中以产业园第二个开发区域的建设。 | 松山湖（生态园）管委会 | 台湾高科技园、两岸生物产业基地：引进优质项目47个，协议引资7.22亿元。5次赴中国台湾、2次赴欧美、2次赴日韩招商推介，引进6家“莞榕计划”企业和意祥生技等欧美优质项目。<br>中以产业园：首个开发区域建筑工程主体架构完工，砌体、抹灰全部完工；第二开发区域4、5、6号楼工程计划近期动工。引进6个新项目，累计引进24个项目；促成7家入驻中以产业园的企业完成工商注册登记。 | 基本完成 |
| （四十八）对生态园等园区设立严格的产业准入标准，确保投资强度。 | 81.修订《东莞生态产业园区引进项目优惠暂行办法》，严格筛选优质项目入园。 | 生态园管委会<br>经信局 | 开展前期调研及修订工作，将《东莞生态产业园区引进项目优惠暂行办法》更名为《东莞生态产业园区助商引资服务管理暂行办法》，报市政府审定。 | 完成 |
| （四十九）抓紧确定粤海合作开发模式，加快规划编制和土地统筹，铺开“三纵三横”路网等建设，同步推进招商引资，力争成为省级新区和国家新型城镇化试点。 | 82.抓紧确定粤海合作开发模式，加快规划编制，力争成为省级新区和国家新型城镇化试点。 | 谢岗镇<br>规划局<br>环保局 | 园区规划方面：因申报省级新区，园区总体规划在编制初步方案；谢岗镇总体规划修编成果融入粤海产业园总体规划，通过市政府审批。<br>申报省级新区和国家新型城镇化试点方面：省同意设立银屏新区，《广东东莞粤海银瓶合作创新区发展总体规划》通过专家评审，待修订完善后，经市政府审定上报省发改委；东莞市纳入省向国家申报的4个试点城市之一。由国家发改委城市和小城镇改革发展中心规划研究部编制的《粤海装备技术产业园新区战略规划》（初稿）召开研讨会。 | 完成 |
| | 83.加快土地统筹。 | 谢岗镇 | 完成统筹面积1103.15公顷，除排洪渠、轻轨站场及医院等公共设施外，基本完成第一阶段土地统筹任务。 | 完成 |
| | 84.铺开30号路及厚龙路等“三纵三横”路网建设。 | 谢岗镇 | 30号路完成主路工程量约90%；厚龙路在开展道路设计方案优化；收集整理道路用地手续报批材料。粤海园区路网建设责任主体由东实公司移交至谢岗镇，因此后续建设推迟。 | 基本完成 |
| | 85.采取各种方式推介粤海产业园，举办、参加2—3次招商推介活动，推动粤海环普产业园、普洛斯电子商务物流园项目动工建设，跟进相关在谈项目，研究制定园区招商优惠政策，力争招引更多优质项目落户园区。 | 谢岗镇<br>商务局<br>经信局<br>发改局<br>国土局<br>规划局<br>环保局<br>住建局 | 普洛斯电子商务物流园项目动工建设，粤海环普产业园在办理前期手续；落实《三方联合招商框架协议》，做好推介宣传活动，在香港举办招商推介会，先后参与省发改委企业见面会招商活动和赴苏州市招商，重点招引汽车零部件及装备制造业项目；做好推介宣传活动，积极推介汽车装备企业到粤海产业园投资；协助粤海产业园草拟招商优惠政策。 | 基本完成 |
| （五十）加强山区片等东部各镇产业统筹规划，探索设立高端先进制造业转移园，加强与粤海产业园和深圳的对接，强化产业合作和配套服务，在接受辐射中做强产业经济。 | 86.开展东部片区产业布局研究，探索在东部片区设立高端先进制造业转移园，提出相关产业集聚发展的工作政策措施。 | 经信局 | 形成《关于承接深圳高端先进制造业转移有关问题的报告》上报市政府。 | 完成 |
| | 87.探索研究东部片区各镇与粤海产业园、深圳合作规划，推动莞深产业深度合作。 | 经信局 | 形成《关于承接深圳高端先进制造业转移有关问题的报告》上报市政府。 | 完成 |

续表

| 总体要求 | 年度目标及工作内容 | 责任单位 | 完成情况 | 进度 |
|---|---|---|---|---|
| （五十一）加大虎门、长安、沙田、厚街、麻涌和长安新区“五镇一区”区域经济发展统筹力度，摸清岸线、空间和产业等状况，科学研究规划，明确产业定位，主动对接前海、南沙，提升区域发展水平。 | 88.编制完成《珠江口东岸现代产业集聚区统筹发展概念规划》《珠江口东岸现代产业集聚区城乡总体规划》及各部门专项规划，包括产业发展规划、土地利用总体规划、港口与交通专项规划、基础设施专项规划、生态环境保护专项规划。 | 规划局<br>发改局<br>国土局<br>交通局 | 市政府十五届八十七次常务会议要求，由市发改局牵头会同市规划局、交通局、财政局，结合珠三角全域规划和“十三五”规划编制，重新梳理，研究提出重新整合方案。经市政府同意，先编制产业发展专项规划，其他暂缓。启动《珠江口东岸现代产业集聚区产业发展规划》相关编制工作，完成方案编写，将按程序进行政府采购。 | 基本完成 |
| （五十二）加快虎门港西大坦1—4号码头泊位报批，推进立沙岛精细化工产业园、麻涌港区粮油加工制造产业园建设。 | 89.开展西大坦1—4号泊位码头工程岸线报批及前期论证；推进立沙岛精细化工产业园、麻涌港区粮油加工制造产业园建设，加强引进项目的跟踪服务，推动一批条件成熟的项目动工建设，尽快投产运营。 | 虎门港<br>管委会<br>（沙田镇） | 西大坦1—4号泊位码头工程：完成立项、规划、水土保持、安全评价、工程建设方案等手续办理，完成预防船舶污染海洋风险评估报告编制、施工图段勘察和初步设计报批稿，项目环境影响评价报告在修改，项目使用岸线申请报交通部。<br>立沙岛精细化工产业园：加大招商力度，与龙马、和利、九丰集中供热、酶法生物柴油、油脂深加工项目签订合同，与新长桥、热电冷联产项目签订投资意向书，签约总额79.65亿元；推动中油建兴、丽臣、宏川、泰和沥青等4个项目动工建设。<br>麻涌港区粮油加工制造产业园：做好引进项目跟踪服务，推动聚龙粮油、东北粮油2个项目动工建设。 | 完成 |
| （五十三）加快长安新区总体规划报批，启动用海规划修编，推进外围海堤立项报批，创新新区控股公司运营管理模式，积极向上争取实施区域围填海。 | 90.争取完成长安新区总体规划编制、报批；启动长安新区区域建设用海规划修编；争取完成外围海堤工程实施方案咨询，启动外围海堤建设立项的前期工作；积极向省和国家海洋部门争取区域围填海的政策支持。 | 长安新区<br>管委会<br>（长安镇） | 总体规划通过市政府审批并完成公示；用海规划调整初步方案上报市政府；《长安新区外海堤建设咨询项目咨询报告书》通过专家论证。与国家及省海洋部门沟通协调，长安新区形成《长安新区围填海实施方案》。 | 完成 |
| （五十四）大刀阔斧推动项目审批流程优化再造，大幅压缩项目审批从立项到施工的平均时间。全面梳理和规范审批办理时限、申报材料等，编制审批目录和流程图，逐步实现全流程电子审批，打造项目建设“高速通道”。 | 91.制定出台《东莞市项目投资建设审批体制改革实施方案》，并协调和指导有关部门制定实施细则等相关配套政策。相关部门负责落实改革实施方案，推进具体工作，并逐步实现全流程电子审批。 | 政策研究室<br>发改局<br>住建局<br>规划局<br>电子政务办 | 制定出台《东莞市项目投资建设审批体制改革实施方案》，印发《关于深化项目投资建设审批体制改革工作的配套规定》《东莞市项目投资建设直接落地改革试点方案》及一批配套实施细则。启动项目投资建设直接落地改革试点首轮测试，跟进投改试点与直接落地改革试点的进展情况。建立完善网上办事大厅项目投资建设审批功能模块，增加政策速递、直接落地改革专题等板块，推动线下改革向线上迁移。 | 完成 |
| （五十五）强化用地保障，新增指标70%用于重大项目建设。 | 92.将年度计划指标70%优先安排市重大项目，并积极向省争取，在用地指标分配上对东莞市进行倾斜。 | 国土局 | 市统筹指标71%（370.2公顷）优先安排市重大项目。 | 完成 |
| （五十六）发挥东实集团、水投集团等作用，及时协调解决项目融资、征地拆迁等问题，督促在建项目加快进度。 | 93.配合在建项目进度，及时协调筹融资，加强与各项目属地镇街沟通协调，及时完成征地拆迁工作，为项目的推进提供用地保障。 | 东实公司 | 东实公司新增贷款96.3亿元，包括浦发银行22亿元、兴业银行15亿元、东浦基金18亿元、民生银行10亿元、光大银行8.7亿元、中信银行3.3亿元以及轨道二号线银团贷款19.3亿元，为重点项目建设提供资金保障。 | 完成 |
| （五十六）发挥东实集团、水投集团等作用，及时协调解决项目融资、征地拆迁等问题，督促在建项目加快进度。 | 94.根据项目建设进度协调筹融资，加强与项目属地镇街及建设单位沟通，及时完成项目前期手续申报，为项目推进提供资金保障。 | 水务局 | 市水投集团新增贷款10.48亿元。 | 完成 |

续表

| 总体要求 | 年度目标及工作内容 | 责任单位 | 完成情况 | 进度 |
|---|---|---|---|---|
| （五十七）增加项目考核权重系数，对先进镇街（园区）给予用地指标奖励。 | 95.贯彻落实《东莞市重大项目建设工作考评办法》，切实加强重大项目年度考评工作；制定先进奖励方案，对考评先进镇街给予用地指标奖励。 | 重大项目办 | 完成重大项目建设考评，考核结果通过重大项目工作领导小组审核。 | 完成 |
| （五十八）提高项目履约率和开工率，以华为终端项目为龙头，推动年内新启动两批总投资600亿元以上的重大产业项目。 | 96.推进市重大项目建设，力争完成重大项目313亿元年度投资计划任务，推进44个新开工项目年内开工建设，实现年度投资计划完成率、新开工项目开工率“两个100%”。 | 重大项目办 | 重大建设项目累计完成投资343.6亿元，占年度计划109.7%，比上年增长10.8%，45个项目开工建设。 | 完成 |
| （五十九）建立重大项目招商信息共享、布局统筹、选址流转等利益分享机制，提高镇村统筹招商的积极性。 | 97.制订出台重大项目招商信息共享、布局统筹、选址流转机制。 | 经信局<br>商务局<br>重大项目办 | 制定《内资重大项目招商信息平台建设方案》《东莞市招商引资重大项目统筹流转和利益共享机制实施办法（送审稿）》，待市委、市政府审定后颁布实施。 | 基本完成 |
| （六十）以重大产业平台为载体，开展统筹招商活动，针对欧美日韩台等地区重点招商，主动拜访大型央企民企，力争年内再引进若干个总投资超百亿元及数十亿元的重大项目。 | 98.力争年内引进5家以上数十亿元乃至百亿元的重大项目。重点拜访80家央企、大型国企、知名民营企业。 | 经信局 | 全市引进20亿元重大内资项目7家，接洽拜访国内企业82家。 | 完成 |
| | 99.有针对性开展形式多样的招商推介活动，强化对日韩台及欧美地区招商推介，继续开展日韩台驻点招商，力争引进一批符合产业发展导向的优质大项目。全年吸收外资增长5%。 | 商务局 | 4月，在吉隆坡举办中国（广东）—马来西亚经贸交流会；与相关单位签署合作协议，在马来西亚、印尼、阿联酋、巴西设立境外经贸代表处。9月，赴巴西、阿根廷、智利等地开展系列经贸活动。11月，赴伊朗、希腊及土耳其开展系列经贸活动；12月，赴日本开展登门招商活动。2014年实际到资45.2亿美元，比上年增长15%。 | 完成 |
| （六十一）加强城市顶层设计，加快城市总体规划修编，确保一张蓝图管到底。 | 100.完成总体规划修改纲要送审成果。 | 规划局 | 完成规划纲要成果征求意见稿和各专题中期研究成果，先后多轮向国家住建部和省住建厅汇报总规编制进展情况，就总体规划编制创新和历史项目图斑督查等重大事项积极争取上级部门政策支持。 | 基本完成 |
| （六十二）结合轨道站点TOD（以公共交通为导向）开发，推动城市功能布局优化，进一步完善市镇交通、商贸等功能配套，提升城市品质。 | 101.基本完成编制TOD综合开发总体策略研究，即轨道建设财务分析、投融资方案、土地整备与开发、TOD开发总体策略等内容；完成7个试点一体化规划设计的规划研究工作；适时开展相关7个试点地区控制性规划及配套设施工程建设前期工作。 | 规划局<br>东实公司 | 总体策略研究基本完成。7个试点站TOD一体化规划中6个站（除东莞站）完成第一阶段TOD综合开发规划，上报省建设厅。第二阶段的详细设计基本编制完成。 | 基本完成 |
| （六十三）按照打造“城市会客厅”的要求，加快南城国际商务区建设，尽快完成土地注入、收地等基础工作，确定准入条件、开发时序与合作模式，抓紧启动市政工程，引进一批总部企业和高端服务业。 | 102.开展商务区形象策划、包装和推广工作；完成地面、地下交通及市政工程，景观方案深化，轨道交通R2线西平站、莞惠线新城中心站一体化设计，总体地下空间规划及控制性详细规划设计等专项规划的编制与报批；启动基础设施建设。 | 东实公司 | 交通市政专项规划完成论证箱涵方案初稿，再作进一步修改；景观专项规划完成专家评审；莞惠线新城中心站一体化设计方案完成专家评审，根据反馈意见进行最终方案调整，将提交规划局审批。启动基础设施建设，纬一路可完工。 | 完成 |
| （六十四）整合提升中央商圈和各镇商业片区，建设更多环境美、质量好、服务优的商场，让市民愿意在东莞消费，提高消费在国民经济中的拉动作用。 | 103.指导和配合东城、南城、莞城、万江做好中央商圈建设工作，着重加强规划统筹和政策制定，协助镇街完善项目的开工手续，加快工程建设实施。 | 规划局 | 东城“城市彩贝”一期工程项目办理选址意见书并完成施工图设计；龙湾滨江片区控规重大调整在开展批前公示；人民公园通道工程在施工。 | 完成 |

续表

| 总体要求 | 年度目标及工作内容 | 责任单位 | 完成情况 | 进度 |
|---|---|---|---|---|
| （六十五）力争地铁2号线一、二期土建工程基本完工，实现"隧道通"和"轨道通"，启动运营筹备，为2015年通车做足准备。 | 104. 计划投资31.32亿元；土建工程基本完工，机电设备制造基本完成，轨道、供电、装修、设备安装全面进场施工，2座主变电站具备送电条件，车辆段具备接车调试条件，实现"隧道通""轨道通""电通"目标。 | 轨道办 | 完成投资33.05亿元，占年度投资计划105.5%。 | 完成 |
| （六十六）推动现代有轨电车试验段规划建设。 | 105.实现首条有轨电车试验段动工建设。 | 发改局 | 经市领导同意，年度工作目标由"实现首条有轨电车试验段动工建设"调整为"进一步深化研究有轨电车建设可行性和首期线路选线方案"。按照市政府十五届第八十七次常务会议精神，市发改局和规划局会同多个部门及单位对有轨电车首期线路选线方案进行深入研究比选，提出主城、莞城、水乡、松山湖4个方案作为东莞市有轨电车首期线路比选方案。修订后的4个方案提交市政府。 | 基本完成 |
|  | 106.编制现代有轨电车适应性研究、适时编制有轨电车线网规划，配合编制有轨电车试验段交通设计专项。 | 规划局 | 完成适应性研究成果上报市政府，待适应性研究批复后再全面推进线网规划。 | 基本完成 |
| （六十七）加快虎门港澳客运码头、高铁虎门站开发建设。 | 107.完成码头及陆域形成工程，启动陆域建筑工程建设。启动高铁虎门站规划设计工作。 | 东实公司 | 虎门港澳客运码头：码头工程由于省海洋与渔业局要求建设单位对项目用海方案进行优化，东实公司正根据省有关要求，减少填海面积和修改码头填海方案后再重新上报省政府审批。陆域工程方面，深圳设计院向虎门镇及市规划局报审陆域建筑的规划设计方案的审批工作。<br>高铁虎门站：虎门高铁站综合开发规划正结合国际竞赛成果进行整合优化。 | 未完成① |
| （六十八）加快梨川大桥、东平东江大桥、从莞高速东莞段、环莞快速路二期等建设。 | 108.从莞高速公路工程，计划完成投资10.5亿元，完成路、桥、隧等土建施工及征地拆迁工作。 | 路桥总 | 完成投资10.51亿元，占年度计划的100.06%。 | 完成 |
|  | 109.东江梨川大桥工程，实现一、二标段桥梁主体工程和三标引桥基本完工，计划完成投资1.60亿元。 | 路桥总 | 完成投资1.33亿元，占年度投资计划1.60亿元的83.2%。 | 未完成② |
|  | 110.东平东江大桥工程，基本完成桥梁主体的建设工作（除主塔和主跨外），计划完成投资8005.6万元。 | 路桥总 | 完成投资5946.72万元；占年度投资计划74.28%；项目累计完成投资2.23亿元，约占总投资44.29%。 | 未完成③ |
|  | 111.环莞快速路二期工程，完成投资3亿元。 | 城建局 | 完成投资2.6亿元，占年度投资计划87%；完成工程总量60%，其中厚街段完成99%，虎门段完成39%。 | 基本完成 |
| （六十九）扎实推进4G网络、天然气管网、江库联网等工程。 | 112.出台《东莞市无线通信基站建设管理暂行办法》，指导镇街开展无线电管理工作，扎实推动4G网络建设，为WiFi公共场所全覆盖打下基础。 | 经信局 | 出台《东莞市无线通信基站建设管理暂行办法》。启动通信基站站址专项规划；全市3G/4G基站新增1.08万座，实现大城区和镇街中心的覆盖；累计建成WLAN热点8210个，AP接入点3.6万个；光纤接入用户累计57.29万户。 | 完成 |
|  | 113.计划在东莞市域内建设高中压管道约97公里。 | 城管局 | 建设高中压管道112公里。 | 完成 |
| （六十九）扎实推进4G网络、天然气管网、江库联网等工程。 | 114.建设江库联网工程，完成征地拆迁任务，完成投资7000万元，完成一期工程全线管道，并进行联动调试。 | 城建局<br>水务局 | 完成投资9890万元，基本完成一期工程全线管道。 | 完成 |
| （七十）加快电网建设，确保投产110千伏及以上输变电工程15项。 | 115.完成110千伏及以上输变电工程投产15项，其中500千伏输变电工程2项、220千伏输变电工程3项、110千伏输变电工程10项。 | 经信局<br>东莞供电局 | 建成投产110千伏及以上输变电工程投产15项，其中500千伏输变电工程2项、220千伏输变电工程2项、110千伏输变电工程11项。形成《东莞电网规划建设激励暂行办法》等加快电网建设的支持性文件初稿，落实机制保障。 | 完成 |

注：①虎门港澳客运码头项目因省政府尚未审批海域使用的申请，影响围海工程建设进度及办理国土拍卖前期手续等工作。

②立项手续未完善；工程拆迁难度大。

③受惠州段的征地拆迁进度延迟影响，完成投资额落后于年度计划。

续表

| 总体要求 | 年度目标及工作内容 | 责任单位 | 完成情况 | 进度 |
|---|---|---|---|---|
| （七十一）进一步打通镇村联网路、断头路、跨界路，构建“一张网”全覆盖的交通设施网络。 | 116.村际联网路年度完成投资2亿元。 | 交通局 | 完成投资2.1亿元，占年度投资计划105%。 | 完成 |
| （七十二）完善利益平衡机制，引导集体和民营资本参与“三旧”改造。加强规划管控，实施分区控制、差别化地价等政策。每年预留5%新增建设用地指标支持成片更新改造。 | 117.着力构建调控机制、政策体系和工作格局“三位一体”的制度体系；科学安排改造时序，统筹连片改造；推进改造一批示范项目和重点片区。 | “三旧”改造办 | 出台《关于加强“三旧”改造常态化全流程管理的方案》。市政府同意东城街道黄旗南片区2号改造单元、万江街道龙湾片区、樟木头镇樟洋片区、麻涌镇滨江片区和茶山镇东岳-珀乐片区等5个片区作为连片组团式改造试点。“三旧”改造网上招商信息正式上线。 | 完成 |
| | 118.制定“三旧”改造规划编制指引及审批程序。 | 规划局 | 制定《东莞市“三旧”改造项目前期研究报告编制指引》《东莞市“三旧”改造单元规划编制指引》。 | 完成 |
| | 119.根据市”三旧”改造办上报项目清单，按项目排列顺序安排用地指标。 | 国土局 | 完成用地指标分配方案，并按市”三旧”改造办提交的清单排序予以解决。 | 完成 |
| （七十三）探索组建城市更新和土地整备中心。 | 120. 在土地储备中心基础上整合组建“市城市更新与土地整备中心”，增加指导城市更新与改造工作职能。 | 国土局 | 将组建市城市更新和土地整备中心方案上报市政府。 | 完成 |
| （七十四）实行财政补助、不设容积率上限、有条件分割销售等优惠政策，鼓励“工改工”和建设工业大厦，从严控制改建商品房，腾挪出新空间来支撑产业转型升级。 | 121.稳步推进“工改工”试点工作，总结第一批“工改工”试点经验，继续推进第二批“工改工”试点工作。 | “三旧”改造办 | 出台实施《东莞市“三旧”改造产业类项目2014年实施计划和预备计划》；经市政府同意，调整《东莞市“三旧”改造产业类项目2014年实施计划和预备计划》，8宗“工改工”项目增补纳入产业类计划。凤岗镇东莞侨安科技园等3宗“工改工”项目经市政府审批通过调入年度实施计划。 | 完成 |
| （七十五）积极创建国家生态市、国家森林城市、国家水生态文明城市。 | 122.制定创建国家生态市工作计划和督查计划，推动各项重点项目开展，加强舆论宣传，营造创建氛围。指导东城等镇街创建省生态镇，指导石排、南城、万江创建国家生态镇；开展市生态村（社区）申报考核。 | 环保局 | 制定创建国家生态市工作任务和督查方案，完成创建标识及主题宣传口号征集；指导石排镇、南城街道、万江镇街创建国家生态镇，报环保部审核；指导创建省生态镇，东坑和望牛墩镇获评省生态镇；完成市生态村（社区）申报及现场核查，评选出56个市生态村（社区）。 | 完成 |
| | 123.开展创建国家森林城市宣传，指导各镇街开展绿化查漏补缺；开展森林资源数据调查，并对绿化动态等监测；迎接2015年的创建验收。 | 林业局 | 下发《东莞市2014年创建国家森林城市宣传工作方案》。制作大型广告牌260块，在各新闻媒体报道创建动态信息270篇。完成40项创建指标的支撑数据和材料的搜集整理。基本完成绿化动态监测、热岛效应动态监测和森林资源数据调查。 | 完成 |
| | 124.按照水生态文明城市宣传方案的要求，积极开展宣传；围绕实施方案的总体目标，开展部分内河涌治理、污水处理厂扩建，为构建东莞市水污染防治体系打下坚实的基础。 | 水务局 | 水生态文明城市建设：下发《东莞市创建国家水生态文明城市宣传教育工作方案》，召开全市动员大会。设置大型公益广告牌，制作创建电台公益广告，举办户外宣传活动。<br>内河涌整治工作：明确项目报建程序，制定《东莞市各镇街内河涌综合治理工作指引（试行）》；开展镇街内河涌状况调研，完成调查统计；召开市水生态文明建设高峰论坛。 | 完成 |
| （七十六）完善大岭山、银屏山森林公园二期配套设施，启动常平旗岭等森林公园建设。抓好生态景观林带建设。 | 125.继续完善大岭山、银瓶山森林公园二期步行道、防火应急通道、观景亭台等配套设施建设。督促并协调属地政府启动常平旗岭等森林公园建设。开展生态景观林带建设（潮莞高速公路东莞段，总长55.3公里）。 | 林业局 | 完成大岭山森林公园石洞核心景区配套用房、文化长廊、观景亭的主体结构建设和280米步道的升级铺装。完成银瓶山森林公园清溪片区湖影平台及望月阁园建工程，完成谢岗片区登山步道工程总工程量的70%。完成常平旗岭森林公园建设项目的初步方案。潮莞高速公路生态景观林带6个标段开工建设。 | 完成 |

续表

| 总体要求 | 年度目标及工作内容 | 责任单位 | 完成情况 | 进度 |
|---|---|---|---|---|
| （七十七）深入实施“南粤水更清”“清洁空气”等行动计划。加强石马河、茅洲河、沙河、马嘶河、潼湖等跨市河流污染共治，加快挂影洲围中心涌综合整治。加快123宗城乡防灾减灾工程建设，加强市镇内涝整治。 | 126.制定《东莞市2014年南粤水更清行动计划工作方案》《东莞市2014年石马河流域污染整治工作方案》《东莞市2014年茅洲河污染综合整治工作方案》。将石马河、茅洲河、沙河、马嘶河、潼湖等跨市河流污染纳入三市党政联席会议和环保合作联席会议，协调深圳、惠州开展共同整治。 | 环保局 | 实施《东莞市2014年南粤水更清行动计划工作方案》《东莞市2014年石马河污染综合整治工作方案》《东莞市2014年茅洲河污染综合整治工作方案》，全面组织开展水污染整治。加强与深圳、惠州协调，东莞市提出牛湖水、水贝河和鹅公岭跨界河流的污染治理议题，经2014年度深莞惠党政联席会议讨论。 | 完成 |
| | 127.实施《东莞市清洁空气行动计划——第二阶段（2013—2015年）空气质量持续改善实施方案》，督促落实清洁空气行动计划火电厂、锅炉、VOCS（挥发性有机污染物）排放企业、机动车、船舶非移动源、扬尘等大气污染防治任务。 | 环保局 | 完成全市328台重点锅炉整治台账建设；建立全市餐饮业油烟污染治理单位名录，完成603家餐饮业企业油烟污染治理；建立覆盖399家家具及制鞋企业的整治名录，出台（挥发性有机污染物）排放治理技术指引；对1224多个扬尘污染源开展现场检查。 | 完成 |
| | 128. 完成陈屋边水闸除险加固工程前期工作，争取年内开工建设。 | 水务局 | 省水利厅将工程于11月报送省发改委进行立项审批；惠州市水务局复函按分摊比例落实2014年和2015年专项建设资金。供电迁改事项由东莞供电局制定技改项目上报省供电公司审批。 | 基本完成 |
| | 129.按照“分级管理、属地负责”的原则，督促指导镇街完成或启动6宗市镇内涝整治工程建设。 | 水务局 | 莞城街道市桥河排涝泵站改造工程、南城街道雅园立交泵站改造工程、省道S120麻涌大盛路段内涝整治工程完工；S256厚街陈屋路段的内涝整治工程基本完成；东城街道莞龙路下桥段排水分流改造工程启动前期工作，可行性研究报告经发改局评审；县道X244洪梅镇富山工业区路段的内涝整治工程，因纳入洪梅镇望沙路升级改造工程一并实施，道路升级改造工程设计方案未通过市政府审批，该工程比原计划有所滞后。 | 基本完成 |
| | 130.挂影洲围中心涌综合整治完成工程投资1.65亿元。 | 城建局<br>水务局 | 完成投资1.67亿元，水利一标完成工程量的59%，水利二标完成工程量的34%。 | 完成 |
| （七十八）试行河长制。有河流污染的镇街至少完成一条内河涌整治，力争实现不黑不臭。 | 131. 先行先试实施“河长制”，有河流污染的镇街完成一条内河涌整治，基本消除黑臭现象。 | 环保局<br>水务局 | 印发实施《东莞市2014年南粤水更清行动计划工作方案》《东莞市2014年石马河污染综合整治工作方案》《东莞市2014年茅洲河污染综合整治工作方案》，全面组织开展水污染整治。全市有18个镇街（园区）完成一条以上内河涌整治任务。 | 未完成[①] |
| （七十九）完善截污支次管网，提升污水处理厂运营效果。 | 132.督促各镇街完成排水专项规划编制，重点推进石马河流域、水乡地区截污次支管网建设。 | 水务局 | 各镇街（园区）排水专项规划进展：大部分镇街（园区）完成评审，少数镇拟开展评审。石马河地区截污次支管进展：凤岗镇完成初步设计，环境影响评价、水土保持报告获批，可行性研究正组织评审；樟木头镇进行勘察、设计和招投标；塘厦镇项目可行性研究通过专家评审，完成勘察并进入施工图初步设计；清溪镇通过公开招投标确定勘察单位和施工图设计单位；常平镇完成可行性研究，环境影响评价通过审批，勘察单位入场；桥头镇完成项目立项及初步设计，进行施工图设计；谢岗镇完成初步设计，环境影响评价、水土保持通过审批，报送可行性研究报告。水乡地区截污次支管网进展：中堂镇排水规划通过专家评审；麻涌镇可行性研究通过专家评审；道滘镇完成可行性研究并报发改局审批，环境影响评价、水土保持报告在编制。高埗镇取得排水专项规划批文；洪梅镇开展可行性研究、环境影响评价、水土保持报告编制；沙田镇开展初步设计；万江街道开展可行性研究；望牛墩镇在审批排水规划；石碣镇在编制可行性研究、环境影响评价、水土保持报告。 | 基本完成 |

注：①因个别镇街工程量较大，且受资金投入不足、征地难度大等问题影响，导致部分河涌整治未完成。

续表

| 总体要求 | 年度目标及工作内容 | 责任单位 | 完成情况 | 进度 |
|---|---|---|---|---|
| （八十）加强东江水源保护，提升供水水质。用好全国节能减排财政政策综合示范市专项资金，推进“绿色水乡”等九大示范工程。 | 133.完成一期工程（拆除原石马河橡胶坝、新建石马河河口拦污节制闸、扩建调污箱涵和重建潼湖建塘反虹涵）前期立项；启动一期工程初步设计及施工图。 | 水务局 | 一期工程可行性研究报告（报批稿）上报省水利厅审查；水土保持方案报告书获省水利部门批复；环境影响评价报告完成评审；组织开展用地预审；完成可行性研究咨询单位的招标采购。 | 基本完成 |
| | 134.用好中央节能减排财政政策综合示范市专项资金，重点支持淘汰落后产能、清洁空气行动、截污管网建设、综合垃圾整治和节能改造工程建设。 | 财政局 | 出台《东莞市国家节能减排财政政策综合示范城市建设总体工作方案》《东莞市进一步加大节能工作力度确保完成节能减排综合示范目标的“1+8”工作方案》《东莞市节能减排财政政策综合示范城市主要污染物减量化实施项目分工方案》及相关配套方案，推动节能减排。 | 完成 |
| （八十一）加快淘汰黄标车，扩大环保限行区域。划定高污染燃料禁燃区。 | 135.加快淘汰黄标车，全年淘汰1.5万辆黄标车，扩大环保限行区域到环城路。划定高污染燃料禁燃区，完成对禁燃区内建成使用高污染燃料的各类设施依法拆除或改用清洁能源。 | 环保局 | 淘汰7.3万辆黄标车，超额完成任务；环城路于11月1日起实施限行；发布《关于划定禁止燃用高污染燃料区域的通告》，全面划定高污染燃料禁燃区域，约占全市国土面积50%，制定出台禁燃区内锅炉淘汰改造财政补助政策，完成禁燃区内锅炉治理208台，基本完成整治任务。 | 完成 |
| （八十二）推动产业配套所需的重点污染企业进驻环保专业基地，依法关停不符合环保要求的企业。 | 136.依法关停不符合原地保留条件且不主动搬入基地的重点污染企业，争取实现基地内重点污染企业数量占全市重点污染企业总数的比例达20%以上。 | 环保局 | 印发实施《东莞市重点污染企业搬迁入园补助办法》。经整治，关闭不符合原地保留条件的重点污染企业212家；全市基地内重点污染企业数量占全市重点污染企业总数的比例达22.1%。 | 完成 |
| （八十三）保持严打高压态势，重点打击“两抢一盗”、电信诈骗、“黄赌毒”、传销等违法犯罪活动。 | 137.打击涉众型犯罪，实现电信诈骗案件发案数比上年下降3%。 | 公安局 | 电信诈骗案件发案4692宗，比上年下降18.8%。 | 完成 |
| | 138.实现2014年缉毒破案数比2010—2012年三年平均数上升10%。 | | 缉毒破案1420宗，比2010—2012年平均数870宗上升83%。 | 完成 |
| | 139.继续加大对涉黄涉赌活动打击力度，彻底铲除网络招嫖现象。 | | 查处涉赌案件4215宗，处理人员1.82万人；查处涉黄案件1480宗，处理人员4266人。 | 完成 |
| | 140.健全完善打击传销工作机制，保持打击传销违法犯罪活动高压态势，开展基层防控，加强打击传销宣传教育，防止因传销引发恶性事件、群体性事件，维护社会稳定。 | 打击传销办 | 制定《东莞市2014年打击整治传销集中行动方案》；以刑事打击为主，在全市范围内开展集中整治行动。创建打击传销示范社区74个，创建无传销镇街试点3个。 | 完成 |
| （八十四）加快公安新情报指挥中心平台建设。 | 141.实现情报指挥中心项目建设，先期建设情报指挥中心环境配套升级改造、机房环境建设以及违法犯罪举报系统等3个子项目。 | 公安局 | 完成指挥及情报信息应用系统项目建议书的评审及项目投资估算审核，市政府批准立项。系统配套环境项目的可行性研究报告送市发改局审核。 | 未完成① |
| （八十五）落实安全生产“一岗双责”，强化重大隐患排查整改，深化消防安全网格化管理，全面推进消防行政审批与技术审查分离。 | 142.全市生产安全事故起数、死亡人数、受伤人数、直接经济损失4项指标保持平稳态势，全年不突破省下达的控制指标。 | 安监局 | 发生各类事故3769宗，死亡466人，受伤4186人，经济损失714.78万元，比上年分别下降4.46%、4.90%、6.25%和15.66%。全市安全生产形势总体平稳，伤亡人数稳中有降，各项指标均在省下达控制指标范围内。 | 完成 |
| | 143.全市各镇街消防安全网格化管理建设全部达标；推行建设工程消防设计单位信用管理体系及消防设计质量终身负责制，完善不良行为公告制度。 | 公安消防局 | 全市消防安全网格化管理建设全部达标。建立消防质量终身负责制度，推行消防安全不良行为公布制度，试点工作在市、镇街两级全面推开。 | 完成 |
| （八十六）加快城市综合应急平台建设，强化突发事件联动处置。 | 144.实现城市综合应急平台运行。 | 应急办 | 城市综合应急平台于11月运行。 | 完成 |

注：①根据新形势需要，对指挥及情报信息应用系统的功能需求和配套场地作多次调整，导致项目前期工作耗时较长，未能实现动工。

续表

| 总体要求 | 年度目标及工作内容 | 责任单位 | 完成情况 | 进度 |
|---|---|---|---|---|
| （八十七）健全社区矫正工作机制。集中解决积案信访和突出问题，加强欠薪逃匿预警监控，确保社会和谐稳定。 | 145.建立健全镇街政府社区矫正领导机构，落实执法人员和专项经费保障，完善社区矫正衔接机制，加强社区矫正信息化建设，防止脱管、漏管和重新违法犯罪。 | 司法局 | 制定《关于进一步做好东莞市青少年社区矫正教育帮扶工作的实施方案》，指导基层开展预防青少年社区服刑人员重新违法犯罪。完成社区矫正电子档案建设；开展对基层司法分局开展社区矫正的督导检查，重点对暂予监外执行罪犯进行病情核查和评估。 | 完成 |
| | 146.巩固信访积案化解成效，及时就地化解信访突出问题，加大网上信访的交办督办力度，健全网上信访工作机制。 | 信访局 | 全部办结省交办信访积案，办结东莞市自行排查9宗积案的8宗。全面实行线上受理交办及线下跟踪督办的联动工作机制，加强网上信访宣传。办理网上信访1.32万件次，比上年增长13.27%，总办结率100%。 | 完成 |
| | 147.运行劳动关系风险预警系统，加强对重点欠薪企业动态监控，积极预防和依法及时化解纠纷隐患。联合下发涉嫌拒不支付劳动报酬犯罪案件移送工作指引；打击企业欠薪违法行为，妥善处置欠薪逃匿引发的群体性事件。 | 人力资源局 | 建立预警信息情况通报制度，向公安部门移送108宗涉嫌拒不支付劳动报酬犯罪案件。召开欠薪企业主会议143场，责令231家企业补发员工工资8783.54万元。 | 完成 |
| （八十八）探索垃圾处理利益平衡机制，加快环保热电厂选址、新建和技术改造，建设花园式、公园式、让市民放心的现代垃圾处理厂。 | 148.制定生活垃圾处理生态补偿金征收和使用办法，启动异地生活垃圾处理生态补偿金征收，加强对生活垃圾处理厂周边的环境整治及周边市民关系协调处理。筹备建设清溪环保热电厂；完成横沥环保热电厂一期技改工程，技改后规模达到1800吨/日。 | 城管局 | 印发实施《东莞市生活垃圾终端处理设施区域生态补偿实施方案》。清溪环保热电厂编制完成项目环境影响评价报告书送审稿，樟木头镇提出备选选址方案报市政府审定。横沥环保热电厂一期技改工程完成项目环境影响评价、立项、桩基工程、初步设计方案专家审查会等，进行施工图设计审查以及设备系统基础结构土建。 | 基本完成 |
| （八十九）加大存量垃圾治理力度，探索将垃圾填埋场改造为休闲绿化公园。推进垃圾分类及收运处置。 | 149. 制定存量垃圾集中治理方案，落实存量垃圾集中治理选址工作，推进存量垃圾集中治理场地建设，启动存量垃圾迁移整治工程。推进垃圾分类试点，逐步建立垃圾分类收运体系，做好试点区域有害垃圾的单独收运处置，筹备开展餐厨垃圾处理厂的建设。 | 城管局 | 存量垃圾治理：向市政府报送《关于明确水乡经济区存量垃圾治理及生态市政公园建设项目选址的请示》。梳理水乡经济区41个填埋场整治，查找更优的备选场址。<br>垃圾分类：指导原有42个试点小区做好垃圾分类；指导市区4个街道各选择一个有条件的村（社区）作为生活垃圾分类试点示范区，逐步建立生活垃圾分类收运、处置体系。申报成为全国第四批餐厨废弃物资源化利用和无害化处理试点城市。 | 完成 |
| （九十）加强气象灾害预警。 | 150.争取提前40分钟发出暴雨预警信息、提前20分钟发出雷雨大风预警信息。扩大气象信息覆盖面，建立东莞气象专用广播系统，建立气象预警信息网络共享平台，增加9个安全气象社区，适时组织运营商实施全网短信发布预警。东莞气象天文科普馆建成开放。 | 气象局 | 建成气象预警信息网络共享平台；新增的10个安全社区完成创建；东莞气象天文科普馆3月起免费向社会公众开放。 | 完成 |
| （九十一）推进通讯基站的规划建设及景观化改造。加快"智慧城市""数字城管"建设。 | 151.贯彻落实《广东省物联网发展规划（2013—2020）》《东莞市发展物联网建设智慧东莞规划（2013—2015）》，应用物联网、云计算、大数据技术提升社会治理能力。以松山湖、虎门港2个园区作为通信基站规划建设及景观化改造试点，取得经验后再向全市推广。 | 经信局 | 松山湖管委会率先完成通信基站规划，虎门港通过合并3家运营商的选址，大幅压缩计划建设基站数量。支持中国移动分公司在东莞市中心广场和15条主干道上建设184个通信基站。 | 完成 |
| | 152.争取项目立项报市政府批准实施，力争完成市级平台和4个街道及松山湖子系统的建设，探索城市管理新模式。 | 城管局 | 完成数字城管系统市级平台项目招投标，组织系统软、硬件建设实施。 | 基本完成 |

续表

| 总体要求 | 年度目标及工作内容 | 责任单位 | 完成情况 | 进度 |
| --- | --- | --- | --- | --- |
| （九十二）积极治理交通拥堵，完成市主干公路交通堵塞点改造工程。 | 153.完成交通堵塞点改造项目。 | 公路局 | 由市公路局负责的9个施工点全部通车；樟木头荔苑大道下穿隧道主体完工通车；寮步香市路口后期变更增加的跨线桥连接东部快速路匝道桥工程完成65%。 | 基本完成 |
| （九十三）开展城市“六乱”和无证医疗机构、生活噪音等专项整治。 | 154.通过整治城市“六乱”，达到城市“六乱”明显减少、市容环境明显改善、市民文明意识明显增强；加大整治无证医疗机构力度，查处无证医疗机构，促进医疗机构持证执业；加大巡查，减少生活噪音对市民影响。 | 城管局 | 查处城市“六乱”及违章广告2303宗，查处生活噪音及建筑噪音45宗，查处非法行医90宗。联合执法9872次，出动执法人员26.42万人次。 | 完成 |
| （九十四）坚决遏制新增违法建筑，逐步消化存量违法建筑。 | 155.依法依规对存量违法建筑分类处理，逐步消化；通过集中清理，确保在建违法建筑得到及时控制；遏制各类违法建设行为。 | 城管局 | 严控新增在建违法建筑；制定《在建违法建筑快速拆除工作指引》，拆除违法建筑532宗，拆除面积43.78万平方米。 | 完成 |
| （九十五）加强农产品检测和食品药品监管，加大假冒伪劣产品查处力度，确保群众吃得放心、用得安心。 | 156.以农产品种养屠宰环节为重点，加大农产品检测力度；每月开展农产品质量安全日常检测，定期发布农产品质量安全检测监管信息。 | 农业局 | 累计检测种养及屠宰环节蔬菜、生猪及其肉品样本70万份，其中抽检生产环节蔬菜样本19.97万份，农药残留检测合格率99.38%，抽检生猪及其肉品样本50.03万份，瘦肉精残留检测合格率99.99%。全市农产品质量安全总体状况良好。 | 完成 |
| | 157.强化食品药品市场整治、日常监管和监督抽验力度；建立健全食品药品安全责任、市场监管、诚信体系；保障人民群众饮食用药安全。 | 食药监局 | 查处案件767宗，移送公安机关19宗。全市未发生一起重大食品药品安全事故，一般性食物中毒数较往年同期大幅下降，体现药品总体质量水平的评价性抽验合格率达99.14%。 | 完成 |
| （九十六）争创全国文明城市“三连冠”。 | 158.全力以赴迎接全国文明城市复评，深化道德领域专项教育治理，推进“城市暖流”“我们的节日”等品牌活动，提升市民文明素养和城市文明程度，确保实现全国文明城市“三连冠”。 | 文明办 | 出台《关于培育和践行社会主义核心价值观的行动方案》等文件。核心价值观建设、志愿服务“全覆盖”等10多项经验做法得到中宣部、中央文明办和省委宣传部、省文明办肯定推广，白马社区实施“五善”工程、“金牌牛经纪”、横沥“小城大爱”等多项工作得到中央、省主要媒体报道推广。市文明委向省文明办提请继续保留“全国文明城市”称号。 | 完成 |
| （九十七）进一步提高公共文化服务水平，支持重大文化项目建设，扶持文艺精品创作。 | 159.完成海战博物馆基本陈列改造的前期筹备，基本陈列改造工程拟采用设计与制作捆绑式招标，确定中标单位并开展深化设计；初步完成虎门炮台旧址第二期第一阶段修缮工程。 | 文广新局 | 海战馆陈列展览升级改造工程立项申请经市政府审议通过，明确项目建设内容及规模、项目投资规模及资金来源、项目招标方式等。虎门炮台旧址第二期第一阶段修缮工程确定最高限价。 | 基本完成 |
| | 160.组织好莞产音乐剧等文艺精品的全国巡演和推介；组织实施东莞市重大历史题材美术创作工程；组织举办中国·东莞音乐剧节。 | 名城建设办<br>文广新局 | 音乐剧《妈妈再爱我一次》获中宣部“五个一工程”奖、省艺术节优秀剧目一等奖，音乐剧《钢的琴》获广东省“五个一工程”奖，儿童剧《小鬼当家》获省艺术节优秀剧目奖。组织音乐剧作品巡演，完成全国巡演220场次。召开东莞市重大历史题材美术创作工程工作协调会，确定10个创作题材，完成前期创作协议签约。第四届中国·东莞音乐剧节于12月6日开幕，音乐剧《聂小倩与宁采臣》在第四届中国东莞音乐剧节作为开幕剧目并首演推出，儿童杂技音乐剧《蔬菜总动员》在望牛墩影剧院上演。 | 完成 |
| | 161.围绕“建设现代公共文化服务体系”的目标，完善公共文化服务机制、夯实公共文化服务阵地、创新公共文化服务方式，全面提升公共文化服务体系的效能。 | 文广新局 | 出台实施文件；基本完成东莞市民艺术中心建设；“百场培训”开展培训206场，“千场演出”完成1000场。 | 完成 |

续表

| 总体要求 | 年度目标及工作内容 | 责任单位 | 完成情况 | 进度 |
|---|---|---|---|---|
| （九十八）整合提升虎门销烟遗址、南社和塘尾古村落等旅游资源，推动东莞从旅游客源地向目的地转变，让世界各地不仅认可东莞的经济发展，也被东莞的文化历史所吸引。 | 162.协助指导虎门销烟遗址、海战博物馆完善周边旅游设施。指导南社古村落创建国家4A级旅游景区，塘尾古村落创建国家3A级旅游景区，通过创建，完善景区的旅游基础设施配套。 | 旅游局 | 完成林则徐销烟池景区及其周边环境整治提升工程的项目前期调研，《林则徐销烟池景区周边环境修建性详细规划》初稿基本完成。指导南社、塘尾明清古建筑群联合创建国家4A级景区，完善停车场、游客中心、标识系统等设施，指导编制创建申报材料。 | 完成 |
| （九十九）健全民办学校教师待遇政策。 | 163.出台《东莞市民办中小学校教师管理办法》。 | 教育局 | 市政府同意设立“东莞市民办教育专项资金”，市财政每年安排1.25亿元用于扶持民办教育发展，其中7146.12万元作为民办教师从教津贴。《东莞市民办学校教师管理办法（草稿）》征求各镇街意见。 | 基本完成 |
| （一百）异地扩建启智学校，筹办康复实验学校。 | 164.异地扩建启智学校，并做好启智学校异地扩建后的招生计划和招生方案及相关准备。 | 教育局<br>城建局 | 启智学校基建部分前期工作基本完成，准备动工建设。招生部分完善异地扩建计划和招生方案及分流措施，完成年度扩招，新增在校生42人。 | 基本完成 |
| | 165.完成学校教职工队伍组建、学校设施设备采购安装，完成招生200—300人任务。 | 残　联 | 完成2014—2015学年教职工队伍组建、学校设施设备采购安装；学校秋季开学招收各类残疾学生224人。 | 完成 |
| （一百零一）强化未成年人心理健康教育。 | 166.遵循学生身心发展规律和教育规律，加强中小学校心理健康教育，提高学生的心理素质，促进青少年学生健康成长。 | 教育局 | 组织开展东莞市中小学心理健康教育示范学校评估，邀请专家组织专业教师团辅专业技术培训，组织参加省心理健康教育ABC证培训，开展心理健康教育分片交流活动和送课到校活动。 | 完成 |
| （一百零二）完善体育设施。积极筹办苏迪曼杯。办好第八届市运会。 | 167.开展第六次全国体育场地普查；依托新网球中心开展系列赛事活动；推动篮球城市品牌建设；积极筹办苏迪曼杯羽毛球赛；举办第八届市运会。 | 体育局 | 完成第六次全国体育场地普查，系统掌握全市体育场地数据；网球中心开展各类网球赛事8项；苏迪曼杯赛事各项筹备工作紧张有序进行；第八届市运会结束，参加人数和规模均创历史新高。 | 完成 |
| （一百零三）推进市人民医院分院、儿童医院、中心血站等建设。 | 168.完成市人民医院分院的项目建议书、可行性研究报告、建设方案设计、施工图设计审查、工程财审、工程招投标等工作。 | 卫生计生局<br>城建局 | 完成项目建议书审批；完成可行性研究报告第四稿；环境影响评价报告编制中，由于水源保护地调整省尚未批复，无法开展评审。 | 基本完成 |
| | 169.开展市中心血站搬迁选址论证，确定迁建方案，开展搬迁前期工作。 | 卫生计生局 | 《东莞市中心血站工程项目建议书》上报市政府审批。 | 完成 |
| | 170.完成市儿童医院建设项目各项前期审批手续，动工建设。 | 卫生计生局<br>石龙镇 | 项目于11月17日举行开工仪式，动工建设。 | 完成 |
| （一百零四）织牢社会保障的安全网，完善社保体系。完善社区卫生服务体系，开展家庭医生式服务试点，让老百姓看病更加方便和便宜。 | 171.进一步加强社区卫生服务能力建设；做好新修订的《广东省失业保险条例》贯彻实施。 | 社保局 | 出台《关于东莞市社会基本医疗保险社区门诊就医管理政策调整有关问题的通知》，从8月1日起对东莞市社区门诊就医管理政策作出调整。 | 完成 |
| | 172.加强社区卫生服务体系建设，巩固和完善基层医疗卫生机构运行新机制。选取2个社区卫生服务中心开展家庭医生式服务试点工作，筑牢基层医疗卫生服务网底。 | 卫生计生局 | 全市建成使用的社区卫生服务机构有397个，新增社区卫生服务站点9个。印发《东莞市城乡家庭医生式服务工作实施方案》，在寮步、大岭山、洪梅、樟木头、桥头等镇街开展家庭医生式服务试点，全市签约群众2.82万人。 | 完成 |
| （一百零五）完善市镇主导开发、三级利益共享的统筹发展模式，探索镇村以土地、资金等入股基建、园区开发和“三旧”改造。完成村（居）委会和集体经济组织换届选举。 | 173.探索镇村以土地、资金等入股基建、园区开发和“三旧”改造。 | 政策研究室<br>东实公司<br>路桥总<br>“三旧”改造办 | 起草《集体经济组织实施“三旧”改造操作办法》。通过鼎信信托计划引导镇村资金投放到优质基建项目中获得固定回报，有70个镇村将资金投放到从莞高速公路项目中，累计投放4.83亿元。 | 完成 |
| | 174.完成第六届村（居）委会换届选举。 | 民政局 | 第六届村（居）委会换届选举于1月底完成。 | 完成 |
| | 175.完成农村（社区）集体经济组织换届选举及其后续衔接、培训，完善农村（社区）集体经济组织的法人治理结构。 | 农业局 | 指导全市550个经联社按时完成股东代表会议、理事会、监事会人员换届选举，组织开展理事会和监事会成员业务培训班，培训1.01万人次；开展集体经济组织证明书中理事长等信息的变更登记办理。 | 完成 |

续表

| 总体要求 | 年度目标及工作内容 | 责任单位 | 完成情况 | 进度 |
|---|---|---|---|---|
| （一百零六）加强对口帮扶韶关工作，共同成立东韶实业公司，加快“一园一城七组团”开发建设。 | 176.韶关市产业园增加值、固定资产投资等经济指标有较大幅度增长。莞韶园实现工业增加值34.4亿元、固定资产投资达45亿元。完成莞韶园体制改革，赋予莞韶园市级经济管理权限。芙蓉新区力争新完成建设投资79亿元以上，开工项目13个以上，新引进项目3个以上；莞韶城（一期）实现动工建设；东城—新丰等7个组团共建园区，带动当地经济指标有较大幅度增长。 | 产业合作办 | 韶关市产业园增加值、固定资产投资等经济指标有较大幅度增长，莞韶园实现工业增加值48亿元，固定资产投资达58亿元。芙蓉新区新完成建设投资84亿元以上，开工项目59个以上，新引进项目48个以上。莞韶城（一期）实现动工建设。东城—新丰等7个组团共建园区，带动当地经济指标有较大幅度增长。 | 完成 |
| （一百零七）继续做好省内“双到”扶贫以及对口支援新疆兵团第三师、西藏林芝、广西河池等工作。 | 177.省内“双到”（规划到户、责任到人）扶贫：开展帮扶，其中有劳动能力贫困户人均纯收入达到5220元以上。划拨重点帮扶县（市）及重点帮扶村的专项帮扶资金；完成住房改造、贫困户子女入学、社会养老保险和医疗保险参保、村安全饮水、村道建设、农业技能培训、农民专业合作社建设等工作；建立稳定脱贫长效机制。<br>对口帮扶广西河池：按要求落实省下达的对口支援任务，协调11个镇街与河池市11个县（区）结对帮扶工作。<br>对口支援重庆巫山：按要求落实省下达的对口支援任务。 | 经协办 | 省内“双到”扶贫：东莞市统筹落实帮扶资金6.59亿元，实施到村帮扶项目2665个，到户帮扶项目6.89万个，完成低收入住房困难户住房改造1525户，建立农业专业合作组织136个。<br>对口帮扶广西河池：落实对口帮扶广西河池市资金1180万元，其中市财政资金1030万元，开展结对帮扶的镇街及有关单位150万元；推进劳务合作，促进广西地区劳动力培训与就业。<br>对口支援重庆巫山：落实援助巫山县200万元。 | 完成 |
| （一百零七）继续做好省内“双到”扶贫以及对口支援新疆兵团第三师、西藏林芝、广西河池等工作。 | 178.援疆工作：以民生援疆为龙头，以产业援疆、智力援疆为两翼，高效完成对口援疆任务，争当对口支援兵团系统工作排头兵。<br>援藏工作：以民生援建为抓手，以鲁朗国际旅游小镇建设为重点，以产业合作、智力支援为依托，高效完成对口援藏任务。 | 援建办 | 援疆：27个援建项目投入资金5.04亿元，完成率达100%；参加喀交会、加博会等10场展会，主动拜访200多家企业，协助第三师引进产业项目100个，金额达38.17亿元。<br>援藏：14个援建项目投入援藏资金6461万元，完成率达100%，鲁朗国际旅游小镇建设进展顺利；促成林芝藏域农业旅游观光园示范区项目落户林芝县；组织7名林芝县教师、医生到东莞跟岗学习；动员社会力量捐赠165万元支援林芝县建设。 | 完成 |
| （一百零八）严格落实八项规定等要求，深入改进作风，严禁新建楼堂馆所，进一步清理规范庆典、论坛等活动，公开和压减“三公”经费。 | 179.对单纯的办公用房一律停止审批；对原有国家建设标准的技术业务用房项目，严格按照省文件要求履行审批手续。 | 发改局 | 按照中央、省的要求，全面停止新建党政机关楼堂馆所。 | 完成 |
|  | 180.严格控制预算单位一般性支出，取消预算单位机动经费和公职人员轮训经费，单位一般性支出统一压减5%。严格控制调整追加预算，特别严格控制单位楼堂馆所、庆典、论坛等项目经费。加大预决算和“三公”经费的公开力度，扩大公开范围，进一步加强收支管理。 | 财政局 | 编制财政预算时，严格控制预算单位支出，单位一般性支出统一压减5%，严格控制单位楼堂馆所、庆典、论坛等项目经费，财政预算经市人大通过，公开部门预算和“三公”预算，公开范围从原来的64个市直部门扩大至全市行政事业单位。 | 完成 |

续表

| 总体要求 | 年度目标及工作内容 | 责任单位 | 完成情况 | 进度 |
|---|---|---|---|---|
| （一百零九）加强廉政建设，严格落实廉政责任制和廉洁从政各项规定，深入开展“红包”礼金、公款吃喝突出问题专项治理，严肃查办违纪违法案件。 | 181.严格执行廉政责任制，增强各级领导干部责任意识；加强对《廉政准则》执行情况监督，提高领导干部廉洁自律意识；做好中央“八项规定”和省、市实施文件的监督落实工作，坚决制止各种铺张浪费行为。把深入查处大要案和快查快结一般性违纪案件有机结合起来，提高办案效率。 | 监察局 | 加大党风廉政建设责任追究力度，对违反党风廉政建设责任制的领导干部32人立案查处。对市级考核检查项目再清理，从原来的22项减为7项。深入治理公款“大吃大喝”行为，严肃查处违反中央“八项规定”案件12宗，并对有关案件进行通报。成立全市查办腐败案件指挥协调中心，出台《东莞市纪检机关查办腐败案件指挥协调中心规则（试行）》，强化查办案件的指挥协调、人才保障和信息技术支持。 | 完成 |
| （一百一十）探索搭建统一投诉平台。 | 182.建成集业务咨询、消费维权申诉、经济违法举报、行政效能投诉于一体的“12345”政府服务平台。投诉平台是其中一项重要功能，建成后可实现统一受理、按职分办、限时办结、统一督办、统一考核，提高行政监管效能。 | 行政服务办 | 印发《东莞市“12345”政府服务热线建设实施方案》，全面启动东莞市“12345”政府服务平台建设。“12345”热线上线运行。首批整合35个部门，设80个坐席，实行7×24小时人工服务。 | 完成 |
| （一百一十一）通过购买第三方服务开展工作作风和工作绩效明查暗访。深入开展民主评议政风行风。 | 183.进一步加大暗访力度，对作风不良、群众反映较大、影响发展环境的反面典型和案件，坚决予以公开曝光并严肃处理；拟制作2部暗访专题片，并加强督办暗访中发现存在问题，确保处理和整改落到实处。深入开展民主评议政风行风工作。 | 监察局 | 制作完成作风建设暗访专题片（之七），暗访专题片（之八）初步完成剪辑制作。结合暗访片中反映问题，督促相关单位和镇街落实整改，严肃追究有关责任人的责任。每月通过手机短信对测评单位窗口业务进行满意度测评并通报情况。 | 完成 |
| （一百一十二）增强预算完整性和约束力，建立健全政府支出绩效评估考核体系，选取若干村集体试点实施预算制度，强化审计监管，严格监督公共资金依法有效使用。 | 184.实施预算绩效全过程管理，加强政府支出绩效评估考核。下达绩效目标、实施绩效自评、开展重点绩效评价、推进预算绩效评审试点；加强对村（社区）基本公共服务补助资金的管理和绩效评价，适时制定对村（社区）的收支考评方案，指导村（社区）编制年度预算、加强财政收支管理，提高资金使用绩效。 | 财政局 | 切块安排村（社区）基本公共服务补助资金14.6亿元，全部拨付到各镇街。对村（社区）基本公共服输务补助资金的绩效评价，提出的工作意见为规范资金管理提供参考。 | 完成 |
|  | 185.每个镇街选取2个以上的试点村全面实施预算制度，出台全市村级预算管理意见。 | 农业局 | 全市32个镇街共146个试点村完成预算试点。2015年全面推行村级预算制度的指导性文件报市政府，待审定后印发执行。 | 完成 |
| （一百一十三）坚持量入为出、量力而为、精打细算，杜绝盲目举债搞“政绩工程”，严控新增或续借政府性债务。 | 186.出台市本级政府性债务管理办法，探索科学的政府性债务分类管理制度，建立科学合理的债务风险指标体系，严格债务计划审批，促进新增债务以必要和有效为原则，消化历史债务以可靠和稳妥为原则。 | 财政局 | 根据《国务院关于加强地方政府性债务管理的意见》，基本完成对市镇两级债务的甄别清理，相关数据上报省财政厅；根据中央、省有关地方政府性债务管理的最新规定，重新修改完善东莞市政府性债务管理意见。 | 未完成① |
| （一百一十四）合理厘清公共基础设施项目投资的市、镇分摊责任。 | 187.严格执行《东莞市公共基础设施项目投资市镇分担暂行办法》，在项目建议书阶段明确项目投资市镇分担比例，严格控制投资规模。 | 财政局 | 对凤岗镇金龙路、X232线环常东路段工程以及X246茶山中学路段等6座桥梁整治工程、寮步镇兴凫路、石龙红海大桥南北引道工程、市中心定点屠宰场合肉类制品加工基地周边路网建设、大岭山镇杨屋村与深圳罗田交界道路、污水处理厂再生水利用示范项目、万江市储备地分摊周边道路费用、X233线沙湖中桥抢险工程、大岭山镇大塘村排渠截污管道工程等项目投资分担问题提出具体意见。 | 完成 |

注：①因国家和省对地方债务管理提出新思路，管理措施调整较大，故东莞市政府性债务管理意见要重新修改。

续表

| 总体要求 | 年度目标及工作内容 | 责任单位 | 完成情况 | 进度 |
|---|---|---|---|---|
| （一百一十五）实行镇街债务风险等级分类管理，重点监控类镇街原则上每年在本级税收分成新增部分至少提取1/3建立偿债准备金。 | 188.完善对镇街政府行政性债务的统计口径，将设立偿债准备金作为重点监控类镇街政府性债务计划审核的必要指标。 | 财政局 | 基本完成对市镇两级债务的甄别清理，将根据上级要求，完善偿债准备金的设置方案。国家和省对地方债务管理提出新的思路，管理措施调整较大，内容方面仍然存在不确定性。 | 基本完成 |
| （一百一十六）推动村集体增资减债，严禁过度分红甚至借债分红。凡有银信借款的村，在每年积累或土地转让收益中提留一定比例用于还债。 | 189.实施《关于进一步加强村组增资减债工作的意见》，优化村组债权债务结构，从严控制股东分红和公益福利费增长，减轻负担，力争总资产增长3%，总负债减少3%，纯收入增长6%，收款率达80%以上，非生产性开支得到有效控制，高负债村组数量有所减少或负债率有所下降。 | 农业局 | 出台《关于进一步加强村组增资减债工作的意见》《2014年东莞市村组债权管理工作方案》。全市村组两级总资产增长4.2%，总负债下降8.2%，高负债村组减少19.9%，纯收入增长12.9%，非生产性开支增长0.8%，收不抵支村减少27.5%，应收款减少14.7%，收款率达83.3%。 | 完成 |
| （一百一十七）深化农村集体资产交易和“三资”监管平台建设，全面完成村级交易点建设。加强农村廉政风险防控。 | 190.完善镇街农村集体资产交易和“三资”监管平台运作机制，推动集体资产全面上平台交易，完成村级交易点建设；完善“三资”监管平台功能，加强对集体经济的动态监控。 | 农业局 | 指导镇街全面完成村级交易点建设，建成村级交易点372个；出台《东莞市农村（社区）集体资产交易若干问题的工作指引》。全市成功交易1.12万宗，成交金额157亿元，总体溢价率达8.6%；全市3100个农村集体经济组织全部纳入管理网络系统，直接受市、镇两级监管部门实时监控，建立台账的集体经济合同5.9万份，建立台账的集体资产17.3万宗。 | 完成 |
| | 191.全面推开全市农村廉政风险防控工作，落实各村（居）排查权力风险点、岗位风险点，绘制权力运行流程图，制定对应的防控措施，并长期公开相关资料，接受群众监督。 | 监察局 | 完成对农村（社区）廉政风险防控示范点创建活动的检查验收。印发《关于进一步加强农村（社区）廉政风险防控工作的通知》，明确由各镇街党委统筹镇街的农村（社区）廉政风险防控，全面推开农村（社区）廉政风险防控。做好农村（社区）廉政风险排查、完善防控制度建设、丰富公开载体，推动农村（社区）廉政风险防控工作开展。 | 完成 |
| （一百一十八）完成电子政务云平台二期建设，全面提高网上办理率和网上办事深度，逐步把所有镇街部门平台整合为子平台，把所有资源信息共享到云数据库上。 | 192.增加电子政务云计算平台计算资源、存储资源及配套硬件设备，提升云平台计算能力和扩容平台存储能力；建设电子政务数据库支撑服务平台，实现数据库基础资源共享服务。对政务信息资源共享平台的功能升级，搭建市场监管、行政许可、公共信用信息对外查询平台。 | 电子政务办 | 电子政务云平台二期计算存储资源、政务数据库支撑服务平台投入使用。政务信息资源共享平台的功能升级项目完成；市场监管对外查询平台、行政许可对外查询平台、公共信用信息对外查询平台完成并对外运行。 | 完成 |
| | 193.完善办事大厅功能和栏目建设，提高网上办理率和办事深度，研究确定镇街、园区网上办事开展模式，推进网上办事大厅制度建设，实行网上办事大厅建设工作考核测评。 | 政策研究室 | 制定出台《2014年拓展完善广东省网上办事大厅东莞分厅工作方案》，社会事务服务事项网上办理率达97.56%，各项指标均达到省、市要求。启动企业专属网页U盾认证模块开发，1823家企业激活网页并享受政府的主动服务。完成对33个镇街（园区）完成网上办事大厅建设工作考核测评。选取莞城、东城、万江、南城、长安、大朗、石排为村（居）服务点试点，率先探索村（居）服务点建设模式。 | 完成 |
| （一百一十九）拓展电子审批监察系统，实行网上办事效能监察。 | 194.通过专项效能监察，确保东莞市网上办事大厅建设工作按时、保质、高效完成。 | 监察局 | 推进网上办事大厅效能监察电子监察系统建设，初步完成系统开发建设。按季度对网上办事大厅进驻部门的建设情况测评，发布效能监察综合测评情况的通报，通报3期。 | 完成 |
| | 195.配合建设省网上办事大厅东莞分厅效能监察系统，实现对各部门网上办事效能进行实时监控和自动评测。 | 电子政务办 | 完成东莞市网上办事大厅效能监察系统的栏目及功能建设。将根据省厅效能监察系统的功能扩展，东莞市网厅效能监察系统同步进行更新。 | 完成 |

续表

| 总体要求 | 年度目标及工作内容 | 责任单位 | 完成情况 | 进度 |
|---|---|---|---|---|
| 市政府十件实事完成情况 | | | | |
| （一百二十）整治社会治安。 | 196.建成6000个高清视频监控点；实现视频监控全覆盖，努力打造全市城乡治安视频防控“天网”。 | 公安局 | 完成6935个高清视频监控点建设，实现全市重点场所、路段高清视频监控全覆盖。 | 完成 |
| | 197.打击涉众型犯罪，实现入室盗抢案件、飞车抢夺案件破案数比上年上升5%，公交车上违法犯罪警情数下降5%。 | 公安局 | 全年入室盗抢案件破案5383宗，比上年上升19.3%；飞车抢夺案件破案1958宗，上升63.4%；公交车上警情数3194起，下降8.3%，打掉41个公交犯罪团伙，抓获484人。 | 完成 |
| | 198.建设“平安出租房”，实现底数清、情况明、动态准，出租屋信息采集率达95%，出租屋居住人员信息采集率达95%以上，流动人员居住证办理率达90%以上。 | 公安局 | 累计采集出租屋信息26.96万栋/套，占新莞人服务管理部门登记备案的全市出租屋总数的97.60%；累计采集有效流动人口399.93万人，占全市流动人口总数的96.17%；流动人口持有有效居住证383.26万张，占全市流动人口总数的92.16%。 | 完成 |
| （一百二十一）促进教育发展。 | 199.提高对义务教育阶段民办学校学生财政补助标准，小学生每年每人补助金额从850元提高到1050元，初中生每年每人补助金额从1330元提高到1730元。 | 教育局<br>财政局 | 提高对义务教育阶段民办学校学生财政补助标准，小学生每年每人补助金额从850元提高到1050元，初中生每年每人补助金额从1330元提高到1730元。相关补助经费下拨到各镇街。 | 完成 |
| | 200.提供新莞人子女积分制入学（含企业人才子女入学）学位2.17万个，比上年增长10%。 | 教育局 | 义务教育阶段为新莞人子女提供2.51万个积分学位（含优惠政策），比上年增加2622个，增幅为11.65%。 | 完成 |
| | 201.推进全市公办中职学校专业结构调整，调增4000个公办工科中职学位。 | 教育局 | 东莞市中职学校完成新生注册工作，其中公办中职学校工科专业共录取8935人，完成调增4000个工科中职学位的任务。 | 完成 |
| | 202.开办市外国语学校，招收700—800名学生。 | 城建局<br>教育局 | 市外国语学校于9月1日开学。招生823人，其中小学阶段345人、初中阶段313人、高中阶段165人。 | 完成 |
| （一百二十二）保障市民健康。 | 203.在全市范围推广“食品药品安全进社区”工作，建立全市食品药品安全群防群治监督网络。 | 食药监局 | 全市所有社区完成“食品药品安全进社区”工作，建立协管员队伍601支，累计聘用协管员2239人，开展协管员培训129次；开展巡查1.97万次，配合执法414次，发现涉嫌违法线索1328条，立案72宗；设立宣传栏699个，开展宣传活动986次，发送宣传资料约23万份。 | 完成 |
| | 204.完善农产品生产环节诚信体系建设，将全市蔬菜水果种植户90%以上纳入监控范围，将蔬菜水果生产企业、专业合作组织、生产大户100%纳入监控范围。 | 农业局 | 完成农产品生产环节诚信体系建设相关工作。其中，建立生产单位及农户质量安全诚信档案1.4万个，将生产企业、专业合作组织及生产大户100%纳入监控范围，其他种植户90%以上纳入监控范围。 | 完成 |
| | 205.实施“减盐”行动，推广食用低钠盐，实现居民低钠盐食用率达6%。 | 盐务局 | 推广低钠盐2205 吨，居民小包装食盐3.44万吨，实现居民低钠盐食用率6.4 %。 | 完成 |
| （一百二十三）治理环境污染。 | 206.推行污染物减排计划，建设16个重点治污项目，落实设置高污染燃料禁燃区等措施，持续推进环境监管，实现全市化学需氧量、氨氮、二氧化硫和氮氧化物分别削减2%、2%、5%和13%。 | 环保局 | 完成16个重点治污项目建设；制定实施《关于印发东莞市节能减排财政政策综合示范城市主要污染物减量化项目分工实施方案的通知》；严格执行主要污染物减排企业监管制度，减排企业的监理频次为每月不少于一次；印发实施《东莞市高污染燃料禁燃区内锅炉淘汰或改造项目财政补助实施方案》《东莞市高污染燃料禁燃区专项检查工作方案》，完成年度减排目标。 | 完成 |
| | 207.全市新建不少于3个空气质量监测子站并联网实时发布数据。 | 环保局<br>洪梅镇<br>虎门镇<br>塘厦镇<br>常平镇 | 完成塘厦、虎门、洪梅、常平4个镇街空气质量监测子站建设，实现空气质量数据实时发布。 | 完成 |
| | 208.完成石马河凤岗镇黄洞桥至金凤凰桥段河道整治工程。 | 凤岗镇 | 石马河凤岗镇黄洞桥至金凤凰桥段河道整治工程完工。 | 完成 |

续表

| 总体要求 | 年度目标及工作内容 | 责任单位 | 完成情况 | 进度 |
| --- | --- | --- | --- | --- |
| （一百二十四）增设文化设施。 | 209.建设6条水乡特色村。 | 麻涌镇<br>洪梅镇<br>道滘镇<br>望牛墩镇<br>中堂镇 | 麻涌镇新基村等6条水乡特色村初步建成。 | 完成 |
| | 210.建成市民艺术中心和工人文化宫。 | 城建局 | 建成市民艺术中心和工人文化宫。 | 完成 |
| | 211.建成长安青少年活动中心。 | 长安镇 | 建成长安青少年活动中心。 | 完成 |
| | 212.建成石排图书馆。 | 石排镇 | 建成石排图书馆主体工程。 | 完成 |
| （一百二十五）改善交通出行。 | 213.完成松山湖大道救助站路口交通整治工程。 | 城建局 | 竣工通车。 | 完成 |
| | 214.完成望牛墩横海桥重建工程。 | 路桥总 | 竣工通车。 | 完成 |
| | 215.改善市区部分交通繁忙路段交通秩序。 | 交警支队 | 完成东华医院周边道路、东江大道和四环路景湖花园路口等市区部分繁忙路段的交通秩序优化。 | 完成 |
| （一百二十六）提升生态环境。 | 216.建成麻涌华阳湿地公园、望牛墩水乡公园等水乡经济区内一批公园项目。 | 望牛墩镇<br>道滘镇<br>中堂镇<br>麻涌镇<br>沙田镇<br>洪梅镇 | 完成麻涌华阳湿地公园等一批水乡公园建设。 | 完成 |
| | 217.建成厚街文化公园。 | 厚街镇 | 建成并免费向市民开放。 | 完成 |
| | 218.建成石排石洲湖湖滨休闲公园。 | 石排镇 | 施工队伍全面进场，抢抓工期，预计2015年春节前后可完工。 | 基本完成 |
| （一百二十七）加强医疗服务。 | 219.实现二级管理以上医院100%开展临床路径管理和护理服务、探索建立医疗责任保险或其他形式医疗风险分担机制，打造“平安医院”。 | 卫生计生局<br>公安局 | 全市47家二级管理以上医院完成医院警务室建设，100%开展临床路径管理和优质护理服务。 | 完成 |
| | 220.实施一批艾滋病感染者/病人关怀支持项目。 | 疾病预防控制中心 | 全年326名感染者参与与市疾控中心联合开展的艾滋病患关怀现场活动。举办春节、“三八”妇女节、中秋节等主题关怀活动，为119名感染者送出节日的温暖和祝福。招募10名志愿者开展艾滋病的同伴教育，提供相关业务培训。接受清溪等镇街医院转介的94个情绪严重、不配合检测治疗的病患，提供个性化的服务。 | 完成 |
| | 221.开展普及性应急救护培训，完成培训4万人次。 | 红十字会 | 完成培训4.42万人次。 | 完成 |
| （一百二十八）提高保障水平。 | 222.新增50个村（社区），为1500名符合条件的老人提供居家养老服务，实现全市开展居家养老服务的社区、村总数分别达90%和50%，使全市享受居家养老服务的老人达1.1万人。 | 民政局 | 全市431个村（社区）开展居家养老服务，实原有养老服务需求的社区100%全覆盖，村覆盖率达57.7%，享受居家养老服务的老人达1.10万人。 | 完成 |
| | 223.为4000名符合条件的孤寡老人家庭安装使用“平安铃”，使全市享受“平安铃”服务的老人达6700多人。 | 民政局 | 为4000名符合条件的孤寡老人家庭安装“平安铃”，全市享受居家养老平安铃服务的老年人达6790人。 | 完成 |
| | 224.提高全市参加社会养老保险的退休人员养老保险待遇。 | 社保局 | 完成7.45万名企业退休人员和19万名村社区退休人员的养老保险待遇调整，调整后的企业和村社区退休人员养老保险待遇人均分别增加201.17元和132.7元，月人均基本养老金分别达2290.92元和846.64元。 | 完成 |
| | 225.实行居民管道天然气同城同价和低气价政策，对困难群众实施气价优惠。 | 发改局 | 实施管道天然气同城同价和居民低气价政策，并对困难群众实施气价优惠。 | 完成 |

续表

| 总体要求 | 年度目标及工作内容 | 责任单位 | 完成情况 | 进度 |
|---|---|---|---|---|
| （一百二十九）开展扶贫帮困。 | 226.实现欠发达村组两级集体经营性纯收入比2013年增长8%以上，50%结对帮扶的有正常劳动能力低保户脱贫。 | 农业局 | 81个欠发达村村组两级经营性纯收入约3.43亿元，比上年同期增长35%；有720户贫困家庭收入水平达到脱贫标准，占已结对帮扶的有正常劳动能力低保户总数的79.6%。 | 完成 |
| | 227.推动和帮扶8000名登记失业人员实现就业，其中就业困难人员3000名。 | 人力资源局 | 推动和帮扶9976名登记失业人员实现就业，其中就业困难人员3605名。 | 完成 |
| | 228.实施残疾人居家康复服务，为575名重度残疾人提供居家康复服务。 | 残　联 | 为799名肢体残疾人提供居家康复服务，服务人数达年度工作任务数的139%。 | 完成 |
| 市委、市政府其他重点工作完成情况 | | | | |
| （一百三十）完善开放型经济制度体系。 | 229.推动跨境贸易电子商务试点建设。 | 政策研究室 | 支持市跨境电子商务协会对企业进行发动、培训、辅导。建立东莞公共监管仓，实现核查方式创新。全市有跨境电子商务企业约3500家，涵盖物流、支付、第三方平台、运营服务等重要环节。 | 完成 |
| （一百三十一）深化市场取向改革。 | 230.加快建设网上办事大厅，力争年内50%审批事项实现网上全流程办理，全部镇街开通网上办事站。 | 政策研究室<br>编　办<br>电子政务办<br>各镇街 | 政策研究室：东莞分厅进驻审批事项746项，其中，实现网上全流程办理事项433项，提前实现50%审批事项全流程网上办理目标。34个镇街、园区完成办事站建设。<br>编办：发布《东莞市进驻网上办事大厅服务事项目录（2014年）》，确定93项拟调整的事项。<br>电子政务办：完成业务办理过程查询；优化多证联办辅助系统，更新完善业务办事指南，新增部门统计查询功能；完善网厅事项引用功能配置；完成市民个人网页的基本功能开发；起草完成东莞分厅安全运行管理办法。 | 完成 |
| （一百三十二）推进重大项目建设。 | 231.推进总投资达2330亿元的47个“十二五”重要基础设施项目建设。 | 重大项目办 | “十二五”重要基础设施建设项目，累计完成投资136.7亿元，占年度投资计划86.8%，去除部分项目年度进度安排调整的因素影响，总体基本完成预期年度目标。 | 基本完成 |
| | 232.力争年内引进若干个总投资超百亿元和数十亿元的重大项目。 | 经信局<br>商务局 | 经信局：引进20亿元重大内资项目7家。<br>商务局：落实重大项目招商引资政策，重点跟进宜家、益海嘉里集团系列增资、际华国际目的地中心、中南创发、安博物联网、首铸商业中心项目在谈项目。引进15宗签约且投资总额超亿美元的外资项目。 | 完成 |
| （一百三十三）加快发展现代服务业 | 233.继续办好世界莞商大会。 | 统战部<br>商务局<br>经信局 | 6月25—27日举办2014世界莞商大会，1300多人出席大会，大会开幕当日有13个莞商投资或参与的重大项目奠基或竣工，总投资额近200亿元；广东都市丽人公司在香港联交所上市。 | 完成 |
| （一百三十四）实施创新驱动战略。 | 234.实施重大科技专项，推动科技金融产业“三融合”。大力建设协同创新研究院。 | 科技局<br>金融局<br>松山湖 | 科技局：受理重大科技专项项目申请23项,拟定《2014年市重大科技项目评审工作方案》，拟推荐4个项目提交市政府审定立项。省政府同意东莞市设立金融、科技、产业融合创新综合试验区，出台相关工作方案；推动清华东莞创新中心等平台联合金融机构、企业成立科技创业投资联合会；制定科技、产业与金融信息共享交流平台组建方案。加强与北京航空航天大学、深圳光启高等理工研究院、解放军信息工程大学等相关高校院所的联系洽谈，引进科技创新平台。9月28日，在东莞召开全省新型研发机构建设现场会，东莞市相关经验做法得到省充分肯定。<br>金融局：4月，协助起草《商标专用权质押融资资助暂行办法》。5月，配合市政府向省申报金融科技产业融合创新综合试验区获得同意，牵头制定《建设金融科技产业融合创新综合试验区任务分工表》，于8月印发执行。6月，配合制定《创新财政投入方式促进科技金融产业融合试点工作方案》。12月，举办2014中国（东莞）国际科技合作周科技金融子活动。<br>松山湖：为科技创新载体搭建投融资平台，推动研究院、孵化平台加强与银行、粤科金融集团的合作。 | 基本完成 |

续表

| 总体要求 | 年度目标及工作内容 | 责任单位 | 完成情况 | 进度 |
| --- | --- | --- | --- | --- |
| （一百三十四）实施创新驱动战略。 | 235.实施规上工业企业研发机构及研发投入“全覆盖”计划、专业镇“全覆盖”计划。高标准建设国家知识产权示范城市和质量强市示范市。 | 科技局<br>质监局 | 科技局：制定研发投入统计方案并分解目标任务；组成3个培训小组对企业进行“一对一”培训；开展规模以上工业企业科技活动调查及重点企业督导；落实上年第一批企业（单位）研发经费投入奖励；企业科技活动监测信息平台初步建成。成功推荐东城、麻涌等5镇街申报广东省技术创新专业镇，全市有省级技术创新专业镇共30个。完成规模以上企业自建研发机构390家，规模以上外资企业研发机构认定125家，超额完成年度目标；组织66家企业申报省级研发机构。东莞市发明专利申请量和授权量分别达5436件和1470件。22家企业通过企业知识产权管理标准（省标）评审，省标达标企业数在全省领先。<br>质监局：向国家质检总局报送东莞市质量强市工作情况，配合撰写《中国质量发展报告》东莞市相关部分，完成市政府质量奖评选。 | 基本完成 |
| （一百三十五）提高镇村经济发展水平。 | 236.基本完成组级经济统筹。 | 农业局 | 全市有集体经济的567个村（社区）中，533个基本完成改革；分片召开镇村座谈会，梳理改革后续管理的困难问题和意见建议，协调金融、税务等有关单位研究解决相关问题，编制后续管理指引，征求意见并修改完善后发各镇街。 | 完成 |
| （一百三十六）推进现代文化产业名城建设。 | 237.用好文化产业发展专项资金，推动文化产业园区（基地）建设，健全现代文化市场体系，推动文化与科技、金融、旅游、会展等深度融合。 | 名城建设办<br>文广新局 | 名城建设办：完成2013年文化产业发展专项资金拨付，提出调整、细化专项资金申报办法。发布文化产业发展专项资金申报通知和申报指南。<br>文广新局：拨付2013年文化产业发展专项资金，并做好资金使用监管工作。开展2014年文化产业园区、基地和重点文化企业的认定，促进园区（基地）建设。 | 基本完成 |
| （一百三十七）推进东莞市国家历史文化名城建设。 | 238.完善保护规划，启动历史街区的评定和历史建筑的认定，建立健全文物安全监管机制，深化城市历史文化价值特色研究。 | 文广新局<br>规划局 | 文广新局：东莞市国家历史文化名城申报区域（中心城区）文物保护单位数量为45处，全面完成文物保护单位数量指标任务。规范标注120处文物保护单位保护范围、建设控制地带及459处不可移动文物本体的地理坐标；完成《东莞城市历史文化特色与价值》。<br>规划局：完成《东莞市历史文化名城保护规划》编制，通过专家组审查，规划公众公示基本结束。历史街区、建筑的评定、认定于9月开展，根据规划收集的意见，重新研判历史文化街区范围以及增补第二批历史建筑初步名单。 | 基本完成 |
| （一百三十八）加快文化旅游资源开发利用。 | 239.编制旅游区整体规划。 | 旅游局<br>文广新局 | 旅游局：一季度召开《东莞水乡特色发展经济区旅游发展规划》专家评审会；二季度根据相关意见对规划进行修改完善；三季度准备规划报批相关材料；四季度将规划和相关材料上报市政府审定。开展《东莞旅游城市建设发展规划（2015—2020）》调研、立项、经费申请和规划编制。<br>文广新局：完成《东莞旅游城市建设发展规划（2015—2020年）》初稿，市政府同意立项。 | 基本完成 |
| （一百三十九）推进水乡经济区文化统筹发展。 | 240.出台《东莞水乡特色发展经济区文化发展规划》及其实施意见，推动水乡经济区公共文化服务提档升级，加快水乡创意产业发展。 | 文广新局<br>经信局 | 初步形成《东莞水乡特色发展经济区文化发展规划（送审稿）》。 | 基本完成 |
| （一百四十）强化社会建设顶层设计。 | 241.修订完善《东莞市社会建设规划纲要（2013—2020）》，出台《东莞市关于推进社会建设重点领域和关键环节改革的实施意见》，制定实施《东莞市社会建设综合考核办法》。 | 社工委 | 邀请中山大学课题组制定《东莞市社会建设规划纲要（2013—2020）》（第十六次征求意见稿），征求咨询委员意见。起草《东莞市社会体制改革实施意见》《东莞市社会建设综合考核办法》。 | 基本完成 |

续表

| 总体要求 | 年度目标及工作内容 | 责任单位 | 完成情况 | 进度 |
|---|---|---|---|---|
| （一百四十一）创新公共服务制度体系。 | 242.建立基本公共服务政策跨部门统筹协调机制。完善公共服务主体多元化政策。 | 社工委<br>财政局<br>民政局 | 社工委：完成《关于进一步促进我市基本公共服务指导意见（征求意见稿）》，选定“政府购买社工服务”、“居家养老”2项公共政策和莞城街道“一事一议”奖补制度，聘请东莞职业技术学院和东莞现代社会组织评估中心开展第三方评估。跟进《东莞市政府向社会组织转移职能暂行办法》《东莞市政府向社会购买服务暂行办法》相关工作。启动东莞水乡特色经济发展区公共服务供给模式课题研究。<br>财政局：会同市社工委整理市基本公共服务政策清单，针对服务项目进行讨论研究。 | 基本完成 |
| | 243.探索建立机构养老、家庭医生式服务、公共租赁住房、公办学位等基本公共服务轮候制度。 | 社工委<br>民政局<br>卫生计生局<br>住建局<br>教育局 | 社工委：开展“居家养老”第三方评估，东莞市敬老院入住率仅46.8%，暂无实行轮候制，待实施公办民管改革后再探索轮候制度。市政府审议通过《东莞市城乡家庭医生式服务工作实施》，并在大岭山、寮步开展试点。出台《东莞市公共租赁住房管理办法》，建立轮候等管理制度，首批525套房，申请者88户。公办学位实行积分制入学轮候机制。<br>卫生计生局：印发《东莞市城乡家庭医生式服务工作实施方案》，在寮步、大岭山等多个镇街开展家庭医生式服务试点工作，全市签约群众2.8万人。<br>民政局：全市注册登记36家敬老机构，平均入住率46.8%。经研究，暂时不必建立机构养老服务轮候制度。<br>教育局：完善新莞人子女积分制入学政策方案和随迁子女异地中考政策，完成积分制入学与随迁子女的报名以及招录。<br>住建局：1月出台《东莞市公共租赁住房管理办法》，并于4月实施。 | 基本完成 |
| （一百四十二）改善基层社会治理方式。 | 244.选取3—5个大型新建楼盘，指导各镇街（园区）参照选取1个社区，建设综合服务平台，打造新型社区、邻里社区、平安社区。 | 社工委<br>民政局<br>规划局 | 社工委：印发《创建东莞市样板社区工作方案》《创建东莞市样板社区“以奖代补”实施方案》，指导打造33个镇级样板社区，重点联系指导东城、大朗等8个镇街开展市级样板社区创建工作。基本完成全市创建工作，5个镇街实行以奖代补。<br>民政局：确定东城东泰花园、莞城运河东一号等8个住宅小区为创建样板社区试点小区，协助市社工委做好样板社区创建工作。 | 完成 |
| | 245.学习借鉴“枫桥经验”，完善村（社区）日排查、镇（街道）周研判制度，加强和改进信访工作，将更多社会矛盾化解在基层、消除在萌芽状态。 | 社工委<br>政法委<br>信访局<br>人力资源局 | 社工委：落实《东莞市流浪乞讨未成年人综合救助保护暂行办法》，完善7个工作机制和17项工作指南的“1+7+X”政策体系并总结形成工作经验。研究起草《东莞市创新基层社会治理综合改革实施方案》。<br>政法委：制发《2014年市委市政府领导带头包案化解突出不稳定问题工作方案》《关于组织推动东莞市开展“社会矛盾化解年”工作的方案》，加强社会矛盾化解工作的组织领导。召开全市“社会矛盾化解年”工作会议；2次召开维稳工作会议；印发《关于建立健全市直“属事”责任部门维稳长效机制的意见》及15个配套方案和工作指引，建立“1+15”维稳长效机制。组织到浙江、山东学习“枫桥经验”，探索建立维稳预警信息管理平台、“平安稳定协会”；召开社会稳定形势分析研判会，多次建立欠薪企业主会议制度、企业信息员制度，完善劳动关系风险预警机制。制定《东莞市重大决策社会稳定风险评估工作指引》及其流程图；制定《东莞市推动落实不稳定问题专项治理工作意见》及其7个具体行动方案，形成“1+7”专项治理工作机制。出台《东莞市医疗纠纷预防与处理办法》，建立市医调委大朗、长安工作站，完善调解机制。制定工作通知，严格重大紧急涉稳信息报送工作制度。制定《进一步完善社会稳定形势分析研判工作的通知》。<br>信访局：严格实行《东莞市信访隐患“日排查、周研判”工作制度》。每周梳理各镇（街道）信访隐患，每月形成信访形势分析研判报告呈市领导参考。安排市专职信访督查专员协助挂片市委常委，督促各镇（街道）落实属地化解责任。<br>人力资源局：全市约90%的劳资信访案件在基层得到化解，人力资源信访案件首访调解结案率达97.92%。开展全市人力资源系统信访调解学习培训班，提高基层信访工作人员的综合素质和办案能力。 | 基本完成 |

续表

| 总体要求 | 年度目标及工作内容 | 责任单位 | 完成情况 | 进度 |
|---|---|---|---|---|
| （一百四十三）支持人民团体做优主业。 | 246.指导工、青、妇等人民团体分别将企业职工、青年和家庭妇女儿童作为主要工作对象，将构建和谐劳动关系、做好青年思想引导、通过良好家风促进形成良好社会风尚作为核心工作任务，进一步做实做精“先锋号”“莞香花”“白玉兰”等品牌。 | 总工会<br>团市委<br>妇　联 | 总工会：加强“先锋号”建设，对已建的18家“先锋号”派驻工会社工进驻，采用“工会干部+工会社工+工会志愿者”联动的方式进行指导。<br>团市委：开展“中国梦”主题教育活动和社会主义价值观教育主题实践活动。“莞香花”帮教方面，为1400多名重点青少年开展帮教服务。<br>妇联：链接社会资源项目31个，总金额达50万元，超额完成目标。成功申请市政府购买“玉兰家圆”——困境家庭关爱计划项目，整合困难单亲母亲服务项目2个子项目。成功申请并实施广东省“集思公益幸福广东”支持妇女计划3个项目，资金达19.9万元；新建“白玉兰”家庭服务中心4家，总数达33家。发挥“白玉兰”家庭服务中心枢纽型组织作用，认证75家公益合作伙伴，联合开展40多场次主题活动；建立危机处理小组和家庭危机联动响应机制。开发东莞妇联“白玉兰”微信平台，计划2015年上线。 | 基本完成 |
| （一百四十四）抓好社会组织建设。 | 247.重点培育行业协会商会类、科技类、公益慈善类、城乡社区服务类社会组织。完善社会组织行为指引，力争全市半数以上的社会组织基本具备现代社会组织特征。积极构建社会组织综合监管机制。 | 社工委<br>民政局 | 社工委：制定《社会组织综合管理暂行办法》，报市政府审定。起草《构建社会组织综合管理体制试点工作方案》。研究制订异地务工人员服务组织优化提升系列工作方案，并推动异地务工人员服务组织做实做强。<br>民政局：出台《东莞市本级具备承接政府职能转移和购买服务资质的社会组织目录（第三批）》，拟制第四批目录。向全市统一的政务信息共享平台上传社会组织基本信息3710条、名称预先核准登记表1754条；委托第三方中介机构对市社会组织及其分支（代表）机构开展抽查及财务审计65次，查处案件186宗，责令整改53宗。 | 基本完成 |
| （一百四十五）加快异地务工人员融入。 | 248.探索制定市镇两级政府公共服务项目和落实“同城同待遇”时间表，健全完善与积分制相协调的配套政策，指导寮步、东城等镇街坚持突出机会均等，使异地务工人员共享城市发展成果在全省处于领先水平。 | 社工委<br>人力资源局<br>财政局 | 社工委：编制常住人口“同城共享”基本公共服务批次清单68项，户籍人口享受基本公共服务清单30项。制定《关于寮步镇创建全市社会融合引领区的指导意见》，多次到寮步镇调研并指导争创一批新亮点。指导东城街道在异地务工人员政治方面加大推广力度。<br>人力资源局：创建社会服务实践基地（点），有8个镇街的新莞人聚集区创建14个社会服务实践基地（点），并以此为载体开展系列活动197场；215名“优秀新莞人”注册为志愿者，发动志愿者1266人次，提供志愿者服务414小时，服务新老莞人9425人次；爱心志愿探访78户新老莞人困难家庭，参加暑期夏令营的“小候鸟”有125人。<br>财政局：按照“尽力而为、量力而行”的原则，适当推动基本公共服务范围逐步向新莞人扩展。做好资金测算，配合市社工委编制异地务工人员享受基本公共服务目录（征求意见稿）。 | 基本完成 |
| （一百四十六）加大“扫黄”综合治理力度。 | 249.开展为期3个月的娱乐场所涉“黄、赌、毒”问题集中整治行动。坚持把“扫黄”行动纳入各级社会治安综合治理范畴，进一步落实属地管理责任和部门协同责任。严厉查处“涉黄”违法犯罪案件。畅通举报监督渠道，建立“扫黄”长效机制。 | 市“扫黄”办<br>公安局<br>纪　委<br>宣传部<br>各镇街 | 市“扫黄”办：2—5月，完成“扫黄”专项行动，遏制“涉黄”违法犯罪行为回潮反弹。召开全市加强和规范娱乐服务场所管理示范点（虎门）现场会，总结推广虎门镇加强和规范娱乐服务场所管理示范点建设工作经验，贯彻落实加强和规范娱乐服务场所管理系列政策文件。12月，组织召开第四季度娱乐服务场所监管工作联席会议。<br>公安局：成立集中打击整治“涉黄”问题专项行动领导小组，对问题突出的10个镇街实行挂牌整治；对中央电视台曝光的11间场所掀起“重点严打”战役；针对招嫖网站掀起“网络清污”战役。出台《加强和规范娱乐服务场所管理“1+4”政策文件》，建立完善“扫黄”整治长效机制。<br>纪委：印发《关于严明纪律确保扫黄专项整治工作顺利推进的紧急通知》，督促各镇街、各职能部门落实监管责任。严查“扫黄”工作中失职渎职、充当“保护伞”和参与经营“涉黄”娱乐场所问题，立案24宗，涉及党员干部32人。<br>宣传部：主动向新闻媒体发布信息、提供新闻线索，介绍东莞市铁腕“扫黄”的举措成效。协调中央、省、市媒体积极开展动态报道。加强舆情监测引导，安排专人密切关注网络上有关“扫黄”工作的信息。与相关部门建立信息通报制度，共同做好新闻应对和舆论引导。组织市直媒体开展“涉黄”暗访。 | 完成 |

续表

| 总体要求 | 年度目标及工作内容 | 责任单位 | 完成情况 | 进度 |
|---|---|---|---|---|
| （一百四十七）维护社会和谐稳定。 | 250.升级互联网信息安全中心管控手段，争取成为公安部一级点。 | 公安局 | 与研发公司对原有网安业务管理系统进行功能扩展，有针对性地提高监控能力和水平。 | 基本完成 |
| （一百四十八）推进新一轮绿化东莞大行动。 | 251.推动山体、水体、林网、路网、公园、广场等生态化和景观化建设，打造以观音山国家森林公园、银瓶山森林公园、大岭山森林公园等十大森林公园和生态园湿地公园为代表的森林、生态旅游精品线路，建设发达的森林生态产业体系。 | 林业局<br>旅游局 | 林业局：新增社区公园33个，改建和在建公园9个，新增公园绿地面积173.57公顷；升级改造道路绿化102.8公里，改造水岸绿化62.84公里，分别新增绿化面积88.57公顷、46.06公顷。完成水源涵养林改造692.47公顷，建成水乡生态林网39.33公顷。完善大岭山、大屏嶂等森林公园配套设施。建成麻涌华阳湖、万江龙湾等4个湿地公园。举办第十届粤港澳台盆景艺术博览会、清溪第四届“赏花行”、麻涌花海飘游和桥头荷花节等活动。<br>旅游局：开展“十佳精品旅游线路”“十佳优秀旅游线路”设计大赛活动，征集旅游作品200多篇，吸引11万人次参与。开展“中国旅游日”东莞快乐游主题活动，推介生态休闲游在内的“十大游”；指导清溪银瓶山森林公园创建国家4A级旅游景区。 | 基本完成 |
| （一百四十九）深化土地利用制度改革。 | 252.推进城乡土地生态利用制度综合改革。建立城乡统一的建设用地市场。推进农村宅基地制度改革。完善土地增值收益分配机制。 | 国土局 | 6月，市城乡土地生态利用制度综合改革试点方案获省批准；建立建设用地绩效考核和低效用地退出机制，争取到省下放农用地审批权。探索集体经营性用地入市，形成《东莞市集体经营性建设用地流转交易实施办法（初稿）》，省国土资源厅建议待国家出台相关法规后，省、市再逐级修订流转办法；出让集体经营性用地2宗，面积1.04公顷，成交金额5981万元。推进农村宅基地改革，符合换发条件的换发1.07万宗，换证完成率71.9%；不符合换发条件的退件2.4万宗，退件完成率约89%；探索宅基地统筹置换机制，选定洪梅镇作为统筹置换试点，协助中山大学华南农村研究中心开展专项课题调研，并争取省国土资源厅的政策指导。探索“市镇主导规划开发、市镇村共享发展成果”的利益共享模式，明确土地增值收益分配，实现政府、企业和原土地权利人的利益平衡。 | 基本完成 |
| （一百五十）完善生态保护体制机制。 | 253.设立市环境保护委员会，建立生态环境治理专项资金。探索污染第三方治理制度。建立环境信用管理制度。推行排污权有偿使用交易制度。 | 市创建国家生态市领导小组办公室 | 根据市财政局意见暂不建立环境治理资金，有关财政奖励措施通过市节能减排财政政策综合示范城市专项资金来解决。配合水乡办核对“两高一低”企业污染物排放情况，草拟第三方治理实施方案和试点方案，并计划向省政府申报省排污权交易试点城市。3月设立全市环境保护委员会，成立全市环境保护委员会办公室。 | 基本完成 |
| （一百五十一）深入开展环境整治。 | 254.继续推进水乡地区环境整治，打造一批绿化布局完善、绿地景观突出的特色村庄和生态湿地，使水乡地区成为东莞市生态文明建设的品牌之一。 | 水乡办<br>环保局 | 水乡办：印发实施水乡特色发展经济区“两高一低”企业全面整治与引导退出工作方案及相关措施，拟引导退出的“两高一低”企业名单上报市政府，全面清理水乡经济区新增无证无照污染企业和小作坊。生活污水治理方面，150公里截污次支管网建设任务有序推进；下马四围河涌综合治理示范项目基本完成并投入试运行；麻涌镇华阳村、望牛墩镇扶涌文林村及杜屋村等3个生活污水分散治理示范项目在完善方案设计；开展水乡经济区“河长制”监测、考核、问责等工作；麻涌、道　、洪梅等3镇完成中小河流项目可行性研究报告编制，“10镇1港”都按照要求完成辖区1条内河涌的整治工作。存量垃圾治理及生态市政公园建设项目确定道　镇、洪梅镇及沙田镇等3个相关备选场址。根据专家初步评审意见完善《水乡河网区水系综合规划》；编制完成《东莞水乡特色发展经济区生态环境规划》，上报市政府审定；第一批6条特色村基本完工。<br>环保局：印发实施《水乡特色发展经济区非法畜禽养殖业整治长效监管方案》《水乡特色发展经济区黑烟囱和无证无照污染企业长效监管工作方案》，巩固2013年清理成果。实施《东莞水乡特色发展经济区“两高一低”企业全面整治与引导退出工作方案》，水乡各镇街上报226家“两高一低”企业，其中94家列入镇街引导退出计划，专项工作小组对56家造纸企业开展环保初审、部门会审、产能审核及现场审核。 | 基本完成 |

续表

| 总体要求 | 年度目标及工作内容 | 责任单位 | 完成情况 | 进度 |
| --- | --- | --- | --- | --- |
| （一百五十二）深入学习贯彻中共中央总书记习近平系列重要讲话精神。 | 255.把深入学习贯彻中共中央总书记习近平系列重要讲话与学习贯彻党的十八大、十八届三中全会和省委十一届三次全会精神紧密结合起来，组织好市管干部集中轮训工作，始终在思想上、政治上、行动上与党中央保持高度一致，不折不扣地执行中央和省的各项决策部署。 | 组织部<br>党校 | 组织部：3700多名干部分2批进行集中轮训学习。第一期培训邀请中央和省有关专家授课，市委书记徐建华和市长袁宝成分别作专题辅导报告。第二期培训由机关向基层一线延伸，基本实现轮训全覆盖。<br>党校：在校主体班次安排相应课程，并按培训计划时间举行相应培训班。 | 基本完成 |
| （一百五十三）确保实现全面深化改革良好开局。 | 256.实施《中共东莞市委关于全面深化改革的实施意见》，加快推进经济体制、政治体制、文化体制、社会体制、生态文明体制和党的建设制度改革，突出推进重要改革任务的落实，重点抓好东莞市先行或承担的国家和省试点改革项目，把努力把探索变成经验，把“试点”办成“示范”。 | 政策研究室<br>商务局<br>国土局<br>科技局<br>金融局<br>财政局<br>发改局<br>农业局 | 政策研究室：开展改革事项评估，形成《东莞市2014年全面深化改革评估报告（初稿）》。做好《东莞市2014年改革行动计划》《东莞市2014年改革行动计划任务分解表》的跟踪落实。开展优秀改革项目评选，做好宣传和推介。<br>商务局：以建设开放型经济体系和全面实施加工贸易增效计划为抓手，积极落实。探索经济发展新业态和综合管理新模式，成功获批国家电子商务示范城市、全国城市共同配送试点城市和省实施外商投资管理服务改革试点城市。<br>国土局：东莞市城乡土地生态利用制度综合改革试点方案正式获省批准。印发改革试点工作任务分解表，草拟实施方案，报省政府审批。出台《建设用地统筹实施意见》《农业规模化经营指导意见》，建立建设用地绩效考核和低效用地退出机制，探索工业用地弹性出让、集体经营性建设用地入市以及地下空间使用等制度，争取到省下放农用地审批权。<br>科技局：出台《东莞市创新财政投入方式促进科技金融产业融合工作方案》。配合制定《东莞市加快新型研发机构发展的扶持办法》，承办全省新型研发机构现场会，召开全市新型研发机构座谈会，梳理东莞市新型研发机构建设发展存在问题，起草制定《加快新型研发机构建设发展的工作分工方案》报市政府审批。<br>金融局：完善投融资体系建设，制定《关于建立多元可持续的新型城镇化资金保障机制的意见》；深化莞港、莞台金融合作，推动东莞银行香港代表处筹建工作，彰化银行东莞分行、东莞虎门长江村镇银行、东莞黄江珠江村镇银行均成功开业。<br>财政局：建立健全政府预算体系，2015年首次试编国有资本经营预算，形成与公共财政预算；改进预算编制方法，实行预算编制与预算执行、结转和结余资金管理挂钩审核机制。<br>发改局：成功入选国家新型城镇化综合试点城市，获批创建国家电子商务示范城市。成功申报信息惠民国家试点城市，获得3000万元启动资金资助。成功申报省民办小学独立分段收费试点城市，成为全省唯一试点城市。推动开放型经济转型升级综合配套改革试验区成功列为省重点改革任务。组织申报国家中小城市综合改革试点。<br>农业局：基本完成农村集体资产交易平台建设、农村集体“三资”监管平台建设、农村基层党工委设置、农村基本公共服务经费统筹、农村治安管理统筹、农村环卫管理统筹等改革事项；完善集体经济组织股权流转机制、推进农村集体经济多元化发展、组级经济统筹管理、改善农村人居环境、构建新型农业经营体系等改革事项。 | 基本完成 |

续表

| 总体要求 | 年度目标及工作内容 | 责任单位 | 完成情况 | 进度 |
|---|---|---|---|---|
| （一百五十三）确保实现全面深化改革良好开局。 | 257.成立市全面深化改革领导小组，负责牵头调研、科学论证、统筹制定及协调推进改革部署。 | 政策研究室 | 成立市全面深化改革领导小组。10月28日、11月17日，分别召开市委全面深化改革领导小组第四、五次会议，传达学习中央、省委全面深化改革领导小组的会议精神，审议有关改革文件和事项，部署下一阶段改革工作。 | 完成 |
| （一百五十四）深入开展党的群众路线教育实践活动。 | 258.以“为民、务实、清廉”为主题，以“照镜子、正衣冠、洗洗澡、治治病”为总要求，集中解决“形式主义、官僚主义、享乐主义和奢靡之风”方面的突出问题，推动建立长效机制，力争形成东莞特色，务求取得实际效果。 | 市教育实践活动领导小组办公室 | 教育实践活动深入开展，并转入整改落实、建章立制环节：开好专题民主生活会、组织生活会，做好民主评议党员工作；市直单位、镇街专题民主生活会7月底前开完，608个市直单位、589个村（社区）开完专题组织生活会并完成民主评议党员。开展“回头看”活动，各单位对照中央、省委和市委部署要求，扎实抓好“五补课”，逐项进行“回头看”。制定“两方案一计划一清单”，市几套班子带头制定整改方案、专项整治方案和制度建设计划、领导个人制定整改清单，明确整治任务；各单位抓好整改落实、建章立制各项工作。丰富宣传内容，省级以上重点媒体报道教育实践活动情况327篇次。 | 完成 |
| （一百五十五）加强民主法治建设。 | 259.推进镇、街道人大工作机构设置和编制配备，健全基层人大代表活动和履职制度。支持人大、政协改革创新、履行职能。加强党外代表人士队伍建设，更好发挥党外代表人士的积极作用。 | 人大办<br>政协办 | 人大办：调研形成《关于我市基层人大建设情况的调研报告》，拟报送市委。<br>政协办：健全市、镇街政协组织联系制度，强化人员学习培训。围绕《市政府工作报告》、“社会建设”“新型城镇化建设”、提案办理、专委会对口联系等工作进行协商议政；改进提案督办形式，主席会议对5类11件重点提案进行现场集中督办。大力推广提案并案督办工作，召开6场提案办理协商座谈会；首次在网上征集提案线索，并全部网上公开；对《东莞政协》出版物、门户网站、政协议政厅电台节目等进行改版升级。组织市各民主党派代表参加“市长约见人大代表和政协委员座谈会”，为科学决策提供参考。 | 基本完成 |
| | 260.改革司法体制机制，维护社会公平正义。 | 中级法院<br>检察院 | 中级法院：推进人民陪审员倍增计划，创新人民陪审员制度，破解“陪而不审”难题；推动人民法庭审判权运行机制改革，省委批准东莞市试点；推进涉诉信访机制改革；加强知识产权审判工作，设立松山湖、厚街2个巡回法庭。<br>检察院：推进检务公开改革，省内率先实现终结性法律文书网上公开，公开案件信息2801条、终结性法律文书272份；启用检务公开大厅。推进涉法涉诉信访改革，制定《关于依法处理涉法涉诉信访问题的实施细则》。推进检察官办案责任制改革，在全市检察机关建立主诉检察官执法档案，为主任检察官的推行打好基础。 | 基本完成 |
| （一百五十六）推进“人才型”城市建设。 | 261.进一步细化特色人才特殊人才政策的操作规程，形成“1+N”的人才政策体系。推动松山湖东莞人才广场规划建设。实施党政“一把手”治理能力提升工程。 | 人才办<br>人力资源局 | 人才办：出台《东莞市特色人才个人所得税补贴规程》《〈东莞市特色人才特殊政策暂行办法〉部分配套实施细则及办理规程若干问题的答复意见》，制定完成相关操作规程基。松山湖东莞人才广场建设方面，在修改《中国（东莞）留学人员创业园项目建议书》。待市发改局完成审查，再加快推进建设。<br>人力资源局：受理申报特色人才认定98人，审核通过21人，第四批46人报市人才办复审；受理6名特色人才申请住房补贴，正由市人才办审定；认定4名高技能人才为特色人才。完成引进第四批创新创业领军人才的受理、评审、重复资助审查和上报，推荐10人上报市人才工作领导小组审定。 | 基本完成 |
| （一百五十七）完善干部考核监管体系。 | 262.根据中组部的最新要求，分类设计领导班子动态考核指标，建立干部选拔任用定期分析制度。制定加强“裸官”任职管理办法，实施职位限入和提拔限制。加强对新提拔干部的教育管理，严格把好拟提拔干部的廉政审查关。 | 组织部 | 对常平镇等12个镇街和市安监局等10个市直单位的干部选拔任用工作进行检查；制定出台加强“裸官”任职管理办法，对职位限入和提拔限制作说明；组织全市省管干部、1604名市管干部和市属企业领导人员集中报告个人有关事项，并建立报告抽查核实工作机制，开展抽查核实。对“配偶移居干部”实施严格的职位限入和提拔限制。 | 基本完成 |

续表

| 总体要求 | 年度目标及工作内容 | 责任单位 | 完成情况 | 进度 |
| --- | --- | --- | --- | --- |
| （一百五十八）推进基层服务型党组织建设。 | 263.以党代表工作室和社区综合服务中心为平台，探索构建村、社区服务型党组织新模式。积极试行镇街党代会年会制度，健全镇街党代表大会代表任期制。推进第二批“阳光雨”党员服务中心建设。打造“两新”组织党建示范点，打造10个社会组织党建示范点。深化村、社区党工委设置改革，构建“一核心、两联席、三统筹、四公开”的社区党工委运行机制。 | 组织部 | 31个镇街召开党代会年会，总结相关工作经验；落实轮值接待制度，完善党代表工作室信息管理系统；编印《东莞党代表工作室纪实2013》《联系群众新模式—东莞党代表工作室的实践创新》；认定红旗党代表工作室36个，优秀工作案例60个；初步完成纪实专题片《联系群众永远在路上》。走访调研12次，完成示范点调研；完成向省级示范点观摩学习；集中组织全市示范点书记及负责人赴唯美陶瓷与华宝鞋业公司等典型观摩。落实经费保障，由示范点申请、镇街把关审核、财政统一划拨的方式下拨专项经费24万元。全市592个村、社区党组织全部改设为党工委；深入寮步、石排、茶山镇街的村、社区座谈了解党工委运行情况；起草制定“一核心、两联席、三统筹、四公开、五监督”村级组织运行机制文件初稿，召开村、社区党工委书记素质能力轮训班；修改完善运行机制制度文件。开展第二批“阳光雨”党员服务中心建设，全市共建成中心34个，实现“一镇一点”的建设目标；对中心的日常工作深入指导，推动各中心规范有效运作；各中心开展服务项目228个，开展活动656场次，服务党员群众4.62万人次；完善中心运作制度，在多个镇街试点选聘“全职书记”；加强信息报送制度，各中心报送信息609篇，“阳光雨生活圈”信息平台发布信息252篇；加强党员志愿服务，新组建“阳光雨”党员志愿服务队68支，共有企业党员志愿者服务队357支，登记注册的企业党员志愿者5743名，志愿活动累计371场次。 | 完成 |
| （一百五十九）推进反腐倡廉建设。 | 264.严格落实中央“八项规定”，加大机关作风明察暗访力度。加强农村廉政风险防控。不断健全惩治和预防腐败体系。 | 纪委<br>监察局 | 针对春节、中秋、国庆等重要时间节点下发文件，发送廉洁短信近3万条，严明纪律禁令。加强监督执纪问责，责令关停9家非营业性公务接待场所，严肃查处违反中央“八项规定”案件12宗，针对贯彻落实情况暗访调查，对发现的问题予以曝光并督促落实整改。印发《“以案治本，加强廉政风险防控”工作实施办法》《2014 年预防腐败工作要点》。加强对农村廉政风险防控工作落实情况督导调研，总结农村风险防控工作对促进农村资产保值增值的工作经验。完善惩治和预防腐败体系，起草《东莞市贯彻中央〈建立健全惩治和预防腐败体系2013—2017年工作规划〉和省〈实施办法〉的实施意见》及分工方案，推动工作落实。 | 基本完成 |
| （一百六十）加强市委常委会自身建设。 | 265.坚持集体学习制度，不断提高思想政治水平和领导能力。 | 宣传部 | 制定《2014年度市委中心组理论学习计划》《2014年全市各级党委（党组）中心组理论学习安排的意见》，指导全市各级党委（党组）中心组完善集体学习制度。组织全市领导干部围绕学习中共中央总书记习近平系列重要讲话精神撰写学习体会文章140多篇并汇编成册，在《东莞日报》开设理论学习专栏，刊登10期优秀学习体会文章。开展“中国梦 水乡梦”宣讲140多场、《习近平总书记系列重要讲话读本》宣讲50多场、党的十八届四中全会精神宣讲40多场。做好市委中心组学习服务，举办6期“东莞学习论坛”、3期市委中心组（扩大）专题学习会，推荐6批市领导阅读书目。 | 完成 |
| | 266.坚持密切联系群众，自觉接受群众监督。 | 组织部 | 制定东莞市《关于建立镇（街道）领导干部驻点普遍直接联系群众制度的实施意见》，并随即全面部署启动工作。 | 基本完成 |
| | 267.带头遵守廉洁从政纪律，严格要求配偶子女以及身边工作人员，坚持为民用权、秉公用权、阳光用权。 | 纪委<br>监察局 | 起草《整治公款送礼、公款吃喝、奢侈浪费专项行动方案》等8个行动方案，规范领导干部的权力运行机制。严格执行领导干部操办婚丧喜庆事宜规定，有21名市管干部申报备案。出台《关于严格执行禁止收送“红包”纪律规定的通知》、转发省纪委《关于五起党员领导干部收受“红包”礼金案件的通报》，加强警示教育。健全廉政账户功能，廉政账户收到款项1888.64万元。梳理东莞市领导干部配偶、子女从业行为方面的情况，分析问题提出建议，为省纪委相关政策提供决策参考。 | 基本完成 |

（市委督查室　市政府督查室）

【保密工作】 2014年，东莞市各级保密组织和市保密行政管理部门做好保密行政管理、监督检查、技术防护、宣传教育等方面保密工作，发挥保密工作的保障作用。

保密工作会议 3月5日，东莞市召开市委保密委员会全体会议暨全市保密工作会议。市委副书记、市委保密委主任姚康出席会议并对2014年工作提出3点意见：提升做好新形势下保密工作的思想认识；提升全市保密工作的科学化水平；加强对保密工作的组织领导。

保密技术演示 9月2—4日，市委保密委邀请省国家保密局保密技术演示组在市会议大厦和塘厦镇演艺馆举办广东省保密技术巡回演示活动，巡演3天，共7场。市委书记徐建华、市长袁宝成等市委、市人大、市政府、市政协几套班子领导，各镇街、各单位主要负责人和分管保密工作负责人观看首场演示。全市4245名领导干部和机关工作人员观看演示，其中厅级干部25人，处级干部约500人。

保密专题党课 9月2日，东莞市开展市委保密委主任讲保密专题党课活动。姚康结合东莞工作实际，从保密工作的地位和作用、面临的严峻挑战、存在的突出问题、主要任务以及落实保密工作领导责任制5个方面，讲授保密专题党课。全市各镇街书记、镇长（办事处主任）、分管党委委员，市直各单位、中央和省驻莞各单位主要负责人和分管保密工作负责人580人参加活动。

定密工作 市国家保密局推进定密责任人确定、定密授权、定密培训工作，市委、市政府、市检察院完成定密授权事宜，全市确定法定定密责任人201名，指定定密责任人348名。11月26日，举办全市定密责任人业务培训班，邀请省国家保密局领导讲授“定密规则与组织实施”，各镇街、各单位分管保密工作领导、办公室主任约450人参加培训；11月24—28日，组织全市各镇街、各单位保密员或承担定密审核、具体承办人员205人分2期参加省国家保密局在东莞举办的定密管理培训班。

保密监督检查 市国家保密局制定并印发《东莞市保密检查工作规定（试行）》，强化东莞市保密检查职责、规范检查行为、提升检查能力、严格检查纪律。按照中央、省、市要求，市国家保密局组织开展5轮专项或综合保密检查，检查32个镇街、47个市直或省属单位、32个国土分局、10个公安分局、19个企事业单位。全年检查计算机约3000台，密级文件约1500份，保密要害部门部位约250个。

保密工作量化考核 市国家保密局制发《2014年保密工作目标管理考核评分表》，对各镇街、各单位保密工作进行量化考核，评选出71个保密工作先进单位和79名保密先进工作者。

国家统一考试保密管理 市国家保密局加强与教育、公安、卫生、人力资源、司法等部门协调配合，做好高考、中考、医考、公务员招考、司法考试、研究生考试的试卷运送、保管、交接等环节的保密管理和试卷保密室检查验收工作，确保国家统一考试的安全和保密。

保密宣传教育月活动 市委保密委员会与市纪委联合开展主题为“增强保密意识、严明保密纪律、落实保密责任、养成保密习惯”的“保密宣传教育月”活动。活动期间，市国家保密局在政法委、组织部、清溪镇等20多个机关单位举办多场保密法知识讲座，2000多人接受教育；制作保密知识问答动漫，利用微信平台进行保密宣传教育；联合市普法办将保密法纪知识刊登在《东莞日报》等各大报刊上；在全市范围组织开展保密工作征文评比活动，评出34篇获奖作品和2个优秀组织单位；组织全市各镇街、各单位征订保密宣传教育图书资料近6千册，供各级领导干部和广大涉密人员学习保密知识。

保密培训 7月，首次面向镇街重点涉密部门举办初任保密员培训班，有105人参加培训。协同市委党校将保密培训教育纳入领导干部教学计划，在处级领导任职班、科级领导任职班及公务员初任培训班等12个班次开设保密教育课程，接受保密教育领导干部达1200人。

（魏云青）

【信访工作】 2014年，东莞市信访局受理群众来信、来访、来电、网上信访总量比上年小幅上升。各级信访部门贯彻《广东省信访条例》，化解信访难题，推进诉访分离，拓展网上信访，信访形势总体好转，社会大局和谐稳定。

市领导重视关心信访工作 带头接访群众。东莞市领导定点接访日制度进入第31年头，市委书记徐建华、市长袁宝成率领市委常委、副市长，每月轮流在市人民来访接待大厅以视频接访和现场接访的方式，接待来访群众359批1252人次；省委全会和省人大、政协“两会”期间，市委常委、副市长轮流到市人民来访接待大厅接访群众，接待群众来访25批105人次。各镇街领导干部1877人次，也在当地接访群众132批1.29万人次。

市领导研究部署信访工作。2月19日，市委书记徐建华主持召开专题工作会议，部署2014年全市信访维稳工作；6月12日，徐建华专门听取全市信访工作情况汇报，提出“三个挂钩”压实信访工作责任，即“信访工作与教育实践活动成效挂钩、信访工作成效与约谈主要领导挂钩、发生严重信访问题与责任倒查挂钩”。1月8日，市委副书记姚康召集各镇街党委书记召开信访工作会议，部署省人大、政协“两会”期间信访工作。6月17日，市领导姚康、邓志广、杨江华、杨晓棠召集各镇街党委书记，召开全市信访工作会议，部署下半年信访工作。7月24日，市领导姚康、邓志广、杨江华召集市有关部门主要负责人，召开市加强信访工作和维护社会稳定协调领导小组工作会议，压实信访工作属事责任。

市领导解决信访问题。市领导徐建华、袁宝成、姚康、甄瑞潮、邓志广、潘新潮、杨江华等，带头落实《2014年市委市政府领导带头包案化解突出不稳定问题工作方案》，分别深入虎门、黄江、南城、石排、麻涌、万江等镇街，做好信访突出问题的化解工作。

市领导看望慰问信访干部。2月7日，市委书记徐建华率队到市信访局看望慰问信访干部，勉励全市信访工作者将新一年工作做得更好。全国人大、政协“两会”期间，市长袁宝成、市委秘书长杨晓棠前往市驻京信访工作组驻地指导工作，慰问工作人员。9月15日，市委秘书长黄少文率队赴京协调指导信访工作，并看望慰问市驻京信访工作人员。

国家、省信访局指导东莞市信访工作 6月25日，国家信访局副局长范小毛率队来莞，开展《信访条例》执法检查。市领导徐建华会见检查组，姚康、喻丽君、杨晓棠出席汇报会；11月20日，国家信访局来访接待司副司长木旦里甫率队赴桥头镇，在省信访局副局长周河山陪同下，实地督导信访案件，市领导姚康、杨江华、黄少文会见督导组。3月1日，省委副秘书长、省信访局局长林耀明在京检查指导全国人大、政协“两会”期间东莞市驻京信访维稳工作；4月2日，省信访局副局长、省驻京信访维稳工作组组长杨傲霜率队来莞，协调有关案件。重点时期，省信访局均派出由专职或挂职的省信访督查专员，来莞指导做好信访工作。

信访工作回督 根据省信访局及市委、市政府的安排，陈仲球从7月21日起担任第十三批省信访督查专员，回督东莞市信访工作，为期3个月。

化解信访积案和重点案件 东莞市

全部办结省交办的3宗信访积案，化解市自行排查的8宗信访积案。制定实施《东莞市重点信访案件督查工作制度》，将12宗信访突出问题列作重点信访案件并予以专项化解，工作成效显著。

重点时期信访　东莞市在省委全会、省“两会”、全国“两会”、“八一”建军节、党的十八届四中全会、亚太经济合作组织峰会等重要时期，分别成立信访维稳工作临时领导小组，组织抓好重点时期信访。

网上信访　东莞市信访局抓好网上信访办理，提高案件及时受理率、及时办结率和群众满意度，推进网上信访信息系统建设，发挥网上信访的高效性和便捷性。网上信访办理量超过信访总量半数，赢得越来越多群众的认可。

信访复查复核　2月27日，市信访事项复查复核委员会成立，日常工作由市信访局承担。3月4日，市府办印发《关于贯彻〈广东省信访事项复查复核办法〉的实施意见》。

《广东省信访条例》宣传、贯彻　6月15日，根据省统一部署，市信访局联合东城街道举办市一级《广东省信访条例》宣传活动；其他镇街分别举办宣传活动。10月16日，举办“运用法治思维和法治方式解决信访问题”专题报告会，省人大常委会法工委主任王波来莞为全市信访干部解读《广东省信访条例》。

信访专题调研　4月，根据市委常委开展主题调研工作的安排，东莞市信访局分别参加市领导李小梅、邓志广牵头的“畅通群众诉求渠道，全面了解社情民意”“如何有效化解群众信访问题，解决社会矛盾纠纷”主题调研。8月28日，市加强信访工作和维护社会稳定协调领导小组开展专题调研，争取从政策上推动解决土地征用、农村农业、干部作风、劳动社保等17个领域的信访突出问题。

信访业务培训　6月5日，市信访局举办2014年全市信访业务培训班，省信访局张兆勇、刘青以及省国家保密局吴电城等授课。11月21日，市信访局举办全市信访干部心理健康专题讲座，广东医学院教授褚成静主讲。（廖锦洪）

【市委督查工作】　2014年，东莞市委督查室围绕中央、省委、市委的决策部署，推动各项工作的贯彻落实，对市委常委会2014年71项重要工作进行任务分解，定期反馈工作进展；承办中央、省、市领导批示167件；督办《广电舆情》48期，涉及事项262宗；撰写报省《督查专报》19期，被省采用7期，获省领导批示1期；编撰《工作落实动态》33期；深入开展督查调研，撰写报市《督查专报》3期。

决策督查　抓主线，围绕省委《2014年重点督查事项安排》、省十二届三次党代会精神开展督查，形成19篇《督查专报》报省，其中7期获省委督查室采用，有1期获省领导批示；制定《市委常委会2014年工作要点任务安排表》，明确71项重要部署责任分工。抓重点，先后开展党政机关和领导干部办公用房清理、推进扶贫开发、商事登记制度改革、落实一把手责任化解社会矛盾、落实中央“八项规定”、落实省委十二届三次全会精神亮点、省重大平台中以产业园建设等10项省专项督查工作，相关工作得到省的肯定。抓反馈，联合市政府督查室制定《市委、市政府2014年重点工作进展情况表》，按季度综合反馈进展情况；反馈市委、市政府重点工作落实情况，编撰《工作落实动态》33期；跟踪落实市委常委会等重要会议工作部署、市委主要领导工作指示，自2014年8月启动该项工作以后立项督查13宗，反馈落实情况8次；跟踪市领导“一对一”联系镇街情况，首次梳理市领导120次联系工作中镇街工作亮点75个，困难问题210宗，建议要求205条，并及时向市主要领导反馈。

舆情督查　做好《广电舆情》督办，加强与相关部门、镇街沟通，联系广播电视台做好现场回访和复核，定期通报督办事项办理情况。全年督办《广电舆情》48期，涉及事项160宗，办结157宗。

专项工作　协助市委书记督办政协委员关于完善水乡特色发展经济区地方干部政绩考核的重点提案，督促承办单位完善办理方案，提高办理成效。协助省委调研组做好省商事登记改革在东莞调研工作。参与全市经济监测、市重大项目督导、上市后备企业巡查、防汛工程检查、社会矛盾化解、村组经济统筹督导、违法用地整治等督查协调活动20多次，推进市委重要决策部署落实。

批示办理　优化领导批件办理程序，注重交办催办，加强联系协调，全年办理各级领导批示262件，办结257件。集中梳理春节后市领导与镇街领导座谈会上相关问题，分解责任，督查协调，及时将落实情况报市领导。

督查调研　围绕落实全省新型城镇化工作会议、新型研发机构现场会精神开展专题调研，形成2篇调研报告，得到省委督查室肯定。围绕深化改革转型发展的主题主线，开展全市治安统筹、招引大项目、村组债权追收等调研，撰写调研报告3篇，获市领导肯定。

督查考评　东莞市委督查室、市政府督查室联合创新开展督查考评工作，年初围绕《市委常委会2014年工作要点》《2014年市政府工作报告》，起草完成《2014年市委市政府重点工作督查考评工作方案》。年中集中开展巡查，分别走访42项督查考评事项涉及的32个部门，召开座谈会21场，同时联合8个相关市直部门，分6个片区开展镇街年中重点工作巡查点评，分别撰写部门、镇街《2014年市委市政府重点工作年中巡查情况报告》。立项督查进度缓慢事项，推进事项落实。年终完成对督评事项涉及的62个部门（园区）和32个镇街的考评，起草《2014年市委市政府重点工作督查考评情况报告》，并全市通报。

（葛大勇）

**附：2014年东莞市国家保密局主要领导名录**

局　长：袁鸣春

**附：2014年东莞市信访局主要领导名录**

局　长：黎雪琴（任至6月）
叶可阳（12月到任）

**附：2014年中共东莞市委督查室主要领导名录**

主　任：翟婵莹

## 组　织

【组织概况】　截至2014年，东莞市有党的基层组织8502个［含“两新”组织（新经济组织和新社会组织）党组织3227个］，其中党委183个，总支部325个，支部7994个。有党员163137名，其中“两新”组织党员42757人（含流动党员23332人），女党员49668人，占30.45%；35岁及以下党员76759人，占47.05%；36—45岁党员33101人，46—55岁党员19700人，56—65岁党员14997人，66岁及以上党员18580人。大专及以上学历105497人，占64.67%，其中研究生及以上学历5556人；中专及以下学历57640人。农村党员51555人，占全市党员总数的31.60%。

【党的群众路线教育实践活动统筹】　2014年，东莞市委组织部把开展党的群众路线教育实践活动作为组织工作的主题主线，统筹抓好各环节的组织实施、分类指导、舆论宣传等工作。举办各类主题党课2260场次、主题党会3827场次，参加主题党日活动15.8万人次，收集意见建议1.6万条，开展谈心谈话4万多次，召开专题组织生活会5000多场，解决一批群众反映强烈的热点难点问题。其中市委常委领导班子专题民主生活会得到中央第九巡回督导组和省委常委、省委组织部部长李玉妹的高度评价。将“涉黄”问题列为活动首要整改任务，部署开展“四看四查四建”主题活动和29个专项整治行动，“四风”问题得到有力整治。通过开展集中教育活动，全市广大党员干部受到深刻的精神洗礼，广大群众也真切地看到干部作风的转变。

【新精神新要求教育轮训】 2014年，东莞市委组织部组织党的十八届三中、四中全会和中共中央总书记习近平系列重要讲话精神的学习培训，增强干部队伍的思想理论武装。分批推进中共中央总书记习近平系列重要讲话精神的学习，组织全市3700多名干部分2批开展集中轮训，市委书记徐建华和市长袁宝成分别作辅导报告。系统开展党的十八届三中、四中全会精神培训，举办“全面深化改革”等多个专题研讨班，在市委党校举办主体班次49期。以市委理论学习中心组专题学习新《干部任用条例》为带动，在全市各级领导班子、组工干部中开展专题学习培训活动，将新《干部任用条例》的精神、要求贯彻落实到干部日常工作中去。

【干部选拔任用】 2014年，东莞市委组织部立足提升干部工作科学化水平，加强干部选拔任用的制度建设，提高选人用人公信度。稳妥做好机构改革干部配备，结合机构改革和园区统筹发展需要，完成118名处级干部调整配备。加大市管干部交流力度，完成34名任职满10年的市管干部交流任职。完善干部任用政策，以贯彻执行新《干部任用条例》为契机，全面清理东莞市干部“土政策”，制定下发《东莞市干部任前档案审核暂行规定》，发挥干部档案在防止选人、用人失察、失误方面的基础性作用。

【干部管理监督】 2014年，东莞市委组织部贯彻落实党要管党、从严治党的要求，开展专项整治，建立健全干部监督管理常态化机制。高效完成“裸官”岗位调整，于4月中旬将需要调整的干部全部调整到位，调整工作较为平稳，得到上级领导和广大群众普遍认可。推进超职数配备干部消化整改，消化“超配”处级干部34名。清理规范领导干部企业兼任职问题，排查在企业兼职（任职）干部203人，并按程序逐步规范清理。开展领导干部报告个人有关事项工作抽查核实，对全市干部的个人信息进行汇总和综合分析，建立“一人一档”的市管干部监督信息档案库。

【干部培养锻炼】 2014年，东莞市委组织部贯彻中央关于干部培养锻炼的部署和要求，注重优秀年轻干部的培养选拔和基层干部队伍建设。组织实施第二期优秀中青年领导干部培养计划，从市直单位和镇街选派20名中青年处级干部开展为期4个月的培养锻炼。启动实施第三批“丰羽强翅行动”，选派27名年轻干部进行双向挂职锻炼。加强基层干部队伍履职能力建设，推进村（社区）党工委书记能力建设轮训、农村党组织书记后备干部培养、农村“两委”（支委、村委）干部学历提升、大学生村官选聘培养等“四大工程”，举办4期农村（社区）党组织书记论坛、3期村（社区）党工委书记能力建设培训班，不断提升基层干部队伍的履职能力。

【基层党建】 2014年，东莞市委组织部顺应基层发生的变化，创新推动基层党组织设置改革，推动全市形成大抓基层、大抓党建的浓厚氛围。在全省率先完成村级换届选举工作，实现“两个80%”的目标，得到省领导的充分肯定。扎实推进村级党组织设置改革，把全市592个村（社区）党组织改设为党工委，作为镇街党委派出机构，强化村级党组织的领导核心地位。探索构建具有东莞特色的“一核心、两联席、三统筹、四公开、五监督”村级组织运行机制，确保基层党组织健康高效运行。落实领导挂点、“一村一策”等整顿措施，推动59个软弱涣散党组织完成整顿转化。全面铺开镇街领导干部驻点普遍直接联系群众工作，组建592个驻点团队5658名团队成员进驻村（社区），化解一批基层难点热点问题。开展镇街党委书记抓基层党建工作述职评议，形成“书记抓、抓书记”的党建工作格局。优化党代表工作机制，在32个镇街全面试行党代会年会制，开展党代表“走近基层、问计百姓”主题活动，接待5730名党员群众，收集1.15万条意见建议。持续擦亮服务型党组织品牌，完成第二批7个“阳光雨”党员服务中心的选址和建设，截至2014年建成服务中心34个，实现“一镇一点”全覆盖。

【“人才东莞”战略实施】 2014年，东莞市委组织部立足优化政策环境，提升服务质量，从体制机制上扫除人才优先发展的瓶颈障碍，激发人才引领转型的创造活力。建立市领导联系高层次人才制度，由16名市领导联系25名高层次人才，定期开展“送服务、献智慧”活动。完善特色人才政策操作规范，细化配套实施细则和办理规程，“1+N”人才政策体系基本形成。持续加大招才引智力度，吸引400多名海内外高层次人才参会。优化人才服务机制，推进东莞人才发展研究院规范运作，完成一批重点课题研究；建立一支700余人的人才联络员队伍，建成8个“人才驿站”，新增5个省博士后创新实践基地，累计建成博士后工作平台55个。 （张伟锋）

**附：2014年中共东莞市委组织部主要领导名录**

部　长：甄瑞湖（兼）

▲ 2014年2月8日，东莞市召开党的群众路线教育实践活动工作会议

## 老干部工作

【老干部概况】 2014年，东莞市有市属离休干部324人，易地安置离休干部30人，省属单位离休干部33人，转制企业副处级以上退休干部97人，中华人民共和国成立前参加工作的老工人41人。2014年，东莞市离休干部罗慧贻、退休干部李炳根获评全省离退休干部先进个人，市政协机关离退休老干党支部获评全省离退休干部先进集体。

【老干部政治待遇落实】 2014年，东莞市做好工作通报和意见征求工作，市领导徐建华、袁宝成、李毓全、姚康、黄双福、戚优华、甄瑞潮等在春节和中秋节前夕参加老领导、老同志茶话会，和老干部亲切座谈，通报“新常态”下东莞市经济社会发展情况。做好每季度老干部“学习论坛”，东莞市老干部局邀请专家教授为老干部举办解读“十八届四中全会”精神和“党的群众路线教育实践活动”“社会主义核心价值观”等专题讲座，有1200人次老干部参加讲座。抓好离退休干部党支部建设，过好组织生活，各级组织人事部门坚持每月定期召集支委会，听取意见，通报工作，解释政策；为离退休干部订阅《东莞日报》《南方》等党建、时政报刊1万多份；5月13—15日，举办全市离退休干部党支部书记学习培训班，128名离退休党支部书记和支委参加培训。组织老干部参加重要会议和外出学习参观，3月28日，组织离退休干部约200人开展“一日游”活动，参观东莞市新篮球中心、市网球中心和万江区龙湾湿地公园。

【老干部生活待遇落实】 2014年，东莞市委老干部局落实离退休费发放，健全离休干部医疗费报销机制，为市属近300名离休干部报销医疗费820多万元。做好老年保健工作，4月9—21日，组织全市46名老领导到市人民医院进行体检；9月15—25日，组织副处级以上及抗日战争时期参队的老同志分2批赴省老干部疗养院短期休养。开展“进百家门，问百家事”走访基层老干部活动，7月，老干部局领导分组登门探望100名困难、独居、行动不便的离休干部；全年向老干部发放探病慰问和困难补助144.55万元。

【老干部文娱活动】 2014年5月25日，由全国老龄工作委员会办公室主办的“华夏保险杯2014全国合唱大赛”在广西举行，东莞市老干部大学（活动中心）青松合唱团凭借《龙的传人》《大江东去》《雪花》获评艺术节合唱金

**真诚关爱　全心全意服务老干部**

2014年11月6日，广东省第八届老年人运动会在东莞市行政办事中心广场举行开幕式，开幕式由省体育局局长王禹平主持，副省长许瑞生宣布运动会开幕。团体操表演由《奏鸣》《神韵》《欢歌》《激情》《畅想》五个篇章组成，共有3000名老年人参加表演

奖。11月22日，东莞市老干部大学（活动中心）舞蹈队在首届广东省中老年舞蹈大赛中凭借《狮子岁月情》获评表演金奖、创作银奖和组织奖。

【老干部大学】 2014年，东莞市老干部大学调整教学方式，创新教学内容，新增国术养身、平板电脑等课程，开设24门课程，63个教学班，在校学员2141人次。

【关心下一代工作】 2014年，东莞市建成多层级、全覆盖的关心下一代工作组织网络，有关工委1883个，其中镇街32个，社区（村）589个，市普教系统426个，高校2个，市公安系统34个。179所民办中小学、56家企业成立关工委。市“五老”（老干部、老战士、老专家、老教师、老劳模）队伍2.29万人，其中参加各级关工委常务工作的有5531人。各级关工委发挥“五老”优势和作用，深入学校、农村（社区）、企业，举办40多场以学习党的十八大、十八届三中全会精神为主题的培训班以及“五老”系列培训班。“五老”宣讲团关注青少年健康成长和全面发展，向青少年讲述中华民族奋斗史，讲解“两个百年”的奋斗目标，开展践行“中国梦”主题活动。2014年，东莞市关工委组织各学校、单位的青少年和离退休老干部参加广东省“大手牵小手，共筑中国梦”书画创作活动，获得77个奖项，其中一二三等奖35个，优秀奖42个，获奖数量居全省第一位。

【广东省第八届老年人运动会在莞举行】 2014年11月6—17日，广东省第八届老年人运动会在东莞举行，由广东省委老干部局、省体育局、省老年人体育协会主办，东莞市委老干部局、东莞市体育局承办。11月6日，开幕式在东莞市行政办事中心广场举行，由广东省体育局局长王禹平主持，副省长许瑞生出席开幕式并宣布运动会开幕。第八届老年人运动会是广东省历届规模最大、参与面最广、比赛项目最多的一次老年体育盛会，全省21个地级以上市全部组团参加。运动会设门球、健身舞、象棋、柔力球、乒乓球、健身球操、太极拳(剑)、网球、健身秧歌9个比赛项目，各比赛项目均设一、二、三等奖，另设团体总分奖、优秀组织奖、组织奖及特殊贡献奖。东莞市老年体育爱好者奋力拼搏，获团体总分第一名、金牌总数第一名、奖牌总数第一名，实现历史性突破。市委老干部局完成“当好东道主、办好老运会、争取好成绩”的工作目标。

（温慧娟）

**附：2014年中共东莞市委老干部局主要领导名录**

局　长：王建周

① 2014年5月13-15日，市委老干部局举办全市离退休党支部书记培训班，组织120名支部书记学习，邀请省委党校副校长苟志效讲课

② 2014年5月25日，由全国老龄工作委员会办公室主办的“华夏保险杯2014全国合唱大赛”在广西举行，东莞市老干部大学（活动中心）青松合唱团凭借《龙的传人》《大江东去》《雪花》获得艺术节合唱金奖

③ 2014年11月22日，东莞市老干部大学（活动中心）舞蹈队在首届广东省中老年舞蹈大赛中凭借《狮子岁月情》获得表演金奖、创作银奖和组织奖

④ 2014年8月29日，市委、市政府举办“贺中秋、迎国庆”老领导、老同志茶话会，市领导徐建华、李毓全、黄双福、戚优华、张科等与原市县几套班子、副厅以上老领导、老同志及东江纵队、老劳模、老职工代表欢聚一堂，共度佳节

## 宣　传

【舆情危机化解】 正面宣传量质齐升　2014年，东莞市委宣传部实施正面新闻上央媒、上省媒的年度目标管理制度。完善“1+X”新闻发布模式，推进新闻发布常态化，东莞市政府新闻办召开36场新闻发布会，举办15场新闻采访“走转改”活动。组织深化改革、转型升级、群众路线等40多个重大主题宣传。中央各媒体刊发涉莞正面报道超过1800篇，省直及驻莞媒体主报主网刊发正面报道6700多篇。舆论引导主动有效　加强涉莞舆情监测，健全舆情监测体系，建立市几套班子领导微信群、全市新闻发言人微信群、宣传部机关微信群，做到信息互通、多方联动。“莞香花开”微博、微信传播品牌影响扩大，壮大网上舆论阵地。媒地关系持续改善　市委、市政府主要领导参加60多次新闻宣传活动。组织全市性媒地沟通交流会6次。协调做好280多批次境内外重点媒体来莞采访。基本完成2015年度党报党刊征订任务。出台《关于进一步加强我市新闻媒体管理，规范新闻采编行为的意见》，开展打击新闻敲诈和假新闻专项行动。

【“全国文明城市”蝉联】 文明创建切实深化2014年，东莞市委、市政府主要领导带头抓好，举全市之力开展文明创建工作。组织全市持续开展“涉黄”问题整治专项行动，获得中央、省有关部门和社会各界的肯定。加大实地督导，督查各级各类公共场所2000多个次，推出媒体“曝光台”400多期，发现处理问题1200多宗，推进创建难点盲点整改率达95%以上，通过第四届全国文明城市复查验收，获评“全国文明城市”三连冠。麻涌、寮步、桥头、大岭山镇获评“全国文明村镇”，南城、东城、东莞海关、大朗工商分局获评“全国文明单位”。核心价值观宣传浓厚氛围　综合运用各种载体、手段、形式，大规模、立体化、常态化宣传。打造133个核心价值观建设示范点，打造100多个核心价值观主题场所，编印出版《践行社会主义核心价值观优秀作品集》等，形成浓厚宣传氛围。举办市级“道德讲堂总堂”活动19期。表彰“东莞好人”120人、东莞“最美人物”11人，推荐入选“广东好人”1人、“中国好人”3人。文明风尚蔚然成风　截至2014年，全市注册志愿者达76.6万人，志愿组织4140个，实现机关事业单位全覆盖、社区（村）志愿服务站全覆盖、物业小区志愿服务队伍全覆盖。未成年人思想道德建设推进，公办学校“学校少年宫”实现全覆盖。举办第十届读书节。东莞全年在当当网购书量475万多册，位列“全国非直辖城市图书消费十大城市”的第十名。电影票房3.52亿元，稳居全省各市第三位。

【城市形象修复】 2014年，东莞市委宣传部组织“发现精彩”文化宣传推广活动。举办“寻找最美东莞”为主题的东莞市第六届英语口语大赛等五项分众化主题宣传活动。以东莞篮球中心落成启用、姚基金篮球慈善赛、2015年苏迪曼杯等为契机，策划篮球城市雕塑征集活动、“苏迪曼杯”系列文体推广活动，推介“东莞篮球”“运动之城”的城市名片。借助名人效应推介东莞，邀请著名影视艺术家陈道明、央视名人白岩松等来莞参加活动，“点赞”东莞；邀请莞籍杰出乡亲、香港TVB行政主席梁乃鹏率团访莞并连续推出4期专题节目为东莞“叫好”；邀请学界名师叶春生、莞籍建筑大师何镜堂撰文、授课、拍片为东莞“造势”；巧借周立波《壹周·立波秀》节目等为东莞“正名”；邀请蒋子龙等多位中国著名作家来莞采风撰文为东莞“立言”。发动民间力量推介东莞，创作推出MV《声音》《为东莞正名》等30多幅优秀作品。策划出版《影响中国的东莞人》《行动的力量》《东莞探索》等作品集。举办第四届“中国·东莞音乐剧节”。会同东莞广播电视台推出城市实用性宣传片，会同凤凰传媒推出东莞名人版城市形象宣传片，在央视综合频道推出10秒城市形象宣传短片。

【文化活力增强】 文化改革迅速有力　2014年，东莞市成立市文资办，成功入选国家基本公共文化服务标准化试点城市，出台“1+4”政策文件，推动公共文化服务标准化。创新改进“百千万文化惠民”工程。推出市直两大媒体管理模式改革，推进“两报一刊一网”改版升级和电视新闻栏目改版，实现珠三角八市电视主频道相互落地。《东莞日报》获评全国“城市日报十强”，东莞电台获评“全国最具特色市级广播电台”，东莞电视台跻身“全国城市电视台满意度前十名”，东莞阳光网成为中国十大地方门户地市网站。精品创作屡获佳绩　扶持文艺精品创作与生产，对创作项目和精品给予扶持或奖励972.85万元；制定文化名家工作室扶持办法，对文化名家工作室、文艺创作基地及粤剧团队（曲艺社）给予扶持经费487万元。启动大型连续剧《袁崇焕》和市重大历史题材美术创作工程。音乐剧《妈妈再爱我一次》等作品获评中宣部“五个一工程”奖，音乐剧《钢的琴》、歌曲《中国梦》获评广东省“五个一工程”奖；“中国作家第一村”作家工作室启用；第六届广东省群众音乐舞蹈花会东莞居全省金牌榜首；东莞合唱团获评第四届中国嘉陵江合唱艺术节金奖第一名；群众文艺作品创作总成绩连续三年获评全省总分第一名。文化产业加快发展　举办第六届漫博会。做好年度文化产业专项资金申报评审，扶持补助文化产业项目1677.2万元。认定首批市级文化产业园区（基地）、重点文化企业21个。基本完成东莞历史文化名城规划，加强石排塘尾、茶山南社等历史文化名村的保护和开发。加强民办博物馆建设的指导和扶持。

【政治防线筑牢】 中心组学习加强　2014年，东莞市完善市委中心组学习制度，创新中心组学习形式，每两个月推荐一批阅读书目，每季度通报一次各镇街党委中心组学习情况。举办6期“东莞学习论坛”、3期市委中心组学习讨论和30多次学习会。全市各镇街（园区）党委中心组开展集中学习逾500次。理论学习宣传氛围浓厚　组织学习宣讲中共中央总书记习近平系列重要讲话和十八届四中全会精神，出台《东莞市开展中国特色社会主义和中国梦宣传教育活动工作方案》，组织省、市6名专家深入全市宣讲《读本》20多场。开展党的十八届四中全会精神宣讲活动60多场。组织开展“中国梦·水乡梦”宣讲140多场。市委书记、市长带头撰写理论学习文章，各级领导干部撰写体会文章140多篇。理论研究成果丰硕　理论、社科、党史等部门围绕东莞水乡特色发展经济区机制创新、东莞“村改居”治理体系等十多个决策咨政课题，推出大批理论研究成果，获省、市领导充分肯定。在2014广东省社会科学学术年会中，东莞市有2篇论文获评一等奖。完成东莞市第三届哲学社会科学优秀成果评奖工作。

【宣传队伍合力提升】 群众路线教育实践活动扎实开展　2014年，东莞市委宣传系统各单位坚持开门搞活动，坚持立行立改，完成各项任务，集中解决理论宣讲、媒体管理、“扫黄打非”、

文明创建、庆典晚会等方面存在的“四风”问题。“大宣传”工作格局巩固　整合优化宣传文化系统资源，联动策划开展宣传活动。对新闻发言人和新闻助理的任职和配备、列席班子会议等进行明确规范，新闻发布队伍实力增强。队伍能力素质提升　举办2期全市新闻发言人培训班，系统各单位、各镇街各部门举办上百期业务培训班，提升宣传文化队伍的媒介素养和业务能力。编写《东莞宣传文化创新案例选编》等书籍。市直两大媒体以“请进来”“走转改”等多种形式，加强马克思主义新闻观教育，实现采编队伍大轮训。落实党风廉政建设责任制，开展警示教育，促进廉洁从政。（孙江峰）

**附：2014年中共东莞市委宣传部主要领导名录**

部　长：潘新潮（兼）

## 统一战线

【民主党派和党外知识分子工作】完善党外人士建言渠道　2014年，东莞市委统战部召开暑期座谈会。市委领导与各民主党派负责人就东莞市经济社会发展展开研讨，听取上年暑期座谈会上民主党派所提意见的落实情况报告。会后，市委统战部对民主党派的建言跟进落实督查，建立起民主党派意见建议落实情况例行通报制度，推动民主党派的建言献策转化为经济社会发展成果。

加强党外代表人士队伍建设　开展党外干部教育培训。市委统战部先后在市社会主义学院举办科级和科员级党外干部培训班，完善党外干部培训教育体系，发现、培养党外后备干部。建立党外代表人士实践锻炼基地，在支持做好党外干部参与全市“丰羽强翅”行动的同时，在10个镇街、市直部门和园区建立党外代表人士实践锻炼基地，探索通过选派优秀党外干部开展挂职锻炼，建立完善党外优秀人才培养机制。做好党外代表人士政治安排。新增加党外代表人士担任市政协委员、民主党派干部担任副镇长，7名党外干部担任镇街副镇长。完善党外代表人士资料库，初步建立起全市统战智库和党外干部资料档案，掌握全市党外人才和党外干部的基本情况，做好党外代表人士政治安排以及党外干部的选拔培养和使用管理。争取市委支持，推动解决市人大常委会、市政协不驻会党外领导干部生活待遇问题，激发党外代表人士参政议政的热情和积极性。

稳步推动多党合作工作纵深发展　加强民主党派代表人士政治引领，市委统战部以深化政治交接、增进政治共识为主线，组织开展坚持和发展中国特色社会主义学习实践活动，通过组织民主党派、无党派代表人士到重庆、武汉参观学习交流，开展植树节共建“同心林”等活动，增强多党合作政治共识。发挥民主党派参政议政职能。2014年暑期座谈会上，各民主党派提出关于经济社会发展的意见建议13宗，关于民主党派自身建设的意见建议8宗，其中，民建关于扶持小微企业融资、促进实体经济增长的建议，民进和农工党关于加强民主党派领导班子后备干部队伍建设等多条建议，切中东莞全面深化改革工作的要点，受到市委高度重视，由市委督查室跟进督办；市委统战部支持党外代表人士参与市委重要政策制定，专门就《中共东莞市委关于深入贯彻党的十八届四中全会精神全面推进法治东莞建设的实施意见》等文件的起草，征求民主党派、无党派人士意见。初步建立起以民主党派和无党派代表人士为主体的统一战线“智库”，针对全市各级党委政府工作建言谋策，提供科学论证、专业顾问等服务。支持民主党派加强自身建设，就民主党派市委会领导班子后备干部队伍建设问题与各民主党派协商，推进民主党派后备干部推荐工作，通过投票推荐、谈话推荐和综合考察等程序，确定56名后备干部人选。支持民主党派开展社会服务工作，推动各民主党派丰富品牌内涵，拓宽服务外延，其中民进市委会在教育帮扶基础上成立开明美术馆，农工党市委会在开展同心助医基础上开辟东莞理工学校帮扶基地等。

【非公有制经济统战工作】完善工商联组织网络　2014年，东莞市委统战部贯彻落实《东莞市委市人民政府关于加强和改进新形势下工商联工作的实施意见》，于4月底前在全市各镇街陆续挂牌成立工商联组织，形成镇街商会、镇街工商联、镇街莞商联合会联动发展的组织网络。加强非公有制经济人士团结引导　开展以“信念、信任、信心、信誉”为主要内容的理想信念教育实践活动，加强法律维权，营造良好发展环境；引导非公有制经济代表人士参政议政，向市人大、市政协提出议案42件、提案40件，向各级党政部门提出意见、建议60余件。引导参与社会公益行动　引导非公有制经济代表人士参与“广东扶贫济困日”、2014“姚基金”东莞慈善篮球赛等公益行动，世界莞商联合会，东坑、道滘、虎门、寮步、常平等商会及会员企业捐赠500多万元；市工商联组织会员企业参与产业扶贫，被国务院扶贫开发领导小组评为“全国社会扶贫先进集体”。

【港澳台海外统战工作】　2014年，东莞市委统战部针对港澳莞籍社团普遍存在的资源分散、活力不足等问题，重点推动社团领导层、秘书、义工、青年、妇女和信息员队伍建设，促进港澳莞籍社团从传统乡亲联谊型组织向社会事务参与型组织转变。香港东莞寮步同乡会和凤岗同乡会借换届之机，推荐有能力、有实力、有活力的年轻会员任社团首长。石碣同乡会成立7个村级同乡分会，为村级分会组建起带头作用；黄江同乡会成立6个村级同乡分会，成为东莞市第一个实现村级分会全覆盖的镇；茶山、常平、清溪、高埗、樟木头、寮步、桥头镇开展香港村级同乡分会筹组工作。澳门东莞凤岗同乡会成立后，澳门莞籍镇街同乡会筹建工作加速推进，虎门、茶山、道滘镇也开展工作。各级同乡会的发展巩固和增强港澳莞籍乡亲社团的凝聚力和影响力，有利于维护香港澳门繁荣稳定、支持家乡建设发展。

【2014世界莞商大会举办】　参见“民主党派·社会团体”类目第145页同名条目。

【香港东莞社团总会成立】　2014年，东莞市委统战部引导莞籍知名人士联合发起成立香港东莞社团总会，推动54个香港莞籍乡亲社团整合资源、抱团发展。动员莞籍乡亲参加社会事务，在2次重大社会活动中，创造莞籍社团参与香港社会事务活动规模最大、人数最多的纪录，激发莞籍乡亲爱国、爱港、爱乡热情，开创莞籍社团前所未有的团结向上局面，受到香港社会各界广泛关注，提升莞籍社团和旅港乡亲的凝聚力和社会影响力。在港澳莞籍社团整合过程中，推动社团领导层、秘书、义工、青年、妇女和信息员队伍建设，加快澳门莞籍镇级同乡社团组建步伐。市委统战部港澳社团联络和发展工作得到中央统战部三局、香港中联办、省委统战部和市委、市政府高度肯定，省委统战部将东莞市港澳社团建设工作列为全省的试点和重点。（姚进洪）

**附：2014年中共东莞市委统战部主要领导名录**

部　长：李小梅（兼）

## 政策研究

【政策研究概况】 2014年，东莞市委政研室围绕市委、市政府中心工作，在项目投资建设审批体制改革、外商投资管理服务改革、跨境贸易电子商务、网上办事大厅、新型科研机构、新型城镇化、创新基层社会治理、法治建设、娱乐服务场所长效监管等方面，开展深入研究，推动改革创新，助推东莞实现高水平崛起。全年完成市委、市政府重要政策文件起草20多份，各类文稿和刊物获领导批示89次。其中，获得国家和省领导批示4次、市领导批示85次。

【重要政策文件起草】 2014年，东莞市委政研室牵头起草多份全市性政策文件，推动全市改革发展。为推进新型城镇化建设，牵头起草《中共东莞市委 东莞市人民政府关于全面推进新型城镇化发展的意见》，提出建设国际制造名城、现代生态都市的发展思路；加快建设国家电子商务示范城市，制定《东莞市进一步加快电子商务发展实施意见》，提出45条创新措施；建立娱乐服务场所长效监管机制，牵头起草《关于进一步加强和规范娱乐服务场所管理的意见》和《东莞市娱乐服务场所经营行为规范》《东莞市娱乐服务场所监管工作指引》《东莞市娱乐服务场所监管问责暂行办法》《东莞市娱乐服务场所监管操作若干规定》等配套政策；推动开放型经济发展，联合市商务局制定《东莞市推动开放型经济转型升级“四大体系”实施办法》；完善水乡统筹发展机制，牵头起草《关于完善东莞水乡特色发展经济区开发建设工作机制的意见》；推进法治建设，牵头起草《中共东莞市委关于全面深化法治东莞建设的实施意见》。研究起草《中共东莞市委 东莞市人民政府关于推进农业转移人口市民化的实施意见》《东莞市重大行政决策专家咨询论证办法》等一系列政策文件。完成多份重要情况报告，起草《东莞市跨境贸易电子商务发展情况报告》《东莞跨境贸易电子商务发展的情况报告》等向中央、省、市领导汇报的跨境贸易电子商务系列报告，以及报送国家商务部的《国家跨境贸易电子商务发展扶持政策建议》，为国家和省、市决策提供参考。

【全面深化改革政策制定】 2014年，东莞市委政策研究室叠加市委全面深化改革领导小组办公室职能，牵头制定《中共东莞市委关于全面深化改革的实施意见》《东莞市2014年改革行动计划》及任务分解表，在开放型经济制度、深化市场取向等12个领域提出60条具体改革举措和要求，梳理出250项改革任务。深化项目投资建设改革，会同有关部门制定《关于深化项目投资建设审批体制改革工作的配套规定》；牵头起草《东莞市外商投资管理服务改革试点方案》，启动外商投资管理服务改革试点；创新“多证联办”改革，制定《东莞市外商投资企业网上多证联办实施办法（试行）》，并在全市外资企业全面实施，获中央和省市领导高度肯定；推进新型科研机构改革，牵头制定《东莞市加快新型研发机构发展的扶持办法》《东莞市科研用地资格审查实施方案》；创新基层社会治理机制，会同有关部门制定《东莞市创新基层社会治理综合改革实施方案》。推动跨境电商加速发展，会同黄埔海关制定《东莞市跨境贸易电子商务服务试点工作方案》，率先启用全国统一版“海关跨境贸易电子商务服务平台”，完成“全国第一票”跨境电商货物通关。加快建设网上办事大厅，牵头制定《2014年拓展完善广东省网上办事大厅东莞分厅工作方案》《2014年东莞市企业专属网页和市民个人网页建设工作方案》《2014年东莞市电子证照系统建设工作方案》等制度规范，并多次向省市领导汇报工作经验。市委改革办先后组织筹备5次市委全面深化改革领导小组会议，审议27份改革文件和事项，向省委改革办报送8次东莞市改革工作情况报告和25期《东莞改革工作简报》。

【跨境电子商务推进】 2014年，东莞市委政研室承担市跨境电子商务办职能，成功承办多场大型重要会议和活动。7月，筹办海关总署跨境贸易电子商务通关服务平台在莞试点启动仪式，推动完成“全国第一票”跨境电商货物通关。8月，承办东莞跨境电商百日招商、百日集货、百日培训、百日聚才、百日宣传、百日服务的“六个一百”活动启动仪式。10月31日至11月2日，在厚街国际展览中心承办2014广东21世纪海上丝绸之路博览会主题展示和2014广东21世纪海上丝绸之路国际论坛暨专家咨询会。联合市商务局、市跨境电商协会，举办首届“东莞跨境电商O2O外贸交易会”，实现线上线下交易超1.5亿元。

【网上办事大厅建设推进】 2014年，东莞市委政研室承担市网上办事大厅建设办职能。5月，承办全省网上办事大厅建设现场会。11月，举办“多证联办”新闻发布会，全面实施外商投资“多证联办”。

【市长经济顾问咨询会议承办】 2014年，东莞市委政研室承担市长经济顾问办等职能，于6月承办第二届世界莞商大会高峰论坛，邀请重量级财经界名人与莞商代表围绕“莞商的转型与二次创业”主题进行互动；12月，承办2014年东莞市长经济顾问专题咨询会，邀请7位市长经济顾问为东莞谋划“十三五”建言献策。

【政策咨询服务水平提高】 2014年，东莞市委政研室结合市委、市政府工作部署，围绕“三旧改造”、土地改革、农民住房交易、工业用地弹性出让、新能源汽车产业发展、二手房交易便利化措施、项目投资建设审批、跨境贸易电子商务发展、政务服务信息化建设、社会管理创新等热点难点问题，深入基层、企业、村组，借鉴兄弟省、市经验，开展系列专题调研。安排专人跟读50余份部委、各地报刊、微信号，结合东莞发展，汇编有效信息，定时上传阅报微信群及业务系统，形成参阅资料信息库。完成对台金融情况、国有企业改革、节能减排政策、村组债权追收、服务贸易自由化、功能区管委会职能机制、单一窗口、创新基层治理综合改革、21世纪海上丝绸之路研究动态、新型城镇化、保税展示交易政策等70多份专题《政策预研》和《决策参考》，为市委、市政府重大决策部署提供重要参考。汇编出版《步兵操练笔记》，将业务工作要领和业务流程总结提炼，实现业务指导和培训工作常态化，提高工作人员业务素质和水平。（卜鹏学）

**附：2014年中共东莞市委政策研究室主要领导名录**

主　任：邓　涛

## 机构编制

【新一轮政府机构改革】 调整理顺部门职责　2014年，东莞市政府机构改革和职能转变领导小组在取消有关部门113项职责的基础上，按照“一件事由一个部门管理”原则，推进职责整合。将市经济和信息化局节能减排综合协调职责、市人口和计划生育局的研究拟订人

口发展战略、规划及人口政策划入市发展和改革局；将市经济和信息化局酒类流通管理职责划入市食品药品监督管理局、生猪定点屠宰监督管理职责划入市农业局；将市城市管理综合执法局对未取得医疗机构执业许可证、擅自开展诊疗行为的监督检查、行政处罚、行政强制职责划入市卫生和计划生育局，对无证照生产、经营食品行为的监督检查、行政处罚、行政强制职责划入市食品药品监督管理局，其他职责划入市城市综合管理局。

整合优化部门设置　按照精简效能、上下对应原则，对有关机构进行整合，不再保留4个政府工作部门，新组建2个政府工作部门，并做好2个部门的承接工作。组建市卫生和计划生育局，将市卫生局的职责、市人口和计划生育局的计划生育管理和服务职责、市发展和改革局的医药卫生体制改革办公室职责整合划入市卫生和计划生育局，不再保留市卫生局、市人口和计划生育局；将市对外贸易经济合作局、市口岸局的职责以及市经济和信息化局的商贸流通管理职责整合，组建市商务局，挂市口岸局牌子；根据市工商行政管理局、市质量技术监督局由省垂直管理机构调整为市政府工作部门的部署，开展有关承接工作。

精简调整有关机构　结合政府机构改革，按照精简效能原则，推进有关机关事业单位整合，理顺职责工作关系，提升机构工作效能。不再保留市物价局，将其职责划入市发展和改革局；市城市综合管理局内设综合执法支队，不再保留市城市管理综合执法局；将市中小企业局调整为市经济和信息化局的内设机构；市新莞人服务管理局调整为在市人力资源局加挂牌子；将市公路管理局调整为市交通运输管理局管理的事业单位。

【行政审批制度改革推进】　压减审批事项2014年，东莞市转变政府职能决策咨询委员会继续开展对75个部门职能及审批事项的清理工作，于5月30日公布实施《东莞市人民政府2014年行政审批制度改革事项目录（第三批）》，取消行政审批事项31项、日常管理事项50项，转移日常管理事项12项，下放经济社会管理权限58项，使行政审批事项累计压减68.1%、日常管理事项累计压减67.5%。结合镇港统筹发展体制改革，将沙田镇纳入简政强镇事权改革范围，将515项事权下放行使。

优化审批流程　坚持便民原则，推进审批流程再造，使审批办事方便快捷。精简审批办理程序，简化规范审批的办理条件、申报材料、办理时限、办理环节等，促使审批提速增效，39个单位一大批事项审批时限压减幅度达50%以上；推进审批标准化建设，选定市经信局等26个单位作为试点，探索推进行政审批标准化建设，制定办事指南、业务手册367套，优化业务流程；推进审批事项网上办理，结合网上办事大厅建设，推进有关事项网上办理，实行动态管理。

加强审批监管　采取多项措施强化后续监管，规范用权。经市政府同意于5月出台《东莞市行政审批事项目录管理办法》，对东莞市保留的行政审批事项和日常管理事项实行动态管理。印发《关于做好第三批行政审批制度改革取消和下放事项实施工作的通知》，要求各有关单位针对取消事项、下放事项逐一制定切实可行的实施方案，督促抓好后续监管工作。

【水乡片区管理体制搭建】　2014年，东莞市加快推进搭建水乡片区行政管理体制，根据《广东省机构编制委员会办公室关于设立东莞水乡特色发展经济区管理委员会的函》精神，设立东莞水乡特色发展经济区管理委员会，为市政府正处级派出机构，并印发《东莞水乡特色发展经济区管理委员会主要职责内设机构和人员编制规定》；设立东莞市城乡规划局水乡分局，为市城乡规划局派出机构，正科级建制，实行双重管理，以市城乡规划局管理为主；成立东莞市水乡规划中心，正科级，为直属市城乡规划局管理的公益一类事业单位，主要任务是协助市城乡规划局水乡分局开展城乡规划编制工作。

【事业单位管理体制创新】　公共资源交易平台搭建　2014年，东莞市根据省部署，推进建立"政府引导、市场运作、规范透明、监管有力"的公共资源交易平台。加强统筹协调，成立东莞市公共资源交易工作委员会，作为公共资源交易工作的议事协调机构，负责公共资源交易的决策、协调、监督、指导等工作，日常工作暂由市财政局承担；建立统一平台，整合市政府采购中心、市建设工程交易中心、市土地交易中心，组建市公共资源交易中心，将政府采购、政府投资工程招投标、土地使用权转让等公共资源交易事项纳入该中心开展；实行综合监督，理顺工作关系，建立行政主管部门监督、职能部门监督、社会监督相结合的全方位监督体制。

基层事业单位调整　对镇街有关事业单位管理体制进行调整优化，整合基层公共服务资源。推进卫生监督职能划转，将镇街公立医院卫生监督职能划入各镇街食品药品监督站，并在各镇街食品药品监督站增挂"卫生监督所"牌子；推进疾病预防控制职能划转，将镇街公立医院疾病预防控制职能划入各镇街社区卫生服务中心，并在各镇街社区卫生服务中心增挂"疾病预防控制中心"牌子；明确市政、水务管理分工，结合水务管理体制改革，重新调整各镇街公用事业服务中心及水务工程建设运营中心设置，明确划分市政、水务管理分工。

事业单位法人治理探索　在建立东莞市博物馆、东莞市康复医院法人治理结构的基础上，将东莞市图书馆纳入试点，建立起市图书馆的议事和决策机构（理事会）、执行机构（图书馆管理层），制定章程，制定年度工作报告制度、信息公开制度、绩效评估制度等，基本建立起事业单位法人治理结构。

【机构编制实名制管理】　2014年，东莞市编办开发网页版的实名制管理系统，在将系统管理端口开放给全市32个镇街基础上，进一步开放给90多个市级部门使用，搭建全覆盖的实名制管理网络，并将市、镇两级财政供养的编外人员纳入实名制管理。依托实名制管理网络，赋予有关机关事业单位一定权限，推进业务网上办理，其中销编、修改人员信息实现全程网上办理，列编大部分环节实现网上办理。

【机构编制核查】　2014年3月，东莞市编办开始启动全市机关事业单位机构编制核查工作，采取书面核查和实地核查相结合的办法，对全市机关事业单位进行核查，其中书面核查率达到100%，实地核查率达到68.7%。对核查中发现的机构编制管理问题，协同有关单位制定具体措施、明确具体时限，抓好整改工作，促使规范管理。

【市级议事协调机构清理】　2014年，东莞市编办全面清理政府序列议事协调机构，精简机构规模，经市政府同意，撤销市级议事协调机构56个，暂保留议事协调机构117个，减幅为32.4%。

（刘康全）

附：2014年东莞市机构编制委员会办公室主要领导名录

主　任：祁达洪

为党建工作规范化建设提供参考。

## 机关党建

【直工委概况】 2014年，中共东莞市直属机关工作委员会内设办公室、组织科、宣教科、群团科4个职能科室和市直机关武装部及市直纪工委。直管党组织103个，其中党委66个，党总支13个，党支部24个；管理基层党组织1301个，机关党员2.63万人。

【“双强双争”党建主题活动】 2014年，东莞市直工委围绕市委中心工作，以“双强双争”（强作风、强服务，争当工作标兵、争做形象表率）党建主题活动统领党建工作，力推抓党建与促发展结合，扎实开展活动，推进机关党建向中心聚焦、党员创先争优向大局聚力，服务群众向“最后一公里”聚集。全年创建机关党员先锋服务岗900多个、机关党员先锋服务队200多支，评选出29个服务型党组织示范点、77个党员服务之星。落实市委书记徐建华关于企业反映办事难“窗口”问题的批示精神，发挥机关党组织和党员带头示范作用，推进“窗口”服务持续优化，一批群众反映服务热点、难点问题得到解决。

【机关党组织集中换届】 2014年，东莞市直工委加强机关党组织换届选举工作指导，对到期和即将到期换届的直管机关党组织，统一安排集中在八九月进行换届选举。出台《集中换届选举指导意见》，编印《机关党组织换届选举工作指南》，为换届工作提供规范和指引；加强工作把关，对换届党组织实行分组联系、现场指导，保证各党组织换届选举工作顺利完成，全年有70个党组织完成换届或改设。通过集中换届，调整和增配专职副书记34名，超期多年未换届、党组织设置不合理、班子不健全的问题得到解决，机关党组织班子建设有力加强。

【机关党务规范化建设】 2014年，东莞市直工委根据机构改革、党员变化等情况，及时做好组织设置管理。梳理完善机关党务工作制度，编印《机关党务工作规程》《市直机关入党积极分子、预备党员培养考察情况记录手册》，对基层组织建设、换届选举、专职副书记配备、党员发展和教育管理等工作进行规范和指引；召开机关党建交流研讨会，就机关党建重点难点亮点工作深入交流研讨，形成一批理论和实践成果，

【机关党员教育管理】 2014年，东莞市直工委调整思路，改进方式，提升党员教育管理针对性和实效性。完善机关党员学习平台，邀请中央党校等国内著名学者举办专题讲座，提高“机关大学堂”的品位和影响力，受到机关党员干部广泛好评。集中培训党员干部6826人次，比上年增长100%，党员培训质量、数量明显提升；启动党组织书记党性锤炼工程，计划每3年对党组织书记全员轮训一遍，首期培训班在井冈山举办；贯彻落实新修订的《发展党员工作细则》，加强发展党员计划管理，保证机关党员发展需求，严格把好发展党员各个关口，2014年发展党员854名，预备党员转正947名。

【机关党员志愿服务活动】 2014年，东莞市直工委按照市委建设“志愿之城”要求，引导机关党员走出机关，深入基层开展常态化志愿服务活动。成立机关党员志愿服务队310支，参与党员1.4万名，开展党员志愿服务项目766个，基本实现党员志愿队伍组建全覆盖、在职党员登记全覆盖、服务项目开展全铺开；组织机关党员开展“政策服务进园区，机关党员当先锋”主题志愿服务活动，为松山湖高新区企业和人才员工提供政策解释、业务指导和信息咨询服务，较好地解决松山湖高新区某高新企业软件退税等问题，有效延伸机关服务基层链条，为机关开展志愿服务探索新路径。

【机关“五廉”活动】 2014年，东莞市直工委以提高党员干部思想道德修养为根本目的，切实改进机关工作作风，深入开展学习知廉、岗位守廉、案例警廉、文化倡廉和制度强廉的“五廉”活动。落实机关党风廉政建设责任制，加强对党员干部的形势教育、廉政责任教育、警示教育，营造学廉、崇廉、守廉、倡廉良好氛围，机关廉政文化建设更加深入。

【机关党代表工作室建设】 2014年，东莞市直工委做好机关党代表工作室建设，开放45期，接收案件110宗，接见群众近300人次，发挥机关党代表工作室知党情、听民意、促和谐的桥梁作用。

（吴九华）

**附：2014年中共东莞市直属机关工作委员会主要领导名录**

书　记：黄　薇

## 接待工作

【接待概况】 2014年，东莞市接待办接待内宾、重要港澳台侨宾客532批3.27万人次，比上年批数下降3.1%、人次下降10.7%。其中中央领导13批，上升8.3%；省部级领导155批206人，批数下降18.4%；地、县级领导364批2.60万人次，批数上升4.9%、人次上升1.4%；部队领导27批，下降12.9%。来莞的党和国家领导人有：中共中央政治局委员、国务院副总理汪洋，中央政治局委员、广东省委书记胡春华率省委调研组来莞6次，全国人大常委会原副委员长桑国卫，全国人大常委会原副委员长热地；全国政协副主席、民进中央常务副主席罗富和，全国政协副主席、国家民族事务委员会主任王正伟，最高人民法院原院长肖扬来莞2次。

【大型会议活动接待】 2014年，东莞市接待办全力配合、参与东莞市主办、承办的大型会议活动，重点做好广东省网上办事大厅建设东莞现场会，广东省推进珠三角“九年大跨越”现场会，2014中国加工贸易产品博览会，2014世界莞商大会，第六届漫博会，2014首届珠三角（东莞）水处理国际创新交流会，全省新型研发机构建设工作现场会，2014年市台协21周年庆典活动，五市联席会议，2014年广东省21世纪海上丝绸之路国际博览会，广东省第八届老年人运动会，2014年中国（国际）科技合作周，全国电机能效提升工作现场会，全国“数控一代”工作交流会等重大活动接待工作的统筹协调，完成参会的重要领导、贵宾接待工作。

【重要团队来访及市领导外出保障服务】 2014年，东莞市接待办做好后勤保障服务，完成省委第二巡视组、省委党的群众路线教育实践活动第六督导组、江西省党政代表团以及省内韶关、揭阳、广西河池、福建漳州党政代表团来访的接待工作；做好东莞市党政代表团赴清远市、韶关市，新疆喀什市，内蒙古呼伦贝尔市考察，以及市领导带队前往浙江省、江苏省部分城市交流拜访的后勤服务保障工作。　（蔡春女）

**附：2014年东莞市委、市政府接待办主要领导名录**

主　任：梁　燕

## 党校工作

【干部培训轮训概况】　2014年，中共东莞市委党校（东莞市行政学院、东莞市社会主义学院）完成计划内主体班67期5283人次，培训期数和人次比上年分别增长11.67%和110.56%，其中，培训市直处级领导干部304人次，镇街领导干部166人次，科级干部333人次，一般干部4480人次。在办好主体班次的同时，围绕中央、省、市委工作部署举办践行党的群众路线、学习贯彻十八届三中全会精神等培训班；协助市有关部门开展全市村（社区）党工委书记全员培训；网络学院举办“行政机关公务员职业道德建设”全员网络培训班7期1.99万人次，开展全市公务员学法在线考试，有9998人参加。科学制定教学实施方案，围绕中共十八届三中、四中全会精神和中共中央总书记习近平系列重要讲话精神，省委、市委全会精神和“党的群众路线教育实践活动”以及市委、市政府中心工作设置教学专题和教学活动，在各主体班次开设马克思主义基本理论、党史、国史、党性教育以及经典原著导读等专题课程，帮助领导干部坚定理想信念、强化廉政意识和提高推动科学发展的能力。专题研讨班调训注重岗位对口，中共十八届四中全会精神专题研讨班专门调训镇街副书记、政法委、公检法等政法系统干部，就落实四中全会精神、加强依法治市进行培训，水乡特色发展经济区专题研讨班主要调训水乡片区领导干部。

【党校教学改革】　2014年，中共东莞市委党校在中青班等主体班次新采用七步教学法、模拟听证会等教学形式，调动“教”“学”两方面创造性，促进教学相长、学学相长。首次开展收集学员需求活动，并及时整理，为调整课程内容和组织教学提供参考。探索在处级干部轮训班、中青年干部培训班开设心理调适课程，受到学员欢迎。通过购买服务，邀请国内知名学家、专家来校为学员作专题报告，报告会的档次和水平得到较大提高。抓好新课试讲和集体备课，严把新设专题质量关。开展校内公开课并组织交流讨论，示范效应明显。优化评教制度，适时调整学员考核办法，使干部培训考核更加符合实际。创

## 中共东莞市委党校

2014年2月24日，东莞市市管干部学习贯彻习近平总书记系列讲话精神研讨班在市委党校举行开班仪式，市委常委、组织部部长、党校校长甄瑞潮出席并作动员讲话

新教学管理形式，成立教学督导组，组织专门力量加强课堂教学监管评估。加强现场教学管理，组织教学人员到中山等地党校调研观摩，邀请省委党校专家作专题辅导，召开现场教学研讨会进行专题交流。建成危机管理和媒体沟通2个情景模拟实训室并投入使用，同步启动校内模拟实训课程开发，成立课题组开展专项攻关，为全面铺开模拟实训教学打下基础。

【党校科研资政】 2014年，中共东莞市委党校取得科研成果125项，比上年多13项，其中，在各级各类报刊公开发表论文45篇，出版专著2部；获得省委党校立项7项、省社会主义学院立项2项，“社会组织推动企业社会责任研究”课题获得省哲学社会科学“十二五”规划立项；《新生代农民工社会保险参保意愿及其影响因素》被人民大学复印报刊资料全文转载。2014年，围绕东莞全面深化改革的重大问题，确立“东莞土地节约集约利用研究”“东莞流动人口社会融入政策研究”“东莞镇（街）廉政方略研究”“东莞政府机构分片设置与职能界定研究”“以权力清单制度建设为突破口的东莞行政审批制度改革研究”“东莞城市形象的提升与传播研究”“东莞运用较大的市立法权之前期研究”7项重点课题，及时组织课题成果鉴定会，邀请专家学者对7项重点课题进行评审鉴定，颁发结项证书。制订出台《科研工作管理制度（试行）》及《科研经费管理暂行办法》，明确界定各项科研工作任务具体要求和各类科研成果经费管理标准。成立市情研究中心，将有决策参考价值的主体班学员调研报告和部分校内重点课题成果进行转化，作为资政报告报送市委、市政府和相关部门参阅，其中《东莞土地节约集约利用的“一二三”战略》《东莞市跨境电子商务发展调研报告》得到市委主要领导批示。创立并成功举办2期“东莞党校文化沙龙”，邀请专家、学者和东莞企业家分别就“全面推进法治东莞建设畅谈”和“新常态下的新东莞——当前经济形势研判暨2015年经济展望”展开讨论，受到社会关注。将《东莞党校》更名为《莞邑论坛》并进行改版。

【党校理论宣讲】 2014年，中共东莞市委党校通过“周日党课”和“送理论下基层”等平台开展理论宣讲100场次，其中，举办“周日党课”10期，培训2408人次。抽调教学骨干力量，配合市有关部门完成“十八届四中全会精神”“社会主义核心价值观”“中国梦·水乡梦”等主题宣讲。安排教师接受东莞电视台等媒体采访10余次，在《南方日报》《东莞日报》等党报上发表理论文章12篇。

【校（院）改革发展战略研究】 2014年，中共东莞市委党校根据东莞全面深化改革战略部署和干部培训要求，精心组织、集中力量推动校（院）改革发展

2014年10月20日，中央党校哲学教研部副主任董振华教授来市委党校作题为《关于社会主义核心价值观的几个问题》的专题报告

战略研究，成立调研起草小组，推进研究工作。经过深入调研、广泛讨论、反复推敲、多易其稿和集中审定后，制定出台《新形势下进一步推动校（院）改革发展的意见》和与其相配套的《教学品牌工程实施方案》《科研精品工程实施方案》《人才强校工程实施方案》《服务管理优化工程实施方案》《校园文化工程实施方案》《党建科学化工程实施方案》"1+6"文件，确立"建设全国一流地市级校（院）"的发展总目标，"实事求是、忠诚进取"的校（院）精神和"以人为本、开放兼容、改革创新、追求卓越"的办学理念，为推动校（院）新一轮改革发展拟定行动规划和工作指南。

【东莞社会建设研究院】 2014年，东莞社会建设研究院立足工作实际需要，加强和规范研究院课题管理、财务管理、学术团队合作等工作，为构建科学管用的运行机制、提升研究院工作水平夯实基础。扎实开展课题研究，完成2013年度2项重点课题结题，推动研究成果转化利用，其中，"推进东莞基本公共服务均等化战略研究"课题成果得到市政府主要领导批示，被批转市有关部门参考学习。组织推动"东莞水乡特色经济发展区公共服务供给模式研究"等2014年3项重点课题和一般课题研究工作，形成初步研究成果。院刊顺利创刊，《社会建设研究》（第一辑）以"以书代刊"形式由社会科学文献出版社出版。（刘　晓）

**附：2014年中共东莞市委党校主要领导名录**

校　长：甄瑞潮（兼）

① 2014年2月20日，市委党校召开党的群众路线教育实践活动动员会议

② 2014年3月3日，市委党校、市行政学院、市社会主义学院2014年开学典礼在市委党校大报告厅举行

③ 2014年12月4日，第一期"东莞党校文化沙龙"举办，主题为"全面推进法治东莞建设"

## 东莞市人民代表大会

【东莞市十五届人大四次会议】 于2014年1月7—9日在东莞市会议大厦举行。会议听取、审议和批准东莞市人民政府工作报告；审查批准关于东莞市2013年国民经济和社会发展计划执行情况与2014年计划草案报告、东莞市2014年国民经济和社会发展计划，关于东莞市2013年预算执行情况和2014年预算草案报告、东莞市2014年市级预算；听取、审议和批准东莞市人民代表大会常务委员会工作报告、东莞市中级人民法院工作报告和东莞市人民检察院工作报告。会议选举李满堂为市人大常委会副主任，方茂明为市人大常委会秘书长。大会表决通过《加快水生态文明进程 建设幸福美丽东莞的议案》的决议。大会设立旁听席，接受55名公民旁听第一次全体会议，并召开旁听人员座谈会。会上旁听人员提出25条意见，经综合整理后交市政府办理。

【人大监督工作实施】 听取和审议专项工作报告 2014年，东莞市人大常委会通过提前介入、加强初审调研、加强审计、做好跟踪监督等方法，采用常委会会议和主任会议审议相结合的监督方式，加强对财政预算、预算执行、审计及社保基金等公共财政资金使用情况的监督，提高监督实效，确保公共财政稳健运行。听取和审议东莞市2013年社会保险基金预决算情况报告、2013年决算草案和2014年上半年预算执行情况报告、2013年度市级预算执行和其他财政收支情况审计报告、市2014年财政预算超收收入使用计划的报告；听取和审议市政府关于东莞市商事登记制度改革、农村综合改革、学前教育、开展新一轮绿化东莞大行动的工作情况报告；听取和审议市政府关于《加快水生态文明进程 建设幸福美丽东莞议案》办理情况报告、市政府关于办理市十五届人大四次会议代表建议办理情况报告和东莞市2014年财政预算调整报告。专题调研 对东莞市司法体制改革、宗教场所建设情况、整治“涉黄”工作、反贪污贿赂、渎职侵权工作情况进行专题调研或督导调研。视察检查 视察东莞市篮球馆、网球馆建设、公共文化服务体系建设、岭南水乡特色农业发展情况和水乡特色发展经济区水环境综合整治工作，检查全市贯彻实施《刑法》《刑事诉讼法》的情况。跟踪监督 跟踪督办市政府治理茅洲河、石马河流域污染的工作。在配合省人大督办石马河污染整治的工作中，总结监督工作经验，形成党委领导、人大监督、政府统筹、部门推进、流域各相关地区联动的工作机制，得到省人大充分肯定。结合省人大监督

### 重点督办的东莞市十五届人大四次会议代表建议

| 建议题目 | 督办领导 |
|---|---|
| 关于完善东莞市社区卫生服务建设，真正实现“小病进社区”的几点建议 | 黄双福 |
| 关于加快启动松山湖大道两侧和市篮球中心周边地区开发建设的建议 | 王道平 |
| 关于加强学前教育师资建设的建议 | 周楚良 |
| 关于加强对物流快递行业监管力度的建议 | 郭　水 |
| 关于推进生态文明建设，加快银瓶山森林公园清溪片区建设的建议 | 尹景辉 |
| 关于继续加大治理东莞市道路交通拥堵力度的建议 | 李满堂 |
| 关于农村管理体制创新的建议 | |
| 关于加大对城市“牛皮癣”整治力度的建议 | |
| 关于改善律师执业环境的建议 | |
| 关于加强建设市场监管体系的建议 | |

### 2014年东莞市人大常委会主要工作

| 序号 | 一、常委会听取和审议专项工作报告、决定重大事项 | 时间 |
|---|---|---|
| 1 | 关于东莞市商事登记制度改革情况报告 | 4月 |
| 2 | 关于依法行政工作情况报告 | 6月 |
| 3 | 关于2013年东莞市社会保险基金预决算情况的报告 | 6月 |
| 4 | 关于东莞市2013年决算草案和2014年上半年预算执行情况的报告 | 8月 |
| 5 | 关于东莞市2013年市级预算执行和其他财政收支情况的审计工作报告 | 8月 |
| 6 | 关于办理市十五届人大四次会议代表提出的建议、批评和意见的情况报告 | 8月 |
| 7 | 关于东莞市农村综合改革工作情况报告 | 8月 |

续表

| | | |
|---|---|---|
| 8 | 关于东莞市学前教育工作情况报告 | 10月 |
| 9 | 关于东莞市开展新一轮绿化东莞大行动的情况报告 | 10月 |
| 10 | 关于《加快水生态文明进程 建设幸福美丽东莞的议案》办理情况的报告 | 12月 |
| 11 | 东莞市2014年财政预算调整报告 | 12月 |
| 序号 | 二、视察和执法检查 | 时间 |
| 1 | 视察东莞市篮球馆、网球馆建设情况 | 3月 |
| 2 | 视察东莞市公共文化服务体系建设情况 | 6月 |
| 3 | 视察东莞市岭南水乡特色农业发展情况 | 7月 |
| 4 | 检查东莞市贯彻实施《刑法》《刑事诉讼法》的情况 | 10月 |
| 5 | 视察东莞市水乡特色发展经济区水环境综合整治工作 | 10月 |
| 序号 | 三、专题调研 | 时间 |
| 1 | 关于东莞市司法体制改革的专题调研 | 6月 |
| 2 | 关于东莞市宗教场所建设情况的专题调研 | 8月 |
| 3 | 关于东莞市整治“涉黄”工作的调研 | 7–8月 |
| 4 | 关于东莞市反贪污贿赂、渎职侵权工作情况的调研 | 10月 |
| 序号 | 四、跟踪监督 | 时间 |
| 1 | 跟踪监督东莞市公立医院改革情况 | 8月 |
| 2 | 跟踪监督推进东莞市气象现代化建设情况 | 8月 |
| 3 | 监督东莞茅洲河流域污染整治工作 | 8月 |
| 4 | 跟踪监督东莞市食品药品安全监督工作 | 11月 |
| 5 | 督促市政府加强石马河流域污染整治工作 | 全年 |
| 6 | 协助省人大督办石马河流域污染整治工作 | 全年 |
| 序号 | 五、主任会议审议事项 | 时间 |
| 1 | 关于市2013年第四季度追加财政预算资金使用情况 | 2月 |
| 2 | 关于东莞市2014年第一季度市追加财政预算资金使用情况的报告 | 5月 |
| 3 | 关于东莞市2014年第二季度市追加财政预算资金使用情况的报告 | 7月 |
| 4 | 关于东莞市2014年第三季度市追加财政预算资金使用情况的报告 | 10月 |
| 5 | 关于东莞市2014年第四季度市追加财政预算资金使用情况的报告 | ① |
| 序号 | 六、代表工作 | 时间 |
| 1 | 组织东莞市的全国和省人大代表就东莞市“双转移”产业园建设情况开展专题调研 | 6月 |
| 2 | 举办2014年市人大代表培训班 | 7月 |
| 3 | 开展“市镇人大代表活动日”活动 | 10月 |
| 4 | 组织东莞市的省人大代表视察东江水源保护区 | 10月 |
| 5 | 督办市第十五届人大四次会议代表提出的建议。特别是对“关于继续加大治理东莞市道路交通拥堵力度的建设”等10项建议，分别由市人大常委会领导及各工委牵头进行重点督办 | 全年 |
| 6 | 组织东莞市的全国和省人大代表开展集中视察 | 11月 |
| 7 | 开展评选优秀市人大代表活动 | 10月起② |
| 8 | “市长约请人大代表座谈会”活动 | 12月 |

注：①2015年1月。②至2015年2月。

工作计划，制定东莞市具体监督工作方案，引入第三方评估机制，形成省、市人大上下联动监督工作格局，多方联动，使监督效果不断增强，较好地完成省人大交办的监督整治任务。跟踪监督市公立医院改革、继续跟踪监督推进市气象现代化建设情况和市食品药品安全监督工作。*信访工作* 全年信访总量529宗，办结518宗，办结率为98%。继续开展常委会领导接访日活动；密切机关党员干部与群众之间联系，组织人大机关副处级以下党员干部和机关新任职人员轮流在办公室信访科值班，服务来访群众。

**【重大事项讨论决定】** 2014年，东莞市人大常委会先后作出关于召开人代会、补选市人大代表、接受部分代表辞去代表职务、批准市级决算等决定决议12项；依法终止3名市人大代表的资格。及时讨论东莞市经济社会发展中的重大问题，作出《关于批准东莞市2013年市级决算的决议》《关于批准东莞市2014年财政预算调整方案的决议等决议》。

**【人事任免依法进行】** 2014年，东莞市人大常委会依法任命干部735名，其中：人大系列15名，政府系列15名，法院系列672名，检察院系列33名；免职干部72名，其中：人大系列11名，政府系列14名，法院系列35名，检察院系列12名。

**【人大代表工作开展】** *创新联系代表方式* 2014年，东莞市人大常委会制定新制度，制定和实施《东莞市人大常委会约请代表日制度》《市人大常委会走访代表制度》。走访人大代表100多人次，约请市人大代表29名，收集意见45条，加强常委会与人大代表双向联系。搭建载体，设立77个人大代表工作室，密切代表与群众联系。有330名代表参加工作室工作，接待群众1023人次，收集意见建议531条，解决意见建议420件。拓展渠道，邀请代表列席常委会会议，参加视察、检查、调研、座谈等活动。建立机制，评选优秀市人大代表，激发代表履职积极性，评选出优秀市人大代表60名。*多措并举督办议案* 为增强议案办理效果，制定《关于加快水生态文明建设 重点开展我市水环境综合整治工作情况监督的工作方案》，密切与水乡管委会、水务、环保、城管、农业等有关部门的联系与沟通，深入调研，重点开展对石马河、茅洲河流域污染整治以及水乡地区水环境综合治理的监督工作，并于11 月组织召开省、市环保咨询专家研讨会，邀请专家把脉东莞水生态文明建设。*组织好闭会期间活动* 提高代表履职意识和水平，完成该届市人大代表集中轮训，为代表订阅人大工作杂志等学习资料。多种形式开展“市镇代表活动日”活动，组织人大代表视察、调研、座谈或自由走访等。组织代表参加市长约请代表活动，建言献策。组织代表参与行风评议、检察监督等各项社会活动827人次。注重发挥在东莞市的全国和省人大代表的作用，实地调研“双转移”产业园建设情况，视察东江水源保护情况，为东莞市经济发展和环境保护工作提出建议。

**【人大代表议案和建议督办】** 2014年，东莞市人大常委会推动代表建议办理从“答复型”向“落实型”转变。市十五届人大四次会议147件建议的办理工作，代表满意率达100%，解决率达44.2%。确定《关于完善东莞市社区卫生服务建设，真正实现“小病进社区”的几点建议》等10件重点督办建议（见附表），由常委会5位副主任和秘书长分别牵头督办，并在《东莞日报》上公示，加大督办力度，重点建议解决率为100%。代表建议的情况报告；继续深化

## 2014年东莞市人大常委会机构设置

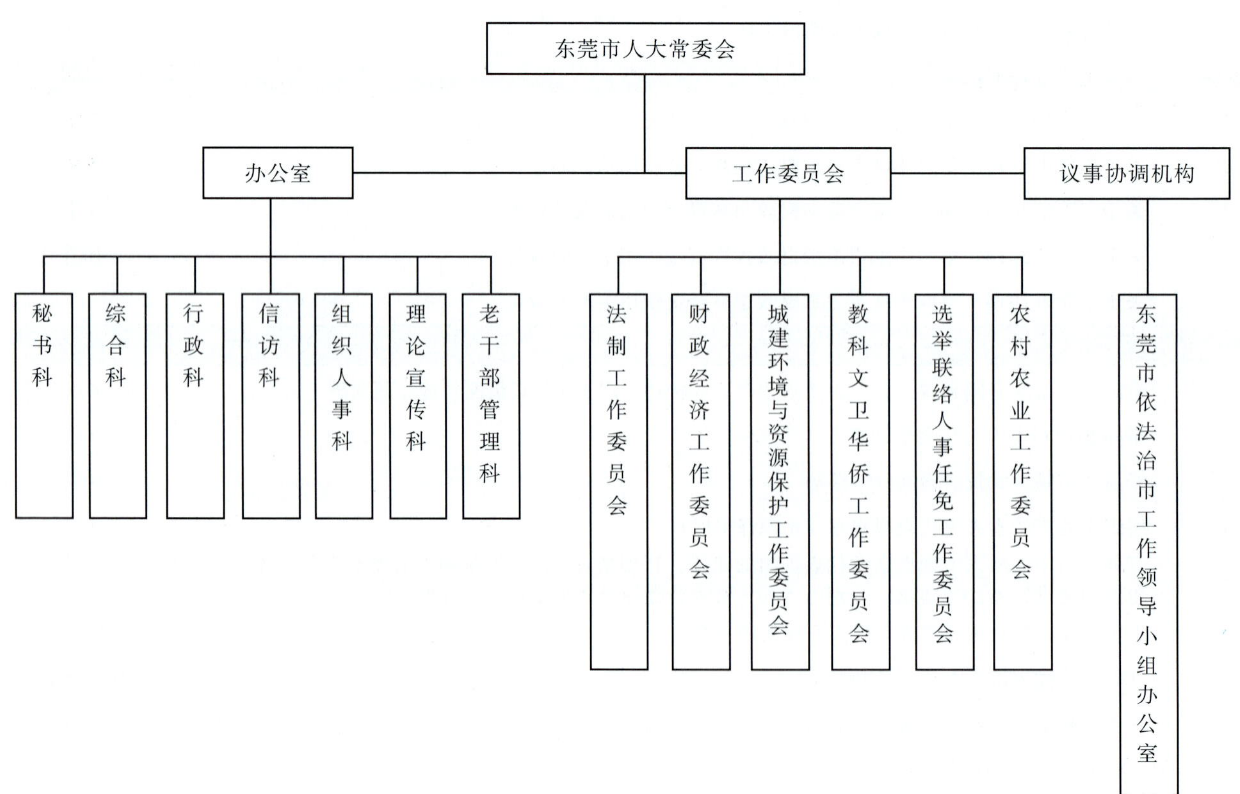

市人大代表建议督办情况通报会制度；注重做好日常督办工作，加强与市府办督查室、承办单位和人大代表联系沟通，掌握代表建议的办理进度和结果，促进办理工作的落实。

【基层人大工作指导】 指导基层人大依法履职 2014年，东莞市人大常委会指导镇人代会依法、规范、及时召开；指导镇人大依法对行政区域内的重大事项行使决定权；指导镇人大依法、补选市人大代表，选举产生部分地方国家机关领导；指导基层人大组织代表开展闭会期间各项活动。开展基层人大建设情况调研，全面梳理东莞市基层人大履职状况和存在问题，形成专题调研报告，探讨基层人大履职的方式方法，为加强和改进基层人大工作，发挥基层人大在民主法治建设和经济社会建设中的积极作用，提出意见和建议。组织基层人大干部培训 7月，举办全市镇街人大干部培训班，组织市镇街人大干部学习依法行政责任制与行政执法监督等知识，围绕运用法制思维和法制方式解决实际问题进行学习和探讨。常委会领导及相关工委领导加强与基层人大的联系和工作指导，应邀讲授人大工作辅导课。加强沟通交流 常委会高度重视镇街人大之间的沟通交流工作，推广先进工作经验。推动镇街之间互通工作信息，交流工作经验，加强联系沟通，互相学习提高。横沥镇人大应邀参加全国县乡人大工作研讨会，介绍横沥镇人大在发挥代表资源优势、调动代表履职积极性、密切联系群众、为基层服务的做法，为其他基层人大工作提供经验。 （彭 玲）

【东莞市人大常委会机构设置】 截至2014年，东莞市人大常委会下设6个工作委员会：市人大常委会法制工作委员会、市人大常委会财政经济工作委员会、市人大常委会城建环境与资源保护工作委员会、市人大委员会教科文卫华侨外事工作委员会、市人大常委会选举联络人事任免工作委员会、市人大常委会农村农业工作委员会；1个处级办事机构：市人大常委会办公室；1个议事协调机构：市依法治市工作领导小组办公室。

常委会办公室和工作委员会共设职能科（室）13个：秘书科、综合科、行政科、人事科、信访科、宣传科、老干科、法制工作委员会办公室、财政经济工作委员会办公室、城建环境与资源保护工作委员会办公室、教科文卫华侨外事工作委员会办公室、选举联络人事任免工作委员会办公室、农村农业工作委员会办公室。 （彭 玲）

**附：2014年东莞市人大常委会主任、副主任、秘书长、副秘书长、办公室主任名录**

市人大常委会主任：徐建华
市人大常委会常务副主任：黄双福
市人大常委会副主任：
王道平 周楚良 郭 水 尹景辉
李满堂（1月到任）
市人大常委会秘书长：
李满堂（任至1月）
方茂明（1月到任）
副秘书长：林儒森（任至8月）
王业宽 江 流
梁少虾（8月到任）
张拔海（6月到任）
市人大常委会办公室主任：
林儒森（任至8月）
王业宽（10月到任）

**附：2014年东莞市人大常委会各工作委员会主任名录**

法制工作委员会主任：陈俊荣
财政经济工作委员会主任：叶绍波
城建环资与资源保护工作委员会主任：
李光霞
教科文卫华侨外事工作委员会主任：
王任槐
选举联络人事任免工作委员会主任：
孙爱平
农村农业工作委员会主任：李雄华
市依法治市办公室主任：殷国群

# 东莞市人民政府

## 政府重要决策

【实体经济扶持】 2014年，东莞市政府制定系列决策，扶持以先进制造业为核心的实体经济发展。1月，市政府印发1号文件《关于进一步扶持实体经济发展的若干意见》，市府办印发《东莞市加工贸易增效计划》；3月，市府办印发《东莞市产业转型升级基地开发企业准入认定和入驻企业管理试行办法》；5月，市府办印发《东莞市建设开放型经济转型升级“四大体系”实施办法》；6月，市府办印发《东莞市贯彻落实外贸稳定增长若干措施》；8月，市政府印发《关于加快推动工业机器人智能装备产业发展的实施意见》，市府办印发《关于促进房地产市场健康平稳有序发展的若干措施》《东莞市进一步加快电子商务发展实施意见》《东莞市电子商务专项资金管理暂行办法》《东莞市促进小微工业企业发展资金实施细则》。

2014年，东莞市出台50条措施扶持实体经济。开展千干扶千企活动，缓解企业融资难、用工难等问题。先进制造业增加值增长13.9%，占规模以上工业的47%，比上年提高2.4个百分点。新增规模以上工业企业145家。规模以上工业企业内销比重提高到52%。百亿元企业达10家，五百亿元企业实现零突破。一批战略性新兴产业初具规模，智能手机年出货量2.3亿部，占全球的17.7%。从事云计算应用的企业超2000家。物联网及相关产业年产值680亿元。东莞市成为第二个国家级两化深度融合暨智能制造试验区。新增境内外上市企业7家，总数达29家。新增全国股转系统挂牌企业15家、区域性股权交易中心挂牌企业近200家，均居全省地级市第一位。实体经济质量效益提升。

【重大产业项目和重大基础设施建设】 2014年，东莞市政府制定系列决策，加快重大产业项目和重大基础设施建设。1月，市政府印发《东莞市公共基础设施项目投资市镇分担暂行办法》；4月，市政府印发《东莞市2014年国民经济和社会发展计划》，市府办印发《东莞市城市总体规划（2016—2030）编制工作方案》；8月，市府办印发《东莞市重大项目管理办法》《东莞市项目投资建设直接落地改革试点方案》；12月，市政府印发《关于加强“三旧”改造常态化全流程管理的方案》。

2014年，东莞市新开工重大项目45个、总投资576亿元。2013年底的156个重大项目开工率，从2014年初的42.9%提高至71.8%。一批项目建设投产速度创下新纪录，大朗三星项目从签约到投产仅用8个月，松山湖高新区记忆科技总部提前7个月开工。累计24个项目建成投产，一批项目逐渐释放产能。组团赴东南亚、南美、日本、以色列、土耳其等地开拓市场、加强招商，新引进一批总投资558亿元的重大项目。

【创新驱动能力提升】 2014年，东莞市政府制定系列决策，推动创新驱动能力提升。6月，市府办印发《东莞市事业单位引进高层次人才和短缺专业人才试行办法》；7月，市府办印发《东莞市创新创业种子基金实施方案》；8月，市府办印发《东莞市推进企业“机器换人”

行动计划（2014—2016年）》《东莞市“机器换人”专项资金管理办法》《东莞市实施规模以上工业企业研发机构全覆盖计划工作方案》《东莞市建设质量强市2014—2015年行动计划》；9月，市政府印发《东莞市加快新型研发机构发展的扶持办法》，市府办印发《东莞市“出口玩具和婴童用品质量安全示范区”建设方案》《东莞市商标专用权质押融资资助暂行办法》；12月，市府办印发《关于大力推广融资租赁促进技术改造的工作方案》《东莞市科技创新平台建设资助办法》。

截至2014年，东莞市大学创新城一期工程基本竣工。全市新型研发机构增至23家，居全省第三位。启动“机器换人”行动计划，市财政连续三年、每年安排2亿元对企业进行资助。设立机器人产业基地和创投基金。成立新能源汽车联盟。新引进省创新科研团队7个，总数22个，在全省均排第三位。新增国家高新技术企业80家、企业研发机构657家，总数分别达755家和1593家。发明专利授权量居全省第三位。350多家企业开展电机能效提升，年节电量超2.6亿千瓦时。散裂中子源首台设备安装成功。预计研发经费支出增长12%，占生产总值比重2.1%，连续六年提升。

【“莞版”改革推进】 2014年，东莞市政府制定系列决策，推进“莞版”改革。1月，市政府印发《东莞市项目投资建设审批体制改革实施方案》；4月，市政府印发《关于深化商事登记制度改革加强市场监管的实施意见》；5月，市政府印发《东莞市人民政府2014年行政审批制度改革事项目录（第三批）》；7月，市府办印发《东莞市城乡土地生态利用制度综合改革试点工作2014年任务分解表》；8月，市政府印发《关于深化项目投资建设审批体制改革工作的配套规定》；9月，市府办印发《东莞市外商投资企业网上多证联办实施办法（试行）》；12月，市政府印发《东莞市社会信用体系建设规划（2014—2020年）》。

截至2014年，东莞市探索电商集群注册、住所信息申报、加强协同监管等商改新举措，市场主体达63万户。推动项目投资审批体制改革，探索直接落地改革试点，社会投资项目落地时间从18个月压减至7个月。推行外商投资市场准入“多证联办”改革，企业仅用3、4个工作日即可领齐相关证照。深化审批制度改革，行政审批和日常管理事项累计压减幅度分别达68.1%、67.5%。深化政府机构改革，调整理顺物价、商贸、卫生、计生等职能，政府工作部门压缩调整为32个。社会信用体系建设加快推进。医疗、公交、户籍等民生领域改革深化。

【节能减排与生态建设力度加大】 2014年，东莞市政府制定系列决策，加大节能减排与生态建设力度。1月，市政府印发《关于划定禁止燃用高污染燃料区域的通告》；7月，市府办印发《东莞市“小山小湖”保护利用工作方案》《东莞市公共机构合同能源管理实施方案（试行）》；8月，市政府印发《东莞市大气污染防治行动实施方案（2014—2017年）》，市府办印发《东莞市黄标车提前淘汰鼓励补贴实施方案（2014—2015年）》《东莞市进一步扩大环保限行管理实施方案》《实施国家节能减排财政政策综合示范城市期间（2014—2016年）工业固定资产投资项目能耗控制的意见》；9月，市府办印发《东莞水乡特色发展经济区“两高一低”企业全面整治与引导退出工作方案》《东莞市绿色建筑行动实施方案》；11月，市政府印发《东莞市生态文明体制改革实施方案（2014—2017）》，市府办印发《东莞市关于促进节能服务与金融产业融合加快推进节能减排典型示范项目建设工作方案》。

截至2014年，东莞市推进国家节能减排财政政策综合示范城市建设，全面启动三年总投资350亿元的示范项目建设计划。启动水乡“两高一低”企业整治与退出。推进土地生态利用，整合盘活土地3300多公顷。实施大气污染防治行动。超额完成黄标车淘汰任务，环保限行范围扩大。投放4547辆清洁能源公交车和出租车。PM2.5年均值比上年削减6.3%，优良空气天数占全年70.2%。推进8个污水处理厂扩容工程建设，在石马河、茅洲河等实施河长制。完成18条内河涌整治。东江水库联网一期工程基本完工。创建国家生态城市和国家森林城市，新建改建各类公园33个。

【社会管理创新】 2014年，东莞市政府制定系列决策，推进社会管理创新。6月，市政府印发《东莞市医疗纠纷预防与处理办法》；8月，市政府印发《东莞市流浪乞讨未成年人综合救助保护暂行办法》，市府办印发《东莞市安全生产专项资金管理办法》；9月，市府办印发《关于进一步加强旅客运输及危化品运输交通安全管理工作的通知》；12月，市府办印发《东莞市政府购买社会工作服务实施办法》。

2014年，东莞市全面清剿“涉黄”违法行为，铲除保护伞，加强娱乐场所长效管理。严打涉毒涉众型犯罪，开展“六大专项”及“两抢一盗”打击整治行动，刑事案件破案数上升11.8%。加强劳资纠纷处置，涉及30人以上的劳资突发事件、欠薪逃匿和劳资信访案件分别下降58.7%、73.2%和50%。完善医疗纠纷第三方化解机制，医闹事件下降38%。狠抓安全生产、食品安全、消防安全等专项整治，全年未发生重特大安全事故。

【社会民生建设】 2014年，东莞市政府制定系列决策，切实抓好社会民生建设。1月，市政府印发《东莞市小额创业贷款实施方案》；4月，市政府印发《东莞市人才入户管理办法》《东莞市条件准入类人才入户实施细则》《东莞市积分制人才入户实施细则》《2014年东莞市义务教育阶段新莞人子女积分制入学积分方案》；市府办印发《关于建立全科医生制度的实施意见》《东莞市食品药品安全进社区工作方案》；6月，市府办印发《东莞市事业单位引进高层次人才和短缺专业人才试行办法》；7月，市府办印发《关于社会基本医疗保险社区门诊就医管理政策调整有关问题的通知》《进一步完善低收入群体临时价格补贴与价格上涨联动机制的通知》；8月，市府办印发《国家卫生城市长效管理的实施意见》《规范村社区居民社会养老保险个人缴费工作实施方案》；9月，市政府印发《东莞市构建现代公共文化服务体系实施意见》，市府办印发《东莞市加强村（社区）公共文化服务实施办法》《东莞市公共文化服务社会化发展促进办法》《东莞市公共文化服务体系绩效评估办法》《东莞市进一步引导企业加强文化建设实施办法》《关于调整完善我市部分底线民生保障工作的通知》；11月，市府办印发《关于促进我市高校毕业生就业创业的实施意见》《东莞市公立医院实施取消药品加成政策补偿方案（试行）》；12月，市府办印发《关于调整社会养老保险（村、社区）缴费标准及有关事项的通知》。

截至2014年，东莞市投入252.3亿元发展民生事业，向社会承诺的十件实事完成。开办东莞外国语学校。调增中职学校工科学位4000个。积分制入学公办学位增加11.6%。向民办学校学生发放补助6.7亿元。争创全国文明城市“三连冠”。入选国家公共文化服务标准化

试点。音乐剧《妈妈再爱我一次》获评全国“五个一工程”奖，莞产音乐剧影响力扩大。入围当当网评比的“非直辖城市图书消费十大城市”，超过13个省成为全国购书记录最多的地级市。亚运会、亚残运会东莞健儿再创夺金纪录。连续第十年提高基本养老金标准。启动社保跨镇街双定点就医机制。台心医院开业。推行家庭医生式服务。发放就业补贴3.2亿元。创业贷款增长13倍。加强流浪乞讨未成年人综合救助保护。向困难群体发放各类补助金10.5亿元。市区内涝整治应急三期工程完成。妥善应对“3·30”大暴雨、登革热等疫情灾害。

【政府自身建设加强】 2014年，东莞市政府制定系列决策，扎实开展群众路线教育实践活动，加强政府自身建设。8月，市政府印发《东莞市人民政府行政复议委员会试点工作实施方案》；10月，市政府印发《东莞市人民政府党组党的群众路线教育实践活动整改方案》，市府办印发《东莞市政府领导班子党的群众路线教育实践活动制度建设计划》；11月，市府办印发《关于建立镇街法律顾问制度的实施意见》《东莞市“12345”政府服务热线建设实施方案》；12月，市府办印发《东莞市2014年社会评议科（所、站）长试点活动工作方案》。

2014年，东莞市针对排查出的31个方面问题和收集的1万多条意见建议，全面落实整改。聘请第三方明查暗访机关服务质量，试点推进社会评议科长活动。撤销56个市级议事协调机构。清理近九成创建达标活动。加强依法行政，村（社区）法律顾问实现全覆盖。扩大政府购买公共服务范围。开通“12345”政府服务热线。加快网上办事大厅建设，新推动1599项事项上网办理，打通服务群众“最后一公里”。

## 政府重要会议

【市政府常务会议】 2014年，东莞市召开市政府常务会议34次，讨论有关事项597项，主要包括：审议《东莞市项目投资建设审批体制改革实施方案》；审议《关于进一步加强社区卫生服务体系建设的若干意见》；审议《东莞市口岸中长期发展规划（2014—2020年）》；审议《东莞市重大科技项目管理办法》；审议《东莞市环境保护责任考核办法》《东莞市环境保护责任考核指标体系》；审议《东莞市主要河流“河长制”实施方案》《东莞市石马河“河长制”实施细则》；审议《东莞市创新财政投入方式促进科技金融产业融合工作方案》；审议《关于深化商事登记改革后续监管的实施意见》；审议《东莞市发展临海工业实施方案》等5个实施方案；研究东莞市建设“四大体系”实施办法有关政策；审议《东莞外商投资管理服务综合配套试点改革方案》；审议《关于全面推进预算绩效管理工作的意见》；审议《东莞市市属国有资本经营预算试行办法》；审议《东莞市跨境贸易电子商务服务试点工作方案》；审议《东莞市行政审批事项目录管理办法》和第三批行政审批制度改革事项目录；审议《广东东莞水乡特色发展经济区产业发展规划（2013—2030年）》；审议《东莞市生活垃圾处理收费管理办法（修订）》；审议《东莞市内河涌水环境综合整治工作实施方案》；审议《东莞水乡特色发展经济区基础设施规划》；审议《东莞市关于加快推动工业机器人智能装备产业发展的实施意见》《东莞市推进企业“机器换人”行动计划（2014—2016年）》；审议《东莞市大气污染防治行动实施方案（2014—2017年）》；审议《东莞市贯彻落实外贸稳定增长若干措施》；审议《东莞市2014年重金属污染综合防治工作实施方案》；审议《关于深化项目投资建设审批体制改革工作的配套规定》；审议《东莞市构建现代公共文化服务体系实施意见》等文件；审议《东莞市进一步加快电子商务发展实施意见》；研究东莞市公立医院全面实施取消药品加成政策有关问题；审议《东莞台湾高科技园发展总体规划（2014—2030年）》；审议进一步加强招商引资工作系列文件；审议《关于进一步加强村组债权管理工作的意见》；审议《东莞市重大行政决策听证办法》；审议《东莞市住房公积金提取使用规定》；审议《东莞市个人住房公积金贷款办法》；审议《关于实施“东莞制造2025”战略，推动制造业由大变强的若干意见》。

【全市性重要专项会议】 2014年，东莞市召开全市性重要专项会议47次，主要包括：创建国家水生态文明城市动员会议；市政府全体（扩大）会议暨政府系统党的群众路线教育实践活动动员会议；全市经济和信息化工作会议；东莞市实施《珠三角规划纲要》领导小组（扩大）会议；全市“三重”建设工作会议；全市农村农业工作会议；全市市内扶贫工作会议；莞韶合作对口招商专题会议；全市安全生产工作会议；2014年全市计划生育工作会议；《东莞市城市总体规划》编制工作动员会议；东莞市节能减排财政政策综合示范城市建设动员暨环保工作会议；市政府领导挂钩督导重大项目工作通报系列会议；全市土地出让金和耕地保护审计工作会议；市政府班子群众路线专题民主生活会；东莞市“十三五”规划前期研究工作动员会议；全市征兵工作会议；全市上半年经济形势分析会；全市土地管理工作会议；全市深化商事登记制度改革加强市场监管工作现场会；全市扶贫开发工作会议；东莞电网规划建设“大会战”动员会议；全市新型城镇化工作会议；全市“黄标车”及老旧车淘汰工作会议；全市经济工作务虚会议。

【市政府工作会议】 2014年，东莞市召开并形成会议纪要的市政府工作会议326次，研究部署主要事项包括：研究督导重大项目、重大交通项目建设；研究外贸稳增长工作；研究加快旅游业发展；研究镇村集体经济发展；研究促进房地产业发展；研究全面建成小康社会监测工作；研究粤海产业园有关问题；研究长安新区开发建设情况；研究电网工程项目建设；协调政、银帮扶台资企业；协调民营企业生产经营有关问题；研究申报全国中小城市综合改革试点；研究推进城乡土地生态利用制度综合改革试点；研究推进加工贸易管理服务平台建设、跨境贸易电子商务、邮政跨境电商产业园建设；研究推进虎门港综合保税区申报；研究加强电子商务统计工作；研究推进虎门港通关信息平台建设有关问题；协调黄埔海关推进跨境贸易电子商务工作；研究推进金融、科技、产业融合工作；研究加快东莞民间金融街建设招商工作；研究新型科研创新机构改革试点工作；研究松山湖大学创新城有关问题；研究公共科技创新平台与行业协会对接会；研究新能源汽车产业发展和推广应用；研究“智慧医疗”工程建设；研究网上办事大厅建设有关问题；研究交通投资集团组建问题；研究中以产业合作示范项目；研究莞韶合作对口招商；研究节能减排综合示范工作；研究水生态治理工作；研究水乡特色发展经济区“两高一低”企业全面整治与引导退出；研究“小山小湖”保护利用；研究全市截污主干管网工程建设收尾工作；研究安全生产应急救援工作；研究市三防应急处置机制；研究人才入户工作；研究教育信息化建设；研究公交体制改革；研究统一企业职工养老保险缴费工资下限和单位缴费比例工作；研究市区人行天桥建设；研究埃博拉出血热、H7N9禽流感疫情防控。

## 政府重要工作

【市政府重点工作进展概况】 （参见同类目第124页“2014年市委、市政府重点工作完成情况”表）

【重要政事活动】 2014年，东莞市举行的重要政事活动主要有：拜访中央部委、高校院所、大型央企，会见境内外各界人士；赴阿根廷、智利、巴西、日本、马来西亚等开展经贸交流活动；散裂中子源项目加速器首台设备安装活动；全国电机能效提升工作现场会；中国加工贸易产品博览会；广东21世纪海上丝绸之路经贸合作交流会；2014世界莞商大会；2014中国（东莞）国际科技合作周；中国国际影视动漫版权保护和贸易博览会；东莞台湾名品博览会；国际沉香文化艺术博览会；首届珠三角（东莞）水处理创新交流会；深莞惠经济圈（3+2）党政主要领导联席会议；东莞韶关对口帮扶工作第四次联席会议；东莞市烈士公祭活动；约请市人大代表和政协委员座谈会；督办政协重点提案调研座谈会；市长经济顾问咨询会；劳资纠纷隐患排查工作企业代表座谈会；非公有制经济代表人士座谈会；台资企业座谈会；促进房地产企业发展座谈会；9个重点督办重大产业项目巡回检查活动；东莞市电子商务企业集群注册启动仪式；2014年广东扶贫济困日暨东莞慈善日活动启动仪式；海关跨境贸易电子商务服务平台启动上线活动暨合作项目签约仪式；松山湖国际机器人产业基地揭牌仪式；东莞市与浦发银行广州分行战略合作协议签约仪式；东莞市与王府井百货战略合作框架协议签约仪式；东莞市与中交集团全面战略合作协议签约仪式。

【为民办好十件实事】 2014年，东莞市为市民办好十件实事，该十件实事涉及33具体项工作中，其中11项超额完成，21项全面完成，1项基本完成，系东莞市2002年实施市政府十件实事以后，超额完成项目最多的一年。超额完成整治社会治安各项工作的年度目标，完成6935个高清视频监控点建设；实现入室盗抢案件破案数比上年上升19.3%、飞车抢夺案件破案数上升63.4%、公交车上警情数下降8.3%；出租屋信息采集率达97.6%，流动人员居住证办理率达92.16%。全面完成促进教育发展各项工作的年度目标，为新莞人子女提供2.51万个积分学位，比上年增加11.65%，超额完成任务；提高义务教育阶段民办学校学生财政补助标准，其中小学生提高至每年每人1050元，初中生提高至每年每人1730元；公办中职学校调增4000个工科中职学位；市外国语学校开学，招生823人。全面完成保障市民健康各项工作的年度目标，建立生产单位及农户质量安全诚信档案1.40万个，将生产企业、专业合作组织及生产大户100%纳入监控范围，其他种植户90%以上纳入监控范围；完成食品药品安全进社区工作，建立协管员队伍601支，开展巡查1.97万次，发现涉嫌违法线索1328条；累计推广低钠盐2205吨，居民小包装食盐3.44万吨，居民低钠盐食用率提高至6.4%，超额完成任务。全面完成治理环境污染各项工作的年度目标，完成16个重点治污项目建设；完成塘厦、虎门、洪梅、常平4个镇街空气质量监测子站建设，实现空气质量数据实时发布，超额完成任务；完成石马河凤岗镇黄洞桥至金凤凰桥段河道整治工程。全面完成增设文化设施各项工作的年度目标，完成市民艺术中心和工人文化宫、长安青少年活动中心、石排图书馆主体等工程；初步建成麻涌镇新基村等6条水乡特色村。全面完成改善交通出行各项工作的年度目标，完成东华医院周边道路、东江大道和四环路景湖花园路口等市区部分繁忙路段的交通秩序优化工程；松山湖大道救助站路口交通整治工程、望牛墩横海桥重建工程竣工通车。完成提升生态环境各项工作的年度目标，完成麻涌华阳湿地公园等一批水乡公园建设；建成厚街文化公园并免费向市民开放；石排石洲湖湖滨休闲公园一期项目基本完成。全面完成加强医疗服务各项工作的年度目标，完成47家二级管理以上医院的警务室建设，100%开展临床路径管理和优质护理服务；累计为326名感染者提供艾滋病患关怀现场活动；累计完成普及性应急救护培训4.42万人次，超额完成任务。全面完成提高保障水平各项工作的年度目标，为431个村（社区）开展居家养老服务，实现有养老服务需求的社区100%全覆盖，村覆盖率达57.7%，超额完成任务；为4000名符合条件的孤寡老人家庭安装“平安铃”；企业和村社区退休人员月人均基本养老金分别提高至2290.92元和846.64元；实施管道天然气同城同价和居民低气价政策，对困难群众实施气价优惠。超额完成开展扶贫帮困各项工作的年度目标，实现81个欠发达村村组两级经营性纯收入3.43亿元，比上年增长35%；79.6%结对帮扶的有正常劳动能力的贫困家庭达到脱贫标准；累计为9976名登记失业人员实现就业；累计为799名肢体残疾人提供居家康复服务。 （市府办供稿）

### 附：2014年东莞市人民政府市长、副市长、党组成员、秘书长、副秘书长名录

市　长：袁宝成
副市长：梁国英（任至6月）
张　科　吴道闻（任至4月）
严小康（任至2月）
唐庆涛（任至6月）
杨江华（2月到任）
鲁修禄（4月到任）
贺　宇　喻丽君
杨晓棠（6月到任）
党组成员：严小康　冷晓明（任至5月）
殷焕明　黄少峰　邓浩全
秘书长：邓浩全
副秘书长：任新合（任至4月）
冼冠华　张永忠（任至3月）
黄福泉（任至4月）
黄天云（任至4月）
张春扬　刘钜强（任至8月）
卢汉彪　叶冠强
梁凤鸣（4—9月）
李志东（4月到任）
温颂钧（4月到任）
罗　斌（4月到任）

### 2014年东莞市人民政府办公室主任

主　任：邓浩全

## 应急管理

【突发事件处置概况】 2014年，东莞市政府应急办作为全市突发事件处置枢纽，协助市委、市政府和有关部门、镇街妥善处置央视曝光东莞部分酒店“涉黄”事件，媒体报道“东莞丐帮”事件，莞城街道中石化饭堂爆炸事件，虎门镇部分村民因征地问题上访，城巴司机上访，高埗镇裕元公司劳资纠纷，“5·11”强降雨灾害，长安镇日华电子厂员工罢工，道滘镇槽罐车侧翻泄漏事故，“11·19”凤岗镇今明阳电池厂火灾事故，“11·20”厚街镇伟成商务公寓火灾事故，常平镇出现人感染H7N9禽流感病例，媒体报道中堂镇江南村饮水

问题事件，媒体报道道·镇日晖鞋厂1名“童工”突发重病死亡事件，塘厦镇、厚街镇分别发生疑似食物中毒事件等一系列影响较大的突发事件。

【应急知识宣传普及】 *应急知识宣传活动* 2014年3月，东莞市开展气象灾害应急知识宣传教育月活动，向公众宣传普及防范气象灾害和防涝防汛知识。5月，开展“5·12”防灾减灾宣传活动。应急、民政、气象、地震、水务、林业等部门相互联动，共同推广宣传防灾减灾知识，加强救灾队伍应急培训。11月，开展消防安全宣传月活动。普及消防安全常识，加强消防安全培训。12月，举办消防安全现场教学体验活动。组织市民走进塘厦镇消防主题公园进行参观学习，增强市民对各种专业性消防知识的了解，提高自救互助能力。*编制《东莞市应急知识宣传手册》* 市政府应急办编制《东莞市应急知识宣传手册》向市民免费发放，同时开发微信版本方便市民阅读，普及应急知识。举办网络应急知识竞赛市政府应急办联合东莞阳光网等媒体举办网络应急知识竞赛，提升市民遇险自救能力。

【应急平台体系建设】 2014年，东莞市委、市政府应急指挥中心综合应急平台（一期）工程初步建成并投入使用，综合应急平台（一期）具有基础支撑系统、综合应用系统、指挥场所系统、移动应急平台、应急综合数据库、与其他应急平台的互联互通、标准建设和信息安全等8项功能内容。实现与省以及市公安、国土、三防、食品安全、气象、地震、卫生、消防等部门互联互通。

【突发事件风险隐患排查】 2014年，东莞市组织召开4次突发事件隐患评估与防范工作季度会，并形成每季度全市突发事件隐患评估与防范对策。5月，市府办发出《关于贯彻落实市委市政府主要领导批示做好突发事件隐患排查整改工作的通知》，要求各单位切实做好隐患排查，按照“每月一检查、一汇总、一统一、一分析”原则，形成检查工作制度。根据省政府工作要求和市政府统一部署，2014年全市各镇街、各有关单位开展突发事件风险隐患排查和整改工作。全市排查隐患4046处，其中自然灾害类391处，事故灾难类3581处，公共卫生事件类22处，社会安全事件类52处，落实整改率达97.9%。

【应急预案体系完善】 2014年，东莞市有关部门先后修订《东莞市突发性地质灾害应急预案》《东莞市气象灾害应急预案》《东莞市大气重污染应急预案》《东莞市天然气供应突发事件应急预案》《东莞市突发环境事件应急预案》《东莞市处置大面停电事件应急员》等6个专项应急预案。在省政府指导下，东莞市在市委、市政府应急指挥中心成功举行应对“西电东送”大通道故障应急综合演练；相继组织有关镇街和部门开展市区内涝应急抢险演练、东莞市高压燃气系统事故应急救援抢险演练、校园地震应急疏散与救援演练等不同类型的演练，加强对各类应急预案的检验，增强应急预案科学性和可操作性。 （李伟彬）

**附：2014年东莞市政府应急管理办公室主要领导名录**

主　任：张勇军

## 政务督查

【政务督查概况】 *落实市政府主要目标任务* 2014年初，东莞市政府督查室对《政府工作报告》内容进行分解，细化为129大项、228项具体工作，明确年度目标、进度安排等工作要求，对进展情况进行季度跟踪，上报市领导审定后向社会公开通报。全年完成218项工作，完成率95.6%。*落实市政府常务会议决定事项* 每季度跟进决定事项的落实情况，向市领导报告。2014年市政府召开34次常务会议，形成需跟踪的决定事项613项。经督办，全年完成523项，占85.3%。*落实市政府主要领导重要批示件* 对市政府主要领导重要批示件进行每周梳理，每月跟进，全年办理市长重要批示件50项，全部落实完成。*落实市政府协调会议定事项* 2014年开始，将所有市政府工作会议纪要明确的工作事项纳入督办范围，每月进行跟踪并将落实情况报告市政府。2014年跟进协调会议定事项1235项，促使一大批“老大难”问题得到解决。*落实专项督办任务* 围绕“稳增长，促改革，调结构，惠民生”政策措施、东莞市与国家部委及重点企业合作事项、电网工程建设、虎门港番龙石化码头等方面开展专项督查，并对洪梅亚洲云项目、大岭山旧飞鹅垃圾填埋场渗滤处理工程等进展严重落后的项目进行督查问责。*落实年度政务督查考评工作* 联合市委督查室，对考评工作进行合并优化，开展考评巡查，完成考评任务。

【民生实事跟进落实】 *跟进市政府“十件实事”* 2014年，东莞市政府督查室每月向市领导报告“十件实事”进展情况，并每季度通过媒体报纸、政府网站等向社会公开通报。提请市领导多次协调督导石排镇石州湖湖滨休闲公园和石排图书馆项目，取得明显工作成效。2014年市政府“十件实事”33具体项工作中，11项超额完成，21项全面完成，1项基本完成，是东莞市2002年实施市政府“十件实事”以来，超额完成项目最多的一年。*跟进省十件民生实事* 2014年初，制定《东莞市落实省十件民生实事配套资金安排方案》，全年对工作进展情况实行每季度通报并报省府办。2014年东莞市承担的省政府十件民生实事部分的19项具体工作全部完成。*做好2015年市政府十件实事征集* 从8月开始，市政府督查室启动2015年市政府“十件实事”征集工作，通过公开征集、内部征集、走访座谈、征求意见、市政府常务会议讨论、市委常委会讨论等多个环节，最终确定2015年市政府“十件实事”的36个项目。

【人大、政协议案、建议办理】 2014年，东莞市政府督查室办理人大议案、建议提案和座谈会建议547件，实现沟通率、办结率和满意率三个100%。*完善建议提案办理制度* 完善重点建议提案办理制度、对建议提案办理考评办法进行修订，出台《东莞市办理建议提案绩效量化测评工作细则》，起草《东莞市人民政府主要领导督办市政协重点提案暂行办法》《东莞市人民政府办理市人大代表重点建议办法》。*组织专题督办活动* 组织市长督办政协重点提案座谈会；协调分管市领导开展多场专题调研会、协调会；协助市人大、政协开展6场专题督办活动。*加大落实力度* 全年协调办理人大、政协各类来文、视察及调研活动23项，针对省人大督办的石马河、茅洲河跨界河流流域整治等工作开展多次专题督查。加大建议提案办理结果公开力度，2014年新增“东莞阳光网”“东莞时间网”等网络公开平台，推动办理工作透明化、规范化。

（陈煜铭）

**附：2014年东莞市政府督查室主要领导名录**

主　任：曾　鸣

## 机关事务管理

【机关事务管理概况】 2014年，东莞市机关事务管理局积极谋划机关事务管理体制改革，规范管理，打造节约型、节能型机关。获评广东省文明单位，获评全市精神文明建设和档案综合管理2项“单打冠军”，获评市直单位年度工作优秀单位（党建综合类）、机关服务型党组织示范点创建单位。

【机关事务管理体制改革】 2014年，东莞市机关事务管理局围绕落实中央和省、市关于全面深化改革的战略部署和行动计划，推动机关事务管理体制改革。开展全市党政机关办公用房清理整顿，探索推动党政机关办公用房集中统一管理工作机制，得到省委督导组肯定。协同相关部门推进东莞市公务用车制度深化改革，提出东莞市推进和规范公务用车改革实施方案。加快节能减排制度建设，制定《东莞市公共机构合同能源管理实施办法（试行）》，经市政府印发实施。

【机关后勤服务规范管理】 2014年，东莞市机关事务管理局严格执行《党政机关厉行节约反对浪费条例》，降低机关运行成本。推行精细化管理，通过实行车辆台账管理，落实单车油耗核定等管理措施，实现公务车油费、维修费用支出比上年分别下降22%和15%。做优、做细重点服务保障，高质量完成扩大市行政办事中心警戒区、市行政中心和会议大厦会议系统升级改造、省市重大政务公务活动的后勤服务，按照规定对重大工程项目实行公开招投标，节约预算资金350.72万元，节约率18.97%。提高会务服务“软实力”，减少一次性用品使用，形成简朴、庄重办会风尚。

【公共机构节能管理】 2014年，东莞市机关事务管理局推进公共机构节能，组织全市6家公共机构申报创建国家第二批节约型公共机构示范单位，得到批准，并获得省专项财政资金补贴140万元。组织实施市行政办事中心合同能源管理项目试点工程。会同市相关职能部门加强能源消费数据统计和节能专项监察，推动全市26家公共机构完成能耗监测平台建设。创新节能宣传，举办废旧物品回收捐助、垃圾分类推广等多种形式节能宣传活动，引导市民强化节能意识。 （卢奇聪）

附：2014年东莞市机关事务管理局主要领导名录

局　长：黄伟青

## 东莞市机关事务管理局

2014年1月24日，市委副书记、市长袁宝成（左一），市政府秘书长邓浩全（左二）到市机关事务管理局指导工作

①

②

③

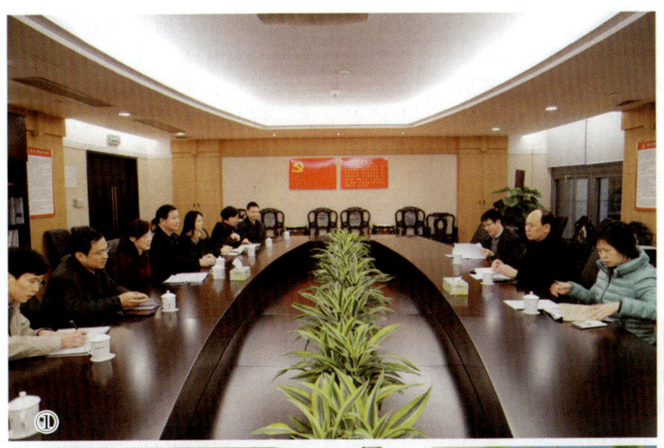

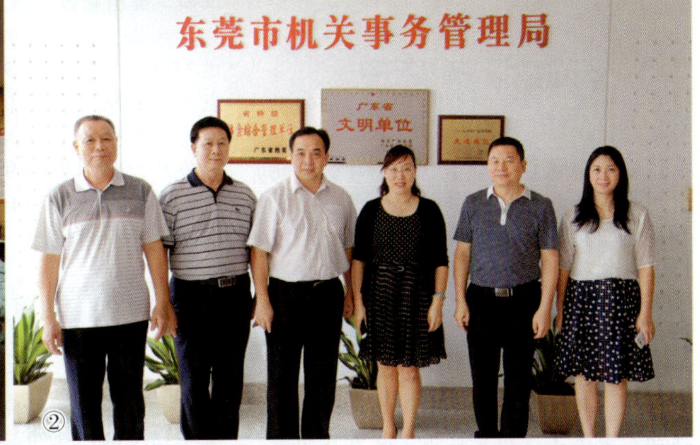

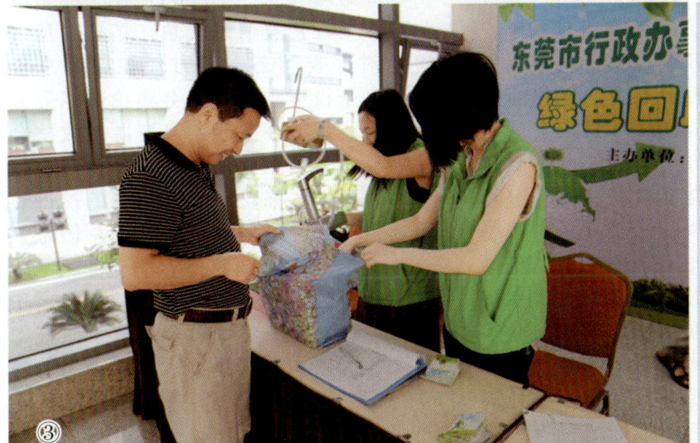

① 2014年1月15日，市委秘书长杨晓棠（右二）到市机关事务管理局调研

② 2014年7月31日，市机关事务管理局被省委、省政府授予“广东省文明单位”称号。市政府副秘书长李志东（左三）出席挂牌仪式

③ 2014年6月，在市行政办事中心开展“绿色回收，爱心起航”废旧物品回收活动

④ 2014年11月29日，组织开展火情排处和人员疏散模拟演练

④

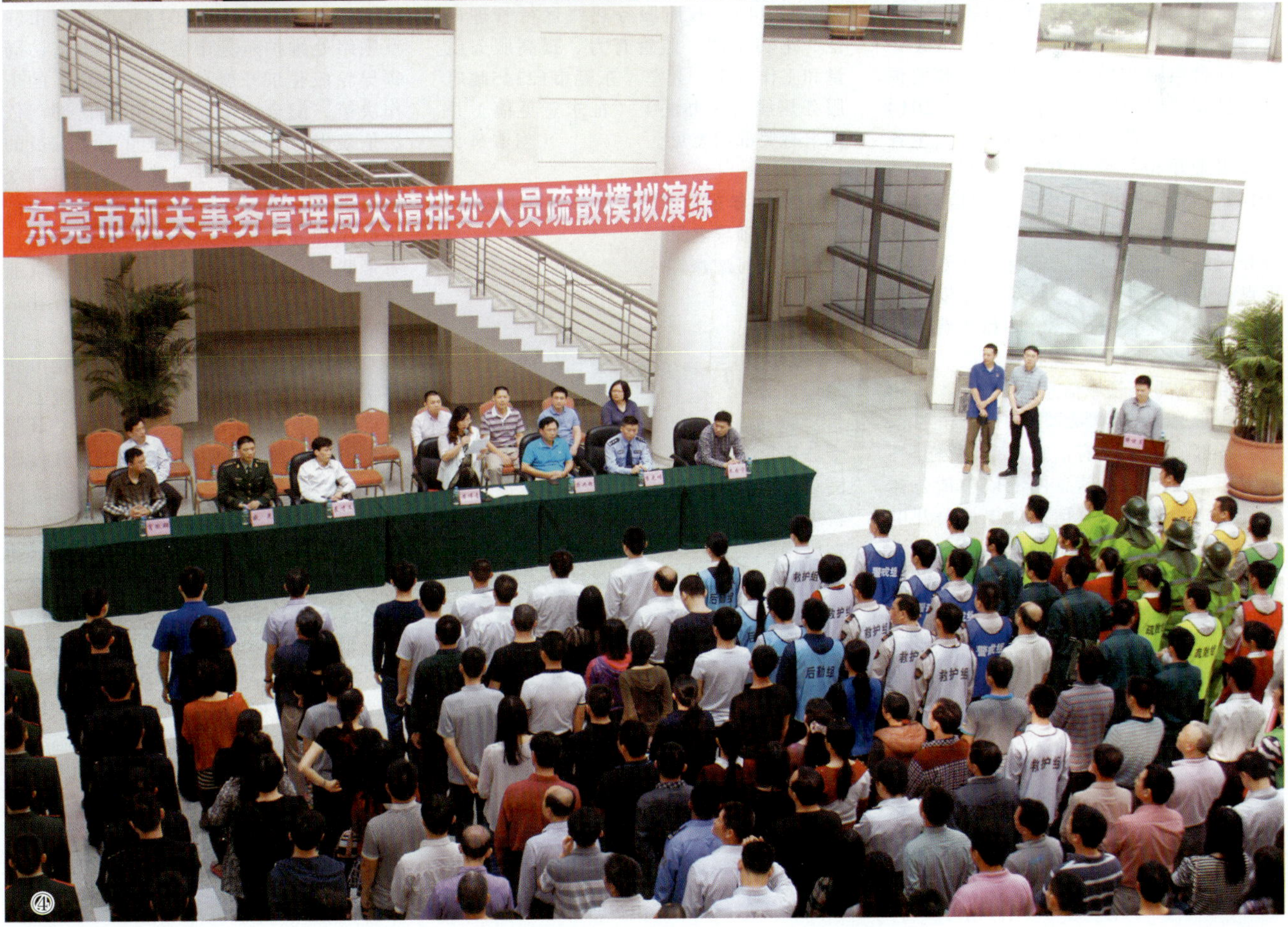

## 行政服务管理

【行政服务管理概况】 2014年，东莞市行政服务管理办公室围绕政务信息公开和“12345”政府服务热线两项中心工作，深化政府部门预算信息公开和重点领域信息公开，较好地完成工作任务。

【政务信息公开】 夯实政务信息公开载体 2014年，东莞市行政服务管理办公室深化《东莞日报》政务公布版版面内容，结合时政热点，刊登《广东省信访条例》和“市政府十件实事进展情况”“供水水质公示”“补办产权公示”等热点信息，全年刊登政务公布版99期，编辑《政府公报》12期。推广《政府公报》电子版及网络版，从4月起每期《政府公报》减少印刷510册，减幅为38%。在各镇街政务服务中心、图书馆及档案馆设立《政府公报》查阅点86个，每月免费派送。6月，联合市电子政务办对市政府信息公开网站进行升级改造，整合市政府门户网站信息公开栏，增加重点工作专题、政务公布版网络版、政务信息公开电子监察等栏目。

部门预算信息和“三公”经费公开 联合市财政局全面推进全市政府预算信息和“三公”经费信息公开，2014年“三公”经费信息公开范围扩大至各行政事业单位，全市有268个部门公开2014年预算信息和“三公”经费信息。

重点领域信息公开 在市政府信息公开网站建立重点领域信息公开专栏，重点公开保障性住房、食品药品安全、环境保护、安全生产、价格和收费、征地拆迁、教育医疗等与群众生产、生活息息相关的重点领域信息。

政府信息依申请公开 指导各镇街、各部门做好政府信息依申请公开答复工作，建立政府信息网上依申请公开系统。全年受理政府信息依申请公开申请223宗，其中网上申请211宗，信函11宗，当面1宗，回复率100%，涉及教育、国土、规划等方面内容。

政务信息公开制度建设 《东莞市政府信息公开暂行办法》于12月31日市政府十五届第一百零六次常务会议通过审议，以市政府令发布。

镇街和部门网站信息公开栏目整改 5月中旬，全面检查各镇街、各部门信息公开栏目，发现部分镇街和部门存在信息发布不及时、不主动，信息公开不完整等问题，逐一向各镇街、各部门反馈，提出整改要求。

政务信息公开工作指导 印发《2014年全市政务信息公开工作重点》。编制《东莞市政府2013年政府信息公开工作年度报告》，于3月7日在网上公开，督促镇街和部门做好年度报告工作，32个镇街和49个部门依时公布年度报告。

【“12345”政府服务热线运行】 2014年12月17日，“12345”政府服务热线开通运行。“12345”政府服务热线首批整合包括工商、质监、旅游、交通等35个部门热线，设80个坐席，实行7×24小时全天候人工接听服务。实施方案 东莞市行政服务管理办公室按照更加注重顶层设计、资源整合、运用新技术的要求，制定《东莞市“12345”政府服务热线建设实施方案》，经市政府常务会议和市委常委会审议通过，于11月以市府办名义印发执行。平台搭建 制定《“12345”热线建设百天冲刺工作推进表》，有序推进人员招聘、知识库搭建、系统开发等各项工作。管理制度 为明确东莞市“12345”政府服务热线管理机构及职责业务受理范围、业务处理程序、工单办理规程和效能监察等，确保“12345”政府服务热线运行管理规范、运转协调、监管有力、提高服务质量和工作效率，起草《东莞市12345政府服务热线管理办法》（征求意见稿）并征求有关部门意见。 （刘灏妍）

附：2014年东莞市行政服务管理办公室主要领导名录

主　任：刘汉森

## 驻京·驻穗联络

【驻京联络概况】 2014年，东莞市人民政府驻北京联络处加强自身建设，创新理念，主动作为，开展打造智库型驻京机构的尝试，发挥政务接待、联络部委、信访维稳、宣传推介、信息传递、招商引资、凝聚乡情等多项职能，完成市委、市政府交办的各项工作任务。

公务活动节俭周到 2014年，东莞市驻京联络处利用各种资源做好在京日常接待和市委、市政府各时期在京重大活动的服务和落实工作。结合中央八项规定和反对奢靡之风要求，规范公务接待，实施公函备案、事前审批、控制标准等举措，通过更加细致、专业的服务提高接待水准，做到“花钱少、服务好”，得到市委、市政府高度认可。完成东莞市全国人大代表、全国政协委员在京参加“两会”，市委书记徐建华、市长袁宝成一行与王府井百货集团签订战略合作框架协议，市长袁宝成、副市长贺宇一行汇报“海博会”筹备工作，市委常委潘新潮一行汇报第六届漫博会筹备情况；副市长鲁修禄一行汇报市新一轮城市总体规划编制情况；副市长喻丽君一行参加苏迪曼杯新闻发布会等接待工作；协助广东省商务厅等部门举办广东21世纪海上丝绸之路国际博览会沿线国家驻华大使交流座谈会。

信息渠道拓展 2014年，东莞市驻京联络处拓宽信息视角，拓展信息渠道，对部委动态、地方经验、北京资讯、央企投资动态、社会舆论热点等方面有效收集；在实现信息资源高效整合基础上，立足东莞实际，通过横向比较和纵向延伸，强化对专题信息的挖掘、筛选、分析和运用。编辑《驻京信息》46期548条，《驻京专报》1期，专题汇编7期。与“科学发展智库”“新华智库”“北京大学中国金融政策研究中心”“北京本果信息技术有限公司”建立合作关系，为建设智库型驻京机构迈出探索的第一步。

信访维稳联动 2014年，东莞市驻京联络处维护东莞市委关于“市信访局领导轮流驻京开展日常信访维稳”的工作决策，配合国家、省、市信访部门依法依规做好东莞市越级进京上访人员的诉求倾听、情绪疏导，确保东莞市群众越级进京上访安全、平稳劝返，维护信访秩序和社会稳定。完善“信息联通，力量联合”的联动机制，东莞市进京上访人数得到控制，工作得到广东省驻京办、省驻京信访工作组肯定。

服务质量提高 2014年，东莞市驻京联络处依托北京（东莞）建设研究会、北京（东莞）商会等社会团体开展公共服务和社会管理。支持北京（东莞）建设研究会开展清明为袁崇焕扫墓、建军节慰问老军人等爱国爱乡活动及迎新（欢送）会、粤语歌大赛、评选奖学金等学生活动十余次，协助北京（东莞）建设研究会为市政协、国土局、档案局、莞城图书馆等单位编写书籍、绘制地图、收集名人档案、充实书库等业务，发动北京（东莞）建设研究会为东莞建言献策，发挥积极作用。支持北京（东莞）商会做大做强，通过代管企业——东莞市东盈投资管理有限公司免费为会员企业提供电商服务，帮助企业实现从线下到线上的转型。

（梁　馨）

【驻穗联络概况】 2014年，东莞市人民政府驻广州办事处信访维稳、信息传递、政务服务、聚力引联等，工作取得成效，获评“2014年度全国各地驻穗机构先进单位”。

驻穗信访工作 2014年，东莞市人民政府驻广州办事处加强社会管理职能，密切与省、广州市有关职能部门沟通协调，协助做好信访工作，维护社会稳定。设立驻点工作组，派员值守一线，及时、耐心疏导越级集体访、缠访、闹访群众依正常渠道反映问题。编报《信访专报》，主动配合东莞市做好信息沟通和预警稳控工作，推动矛盾化解在源头。制定专项工作方案和应急预案，完成省委全会、省“两会”、节假日等重要时期信访工作，广东省人大常委会办公厅对驻穗信访维稳工作给予肯定。

驻穗信息工作 2014年，东莞市人民政府驻广州办事处强化信息工作的前瞻性、针对性和实效性。加强与省、广州市党政部门、各地驻穗机构交流，拓宽信息网络，获取一手资讯。围绕东莞市及镇街经济社会发展需求，丰富《驻穗信息》，推出政务信息、投资合作、产业资讯、长三角动态、珠三角快讯等栏目，多视角提供创新驱动、项目合作、社会管理等先进经验，提升参阅价值。依托广州市协作办、全国驻穗机构信息协会等平台，发送《东莞信息》，宣传东莞发展成果。

驻穗服务引联工作 2014年，东莞市人民政府驻广州办事处协助东莞市与省、广州市及其他地市党政部门沟通联系，为市及镇街来穗公务做好后勤服务，承办紧急公文在穗传送，做好莞籍东江纵队老同志的节日慰问工作。履行穗莞战略合作联席会议成员及产业协作专责小组成员单位职责，配合有关项目开展。

在穗专家学者联络 2014年，东莞市人民政府驻广州办事处支持东莞社会经济发展研究会工作，广泛联系、组织在穗莞藉专家学者，开展医疗咨询、文化传播、教学培训等工作，其中，推动莞旅中学（蒋光鼐创办）展览室在广州设立，与虎门镇共同推进陈超故居建设成为东莞市爱国主义教育基地；根据镇街发展“家庭农场”需求，向东莞市农业科技推广中心推荐农业专家；推荐东江纵队老同志及研究会会员申报加入东莞市名人档案库。 （陈　怡）

**附：2014年东莞市人民政府驻北京联络处主要领导名录**

党组书记、主任：尹可非

**附：2014年东莞市人民政府驻广州办事处主要领导名录**

党组书记、主任：曾庆云

# 中国人民政治协商会议东莞市委员会

【政协东莞市第十二届委员会第三次全体会议】 于2014年1月5—8日在市会议大厦召开。市委、市人大、市政府、市纪委等几套班子领导及东莞军分区、市中级人民法院、市人民检察院主要领导应邀出席会议。驻莞省政协委员、市政协特聘委员、市高层次人才代表应邀列席会议。150人旁听会议。市政协副主席何嘉琪主持会议。市政协主席李毓全作政协第十二届东莞市委员会常务委员会工作报告，副主席何碧霞作政协第十二届东莞市委员会常务委员会关于十二届二次会议以来提案工作情况报告，大会表彰2013年度市政协31件优秀提案、34件表扬提案和16个办理提案先进单位。全体市政协委员、特聘委员列席市人大十五届四次会议开幕大会，听取市政府工作报告和有关报告。会议举行大会即席发言，22名委员发言，就经济发展、社会管理、城市建设、教育及其他方面提出意见和建议。会议审议通过政协第十二届东莞市委员会第三次会议议程，通过提案征集情况报告、会议决议等。李毓全作闭幕讲话。

【东莞市政协常务委员会会议】 市政协十二届十次常委会议 于2014年1月7日在市会议大厦召开。李毓全主持会议。会议审议市政协十二届三次会议决议（草案）。市政协十二届十一次常委会议 于2月20日在市政协会议室召开。李毓全主持会议。会议审议通过《2014年市政协常委会工作要点》《2014年政协第十二届东莞市委员会常务委员会和专门委员会工作计划》。会议决定任命陈文东为市政协提案委员会副主任，范燕彬为市政协经济委员会副主任，杨君山、赖以坚为市政协社会法制和人口资源环境委员会副主任，叶效怀为市政协港澳台侨外事委员会副主任。会议同意免去曲洪淇市政协提案委员会副主任职务。市政协十二届十二次常委会议 于7月25日在市政协会议室召开。李毓全主持会议。市人民政府副市长杨晓棠应邀到会，通报市电子商务发展情况。会后，常委会分成5个视察组分赴莞城、虎门、东城、南城、松山湖等地视察有关电子商务企业，听取有关园区、镇街领导，以及电商企业代表的情况介绍，就推动相关工作提出意见和建议。会议决定任命蒋小莺为市政协副秘书长，任命沈奕辉为市政协社会法制和人口资源环境委员会副主任。会议同意免去黄桥法市政协副秘书长职务，免去张莉明市政协教科文卫体和文史委员会副主任职务，免去何淦洪市政协港澳台侨外事委员会副主任职务。会议同意张月忠辞去十二届市政协秘书长职务的请求，并提请市政协十二届四次全会审议通过。市政协十二届十三次常委会议 于9月24日在市政协会议室召开。李毓全主持会议。会议组织对“加大改革创新力度，全面推进社会建设”进行专题议政。市委秘书长黄少文应邀到会通报全市社会建设工作进展情况。5个专委会调研组和委员代表发言，对推进市社会建设提出针对性意见和建议。市政协十二届十四次常委会议 于12月22日在市政协会议室召开。李毓全主持会议。会议听取市委常委、市纪委书记戚优华通报市纪委2014年工作情况。市委常委、常务副市长张科就《政府工作报告》作起草说明。会议对《政府工作报告》进行协商讨论。会议协商通过尹敬华等6人辞去市政协委员职务，增补陈嘉然等8人为市政协委员。会议同意免去蒋小莺市政协港澳台侨外事委员会副主任职务，免去赫喜华市政协提案委员会副主任职务。会议决定任命张莉明为市政协副秘书长，任命卢学兵为市政协教科文卫体和文史委员会副主任，任命欧阳斌为市政协提案委员会副主任。会议决定撤销何剑雄等3人政协委员资格。

【政协专门委员会工作】 提案委员会 2014年，东莞市政协提案委员会坚持将提高提案质量放在重要位置，首次网上公开征集提案线索，召开党派团体提案工作座谈会，推动界别提案发挥作用。严格审查提案，开展专家审查和网上初审。征集提案411件，经审查立案385件，所提问题解决或被采纳152件、列入计划解决或拟采纳210件，留作参考23件。改进提案督办形式，主席会议现场集中督办5类11件重点提案，部门重点办理提案由点及面扩展。推广提案并案督办，加强提案办理“回头看”督办，编印12期《重要提案摘报》。整合优化提案管理应用平台，改版升级提案管理系统。首次实现“提案网上公开”，并网上推荐优秀提案和先进承办单位，扩大推优评先工作参与面以及提案办理监督面。

经济委员会　2014年，经济委员会就“推动市金融创新发展”开展专题调研，先后组织委员赴广州、深圳市学习考察金融创新发展经验做法，结合东莞实际，提出“着力打好实体经济、资本市场、科技金融、地方金融、金融绿洲等‘五张牌’”的建议，得到市主要领导重视。围绕省政协开展的“广东村级经济社会发展情况”课题，联合市委组织部、市委农办等部门深入虎门镇开展为期3个月调研，就促进新农村建设、维护农村社会稳定等问题提出意见建议。开展委员学习交流活动，组织城建交通、工业、农业、商贸4个小组开展座谈交流，组织委员赴揭阳、苏州、扬州市学习考察。组织委员撰写提案26件。

教科文卫体和文史委员会　2014年，教科文卫体和文史委员会围绕东莞市茶叶行业状况及茶文化建设开展专题调研，提出意见建议，报告获得市主要领导批示。会同市档案局举办“百年东莞”历史图片展，开展《改革开放广东一千个率先》专题文史资料征集工作，征集线索400多条，向省政协报送稿件140多篇，联合《南方日报》推出《东莞传奇》系列报道8期。挖掘东莞历史文化资源，完成《东莞学人文丛》《东莞历史文化专辑》等丛书的编辑出版，其中《张仲葛集》在中南地区人民出版社第三十五次优秀社科读物评选活动中获优秀图书奖。协助开展卢子枢作品和遗物捐赠展览，协助编辑出版《影响中国的东莞人》，协助开展“东莞明伦堂”资料研究整理等工作。

社会法制和人口资源环境委员会　2014年，社会法制和人口资源环境委员关注民生福祉，开展“困难家庭扶助工作”专题调研，走访中堂、麻涌等镇6个社区，与相关职能部门座谈交流，提出的意见建议得到市领导重视，并批转相关部门办理落实。开展“加强家庭教育工作”专题调研，组织部分职能部门和市家庭教育讲师团成员召开多场座谈会，了解市家庭教育开展情况，提出意见建议，引起有关部门和教育界人士重视。组织委员提交提案62件。组织委员走访市中级人民法院、市残疾人托养中心等，为委员知情议政搭建平台。推荐委员担任市人民检察院、公安局、社保局等部门特邀监督员，参与旁听述责、述德、述廉工作，参与法院公开庭审和集中执法活动，对职能部门开展行风评议，对市政府及部门10多份规范性文件提出修改意见。

港澳台侨外事委员会　2014年，港澳台侨外事委员会发挥港澳委员“双重积极作用”，通过市政协香港东莞同乡总会互访活动、香港东莞政协（港澳）委员联谊会等平台，加强莞港澳三地经济文化交流。密切与港澳委员的沟通联系，走访港澳委员165人次，参加港澳社团活动30项次。邀请港澳委员开展垃圾处理专题视察，围绕加强垃圾无害化处理提出意见建议。协助省政协开展“进一步完善外资企业公关服务体系，促进经济转型升级”等专题调研，提出意见建议。组织港澳委员提交提案47件，其中6件被确定为重点提案，12件获评优秀（表扬）提案。

【政协助推社会建设系列履职活动】召开协商座谈会　2014年4月10日，东莞市政协在市政协会议室召开“全面推进社会建设”协商座谈会。市政协主席李毓全主持会议。市社工委通报全市社会建设工作情况。与会人员围绕“和谐社会、和谐劳资、和谐家庭”建设提出意见和建议，市社工委和参会成员单位现场予以回应。市政协副主席何嘉琪、何碧霞、邝明子、朱伍坤、吕兢、钟淦泉、张玉其、莫布兴，市政协秘书长张月忠，机关副处以上干部及部分委员、特聘委员，市各民主党派、工商联负责人，市社工委及部分成员单位领导出席座谈会。考察香港基层社区管理服务　5月26日，李毓全率团走访香港东莞同乡总会，深入香港基层社区考察管理服务。先后参观考察香港元朗体育馆、元朗屏山乡社区、香港元朗区议会，召开座谈会。双方就推动市政协和香港东莞同乡总会的联系沟通、促进莞港两地合作交流、学习香港基层社区的社会管理经验，发表意见看法。市委常委、统战部部长李小梅，市政协副主席何碧霞、邝明子、朱伍坤、吕兢、钟淦泉，秘书长张月忠，及市委统战部、市社工委部分领导参加考察。专题调研　7—8月，市政协5个专委会分别从社会组织管理、基层社会治理、社会事业发展、人民团体职能、异地务工人员管理的角度，开展专题调研。调研组前往7个镇街，邀请有关职能部门和社会组织，召开10多场座谈会，完成5个专题调研报告。协助全国政协调研组开展关于社会组织发展的专题调研。为充分了解社会建设热点问题，联合市社工委制定社会建设调查问卷，向全体政协委员、部分村（社区）和企业征求意见，发出600多份问卷，收集到8个重点领域38条意见。常委会议专题议政　9月24日，市政协十二届十三次常委会议召开，会议围绕“加大改革创新力度，全面推进社会建设”开展专题议政，邀请市社工委领导到会通报情况。专委会和委员代表围绕“构建现代社会组织管理机制”“发挥人民团体职能作用”“完善基层社会治理体制”“推进社会事业改革创新”“创新异地务工人员服务管理”等建言献策。李毓全主持会议。市政协副主席何嘉琪、何碧霞、邝明子、朱伍坤、钟淦泉、莫布兴，秘书长张月忠，副秘书长、各专委会副主任、各镇街政协小组组长列席会议。

【政协调研视察及走访活动】“三重”建设招商引资专题视察　2014年5月14日，东莞市政协常委会组织视察市“三重”建设招商引资工作情况。视察人员分成5个组，分别前往常平、大朗、厚街、高埗和塘厦镇进行视察，召开现场座谈会，详细了解“三重”建设招商引资和项目落户情况，针对存在困难与问题提出意见和建议。市政协正副主席、秘书长、常委、副秘书长、专委会专职副主任等参加视察活动。新能源汽车产业专题调研　9月15日，李毓全率队就“我市新能源汽车的发展及推广应用”开展专题调研，实地考察易事特、迈科公司和中大研究院，详细了解行业发展情况并提出建议。何嘉琪、吕兢、张月忠以及部分委员，市发改局、市经信局、市科技局和松山湖管委会相关负责人参加调研活动。拜访海外友好社团　11月3—12日，应马中友好协会、新加坡东莞商会、印尼熊氏集团的邀请，市政协副主席何碧霞率队赴马来西亚、新加坡、印尼访问，拜访当地政府、友好社团、海外东莞人侨团，了解东莞市民营企业和政协委员企业在外发展情况，宣传中国建设21世纪海上丝绸之路的战略构想和东莞投资环境。张月忠和部分专委会主任参加拜访活动。

【政协座谈、访谈】新型城镇化发展征求政协委员意见座谈会　于2014年11月7日在市政协会议室召开。会议就东莞市实施新型城镇化发展战略的初步规划和部署征求政协委员意见。市政协与市各民主党派、工商联座谈会　于12月23日召开，李毓全、何嘉琪、何碧霞、邝明子、朱伍坤、吕兢、钟淦泉、莫布兴、蒋小莺、市政协副秘书长，市各民主党派主委、秘书长，市工商联主席、办公室副主任等参加会议。会议通报2014年市政协工作情况、2015年工作设想和市政协十二届四次会议筹备工作情况。市各民主党派、工商联负责人

就通报内容提出意见建议。会议还组织走访泛亚太生物科技有限公司、宏川集团等委员企业。*市长约请人大代表和市政协委员座谈会* 于12月25日在市行政办事中心会议室召开。与会人大代表和政协委员围绕市经济社会发展热点问题提出意见和建议，市直有关部门负责人现场作出回应。市委副书记、市长袁宝成，市政协主席李毓全，市人大常委会常务副主任黄双福，市委常委、常务副市长张科，副市长鲁修禄、杨晓棠，市直相关部门负责人，部分市人大代表、市政协委员等出席会议。*“政协议政厅”广播节目* 2014年，市政协举办50多期“政协议政厅”广播节目，组织政协委员、各民主党派成员、市民代表等150多人次，围绕“改善老年人活动场所”“加强小商贩管理”等民生话题交流讨论。12月底，栏目改版升级，增设“焦点关注”“党派之声”“委员访谈”等栏目，丰富节目内容，使政协宣传工作的老品牌焕发新活力。

【政协学习培训】 2014年8月30日至9月5日，东莞市政协在中组部全国干部教育培训西安交通大学基地，举办第一期“提高参政议政能力培训班”。培训期间，学员们先后学习参政议政、管理创新、国防安全布局、健康知识等专题课程，实地考察革命圣地延安，接受革命传统教育。何碧霞带队，张月忠、市政协副秘书长及各镇街政协小组长、市直有关部门人员近50人参加培训。9月14—19日，市政协在中组部全国干部教育培训武汉大学基地，举办第二期“提高参政议政能力培训班”。培训期间，学员们先后学习参政议政、危机管理、领导干部修养、阳光心态等专题课程，实地参观湖北省博物馆。蒋小莺带队，市政协副秘书长以及部分镇街政协小组副组长、各镇街政协小组工作人员，市政府督查室及各民主党派相关工作人员近50人参加培训。

【政协机关机构设置调整】 2014年8月28日，根据市机构编制委员会《关于市政协机关内设机构调整的批复》精神，市政协机关调整内设科室名称和职能。市政协机关内设科室调整为9个科室，分别是秘书联络科、综合宣传科、组织人事科、行政事务科、提案委员会工作科、经济委员会工作科、教科文卫体和文史委员会工作科、社会法制和人口资源环境委员会工作科、港澳台侨外事委员会工作科。 （莫庆才 苏小英）

**附：2014年政协东莞市第十二届委员会主席、副主席、秘书长、副秘书长名录**

主　席：李毓全
副主席：何嘉琪　何碧霞　邝明子
　　　　朱伍坤　吕　兢　钟淦泉
　　　　张玉其　莫布兴
秘书长：张月忠
副秘书长：蒋小莺（7月到任）
　　　　　吴润玲　黄桥法（任至7月）
　　　　　赖少瑜　张莉明（12月到任）

**附：2014年东莞市政协常委会各专门委员会主任名录**

提案委员会主任：吕小华
经济委员会主任：莫淑华
教科文卫体和文史委员会主任：李炳球
社会法制和人口资源环境委员会主任：卢沛超
港澳台侨外事委员会主任：刘树勋

## 纪检·监察

【纪检、监察机构概况】 截至2014年，中共东莞市纪律检查委员会机关和东莞市监察局、东莞市预防腐败局合署办公，履行党的纪律检查和政府行政监察两种职能，机关内设14个职能室：办公室（下设秘书科、综合信息科）、监察综合室、党风廉政建设室、纠正部门和行业不正之风室、执法监察室、效能监察室、第一纪检监察室、第二纪检监察室、案件管理室、案件审理室、信访室（举报中心）、宣教研究室、干部室、预防腐败室；下属1个正处级事业单位：东莞市粤桥山庄管理处。

【纪检、监察重要会议】 2014年1月24日，中国共产党东莞市第十三届纪律检查委员会第四次全体会议召开。会议传达贯彻十八届中央纪委三次全会、省纪委十一届三次全会和市委十三届四次全会精神，总结全市2013年反腐倡廉工作情况，研究部署2014年工作任务。2月7日，东莞市召开深化镇街纪检监察和审计体制改革动员会，部署合署办公工作。2月10日，市纪委召开市纪委常委会议，传达市委常委会议关于开展“扫黄”专项整治工作的精神，研究部署相关工作。2月11日，国务院和省政府第二次廉政工作电视电话会议暨市政府廉政工作会议召开。2月13日，市纪委召开扫黄专项整治工作办案推进会，听取工作汇报，研究部署下一步办案工作。3月12日，东莞市落实2014年党风廉政建设和反腐败工作分工暨政风行风评议动员会议在市行政办事中心会议厅召开。3月20日，委局机关办案工作会议召开，会议对2013年查办案件工作进行讲评，并对2014年进一步做好查办案件工作提出指导性意见，明确工作要求、目标和任务。4月23日，中央纪委副书记陈文清一行来莞检查工作，并召开座谈会。4月29日，粤中片纪检监察机关征求意见座谈会在东莞召开。5月8日，广东省网上办事大厅建设东莞现场会在市行政办事中心召开。5月15日，全省查办腐败案件体制机制改革试点工作动员部署电视电话会议召开，东莞设分会场。5月21日，全省查办腐败案件体制机制改革试点工作业务培训班在东莞举办。6月12日，全省办案安全工作会议在东莞召开。6月30日，全市纪检监察工作座谈会在市行政办事中心召开，就落实中央“八项规定”精神、内设机构职能调整、查办案件工作进行部署。7月25日，全省查办腐败案件体制机制改革试点工作座谈会在东莞召开。8月22日，中央纪委和全省“深入落实中央八项规定精神、持之以恒纠正‘四风’工作电视电话会议”召开，东莞市设分会场。8月25—26日，全市第十二期领导干部党纪政纪法纪教育培训班在市行政办事中心举行。9月9日，全市反腐倡廉和预防职务犯罪基地完成升级改造重新开放。9月10日，省委巡视组在市委党校组织召开东莞市党风廉政建设和纪检监察工作汇报会。9月12日，全省查办腐败案件体制机制改革试点工作电视电话会议召开，东莞市分会场设在市行政办事中心会议厅。9月17日，全省部分市纪委信息工作座谈会在东莞市行政办事中心召开。9月25日，市纪检监察系统办案工作会议召开，对查办腐败案件体制机制试点改革工作进行阶段性总结。10月21日，省纪委宣传部（东莞）分片调研座谈会在东莞举行。12月12日，市监察局、市政府纠风办召开东莞市2014年民主评议政风行风现场测评会，以市政协副主席吕兢为团长的19名评议团成员，对市教育局等9个重点单位进行现场评议。12月30日，全市办案工作座谈会在市行政办事中心召开，总结2014年全市办案工作情况，并就落实全省办案安全工作会议精神提出要求。

【作风建设】 *加强党的纪律建设* 2014年，东莞市纪委、监察局教育引导广大党员干部认真学习贯彻党的十八届三中、四中全会和中共中央总书记习近平系列重要讲话精神，在思想上、政治上、行动上同以习近平为总书记的党中央保持高度一致。严格落实中央“八项规定”精神　发布《关于重申严格执行厉行节约和廉洁自律有关规定的通知》，提出严禁用公款宴请、大吃大喝、收送“红包”等“十五条禁令”。大力整治“会所中的歪风”。推进“会所中的歪风”和“会所腐败”专项整治活动2次，责令关停9家非营业性公务接待场所；向全市党员领导干部明确公共资源不得设立私人会所和领导干部不得出入私人会所“两条红线”。加强明察暗访和执纪问责　通过暗访、曝光、查处、追责，促进机关作风好转，制作市作风暗访专题片2部，组织党员干部观看，落实整改问题11个，查处违反“八项规定”精神问题12个，追究责任33人。

【纪律监督检查】　落实党风廉政建设责任制　2014年，东莞市纪委、监察局将反腐倡廉建设工作量化分解为6大项、40小项工作任务，明确分工落实到48个单位具体负责，量化分解到人。对违反党风廉政建设责任制的32名党员干部实施责任追究，收到良好警示效果。行政监察　市行政审批电子监察系统监察审批业务59万多笔，提前办结率99%，定期将绩效测评及排名情况向社会公开；受理效能投诉385件，办结380件，办结率98.7%。政风行风评议和纠风治理　组织对市教育局等35个单位开展办事效率满意度手机短信测评，对其中9个重点单位进行访谈直播、第三方机构和评议团面对面测评，评议结果均达到满意等次；深化“阳光热线”工作，收到群众咨询投诉1.7万多条，回复率达98.9%。加强对农村集体“三资”的监管　推动农村（社区）集体资产交易和“三资”（资金、资产、资源）监管平台建设，累计成功交易1.2万多宗，成交额168.3亿元，溢价率9.1%。

【违纪违法案件查办】　2014年，东莞市纪检监察机关受理群众来信来访电话举报1754件（次），比上年上升24.8%；初步核实线索698宗，初核率39.8%，上升136.6%；立案287宗311人，增长108%；结案280宗，处分318人，通过办案挽回经济损失5600多万元。查处大案要案　严肃查办发生在领导机关和领导干部中滥用职权、贪污贿赂、失职渎职案件，权力寻租、利益输送案件，发生在重点领域、关键环节的腐败案件，查办要案11宗11人。查处“涉黄”问题中的腐败案件　市纪委牵头成立5个联合专案组，重点查处“涉黄”事件中失职渎职行为，深挖背后的“保护伞”，立案24宗，处分党员干部32人。解决发生在群众身边的腐败问题　查处土地管理、征地拆迁、住房保障、环境保护、教育医疗等涉及群众切身利益方面的案件，重点查处群体性事件和重大责任事故背后的腐败案件。2014年查处村社基层干部的案件156件164人，占全市立案总数54.36%。提高办案能力和水平　组织开展办案人员培训，提高依法依纪、安全文明办案水平。规范信访举报受理工作，加强案件线索集中管理，把好案件审理关。加强粤桥山庄的管理和保障，得到中央纪委、省纪委充分肯定。

【纪律教育】　开展领导干部廉洁从政教育　2014年，东莞市纪委、监察局举办全市领导干部“三纪”（党纪、政纪、法纪）教育培训班，培训党政主要领导干部300多人。完成反腐倡廉和预防职务犯罪教育基地升级改造，全市有296个单位1.06万人次党员干部到基地接受教育。注重抓早抓小　坚持防微杜渐，对党员干部思想、工作、生活作风方面和廉洁自律方面的苗头性、倾向性问题，通过诫勉谈话、函询，及时进行提醒整改。全市共进行诫勉谈话327人次，纪检监察机关共实施信访谈话函询35人（次）。严格执行领导干部廉洁自律规定　加大“红包”礼金专项治理力度，2014年廉政账户收到上交款1907.35万元。开展“以案治本”工作　制定《东莞市“以案治本，加强廉政风险防控”工作实施办法》，选取社会影响大的典型案件，严格实行查办案件“一案双报告”制度。推进农村基层廉政风险防控工作　在示范点创建经验的基础上，全面铺开村（居）廉政风险防控工作，制定防控措施，明确监督办法，接受群众监督。廉洁文化建设　举办“廉泉杯”廉洁文化摄影比赛，办好月刊《廉洁东莞导刊》，深化廉政文化“一镇街一品牌”创建活动，举办廉洁读书月活动，促进廉政文化建设覆盖全社会。

【纪律检查体制机制改革】　市、镇街两级纪委查办腐败案件体制机制改革试点工作　2014年，东莞市纪委、监察局加强上级纪委对下级纪委办案工作的领导和监督，推动查办案件工作深入开展。成立查办腐败案件指挥协调中心，强化查办案件的指挥协调、人才保障和信息技术支持。纪检监察机关“三转”　对市纪委机关部分内设机构职能进行调整，案件检查室由原来的2个增加到7个，办案人员力量占比近80%。精简纪检监察机关参与的议事协调机构，保留11个，精简比例达91.7%。基层反腐机制体制创新　完成32个镇街纪检监察和审计合署办公，整合基层纪检、监察、审计等工作力量，强化监督合力。加强镇街纪委规范化建设，规范镇街纪委的组织架构、职位配置、人员配备和工作职责，推动镇街纪委聚焦反腐倡廉中心任务。（黄基尧）

**附：2014年中共东莞市纪律检查委员会书记、副书记、常委名录**

市纪委书记：戚优华
市纪委副书记：陈锦洪（任至11月）
吴才华　叶柏茂
袁丽群（任至12月）
鲁　罡（12月到任）
市纪委常委：戚优华
陈锦洪（任至11月）
吴才华　叶柏茂
袁丽群（任至12月）
鲁　罡（12月到任）
何植尧（任至9月）
卢淑贤　罗暖培
夏显辉　邓炳华
黄　键
朱伟强（9月到任）

**附：2014年东莞市监察局、预防腐败局主要领导名录**

市监察局局长：吴才华
市预防腐败局局长：吴才华

# 民主党派·社会团体 DEMOCRATIC PARTIES · SOCIAL ORGANIZATIONS

## 民主党派

### 中国国民党革命委员会东莞市委员会

【民革概况】　截至2014年，中国国民党革命委员会东莞市委员会有10个基层支部、1个小组，有党员146人，其中2014年新发展党员20人。主要为医疗卫生、教育、文艺、司法界中高级知识分子。其中，中高级职称约占90%；担任省政协委员1人、市政协委员7人（常委1人）、市人大代表3人（常委2人），市特约人员1人。

【民革参政议政】　2014年，民革东莞市委员会在市政协全会上提交市委会集体提案17件（其中联名提案1件），委员个人提案19件。其中被评选为重点督办提案2件，被选为部门重点督办提案1件，被评为优秀提案4件，表扬提案2件，被评为人大重点督办建议1个，洪茜被评为优秀人大代表。评选5个年度重点调研课题，4篇调研成果提交民革广东省委会和中共东莞市委统战部，3篇调研成果提交民革广东省委会，1篇获中共东莞市委统战部一等奖。10月9日，副主委徐波带队到市海洋渔业局开展海洋立法专题调研；10月17日，主委余毅率调研组到沙田镇、虎门港开展"挖掘水乡特色文化，探索岭南传统文化与现代城市文明融合之路"专题调研；10月24日，主委余毅率调研组到市台商投资企业协会调研。

【民革自身建设】　2014年，民革东莞市委会开展"弘扬爱国精神，共圆中国梦"系列主题活动，组织党员前往衡山忠烈祠拜谒抗日烈士，举办党员学习班，邀请民革广东省委会副主委李崴为党员作"如何做一名合格的民革党员"专题讲座，召开纪念"五一"口号发布65周年、纪念抗战胜利69周年等座谈会，都市丽人实业公司有限支部、虎门支部、东莞理工学院支部等组织党员到重庆、肇庆、韶关等地开展革命学习教育活动，退休党员到革命老区龙岩开展学习教育活动，城区综合三支部和六支部联合开展学习实践活动。邀请民革广东省委会主委周天鸿作《如何开展基层组织工作》专题讲座；开展"民革党课"进基层活动。广东都市丽人实业有限公司被评为民革广东省学习实践先进支部，周静被评为民革广东省学习实践先进个人。

【民革祖国统一工作】　2014年，民革东莞市委会开展"一二三"计划，完成联系服务"一"家商会即市台商协会，重点携手"二"家镇街台商分会开展联谊活动，到台资企业开展"三送"（送法、送医、送教）服务活动。拜访东莞市台商协会，与会长翟所领等进行座谈；加强与厚街镇台商分会的联系合作，开展博爱活动，参加厚街镇台商会中秋晚会；1月15日，前往石碣台达电子厂开展"送法"进台资企业服务；10月24日，前往台心医院参观并开展"送医"活动，为台心医院的建设提出相关意见建议。加强祖国统一工作与参政议政工作的融合，形成《以东莞为例，针对新时期台湾同胞在大陆投资、工作、生活所遇到的相关问题出台相关新政策，完善相关法律的调研报告》。

【"同心·博爱行"活动】　2014年，民革东莞市委会到中共东莞市委统战部对口帮扶的万江街道上甲社区开展"同心·博爱行”系列活动，5月开展医疗义诊活动，惠及群众约500人；12月开展“同心·博爱行”助学圆梦、冬暖人心活动，为20名贫困家庭的学生送上助学金，为50名老人送上“都市丽人”保暖衣，社区向民革东莞市委会和广东都市丽人实业有限公司支部赠送“情系上甲 扶贫助学”“情系上甲 扶贫济困”锦旗；春节和中秋期间，都市丽人实业有限公司支部为凤岗镇同德岭村200多位老人送上节日慰问，支部主委、广东都市丽人实业有限公司董事长兼总裁郑耀南被评为第二届东莞十大慈善人物。将社会服务工作与祖国统一工作结合起来，响应广东省委、省政府促进粤东发展的号召，4月与厚街镇台商分会前往平原县八尺镇开展“同心·博爱行”春风送教活动，捐献物资总值20万元。

（罗一鸣）

**附：2014年民革东莞市委会主要领导名录**

主　委：余　毅

## 中国民主同盟东莞市委员会

**【民盟概况】** 截至2014年，中国民主同盟（简称民盟）东莞市委员会有13个支部，8个专门工作委员会，有盟员272人，其中2014年新发展盟员13人。盟员中教育界164人，医卫界23人，其他界别85人。担任市政协副主席1人，市政协常委2人，政协委员8人，市人大常委1人，市人大代表1人，市特约人员11人次。

**【民盟参政议政】** 2014年，民盟东莞市委员会在市政协十二届三次会议上向市政协提交集体提案16篇，委员个人提案22篇。其向市政协十二届二次会议提交的《关于发展3D打印技术，提升我市制造业竞争力的建议》获评优秀提案奖；民盟东莞市委员会集体提案《关于加速推进大数据战略，建设智慧东莞的建议》和委员提案《关于加强终端市场蔬菜及冰鲜水产品保鲜类有毒有害物质监督检验的建议》《关于提高中小学名师工作室的工作经费的建议》《关于关注脑瘫儿童家庭救助，将脑瘫儿童康复治疗纳入医保的建议》获评表扬提案奖。在市长会见人大代表和政协委员座谈会上，民盟东莞市委员会提交《关于加快推进全市截污次支管网建设的建议》作为大会发言材料。文艺支部提交的《加强科普人才队伍建设，促进科普事业持续发展》被省政协十一届二次会议采纳为大会发言及集体提案。拓宽参政议政渠道，民盟东莞市委员会2014年向市委统战部、市政协、民盟广东省委报送《东莞民盟信息》87期，参加“周末访谈——政协议政厅”节目6次，切实反映市情民情。

**【民盟自身建设】** 2014年，民盟东莞市委员会大力推进自身建设，夯实多党合作基础。推进思想建设，围绕“坚持和发展中国特色社会主义学习实践活动”主题，举办“新时期参政党的功能责任和使命”专题讲座、首届读书活动和盟员综合素质培训班等活动。做活做好组织建设，2014年，民盟东莞市委员会获评民盟广东省宣传工作先进集体，民盟东莞市委员会办公室获评东莞市统战信息工作先进单位。松山湖支部获评民盟广东省宣传工作先进集体及民盟全国先进基层组织；东莞中学支部获评民盟广东省先进基层组织。东城支部杨立平成为盟内首位成功入选全市“丰羽强翅行动”的后备干部，挂职担任麻涌镇副镇长。推进制度建设，民盟东莞市委员会研究制定《民盟东莞市委宣传信息和理论研究工作奖励办法（试行）》等制度，修改完善原有的参政议政工作制度、专委会工作规则、支部量化考核办法等。

**【“莞盟”系列品牌活动】** 2014年，民盟东莞市委员会继2013年创建社会服务品牌“莞盟助学行”后，民盟东莞市委员会以推动“莞盟”系列品牌活动为核心，开展社会服务工作，提升党派形象。莞盟助学行　建立青海省三江源民族中学等5个助学站，资助贫困学生140名，助学成果步伐稳、跨度大、影响广、收效快。莞盟环保行　通过“环保行”进校园、进企业等系列环保宣传志愿服务活动，普及环保基础知识，提升环保意识，受益人员6000多人。莞盟普法行　举办“弘扬宪法精神，建设法治中国”法律宣传咨询志愿服务活动，以多种宣传方式走进社区、走进学校、走进企业，为建设和谐东莞、法治东莞做出贡献。

（王雪萍　简锐娅）

**附：2014年中国民主同盟东莞市委会主要领导名录**

主　委：朱伍坤

## 中国民主建国会东莞市委员会

**【民建概况】** 截至2014年，中国民主建国会（简称民建）东莞市委员会有7个基层支部，1个总支，4个工作委员会，有成员117人。会员主要分布在经济界、教育界和公务员队伍。担任民建广东省委会常委1人、委员2人，有市人大常委会副主任1人，市政协常委1人、委员6人，市特约人员12人次。

**【民建参政议政】** 2014年，民建东莞市委员会完善调查研究和参政议政工作机制，落实施行《市委会课题招标办法》和《参政议政工作表彰办法》，开展7项重点课题调研；提交各类社情民意60多条，比上年增长2倍多；《建议我市加强停车位规范化管理》得到中共东莞市委书记徐建华批示，要求有关部门研究落实；在民主党派负责人暑期座谈会、市长会见政协委员座谈会等大型高层协商议政活动中提出《扶持小微企业融资，促进实体经济增长》《充分发挥公共科技创新平台作用，提升东莞经济发展质量》等多方面的建议意见，受到市委市政府的肯定。向市政协十二届二次会议提交9件集体提案、11件委员提案，其中《关于大力发展我市电子商务的建议》和《以金融创新助推我市国家电子商务示范城市建设》2件提案被列为市长督办提案，并在政协大会上作题为《在一带一路国家战略下打造东莞经济升级版》的发言；全年组织7人次参与6期东莞电台“周末访谈”议政节目，就智慧东莞、社工建设等热点问题提出意见。民建东莞市委员会连续4年被民建广东省委会评为参政议政先进集体。

**【民建自身建设】** 2014年，民建东莞市委员会把学习中共十八大和十八届三中、四中全会精神，学习中共中央总书记习近平系列重要讲话精神，贯彻落实民建中央全国基层组织建设研讨会和市级组织建设研讨会会议精神作为学习实践活动的核心内容，打造东莞民建“学习年”，全年13次组织190多会员人次参加各类、各种层次的培训交流学习活动，培训覆盖面达180%。市委委员参加所联系基层组织的活动，多次召开民主生活会，收集会员意见，改进市委会

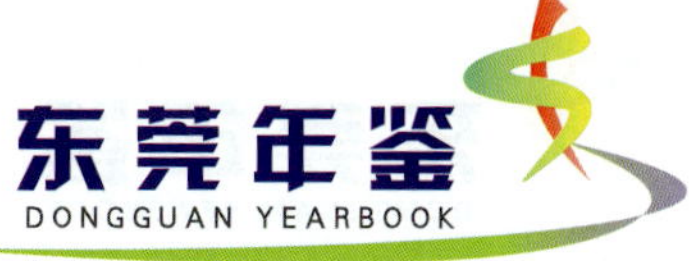


工作；各支部和专委会创新组织活动形式，开展联合活动10次。

【民建社会服务】 2014年，民建东莞市委员会拓展社会服务的深度和广度，举办2期“建华课堂”，培训近400名东莞企业家；6月与市科协联合举办“大数据时代企业商业模式创新”院士讲坛，向500名莞商精英介绍有效的组织管理数据；9—11月，按照省民建的统一部署，精心组织，发动会员参加“助力阳江”活动，捐赠救护车10辆，捐助贫困学生19名；11月，发起并承办“民营经济转型升级暨东莞民营资本投入实体经济”大型研讨会，民建中央副主席辜胜阻率多名会内专家以及国务院研究中心、科技部等部委专家为东莞经济出谋献策，受到参会的500名相关领导和企业家好评。（罗建锋　叶尧斌）

附：2014年中国民主建国会东莞市委员会主要领导名录

主　委：周楚良

## 中国民主促进会东莞市委员会

【民进概况】 截至2014年，中国民主促进会（简称民进）东莞市委员会有7个支部，有会员121人。其中教育界85人（高教12人，普教73人），政府及党派机关8人，法律界5人，文化艺术界3人，医卫界6人，公有经济2人，社会新阶层12人。具有中高级职称的人数占81.0%。担任省人大代表1人；市人大代表1人；市政协委员的有8人，其中常委1人。

【民进参政议政】 2014年1月，民进东莞市委员会在市政协十二届三次会议上向大会提交个人提案和集体提案36篇。其中个人提案《关于完善东莞水乡特色发展经济区地方干部政绩考核评价指标，建立十镇一港联动考核机制的建议》被列为2014年由中共东莞市委书记徐建华督办的重点提案；5篇提案获市政协表彰，集体提案《关于“简化转诊审批手续，实现医保门诊一卡通”的建议》、个人提案《关于完善东莞水乡特色发展经济区地方干部政绩考核评价指标，建立十镇一港联动考核机制的建议》被评为市政协优秀提案，集体提案《关于在我市义务教育阶段试行名优教师、校长交流轮岗制度的建议》、个人提案《关于取消东莞义务教育阶段民办学校小升初招生考试的建议》《关于东莞市各企业为职工缴纳住房公积金的建议》被评为市政协表扬提案。8月，主委梁佳沂参加市民主党派负责人暑期座谈会，就新型城镇化进程中加强文化遗产的保护和传承、加大民主党派干部的培养和使用力度等方面提出建议。12月，主委梁佳沂参加市长约请市人大代表和市政协委员座谈会，就新型城镇化过程中的文化保护问题提出书面建议，对2015年《政府工作报告》（初稿）提出意见和建议。组织会员参加2期“周末访谈——政协议政厅”电台节目，分别就打响“学在松山湖”品牌、保护莞城骑楼老建筑群等问题献计谋策。

【民进自身建设】 2014年，民进东莞市委员会发展6名新成员。其中高等教育界1人，基础教育界2人，医药卫生界1人；研究生2人；平均入会年龄43.8岁。民进东莞市委员会分批到各支部走访座谈，了解基层会员的思想动态以及在民主监督、参政议政和社会服务中的困难，听取会员对市委会工作的意见和建议。6月，主委梁佳沂率领30余名会员赴惠州市交流学习，就参政议政、组织建设、社会服务、政务信息等工作进行交流，到惠州蓄能水电站调研。7月，成立首届社会服务工作委员会、组织发展工作委员会、退休会员工作委员会、文体妇女工作委员会和第二届参政议政工作委员会；9月，市委会举办“发挥民进优势，促进文化发展”研讨会，民进广东省委专职副主委胡献、民进广东省委文化出版工委副主任马肖平与40多名骨干会员代表就更好发挥民进的文化界别优势，助力地方文化建设进行探讨。11月，成立监察委员会。12月，民进市委会举行2014年大珠三角民进地方组织机关人员学习交流活动，来自广州、深圳、惠州等11个市、县（区）民进组织的机关专职工作人员近40人参加。

2014年，民进东莞市委员会莞城支部获评“民进全国组织建设先进基层组织”，东城支部主任罗光信获评“民进全国组织建设先进个人”。

【民进社会服务】 2014年5月，民进东莞市委员会副主委梁聚峰带领社会服务骨干会员一行，拜会市民办教育协会茶山分会会长庄展捧，双方就师资培训、校园文化建设、社团指导、爱心助学、图书捐赠等合作的内容与形式进行交流，达成初步的教育服务合作意向。6月，民进东莞市委员会作为支持单位，派会员代表参与深圳市慈善会和广东省社工委等单位联合举办的大型公益“中国梦·大陆行”扶贫发展直捐调研活动，走访紫金县洋坑村孤寡老人、失学留守儿童代表，与组委会人员一起给他们送去一批物资和食品，直捐现场筹得现金2万多元。走进紫金庙前小学实地调研，考察帮扶项目，与当地政府初步达成帮扶意向。11月，参与开明慈善基金会·同心筑梦专项基金捐款、“书香彩虹”公益捐书活动等，得到广大会员的支持和参与，为同心筑梦专项基金募集善款3.98万元。

【东莞市开明美术馆】 2014年，民进东莞市委员会发挥民进界别优势，力促东莞文化建设，牵头开办东莞开明美术馆，将其打造成新的社会服务品牌。9月28日至10月12日，民进东莞市委会、东莞开明美术馆联合民进中央开明画院等多个单位，在东莞市图书馆举办“开明盛典——首届开明书画陶瓷展·东莞”大型展览暨东莞开明美术馆的建馆开幕展。全国政协副主席、民进中央常务副主席罗富和为展览和作品集撰序，并为“东莞市开明美术馆”揭牌。展览期间，前往观展市民达15万人次。截至2014年，东莞开明美术馆举办3场展览，受益人数达20万人次。（黄建英）

附：2014年中国民主促进会东莞市委员会主要领导名录

主　委：梁佳沂

## 中国农工民主党东莞市委员会

【农工党概况】 截至2014年，中国农工民主党（简称农工党）东莞市委员会有11个基层支部，有党员193人，其中2014年新发展党员21名。分布在医卫界103人，环保界9人，教育界44人，工程界3人，其他界别34人（含政府、党派机关16人、文化艺术界3人、新社会阶层人士13人、公有制经济界2人）。担任农工党省委常委1人，省政协委员1人，市人大代表4人（常委1人），市政协委员11人（常委2人），市特约人员7人。广东旗峰律师事务所合伙人蒋四清当选“东莞好人”。东莞理工学院声乐副教授汪莹参与的东莞合唱团，获得中国嘉陵江合唱艺术节金奖第一名；其指导的学生

在孔雀杯全国高校声乐大赛中获本科组三等奖。虎门外国语学校老师宁海滨辅导学生参加广东省地理奥林匹克竞赛获三等奖。言小明、黄遵楠等在SCI/EI检索期刊上发表学术论文。

【农工党参政议政】 2014年，农工党东莞市委员会向市政协十二届三次会议提交有关院前急救体系建设、加强生物医药产业创新平台建设、尽快铺开全市垃圾分类工作、推行东莞市医疗责任保险制度、发挥行业协会作用、促进民营口腔医疗机构健康发展、加强儿童意外伤害预防和干预、提高医保定点药店覆盖面、推进东莞市中小学与博物馆共建东莞历史教育实践基地等建议9件。向市政协十二届二次会议提交的《建立重金属污染物在线监测体系，为我市饮用水安全建立"安全防线"》获评市政协优秀提案奖，《加快电子政务建设，提高政府效能》获评市政协表扬提案奖。理论研究工作有突破，完成3项统战理论调研课题和1篇党史研究文章，获省统战部优秀论文三等奖1篇，市统战部优秀论文三等奖2篇。组建信息员工作队伍，建立信息工作机制，向农工省委提交信息12件，向市政协提交信息19件，向市委统战部提交建议类信息27件，其中被市委统战部采纳15件，被省委统战部采纳1件。市农工党获评市委统战部调研工作和信息工作先进单位。在市各民主党派暑期座谈会上提出《关于全面实施药品零加成的几点建议》，在市长约请人大代表、政协委员座谈会上建议《激发民营经济活力，加快我市经济转型升级》。5次组织党员参加东莞电台议政节目"周末访谈"，呼吁推广使用新能源汽车、监管饮用水重金属污染、发挥行业协会的作用、产业化发展东莞小吃美食、整治中小学校门口小卖铺。

【农工党自身建设】 2014年，农工党东莞市委员会部署进一步增强环保界别特色、发挥高校教师党员的作用，新成立支部3个，即以环保界人士为主的南城支部和东莞理工学院、东莞职业技术学院2个高校支部。探索农工党东莞市委员会班子成员年终述职评议制度，试行《创建标准化星级支部考评细则》，建立班子成员和各支部工作台账。对基层支部进行量化考核，基层组织工作效能和活力得到明显提升。

【农工党社会服务活动】 "同心助医" 2014年，农工党东莞市委员会组织党员专家继续在洪梅医院开展定点医疗帮扶活动，推动肛肠科、妇产科、胃镜室等专科业务开展和技术提升；为东莞理工学校400多名女生上女生卫生、生理、早恋的健康教育课；为全市约200名信访干部做有关"情绪和压力管理"的心理健康讲座；为东莞理工学校全校的体育老师、班主任开展有关急救技能培训。各基层支部结合自身优势开展的定点社会服务活动各有特色。长安支部连续三年在长安敬老院义诊献爱心，开展"国际科学与和平周"义诊咨询活动，发放各种环保科普知识宣传资料1000多份，向社区群众、学生和工人宣传讲解绿色环保知识和科普知识。人民医院支部委员会与东莞电视台联合录制"生活大莞家"节目，为广大市民普及出现梅尼埃病以及晕车的应急处理方法。东莞理工学院支部偕同东莞理工学院学生前往东莞市"渔夫生命辅导中心"，慰问吸毒和艾滋病康复人员及其照料者。"法律讲堂" 12月4日"全国法治宣传日"在东莞理工学校开展青少年犯罪预防相关法律知识培训三场。"环保东莞行" 与市环保局合作，开展"生态东莞 环保同行"徒步公益活动，3000多名徒步爱好者和环保公益热心人士参加；开展城市环境与健康巡回宣传活动，参与制作宣传展板60多块。

（杨　莉）

**附：2014年中国农工民主党东莞市委员会主要领导名录**

主　委：李光霞

## 中国致公党东莞市委员会

【致公党概况】 截至2014年，中国致公党东莞市委员会有5个基层支部，有成员110人，其中2014年新发展党员12人，转出党员1人。其中归侨8人，侨眷侨属16人，港澳台属10人，少数民族3人，其他有海外关系者42人，大部分成员分布于科教文卫界。担任省人大代表1人、市人大常委1人；省政协委员1人、市政协常委2人，市政协委员4人。省侨联委员2人、市侨联常委1人，市人民监督员1人、市特约检察员1人、市侨联委员会顾问1人、市政府采购监督员2人、市公安局局警务廉政监督员2人、市法院司法监督员1人、市干部监督员1人、市监察局特约监察员1人、人民陪审员8人。

【致公党参政议政】 2014年，中国致公党东莞市委员会在市政协十二届三次会议期间市委会提交22件提案，其中党派集体提案9件，个人提案13件。所提提案得到相关部门的重视，党派集体提案《关于加快市区与东莞新火车站接驳道路建设的建议》被列为2014年度重点督办提案，并获评市政协优秀提案，党派集体提案《关于加大"三公"经费等政府信息公开力度，建设透明政府的建议》和委员个人提案《关于提高新莞人公共服务均等化的建议》获评市政协表扬提案。党派集体提案《关于做好社区居家养老服务工作的建议》被市民政局列为局长督办的重点提案。主委戴松林作为省政协委员在省政协十一届二次会议期间提交的个人提案《关于保护和科学开发利用我省海岸带的提案》被省政协评为主席重点督办提案及优秀提案。副主委陈树良撰写的社情民意信息《关于省以下地方法院、检察院人财物统一管理的建议》获中国致公党中央及省委统战部采用。

中国致公党东莞市委员会参加三期"政协议政厅"节目，就社会民生热点问题建言献策，引起相关部门重视，扩大中国致公党的社会影响力。

中国致公党东莞市委员会向省委会申报6篇参政议政调研招标课题，向市委统战部申报3篇参政议政调研招标课题，其中有3篇课题获省委会以社情民意信息形式立项，2篇课题获市委统战部立项。课题《台资企业转型升级中面临的问题分析与对策》获评"2014年度东莞统战理论政策研究创新成果"二等奖。

11月12—14日，由全国人大常委、中国致公党中央副主席闫小培带队的中国致公党中央"大陆台资企业转型升级"调研组到东莞市开展专题调研，中国致公党东莞市委员会安排市台办、市商务局、市经信局、市台商协会以及台资企业代表与调研组进行座谈交流，安排调研组到东聚电子电讯制品有限公司和普隆塑胶制品有限公司开展实地调研，协助调研组完成专题调研工作。

【致公党联谊工作】 2014年4月21日，美国洪门致公总堂秘书长陈建平为了解东莞历史人物陈伯陶的相关资料，以做好中国致公党成立90周年纪念系列活动的准备工作到访东莞市。中国致公党东莞市委员会协助其联系市委统战部及中堂镇统战办，由主委戴松林等人陪

同，到中堂镇陈伯陶故居参观考察，收集相关史料。6月1—2日，中国致公党东莞市委员会第三支部、第五支部组织党员前往潮州与中国致公党潮州市委会就组织建设、参政议政、社会服务、思想宣传等方面的工作进行学习交流，参观潮州市统战教育基地“颐园”。7月26日，加拿大洪门民治党多伦多支部成立120周年庆典活动在多伦多举行，中国致公党东莞市委员会委托侨居加拿大的党员参加庆典活动。11月17日，由全球洪门联盟总会主办的洪门影视基地落户仪式在寮步镇香市影视城举行，委员张亚清等7人代表中国致公党东莞市委员会出席仪式，并与出席仪式的洪门致公堂成员交流。

【致公党社会服务】 2014年，中国致公党东莞市委员会把开展社会服务工作与贯彻落实中共十八届四中全会“依法治国”精神相结合，结合中国致公党“侨”“海”特色，推进东莞市的归侨侨眷权益保护工作。联合市侨联、市政协港澳台外事委员会多次召开座谈、讨论研究，确定开展《归侨侨眷权益保护法》普法活动，就归侨侨眷的切身利益所广泛关注的话题开展现场咨询，并通过宣传展示，组织相关职能部门、知名律师开展普法大讲堂等多种形式，使《归侨侨眷权益保护法》深入侨心。始终把帮扶东莞市华人自梳女作为创建“反映侨声，维护侨益，为侨服务”社会服务品牌的重点工作来抓，按照自梳女的镇街分布，组织党员，以分组的形式对自梳女多次慰问探访，了解她们的实际需求，使她们感受到关怀与温暖，同时着手开展专题调研工作，以此使华人自梳女这个群体得到关注和帮助，促使她们的生活条件得到改善。东莞市侨联（中国致公党）法律顾问委员会在副主委陈树良的带领下，前往东莞市第三人民法院开展调研活动，了解涉侨民商事案件的基本情况、对涉侨案件审理的特点和难点问题、涉侨案件审理的做法和经验等。副主委黎平当选为广东省致福公益促进会的第一届理事、副会长，党员妮娜、沈西智成为该会会员，中国致公党东莞市委员会计划在下阶段充分利用广东省致福公益促进会这个平台，做好社会服务品牌创建工作。

（王文青）

**附：2014年中国致公党东莞市委员会主要领导名录**

主任委员：戴松林

## 九三学社东莞市委员会

【九三学社概况】 截至2014年，九三学社东莞市委员会有5个支社，有社员127人，其中2014年发展社员11人，转入社员2人，转出1人。社员中有科技界25人，高等教育界28人，医疗卫生界41人，其他界别33人。具有高级专业技术职称的94人，中级28人。担任省政协委员1人，市政协副主席1人、常委2人、委员6人。

【九三学社参政议政】 2014年，九三学社东莞市委员会在市政协十二届三次会议有4件提案被评为优秀提案，3件被评为表扬提案。会议期间又以九三学社东莞市委员会名义提交提案11件，以委员个人名义提交提案23件，反映的内容、建议涉及科技、电子商贸、环境整治、地质灾害、交通、旅游等热点问题，其中九三学社东莞市委员会提案《关于推进集群注册托管工作的政策配套问题的建议》被列为2014年市长督办重点提案，九三学社连续三年有提案被列为市委书记、市长督办重点提案。九三学社东莞市委员会向市政协提交的提案中有4件被市政协与东莞电台合办的“政协议政厅”节目选中，并派出社员参加节目直播，增强提案的社会影响力。社员先后就“东莞极端天气应急处理情况”等问题发表评论、提出应对方法或建议。九三学社东莞市委员会向中共东莞市委提交“直通车”建议1件，得到中共东莞市委领导批示和有关部门的办理。

【九三学社组织建设】 2014年，九三学社东莞市委员会组织“新社员学习班”“寻根问祖学习活动”“提高参政议政能力培训班”“综合能力提升培训班”4次大规模专题培训活动，培训内容涉及社章社史、九三学社优良传统、经济、社会、文化及国防建设、宪法法律、社会问题及研究方法、革命传统教育等；组织参观考察，带领社员“走出去”，到韶关、广州、揭阳、汕尾与当地九三学社交流学习;铺开读书活动，市委会、基层支社开展荐书送书活动，推荐和送出《重启改革议程》《超越左右的激进主义》等多本书籍。

【九三学社社会服务】 2014年，九三学社东莞市委员会继续把“九三学社科普行”作为社会服务的主要内容，与市科学馆、市科协、市科普志愿服务协会等单位的合作，举行科普活动4次，发挥九三学社科普志愿服务队的人才特点和优势。将社会服务与东莞扶贫开发“双到”工作和九三学社广东省委助力揭阳市振兴发展工作相结合，8月联合东莞市桥头镇赴揭阳市揭西县凤江镇开展公益助学活动，向当地的凤西小学捐赠多媒体电教室的建设费用。关心支持东莞书画名家卢子枢遗留文物的整理、研究、展示和出版，10月以“直通车”形式，向市委递呈建议，得到中共东莞市委书记徐建华、市委常委潘新潮等的批示，促成九三学社成员卢汝圻向东莞市博物馆捐赠卢子枢的作品及遗物等珍贵文物624件，并在东莞市博物馆举行为期6天的展示。

（卢力森）

**附：2014年九三学社东莞市委员会主要领导名录**

主　委：吕　兢

## 东莞市工商业联合会

【工商联概况】 截至2014年，东莞市工商业联合会（总商会）有镇街商会32个，行业商会12个、异地商会20个，有12个基层商会建立党支部，251个会员企业建立党组织。有会员1万余名。有全国人大代表1人；省人大代表2人，省政协委员8人，省政协常委1人；省工商联副会长1人，常委5人，执委5人；市人大代表56人，市人大常委1人；市政协委员90人，市政协常委23人，市政协副主席1人。2014年10月，东莞市工商联被国务院扶贫开发领导小组评为全国社会扶贫先进集体。

【镇街工商联机构成立】 2014年4月，东莞市工商联根据《关于加强和改进新形势下工商联工作的实施意见》精神，在全市32个镇街挂牌成立镇街工商业联合会，各镇街工商联与各镇街商会合署办公。各镇街工商联主席由各镇街商会会长兼任。

【2014世界莞商大会召开】 参见同类目第145页同名条目。

【光彩事业】 2014年，东莞市工商业联合会（总商会）开展广泛的非公经济人士理想信念教育实践活动。召开全市非公有制经济人士理想信念教育实践活动专题研讨会。组织会员企业参与“广东扶贫济困日”活动，参与各类助学活动，资助贫困学生1000余名。组织商会踊跃参与2014姚基金东莞慈善篮球赛，世界莞商联合会、东坑、道滘、虎门、寮步、常平等商会及会员企业捐赠超过500万元。组织商会参与拥军共建活动，有20多家基层商会开展形式多样的军民共建活动。东莞浙江商会举办“慈心东莞、善行天下”慈善晚宴，筹集善款200多万元。发动基层商会、会员企业捐赠超过3000万元。

【工商联对外交流】 2014年，东莞市工商业联合会（总商会）发挥外联作用，先后接待广西壮族自治区崇左市、内蒙古自治区呼伦贝尔市、黑龙江省七台河市和河南省新乡市、西藏自治区林芝市等数十家工商联来访，并签订友好商会协议。组织数百名大型企业第十九届澳门国际贸易投资展览会、新疆喀什经济开发区兵团分区产业园投资推介会、吉林省春晖市“春晖国际合作示范区”推介会、台山投资环境考察交流会、“百名粤商洛阳行”等活动。参与21世纪广东海上丝绸之路博览会工作，织会员企业赴坦桑尼亚、埃塞俄比亚开展经贸和人文交流活动，为企业搭建交流联谊投资平台。组团出访45个，出访1032人次。组织会员企业参加商务考察、经贸洽谈、展销会1946人次。

【工商联参政议政】 2014年，东莞市工商业联合会（总商会）人大代表、政协委员分别向各级人大、政协提出议案、提案80余件；市工商联及各基层商会向各级党政部门提出建议60余件，报送情况反映、专题信息132件，较好地履行参政议政的职能。

【工商联服务会员】 2014年，东莞市工商业联合会（总商会）发挥商会作用，维护会员的合法权益，协调解决会员在企业发展、项目建设、资金、土地、人才等方面遇到的困难和问题。就成立调解仲裁中心展开调研工作，学习广州、中山市等地在法律援助、调解仲裁等工作中的经验和做法，帮助企业维护合法权益。举办各类讲座、研讨会84次，参加人数3562人次。举办培训班54期，参加人数2345人次。 （李红艳）

**附：2014年东莞市工商业联合会（总商会）主要领导名录**

主　席：李锦生

党组书记：梁应昌

# 社会团体

## 东莞市总工会

【总工会概况】 截至2014年，东莞市工会组织有镇街总工会32家、市直属工联会28家、市直属单位工会45家、省属单位工会26家，全市各级工会组织5.9万家，有会员380多万人。

【基层工会建设】 2014年，东莞市工会组织开展工会组建和规范化建设检查考核，组建工会2320家，发展会员11万多人，培育选树300多家规范建会企业，工会基层基础进一步巩固。与省总工会组成联合工作组，进驻高埗镇开展工会规范化建设试点工作，推动镇总工会配强队伍、完善制度、提升工作；推动全镇500人以上企业93%实现民主建会；推动裕元厂搭建起四级工会架构，民主选举出工会领导班子，职工入会率从4%大幅提升到65%；支持裕元厂工会成立“先锋号”职工服务中心和“爱心基金”，指导企业工会开展活动，团结职工共同维护企业稳定。全国总工会副主席刘国中等各级领导先后到高埗调研和出席工会活动，对试点工作给予充分肯定。印发《关于规范村（社区）工会联合会换届选举工作的指导意见》《关于进一步加强基层工会规范化建设的意见》等文件，加强对基层工会的指导服务，联志五金、三星电机等20家企业工会获评省模范职工之家，钟建群、韩任祥等9人获评省优秀工会工作者。

【工会依法维权】 2014年，东莞市工会组织先后召开全市工资集体协商工作推进会和《广东省企业集体合同条例》专题宣讲会，制定新版集体合同范本，印发《规范开展工资集体协商工作指引》，推动劳资双方通过集体协商解决纠纷共建和谐。截至2014年，东莞市有2.4万家企业建立集体协商制度，覆盖职工约300万人，建制数和覆盖职工数比上年增长28.3%和9.1%。进一步培育选树工资集体协商示范点，涌现出京瓷办公、井上五金、宏川化工公司等一大批规范开展集体协商的典型企业。做好职工信访维稳工作，发挥“12351”职工服务热线和各级工会信访窗口作用，全年受理劳动争议投诉1830宗，办结率达100%，调解成功率99.2%。将工会律师团成员由85人扩充至120人，定期到市总工会、石龙、虎门、塘厦等4个服务中心值班解答职工法律咨询，到企业一线开展普法宣传，并参与到万江山打根公司、高埗裕元厂、大岭山兴昂公司等一批重大劳资纠纷调处中来。推进厂务公开民主管理工作，全市选树66家职代会示范企业，在此基础上，推荐沙角A电厂、宏达工贸集团、美泰玩具二厂成为全市依法治企试点单位。

【工会关爱职工】 2014年，东莞市工会组织加大“先锋号”职工服务中心建设力度，由7家增加到18家。依托市、镇、村、企业四级帮扶网络，开展“春送技能、夏送清凉、秋送助学、冬送温暖”等工会品牌活动，为1300名困难职工送去400多万元的慰问帮扶，向523名困难职工子女发放助学金，帮助107名职工取得职业技能证书。推动“工伤探视”项目化运作，“工会社工+志愿者”帮扶工伤职工项目被列为市财政购买项目，为1315名工伤职工发放慰问金40万元，协助233名职工维护工伤期间工资、伙食、治疗等合法权益，开展心理援助和技能培训，帮助工伤职工早日重返社会。发动职工参与“广东省职工医疗互助保障”等项目，通过互助互济的方式保障职工的基本医疗需求，全市参保职工9万多人次，为207名患病职工申请理赔，补助金额100多万元。

【工会建功立业活动】 2014年，东莞市工会组织贯彻落实劳动竞赛五年规划，开展轨道交通、汽车维修、现代制造技术等14项市一级劳动竞赛，涌现出市五一劳动奖章11名，市工人先锋号8名，市技术标兵104名。举办“技能圆梦”和专项技能培训6期，近700名职工得到技能提升。开展“工会培优计划”，向符合条件的1476名职工发放培训补助50多万元。新建“职工书屋”50家，推动建成一批上规模、多功能的“职工之家”，组织开展送书、送戏、送电影进企业活动，满足职工精神文化需求。组队参加省第五届工人运动会，以总积分435分获得一等奖。召开庆“五一”国际劳动节大会，表彰一批全国、全省先进个人与集体，开展“中国梦·劳动美——展现劳模新风采”系列宣传报道，在全市掀起学习劳模、争当先进的热潮。 （尹淑芳）

**附：2014年东莞市总工会主要领导名录**

主　席：郭　水

## 中国共产主义青年团东莞市委员会

【共青团概况】 2014年，中国共产主义青年团东莞市委员会（简称团东莞市委）有基层团委217个，其中一级团委85个（镇街团委32个，厂局团委33个，市属一级学校团委20个），二级团委132个（学校团委84个，“两新”组织团组织7个，村、社区团委21个，机关事业单位团委20个）；基层团总支991个，团支部11794个。有共青团员25.21万人，推优2.39万人，推优入党1453人。

【共青团东莞市第十六次代表大会】 2014年12月23—24日，共青团东莞市第十六次代表大会在市会议大厦主会场召开。来自全市各条战线的343名正式代表、270多名列席代表和10余名特邀代表参加。市委书记、市人大常委会主任徐建华，市委副书记、市长袁宝成等领导，市各有关部门和群众团体的负责人出席开幕式。开幕式上，市委副书记姚康及团省委副书记池志雄分别发表讲话，委员会书记李亚鹏代表共青团东莞市第十五届委员会，向大会作题为《勇担历史使命 凝聚青春力量，团结带领全市青年投身实现高水平崛起和开创“新东莞奇迹”的伟大实践》的工作报告。共青团东莞市第十六次代表大会回顾总结第十五次团代会以来东莞市共青团工作，选举产生共青团东莞市第十六届委员会、常务委员会，李亚鹏当选为新一届委员会书记，何俊聪、张燕华（女）当选为副书记，李亚鹏、何俊聪、张燕华（女）、艾树珍、刘旸发、甄祯（女）、李达群、姚惠发、卢雪霞（女）当选为常委，选出委员39人，候补委员18人。

【青年思想教育】 2014年，团东莞市委创新开展“梦想·行动”青少年理想信念教育实践活动，吸引5万名青少年说出梦想，通过展示梦想从树立到实现的全过程，号召全市青少年用行动撑起东莞梦。开展“我的中国梦”“我为核心价值观代言”“奋斗的青春最美丽”等主题活动450场，覆盖青少年21万人次，筑牢全市青少年为中国梦而奋斗的思想基础。举办全市各界优秀青年代表座谈会、“阅读点亮梦想”品读会、“重走东纵路”军事夏令营、与新疆图木舒克少年手拉手等活动，引导青少年践行和培育社会主义核心价值观。构建全媒体引导格局，提升东莞青少年网、东莞志愿者网、《东莞青年》、《东莞少年》等团属媒体的传播效能，全面开通“东莞共青团”“志愿东莞”“东莞学联”等微信公众号，全市团属微信号吸引粉丝达2多万人，信息点击量20万多人次。吸纳基层团干部、高校老师、学生干部、志愿者骨干等力量，组建网络文明志愿者队伍，发出“青年好声音”，在构建清朗网络空间中发挥生力军作用。

【团组织参与社会管理创新】 2014年，团东莞市委发挥实践基础和特色优势，推动共青团参与社会治理创新工作的能力显著提升。发挥市综治委预防青少年违法犯罪专项组的统筹功能，实施“阳光行动——东莞市青少年健康成长守护工程”，全市32个镇街全面铺开重点青少年帮教服务，东莞市首批11个试点镇街在团中央第一轮督导检查中，获得8个优秀、3个良好的成绩。升级完善重点青少年群体信息管理系统，构建系统化评价体系和标准化帮教指引，“莞香花”岗位化专业化志愿服务帮教模式得到提升优化。建立内部定期培训机制，把“莞香花”帮教经验向镇村推广普及，东城、寮步、塘厦等13个镇街建立起“莞香花”服务中心，对800多名重点青少年开展帮教，建立1197个帮教档案。作为全省青少年社区矫正工作首批试点，联合司法部门研究出台青少年社矫工作实施方案，引入专业社工结对服务社矫人员。加强对青年社会组织的服务、维系和培育，通过“三关爱”“公益风尚行”等渠道帮助青年社会组织获得项目资源支持。密切联系300多家青年社会组织，鼓励镇街团委通过区域青年工作共建委员会等多种形式凝聚青年社会组织。举办青年社会组织“领袖骨干训练营”“领袖沙龙”“亲青训练营”10期，培训青年社会组织骨干近1000人次。

【志愿服务】 2014年，团东莞市委启用“志愿东莞”微信平台，实现网络对接管理，通过新媒体平台注册的志愿者达76.9万人，占常住人口9.25%，累计发起服务项目3.4万个，志愿服务时数达909万小时。举办“志愿风尚公益行”活动，搭建志愿服务项目培育、资源对接和交流发展平台，吸引112家东莞本土社工机构、志愿服务队与公益组织参加，推动志愿服务项目市场化、品牌化。结合民生热点开展志愿服务，开展“青春情暖”困难青少年关爱活动，覆盖青少年人群39.8万人次，组织青年志愿者服务春运“暖冬行动”，服务时数3.8万小时。服务全市大型赛事展会，为莞商大会、海博会、加博会、“姚基金”慈善篮球赛等10多项大型活动提供5万余小时的优质志愿服务。承接2015年苏迪曼杯世界羽毛球混合团体锦标赛志愿者服务管理工作，招募并培训赛会志愿者660名，城市志愿者500名。开展志愿者周末学堂61期，对志愿者进行分层分类培训。

【青年成长成才服务】 2014年，团东莞市委紧贴青年在就业创业、技能提升、城市融入等需求，积极实施一系列工作项目。实施“展翅计划”，为大学生提供多元化职场体验实践机会，开发实习岗位7366个，成功匹配对接3674个。打造青年创新创业“五个一”工程，联合邮政储蓄银行发放2400万元青年创业小额贷款共235笔，联合市科技局建立青年就业创业导师团，虎门、寮步、大朗等镇街结合产业特色建立创业孵化基地，为创业青年提供办公资源、资金扶持和跟踪指导等服务。主动对接黑马大赛电商与消费业赛、“盐商杯”、“邮储杯”等大型创新创业赛事，为东莞市优质青年创业项目获取融资支持搭桥铺路。推进法律维权服务，组织青年律师开展法律服务106场次，覆盖青少年近4万人；通过“12355”平台、“与法同行”栏目，成功跟进青少年法律求助个案400多个。主动服务异地务工青年，实施“圆梦计划”，资助2000名新生代产业工人圆“大学梦”，资助力度连续4年位居全省第一位；实施“福彩育苗计划”，为400多名异地务工青年子女提供寒暑假公益培训；开展欢乐节和玫瑰节等系列活动，依托“粤团聚”平台服务异地务工青年文娱活动、婚恋交友等需求。（胡晓静）

**附：2014年中国共产主义青年团东莞市委员会主要领导名录**

书　记：张永艳（12月离任）
李亚鹏（12月到任）

## 东莞市妇女联合会

【妇联概况】 截至2014年，东莞市妇女联合会（简称东莞市妇联）组织有市妇联1个、镇街妇联33个、村（社区）妇代会593个。市镇两级机关妇女组织

504个，市镇两级事业单位妇女组织1203个，中央和省驻莞单位妇女组织31个，“两新”组织（新经济组织、新社会组织）中的妇女组织1185个，其他妇女团体21556个。2014年，东莞市各级妇联组织坚持以家庭工作为主阵地，以最大限度地凝聚妇女、凝聚与妇女工作相关的社会组织为目标，做好妇女工作。

【东莞市妇女第十四次代表大会】2014年11月4—5日，东莞市妇女第十四次代表大会在市会议大厦召开。卢英代表市妇联第十三届执行委员会作题为《坚持开拓创新　凝聚巾帼力量　为实现东莞高水平崛起而努力奋斗》工作报告。报告总结2010—2014年东莞妇女事业和妇女工作取得的成绩；谋划2015—2019年主要目标和工作任务，号召全市各级妇联组织大力实施巾帼建功行动、巾帼维权行动、巾帼关爱行动、家庭文明行动和固本强基行动，团结带领广大妇女激扬巾帼风采，同谱巾帼华章，为加快转型升级、建设幸福东莞、实现高水平崛起作出更大贡献。会议选举产生东莞市妇女联合会第十四届执行委员会。卢英当选为第十四届执行委员会主席。

【家庭文明创建】2014年，东莞市妇联以培育社会主义核心价值观、传递社会正能量为切入点，以活动为载体，开展家庭文化建设。组织开展“书香之家”“慈母、贤妻、孝女”、寻找“最美家庭”“绿色过节迎中秋　倡扬文明新家风”、百户家庭绿道行等家庭文明创建系列活动，倡导科学、文明、健康、向上的生活方式，引导全社会共同重视家庭文化建设，以家庭的文明进步促进社会的和谐发展。塘厦镇黄凤贤家庭获评第九届“全国五好文明家庭”；寮步镇的贤妻陈丽群获评广东省“十大贤妻”；东莞市委党校刘建中家庭获评全国“书香之家”；石碣镇吕文彬家庭获评省“十大书香之家”。依托“白玉兰”家庭服务中心，联合市文明办、东莞日报社、东莞广播电视台举行“悠悠玉兰情·公益伴我行”暨文明家风大讨论系列活动，引起社会各界人士对建设文明家风的重视；联合《东莞日报》和东莞广播电视台“百姓关注”“东莞新闻”“今日莞事”“女人驾到”等栏目，策划系列报道80多期，宣传优秀妇女及家庭典型30余个。为提升家庭生活质量，联合市公安消防局，市妇联针对全市家庭和妇女，开展“让家庭远离火灾”系列消防主题教育活动。累计开设培训讲座476场，咨询活动333场，观看宣传短片630场，知识竞赛68场，消防微体验137场，其他主题活动143场，累计派发资料约38万份。3—10月，全市妇联与市红十字会联合举办“普及性救护知识公益培训”253场，完成2.4万名妇女群众普及性救护知识免费培训，强化广大妇女及其家庭的安全意识、提高应急救护能力。

【家庭教育指导】2014年，东莞市妇联加强市家庭教育指导中心建设，发挥各镇街家庭教育指导机构的作用。全面推广东城街道“家庭教育一条街”的模式，建成35个“家庭教育一条街”，搭建起开放式的家教平台。持续开展“东莞市千场家庭教育大讲堂进村（社区）”活动1258场，实行“点餐”模式，提升家教讲座的针对性和实用性，服务和受益30余万人次。营造家庭、学校、社会“三位一体”的家教格局。

【妇女维权】2014年，东莞市妇联加大普法宣传力度，联合综治、公安、司法、教育等部门，多次开展反家暴、禁毒、防拐、防溺水等活动，派发宣传资料约40万份。开展“三八”维权周和妇联主席热线接听日活动，建立妇女维权流动服务站72个，每月第一个周六深入村（社区）开展维权宣传咨询、法律援助活动。联合东莞电台“城市的声音”“与法同行”“政协议政厅”等栏目，制作反对家庭暴力、预防性侵犯等电视电台专题节目，多渠道引导广大妇女理性维权、依法维权。依托广东省妇女维权与信息服务站（东莞站）及4个分站点、“12338”维权热线等服务平台，引入专业社工，组建法律、心理专家顾问团和志愿者服务队，调处妇女儿童信访案件2000多宗。妇女维权服务站被列为“全国妇女维权与信息服务示范基地”。与全市两级法院建立家事审判联动机制，开展家事纠纷诉前调解和家事案件回访，逐步建立起以妇联调解为主导，司法调解、行政调解互补的多元化矛盾纠纷调解衔接机制，提升妇联调解的法律效力。

【巾帼志愿服务】2014年，东莞市妇联立足东莞实际，制定出台《东莞市巾帼志愿服务制度化建设实施意见》，通过依托“妇女之家”就地招募、借助媒体资源宣传招募和把握重要节点集中招募等方式，推动巾帼志愿活动的社会化、常态化、机制化，引领广大妇女在参与活动中自觉践行志愿服务精神。组建巾帼志愿组织489个，招募注册登记志愿者1.7万人，志愿服务项目1792个（市直部门志愿服务排第一位），服务时长46.28万小时（榜首）。重点帮扶四类家庭(困难家庭、单亲家庭、空巢家庭、残疾人家庭)，重点关爱三类人员(留守流动妇女儿童、贫困单亲母亲、空巢孤寡老人)，重点开展十一类志愿服务（关爱老人、医疗保健、应急服务、物资捐赠、法律服务、环保服务、文化艺术、心理辅导、活动策划、家庭服务、技能指导）。

【妇女儿童服务】2014年，东莞市新增黄江镇、石排镇、松山湖高新区等3家“白玉兰”家庭服务中心，截至2014年全市“白玉兰”家庭服务中心达到33家；“白玉兰”家庭服务室新增10个，在企业建立“白玉兰”服务室1个，截至2014年服务室总数达到56个，使更多的社区居民能近距离享受专业家庭服务。东莞市妇联系统社工总数达到113名，平均年龄在30岁以下。同时系统还配备3名香港督导、3名督导助理和7名见习督导，为“白玉兰”专业家庭服务工作提供人才保障。东莞市“白玉兰”家庭服务中心链接31个社会资源项目，累计金额57万元，推动政府购买“白玉兰”关爱困难单亲母亲服务项目和“玉兰家园”——关注四类问题家庭服务项目，总资金达90多万元。在广东省“集思公益，幸福广东”支持妇女计划第二期项目申报中，东莞市“白玉兰”家庭服务中心、东莞市幸福行妇女儿童服务中心、东莞市关爱妇女儿童社会组织服务中心分别成功申请“调解家事、守护家园”特使行动计划、大手拉小手——儿童成长防护计划、“新星一家”新莞人子女社区融合计划3个项目，获得资助19.9万元。（李玉兰）

**附：2014年东莞市妇女联合会主要领导名录**

党组书记、主席：黄慧红（任至7月）
卢　英（7月到任）

## 东莞市科学技术协会

【科协概况】截至2014年，东莞市科学技术协会（简称东莞市科协）下辖东莞科学馆、东莞科技进修学院、东莞市科技咨询服务中心（东莞市科普中心）、东莞市翻译服务中心（东莞市对外科技交流中心）4个事业单位，所属

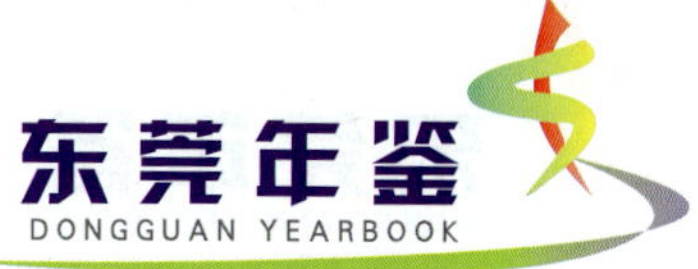


组织包括54个市直学会（协会、研究会）、32个镇（街）科协、松山湖园区科协、665家企业科协、2家高校科协。市科协八届委员会委员149人。

【科协工作纲领性文件出台】 2014年5月，《中共东莞市委 东莞市人民政府关于加强新时期科协工作的实施意见》出台，结合省科协工作的新思路和市科协的发展现状，围绕加强新时期科协工作的重要意义和指导思想、凝聚人才智力服务创新、促进科技人才成长和提高、提升全民科学素质、加强科协组织建设、加强对科协工作的领导等六个方面，提出23条意见建议和工作措施。

【“科技东莞”工程项目评审】 2014年，东莞市科协制定《“科技东莞”工程项目评审实施细则》，改进和完善评审流程，共完成市科技、经信、住建、商务等部门移交的36个项目55轮次评审工作，以及财政、松山湖等部门委托的项目评审和咨询论证工作；继续充实评审专家库、提高专家的数量和质量，共收集3987名副高以上职称或同等技术水平的专家，其中正高职称1360人，863、973计划项目主持人、国家杰出青年、长江学者、新世纪优秀人才等专家105人，基本涵盖评审所需专业技术领域。

【院士专家资源引进】 2014年，东莞市科协制定出台《东莞市院士工作站建设管理暂行办法》，启动院士工作站建站申报工作，在东莞劲胜精密组件股份有限公司等6家企业建立第一批“东莞市院士工作站”。邀请中国工程院孙玉、段正澄、庄松林和中国科学院吴硕贤4位电子信息领域院士及其团队来莞开展“院士专家企业行”活动，并举办东莞电子信息产业发展学术研讨会，为电子信息企业开展技术辅导，促成其中2位院士与东莞企业签订科技合作意向协议。组织院士论坛学术活动，以“大数据时代企业商业模式创新”和“东莞智能装备产业发展”为题，邀请院士作主题报告。

【“百会千企”金桥工程】 2014年，东莞市科协制订“百会千企”金桥工程活动方案。认定市级学会科技服务站28个，新建省级学会服务站1个；指导学会实施“厂会协作”项目10余项。统一策划2014年专题学术年会，组织学会围绕先进制造业、战略性新兴产业举办16场科技服务及学术交流活动。

【企业科技服务】 2014年，东莞市科协组建企业标准化专家服务团队，开展服务业组织标准化培训。深入台商企业开展专利发掘、知识产权保护和技术标准研制等方面的诊断和辅导，帮助台商企业申请8件专利和10件商标。组织学会及直属事业单位开展科技咨询服务，其中市环境学会与企业签订26个清洁生产咨询项目，完成339项环境影响评价技术评估及62项突发环境事故应急预案技术评估；市现代信息服务协会在“东莞中小企业公共服务云平台”的基础上新建广东省南方电子商务（东莞）创新服务中心、中国软件评测中心东莞分中心及东莞“机器换人”公共服务平台，为企业提供科技咨询服务。

【科技学术交流】 2014年，东莞市科协围绕社会经济发展中的热点难点，举办“物联网与云计算技术促进交流会”“走进跨境电商新时代”高峰论坛、“项目管理理论与实践”科技创新讲座等交流活动。支持科技社团开展各类学术交流活动达450余场次，为产业转型升级建言献策。其中市土木建筑学会通过举办绿色建筑发展高峰论坛和“建筑工程绿色生态施工技术”学术沙龙活动，在建筑产业中推广绿色建筑项目和绿色生态施工，其科技服务项目“东莞市圣融生态幼儿园”获评住房和城乡建设部2014年科技示范工程项目“绿色建筑和低能耗建筑示范工程”。

【科技工作者继续教育】 2014年，东莞市科协开办科技工作者学历提升教育、科技人员创新方法、会计从业资格考证、微软认证项目和心理咨询师考证等各类培训，培训科技人员超过1万人次。其中东莞科技进修学院组建培训团队推广新方法，深入科技型企业举办创新方法（TRIZ）系列普及提高、创新工程师培训、“项目管理”系列培训等课程共10期，培训科技人员达1000人次；东莞市翻译服务中心邀请欧盟、台湾科普专家，为科普工作者开展“科学诠释者”课程培训，提高科普队伍素质；卫医类学会、化工学会将参加各类专业技术交流培训学时纳入专业技术人员省、市级继续教育学分，市护理学会举办学术活动及培训班45期，培训护理人员达9000人次。

【科技工作者服务】 2014年，东莞市科协落实青年科技工作者成长资助政策，审核资助青年科技人员职称晋升资助申请291人，参加高层次国内外学术交流申请2人，出版原创性科技专著1项。继续开展科技人员健康体检服务，资助符合条件的2167名科技人员免费体检。举办“2014年关爱科技工作者、企业职工心理健康讲座”“建设和谐家庭”心理健康讲座、“释负减压，打造阳光好心情”等一系列心理健康科普公益讲座。委托东莞科技进修学院举办专业技术职称政策宣讲说明会和职称辅导专题讲座，辅导企业一线科技人员4000余人次；开办9期职称公需课培训和职称英语考前辅导，培训科技人员7500余人次；继续做好《东莞科技》期刊的出版发行，为科技人员搭建学术交流平台。组织第六届“东莞市优秀科技工作者”的认定工作，18名科技工作者获评该称号。

【海外引智】 2014年，东莞市科协成立中国科协海智计划广东（东莞）工作基地领导小组，制定《东莞海智基地工作站管理办法》。联系海内外科技社团和机构，组织赴境外与当地科技社团开展科技交流，已与10多个海内外科技社团和机构建立常态合作关系。重点跟进海外科技交流合作项目，帮助长春中韩产业园在莞设立中韩科技企业孵化器，与南城联科国际信息产业园签订战略合作协议；组织该市企业参与欧洲科技项目视频对接会，就引进欧洲科技资源进行实时对接与互动。

【科协组织建设】 2014年，东莞市科协修改完善《东莞市科协所属科技社团实施评级工作暂行规定》，学会评级工作首次采用现场汇报答辩的形式，评出2014年度一级学会10个，二级学会19个。继续完善示范性企业科协工作方案和扶持发展的具体措施，新培育创建示范企业科协9家，并鼓励企业科协开展“讲、比”活动，该市推荐的6个单位和个人获得全国讲比评选先进集体和先进个人。 （潘韵庄）

**附：2014年市科协主要领导名录**

主　席：连希波

## 东莞市社会科学界联合会

【社科联概况】 截至2014年，东莞市社会科学界联合会（简称东莞市社科联）下辖25个市直学会（协会、研究会），联系全市30多万名社科工作者。

【社科咨政课题研究】 2014年，东莞市社科联（院）开展东莞全面深化体制改革与社会治理系列咨政课题研究，包括：东莞水乡特色发展经济区若干重大体制机制创新研究、东莞城镇化进程中“村改居”治理体系及路径选择研究、东莞文化产业发展态势及分类培育扶持策略研究、东莞参与21世纪海上丝绸之路建设的策略路径研究、东莞构建“三位一体”后续监管机制研究、东莞异地务工人口政策实施效果及优化路径研究、东莞政府购买社会服务机制与路径研究、东莞建设法治政府和法治社会策略路径研究等，其中《东莞城镇化进程中“村改居”治理体系及路径选择研究》《东莞文化产业发展态势及分类培育扶持策略研究》《东莞参与21世纪海上丝绸之路建设的策略路径研究》《东莞异地务工人口政策实施效果及优化路径研究》《东莞完善政府购买服务机制与路径研究》《东莞全面推进依法治国、建设法治东莞新常态研究》等6篇研究报告，获得市主要领导的批示。

【社科专题研究和决策论证】 2014年4月，广东省人大常委会牵头组织开展广东城镇化进程中“村改居”治理体系及路径选择大型专题调研，东莞市社科联与深圳市社科院联合组成课题组，经过调研，形成《东莞城镇化进程中“村改居”治理体系及路径选择研究报告》，重点研究东莞城镇化进程中“村改居”治理体系建设的背景意义、基本情况、亮点做法、经验体会、面临问题、突破路径，并从全省发展大局和东莞实际出发提出相关建议。

东莞市社科联（院）牵头会同寮步镇政府、东莞市沉香协会及有关单位，对莞香文化产业的商业模式、产业标准、生产经营、产业园区等内容进行专项研究，形成《东莞莞香文化产业发展研究报告》，报市委、市政府专题讨论。

东莞市社科联（院）与东莞职业技术学院相关专家组成课题组，对东莞酒店业发展状况和养老产业的现状开展一系列的调研，形成《东莞酒店业转型高端养老业可行性研究报告》，报市委、市政府讨论。

【东莞市第三届哲学社会科学优秀成果评奖】 2014年，东莞市社科联（院）启动东莞市第三届哲学社会科学优秀成果评奖工作。本届评奖活动收到182项申报项目，最终评出20项获奖成果，其中有2项获得省级奖项，有5项被转载，有5项被引用及评论，有1项是国家社科基金项目和广东省社科规划项目的成果。在2014广东省社会科学学术年会中，东莞市有9篇论文获得学术年会的奖励，其中一等奖2名。

【社科普及活动】 2014年11—12月，东莞市社科联（院）联合东莞阳光网，举办主题为“普及人文社科知识　提升市民人文素质”的东莞市人文社科知识竞赛活动，在社会上掀起一股“普及社科知识、提高市民素质”的热潮。组织一批人文素质培训导师赴各镇街一个社区（村）或一家企业开展“如何当好一个现代市民”知识讲座活动，推进人文素质提升。邀请市委宣讲团成员、市中级人民法院审判委员会委员、知识产权庭庭长程春华为主讲人，组织召开“全市社科界学习贯彻十八届四中全会精神专题报告会”，为全市社科界学习贯彻中共十八届四中全会精神营造良好的思想舆论氛围。

【社科学会活动】 2014年4月，东莞市社科联东莞理工学院分会邀请广东省社科联专职副主席、广东禅文化研究会副会长林有能教授就“禅宗六祖慧能研究中的争鸣”开展讲座，纠正师生对于信仰和迷信的误解，倡导学生广泛阅读，学会思考。11月，东莞市新闻工作者协会举行东莞市庆祝第十五个记者节暨东莞新闻界“融合创新”座谈会，创新庆祝记者节的活动方式。东莞市工商行政管理学会以“聚焦改革创新　共绘发展蓝图”为主题，开展征文活动，充分调动市工商行政管理系统干部职工思考问题、研究问题、解决问题的积极性和主动性，最终评出15篇获奖作品在全系统表彰通报，并挑选10多篇优秀文章上报省工商局和省工商学会。东莞经济与城市研究会举办“东莞市枢纽型社会组织建设论坛”、“2014制造升级，质量强市”（东莞）高峰论坛、“融合创新莞e腾飞——首届国际融合创新（东莞）峰会”、2014年经济年会等重大学术活动，探寻东莞经济转型升级的路径。2014年，东莞市法官协会、东莞市博士创业促进会举办40多期“博士论坛”，把普法、学法、用法推进到高校、社区、企业等基层单位，论坛邀请国内外知名法学专家围绕当前法学领域的热点问题，进行解惑释疑和互动探讨。（冯　星）

附：2014年东莞市社会科学界联合会（东莞市社会科学院）主要领导名录

主　席（院长）：王思煜

## 东莞市文学艺术界联合会

【文联概况】 截至2014年，东莞市文学艺术界联合会（简称东莞市文联）有内设机构4个（办公室、组联部、创作部、文艺评论部），基层文联组织35个，其中镇街文联32个、行业文联3个（市农业局文联、市总工会文联、松山湖高新区文联）；文艺家协会19个，分会250个，有国家级会员290人、省级会员1166人、市级会员4798人；下辖直属单位2个（东莞文学艺术院、《东莞文艺》杂志社）；创办刊物4份（《东莞文艺》《南飞燕》《东莞摄影》《东莞书画》）。

【文联组织建设取得重大突破】 2014年，东莞市文联按照“大文联”工作格局，新成立青年美术家协会、楹联学会、朗诵艺术家协会、社会艺术教育协会、曲艺家协会等5个协会，茶文化促进会也加入文联，截至2014年市文联协会总数从13个发展到19个；组建东莞总工会文联和松山湖高新区文联2个行业文联，行业文联发展到3个；各文艺家协会新成立分会和创作基地11个，市音乐家协会成立室内乐学会，市作家协会在麻涌联华国际群英会成立创作基地，市青年诗歌学会成立寮步分会，并在寮步镇牙香街成立创作基地，市硬笔书法协会在厚街鳌台书院设立市级硬笔书法创作基地，创建中堂槎滘小学、桥头光辉学校2个市级硬笔书法教学基地，市国际标准舞协会在樟木头、常平、企石、长安成立分会。

【文艺沙龙影响力提升】 2014年，东莞市文联分别举办12场文学沙龙和11场艺术沙龙，邀请一大批文艺名家到东莞授课讲学，与东莞文艺家面对面进行交流互动，促进全市各种文艺创作的开展，提升东莞文联的影响力。其中8月初举办的“南方的诗歌纬度”诗歌论坛，邀请舒婷等著名诗人参加，为东莞赢得“诗歌之城”的美誉。

【文艺志愿服务全面拓展】 2014年，东莞市文联文艺志愿服务团先后组织13

场“送欢乐下基层”大型文艺演出，到农村社区、学校、部队、工厂、企业给基层群众送欢乐；开展培训、授课等文艺服务110多次；文艺志愿者参与2235人（次），服务群众2万多人（次），文艺工作走进基层、走进校园、走进军营，体现文艺惠民的宗旨。

【“中国作家第一村”作家工作室启用】 2014年7月6日，设在东莞市樟木头镇文广大楼10—11楼的“中国作家第一村”作家工作室启用，建有作家作品展示柜、村办会议室、接待室，设立18间作家工作室，作家村从一个概念逐步向一个实体转身，将按照创作平台、交流平台、培训平台、展示平台、交易平台的思路，逐步建设成为东莞市文学与文化产业相互融合的一个重要载体。

【文学创作收获丰盛】 2014年，东莞市一大批作家相继出版书籍、在重要刊物发表文学作品，其中，柳冬妩的《打工文学的整体观察》获评中国文联文艺评论奖著作类二等奖；陈启文的《命脉——中国水利调查》、丁燕的《低天空：珠三角女工的痛与爱》、塞壬的《匿名者》获评第六届鲁迅文学奖提名奖；中国作协的《2013年中国文学发展状况》中，塞壬的《悲迓》、詹谷丰的《书生的骨头》、丁燕的《工厂女孩》成为年度作品举例；詹谷丰的《书生的骨头》和塞壬的《悲迓》获评2013年度华文最佳散文奖；塞壬的《匿名者》获评第五届在场主义散文奖提名奖，詹谷丰的《书生的骨头》、阿微木依萝的《走族》获评第五届在场主义散文奖新锐奖；丁燕的《工厂女孩》获评第九届文津图书奖；寒郁获评第二届“紫金·人民文学之星”短篇小说佳作奖；陈启文的《命脉——中国水利调查》、丁燕的《低天空：珠三角女工的痛与爱》均获评第五届徐迟报告文学优秀奖；青年诗人蒋志武、杨华之获评“安子·2014年中国十佳打工诗人”，蓝紫获评广东省首届诗歌奖。 （何　伟）

**附：2014年东莞市文联主要领导名录**

主　席：刘锦明

## 东莞市残疾人联合会

【残联概况】 2014年，东莞市残疾人联合会（简称东莞市残联）围绕工作大局，落实各项惠民政策，抓好残疾人重点民生项目工程，推进残疾人服务设施建设，加强残疾人社会组织服务与管理创新，残疾人社会保障和服务体系建设日益健全，全市残疾人事业呈现健康持续发展的良好局面，东莞市残疾人各项工作均走在全省前列。

【残疾人基本生活保障】 2014年，东莞市继续加大投入，为3.7万名持证残疾人发放残疾津贴4762.29万元、为1.94万名残疾人发放医疗保险救助经费485.92万元；为全市2451户“一户多残”困难家庭发放一次性生活补助396.96万元；为2671人发放居家照料护理津贴503.28万元；为36人发放残疾人大病重病医疗救助金18.62万元，有效保障残疾人基本生活需求，切实改善残疾人基本生活条件。

【残疾人康复教育】 2014年，东莞市对全市1.3万名精神病患者进行监护，并为3139名困难精神病患者提供免费服药、辅助检查和随访等服务，对515名发病精神病患者及时送医院进行治疗；为白内障患者施行复明手术2012例，发放辅助器具1973件，首报登记残疾儿童295例；进行医疗救助和临时救助36人，发放金额18.62万元。按照市政府十件民生实事项目要求，经多方努力，为全市1578名重度肢体残疾人进行居家康复服务准入评估，为其中符合条件的799人提供居家康复服务，超过既定的为575名困难残疾人提供居家康复服务的目标，服务人数为年度任务数的139%。继续对符合条件的22家民办残疾人康复教育机构发放场地、设备及无障碍改造补助30万元，对在民办机构接受康复服务的154名0—6岁户籍残疾儿童发放抢救性康复补助296.5万元。帮助残疾学生就学，为符合教育资助条件的338名困难残疾学生发放教育资助金107.9万元，做好残疾高考学生申报、跟踪服务，有20名考生被高校录取。

【残疾人培训与就业】 2014年，东莞市残联结合残疾人特点和市场需求，开展中式面点、中式烹饪和办公软件应用、盲人保健按摩、盲人计算机、数码电子产品维修、淘宝电子商务培训等7个培训项目，举办23期培训班，培训各类残疾人480多人次。办理残疾人就业用工申报2887家，举行13场招聘会，按比例安排残疾人就业6030人次。鼓励残疾人自主创业，5月，东莞市残疾人企业家、东莞市裕杨纸品实业有限公司董事长刘智聪被中残联评为“全国自强模范”。

【残疾人事业统筹金设立】 2014年1月1日起，东莞市进一步盘活各类闲置和沉淀资金，提高财政资金使用效益，从残疾人就业保障金收入总额中提取10%设立市级残疾人事业统筹金，市残疾人事业统筹金原则上按市、镇街3:7比例使用，市级统筹金主要用于市残联管理的市级残疾人康复医疗、教育培训、设施设备购置维护、场所管理费用等日常经费支出；镇街统筹金部分主要用于镇街残疾人康复就业服务中心经费补助、镇街残疾人设施设备建设补助、镇街残疾人职业培训费用补助、欠发达镇街残疾人事业工作经费补助和残疾人免费体检等5个项目支出。

【残疾人文化体育活动】 2014年，东莞市开展丰富多彩的文化活动，展示残疾人特殊才能，鼓励残疾人参与社会生活，帮助残疾人实现自我价值。举办全市残疾人文艺表演培训班，组织32个镇街的残疾人文艺骨干与表演爱好者参加。由残疾人工作者和残疾人代表组成的市残联系统合唱团演唱曲目《牵手》获评东莞市第三届合唱节机关组金奖；举办“阳光伴我行——东莞市第四届残疾人艺术风采大赛”。组织选拔残疾人参加体育竞赛，获得国家级比赛16枚金牌、5枚银牌、5枚铜牌，省级比赛13枚金牌、8枚银牌、7枚铜牌。在2014年韩国仁川亚残运会上，东莞户籍盲人运动员周国华夺得2枚金牌、1枚银牌。

【残疾人权益维护】 2014年，东莞市做好残疾人权益维护和信访工作，受理市信访局转访、网络信访、书面来信等70多起，电话咨询500多人次，上门信访110多起。新办、补办残疾人爱心乘车卡3434张，为36名户籍肢残人发放机动车驾驶证补贴4.08万元。

【扶残助残】 2014年，东莞市残联围绕残疾人重要节日，开展形式多样的宣传文化活动，鼓励社会各界扶残助残。在市残联网站发信息稿815篇，其中省残联网站转发稿件197篇。出版发行《东莞残疾人》杂志6期，宣传东莞市残疾人事业发展动态；以开展全国助残日活动为契机，邀请市委副书记姚康视察残疾人服务机构，并组织召开座谈会；邀请市政府副市长鲁修禄参加全市助残日活动，扩大残疾人事业影响力，营造浓厚的扶残助残氛围。市残疾人福利基金会分4批为20家民办康复机构

360多位残疾儿童补助康复费用67.64万元。12月，在广东省自强模范和扶残助残先进集体表彰大会，东莞市裕杨纸品实业有限公司获评“广东省助残先进集体”；东莞市同和堂药业有限公司办公室主任黄重霖获评“广东省助残先进个人”；东莞市残疾人康复中心获评“广东残疾人之家”；横沥镇残疾人联合会理事长邓颂祺获评“广东省残联系统先进工作者”。

【残疾人康复基础设施建设】 2014年，东莞市推进镇街康复就业服务中心建设。加快推动剩余8个镇街康复就业服务中心建设进度，督导已建的24个镇街康复就业服务中心规范化运作，确保服务质量和服务效果；推进困难残疾人家庭居家环境无障碍建设，全面完成232户困难残疾人家庭无障碍改造任务。市康复实验学校2014年秋季开学被纳入市政府主要工作任务，经筹备，康复实验学校于9月如期开学，首次招收各类残疾学生224名。成立残疾人体育训练中心，推广残疾人群众性体育运动，加强对残疾人体育人才的选拔和训练。创新发展东莞市康复医院，东莞市康复医院被纳入市工伤康复定点医院，并获市政府批准与广东省工伤康复中心建立合作关系，提高服务质量和水平，服务量迅速扩大。 （安红妍）

**附：2014年东莞市残疾人联合会执行理事会主要领导名录**

理事长：冉红宇

## 东莞市归国华侨联合会

【侨联概况】 截至2014年，东莞市归国华侨联合会（简称东莞市侨联）有镇街侨联32个、下属新侨组织2个、侨联法律咨询机构1个、村（居）侨联小组592个、侨留会分会2个。有会员4000余人，其中省人大代表1个，市人大12人、市政协委员13人（常委3人）。

【侨联组织建设】 开展党的群众路线教育实践活动 2014年，东莞市侨联从1月开始，开展为期10个月的党的群众路线教育实践活动。学习党十八届三中、四中全会会议精神，以及贯彻中共中央办公厅下发《关于加强和改进新形势下侨联工作的意见》的文件精神，结合东莞侨情实际，围绕市委工作中心，不断加强组织建设。其中3月23日，东莞市侨联举行党的群众路线教育实践活动的党员主题活动日——在东城体育馆举行羽毛球慈善赛，该慈善赛是东莞市侨联主办，东莞市侨联归国留学人员联谊会（侨留会）承办，活动为东莞市贫困老归侨筹集3.2万元善款。抓好基层侨联换届选举 市侨联根据各镇街侨联会满五年换届的情况，全面推进镇街侨联换届选举工作，其中东坑、企石、樟木头、虎门、沙田、石排、南城等镇街侨联按时召开侨代会完成换届工作。成立侨留会镇街分会 东莞市侨留会组织建设逐步向镇街延伸，分别于1月和11月成立侨留会虎门分会和石龙分会。

【新侨工作】 开展调研活动 2014年8–9月，东莞市侨联专门对全市各镇街侨联港澳社团青年工作的情况开展调研，撰写《在新形势下做好港澳青年工作初探》的调研论文报送市委统战部，并获得优秀奖；开展交流活动。3月1日，霍英东集团副总裁、香港青年联会主席霍启刚率领香港青年联合会成员90多人到东莞参观访问，东莞市侨留会与该访问团进行友好交流；10月25日，东莞市侨留会在东城举办第三届留学文化分享日活动。参加广东省十次侨代会 11月29日至12月1日，东莞市侨联主席曾民盛带领东莞侨界代表23人参加在广州召开的广东省第十次归侨侨眷代表大会。该次大会表彰全省侨联系统先进集体和归侨侨眷先进个人，其中东莞市东坑镇侨联获“广东省侨界贡献奖”称号，东莞市港龙实业有限公司董事长叶小红和长安镇侨联副主席王春霞等2人获“广东省归侨侨眷先进个人”称号。

【侨联服务经济建设】 做好世界莞商大会工作 2014年6月，东莞市侨联做好东莞市第二届世界莞商大会各项工作，同时全力协助世界莞商联合会筹组海外莞商联合会分支机构，并在9月助推澳大利亚莞商会成立。协助侨商发展事业 9月，市侨联协助侨商刘伟良投资现代物流业和电商产业项目落地常平。引导华侨捐资助学 9月23日，由东莞市侨联牵线、加拿大爱国乡贤何耀棣博士捐助的“何梁佩珍女士2014级东莞籍贫困女大学生助学金”成立，为100名莞籍贫困女大学生提供4年学费资助，共300多万元。

【为侨服务】 依法维侨 2014年，东莞市侨联系统处理来信200多件，接待来访300多人次，涉及寻亲、侨房、三侨生入学、就业、土地等方面。参政议政。2014年市侨联推荐10名归侨侨眷、留学人员参加东莞市“两会”旁听，反映侨界热点、难点问题。涉侨调研 4月，组织法顾委调研组前往东莞市第三人民法院，针对该市涉侨案件诉讼情况开展调研。扶贫关爱 2014年，市侨联持续开展“献爱心、送温暖”“侨心助学”“动员侨界参与慈善活动捐款捐物献爱心”等为侨服务活动。侨留会会员利用节假日走访多个镇街，慰问100多人次困难归侨。市侨联党员干部联合侨留会开展长期关爱自梳女老归侨活动。

【侨界宣传联络】 组织参加世界华人学生作文大赛 2014年，东莞市侨联积极组织参加“第十五届世界华人学生作文大赛”，该活动由中国侨联、全国台联、《人民日报》海外版、中国国际广播电台、中央电视台、《快乐作文》杂志社共同主办，于6月结束，东莞市侨联推荐的作品中有29篇征文获奖，东莞市侨联获得第十五届世界华人学生作文大赛组织奖。举办书画展 9月6日，由中国南方书画院、广东省侨界仁基金会、东莞市侨联、东莞市长安商会联合主办的“南国书香月正圆——迎中秋南方名家收藏仁爱书画展”在东莞市长安图书馆举行；做好接待。2014年，该会接待上级侨联和兄弟省市侨联、加拿大东莞（美洲）总商会、挪威西岸华人联谊会、马来西亚东莞商会、英国东莞同乡会、澳洲东莞同乡会公义堂、秘鲁中国和平统一促进会、牙买加中国东莞同乡会、非洲塞舌尔中国和平统一促进会、法属皆因东莞同乡会、墨西哥西北地区华侨联合总会等各国华侨社团同胞及港澳60多个同乡社团乡亲等侨界人士1800多人次，其中11月13—14日，该会接待由省侨联副主席华清文带领的来自世界20多个国家和地区的广东省侨联海外友好社团负责人研讨班嘉宾一行120多人。 （潘伟强）

**附：2014年东莞市归国华侨联合会主要领导名录**

主　席：曾民盛

## 东莞市红十字会

【红十字会概况】 截至2014年，东莞市红十字会志愿者总人数超过2000人，完成救护员规范化培训9158人，为3.59

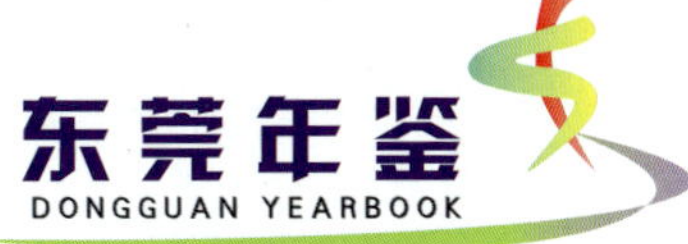


万名学生、志愿者、社区居民等进行普及性救护培训；募集超过100万元的捐款和价值1.76万元的物资。

【应急救护培训】 2014年，东莞市红十字会的普及性应急救护培训工作被纳入市政府民生十件实事，这在全省红十字会系统尚属首例，目标是完成4万人次的年度培训任务。为保质保量完成任务，市红十字会联手市妇联、市技师学院、团市委和广东医学院共同开展工作，市红十字会负责业务培训，合作部门和单位负责组织人员参训。应受训单位、行业、岗位的要求，市红十字会在授课内容里增加交通事故、溺水窒息、中毒中暑、触电火灾等课目。其中，有学员学完后当天立即学以致用，用心肺复苏术抢救在家因突发性心脏病而昏迷的亲人。完成救护培训4.50万人次，其中，普及性救护培训3.59万人次，救护员规范化培训9158人次，超额完成年度培训任务。

【红十字志愿服务】 2014年，东莞市红十字志愿服务基本实现“四有”（有稳定的志愿服务队伍，有规范的管理制度，有特色的志愿服务品牌，有固定的志愿服务基地）。举办红十字志愿者入门培训5次，招募红十字志愿者450多人，新增注册红十字志愿者179人；注册红十字志愿者达到1024人，红十字志愿者总数达到2068人。举办“少年强”——中小学生逃生避险、自救互救宣教项目宣教人员培训2次，培训80多人次。在长安镇长青街、石龙镇中山东社区及莞城街道东正社区等地建成“博爱家园”——红十字应急救护志愿服务进社区项目常态活动点，为社区居民和过往市民派发救护知识宣传单张、宣传救护知识和演示救护技能，服务市民数万人次。迎春鲜花义卖活动持续进行4年，所得善款全部用于资助广东医学院贫困大学生的“爱心营养午餐”项目，2014年，市红十字会向该项目捐赠3.75万元。市红十字会在全市多个公共场所设置130多个募捐箱，定期巡箱收款。“少年强”宣教项目在全市19所中小学校和2个社区开展免费宣教活动49次，宣教学生5218人；“少年强”宣教项目示范学校在石龙明德小学挂牌成立。红十字无偿献血服务队宣传组织无偿献血活动上百次，发放宣传资料上万份，推进东莞市连续六年获评“全国无偿献血先进市”。红十字志愿者利用“‘5·8’世界红十字日”“‘5·12’防灾减灾日”“世界急救日”等主题纪念日，在市内多个广场、社区开展应急救护知识和技能的普及、宣传活动。

【红十字会社会资源动员】 2014年，东莞市红十字会募集各类捐款102.82万元和价值1.76万元的物资。支援云南鲁甸地震灾区，收到捐款118笔82.51万元及价值1.76万元的衣物，其中个人捐款88笔9.42万元，公司捐款30笔73.09万元，捐款笔数约占全市同级公益组织总捐款笔数的58%；支援云南普洱地震灾区，收到捐款300元；支援海南威尔逊水灾灾区，收到捐款2100元。各类捐赠款物均按捐款者的意愿和上级指令，用于灾区紧急救援、灾后重建和红十字事业的发展。

【人道救助】 2014年，东莞市红十字会处理来信来电求助、上门求助80多人次，救助贫困重大疾病患者32人次，提供救助款项15.8万元；邀请医学专家、爱心人士代表、红十字志愿者代表共同参与重大疾病救助资格评审工作，推动人道救助工作公开化、社会化。

【造血干细胞捐献】 2014年，东莞市红十字会依法开展和推动造血干细胞捐献工作，普及器官移植知识及政策。全年完成2例造血干细胞捐献，为中国造血干细胞捐献者资料库提供759份资料，超额完成广东省红十字会下达的任务。为让更多市民了解造血干细胞捐献志愿者的事迹，为每例成功捐献者举行简单而隆重的欢迎仪式，并通过市内主流媒体对捐献者的无私奉献事迹进行报道；举办志愿者骨干业务培训班，邀请成功捐献的志愿者讲述亲身经历，举办培训班10期，培训400多人次。东莞市红十字会连续三年获评全省造血干细胞捐献工作先进单位。 （钟　原）

**附：2014年东莞市红十字会主要领导名录**

专职副会长：梁文帅

## 世界莞商联合会

【世界莞商联合会概况】 截至2014年，世界莞商联合会总人数有700多人（含公职和特邀企业家）。其中，担任全国人大代表3人、全国政协委员7人，省人大代表4人、省政协委员22人，东莞市人大代表40人、东莞市政协委员143人。各协会会长38人、各商会会长40人。

【世界莞商联合会组织建设】 2014年3月，世界莞商联合会成立青年工作委员会和女莞商工作委员会。5月，组织召开青年莞商大会，全市300多名青年莞商参加。6月，举办2014优秀青年莞商评选，这是东莞首次举办的优秀青年莞商评选活动，引起海内外的广泛关注。9月在澳大利亚悉尼建立第一个海外分支机构——澳洲莞商联合会。

【2014世界莞商大会召开】 2014年6月25—27日，2014世界莞商大会召开。大会邀请来自全国各地、港澳台地区和海外各地的莞商代表、专家学者、媒体等1300余人参会。安排“看前看后看遍家乡新貌、品东品西品足家乡风味、问长问短问清家乡变化”等系列特色活动，给与会者留下深刻印象，受到海内外社会各界的高度关注。

【世界莞商联合会商务活动】 2014年，世界莞商联合会开展“政商同心、市镇协力”活动，密集走访各镇街党委、政府，并与十多个市主要职能部门建立良好的联络和沟通机制。搭建商贸交流平台，先后接待美国密尔布雷市市长经贸考察团、俄罗斯乌尔干地区叶捷琳堡市高新科技园经贸考察团、澳大利亚商务考察团、瓦努阿图商务考察团等，接待美国、加拿大、马来西亚等地的莞商和乡亲来访，通过多方交流，共谋发展商机。组织各种主题的培训、学习、交流活动，开展项目推介会，组织商务考察，鼓励莞商走出去开拓发展思路。9月，组团到澳大利亚进行商务考察访问，拜访当地主要社团组织，考察多个经贸项目；同月，组织青年莞商代表赴广西南宁参加第十一届中国—东盟博览会。

【世界莞商联合会扶贫济困】 2014年，世界莞商联合会以莞商关爱基金的名义为扶贫济困日活动、“姚基金”慈善活动、“圆梦午餐”等捐助近200万元；莞商慷慨解囊参与韶关爱心帮扶、学子圆梦“111”助学行动，资助学生1008名，捐赠各类物品折合约500万元；三正集团、嘉宏集团、光大集团、鸿发集团等14家企业积极参与东莞市“助学圆梦”帮扶贫困学生活动，为近800名莞籍贫困学生解决学费。莞商企业纷纷展现大爱之心，经常以企业或个人名义扶贫助学。 （莫韶欣）

**附：东莞世界莞商联合会主要领导名录**

会　长：莫浩棠

# 人事·社保·民政

HUMAN RESOURCES MANAGEMENT · SOCIAL SECURITY · CIVIL AFFAIRS

"东莞名企名校行"招才引智活动

## 人力资源

【人力资源管理概况】 2014年，东莞市人力资源局继续以"民生为本、人才优先"为工作主线，促进就业创业，深入实施"人才东莞"战略，创新技能人才培养，加强规范人事管理，促进新莞人融入发展，推进"劳资纠纷攻坚年"任务落实，完成人力资源各项目标任务。获评全国军转安置工作先进单位、市直单位年度工作优秀单位，军队转业干部安置工作获评全市"单打冠军"。

【新莞人服务管理职责划入】 2014年，按照东莞市机构编制委员会《关于印发东莞市人力资源局主要职责内设机构和人员编制规定的通知》精神，加挂东莞市新莞人服务管理局牌子，原市新莞人服务管理局职责划入市人力资源局。截至2014年，东莞市人力资源局设24个内设机构。

【实名制登记就业失业管理制度】 2014年，东莞市出台《实名制就业登记管理试行办法》《异地务工人员失业登记管理试行办法》，建立覆盖城乡的就业失业登记管理制度，实现与社保数据对接共享，15.2万家企业、588.5万名就业人员纳入系统管理，4.9万名异地务工人员在东莞市办理失业登记。

【就业创业】 2014年，东莞市人力资源局推动出台《关于促进我市高校毕业生就业创业的实施意见》，提出延长就业指导服务年限至3年、给予优秀创业项目最高10万元资助等29项具体政策和措施。全年接收东莞生源应届高校毕业生1.73万人，就业率为98.8%。发放各项就业补贴3.19亿元，惠及城乡劳动力46.28万人次。创新创业小额贷款模式，采取财政贴息撬动银行贷款，贷款1.99亿元，比上年增长13倍多。帮扶9976名登记失业人员实现就业，其中就业困难人员3605人，完成市政府"十件实事"下达任务。组建"村民车间"564个，安置属地劳动力就业2万多人。促进异地务工人员就业，举办"春风行动"等招聘活动400多场，为8700家次企业和13万名求职者提供服务。城镇登记失业率控制在2.26%，全市就业局势保持稳定。

【就业用工对接】 2014年，东莞市人力资源局继续组织举办"校企合作洽谈会"，258家高职、中职、中技学校和东莞市1000多家企业开展现场交流、洽谈，合作建立实习、见习基地763个，参会学校向洽谈企业输送毕业生4.4万人。全年组织近450家企业，赴省内外举办劳务对接招聘会和洽谈会200多场次。

【人才入户新政出台】 2014年，东莞市人力资源局推动出台"1+2"人才入户系列政策，建立全市统一人才入户信息审核系统，采取条件准入和积分制入户两个渠道广纳人才。全市获得条件准入和积分制入户资格1.01万人，加随迁人员共1.86万人，比上年增长135.1%；大专以上学历和35岁以下人才占比达70%以上，争创人才人口红利。

【高层次人才引进培养】 2014年，东莞市人力资源局举办2014年招才引智大会，省内外高校、人才代表350多人参会，现场洽谈157人次、洽谈项目155项，48人和39个项目达成初步合作意向。举办"东莞市高层次人才交流合作名校行"活动，走访西安、成都、武汉三地6所重点高校。举办"广东省第六

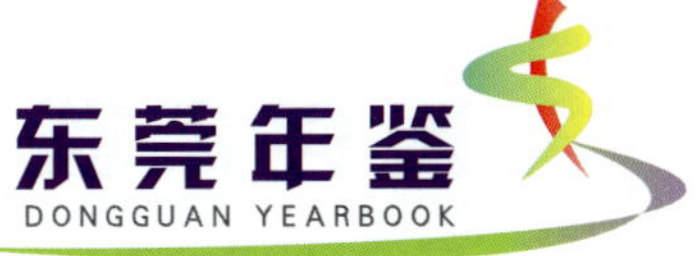

届海外专家南粤行（东莞）活动”，组织来自美国、德国等国的12名有创业意向的海外专家进行项目路演，7个项目获得投资金融机构的初步意向支持，5个创业项目意向落户留学人员创业园。加快创新创业领军人才引进，成功引进第三批8名创新创业领军人才，评审推荐10人为第四批创新创业领军人才，拨付专项资金1326万元。开展特色人才认定申报工作，受理四批，共98人申报，前三批21人入选市特色人才。新增8个省博士后创新实践基地，累计建成博士后工作平台58个，招收博士后108人。伦敦、硅谷海外人才工作站运行，引进“单晶蓝宝石纤维及其增强复合材料创新团队”落户松山湖高新区。继续开展第二批领军人才和后备人才培养，举办“领导艺术与高效沟通技巧”“中国与世界经济形势分析”等4期专题培训班，培训109人次。

【人才综合服务】 2014年，东莞市人力资源局拓宽服务领域，建设“高层次人才服务网”，搭建综合性人才服务和宣传平台。完善与400多家重点企业的走访联系制度，加强与留学人员创业园以及人才组织的联系。完成第三批市专业人才学历进修补助资格考核，9人获得补助资格，受理第四批10人申请，全年拨付资金127.2万元。推进专业技术人才知识更新工程，37个高研班培训项目纳入广东省人力资源和社会保障厅培训计划，公需科目和专业科目累计培训44万人次。规范职称服务管理，建立职称服务联络点，免费提供归口代办及政策咨询服务，全年办理职称认定4244人、职称确认1878人、职称评审2696人。加强人事代理和档案管理，新增人事代理3943人，接收各类人事档案2.55万份。各项人事考试实施“裸考”“满考”，完成资格考试项目48项，全市考试人数9.21万人次，实现考试零事故。

## 民生为本　人才优先

2014年5月16日，市人力资源局召开党的群众路线教育实践活动工作会议

【技能培训补贴政策】 2014年，东莞市人力资源局对接广东省技能提升补贴政策，出台劳动力技能晋升培训补贴新政，实现异地务工人员与户籍人员享受同等技能培训补贴政策。新政策补贴工种范围拓展，扩大至广东省人力资源和社会保障厅公布工种项目，将专业技术职称纳入补贴范畴，补贴标准上限从2300元提升至3500元，社保年限简化为持有省内社保卡要求。全年组织开展异地务工人员资助培训1.39万人次，发放补贴786.42万元。

【技能人才评价】 2014年，东莞市人力资源局探索建立具有东莞特色的技能评价认证体系，制定《东莞市企业技能人才多元化评价工作指南》。选择常平金杯印刷有限公司为试点先行，指导企业完成方案和配套技术文件，组织首批50名平版印刷工进行评价考核，15人取得高级工证书。

【技能人才培养国际化合作】 2014年，东莞市人力资源局在全省率先开启中德技工教育合作项目，东莞市技师学院首届中德班设模具制造等6个专业，招生440人；与德国BBW职业教育集团签署共建“学习型工厂及培训中心”协议，完成机电、数控专业学习型工厂建设；与英国沃索学院及ASFI认证中心签订合作协议，在东莞建立ASFI首个海外认证中心，开设国际商务和酒店管理2个专业，招生76人。东莞市高技能公共实训中心与香港职训局建立“莞港职业教育培训基地”，签署《合作开办职业技能培训课程协议书》，组织莞港两地会计专业学生开展暑期实习交流等合作活动。

【技能培训载体】 2014年，东莞市高技能公共实训中心与职业技术学院、虎门港集团公司等50多家职业院校和企业建立合作关系，开展各类技能实训和生产性实

① 2014年11月11日，东莞中英ASFI职业教育项目暨中国东莞ASFI产业技术认证中心授权签约仪式在东莞市技师学院职教城校区多功能厅举行，图为市人力资源局、市技师学院、英国沃索学院就“东莞中英ASFI职业教育合作项目”进行三方签约

② 2014年4月2—4日，市人力资源局在陕西科技大学举行“2014东莞名企名校行”招才引智活动

③ 2014年1月16—17日，市人力资源局开展2014年“南粤春暖”行动系列活动之“平安回家、相约东莞”就业服务活动

④ 2014年，新莞人服务管理局职责划入市人力资源局。图为市新莞人服务管理局牌匾及办公楼

⑤ 2014年11月6日，市人力资源局到东莞市绿洲鞋业有限公司进行参观考察，绿洲鞋业有限公司向市人力资源局赠送“心系企业，真情服务”牌匾

训8.32万人次；开发6个实训课题项目，开展动漫、物流、3D等24个项目师资培训，501名专业教师参训。成立职业培训联盟，打造技能培训大平台，首批会员突破100个。认定职业技能培训基地21家，认定东城供电局板桥培训基地和茶山雀巢美极公司为市首批技师工作站。

【职业技能竞赛】 2014年，东莞市人力资源局指导完成焊工、咖啡师、数控铣工车工、汽车维修钣金工等21个项目技能竞赛，有1584人参加初赛，921人参加市级决赛、92人获奖，推荐24人参加省竞赛项目。承办第43届世界技能大赛广东省选拔赛工业控制项目，东莞市技师学院学生夺得冠军并入选国家集训队备战世界技能大赛，实现零的突破。全年组织各类职业技能鉴定5.86万人次，核发各类职业资格证书4.45万本。

【公务员队伍建设】 2014年，东莞市人力资源局组织开展2014年东莞市公务员考试录用工作，按照广东省人力资源和社会保障厅的统一部署，首次实行考生全员异地交流面试，全市有1.18万人报名参加笔试，录用263人。协助公安机关特警招录维吾尔语、藏语人员50人，从村（社区）干部中招录乡镇公务员6人。加强公务员队伍培训，把中共十八届三中全会精神、党的群众路线、水乡特色发展经济区建设、经济转型发展战略思考等作为重点培训内容，借助网络学院平台，举办各类公务员培训班48期，培训2万多人次。组织参加第四届广东省“人民满意的公务员（集体）”评选，东莞市1个单位和2名公务员获奖。

【事业单位人事管理】 2014年，东莞市人力资源局贯彻落实《事业单位人事管理条例》，指导400多个事业单位进行岗位设置，办理岗位聘用备案2759人，协助240个事业单位开展公开招聘，招聘935人。推动出台事业单位引进高层次人才和短缺专业人才办法，拓宽事业单位引才渠道。建立启用事业单位人事管理系统，实现事业单位人员信息动态管理。

【机关事业单位工资福利管理】 2014年，东莞市人力资源局抓好工资福利管理与退休干部管理，办理机关单位在职人员正常晋升工资档次1.34万人次、正常晋升级别工资1919人次，事业单位在职人员正常增加薪级工资5.03万人次，离退休人员增加离退休费9507人次。

【军转干部安置】 2014年，东莞市人力资源局按照广东省下达的任务，通过考试与考核相结合，“双向选择”与指令性分配相结合的办法安置115名军转干部和3名随调家属。做好企业军转干部解困、维稳工作。

【新莞人子女积分制入学和异地中考受理审核】 参见“社会生活”类目“新莞人”分目第394页同名条目。

【新莞人社会融合试点】 参见“社会生活”类目“新莞人”分目第394页同名条目。

【新莞人社工志愿服务】 参见“社会生活”类目“新莞人”分目第394页同名条目。

【新莞人居住环境改善】 参见“社会生活”类目“新莞人”分目第394页同名条目。

【“幸福e站”建设】 参见“社会生活”类目“新莞人”分目第394页同名条目。

【劳动关系预警处置】 2014年，东莞市人力资源局全面推广应用劳动关系风险预警系统，建立预警信息定期通报制度，34.38万个用工单位纳入系统监控，有效处置2.96万条风险预警信息。推动劳动监察“两网化”（网格化管理、网络化管理）建设，划定劳动监察网格674个，形成覆盖城乡用人单位的监察网络。

【劳动用工监管】 2014年，东莞市人力资源局围绕打击非法用工、治理欠薪等工作，开展日常巡查和联合专项执法检查，检查企业1.8万家，依法顶格处罚招用童工等违规违法企业。帮助市城巴公司等公交企业依法依规完善职工薪酬制度，指导东城徐记公司、微软集团旗下的诺基亚工厂等28家企业平稳转型升级，妥善处置高埗裕元鞋厂等162宗劳资突发事件。

【企业欠薪联动打击】 2014年，东莞市人力资源局推动出台欠薪企业主会议制度和实施办法，召开143场欠薪企业主约谈会，督促231家企业发放欠薪8783.54万元。建立惯性欠薪企业领导包案督查机制，成立12个专责小组开展集中包案督查，敦促131家企业发放欠薪7808.25万元。建立办理拒不支付劳动报酬犯罪案件联动工作机制和集中清理专项行动方案，加大欠薪犯罪打击力度，移送案件108宗，公安部门抓捕25人，法院公开宣判3宗。借助媒体监督力量，向社会公布40家严重违反劳动法规企业，通过“红黑榜”公布22家黑榜企业。

【劳资纠纷调处】 2014年，东莞市人力资源局接到信访案件（不含来电）1.93万宗，畅通网上信访渠道，妥善处置3060批次网上信访，比上年增加11.88%。“12333”热线整合转入“12345”政府服务热线，完善离线留言、自动语音和普法短信回复功能。完善“仲裁法援点”工作机制，1392名劳动者获得免费法律援助。开发启用劳动人事争议仲裁信息系统，加快仲裁办案信息化建设。在165家试点企业初步建立劳动争议调解委员会。全市三级调解仲裁机构收案9.76万宗，仲裁法定审限内结案率为100%，累计结案率为95.59%。全市人力资源信访、30人以上劳资突发事件、30人以上欠薪逃匿事件以及劳动人事争议调解仲裁案件等4项指标，分别比上年下降50.02%、58.67%、73.24%以及28.48%，全市劳资关系形势总体保持和谐稳定，完成“劳资纠纷攻坚年”目标任务。

【和谐劳动关系示范区创建】 2014年，东莞市人力资源局加快推进和谐劳动关系示范区创建工程，全市参与创建企业1.30万户，参与率达61.82%。推动企业劳动合同签订，全市各类企业劳动合同签订率达93%。配合做好2015年最低工资标准调整测算工作，编印《2014年劳动力市场工资指导价位》，首次将教育行业纳入调查统计范畴，协助制定2014年企业工资指导线，指导企业建立工资正常增长机制。 （黎燕嫦）

**附：2014年东莞市人力资源局主要领导名录**

党组书记、局长：游其晃（兼）

## 社会保障

【社会保障概况】 2014年，东莞市社保部门完成扩面征缴、政策改革、社保卡换发运用、服务能力提升等工作。截至2014年，全市参保人次达2733.87万，比上年增长6.33%，其中，社会基本医疗保险和生育保险参保均为615.69万人，工伤保险参保492.28万人，社会养老保险参保617.62万人，失业保险参保392.59万人。2014年，全市社保基金征缴258.54亿元，比上年增长19.80%，基金征缴率达99.69%；核付社保待遇107.04亿元，比上年增长22.20%，其中养老保险待遇42.85亿元，医疗（生育）保险待遇50.23亿元，工伤保险待遇11.16亿元，失业保险待遇2.81亿元。

【社会保障卡发行使用】 截至2014年，东莞市社会保障卡总制卡753.46万张，发卡726.65万张，发卡率为96.44%。其中，2014年新增制卡162.97万张。2014年，东莞市出台《2014年社保卡推广应用工作方案》，推进社保卡应用拓展。全市有447家定点医疗机构（含社区卫生服务中心）开通"诊疗一卡通"服务平台；实现低保对象医疗救助与社保医疗待遇"一站式"结算、劳动就业信息查询共享、在市图书馆借阅图书等拓展功能，市人力资源局、民政局、卫生计生局、残联、住房公积金中心等部门可通过社保卡金融账户发放相关待遇或资金。

【社会保障改革】 2014年，东莞市社会保障部门执行《东莞市2014年改革行动计划》，完成两项社会保障改革任务：扩大医疗保险覆盖面，推进异地户籍职工在莞就读子女参加社会基本医疗保险试点工作；调整社区门诊用药、就医及转诊管理政策。9月起，每个镇街增加2所学校作为异地户籍职工在莞就读子女参加社会基本医疗保险的扩大试点学校，全市试点学校扩大到125所，各镇街的扩大试点学校与前期试点学校形成幼儿园到小学、中学各有一所的完整试点学校体系，有效衔接参保关系。7月起，新增社区门诊用药625种，基本药物达1483种；8月起，保持"社区首诊，逐级转诊，双向转诊"制度基本稳定，调整"社区首诊"规定，允许参保人跨镇街双定点就医，增加1个转诊就医点，解决参保人居住地和工作地就医问题。

【《广东省失业保险条例》实施】 2014年7月1日，东莞市实施新的《广东省失业保险条例》，消除东莞市户籍职工与非东莞市户籍职工的缴费和待遇差异，彰显社会公平。截至2014年，东莞市按新条例享受失业待遇人数为6.18万人次，发放失业待遇1.44亿元。

【养老金年度调整】 2014年，东莞市对企业职工和城乡居民采用统一的调整办法，使养老保险对退休人员的保障水平保持与经济增长同步。根据广东省人力资源和社会保障厅、省财政厅联合下发的《关于建立企业职工养老保险缴费年限津贴完善基本养老金计发办法的通知》规定，调整养老保险缴费年限津贴，调整后，企业职工人均调整93元，村（社区）居民人均调整53元。根据《关于2014年度调整企业退休人员基本养老金的通知》规定，从1月1日起，调整全市退休人员的基本养老金。两轮调整后，全市27万名退休人员受惠，其中，企业退休人员月人均基本养老金达2291元，增幅为9.6%，城乡居民月人均

## 践行科学发展 确保人民满意

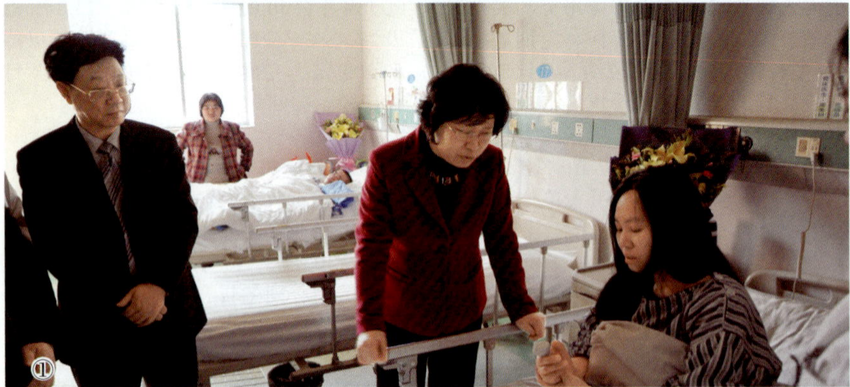

① 2014年1月17日，副市长喻丽君（右二）带领市社保局、市人力资源局以及市新莞人管理局等领导一行来到市东华医院探望正在住院康复的工伤职工

② 2014年12月23日，市社保局开展"与您同行"——2014年社保之夜主题宣传活动。市社保局领导现场解答员工疑问，听取对社保工作的建议和意见

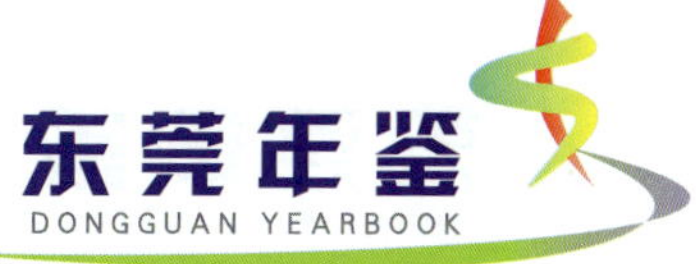


基本养老金达847元，增幅达18.6%。

【社保内审内控】 2014年3—4月，东莞市社会保险监督委员会办公室组织开展2012年、2013年度社会保险财政补助资金分配、使用和管理情况的专项检查；8月8日至9月30日，组织开展全市社会保险基金支付管理及经办服务管理情况专项检查。全年利用社保信息管理系统对全市4.61万笔业务进行稽核；对全市以农居民身份参加城乡一体养老保险业务办理情况开展专项稽核检查；对全市33个镇街分局进行年度现场稽核监察。

【退休人员管理服务】 2014年，东莞市社会保障局将退休人员管理站点从城市向农村延伸，将服务对象从原来的企业退休人员逐步扩展至涵盖农（居）民在内的全市退休人员。截至2014年，全市建立496个退休人员管理站，覆盖31个镇街，其中26个镇街实现退休人员管理机构全覆盖。2014年，石龙等11个镇街的19个站点被广东省人力资源和社会保障厅确定为省级示范点，全市省级示范点达27个。

【个人社会保险缴费规范】 2014年8月29日，东莞市政府召开规范农（居）民个人缴费工作会议，成立规范村（社区）居民个人缴费工作联合协调机制，各镇街成立相应的规范个人缴费工作协调机制，各镇街社保分局与财政、农资、维稳等部门齐抓共管，联合对村（社区）规范个人缴费工作进行部署指导。截至2014年，工作取得预期进展。

【工伤保险及劳动能力鉴定】 2014年，东莞市社会保障局完善工伤保险政策配套指引，抓好工伤预防宣传教育、工伤认定调查取证及工伤康复工作，规范优化劳动能力鉴定工作。全市完成工伤认定5.16万人次；工伤康复1737人次，康复费用支出6180万元；康复辅助器具装配620人次，支出413万元；工伤预防费支出1167万元；为1.2万企业高危工种人员提供免费职业健康体检服务。全市完成劳动能力鉴定2.86万人次，其中工伤劳动能力鉴定2.32万人次。在鉴定结果中，伤残一至四级93人，伤残五到六级380人，伤残七到十级1.73万人。

【社保大讲堂】 2014年9月12日，东莞市社会保障局、市社会保险协会、市经济和信息化局在市会议大厦联合举办，以构建和谐劳资关系、营造良好营商环境为主题的“第89期莞商学院企业家面对面”暨“2014年第一期社保大讲堂”。会议由市中小企业局副局长刘福亮主持，市社会保障局副局长张亚林主讲。市社保协会会长赖肖群，全市各镇街民营经济主管部门、民营中小企业代表，有关行业协会会长等，东莞社保协会企业各会员单位代表等共500人参加。张亚林主要分析社会保障发展形势及东莞市社保实际情况，解读社保新政策、新法规，探讨企业的社会保险风险防范策略以及在遇到各种突发事件时的应急处理方法。此后，东莞市社会保障局将“社保大讲堂”推向社会，让职工了解最新社保政策，提高参保意识。

【社保医疗保险分会成立】 2014年11月17日，东莞市社会保险协会成立医疗保险分会，并举行第一次研讨会。国务院参事室特约研究员、中国医疗保险研究会会长王东进应邀担任东莞医疗保险分会荣誉顾问，并发来贺电表示祝贺，省人民政府参事、中国医疗保险研究会副会长、广东医疗保险研究会会长林王平到会祝贺。广州、深圳、中山、珠海、惠州、韶关等市社保、医保、学会等相关单位应邀到会祝贺。清华大学教授杨燕绥、中山大学教授岳经纶、暨南大学教授夏苏建、广东医学院教授万崇华、广东省医院协会医保管理专业委员会副主任委员黄俊强等应邀出任东莞医疗保险分会顾问。 （陈柳平）

**附：2014年东莞市社会保障局主要领导名录**

党组书记：梁　冰（任至2月）
　　　　　邹　联（2月到任）
局　　长：梁　冰（任至10月）
　　　　　邹　联（10月到任）

① 2014年7月1日起，市社保局联合中国银行东莞分行、市人民医院，在人民医院现场设置社保卡“诊疗一卡通”推广阵地示范点，安排社工指引参保人使用新社保卡进行挂号、就诊、结算

② 2014年8月27日，市社保局与市政府新闻办共同召开新闻发布会，发布扩大非本市户籍职工子女参保试点的政策

③ 2014年11月27日，市社保局领导带领相关科室负责人参加由市企业人力资源管理师协会以及市高新技术企业协会联合主办的人力资源管理社保专题公开课，为500多位来自企业的人力资源管理负责人以及企业副总级以上人员讲解社会保险法律法规以及社保热点问题

## 民政事务

【民政概况】 2014年，东莞市民政部门履行“维护民利、解决民生、落实民权”的基本职责，求真务实，改革创新，完成年度各项工作任务，促进民政事业发展。东莞市获评“全国首批全国社会工作服务示范地区”“省2014年民政重点工作综合评估优秀地市”。东莞市民政部门获评“市直部门年度考核优秀单位”。

【社会组织概况】 截至2014年，东莞市登记注册的社会组织有3076家，其中社会团体564家（行业性116家、专业性135家、学术性50家、联合性263家）；非公募基金会4家；民办非企业单位2508家（教育类1341家、文化类69家、科技类72家、体育类77家、劳动类139家、民政类628家、法律服务类2家、其他类180家）。2014年，新登记社会组织621家，其中社会团体118家，民办非企业单位503家。

【社会组织登记管理改革】 2014年，东莞市民政部门取消全市性社会团体分支机构、代表机构备案的行政审批事项，简化社会组织审批手续。抓好省下放非公募基金会登记管理权限的工作落实，梳理办事流程、完善办事指南，做好登记指导和咨询，全年登记成立4家非公募基金会。2014年，东莞市民政部门出台第三批和第四批《东莞市市本级具备承接政府职能转移和购买服务资质的社会组织目录》。截至2014年，全市有174家社会组织获得承接政府职能转移和购买服务的资质。

【社会组织孵化】 2014年，东莞市社会组织孵化基地引进东莞恩派非营利组织发展中心作为第三方技术团队，东莞恩派非营利组织发展中心先后对各入驻组织开展走访调研、服务咨询、能力建设、资源链接、财务指导等方面的服务。市社会组织孵化基地官方网站开通，向社会各界大力宣传孵化基地的各项服务及取得成果，全年接待各地考察调研129批次2027人次。截至2014年，市社会组织基地培育孵化包括公益慈善类社会组织、异地商会、行业协会、村级互助组织在内的50家社会组织，各入驻组织开展活动5000余次，动员志愿者近4万人次，服务群众逾80万人次。

【社会组织监督管理】 2014年，东莞市社会组织管理局向全市政务信息资源共享平台上传社会组织基本信息3631条，其中社会团体550条、民办非企业单位3081条；社会组织名称预先核准登记1601条，其中社会团体208条、民办非企业单位1393条；撤销累计3年未年检的社会组织54家，对累计2年未年检的124家社会组织给予警告处分。

## 为党和政府分忧　为人民群众解难

2014年6月30日，市领导徐建华（中）、袁宝成（右二）、姚康（右一）、李毓全（左二）、黄双福（左一）共同出席2014年广东扶贫济困日暨东莞慈善日活动启动仪式

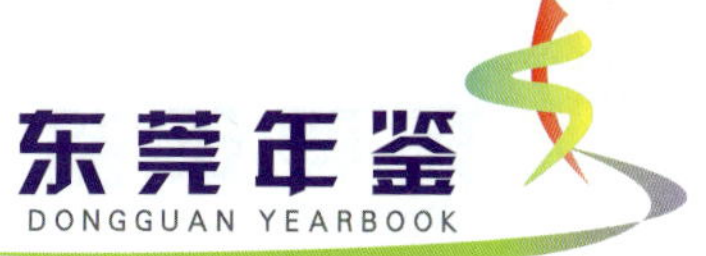

【社会组织能力建设培训】 2014年，东莞市民政部门委托市社会组织服务中心开展社会组织能力建设培训项目，举办6期培训，内容涵盖社会组织项目设计、社会组织品牌宣传和社会组织诚信建设等专题，有来自300多家社会组织的工作人员400余人次参加培训。

【抚恤补助】 2014年1月1日，东莞市对全市优抚对象抚恤补助标准调升，各类重点优抚对象月生活补助标准在上年基础上增长9%。全年为9478名优抚对象发放抚恤生活补助经费3509.3万元，其中为3560名重点优抚对象发放抚恤生活补助金3151.89万元，为5918名60周岁农村籍退役士兵发放生活补助金357.41万元；为360名残疾军人发放残疾抚恤金470.22万元。为63户重点优抚对象解决临时生活困难，发放临时生活补助款19.9万元。全市义务兵家庭优待户数1338户，户均优待金19841元，比上年提高2881元。

【重点优抚对象医疗和住房保障】 2014年，东莞市为全市所有重点优抚对象发放购买医疗保险经费159.7万元，为438名重点优抚对象发放医疗补助款75.4万元。开展“关爱功臣送医送药”活动，为享受定期定量抚恤生活补助的“三属”（烈属、因公牺牲军人遗属、病故军人遗属）、在乡复员军人、在乡残疾军人、带病回乡退伍军人、“五老”人员（老堡垒户、老游击队员、老交通员、老苏区干部、老党员）、参战参核人员和烈士老子女等重点优抚对象免费送医送药，受惠重点优抚对象1117人，药品、体检总费用43.7万元。9月，组织大岭山、大朗、黄江、樟木头等镇的18名老复退军人，集中在省第二荣军医院疗养15天。发放“爱心献功臣”经费35万元，帮助中堂、麻涌、大岭山、石排、企石等5个镇6名重点优抚对象修建住房。

【重点优抚对象慰问】 2014年春节、“八一”建军节期间，东莞市各级领导入户走访慰问部分重点优抚对象，送上慰问金和慰问品，送去党和政府的关心和关怀。春节期间，市委、市政府为9319户非低保对象的优抚对象发放节日慰问金559.68万元。全市在烈士纪念日前为51名烈士父母、229户烈属和55名一至六级残疾军人发放慰问金25.25万元。

【烈士纪念建筑物管理保护】 2014年，东莞市有烈士纪念设施的镇街均对纪念设施进行全面检查和修缮，美化、

① 2014年5月7日，省民政厅厅长刘洪（中）到东莞市考察社会组织建设情况

② 2014年1月23日，市委副书记、市长袁宝成（左）到石碣镇进行春节慰问

绿化纪念设施周边环境。东坑镇、望牛墩镇对辖区内的烈士纪念碑进行维修，修缮总资金129.44万元，其中市财政补助50%，补助资金64.72万元。

**【公祭烈士大会举行】** 2014年9月30日是中华人民共和国设立的首个烈士纪念日，当日9时30分，东莞市委、市政府在市人民公园革命烈士纪念碑广场举行公祭烈士大会，市委、市人大、市政府、市政协、东莞军分区领导，军烈属代表、老战士代表，先进党员代表、老同志代表，市各民主党派、工商联及无党派人士代表，市直有关单位、中央、省属驻莞有关单位主要负责人，工人、农民、市民代表，学生代表，公安干警代表，武警战士代表，驻莞部队代表约750人参加活动。南城、凤岗、桥头、塘厦、黄江、厚街、长安、高埗、寮步、清溪和樟木头等11个镇街在烈士纪念日分别举行公祭烈士大会。据统计，全市党、政、军和人民团体负责人、烈属代表、老战士代表、学校师生代表、各界干部群众代表、解放军和武警官兵代表1.4万人参加活动。

**【退伍士兵安置】** 2014年，东莞市完成2013年冬季518名莞籍退役士兵、19名省批符合安排工作条件退役士兵以及4名军休人员的接收安置任务，完成行政关系接转、调查核实、档案整理及服务管理等工作，并为62名符合条件的退役人员进行军龄视同工龄和社会养老保险年限审核工作。为东莞市2013年冬季退役士兵发放一次性经济补助金5071.85万元、为6名异地大学生发放退役后复学经济补助金51.4万元、为退役士兵发放安置期间生活补助79.25万元、拨付298.87万元资助退役士兵参加职业技能就业培训。按照《东莞市退役士兵住房困难补助办法》，市镇两级财政拨出专项资金11万元，为11名退役士兵解决住房困难问题。

**【双拥工作统筹】** 2014年，东莞市双拥工作以争创全国双拥模范城“八连冠”和全省双拥模范城“九连冠”为目标，把双拥工作纳入地方经济社会发展总体规划和驻莞部队全面建设，纳入各级党委、政府和驻莞部队的重要议事日程，纳入全国文明城市创建指标体系，纳入年度工作计划和考核指标。市委书记、市人大常委会主任徐建华心系国防和军队建设，主持召开市双拥工作领导小组全会和市委常委议军会议，研究部署争创全国双拥模范城“八连冠”和全省双拥模范城“九连冠”工作；

2014年10月29日，东莞市第12届老年人运动会在市体育馆开幕，省、市有关领导出席，全市约4000名老年人运动员及群众参加

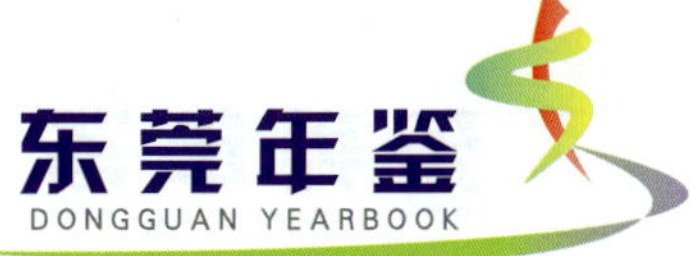


“八一”期间，带领市领导走访慰问驻莞部队和驻军上级机关；市委副书记、市长袁宝成经常过问帮助解决部队建设的重点问题；市委常委、东莞军分区政委刘卫芳，东莞军分区司令员李庆文经常深入基层检查指导拥政爱民工作，多次召集驻军领导召开联席会议，号召驻莞部队积极参与东莞争创全国双拥模范城“八连冠”；分管双拥工作的副市长鲁修禄及时主持召开驻军随军家属就业安置座谈会，研究解决双拥工作的热点难点问题；驻军各部队军政主官、各镇街党政主要负责人和市双拥工作领导小组成员单位领导立足经济社会发展大局，统一思想，身体力行、周密安排、主动协调、落实制度，确保军地基层围绕创建目标做好双拥工作。

【双拥宣传教育】 2014年，东莞市军地双方以“推动军民融合深度发展”战略思想为指导，把弘扬双拥传统融入社会主义核心价值观，充分利用广播电视、报刊网络、标语灯箱等宣传载体，依托和发挥虎门鸦片战争博物馆、大岭山东纵纪念馆等教育基地资源优势，宣传东莞市军政军民在经济建设与国防建设中互帮互助、携手共创双拥模范城的事迹，用爱国拥军、爱民奉献的社会风尚凝聚军心民心；宣传《东莞市拥军优属实施办法》《东莞市创建双拥模范城奖励办法（试行）》等政策法规，增强社会各界做好双拥工作的自觉性和创造性。同时，组织开展2014年“双百拥军行”授旗仪式，市委宣传部深入开展国防教育“进机关、进学校、进企业、进社区、进乡村、进家庭”活动，市司法局在东莞普法网、微博和微信上宣传双拥相关法律知识。各镇街在主要路段和公共场所制作拥军优属宣传牌，在主要街道的路灯、人行天桥等显眼位置悬挂双拥宣传标语，在景点、纪念馆、图书馆、展览馆、医院、汽车公交站等服务窗口完善拥军优属标志，在各村（社区）、社会组织的宣传栏、公布栏、广告橱窗等开辟宣传阵地，弘扬双拥传统，营造爱国拥军社会氛围。2014年，全市举办各种双拥宣传教育活动538场次，群众参与活动40万人次。

【拥军优属】 2014年，东莞市各级党委、政府和社会各界围绕部队军事斗争准备和军队现代化建设需要，结合开展“双百拥军行”和“双拥在基层”活动，重点在科技拥军、文化拥军和法律拥军等方面融合支持部队建设发展。全市各级投入拥军资金1亿多元，帮助部队解决信息化建设、营房训练场地修建、完善文化生活设施、官兵生活补贴、处理污水和生活垃圾、军人军属维权、培训后勤技术人才等经费，支持项目93个。其中，春节和“八一”建军节期间，社会各界拥军慰问进军营，帮助部队解决训练和生活实际困难经费达2813万元。仅常平镇商会、行业协会以及热心企业筹资就达980多万元，为驻莞消防部队购置曲臂登高消防云梯车。全市29个社会团体和企事业单位积极参与“双百拥军行”活动，送出慰问金35万多元，图书2300册，提供就业岗位17个，教育培训和心理咨询200人次，慰问演出3场，以及慰问物资一批。

2014年，东莞市落实拥军优抚安置政策，确保不发生涉军上访问题，促进征兵工作。连续20年被评为广东省征兵工作全优单位。提高各类重点优抚对象的抚恤补助标准，平均增幅9%，发放抚恤金3509.3万元，惠及全市9538名优抚对象，并组织18名老复退军人到省第二荣军医院进行为期15天疗养。加强烈士纪念设施保护管理，举办首届烈士纪念日活动。举办“东莞市第一届退役士兵就业现场招聘会”，完成2013年518名冬季退役士兵和19名省批符合由人民政府安排工作条件退役士兵接收安置任务，组织完成211人次的退役士兵免费技能培训。组织军休干部参加进社区义教活动、省外参观、录制节目参选“民政部庆祝新中国成立65周年文艺汇演”等活动，落实军休干部待遇。完善新军供站设施，提升军供保障能力和服务水平。同时，市政府政策性安置95名驻军随军家属就业，接收安置115名军转干部，安排78名部队子女入读优质中小学校；市财政拨款1084万元向86名驻军随军家属发放自谋职业一次性安置补助金，拨款37.74万元向75名驻军随军家属发放最低生活保障补助金。

【拥政爱民】 2014年，东莞市驻莞部队主动承担急难险重任务，重点在防灾救灾、社会治安整治、植树造林、扶贫助学等方面融合助推东莞实现高水平崛起，累计出动官兵1.36万人次，车辆（机械）489台次，参加抢险救灾27宗，抢救遇险群众89人，植树造林3.9万株，清除垃圾40吨，美化街道84公里，提供免费义诊2.6万人次，帮扶贫困家庭1201户，资助贫困学生2505人，无偿献血27万毫升，军训学生4.8万人次，协助公安部门抓获违法犯罪嫌疑人2381名，支援和参加地方建设项目87个。尤其在支援东莞水乡特色发展经济区建设中，驻莞部队先后出动官兵1万多名，分赴“十镇街一港”参加环境卫生综合整治。

【军民共建】 2014年，东莞市各级党委、政府积极巩固和发展社会化拥军成果，广泛发动社会各界尤其是社会组织与部队结对共建，签订履行《军民共建公约》，积极开展军民共建活动。开展思想道德和科学文化共建，广泛开展送科技、送文化到军营活动。先后筹集资金近200万元，为部队基层图书室捐赠图书8万多册、电脑和电视等科技文化设备42台，以及购买部队训练生活急需的物资一批。协调成立东莞市爱国拥军促进会，动员社会力量参与“关爱功臣送医送药”和走访慰问重点优抚对象等拥军活动。截至2014年，全市覆盖区域的社会化拥军体系有军民共建点531个，80%以上的共建点被评为精神文明建设先进单位，军政军民关系更加和谐。

【灾后救助】 2014年，东莞市受“3·30”风雹、“5·11”洪涝灾害、“5·25”洪涝灾害影响，造成沙田、寮步、塘厦镇因灾死亡人员9人、失踪1人，倒塌居民住房12间，损坏居民住房29间，因灾生活困难人员114人。及时拨付自然灾害人身保障救助金45万元，以及倒损房和生活救助金44.3万元，保障受灾群众基本生活。对云南省鲁甸地震灾区救助支持，市政府通过市财政向灾区拨款300万元，市慈善会接收抗震救灾社会捐款156.18万元。

【防灾减灾宣传培训】 2014年5月10—16日为防灾减灾日宣传周，东莞市减灾委围绕“城镇化与减灾”为主题，组织成员单位在全市广泛开展防灾减灾日主题现场活动。11月26日，在市会议大厦开办全市防灾减灾知识业务培训班，邀请及组织省地震局、市民政局、市气象局有关专家和业务部门负责人授课，各镇街（园区）、村（社区）民政干部650余人参加培训。

【应急避灾制度建立】 2014年3月，东莞市民政局印发《东莞市民政局关于进一步规范东莞市镇、村两级应急避灾场所建设的通知》，要求完善市、镇、村三级应急避灾体系，建立健全应急避灾工作机制、24小时领导带班值班制度、救灾物资储备与常态更替机制；8月，会同住建、发改、供销社等部门研究编制《东莞市自然灾害受灾群众紧急转移安置工作方案》，并印发通知要求各镇街（园区）、社区（村）根据当地实际，相应制定镇、村两级自然灾害受灾群众紧急转移安置工作方案，形成横向到边、纵向到底的市、镇、村三级自然灾害受灾群众紧急转移安置工作机制，完善东莞市救灾应急制度体系。

【全国综合减灾示范社区创建】 2014年，由东莞市减灾委牵头，会同气象、地震部门将全国综合减灾示范社区创建活动与安全气象社区建设、社区防震减灾能力建设结合起来，统筹创建东城梨川、麻涌鸥涌、石碣涌口、洪梅尧均、长安霄边、黄江北岸、塘厦莆心湖、桥头邵岗、横沥村头、茶山增埗等10个社区（村）为全国综合减灾示范社区，提升基层防灾减灾能力。截至2014年，全市有66个全国综合减灾示范社区。

【救灾物资储备】 2014年5月，东莞市救灾物资储备中心按计划通过政府采购方式购置棉被、毛毯折叠床、帐篷等一批物资，价值129万元，增强救灾应急能力。

【社工服务规模扩大】 截至2014年，东莞市政府购买社工岗位服务达1080个，承接政府购买服务的社会组织有12个。服务领域涉及禁毒、教育、残康、医务、司法矫正、救助帮扶、婚姻家庭、企业、青少年、妇女儿童等，涉及工青妇、法院、人力资源等14个机关单位社会工作服务，涌现出寮步镇社会工作服务中心、莞城东正社区、市救助管理站、市婚姻登记中心等多个社会工作服务先进单位，大众、正阳、普惠等社工机构获评多个奖项，国内多个城市社工机构也向东莞市社工机构购买督导服务。

【“社工+志愿者”联动服务】 2014年，东莞市民政局与市志愿者联合会联合制定出台《东莞社工+志愿者联育培训方案》，加快建立社会工作专业人才和志愿者队伍联动服务机制，完善社会志愿服务体系。在社工教育培训中设置关于志愿者管理和培训的相关课程，帮助社工认识社会工作者与志愿者联动的意义及具体要求，在工作中善用志愿者资源。与市文明办、市志愿者联合会共同搭建志愿者综合信息平台，建立注册志愿者信息管理系统，推进志愿服务记录制度，实现社会工作者和志愿者信息共享、资源整合。在第一届全国优秀志愿服务项目与志愿者工作案例评选活动中，“东莞市双工联动关爱新莞人”（东莞市普惠社会工作服务中心提供）获评志愿服务项目二等奖，“以非常规方式管理不正规队伍提升志愿服务组织生命力”（东莞市东城街道志愿服务中心提供）获评志愿者工作案例三等奖。

【社工队伍建设】 2014年，东莞市在全省地级市率先出台“考证”奖励办法，对于获得社工资格证的东莞市户籍人口一次性奖励1000或2000元。截至2014年，东莞市有4100多人通过资格考试。为提高东莞市非社会工作专业背景社会工作从业人员的综合能力，11月、12月，东莞市民政部门联合东莞理工学院社会工作专业、市社会工作协会在东莞理工学院举办第一期、第二期东莞市非社工专业社会工作从业人员“固本强基”培训班，培训90人。截至2014年，全市选拔培养80名督导助理和40名见习督导。

【社工行业监管】 2014年，东莞市完成《东莞市政府购买社会工作服务实施办法》《东莞市政府购买社会工作服务考核评估实施办法》修订，完善和深化购买社会工作服务和社会工作考核评估的规定。东莞市民政部门委托东莞市现代社会组织评估中心开展首次社会工作岗位综合评估，根据评估情况对相关社会工作岗位进行裁撤和调整。

【社工宣传教育】 2014年，在第八个国际社工日之际，东莞市民政局联合市社会工作协会及全市11家社会工作服务机构策划、组织“东莞市社会工作发展五周年系列活动”和2014年“岭南社工宣传周”系列活动，组织相关宣传活动56次，发布首部东莞社工微电影、东莞社工公益广告片及东莞社会工作纪录片，出版《东莞社会工作模式案例丛书》《东莞社工手记》。选拔从事社会工作专业服务3年以上或具备硕士研究生学历的10名优秀社工组建“东莞社工讲师团”，为基层一线工作人员及社工讲授专业社会工作知识。

【地名行政审批服务】 2014年，按照东莞市行政审批标准化建设试点工作的总体部署和要求，东莞市民政局编制完成地名行政许可审批办事指南和业务手册，地名行政审批工作进驻东莞市网上办事大厅；印制地名申报与许可办事指引，明晰地名审批程序和步骤，宣传政策法规。按照《广东省地名管理条例》《广东省建筑物住宅区名称管理规定》《东莞市地名管理办法》的规定和程序，实施对道路、建筑物的命名（更名）以及其它地名管理工作。全年审批同意91宗建筑物的命名、更名，948条道路的命名、更名。

【区划地名管理信息化建设】 2014年，东莞市民政局对照第二次全国地名普查试点工作的规程和标准，更新和完善原地名信息管理系统的工作模块，构建长远的地名管理系统。对积累的地名工作成果和信息资料进行系统转化、补录，扩充地名信息管理系统信息量，提高地名精细化科学化管理水平。与市国土局信息中心签订《数字东莞地理空间框架与地名数据管理系统共建共享合作协议书》，开展数字东莞地理空间框架建设与地名数据库建设共建共享合作，满足数字城市地理空间框架建设与应用需要，加强全市地名信息内部管理，满足群众出行需要，实现地名管理与服务有效对接。

【平安边界创建】 2014年，东莞市开展镇级行政区域界线平安边界创建工作。组织编印《东莞市行政区域界线管理工作手册》下发各镇街、村（社区），增强基层群众行政界线管理法规意识和参与管理意识。各镇街成立平安边界创建工作领导小组、制定创建方案、签订平安边界创建活动协议书；市、镇两级签订《东莞市市级行政区域界线管理维护委托协议书》，实现对市级行政界线的专人专款双重管理；各镇街与村（社区）、护界员签订委托管理协议书，落实镇级行政区域界线经常性管理。针对部分勘界时设立的镇级界线界桩字迹模糊、缺损严重现象，按照新样式，更新设置14个市级行政界线界桩。制定《东莞市镇级行政区域界线界桩更新设置实施方案》，全面开展镇级行政界线界桩更新设置，各镇街基本完成界线界桩更新设置，达到梳理解决镇级行政界线管理问题、增强基层自觉维护行政区域界线界桩严肃性和法律地位的目的。通过市镇间协调、座谈了解和实地调查，对东深线塘厦石鼓村与观澜牛湖村段市级行政区域界线调整问题、东坑—常平线东坑长安塘村与常平苏坑村段部分行政区域界线调整问题协调处理，维护边界地区和谐稳定。

（田小兵）

**附：2014年东莞市民政局主要领导名录**

党组书记：杨东如（任至4月）<br>莫淦泉（4月到任）

局　长：杨东如（任至4月）<br>莫淦泉（4月到任）

# 外事·侨务 FOREIGN AFFAIRS · OVERSEAS CHINESE AFFAIRS

鸿福路商圈

编辑：李文蔚

## 外 事

【外事概况】 2014年，东莞市外事系统接待邀请外宾及港澳人士781批1243人次；因公赴港澳2857批4566人次；外国人入境审批2297批2751人次，其中商务签证办理925批1292人次；工作签证办理1372批1459人次；办理外国学生来华读书申请70人；APEC（亚太经济合作组织）商务旅行卡受理78批124人。

【外事管理】 2014年，东莞市进一步规范外事工作管理，制定全市国家工作人员因公临时出国的有关意见，出台《市直党政机关和事业单位因公临时出国经费管理办法》《市直党政机关和事业单位因公短期出国培训费用管理办法》，建立健全因公出访审批管理、经费管理等机制。严格规范审批管理，加强对全市因公临时出访计划的统筹管理，全年办理因公出国89批301人次，其中党政干部团组76批261人次；实际成行87批294人次，其中党政干部实际成行74批254人次，比上年均有所减少。制定《市直党政机关和事业单位外宾接待经费管理办法》《党政机关反对浪费、厉行节约的实施意见》，对全市外宾接待管理工作实行规范管理。严格执行有关规定，外宾接待工作遵循服务外交、友好对等、务实节俭的原则和国家有关外事礼宾工作规定，在实际工作中从严从紧控制活动规模、外宾团组和接待费用，严禁扩大接待范围、增加接待项目。定期开展“海外安全文明宣传”活动，指导、帮助东莞市企业和人员加强海外安全防范；做好在东莞市外国人管理和服务，严格执行外交部和省外办有关办理邀请外国人来华手续的规定，对全市符合条件473家企业开通“外国人入境审批绿色通道”；做好外国媒体采访管理。在“广东21世纪海上丝绸之路国际博览会”期间，接待海上丝绸之路沿岸国家及欧洲主流媒体团，安排市长见面会，客观正面宣传东莞形象，提高东莞国际知名度和美誉度。

【外事服务经济】 2014年，东莞市紧密围绕21世纪海上丝绸之路建设，以承办首届广东21世纪海上丝绸之路国际博览会为契机，全面深化与沿线国家的交往，服务全市经济社会发展大局。成功举办广东21世纪海上丝绸之路国际博览会。积极赴海外开展路演推介活动，邀请泰国、印度、阿拉伯联合酋长国、波兰等42个国家和地区参展，其中海上丝绸之路沿线国家25个，达成签约项目451个，涉及签约资金1747亿元，其中超亿元项目179个。承办“中国（广东）——马来西亚经贸合作交流会”，组织参加印度尼西亚2014年APKASI国际贸易和投资峰会，开启东莞市与东盟各国商贸对话的新篇章；市委书记徐建华率领东莞市党政代表团及企业代表团赴伊朗、土耳其、希腊等国开展经贸交流活动，扩大在贸易、投资、旅游等方面的交流合作；市长袁宝成率市党政代表团赴阿根廷、智利、巴西等南美国家开展经贸外事交流活动，举办“中国·东莞——巴西·圣保罗经贸合作交流会”，成立东莞市在南美地区第一个境外经贸代表处——东莞驻巴西经贸代表处，开拓东莞市在南美交流合作版图；东莞市政企代表团赴坦桑尼亚开展经贸交流活动，推动“东莞制造”在非洲布局；举办“东莞市贸促会——印度工业联合会拉贾斯坦邦分会经贸合作交流会”“东莞市贸促会——美中广东商会经贸合作交流会”“东莞—葡语国家（澳门）洽谈会”，帮助东莞企业拓展海外市场；举办“东莞——白俄罗斯国际科技合作项目推介洽谈会”，推动“东莞——白俄罗斯国际技术转移中心”在东莞市揭牌，推进东莞市与白俄罗斯科技合作进入常态化。

【对外交流】 2014年，在广东21世纪海上丝绸之路国际博览会展会期间，东莞市接待海外、港澳地区嘉宾420余人，其中，（前）正部级1人，副部级3人，大使1人，驻广州总领事馆总领事21人。展会在旅游文化、物流航运等方面与各国也开展广泛合作，博览会吸引11个国家的15个友好组织、4个国家的7个友城对子参会，韩国、印度、阿拉伯联合酋长国等多个国家进行文化展示。东莞市职业教育交流合作团赴德国、意大利开展合作交流并达成合作意向，推动东莞教育国际化合作。做好“2014年驻外使节团访莞”“非洲驻华使节团来莞”接待，举办“外交部驻外使节团经贸推介会”，中国驻爱沙尼亚、爱尔兰等13个国家的大使和总领事现场推介驻在国投资发展环境，深化与使节驻在地沟通联系。加强与驻穗领馆沟通联系，开展“外事杯高尔夫球邀请赛”、领事官员荔枝节等品牌活动，发挥资源优势，邀请驻穗总领事参加广东21世纪海上丝绸之路国际博览会、东莞加工贸易博览会、东莞科技合作周等活动，使中国驻外大使馆、各国驻穗领馆成为东莞市拓展同世界各国合作交流的重要渠道。

▲ 2014年5月8日，市委书记、市人大常委会主任徐建华会见捷克奥帕瓦市市长兹德涅克·伊拉塞克一行。图为双方交换礼品 （郑琳东 摄）

【友城友协】 2014年，东莞市友协与印度尼西亚全国县政府协会、马达加斯加中国友协、尼泊尔阿尼哥协会、马来西亚中国友好协会等4个国际友协签订友好合作组织关系备忘录，拓展民间交流渠道。在印度尼西亚、马来西亚、阿拉伯联合酋长国成立首批东莞境外经贸代表处，为东莞招商引资和鼓励企业“走出去”提供服务和支持。东莞市与澳大利亚莱德市建立制度化合作机制，与新西兰、斐济等海外东莞籍社团、侨团侨领等保持友好交往，扩大与南太平洋岛国的友好往来。东莞市友协与马中友好协会联合兴建中马友谊园，推进马来西亚布城市在东莞建设马中友谊园的工作。与印度尼西亚国家旅游和创意经济部等联合在东莞举办“2014年印度尼西亚之夜”大型文化活动，推动两地在文化、旅游领域的合作；与斯里兰卡斯中社文协会建立制度化联络机制，就两地旅游、文化等合作达成广泛共识。深化友城合作交流，推动东莞与韩国牙山两市人大立法部门签订合作协议，实施两市公职人员互派工作项目，协调韩国牙山市、巴西坎皮纳斯市政企代表团来东莞参加广东21世纪海上丝绸之路国际博览会、东莞科技合作周等活动，组织德国乌波塔尔市公务员来东莞进行工作交流，举办“国际友城夏令营”活动，友城合作更加务实。组织马来西亚华裔青少年来东莞参加海外华裔青少年冬令营活动，深化两地合作关系。东莞市政府与英国驻广州总领事馆签署交流合作备忘录，推动成立中英低碳产业园，推动东莞与罗马尼亚布里扎市、捷克奥帕瓦市、德国乌波塔尔市签订友好合作交流城市备忘录，与以色列霍隆市签订友好合作备忘录，拓宽合作渠道。

（徐嘉汶）

**附：2014年东莞市外事侨务局（港澳事务局）主要领导名录**

局　长：蒋小莺（任至8月）
　　　　陈晓慧（8月到任）

## 2014年东莞市外事侨务局邀请接待主要海外团组情况

| 访问日期 | 团组 | 访问目的 | 市领导接见 |
|---|---|---|---|
| 1月6日 | 韩国牙山市议员代表团 | 与东莞市人大签署友好合作备忘录，商议公务员交流 | 徐建华、黄双福等 |
| 2月19日 | 日本电产株式会社社长永守重信一行 | 了解东莞公司运营情况及未来发展计划 | 袁宝成 |
| 2月20日 | 以色列驻穗总领事安亚杰一行 | 商讨中以产业园发展及东莞市与霍隆市结友事宜 | 袁宝成 |
| 2月24日 | 驻外使节团访莞 | 参观考察 | 徐建华 |
| 2月25日 | 美国安博集团高层 | 商谈在东莞项目投资发展 | 袁宝成 |
| 2月26日 | 华纳主题公园项目方威秀集团高层 | 商谈华纳主题公园东莞项目规划 | 贺宇 |
| 4月14日 | 微软全球资深副总裁一行 | 探讨微软中国与东市的合作交流 | 袁宝成 |
| 4月22日 | 雀巢大中华区董事长狄可为一行 | 拜访交流 | 袁宝成 |
| 4月23日 | 马来西亚前总理马哈蒂尔 | 考察交流 | 徐建华、袁宝成 |
| 5月7日 | 印度尼西亚议员代表团 | 考察交流 | 袁宝成 |

续表

| 访问日期 | 团组 | 访问目的 | 市领导接见 |
|---|---|---|---|
| 5月7日 | 捷克奥帕瓦市政企代表团 | 探讨合作交流及发展友城关系 | 徐建华、贺宇 |
| 5月15日 | 英国能源与气候变化部部长格雷戈里·巴克一行 | 交流低碳合作 | 徐建华、鲁修禄、贺宇 |
| 5月24日 | 越共中央委员会代表团 | 考察交流 | 徐建华 |
| 6月5日 | 英国议员蒂姆·叶奥一行 | 拜访交流 | 袁宝成、鲁修禄 |
| 6月27日 | 罗马尼亚普拉霍瓦省政府代表团 | 拜访交流，与布里扎市签署友城协议 | 袁宝成、贺宇 |
| 6月28日 | 驻穗领馆代表团 | 啖荔、交流 | 贺宇 |
| 6月30日 | 国际能源署温室气体研发中心主任John Gale一行 | 探讨合作交流 | 鲁修禄 |
| 7月4日 | 夏晖—百麦食品供应链中心项目高层 | 考察交流 | 杨晓棠 |
| 7月10日 | 安博全球董事长兼首席执行官何幕德一行 | 拜访交流 | 徐建华、杨晓棠 |
| 7月13日 | 埃塞俄比亚总统穆拉图·特肖梅 | 参观考察 | 杨晓棠 |
| 8月18日 | 瑞典政府投资贸易署及中国低碳联盟 | 与东莞市签署低碳能源方面交流合作备忘录 | 袁宝成、鲁修禄 |
| 8月20日 | 英国驻广州总领事馆总领事摩根一行 | 拜访交流 | 袁宝成 |
| 9月4日 | 以色列环保部总司长莱弗勒 | 拜访交流 | 张科 |
| 9月16日 | 雀巢项目高层 | 拜访交流 | 徐建华 |
| 9月16日 | 印度尼西亚驻穗总领事阿里特　萨迪卡 | 拜访交流 | 徐建华、杨晓棠 |
| 10月15日 | 东盟八国驻穗总领事 | 拜访交流 | 徐建华、杨晓棠 |
| 10月24日 | 英国国会下议院能源及气候变化特别委员会主席蒂姆·叶奥一行 | 商讨推动低碳环保合作 | 鲁修禄 |
| 10月24日 | 西班牙驻华大使来莞 | 参加海普斯坦东莞公司开业庆典 | 袁宝成 |
| 11月13日 | 美国密尔布雷市市长一行 | 考察交流 | 杨晓棠 |
| 11月24日 | 以色列特拉维夫市市长一行 | 考察交流 | 张科 |
| 11月25日 | 德国乌波塔尔市政企代表团 | 友城交流、签署友好合作交流协议 | 张科 |
| 11月28日 | 以色列经济部代表团 | 考察交流 | 张科 |
| 12月19日 | 非洲驻华使节团 | 考察交流 | 袁宝成、杨晓棠 |

## 侨　务

【侨务概况】　2014年，东莞市举办中国（广东）——马来西亚经贸合作交流会，签约项目有11个，总金额20.03亿美元；通过巴中贸促会，在巴西圣保罗举行经贸合作交流会，达成投资贸易合同总额28亿元；举办“2014海外青年才俊聚东莞”系列活动，6个国家9个团组150多人受邀参加；办好海外华裔青少年夏（冬）令营活动，组织美国、加拿大、马来西亚的60名华裔青少年来东莞活动；首次组织东莞青少年赴美国举办中美文化冬令营，实现“走出去”“请进来”有机结合，服务和满足侨社和华裔青少年的文化需求。

【侨务资源涵养】　2014年，东莞市累计拜访海外侨团、港澳社团50多个，接待侨团、侨胞和港澳同胞60多批3000多人次。在马来西亚举办马来西亚莞籍侨团和谐建设专题座谈会，15个莞籍侨团30多名主要负责人就和谐侨团建设和华侨华人领袖使命进行探讨，加深东莞市对侨团状况、侨胞需求的了解，凝聚侨心侨力；以荔枝为媒，邀请马来西亚红坭山拿乞万里望东安会馆、新西兰东增同乡会等近20个境内外莞籍社团来东莞交流；藉广东21世纪海上丝绸之路国际博览会的契机，组织4个国家7个莞籍侨团的34家参展商和35家采购商共150人前来东莞参展，其他省市政府部门组织参会的侨商达数千人。

【海外侨团建设】　截至2014年，东莞市有海外侨胞20多万人，有海外社团38个，其中传统侨团34个，新推动成立的海外莞籍商会4个，莞籍香港社团56个，澳门社团2个。推动在香港组建“香港东莞社团总会”，汇聚香港56个莞籍社团5万多会员乡亲，实现港莞籍乡亲社团的不断凝聚壮大；推动马来西亚、印度尼西亚和阿拉伯联合酋长国成立东莞经贸代表处；加拿大东莞（美洲）总商会及澳大利亚东莞总商会与东莞市贸促会，初步达成在当地设立东莞海外经贸代表处的共识；以中国（广东）——马来西亚经贸合作交流会等活动为契机，建立并强化与一大批“三新四有”（指新华侨华人、华商新生代、社团新力量，以及政治上有影响、社会上有地位、经济上有实力、专业上有造诣的华侨华人等）人士和海外重点侨团的联系，开拓海外侨务工作空间。

【侨界民生服务】　2014年，东莞市出台《关于华侨回国定居办理工作的实施细则（试行）》，实现公安部门和侨务部门的有效衔接。全年办理“三侨生”（归侨青年、归侨子女、华侨在国内的子女）证明、华侨华人子女入学证明、华侨港澳同胞身份证明等69份，信访28宗，办结26宗，办结率达93%；举办“2014年侨资企业法律咨询服务(东莞)活动日”，为128名侨资企业代表提供专业服务，做好侨资企业服务；落实东莞市困难归侨生活补助，惠及全市近50名困难归侨；实施“侨爱工程”，东莞市各镇街有侨务慈善捐助项目28个，折合人民币322万元。特别是香港东莞工商总会，连年组织会董来东莞对欠发达村、贫困归侨等开展敬老慰问活动，成为东莞侨务慈善工作的典型。　（徐嘉汶）

# 莞台合作·莞港澳合作

TAIWAN—DONGGUAN, HONG KONG—DONGGUAN AND MACAO—DONGGUAN COOPERATION

省重大合作平台——东莞台湾高科技园

编辑：李俊玉　张曼丽

## 莞台合作

### 莞台经贸

**【台商投资经营概况】** 2014年，东莞市台商投资经营总体保持平稳，新签台资项目111宗，增资190宗。合同利用台资7.29亿美元，比上年有所下降；实际利用台资11.08亿美元，下降7.56%。台资企业进出口额561.02亿美元，增长6.13%，其中出口335.06亿美元，增长6.78%；进口225.96亿美元，增长5.18%。台资企业转型升级深入推进，2014年东莞台湾名品博览会吸引31.8万人次入场参观，创造商机26.46亿元，首设智能自动化机器人专区、推进“观光工厂”试点；市台商协会设立东莞首个专营台商产品的电子商务平台“7GOTW商城”，服务台资企业内销；大麦客公司调整经营战略，聚焦东城旗舰店，打造台资企业展销零售平台“加玛商城”；彰化银行在莞设立分行、玉山银行筹设长安支行。海协会会长陈德铭、国台办副主任龚清概、省委副书记马兴瑞、副省长招玉芳等先后到莞调研台资企业。截至2014年，全市正在经营的台资企业3455家，累计合同利用台资199.76亿美元，实际利用台资180.53亿美元。2014年，台资企业徐记食品有限公司蝉联东莞市外资企业纳税第一名，金宝电子、精成科技、东聚电子公司分列东莞市实际出口前十名外资企业中的第二、八、九名。

**【东莞台湾高科技园建设】** 2014年5月，东莞市印发《关于高水平建设东莞台湾高科技园的若干意见》，出台企业税收奖励方案，提出构建多元化投融资体系、打造两岸金融合作的先行区和示范区，加强与台湾高校院所和相关培训机构合作等意见。截至2014年，园区累计投资约36亿元，完成30余项工程，建筑面积总量达55万平方米，其中生技大厦、产业化中心一期、台科花园、育成中心二期等项目在建或规划建设；引进优质项目107个，引资额74.63亿元，其中电子信息类企业49家、引资额52.36亿元；生物技术类企业58家、引资额22.27亿元。

**【2014年东莞台湾名品博览会举行】** 2014年10月16—19日在国际会展中心举行。展会首次设置智能自动化机器人专区，并设观光工厂区，展示东莞侨运表业、圣益饰品等企业生产过程。吸引31.8万人次入场参观采购，其中专业采购商1.18万人次；创造26.46亿元采购商机，其中现场采购订单6.7亿元，现场零售额1.66亿元，年内采购意向18.1亿元。广东省政府副秘书长刘晓捷，省台办主任陈国兴、副主任陈林佐，省台联会会长颜珂，东莞市领导袁宝成、杨晓棠等出席展会开幕式。

**【东莞首个专营台商产品的电子商务平台设立】** 2014年12月3日，“7GOTW商城”开通运营，由东莞市台商协会创立，是东莞首个专营台湾、台商产品的电子商务平台。商城集商品促销咨询、网上零售、批发于一体，供应商与商城签订合作协议后，将商品送至商城仓储中心，由商城进行商品广告宣传、销售、收款、配送及线上客服支持，为欠缺品牌与通路运作经验的台商提供转型内销渠道。

**【2014年东莞台资企业专场招聘会举行】** 2014年3月29日在智通人才市场举行。招聘会由东莞市人力资源局、市政府台湾事务局主办，市台商协会协办，

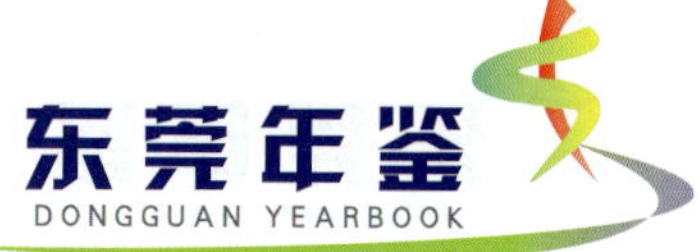


广东智通人才连锁股份有限公司承办。台达电子、正崴集团、大麦客、永晋灯饰、信泰光学、广上集团等160家台资企业参会，涉及服装鞋帽、印刷广告、五金机械、塑胶模具、电子电气等行业，提供专业技术、营销销售、工程师、生产管理、文职客服、储备干部、外贸、品管等岗位3000多个，到场求职者5000多人。

**【台资企业转型升级诊断辅导机制完善】** 2014年7月29日，东莞市印发《关于东莞市加工贸易企业转型升级辅导项目的补充通知》，明确诊断辅导的实际执行机构必须为签约辅导机构；取消原有资金预拨制度，改为诊断辅导结束后根据企业实际支出由市财政局审核并拨付资金；进一步明确企业首次参与深入辅导的申请条件。

**【玉山银行东莞分行扩大发展】** 2014年4月29日，玉山银行东莞分行获准经营大陆地区台资企业人民币业务；7月，获准筹设长安支行，并通过支行开业现场检查；10月，向银监部门申请经营除中国境内公民人民币业务。截至2014年，玉山银行东莞分行资产规模超19亿元，税后利润2831.08万元。

**【彰化银行东莞分行开业】** 2014年11月19日，彰化银行东莞分行在台商大厦举行开业仪式，彰化银行成为在莞设立分行的第二家台资银行。广东省台办副主任侯振富、东莞市副市长贺宇、台湾彰化银行董事长陈淮舟、全国台企联会长郭山辉等出席开业仪式。彰化银行东莞分行首期注资10亿元，是彰化银行在华南地区的总部，提供存款、授信、外汇、汇兑等业务，服务范围覆盖珠三角地区。

**【陈德铭两度到莞调研】** 2014年，海协会会长陈德铭两度到东莞市调研。3月25—27日，陈德铭考察东莞台湾高科技园、市台商协会、台商大厦、台心医院及联胜科技（中国）有限公司等，与东莞市台商代表座谈，了解企业经营情况及遇到的问题，鼓励台商坚定信心转型升级。东莞市领导徐建华、袁宝成、姚康、贺宇等会见并陪同调研。11月13—14日，陈德铭走访广声五金塑料制品有限公司、徐记食品有限公司等6家台资企业，出席市台商协会21周年庆典活动及台心医院开业典礼。市领导徐建华、袁宝成、姚康、李小梅、杨晓棠等分别会见及陪同调研。

**【龚清概到莞调研台资企业】** 2014年7月23日，国台办副主任龚清概到莞调研台资企业经营情况，东莞市领导徐建华、袁宝成、姚康、张科、杨晓棠等会见。调研组考察高埗裕元鞋厂、东莞台湾高科技园、台商大厦等，并在市台商协会与台商代表座谈，鼓励台商坚定信心、扎根大陆发展。龚清概就东莞市台资企业劳资纠纷案强调，社保、公积金问题是关乎平等分配的问题，需要政府部门加强监督管理，尽快出台明细条例。

**【国台办联合调研组来莞指导台资企业劳资纠纷处理】** 2014年5月7日，国台办投诉协调局副局长赵钢率调研组来莞指导高埗镇裕元鞋厂劳资纠纷处理工作，分别召开东莞市领导和有关单位座谈会及台商代表座谈会。东莞市委书记、市人大常委会主任徐建华出席台商代表座谈会，台商代表就社保、公积金缴费基数、追溯时限以及企业工会会费、企业员工工资集体协商和集体合同等问题提出意见和建议。市委常委邓志广及政法委、宣传部、公安局、人力资源局、社保局、司法局、总工会、住房公积金管理中心、高埗镇及市政府台湾事务局有关负责人出席市领导和有关单位座谈会。

**【胜华科技公司两家在莞子公司破产重整】** 2014年10月13日，台湾触控面板生产商胜华科技公司因业绩恶化宣布破产重整。12月5日，其在莞子公司——东莞万士达液晶显示器有限公司、联胜（中国）科技有限公司停工停产，寻求重组。

▲ 2014年11月20日，彰化银行东莞分行举行开业揭牌仪式，图为副市长贺宇在揭牌仪式上发言

▲ 2014年 11月14日，市台商协会举行21周年庆典活动，图为海协会会长陈德铭在庆典活动上致辞

## 莞台交流

**【莞台交流概况】** 2014年，莞台交流交往热络开展，东莞市领导徐建华、袁宝成、姚康、李小梅、贺宇、喻丽君、杨晓棠等多次会见台湾政商要人，参与重大涉台活动；东莞赴台团组数量升幅较大，商务培训人数持续增加；党际交流进一步深化、教育交流更加活跃，成为交流亮点。全年有赴台交流团组55批494人次，比上年增长22.6%；企业赴台培训、商务交流团组256批600人次，增长9.3%；台湾来莞交流团组7批86人次，增长64.5%。东莞赴台就读学生新增17人，增长142.9%。莞台两地党际交流持续热络，桃园县党部、议会到莞参访并与市领导座谈；市长袁宝成随省考察团赴台开展经贸文化交流；市委常委李小梅率团赴台，深化两地党际交流；东莞高校多次组织师生赴台湾高校参访并开展学术交流；松山湖、东城、莞城、寮步、凤岗等镇街、园区组团赴台交流学习，促进莞台各领域交流合作进一步发展。

▲ 2014年3月2—5日，中国国民党桃园县党部、议会一行来莞参访，图为东莞市委常委李小梅（右）与中国国民党桃园县党部主委许福明（左）交换纪念品

▲ 2014年7月23日，国台办副主任龚清概（前排左三）来莞调研，在台商大厦与市领导及台商合影，图为副市长杨晓棠（前排左五）、市台协会长翟所领（前排左四）、市政府副秘书长卢汉彪（后排左五）、市政府台湾事务局局长吴小峰（后排左六）

**【中国国民党桃园县党部、议会交流团到莞参访】** 2014年3月2—4日，中国国民党桃园县党部主委许福明、桃园县议会议长邱奕胜率桃园县党部、议会交流团一行21人到莞开展党际交流，这是继2006年两地建立交流合作关系以后，中国国民党桃园县党部第三次组团到莞开展党际交流活动。东莞市领导姚康、李小梅、喻丽君、钟淦泉分别会见。双方表示应当更加直接、更有效率地推动两地共同发展进步，实现共存共荣。交流团与在莞台商代表及东莞市社工代表座谈，参观东莞台商子弟学校、市展览馆、市台商协会新办公楼及市妇联白玉兰家庭服务中心，中央台办政党局局长贺之军、广东省台办副主任李旭政陪同。

**【李小梅赴台开展党际交流】** 2014年9月15—20日，东莞市委常委、统战部部长李小梅率市政府台湾事务局、市民族宗教局负责人及厚街、长安、黄江、凤岗、常平、麻涌等镇统战委员共17人赴台开展交流。交流团分别与桃园县议会、国民党桃园县党部，台北市东莞同乡会、台湾海基会、东莞市台商协会、苗栗公馆乡农会及乡公所等交流，学习台湾乡镇建设，进一步巩固莞台党际交流基础，考察中台禅寺、佛光山等宗教场所，了解台湾宗教发展情况。

**【文化周末少年合唱团赴台演出】** 2014年8月，东莞市文化周末少年合唱团赴台北参加“台北国际合唱音乐节”。合唱团在“FUN声高歌——国际儿童合唱交流活动”上与来自中国台湾、菲律宾、法国等地的合唱团同台演出，表演《热带的地方》《小龙舟》《杰里科之役》等歌曲。

**【《东莞很台湾》在台发行】** 2014年1月12日，《东莞很台湾》新书发行仪式在台北举行，中国国民党荣誉主席吴伯雄、副主席洪秀柱，海基会董事长林中森，全国台企联会长郭山辉，以及东莞市委宣传部、市政府台湾事务局相关领导出席。该书由海基会董事长林中森题名，海协会会长陈德铭作序，中观出版社出版，在两岸出版发行。全书汇集2013年7名在台湾不同领域有影响力的知名博主到莞交流的体验，分为“邂逅‘台湾’”“青春恋曲”“聆听台商”“近乡时光”“那些回忆”“心灵互动”等六章，介绍东莞的台湾元素，讲述台商在东莞的创业故事。

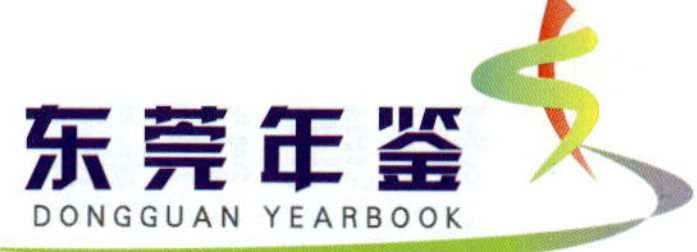


【“东莞很台湾”微信公众号运营】 2014年8月，东莞市开设“东莞很台湾”微信公众号，由《台商》杂志编辑团队运营。公众号设置“邂逅‘台湾’”“东莞台商”“经济之声”“人文东莞”“每日看点”等栏目，向两岸民众传播“东莞很台湾”这一东莞特色。每天发布莞台交流、台商在莞经营情况及台湾方面资讯。截至2014年，累计关注人数233人、发布朋友圈113篇、累计阅读量2373次。

【东莞监狱台籍服刑人员中秋帮教活动】 2014年9月4日，东莞监狱、市政府台湾事务局及市台商协会联合开展台籍服刑人员中秋帮教活动。市政府台湾事务局向台籍服刑人员赠送一批《东莞很台湾》；市台商协会从台湾请来厨师，为台籍服刑人员和亲属以及其他服刑人员准备5000份台湾卤肉饭；东莞监狱邀请40多名台籍服刑人员的亲属前来参观、帮教。

【涉台服务事项简化】 2014年7月2日起，东莞市赴台探亲办理手续简化，取消到市政府台湾事务局出具证明环节，申请人可直接到市公安局出入境管理科办理通行证和签注手续。办理台籍人员死亡证明手续取消到市政府台湾事务局出具证明环节。

【台商台胞积极捐资赈灾】 2014年7月10日，明门（中国）幼童用品有限公司向东莞市卫生系统捐赠11辆救护车；云南鲁甸地震发生后，市台商协会及裕元集团向灾区捐赠300万元，市台联会会员为灾区筹集善款。

## 涉台机构

【东莞市台胞台属联谊会】 1987年成立。截至2014年，有会员360多人，下设“台联俪雅会”和“经济委员会”。2月，赴台北拜访台北市东莞同乡会；8月28日，举办第七、八届理事会交接典礼暨中秋茶话会，选举产生第八届理事会，会长由李舜超连任。第八届理事会聘请市委常委李小梅、副市长杨晓棠、市政协副主席钟淦泉担任荣誉会长。市领导杨晓棠、钟淦泉，省台联会会长颜珂等出席交接典礼。

【东莞市台商投资企业协会】 1993年9月成立。截至2014年，有近3000家会员企业和33个镇街（园区）分会，会长为长安广声五金塑胶制品有限公司董事长翟所领。下设综合事务、产业升级、海关商检、公益事业及妇女青年等10个功能委员会和“马上办”中心等，致力推动台资企业转型升级及莞台两地交流合作，反映台商意见及建议、沟通政企。2014年，协助台资企业开拓内销，承办2014东莞台湾名品博览会，组织台资企业抱团参加海内外展会，推动台心医院、台商大厦运营，引进台湾观光工厂协会服务在莞台企，支持台商集体内销平台大麦客公司发展。2月28日，在厚街镇富盈美爵酒店举办台商管理经验交流会，100多名台商代表参加并交流经验。11月14日，在会展国际大酒店举办21周年庆典，海协会会长陈德铭、驻澳门办事处主任贺之军，国台办经济局副局长于红，省台办巡视员李旭政、副主任陈林佐，中央驻澳门联络办台湾事务部部长李维一，东莞市领导徐建华、袁宝成、李小梅、钟淦泉及海基会董事长林中森等出席。

【东莞台心医院开业】 2014年7月，台心医院启用国际医疗中心并试营业；11月14日，东莞台心医院举行开业仪式，全面启用。这是广东首家大型三甲级台资医院，不仅为珠三角台商以及东莞市民提供医疗服务，同时也开创两岸医疗合作的新模式。海峡两岸关系协会会长陈德铭、台湾海基会董事长林中森和国家、省卫计委有关负责人、市委书记、市人大常委会主任徐建华等出席台心医院开业典礼。在仪式上，台心医院还与广东各地区企业签订医疗服务协议书。台心医院是由东莞台协会员企业共同出资筹建，占地面积15.2公顷，总体规划1800张床，投入7.2亿元，分三期建设。首期600张床医疗大楼以及生活配套区启用，其中，国际医疗中心在7月投入试运营，提供预防保健、门诊及住院等综合性医疗服务。医院计划引进台湾的医护人员开展医疗服务、人才培训及科学研究等各项工作，致力成为两岸医疗技术交流的平台。台心医院与东莞医保完成对接挂钩，市民可使用东莞的医保卡享受该院医疗服务。而在台心医院就医的台商，可由医院报台湾健保体系报销。截至2014年，台心医院接受门诊和急诊就医人员5134人次、健康体检1062人次、住院126人次、手术69台。

【东莞台商子弟学校】 2014年，东莞台商子弟学校有学生2484人，为历年最多。1月10日，东莞台商子弟学校董事长叶宏灯率领毕业班学生组成“北京文化之旅”参访团，国台办主任张志军在北京会见参访团；5月5日，东莞市委书记、市人大常委会主任徐建华到学校调研，鼓励学校继续通过实施特殊办学理念、特殊办学模式，在稳定台商台企，促进两岸交流再创业绩。

【台北市东莞同乡会回莞参访】 2014年2月11—13日，台北市东莞同乡会名誉理事长谢国枢一行回莞参访，到万江街道谢屋村祠堂祭祖，并参观位于莞城街道迈豪街的祖屋。截至2014年，台北市东莞同乡会有会员500多人。（范星星）

**附：2014年中共东莞市委台湾工作办公室、东莞市人民政府台湾事务局领导名录**

主任（局长）：吴小峰

# 莞港澳合作

## 港澳事务

【莞港澳合作概况】 2014年，莞港澳经贸合作有效深化，东莞市与香港地区贸易总额270亿美元，比上年增长1.5%；澳门在东莞市投资企业18家，合同吸收外资5037万美元，实际到资3130万美元。重点领域合作加强，三地交往日益密切，在金融、会展、文化创意、科技创新、职业教育、人才交流等领域合作取得积极进展。全年东莞市接待港澳嘉宾团组43批1912人次，比上年增长14%，其中官方团组14批122人次、专业人士29批480人次。

【莞港澳各界交流密切】 2014年，东莞市先后举办中国加工贸易产品博览会、中国国际影视动漫版权保护和贸易博览会、广东21世纪海上丝绸之路国际博览会、中国（东莞）国际科技合作周等4场国家级展会，邀请香港商务局及经济发展局副局长梁敬国、澳门贸易投资促进局主席张祖荣、香港驻粤办主任邓家禧、香港工业总会主席刘展灏等嘉宾来莞出席活动，加强莞港澳官方及业界的沟通交往。香港油尖旺区支部主席陈绍堂、香港印刷业商会会长赵国柱、香港创意服务有限公司董事总经理罗绮萍、香港怡和（中国）有限公司主席许立庆、香港民建联副主席彭长纬等相继率经贸团组访莞，了解东莞市转型升级政策举措，感受东莞市营商环境良好变化。东莞市代表团也先后拜访香港民建联、工联会、香港工业总会、香港生产力促进局、香港贸发局等机构，增进了解，明确合作方向。香港社会福利署总社会保障主任伍耀兴来东莞市拜访国土资源局、房产管理局、金融局、樟木头镇政府，了解东莞市物业产权登记、银行存（汇）款体系、社保及退休金制度等情况；为学习借鉴香港冰鲜家禽销售管理、疫病防控等食品药品安全监管及事故应急处置经验，副市长喻丽君率团拜访香港卫生署、食环署、香港现代化中医药国际协会等。为了解疍家人语言传承和文化变迁，香港树仁大学中文系老师冯国强博士来东莞市虎门新湾渔村、沙田先锋村等实地考察；为深入了解CEPA实施以来莞港IT界交流和东莞市物联网运用发展情况，香港专业进修学校计算机专业师生代表团访问东莞。

【莞港澳工作平台夯实】 2014年，松山湖粤港澳文化创意产业实验园区成功打造生产力大厦、国际金融创新园、创意谷，创研尚设计研发中心、国际创意设计城、中科创新广场等5个文化创意合作载体。东莞市外贸转型升级支援服务中心整合商务、科技、港澳等部门资源，共同出台优惠扶持政策，对进驻企业和机构的租金、税收等实施减免措施，11家企业进驻支援服务中心，香港生产力促进局作为首家香港专业咨询机构进驻中心；发挥（东莞）香港专业服务中心服务优势，先后引进17家香港专业机构进驻，为企业和个人提供各类咨询、推广服务近220批（次）。邀请香港优秀专业人才举办金融、法律、会计、保险等30多场专业讲座，接受在莞港企业和港人咨询求助800多宗。

【莞港澳工作先行先试政策落实】 2014年6月，东莞银行香港办事处在香港挂牌成立；香港科技大学李泽湘团队牵头组建松山湖国际机器人协同创新研究院成立运作；东莞市先后承办中国加工贸易产品博览会、中国国际影视动漫版权保护和贸易博览会、广东21世纪海上丝绸之路国际博览会3场国家级展会，在加工贸易、文化创意产业、专业服务等领域加强与港澳地区的紧密交流与合作。举办第六届东莞国际茶业博览会、承办中国广东国际智慧城市技术应用暨智慧生活智能家居博览会，组织企业代表团参观香港春季电子展、澳门国际品牌连锁加盟展、第十八届澳门国际贸易投资展览会和东莞—葡语国家（澳门）洽谈会；编制《东莞水乡特色发展经济区旅游发展规划》，为港澳旅客打造莞港“一程多站”旅游线路品牌。

（徐嘉汶）

## 莞港经贸

【莞港经贸概况】 2014年，东莞市有港资企业6221家，占全市外商投资企业的56.2%；合同吸收港资467.5亿美元，占全市合同利用外资总额的58.5%；实际利用港资346.8亿美元，占全市实际利用外资总额的53.2%。其中，投资总额超1000万美元的港资企业有546家，总投资金额226.6亿美元；投资总额超1亿美元的有35家，包括东莞联丰科艺金属有限公司、东莞建晖纸业有限公司、广东中远船务工程有限公司、广东生益科技股份有限公司、东莞理文造纸厂有限公司、东莞超盈纺织有限公司、东莞环球经典新型材料有限公司等。

【莞港经贸往来呈上升趋势】 2014年，东莞新签港资项目246宗，比上年减少29宗，占全市新签外商投资项目的52.9%，合同吸收港资26.6亿美元，上升53.4%，占全市合同利用外资总额的61.7%；实际利用港资22.8亿美元，上升29.4%，占全市实际利用外资总额的50.3%。其中，新签或增资超过1000万美元的港资企业有58家，投资总额14.9亿美元。新签港资服务业项目119宗，合同利用港资6.9亿美元。东莞与香港外贸进出口269.9亿美元，比上年增长1.5%，占全市进出口总额的16.6%。其中，对香港出口266.1亿美元，增长1.4%，占全市出口总额的27.4%。东莞出口300强企业中，港资企业有102家，出口总额105.9亿美元。

【莞港服务业合作】 截至2014年，东莞市设立22宗港资CEPA（《内地与港澳关于建立更紧密经贸关系安排》）项目，累计投资总额9284.26万美元，注册资本4392.67万美元，主要涉及物流、分销、管理咨询、广告、印刷等行业。引进港资服务业企业有692家，累计合同外资29.1亿美元，行业涵盖批发和零售、管理咨询、房地产开发、物业管理、餐饮服务、仓储等领域，为东莞市企业升级转型提供产业支援服务。

【莞港年度会议召开】 2014年7月3日和12月17日，莞港年度第一次会议和第二次会议在香港举行，东莞市政府副市长杨晓棠，副秘书长叶冠强，香港驻粤办副主任白梅霞、香港贸发局副总裁方舜文、香港生产力促进局副总裁老少聪，香港四大商会，东莞市商务局、外事局、人力资源局、外商协会等代表参会。第一次会议各机构代表分别就深化莞港合作，推动企业“机器换人”提出建议和意见，针对港商转型升级过程中遇到的经营和困难提出疑问，市商务局介绍提升实体经济发展水平的最新政策措施；第二次会议就深化莞港合作，推动制造业与电子商务融合发展，听取香港业界和机构的意见和建议，市商务局副局长黄朝东在会上介绍推动电子商务加快发展的最新政策措施，市社保局副局长陈少锋介绍东莞市社会保险员工参保相关情况。

【莞港经贸交流活动】 2014年1月13日，东莞市商务局与香港特区政府驻粤办共同举办“东莞港商再出发，迈跃新高度”——一二代企业家交流分享会议，东莞市商务局副局长方见波，香港驻粤办副主任白梅霞及香港生产力促进局、香港工业总会、东莞市外商投资企业协会等负责人参加推介会。2月21日，东莞市市委副书记、市长袁宝成会见主席刘展灏率领的香港工业总会代表团一行，双方就港资企业在东莞发展情况进行交流。东莞市政府副市长贺宇、秘书长邓浩全、副秘书长叶冠强、市商务局书记黄冠球以及经信局、科技局、财政局等有关部门负责人参加会见。3月17日，中国香港（地区）商会广东分会会长杜源申率商会会员30余人到市商务局交流。市商务局副局长林超明与市外商投资企业协会会长任重诚会见杜源申一行。12月4日由香港贸发局主办的“2014国际中小企博览会”在香港会议展览中心举行，市外商投资促进中心主任陈志扬率市外商投资促进中心、市品牌创新推广服务中心有关人员，组团参加。博览会上重点宣传东莞市的投资环境、产业优势、政府服务及品牌创新服务，展示“新东莞、新商机”良好面貌。12月12日、18日市商务局局长何跃沛一行赴港先后拜访香港设计中心、香港生产力促进局、香港投资推广署、香港贸易发展局及香港工业总会等四大商会，进一步拓宽莞港合作领域，推动在莞港企转型升级进行交流。

（杨　荣　庞玉超　刘晓明）

# 区域合作·扶贫开发 REGIONAL COOPERATION · POVERTY ALLEVIATION AND DEVELOPMENT

生产车间

编辑：施雪芬

## 《珠江三角洲改革发展规划纲要》实施

### 共商·合作

【深莞惠经济圈（3+2）党政主要领导联席会议】 2014年10月16日，深莞惠经济圈（3+2）党政主要领导联席会议在东莞市召开。这是汕尾、河源市加入深莞惠经济圈建设后召开的第一次会议，标志着深莞惠经济圈扩容发展。会议通报深莞惠三市第七次联席会议以来深莞惠经济圈建设的进展情况，审议通过《深莞惠交通运输一体化规划》和深圳、东莞、惠州、汕尾、河源五市共同推进的21项重点合作事项。深圳、东莞、惠州、汕尾、河源五市市委书记、市长等有关领导及相关部门和区（县、镇）负责人出席会议。 （袁广发）

【2014年第一次在莞港资企业升级转型联席会议】 2014年7月3日，第一次在莞港资企业升级转型联席会议在香港会议展览中心召开。东莞市副市长杨晓棠，市商务局、市人力资源局、市外事局等相关部门负责人，香港特区政府驻粤办、香港贸易发展局、香港生产力促进局及香港四大商会、外商协会等主要负责人出席会议，并就“机器换人”计划实施和外贸稳增长的会议主题展开讨论，听取香港业界对东莞市“机器换人”和支持外经贸稳增长的意见和建议。

【2014年第二次在莞港企升级转型联席会议在港举行】 2014年12月17日，2014年第二次在莞港资企业升级转型联席会议在香港会议展览中心召开。东莞市副市长杨晓棠，市商务局、市外事侨务局、市社保局等相关部门负责人，香港特区政府驻粤办、香港贸发局、香港生产力促进局及香港四大商会、市外商协会等主要负责人出席会议，并围绕“推动制造业与电子商务融合发展”的主题展开讨论。会上，通报东莞市商务运行基本情况，介绍东莞市扶持电子商务加快发展的最新政策措施，听取香港业界对东莞市推动制造业与电子商务融合发展的意见和建议。

【东莞市中小企业发展与上市促进会和中港企业家协会签订友好合作框架协议】 2014年12月19日，东莞市中小企业发展与上市促进会、中港企业家协会友好协会签约仪式在会展国际大酒店举行。东莞市中小企业发展与上市促进会执行会长陈启明，中港企业家协会主席张伟儒等负责人，双方协会企业家代表以及东莞、香港两地主流新闻媒体出席该次活动。双方就缔结友好协会关系达成以下框架协议：建立互访机制；加强工作交流；加强信息交流；开展公益活动。

### 项目实施

【深莞惠跨市公交线开通运营】 2014年6月10日，深莞惠跨市公交线（深惠3线）开通运营，是首条深莞惠跨市公交线路，全长68公里，20分钟一趟，全程要3个多小时，全程票价16元。这条线路由原有深惠3B线优化而来，首次穿越东莞市凤岗镇，被称为三地交通一体化具有象征意义的开端。运行区间为深圳北站至惠阳白石总站，途经默林关、宝荷路、龙岗大道、如意路等重要交通节点及干道，沿线设有83个站，在东莞市设有雁田海关等3个站。该线路由深圳市华程交通有限公司全程运营，覆盖深圳市龙岗区与东莞市凤岗镇的两条生活性主干道，深圳市龙岗区和东莞市凤岗镇毗邻片区，以及惠州市惠阳区至深圳东部沿海葵涌、大鹏、南澳、坪山四地的跨市公交出行空白，实现深莞惠三地5个毗邻镇街之间的跨界出行与深圳市轨道交通、城际高铁和城市公交的无缝衔接。此外，同步开通的深惠3线海滨支线，缓解东部葵涌、大鹏、南澳、坪山等地居民出行困难问题。

【东莞市轨道交通2号线全线贯通仪式举行】　2014年12月8日，东莞市轨道交通2号线珊美站—展览中心站区间右线隧道盾构机刀盘破除珊美站连续墙，进入设置在吊出井的钢套筒，标志着2号线隧道实现全线贯通。12月9日，2号线全线隧道贯通仪式在珊美站工地举行，东莞市委常委、常务副市长张科出席并宣布“市轨道交通2号线全线隧道贯通”，建筑施工方、相关职能部门负责人和媒体记者共同见证全线隧道贯通。2号线全线隧道的贯通，实现全线工程质量安全“零”事故的目标。东莞轨道交通2号线于2010年3月26日动工，首期工程（东莞火车站—虎门火车站段）总长37.8公里，其中地下线长33.8公里，高架线长3.6公里，地面线及过渡段长0.4公里。起始于石龙镇西湖，经茶山、东城、莞城、南城、厚街等镇街，止于虎门镇白沙村。根据沿线的地质条件，地下线采用盾构法和矿山法两种工法施工。

【粤海普洛斯电子商务物流项目动工仪式举行】　2014年11月20日，东莞粤海银瓶合作创新区粤海普洛斯电子商务物流项目动工仪式在谢岗镇举行。标志着东莞粤海银瓶合作创新区启动产业建设步伐。东莞市委书记、市人大常委会主任徐建华，粤海集团董事长黄小峰等出席活动。粤海普洛斯电子商务物流项目是谢岗镇粤海产业园的第一个产业项目，定位于广东省和珠三角地区集仓储、物流、购物体验、结算、终端配送为一体的全方位电子商务产业组合，以电子商务为主的现代化大型立体物流仓储和一站式购物体验、仓储式销售等线上线下相结合的电子商务物流综合产业基地。该电子商务物流项目起步区22.4公顷，总规划面积约100公顷，建成后总建筑面积约80万平方米，预计全部建设完成，总投资规模（含入驻客户二次投资）约30亿元。

【粤海环普工业园项目签约仪式举行】　2014年11月20日，粤海环普工业园项目签约仪式在谢岗镇举行。东莞市委书记、市人大常委会主任徐建华，粤海集团董事长黄小峰等出席活动。粤海集团与环普计划在粤海产业园内打造粤海环普工业园，该园区的产业发展以核心制造为主，主打“高端汽车制造产业基地”“供应链一体化标杆园区”。该园区重点发展以汽车零部件、汽车电子为主，逐步拓展到新能源汽车零部件的核心制造业，支撑粤海产业园的整体产业及配套发展。环普工业园项目总规划面积约120公顷，建设工业厂房75万平方米，科技研发中心15万平方米。该园区总投资将达100亿元，其中，工业园总投资15亿元，入驻企业总投资85亿元，包括机器设备、后续支出等。项目首期用地26.1公顷，工业园投资额6亿元。

## 交流活动

【首届珠三角（东莞）水处理创新交流会】　2014年9月4—5日，由中国国际贸易促进委员会建设行业分会与中国土木工程学会水工业分会联合主办，广东中以水处理环境科技创新园有限公司、东莞市水务投资集团有限公司共同承办的首届珠三角（东莞）水处理创新交流会在东莞松山湖高新区举行。该次交流会设有3个会场，共7个子单元，吸引来自国内外的、涉及各水务行业的近200位专家学者和企业代表参加。在开幕式上，东莞市水务投资集团有限公司与广东中以水处理环境科技创新园有限公司、东莞华中科技大学制造工程研究院、同济大学环境科学与工程学院等高科企业院校签订水处理技术创新产学研战略合作框架协议书，共同打造水务科技创新平台。同时，由东莞市水务投资集团有限公司和中以产业园搭建的“水谷——水技术创新综合服务平台”发布上线，全面推向市场。与会代表还就水处理技术创新与产业变革、商业模式、发展保障方案等问题进行研讨。

【2014年“中国旅游日”东莞快乐游暨深莞惠、莞韶城际互游启动】　2014年5月19日，以“快乐旅游、公益惠民”为主题的2014年“中国旅游日”东莞快乐游暨深莞惠、莞韶城际互游启动仪式在石排镇海仔湖景区举行。该次“中国旅游日”东莞主题活动由东莞市旅游局、深圳市文体旅游局、惠州市旅游局、韶关市旅游局、石排镇人民政府共同主办，包含启动仪式、旅游惠民、各镇街节庆、缤纷东莞旅游嘉年华和文化休闲等活动。启动仪式后，来自莞深惠韶四地的14个旅行团近700名游客前往麻涌镇的中储粮油脂工业东莞有限公司体验工业旅游项目，其后前往华阳湖生态湿地公园体验东莞水乡风情。这也是“深莞惠、莞韶城际互游”活动的首次成功试水。东莞市主要旅行社和深圳、惠州、韶关的旅行社实现同业对接。

【首届“珠三角环保电影展——锐角：珠三角文化交流计划”启动】　2014年9月12日至10月19日，“珠三角环保电影展——锐角：珠三角文化交流计划”在东莞市21空间美术馆举办。该次环保电影展是21空间美术馆自开馆以后，第一次举办独立影展，也是东莞市第一次将影展引入美术馆。不设门票。开幕式上，两地电影人和现场观众一起观看香港演艺学院黄勺嫚执导的香港环境纪录片《牵牛花》，深圳大学传播学院讲师胡刘斌执导的《寻找岸上的河流》的片花，以及东莞导演阮建恒拍摄的《沉渔》的预告和赖学怡制片的短篇集《Looking for（正在寻找）》的预告。在观看影片会，粤港两地的电影人进行交流，既涉及环境保护的问题，也有关于独立电影的思考。

【第十届粤、港、澳、台盆景艺术博览会举行】　2014年9月21日，由东莞市林业局与广东省盆景协会主办的第十届粤港澳台盆景艺术博览会在东莞市开幕，来自广东、香港、澳门、台湾等地的400多盆盆景在现场展出，开幕当天迎来参观游客8万多人次。该次博览会主题是“一盆一世界，十全十美景”，以展示“岭南园林文化、莞邑特色”为中心，以盆景艺术文化交流为主线。其中，展出的有标准盆景370盆，超大型盆景60盆，野生海岛罗汉松60盆以及微型盆景数十盆，是全国首次有60盆超大型盆景的集中展示。其中，名为“真趣松”的

世界稀有品种野生海岛罗汉松，树龄有500多年，价格超千万元。该次博览会对所有参展盆景进行现场评奖，在标准盆景中评出金奖26盆，银奖48盆，铜奖74盆，在超大型盆景评出10个大奖。

**【东莞市首届蔬果节暨润丰(粤港澳)产销对接会】** 2014年12月28日，“东莞蔬果节暨润丰（粤港澳）产销对接会”在石碣润丰国际蔬果交易中心举行。170多家采购商以及东莞32镇街的二三级采购市场，组成采购团，构建起粤港澳产销对接平台。活动由广东省菜篮子工程协会、广东省蔬菜产业协会、东莞市农业局主办，东莞市润丰果菜有限公司承办。该次对接会携手专供粤港澳蔬果的石碣润丰国际蔬果交易中心等一批省、市级农业龙头企业，通过蔬果产销对接交流会、名优蔬果展示推介和品评、名优企业风采展示、蔬果基地现场观摩及经验交流等一系列活动，将东莞打造成为粤港澳产销对接的蔬果交易平台。现场的参展商品有省十大名牌产品团、韶关土特产团、海南冬季水果团、南方特色蔬菜街、砂塘桔年货街、新疆水果干果团、广西富川脐橙、肇庆土特产团等省内外各地区名优产品。在活动现场，润丰公司与蔬果产地签订一系列产销合作协议、与香港同业协会签订供港合作协议，部分商家代表与嘉荣超市、海底捞餐饮签订蔬果采购合同。

## 对外开放

**【广东21世纪海上丝绸之路国际博览会】** 2014年10月31日—11月2日，由广东省贸促会主办的“广东21世纪海上丝绸之路国际博览会”在东莞市广东现代国际展览中心举办。该博览会吸引来自42个国家和地区（包括海上丝绸之路沿线国家25个）的173家商（协）会、1015家企业参展，包括三星、正大、丰益（嘉里）、华为等世界500强企业和跨国公司。设置展位2040个，分广东海上丝绸之路发展展示区、投资合作平台展示区、特色优势产品贸易合作区、旅游文化合作展区、跨境贸易电子商务展示区及口岸物流展示区，展出电子、家居用品、农产品、旅游文化等特色产品2000多种。其间，来自沿线国家的全国性采购商，国内国字号的大商（协）会，以及广百集团、武汉中百等商贸龙头企业，共6000多家境内外采购企业、1.5万专业买手到场采购，入场观展、采购的人员达9.65万人次。在旅游文化展区，18个国家和地区签订协议59项，协议金额137.74亿元。在航运物流展区，以东莞石龙水铁联运中心为节点，开通两条铁路集装箱班列，打通往来东盟地区、中亚五国、俄罗斯、蒙古地区的铁路货运通道；以白云机场为中心，开通沿线国家和地区互通互联的32个通航点。在跨境电子商务方面，集聚亚马逊、阿里巴巴等33家跨境电子商务标杆企业，达成100多项意向协议，启动海上丝绸之路跨境电子商务平台，汇聚25个国家333个品牌2186种商品，以及24个跨境电子商务平台、29个服务商、52个国际卖家。“广东21世纪海上丝绸之路国际博览会”达成签约项目451个，签约资金1747亿元（超亿元项目179个）。其中，投资项目92个，金额475亿元；“走出去”项目46个，金额258亿元；出口贸易项目216个，金额645亿元；进口贸易项目73个，金额271亿元；意向合作项目24个，金额98亿元。其间，《人民日报》、中央电视台、中央人民广播电台，新加坡《联合早报》、法国《费加罗报》等104家境内外媒体持续关注。

**【东莞台心医院开业】** 参见“莞台合作·莞港澳合作”类目第163页同名条目。

**【彰化商业银行股份有限公司东莞分行开业】** 2014年11月19日，彰化商业银行股份有限公司东莞分行开业，这是继玉山银行东莞分行之后进驻东莞市的第二家台资银行。该分行是彰化银行在东莞市设立的首家分支机构，营运资金为10亿元人民币等值的自由兑换货币，于2014年1月开始筹建，10月经中国银监会批准开业，11月19日对外营业，主要经营对各类客户的外汇业务。截至2014年，该分行总资产10.06亿元，净利润721.55万元。

## 规划计划

**【《深莞惠交通运输一体化规划》】** 2014年10月16日，深莞惠经济圈（3+2）党政主要领导联席会议在东莞市举行，会议审议通过《深莞惠交通运输一体化规划》。该规划由交通运输部规划研究院、中国民航科学技术研究院、中铁第四勘察设计院、深圳市城市交通规划设计研究中心等多家研究机构合作完成。规划范围包括深莞惠三市全市域1.8万平方公里，同时考虑与广州、香港等周边城市以及环珠三角、泛珠三角地区等更广阔区域的交通运输联系。规划期到2020年，展望到2030年。规划内容包括道路、轨道交通、水路、航空的基础设施、运输组织、信息化、管理政策等。规划成果包括1个主报告和2个附件（《国内外城市群交通运输一体化经验借鉴》《深莞惠经济圈综合运输通道需求分析》），以及区域道路网、城际轨道、港航、航空、综合客运枢纽、物流园区、城际公交等7个一体化规划专题。

**【《东莞水乡特色发展经济区基础设施规划》出台】** 2014年，《东莞水乡特色发展经济区基础设施规划》出台。该规划包括“交通”和“市政基础设施”两大部分内容。“交通”又分为对外和对内两部分，在对外交通方面，以强化穗莞联系为重点，在原有广深沿江高速公路等7条通道基础上，新增规划虎门二桥等6条联系通道。同时规划穗莞深城际、佛莞惠城际线，东莞轨道1号线与广州地铁5号线、13号线对接，东莞轨道线预留通道与广州东部交通枢纽对接，实现穗莞两市特别是广州东部与东莞水乡的全面对接、融合发展，此外，规划于望洪枢纽东侧新建直通港澳的客运港。在内部交通方面，通过规划一个“环形放射状”的路网架构、打通镇界壁垒，通过引入新型公交系统，规划5条公交快线、6个综合客运枢纽，构筑一个以广深铁路、穗莞深城际等轨道交通和新型公交系统为骨干，常规公交为主体的公共交通系统。通过规划连续通畅的慢行系统、具有水乡特色的水上交通系统、景观道路系统，打造水乡特色生态交通体系。在市政基础设施部分，该规划构建以“安全、绿色、智慧”为核心理念的水乡市政体系，规划内容分为四大单元：水系统、能源供应系统、服务设施系统、综合防灾系统，其中涵盖给水、电力、燃气、污水、通信、环保、环卫、防洪排涝、消防等9个子系统。

（王学林）

## 经协协作

【经济协作概况】 2014年，东莞市人民政府经济协作办公室（以下简称市经协办）稳步推进省安排给东莞市对口帮扶韶关、揭阳两市的扶贫开发“规划到户、责任到人”（“双到”）工作，以及省外对口支援广西河池市、重庆巫山县工作，加强与呼伦贝尔市友好合作，推进穗莞战略合作，加快区域协调发展。

在2014年“双到”工作考核中，东莞市党委、政府及被帮扶的115个重点帮扶村被广东省认定为优秀等级。

【新一轮扶贫开发“双到”工作推进】 2013—2015年，东莞市按照省委、省政府新一轮扶贫开发“规划到户、责任到人”工作部署，对口帮扶韶关市乐昌、南雄、翁源、新丰、乳源，以及揭阳市揭西、惠来、普宁等8个县（市），115个重点帮扶村，8897户贫困户，4.09万贫困人口。经核实，最终有9586户贫困户（其中有劳动能力的8024户，无劳动能力的低保户、五保户1562户）、3.75万人贫困人口需落实帮扶任务。

【扶贫开发“双到”工作责任落实】 2014年，东莞市继续坚持各级党政主要领导为扶贫开发“双到”工作第一责任人，认真落实帮扶责任。联系市委书记徐建华、市长袁宝成等市领导赴韶关、揭阳市重点帮扶村调研督导“双到”工作，督促工作落实。市经协办领导定期赴重点帮扶村督促检查，与驻市工作组协调落实任务，共25次72人次深入重点帮扶村开展工作。督促各镇街党政领导靠前指挥，定期到驻点村听取汇报，指导工作开展，32个镇街领导到村指导5500多人次。继续落实办内党员干部挂钩联系贫困县、贫困村安排，加强与扶贫一线联系，及时了解工作进展情况及存在问题，定期汇总统计各镇街任务进展情况，督促后进单位加快进度，确保完成任务。做好2014年度工作考核迎检工作，市经协办按照考评办法开展督查整改，督促各镇街落实帮扶资金、建档立卡、项目启动等工作。市经协办领导分组赴韶关、揭阳，办内其他干部分赴8个县（市）协调考核工作开展，会同各驻村工作组共同做好迎检。及时组织各镇街认真查找考评中存在的问题，切实做好整改，确保工作达标。

【扶贫工作多元化开展】 产业扶贫　2014年，东莞市经协办结合贫困村的传统农业优势，通过建立专业合作社、打造基地、促进产品流通等手段，实现贫困村、贫困户稳定增收。其中，帮扶韶关市19个镇街通过合作社带动农户参与农业生产，建设1333.33公顷现代农业示范园区，开展农副产品产销联建；帮扶揭阳市13个镇街打造“莞揭果蔬苗木供应链”。截至2014年，东莞市在韶关、揭阳两市实施生产经营类项目300个，建立农业专业合作组织134个，115个重点帮扶村全年村集体收入达6.9万元，有劳动能力贫困户人均收入达7392.8元。就业扶贫　市经协办指导各镇街加强贫困农民的实用技术和劳动技能培训，提高务农、创业的技能。截至2014年，东莞市各镇街在韶关、揭阳市累计组织

### 东莞市人民政府经济协作办公室

2014年8月9—13日，市委书记、市人大常委会主任徐建华率市党政代表团赴友好城市呼伦贝尔市考察交流。图为8月10日，召开呼伦贝尔市与东莞市友好交流座谈会

技能培训1.36万人次，转移输出劳动力2872人。完善基础设施　市经协办着重指导镇街着力完善重点帮扶村的基础设施建设，改善发展环境，切实解决贫困户行路难、灌溉难、看病难等问题。截至2014年，32个镇街在韶关、揭阳市开展基础设施类项目1245个，115个贫困村村委到300人以上自然村硬底化公里数364.88公里，村道硬底化率达96.8%；完善基本农田水利设施106个；解决村安全饮水户数6.52万户，村安全饮水率达100%。抓好"两项工程"　市经协办抓好"两项工程"（不具备生产条件和生活条件的村庄搬迁、低收入住房困难户住房改造），协助韶关、揭阳市115个贫困村开展低收入住房困难户住房改造。2014年协助两市完成低收入困难户住房改造1525户。

【扶贫机制完善】　建立精准扶贫机制　2014年，东莞市经协办对帮扶村、贫困户全部建档立卡，将信息录入省扶贫信息系统，实行精准化识别、针对性扶持和动态化管理，增强扶贫开发的实效性。市经协办指导各镇街完成115个贫困村、9586户贫困户3.75万人的建档立卡，填报贫困户帮扶记录卡2.88万份，做到户有卡、村有册、镇有簿。创新扶贫参与机制　市经协办帮助构建大扶贫开发格局。市镇两级财政资金发挥主导作用，落实财政资金2.33亿元；筹集2013—2015年市"广东扶贫济困日"活动资金重点用于扶贫开发"双到"工作，落实7361.34万元；鼓励个人捐助，捐赠党建资金、"一对一"帮扶资金1516.2万元；动员市经济发达村、商会、企业、社团、医疗机构认领帮扶项目，解决贫困村行路难、饮水难、读书难、看病难等民生问题，筹募资金466.66万元。协调统筹当地行业扶贫资金、动员相关种植大户投资或村民自筹资金，累计3.43亿元。健全结对帮扶机制　市经协办结合党的群众路线教育实践活动，协调各镇街在重点帮扶村开展基层党组织结对共建，帮助贫困村"两委"班子建设。建立干部结对帮扶，安排党员干部"一对一"帮扶贫困人口，每年至少1次到贫困户家中，落实帮扶资金和帮扶项目。2014年，东莞市各镇街与贫困村累计开展结对共建活动408次，累计参与4000多人次，捐赠党建资金275.497万元。

【对口帮扶广西河池市】2014年，东莞市经协办协调帮扶广西河池市的资金到位，督查项目进度，协调沟通联系，及时完成省下达东莞市对口帮扶任务。联系市政府副秘书长张春扬率队赴广西河池市参加对口帮扶工作座谈会，市经协办领导随队参加活动，深入贫困村考察帮扶项目，捐赠2014年对口帮扶资金1000万元和慰问金30万元。协助市政府做好接待河池市党政代表团来东莞市考察学习工作，会同市有关部门落实会务、汇报材料等。动员清溪、桥头、大朗、樟木头等镇街开展"一对一"帮扶工作，捐赠帮扶资金108万，开展交流互访11次，参与人数100多人次。继续加强对河池市的劳动力职业技能培训，东莞市人力资源局援助河池就业局劳务培训费42万元，赴河池市参加"两广"（广东、广西）对口帮扶协作座谈会暨职业教育试点启动仪式活动，协助东莞市智通人才连锁股份有限公司与广西扶贫办和广东承担"两广"对口帮扶职业教育

① 2014年2月22日，市委书记、市人大常委会主任徐建华（左三），市委常委、常务副市长张科（左一）一行到韶关市莞韶产业园等地调研指导新一轮扶贫开发"双到"工作，代表东莞市向韶关市捐赠2014年扶贫资金7375万元

② 2014年9月24—25日，副市长杨晓棠（右）率队赴韶关市调研扶贫开发"双到"工作。深入南雄市百顺镇溪头村实地考察官社新村整村推进项目，并代表东莞市向溪头村捐赠官社新村整村推进项目资金50万元

③ 2014年12月15—16日，副市长杨晓棠（左六）率队赴揭阳市揭西县甲埔村调研督导扶贫开发"双到"工作，走访慰问贫困户

④ 2014年5月12—16日，市政府副秘书长张春扬率队赴河池市参加对口帮扶河池工作座谈会。期间，代表东莞市向河池市捐赠2014年对口帮扶资金1000万元

协作试点学校签订协作协议，接收广西劳动力赴广东接受职业技能培训和就业。2014年9月，国务院扶贫开发领导小组授予东莞市工商联、桥头镇政府为全国扶贫先进集体，授予东莞市经协办叶松柏为全国扶贫先进个人。

【对口支援重庆市巫山县】　2014年，东莞市经协办落实东莞市对口支援三峡库区资金任务。谋划下一时期对口支援工作，赴重庆市巫山县参加广东省对口支援巫山县合作规划纲要（2014—2020）联审会议，商议对口支援工作的主要任务和要求。落实2014年对口支援资金任务，划拨200万元，用于巫山县神女峰机场连接道项目。

【对口援藏】　参见“经济管理”类目第297页。

【对口援疆】　参见“经济管理”类目第297页。

【穗莞战略合作】　2014年，东莞市根据穗莞战略合作第一次联席会议部署，以项目为抓手，密切配合，积极衔接。截至2014年，落实项目10个，推进项目14个，需要抓紧推进项目1个。市经协办加强协调沟通，推进各项工作；规划实现有效对接，4月，市政府批准“穗莞合作下的城乡规划协调研究”项目，为穗莞两市规划对接、产业协作提供规划依据；交通对接密切，穗莞合作交通项目有15个，进展顺利，新沙港区二期工程推进效果较好；产业合作加快，引进广州市企业数量增加、质量提高。1—11月，东莞市引进广州市内资项目62宗，协议投资38.37亿元，实际投资17.19亿元。人才技术交流合作紧密，会展合作加强；环保合作取得进展，通过项目实现穗莞环保合作突破，推进水乡地区环境综合整治，支持穗莞战略合作平台建设；社会公共服务合作加强，引进广州市优秀文化艺术作品，东莞玉兰大剧院引进广州市音乐剧、歌舞剧、芭蕾舞、交响乐等高雅艺术演出12场；开展海事合作，东莞海事局发挥专业优势，加强对相关穗莞战略合作项目的服务保障。

【东莞市与呼伦贝尔市友好城市交流】　2014年，东莞市加强与呼伦贝尔市友好合作，市经协办加强协调各相关职能部门与呼伦贝尔市开展对接，统筹掌握合作情况。其中，经济协作部门联系落实在两市点击率较高的网站上互相链接市政府门户网站；旅游部门率先签署旅游合作框架协议；组织部门就两市互派干部挂职达成协议；外经贸部门相互组织企业参加两市举行的大型展会活动并取得成果。落实好接待友城的来访工作，分别配合市政府做好2月、及6月呼伦贝尔市代表团来访的接待工作；联系常委常务副市长张科及市发改局、外经贸局等部门与呼伦贝尔市副市长姜恩来率领的代表团举行座谈，双方重点商讨下一步率先在农业、产业项目和口岸等方面的合作；落实呼伦贝尔市发改委及相关企业来东莞参加“加博会”的接待工作，联系相关企业与其举行座谈；两地企业代表在企业间原材料供应、技术合作等方面达成初步合作意向。做好东莞市党政代表团出访友城的协调工作，做好市党政代表团到呼伦贝尔市交流活动的准备，拟定工作方案报市领导审阅，配合市委办协调市财政局、旅游局等市直部门及虎门镇等专业镇主要负责人参加考察；协助做好市委书记徐建华率市党政代表团赴友好城市呼伦贝尔市考察交流活动，期间，完成向呼伦贝尔市赠送4套价值124万元的“草原移动诊所”工作手续。

【驻莞机构服务】　2014年，东莞市经协办做好驻莞办事机构日常业务工作，包括驻莞办事机构登记备案、变更、撤销、统计等工作以及设立单位前来咨询的接待和解说工作，通过邮寄、邮件等形式及时传达市委、市政府的有关文件精神。2014年，新增备案的驻莞办事机构2家，撤销1家，办理换证21家。

协调组织驻莞办事机构开展交流活动，东莞市经协办组织驻莞办事机构负责人开展交流座谈会，引导驻莞办事机构在人力资源引进和协助东莞市维权维稳方面发挥作用。2014年，驻东莞市的28家各地政府驻莞办事机构协调当地人员89批1123人次来东莞务工；协助东莞市有关镇街和部门处理纠纷7宗432人次。组织走访湖南省蓝山县、河南省新野县等4家驻莞办事机构，了解驻莞办事机构的工作和生活情况；组织赴湖南省临武县、湖南省汝城县等驻莞办派出地走访调研，了解驻莞办事机构派出地主管部门对市经协办在服务协调驻莞办事机构职能方面的建议和意见。

（尹健清）

**附：2014年东莞市人民政府经济协作办公室主要领导名录**

党组书记：梁志刚
主　任：叶松柏（任至9月）
　　　　梁志刚（9月到任）

① 2014年4月3日，东莞市召开全市扶贫开发“双到”工作会议，传达全省扶贫开发“双到”工作现场座谈会精神，总结2013年全市扶贫开发“双到”工作，部署2014年全市扶贫开发“双到”工作

② 2014年8月12—13日，市政协副主席何嘉琪、吕兢，率队赴揭阳市揭西县开展扶贫慰问活动。期间，参观揭阳中德金属生态城、军埔电子商务村，实地考察揭西县东新村道路硬底化项目建设情况，参加凤湖小学碧潭三正分校重建奠基仪式和桥凤农产品加工厂奠基仪式

## 产业合作与转移

【产业合作概况】　2014年5月，东莞、韶关对口帮扶工作第三次联席会议暨招商项目签约仪式举行，签约39个项目，投资额达132.4亿元，涵盖工业、基础设施、农业、旅游等多个领域。截至2014年，莞韶对口帮扶“七组团”（东莞市7个镇街与韶关市7个县市结对帮扶形成“七组团”）加快扩园设园申报，尚未设立省级产业园区的4个县完成初步申报。南雄产业园完成扩园审批，乐昌产业园和始兴产业园推进调查规划和扩园工作；“七组团”引进项目69个，总投资252.38亿元。

组建运作投资开发平台，市县两级组建东韶实业公司等8个投资开发公司，两市注入资金17亿元。其中市级投资开发公司由东莞市和韶关市按照7:3比例，共同以现金出资10亿元作为启动资金；7个组团组建的县级投资开发公司，每个公司双方共注入现金1亿元。

莞韶两市10个部门建立一对一专项合作机制，落实十大合作领域对接项目工作，其中，韶关市科技局成立莞韶科技对口帮扶领导小组，促成韶关飞翔公司与广东戈兰玛（东莞）公司合作开发AMT变速箱系统、北大东莞光电研究院与广东烟草科学技术研究所开展烟草育苗和杀灭烟叶蚜虫的技术研究和应用、油烟净化系统（韶关科研成果）在东莞推广应用等10个项目合作；两市文化部门签订公共文化服务、文化遗产保护、文化艺术创作、文化产业发展等领域8个合作项目。

【莞韶对口帮扶指挥机构设立】　2014年1月，东莞、韶关两市在韶关召开“七组团”对口帮扶指挥部成立暨人员对接会议，由东莞市经济实力位居前列、产业特色明显的东城街道、南城街道、虎门镇、长安镇、厚街镇、塘厦镇、大朗镇7个镇街与韶关市新丰县、南雄市、仁化县、乳源县、翁源县、始兴县、乐昌市7个县市建立“一对一”对口帮扶关系，形成对口帮扶的“七组团”。充分利用东莞市帮扶镇街的资金、技术、管理、市场等优势和韶关被帮扶县市的土地、矿产、旅游、劳动力等资源，采取“统一运营模式、因地制宜发展”的方针，通过加快韶关7个县市发展。改变过往单一给钱给物的“输血”帮扶模式，突出发展主线，统一设立帮扶指挥部和投资开发公司，以投资开发公司为平台，通过市场化运作，撬动社会资本参与园区、城市等开发建设。因地制宜发展，根据区位、资源禀赋和产业结构特点，创新帮扶方式和内容，形成各具特色的帮扶思路。招商引资一手抓产业转移，一手抓当地资源合理利用开发。3月，市县两级8个对口帮扶指挥部（包括“七组团”对口帮扶指挥部）完成组建，到位人员135人，其中东莞市派出62人，设立帮扶工作指挥中心，负责莞韶两市对口帮扶工作的部署、指挥调度、进度跟踪、督促检查和考核评比。

【莞韶产业园扩能增效】　2014年，东莞市针对莞韶产业园扩园后土地权属不清、多头管理的问题，出台《莞韶产业园统筹土地管理办法（试行）》，对莞韶产业园实行“划定红线、固化投入、统一建设、统一招商、属地负责、利益共享”，对3个片区实行统一管理，完成莞韶产业园1733.33公顷土地统筹。以广东东韶实业投资开发有限公司为平台，针对性地建立新的投入机制，统筹解决原来征地拆迁、基础设施和招商引资等方面的历史遗留问题，快速推进园区开发建设。完善园区道路基础设施等环境建设，多次召开项目动工协调会，加快推进韶关百旺路连接线工程、新323国道工程和沐溪大道（阳山段）改造工程建设。针对园区产业配套不完善，特别是科技创新、金融、企业孵化等中间层次功能较为滞后的状况，引进培育公共服务平台，加快推进“粤商高科”“智慧广场”项目建设，完善产业链条，推动莞韶产业园产业加快成长。

【莞韶产业园招商引资】　2014年，东莞市出台《鼓励优质企业项目落户莞韶产业园暂行办法》，为莞韶产业园招商引资提政策保障。莞韶产业园引进并落实项目36个，总投资金额达77亿元，其中超亿元项目22个，投资金额71.49亿元，动工项目15个；“七组团”引进项目69个，总投资252.38亿元，其中超亿元项目33个，投资235.46亿元，工业项目47个，投资125.46亿元，农业、旅游项目17个，投资116.4亿元。

【莞韶城开发建设】　2014年，东莞市针对韶关市区山水分隔的点块状空间结构限制和产业服务业发展滞后的发展结构不均衡制约，以莞韶城为平台，打造“新323国道产业服务带”。邀请国内知名规划专家实地勘察，组织规划编制。莞韶城总开发面积1200公顷，分三期开发，均分布在新323国道沿线，为韶关现代产业服务业园区。1—5月莞韶城一期完成400公顷土地征收工作，5月动工建设，6月上旬完成3公里道路绿道建设，9月完成道路基础设施及环境景观建设，建成黄沙坪电子商务产业园13幢电子商务楼，面积2.3万平方米；二期、三期开发建设有序推进。严把项目准入关，提升园区效益，截至2014年，有厚德福、马可·波罗、广东昆仑信息科技等项目入驻。

【韶关农产品品牌打造】　2014年，东莞市农业部门在韶关市重点扶持2—3个万亩（1亩 = 1/15公顷）以上、7个1000—3000亩的现代农业园区，发展农产品深加工；依托东莞市大型农产品批发市场进行产品展示、销售与批发，并以批发市场和超市对接形式，启动东莞市内10家韶关农产品专门店建设，由东莞市财政补贴三年租金，在东莞市开设韶关农产品专供门店，打造农副产品品牌，加大韶关农产品在东莞市宣传力度，辐射珠三角及港澳市场。

【“爱心帮扶、学子圆梦‘111’助学行动”】　2014年，东莞市促进企业在韶关市开展助学活动，针对韶关市教育基础落后、贫困生较多的状况，莞韶对口帮扶指挥部、莞韶产业合作办牵头发动世界莞商联合会、东莞市总商会、东莞市房地产协会、东莞市零售行业协会、韶关市东莞商会、东莞名家具俱乐部等社会力量开展“爱心帮扶、学子圆梦‘111’助学行动”（即2014—2016年3年内资助1000名以上韶关市在校贫困生，捐赠1000台以上电脑、1000册以上图书给韶关市有需要的学校）。

# 政　　法 LEGAL SYSTEM

莲湖美景

## 政法综述

【政法概况】　2014年，东莞市政法系统着力维护社会稳定，推进平安建设，创新社会管理，抓住重点领域和节点维稳安保工作，强化责任落实，细化工作措施，主动排查、包案化解一批重大社会矛盾，全市没有发生重特大群体性事件。防范邪教的警示教育工作深入开展。排查重大矛盾纠纷198件，化解196件，化解率98.99%；排查突出矛盾纠纷443件，化解438件，化解率98.87%。处置一批重大不稳定事件，维护社会稳定。推进司法规范化建设，持续推进司法公开、执法督查工作，推进社会公平正义。开展重点整治，提高打击违法犯罪和治安防控能力，确保人民群众安居乐业。为东莞再次蝉联“全国文明城市”作出积极贡献，政法各项工作获得上级领导和广大市民的充分肯定。市第三人民法院获评“全国优秀法院”，市第二人民法院获评“全国法院文化建设示范单位”，市司法局获评“全国‘六五’普法中期先进单位”，市法律援助处获评全省“人民满意的公务员集体”，侯光远获评“全国五一劳动奖章”，吴敏获评“全国‘六五’普法中期先进个人”、傅小春获评“先进工作者”，谭伟明获评“全国人民法庭工作先进个人”，潘家扬、韦艳芹获评全省“人民满意的公务员”；鲁罡、陈斯、姜晓安、王树安、蔡锡光等立个人一等功。

【维稳责任落实】　2014年，东莞市组织开展大排查活动，全面排查重点领域突出不稳定问题53件。其中，落实市领导包案15件，其余由“属事”部门和“属地”镇街的领导包案化解。从4月起，建立起矛盾纠纷基础台账，实现矛盾纠纷数据每月滚动排查制度化，为做好工作奠定坚实基础。把社会矛盾化解成效作为衡量教育实践活动成果的重要标准，把工作督导与活动督导紧密结合起来，着力解决群众反映强烈的突出问题，努力营造“平安东莞”。

【社会矛盾化解】　2014年，东莞市由市委、市政府主要领导带头包案化解15件突出不稳定的问题，带动和落实市、镇、村三级领导包案工作制度。实行领导干部定期接访、基层接访、上门探访、带案下访和基层巡访，通过与群众面对面交流、倾听意见，解决群众反映强烈的热点难点问题。建成集网上信访、手机信访、电话信访为一体的“东莞市网上信访大厅”，在全省率先实现视频信访系统覆盖到镇街一级。构建形成综治牵头、部门协同、多元联动、紧密衔接的“大综治”“大调解”工作格局。

【维稳长效机制健全】　2014年，东莞市落实全年、半年、季度、月度维稳形势分析研判例会制度。强化镇街矛盾纠纷“日排查、周研判”工作制度，建立治理劳资纠纷配套制度。完善第三方调解机制，建立健全医疗纠纷、劳动争议等行业性、专业性的人民调解工作机构，发挥工会、共青团、妇联等枢纽组织和流动人口服务管理机构的作用，及时排查调处重点群体矛盾纠纷。市医调委受理案件277件，调解成功275件，调解成功率达99.3%，案件索赔金额1.31亿元，最终调处达成1281万元，协议履行率和双方满意率均为100%，医闹事件比上年下降37.9%。规范和完善重大事项出台程序，确保社会稳定风险评估工作不走过场，防止因垃圾焚烧项目选址等重大项目实施引发群体性事件，从源头上防范不稳定问题发生。

【执法司法规范化建设】　2014年，

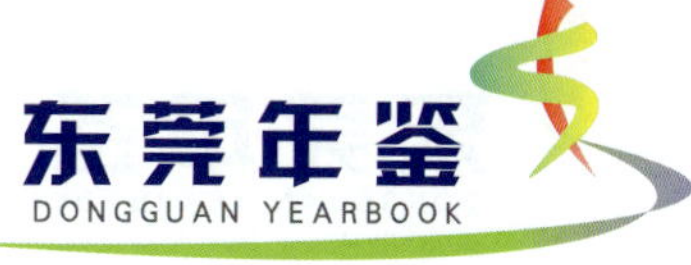


东莞市中级人民法院制定绩效考核办法，规范内部管理机制，提升法官司法能力；推进人民陪审员倍增计划，制定《人民陪审员管理实施办法》，探索建立人民陪审员的选任、参审和考核机制。市人民检察院实现在门户网站上链接高检院的全国统一的案件信息公开查询系统，同步公开案件程序性信息和首批终结性法律文书。市公安局做好服务群众"最后一公里"工作，最大限度将涉及公安类的服务事项纳入网上办事大厅；推出出入境"一证办"、网上预受理、自助缴费等便民利民措施；完善交警微信平台，实施车驾管业务下放和网上预约、预受理。

【执法司法监督】 2014年，东莞市政法部门以开展破坏环境资源刑事犯罪、食品药品安全犯罪专项立案监督活动为着力点，完善"两法衔接"平台建设，以"两法衔接"工作联席会议办公室挂牌成立为契机，建立健全信息共享、案情通报、案件移送制度，并通过"两法衔接"平台促成行政机关移送案件10件。细化《刑诉法》新增监督职责操作规程，建立侦查机关违法及不规范取证行为通报机制，发出个案通报10份，推行执行刑事执法状况年度报告机制，提升取证质量。

【治安打防格局完善】 2014年，东莞市坚持以打开路、"治标"先行，大力开展"六大专项"（涉毒、涉黄赌、涉食药假、涉电信诈骗及银行卡、涉车、涉枪）和"两抢一盗"（抢劫、抢夺、盗窃）打击整治行动。刑事案件立案数比上年下降8.1%，刑事案件破案数比上年上升11.8%。特别是侦破麻涌以船只作伪装容留吸、贩毒案，长安"7·23"入室盗窃案等一批大要案件。同时，继续将"治摩"作为治安突出问题重点整治、交通安全隐患排查整治的重要举措，强力推进，巩固和扩大战果。

【扫黄专项行动】 2014年2月9日，中央电视台曝光东莞市部分娱乐服务场所"涉黄"事件后，东莞市政法部门痛定思痛，深刻反省，认识到"涉黄"违法犯罪的严重性和危害性、开展打击整治行动的紧迫性和重要性，形成众志成城、齐心协力打击"涉黄"活动的正能量和精气神。依法打击"涉黄"违法犯罪，连续不间断开展三轮每轮为期3个月的集中打击整治涉黄问题专项行动，全力侦破"2·9"专案，挂牌集中整治10个重点镇街。清查整治歌舞娱乐、桑拿按摩、沐足等各类场所100多万间次，停业整顿2070间，依法取缔64间，立涉黄刑事案件568件，抓获犯罪嫌疑人1045人，处理违法人员3411人。娱乐服务场所"涉黄"违法犯罪得到遏制，规模性的、依托于娱乐服务场所、由场所从业人员实施的组织卖淫犯罪活动消除。坚决遏制"涉黄"现象回潮反弹，制定出台《关于进一步加强和规范娱乐服务场所管理的意见》等政策文件，按照清除主体、压减存量，根除隐患、严控行为，消除暴利、斩断链条，铲除盲区、强化联动，去除失职、严明法纪的思路，建立健全长效机制，推动整治向根治转变，扫除向根除转变。特别是通过实施前端审查、严格审批等措施强化准入监控，通过建立视频监控、警情研判等系统强化日常监控，通过开展定期考核、评分定级等活动强化分级监控，通过采用异地办案、重点暗访等方式强化多层监控，通过增设线索流转、联席会议等制度强化联动监控，通过健全从严处理、责任倒查等机制强化问责监控，实现信息链、监管链和责任链三链统一，努力铲除"涉黄"问题滋生的土壤。

【"平安东莞"创建】 2014年，东莞市推进治安防控信息化，新增6935个高清视频监控摄像点，建成一、二类图像采集点超过16万个，实现主要公共场所社会治安视频监控率达100%。加快政法信息网工程建设，推动政法信息网四级网建设、共享平台建设、二级网升级改造3个主要项目建设工作开展，成立东莞市政法信息中心。推进治安防控小区化，全面推广封闭半封闭式小区管理模式，加强小区出入口、出租屋等重点部位电子监控系统建设，实行警长进村（社区）班子，整合联防力量，完善巡防制度，构筑严密的社区防范网络，建成封闭半封闭式小区3000多个。推进治安防控社会化，学习借鉴"枫桥经验"，深化群防群治工作，探索建设"平安使者"队伍，形成"依靠群众创平安，创造群众追求的平安"的工作格局，全市各级群防群治队伍人数达53万人，其中专职约8万人，兼职约45万人。

【社会管理效能提升】 2014年，东莞市采取"一村一中心""多村一中心""服务站"等形式，推进村（社区）政务服务中心和综合服务中心建设，统筹承接好政府部门在村（社区）的行政工作和公共管理任务，推动政府行政管理与基层群众自治的衔接、互动。鼓励工青妇等群团组织、社会组织深入基层开展社区矫正、纠纷调解、特殊人群服务管理等平安建设。着力创建平安村（居）、平安单位、平安家庭，扩大平安建设覆盖面。以统筹管理基层治安联防组织为切入点，整合全市治安、保安、出租屋协管员、信息员、志愿者等综治维稳资源，配齐配强市、镇（街道、园区）综治办、平安办人员，改善基层工作条件和装备水平，提高基层维稳的能力和水平。

（王仲玮　陶玉清）

**附：2014年市委政法委主要领导名录**

市委常委、政法委书记：邓志广

▲ 2014年2月19日，中共东莞市委政法工作会议召开

## 审 判

【审判概况】 2014年，东莞市两级法院受理各类案件11.38万件，审结10.29万件，法定审限内结案率99.76%，一线法官人均结案210件。其中，中级人民法院审结案件1.34万件，解决诉讼标的金额46.33亿元；第一法院审结案件39864件，解决诉讼标的金额89.82亿元；第二法院审结案件2.46万件，解决诉讼标的金额40.46亿元；第三法院审结案件2.5万件，解决诉讼标的金额45.37亿元。

【刑事审判】 2014年，东莞市两级法院审结刑事案件7723件，判处犯罪分子7935人。严厉打击涉毒、涉黄、涉电信诈骗、“两抢一盗”（抢劫、抢夺、盗窃）等群众反映强烈的违法犯罪。参与“雷霆扫毒”专项行动，审结涉毒案件832件。参与“扫黄”专项行动，开通审理“涉黄”案件的快速通道，审结“涉黄”案件194件。严守证据关、事实关，对3名被告人依法宣告无罪。

【民商事审判】 2014年，东莞市两级法院审结民商事案件5.89万件，比上年增长1.13%。妥善化解市场经济矛盾纠纷，审结买卖、借款等合同纠纷案件2.44万件。依法保障劳动者合法权益，审结劳动争议案件9841件。服务外向型经济发展，审结涉外、涉港澳台民商事案件1464件。审结知识产权民事案件1939件，推动全市创新驱动发展战略实施。

【行政审判】 2014年，东莞市两级法院审结行政案件701件，比上年增长53.06%。落实行政首长出庭应诉制度。行政首长出庭应诉案件数达90件，增长超过7倍，行政首长出庭应诉呈现出“敢出庭、愿发声、有作为”的良好态势，《南方日报》以《“民告官”促进依法行政》进行专题报道。

【执行工作】 2014年，东莞市两级法院执结案件3.31万件，执结标的金额42.55亿元，比上年增长30.36%。全面启动失信被执行人黑名单制度，集中曝光802名失信被执行人，将曝光信息导入东莞市社会征信体系平台，使其在投资、置业、出境等方面受到限制。联合市公安局、市人民检察院集中开展打击拒不执行法院裁判的违法犯罪行为，38名涉嫌犯罪的被执行人被移送公安机关立案侦查。

【审判改革】 完善人民陪审员制度 2014年，东莞市两级法院新增选任人民陪审员644名，提前完成最高人民法院确定的人民陪审员倍增计划和改革试点任务。优化人民陪审员结构,增加专家型人民陪审员比例，扩大参审范围，率先将参审案件扩大到减刑假释案件，保障群众的司法参与权、监督权。2014年6月9日《人民日报》以《东莞陪审不再作陪衬》为题，详实报道东莞市人民陪审员制度的创新做法。推进涉诉信访机制改革 全市法院成立信访机构。搭建远程视频接访平台，让申诉人与最高人民法院法官“面对面”表达诉求。第一人民法院建立微博直播听证机制，增加信访工作透明度。受理群众来信来访1463件，为227名生活困难的当事人提供司法救助。探索审判权运行机制改革 贯彻“让审理者裁判、由裁判者负责”的要求，成立人民法庭审判权运行机制改革

**坚持司法为民 公正司法 不断提高司法公信力**

2014年10月20日，东莞市中级人民法院在东莞理工学院公开开庭审理一宗知识产权刑事案件，这是东莞法院第一次在法庭和看守所以外的场地公开审理刑事案件

试点工作小组，制定改革方案，被省委社会体制改革专项小组确定为改革试点单位。创新审判管理工作机制 提升审判信息化管理水平，及时统计审判执行数据，全面分析审判运行态势。第二人民法院试行小额诉讼案件电子化记录，大大提高庭审效率，该项措施得到最高人民法院的肯定。

【司法公开】 2014年，东莞市两级法院健全司法公开机制，加大司法公开平台建设力度，升级改造官方网站，开通官方微博微信，搭建民意沟通新桥梁；积极推动裁判文书上网工作，市中级人民法院上网裁判文书8818份，比上年增长86%。践行司法为民承诺，设立知识产权松山湖巡回审判庭和知识产权（家具）巡回审判庭；第一人民法院全面推行网上预约立案；第三人民法院应用二维码技术，推出23个便民诉讼二维码，群众通过“扫一扫”，即可直接查询立案指引、文书格式等诉讼信息。广泛开展法制宣传，组织开展“走基层、看法官、弘法治”等专题宣传活动，在各类媒体上进行法制报道786篇；编写普法丛书和劳资纠纷“口袋书”，增强普法实效；开展巡回审判进社区、进高校活动，服务基层法治；第三人民法院将司法服务送进军营，在黄江某部队设立全市首个“涉军维权服务站”。自觉接受各界监督，主动向市人大常委会报告工作；积极邀请人大代表视察法院、旁听重大案件庭审、参与见证执行活动，邀请人大代表和政协委员199人次，各阶层群众代表及网民608人次到法院旁听庭审；及时处理人大代表和政协委员关注的案件，办理人大代表建议10件、政协提案3件，督办案件6件。

【“社区法官”制度实施】 2014年，东莞市两级法院继在全国率先创设“社区法官”制度后，各（村）社区实现“社区法官助理”全覆盖。2014年7月，在第三次全国人民法庭工作会议上，市中级人民法院被最高人民法院指定为全国唯一中级法院代表，现场交流法庭建设经验。 （姚 中）

**附：2014年东莞市中级人民法院主要领导名录**

党组书记、院长：杨宗仁

① 2014年10月24日，东莞市中级人民法院邀请包括民革、民盟、民建、民进、农工党、致公党、九三学社等7个民主党派共14名民主党派人士代表参加“走进法院、了解法官”活动，让民主党派人士更进一步了解法院，取得良好的社会反响

② 2014年11月6日，2014年东莞第五次媒地沟通交流会在东莞市中级人民法院召开，围绕“法治东莞”建设主题组在莞媒体负责人与法院、检察院、司法局等部门进行沟通交流

## 检 察

【刑事检察】 2014年，东莞市两级检察机关审查逮捕各类案件8698件1.21万人，比上年上升10.93%和7.34%；审查起诉8304件1.21万人，上升14.16%和10.98%；起诉7782件1.13万人，上升16.13%和13.93%。积极参与省、市部署的专项行动，审查逮捕“涉枪、涉毒、涉黄、涉车，涉电信诈骗、涉食品、药品”专项活动案件2606件4222人，起诉1613件2759人。审查逮捕“两抢一盗”（抢劫、抢夺、盗窃）案件2741件4037人，起诉2652件3881人，审查逮捕“涉黄”案件458件917人，起诉252件673人，审查逮捕毒品案件1267件1641人，起诉954件1245人。对一批上级督办、社会广泛关注的涉黄涉毒重大案件，指派精干力量，优先办理、及时审结起诉。着力维护法治化的营商环境，加大对破坏市场经济秩序犯罪的打击力度，审查逮捕金融诈骗、涉税、走私案件100件122人，审查逮捕生产销售伪劣商品、侵犯知识产权案件406件525人，其中：办理由最高人民检察院、海关总署联合督办的特大跨境走私高档二手汽车案件；依法妥善办理某台资企业涉嫌保险诈骗案，在依法惩治经济犯罪的同时，力促安商稳企，做法得到省委对台工作领导小组肯定。

【检察监督】 2014年，东莞市两级检察机关强化立案和侦查监督，以开展破坏环境资源和危害食品药品安全犯罪专项立案监督活动为着力点，全面加强立案监督。全年监督侦查机关立案34件、撤案141件；针对上半年不捕率偏高等问题，召开全市刑检工作会议，对证据标准、办案指导思想等问题作明确和统一，提出以保障人民群众安居乐业为政法工作的根本目的，要求准确理解逮捕的司法属性，辩证地理解宽严相济的刑事政策，强调不能人为拔高或降低证据标准；加大侦查活动监督力度，追捕漏犯149人，追诉漏犯61人，依法排除非法证据16份，提出纠正意见158件、检察建议62件。完善侦查活动监督机制，推行刑事执法状况年度报告制度，开展案件质量监测通报，探索建立“驻派出所检察官办公室”，推动侦查监督模式从事后就案监督向动态日常监督转变。强化审判监督，对认为确有错误的刑事判决裁定，提出、提请抗诉36件，支持抗诉13件，截至2014年，法院改判4件。

【反贪污贿赂、反渎职侵权】 2014年，东莞市检察机关受理贪污贿赂案件线索58件，立案查处贪污贿赂案件43件52人，为国家挽回经济损失8680多万元，比上年上升106.81%。积极开展专项工作回应社会关切，保障民生民利，立案查办发生在群众身边损害群众利益职务犯罪案件37件46人，“涉黄”“涉黑”职务犯罪案件24件28人。加大对行政执法机关工作人员监管不力、执法违法、滥用职权等渎职行为的查处力度，受理渎职侵权案件线索25件，立案查处9件14人，比上年上升28.57%和27.27%；开展查办与预防危害生态环境职务犯罪专项工作，深挖环境民生工程建设背后的职务犯罪6件10人；依法启动应急调查机制，及时介入生产安全事故9件、公共突发事件24件；积极督促相关行业健全规章制度、堵塞管理漏洞。严格执行修改后的《刑诉法》，全面、全程、全部落实同步录音录像制度，全年办案无安全事故和无违法违纪行为发生。

【预防职务犯罪】 2014年，东莞市检察机关积极开展“防贿选”工作，服务和保障村、社区“两委”换届选举依法、有序进行。围绕市委“三重”建设决策部署，针对重大工程项目开展专项预防工作，轨道交通R2线项目预防工作被《人民日报》专题报道。积极推进工程建设领域源头治理，对企业开展行贿犯罪档案查询2.4万次，排除11家有行贿记录企业进入工程招投标程序。全面推进“一岗一预防”活动，排查廉政风险点1.1万个，形成防控措施1.27万条。完成市委党校和东莞监狱廉政教育基地升级改造，组织212家单位前往党校基地参观学习和1278人到东莞监狱接受警示教育。继续推行职务犯罪年度报告制度，年度报告被最高人民检察院评为优秀年度报告。

【民事行政检察】 2014年，东莞市检察机关加强对民事行政案件的审判监督，提出、提请民事抗诉16件，再审改判4件，提出再审、执行等检察建议22件，法院采纳率为88.24%。着重开展审判程序监督，根据修改后《民诉法》对证据种类的新规定，全面审查鉴定意见，纠正1件错误裁判，为申诉人挽回130万元的经济损失。

【监所检察】 2014年，东莞市检察机关扎实开展减刑、假释、暂予监外执行专项监督工作，排查78名“三类重点人员”存在减刑、假释、暂予监外执行等刑罚执行变更情况。排查职务犯罪线索10条，查处并公诉东莞监狱13监区监区长等4人涉嫌贿赂犯罪案件。强化社区矫正监督工作，检察社区矫正人员管理情况1048人次，开展谈话教育280人次。

【控告检察】 2014年，东莞市检察机关受理各类举报、控告和申诉信访1316件，比上年下降11.02%，对群众来信来访反映的问题，均依法妥善进行处理。对23名生活确有困难的刑事被害人发放救助金51.84万元，比上年增长59.47%。推进管护教育基地建设，新增2个“管护教育基地”，将18名嫌疑人纳入管教。

【刑事申诉检察】 2014年，东莞市检察机关受理刑事申诉案件40件，立案复查21件，办结30件，提出、提请抗诉8件。对办案中遇到缠访、闹诉的申诉人，在充分地释法说理安抚情绪的同时，及时予以人性关怀，尽最大努力为其解决生活困难。受理救助申请5件，发放救助金19.79万元.比上年增长98%。

【检察技术】 2014年，东莞市检察机关受理并办结法医检验2件,其保外就医审查49件，协助，现场勘验29次，死刑监督10件。完成涉案文证审查262件。积极推进信息化建设及应用，讯问犯罪嫌疑人同步录音录像2298小时。

【阳光检务改革】 2014年，东莞市检察机关加强执法办案过程的信息公开，实现首批终结性法律文书网上公开，对外发布案件程序性信息5740条、终结性法律文书337份及一批重要案件信息，信息公开工作居全省前列。建成集律师接待、案件查询、法律咨询等功能于一体的检务公开大厅，为群众提供综合高效的“一站式”服务。涉法涉诉信访改革，落实诉访分离原则，出台具体规定，完善诉访分离程序导入、案件办理终结退出等机制，确保符合条件的涉法涉诉信访案件得到及时依法处理；落实信访终结制度，对穷尽法律程序的信访事项，在依法解答、释法说理的基础上及时转办有关职能部门，推动做好后续帮扶救助、疏导化解等落地稳控工作。检察官办案责任制探索，从深化检察改革的调查研究、对接落实和机制创新三个方面扎实做好改革前期工作；借鉴试点单位经验成效，加强对检察官员额、职业保障等问题的研判摸底；建立主诉检察官执法档案，完善案件质量管理制度和责任追究制度。 （石亚明）

**附：2014年东莞市检察院主要领导名录**

检察长：黄文艾（任至7月）

代理检察长：来向东（7月起）

## 公　安

【公安概况】　截至2014年，东莞市公安局有内设单位22个、直属机构4个、分局35个、派出所116个，有民警1.11万人、聘员3470人、职工26人。2014年，围绕创建“平安东莞”总目标，开展涉黄集中整治、“六大专项”（涉毒、涉黄赌、涉食药假、涉电信诈骗及银行卡、涉车、涉枪）及“两抢一盗”（抢劫、抢夺、盗窃）打击整治行动，强化打防管控和队伍建设，构建立体化社会治安防控体系，维护东莞治安大局持续稳定。获批集体二等功9个、个人一等功1个、个人二等功20个，审批集体三等功384个、集体嘉奖133个、个人三等功413个、个人嘉奖2266个。

【公安机关“6+1”专项打击整治行动】　2014年，东莞市公安机关组织开展“6+1”专项行动［“六大专项”（打击整治涉毒、涉黄赌、涉食药假、涉电信诈骗及银行卡、涉车、涉枪违法犯罪）及“两抢一盗”（抢劫、抢夺、盗窃）打击整治行动］，受到市委、市政府高度重视，成立由市委书记徐建华挂帅的专项行动领导小组。市主要领导对专项行动动员部署，督导检查，在财力、人力、物力方面给予倾斜，组织保障力度空前。行动开展以后，全市公安机关联合工商、税务、食药监、电信、烟草、盐务等部门，侦破一大批大要案件（包括公安部督办案件14件和省公安厅督办案件144件），立刑事案件9.97万件，破案2.35万件，抓获犯罪嫌疑人1.17万名，打掉犯罪团伙375个。带动公安机关提升打击违法犯罪的能力，全市立刑事案件数比上年下降8.1%；破获刑事案件数比上年上升11.8%，呈现立案下降、破案上升的局面，夯实社会治安管理基础，实现社会治安环境持续好转，提升群众安全感。

【“扫黄”】　2014年，东莞市公安机关结合“六大专项”打击整治行动，以“2·9”专案的侦办为起点，以“三个月”时间为限，按照“以打开路，先治标、再治本”和“三个月”又“三个月”再“三个月”的思路，一轮一轮地深化“扫黄”工作。掀起“重点严打”“深挖扩线”“网络清污”三大战役，侦破“2·9”专案11件目标案件和“2·25”“3·25”专案，2月9日至12月25日，立“涉黄”刑事案件566件，查处“涉黄”治安案件1092件，抓获犯罪嫌疑人1001人、处理违法人员2919人。对全市有牌有证的1611间娱乐服务场所全面实施停业整治，制定验收标准，逐间复业验收，截至2014年，验收合格准予复业的1188间，整体复业率73.7%。保持高压整治态势，组织开展6次集中统一清查和交叉检查行动，实行滚动巡查，取缔娱乐服务场所64家，吊销证照18家。实施倒查督办，对2013年7月起办结的“涉黄”线索和案件全面开展倒查，重新核实线索27条，对没有查深查

**莞邑卫士　忠诚为民**

2014年10月12日，东莞市公安局举办警察开放日活动

透的6件案件重新侦查；对正在侦查、办理的“涉黄”案件进行执法质量考评，挂牌督办8件。强化娱乐服务场所常态化监管，健全完善娱乐服务场所管理机制。截至2014年，基本消除规模性、依托娱乐服务场所、由场所从业人员组织实施的“涉黄”违法犯罪活动，建立完善打击整治和规范管理的长效机制，“涉黄”问题得到较为彻底的整治。

【娱乐服务场所管理系列政策文件出台】 2014年，东莞市加强和规范娱乐服务场所管理，出台系列政策文件。实行“两级双警”，每间娱乐服务场所落实1名分局领导、1名分局民警和1名辖区派出所领导、1名辖区派出所民警作为监管责任人，并悬挂公示牌公布场所监管责任人信息。强化教育培训，细化“1+4”系列政策文件，制作10本宣传小册子、1张教培光盘和1张娱乐服务场所监管工作流程图，举办学习培训班对各公安分局娱乐服务场所监管责任领导和责任人进行系统培训。强化示范引领，在虎门镇开展加强和规范娱乐服务场所管理示范点建设，并于10月24日以市综治委名义在虎门镇召开示范点推广会，同时，选取南城、寮步、塘厦等进一步扩大娱乐服务场所监管示范带动效应。落实建档盯防，按照“一场所，一档案；一档案，一批人”的要求，对所有复业和未复业的娱乐服务场所及从业人员全面建档，实现信息化管理，梳理出重点场所、人员纳入“黑名单”看死盯牢。施行视频巡查，依托互联网，将正在营业的娱乐服务场所视频监控信号实时接入到分局，建立视频巡查机制和平台，提高对场所涉黄赌毒违法犯罪及时预防、实时发现和精确打击的能力和震慑作用。实行分级管理，优化场所等级评定机制，分5个治安等级规定治安检查频率、次数，按场所类别逐一细化监督检查标准、量化处罚标准，实施分级管理。加强日常巡查，指导督促分局建立健全娱乐服务场所日常巡查管理目标责任制，明确检查流程。并根据需要定期或不定期组织开展重点检查、集中检查、异地交叉检查和“飞行检查”。开展警示谈话，集中开展打击整治涉黄问题警示谈话活动，表明公安机关“扫黄”工作的坚决态度，逐一签订治安管理责任书，督促场所合法、规范经营，消除“房、床、锁、灯、窗、铃、影、人、照、证”十个方面的涉黄隐患。

【高清视频监控点建设】 2014年，东莞市将建设6000个一类高清视频监控点工作纳入市政府“十件实事”项目。由公安机关提出功能需求，各镇街自主投资并进行招投标建设。全市投入建设资金7亿多元，建成高清视频监控点6935个，超额完成建设任务。在系统建设中，所有监控点均采用200万像素以上的高清摄像球机，在视频图像清晰度上有较大提高。高清治安视频监控系统建成后能兼容标清、高清图像接入，实现与市公安局互联互通，并充分运用国内外高清视频应用成熟技术，整合视频浓缩摘要、视频诊断、人车剥离等智能化功能，为公安机关预警防控、指挥联动、

① 2014年2月9日，东莞市公安局组织开展全市扫黄大行动

② 2014年5月13日，东莞麻涌分局捣毁一个以运沙船作伪装的聚众吸毒窝点

③ 2014年1月6日，市公安局举办首场送文艺下基层巡演活动

情报研判和调查取证提供一个智能化应用平台。2014年全市应用视频监控系统累计破获各类案件579件，抓获违法犯罪嫌疑人261名。

【治安管理】　2014年，东莞市公安机关做好治安维稳工作，排查化解劳资纠纷、征地拆迁、涉法涉诉等重点领域引发的不稳定因素915件，依法妥善处置城巴司机罢驶、高埗裕元鞋厂员工罢工、虎门赤岗村民阻止建筑工地施工等各类群体性事件268件。完成“加博会”“漫博会”“海博会”等56场大型群众性活动安全保卫任务。加强行业场所治安管理，通过实施建立档案库、重点盯防、分级管理、巡查监管、视频巡查、警示教育、责任捆绑等措施，强化娱乐服务场所常态化监管；同时，强化旅业实名制登记暗访工作，实地暗访检查旅业265间，处理违法违规旅馆322间次，吊销旅馆特种行业许可证5间，取缔无证经营旅馆2间，并对游艺娱乐场所、二手手机行业、旧货流通市场、轮滑场所、校园周边出版物市场等开展清查整治，督促其依法规范经营。强化危爆物品管理，对全市33个涉爆地点和207家剧毒化学品从业单位开展“拉网式”大检查，发现并落实整改安全隐患30处，杜绝危爆物品流入社会。

【户政管理】　2014年，东莞市公安机关推进东莞市人才入户工作，办理人才入户1.25万人，其中积分制人才入户8801人，条件准入类人才入户3710人；组织户政部门开展为期2年的户口登记专项清理整顿；开展居民身份证登记指纹信息离线采集，为老弱病残等行动困难群众提供上门采集指纹信息服务；开展无户口人员的调查摸底；开展18周岁以上人口信息无相片人员清理核对，完成省公安厅下达的无相片人员清理阶段工作任务；按时保质地完成一年一度人口统计年报，及时纠正户口登记中重登、漏登及差错等问题；办理市外迁入2.13万人；发放第二代居民身份证9.40万张；签发临时身份证2.12万张。

## 2014年东莞市户籍人口

| 年份 | 户数 | 人口 | 其中 | |
|---|---|---|---|---|
| | | | 农业人口 | 非农业人口 |
| 2014 | 558833 | 1913879 | 922138 | 991741 |

【流动人口管理】　2014年，东莞市公安机关继续推广应用流动人口自助申报系统，方便企业、出租屋经营者报送从业人员和租住人员居住登记信息，新安装自助申报系统2.17万套，录入流动人口183.9万人。同时，加强流动人口居住登记和居住证办理，新登记流动人口信息191万条，制发居住证110.5万张，擦写居住证78.8万人次，并依据流动人口办理居住证情况，协助有关部门核查4.9万名流动人口居住证、居住年限，依法保障流动人口享受积分制入户、车辆入户、报考驾照、老年人乘车以及其子女积分制入学、异地中考、异地高考等权益。截至2014年6月30日24时，东莞市有暂住人口415.86万人，其中男性210.36万人，女性205.50万人，比上年略有减少。按暂住人口来源地分，广东（除东莞市外）、湖南、广西、四川、湖北、河南、江西等7个省（区）在东莞市的暂住人口占总人数的76.84%；按从事行业分，务工、务农、经商、服务等4种行业暂住人口占总人数93.62%；按在东莞居住地分，长安、虎门、塘厦、厚街、凤岗、常平、南城、东城、寮步、清溪等10个镇街的暂住人口占总人数的52.6%。

【出租屋管理】　2014年，东莞市公安机关按照市政府为民办“十件实事”工作部署，全面开展“平安出租屋”建设，以“底数清、情况明、动态准”为总目标，实现出租屋信息采集率95%以上，租住人员信息采集率95%以上，流动人口居住证办理率90%以上。落实出租屋网格化管理，实行定人、定责、定岗，落实警务区民警、户管员、屋主、二手房东的责任，并按不同出租屋治安状况，分类采取日巡、周巡、月巡等方式，掌握出租屋及租住人员动态。针对出租屋存在的突出问题，组织开展清理整顿专项行动，重点加强对治安复杂区域、时租日租出租屋的治安管理，依法取缔非法出租，严厉打击出租屋内各类违法犯罪活动。截至2014年，累计采集出租屋信息26.95万座/套，登记率97.6%；登记流动人口有效总人数399.9万人，登记率96.17%；持有效居住证总人数383.26万人，办理率92.16%，完成任务目标数。

【出入境管理】　2014年，东莞市公安机关推出一系列便民利民措施，提升窗口服务水平，加快证件签发速度，实现为外国人办理签证和证件时间平均缩短40%，为中国公民办理证件和签注时间平均缩短30%；推出省内居民“一证办”服务模式和往来港澳台通行证和护照申请表格“三表合一”等便利措施，让申请人免去复印证件资料、减少填写表格数量；启用“网上预受理系统”，实现网上预受理后最快15分钟内办理完毕，并在出入境接待大厅内增设自助缴费机和自助取证机，实现最快2分钟缴费、取证完毕；签发电子往来港澳通行证，5月20日起开始签发电子往来港澳通行证，至年底，签发电子往来港澳通行证和签注18.13万人次；继续将护照业务前移，在第二批17个镇街开通受理服务，截至2014年，全市有25个镇街公安分局可受理全市户籍居民电子护照业务；提供暑假高峰期（7月12日至8月16日）周六对外办公服务，解决暑假高峰期群众扎堆办证问题。全年办理各类出入国（境）证件、签注169万人次。

同时，加强对“三非”（非法入境、非法居留、非法就业）境外人员的查处力度，查处911人次（台湾居民89人次，外国人822人次），遣送59批次620人。

【经济犯罪打击】　2014年，东莞市公安机关重拳打击重大涉税犯罪，立涉税案件76件，破案74件，其中侦破发票违法犯罪案件61件，抓获犯罪嫌疑人67人，收缴伪造发票25万余份，涉案金额2000余万元；打击重大金融犯罪，立金融犯罪案件881件，破案346件，其中市公安局受理经济案件12件，立案11件，破案6件，抓获犯罪嫌疑人22名，涉案金额近20亿余元，挽回经济损失2000多万元；打击传销犯罪，破获传销案件11件，刑事拘留犯罪嫌疑人41人，逮捕32人，移送起诉32人，行政处罚280人；开展“猎狐2014”行动，按照公安部部署，市公安局对在逃境外经济犯罪嫌疑人逐一摸底排查，落实追逃措施，经过两个多月的努力，劝返、抓获3人。全年受理经济犯罪案件1554件，立案1568件，涉案总额26.51亿元，破案851件，比上年增长60.57%，挽回经济损失3.81亿元。刑事拘留犯罪嫌疑人49人，逮捕犯罪嫌疑人35人，移送起诉35人，协助外省市办案219件。

【“平安公交”创建】　2014年，东莞市将打击公交车上违法犯罪作为年度“十件实事”之一，并提出“公交车上违法犯罪警情数比上年下降5%”的目标。为确保任务完成，市公安局相继制定出台《全市公交民警强化节假日期间公交治安打击和防范工作实施方案》《东莞市公安局重点整治公交治安警情高发区域、线路专项行动实施方案》等防控措施，完善公交治安防控体系建设，打击突出违法犯罪活动。同时，开展公交安全防范宣传活动129场（次），走访40家公交企业、32个站场和25条重点线路，派发宣传防范单张和小册子20多万份，收集意见和建议21条并落实整改，并通过东莞移动分公司发送创建“平安公交”公益短信5次62万条，提高建设“平安公交”宣传防范覆盖率。整治公交线路15条，侦破公交犯罪案件317件，打掉犯罪团伙41个，抓获处理违法犯罪嫌疑人484人，并先后为11名勇于与犯罪分子作斗争的司机和群众申报市见义勇为基金奖励，压缩全市公交警情，全年发生公交警情3194件，比上年下降8.3%，完成市政府“十件实事”工作目标。

**【交通事故预防】** 2014年，东莞市交警部门强化交通安全整治，排查交通安全隐患，加强重点车辆管理，拓宽交通安全宣传广度深度，预防交通事故。累计查处违法案件192.8万件（其中记分处罚162万件），查处醉酒驾驶615件，治安拘留1229人，刑事拘留1023人，排查整改省督办事故隐患路段3处。并创新通过采取异地用警、规模用警、集中办案的方式开展全市打击醉酒驾驶统一行动，起到震慑和宣传效果。全年发生伤亡交通事故6259件，死亡751人，受伤6978人，死亡人数比上年减少22人。

**【交通拥堵问题治理】** 截至2014年，东莞市机动车总量达165.1万辆，其中汽车保有量155.9万辆，机动车驾驶人202.5万人。2014年，新增汽车入户23.5万辆（平均每个工作日入户800多辆），新增初学驾驶人23.5万人。为缓解机动车保有量不断增加所带来的交通拥堵问题，东莞市交警部门通过优化交通组织、完善交通设施、合理调整红绿灯配时等措施，积极提高道路通行能力。2014年，改造完成东纵路光辉家私城路口、四环路埃索加油站路口等25个路口，排查整改交通标志标线325处，在51个路口设置126条右转弯专用道，在市区39个路口安装新型电子警察，并通过优化红绿灯信号配时，使市区绿波带达到27条。

**【车辆、驾驶员管理服务水平提升】** 2014年，东莞交警部门拓展“东莞交警”政务微信平台功能，增加车管所办事大厅排队叫号情况查询、预受理业务邮政办理进度查询、交通违法罚款微信支付、驾驶证记满12分审验学习等功能。截至2014年，微信账号关注人数达39.1万人，累计访问量5605万多次，并被评为“广东十大优秀服务号”。启用车管所寮步新业务楼，增设业务窗口至36个，窗口群众日办结业务由原来的700件提高到1000件。创新服务举措，将六类十四项业务下放到镇街交警大队，方便群众就近办理业务，并实现提交体检表、记分教育学习、现场拍摄照片等业务一站式办结。积极解决驾考积压问题，通过抽调考试员重点攻坚，组织考试员周六加班等措施，将科目三平均考试能力从每月2.1万人提高到4.7万人。

（李寒来）

**附：2014年东莞市公安局主要领导名录**

党委书记、局长、督察长：

严小康（任至2月）

杨江华（2月到任）

▲ 旗峰路

## 司法行政

【司法行政概况】　截至2014年，东莞市司法局内设机构9个，直属机构5个，干部、职工108人。全市司法行政系统有司法分局32个，工作人员377人；法律援助处1个，法律援助办事处32个，法律援助工作站15个，法律援助联络点（或联络员）956人；律师事务所148个，从业律师1878人；公证处3个，职业公证员26人；基层法律服务所32个，持有法律服务工作者执业证的90人；人民调解委员会1573个，人民调解员1.48万人；司法鉴定机构13个，司法鉴定员154人。2014年，东莞市司法局围绕“平安东莞”“法治东莞”建设和“社会矛盾化解年”等专项工作，推进法治宣传育民、法律服务便民、人民调解和民、法律援助惠民、帮矫“两类人群”安民五项工程，积极构建覆盖城乡的公共法律服务体系，提供优质高效的法律服务保障。东莞市司法局被省司法厅记集体二等功一次；市法律援助处获评第四届广东省“人民满意的公务员集体”，成为东莞市2014年唯一获此殊荣的集体；31人记三等功或嘉奖。

【一村（社区）一法律顾问工作】　2014年，东莞市司法局制定深化一村（社区）一法律顾问工作实施方案，从7月起每年给予驻村（社区）法律顾问1万元财政补贴，并选取工作基础较好的长安镇、洪梅镇作为试点培育，打造一批样板村（社区），召开全市推进会总结推广其经验。推动全市592个村（社区）均配备法律顾问，实现一村（社区）一法律顾问全覆盖。截至2014年，全市驻村（社区）法律顾问提供法律咨询1.26万人次，开展法治讲座165场（次），起草修改村规民约、审查合同1029件，出具法律文书356件，办理法律援助案件206件，参与调处纠纷500件，促进村（社区）依法自治管理，化解基层社会矛盾，提升群众法律意识。

【普法宣传】　2014年，东莞市司法局实施“六五”普法规划，开展法治宣传教育活动648场次，现场参与人数超55万人次；开展法治讲座1033场次，听课人数47万人。加强重点人群普法教育，在34所学校试点建设“校园法苑”，推进法治教育课堂化；在车站码头、广场公园、工业园区组织“法伴我行”“带法回家”等“外来务工人员法治宣传月”法治宣传教育活动，加强企业法治文化建设。创新法治宣传教育手段，在《东莞日报》创办《法治东莞导刊》，开通“东莞普法”微信，利用电视、电台、报刊、网络和微博、微信等渠道传播法治正能量，建立电视电台法治宣传栏目25个，法治宣传网站、专栏31个，市、镇街两级媒体播放法治宣传公益广告5.22万条（次）。其中，和东莞电台

2014年9月5日，全市一村（社区）一法律顾问工作推进会议召开，市委副书记姚康（中）出席会议并讲话

共建的以案说法平台“空中普法基地”获评“广东省法治文化建设示范点”。培育法治宣传教育“一镇街一品牌”，形成凤岗客家山歌普法、清溪“五子麒麟”普法，洪梅花灯普法、寮步“香市讲法”电视栏目和法治公园建设、茶山“普法夜市”、莞城“10号普法日”、长安镇校合作普法、微信和法治小区建设、塘厦“司法大讲堂”、横沥“法治涂鸦公园”等系列地方普法特色品牌。

【人民调解】 2014年，东莞市司法局依托村（社区）和企业工会组织，加强企业人民调解组织建设。强化对行业性、专业性人民调解组织的指导，制定《东莞市医疗纠纷预防与处理办法》，联合基层法院建立医疗纠纷诉调对接联动机制，指导市医疗事故调解委员会在大朗、长安两镇试点建设工作站。市医疗事故调解委员会全年受理案件236件，全部调解成功，调解成功率、协议履行率和双方满意率均为100%，涉及金额要求1.04亿元，最终调处达成1058.7万元，全市“医闹”事件比上年下降38%，重大医疗纠纷数量上升的势头得到较好控制。开展“社会矛盾化解年”工作，加强与人力资源、工会、公安等部门的资源信息共享，做到矛盾纠纷提前分析、预警预判与应急防控。排查矛盾纠纷772次，预防矛盾纠纷1480件。全市各级人民调解组织受理矛盾纠纷1.39万件，调解成功1.37万件，调解成功率98.5%，防止民间纠纷激化213件，防止民间纠纷引起自杀4件，防止民间纠纷转为刑事案件1件，防止群体性上访228件。

【社区矫正和安置帮教】 2014年，东莞市司法局推进社区矫正执法规范化，制定社区矫正工作指引、社会调查评估工作指引、社区服刑人员出入境证件管理办法等。推进社区矫正信息化监控，在全省率先建设市级社区矫正中心；完成省社区矫正管理信息系统二次开发，率先在全省增加视频通话抽查等多项功能，信息化监控网络实现市域全覆盖，覆盖率和监控效果均位于全省前列。加强刑释解教人员帮教，最大限度预防和减少社区服刑人员、刑释解教人员重新违法犯罪。全年新增社区服刑人员444人，解除矫正359人，在册547人（含非东莞户籍人员251人，港澳台地区、外国籍人员49人）。全年新增刑满释放人员326人，在册1309人，安置1287人，安置率98.5%，帮教1309人，帮教率100%。

【律师管理】 2014年，东莞市司法局加大律师队伍建设，优化服务能力。律师队伍不断壮大，业务稳步增长。全市共有执业律师1878人，律师事务所148家，新设律师事务所2家，新增执业律师163人。全市律师全年代理诉讼案件1.99万件，办理非诉讼法律事务2.21万件，担任企业常年法律顾问3597家，律师服务收费达3.13亿元。律师行业履行社会责任，积极参与突发事件应急和信访值班，发挥在重大群体性纠纷调处中的中立性和专业性作用。其中，4月高埗裕元鞋厂大型劳动争议纠纷事件发生后，立即调动工会律师服务团85名律师，组织律师进厂参与矛盾纠纷化解，促进事件解决，得到市委、市政府和省司法厅的高度好评。全年组织律师71人次参与市委、市政府信访值班，接待群众161批748人次。

【公证服务】 2014年，东莞市设立东部公证处塘厦办事处，优化公证办证系统、管理平台，实施短信通知服务、

① 2014年4月30日，东莞市首家公证派出机构——东部公证处塘厦办证点在塘厦镇挂牌成立

② 2014年9月20日，省司法厅副厅长梁震（前排左二）视察2014年国家司法考试东莞考区工作

③ 2014年8月15日，全市律师事务所主任暨合伙人工作会议在市会议大厦召开

2014年6月21日，市司法局合唱团参加东莞市第三届合唱节比赛获金奖

试行网上受理部分公证申请事项等便民措施。受理公证案件7.12万件。公证机构为政府采购、重大建设工程项目招投标、国有土地招挂拍、车牌拍卖、福利彩票、学位派位等提供服务，并以公证服务助推企业转型升级，承办政府采购公证295件，土地拍卖公证112件，"进企业"上门办理公证196件，为企业减免公证费用293.06万元。

【司法鉴定管理】　2014年，东莞市司法局开展司法鉴定业务质量评查活动，积极组织机构参加能力验证，做好机构认证认可推进工作，严格履行司法鉴定行政审批职责，加大对司法鉴定执业活动投诉的查处力度，继续推进全市司法鉴定行业诚信建设。办理司法鉴定行政审核审批103件，查处投诉案件6件，全市司法鉴定业务量达9365件。

【法律援助】　2014年，东莞市司法局在有关单位、各村（社区）设立法律援助志愿服务岗，建立完善法律援助机构与市医疗事故调解委员会、民族宗教局的工作联系机制，积极参与并妥善处置多件重大群体性事件。规范管理法律援助工作，出台社会律师值班、法援联络点、案件归档等工作指引，明确工作职责。加强案件质量监督，组织开展案件庭审旁听、案件回访、电话询问当事人以及法援案件归档材料评查等活动，监督案件承办人员的庭前准备、庭审纪律、庭审表现和服务质量等情况。开发法律援助案件管理系统，优化办理流程，达到科学管理、统计、分析法律援助案件情况的目的。办理法律援助案件4984件；包括刑事法律援助案件2524件，民事法律援助案件2460件（含群体性案件58件，涉及1434人）。接待来访群众8603人次，接听"12348"法律援助热线8190人次，代写法律文书444份，受理司法鉴定援助39件，为受援人避免和挽回经济损失2925万元。

【基层法律服务】　2014年，东莞市司法局加强基层法律服务工作者职业纪律和规范管理，首次将全市95名基层法律服务工作者信息对外公示，引导基层法律服务所当好镇街党委政府、村（社区）、企业和人民群众的法律顾问。各基层法律服务所担任常年法律顾问593家，解答法律咨询2.61万人次，为镇街政府提供法律依据、合同把关数6762件，民事诉讼代理758件，非诉讼法律事务代理719件，协办公证87件，见证3793件，避免或挽回经济损失1.99亿元。

【公职律师服务】　截至2014年，东莞市有31名执业公职律师。2014年，东莞市加强公职律师管理，加大业务培训力度。公职律师服务所积极承办涉市政府民事案件，为政府部门和镇街提供法律服务，推进法治政府建设。

【国家司法考试】　2014年，东莞市司法局提请市政府首次建立由市政府分管领导牵头、司法行政机关协调相关职能部门开展工作的国家司法考试组织实施机制，确保东莞考区各项工作平稳、安全、顺利进行。2014年，全市有2030人报名参加司法考试，报名人数在全省17个考区中名列第三位。　（陈　洋）

**附：2014年东莞市司法局主要领导名录**

党组书记、局长：郭瑞华

## 政府法制工作

【依法行政工作】　2014年，东莞市法制局扎实推进法治政府建设，依法行政工作取得新进展。"较大的市"申报工作　继续跟进"较大的市"申报工作。1月，代市政府草拟向省政府、国务院再次提交申报"较大的市"的书面申请；5月，陪同市长袁宝成前往国务院法制办拜访并汇报相关工作；7月，省人大法工委、省法制办来莞专题调研"较大的市"有关情况，市法制局受市政府委托作专题汇报，积极争取省的支持。依法行政考评　2月，完成2013年度全市依法行政考评工作。做好省依法行政考评组来莞考评的迎检工作，协助市政府组织召开依法行政专题汇报会、陪同省依法行政考评组开展实地考评等，保障考评工作进行。修订完善全市依法行政考评方案，形成《东莞市2014年依法行政考评方案》并印发施行；9月，召开全市依法行政考评暨镇街法制机构建设推进会，布置2014年全市依法行政考评工作；第四季度，对全市各部门和镇街依法行政工作进行考评抽查，分片召开依法行政工作督导会，现场检查点评各单位2014年度依法行政考评情况，指出存在问题，有针对性提出整改措施，以考评促落实。镇街法制机构示范市　7月底，提请市政府在尚未建立法制机构的镇街设立法制办；9月，市编委发出《关于进一步规范镇街法制机构设置的通知》，实现镇街法制机构全覆盖，完成省关于推进“镇街法制机构建设示范市”创建任务。镇街法律顾问制度　提请市政府印发《关于建立镇街法律顾问制度的实施意见》，以镇街法制机构为平台，建立以政府法制机构人员为主体、吸收专家和律师参加的法律顾问队伍，将政府法律顾问制度建设延伸至镇街。依法行政报告　代拟《东莞市2013年依法行政情况报告》，提请市政府审定后报送市委、市人大常委会和省政府。6月，应市人大常委会要求，代拟本届政府组成以来的《东莞市依法行政工作情况报告》，副市长杨江华在市第十五届人大常委会第十九次会议上作报告。

【法律审查论证】　2014年，东莞市法制局加强对重大决策、重要行政措施的合法审查和法律论证，预防和消除决策中的法律风险。法律审查　对市府办转办的641份来文及重大政府合同提出法律审查意见，办结综合执法局上报市政府违法建筑强制拆除案件18件，环保局提请市政府作出行政处罚案件5件、限期治理案件4件。规范性文件管理　提请市政府下发《东莞市人民政府2014年度规范性文件制定计划》，选定市经信局等14个单位的22份文件纳入计划管理，办理市政府规范性文件17件，办结省立法征求意见19件。完成镇街规范性文件备案553件、部门规范性文件前置审查45件。《东莞市重大行政决策听证办法》　草拟《东莞市重大行政决策听证办法》（征求意见稿），邀请镇街和职能部门相关人员召开征求意见座谈会，通过“中国东莞”门户网站和阳光网面向公众征求意见和建议，并于12月19日经市政府常务会议审议通过。

【行政复议应诉】　2014年，东莞市法制局坚持“复议为民”理念，综合运用调解、听证等手段，化解行政争议，收到良好社会效果。行政复议委员会　8月，东莞市印发《东莞市人民政府行政复议委员会试点工作实施方案》，在市政府及市属具有行政复议权的部门开展试点，建立相对集中行政复议审理工作体制。制定《东莞市人民政府行政复议委员会工作规则》等配套工作制度。行政复议案件　全年新收行政复议申请375件，处理完结327件，其中立案阶段，通过解释说理，申请人在立案前自愿撤回申请32件，依法作出行政复议不予受理决定7件，依法转送并告知申请人向有关行政复议机关处理的6件；审理阶段，维持199件，终止75件，撤销原具体行政行为2件，确认原具体行政行为违法2件，责令履行职责3件，驳回复议申请1件。行政应诉答复　出庭应诉以市政府为被告的行政诉讼案件31件，审结8件；办结以市政府为被申请人的行政复议案件答复2件。

【行政执法监督】　2014年，东莞市法制局加强行政执法监督，促进行政执法透明化，规范化。重大处罚备案审查　完成重大行政处罚案件审查1.32万件，针对交通部门适用自由裁量标准时没有记载相应违法事实，公安部门没有依法执行减免处罚相关规定、个别处罚案件违法事实不清、不执行自由裁量标准等发出审查意见10份。强化执法资格管理　赴虎门、樟木头等镇组织执法人员参加换证培训考试，协助市文化广播电视新闻出版局、综合执法局、房管局等市属执法部门执法人员完成换证考核，全年完成4144个执法证件的申领和发放。行政处罚自由裁量权标准修订　3月起，牵头组织对市公安局等38个行政执法部门在有效期届满前对行政处罚自由裁量标准进行评估修订。督导上述部门于8月1日将修订后的行政处罚自由裁量标准以部门规范性文件形式对外发布实施。审批事项审查　根据市政府《2014年行政审批制度改革事项目录（第三批）》规定，承办10个放权部门制订的实施方案和行政委托协议的事前审查工作，审查下放中心镇（园区）58项经济社会管理事项。

【政府法律服务】　2014年，东莞市法制局围绕市重点工作，履行法律参谋助手职责，为党委政府决策提供法律支持。“两建”工作　按照《广东省社会信用体系和市场监管体系建设工作考核指标评分表（2013年度）》要求，参与东莞市社会信用体系和市场监管体系建设（“两建”），配合完成省考核组到东莞市实地检查考核。办理建议提案　完成《关于加强基层政府依法行政，依法及时制止极端维权行为的建议》等法制局主办及协办的市人大代表、政协委员建议（提案）13件。对2013年主办的重点提案进行“回头看”，将重点提案落实情况报告市政协和提案人。首场年票征收新闻发布会　为配合和推动路桥年票征收工作开展，按照东莞市安排部署，市法制局以“年票征收合法依规”为主题，组织召开首场年票征收新闻发布会，邀请有影响的专家、律师接受采访，营造年票征收和追缴工作有利舆论氛围。参与政府重点工作调研　随同市主要领导前往厚街、松山湖等调研；先后派员参与“娱乐服务场所平安创建‘1+4’扫黄整治长效机制系列文件”起草，市住房公积金有关追缴问题专题调研，市房管局有关《东莞市住宅专项维修资金管理办法》修订问题调研考察，配合对《东莞市公共基础设施建设项目征地拆迁补偿标准规定》进行修订等。

【法制教育培训】　2014年，东莞市法制局综合利用多种形式加强教育培训，提升法制工作人员业务能力水平。换证培训　组织行政执法人员学习国务院、省、市有关依法行政和法治政府建设方面的重要文件以及《行政强制法》《广东省行政执法责任制条例》等行政法律法规，提升执法人员依法行政意识和法律知识水平，培训行政执法人员4142人次。依法行政及行政应诉培训　6月中旬，举办2014年全市依法行政及行政应诉培训班，市政府直属单位、各镇街（园区）法制办近200人参加培训，培训设置行政败诉案件评析、政府信息公开工作存在的问题与对策、行政首长出庭应诉及行政执法责任制的现状和工作要求等课程，传达广东省建设行政执法责任制示范市工作总结会议精神，通报东莞市近年行政执法责任制及行政首长出庭应诉工作情况，并就下一步工作提出指导意见。规范性文件监督管理培训　9月，举办全市规范性文件监督管理培训班，市属各单位、各镇街近80人参加培训。此次培训对规范性文件管理监督内容详细介绍，就《广东省人民政府办公厅关于进一步加强行政机关规范性文件监督管理工作的意见》等文件详细解读，提出具有针对性和指导性的建议。法制办人员跟班学习　组织全市中心镇（园区）法制办7名人员到市法制局跟班学习培训，帮助其熟悉法制工作，提升法治思维和依法办事能力。　（梅　鑫）

**附：2014年东莞市法制局主要领导名录**

党组书记、局长：罗乐英

# 军　　事 LOCAL MILITARY AFFAIRS

东莞军分区营院大门

编辑：刘　丹

## 东莞军分区

【军分区政治工作实战化能力提升】 2014年，东莞军分区坚持用军委主席习近平重要讲话，特别是用强军目标指导、推动工作。召开常委会，围绕“牢记强军目标、建设一流分区”进行专题研究，对接未来战争、对接部队任务、对接个人岗位，查找影响战斗力标准确立、制约战斗力建设的突出矛盾和问题，在加强战斗力建设的硬件和软件上拿出对策措施；组织观看《较量无声》等纪录片，联系战备训练实际、民兵预备役和国防动员体系建设实际，开展“我为战斗力建设献一计”活动，把战斗力标准贯彻落实到部队建设和各项工作中，体现到党委谋划决策、选人用人、力量统筹、资源配置等方面，落实到军事、政治、后勤各部门业务工作中，初步形成向打仗用劲的浓厚氛围和按战斗力标准搞建设抓工作的良好局面。11月，军分区组织市民兵情感联络分队60名队员参加全省民兵心理战情感联络分队第一次“考、比、拉”练兵活动，完成各项保障任务，取得总分第一名。

【军分区军事斗争准备】 2014年，东莞军分区抓好战备教育、战备值班、战备演练等日常战备制度落实，保持正规战备秩序和良好戒备状态。一季度，组织完成全市国防工程和军事设施普查清查，更新完善数据资料，加大管理工作落实；5月，完成《大规模作战背景下东莞地区地面防卫作战主体预案》和10个配套方案计划的修订；专题召开作战会议，研判形势，主动作为，落实2艘200吨级渔船待命行动。8月，完成《东莞军分区应对突发事件总体预案》修订。9月，牵头组织军地相关部门加紧12类专项预案的修订，为部队民兵预备役遂行非战争军事行动任务提供预案依据。紧贴任务提高军事训练实战化水平，先后组织首长机关军事理论学习和专职武装干部集训各1期共14天，重点提高军事领导机关和“一线指挥部”的带兵打仗能力；分6个批次组织全市民兵应急分队1320人42天的集中轮训，组织138名民兵轻舟分队骨干集训，提高应急处突和抢险救灾能力；派员参加省军区防空分队指挥员和特种专业骨干集训，组织边海防民兵战备执勤分队参加南海舰队训练基地对口训练，提高兵种专业素质。10月，组织民兵高炮分队按实战化要求进行为期20天的集中强化训练，并接受省军区考核，得到考核组一致好评。同时，坚持常态化练兵用兵，先后3次组织军分区本级、民兵武器装备仓库及镇街民兵应急分队紧急出动演练；累计出动民兵预备役2万余人次，参加防汛救灾、山林灭火、防御台风、反恐维稳、安保警戒等任务，特别是在4月高埗裕元鞋厂员工大规模聚集罢工事件、“5·11”强降雨抢险救灾行动中发挥重要作用，维护人民群众生命财产安全和社会稳定。

【国防后备力量建设】 2014年，东莞军分区着眼大规模作战需要，坚持国防动员建设向保障打赢聚焦。第一季度，组织完成大规模作战国防动员需求对接，修订完善国民经济、民用运力、科技装备、政治动员保障方案以及人民防空行动等方案。第二季度，开展国防动员潜力调查与核对，完善市国防动员信息数据，建立常态化国防动员需求对接机制。完成市国防动员委员会制式标牌在同级政府办公地点悬挂工作。稳步推进民兵预备役部队调整建设，整组后，全市基干民兵分为应急队伍、支援队伍和储备队伍三大类组建，结构布局优化。积极适应征兵时间调整和改进作风要求，规范征兵工作秩序，高标准完成730名义务兵（男兵715名、女兵15名）征集任务，征集大学以上学历新兵390名，占53.4%；高中以上学历718人，占98.4%。兵员征集质量稳定提高。直招士官5名，部队反映良好。统筹协调全市大、中学生军训工作，加强以市国防教育训练基地教学骨干为主体的帮训力量建设，加大训练保障，提高训练质量和效益。

【军分区保持安全稳定局面】 2014年，东莞军分区结合新营院搬迁工作，抓好武装系统正规化建设。2月9日中央电视台曝光东莞“涉黄”事件后，社会舆论广泛关注，驻军官兵思想也产生强烈震动，为此，党委及时组织驻莞部队主官召开联席会议，通报有关情况，分析思想形势，研究工作对策，积极主动作为，维护军队良好形象，保持部队纯洁稳定，有关做法被广州军区《政工简报》和省军区《机要报》转发，与此同时，党委注重打好意识形态领域斗争主动仗，抓好深化改革的正面宣传和教育引导，激发官兵、专职武装干部和民兵预备役人员拥护支持改革的政治自觉，严格改革中各项纪律，确保政令军令畅通。11月初，接到总部和两级军区清查清理涉徐才厚信息的指示后，党委高度重视，成立工作小组，按照上级明确的时间节点，以翻箱倒柜和拉网式排查的方法，全面清理有关的文件、书籍、杂志、报刊、光盘、U盘、图片、军网信息等资料，清理文件15份、书籍杂志278本、报纸83份，均按要求销毁。针对东莞复杂的社情和舆情，及时成立处置涉军敏感事件组织机构，建立协调机制。协调封控涉军信息8起，化解涉军矛盾12起，协调处理“维权”事务89起，实现东莞地区无重大涉军问题和案件、无重大军警民纠纷、无退役人员进京上访的良好局面。开展“消除安全隐患整治”活动，梳理排查安全隐患126个，采取“列单销账”的方式，逐一进行整治；常委带机关到一线开展调研，收集可行性建议46条，排查隐患苗头28处，防范重大安全问题的发生，先后被省军区评为“预防职务犯罪工作先进单位”“预防犯罪综合治理先进单位”，实现军分区组建20年来无违法违纪的人和事。

【军分区后勤装备保障效益提高】 2014年，东莞军分区结合新营院各项配套设施的完成，加强后勤作战与保障数据库建设，抓好后勤后备力量编组、装备、物资落实。加大对管钱管物等重要岗位人员轮岗，以及重点部门和单位主要领导的审计力度，规范经费管理监督制度，8月通过省军区工作组对军分区为期一周的财务检查和对两位主官履行经济责任审计。清退5套不合理公寓住房，调整7套超面积办公用房，收回老干部带走用车2台。加强岗位练兵，11月初组织为期一周的民兵后勤专业骨干集训。针对军委巡视反馈省军区各方面问题开展自查自纠。抓好基础性经常性装备工作落实，抓好武器装备管理和民兵武器装备仓库正规化建设，落实隐患排查和安全整治，加大制度落实和检查督导力度，切实消除安全隐患。3月省军区到仓库检查并紧急拉动应急分队，获得表扬肯定；第二季度，参加省军区高炮维修骨干集训后，展开高炮检修和自身技术骨干培训，为做好年度民兵高炮分队考核做好装备和技术保障打下坚实基础。

【党管武装体制理顺】 2014年，东莞军分区针对东莞市特殊的行政体制，加强对基层武装系统力量的领导，将32个镇街武装部长全部吸纳为军分区党委委员，并在32个镇街武装部建立党支部，由镇街党委书记任第一书记，583个村（社区）民兵营设立党支部或党小组。3月，在专职武装干部集训暨武装系统党支部书记培训时，组织人民武装部部长、副部长系统学习国家《专职人民武装干部工作规定》。同时结合地方党委换届选举，调整全市“裸官”和交流任职满10年干部等时机，协调市委组织部理顺专职武装干部管理体制，对专职武装干部队伍进行考察调整，优化队伍结构，提升整体素质。这些做法得到广州军区肯定并被总政《政治工作通讯》刊发。

【“双拥”共建工作】 参见“人力资源·社会保障·民政事务”类目第154页同名条目。

【市委常委议军会议】 2014年7月24日，市委书记、市人大常委会主任徐建华在东莞军分区主持召开市委常委议军会议并作讲话。市委常委以及有关列席人员共20多人参加会议。会议讨论审议关于帮助部队解决建设经费、驻军随军家属就业安置、加强烈士纪念设施保护管理工作等3个问题。徐建华在会上强调，全市各级要广泛凝聚争创双拥模范城的合力，要努力推动军民融合深度发展，要全面落实拥军优抚安置政策，要不断加大党管武装的力度，把双拥工作推上一个新台阶，为实现“全国双拥模范城”八连冠做出贡献。

【广东省军区司令员盖龙云到东莞军分区调研】 2014年3月21—22日，广东省军区司令员盖龙云率工作组到东莞，对军分区党委建设进行检查调研，通过个别谈话和座谈、民主测评，同时对14名干部进行体能考核，还到几个镇实地检查武装工作和双拥工作，对军分区党委的各项工作给予高度评价，认为军分区党委能坚持集体领导的原则、党委的执行力比较强，工作成绩明显，精神状态好，同时指出班子建设中存在的问题，要求军分区党委领导要切实贯彻好军委主席习近平系列讲话精神，进一步增强责任担当意识，进一步增进团结，把军分区的各项工作搞得更好。

【东莞市爱国拥军促进会成立】 2014年8月15日，东莞市爱国拥军促进会成立，选举产生首任会长、常务副会长、副会长、秘书长等人选，审议促进会工作架构、人员设置、财务制度等。广州军区原司令员李希林出任首席顾问，玖龙纸业公司董事长张茵、宏远集团公司董事长陈林、鸿福实业公司董事长梁锦枝等13名企业家出任名誉会长。市委副书记、市长袁宝成为东莞市爱国拥军促进会会长颁发牌匾，市委常委、东莞军分区政委刘卫芳为东莞市爱国拥军促进会常务副会长、副会长、秘书长颁发牌匾。中国爱国拥军促进会向东莞市爱国拥军促进会发来贺信。

【东莞1978（桂林）战友联谊年度聚会活动】 2014年4月22日，东莞1978（桂林）战友联谊年度聚会活动在万江街道举行，主题是：军旗在心中飘扬。280多位老兵带着家人欢聚一堂，纪念参军36周年。市人大常委会副主任李满堂参加活动，东莞军分区司令员李庆文为与会人员上国防教育课。截至2014年，东莞1978（桂林）战友联谊会成立有16个年头，成员分别来自长安、虎门等13个镇，共有300余人。老兵们经受过战争的洗礼，退伍回到家乡后，坚持以“为战友解难、为政府分忧、为国家奉献、为军队争光”为宗旨，1999年起，先后捐集400多万元，开展公益活动。

（艾登科）

**附：2014年东莞军分区主要领导名录**

司令员：李庆文

政治委员：刘卫芳

# 武装警察

## 武警支队

【武警支队概况】 2014年，武警东莞市支队围绕强军目标，着力抓经常、打基础、保稳定，持续纠“四风”（指形式主义、官僚主义、享乐主义和奢靡之风）、转作风、正导向，确保各项任务圆满完成。确保了部队内部高度先后被武警总部、总队及省、市评为“连续五年以上‘三无’（无行政事故、无执勤事故、无案件）单位”“大练基本功先进单位”“安全工作先进单位”，二中队连续四年被评为“标兵中队”，三、五中队被总队评为“先进中队”。

【武警支队军事训练】 2014年，武警东莞市支队围绕强军目标，扎实开展对抗演练、评比竞赛及战斗力标准大讨论，部队当兵打仗、练兵打仗、带兵打仗意识明显增强。坚持每月体能考核、拉动演练，严密组织共同科目训练、机关封闭式集训、勤训轮换、冲锋舟集训、反恐比武、“卫士—14”演习和支队军事训练创破纪录活动，提高实战化训练水平。6月18日，武警东莞市支队在参加东莞市反恐应急专业队伍“三到位”（人员、装备、车辆）暨反恐处突推演中表现出色，受到市领导的高度评价。7月19日，在总队东莞片区特勤分队对抗拉动演练中，面对广州、深圳支队特勤分队强手，在三项射击科目考核中取得两个第一名、一个第二名的成绩；参加总队干部队伍“大练基本功”比武竞赛，获团体三等奖，2人进入总队前十名，在总队举办的教练员比武竞赛中取得第六名，并被武警总部评为“优秀教练员”。

【武警支队思想教育】 2014年，武警东莞市支队开展主题教育，围绕“部队建设靠什么、当兵打仗为什么、个人发展凭什么”“听谁指挥，为谁当兵”，开展“明辨是非界限”和“战斗力标准大讨论”，打牢官兵“忠诚卫士”思想根基，支队主题教育做法在《武警报》头版头条刊发，并在总队第四专题授课中介绍展播。通过在营区里贴标语、在队列中举队旗、在点名前喊口号；举行表彰会，先后3次为11名训练尖子颁发奖章证书；宣传“特战先锋”马入林、“苦练精兵”神枪手陈春启、“红色管家”修理工陆金祥的事迹等方法，营造争先创优氛围。为5名随军家属申领一次性未就业补助72万元，投入经费50多万元翻新改造机关干部宿舍，配齐电视机、热水器等生活设施，及时看望慰问住院官兵20余名，使官兵切身感受到组织的关怀。

【武警支队执勤处突】 2014年，武警东莞市支队集中组织开展执勤活动，强化官兵执勤安全意识；协调推进AB门（双门互锁）建设，协调目标单位完成东莞市第二看守所监门改造，完成监门哨上勤工作；严密组织各个执勤点联勤巡逻任务，及时修订完善反恐防袭预案；加大巡逻专勤训练力度，突出抓好以狙击能手为重点的反恐力量建设，做好应对以“车撞、刀砍、爆炸、枪击、纵火、挟持”为重点的各项准备。圆满完成武装巡逻、春运执勤、武装押解、临时勤务等各类。

【武警支队后勤保障】 2014年，武警东莞市支队先后投入300多万元，用于部队基础设施建设和改善基层官兵工作生活条件；先后投入480多万元，为支队特战排和执勤中队配齐反恐装备；协调市三防办配发35万元的抢险救灾物资器材，压减行政性和接待费开支50多万元，全部用于为基层配备巡逻反光衣、购买学习凳、更换木床、安装节气炉等，官兵学习、工作、生活条件明显改善。重视疫情防控工作，及时组织开展防控知识宣传教育，搞好营区卫生清理和蚊虫灭杀，每日安排巡诊，确保营区无疫情传入，确保官兵身心健康。

（李 贤）

**附：2014年武警东莞市支队主要领导名录**

党委第一书记、第一政治委员（兼）：严小康

支队长：黄军民

政治委员：杨君山

## 边 防

【边防概况】 2014年，武警东莞市边防支队开展“雷霆扫毒”“缉枪治爆”“破案追逃攻坚”等专项行动，完成全国、全省“两会”、国庆、APEC会议等时期维稳安保和广东省公安机关反恐汇报表演集训、总队反偷渡专项行动任务。立刑事案件203件，破104件，破案率51.2%；查处治安案件97件，查处违规船舶案件124件；侦破毒品案件5件，缴获毒品527千克；查获偷渡案件4件，抓获5名组织者、72名涉嫌偷渡人员，查获遣返74名“三非”（非法入境、非法留居、非法务工）外国人；查获走私案件38件，案值463.7万元。

【“2014.1.19”特大贩卖毒品案侦破】 2012年8月17日，武警东莞市边防支队联合总队侦查队在虎门镇破获特大走私、贩卖毒品案，抓获4人，缴获毒品K粉45千克。经继续侦查，发现该案还有1个头目和1个制毒师傅在逃，躲藏在横沥镇以某塑料五金厂名义伪装加工毒品。2014年1月18日23时，运毒货车与“探路车”从东莞驶向福建。19日8时许，专案组在福建漳州、广东东莞两地同时行动，在漳州抓获运毒货车与“探路车”，抓获嫌疑人曾某等人，缴获毒品K粉500千克；并在东莞樟木头镇、横沥镇、常平镇查获主犯李某等人，缴获K粉3.4千克、冰毒0.1千克，查获涉案车辆2台，毒资123万元、7.4万港元，捣毁毒品伪装加工厂一家，至此案件告破。为2010年起全国公安边防部队单案查获氯胺酮数量最大的案件。

【爱民固边】 2014年，武警东莞市边防支队开展“三访四见”（访贫问苦、访疾问难、访外问弱，看见、敢见、想见）、“五进门”（民意搜进家门、困难帮扶进家门、案件回访进家门、上访人员疏导进家门）、“学方言用方言”活动，继续推行法制副厂长、“小巡防·大治安”群防群治模式，累计走访群众1.9万户次、7万余人次，制定便民措施，为群众解决急难事2000余件，调处矛盾纠纷91起，联调解决厂企纠纷17件，为厂企员工追回拖欠工资100余万元，辖区没有发生任何群体性事件。新湾公安边防派出所所协调解决金湾花园与广州宏成公司1200余万元工程款纠纷，新民公安边防派出所化解一起因日籍管理人员发表不当言论，导致部分员工集体怠工事件。连续4年举办“渔区青少年军营成长之旅”系列活动，招收渔区留守儿童76人，为驻地学校近5000名入学新生进行军训。

【边防支队政治教育】 2014年，武警东莞市边防支队开展主题教育和“双争”（争创先进政治机关、争当优秀政工干部）、“三守两满意”（坚守党性原则、恪守公道正派、严守清正廉洁，让组织放心满意、让官兵信任满意）、

"讲政治、守纪律、作奉献"专题教育，先后邀请名家教授来队开展12场专题授课，召开经常性思想工作研讨座谈会；举办"是非得失"辩论赛、"精彩一课"授课竞赛和"清正廉洁"书画摄影展，联合市文联开展"东莞作家看边防"采风，组织"身边榜样、前行力量"典型宣讲和第二届"模范警嫂"评选；举行首届"双争杯"篮球赛。与东莞理工学院联合建立警地心理健康服务中心，高标准建设东莞边防廉政文化园，党风廉政工作做法在总队座谈会上作经验交流。战士考学成绩突出，被公安部边防局简报推广；宣传报道工作连续五年获评全省先进单位。

【边防基础建设】　2014年，武警东莞市边防支队加强基础设施建设，争取地方财政经费3164.91万元，比上年增长40.35%。麻涌公安边防派出所建成进驻办公，太平水上公安边防派出所搬迁至虎门港并更名为虎门港边防派出所、新营区建设落实1公顷用地指标、正在组织经费申请和立项报建，实现东莞沿海全线设防目标。推动经济适用房建设，初步确定建设基本架构和方案，完成地块包装设计和用地规划调整。先后投入936.24万元用于为基层办实事，建造2艘摩托艇，购置3辆执勤车辆，新建1个海防监控站，改造船艇大队、新湾边防派出所营区营房，建设船艇大队浮动码头、虎门公安边防派出所太平水上警务室、麻涌公安边防派出所基础配套设备，额外争取330余万购置一批反暴恐装备。

【边防队伍建设】　2014年，武警东莞市边防支队成立督察队，定期开展日常巡查督察，强化官兵日常作风养成。开展"百日安全竞赛"活动，及时消除安全隐患20余处，夯实安全工作基础。深化岗位技能练兵活动，举办各类业务技能培训班12期，军事科目岗位技能评比在全省名列前茅，军械装备、车辆管理工作获评总队先进单位，民警王一粟代表公安部边防局参加公安部直属机关演讲比赛获得第一名，6人获评总队"百佳"政工业务能手，5个集体、26人受到各级表彰。　（张嘉琪）

**附：2014年东莞市公安边防支队主要领导名录**

支队长：余来勇

## 边　检

【边防检查概况】　截至2014年，东莞边防检查站下辖常平、沙田、虎门3个副团级分站，主要担负东莞铁路口岸、虎门港口岸等2个对外开放口岸及所属26个对外开放码头的出入境边防检查任务。2014年，东莞边防检查站检查出入境人员80多万人次，检查监护出入境交通工具1.9万余艘（列）次。

【边防检查管控力度加大】　2014年，东莞边防检查站严格落实人证对照和梅沙系统前台录入三级核查制度，加大对重点国家、重点人员、重点航线的检查控制及出入境人员行李物品的检查力度，规范违法违规人员监管、处理和移交工作，联合公安、口岸辅警开展口岸限定区管控排查，运用生命探测仪加强对船体和集装箱的检查，利用边检巡查艇加强对虎门港区实行不定期巡查，严防不法分子持伪假证件或搭乘交通工具潜入潜出。

【边检执法专业化建设】　2014年，东莞边防检查站推进专业化建设，依托检查员培训基地和各分站培训中心，举办人证对照、证件辨伪、执法办案、梅沙系统应用、应急处突等培训23次，开展业务研讨6次。开展梅沙系统录入"百日安全竞赛"活动。区域性证研中心作用发挥明显，在部局证研网发表证研文章7篇，编写证研期刊3期。与职改站、兄弟单位及驻穗使领馆开展跟班学习、业务交流30多次，与广州边防指挥学校站校合作更加多样化、专业化、常态化。

【边检执法信息化建设】　2014年，东莞边防检查站升级改造指挥中心，打造集语音、视频、网络、图像监控、定位监管等多功能为一体的实战型指挥体系。升级自助查验通道和梅沙系统，推广应用电子证件查验系统，部署启用新梅沙系统五级保障技术，大幅提高通关效率。电子往来港澳通行证查验工作安全顺畅。将沙田分站网络线路带宽扩展至100兆，为建设智能港区提供强力信息支撑。投入经费设计建设集"快速通关、移动监管、流动办公、便民服务、法律宣传"等功能为一体的边检移动执法车。

【海港勤务创新】　2014年，东莞边防检查站对货运码头进行片区划分，对应建立勤务室，纳入海港指挥中心统一调度。成立由90多名码头保安组成的边检辅警队伍，加强码头巡查监护。启用航拍飞行器，填补口岸管控、海上救援、灾害事故处置中的高空侦察空白。启用"灵动眼"、无线网络系统，实现单兵视频取证终端图像、船舶外舷无线监控终端图像实时传输。开设"边检通"系统，自动登记比对登轮人员信息、实时反馈船舶离抵港信息。通过海港勤务创新，初步估算可为3万艘次出入境船舶缩短查验时间1.5万小时，直接节省运营成本7500多万元。

【"扬帆行动"小组爱心助学】　2012年的7月，东莞边检站检查员、全国爱民实践模范刘洋到西藏拉萨边检站帮助工作时，了解到当地甲日小学部分学生家庭条件非常艰苦，其中最困难的16个孩子，都来自单亲家庭。回到东莞后，刘洋号召成立16人的"扬帆行动"小组，自此，在相距4000多公里的南粤莞邑和雪域高原，架起一条助学的"爱心桥梁"。截至2014年，"扬帆行动"小组根据贫困孩子家庭情况和西藏地区特点，在逢年过节或转季时节，由小组委托拉萨边检站官兵直接将油、米、盐等食物，送到贫困孩子家中，或将保暖衣物、学习用品、日常生活用品等直接邮寄到学校分发给学生，"扬帆行动"小组共输送9次物资，价值5万多元，解决贫困孩子们的温饱问题。8月，刘洋得知学校有100名学生还使用着残破的桌椅上课，学习条件非常艰苦，仅靠小组成员难以改善。边检站发动全站官兵，在常平、沙田以及虎门各个口岸的出入境现场，开展"集'赞'助西藏儿童圆梦"活动，1个赞等于1元8毛钱，集满1万个赞就能为甲日小学送去100套桌椅。活动反响热烈，官兵和旅客都积极踊跃捐款，每人根据捐出的钱数，在该站制作的"筑梦卡"上填写"赞"的数量，并将款项放进捐款箱。只用不到3天的时间，"扬帆行动"小组便把资助西藏学童的1.8万元款项筹集到位。"六一"儿童节前夕，东莞边检站收到该校校长单增的感谢信。　（陈兰芳）

**附：2014年东莞边防检查站主要领导名录**

站　长：刘凯旋（任至3月）
　　　　叶　昶（3月到任）
政治委员：钟　文（任至3月）
　　　　胡军锋（3月到任）

## 消　防

【消防概况】　2014年，东莞市公安消防支队完成以防火灭火和抢险救援为中心的工作任务，接警出动1.2万余次，抢救和疏散被困人员1.8万余人，抢救保护财产价值1.97亿元，完成“3·18”常虎高速公路槽罐车泄漏事故、“5·11”塘厦等镇街洪涝灾害、“12·5”石碣五株电子科技厂火灾等重大灭火救援任务的处置工作。石龙大队党委被公安部政治部评为“先进基层党组织”，李伊被总队评为“南粤十佳消防卫士”，1个集体、4名个人立二等功，58名个人立三等功。

【消防部队建设】　2014年，东莞市公安消防支队落实消防经费保障，投入3700多万元购置60米高喷车及高层供水车组等22辆消防车、6100余件器材；全面推进消防队站建设，模拟训练基地项目获批准，立沙岛特勤消防队站进驻，新建投入使用消防站8个，总面积2.3万平方米，另有10个分站规划立项，灭火救援网络更加稳固，营房装备建设实现跨越发展。完成公安消防部队华南华东片区病退评残医学鉴定工作会议、全市生产安全事故演练、器材装备巡检、东莞消防器材展、装备技师培训等工作。

【火灾防控】　2014年，东莞市公安消防支队强化制度建设，狠抓责任落实，健全消防安全综合考评机制，推动各镇街党政领导落实包片挂点督导制度。市政府先后组织召开班子会议研究消防工作3次、专题召开消防工作会议8次。市长袁宝成率领有关部门到支队现场办公，现场解决实际问题；投入近千万元为3974名网格员100%配齐信息终端；先后开展重大火灾隐患集中整治专项行动，城中村火灾隐患治理和违章建筑等多个专项整治；推动职能部门并联审批，缩短消防审批时限。与上年相比，火灾起数下降29.2%，死亡人数下降64.1%，受伤人数下降60%。全市立案重大火灾隐患单位70家，销案100家；挂牌重大火灾隐患单位36家，摘牌57家。全市排查违章建筑7.49万座，督促学校和医院补办消防许可手续117家。省政府对厚街镇进行挂牌督办，市政府对莞城、桥头（包括上年挂牌还未摘牌的虎门、长安两镇）以及其他镇街28个村社区再进行挂牌督办，全部通过政府验收。对1个老城区和33个城中村开展集中治理，城中村消防安全条件得到改善。

【消防宣传】　2014年，东莞市公安消防支队进一步抓好消防宣传工作，提请市委办、市府办联合印发《关于进一步加强我市消防宣传教育工作的意见》，新建消防主题公园6个；开展“开学第一课”“让家庭远离火灾”家庭消防知识竞赛和家庭消防公益广告设计大赛等活动；联合市总工会开展企业劳动监督员消防安全培训；联合市安监局、东莞日报社创办《安全生产导刊》，每月创办2期随《东莞日报》发行；联合市委宣传部、市公安局、市应急办及南方都市报社东莞新闻部共同出版《一定莞用——活着·应急自救手册》，并随《南方都市报》在全市发行37.9万份；联合电信、移动、联通三大运营商发送消防安全手机短信1600余万条。拍摄20集动漫消防宣传片《功夫龙学消防》和《超级英雄》微电影，并在电视台、网站和室外视频播放。

【消防演练】　2014年，东莞市公安消防支队坚持从严治警，制定队伍安全管理和机关干部挂点帮扶指导基层制度，强化队伍管控机制。坚持实战实训，开展业务汇操10次，多队伍联合拉动演练12次，分现役、专职两种队伍开展实战化比武竞赛；成立战训研判组，定期组织分析研讨，部队处置急、难、险、重特殊任务的能力得到显著提升。坚持全面发展，依托特勤一中队、松山湖中队、大岭山中队建成1个高层建筑救援专业站和2个高速公路专业站，成立莞邑尖刀队。坚持做到快速高效，抓好系统建设与应用，执勤中队全面配备3G单兵图传设备和GPS公网集群车载台，与市政府应急办、治安、交警、气象等部门建立应急合作框架。

【“3·18”常虎高速公路槽罐车泄漏事故处置】　2014年3月18日9时40分，东莞市公安消防支队指挥中心接到报警：常平镇常虎高速公路惠州往常平方向发生两车相撞交通事故，其中一辆槽罐车。支队指挥中心立即调派常平中队3辆消防车15名指战员赶赴现场。经现场询问，发现事故车辆为一辆装载有20多立方米丙烯酸丁酯（该液体具有易燃、低毒等物理特性）的槽罐车，该车在行驶中被后方车辆超车撞到车身左后方的阀口，阀门被撞断，无法堵漏，造成丙烯酸丁酯轻微泄漏。指挥员立即命令一边封锁事故道路，一边出水稀释降毒，同时要求事故车辆司机联系所在公司立即调派两辆同型号的空罐槽罐车前来倒罐转移，以降低事故现场风险，交警、安监及环保部门也赶到现场协助救援。10时15分，两辆空罐槽罐车到达现场，指挥员立即命令出一支开花水枪掩护槽罐车倒罐转移，同时协调到场的环保部门工作人员严密监测现场泄漏气体浓度。10时30分许，事故车辆内的液体被转移完毕。该起因交通事故引起的化学危险品泄漏事故未造成人员伤亡。10时55分，经现场环保部门工作人员和事故

▲ 消防演练

所在单位工程技术人员共同确认现场无易燃易爆危险后，交警解除道路封锁，常平中队指战员归队。

【“5·11”抗洪救灾行动】　2014年5月11日，东莞市受连日强降雨天气影响，塘厦、清溪、凤岗、樟木头等地一片汪洋。灾情发生后，东莞市公安消防支队第一时间调派18个消防队（10个现役队、8个专职队），37艘橡皮艇，311名指战员紧急驰援塘厦、凤岗等重灾区。经过20多个小时的奋战，抢救被困人员2468人，疏散被困人员6711人。腾讯网、网易网、中国网、南粤网、广东电视台、东莞电视台和《南方日报》《南方都市报》《东莞日报》《东莞时报》等十几家国内主流媒体相继在不同版面和时间段，35次大篇幅多角度深入报道东莞消防部队抗洪抢险的事迹。

【“12·5”石碣五株电子科技厂火灾处置】　2014年12月5日13时46分，东莞市石碣镇刘屋科技中路五株电子科技厂三楼电镀车间发生火灾，着火物质主要为电镀生产设备，过火面积800平方米，着火车间面积9814平方米，内存有98%浓硫酸2.25吨，硝酸0.6吨，稀硫酸3.6万升，双氧水0.9吨，过硫化钠0.3吨，天台存放60%硝酸4吨，厂房内还存有数以吨计的塑胶原料及产品。东莞市公安消防支队指挥中心接警后，迅速调集15个消防队、29辆消防车、145名指战员前往现场处置，按照作战编成的设定，周密部署力量，抢占有利位置，第一时间展开战斗，及时控制火势蔓延，经过17个小时的强攻近战，最终扑灭大火。　（李啸宇）

附：2014年东莞市公安消防支队（公安消防局）主要领导名录

支队长：沈奕辉

政治委员：苏炜龙

## 人民防空

【人民防空概况】　2014年，东莞市人民防空工作围绕“建设听党指挥、能打胜仗、作风优良的人民防空”使命任务，抢抓机遇，主动作为，扎实做好人民防空各项工作，不断拓展和深化人防军事斗争准备，提升履行战时防空、平时服务、应急支援使命任务的能力水平。2014年，东莞市被省人民防空办公室评为全省人民目标管理达标先进单位。

【人民防空指挥通信建设】　2014年，东莞市人民防空办公室按照“能打仗、打胜仗”的要求，夯实人民防空军事斗争准备。完成“机动指挥通信系统”和“人民防空数字集群通信系统”项目试点建设任务，建成多种手段、多种渠道综合保障的指挥信息化体系，基本实现地下、地上、机动指挥所等应急指挥平台“三位一体”的无障碍兼容和信息共享。完成人民防空各类方案、预案的修订计划的制定并落实部分修订经费；积极协助有关单位抓好重要经济目标防护管理机制的建立，监督指导目标单位落实防护要求。新装固定警报器28台、机动警报器2台，截至2014年，全市防空警报器达542台（其中：固定防空警报器500台、机动警报器42台）、中继台达到12个；完成警报系统总控中心、电视广播中心、市区中继台以及市属警报点的图像采集建档工作；11月20日组织东莞市第十三次防空警报试鸣演练。抓好人防训练，组织卫星通信训练16次、视频会议系统训练26次、空情预警训练4次、机动指挥所长途拉练训练2次，还积极参加省第二防护区域机动指挥所协同支援训练。完成7支人民防空专业队的整顿编组，组织部分人民防空专业队开展强化理论、防护技能的年度训练。认真落实人民防空专业队的节日、敏感期的反恐值班备勤任务。

【人民防空工程建设】　2014年，东莞市人民防空办公室做好人防建设规划的修编准备，开展修编调研，编制《东莞市人防工程总体规划（2016—2030）》的立项申请获批准并落实经费；完成松山湖和水乡片区人防专项规划的编制。依法抓好人防工程建设，受理自建防空地下室项目83宗，报建面积103万平方米；受理竣工验收项目41个，面积43万平方米；受理易地修建防空地下室项目24宗，全年收取易地建设费1.08亿元。重视人防工程的建设质量和维护管理，特别是穗莞深、莞惠及R2线轨道交通工程兼顾人防建设的监督；虎门滨海大道地下公共人防工程建设的监管。同时，积极开展人防工程使用权证问题调研；抓好人防工程管理信息系统升级改造；完成人防工程档案整理4000余卷。抓好行政审批制改革，出台《项目投资建设审批体制改革实施细则》《关于结合民用建筑修建防空地下室行政审批事项的通知》《东莞市项目投资建设直接落地人民防空工程建设承诺合同》等审批体制改革配套文件；落实“简政强镇”任务，将部分人防审批事项委托下放给各镇街、园区组织实施；积极推进人防工作向基层延伸，各镇街、园区相应成立由规划、建设、武装、财政等部门组成的人民防空工作协调小组；举办1期人防事权调整下放业务培训班，培训学员110人；组织工作组到各镇街、园区开展人防工作调研；主动介入市重大项目建设的前期工作，重视项目建设的跟踪服务；加强网上办事大厅建设，简化行政审批手续，优化和减少审批环节，缩短办事时间。　（王　霞）

附：2014年东莞市人民防空办公室主要领导名录

主　任：黄沛林

▲ 2014年5月12日，市人民防空办公室组织相关人员到莞城东门广场参加莞市“防灾减灾日”主题宣传活动

# 城建·环保

URBAN CONSTRUCTION · ENVIRONMENTAL PROTECTION

凤岗碧湖森林公园

## 城乡规划

【城乡规划概况】　2014年，东莞市编制完成《东莞市城市总体规划纲要（2016—2030）》纲要总报告、《东莞市历史文化名城保护规划》等一系列成果，推进规划行政审批改革、水乡特色发展经济区规划、"小山小湖"保护利用规划、轨道交通站场TOD（以公共交通为导向）一体化开发、市区10座人行天桥规划等工作，形成层次分明、较为完善的规划编制体系，基本实现城乡规划全覆盖。

截至2014年，东莞市城乡规划局办理各类规划业务9709件，其中规划许可业务1923件、选址意见书90件、建设用地规划许可核发375件、建设工程规划许可核发923件、建设用地规划批准书363件、规划审核业务3363件；审查控制性详细规划方案33宗、调整309宗，处理生态线调整业务14宗，修改常平、塘厦等12个镇总体规划。

【《东莞市城市总体规划纲要（2016—2030）》编制完成】　2014年11月，东莞市被确定为住建部总体规划编制与审批改革试点城市之一。截至2014年，东莞市形成《东莞市城市总体规划纲要（2016—2030）》成果。与上一轮规划对比，该总体规划从关注经济增长转向注重生活品质提升，从重视建设开发项目转向注重保护利用原有资源，由追求增量规模扩张转向存量效益提升；强化生态优先的发展底线，对生态保护红线实行最严格的管控；突出区域统筹的发展格局，按照"中心突出、组团发展、快速连通、生态隔离"的总体思路，构建"一中心四组团"（中心组团和西南组团、西北组团、东南组团、东北组团）的新型空间格局。

【新型城镇化工作会议召开】　2014年11月18日召开。会议出台《关于全面推进新型城镇化发展的意见》和12份涵盖人口市民化、城市空间格局、基础设施建设、资金保障机制、土地资源整合、美丽幸福村居等内容的配套政策，明确东莞市推进新型城镇化建设以建设"国际制造名城　现代生态都市"为目标。

【《东莞市历史文化名城保护规划（2013—2030）》通过专家审查】　2014年9月，《东莞市历史文化名城保护规划（2013—2030）》通过专家组审查和批前公示。该规划明确东莞市创建国家历史文化名城的总体目标是保护历史文化遗产，改善人居环境，传承城市文化，促进文化、经济、社会、生态协调发展；划定中兴路—大西路、兴贤里、象塔街、下坝、余屋、周屋、竹园、大雁塘等8处历史文化街区。

【"小山小湖"利用保护规划】　2014年，东莞市开展"小山小湖"保护利用工作，在市区先行选择合适的"小山小湖"、边角闲置地块，建设社区公园。截至2014年，东莞市下发《东莞市"小山小湖"保护利用工作方案》，制定《东莞市"小山小湖"社区公园规划指引》，核查市区"小山小湖"图斑275个，开展11个社区公园示范建设项目，其中1个项目建设完成、1个暂缓建设。

【水乡统筹发展规划】　2014年，东莞市成立城乡规划局水乡分局及水乡规划中心，负责水乡经济区的规划工作。截至2014年，《东莞水乡特色发展经济区城乡总体规划》通过东莞市城乡规划委员会审议，《东莞水乡特色发展经济区基础设施规划》通过市政府审议，《水乡新城城市设计》通过市城建领导小组审议。

【“三旧”（旧城镇、旧厂房、旧村庄）改造规划政策完善】 2014年，东莞市编制完成《东莞市“三旧”改造项目前期研究报告编制指引》和《东莞市“三旧”改造单元规划编制指引和审查规定》，鼓励连片组团式改造，进一步促进城市公共设施完善和城市产业转型升级。全年审查寮步镇等规划前期研究2份及单元规划方案7份。

【交通规划研究】 2014年，东莞市开展TOD（以公共交通为导向）一体化规划，组织《东莞轨道站场TOD总体策略研究》，完成站点地区土地摸查、潜力地块选取、站场TOD综合开发总体策略研究等初步成果；组织编制麻涌、厚街、道滘、大朗西、白沙、东莞东、东莞火车、寮步8个站场TOD一体化规划设计。推动现代有轨电车试验阶段规划建设，完成《东莞市现代有轨电车适应性分析》《现代有轨电车首期线路选线方案》中间成果，以及现代有轨电车线网规划初步成果。开展市政交通项目设计，完成东莞东站站前广场及配套工程施工图设计，协调松山湖大道延长线常平段工程、东江大道节点改造工程等项目实施问题，编制中心区道路改善项目建议书。完成全市域交通调查及上报交通模型体系构建项目，实施区域交通影响评价，开展旗峰公园地铁站周边公共自行车接驳规划，形成环莞快速三期规划研究初步成果。推进12座人行天桥建设。

【深穗莞惠一体化规划协调】 2014年，东莞市推进与广州市交界地区的规划对接，就轨道交通、高快速路等跨境交通的对接问题以及穗莞规划研究课题达成共识，两市规划部门建立常态化合作机制。加快落实《深莞惠地区城镇群协调发展规划》和《深莞惠边界地区规划协调试点研究》等课题研究。

【规划研究成果获奖】 2014年，东莞市开展《东莞市城乡规划“一张图”专题研究》《东莞市城市总体规划各项专题研究（人口、产业、城市功能定位等）》《东莞人口现状特征及对策建议》《新时期东莞市规划电子政务的挑战、机遇和对策建议》等多项规划研究。其中《基于遥感影像的东莞市生态

## 坚持科学规划 建设美好东莞

① 2014年3月6日，市城乡规划局领导到寮步镇篮球中心地区调研

② 2014年6月30日，《东莞市城市总体规划（2016—2030）》公众咨询日活动举行

控制线动态监测与预警研究》获评2014年住建部华夏科学技术奖，《市政规划辅助设计、审核与建库一体化研究与系统开发》获评2014年东莞市科学技术奖，《基于GIS和云服务平台的城市内涝模拟预警研究及应用示范》被住建部列入2014年示范项目。

【城市设计和地块包装】 2014年，东莞市研究南城金融区启动区地块、东城世博地区等重点地块的地块包装，引导城市开发从注重形态向注重空间品质、功能的转变；开展《东莞市东城区黄旗山南地区综合发展规划研究》《东莞市东城乌石岗片区规划研究》《东莞市行政文化商务中心区控规03—18、03—19、03—20、03—21调整》等，引导地区的综合品质开发。全年审查《虎门镇新城市中心片区04—03&04—05地块包装》等10个地块包装项目。

【规划行政审批改革】 2014年，东莞市制定《东莞市规划行政审批改革方案》《东莞市建设工程规划条件核实测量管理规定》《东莞市建设项目规划指标计算细则》等18个配套政策技术标准文件，6月起对项目投资改革试点项目试行新的审批办法。改革核心是实行“宽进严管”，凡是法律法规明确规定，建设单位能够通过加强自律管理或采取事后监管管理方式实现的，由实质性审查改为形式性审查，强化事中、事后监管，建立以规划条件核实为核心的批后监督管理体系；强化项目技术审查，将行政性审查内容和技术性审查内容相分离，建立项目专家咨询制度；合并精简审批事项，将核发的选址意见书与用地规划许可合并办理，修建性详细规划审批事项不再单独办理，并入工程规划许可事项办理，压缩审批时限，整个规划手续审批时限由85个工作日压缩为58个工作日。 （黄惠谊）

**附：2014年东莞市城乡规划局主要领导名录**

党组书记、局长：欧阳南江

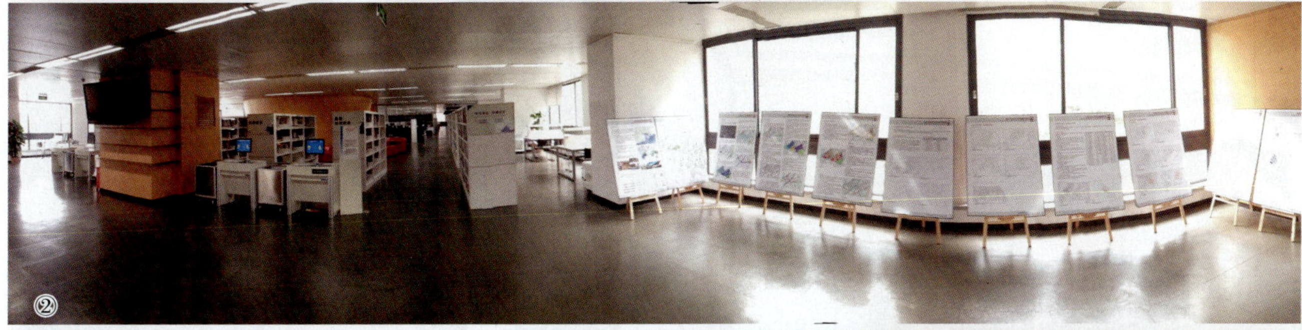

① 2014年11月29日，市城乡规划局志愿者服务日活动

② 2014年11月，《东莞市历史文化名城保护规划》公示

③ 东城万达广场全景

④ 东莞市茶山镇南社古村

## 城市建设

【住房保障制度完善】 2014年，东莞市发布《东莞市公共租赁住房管理办法》，明确公租房供应对象，建立申请、审核、公示、登记、轮候、退出机制。接受群众申请公租房，加强对分配方案的审核和监督，实行登记结果、分配过程、分配结果"三公开"。全年举办3期雅园新村保障房抽签选房仪式，有391户进行选房。采取租赁补贴、房屋修葺、租金核减、实物配租等方式，完成482户低收入困难家庭住房保障，其中房屋修葺补助上限由每人每平方米800元提高到1200元。完成广东省下达新增公租房建设任务，松山湖新建878套，中国电子东莞产业园4个项目新建2737套。

【宜居城乡建设推进】 2014年，东莞市开展第二批宜居社区（村）和名村建设。全年有16个镇街33个社区（村）完成项目库设置，申报项目131个。

（吴维彬）

附：2014年东莞市住房和城乡建设局主要领导名录

党组书记、局长：朱　川

# 规范管理　优化服务　科技增效　强化监督

① 2014年4月3日，市委书记、市人大常委会主任徐建华（左二），副市长吴道闻（右二），市委秘书长杨晓棠（左一）等到市住建局视频监控中心调研

② 2014年5月27日，副市长鲁修禄（左二）到市住建局视察视频监控中心

③ 2014年8月22日，由市墙材革新与建筑节能办公室主办，《东莞日报》和东莞时间网组织的第一场市民走访绿色建筑活动举行，图为市民参观万科零碳中心

④ 2014年8月27日，市质监站监督员在施工现场进行混凝土保护层厚度检查

⑤ 2014年6月12日，市住建局在茶山举行消防应急演练

⑥ 2014年4月18日，市住建局在南城雅园新村举行第三期廉租房抽签选房仪式，图为配租对象抽取选房号

## 重点工程建设

【重点工程建设概况】 2014年，东莞市城建工程管理局完成投资约17亿元，完工江库联网一期、松山湖大道救助站路口整治、市外国语学校改扩建、市民艺术中心和工人文化宫、火车站站前广场及相关配套设施、廉租房二期新增装修等7项工程，动工建设云计算中心、挂影洲围中心涌水环境综合整治、篮球中心周边道路（二期）、汽车总站车站南路优化改造等5项工程。全年完成征地54.33万平方米、拆迁8.39万平方米。中国散裂中子源工程被评为“广东省房屋市政工程安全生产文明施工示范工地”、“省AA级安全文明标准化工地”，篮球中心工程荣获“东莞市建设工程优质奖”，社会福利中心改扩建工程被评为“市双优工地”。2014年，东莞市城建工程管理局被评为“东莞市重大项目建设管理先进集体”“东莞市直单位年度工作良好单位”、“东莞市妇联工作先进单位”，东莞市城建工程管理局党委被评为市直机关党建目标管理先进单位，联系协作组优秀组长单位。

【东江水库联网（一期）】 该工程由水源调配、水源保护、水源利用三部分组成，其中水源调配工程从石排沙角东江取水口——芦花坑水库，全长约69.5

## 发挥集中管理优势 努力建设廉优工程

① 2014年3月23日，中共中央政治局委员、广东省委书记胡春华（右四）视察中国散裂中子源工程，中科院高能所所长王贻芳（右五），市委书记、市人大常委会主任徐建华（右二），市委副书记、市长袁宝成（左二）陪同

② 2014年12月11日，市委书记、市人大常委会主任徐建华（前排右四），市委副书记、市长袁宝成（前排右三）等到市规划展览馆调研

千米，途经东城、南城、长安、虎门、厚街、常平、企石、横沥、大朗等14个镇（街），联网马尾水库、五点梅水库、芦花坑水库、松木山水库等8座水库。按照东莞市规划，水源调配工程分两期建设，2014年实施第一期工程，线路长38公里，在石排沙角设取水泵站，在横沥泰岗圩设二级加压泵站，总投资约23.1亿元。工程于2007年5月起分段动工建设，预计2015年4月实现完工通水。

【火车站站前广场及相关配套】 该工程位于石龙镇与茶山镇交界处的西湖村和京山村，占地约700亩，工程投资概算控制在2.04亿元，主要建设内容包括改造环湖西路、岭南东路、温泉路，新建规划一路、规划二路，以及广场、停车场、临时商业用房及广场内道路等。工程于2012年10月动工，2014年10月完工。

【松山湖大道救助站路口整治】 该工程是2014年市政府“十件实事”工程之一，位于松山湖大道起点路段，主要是在沙泉路口主线新建一座双向8车道跨线桥，并增加一条双车道匝道，实现去中医院方向的分流，匝道总长约1224.7米；拓宽桥一座，桥梁总长约152.2米，最大跨度为35米。工程于2013年2月开工，2014年 9月实现双向通车。

【市民艺术中心和工人文化宫】 该工程是2014年市政府“十件实事”工程之一，位于万江街道坝头片区，与滨江体育公园相邻，总建筑面积约4.5万平方米，总投资约2.59亿元。该场馆共设市民艺术中心、展览馆、工人文化宫、演艺中心、人防地下车库等五大便民设施。工程于2012年9月动工建设，2014年12月基本完工。

【市外国语学校及其国际部改建】 该工程为 2014年市政府“十件实事”工程之一，位于寮步镇横坑村横塘路，占地面积127562平方米，总建筑面积85943平方米，投资概算约2898.67万元。工程于2014年3月动工，2014年8月完工，比原定计划提前70天完工，保证了学校按时开学。

【篮球中心周边道路及市政（一期）】 该工程分一期和二期建设，总投资规模约31158万元。其中一期工程于2013年3月1日开工，包括新建金富路、松沙路、篮球中心北进口辅道，投资规模约13024万元，于2014年6月完工。

【雅园新村二期新增装修】 该工程包括3栋廉租房、8栋经济适用房，每栋楼高18层,装修面积约15万平方米，总投资约5637万元，装修总户数2223户(其中廉租房718户，经济适用房1496户)。工程于2013年11月动工，2014年6月完工，比原定计划提前了90天完成，并实现“零变更”。 （唐立湖）

**附：2014年东莞市城建工程管理局主要领导名录**

党组书记、局长：朱利民

① 松山湖大道救助站路口整治工程
② 市外国语学校及其国际部改扩建工程
③ 市民艺术中心与工人文化宫工程

【东莞实业投资控股集团有限公司概况】 2012年8月，东莞市决定组建东莞实业投资控股集团有限公司（简称“东实集团”），2013年2月投入运作。截至2014年，东实集团注册资金82亿元，总资产257亿元，员工1700多人，拥有全资子公司11家、合资公司17家。

资金筹集 2014年，东实集团获得多家银行融资授信，保障轨道交通等重大项目建设的资金需求，并与浦发银行采取有限合伙的形式共同设立规模达209亿元的“东莞城市发展股权基金”。

项目建设 2014年，东实集团完成投资约45亿元，推动轨道交通、基础设施、产业园区等项目建设。其中，下马四围河涌综合治理示范项目、大学创新城一期工程、中堂水乡风情区四乡生态大道等7个项目基本完工；莞韶城一期、大学创新城二期工程、梅沙大桥及连接线工程等7个项目动工；轨道交通2号线、麻涌有序垃圾处理厂、虎门港澳客运码头等项目推进。

规划开发 2014年，东实集团深入开展土地统筹合作洽谈，与大朗镇、寮步镇、洪梅镇分别签订大朗西站、城际寮步站、中心片区及河西片区土地统筹协议。城际轨道站点TOD（以公共交通为导向的开发）总体策略研究形成中期成果，完成望洪枢纽站、东莞南站等9个站点的TOD综合开发规划。同时，积极开展土地包装和招商引资，引进首铸“东江之星”、庆丰汽车等项目，对凤凰国际文化社区、王府井百货2个项目展开洽谈。

资产归集 2014年，东实集团完成虎门港澳客运公司的股权注入和莞城建筑工程公司的协议收购。篮球中心探索发展混合所有制，与宏远集团、新世纪集团合资组建东世宏公司共同运营场馆，举办2014年姚基金东莞篮球慈善赛以及多场CBA赛事和明星演唱会。

战略转型 2014年，东实集团提出向城市运营、产业运营、资本运营相结合转型的发展思路，取得初步成效。科技金融集团、融资租赁公司、融资担保公司筹建工作稳步推进，与清华东莞创新中心、中科院云计算中心、深圳国富金源投资公司、广东粤科投资公司等权威风投机构、创新平台合作成立总规模达8.5亿元的东莞智能机器人创业投资基金、新兴产业股权投资基金和移动互联网产业基金。 （袁煦筠）

**附：2014年东莞实业投资控股集团有限公司主要领导名录**

党支部书记、董事长：
丁海潮（任至4月）
党委书记、董事长：刘　波（6月到任）

## 服务城市经济建设　创造幸福美好生活

2014年8月20日，市委书记、市人大常委会主任徐建华（右二），市委副书记、市长袁宝成（右三），市委副书记姚康（右五）等领导到东实集团调研

①

① 2014年8月31日，东莞篮球中心正式启用。国家体育总局副局长肖天（左三），市委书记、市人大常委会主任徐建华(右三)，市委副书记、市长袁宝成(左二)等出席了开馆仪式

② 2014年9月19日，市委常委、常务副市长张科（右四）率队赴南城国际商务区公司调研

③ 2014年11月25日，市委副书记、市长袁宝成（右三）出席东实集团与浦发银行东莞分行签订《东莞城市发展股权基金结构化融资协议》签约仪式

④ 下马四围河涌综合治理示范项目整治前后对照

⑤ “东实讲堂”拉开东实集团队伍建设新纪元

②

③

前④

后

⑤

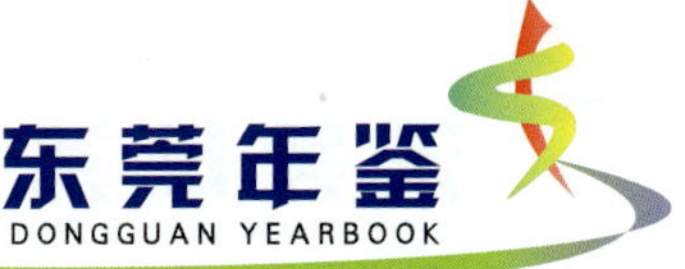


## 水 务

【水务建设概况】 2014年，东莞市推进水源配置和保护工程建设，启动石马河河口东江水源保护一期工程前期工作，江库联网水源配置一期工程完成投资19.81亿元，占一期工程总投资的94.4%；完成东江干流、南支流、北干流、中堂水道和4座水库饮用水水源地保护区的划分并得到省政府批复。全面落实最严格水资源管理制度，被水利部和全国节水办授予第三批“全国节水型社会示范区”称号。

【城镇供水】 2014年，东莞市完成千个水质监测点建设和全市二次供水设施现场普查工作，各镇街供水企业累计投入1.25亿元，新建及改造管网544.63千米。加强水质监测，增加对村级水厂每半年进行一次106项水质全项检测，关停整合虎门高科水厂、黄江鸡啼岗水厂、塘厦龙背岭水厂、常平麦元水厂及常平九江水厂5家水质连续不达标的村级水厂。截至2014年，全市有供水企业84家，水厂104间（其中市级水厂6间，镇级水厂44间，村级水厂54间）。全市供水总量达15.89亿立方米，日平均供水量435万立方米。

【城镇排水】 2014年，东莞市基本完成市区内涝整治应急三期工程（新开河系统）北侧分流工程，首次举办市区城市内涝应急演练系列活动。各镇街（园区）排水专项规划编制稳步推进，其中18个镇街（园区）完成报批。《东莞市污水处理厂再生水利用近期实施方案》得到市政府批复，并开展塘厦林村、谢岗污水处理厂2个再生水利用示范项目的前期工作。市直管道路维修各类排水管道总长约2千米、检查井（含雨水箅子）115个。

【水污染治理】 2014年，东莞市对主要河流实行“河长制”，加强对流域水质的监管。建成35项截污主干管网854千米，启动石马河流域200千米和水乡地区150千米截污支管网建设前期工作，以及11家污水处理厂的新改扩建。全市37家污水处理厂处理污水9.8亿吨，日平均处理268万吨，年削减COD（化学需氧量）12.6万吨，生活污水处理率为90.54%；累计整治河涌87.17千米，清淤总量93.52万立方米，完成投资5.76亿元。

【水利防灾减灾】 2014年，东莞市前四批次519宗市城乡水利防灾减灾工程完工451宗，29宗欠发达镇机电排灌工程完成建设24宗。“5·11”洪灾16宗水毁工程全部完成修复，76千米重点河道强制清除河障近70万平方米，保障河道行洪安全。

【三防建设】 2014年，东莞市修订发布《东莞市防汛防旱防风应急预案》《进一步加强三防工作完善三防应急机制的实施方案》等制度，组织开展防汛抢险演练等活动。选定长安、塘厦、清溪、沙田（虎门港）和大岭山5个镇开展基层三防体系建设试点。安装46套全省三防应急信息接收保障系统，推进市三防指挥中心建设，提升三防应急抢险能力。

【水务融资】 截至2014年，东莞市纳入全国中小河流治理重点县综合整治及水系连通试点21个项目，获得中央及省级补助1.16亿元。在组建治污银团的基础上，市政府同意对水生态文明建设项目开展PPP（公共政府部门与民营企业合作模式）融资试点，积极推行政府与社会资本合作。积极盘活水务资产，完成全市截污主干管网、江库联网工程、市

## 加快水务改革发展步伐　更好服务东莞高水平崛起大局

① 2014年11月11日，市委书记、市人大常委会主任徐建华（右二）率队调研市水务工作

② 2014年4月9日，市委副书记、市长袁宝成（中）到市三防会商室观摩市区内涝应急抢险演练

区污水处理厂等资产注入市水投集团工作，提升投融资能力。

【国家水生态文明城市创建】 2014年，东莞市编制《东莞市水生态文明城市建设试点实施方案（2014—2016）》并获得省水利厅批复，明确未来三年水生态建设的创建目标、任务和实施步骤。纳入创建国家水生态文明城市实施方案中的42项建设项目，完成建设2宗；完成水生态文明建设机制体制研究工作大纲编制，先后编制水乡经济区水系堤岸综合整治工程实施方案、生活污水综合治理工程实施方案，对水乡河网区水系综合规划进行修改完善；挂影洲围中心涌水环境综合整治示范工程完成投资1.67亿元，占年度总投资93%；完成水乡经济区水源面源整治工作。（柳晓生）

**附：2014年东莞市水务局主要领导名录**

党组书记、局长：张国平（任至6月）
袁丽群（6月到任）

【东江水务有限公司概况】 2014年，东莞市东江水务有限公司（含子公司）所辖第二、三、四、五、六水厂及万江水厂出厂水水质均符合国家《生活饮用水卫生标准》（GB5749-2006），日最高供水量263.9万立方米，供水总量8.13亿立方米（含直供原水4225.2万立方米）。围绕“安全优质供水”工作中心，优化生产管理，提升供水服务，强化供水科研，获评2014年度市直机关党建目标管理先进单位、2014年度市直机关党建工作联系协作组优秀组员单位。

检测及科研能力提升 2014年7月，东江水务有限公司与清华大学联合申请并获得授权的发明专利《一种去除饮用水源水中铊污染的方法》获市科技局专利申请资助；9月，与清华大学深圳研究生院、清华大学共同申请的“应对季节性水源污染的东莞市饮用水安全技术中试平台与示范工程研究”获《科学技术成果鉴定证书》，鉴定结论“该结果达到国内领先水平”；11月，根据市科技局《关于下达2013年东莞市工程中心和重点实验室资助项目的通知》，东江水务有限公司水质监测站符合国家认可实验室的资助条件，并获项目资助。

“全市供水一张网”工作加快 2014年1月，市政府十五届第75次常务会议讨论通过对万江水厂的整合方案。同月，东江水务有限公司完成MIS系统与万江水厂收费系统的切换，实现系统无缝对接和顺利运行，除原有的现金缴费、银行代扣、银行转账等收费方式，还为万江供水范围内的市民提供支付宝、美宜佳便利店的缴费渠道；3月17日，东江水务有限公司下属子公司东江自来水有限公司与万江区办事处签订《资产转让合同》，万江水厂整体产权转让给该公司；4月，成立东莞市东江自来水有限公司万江供水分公司，承接原万江水厂的供水业务。

第三届水厂开放日活动 2014年12月14日，东江水务有限公司在第四水厂举办第三届主题为“走进东江水务，见证放心水”的开放日活动，搭建与市民“零距离”的沟通平台，600多名市民体验“放心水”之旅。

（周永坚 邵娟 何杏炜）

**附：2014年东莞市东江水务有限公司主要领导名录**

党委书记、董事长：罗沛强
副董事长、总经理：黎泽钧

① 2014年9月23日，副市长鲁修禄（右二）率队调研松木山水库水污染治理工作

② 2014年4月9日，东莞市举行市区内涝应急抢险联合演练

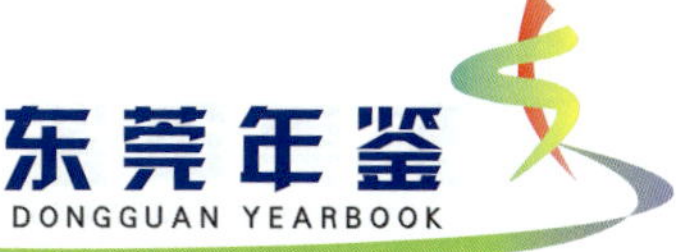

① "5·11"洪灾东莞大堤常平段部分市属水毁工程修复前后效果对比图（修复前）
② "5·11"洪灾东莞大堤常平段部分市属水毁工程修复前后效果对比图（修复后）
③ 市区东纵大道内涝整治效果对比图（整治前）
④ 市区东纵大道内涝整治效果对比图（整治中）
⑤ 市区东纵大道内涝整治效果对比图（整治后）

## 建筑业

【建筑业概况】 2014年，东莞市建筑业实现增加值91.35亿元，比上年增长3.3%。建筑企业完成总产值195.84亿元，增长8.1%；施工面积1102.92万平方米，增长39.5%；竣工面积505.87万平方米，增长29.1%。建筑企业按施工产值计算的全员劳动生产率为30.7万元/人，增长7.3%。完成工程监督登记2282项，建筑面积2912万平方米，增长34.6%，工程造价465.4亿元，增长17.1%。工程质量安全处于可控状态，连续5年实现安全生产责任事故零死亡。有58个项目获评“东莞市建设工程优质奖”，97个项目获评“东莞市安全生产文明施工示范工地”，其中15个项目获评“广东省建设工程优质奖”、30个项目获评“广东省安全生产文明施工示范工地”，获评项目数分别在全省排第二位、第三位。

【建设工程质量安全监管】 2014年，东莞市将发生过安全生产事故企业、存在重大安全隐患项目纳入重点监控。对9项存在重大施工安全隐患逾期未整改、4项强行违法施工工程采取联动机制，对11家施工企业作出暂停使用信用手册处理，对1家建设单位被作出暂停办理相关手续处理。约谈37个安全生产管理混乱项目的负责人。对58项违法行为作出行政处罚决定，处罚金额1599万元。

【工地现场实名制提升管理人员出勤率】 自2013年10月起，东莞市试行工地现场管理人员实名制，采取远程考勤措施，促使管理人员到位履职。截至2014年，项目经理出勤率由2013年10月的68%上升为85%，专职安全员由84%上升为97%，总监理工程师由57%上升为67%，专业监理工程师由82%上升为89%。9月，推行第二轮试点。

【建筑行业信用管理】 2014年，东莞市发布《建设工程企业信用评价及动态管理办法》。全年有64家企业自行申请注销信用手册，44家企业连续3个月分值低于80分被系统自动撤销，124家企业未办理或未通过复查被系统撤销。4家施工、监理企业和1家勘察企业因虚假行为被作出停牌处理。截至2014年，全市有1453家建筑业企业建立信用档案，其中勘察设计168家，审图2家，施工958家，监理103家，造价43家，招标代理58家，预拌混凝土39家，安全鉴定18家，担保58家，混凝土预制构件6家。

【建设工程招投标制度改革】 2014年，东莞市改革技术标评审办法，明晰评审关键节点，增加必须执行的强制性条文评审项，以“有”或“无”作为“合格”或“不合格”标准，减少主观因素，压缩自由裁量权。调整信用分值加扣分标准，鼓励勘察设计企业参与招投标。修订投标保证金缴交办法，增加单项投标保证金缴交做法。编制《监理招标文件示范文本（2014版）》。建设工程交易中心实行全过程电子化招投标，实现开标自助签到、电子标书自助上传。全年完成招投标684项，其中服务类项目168项，施工类510项。施工类项目预算金额125.73亿元，中标金额109.97亿元，平均下浮12.53%。

【勘察设计管理】 2014年，东莞市有符合要求的大中型建设工程初步设计审查214项。通过办结房屋建筑与市政基础设施工程施工图审查备案5200项，其中普通工程审查备案2133项，基础工程审查备案95项，重大项目等绿色通道工程703项，重大变更重新审查备案2269项。组织开展施工图设计文件质量抽查110项。

【建筑业企业用工管理】 2014年，东莞市印发《工人工资支付及施工合同履约情况日常检查工作指引》《工人工资及合同履约纠纷处理工作指引》。试行企业用工管理及欠薪预警系统，实行劳动用工管理远程监控。对存在拖欠工人工资的项目，约谈相关责任主体；对因拖欠工资未及时处理、造成集体上访或群体性事件的，进行查处。全年受理工人工资纠纷案件42宗，协调解决拖欠金额5171万元。2家企业因拖欠工人工资被网上公示。

【建设工程造价管理】 2014年，东莞市落实施工工期管理，要求招标工程的招标文件、非招标工程的承发包合同中应明确合同工期，造价咨询文件必须附有标准（定额）工期文件，凡合同工期少于标准（定额）工期必须按规定计算赶工措施费。办理招标工程最高限价备案286项，严重不平衡报价修正备案22项。

【建筑节能减排】 2014年，东莞市印发《东莞市绿色建筑行动实施方案》，规定自2015年起新建大型及政府投资公共建筑、保障性住房全面执行绿色建筑标准，新建商品住宅项目规划建筑面积20%以上执行绿色建筑标准。10个项目申报绿色建筑设计评价标识，建筑面积105.5万平方米，完成建筑节能改造面积64万平方米、可再生能源建筑应用面积89万平方米；45栋公共建筑纳入能耗监测，5个项目按合同能源管理模式开展能耗监测和节能改造；推动万科住宅产业化基地建成绿色建筑工业化示范基地，将常平万科城项目列为建筑工业化示范项目，将市地震局大楼建设为地区性绿色建筑推广示范基地。认定新型墙体材料企业63家，年生产能力1200万立方米。 （吴维彬）

## 房地产业

【房地产业概况】 2014年，东莞市房地产市场全面回调，销售面积与上年相比降幅较大，住宅价格稳中有升，市场基本面较平稳。全年完成房地产开发投资588.06亿元，比上年增长18.2%。商品房施工面积3585.66万平方米，增长26.3%；竣工面积264.94万平方米，下降26.9%。新建商品房网上签约销售面积665.05万平方米，下降20.7%，其中商品住宅销售面积558.74万平方米，下降25.4%。全年新建商品房网上签约销售额644.13亿元，下降16.9%，其中商品住宅销售额511.28亿元，下降22.1%，销售均价9151元/平方米，增长4.43%。存量房成交面积362.92万平方米，下降31.69%，成交金额127.06亿元，下降25.44%，成交均价3500.97元/平方米，增长9.15%。

全年办理房地产权证11.43万份，比上年下降9.67%。办理新建商品房交易7.28万宗，增长0.27%，二手房交易2.79万宗，下降27.77%。办理商品房合同备案6.72万宗，下降23.24%，备案面积599.16万平方米，备案金额582.73亿元，分别下降29.40%和25.36%。抵押房产面积2616.43万平方米，抵押金额1181.01亿元，分别增长0.40%和6.48%。

全年办理初次申请住房津贴业务1980人次，津贴变动3106人次。归集专项维修资金3.96亿元，办理使用拨款业务114宗。完成整理新增房产档案18万卷，停止收取“利用房地产权档案收费”。

（吴维彬　张思瑶）

【房地产市场价格调控】 2014年，东莞市取消商品住房价格备案制度，新

▲ 南城西平片区

建商品住房销售价格不需到主管部门申报备案。加强商品住房销售明码标价管理，规范房地产市场价格行为。发布2014年普通住房价格标准，自2014年9月1日起至2015年8月31日止（以商品房买卖合同签订时间为准）。新标准仍按镇街（园区）划分为三类标准，按实际成交价格，一类标准为低于10115元/平方米（含本数），二类标准为低于7753元/平方米（含本数），三类标准为低于6386元/平方米（含本数），使更多购房人享受税收优惠政策。（吴维彬）

【房产信息平台互通】 2014年，东莞市实现市房管局与市地税局、公证处、公积金中心、电子政务办信息平台的信息互通共享，实现对土地使用证、建设用地规划许可证、建设工程规划许可证、建设工程施工许可证和竣工验收备案证书的查验，保障在办理初始登记和在建工程抵押时的登记安全。

【二手房买卖网上自助签约全面实施】 2014年11月，东莞市全面实施二手房买卖网上自助签约。买卖双方无需经中介机构就可自行通过市房管局的公众信息网自助签订并打印合同。成为继深圳之后，全省第二个实现二手房网上自助签约的城市。

【房产证办理流程简化】 2014年，东莞市取消《商品房买卖合同》有关附件、商品房查丈表的“四至”内容、抵押登记时要求提交评估报告或价值协议书的规定，将《二手房买卖合同》由收件三份减为一份，将存量房、自建房和商品房登记业务由三级审批缩减为二级审批。截至2014年，东莞市房产办证办结时间由国家规定的30个工作日缩减为15个工作日。

【“电梯备用金”制度在全省率先实施】 2014年9月1日，东莞市在全省范围内率先引入“电梯备用金”制度。“电梯备用金”是指：在物业共用设备（仅限于电梯），经专有部分占建筑物总面积三分之二以上的相关业主且占总人数三分之二以上的相关业主同意，实行一次性表决的方式，使用住宅专项维修资金的，可以按幢设立的用于电梯紧急情况下小额维修的住宅专项维修资金备用金。“电梯备用金”一经设立，即可在规定的电梯紧急情况下动用，无需再逐次经过“双三分之二业主”同意。使用时，单项物业维修和更新改造项目的费用不高于1万元（含）。

【直管公房管理电子化】 2014年，东莞市制定《东莞市房产管理局直管公房管理规定》，全面开展直管公房普查，完善公房面积基础数据管理，建立直管公房管理数据系统，实现公房申请、租赁管理、维修服务、租金收缴等电子化管理。

【物业管理机构监管】 2014年，东莞市核发三级和暂定三级物业服务企业资质证书190本，外市公司备案40家，一、二级资质初审18家，完成115份物业管理委托合同备案登记。巡查512个物业管理项目，对57家有违规行为的物业管理公司进行信用扣分。

【物业管理示范住宅小区评选】 2014年，大朗碧桂园、万科麓湖花园、金地格林庭园、新世纪尚居、南方工厂厂房（一期）、松山湖松湖花园、东莞展览馆、景湖时代花园、世纪城·玫瑰公馆、信义怡翠豪园、莲湖四季豪园、东莞天安数码城A1栋（A区）等12个项目被评为“2014年东莞市物业管理示范项目”。

【房产中介机构监管】 2014年，东莞市办理房产中介机构备案登记及年审325宗，备案证变更83宗，7家房地产价格评估机构年审换证。巡查883家房地产经纪门店，对189家房地产经纪机构作出信用扣分处理。处罚樟木头丰信房地产经纪机构有限公司员工的违规行为，这是市房管系统开出的第一单行政处罚。

【房地产经纪机构备案职能转移】 2014年8月起，东莞市采取授权转移的方式向市房地产中介协会转移房地产经纪机构备案登记职能。6月起，经纪机构有逾期不年审等违规行为的，暂停网签资格。（张思瑶）

**附：2014年东莞市房产管理局主要领导名录**

党组书记、局长：张俊阳（任至6月）
黄慧红（6月到任）

## 住房公积金管理

【住房公积金管理概况】 2014年，东莞市住房公积金实缴单位1.54万家，实缴职工123万人，缴存资金83.17亿元；新开户单位2443家，新开户职工41.63万人，缴存总额434.04亿元，缴存余额198.52亿元；提取住房公积金51.10亿元；发放个人住房贷款0.36万笔、13.23亿元；实现增值收益2.8亿元。截至2014年，提取住房公积金总额235.52亿元；累计发放个人住房贷款5.94万笔、191.80亿元；年末个贷率为61.02%，逾期率为0.06%；资金运用率61.02%。

【住房公积金归集业务受委托银行增加】 2014年6月，东莞市住房公积金归集业务受委托银行打破建设银行独家承办的局面，新增中国邮政储蓄银行股份有限公司东莞分行。2014年12月，东莞市住房公积金管理委员会会议同意，视业务发展需要，由市住房公积金管理中心增加住房公积金业务受委托银行事项。

【住房公积金缴存上下限调整】 2014年，东莞市职工住房公积金缴存基数上限由23753元调整为17863元，月缴存额（个人+单位）上限由9501元调整为7145元，缴存基数下限为1310元，新标准执行时间由2014年7月1日至2015年6月30日。

【住房公积金行政执法】 2014年，东莞市修订《东莞市住房公积金管理中心行政处罚自由裁量标准》，有效期由2014年8月1日至2019年7月31日。受理287宗职工维权投诉案件，对181个单位立案开展执法工作；作出行政处罚1宗，罚款5万元；申请人民法院强制执行2宗。

【住房公积金新管理信息系统启用】 2014年6月16日，东莞市启用新的住房公积金管理信息系统。新系统与人行个人征信系统、房产管理系统、社保信息系统实现联网互通，部分住房公积金业务使用电子印章，业务办理程序更加精简，审批时间大幅缩短，门户网站与新系统对接，实现实时查询个人住房公积金余额。开户缴存业务中，取消职工身份证件复印件的收取和扫描，不再发放住房公积金存折或公积金龙卡，改发缴存凭证；缴存单位可选择委托划款方式（手动托收或自动托收）缴存住房公积金。提取业务实现审核、转账"一站式"办结；贷款业务审批由10—15个工作日缩短至5个工作日。2014年12月，中国邮政储蓄银行股份有限公司东莞分行在全市的122个网点受理住房公积金提取业务，全市可办理住房公积金提取业务的银行网点增至194个。

【住房公积金贷款和提取政策修订】 2014年，《东莞市住房公积金贷款暂行办法》《住房公积金提取使用规定》有效期到期，东莞市召开群众座谈会，广泛征求意见，完成《东莞市住房公积金个人贷款办法》（送审稿）、《东莞市住房公积金提取管理规定》（送审稿），实现缴存与贷款合理挂钩，保证制度的良性循环发展，拟取消外市户籍职工离职和东莞市户籍职工失业提取等《住房公积金管理条例》中没有规定的提取情形，同时，简化在东莞市无房产职工的租房提取手续，使提取回归到主要用于减轻职工住房消费负担方面。

（陈晓君）

附：2014年东莞市住房公积金管理中心主要领导名录

党组书记、主任：王海明

## 市政建设

【城市管理机构改革】 2014年，东莞市城市管理综合执法局改为市城市综合管理局综合执法支队，为市城市综合管理局副处级建制的内设机构，并将无证照生产、经营食品和非法行医、天然气管道（城镇燃气管道除外）保护职能分别划归市食药监、卫生和发改部门，承接城市供热管理和餐厨废弃物查处职能。整合市、镇两级城市管理和综合执法队伍，实现城市管理重心下移。截至2014年，全市34个城管分局基本完成挂牌，其中13个镇街实现城管分局与公用事业服务中心合署办公。

## 市政道路、桥梁

【市政道路养护】 2014年，东莞市维修市直管道路沥青路面14.74万平方米，恢复路面标线5527平方米，修复人行道板1.3万平方米，更换井盖1443套，清洗标志牌7322套，维修护栏3738米。

【户外广告管理】 2014年，东莞市建立直属户外广告牌管理制度，委托有资质的检测公司对户外广告牌结构进行安全检测。优化户外公益广告宣传环境，统筹安排户外公益广告资源。做好户外广告牌位经营权拍卖，全年直管户外广告牌拍卖带来财政实际收入130万元。

【桥梁正常运营】 2014年，东莞市落实市直管239座城市桥梁经常性检查、定期检测、日常维修以及标志牌养护。完成科技路跨线桥等22座城市桥梁特殊检测评估，维护13座市直管通航桥梁航标设施，做好东莞水道特大桥、大汾北水道特大桥、芦村特大桥、寒溪河大桥等4座重要城市桥梁监测及诊断系统后期运营维护。

## 城市供气

【燃气安全管理】 2014年，东莞市检查供气用气单位9.5万家，排查出安全隐患7200多处，完成整改6000多处，落实整改措施1200多处。开展燃气事故应急救援演练30多场（次）。取缔无证照经营燃气行为41宗，收缴"黑瓶"、过期瓶7066个。

【燃气设施建设】 2014年，东莞市完成燃气工程管理类报建事项1200多宗，涉及燃气工程设计承接业务备案、大中型燃气工程初步设计审查、施工图设计文件审查备案、施工许可、竣工验收备案等事项。全年新增天然气管道170千米，天然气供气量近10亿立方米；液化石油气供应量约30万吨；燃气普及率市区达100%、全市达98%。 （陈佩珠）

附：2014年东莞市城市综合管理局主要领导名录

局长：钟耀祥（任至10月）
唐耀文（10月到任）

【东莞新奥燃气有限公司概况】 东莞新奥燃气有限公司（以下简称"东莞新奥"）是由新奥能源控股有限公司与东莞市新锋管道燃气有限公司（代表东莞市政府）合资组建的混合所有制企业，员工1300多人。东莞新奥拥有东莞市政府授予的30年管道燃气特许经营权，负责东莞市域管道燃气的建设、输配、运营以及民用、工商业、汽车等各类用户的燃气供应和相关技术服务。

清洁能源推广 2014年，东莞新奥配合政府节能减排工作，推广清洁能源天然气在东莞的利用，全年实现高污染燃料改用天然气项目68个，累计发展民用户近60万户，工商户近4000家，年度供气近10亿立方米。

累计建设汽车加气站30多座，为全市10000多辆LNG公交和出租车提供加气服务，促进绿色环保公交发展；开通车用微信平台为客户提供便捷的服务信息；与航运企业签订合作协议，开拓船用领域。

安全运营 2014年，东莞新奥修订和新增各项制度流程、应急预案和处置方案累计123项；开展用户端调压装置压力测试、工商户泄漏报警装置隐患治理和老户项目全流程管理，促进用户用气安全；全年内部演练和与政府部门联动演练34次，提升应急处置和保障能力，在10个大型小区试行民用户集中安检模式，提升安检工作效率，全年累计完成民用户安检24万多户，有效保障用户用气安全。 （黄炜燮）

附：2014年东莞市新奥燃气有限公司主要领导名录

董事长：陈仲新
首席执行官：吴晓菁
总经理：张宇迎

## 公共照明

【照明设施养护】 2014年，东莞市采用合同能源管理（EMC）模式，完成市直管路段1.74万套LED（发光二极管）路灯改造，节能率达50%。全年累计更换光源、灯具等零配件2.63万个，修复灯杆217支，维修电缆1.7万米，翻新路灯及景观灯饰4.25万套，清洗路灯及景观灯饰7.25万套。电气设施正常使用，城市亮灯率99%以上。

## 公共交通

【汽车客运行业概况】 2014年，东莞市有汽车客运站33个，其中一级站5个、二级站8个、三级站17个、五级站1个、简易站2个。有汽车客运配客点37个，城市候机楼1个。全市30家三级以上汽车客运站实现联网售票。全市有客运班车企业41家，莞籍跨省客运班车487辆，开通跨省客运班线307条；莞籍跨市客运班车1188辆，开通跨市客运班线255条。

【公交行业概况】 2014年，东莞市有公交企业35家，公交运力5823辆，公交线路513条。市区建成公交首末站25个、公交候车亭935个、站牌987个，站点覆盖环城路内全部区域，主干道路每300-500米有1个公交站点。市区建成公交专用道3条，总长15.5千米。全市建成车用天然气加气站36个，其中市区建成8个。

【出租车行业概况】 2014年，东莞市有出租汽车企业36家，其中出租汽车公司7家，并整合为3家集团公司；公共的士企业29家。出租汽车运力7691辆，其中普通出租汽车4361辆，公共的士3330辆；出租汽车驾驶员约1.5万人。

【公共交通节能减排】 2014年，东莞市投放LNG（液化天然气）公交车1430辆，全市LNG公交车达2997辆，占公交总运力51%；投放插电式混合动力新能源公交车250辆，并在东莞巴士公司开通首条新能源公交线路；更新投放清洁能源出租车3117辆，全市清洁能源出租车达100%。

【“东莞通”公交卡发行】 2014年1月15日，“东莞通”（卡）发卡运营。该卡由东莞市东莞通有限公司开发，应用于东莞市属公交、轨道交通等公共交通智能付费。全市有充值服务网点600个（2个自营网点，221个邮政合作网点，66个银行合作网点，311个便利店合作网点）。全市约4200辆公交安装车载机具，基本实现市内公交一卡通，刷卡乘车有9折优惠。与美宜佳、和泰隆、嘉荣超市、永正书店、农夫果园、光大比高电影院等商户合作，开通172个应用终端，拓展小额消费功能。与中国移动联合开发东莞通联名卡，实现刷手机搭乘公交、地铁及支付小额消费等功能；开通市区公交兼容岭南通卡刷卡功能。截至2014年，累计发卡（换卡）50万张，结算额1.1亿元。

【东莞巴士有限公司成立】 2014年4月21日，东莞巴士有限公司注册成立。该公司是市路桥总公司全资设立的国有企业，主要负责全市跨镇公交资源整合和运营服务。公司有执行董事、监事、总经理各一名，设办公室、人力资源部、合同法务部、财务部、安全保修部、综合技术部和营运部。截至2014年，公司有员工498人，投放运力150辆，开通跨镇公交线路8条。

公司以新能源或清洁能源公交车为主力投放车型。9月25日，首条跨镇公交线路——801路（第一国际东至虎门高铁站）开通运营。改变以往民营跨镇公交半公路客运、半公交的运营模式，按纯粹的城市公交模式运营，严格“按站停靠”，班次密度在15分钟内，运营时间延长至21:30。跨镇公交线路均无人售票，实行刷卡分段收费和投币分段递减统票相结合的票价方案。（樊键忠）

【公交站点管理】 2014年，东莞市建成7个公交新站点，包括玫瑰公馆2个、台心医院2个、欧景城2个和江南第一城1个。全年修复市直管站亭17座、站牌86个，恢复站牌77个。（陈佩珠）

## 园林绿化

【园林绿化概况】 2014年，东莞市有公园广场1210个、面积145.30平方千米，城市绿化覆盖率47.57%，城市人均公园绿地面积18.33平方米。

【园林绿化精品工程建设】 2014年，东莞植物园二期建设开工，莞香园建设项目完成规划设计，国际花卉博览园形成初步建设方案，市中心广场绿化景观优化升级工程动工。石排镇被授予“广东省园林城镇”称号，全省10个省级园林城镇有9个落户东莞市。

【园林企业管理】 2014年，东莞市出证办结园林企业三级资质核准和延续43项，办结企业信息变更262项，审核并上报二级资质核准18项，指导4家企业申报一级资质核准和延续。

## 环境卫生

【环境卫生概况】 2014年，东莞市组织编制《东莞市生活垃圾分类收运处置专项规划》，修编《东莞市市域环境卫生专项规划》。完善环卫设施，做好存量垃圾治理、垃圾分类、生态补偿机制、环卫统筹、“牛皮癣”整治等工作。市区环保热电厂向公众开放，并在全国首创实时公布烟气排放指标。全市城镇生活垃圾无害化处理率99.5%。

【垃圾处理设施建设】 2014年，东莞市把横沥环保热电厂一期技改增容工程增补为市重大建设项目，并完成化水车间土建及安装工作、项目桩基工程等，推进横沥环保热电厂再增容项目建设。筹建麻涌环保热电厂。

【生活垃圾生态补偿机制建立】 2014年12月，东莞市印发《关于印发东莞市生活垃圾终端处理设施区域生态补偿实施方案的通知》。明确以“谁受益、谁补偿，谁受损、谁受偿”的原则，建立生活垃圾生态补偿机制。

【生活垃圾分类】 2014年，东莞市在莞城、东城、南城、万江街道各选择一个有条件的村（社区）作为生活垃圾分类试点示范区，并于12月29日在东城梨川社区举办村（社区）开展生活垃圾分类试点工作启动仪式。成功申报全国第四批餐厨垃圾废弃物资源化利用和无害化处理试点城市。

【环卫统筹管理】 2014年，东莞市有19个镇街实现城乡市容环卫“一体化”管理，村（社区）市容环卫管理资金负担减轻60%以上；12个镇街实现城乡市容环卫管理“一体化”，村级环卫支出“零负担”。全市421个村（社区）实现环卫管理事务由镇街统筹管理，完成率71%。（陈佩珠）

## 城市供电

【供电概况】 2014年，东莞市完成供电量655.72亿千瓦时，比上年增长6.24%；全口径及城市用户平均停电时间分别为2.4小时、1.2小时，分别下降41.18%、69.01%；综合电压合格率99.996%，比上年上升0.016个百分点；城市居民端电压合格率99.997%。截至2014年，全市有用电户215万户，110千伏及以上变电站165座、主变总容量5869.6万千伏安、输电线路4208.8千米。

2014年，被授予南方电网公司“职工技术革新优秀组织单位”“服务文化示范单位”“法治文化示范单位”；广东电网公司“抗击超强台风‘威马逊’抢修复电先进集体”；东莞市“志愿服务金奖”等称号。

【电力供应】 2014年，东莞市电力供需基本平衡，但因局部电网网络受限影响，部分地区需执行短时间的错峰用电，通过促成市财政补贴9E机组顶峰发电，增加供电能力70万千瓦，电量3.2亿千瓦时，使莞城等23个镇街（园区）工业用户由每周执行“开二停五”甚至“工业生产用电全停”转为“放开用电”，大大减少客户错峰时间，保障了全市供电的平稳有序。在重大电力设施停电迁改、大型基建停电任务期间，东莞供电局通过转移受限区域负荷、优化电网运行方式、提前细致做好客户沟通等多种措施，有效避免工业客户560户生产用电全停16天，实现停电期间安全平稳过渡。在东莞供电局门户网站和实体营业厅同步对外公开报装受限信息，提升业扩报装受限信息透明度。针对局部地区报装受限情况，安排2.3亿元资金对配电设备进行改造，解决278个重过载配变问题，截至2014年，全市公用过载配变数量减少527台，重载配变数量减少284台。

【电网建设】 2014年，东莞市启动电网规划建设“大会战”，市委书记徐建华、市长袁宝成主持召开电网工程项目建设工作会议，协调督导解决相关问题。市长袁宝成担任电网规划建设协调领导小组组长，组织相关部门、镇街（园区）签订工作责任书，促使长期困扰该局的15个电网建设难题取得重大突破。截至2014年，在“大会战”的“三个一批”项目建设中，已储备5个项目、开工12个项目、建成15个项目，均超额完成第一阶段既定目标任务。密切跟踪市新一轮发展热点，完成统筹水乡地区发展、南城CBD商务区和长安新区电网规划专题研究。融入虎门港、松山湖华为、谢岗粤海产业园等重点镇、园区大型项目的用电需求，谋划“十三五”电网规划。配合市政工程建设，完成从莞高速公路（东莞段）、虎门中心区等电力迁改工程，助力城市发

## 东莞市供电局

2014年10月31日，东莞供电局护航首届广东21世纪海上丝绸之路博览会

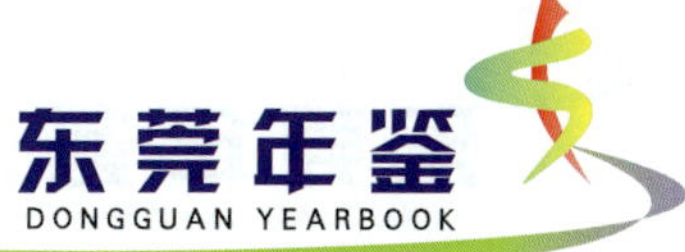


展升级。研究分布式能源技术，制定属地化光伏发电项目并网服务业务指导书，并成功接入14个分布式光伏发电和生物质能发电项目。

【电力安全生产】 2014年，东莞电网连续安全运行1095天，电力统调负荷1269.33万千瓦，屡创新高，电网安全运行压力巨大。东莞供电局优化“一风险一方案一落实一闭环”机制，成功化解一级事件风险21项、二级事件风险62项、三级事件风险124项。在全省执行双月停电计划，实现电网风险的提前管控以及用户有序用电的安排。深化电力设施保护内外联动机制，完成1841项重大安全隐患整治；完成沿海架空线路抗风加固和防雷改造，提高电网抵御自然灾害能力。

【供电客户服务】 2014年，东莞供电局为市属157项重大项目及87个重大预备项目做好供电配套服务，办理了80宗重大项目用电报装业务，新增容量24.1万千伏安，并促使业扩报装时间比上年减少4.8个工作日。对全市43户关键电力客户开展专项检查，将其供电电源配置合格率和应急自备电源配置合格率分别提升至92.5%和72.5%。通过警企联动的反窃电机制，查处窃电事件126起，维护了合法、规范的供用电市场秩序。加强对“两高一低”企业的电量监控和用电检查力度，全力配合市政府开展对水乡“两高一低”企业的整治与引导退出工作。

推出“停电千里眼”的故障抢修移动作业技术支撑平台，实现抢修信息实时共享与远程抢修工单上传，提升客户报障信息传递能力，实现远程服务渠道与实体营业厅功能一致，远程业务办理比例57%。开展上门服务4238次，上门服务比例为71.02%。为东莞市34家企业开展节能诊断服务，并通过节能咨询、节能告知形式，促成123家企业实施节能改造，节约电量9706.09万千瓦时。

【应急保供电】 2014年，东莞供电局联合东莞市应急办、经信局等单位和市人民医院、虎门高铁站等重要用户，配合省政府完成“西电东送”大面积停电应急综合演练，首次实现了市应急办和供电局应急平台的互联互通，建立各专业应急抢修队伍和外部支援的应急救援队伍，在全省开展应急队伍人员冲锋舟驾驶技能培训，全面提升了应急队伍技能水平，成功应对“3.30”“5.11”特大暴雨恶劣天气事件及“4.11”停电事件，投入2656人次、978台抢修车辆、4台应急发电车，完成多场应急保电战役。在各项应急事件处置中，东莞供电局利用微信、网站等多种远程服务渠道，应对激增的各类客户诉求，及时对外公布抢修动态，实现应急抢修期间客户服务“零”投诉。同时，承担社会责任，面对超强台风“威马逊”来袭，出动抢修人员826人、抢修车辆210辆、应急发电机19台支援海南省文昌县，并派出应急发电车5辆支援湛江市徐闻县。

（邝志聪）

**附：2014年东莞供电局主要领导名录**

党委书记、副局长：宋新明

① 2014年7月22日，东莞供电局抗风复电抢修队赴海南支援

② 2014年4月11日，东莞供电局对500千伏横沥变电站主变进行测试

③ 2014年5月27日，东莞供电局500千伏纵江输变电工程首期顺利投产

## 城市管理

【违法建筑查处】 2014年，东莞市推行在建房屋动态监管，实行预防为主前置式查处机制，执行违法建筑快速处置机制。全年拆除违建570宗，拆除面积45.51万平方米。

【城市管理重点执法整治】 2014年，东莞市开展查处城市“六乱”（乱扔吐、乱堆放、乱拉挂、乱张贴、乱搭建、乱摆卖）和违章广告、生活噪音等重点执法工作。全年出动执法人员28.25万人（次）、执法车20.41万车（次），联合执法1.2万宗，教育纠正和立案查处各类违法行为21.69万宗，处罚金额976.92万元。受理城市管理执法投诉9243宗。

【房屋征收管理】 2014年，东莞市修订《东莞市公共基础设施建设项目土地和房屋征收补偿标准规定》。成立征地征收专责领导小组，负责“十二五”重要基础设施建设征地征收。规范评估，完成全市房屋征收评估机构年度备案检查，有20家机构符合备案要求。 （陈柳金）

**附：2014年东莞市城市综合管理局主要领导名录**

党组书记、局长：钟耀祥（任至10月）
唐耀文（10月到任）

## 城管卫士　执法为民

① 2014年5月27日，市委书记、市人大常委会主任徐建华（前中）参观市区环保热电厂

② 2014年12月29日，东莞市村（社区）开展生活垃圾分类试点工作启动仪式举行

① 2014年6月5日，市区环保热电厂开放日活动举行

② 2014年，东莞市开展城市桥梁定期检测

③ 2014年6月30日，高压燃气系统事故应急救援抢险演练活动举行

④ 2014年，照明设施养护

⑤ 2014年，市中心广场国庆摆花造型

## 环境保护

【环境质量概况】 2014年，东莞市城市总体环境质量改善。空气质量优良天数254天，大气污染物除$O_3$外浓度值均有不同程度下降，其中$PM_{2.5}$、$PM_{10}$年均浓度值比上年分别下降6.3%、7.7%，全面达到省对东莞市考核目标要求，饮用水源水质达标率100%，东江东莞段水质达到国家地表水II类标准，噪声环境持续保护稳定，各类功能区噪声年均等效声级符合《声环境质量标准》（GB3096-2008）中的标准。

【生态文明体制改革推进】 2014年，东莞市制定实施《东莞市生态文明体制改革实施方案（2014—2017）》，部署推进各个方面的体制机制改革工作，成立市环境保护委员会，完善环保责任考核、排污总量考核制度，以生活垃圾处理项目为试点，推行建立区域生态补偿机制。第三轮行政许可事项清理，取消行政审批1项、管理事项1项，转移管理事项1项，委托管理2项。截至2014年，累计取消行政审批13项，审批事项压减率达68.4%。

【国家生态市创建】 2014年，东莞市完成国家生态市创建重点工程78项。全市18个镇创建成为国家、省生态镇，478个村（社区）创建成为生态村（社区），其中，东坑、望牛墩镇获得省级生态镇命名，56个村（社区）创建为市级生态村（社区），生态村（社区）覆盖率达到80.6%。

【主要污染物总量减排】 2014年，东莞市印发实施《东莞市节能减排财政政策综合示范城市主要污染物减量化项目分工实施方案》，完成2013年污染减排考核，化学需氧量、氨氮、二氧化硫和氮氧化物减排比例分别为5.6%、4.07%、5.2%和8.7%，完成省下达的总量减排任务，考核结果为优秀。全面启动国家责任书项目麻涌新沙港集中供热工程建设，中堂大唐华银、中电新能源、东莞通明、谢岗华能项目等4个集中供热项目全面开展前期工作。

【饮用水源保护】 2014年，东莞市完成2013年度乡镇以上集中式饮用水源地环境状况评估，基本建成江库联网工程一期全线管道、提升泵站和加压泵站；完成同沙水库尾水排放及环水库截污管网工程管网19.5公里；完成雨季溢流工程东城项目工程量72%；开展松木山水库污水管网及污染源排查、破损管道修复、泵站截污槽改造、清理非法养殖场等多项工作，编制实施《松木山水库水污染治理方案》。

【大气污染防治】 2014年，东莞市制定《东莞市大气污染防治行动实施方案（2014—2017）》，开展冬季大气污染防治专项行动，改善空气质量，11—12月，空气达标天数比上年上升29.3%，$PM_{2.5}$、$PM_{10}$年均浓度值分别下降6.3%、7.7%，全面达到省对东莞市考核目标要求；开展$PM_{2.5}$污染特征监测研究，修订完善《东莞市大气重污染应急预案》。

【水乡环境整治】 2014年，东莞市制定实施水乡经济区非法畜禽养殖业、黑烟囱和无证无照污染企业长效监管以及水乡工业排污监管等方案。启动水乡经济区“两高一低”（高污染、高耗能、低效

## 东莞市环境保护局

2014年2月18日，市环保局开展副科以上干部现场走访服务企业活动

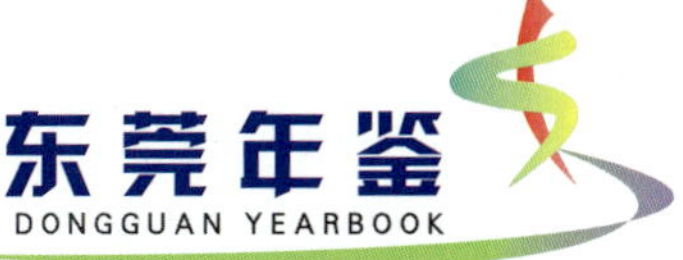


益）企业引导退出整治工作，其中57家造纸企业有34家签订关停协议（11家停产）；制订实施《东莞市畜禽养殖区域划分实施方案》，全面规范畜禽养殖。

**【重点流域整治】** 2014年，东莞市制定《内河涌综合整治工作实施方案》及《技术指引》，全市完成内河涌整治11条。在石马河、茅洲河、水乡特色发展经济区试点推行“河长制”，推动重点流域整治。石马河整治方面：关闭和责令停产一批违法排污企业，扩建污水处理厂2家，基本完成流域7镇截污次支管网建设工程前期工作，完成1家垃圾处理场整治。茅洲河整治方面：完成长安三洲污水处理厂二期扩建工程，完成长安第二污水处理厂的选址和勘察，全面启动人民涌综合整治。

**【机动车污染防治】** 2014年，东莞市全面深化机动车污染防治，实现国Ⅳ柴油、国Ⅴ汽油油品供应升级。推动实施第四阶段环保限行管理，限行范围扩大到环城路区域。开展联合路检执法行动，抽检机动车1.08万辆，查处超标车辆2153辆。截至2014年，通过环保限行区固定式电子抓拍系统处罚2.75万车次，累计核发环保标志146.17万辆，其中“黄标车”11.07万辆。全年检测机动车77.80万辆，收到市民义务举报“黑烟车”84辆，核实处理64辆，淘汰“黄标车”和老旧车7.33万辆，完成省下达的任务。

**【环境执法监管强化】** 2014年，东莞市全面启动和推行环保移动执法，出动执法人员8.29万人次，检查企业3.43万家次，分别比上年增长9.49%和15.27%；对12个突出环境问题实施挂牌督办，妥善处置29宗突发环境事件；处罚环境违法行为2047宗，罚款金额6598万元，分别增长17.8%和6.6%；申请法院强制执行1678宗，移交公安部门涉嫌环境犯罪12宗。开展机动车维修行业、垃圾焚烧飞灰、严控废物、“地沟油”、进口废物、剧毒、重金属类危险废物专项整治行动，累计检查企业4889家次。受理环境信访1.65万宗，办结1.59万宗，办结率96%。

**【环保专业基地建设】** 2014年，东莞市基本完成7个环保专业基地，其中麻涌基地、虎门基地A区、长安基地A区、沙田基地废水处理站建成，取得短期排污许可证，投入试运行；虎门基地B区电镀部分、长安基地B区、常平基地、大朗基地废水处理站基本建成，准备投入试运行；中堂基地北海仔河清淤整治工程完成。修订《东莞市环保专业基地电镀企业准入条件（2014年修订版）》《东莞市环保专业基地印染、洗水企业准入条件（2014年修订版）》，引导企业入园升级改造。

**【环境监测能力提升】** 2014年，东莞市建成虎门、洪梅、塘厦、常平4个镇街空气自动监测子站，形成城乡一体化覆盖的“14+1”大气自动监测预警网络，其中：城市空气质量评价点位13个，道路交通监控点位1个。监测网络现覆盖莞城、东城、南城、万江街道、松山湖高新区、长安、麻涌、塘厦、虎门、洪梅和常平等镇街重点区域。（曾佩珊）

**附：2014年东莞市环境保护局主要领导名录**

党组书记、局长：方灿芬

① 2014年12月9日，开展冬季大气污染防治督导工作
② 2014年4月10日，召开东莞市节能减排财政政策综合示范城市建设动员暨环保工作会议
③ 2014年5月15日，部署开展党的群众路线教育实践活动
④ 2014年12月13日，开展青少年环保创意制作大赛

# 交通·邮政业

TRANSPORTATION · POSTS

环城路望牛墩路口立交

## 公路运输业

【公路运输概况】 2014年，东莞市完成交通建设投资31.56亿元，占全年计划投资的100.83%，其中公路建设完成23.36亿元。东莞市完成公路客运量5523.87万人次，比上年下降1.55%。公路货运量1.09亿吨，下降0.67%。公路客运周转量85.26亿人公里，下降1.48%。公路货运周转量75.52亿吨公里，增长5.61%。

【公路基础设施建设】 2014年，东莞市在建交通基础设施项目15个239.2公里，建成通车13.46公里，新开工项目3个5.73公里，高速公路通车里程达到335.1公里，东莞市公路通车里程5144.9公里，公路密度208.7公里/百平方公里。东莞市交通运输局被市政府评为2014年重大项目服务保障先进集体。

【交通运输改革】 2014年，东莞市交通运输局推进公交体制改革，完成组建东莞水乡新城公汽有限公司、东莞巴士有限公司，其中水乡新城公汽开通20条公交线路，东莞巴士公司开通8条跨镇公交线路。顺应大部门职能转变，市公路管理局、市路桥收费所调整为交通运输局管理事业单位，市地方公路管理总站划入市公路管理局，理顺部门职能。

【交通运输规划编制】 2014年5—7月，《东莞市综合交通运输体系规划》经内部审查后，修改完成送审稿，并通过专家评审；8月起，报市相关部门审批。《深莞惠三市交通运输一体化规划》于10月16日经深莞惠三市党政主要领导联席会议审定通过。《东莞市珠江口东岸临港现代产业集聚区规划》于5月30日通过专家评审，并按专家意见修编完成送审稿拟报市政府审定。《东莞市轨道交通与常规公交衔接规划》等3项规划初稿编制完成，其中《东莞市轨道交通与常规公交衔接规划》于8月底召开专家评审会，截至2014年结合《东莞市水乡特色发展经济区公共交通规划》及《东莞市公共交通规划修编（2013—2020）》进行修改完善，计划完善后报市政府审批；《东莞市水乡特色发展经济区公共交通规划》及《东莞市公共交通规划修编（2013—2020）》完成相关部门和镇街意见征求工作，计划待修改完善后召开专家评审会。

【公路重点项目建设】 重点项目前期工作加快 2014年，东莞市交通运输局推进23个重点项目的前期工作，其中：疏港大道延长线、东宝河大桥完成各项前期工作；深圳外环高速公路、莞番高速公路沙田至桥头段等21个项目进展顺利。编制交通规划6项，其中完成编制3项，完成初稿3项。

在建公路项目推进 2014年，东莞市高速公路完成投资13.90亿元，国、省道升级改造完成投资2.39亿元，镇际、村际联网路完成投资2.2亿元，完成里程13.29公里。从莞高速公路完成总投资计划80.41%，计划一期工程（石排至东部快速路互通路段4.5公里）于2015年12月底前完工通车，二期工程于2016年完工；虎门二桥东莞段完成总投资计划12.94%，计划2018年完工。推进15个在建项目建设，其中：横海大桥完工通车，市主干公路交通堵塞点改造完工通车12个，建成7条村际联网路12.79公里，虎门二桥东莞段、从莞高速公路东莞段（含清溪支线）等11个项目的建设推进。 （樊键忠）

**附：2014年东莞市交通运输局主要领导名录**

局　长：黎达潮

## 路桥建设

**【路桥建设概况】** 2014年，东莞市公路桥梁开发建设总公司推进路桥建设，承担5个省市重点在建项目，完成总投资16.04亿元，获评东莞市重大项目建设管理先进集体；运营管理莞深、虎岗高速公路共计128.89公里，通行费收入19.53亿元，获评省高速公路联网收费"一张网"工作先进单位；"东莞通"（卡）、东莞巴士跨镇公交启动运营；东莞发展控股股份有限公司完成对广东融通租赁公司的增资和股权收购，融资租赁业务拓展，推进公司制改造，构建公共交通综合体，推进公司发展。

**【东深公路樟洋大桥等5座桥梁加固整治工程完工】** 2014年，东莞市公路桥梁开发建设总公司为确保樟洋大桥、樟木头立交桥、樟木头村大桥、旗岭中桥、司马中桥道路行车安全，报经东莞市政府同意，对5座桥梁进行加固整治，其中旗岭中桥右幅拆除重建。樟洋大桥长195.44米，桥宽41米，最大跨径20米；樟木头立交桥长161.44米，桥宽41米，最大跨径20米；樟木头村大桥长135.44米，桥宽41米，最大跨径20米；上述3座桥梁均位于樟木头镇樟洋村路段，为三类桥。旗岭中桥长105.42米，桥宽33米，最大跨径20米，位于常平镇境内，桥底穿越东深供水渠，为四类桥。司马中桥长55.4米，桥宽29.5米，最大跨径18.45米，位于常平镇司马村，为二类桥。整治内容主要包括：混凝土裂缝及缺损修补、T梁腹板加固、T梁横隔板加固、桥面铺装及伸缩缝更换、桥墩盖梁加固、旗岭中桥右幅拆除改建等。采用一级公路技术标准，荷载标准：汽—超20级，挂—120；地震烈度：6度。工程总投资为4671.79万元（不含建设单位管理费及征地拆迁补偿费）。工程于2013年5月动工，于2014年7月完工并开放通车。

**【东部快速路（企石镇—桥头镇段）改造工程完工通车】** 该工程属市重点工程。东部快速路起于连接松山湖大道莞深高速公路上屯立交，终点接桥头镇的桥新大道，其中松山湖大道至企石镇段按快速路标准建设，从企石镇至桥头镇路段按城市主干道标准建设，2005年9月建成通车。为适应车流量要求，经东莞市市政府批准，对东部快速路企石镇至桥头镇段进行改造。工程起点位于企石镇霞朗村以南，向东与企石镇湖滨南路交叉后，路线总体呈西北—东南走向，穿越西安村与田饶步路交叉，在凤凰岗村以南与东平大道和环城路交叉，然后偏向东南，在大帽岭村以南绕过后与桥新大道交叉，接上原有S120省道，随后与S120省道共线直至东深公路立交处。改造原有道路长7.52公里，主路双向六车道，设计车速80公里／小时，全线设置湖滨南路、田饶步、东平大道及环城路、桥新大道互通式立交4座、人行天桥1座、改造互通式立交1座，项目附属工程包括桥涵、排水、照明、交通、绿化工程等。东莞市政府批复概算为4.37亿元。2011年10月15日开工建设，2013年12月底主线通车，2014年9月28日工程完工并开放通车。

**【望牛墩横海大桥重建工程完工通车】** 横海大桥位于望洪公路（X235），跨洪屋涡水道，南北走向，

## 铺路架桥　助推东莞升级

2014年7月1日，副省长刘志庚（前排右一）在市委常委、常务副市长张科（前排右二）陪同下到从莞高速公路（含清溪支线）施工现场督导工程建设

连接洪梅镇和望牛墩镇，并与大洲路及广深高速公路望牛墩互通匝道相接。原桥建于1992年，全长280米，双向四车道。环城路望牛墩连接线及水乡大道建成通车后，横海大桥车流量上升，原桥受车载破坏严重，检测为四类桥梁。该次改造重建项目是在原桥址处拆除旧桥重建新桥，改造路段长660米，新建桥梁长度275米，采用双向六车道一级公路技术标准，设计时速60公里/小时，桥型为左右分离式梁桥，上部结构为预应力简支板梁和预应力连续箱梁。项目总投资估算9547.44万元（包含征地拆迁费），资金来源为市财政投资。工程于2012年12月28日开工，2014年12月18日完工通车。

**【高速公路东莞城市标识广告牌项目完工】** 2014年，东莞市政府为加大城市形象宣传力度，决定在广深高速、沿江高速、莞深高速等高速公路设置以“东莞欢迎您”为主题的城市标识广告牌，统一由东莞市路桥总公司组织实施。其中，在沿江高速公路东莞长安与深圳沙井交界处桥梁上新建2处门架式广告牌（进出东莞各一处）；在莞深高速公路东莞往增城方向K51+200处桥梁上新建1处门架式广告牌；在潮莞高速公路东莞与惠州交界处设置2处欢迎牌（往东莞、惠州方向各一处），工程建设总费用136万元。工程于2014年4月8日动工，5月27日完工。

**【县道X195神山大桥拆除重建工程动工】** 神山大桥是连接东坑镇与横沥镇主要通道，位于东坑镇X195（东坑大道）北段，旧桥于1960年代初期修建，经检测为四类桥梁。报经东莞市政府批准，对旧桥进行拆除，并按六车道规模重建桥梁，由市路桥总公司组织实施。工程总长400米，桥梁长160.12米，桥梁分左右两幅，两幅桥之间净距离为4厘米，桥梁上部结构共1联8×20米预制空心板梁；下部结构桥台采用柱式台，桥墩采用柱式墩，墩台采用桩基础。桥梁中心线与河涌正交，桥下有通航要求，8级航道。桥梁断面尺寸，全幅宽32米，采用分离布置：单幅桥面宽16.0米，外侧设0.5米栏杆+3.5米的行人道，设置防撞栏。项目采用二级公路标准，设计速度为：60公里/小时，工程投资概算3791.61万元（不含征地拆迁及建设单位管理费）。工程于2014年10月12日动工建设。

**【石大公路路面大修工程】** 起点位于茶山镇（省道S120与茶山环城路平交处），经茶山、寮步和大岭山镇，终于大岭山镇大塘村（接国道G107线莞长公路），除茶山镇寒溪河北段采用茶山环城路代替对应石大路旧线（长7.5公里）外，其余路段均沿旧线布设，路线长27.08公里，主线采用平原微丘区双向六车道一级公路标准，设计车速80公里/小时，局部路段采用60公里/小时；辅道采用城市次干道标准，设计时速40公里/小时。全线加固利用旧有寒溪河大桥1座、新建寒溪河特大桥1座、中桥2座、小桥3座；设金富路跨线桥、翠香路跨线桥、金松路跨线桥、莞深高速公路跨线桥、连马路跨线桥共5座跨线桥；设寮步通道、月山通道、红荔支线通道共3座下穿通道；新建人行天桥15座;设人行地下通道4座；新建箱涵24道。东莞市政府批复投资概算16.65亿元（不含征地拆迁、建设单位管理费和建设期贷款利息）。工程于2011年4月开工建设。2013年12月底主线通车。2014年完成投资1.3亿元，截至2014年累计完成投资13.9亿元，占项

① 2014年7月1日，市委常委、常务副市长张科（中）在从莞高速公路（含清溪支线）施工现场督导工程建设

② 2014年7月24日，副市长贺宇（前排右二）在从莞高速公路（含清溪支线）施工现场督导工程建设

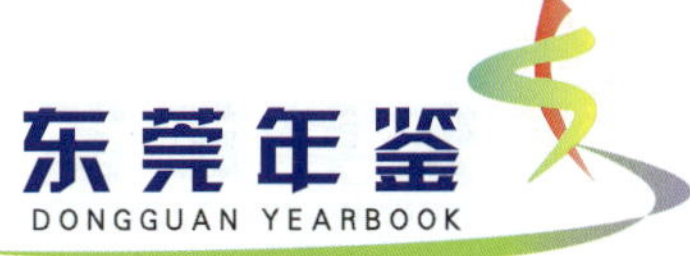


目总投资83.38%。

【从莞高速公路东莞段（含清溪支线）工程建设】 该工程属省、市重点工程，由主线和清溪支线两部分工程组成。主线工程起于东莞石排镇赤坎村（惠州市与东莞市东江地域交界处），向南经石排、企石、横沥、常平、樟木头、塘厦、清溪、凤岗等镇，终于凤岗镇大湖洋（接深圳外环高速公路），长42.2公里，采用双向六车道高速公路标准，路基宽度33.5米，设计速度100公里/小时。设特大桥11座、大桥14座，设隧道6座（其中特长隧道2座），设石排、东部快线、常平、常虎枢纽、樟木头、塘清枢纽、清溪、塘厦、凤岗枢纽互通立交共9处。清溪支线工程起于塘厦镇林村（接东莞市境内龙林高速公路），向东经石马河、罗马村、浮岗村、松岗村、上元村，终于惠州约场北（东莞市与惠州市交界处，接博深高速公路），长15.5公里，采用双向四车道高速公路标准，路基宽度26.0米，设计速度100公里/小时。设特大桥2座、大桥8座，设隧道1座，设清溪湖、约场北枢纽互通立交共2处。全线长57.7公里，项目工可估算112.07亿元。工程于2011年3月全面开工建设。2014年完成投资10.51亿元，截至2014年累计完成投资90.11亿元，占项目总投资80.41%。

【东江梨川大桥工程建设】 该工程属市重点工程，北起东莞市高埗镇莞潢路，向南依次跨越高埗沿江大道、中堂水道、大王洲岛、东莞水道及东城区东江大道，终点与东城街道东江大道连接，路线长2.29公里，按双向四车道一级公路兼顾双向六车道城市主干道标准设计，主桥桥面宽度31.2米，设有高埗、庆新路、东江大道等3座互通立交，跨中堂水道和东莞水道分设2座主桥，工程总投资9.22亿元（含征地拆迁费用）。工程于2011年5月28日动工。2014年完成投资1.3亿元，截至2014年累计完成投资6.6亿元，占项目总投资71.82%。

【东平东江大桥工程建设】 该工程属市重点工程，位于省道S255（东江大桥）和县道X195（石洲大桥）之间，呈南北走向，设计起点与东莞企石镇东平大道相接，向北跨越东江，终点接规划中博罗罗浮山至企石公路（双龙大道）。该项目等级为一级公路，设计速度80公里/小时，路线设计长度2.49公里，其中桥长1.82公里，引道0.67公里。主桥采用独塔单索面墩、塔、梁固结的预应力混凝土斜拉桥。项目投资估算5亿元。2012年6月30日开工建设。2014年完成投资0.6亿元，截至2014年累计完成投资2.2亿元，占项目总投资44.29%。

【粤晖大桥工程】 该工程是2012年东莞市统筹水乡地区发展12项先期启动项目之一，是疏港大道延长线的过江通道之一，东接道滘镇南阁中路，横跨大汾北水道，西接洪梅镇厚洪路，是连接洪梅镇和道滘镇的重要通道。路线长734米，双向四车道，采用一级公路标准，设计行车速度60公里/小时，总投资9457万元。2012年12月开工建设。2014年完成投资1765万元，截至2014年累计完成投资4881.8万元，占项目总投资51.62%。 （姚庆保）

附：2014年东莞市公路桥梁开发建设总公司主要领导名录

总经理、党委书记：尹锦容

① 2014年1月15日，“东莞通”发卡使用。图为乘客刷卡乘车

② 2014年9月25日，东莞巴士首条跨镇公交线路801路（第一国际东至虎门高铁站）开通运营。图为跨镇公交车辆正整装待发

③④ 2014年5月27日，东莞市高速公路东莞城市标识广告牌项目完工。图为完工的“东莞欢迎您”“欢迎再次光临东莞”门架式广告牌

## 公路养护管理

【公路养护管理概况】 截至2014年，东莞市公路管理局主要负责管养辖区内1条国道（G107）和6条省道（S120、S255、S256、S357、S358、S359）公路，总里程350公里；国道、省道公路桥梁267座（3.5万延米），其中一、二类桥占99.2%，无危桥。

2014年，东莞市公路管理局落实迎“国检”工作任务，抓好队伍和制度建设，实施重点项目建设提速、公路养护提质、路政管理提升工程，推进智慧公路、生态公路、文化公路和公路信息化、机械化、规范化建设，其管养的国省道优良路率保持在98%以上，路况水平处于全省前列。在全市组织的年度工作考评中，东莞市公路管理局获评广东省路政管理工作先进单位；市“重大项目建设管理先进集体”；副局长王玉坤获评市“重大项目建设工作先进个人”；局机关党委获评市直机关党建目标管理先进单位；其下属路政所党支部获评机关服务型党组织示范点创建单位；公路养护职工叶发岳、谢定平、张景赐获评市“环卫先进个人”。

【公路养护】 2014年，东莞市公路管理局创新工作机制，制定落实《公路养护提质工程实施方案》和《公路养护管理工作检查考评方案》，按照“国检”“省检”要求抓好公路日常维修养护，采取优化养护管理模式、改进检查考核办法、大力培养先进典型等措施，全面提升公路养护质量和管理水平，增强公路通行和服务保障能力。

注重加强预防性养护和汛期路面抢修，及时灌缝和维修路面坑槽，提高路面平整度，好路率保持在98%以上，大部分养护所在季度和年度公路养护管理综合考评中获得优秀等次。在汛期采取措施开展应急抢险工作，保障管养公路、桥梁安全度汛；按照交通运输部公路桥梁养护管理制度要求，落实桥梁“三级检查”（经常检查、定期检查、特殊检查）制度，加强汛期桥梁专项检查，加大汛期巡查频率。通过招标方式聘请有专业资质的公司对管养的47座大中型桥梁开展特殊检查和定期检查，确保管养公路桥梁安全运营；推进国省道公路、桥梁、隧道信息化管理，完善公路小维修工程运作模式，完成重大节日和“加博会”“漫博会”“台博会”“海博会”等重要展会期间的公路服务保障任务。

【省道S256、S358大修工程建设】 2014年，东莞市公路管理局积极推进省道S256、S358大修工程等市属重点项目建设，制定落实《重点项目建设提速工

## 提高公路科学化建设管理水平　为东莞经济社会转型发展服务

① 2014年6月24日，副市长鲁修禄（中）率队到市公路管理局组织实施的省道256、358大修工程施工现场视察并召开督导会，协调解决工程建设的有关问题

② 2014年7月22日，副市长贺宇(中)率队到市公路管理局调研

程实施方案》。省道S256、S358大修工程全年完成投资2.39亿元，占年度投资计划102.1%。截至2014年，累计完成投资占施工合同总价86.3%。

【主干公路交通堵塞点改造工程建设】 2014年，东莞市公路管理局积极推进主干公路交通堵塞点改造工程等市属重点项目建设，制定落实《重点项目建设提速工程实施方案》。2014年，市主干公路交通堵塞点改造工程完成投资7687.6万元，占年度投资计划102.5%。截至2014年，累计完成投资占施工合同总价95.9%。

【路政管理】 2014年，东莞市公路管理局制定并实施《路政管理提升工程实施方案》及《路政管理路长制考核评议工作方案》，通过抓队伍作风建设、抓制度落实、提升设备使用效率和强化路政许可审批，建立健全路政管理路长负责制度，解决路政管理工作中的突出问题和薄弱环节，提升公路路政管理水平和公路行政服务保障能力。

2014年，东莞市公路管理局路政窗口受理行政许可申请事项172宗，全部按时办结，推进网上审批业务，审批效能在全市每月排名中均为优秀；办理交通事故损坏路产核价追偿案件6宗，协调修复受损路产事项107宗，协调相关镇街及单位落实整改各类安全隐患事项159宗；落实局路政许可审批项目专项整治工作，排查出全市国省道公路沿线路口、非公路标志设施（含广告牌）、管线管井及违法建构筑物等2.4万项，并进行分类整改和完善；落实路长制，发现并跟进处理路政违法案件295宗，发现路产缺损（含标志标线）、公路施工路段安全设施缺损等232宗，均得到处理。报请市交通综合执法局的路政违法案件降幅达24%。 （吴倩倩）

**附：2014年东莞市公路管理局主要领导名录**

党组书记、局长：陈志坚

① 2014年12月24日，市公路管理局领导到省道S120桥头与惠州交界处实地察看路域环境情况

② 2014年1月15日，市公路管理局负责组织实施的市主干公路交通堵塞点改造工程第八标段——省道S255樟木头荔苑大道路口下穿隧道建设工程实现通车

③ 2014年9月12日，市公路管理局参加广东省公路局系统干部群众诗歌朗诵表演赛获一等奖

## 公路运输管理

【节假日旅客运输】 2014年，东莞市筹备运力，强化元旦、五一、国庆等节假日以及“漫博会”“加博会”“海博会”等重大活动期间的公交出行保障，发送旅客746.68万人次。

【公交线网完善】 2014年，东莞市优化调整公交线路56条、新增公交线路32条，重点强化医院、大型居住区等重点区域的公交覆盖。水乡片区来往广州的跨市公交线路增加至7条，可通达广州地铁和BRT系统，满足市民跨市出行需求。

【公交服务提升】 2014年，东莞市交加快公交“东莞通”推广应用，累计换发、销售“东莞通”公交卡约50万张，为4280辆公交车安装“东莞通”车载刷卡终端，开设600个充值点。探索NFC功能手机移动支付乘坐公交车，与东莞移动公司完成NFC手机SIM卡加载东莞通应用的测试。协助市残联建设公共交通导盲系统项目，在400辆公交车分批安装车载导盲系统。

【交通运输市场监管】 强化交通综合执法 2014年，东莞市交通运输局开展水路、公路、治超等专项执法行动，深化广深莞惠四市执法合作，以联合执法、片区整治、强化督导等方式，查处各类交通违章案件9576宗。

打击非法营运 2014年，东莞市交通运输局联合市公安交警部门开展东莞市综合整治非法营运工作，开展东莞市集中统一整治行动和以厚街、长安、虎门等8个镇为重点的专项整治行动，开展联合执法行动342次，查处案件1886宗。

普通干线公路环境整治 2014年，结合“迎国检”工作，开展东莞市普通干线公路环境整治，打击涉路违法行为，消除安全隐患。经调查，需整治绿化景观878.27公顷，其他整治项目34869宗；完成整治绿化景观432.47公顷，其他整治项目3.22万宗，占总数的49.2%、90.5%。

强化服务质量动态监管 2014年，查处存在危险驾驶行为的公交车39辆次、出租车283辆次，督促出租车协会对存在不打表行为的117辆出租车予以停车整顿。开展驾培违规经营行为专项整治工作，规范驾校招生、培训行为。

【交通运输安全生产形势稳定】 2014年，东莞市交通运输局加大对道路客运、危运、基建工程及港口危险货物码头等重点领域安全监管力度，开展隐患排查治理，排查隐患5848宗，全部落实整改；加大安全生产的宣传培训工作力度，培训1768人次；推进安全生产标准化达标建设工作，301家企业达到创建标准；开展打非治违专项行动，整治违法行为446宗；组织开展应急演练93次，提升应急救援工作水平，遏制较大以上安全事故发生。

同时，强化工程质量监督。负责监督的公路、水运建设项目104个，开展监督检查检测495次，发出检查情况通知92份，发现问题2050个，工程质量抽检总体合格率为90.8%。对存在质量隐患的，全部要求落实整改。 （樊键忠）

## 建设大交通　促进大发展

2014年1月29日，副省长刘志庚来南城汽车总站及市汽车总站检查春运情况，图为在市汽车总站候车区慰问长途客车司机

①

②

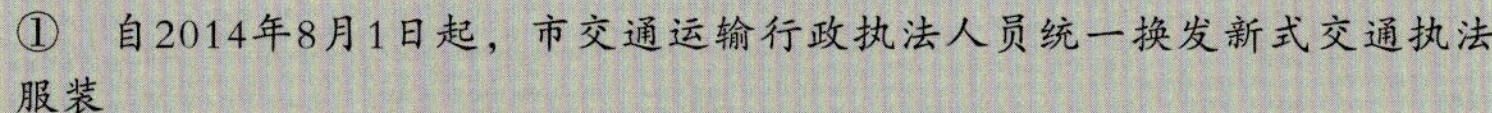

① 自2014年8月1日起，市交通运输行政执法人员统一换发新式交通执法服装

② 市交通运输行政执法人员依法执行公务

③ 2014年9月22日东莞巴士公司执行董事罗耀东主持首条线路开通仪式（801线路）

④ 2014年9月22日东莞巴士公司领导与司机合影

③

④

## 水路运输业

【水路运输概况】 2014年，东莞市完成交通建设投资31.56亿元，占全年计划投资的100.83%，其中码头工程建设完成8.2亿元。东莞市完成水路客运量30.83万人次，增长10.88%。水路货运量4459.67万吨，增长20.49%。水路客运周转量2003.17万人公里，增长20.39%。水路货运周转量372.48亿吨公里，增长2.36%。

## 航道管理

【航道管理概况】 截至2014年，东莞市航道水深年保证率、航标维护正常率、船舶完好率和优秀率均达到100%，安全生产无事故，行政审批无投诉。

【船舶运行规范落实】 2014年，东莞航道局规范航前航后会议标准流程及内容，推进航前航后会议标准化工作。组织开展应变部署和演练，船员业务技能提高，没有发生船舶及机械事故。制订并执行船舶内务管理实施办法等3项管理制度，落实船舶、机电设备维护保养规范，年初编制三级保养明细表，责任落实到人，消防、救生、灯光、仪表等设备落实专人保养。船务实行半军事化管理，出资1.83万元统一购置床上用品，并参照部队士兵内务管理规范，统一折叠、摆放标准，船容船貌清洁干净，整齐规范。出资3万元购置码头、船舱物品“百纳箱”，将日常用品、资料等物品分门别类保管。档案管理做到一船一档，基础资料记录符合规范要求。

【船舶、船员管理】 2014年，东莞航道局投入35.4万元完成“粤道政1303”船、“粤道政1307”艇上排维修、“粤道政1302”船外围飘蓬吊顶、船用水泵、水箱及部分船舶配件更新工作，通过修理、更新，各工作船技术状态良好，并通过船检部门检验。完成“粤道政1302”船报废拍卖工作。截至2014年，6艘在册工作船技术状态良好，船舶完好率和优秀率均达到100%。船员全部持证上岗，值班人员符合规定人数，防洪、防台抢险期间各岗位24小时值班，保证随时执行应急或特殊任务，船员落实当班制度，无发生违法乱纪现象。

【航道危险源排查治理】 2014年，东莞航道局开展安全检查24次，排查发现存在安全问题50余处，属于重大安全隐患5处。全部完成建档工作，其中未设置助航标志或未落实标志维护桥梁问题、过河石油管道、天然气管道未设置助航标志或未落实标志维护问题、太平水道水上客运安全问题比较突出，按程序进行上报和跟踪。加强涉水管理部门间的合作，与交通等部门联合开展碍航渔网渔栅、无证砂场安全管理联合检查，共同做好涉水安全监管工作。

【航道监管】 2014年，东莞航道局加强航道巡查和涉航施工项目监管，加强与交通、安监等部门协调配合，保障涉航工程通航技术标准、通航措施落实，加强航道巡查、监管工作，组织航道监督巡查80次164人次，累计巡查航道6151公里。动态监管在建项目36个。巡查中发现违章行为37宗。 （叶宗校）

附：2014年东莞市航道局主要领导名录

党组书记：王海林

局　长：黎绍泓

## 水路运输管理

【港航生产概况】 2014年，东莞市港航生产稳步增长，其中虎门港完成年货物吞吐量1.29亿吨，年货物吞吐量居全省第四位。截至2014年，全市有港口企业110家，码头101座，泊位205个（其中万吨级及以上泊位26个），获批3万吨级及以上泊位28个（建成17个，在建11个），全港年设计通过能力达9974.31万吨、集装箱89万TEU（标箱）。全年完成港口货物吞吐量1.29亿吨，比上年增长15.31%，其中：外贸货物吞吐量完成2312.09万吨，增长8.05%；集装箱吞吐量完成289.23万TEU，增长45.62%；旅客吞吐量完成31.32万人次，增加1.4%。

截至2014年，全市有水运企业38家，运输船舶382艘，97.35万总吨，157.86万载重吨，其中1万载重吨以上12艘。全年完成水路货运量4459.67万吨、水路货运周转量372.48亿吨公里、水路客运周转量2003.17万人公里，分别增长20.49%、2.36%和20.39%。

【港航设施建设】 2014年，东莞市完成码头项目固定资产投资8.4亿元，新增码头2座，4个泊位，新增设计能力595万吨。推进重点项目建设，国丰粮食现代物流加工项目配套码头建成并投入试运行，宏业货柜码头迁建工程、综合客运码头工程、海昌散杂货码头工程正在施工，西大坦作业区驳船码头工程完成招标，沙田港区三期工程（9#、10#泊位）施工图设计批复，深粮粮食仓储及码头工程项目正在开展前期准备工作。推进码头结构加固改造工程，沙角A电厂码头改造完成，飞虎石化码头、金明石化码头、沙角C电厂码头结构加固改造工程正在施工，海腾码头加固改造工程开展施工图设计工作。全年完成初步设计批复1个、施工图设计批复9个、项目竣工验收4个、项目招标和备案4个，提升港口货物通过能力和码头利用效率。

【港航市场规范】 2014年，东莞市核发港口经营许可证110张、核发港口危险货物作业附证19张；审验水路运输许可证55张、国际海运辅助业经营资格登记证2张、船舶营业运输证336张、港澳航线船舶营运证163张，核发船舶年审合格证336张。完成水路运输及水路运输服务业年度核查任务，核查水运企业38家、个体经营人24户、运输船舶348艘，核查通过率超过94%。推行全市水运审批业务全程网上办理。深化商事登记制度改革，完善商事登记制度改革后续市场监管，完成对51家申办企业进行后续监管，其中12家办理经营许可证。做好节假日安全生产大检查、各类安全生产专项检查和日常安全监管，全年出动检查人员1441人次，排查安全隐患370项、提出整改意见370条、提出安全管理建议305条；审批港口危险货物作业申报5992次；全年组织参加各类安全培训437人次，提升港航安全管理人员和从业人员安全生产工作水平；完成保安符合证书年度核验9家、保安证书到期换证8家、保安设施重大变更换证1家；推进港航企业安全生产标准化建设，完成达标港口企业31家、水运企业13家，夯实东莞市港航生产安全态势。做好进出虎门港船舶调度引航工作，全年安排进出港船舶10674艘次，增长8.4%；安全引航船舶2196艘次，增长12%。 （樊键忠）

## 海事管理

【海事管理概况】 截至2014年，东莞海事局辖区内主要通航水道18条，通航里程651公里，岸线1249公里（其中约138公里与邻近市交界，53公里位于珠江口）。主要通航水道桥梁59座；有一类对外开放口岸1个（虎门港）。2014年，有一类口岸开放码头21座，开放泊位37个，码头岸线总长达5800米；二类口岸1个，开放码头5座；有各类码头68座，其中万吨级以上码头14座，最大型为8万吨级码头，属危险货物码头49座；有水上活动封闭水域及旅游景点7个。航运公司34家、经备案船舶代理10家，检验在册船舶1081艘，登记船舶1092艘，在册船员9755人，有渡口9.5道，渡船19艘。

2014年，东莞辖区进出港船舶31.1万艘次，比上年增长7.1%；货物运输量2.67亿吨，增长17.6%；其中危险货物4985.72万吨（含固体散装危险货物），减少2.4%；集装箱323.3万标箱，增长32.9%；危险货物集装箱1.46万标箱，增长82.4%；旅客运输量30.4万人次，减少25%。全年发生一般等级以上水上交通事故1宗、死亡1人、沉船0艘、直接经济损失163.5万元，事故四项指标“三降一升”，辖区水上交通安全形势总体保持稳定。

【海事安全监管】 2014年，东莞海事局发布《东莞VTS安全监督管理细则》和《用户指南》，编制VTS工作手册，运行VTS中心。综合运用VTS、AIS、CCTV、VHF等管理系统以及电子海图等科技资源，实施电子巡航监管。实施电子巡航882小时，VTS中心接受船舶报告2.05万艘次，跟踪监控船舶2.04万艘次，信息服务1.02万次，纠正处置违法31次，重点船舶监控7168艘次，避免险情24次，重点船舶跟踪率达到100%。推进安全监管网格化管理，电子巡航、网格化管理、传统巡查相互融合，“三位一体”现场监管模式基本成型，水上安全监管效能得到提升。

【海事现场监管】 2014年，东莞海事局强化安全监管，开展平安交通、珠江口综合治理、水上危险化学品运输安全等专项整治行动，组织开展弹性检查650次、夜间巡查239次，交叉检查12次，联动执法148次。检查渡口渡船195次，自用船365艘次，封闭水域92次。检查船舶13760艘次，比上年增长17%。查获各类违章935宗，增长19%。实施行政处罚944件，增长16%。罚款259.93万元。违章处罚率76.4%。处罚违法船员241人次，违法记分806分。

【海事风险防控】 2014年，东莞海事局加强重点水道风险管控，组织制定《东莞水道通航安全管理规定》，制作并多渠道播发东莞水道、倒运海水道、中堂水道安全航行警示宣传片，促进船员熟悉辖区通航环境。制定实施安全隐患分级管理及重大隐患督办制度，排查整改安全隐患7个，促成市安委会开展船舶临时维修点专项治理。坚持每月开展水上安全形势分析，每半年组织港航企业召开典型事故案例分析会，通过警醒教育，防范事故发生。加强恶劣天气影响期间监控预警，2014年，东莞海事局发布各类预警信息194次，成功防抗“海鸥”“威马逊”等热带气旋。

【水上应急能力增强】 2014年，东莞海事局成立东莞市水上搜救分中心。举办港口水域污染事故综合应急演练，检验《东莞市船舶污染事故应急反应预案》合理性和可操作性。完成溢油应急设备普查。开展饮用水域污染风险源分布调研，形成《东江船舶溢油应急设备库建设方案》。开展水上搜寻救助11次，成功救助遇险船舶12艘次、遇险人员99人，搜救成功率96.12%。

【海事安全源头管理】 2014年，东莞海事局培训海务机务72人，实施公司和船舶审核46人次、安全约谈2次。落实东京备忘录港口国监督新检查机制，开展检查110艘次，滞留5艘，高风险船舶检查率100%。加强危险货物和防污染管理，完成危险货物申报单位和装箱单位年度诚信等级评定，完成深赤湾、三江码头新增货种防污染能力审查和4个新建码头防污染风险评估，推动中远船厂完成船舶清洗舱作业风险评估。强化船员管理，建立考官和评估员队伍，完善船员实操检查题库，开展船员考试48期，签发船员证书证件1336份。推进船舶建造检验计划实施，规范建造船舶检验程序。完成营运检验917艘次，建造检验73艘次，审图55套，产品检验230批次，吨位丈量复核234艘次。

【海事基础设施建设】 2014年，东莞海事局扎实推进基础设施建设。编制上报“十三五”建设规划，完成内河二期CCTV和VHF项目建设，海事处高清视频会议系统投入使用。完成2个海事处办事大厅、4个海事处会议室改造，淘汰更新2艘公务船艇，改造完成中堂处执法船舶靠泊点。强化资产管理，完成全局3045件、1.2亿元固定资产盘查。组织开展船舶管用养考核，实现全年适航率达96%。签订VTS、CCTV、VHF和大屏维保协议，以自主和社会化服务相结合的方式做好VTS中心设备维保工作。

【海事依法行政强化】 2014年，东莞海事局制定电子证据收集指导书，建立常见违法行为行政处罚标准文书模块，试行海事行政执法指导性案例制度，规范行政处罚工作流程和标准。完善事故调查工作流程和要求，提高事故调查水平。开展危险货物和防污染业务现场执法标准体系建设，制定船舶在港作业、船舶装运易流态化货物、码头船厂防污染监督检查等现场监管工作流程。开展行政处罚和行政强制案卷评查以及执法督查工作，对全年行政处罚案件30%、行政强制案件100%进行评查。开展港建费稽查和执法督查等活动。推动《东莞市渡口安全管理暂行办法》出台。推进“六五”普法，组织季度学法考试，提高海事依法行政水平。

【海事部门服务地方经济发展】 2014年，东莞海事局融入地方经济社会发展大局，出台服务水乡特色发展经济区建设20项行动计划，支持水上公共交通体系建设，落实东江夜游、华阳湖“花海漂游”建设，获得东莞市委、广东海事局领导批示肯定，并被交通部《交通情况与交流》专报报道。服务重点涉水工程建设，完成港珠澳大桥大型预制件拖带监管服务96航次，做好虎门二桥、海昌三期、虎门高速客船码头等工程建设安全保障工作，完成水工许可53宗。推动阳鸿化工码头对外开放。推进民生海事建设，为LNG船舶护航14航次，保障30.4万人次水上安全便捷出行。推出船舶登记八项便民措施，开辟融资抵押船舶登记“绿色通道”，助推企业融资14.2亿，增长40%。 （林旭文）

附：2014年东莞海事局主要领导名录

局长、党组书记：羊少刚

政　委：陈楚坤

## 轨道交通建设

【轨道交通建设概况】 2014年，东莞市轨道交通2号线完成投资33.05亿元，占年度计划105.5%，截至2014年累计完成投资119.7亿元。2号线获评“东莞市先进重大建设项目”，2305标、2307标获评广东省“AA级安全文明标准化工地”“房屋市政工程安全生产文明施工示范工地”，2306标获评全国“AAA级安全文明标准化工地”。10月9日，《人民日报》对2号线检察院、企业共建“预防职务犯罪工作联系点”进行专题报道，东莞市轨道交通有限公司获评“东莞市预防职务犯罪先进工作单位”。

【轨道交通工程建设】 前期工作 2014年，东莞市轨道交通有限公司完成茶山站、下桥站、虎门站站后折返线电力迁改，东城站、下桥站、鸿福路站长途光缆迁改，榴花公园站时发家具厂、东城站世博广场、陈屋站绿苑山庄施工用地工作。截至2014年，2号线开工后累计完成征地46.7万平方米，完成拆迁5.5万平方米，租赁临时用地18.5万平方米，实施绿化迁移10.3万平方米。

质量安全 2014年，东莞市轨道交通有限公司举办政府层综合演练1次;组织公司层安全演练2次；指导参建单位开展桌面、现场演练20次。做好“全国文明城市”复评、加博会、海博会和国际科技合作周期间文明施工。日常巡查下发质量安全整改通知书94份，全年未发生一般及以上质量安全事故。

土建工程 2014年，东莞轨道交通2号线土建工程完工，15座车站封顶，14个区间主体工程完工，54个车站附属出入口、风亭完工（占总数53%）。突破西蛤区间孤石群和珊展盾构区间施工难点，12月8日贯通2号线全线隧道。

机电设备 2014年，10列客车抵莞调试，机电设备安装、车站装修全面铺开，轨道工程完成铺轨47.95公里，完成率61.7%;15座车站进行机电安装装修施工；车辆段、主变电所完成主体施工。

【轨道交通公司管理】 运营筹备 2014年8月12日，东莞市政府明确市交通运输局作为轨道交通运营业务主管部门。2014年11月18日，广东省发改委批复东莞市轨道交通执行大工业电价政策。2014年，东莞市轨道交通有限公司招聘运营员工468人，组织运营培训3092人次，完成取证培训162人次，运营筹备

## 快捷交通　营造莞香新生活

① 2014年12月9日，市委常委、常务副市长张科出席轨道交通2号线全线隧道贯通仪式

② 2014年10月30日，副市长鲁修禄（前排右二）深入轨道交通蛤地站施工现场，实地检查轨道交通2号线工程质量安全情况

首批人员进驻东城车辆段，全面进入验收接管、联调联试实战阶段。

**资源开发** 2014年，东莞市轨道交通有限公司开展2号线商业设置、虎门火车站2号站房商业设置规划工作，完成车站银行（ATM）、便利店项目招商及车辆段民用通信机房租赁，完成2号线视讯媒体合作公司工商注册。

**新线建设** 围绕市轨道交通可持续发展目标，加快推进新线建设，启动1号线及有轨电车规划建设工作。2014年，东莞市轨道交通有限公司完成1号线一期工程可行性研究报告及环境影响评价是，水土保持研究、社会稳定风险评估等14项专题报告编制。完成有轨电车、试验线选线及试验立项服务招标。（李永聪）

**附：2014年东莞市轨道交通有限公司主要领导名录**

董事长、总经理：陈　波（任至10月）

董事长：刘　波（10月到任）

① 2014年10月25日，轨道交通2号线首批工程车抵达东城车辆段

② 2014年12月31日，轨道交通2号线茶山站样板站基本完成站厅层天花材料、墙面玻璃安装及地面石材铺贴

③ 2014年10月30日，轨道交通2号线首列车抵达东城车辆段

# 铁路运输业

【铁路概况】 截至2014年，东莞境内共有广深准高速铁路、广梅汕铁路、京九铁路等铁路线路3条，总长度79公里。

2014年，广深准高速铁路在东莞境内段长56公里，其中常平以上段与广梅汕铁路共线，常平以下与京九铁路共线；广梅汕铁路在东莞境内长度43公里，其中常平以下至东莞市谢岗、惠州市沥林间23公里，常平以上与广深准高速铁路共线；京九铁路在东莞境内长度59公里，其中常平以上与广梅汕铁路共线，常平以下与广深准高速铁路共线。主要车站有东莞火车站、东莞东火车站、常平火车站、樟木头火车站等。2014年，东莞地区主要火车站货物发送量累计75.79万吨，比上年下降7.3%；旅客发送量累计1296.20万人，比上年下降12.5%。 （广铁集团 广梅汕集团）

## 2014年东莞地区主要火车站客货运输发送量

| 车站名称 | 货物发送量（吨） | 旅客发送量（人） |
|---|---|---|
| 合计 | 757867 | 12962039 |
| 常平火车站 | 302058 | 4341831 |
| 东莞火车站 | 350714 | 3307261 |
| 樟木头火车站 | 55004 | 2325800 |
| 茶山火车站 | 50091 | 无 |
| 东莞东火车站 | 无 | 2987147 |

# 邮政业

【邮政业概况】 2014年，东莞市邮政行业业务总量110亿元，比上年增长64%；业务收入69亿元，增长26%。其中，快递业务量4.64亿件，增长68%；业务收入58亿元，增长27%。快递业务量和业务收入均列全省地级市第一位、居全国50个重点城市第七位。东莞市邮政普遍服务网点238个，平均每个网点服务人口3.49万人，行政村通邮率达100%；邮政报刊亭218个；信报箱73.26万户。取得快递业务经营许可证的法人企业365家，依法备案的快递企业分支机构354家，快递从业人员6万人。

【邮政普遍服务监督管理】 2014年，东莞市邮政管理局制定邮政普遍服务监督管理办法，健全保障监督季度通报机制。开展机要通信、邮政基本公共服务均等化专项资金等检查，联合东莞市文广新局开展校园周边邮政报刊亭专项检查。检查邮政普遍服务网点88处，出动215人次，发现问题24项，下达责令改正通知书3份。发布邮政普遍服务营业场所名录，做好邮政特邀监督员社会监督管理，落实“扫黄打非”部署。

【邮政市场监督管理】 快递市场监管 2014年，东莞市邮政管理局共检查快递企业254家，出动637人次，下达责令改正通知书29份，立案处罚10宗，其中责令停业整顿1起。邮政行业诚信体系建设 2014年，东莞市邮政管理局印发行业诚信体系建设与考核工作方案及实施细则，与全市主要企业签订诚信体系建设承诺书56份，34家主要快递网络企业全部建立信用档案，在顺丰速运（东莞）有限公司召开学习交流会，公布综合考核排名。快递旺季服务保障 2014年，东莞市邮政管理局印发快递业务旺季服务保障工作方案，与全市主要企业签订快递业务旺季服务和安全保障责任书，开展旺季前及期间现场监督检查，加强申诉处理，做好新闻宣传。“双11”期间，东莞市未发生快件严重积压现象和寄递安全事故，实现“保畅通、保安全、保平稳”工作目标。消费者申诉受理 2014年2月24日，东莞市邮政业消费者申诉受理中心成立。截至2014年，处理申诉4288件，即时办结率100%，减少消费者经济损失40余万元。消费者对邮政管理部门平均满意度95.6%，对企业申诉处理工作平均满意度93.2%。

【邮政行业发展环境优化】 城市共同配送车队组建 2014年8月，东莞市邮政管理局与东莞市交通运输局、东莞市经济和信息化局和东莞市公安局联合印发《东莞市城市共同配送车队组建工作试行方案》，确定于第三季度至2015年底间在部分区域开展城市共同配送试点工作。快递企业运输车辆便捷通行政策出台 2014年9月，东莞市邮政管理局联合东莞市交通运输局、东莞市公安局交通警察支队印发《关于保障快递企业运输车辆便捷通行的通知》，规范快递车辆通行管理，解决快递企业运输快件车辆进城通行、停靠和装卸作业难等问题，完善城市配送网络。12月，印发《东莞市快递车辆专用证明管理规定（试行）》。 （申 艺）

附：2014年东莞市邮政管理局主要领导名录

党组书记、局长：陈国迎

【中国邮政集团公司东莞市分公司概况】 2014年，中国邮政集团公司东莞市分公司三大板块（邮政、邮政储蓄银行、邮政速递物流公司）合计实现收入20.17亿元，比上年增长17.61%。其中邮政企业实现收入10.92亿元，邮政储蓄银行实现自营收入5.95亿元，邮政速递物流公司实现收入3.13亿元。先后获评广东省邮政公司争先创优评比第一名、广东邮政代理金融资金安全管理评比第一名、安全工作一等奖、机要通信保“零”创“优”一等奖。

【普惠金融服务平台建设】 2014年，东莞市邮政储蓄网点122个，自助设备超过1700台，自助设备数量居东莞市银行业第一位。截至2014年，东莞市邮政储蓄余额规模达367.8亿元。其中新增市场占有率达24.3%，在东莞市金融机构中排第三位。2014年通过邮政渠道流向各地的资金总量达到725亿元。储蓄开户数达1476万户，活跃账户1443万户。

2014年，为中小企业提供贷款8600笔，贷款金额26.43亿元。为6000家企业提供代发工资服务，代发金额13亿元。

2014年，中国邮政集团公司东莞市分公司联合东莞市住房公积金管理中心，在东莞市邮政储蓄网点开通住房公积金提取业务，方便外来工办理住房公积金支取业务。

【中国邮政集团公司东莞市分公司跨境电子商务稳定发展】 参见“信息服务业”类目第226页同名条目。

【自助信包箱试点】 2014年，中国邮政集团公司东莞市分公司基于邮政遍布城乡的网点和投递优势，探索自助化投递，试点自助信包箱，即以短信息通知包裹收件人，收件人凭短信息密码打开包裹自助设备领取邮件，可以实现24小时自助服务。2014年4月23日，该公司与广东医学院就共建自助信包箱达成合作意向，双方共同探索打造开放型的自助投递终端平台，在小区、写字楼、学校等用户密集区域推出自助信包箱，解决投递“最后100米”难题，完善东莞市城市配送体系。 （石志会）

附：2014年中国邮政集团公司东莞市分公司主要领导名录

党组书记、总经理：陈大灿

# 信息服务业 INFORMATION SERVICE

水濂山森林公园

## 信息化建设

### 电子商务

【电子商务概况】 2014年3月26日，东莞市被认定为国家电子商务示范城市。截至2014年，东莞市3G/4G基站累计建设1.86万座，排行全省第三位；光纤到户累计建设45.68万户，WiFi热点累计建设8150个，排行全省第四位；移动电话用户1934万户，排行全国第五位，地级市中排行第一位；互联网用户数高达211.70万户，互联网普及率突破73.5%。东莞市内贸网商密度排行全国第三位，外贸网商密度排行全国第七位，网络发货量排行全国第二位（收货量全国第七位），快递业收入和网络消费者密度排行全国第九位，成为国内电子商务发展环境最佳城市之一。据业内初步统计，2014年全市电子商务交易额达2900亿元，比上年增长26%；中小企业电子商务应用率达到40%左右。根据对重点电子商务企业抽样分析，全市电子商务行业仍保持较快的增长速度，其中电子商务销售企业网上销售额平均增长25%，电子商务服务企业撮合订单数和交易额平均增长25%和40%。

电子商务应用稳步提升。率先搭建全市跨境贸易电子商务公共服务平台，与海关总署跨境贸易电子商务通关服务平台无缝对接，实现“跨境电商货物通关第一票”。此外，开展全市商务集群注册工作，降低电商企业的准入门槛，全市电商网络经营主体达5.4万户，其中电子商务服务类企业2000多家，主要大型第三方交易平台5个，网络经营主体总量占全省14.7%，全省地市排行第一位。

区域支柱和特色行业电子商务初具规模。虎门、厚街、大朗和樟木头等镇街，依托区域支柱和特色产业，打造具有明显区域特色的电子商务。其中，虎门镇以服装产业为重点发展服装行业电子商务，厚街镇发展家具及鞋业行业电子商务，樟木头推动塑料制品电子商务，大朗镇以电子商务为手段，引导毛织产业链条整体升级，以此推动产业集聚发展。

【跨境贸易电子商务发展生态圈构建】截至2014年，东莞市发挥3C产品［计算机（Computer）、通信（Communication）和消费类电子产品（Consumer Electronics）三结合产品］、服装、鞋帽、玩具等产品需求大、易配送、更新快等优势，成功引进一批知名企业在莞发展跨境电商业务，敦煌网、大龙网、全麦、启盈、递四方、银盈通、新航线、阿里菜鸟等知名企业纷纷落户；市级跨境电商产业园引进超过600家企业，配套优势与跨境电商生态系统加速形成；东莞市跨境电子商务协会作为全国第四个同类协会，也成立运作。8月底启动“百日招商、百日集货、百日培训、百日聚才、百日宣传、百日服务”的“六个百”活动，动员和协助东莞市制造企业和跨境电商企业，整合全套服务，抢占境外复活节、圣诞节、元旦等网购高峰机遇。同时，东莞市在全国率先实施电子商务企业的“集群注册”，率先实施基于电子审批的“十证联办”，率先集成跨境电商的退税服务，率先探索跨境电商海外线下展销模式，率先拓展外贸综合服务的供应链金融产品，为跨境电子商务发展注入活力。

【跨境贸易电子商务公共服务平台筹建】2014年，东莞市电子政务办与市跨境电商办协作，统筹协调海关、检验检疫、国税、外汇管理、邮政管理等部门反复沟通和调研，筹建市跨境电商公共信息服务平台，编制完成《东莞市跨境贸易电子商务公共服务平台项目规划方案》并通过技术论证，在整合加工贸易管理服务平台和虎门港通关信息平台等资源的基础上，启动建设跨境贸易电子商务公共服务平台，对接海关总署统一监管平台、相关监管部门业务系统和跨境电商企业业务系统，为海关、检验检疫、国税、外汇等部门提供跨境贸易全流程在线交易监管，为跨境电商企业在通关、结汇、退税等方面提供便捷服务。7月1日，在海关总署支持下，东莞率先启用全国统一版的“跨境贸易电子商务服务平台”，试点企业大龙网偕同燕文物流、钱宝支付、鼎盛易达货代等企业，以“一链式”合作完成“全国第一票”跨境电商货物通关。系统上线首日验放商品达1.02万票，品类主要包括3C产品、纺织服装、玩具、饰品等。8月28日，东莞市东信进出口有限公司和东莞跨境达商务有限公司利用海关总署服务平台和虎门港启盈国际快件中心，完成1008票跨境电商B2C小包的集约化阳光通关，并且按照最新推出的批量化商品退税模式，成功向东莞市国税局汇总申报退税。在实施“集约化阳光通关、批量化商品退税”方面，东莞市继续先行一步。（商务局）

【跨境电商货物通关“全国第一票”】 2014年7月1日，黄埔海关作为海关总署跨境贸易电子商务通关服务平台的首个试点单位，在东莞地区率先启动经平台运作的跨境贸易电子商务零售出口试点，在这个平台上发出跨境电商货物通关“全国第一票”，大龙网（中国）有限公司成为首家试点电商企业。海关总署科技发展司司长陈振冲、东莞市委书记徐建华、东莞市长袁宝成等领导现场见证。当天，满载着7500票出口跨境电子商务商品车辆，驶进东莞虎门港启盈跨境贸易电子商务出口监管区，通过海关总署跨境通关平台清单审核和现场非侵入式快速分拣查验。30分钟后，7500票商品全部装车出口，完成海关通关监管手续。参与试点的大龙网（中国）有限公司等表示，该平台的投入使用，大大提高企业出口跨境商品的通关时效，解决企业报关、退税、结汇难等问题，有利于国内中小微企业开拓外贸出口市场，提升国际竞争力。海关总署跨境贸易电子商务通关服务平台上线，采用先备案后通关的办法，一些备案无误的货物通关效率极大提高。该平台在东莞市启动上线运行，标志着海关系统对跨境电商业务的监管全面启动，全国各个口岸同期实现出口监管服务功能。

【全国首笔海关总署通关平台跨境电商出口退税】 2014年初，海关总署推出跨境电商监管模式，跨境电商成为海关认可的贸易方式。7月1日，海关总署在东莞率先启用跨境贸易电子商务通关服务平台。8月25日，东莞市东信进出口有限公司在虎门港启盈国际快件中心通过该平台，以63美元出口一批货值117.69元的圣诞树，并于9月2日向东莞市国税局提交出口退税申报申请。9月3日该局便完成审核、审批和退库手续，出口退税款15.3元当日即到达企业账户。9月5日，广东东莞市跨境电商零售出口退税首笔业务办结仪式东莞市国税局举行，东莞市东信进出口有限公司通过海关总署在东莞启用的跨境贸易电子商务通关服务平台，成功办结出口退税申报，成为全国首笔通过海关总署通关平台申报的跨境电商出口退税业务。传统的出口退税方式一般需要约3个月时间，耗时较长。东莞市国税局办理这起跨境电商出口退税首笔业务，根据其出口货物非敏感产品且金额小、货值低，在评估风险后，依据电商零售出口品种多、频次多、批量小的特点，以及其过程中可核、可查、可控的特性，为其开辟“特殊通道”，在东莞市东信进出口有限公司提交申报的次日即完成审核、审批和退库流程，创下当日申报、次日退税的历史先河。

【外商投资“多证联办”改革】 2014年11月12日，东莞市外商投资“多证联办”改革全面实施启动仪式在市工商局举行。东莞市是广东省开展外商投资管理服务改革试点城市，其中，市场准入便利化改革是引领整个改革的关键。为此，东莞在全国率先提出外商投资“一站受理，十证联办”改革，即依托东莞市网上办事大厅和东莞市政务信息资源共享平台，通过网上多证联办方式，按照“一站受理、一表填报、同步审核、限时办结、同步发证、分头领取”的模式，对外商投资企业登记注册类的部分证照实行网上联办，打通项目从登记注册到正式开业的“一站式”服务链。以往外商投资企业要办理营业执照等10大证件，都是“十站十证”，分别到工商、国税、海关等10个部门办理审批手续，提交10次申办资料。网上多证联办则破解这一弊端。企业只需在网上办事大厅一次性提交资料，政务信息资源共享平台就会将资料同步送达各个实施部门，进行同步审核，相关的10个部门能够在同一天完成预审。改革后，新设外资企业办齐10个证照从原来需要2个月至半年的时间，大幅缩短到3—4个工作日；企业现场所需提供材料从原来的51份，减少到23份。（王学林）

【中国邮政集团公司东莞市分公司跨境电子商务稳定发展】 2014年，中国邮政集团公司东莞市分公司以“莞货全球行”为发展主题，以跨境贸易电子商务产业园为抓手，整合跨境电子商务产业链，按照“政府主导、邮政运营、企业参与、一站服务”的定位，打造集平台、货源、销售、仓储、物流五大集约等多功能为一体的跨境电子商务园区集群。先后建成东城、下桥、虎门、长安、凤岗六大综合跨境电子商务园区。东莞市建设中的园区整体规划面积30多万平方米，实现与亚马逊、速卖通、敦煌网等主流平台的良好对接，能够提供从平台注册辅导到销售代运营、智能仓储物流、人才招聘培训等一条龙服务，引入从事跨境电子商务的企业160多家，日发货量达5000多件。

国际小包　2014年，通过东莞邮政渠道出口的国际小包快件达日均3万件，比2013年增长一倍，邮政国际小包成为东莞跨境电子商务物流主渠道。

跨境电商仓储基地　2014年10月，中国邮政集团公司东莞市分公司在虎门筹建东莞市首个跨境电子商务智能仓储中心投入运营。首期6300平方米，专门为跨境电子商务行业提供一体化供应链式的仓储物流管理服务。

跨境电子商务协会会长单位　2014年，在新组建的东莞邮政跨境电子商务协会中，中国邮政集团公司东莞市分公司当选为跨境电子商务协会会长单位。2014年，配合市跨境电子商务办公室，组织会员单位和东莞制造企业参加海博会，并承办首届跨境电子商务O2O外贸交易会，组织“好产品对接会”等活动，引导更多的企业了解跨境电子商务，投身跨境电子商务。（石志会）

## 电子政务

【政务信息资源共享平台完善】 2014年，东莞市根据商事登记制度改革、投资审批改革、社会信用体系建设等各项改革的要求，不断完善和提高全市政务信息资源共享平台的数据采集和共享利

用的水平。截至2014年，有71家市直部门在平台中注册信息资源目录，注册信息资源目录数738项，共享数据总量26.88万条，比上年增长150%，主要记载各级机构法人的各类信息，包括机构法人基础信息（工商登记、机构代码、社会组织等信息）、资质许可、奖惩记录、机构人员、监管信息、证照批文信息以及其他信息。所有工商登记信息实现系统每天自动更新，内容涵盖所有工商企业的成立登记、变更、年检、注销等业务活动，并为以工商登记数据为基础，整合各部门的审批、监管、执法信息，形成完整、准确、动态的企业监管信息数据库，为推进各部门信息数据的横向共享打下坚实基础。由于实现信息互通共享，部门监管力度和监管效能明显提高，部门监管从原来“等人敲门”办许可，转变为“出门找人”办许可，后续审批许可和监管力度增强；监管方式明显优化，从原来依靠工商部门在注册登记前置审批的把关，转变为部门主动依行业进行审批监管，监管的有效性、协同性、针对性明显增强。同时，随着信息共享利用的水平提高，以及各部门的大力支持配合，网上办事的简便性也得到提升。

【网上办事大厅功能拓展】 2014年，东莞市网上办事大厅功能拓展完善，包括企业专属网页、镇街园区办事站、项目投资网上审批及批文电子证照库等模块的上线使用。截至2014年，全市各部门应进驻事项进驻大厅并开通网上受理，与省厅的界面统一和数据对接完成，镇街园区办事站、企业专属网页等上线使用，各项工作稳步推进，项目投资建设网上审批、跨部门信息共享和协作等工作亦取得突破性进展。网上办事大厅进驻51个部门，进驻服务事项1599项，其中1567项可在线申办。2013年改版上线起，群众通过分厅在线提交申办数量为3546个，均在规定时限内办结。完成34个镇街园区办事站的建设工作，实现便民惠企“零距离”。利用信息共享平台的信息数据，为全市约60多万家市场主体配置专属网页，可供其自主在网上激活使用，专属网页的应用场景也在不断拓广。制订《2014年企业专属网页和市民个人网页建设工作方案》，推动全市企业专属网页建设。同时，通过商事登记制度改革、投资审批改革以及外商投资综合改革试点的工作方案，达到网上办事线上改革及政务服务线下改革相互促进，简化办事材料与程序。“中国东莞”政府网站在全省地市政府网站公共服务程度评测中名列第三位，创最好成绩。

【政务数据支撑服务平台完善】 2014年，东莞市完成电子政务云平台二期项目建设、上线，全市政务网络核心设备升级，在做好方案设计与论证，搭建迁移测试环境，加强技术人员培训等工作的基础上，对2002年起使用的网络核心设备及数据中心区域进行平滑迁移，设备更新，大幅提升网络性能和可靠性。实施网管软件、入侵防御系统、数据包回溯系统、日志系统等，提高网络安全性与管理控制水平。将CA平台整合到网上办事大厅，提高网上办事大厅的安全性，降低个人及企业安全使用网上办事大厅办理业务成本；实施电子印章和电子签章系统，为下一步推进更广泛的无纸化办公、网上办事提供技术支撑。远程接入方面，注册用户超过万人，使用单位64个，有效提高政府的运作效率。

【网上行政办公系统平台升级】 截至2014年，东莞市有网上行政办公系统（OA）用户2.59万个，使用系统的单位、社团、领导小组等组织280个，27个镇街和园区把OA系统延伸到417个村（居）委。2014年，做好移动OA系统的优化建设及推广应用工作，完成移动办公系统三期以及领导简化版的建设工作，优化版的“东莞政务OA”APP程序于10月6日通过苹果公司的审核并在苹果商店上架供用户下载。 （黄瑞娴）

**附：2014年东莞市电子政务办公室主要领导名录**

主　任：刘　杰

## 无线电管理

【无线电管理概况】 2014年，东莞市经济和信息化局（下称市经信局）指配频率29个，检测无线电发射设备144台，核发无线电台执照1.17万个。外出监督检查58次，协助镇街处理涉及基站辐射的投诉上访18宗。先后为市公安局鉴定伪基站设备14套和伪基站配件1套，出具伪基站鉴定报告15份，维护宽带网络运营的安全。排查深圳机场盲点频率、汽车遥控干扰等各类无线电干扰13宗，查处8个传播假冒医药广告的非法广播电台，净化东莞市的广播环境。出动考试保障人员348人次，车辆100车次，保障期间未发现任何作弊信号，保证考试的公平公正。协助东莞业余无线电运动协会组织举办A类业余无线电台操作技术能力考试，包括广州、深圳、香港等地共176名爱好者报名参加考试。

【无线通信基站建设】 2014年，东莞市3G/4G基站新增3.2万座，实现大城区和镇街中心的覆盖，超额完成新建基站6000座的目标，全市建成基站累计达4.4万座。累计建成WLAN（无线局域网）热点8210个，无线接入点3.6万个，分别超额完成省制定年度目标的102%和107.4%；光纤接入用户累计达66万户，完成省下达任务。

【宽带网络建设管理】 2014年，东莞市先后起草和出台《东莞市无线通信基站建设管理暂行办法》，明确基站管理牵头部门及设置程序，首次提出把移动通信基站建设纳入市政规划，规定新建楼宇预留基站站址。针对光纤入户进度慢、进场难等问题，出台《关于推进我市光纤宽带网络基础设施建设的实施意见》，并会同市通建办协调市住建局、市规划部门起草面向房地产开发商的《东莞市住宅区和住宅建筑内光纤到户通信设施工程设计图指引》以及《东莞市住宅区和住宅建筑内光纤到户通信设施工程竣工验收备案指南》。

【无线电基层管理装备提升】 2014年，东莞市统一采购20套无线电专业设备（其中便携式小型检测设备和电池环境场强测试仪各10套），下放到虎门、常平、石龙、万江、洪梅、大朗、清溪、凤岗、寮步和高埗10个镇街。同时，编印《设备简易使用教程》配套使用。使基层部门具备协同处理无线电投诉、查处辖区内无线电违法行为、宣传无线电政策法规的业务开展能力。

【通信基站站址规划】 2014年，东莞市经信局协助通信运营商与市城管局沟通，支持东莞移动分公司在东莞市中心广场和15条主干道上建设184个移动通信基站，以此形成示范带动效应。通过在人行道、绿化带、公园等公共区域建设15—25米高的路灯杆，杆上安装小型天线，降低基站建设给群众带来的视觉冲突和心理影响。同时，发出《关于做好辖区内无线通信基站建设管理有关工作的通知》，启动未来三年全市通信基站站址专项规划的编制工作。截至2014年，73.5%（25个）的镇街（园区）完成各自辖区基站站址专项规划。

（叶应佳）

## 软件业

【软件业概况】 2014年，东莞市软件业务收入预计超90亿元，比上年增长68.9%，新增27家双软认定企业，经认定的软件企业总共69家；新增148件软件产品；1家企业认定为国家规划布局内重点软件企业和集成电路设计企业。

【云计算产业】 2014年，东莞市出台《关于加快推进我市云计算发展的实施意见》，编制《东莞市云计算应用产业基地发展规划（2015—2017年）》，明确产业发展思路和目标，提出产业发展重点和措施。据不完全统计，2014年，东莞市从事云计算相关产业产值超过800亿元，其中，云终端制造产业约600亿元，云服务产业约200亿元（云终端制造：云服务产业约为3：1），已建大型数据中心超过10个，产业链不断完善，在云计算操作系统、制造云、医疗云等领域取得较大突破。

在民生及社会管理方面，东莞市的政务云、教育云、健康云、交通云、环保云、政务云、档案云等应用试点推广或定点实施，此外在商品流通、肉食品管理、社区管理服务、外来人口管理与服务等领域的信息化系统也逐渐“云化”。全市建立政务信息资源共享平台，注册信息资源目录数500多项，共享数据总量达1200多万条，支撑商事登记改革、“两建”体系建设、网上办事大厅等各种跨部门协同应用需求。东莞电子政务云平台建成2个云平台管理中心，分别部署在内网区和DMZ区，负责管理4朵云：政务内部云、DMZ区云、容灾备份云以及公有云，进驻服务事项1991项，其中，行政许可事项943项，网上办事率超过90%。医疗方面，建设包括基于健康档案的全市公共卫生服务平台，基于4G无线网络的120生命急救移动平台、传染病监控上报系统等6个平台。交通方面，三大通讯运营商建设的各种掌上平台，囊括高速路况、市区路况以及出行、附近、服务五大功能模块；东莞电子科技大学电子信息工程研究院自主研发的“交通云”，在网监控车辆超过两万台。同时，面向众多的中小企业云计算应用已成为云计算的重点阵地。其中，纺织服装云、家具云等的应用推广，在帮助东莞市的传统优势集聚产业转型升级产生巨大的促进作用。

【物联网产业】 2014年，东莞市物联网及相关产业实现产值约680亿元（智能手机产值没列入里面，东莞市物联网产业促进会统计口径），比上年增长约15%。其中，物联网器件与装备相关产业实现产值约260亿元，增长13.04%；物联网通讯相关产业实现产值约255亿元，增长2%；物联网信息与服务相关产业实现产值约60亿元，增长13.21%；物联网产业应用拉动相关产业实现产值约105亿元，增长31.25%。

【信息化与工业化融合】 2014年，东莞市草拟编制《东莞市“两化”融合专项资金管理暂行办法》和《东莞市国家级两化深度融合暨智能制造试验区三年行动计划（初稿）》，明确试验区未来建设方向，推动全市“两化”深度融合和促进信息产业发展。启动“2014年东莞市信息化与工业化融合标杆企业”评选活动。累计发动100多家企业参与省的两化融合贯标试点推荐活动，最终玖龙纸业（控股）有限公司入选2014年工信部信息化与工业化融合管理体系贯标试点企业，广东星河生物科技股份有限公司等3家企业列入2014年省经信委向社会推荐的“两化”管理体系贯标试点企业名单。

举行“2014年东莞市信息化与工业化深度融合论坛”“东莞市两化深度融合智能制造对接会”等6场以上两化融合推广活动，累计超600家企业参会，辐射范围广，超过450家企业新购或更新企业信息化系统软件。 （叶应佳）

【获批国家级两化深度融合暨智能制造试验区】 2014年5月27日，东莞市获得国家工信部批复同意，成为“国家级两化深度融合暨智能装备制造试验区”。8月6日，在东莞市召开的广东省信息化工作暨国家级两化深度融合智能制造试验区建设会议上，国家工信部副部长杨学山与广东省副省长刘志庚共同为东莞市“国家级两化深度融合暨智能制造试验区”揭牌，东莞市成为继顺德区之后的全国第二个获得此牌匾的城市，工信部将对东莞市信息化与工业化深度融合加强规划指导，在项目与资金投入方面优先倾斜。同年，东莞（松山湖高新区）获批成为广东省智能制造示范基地，玖龙纸业公司入选2014年工信部信息化与工业化融合管理体系贯标试点企业，广东星河生物科技股份有限公司等3家企业入选2014年省经信委“两化”管理体系贯标试点企业名单。

东莞市自2009年成为“国家级信息化和工业化融合试验区”起，装备制造业支柱性日益显著，创新能力日益增强，信息化和智能化应用全面提升。截至2014年，东莞市规模以上工业实现增加值2593.54亿元，比上年增长8.8%；高技术制造业增加值增长16.3%，其中，电子及通信设备制造业增长19.8%；先进制造业增加值增长13.9%，其中，装备制造业增长14.4%。 （王学林）

## 通信业

### 东莞电信分公司

【东莞电信分公司概况】 2014年，中国电信股份有限公司东莞分公司（简称“东莞电信分公司”）实施“智慧东莞”建设系列工程，加强网络信息安全维护，全年完成业务收入48.60亿元。

【“智慧东莞”建设系列工程】 “智慧东莞 光网城市”建设 截至2014年，东莞电信分公司近3年光网建设累计投资15.6亿元，光纤覆盖150万户用户，宽带网络容量超280万端口，基本实现全市光纤普遍覆盖，信息化水平在全国保持领先地位。同时，推进“光进铜退”项目，点亮小区535个，签约481个村委会合作建设“光纤信息化村”，实现全市商务楼宇100%光纤到达、政企客户100%光纤覆盖、住宅小区89%光纤到达、行政村100%光纤到达。

“智慧东莞 无线城市”建设 截至2014年，近3年累计投资12亿元，全市3G覆盖率达99%，公共区域WiFi（无线保真）热点数量2500个、AP数（无线接入点）1.1万个，实现“3G+WiFi”的融合覆盖。同时，启动4G网络建设，完成东城、南城、莞城、万江、松山湖、虎门、长安、厚街、常平、塘厦、大朗等核心镇街连续覆盖，其他镇街热点覆盖，实现LTE（英文Long Term Evolution的缩写，“长期演进”的意思）网络覆盖每个镇街。

“智慧东莞 高效政务”助力 截至2014年，建立智慧城市门户“网上办事大厅”，提供办事指南、便民工具、劳动就业、生活百科、周边商家、网站导航、社区论坛、便民通讯录等服务。建立“12345”政府服务热线平台，整合政府47个职能部门的非紧急类服务专线，实现一号对外，2014年12月首批上线80个坐席。此外，为15个镇街提供电

子政务信息化解决方案。

“智慧东莞 平安东莞”打造 2014年，协助公安、国安和检察院开展信息安全工作，每月拦截互联网攻击4000余次，阻断攻击流量的90%。全市累计建设各类治安视频监控点近1.5万个，其中一类城市治安视频监控点4200个、出租屋视频监控点8700个、建筑工地视频监控点1000个、公交站亭视频监控点420个等。同时，为自建高清视频监控的镇区提供无线基站、传输网络租赁等服务，并配合公安部门搭建350M警用对讲集群网。

“智慧东莞 数字企业”推广 截至2014年，集合“翼支付+翼机通”的优势，为企业提供“考勤+门禁+消费”等一站式综合信息服务解决方案，提升企业管理效率。开展“数字企业”专项行动，以“管理平台+智能手机”等行业应用，低成本实现传统企业“微信息化”，助力产业升级改造，并通过“翼快洗”“翼上网”等项目，提升企业员工信息化水平。

网络信息安全维护 截至2014年，配合政府部门维护网络信息安全，打击低俗网络，协助停止4000多个非法网站，取消未备案网站4000多家。严格客户信息安全管理，狠抓安全生产与网络信息安全，做好保密工作，维护企业和用户利益。（刘海昕）

**附：2015年中国电信股份有限公司东莞分公司主要领导名录**

党组书记、总经理：胡志良

## 东莞联通分公司

【东莞联通分公司概况】 2014年，中国联合网络通信有限公司东莞市分公司（简称“东莞联通分公司”）把握4G发展、监管政策带来的转型和移动互联网领域的三大机遇，坚持量质并重，形成以4G为引领的“数量、质量、结构、效益”全面发展态势，实现公司收入规模发展，收入结构整体改善，市场份额提升，用户规模上量。主营业务收入累计达22.40亿元，纳税总额4055.29万元，互联网宽带用户38.04万户，固定电话用户60.61万户，移动用户261.94万户。成功创建3家市级青年文明号、1家巾帼文明示范岗、1家省级巾帼文明示范岗，获评中国联通集团总部党建课题优秀研究成果二等奖（综合得分全国排名第七名），同时被重点推报、列入参评国资委中央企业政研会优秀科研成果八家单位之一，是中国联通系统唯一一家参评的地级市分公司。

【东莞联通分公司网络质量提升】 2014年，东莞联通分公司加大网络建设与优化力度，强化服务支撑，构建服务能力，形成双4G品牌和差异化的竞争优势。助力市场发展，完成超卓网络移动宽带用户体验测试保障、“沃4G”与特斯拉合作试驾保障、2014年第32届国际名家具展以及2014广东21世纪海上丝绸之路国际博览会；人民解放军75706部队通信、北京APEC会议干线、支援湛江抗击台风“威马逊”“海鸥”等网络通信保障；以加大服务为抓手，提升服务能力及价值，实现客户感知和价值提升的创新突破；建立用户满意度分析机制，以点对点推动服务短板问题的整改。

【东莞联通分公司履行社会职责】 2014年，东莞联通分公司加强与东莞市各级政府、企事业单位的合作力度，支持东莞市“智慧东莞”“无线城市”建设。联合东莞市总工会开展“网络工程便民惠民，幸福成果职工共享”专项活动，为全市100家大中型企业免费安装无线WiFi网络，覆盖厂企员工超10万人，满足广大职工的通信娱乐需求，构建健康和谐的企业文化；建设“城市WiFi一张网”工程，完成松山湖高新区无线网络覆盖项目（一期）；打造东莞“平安校园”，助力“智慧教育”，协助东莞教育局完成全市5000多辆校车视频监控系统安装及监控中心建设；在东莞市委、市政府对全市对口帮扶统一测评中，获“良好”等级测评，位列全市26家年度得分85-99分单位，赢得扶贫村和村所在茶山镇及东莞市政府肯定和认可，并获得东莞市通报表彰；利用行业应用展厅的窗口形象，发挥科普基地作用，组织多场活动论坛，向广大企业和市民宣传“智慧城市”，助力企业完成信息化转型，推动城市信息化发展，促进“智慧东莞”建设。（梁沁媛）

**附：2014年中国联合网络通信有限公司东莞市分公司主要领导名录**

党委书记、总经理：陈孟尝

## 东莞铁塔分公司

【东莞铁塔分公司概况】 中国铁塔股份有限公司是经国务院同意、国资委批准的国有大型通信基础设施综合服务企业，注册资本100亿元，由中国移动、中国联通和中国电信三大电信企业分别持有40.0%、30.1%和29.9%的股权。总部设在北京市，在31个省（市、区）设立省级分公司，在地级市和县设立分公司。东莞铁塔分公司是中国铁塔股份有限公司在东莞设立的唯一分支机构，于2014年11月12日注册成立，主要负责经营铁塔的建设、维护和运营，兼营基站机房、电源、空调等配套设施和室内分布系统的建设、维护和运营以及基站设备的代理维护。

【东莞生态园第一批基站建成使用】 2014年11月，东莞铁塔分公司迅速完成队伍组建，同时开展制度建设、流程梳理、需求整合、政策对接、产业链协同、客户服务等生产经营工作，于15日启动生态园基站建设项目，经过40天时间，完成东莞生态园第一批13个基站的立项和建设，并交付电信运营商使用，项目站点共享率达100%，节约行业投资近2000万元。该项目竣工标志着东莞铁塔公司新建能力的全面形成。

【东莞铁塔分公司清产核资启动】 2014年12月1日，国资委、工信部联合组织中国移动、中国联通、中国电信三大电信企业和中国铁塔召开“铁塔相关资产清查评估工作动员会议”，启动铁塔资产清查评估工作，会议要求2015年8月底前三大电信企业存量铁塔及相关附属设施的资产，通过清查评估注入中国铁塔公司。铁塔公司集三大电信企业的资源于一体，统筹规划、合理配置网络资源，深化电信基础设施共建共享，降低三大电信企业的建设和运营成本。东莞三大电信企业和东莞铁塔分公司也分别成立存量铁塔资产注入工作组，待资产注入后，预计东莞铁塔基站总数达9000个，资产规模27亿元。（邱 蕾）

**附：2014年中国铁塔股份有限公司东莞市分公司主要领导名录**

总经理：齐 军

## 东莞移动分公司

【东莞移动分公司概况】 2014年，中国移动通信集团广东有限公司东莞分公司（以下简称“东莞移动分公司”）加快建设“无线城市”，推动东莞地区信息化升级发展，在全市范围内大规模部署4G网络，投资超过21亿元，建设4G基站近万个，实现大城区、松山湖高新区和厚街、虎门、长安镇的4G信号连续覆盖，各镇街4G信号的基本覆盖。同时，通过开展垃圾短信专项治理及贯彻工信部实名制登记政策等重点举措，提升广大用户的客户服务满意度评价，为广大市民提供优质的信息服务保障。聚焦信息服务，与市行政机关各单位密切合作，重点发展治安巡防、娱乐场所、生活社区高清视频监控项目，并大力推广应用校讯通产品、“口语易”产品，为全市快递公司提供含“呼叫中心建设、短信应用接入、新移动巴枪”的整体解决方案，促进政企、民生信息化水平提高。2014年，东莞移动分公司客户数接近1200万户，实现运营收入超过95亿元，纳税3.4亿元，获评东莞市纳税前10名外资企业。

【4G信号全覆盖实现】 2014年，东莞移动分公司面对“4G建设元年”和“宽带中国”战略的挑战，协同多方力量，保证4G网络建设进行。自2014年元旦LTE（Long Term Evolution的缩写，俗称3.9G，视作从3G向4G演进的主流技术）项目启动以后，采用分布式基站、AAU、ATOM等新型设备，利用有源光纤分布系统和移频等新技术，快速部署LTE站点建设，为移动4G版iphone 5S/C全国统一首发保驾护航；完成广深高速公路专项、沿江高速公路专项、西部干道、莞深高速公路专项等建设，均通过F+D单层覆盖模式实现LTE感知的连续覆盖；在全市范围内大规模推进LTE站点建设，至年底，完成近万个站点的建设开通，实现大城区、松山湖高新区和厚街、虎门、长安镇的4G信号连续覆盖，各镇街4G信号的基本覆盖。其中，4G覆盖区域平均下载速率超过30Mbit/s，是3G平均下载速率的30倍。

【东莞移动分公司助推信息化服务水平提高】 2014年，东莞移动分公司与东莞市行政机关各单位密切合作，提供政务公共服务，其中重点发展平安东莞视频监控、市府公众WIFI、智能公交WIFI等十多项信息惠民重点项目，投入1.3亿元；同时协助全市“扫黄”专项整治，在全市超过90家娱乐场所安装高清视频监控，为治安巡防管理、公共网络服务等提供信息化支撑保障。为教育服务，截至2014年，开发的“校讯通”等信息化产品在上百所学校普及应用，2014年实现信息化产值近5000万元。为公众服务，开发“莞吃莞喝美食信息平台、掌

## 推动地区信息化升级发展　促进政企民生信息化水平

2014年2月12日，市长袁宝成（左一）、副市长张科（右一）一行到东莞移动分公司开展4G网络建设调研

上网络医院、新东莞新阅读、快递行业信息化支撑方案”等信息应用产品，贴近东莞市民需求。

【东莞移动分公司率先在全省实现手机加载多项消费功能】 2014年5月起，东莞移动分公司为向广大客户提供移动近场支付服务。拥有支持NFC手机的客户，在更换NFC-SIM卡后，可以将银行卡、公交卡等各种卡加载到手机中。经过东莞移动分公司与东莞公交一卡通公司（东莞通）长达一年的沟通谈判，达成合作并进入技术开发阶段。2014年11月，东莞移动分公司客户在全省率先实现手机加载公交卡、空中充值、刷手机乘公交车，同时还可将各银行卡加载进手机，消费时刷手机即可完成支付，实现“一机在手，生活无忧”。

【“移动精英俱乐部”建设】 2014年，东莞移动分公司打造全市统一的校园服务品牌——移动精英俱乐部。首次在校园市场整合活动资源、讲师资源、勤工俭学资源和技术资源，形成统一出口，向广大师生提供各种提升机会、社会活动、移动优惠等服务。创新设置“职场初体验、健康校园行、艺术益身心、通信大揭秘”四大板块，满足广大师生德、智、体、美全方面需求，实现公司、校方和学生三方共赢局面。2014年，开展1场精英训练营品牌活动、1场歌友会、8场职场讲座、9场校企合作文化活动、1场名医面对面活动，宣传覆盖全部7万名高校师生，吸引约2万名师生实际参与。 （江南梦）

**附：2014年中国移动通信集团广东有限公司东莞分公司主要领导名录**

总经理：胡　伟

党委书记（兼副总经理）：谢惠仪

①

②

① 2014年9月1日，广东省通信管理局副局长蔡立志、电信管理处处长杨云才一行到东莞检查校园电信市场并参加东莞市基础电信运营商企业总经理联席会议

② 2014年11月20日，由东莞市电商协会主办、东莞移动分公司协办“新思维　新营销”——2014移动互联网营销峰会举行

# 农 业 AGRICULTURE

东城周屋“心心相印”创意稻田

编辑：陈建枝

## 农业综述

【农业概况】　东莞市位于北回归线以南，具有明显的亚热带海洋性气候特征。2014年，平均气温22.9℃，雨日天数174天，降水量1936毫米，日照量1959小时，具有良好的农业生产气候条件。截至2014年，农作物播种总面积2.44万公顷，农业人口92.21万人。2014年，东莞市落实各项强农、惠农、富农政策，科学谋划农业农村转型升级，大力推动城乡发展一体化，实现农业农村经济平稳发展。农业总产值33.94亿元，比上年增长1.0%；农村常住居民人均可支配收入2.23万元。东莞市村组两级总资产1375.9亿元，增长4.5%，净资产1133亿元，增长6.9%；经营纯收入103.8亿元，增长10.6%，首次跨越百亿元关口；资产负债率17.7%，创历史同期新低，降幅为2000年以来最大；净资产收益率达9.2%，实现五年连升；收不抵支面再度明显收窄，并实现三年连降。

【农业部部长韩长赋到东莞市开展农村改革和现代农业发展调研】　2014年11月21日，农业部部长韩长赋率农业部财务司、种子管理局、农垦局、农产品加工局、办公厅等单位领导到东莞市调研农村改革和现代农业发展工作。调研组先后到东莞市永益食品有限公司、虎门镇集体资产交易中心，与当地农民、村干部和企业负责人进行交流探讨，认真听取基层的意见和建议。韩长赋对东莞市集体资产交易平台建设等农村综合改革工作给予充分肯定，并希望东莞市为全国农村改革与现代农业发展提供鲜活经验，探索改革路子。

【农业部副部长张桃林到东莞市调研农业科研创新及农产品质量安全监管工作】　2014年8月5日，农业部副部长、九三学社中央副主席张桃林到东莞市调研农业科研创新及农产品质量安全监管等工作。先后到市现代农业科技园、市动物卫生监督所，参观考察生物所中试车间、现代温室大棚、市农产品质量安全监督检测所实验室以及动物卫生远程视频监控系统。张桃林充分肯定东莞市在农业科研体制改革、农业科研创新、科研示范推广，以及农产品监督管理体系建设的做法与成效，并指出要发挥科技支撑作用，加强农产品质量安全监管工作，为广大市民打造安全放心的“菜篮子”。

【省委副书记马兴瑞到东莞市调研农村综合改革和新农村建设工作】　2014年6月4日，广东省委副书记马兴瑞率省委办公厅、省委农办、省社工委等部门领导组成调研组，到东莞市调研农村综合改革和新农村建设工作。调研组先后前往麻涌镇马滘河、新基村，莞城街道罗沙社区，黄江镇梅塘社区，实地考察东莞市“政经分离”“村改居”等农村综合改革及新农村建设情况，并听取东莞市委副书记姚康关于东莞市农村综合改革和新农村建设的情况汇报。马兴瑞充分肯定东莞市农村综合改革和新农村建设所取得的成效，并指出搞好农村综合改革，加快新农村建设，对广东省改革发展、转型升级具有重大意义。

【农村综合改革】　2014年，东莞市加大农村综合改革力度，加快破解农村传统发展模式带来的深层次矛盾，争创农村发展体制机制新优势。全市建立镇级农村集体资产交易平台32个和村级交易点372个；同时建成覆盖市、镇、村、组四级的“三资”（资金、资产、资源）监管平台，全市村组两级集体经济组织全部纳入平台接受实时全过程监控；开

展村（社区）预算制度改革试点，严格控制集体开支，强化收支约束；开展债权集中追收行动，并取得显著成效，收款率达80.9%，为2005—2014年同期最高，资产负债率17.7%，创历史同期新低；构建村组统筹发展格局，全市94%的村（社区）基本完成组级经济统筹管理改革，奠定村组统筹发展基础。创新和完善农村治理机制，全面完成党工委设置改革，促进基层党组织高效规范运行；全市试点建设46个村（社区）政务服务中心，实现政务服务和公共管理事务服务重心下移；构建村（居）民自治平台，建设55个集福利性、公益性和便民利民服务于一体的社区综合服务中心示范点；全面完成治安管理统筹改革，19个镇街实现城乡环卫标准化、一体化管理，初步构建起“大治安”“大环卫”格局。

【《中共东莞市委　东莞市人民政府关于全面深化农村改革加快发展现代农业的意见》出台】　2014年9月，经东莞市委十三届第82次常委会议审议通过，印发《中共东莞市委　东莞市人民政府关于全面深化农村改革加快发展现代农业的意见》。从创建全国农村综合改革示范试点、深化农村产权制度改革、完善农村社会治理机制、健全城乡一体化体制机制、提高粮食综合生产及保障能力、完善农业支持和保护体系、构建完善的农业经营体系、加强党对农村工作的领导等八方面提出32条具体改革发展任务，深入推动东莞农村农业改革发展，增创体制机制新优势，加快实现农村农业转型升级。

【农村集体经济统筹改革基本完成】
2014年，东莞市村组基本完成集体经济统筹管理改革的表决工作。截至2014年，全市567个村（社区）有533个基本完成统筹改革，占94%。其中，莞城、石龙、万江、南城、中堂、望牛墩、麻涌、洪梅、道滘、厚街、大岭山、大朗、桥头、企石、石排等15个镇街下辖所有村组基本完成改革，有效改善组级经济各自为政、分散发展的局面。

【村组增资减债】　2014年，东莞市出台《关于进一步加强村组增资减债工作的意见》，整合各级各相关部门力量推动增资减债。2014年核销坏账3亿元，是2013年核销总额的8.8倍，与法院合作清理村组债权案件85宗，执行到位金额3440.6万元，公开曝光失信“老赖”56名。向全市银信机构发出《关于协助监管村组担保贷款的函》，通过第三方监管加强村组担保贷款管理。拟定对拖欠利息和利率上浮幅度超过30%的村组贷款实施“定向降息”的工作路线图。调整村民社保缴费机制，明确从2015年起，社会养老保险农（居）民个人缴费部分全部由个人承担。截至2014年，全市村组两级总资产1375.9亿元，比上年增长4.5%；应收款总额125.6亿元，比上年减少15.8%，创历年最大降幅，应

## 努力实现“农业强、农民富、农村美”

① 2014年11月21日，农业部部长韩长赋来莞调研农村改革和现代农业发展。图为韩长赋（左二）一行在市委副书记、市长袁宝成（左三）的陪同下到虎门集体资产交易管理中心考察

② 2014年8月5日，农业部副部长、九三学社中央副主席张桃林一行来莞调研农业科研创新及农产品质量安全监管等工作。图为张桃林（左一）一行在市生物所组培车间考察

收款占净资产比重11.1%，下降3个百分点，为2000年以来最大降幅；收款率达80.9%，为2005—2014年同期最高；总负债242.9亿元，比上年下降5.2%；借款97亿元，比上年下降12.8%，2003—2014年首次低于百亿；资产负债率17.7%，再创历史新低；高负债村组146个，减幅16.6%；收不抵支经联社182个，减幅20.9%。

【农村集体资产交易平台和“三资”监管平台建设】 2014年，东莞市推进农村集体资产交易平台和“三资”（资金、资产、资源）监管平台建设，基本完成网上交易系统开发，出台《东莞市农村（社区）集体资产交易若干问题的工作指引》，在虎门、寮步镇启动网上交易试点；建成村级交易点372个。截至2014年，全市集体资产交易平台成功交易1.2万宗，成交金额168.3亿元，总体溢价率达9.1%，为集体增加直接经济效益14.1亿元。全面建成覆盖市、镇、村、组四级的“三资”监管平台，建立集体经济合同台账6.2万份、集体资产台账17.4万宗，全市村级两级集体经济组织全部纳入平台，接受市、镇两级实时监控。2014年12月10日，省委、省政府召开全省推进农村集体资金资产资源管理服务平台建设工作电视电话会议，东莞市委副书记姚康代表东莞市在会上作专题经验发言。

【农村土地承包经营权确权登记颁证】 2014年12月，经东莞市委全面深化改革领导小组第五次会议研究审议，并经市政府同意，东莞市出台《东莞市农村土地承包经营权确权登记颁证工作实施方案》，以二轮土地延包、股份制改革和集体土地所有权确权登记成果为依据，梳理查明现有土地承包关系，查清承包土地的面积和空间位置，界定确权对象的条件要素，建立土地承包经营权确权登记颁证制度，向农户颁发农村土地承包经营权证。对股份制改革落实到位及土地统筹经营程度高的村组，按“确股确地”的方式进行确权；对具备条件确地的村组，按“直接确地”的方式进行确权。建立健全农村集体经济股权与土地承包经营权益相对应的信息登记和联动机制，建立农村土地承包信息数据库和管理系统，保障农民土地承包经营权益，深化农村土地制度改革，巩固和完善农村基本经营制度。全市农村土地承包经营权确权登记颁证工作进入组织实施阶段，并选择麻涌、石龙两镇作为试点启动工作，为全市铺开积累经验，探索适合东莞市实际的实施路径和方法。

【镇村产业升级奖补政策落实】 2014年，根据《东莞市镇村产业升级补贴奖励专项资金管理办法（试行）》，东莞市引导镇村优化发展物业型、服务型、投资型经济。经镇村集体经济发展联席会议审核，7个镇街的11个符合条件的项目获得588.31万元财政奖补资金。截至2014年，全市村组物业出租面积9407万平方米，比上年增长1.5%。集体物业出租收入125.3亿元，增长5.4%；非出租

① 2014年9月10日，全市扶贫开发工作会议举行。图为市委书记、市人大常委会主任徐建华（左九），市委副书记、市长袁宝成（右八）等与参与“助学圆梦”活动认捐贫困学生的企业和商会代表合影

② 2014年8月11-12日，农业部门开展“动物卫生监督行业保障市民舌尖上的安全”主题活动。图为8月12日凌晨，媒体记者在厚街屠宰场集中采访

① 东城周屋水稻收获

② 2014年6月28日，在谢岗镇南面村举行“东莞，给荔中国”名优荔枝现场推介活动

③ 2014年12月，清溪生态农业产业园被农业部、国家旅游局认定为“全国休闲农业与乡村旅游示范点”

④ 2014年东莞乡村创意项目——东城周屋创意稻田

类收入中，除直接经营收入下降外，存款、理财收益等收入22.8亿元，投资收益9.1亿元，分别增长12.6%和7.6%。

【农村财务管理】　2014年，东莞市开展村（社区）预算制度改革试点，完成全市146个试点村（社区）预算编制和执行情况分析工作；修订并出台《东莞市违反农村集体资产管理行为责任追究办法》，指导镇级农村审计职能移交和理顺工作。指导镇街开展常规审计及经济责任后续审计项目301宗，审计金额117亿元。对第五届农村干部任期经济责任审计发现的280宗违规行为进行问责，查处干部111人。对44个村和22个村小组的财务公开进行明查暗访，对约6000名农村集体经济组织监事会成员进行培训。

【市内扶贫】　2014年，东莞市通过落实结对帮扶、干部驻村、领导督导、年度考评、财政扶持、社会帮扶等一系列措施，开展市内扶贫工作。安排81个市有关单位和81个经济较发达村以“二帮一”的形式结对帮扶81个欠发达村，单位干部结对帮扶对口欠发达村的有劳动能力低保户905户，镇街干部结对帮扶其他村低保群众。选派干部驻村，市领导集中开展督导。全年发放1.72亿元市内扶贫专项资金，其中，下拨优质项目补助1.4亿元，用于帮助41个欠发达村发展20个创收项目，年增收1500万元；下拨基础设施建设补助资金3033万元，用于支持村道巷道建设、桥梁修缮、河堤改造、排水整治等项目；下拨就业激励补助172万元。全年为81个欠发达村落实3240万元“广东扶贫济困日”超募资金，支持欠发达村发展公益事业项目。全市81个欠发达村（社区）村组两级集体经营性总收入5.5亿元，经营性纯收入3.3亿元，比上年分别增长15.3%和30%。欠发达村平均总资产7543万元，平均净资产5513万元，比本轮帮扶前（2012年）增长17%、25%。纳入结对帮扶的有正常劳动能力低保户中，有720户贫困家庭收入水平达到脱贫标准，有劳动能力低保户脱贫率达80%，完成“纯收入增长8%，脱贫率50%”的年度目标。

【市内扶贫专项活动】　*上门慰问*　2014年1月、6月，东莞市帮扶单位和各镇街在春节期间和“广东扶贫济困日”上门慰问900多户有劳动能力低保户和扩大范围帮扶的3300多户贫困群众，送上慰问品和慰问金。*“圆梦100”行动*　7—12月，组织“圆梦100”行动，募思南都爱心基金、东莞市瓦蓝栈公益和市内扶贫工作部门分六期组织12个镇街的216个困难家庭600多人免费“亲子游”。*“助学圆梦”活动*　8月，东莞市农业局会同东莞报业传媒集团、瓦蓝栈公益服务中心等开展扶贫“助学圆梦”活动，帮助有受助意愿的贫困学生搭建助学平台，累计认捐资金超过200万元，有2200多名贫困学子被热心人士和组织落实资助，其中近1500名东莞贫困学子全部得到认捐。

【水乡特色农业发展政策文件出台】　2014年6月，东莞市印发《东莞水乡特色发展经济区特色农业发展实施意见》，确立生产、生活和生态“三生一体”以及“三产融合”的发展理念，明确水乡经济区特色农业的发展目标、主要任务、重点工作和保障措施，为水乡“10镇1港”未来五年农业的转型升级提供具体指引。重点谋划发展“1个农业文化博物馆、1个农业科技创新与示范中心、5个特色农业产业带、5个农业产业园、10个精品农业示范基地和20个特色专业村”，高度集聚生产要素，规划建设一批亮点项目，将水乡特色发展经济区打造成全市都市农业发展的样板区。

【农业产业园建设】　2014年，东莞市农业产业园基础设施进一步完善，市、镇两级财政投入建设资金4321万元，新建成道路6.8公里、温室大棚（含简易大棚）16.41公顷、农田林网6.6公里、供电设施1个以及种植各类绿化苗木近29万株。经营管理进一步优化，其中道滘园区新引进3个温室花卉培植项目，大棚种植面积近2公顷；东坑园区石斛（二期）和葡萄种植项目、谢岗园区温室花卉培植项目等已建成投产。7月，认定东坑镇“东安农业园”为全市首个小型农业园。

【农业科技】　2014年，东莞市农业系统科研单位成功申报国家、省、市科研和技术推广项目11项，获资助经费260万元。获省、市科研成果奖项17项，授权发明专利7项，获奖数量创历年新高。5个项目通过成果鉴定，达国内先进水平；自主培育新品种并通过品种审定1个；以第一作者发表论文44篇。全市筛选评定并推介发布主导品种8个，主推技术14项，发放补助资金17.2万元。首次认定农业科技成果转化示范基地5个、科技示范户24个，发放补助资金74万元。开展科技下乡活动和各类农技培训班140期，发放农资物品价值20万元，受益2万人。全年组织农村实用人才培训班16期，累计培训883人，其中村级农业管理人员培训210人，并首次举办青年农民创业培训班。市农业科学研究中心郑芝波获评省杰出女科技工作者宣传人，2人获评东莞市特色人才，4人获评“东莞市优秀科技工作者”，2人获评“东莞市先进科普工作者”。

【农业产业化】　2014年，东莞市扶持鼓励农民专业合作社开展基地建设、“三品”（无公害农产品、绿色食品、有机农产品）认证、商标注册等活动，新认定6家市级示范社，发放扶持农民专业合作社各类奖励资金191万元。强化市级农业龙头企业动态管理，新认定市级农业龙头企业2家，对农业龙头企业发放各类扶持资金1619万元。扶持土地流转和规模经营，由市财政安排专项资金进一步提高农村土地流转和规模经营的奖励标准，对17个镇街893公顷流转土地进行奖励，发放奖励金额436万元。加大名牌产品申报宣传力度，2014年全市的广东省农业类名牌产品和“三品”认证农产品分别为47个和82个。

【农业物质装备】　2014年，东莞市评定市级设施农业示范基地5个，发放奖励资金25万元。全市新增设施农业面积200公顷，其中温室大棚16.1公顷、节水喷灌设施173.3公顷。截至2014年，全市设施农业面积达2053.3公顷。全年落实各级农机购置补贴资金581.5万元，惠及农户266户次。全市农业机械总动力达43.19万千瓦，比上年增长3.2%；农作物机械化综合水平为43%，水稻机械化综合水平达77.5%。

【休闲观光农业】　2014年，东莞市结合农业传统文化及都市农业发展的态势，打造“马稻成功”东莞乡村创意项目东城周屋创意稻田。首批认定东城街道周屋社区水稻生产基地、清溪镇溪源生态农业发展有限公司休闲农业基地、望牛墩镇东奥农业科技有限公司奥运蔬菜基地等3个市级休闲观光农业示范点。筛选市内17个荔枝休闲采摘点，打造荔枝休闲采摘旅游线路；筛选水乡片镇街5个具有特色的农业基地，打造水乡休闲农业旅游线路，市内休闲观光农业旅游的氛围逐渐形成。12月，清溪生态农业产业园被农业部、国家旅游局认定为“全国休闲农业与乡村旅游示范点”。

【“东莞·给荔中国”名优荔枝推介活动】　2014年6月，东莞市农业局联合

淘宝网、菜虫网、市荔枝协会、松山湖管委会、谢岗镇政府，以“东莞·给荔中国”为主题，开展东莞名优荔枝宣传推介活动。通过东莞名优荔枝在淘宝网上宣传和销售、美食家蔡澜点评、推介展示、休闲采摘等系列主题活动，打响“莞荔”品牌。活动期间，“东莞·给荔中国”专题网页访问量达1.8亿次，通过网络、空运、物流等平台销售荔枝828.4吨，是上年的1.7倍，其中网上销售超过243吨，比上年翻两番；荔枝休闲采摘1.35万人次，采摘荔枝41.3吨，分别是上年的1.64倍和1.86倍。

【首届东莞蔬果节举办】 2014年12月28—29日，东莞市农业局联合省菜篮子工程协会、省蔬菜产业协会等单位，在石碣润丰国际蔬菜交易中心举行首届东莞蔬果节暨润丰蔬果（粤港澳）产销对接活动。来自内地及香港、澳门的参展商及采购商近170家企业参加活动。通过蔬果产销对接交流会、名优蔬果展示推介和品评、名优企业风采展示、蔬果基地现场观摩及经验交流等活动，利用微信、微博宣传，搭建粤港澳蔬果产销对接平台。活动期间促成蔬果协议交易量102.02万吨，交易额51.04亿元。

【农产品质量安全监管】 2014年，东莞市镇两级检测机构检测生产环节蔬菜、水果、食用菌等食用农产品，以及屠宰环节生猪及其肉品样本75万份，超额完成全年抽检任务目标，全年未发生重大农产品质量安全事件。其中，检测蔬菜、水果等食用农产品样本21.47万份，生猪及其肉品样本53.53万份，农药残留和生猪“瘦肉精”检测合格率分别达99.42%和99.99%。出动执法人员8529人次，检查农资生产、经营单位4248家次，查处案件41宗，罚没款6.08万元，查获一批不合格农药、种子等农资产品，无害化处理不合格农药、化肥189包（瓶）。全市发出不合格农产品处理通知书68份，销毁不合格蔬菜产品35.5吨，无害化处理禁用药物残留不合格生猪252头。市镇两级农业部门先后将6宗涉嫌生猪“瘦肉精”阳性案件证据材料移送公安机关侦办。

【农产品生产环节诚信体系建设】 2014年，东莞市农业局落实市政府十件实事之一的农产品生产环节诚信体系建设，将全市90%以上的蔬菜、水果种植户和全部农产品生产企业、农民专业合作社纳入监管范围，在全省率先实现对个体农户实行网络化、电子化动态监管，延伸农产品质量安全监管网络。截至2014年，市农产品质量安全检测监控追溯信息系统完成升级改造，各镇街建立农产品生产企业、农民专业合作社、种植户的诚信档案1.37万个，督促各村（社区）与蔬菜、水果生产企业，农民专业合作社，种植户等签订农产品生产环节质量安全协议书1.31万份。

【农业救灾复产】 2014年5月11日，东莞市大部分镇街遭受强降雨导致农田发生不同程度的内涝，农业生产受到较大影响，农作物受灾面积达1214.4公顷，造成直接经济损失4178.38万元。灾害发生后，市农业局迅速开展灾情调度，有针对性地制定复产技术措施，帮助灾农尽快恢复生产。市政府安排救灾复产资金100万元，帮助受灾较重的塘厦、凤岗等7个镇灾农解决复产资金难题。由于各项措施应对及时，受灾镇街在较短时间内恢复农业生产秩序。

【石龙坑农村固定观察点三十周年纪念活动开展】 东莞市石龙坑村从1984年起被定为全国农村固定观察点。2014年12月30日，东莞市农业局在石龙坑村举行全国农村固定观察点石龙坑村30周年纪念活动，市农业局、寮步镇、石龙坑村领导以及20多位调查农户参加活动，畅谈石龙坑村30年的变化，并通过参观新老照片和农耕时期的农耕工具及生活用具展览，回顾石龙坑飞跃发展的30年历程。 （黄椿颖）

**附：2014年东莞市委农办、市农业局主要领导名录**

市委农办主任：黄贵田（任至3月）
张永忠（3月到任）
市农业局局长：黄贵田（任至4月）
张永忠（4月到任）

## 2014年东莞市农业总产值

| 指标 | 2014年绝对值（亿元） | 构成（%） | 2013年绝对值（亿元） | 构成（%） | 2014年比2013年增长（%） |
|---|---|---|---|---|---|
| 农业总产值 | 33.94 | 100 | 33.15 | 100 | 1 |
| #种植业 | 20.35 | 59.9 | 18.93 | 57.1 | 6.6 |
| 林业 | 0.36 | 1.1 | 0.36 | 1.1 | -1.6 |
| 牧业 | 4.51 | 13.3 | 5.24 | 15.8 | -11.6 |
| 渔业 | 7.73 | 22.8 | 7.66 | 23.1 | -4.1 |
| 农业服务业 | 0.99 | 2.9 | 0.96 | 2.9 | |

注：农业总产值绝对值按当年价计算，增长速度按可比价计算

## 2014年东莞市农村集体经济情况

| 指标 | 单位 | 2014年 | 2013年 | 2014年比2013年增长（%） |
|---|---|---|---|---|
| 村组两级集体总收入 | 亿元 | 171.5 | 162.97 | 5.2 |
| 村组两级集体纯收入 | 亿元 | 103.8 | 93.85 | 10.6 |
| 村组两级总资产 | 亿元 | 1375.9 | 1316.64 | 4.5 |
| 村组两级总负债 | 亿元 | 242.9 | 256.37 | -5.2 |
| 村级两级净资产 | 亿元 | 1133 | 1060.27 | 6.9 |

# 种植业

【种植业概况】 2014年，东莞市种植业产值20.35亿元，比上年增长6.6%。农作物播种总面积2.44万公顷，减少0.01万公顷；粮食总播种面积2750公顷，总产量1.24万吨，其中水稻播种面积914.2公顷，总产量0.5万吨。蔬菜总播种面积2.03万公顷，总产量39.05万吨，增长2.1%。水果总种植面积1.32万公顷，总产量6.25万吨，其中荔枝0.94万公顷，香（大）蕉0.21万公顷，龙眼0.13万公顷，其他杂果0.04万公顷（包括火龙果、番石榴、芒果等）。花卉种植面积887公顷，年产鲜切花589万枝，盆栽观赏植物（包括盆景）212.06万盆。

【种粮补贴政策落实】 2014年，东莞市贯彻落实中央、省和市鼓励农民发展粮食生产的政策措施，及时足额发放种粮补贴资金，完成广东省下达的粮食生产任务。发放中央、省和市级补贴383.35万元，惠及农户3269户次。

【陈志坚获评“全国粮食生产突出贡献农业科技人员”】 陈志坚是中堂镇凤冲水稻科研站站长。1998年起，陈志坚先后成功培育出“凤联4号”“凤联5号”“紫红稻4号”“凤冲丝苗”“凤兴丝苗”“凤香丝苗”“中广丝苗”等7个优质高产的水稻品种。其中，“凤香丝苗（后更名为“中广香1号”）通过国家级水稻品种鉴定，在全国推广种植，该水稻品种比普通水稻含铁量高出近3倍，填补中国水稻育种史上高铁品种的空白。广东省、东莞市相关部门多次对陈志坚进行表彰嘉奖，授予其“广东省科普惠农兴村带头人”“东莞市科技进步奖三等奖”“东莞市道德模范”等称号。2014年12月，陈志坚被农业部评定为“2014年全国粮食生产突出贡献农业科技人员”。

【在全省率先建立镇级农情调度WEB直报系统】 2014年10月，东莞市在广东省率先建立镇街一级农情调度WEB（网络）直报系统，形成农业部、省、市、镇街四级农情信息调度体系，实现农情信息采集、传输网络化，全面提高农情信息报送时效，更好地满足都市农业发展需要。 （黄椿颖）

# 畜牧业

【畜牧业概况】 2014年，东莞市畜牧业总产值4.51亿元，比上年减少11.6%。肉类总产量2.01万吨，减少12.09%；年末生猪存栏7.73万头，增长17.14%；家禽存栏120.13万羽，减少5.5%；生猪出栏20.82万头，减少10.4%；家禽出栏428.14万羽，减少7.4%。饲料总产量408万吨，排名全省第八位，其中单一饲料312.3万吨，继续居广东省首位。全市饲料企业数39家，减少6家，饲料总产量减少1.6万吨，单一饲料产量增长2.6%。

【家禽养殖业帮扶】 2014年，东莞市家禽养殖及饲料生产等相关行业受H7N9流感影响较大，东莞市农业局会同工商等有关部门联合印发《关于贯彻省帮助家禽业渡过难关确保家禽业持续健康发展实施意见的通知》，通过建立定期联络机制、领导带队走访、落实省扶持种禽场生产补贴等措施，帮助企业渡过难关，累计向种禽养殖企业发放两期H7N9禽流感疫情种禽场省级生产维持性补贴资金169.6万元。

【生猪定点屠宰监管职责移交】 2014年，原由东莞市经济和信息化局承担的生猪定点屠宰监督管理职责划入市农业局。市农业局增设畜禽屠宰管理科，将原农业机械化管理科并入科技教育科，加强对畜禽屠宰的监督管理。在下属的市动物卫生监督所增设执法科，负责全市畜禽屠宰活动的监督执法。9月30日，市政府召开全市畜禽屠宰管理工作会议，总结东莞市畜禽屠宰管理工作，部署镇级职能移交及下一阶段工作任务。市农业局根据会议部署，指导督促镇街做好生猪定点屠宰监管职责移交，组织11个督查组分赴全市32个镇街督导检查生猪定点屠宰监管职责移交、管理制度建设等工作，发现问题及时督促整改。截至2014年，全市各镇街生猪定点屠宰监管职责移交工作基本完成。

【家禽H7N9流感防控】 2014年1月、11月，东莞市樟木头镇和常平镇分别确诊一宗人感染H7N9流感病例，东莞市农业局组织市镇农业部门抓好各项防控措施，对相关市场内存栏家禽进行采样监测，经检测全部为阴性；调集消毒药一批，指导重点场所落实休市期间消毒工作；落实镇村防疫人员巡查监督责任，督促指导养殖户做好消毒等防控措施；制定印发《东莞市实施全国家禽H7N9流感剔除计划方案》，推进H7N9流感剔除工作，保障家禽业生产安全、动物产品质量安全和公共卫生安全。

【生猪产销联建】 参见“商贸流通业”类目第247页“生猪产销”条目

【全省首个镇级兽医实验室通过考核】 2014年，厚街镇农业技术服务中心兽医实验室通过广东省畜牧兽医局兽医实验室考核组的考核，获得兽医实验室考核证书，成为全省首个通过考核的镇级兽医实验室。

【“动物卫生监督行业保障市民舌尖上的安全”主题活动】 2014年8月11日，东莞市农业系统联合市委宣传部，以新闻单位“走转改”活动为平台，开展主题为“动物卫生监督行业保障市民舌尖上的安全”活动。邀请省、市18家媒体记者走进市动物卫生监督所及镇街分所，参观考察市动物卫生远程视频监控中心、大岭山信立市场农批报检点、莞城屠宰场、厚街屠宰场，深入了解动物卫生监督的东莞模式，并集中采访“东莞市五一劳动奖章”“东莞市职工技术标兵”获得者、东莞市十大基层优秀兽医之一——市动物卫生监督所厚街分所检疫员欧阳志良。活动结束后，媒体以文字新闻、视频新闻、微新闻的形式进行全方位的报道。 （黄椿颖）

# 渔业

【渔业概况】 2014年，东莞市捕捞渔区分布在虎门镇、沙田镇和中堂镇，有3条渔村（社区），分别是虎门镇新湾社区，沙田镇先锋村和中堂镇红锋社区，有1个渔港，即新湾渔港。渔业人口19268人，专业从业人员4732人。全市有各类渔业船舶548艘，马力5.02万千瓦，其中海洋捕捞渔船485艘，内河捕捞渔船63艘。全市水产养殖面积9188公顷，其中淡水养殖面积8580公顷，海水养殖面积608公顷。渔业经济总产值7.73亿元,比上年下降4.1%。

【老旧渔船更新改造】 2014年，东莞市推动老旧渔船更新改造，出台《东莞市渔船更新改造贷款贴息资金管理办法》和《东莞市渔船更新改造操作规程》，由市镇两级财政安排资金1亿元，

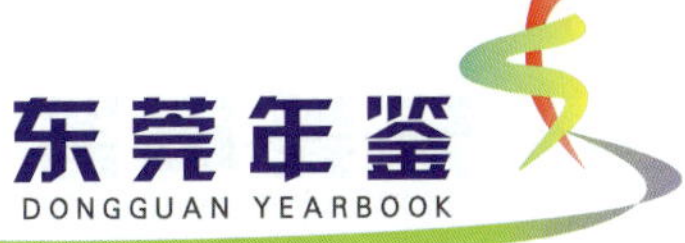


对2015—2017年申请更新改造的渔船给予最长5年的贷款贴息。

【渔业健康发展】 2014年，东莞市4个水产养殖基地得到无公害产地认定，7个水产品得到无公害产品认证，2家名牌产品通过复审。建成国家级健康养殖示范区（场）1个，培育发展休闲观光渔业基地1个，创建全国现代渔业种业示范场1个。

【支渔惠渔政策落实】 2014年，东莞市印发实施《东莞市休（禁）渔补助实施方案》，将休（禁）渔补助标准提高为：休渔渔业船员每人每年补助1500元，禁渔渔业船员每人每年补助1100元，补助渔民451户1439人，补助金额180多万元。印发实施《东莞市政策性渔业保险实施方案(试行)》，按50%的比例补贴渔民购买人身及财产保险，投保渔船245艘，投保人数1260人，收取会费198.80万元。落实减免涉渔收费，减免涉渔收费渔船557艘，减免资金124.4万元，实现对渔船的零收费。

【水产品质量安全】 2014年，东莞市建成覆盖32个镇街和4个水产品批发市场的快速检测点，初步建立市、镇、企业（基地）三级水产品质量安全监测体系，形成一套规范的水产品例行监测制度。抽检东莞市内水产品样品426批次，合格率为97.4%；开展快检水产品1035批次，合格率为99.5%；抽检运输用水635批次，合格率为98.6%；完成农业部、省局236批次抽检任务，总体合格率为95.8%。

【渔业安全生产】 2014年，东莞市开展海洋与渔业行业打非治违专项行动，检查渔船886艘次，发现安全隐患49宗，全部完成整改，2014年无发生渔业安全生产事故。办理渔船进出港签证592艘次，对15艘存在安全隐患的渔船暂缓办理签证。完成对东莞市全部海洋捕捞渔船基础信息录入及核查工作，为提高渔船信息化管理水平打好基础。

【渔业执法】 2014年，东莞市开展18次非法捕捞专项行动，查处电鱼案件7宗，清理“迷魂阵”163个约8000米、“滩边罟”6个，放生鱼类500多公斤。查处违法驯养繁殖国家保护动物案件1宗、非法销售案2宗。开展5次水产品质量专项检查行动，检查水产苗种场、大中型养殖场、大中型养殖示范场37个，处罚养殖场1家。开展5次打私联合行动。

【渔业资源养护】 2014年，东莞市继续实施珠江禁渔及南海休渔制度。举办5次渔业资源增殖放流活动，增殖淡水鱼苗440万尾，品种有鲤鱼、鲫鱼、鲢鱼；海水鱼虾苗2026万尾，品种有刀额新对虾、黄鳍鲷、花鲈。 （谢泳麟）

附：2014年东莞市海洋与渔业局主要领导名录

局　长：陈　俊

## 林　业

【林业概况】 2014年，东莞市林业用地面积为6.0公顷，有林地面积5.9万公顷，森林覆盖率37.4%。城市建成区绿化覆盖率为47.5%，城市人均公园绿地面积17.3平方米；活立木蓄积量331.4万立方米，森林生态效益总值75.06亿元。

【国家森林城市创建】 2014年，东莞市新建、改建蛤地公园等各类公园33个，完成第一批56个采石场复绿工作，开发利用水乡片各镇街湿地资源，推动华阳湖湿地公园二期工程、弹流鱼湿地公园等项目建设，打造马滘河“花海漂游”项目，开展道路绿化查漏补缺工作，升级道路绿化102.8公里，利用水乡统筹发展契机，新增水岸绿化62.84公里，在厚街镇将军路跨线桥、大岭山森林公园高架桥等地开展立体绿化试点，立体绿化面积共计42.9万平方米，建成

▲ 大岭山森林公园

▲ 银瓶山森林公园 （曹永富　摄）

望牛墩扶涌特色村庄和麻涌新基村水乡文化古村，启动中堂镇四乡村和三涌村特色村落建设，打造道滘大罗沙特色村庄，建成森林家园10个。开展创建森林城市宣传，制作大型广告牌260块，播放公益广告1.3万次，发送公益短信766.2万条，印发宣传海报7000多张，《东莞日报》《东莞时报》等新闻媒体报道动态270篇，发布林业微博1800条。

【森林公园建设】　2014年，东莞市完善森林公园配套设施，在森林公园主景区、出入口广场设置LED显示屏8套，更新园区交通指引牌、标识牌、警示牌415套。大岭山森林公园新建石洞康体科普园和林科园防火楼，推进厚街大迳社区居民出入森林公园道路改造、石洞核心景区文化长廊等升级改造工程建设，大屏嶂森林公园新建成观音阁景点，完成百竹园景观升级改造，银瓶山森林公园基本完成清溪片区湖影平台工程，完成谢岗片区登山步道闭合线工程，增加观景长廊、观景亭等配套设施一批，银瓶山森林公园清溪片区成功创建国家4A级旅游景区，常平旗岭、清溪山水天地等森林公园新增防火通和步行道3.9公里，南门山森林公园完成8.5公顷绿化工程并对入口广场、道路两旁进行绿化美化。

【生态景观林带】　2014年，东莞市建设总里程达53.77公里的潮莞高速公路生态景观林带，实施广深高速公路水乡段景观整治项目，对建成景观林带沿线拆除违建物后的空余地带进行复绿，新增绿化面积27.41公顷，委托广东省林业调查规划院采取分段验收的方式，完成广深高速公路等4个生态景观林带建设项目竣工验收。

【森林碳汇重点工程】　2014年，东莞市改造水源涵养林872.5公顷，开展2645公顷水源涵养林幼林抚育，建成水乡生态林网38.5公里，增绿73.41公顷，推进林业生态文明万村绿建设，向万江、石碣等11个镇街19个村（社区）赠送乡土乔木7800株，造林成活率达94%以上。

【义务植树】　2014年，东莞市启动以“东莞有我一棵树”为主题的义务植树及树木认建认养活动，3月19日，市几套班子领导与机关工作人员、市林业局、生态园管委会、军分区部队官兵、青年志愿者等200多人在东莞生态园生态景观休闲区开展义务植树活动，种植莞香、海南蒲桃、水蒲桃、本地木棉、美丽异木棉、宫粉紫荆等优良绿化树种700株。广深高速公路沿线各镇街围绕提升高速公路两旁生态景观林带建设的景观效果，广泛开展全面义务植树活动，沿线各镇街参加活动总人数5670人，完成植树和抚育树木6.5万株。累计发动群众90.3万人次，植树316万株，开拓义务植树基地27个，尽责率达96%。

【森林资源保护】　2014年，东莞市完成征占用林地项目踏查37宗，涉及林地面积157.6公顷，完成薇甘菊防治3386.03公顷、尺蠖防治693.33公顷、古树名木白蚁防治175株，抚育生物防火林带140.8公里，建成东莞周边地区森林防火物资储备库，开通基站6个，开展森林防火知识培训和应急实战演练14期，培训930人次，派发画册1.55万份，发送短信800多万条。加强野生动物管护，结合“2014天网行动”“利剑行动”等专项行动，破获野生动物案件16宗，收缴国家“三有”保护动物9520只，锁定野生动物捕食重灾区，与各级村委、管理区、农贸市场逐级签订“不售卖、经营野生动物承诺书”，震慑破坏野生动物资源的违法行为。开展全市森林资源二类调查，完成市陆生野生动物资源第二阶段摸底调查工作，完成《东莞市林下经济发展规划（2013—2020）》的编制。

【生态文化】　2014年，东莞市以“创建国家森林城市”为主题，组织开展“东莞植物区系与植被”“湿地绿化建设与管理”等科普教育活动11次；举办“绿色东莞在我心中”征文比赛，编印《飞翔的森林》文集，举办“聚焦森林城市情系美丽东莞”摄影比赛，出版《森林城市美丽东莞—东莞市创建国家森林城市印象》《东莞市森林公园》画册，微电影《禾雀花开》在第23届伦敦创意文化节首届华语微电影周评选活动中获评最佳影片奖和最佳摄影奖；举办精彩纷呈的文化活动，其中清溪镇举办“花香十里·醉美清溪”第四届赏花行活动，桥头镇连续举办十一届荷花艺术节。

【第十届粤港澳台盆景博览艺术展】　2014年9月21—25日，第十届粤港澳台盆景博览艺术展由广东省盆景协会与东莞市林业局在东莞体育中心举办，从广东、香港、澳门、台湾等地67个盆景协会中挑选出400余盆盆景艺术精品，免费向市民展示，展会期间客流量达20余万人次。该届盆景艺术展在标准盆景中评出金奖26盆，银奖48盆，铜奖74盆，在超大型盆景和野生海岛罗汉松中各评出冠、亚、季军各一盆，是历届以来首次有60盆超大型盆景集中展示。

【林业科技】　2014年，东莞市开展包括以“湿地保护”“立体绿化”等科普活动7期，惠及科普受众1万多人次；开展“短萼仪花良种选育和高效栽培技术研究与示范”“东莞市古树名木健康状况评价体系”等12个科研课题研究，其3篇论文被《广东农业科学》《绿色科技》《中国园艺文摘》等采纳；启动智慧林业云建设项目，构造人网、林网一体化感知体系，提高林业的管理服务水平。　　　（陈　馨）

**附：2014年东莞市林业局主要领导名录**

局　长：胡炽海

▲ 禾雀花

# 工　业　INDUSTRY

镭射商标印刷生产车间

## 工业综述

【工业概况】　2014年，东莞市工业经济在新常态下保持平稳运行，呈现平稳发展，结构持续优化的良好态势。全市实现规模以上工业增加值2593.54亿元，比上年增长8.8%，比全省平均水平高0.4个百分点，比珠三角平均水平高0.5个百分点，占全省比重提高0.6个百分点，连续4年比重有所回升；产业高级化进程加快，先进制造业和高技术制造业分别增长13.9%和16.3%，快于全市水平；经济内生动力不断增强，民营工业对全市规模以上工业增长的贡献率为73.2%，内销产值增速比出口交货值增速快10个百分点。

【工业产业高级化进程加快】　2014年，东莞市以获国家工信部批复认定为国家级两化深度融合暨智能制造试验区为契机，大力推进智能制造相关产业的发展，全年电子信息制造业实现规模以上工业增加值848.38亿元，比上年增长16.9%，比全市平均水平快8.1个百分点，拉动全市规模以上工业增长5.2个百分点。在电子信息制造业快速增长的带动下，电子信息制造业等五大支柱产业、先进制造业、高技术制造业发展态势良好。五大支柱产业实现规模以上工业增加值1803.81亿元，比上年增长10.6%，占全市规模以上工业增加值的69.6%；先进制造业实现工业增加值1219.54亿元，增长13.9%，占全市规模以上工业增加值的47%；高技术制造业实现工业增加值953.31亿元，增长16.3%，占全市规模以上工业增加值的36.8%。

【工业经济内生动力增强】　2014年，东莞市规模以上内资工业企业实现增加值877.71亿元，比上年增长20.5%，增速比全市平均水平快11.7个百分点，占全市规模以上工业增加值的33.8%，提升3.2个百分点。全市民营工业企业实现增加值801.13亿元，增长23.7%，增速比全市平均水平快14.9个百分点，对全市规模以上工业增长贡献率高达73.2%；规模以上工业内资企业共实现利润132.22亿元，增长41.3%，比全市平均水平快31.1个百分点；每百元主营业务收入实现利润3.16元，比全市平均水平高11.3%；规模以上内销产值为6139.36亿元，增长13.9%，比出口交货值快10个百分点，占规模以上销售产值的52%。

【中小工业企业发展质量提升】　2014年，东莞市通过推进高成长企业、小微企业上规模等培育工程，强化企业挖掘、建库管理、对口扶持工作机制，中小企业的发展质量有所提升。全市中小企业实现利润总额167.71亿元，比上年增长17.7%；主营业务收入增速提高14.3个百分点，比全市利润增速快7.5个百分点；户均利润为339万元，增长30.2%。

【工业经济协调发展】　2014年，东莞市32个镇街工业增加值全部实现正增长，其中6个镇街实现两位数的增长，增加值增速比上月加快的镇街22个，占68.8%。沿海片工业增加值规模保持最大，埔田片超越水乡片；山区片规模以上企业最多（1021家），水乡片最少（583家）；水乡片规模以上企业平均规模最大（5434万元/家），埔田片规模以上企业平均规模最小（3611万元/家）。

# 走新型工业化道路　推进信息化与工业化融合

① 2014年10月20日，市委副书记、市长袁宝成会同副市长贺宇、市政府秘书长邓浩全、副秘书长叶冠强，率市委研室、市财政局主要领导一行到市经信局调研指导工作，并与局领导班子进行座谈

② 2014年12月1日，全国电机能效提升工作会议在东莞市召开。图为与会领导会前参观了注塑机及电机系统节能改造现场

③ 2014年8月6日，广东省信息化工作暨国家级两化深度融合智能制造试验区建设会议在市行政中心召开。图为工信部副部长杨学山（右）和副省长刘志庚为“广东省信息化工作暨国家级两度深化融合智能制造实验区”揭牌

④ 2014年6月17日，东莞市举行楼宇经济发展对接会

⑤ 2014年12月1日，全国电机能效提升工作会议在东莞召开

## 2014年规模以上工业主要产品产量

| 产品名称 | 计量单位 | 产量 | 增长（%） |
|---|---|---|---|
| 啤酒 | 千升 | 379694 | -1.7 |
| 果汁和蔬果类饮料类 | 吨 | 7085 | -98.8 |
| 服装 | 万件 | 143997 | 11.1 |
| 轻革 | 万平方米 | 365.49 | -18.0 |
| 人造板 | 万立方米 | 33.33 | -0.8 |
| 人造板表面装饰板 | 万平方米 | 747.52 | -0.2 |
| 复合木地板 | 万平方米 | 8.32 | -72.1 |
| 家具 | 万件 | 5596.20 | -5.0 |
| 纸浆（原生浆及废纸浆） | 万吨 | 39.84 | -2.7 |
| 机制纸及纸板（外购原纸加工除外） | 万吨 | 1545.59 | 26.6 |
| 塑料制品 | 万吨 | 123.44 | -0.4 |
| 水泥 | 万吨 | 821.34 | 179.4 |
| 瓷质砖 | 万平方米 | 2591.47 | 9.1 |
| 平板玻璃 | 万重量箱 | 3654.29 | 11.3 |
| 卫生陶瓷制品 | 万件 | 154.12 | -2.0 |
| 金属集装箱 | 万立方米 | 652.32 | 13.0 |
| 数码照相机 | 万台 | 29.69 | -32.1 |
| 模具 | 万套 | 7.72 | -53.5 |
| 太阳能热水器 | 万平方米 | 16.82 | 11.3 |
| 灯具及照明装置 | 万套（万台、万个） | 26603.31 | 8.0 |
| 电子计算机整机 | 万台 | 184.92 | 15.4 |
| 打印机 | 万台 | 89.83 | -2.2 |
| 电话单机 | 万部 | 3916.82 | 0.7 |
| 移动通信手持机（手机） | 万台 | 20286.37 | 51.5 |
| 数字激光音、视盘机 | 万台 | 5166.90 | 43.6 |
| 电视接收机顶盒 | 万台 | 51.34 | -8.2 |
| 集成电路 | 万块 | 13846 | -11.0 |
| 电子元件 | 亿只 | 10936.42 | 6.0 |
| 印制电路板 | 万平方米 | 1887.19 | 8.1 |
| 汽车仪器仪表 | 万台 | 58.87 | 20.5 |
| 光学仪器 | 万台（万个） | 98.97 | -7.5 |
| 眼镜成镜 | 万副 | 5814.62 | 9.1 |
| 自来水生产量 | 亿立方米 | 16.67 | -1.3 |

## 电子信息制造业

**【电子信息制造业概况】** 2014年，东莞市电子信息制造业实现规模以上工业增加值848.38亿元，比上年增长16.9%；完成主营业务收入4646.13亿元。全市电子信息制造业有规模以上企业952家，占规模以上制造业企业总量的18.2%；完成主营业务收入4646.13亿元，占规模以上工业主营业务收入的39.8%。从珠三角城市看，东莞市电子信息制造业规模仅次于深圳，居第二位。全年智能手机年出货量达2.3亿部，占全球的17.7%。

**【全球性电子信息产品制造基地】** 截至2014年，东莞市电子信息制造业保持全市最大支柱产业地位，包括通信设备、计算机及其他电子设备制造业，经济总量始终在全市工业中占具绝对优势。其产业链完善，配套能力强，以电脑零部件及周边设备、电子元器件为主，配套率高达95%，形成较成熟的产业集群，东莞市成为全球性电子信息产品制造基地，产业链环节基本涵盖从产品设计到产品制造和检测，从基础零部件到终端产品制造，从消费类产品到投资类产品的完整的电子信息制造业体系，尤其在上游配套产品方面优势十分明显，具备将科研成果迅速产业化的能力。东莞市有石龙和石碣两个电子信息制造业集群被认定为省产业集群示范区。同时，一批电子信息大镇集聚能力不断提升。2014年，电子信息制造业规模以上企业户均主营业务收入4.88亿元，是全市制造业平均水平（2.23亿元）的2.2倍。三星、台达、京瓷、日立、先锋等一批世界500强企业以及华为终端、宇龙、步步高等国内知名企业成为产业的龙头企业。产业集中度（指规模最大的前五名企业产值占全行业产值的比重）保持在一个相对较高的水平。

**【电子信息新兴产业发展迅速】** 2014年，东莞市电子信息新兴产业起步发展速度快。新一代移动通信、电子元器件等产业中，华为终端、宇龙科技、步步高电子、生益科技等企业拥有快速成长的潜力以及较强的核心竞争力，在全国处于领先地位，为东莞高端新型电子信息制造业发展打下良好的基础。

## 电气机械及设备制造业

**【电气机械及设备制造业概况】** 截至2014年，东莞市电气机械及设备制造业有规模以上制造业1112家，占全市规模以上的21.2%；全年完成主营业务收入1952.11亿元，占规模以上工业主营业务收入的16.7%；实现规模以上工业增加值435.94亿元，比上年增长5.8%。该制造业包括电气机械及器材制造业、仪器仪表及文化、办公用机械制造业、通用设备制造业、专用设备制造业以及交通运输设备制造业，产业份额居全市制造业第二位。

**【电气机械及设备制造业产业集群稳健发展】** 截至2014年，东莞市电气机械及设备制造业拥有长安五金模具、虎门电子线缆、寮步汽车、横沥模具等4个产业集群，占东莞市重点扶持发展的产业集群（16个）总数的1/4，其中，长安五金模具产业集群被评为省级产业集群升级示范区。全市以长安镇、横沥、清溪等镇为主的五金模具产业颇具规模，其中长安镇形成具有一定区域竞争优势的五金模具产业集群。虎门镇电子线缆产业形成研发、生产、销售及上下游配套较为完整的产业链。寮步汽车产业集群以汽车生产、汽车文化及服务等相关性产业为切入点，在特种车制造业的基础上进一步延长汽车产业链。以石龙、长安等为主的办公设备生产基地，其生产规模和技术代表着世界先进水平，拥有京瓷美达、柯尼卡美能达、金宝电子等世界500强企业。

**【电气机械及设备制造业新兴产业竞争优势明显】** 截至2014年，东莞市电气机械及设备制造业通过引进产业链薄弱环节和大型龙头项目、核心项目，聚集一批技术先进、产业带动能力强的企业，其中，三星电机、金宝电子、京瓷美达、创基电业、柯尼卡美能达、华新电线电缆、中远船务、京滨、信浓马达等。该产业中涉及新兴产业的重大装备以及重要零部件，其中，OLED设备，光伏用逆变器、并网控制器，大容量储电设备方面具有明显的竞争优势，产业发展潜力巨大。

## 纺织服装鞋帽制造业

**【纺织服装鞋帽制造业概况】** 截至2014年，东莞市形成门类齐全、产业规模大、产业配套水平较高的产业体系，涌现出虎门“中国女装名镇”、大朗“中国羊毛衫名镇”等全国闻名的产业集群，东莞是全国首批十大“纺织产业基地市”之一，是全省乃至全国的纺织服装加工生产出口基地。2014年，纺织服装鞋帽制造业主营业务收入达975.02亿元，占全市规模以上工业主营业务收入的8.4%，实现规模以上工业增加值313.26亿元，比上年增长3.4%。2014年，该制造业有规模以上企业873家，占全市规模以上制造业企业总量的16.7%。从珠三角城市看，东莞市纺织服装鞋帽制造业规模仅次于佛山和广州，居第三位。

**【纺织服装鞋帽制造业产业集群优势明显】** 截至2014年，东莞市的虎门服装、大朗毛织、厚街鞋业先后成为省产业集群升级示范区。有“中国服装名城”“中国女装名镇”之称的虎门镇，以服装产业集群为依托，以完善服装产业链为支撑，以国际服装交易会为载体，大力推动虎门服装产业升级发展。“毛织城”大朗镇注重完善城市平台，增强城市对各种资源要素的集聚能力和配置能力，实现产业高端资源的集聚，形成8.9平方公里的毛织商贸区、5条毛织专业街，为产业转型升级提供完善的配套。大朗镇毛织企业使用数控织机超过1万台，毛织产业与信息化技术的融合成为转型升级的典范。厚街镇鞋业产业集群为产业配套的皮革、鞋材、鞋机、人才中心、物流中心、鞋业展览、贸易、研发等鞋业上下游产业发展迅速，逐渐建成集研发设计、质量检测、人才培育和信息咨询于一身的“四大平台”。

**【纺织服装鞋帽制造业产业布局清晰明朗】** 截至2014年，东莞市纺织服装鞋帽制造业形成清晰明朗的产业布局：以虎门镇为中心，辐射长安、厚街等镇街，主要生产女装（包括内衣）；以大朗镇为中心，辐射常平、寮步等镇街，主要生产毛针织产品；以茶山镇为中心，辐射石龙、东城、石排等镇街，主要生产休闲服、童装、针织T恤、运动服、内衣裤等；东坑镇集聚生产西服的男装企业，其中“观奇”“大卫罗特”“威文”等著名西服都在该镇生产；以麻涌、洪梅、沙田等镇形成水乡片区，主要从事印染、洗水等环节；中堂镇主要生产牛仔服装；南城、厚街、虎门以及高埗、寮步、沙田等镇街的制鞋业形成一定的规模。

**【纺织服装鞋帽制造业民营企业快速成长】** 截至2014年，东莞市纺织服装鞋帽制造业中的民营企业发展迅猛，民营企业在人才、技术、管理方面水平不断提高，逐渐从单一的为外商配套加工、贴牌生产的经营模式，转变为OEM和ODM相结合。以纯、都市丽人、搜于特、颖祺、远梦、百思特、松鹰、小猪班纳等一批民营企业快速成长。

## 食品饮料加工制造业

**【食品饮料加工制造业概况】** 截至2014年，东莞市在传统食品产业中，拥有徐福记、可口可乐、雀巢、华美等驰名中外的品牌，产业份额、产业影响力有长足的发展。2014年，全市食品饮料加工制造业主营业务收入达571.99亿元，占规模以上工业的4.9%，实现规模以上工业增加值84.87亿元，比上年下降5%。

**【食品饮料加工制造业区位竞争优势明显】** 2014年，东莞市食品饮料加工制造业有规模以上企业91家，主营业务收入达571.99亿元，占规模以上工业的4.9%，户均主营业务收入6.29亿元。食品饮料加工制造业的增加值率、产业强弱系数、利税率以及市场占有率在各产业中都是名列前茅。与珠三角其他城市相比，东莞的食品饮料加工制造业规模居第二位，具有较明显规模和区位竞争优势。

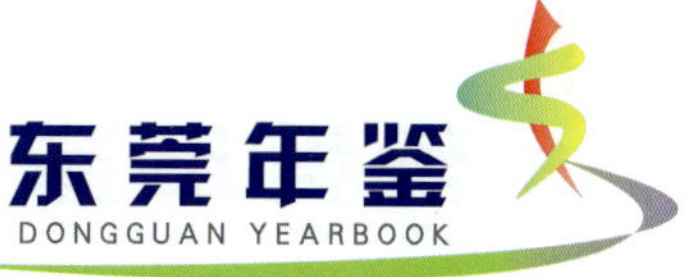


**【食品饮料加工制造业食品产业发展势头良好】** 截至2014年，东莞市发展食品产业有很长的历史，形成多元化的发展趋势，积累良好的产业基础。东莞市食品饮料加工制造业产业种类较为齐全，涉及多个子行业，其中以饮料、烘焙、糖果、调味品、食品添加剂、粮油加工、冷冻食品等行业为主。拥有道滘、茶山镇两个食品产业集群。茶山镇被命名为"中国食品名镇"。该产业集聚一批知名品牌和大型企业，其中饮料行业有可口可乐、雀巢、加多宝，糕点行业有嘉顿、荣华，乳制品行业有伊利、蒙牛，糖果行业有徐福记，农副食品行业有中储粮、中纺等央企在东莞设立的粮油加工企业。东莞的食品饮料加工制造业整个产业链条从原材料、辅料、加工机械、零配件、半成品加工、金融、物流、会展等多个环节较为完善，众多的上下游企业集聚，产业分工日益细化，形成较明显的产业配套优势。产业集中度持续保持高水平，食品饮料加工制造业的大企业主要集中在麻涌镇、南城街道、洪梅镇以及东城街道。2014年，该4个镇街食品饮料加工制造业产值占整个产业的80%以上。

## 造纸及纸制品业

**【造纸及纸制品业概况】** 截至2014年，东莞市造纸及纸制品业拥有规模以上造纸及纸制品业企业232家，全年实现规模以上工业增加值121.37亿元，比上年增长19.4%；完成主营业务收入572.4亿元，占规模以上工业主营业务收入的4.9%。

**【造纸及纸制品业产业集中度高】** 截至2014年，东莞市建成中国最大的造纸及纸制品生产基地，形成生产包装用纸（纸板）、生活用纸、包装、印刷、造纸机械、化工等工业相互配合、协调发展的产业链和产业集群，具有区位竞争优势和发展大中型纸厂的地理条件。全市大中型企业主要分布在麻涌镇、中堂镇、洪梅镇等水乡片，其中中堂纸品产业集群为省级产业集群升级示范区，专门规划建设造纸产业园，实行集中生产、集中排污。产业集聚效应的形成是东莞纸业竞争力较强的重要体现，拥有玖龙、理文、金洲、银洲等全国闻名的大中型企业，东莞大型造纸及纸制品企业技术装备水平均达到国际国内领先水平，对外有较强的抗衡竞争能力，对内有进一步整合资源的能力，为提升造纸产业竞争力打下坚实的基础，产业集中度维持在较高的水平。

## 玩具及文体用品制造业

**【玩具及文体用品制造业概况】** 截至2014年，东莞市玩具及文体用品制造业有规模以上企业227家，占全市规模以上制造业企业总量的4.3%；全年实现主营业务收入329.19亿元，占规模以上工业的2.8%，规模以上工业增加值83.35亿元，比上年增长4.3%。

**【世界性玩具生产基地】** 截至2014年，东莞市玩具及文体用品制造业产业配套逐步完善，而且始终保持较高的专业化程度，成为世界重要的玩具生产基地。以塘厦高尔夫产品为代表的各类体育用品及健身器材发展迅速，成为该产业的重要组成部分。与省内其他城市相比较，东莞市玩具及文体用品制造业是广东省规模最大的。主要集中在清溪、石排、茶山、凤岗、长安、塘厦、虎门等镇街。除了以OEM方式进入国际市场外，东莞玩具企业还参加香港国际玩具博览会、德国纽伦堡国际玩具博览会、广州国际玩具和儿童用品展览会以及上海玩具、模型及礼品展等各类国内外知名玩具产品展销会，提高东莞玩具品牌的知名度。

**【动漫产业发展潜力巨大】** 截至2014年，中国首个国家级动漫博览会落户东莞，包括功夫龙、开心超人等一批国内知名原创动漫企业，以及"武林外传"等一批知名动漫品牌进驻东莞。全球的芭比娃娃近1/3是在东莞生产，Hello Kitty、哆啦A梦、史努比、流氓兔等世界上几乎所有知名动漫品牌的衍生产品都在东莞生产。东莞强大的动漫衍生品加工制造能力，以及在承接世界动漫品牌的衍生品订单过程中，积累的先进生产工艺以及对外贸易的经验，将成为该产业转型升级的突破口。

## 家具制造业

**【家具制造业概况】** 截至2014年，东莞市家具制造业拥有规模以上家具企业256家，全年完成主营业务收入222.36亿元，占规模以上工业的1.9%；规模以上工业增加值68.42亿元，比上年增长1.2%。东莞市的家具产业规模，仅次于佛山，居全省第二位。东莞的家具业出口保持一定的竞争优势，国内市场规模增势良好。

**【家具业竞争力突出】** 截至2014年，东莞市拥有全国最具规模的板厂，拥有全球最好的贴面料加工厂，拥有大量的五金厂，拥有属于全球500强企业的油漆涂料制造企业，拥有华南地区最大的木材供应市场，拥有亚洲最大的家具展览中心，产业的加工制造配套程度非常完善。东莞市家具产业企业数量众多，主要集中在大岭山镇、清溪镇、东城街道以及厚街镇。其中，大岭山镇、厚街镇形成较为成熟的产业集群。大岭山镇作为"亚太地区最大家具生产基地""中国家具出口第一镇"和"广东省产业集群升级示范区"，拥有从贴面、中纤板、五金配件、涂料、木材集散市场等一批配套产业组成的完善家具产业链。厚街镇创意家具作为东莞重要扶持的产业集群，除家具业外，与之相关的配件、涂料、材料等行业以及木板、皮料等8个专业市场快速发展。随着名牌带动战略实施的不断深入，东莞家具业民营企业创品牌的意识明显增强，拓展内销市场力度的不断加大。

## 化工制品制造业

**【化工制品制造业概况】** 截至2014年，东莞市化工制品制造业拥有规模以上企业177家，全年主营业务收入达331.2亿元，占规模以上工业主营业务收入的2.8%；实现规模以上工业增加值57.19亿元，比上年增长7.7%。作为全球著名加工制造业基地的东莞，对石化产品需求巨大。特别是电子、家具、纺织、制鞋等产业规模较大，为化工制造业的发展提供广大的市场空间。该产业以占全市制造业1%的从业人员，产生占全市制造业3%的主营业务收入和4.3%的利税。

**【化工产业发展前景广阔】** 截至2014年，东莞市化工制品制造业在大岭山、沙田、东城、虎门、麻涌等镇街形成较大规模，拥有银禧科技、新长桥、罗门哈斯、大宝化工、阿克苏诺贝尔等一批规模较大的企业支撑。虎门港立沙岛精细化工高端产业集聚区将与周边城市的大型化工错位发展，延伸下游产业链，紧扣东莞支柱产业现状，重点培育和发展电子化学品、化工助剂、改性材料、聚氨酯深加工、塑料合金、工程塑料等产品，为下游的电子、服装、制鞋、家具等厂商提供化工原料。

## 包装印刷业

【包装印刷业概况】 截至2014年，东莞市包装印刷业拥有规模以上企业104家，全年完成主营业务收入130.92亿元，占规模以上工业主营业务收入的1.1%，实现规模以上工业增加值40.7亿元，比上年增长3.2%；利税率11.4%，大大高于全市平均水平（4.53%）。该产业规模虽然不大，但其终端产品技术含量较高，利润空间比较大，企业产出的经济效益比较高。随着产业规模扩大，产业区际竞争力增强，逐渐发展成为东莞市的一个特色产业。

【包装印刷业优势明显】 截至2014年，东莞市包装印刷业具有区位优势明显，产业集中度比较高和原材料供应充足等特点。东莞包装印刷业建成印前、印刷、印后及印刷耗材设备供应服务等相对完善的产业体系，印刷技术和设备的应用水平处于全国领先地位，发展成为中国南方重要的印刷基地之一。作为东莞印刷业的上游产业——造纸产业非常发达，在全省乃至全国有着明显的规模优势，为东莞包装印刷业的发展提供充足的原材料，在运输成本方面也体现明显的优势。

## 电力供应业

【电力供需概况】 2014年，东莞市电力供需基本保持平衡，全社会用电量、供电量、售电量和工业用电量等用电数据稳中有升，运行稳定。全年累计完成全社会用电量、供电量和售电量分别为660.99亿千瓦时、655.72亿千瓦时和639.52亿千瓦时，比上年分别增长6.2%、6.2%和6.9%；工业、第三产业、居民用电量分别为482.95亿千瓦时、89.08亿千瓦时和81.64亿千瓦时，增长6.4%、1.5%和13.3%。全市用电负荷从5月中旬起快速攀升，至7月底先后9次创历史新高，系统最高负荷为1269.3万千瓦（7月24日），增长7.9%。2014年下半年启动实施东莞电网规划建设“大会战”（2014—2016年），按照“建成一批、开工一批、储备一批”，重点解决电网“卡脖子”问题，加快打造“智能、高效、可靠、绿色”的先进电网。

（叶应佳）

附：2014年东莞市经济和信息化局主要领导名录

党组书记、局长：叶葆华

## 工业企业选介

▲ 东糖集团有限公司

【东糖集团有限公司概况】 东糖集团有限公司是由始建于1935年的广东省东莞糖厂改制设立的民营企业。截至2014年，拥有34个全资、控股子公司，总资产达100多亿元。以制糖、造纸、生物工程和热电为四大主导产业，拥有广东东莞、中山，广西南宁、来宾、百色、崇左、桂林，山西大同，云南红河、文山等生产基地，是一家跨行业、跨地区、既多元化又专业化的大型企业集团。东糖集团有限公司是中国轻工业百强企业和制糖行业十强企业，东莞市工业龙头企业和东莞市50强民营企业，全国“守合同重信用”企业，连续25年被广东省及东莞市授予“守合同重信用企业”称号，“东糖”是“广东老字号”“东莞老字号”。

2014年，食糖市场供大于求，东糖集团有限公司经济效益受到影响。董事会提出“稳定规模、盘活资源、创新技术、集约发展、做优做强”的战略，开展“管理效益年”活动，通过抓降单耗、降成本，整体经济效益与上年基本持平。

（姜合萍）

附：2014年东糖集团有限公司主要领导名录

董事长：陈尧燊

总　裁：李锦生

【广东生益科技股份有限公司概况】 广东生益科技股份有限公司创建于1985年，是中外合资企业，总部位于东莞松山湖高新技术产业开发区。截至2014年，在全国拥有5家全资或合资公司，是全球第二大覆铜板企业，是中国覆铜板行业协会副理事长单位、中国印制电路行业协会副理事长单位。1998年，该公司在上海证券交易所发行上市。覆铜板在产量、产值、销售收入、出口创汇、利税等方面均名列中国覆铜板行业第一位。该公司相继获评“中国工业企业综合评价最优500家企业”“中国大陆最大的覆铜板专业生产厂家”“商务部重点扶持中国出口名牌企业”“国家高新技术企业”“国家认定企业技术中心”“全国模范劳动关系和谐企业”“中国电子元件百强企业”“加工贸易转型升级示范企业”“中国企业综合实力500强”“国家电子电路基材工程技术研究中心”及“广东省政府质量奖”。

2014年，广东生益科技股份有限公司生产各类覆铜箔板6475.93万平方米，比上年增长12%；生产半固化片7737.93万米，增长2.1%。销售各类覆铜箔板6234.29万平方米，增长7.5%；销售半固化片7873.74万米，增长6.3%；生产印制电路板617.3万平方米；销售印制电路板569.04万平方米。实现营业收入74.18亿元，增长12.9%。东莞生益电子有限公司2014年完成ERP上线和当年实现盈利。连云港东海硅微粉有限公司改制为江苏联瑞新材料股份有限公司。

（郑美玉）

附：2014年广东生益科技股份有限公司主要领导名录

董事长兼总经理：刘述峰

# 商贸流通业 COMMERCE

东莞百茂物流城

编辑：李缙文

## 商贸流通业综述

【商贸流通业概况】 2014年，东莞市商品供应充足，消费品市场稳中有升。全年社会消费品累计零售总额1615.29亿元，比上年增长8.7%。

消费价格基本平稳　2014年，东莞市居民消费价格总水平（CPI）比上年上涨2.3%，总体走势基本平稳。八大类商品（服务）价格指数：食品类上涨6.0%，居住类上涨0.8%，家庭用品及服务类上涨1.3%，娱乐教育文化用品及服务类上涨1.7%，烟酒类上涨0.4%，医疗保健和个人用品类上涨0.3%，衣着类上涨0.3%，交通和通信类下降1.7%。

大众化消费上升明显　2014年，东莞市限额以下批零贸易和住宿餐饮企业累计实现零售额为746.24亿元，比上年增长14.5%，增速上升0.59个百分点，零售额持续增长。

汽车零售增速放缓　2014年，东莞市汽车零售额399.7亿元，比上年增长6.9%，增速下降5.5个百分点。受市场饱和度、城市拥挤度、用车成本增加等因素的影响，全市汽车消费市场增速放缓。

【电子商务发展】 2014年，东莞市电子商务交易额达2900亿元，比上年增长26%。东莞市成为国内最大、最集中的网络货源地之一。3月，东莞被认定为国家电子商务示范城市，成为深圳、广州之后广东省第三个国家电子商务示范城市，吸引京东、菜鸟网等一批国内外的电商企业到东莞投资建设仓储物流综合项目。 （李　霄）

## 商品经营

【成品油供应】 截至2014年，东莞市取得成品油批发经营资格企业15家，取得成品油仓储经营资格企业12家，取得成品油零售经营资格加油站322家。2014年，成品油市场供应充足稳定，全市加油站零售量203.14万吨，比上年增长7.8%，其中汽油134.59万吨，增长10.4%；柴油68.55万吨，增长3.1%。中石化、中石油（含中油BP）、中海油三大集团公司系统内加油站销售成品油143.49万吨，比上年增长9.6%，其中汽油90.84万吨、柴油52.65万吨；系统外加油站销售成品油59.65万吨，增长3.8%，其中汽油43.75万吨、柴油15.9万吨。2014年7月起，在东莞市行政区域范围内的所有加油站全面推广销售国V车用汽油。

【车用天然气供应】 截至2014年，东莞市建成天然气汽车加气站41座，其中具备LNG（液化天然气）加气功能汽车加气站32座。全年CNG（压缩天然气）销售量5.73万吨，比上年下降5.1%；LNG销售量5.46万吨，增长150.3%。 （叶应佳）

【生猪产销】 2014年，东莞市新认定生猪定点供莞基地3批35个，全市基地总数增至571个，认定总数量989.83万头。32个生猪定点屠宰场共屠宰生猪384.2万头，生产猪肉产品38.4万吨，比上年增长7.9%。全市共有生猪供应商188个，市场生猪肉品经营档位1.08万个。生猪及其肉品供应量与肉品需求量基本保持平衡，生猪采购与生猪肉品零售价格基本保持稳定。 （黄椿颖）

## 物流业

【物流业概况】 截至2014年，东莞市登记注册物流企业5000家，各类物流园28个，物流业增加值约占全市GDP的5.0%。在电子商务等新兴业态的带动下，东莞快递速运、港口物流、保税物流、专线运输、城市配送等物流领域取得良好发展，涌现一批专业的第三方物流企业。DHL、马士基、永得利、递四方、跨境达等国内外知名物流企业先后进入东莞投资设点和开展业务。与此同时，苏宁易购、淘宝、京东等巨头也相继落户东莞。

【保税物流】 2014年，东莞市有两仓经营企业28家，保税物流中心（B型）2个，全市保税物流进出口总额281亿美元，其中保税物流中心进出口65.2亿美元，占全市进出口总额的4%。

【物流企业发展】 2014年，东莞市物流业涉及包括公路专线运输、仓储服务、铁路运输、同城配送、国际快件等多个领域，其中公路专线运输企业是占比最大的部分，占到所有物流企业50%。东莞最大的公路运输物流集散地百茂物流城利用自身优势，整合更多货源，帮助物流企业加速发展。

【物流仓储建设】 2014年，京东商城在东莞市麻涌镇建有面积10万平方米的物流仓储中心。菜鸟网络在东莞市建“10万亿在线额”物流网。在电商的物流配送体系上，东莞市建成普洛斯电子商务物流中心（常平）、京东商城东莞物流中心（茶山）、一号店华南物流中心（洪梅）、EMS电子商务快件中心（虎门）等，全国知名的快递物流企业遍布东莞市各镇街。同时，南方物流电商综合项目、迪卡依华南物流配送中心、北晨现代电子商务物流项目等一大批电商物流配套项目也先后进驻。

## 会展业

【会展业概况】 截至2014年，东莞市拥有广东现代国际展览中心、东莞国际会展中心、常平会展中心3个专业展馆，占地总面积54.6万平方米，室外展览面积（含停车）约12万平方米，室内展览总面积约18万平方米，室内可设标准展位8500多个。作为临时举办大中型展览活动的非专业展览场所有10多个，还有用于举办小型展览展示活动的非专业展览场所，其中有各镇（街）的中心广场、体育馆、商贸城、批发市场等。

2014年，东莞市举办展览规模在5000平方米以上的展览会共49场，总展出面积达310万平方米（包含专业卖场和专业市场），总参展商超过1.5万家，吸引采购商和观众逾240万人次，参展产品涉及电子机械、纺织服装、家具、造纸印刷、五金模具、食品饮料、动漫、汽车、文化等多个行业。其中，包括2014广东省21世纪海上丝绸之路国际博览会（简称“海博会”）、中国加工贸易产品博览会（简称“加博会”）、中国国际影视动漫版权保护和贸易博览会（简称“漫博会”）、中国（东莞）国际科技合作周（简称“科技合作周”）等国家级展会。东莞市展览会主要集中在市中心和厚街镇，共举办41场展会，而虎门、大朗、长安、道滘、寮步、塘厦、横沥镇等地则根据自身产业集群优势，举办相关产业的展览会，由工业的“一镇一品”发展形成会展业的“一镇一展”。

【会展业差异化特征凸显】 截至2014年，东莞市会展业差异化特征凸显，一些知名工业类展会落户东莞，其中有中国（广东）国际印刷技术展览会（每四年一届，中国第二大、世界第三大国际印刷展）、中国东莞国际鞋展·鞋机展（获UFI认证）、华南国际瓦楞展、中国国际彩盒展等。与此同时，先后吸引香港讯通、雅式、海岸、迪亿、星球、浩瀚、香港线路板协会等知名办展机构到莞办展，且中印协国际展览有限公司、香港讯通公司、星球国际资讯（香港）有限公司等知名会展企业在东莞市注册公司，提升东莞市办展的水平和会展业发展的支撑。

【广东省21世纪海上丝绸之路国际博览会】 参见“区域合作·扶贫开发”类目第167页同名条目。

▲ 2014年12月18日，东莞市政府与菜鸟网络科技有限公司以及北京银泰置地签订投资合作框架协议，袁宝成等领导见证签约仪式 （郑家雄 摄）

## 拍卖业

【拍卖业概况】 2014年，东莞市拥有独立法人拍卖企业40家，拍卖师115人，拍卖从业人员244人。全年进场拍卖成交标的1114宗，总成交总额28.4亿元，比上年增长106.8%。其中，司法委托拍卖成交标的896宗，占总成交标的的80.4%，成交额10.4亿元，占总成交额的36.7%；其他委托拍卖成交标的为218宗，成交额18.0亿元。

## 再生资源回收利用业

【再生资源回收利用业概况】 2014年，东莞市有各类产废企业2.86万家，其中规模以上企业有2318家；再生资源回收经营者2524家，其中取得营业执照的1767家，在公安部门办理废旧金属收购备案的792家，领取再生资源经营者备案登记证明的568家。全市试点产废企业781家，试点收废企业372家，全年缴纳

再生资源税收5506.07万元，收废企业缴纳再生资源税收2599.23万元。

【再生资源市场管理改革】 2014年，东莞市再生资源回收管理工作领导小组注重改革工作的集中部署指导，围绕再生资源市场管理改革的目标和重点，制发《东莞市2014年再生资源市场管理改革工作方案》《东莞市2014年深化再生资源回收行业专项整治工作方案》《东莞市再生资源回收市场改革宣传工作方案》《2014年东莞市再生资源回收市场改革专项督查工作方案》等指导性文件，明确具体工作任务和时间安排，加强工作的部署。

【创新再生资源市场交易模式】 2014年，东莞市再生资源回收管理工作领导小组联同黄埔海关、市供销合作联社、市拍卖行等部门多次召开加工贸易废料网上交易平台建设工作会议，举办宣传会，并发动加贸企业参加首轮网上交易平台试点，组织废品回收企业集中推介等一系列工作。

【加工贸易废料网交易平台首次拍卖】 2014年12月，伟易达（东莞）塑胶制品有限公司将起拍价为5.1元/千克的5000千克ABS塑胶边角废料，通过加工贸易废料网上交易平台拍卖，最后以7.5元/千克成交。 （李　霄）

【再生资源产业】 2014年12月，由东莞市供销合作联社牵头组织、市拍卖行投资建设的东莞市加工贸易废料交易平台投入试运营，首场交易溢价率47%。石碣供销社再生资源交易中心阳光竞价拍卖再生资源的做法全市推广。申报报废机动车回收拆解资质认定。全系统配合有关部门开展行业管理，并落实2013年度的再生资源管理队伍专项经费补贴1165万元以上。石碣供销社以900万元竞得面积为2.3万平方米地块的集中处理中心一期工程于11月开工。东再公司回收处理淘汰电机113吨（合计1.45万千瓦），医疗机构一次性废塑料瓶（袋）390吨。清溪、大朗等基层社筹备申报全市第二批废旧电机回收定点单位资质。加强行业诚信体系建设，再生资源回收利用协会在各镇街成立15个分会，吸纳会员479个，《自律承诺书》签署率达100%。东再公司先后到广西、佛山等地调研，并与上海、深圳等权威研究机构进行沟通，探索废塑胶拉粒、纸浆底渣焚烧发电等再生资源深加工业务。

（莫志良）

▲ 东莞国际会展中心

## 供销合作商业

【供销合作商业概况】 2014年，东莞市供销社系统受宏观经济环境和再生资源市场放开等各种市场制约要素叠加影响，多项指标比上年出现下滑，全年商品销售总额10.1亿元（不含再生资源），下降10%；利润总额3260万元，下降37.8%；创税1999万元，下降10.5%。

【供销社商品销售】 2014年，虎门供销社做大家电销售规模，完成销售额6.7亿元，实现利润573万元。茶山供销社拓展销售网点，在镇内商圈新开3家分店，总数达19家。凤岗供销社采取降低采购成本、调整商品结构等方式，确保11家分店销售稳定。常平供销社投入40多万元对18家分店安装同享TPO连锁操作系统，为商品信息和物流联网、拓展电子商务业务打基础。塘厦供销社将团购重心转向民营企业客户，6家分店以优质服务和优惠商品通过“回头客”带动新客源，全年商品销售额3000万元。

【供销社农副产品开发】 2014年，大岭山供销社结合东莞市“给荔中国”荔枝推介活动，设点收购，主攻荔枝干大岭山特产，与龙眼干、养生蜂蜜等组成“大岭山特产”系列，全年销售荔枝干10吨。莞香情公司新开发陈皮、陈皮普洱、冰鲜海产品等新产品，与梅州供销社等洽谈特色汤料等名优土特产对接业务。沙田供销社试水线上和线下相结合的销售模式，对虾干等水产品注册商标，并在微店网推广。

【农民专业合作社创办】 2014年，洪梅供销社依托农贸中心市场开办创丰蔬菜专业合作社，在洪梅镇和广西等地物色蔬菜基地，探索上联生产基地、下联农贸市场的“农超对接”经营模式。横沥、东坑供销社立足当地农业资源，各开办农资专业合作社，为埔田片和东部地区的农户提供农资、农药供给和农业技术、信息等综合农业服务。全系统农民专业合作社总数10家。

【供销社农贸市场建设】 2014年，东投公司和洪梅供销社投入55万元对洪梅农贸市场进行升级改造，增加摊位，年租金收入增加30万元。东坑供销社投入100多万元对属下3800平方米的农贸市场进行升级改造，成为该镇布局合理、设施配套、环境整洁、服务规范、商品质量安全的“菜篮子”。沙田供销社保康农贸市场扩建300平方米，新增商户达100户。

【供销社粮油定点供应】 2014年，东莞市供销社系统新建平价商店2家，总数66家。石碣供销社开办的3家平价商店打造“放心粮油”口碑，为镇内10多家企业、学校饭堂粮油定点供应，全年配送销售大米147吨、油29吨。

【供销社食品加工基地】 2014年，樟木头供销社投入38万元对樟城放心食品加工基地进行整改，打造放心食品的样板基地。大岭山供销社优化汇康放心食品加工基地的运营管理，开源节流，提升产能，大沙厂区年产值988万元，连平厂区302万元。南城供销社对华盛食品厂进行升级转型，吸收管理层和职工持股，以股权多元化的形式注资新成立华

▲ 2014年6月28日，"东莞，给荔中国"名优荔枝现场推介活动

盛食品有限公司。

【供销社资产投资】 2014年，东投公司在投资上长短结合，洪梅中心市场、大岭山工业区、莞太路、柏洲边等多处投资物业收益明显，全年实现利润576万元。常平供销社物业经营实行自主招商，对占地3000平方米振兴楼物业由整体出租变为自主招租，租金收益增长超20%。长安供销社海星汇物业与市邮政局合作开办跨境贸易电子商务东莞邮政（长安）产业园，举办敦煌网、亚马逊见面会，参展东莞长安模具展和海博会，进园商户有12家。大岭山供销社投资2000万元的中兴路新商业大楼建成并出租，年租金收入约280万元。谢岗供销社商住楼改造完成主体工程建设。黄江供销社"三旧"改造、塘厦供销社中心区地块等系统内多个在建项目正在加快推进。

【供销社资产管理】 2014年，东莞市供销合作联社印发《关于加强市供销社系统资产管理的意见》，加大审计力度，对清溪等11个单位进行离任审计或项目审计，对审计中发现的问题及时整改。完善全系统经营网络数据库建设，对全系统的经营网络进行摸底。虎门供销社通过打造功能齐备、配套设施完善的优质物业群，提升自身服务能力与服务品质，实现资产保值增值。清溪供销社以公开竞租方式签订物业租赁合同20多份，租金收入有所增长。桥头供销社公开拍卖阳光操作续租加油站，中标价1020万元，租金收入650万元。

【供销社财务管理】 2014年，东莞市供销合作联社加强财务管理和资金风险控制，有6个市扶持项目基本完工，获得财政资助近376万元；另有2个优质项目上报申请中央和省财政扶持资金。东投公司加强资金管理，为系统内兄弟单位提供中、短期周转资金2039万元，向万江、沙田、洪梅、黄江等供销社借款1129.5万元。长安供销社调整资产结构，降低经营负债，化解经营风险。

【供销社振兴行动】 2014年，横沥供销社利用帮扶资金40万元解决退休人员社保费用，以领办农资专业合作社、盘活旧物业、缩减开支等措施，贫困局面有所扭转。麻涌供销社在塘厦供销社、清溪供销社的帮扶下，以公开招租和拆旧建新等方式盘活物业。道滘供销社多方协调，与合作方签订合同合作开发政府划拨的3011平方米的商业用地项目。望牛墩供销社以18万元清理偿还欠原建设银行一笔贷款本息150多万元的历史债务，减轻负担。市社拨付30万元财政资金帮助虎门新湾社区完善基础设施建设；以产业帮扶的方式为新湾渔家水产品农民专业合作社领取首张虾米QS生产许可证，通过供销社经营网络推广新湾渔产品，帮助渔民增产增收。

（莫志良）

**附：2014年东莞市供销合作联社主要领导名录**

党组书记、主任：彭日东（任至3月）
黄程垵（3月到任）

## 专营专卖

【烟草专卖】 烟草销售 2014年，东莞市烟草专卖局（公司）按照"总量控制、稍紧平衡"要求，研究制定并科学执行卷烟销售计划，科学调配货源结构，均衡把握投放节奏，确保销量持续增长、结构较快提升、重点品牌健康发展、价格基本稳定、库存基本合理。截至2014年，东莞市卷烟销售网络有卷烟零售户2.82万户。全年销售卷烟32.54万箱，销售收入85.13亿元，实现税利18.91亿元。

烟草市场管理 2014年，东莞市烟草专卖局（公司）出动执法人员3.9万人次，立案查处各类涉烟违法案件1745宗，抓获制售假分子47人，查获各类违法卷烟3494.1万支，涉案卷烟价值1914.42万元。同时加强商事登记改革配套制度建设，先后制定后续监管实施办法、信用约束管理制度，创新开发许可证轮候办理系统。（满长永）

**附：2014年东莞市烟草专卖局（公司）主要领导名录**

党组书记、局长、总经理：管伟华

【食盐专卖】 食盐销售 2014年，东莞市受经济转型和人口流失等因素影响，盐产品销量下降明显。食盐销售6.6万吨，比上年减少8.1%，其中小包装食盐销售3.4万吨，食品加工用盐销售3.1万吨。全年东莞市碘盐覆盖率、碘盐合格率与合格碘盐食用率分别为98.7%、99%和97.7%。

盐政执法 2014年，东莞市盐务局出动盐政执法人员2.98万人（次），检查市场3039个（次），检查店档和用盐单位1.43万家（次），组织和参与大型专项行动10次；累计查案253宗，捣毁地下加工点19个，移送公安机关涉盐刑事案件4宗。查处违章盐209.8吨（其中小包装假冒食盐137.3吨）。

减盐行动 东莞市盐务局通过市政府下发《东莞市减盐行动工作方案》，启动市政府为民办十件事实之一的东莞市减盐行动。各镇街和相关职能部门响应市政府的号召，减盐行动陆续在全市范围内展开。东莞市盐务局主要负责推广食用低钠盐，用3至5年时间将群众的低钠盐食用率提升至30%，其中2014年实现低钠盐食用率6%。

食盐专项检查 为确保集体食堂与酒楼的食盐安全，保障其食用碘盐覆盖，东莞市盐务局于2014年5月起在全市范围开展为期6个月的食盐专项检查行动。主要检查各区、镇的工厂、学校集体食堂与酒楼是否使用合格的加碘小包装食盐，严查购用食盐渠道不明的集体食堂单位。行动中共检查1036个用盐单位，累计查获假冒伪劣食盐产品5.8吨。

（周 翔）

**附：2014年广东省东莞市盐务局（广东省盐业集团东莞盐业公司）主要领导名录**

局 长（总经理）：陈耀嘉

# 对外经济·口岸 FOREIGN TRADE & ECONOMY · PORTS

■ “走进南美”系列经贸活动

■ 东莞驻境外经贸代表处试点工作

■ 海关通关改革推进

■ 打击走私联合行动和专项斗争

沙田港口

编辑：施雪芬

## 对外贸易经济合作

【外经贸概况】 东莞市是中国利用外资发展加工贸易最早的城市之一。东莞从20世纪70年代末以“三来一补”（来料加工、来样加工、来件装配和补偿贸易）方式起步，进入到80年代，主要承接香港纺织服装、制鞋箱包、玩具等传统制造业，企业规模小，产品附加值低；进入90年代，中国台湾及日韩地区电脑周边生产为主的IT制造业大量进入东莞市，投资规模大、产业协作紧密。进入21世纪以后，原有企业增资扩产、就地升级转型、加大研发投入成为东莞市商务经济发展的主要方向。

截至2014年，东莞市拥有外商投资企业1.10万家，累计合同吸收外资799.8亿美元，实际利用外资652亿美元。其中，2014年合同吸收外资43.1亿美元（含增减资），比上面增长6.8%；实际吸收外资45.3亿美元，增长15%。外贸进出口1625.4亿美元，增长6.2%。

【利用外资】 2014年，东莞市外资企业实际投资45.3亿美元，增长15%。合同吸收外资43.1亿美元，增长6.8%。引进超亿美元项目投资额翻倍 全市引进商业、金融、物流、医药以及先进制造业超亿美元项目15宗，比上年增加4宗，比“十一五”期间引进超亿美元项目数量总和多5宗；涉及项目投资金额35.13亿美元，比上年增长112%，比上年翻一番，是“十一五”期间的两倍。新签服务业项目数首超制造业 全市利用外资结构进一步优化，服务业占比不断提升，新引进服务业项目260个，比上年增长32.7%，占全市新签项目的56%，项目数量首次超过制造业。服务业吸收外资11.2亿美元，比上年增长25.7%，占全市利用外资的26%，比上年提高3.9个百分点。项目平均规模提升 全市新签项目465宗，增资项目564宗。项目平均投资额为432万美元，比上年提高19.7%。新兴产业吸收外资快速增长 全市新兴产业项目82宗，比上年增加10宗，吸收外资12.3亿美元，增长20.3%。其中，新型电子元器件产业项目47宗，利用外资5.2亿美元，增长21.1%；高端装备制造产业项目25宗，利用外资3.8亿美元，增长27.5%。

【外贸进出口】 2014年，东莞市外贸进出口总值1625.3亿美元，比上年增长6.2%；其中出口970.7亿美元，增长6.8%；进口654.6亿美元，增长5.2%。一般贸易快速发展 全市一般贸易进出口430.3亿美元，增长32.6%，增幅高于全市26.4个百分点，拉动全市外贸进出口增长6.9个百分点，占全市外贸进出口比重达26.5%，比上年提高5.3个百分点。产品结构优化 全市高新技术产品出口365亿美元，比上年增长8.7%，增幅高于全市1.9个百分点，占全市出口比重的37.6%，比上年提高0.6个百分点。其中，电子技术产品出口增长22%，计算机集成制造技术产品出口增长9.4%。产品附加值提升 全市外贸进出口增值率达48.3%，比上年提高2.2个百分点。出口商品价格指数为110%，表明出口商品价格比上年提高10个百分点。其中，每台电话机的出口价格比上年提高24%，每台车床的出口价格提高31.7%。新兴市场成为新的增长点 全市对东盟、拉美、非洲、中东等地区出口143.5亿美元，比上年增长26.7%，增幅高于全市19.9个百分点，成为外贸新的增长点。其中，对尼日利亚出口增长107.6%，对沙特出口增长57.4%，对印尼出口增长48.8%。

【企业转型升级】 2014年，东莞市

企业研发投入比重提高，加工贸易企业R&D经费投入111亿元，所占比例1.9%，比上年提高0.24个百分点。全市外资企业设立研发机构266个，增加11个，累计设立研发机构达1151个，占外资企业总数的10%以上。全市加工贸易企业新增国内外注册品牌1605个，增加84个，累计注册国内外品牌达9111个；自主设计生产、自有品牌生产出口比重提升至69%，比上年提高1.2个百分点，比2008年金融危机前提高36.5个百分点。全市外资企业国内销售总额达3356亿元，增长16.6%，增幅高于出口9.8个百分点。全市规模以上工业企业内销比重达51.6%，首次超过外销。全市加工贸易企业税收346亿元，增长13.4%。外资高新技术企业数量累计238家，占全市外资企业的2.1%，进出口总额超过100亿美元，占全市进出口的6.2%。上市及后备企业22家。新增外资企业专利申请量4702件、专利授权量3473件。

【外商联络小组协调会】 2014年，东莞市举办第112—116次外商联络小组协调会，由商务、海关、检验检疫、税务、工商、环保、财政等14个职能部门负责人与外商代表面对面交流，现场解答疑问，研究解决企业提出的难题，宣讲新出台的政策，为企业排忧解难。

【广东21世纪海上丝绸之路国际博览会】 参见“区域合作·扶贫开发”类目第167页同名条目。

【2014中国加工贸易产品博览会】 2014年6月18—21日，由东莞市政府和广东省外经贸厅共同承办的“2014中国加工贸易产品博览会”在东莞市广东现代国际展览中心举办。省委书记胡春华参观展会，副省长招玉芳、国家质检总局国家标准化管理委员会主任田世宏出席开幕式。展会吸引来自全国25个省（市、区）及港澳台地区的1210家企业参展，展位2811个；到会采购商6300余家、专业买手16300余名，展会意向成交金额达896亿元，比上年增长16.5%。展会期间举办25场活动，包括对接活动、辅导活动等，促进加工贸易产品“全国行”“全球行”“网上行”。“加博汇”微商城推介会，推广加博汇电商平台，帮助企业借助移动网络开拓手机网终端消费市场。

【全省外贸转型升级示范基地培育工作现场会】 2014年11月7日，全省外贸转型升级示范基地培育工作现场会在东莞市大朗镇举行。副省长招玉芳以及省、市商务主管部门领导、60家省级以上外贸转型升级示范基地代表工160多人参加会议。会议通报三年来全省外

## 深化加工贸易转型升级　推动开放型经济提质增效

2014年6月19日，中共中央政治局委员、省委书记胡春华（中）一行在市领导徐建华（前排右一）、袁宝成（二排左一）等陪同下视察中国加工贸易产品博览会

贸转型升级示范基地建设的整体情况，总结基地建设的成效，分析基地发展存在的问题，提出下一步要在更高的起点上谋划省示范基地建设，推进示范基地的培育，增强示范基地在国际市场的创造力、竞争力和影响力。会前，与会代表实地考察大朗毛衫基地毛织产品交易会、电子商务产业中心、毛织价格指数发布平台和参观示范基地培育成果展。

**【“走进中东”务实之旅】** 2014年11月22日至12月1日，东莞市委书记、市人大常委会主任徐建华率市党政代表团以及29家企业代表组成的企业代表团，赴伊朗、土耳其、希腊等“一带一路”沿线国家开展系列经贸及外事活动。此次活动签订合作项目13个，合同金额17.2亿元，涉及纺织服装、电子电器、五金机械、环保、旅游等行业，进一步贯彻落实国家关于“一带一路”战略部署，开拓东莞市与“一带一路”沿线国家的合作领域，扩大广东21世纪海上丝绸之路国际博览会的影响力。

**【“走进南美”系列经贸活动】** 2014年9月17—26日，东莞市委副书记、市长袁宝成率市政企代表团，赴阿根廷、智利及巴西等南美国家开展系列活动。活动期间，代表团通过拜会当地商协会、组织两地企业代表洽谈，到当地企业进行考察等方式，加深交流联系，强化合作意愿，达成各类投资贸易合作金额28亿元，进一步提升东莞开放型经济水平、推动企业“走出去”。

**【东莞市组团参加115届、116届广交会】** 2014年5月5日、11月4日，第115届、116届广交会分别于在广州琶洲展馆落幕。其中，第115届广交会东莞市有186家企业参展，达成意向成交5.1亿美元，比上增长7.6%；第116届广交会东莞市组织181家企业参加，达成意向成交5.11亿美元。（李　霄）

**附：2014年东莞市商务局主要领导名录**

局　长：黄冠球（任至8月）
　　　　何跃沛（8月到任）

① 2014年10月31日，2014广东21世纪海上丝绸之路国际博览会举行，中共中央政治局委员、省委书记胡春华在开幕式上讲话

② 2014年11月，市委书记、市人大常委会主任徐建华（左）率团赴中东开展经贸交流。图为伊斯坦布尔副省长维斯普沙辛（右）在省政府门厅为徐建华一行举行欢迎仪式

③ 2014年9月，市委副书记、市长袁宝成带队赴南美开展经贸交流活动。图为袁宝成在中国—巴西圣保罗经贸合作交流会上致辞

④ 2014年9月28日，东莞市商务局挂牌。副市长杨晓棠（右二）等出席挂牌仪式

## 2014年世界500强企业在莞投资情况

金额单位：万美元

| 序号 | 企业名称 | 投资方式 | 投资总额 | 设立时间 | 所属镇街 | 所属跨国公司名称 |
|---|---|---|---|---|---|---|
| 1 | 东莞雀巢有限公司 | 外资 | 12323 | 1988.1 | 南城街道 | 雀巢（瑞士）Nestle' |
| 2 | 东莞南城新科磁电制品有限公司 | 外资 | 15715 | 1988.10 | 南城街道 | 日本东京电气化学工业公司（TDK） |
| 3 | 东莞兴宝化工有限公司 | 合资 | 500 | 1992.10 | 沙田镇 | 伊藤忠（日本）Itochu |
| 4 | 京瓷连接器（东莞）有限公司 | 合资 | 2700 | 1992.3 | 石龙镇 | 京瓷（日本）Kyocera |
| 5 | 京瓷光电科技（东莞）有限公司 | 外资 | 1220 | 1992.3 | 石龙镇 | 京瓷（日本）Kyocera |
| 6 | 东莞三星电机有限公司 | 外资 | 19580 | 1992.7 | 寮步镇 | 三星（韩国）Samsung |
| 7 | 东莞麦当劳食品有限公司 | 合资 | 375 | 1993.4 | 城区等 | 麦当劳（美国）McDonald's |
| 8 | 东莞力达电机有限公司 | 外资 | 1413 | 1993.6 | 塘厦镇 | 通用电气General Electric（美国） |
| 9 | 东莞汇勋电器制品有限公司 | 外资 | 4816 | 1993.6 | 塘厦镇 | 通用电气General Electric（美国） |
| 10 | 东莞住商益安金属制品有限公司 | 合资 | 1549 | 1993.7 | 沙田镇 | 住友商事Sumitomo（日本） |
| 11 | 东莞川电钢板制品有限公司 | 外资 | 2066 | 1994.1 | 长安镇 | 日本钢铁工程控股公司（日本）Kawasho |
| 12 | 东莞杜邦电子材料有限公司 | 外资 | 1550 | 1994.3 | 南城街道 | 杜邦（美国）E.I.DuPontde Nemours |
| 13 | 东莞华润水泥厂有限公司 | 外资 | 7052 | 1994.3 | 沙田镇 | 华润集团 |
| 14 | 金霸王（中国）有限公司 | 合资 | 8973 | 1994.7 | 南城街道 | 美国吉列公司（宝洁） |
| 15 | 东莞大华汽车维修服务有限公司 | 合资 | 90 | 1994.7 | 南城街道 | 怡和（香港）JardineMatheson |
| 16 | 三井高科技电子（东莞）有限公司 | 外资 | 1127 | 1994.8 | 长安镇 | 三井Mitsui（日本） |
| 17 | 汉高胶粘剂技术（广东）有限公司 | 外资 | 2090 | 1994.9 | 虎门镇 | 德国汉高Henkel |
| 18 | 东莞顶锋金属制品有限公司 | 外资 | 2862 | 1995.11 | 常平镇 | 住友商事Sumitomo（日本） |
| 19 | 东莞宝田环保科技有限公司 | 合资 | 965 | 1995.12 | 沙田镇 | 伊藤忠（日本）Itochu |
| 20 | 三洋电子（东莞）有限公司 | 合资 | 13229 | 1995.12 | 塘厦镇 | 三洋电机（日本）Sanyo Electric |
| 21 | 东莞歌乐东方电子有限公司 | 外资 | 4510 | 1995.4 | 东坑镇 | 日立（日本）Hitachi |
| 22 | 东莞铁和金属制品有限公司 | 外资 | 1770 | 1995.6 | 南城街道 | 新日铁（日本）Nippon Steel |
| 23 | 可口可乐装瓶商生产（东莞）有限公司 | 合资 | 34280 | 1995.7 | 南城街道 | Coca-Cola（美国） |
| 24 | 东莞石龙京瓷有限公司 | 合资 | 11199 | 1995.8 | 石龙镇 | 京瓷（日本）Kyocera |
| 25 | 东莞美极有限公司 | 外资 | 3862 | 1997.10 | 茶山镇 | 雀巢（瑞士）Nestle' |
| 26 | 东莞时力科技电子厂 | 来料加工 | 124966 | 1997.1 | 长安镇 | 日本东京电气化学工业公司（TDK） |
| 27 | 罗门哈斯电子材料（东莞）有限公司 | 外资 | 810 | 1997.12 | 东城区 | 罗门哈斯Rohmand Hass |
| 28 | 东莞喜威液化石油气有限公司 | 合资 | 1631 | 1997.6 | 南城街道 | SHV Holdings（荷兰） |
| 29 | 东莞百音电子有限公司 | 外资 | 572 | 1998.6 | 南城街道 | 先锋电子（中国）投资有限公司 |
| 30 | 广东福地日合偏光器件有限公司 | 合资 | 2174 | 1999.7 | 南城街道 | 丸红商事（日本）Maru Beni |
| 31 | 恩智浦半导体广东有限公司 | 外资 | 36380 | 2000.1 | 黄江镇 | 皇家飞利浦电子（荷兰）Royal Philips Electronics |
| 32 | 先锋高科技（东莞）有限公司 | 合资 | 9000 | 2000.11 | 寮步镇 | 日本先锋株式会社 |
| 33 | 阿克苏诺贝尔涂料（东莞）有限公司 | 外资 | 2100 | 2000.4 | 大岭山镇 | 阿克苏·诺贝尔（荷兰）Akzo Nobel |
| 34 | 先锋信泰（东莞）光学有限公司 | 合资 | 1300 | 2000.8 | 长安镇 | 日本先锋公司 |
| 35 | 东莞肯德基有限公司 | 外资 | 1220 | 2000.8 | 城区等 | 百事公司（美国）Pepsico. |
| 36 | 东莞三星视界有限公司 | 外资 | 29450 | 2001.11 | 厚街镇 | 三星电子（韩国）Samsung Electronics |
| 37 | 东莞新长桥塑料有限公司 | 外资 | 3940 | 2001.12 | 沙田镇 | 三菱商事株式会社 |
| 38 | 京瓷办公设备科技（东莞）有限公司 | 合资 | 13285 | 2001.12 | 石龙镇 | 京瓷（日本）Kyocera |
| 39 | 东莞住秀电子有限公司 | 外资 | 668 | 2001.6 | 凤岗镇 | 日立 |
| 40 | 东莞创宝达电器制品有限公司 | 外资 | 1874 | 2001.9 | 常平镇 | 美国泰科国际 |
| 41 | 东莞日矿富士电子有限公司 | 外资 | 675 | 2002.10 | 洪梅镇 | JX日旷日石金属株式会社 |
| 42 | 东莞百悦电子有限公司 | 合资 | 24 | 2002.2 | 南城街道 | 日本先锋公司 |

续表

| 序号 | 企业名称 | 投资方式 | 投资总额 | 设立时间 | 所属镇街 | 所属跨国公司名称 |
|---|---|---|---|---|---|---|
| 43 | 日立化成工业（东莞）有限公司 | 外资 | 5160 | 2002.6 | 茶山镇 | 日立化成工业株式会社 |
| 44 | 东莞沃尔玛百货有限公司 | 合资 | 1460 | 2002.6 | 城区 | 沃尔玛Wal-Mart Stores（美国） |
| 45 | 泰科电子（东莞）有限公司 | 外资 | 900 | 2002.6 | 厚街镇 | 美国泰科国际 |
| 46 | 三井高科技（广东）有限公司 | 外资 | 8979 | 2002.8 | 长安镇 | 三井Mitsui（日本） |
| 47 | 东莞能率科技有限公司 | 外资 | 6850 | 2003.12 | 寮步镇 | 佳能（日本）Canon |
| 48 | 东莞新科技术研究开发有限公司 | 外资 | 2500 | 2003.12 | 南城区 | 日本东京电气化学工业公司（TDK） |
| 49 | 日立蓄电池（东莞）有限公司 | 外资 | 3943 | 2003.5 | 茶山镇 | 日立（日本）Hitachi |
| 50 | 麦德龙物业管理（东莞）有限公司 | 外资 | 1200 | 2003.5 | 万江区 | 麦德龙Metro（德国） |
| 51 | 东莞长安新科电子制品厂 | 来料加工 | 11443 | 2003.7.17 | 长安镇 | 日本东京电气化学工业公司（TDK） |
| 52 | 日立金属（东莞）特殊钢有限公司 | 外资 | 1549 | 2004.5 | 茶山镇 | 日立（日本）Hitachi |
| 53 | 日立粉末冶金（东莞）有限公司 | 外资 | 3350 | 2004.6 | 茶山镇 | 日立（日本）Hitachi |
| 54 | 东莞百安居装饰建材有限公司 | 外资 | 1250 | 2005.10 | 万江区 | Kingfisher（英国翠丰集团） |
| 55 | 东莞住矿电子浆料有限公司 | 合资 | 179 | 2005.12 | 松山湖 | 住友商事Sumitomo（日本） |
| 56 | 东莞马士基集装箱工业有限公司 | 外资 | 10000 | 2005.5 | 麻涌镇 | 马士基集团A.P.Moller-Maersk Group |
| 57 | 东莞家乐福商业有限公司 | 外资 | 3085 | 2006.11 | 东城区 | 家乐福（法国）Carrefour |
| 58 | 博世激光仪器（东莞）有限公司 | 外资 | 100 | 2006.11 | 樟木头镇 | 德国博世 |
| 59 | 杰斯比塑料（东莞）有限公司 | 外资 | 800 | 2006.12 | 松山湖 | 伊藤忠（日本）Itochu |
| 60 | 东莞艾仕得华佳涂料有限公司 | 合资 | 160 | 2006.5 | 万江区 | 杜邦（美国）E.I.DuPontde Nemours |
| 61 | 东莞永佳中通汽车服务有限公司 | 合资 | 457 | 2006.8 | 厚街镇 | 丰田汽车（日本）Toyota |
| 62 | 东莞深赤湾港务有限公司 | 合资 | 9779 | 2006.8 | 虎门港 | 新加坡丰益国际 |
| 63 | 东莞市雅励金属材料剪切有限公司 | 外资 | 1213 | 2006.9 | 大朗镇 | 三星物产 |
| 64 | 益海（东莞）油化工业有限公司 | 外资 | 6050 | 2007.1 | 麻涌镇 | 新加坡丰益国际 |
| 65 | 东莞益海嘉里粮油食品工业有限公司 | 外资 | 6160 | 2007.1 | 麻涌镇 | 新加坡丰益国际 |
| 66 | 美达王板和精密金属（东莞）有限公司 | 外资 | 1284 | 2007.1 | 松山湖 | 三菱Mitsubishi |
| 67 | 日铁住金物产（东莞）经济咨询有限公司 | 外资 | 36 | 2007.11 | 南城区 | 日本新日铁 |
| 68 | 柯尼卡美能达商用科技（东莞）有限公司 | 外资 | 5780 | 2007.11 | 石龙镇 | 日本柯美 |
| 69 | 东莞京瓷置业有限公司 | 外资 | 2040 | 2007.11 | 石龙镇 | 日本京瓷 |
| 70 | 欧图（东莞）企业管理咨询有限公司 | 外资 | 38 | 2007.7 | 万江区 | 德国奥托集团 |
| 71 | 东莞三星道达尔工程塑料有限公司 | 外资 | 1100 | 2008.5 | 大岭山镇 | 韩国三星　法国道尔顿Total |
| 72 | 沃尔玛（东莞）商业零售有限公司 | 外资 | 2852 | 2009.2 | 莞城街道 | 沃尔玛 |
| 73 | 东莞汉莎产品技术咨询服务有限公司 | 外资 | 385 | 2009.9 | 寮步镇 | 德国奥托集团 |
| 74 | 东莞乐艾电子科技有限公司 | 外资 | 1100 | 2010.9 | 松山湖 | 韩国LG（乐金） |
| 75 | 东莞富士通电装电子有限公司 | 外资 | 140 | 2011.2 | 洪梅镇 | 富士通（日本）Fujitsu |
| 76 | 东电化（东莞）科技有限公司 | 外资 | 13041 | 2011.3 | 长安镇 | TDK |
| 77 | 伟创力电源（东莞）有限公司 | 外资 | 3900 | 2011.3 | 市属 | 新加坡伟创力 |
| 78 | 东莞旺市百利百货有限公司 | 外资 | 70 | 2011.7 | 莞城街道 | 沃尔玛 |
| 79 | 华润水泥采购有限公司 | 外资 | 2181 | 2011.8 | 沙田镇 | 华润集团 |
| 80 | 东莞伟创力精密金属有限公司 | 外资 | 16560 | 2012.1 | 桥头镇 | 伟创力（新加坡）Flextronics International |
| 81 | 丰益精细化（东莞）有限公司 | 外资 | 4800 | 2012.6 | 虎门港 | 新加坡丰益国际 |
| 82 | 东莞益海嘉里赛瑞淀粉科技有限公司 | 外资 | 17832 | 2012.5.31 | 虎门港 | 新加坡丰益国际 |
| 83 | 东莞三星高新塑料有限公司 | 外资 | 1000 | 2013.9.6 | 大朗镇 | 三星电子（韩国）Samsung Electronics |
| 84 | 东莞欧尚超市有限公司 | 外资 | 1200 | 2013.3.5 | 寮步镇 | 法国欧尚 |
| 85 | 南方佛吉亚汽车部件有限公司 | 外资 | 4717 | 2013.6.25 | 塘厦镇 | 法国标致 |
| 86 | 液化空气（东莞）工业气体有限公司 | 外资 | 972 | 2014.6.19 | 虎门港 | 法国液化空气有限公司 |

证展会的顺利召开。

## 贸易促进

【贸易出证认证】 2014年，东莞市贸促会出具一般原产地证2.03万份；优惠原产地1066份，其中新增中瑞、中冰优惠产地证业务；商事证明书1754份；代办领事认证611份；单据认证44份；ATA单证册（暂准进口单证册）20份，进境单证册实现零的突破；新注册企业247家。推广新版原产地证（eCO）项目，落实上级免征规定，提高企业进出口业务效率。

【商事法律调解中心筹建】 2014年，东莞市贸促会开展商事调解中心的筹建工作，通过广泛听取相关机构和部门的意见建议，探索业务。截至2014年，东莞商事调解中心的筹备工作就绪，工作人员、办公场所以及各项登记等准备工作到位。

【贸促会为企业提供法律服务】 2014年，东莞市贸促会提供多种形式的法律服务，包括组织企业参加知识产权保护相关培训，调解办证企业商业纠纷，接受省驻美国经贸代表处委托进行企业信息调查等，服务企业发展进出口贸易业务。

【会展服务】 第七届“东莞国际茶业博览会” 2014年5月16—19日，第七届“东莞国际茶业博览会”在东莞国际会展中心举行。具有规格更高、规模更大、品牌更广、亮点更多的特点，展览面积达2万平方米，参展企业204家。展会期间总参观人数10.31万人次，现场零售5280万元，现场采购订单1.43亿元，一年内采购意向2.60亿元。组织参加港澳优质展会 先后组织东莞市食品行业协会、酒类行业协会、茶叶行业协会及相关企业代表，参观“澳门国际品牌连锁加盟展2014（MFE）”“第十九届澳门国际贸易投资展览会（MIF）”，举办“第二届东莞—葡语国家（澳门）洽谈会”“2014香港国际茶展及美食博览会”等，以参观展会和举办经贸交流会的方式，促进莞港澳企业交流，为东莞市企业寻找商机搭建平台。配合做好重大博览会 东莞市贸促会配合各部门做好“广东21世纪海上丝绸之路博览会”“2014东莞台湾名品博览会”，保证展会的顺利召开。

【贸促会信息服务】 维护升级“东莞贸促网” “东莞贸促网”由东莞市贸促会自主开发，于2014年完成网站改版升级。市贸促会借助网站平台，2014年发布工作信息44条，转载国际贸易预警、国际经贸调研报告信息等500余条，新增“招商引资”“境外市场”模块，计划逐步开发英文版网页。投入使用贸促会企业数据库 基于市贸促会出证认证、会展服务等日常业务，自2014年1月起，市贸促会在该数据库录入企业数据2147条，合作机构数据172条。通过该数据库，市贸促会各内设机构可根据企业资料和参加活动记录，策划组织专题活动；将日常业务资料转换成不同表式，上报给东莞市网上办事大厅等部门，便利会内日常业务开展。配合做好调研工作 2014年，市贸促会发挥代言工商职能，先后开展5项调研活动：协助中国贸促会经济信息部部长赵晓迪来东莞进行代言工商主题调研，发动玩具、家具、电子等东莞市行业系会填报《2014中国企业对外投资现状和意向问卷调查》调研活动；配合市委政研室开展全市跨境电子商务扶持政策（物流部分）调研等。

【商贸来访交流】 2014年，东莞市贸促会打造“民间大使”形象，与境内外各类机构保持密切的联系。接待来自美国、意大利、印度、中国港澳台等地23个商贸团体。参与或举办各类经贸交流会、对接会，先后参加或组织企业参加5场对外经贸交流活动，在境外团体来访期间，组织举办2场企业专场对接洽谈会，为东莞市行业协会及对口企业提供与境外商贸团组交流的机会。

【东莞驻境外经贸代表处试点工作】 2014年，东莞市贸促会承接东莞境外经贸代表处试点工作。通过走访有关行政部门，根据实际情况草拟经贸代表处设立方案初稿，与美国、澳大利亚、英国、加拿大、意大利、新加坡、南非等地的合作机构接触，就设立东莞市境外经贸代表处进行初步磋商，努力筹建驻南非、美国的经贸代表处。 （苏雯卿）

**附：2014年中国国际贸易促进委员会东莞市委员会主要领导名录**

党组书记、会长：李文峰

## 口岸管理

【口岸运行概况】 2014年，经东莞市口岸进出口货物3253.5万吨，比上年增加14.5%；入出境旅客近74万人次；进出境货运车131.18万辆次；进出境列车7300列次；入出境船舶16057艘次，增长15.3%。

【口岸发展规划】 2014年3月1日，东莞市出台《东莞市口岸中长期发展规划（2014—2020年）》。组织编制《东莞市“十三五”口岸发展规划》，上报广东省口岸办审批。协助东实公司开展虎门港（太平）客运口岸码头搬迁工作。抓好东莞铁路口岸扩大开放项目。

【口岸通关环境优化】 2014年，东莞市支持配合查验单位改革、开展业务，协调解决口岸问题，包括海关实行海关区域通关一体化改革、推动“三个一”查验模式等，统筹整合查验资源，实现信息共享，提升通关效率。加强口岸基础设施建设，抓紧推进口岸工程建设进度，抓好口岸设施维护管理工作。做好口岸通关形势分析，为领导提供决策参考。

【口岸综合管理加强】 2014年，东莞市帮扶企业发展，为群众解决实际问题，其中，协助企业开展申报进口粮食指定口岸工作、协助企业保留海关管理级别、推进粤港直通列车加挂车厢实现常态化。配合做好海博会筹备工作，确保海博会成功举办。办理市政协重点提案，推进东莞保税物流多元化发展。做好安全生产工作，维护口岸正常通关秩序，确保口岸安全。

【口岸对外开放水平提升】 2014年，东莞市推动虎门港新码头对外开放，提升港口竞争力，促成东莞市虎门港立沙岛液体化工品码头于7月7日对外开放。成功申报清溪保税物流中心（B型）项目，提升东莞对外贸易竞争力。推动中外运公司设置石龙铁路货运监管场所。

**附：2014东莞市口岸局主要领导名录**

党组书记、局长：郭惠良

## 海关监管

【驻莞海关概况】 2014年，东莞市进出口总额1625.30亿美元，比上年增长6.2%。其中进口654.61亿美元，增长5.2%；出口970.69亿美元，增长6.8%。截至2014年，黄埔海关在东莞市设有7个正处级海关、办事处，分别是东莞海关、太平海关、新沙海关及黄埔海关驻凤岗办事处、黄埔海关驻长安办事处、黄埔海关驻常平办事处、黄埔海关驻沙田办事处。2014年，驻莞海关深化业务改革，提升监管效能，主动服务经济发展。东莞海关获评广东省文明单位、广东省五一劳动奖状。东莞海关办公室和保税物流监管科分别获评广东省和东莞市“巾帼文明岗”，保税加工监管一科被继续认定为“广东省青年文明号”；黄埔海关驻常平办事处综合业务统计科获评广东省直“巾帼文明岗”；黄埔海关驻凤岗办事处监管科获评东莞市“青年文明号”，保税监管科税费组获评“广东省巾帼文明服务岗”。

【海关服务外贸发展】 2014年，驻莞海关参与东莞市“十证联办”（“十证”：外商投资企业批准证书和批复文件、营业执照、组织机构代码证、国税税务登记证、地税税务登记证、社会保险登记证、新设外商投资企业外汇信息登记、财政登记证、海关报关单位注册登记证、检验检疫自理报检单位备案登记证）改革，企业办理报关单位注册登记手续实现全程电子化，由5个工作日缩短到1个小时。国务院副总理汪洋到东莞海关现场视察时给予高度评价。支持东莞创建国家电子商务示范城市，在全国率先启动跨境贸易电子商务通关服务平台试点。落实新内销审价办法，加大内销便利化力度，支持“加博会”（中国加工贸易产品博览会）、“台博会”（东莞台湾名品博览会）等平台建设，支持加工贸易企业扩大内销。参与推进“一带一路”（“丝绸之路经济带”“21世纪海上丝绸之路”）国家战略建设，支持东莞石龙开通“粤新欧”（广东—新疆—俄罗斯）国际铁路货运班列。支持虎门港开通首条台湾直航航线。围绕东莞外贸形势加强分析研究和统计监测，及时报送高质量的信息、报告。

【海关通关改革推进】 2014年，驻莞海关推进广东地区海关区域通关一体化

## 优化海关监管服务　促进东莞转型升级

2014年9月11日，中共中央政治局委员、国务院副总理汪洋（左二）到东莞海关调研“十证联办”试点改革工作

改革，12月1日放行全国首票陆路口岸一体化报关单。落实黄埔海关业务管理一体化改革，开展通关作业互联互通、配合完成通关作业环节审单集约化、物流监管格局调整，启用智能化车检场与海运码头通关作业一体化模式，应用外勤执法作业管理系统和移动查验作业系统，构建新综合业务管理模式。推行关检合作“三个一”（一次申报、一次查验、一次放行）通关新模式，东莞地区关检合作“三个一”首票货物在虎门港试点成功，启动海运国际转运业务。在全国海关率先试行保税加工智能作业改革。推动东莞加工贸易管理服务平台建设，实现“八方联网”（八方：企业、外经贸局、海关、检验检疫、国税、外汇、工商、财政）。

【海关监管效能提升】 2014年，驻莞海关落实“属地申报，口岸验放”措施，优化通关查验流程管理，规范查验现场作业，提高查验工作效能。做好新舱单和运输工具管理系统的切换推广应用，开展码头类监管场所专项治理工作，加强对保税仓库和码头等监管场所管理力度。强化旅检监管、舆情应对、应急处置及“水客”治理能力。加强后续监管，深化与执勤武警的联合作业机制，增强监督制约。强化快件监管，首次在进出境快件渠道查获毒品，查获一批仿真枪配件、战术手枪手电筒等违禁品。加强综合治税，加大对关区重点税源企业的帮扶力度，协调解决企业在通关和生产经营中的问题和困难。

【海关反走私力度加大】 2014年，驻莞海关开展打击煤炭走私等专项行动，参与打击走私联合行动，维护公平进出口贸易秩序，增强地区综合治理水平。加强对大宗谷物类、农产品等重点敏感商品的监控力度，严厉打击毒品、武器弹药、有害废物、濒危物种等走私违法活动，参与查获皮革、镁砂及恰特草、枪支等一系列走私大要案。1月6日，海关总署与国家林业局在东莞市举办中国首次公开销毁执法走私查没象牙活动，合计6.1吨，规模居世界前列。

（曾宪政）

**附：2014年东莞海关主要领导名录**

党组书记、关长：王庆华（任至12月）
黄　浦（12月到任）

**2014年太平海关主要领导名录**

党组书记、关长：彭也澎

**2014年新沙海关主要领导名录**

党组书记、关长：李　刚（任至8月）
黄军声（8月到任）

**2014年黄埔海关驻凤岗办事处主要领导名录**

党组书记、主任：张家珍

**2014年黄埔海关驻长安办事处主要领导名录**

党组书记、主任：刘　义

**2014年黄埔海关驻常平办事处主要领导名录**

党组书记、主任：陈　兵

**2014年黄埔海关驻沙田办事处主要领导名录**

党组书记、主任：刘　红

2015年2月11日，东莞海关关长黄浦（左二）陪同黄埔海关关长李国（左五）到基层调研

## 打击走私综合治理

【打击走私概况】 2014年，黄埔海关缉私局立案侦查东莞地区走私犯罪案件38宗，案值39.87亿元；立案调查东莞地区走私案件（行政案件）109宗，案值36.73亿元。市公安边防支队查获走私案件43宗，案值517万元。

【打击走私联合行动和专项斗争】 2014年，东莞市先后开展元旦春节期间、中秋国庆期间2个打击走私应节商品行动，出动1.8万人次，查获涉嫌走私的成品油、冷冻品、平板电脑配件、液晶显示屏等一大批应节热销物品。3—4月，组织开展打击走私汽车专项行动。全年查获无进口证明汽车23辆，假车牌60多副。3月5日，配合海关缉私部门开展打击皮革走私“铁拳”行动，查获1宗特大皮革走私案件等。6—12月，组织开展以打击“洋垃圾”走私为重点的打私联合行动，防止“洋垃圾”进入。

【流通领域反走私监管】 2014年，东莞市开展“灭鼠行动”，严厉打击港澳直通车偷运走私柴油。海关、边防部门查获涉嫌走私成品油1700多吨，以及油车、油罐、压滤机等一批涉案物品。整治各类市场，食品药品监管部门查获1万多瓶无合法来源证明洋酒。

【反走私规范化】 制度建设 2014年2月，东莞市政府第十五届第七十三次常务会议，讨论通过《东莞市反走私应急专项资金管理暂行办法》。7月，烟草专卖、海关缉私、公安、工商、打私等部门共同研究制定《东莞市联合打击走私烟草专卖品违法犯罪活动工作制度》。学习贯彻《广东省反走私综合治理条例》 5月14日，举办宣讲会，邀请省海防打私办法制监督处领导，给各镇街打私干部专题授课。依法处理“应税证进口无主物” 先后组织14次公开拍卖，将涉私的4批葡萄酒、1批电子产品、1批沉香木材拍出。

【反走私诚信建设】 2014年，东莞市接受全国打私办任务，开展进出口企业反走私诚信体系建设工作，成为全国首批推广台州经验的五个地区之一。建立市政府分管领导牵头、多部门共同参与的协调机制，制定《东莞市反走私诚信体系建设方案》《东莞市进出口企业诚信培育管理办法》《东莞市进出口企业诚信培育工作指南》等，选取条件比较成熟的南城街道和长安镇作为试点。

【海边防工作】 基础设施建设 2014年7月9日，东莞市公安边防支队麻涌水上边防派出所揭牌。水上联动机制创建 黄埔海关缉私局海缉处、东莞海事局麻涌海事处、市公安边防支队麻涌水上边防派出所、麻涌镇打私办等，签订《联动共创，构建平安水乡》协议，重点解决单一部门执法工作实践中出现的执法难、易反复等问题。港湾清理 7月，海关、边防、海事、渔政等部门以及虎门、沙田镇政府在相关水域开展清理港湾专项行动。《东莞海防史》编撰出版 5月，市打私办组织编撰的《东莞海防史》出版，这是全省地级市中第一部地方海防史。（赵景耀）

**附：2014年东莞市人民政府打击走私综合治理办公室主要领导名录**

主　任：陈志超（任至3月）
　　　　黄天云（4—6月）
　　　　邝建华（6月到任）

▲ 沙田港口

## 检验检疫

【检验检疫概况】 2014年，东莞出入境检验检疫局检验检疫出入境货物61.29万批，货值209.7亿美元；其中出境货物47.17万批、货值91.47亿美元，入境货物14.12万批、货值118.23亿美元。受理出入境集装箱报检147.53万标箱，检出携带疫情及有毒有害物质等不合格集装箱1.95万标箱；检验检疫出入境运载工具1.33万航次；检验检疫出入境旅客和交通员工85.23万人次；检验检疫进出口快件1.15万批，货值1.62亿美元。

【高风险敏感商品质量监管】 2014年，东莞出入境检验检疫局加强进出口危化品及其包装检验监管，检出不合格危险化学品133批、货值4033万美元。加强对进口废物原料国内收货人的源头把关，加大政策宣传力度和到货的后续跟踪检验，对辖区25家国内收货人开展日常监督检查。

【口岸疫情防控】 2014年，东莞出入境检验检疫局严防埃博拉和登革热疫情，利用多种形式进行埃博拉、登革热等预防知识宣传；完善联防联控工作机制，在虎门港客运口岸和东莞铁路客运口岸联合举行埃博拉出血热疫情联合应急处置演练；加强口岸出入境人员体温监测和医学巡查工作，监测到发热或有传染病相关症状旅客151人次，确诊病例24人；做好出入境传染病监测体检，发现各类疾病2739例；开展口岸核生化有害因子监测工作，检出19例辐射超标人员。

【进出口食品安全监管】 2014年，东莞出入境检验检疫局开展打击生产销售“违禁超限”“假冒伪劣”食品专项行动，查验出13批次属“违禁超限”的不合格进口产品，均作退货或销毁处理。加强对供港澳蔬菜加工企业及辖区蔬菜基地的监管。全年出口供港蔬菜3.9万批、货值1.06亿美元。8月，石碣镇政府在东莞出入境检验检疫局的润丰工作点举行国家出口食品农产品质量安全示范区挂牌仪式；强化对供港活鸡、活牛、活鱼注册养殖场及供港冰鲜禽肉备案养殖场巡查，检验检疫供港澳活牛54批，供港食用活鱼76批，安全出口活鸡126批、18.81万只，供给供港冰鲜鸡屠宰场的活鸡37.66万只、出具供货证明112份。加强进口肉类检验检疫监管，落实进口肉类各项制度。对美国猪产品莱克多巴胺及其他药残项目加强检测，全年进口冷冻水产品540批、1.48万吨，进口冻肉508批、1.22万吨。加强进出口水果检验检疫监管。全年进口水果803批、重量1.45万吨；在进口水果中截获912批有害生物和144批病原菌，其中检疫性有害生物12批，检出有毒有害物质2批。实现东莞口岸出口水果业务零的突破，向香港市场输往水果4批。

【动植物检疫监管】 2014年3月13日，东莞出入境检验检疫局大宗粮食饲料进境检验检疫业务开检。全年受理进口粮食饲料397批次、346万吨。从进口粮食饲料中截获有害生物216种7929次，其中检疫性有害生物30种1353次，非检疫性有害生物186种6576次，检出率为86.90%。截获的检疫性有害生物中，有

2014年8月12日，东莞首个国家级出口食品农产品质量安全示范区在石碣镇举行挂牌仪式，仪式由石碣镇副镇长叶浩平主持（右一），石碣镇委书记梁荣业（右三）、镇长游耀波和市检验检疫局局长谭建明（左三）、副局长李文青（右二）等参加

20种为东莞口岸首次截获，其中地中海白蜗牛为广东口岸首次检出。截获的非检疫性有害生物中，有8种为全国口岸首次截获。2014年，东莞出入境检验检疫局从沙田口岸进口木材5508批、81.30万立方米，从进境木材上截获各类植物疫情8823批，其中检疫性有害生物27种1110批。在一批原产莫桑比克的东非黑黄檀原木中截获活体巨型蜗牛无斑玛瑙螺，是全国口岸首次截获此类物种。7月，东莞首次开展进口船运散装棕榈油施检业务。截至2014年，施检进口棕榈油10船次，检出3批次棕榈油短重超过5‰。发挥动植检专业技术优势，全年东莞辖区10家生产羽绒制品、皮革产品的企业产品顺利出口，检疫和签发此类产品兽医卫生证书1579份；保障出口竹木草制品质量安全，完成79家新增出口竹木草制品生产企业的注册登记，对1528批次的家具成品进行检测，其中不合格49批次。

【质量准入保障机制健全】 2014年，东莞出入境检验检疫局落实3C（中国强制性产品认证）免办产品的后续监管工作。全年申请3C免办证明企业数561家，办理3C免办证明1922份，实施后续监管436家；开展重点强制性认证产品质量安全专项行动，加大对入境3C违法行为的打击力度，查获3批次3C违规行为；出口食品生产企业专项抽查与HACCP（危害分析及关键控制点）认证监管有机结合，检查62家企业；对辖区内两家出口食品企业的第三方认证机构审核现场进行见证监督，是东莞出入境检验检疫局首次参与对认证机构审核的现场见证监督工作。

【检验检疫业务综合改革】 2014年，东莞出入境检验检疫局加强质量管理，参与《商检法》修订立法研究工作，牵头起草《广东检验检疫局工业产品进出口企业分类规则》；制定《东莞出入境检验检疫局业务综合改革方案》；制定《东莞局出口深加工食品业务改革试点工作方案（试行）》，选择生产供港澳蛋糕、点心、快餐和米面制品等产品的4家企业作为试点，采取合格假定与符合性验证相结合的产品合格评定机制实施检验放行；组织编制东莞出口玩具、木制家具、塑料餐厨具2013年质量报告；开展目录外进出口商品监督抽查。玩具和婴童质量安全示范区建设，启动“东莞出口玩具和婴童用品质量安全示范区”建设工作，通过省级考核验收。家具集中检管区建设，在长安办设立市场采购出口木制品及木家具集中检管区，促使异地报关报检企业回流东莞，全年有8家进出口贸易公司进行备案登记，20家家具企业进行报备，办理出口业务196批次，金额712.03万美元。全面应用“单证流转系统”，贯彻“合格假定”理念，以“合格假定”为核心全面推广东莞出入境检验检疫局自行开发的“单证流转系统”，通过该模式快速放行的出口报检批次约占出口报检总批次的90%，进口报检批次约占进口报检总批次的30%。扩大无纸化报检范围，辖区5000多家企业可享受无纸化报检带来的优惠和便利，占辖区进出口企业的90%以上，无纸化报检平均每月达1.5万批。

【检验检疫网上报检大厅打造】 2014年，东莞出入境检验检疫局以进出口业务流程电子化及加强检企互动为切入点

① 2014年3月5日，东莞检验检疫局保健中心举行“广东省巾帼文明岗”揭牌仪式，党组成员、纪检组长张卫红（右六）出席揭牌仪式

② 2014年7月24日，东莞口岸首次进口大宗散装棕榈油

先行先试，实现从企业报检、缴费到签发证全流程电子化。网上报检大厅工作在长安办试点应用并将逐步在全局推广。截至2014年，“东莞检企通”手机软件注册企业2514家，注册用户4219人，客户端下载安装量达4.09万次。

【“十证联办”改革推动】 2014年，东莞出入境检验检疫局参与东莞市委市政府在全国率先实施的“十证联办”（即只需在网上填报1张表格和提交1次资料，就可以分别到10个部门领取证照）试点工作，通过平台为16家试点企业颁发《自理报检企业备案登记证明书》。

【跨境电子商务监管】 2014年，东莞出入境检验检疫局按照“平台+园区”（东莞跨境贸易电子商务公共服务平台+跨境电子商务中心园区）的监管理念，对接“东莞跨境贸易电子商务公共服务平台”，开发建设“检验检疫业务辅助监管系统”，该系统通过专家评审。确定跨境电商B2C（零售出口）（快件/邮件模式）、B2B（一般出口）、B2B2B/C（保税进出口）、M2B（加工贸易内销进口）等4种业务模式的检验监管模式与流程，为贯通东莞跨境电商监管、通关流程奠定基础。9月，跨境电子商务“出入境邮件快件管理系统”在东莞出入境检验检疫局沙田办事处快件科上线运行，对跨境电子商务监管实现信息化。

【产地证备案和签证服务】 2014年，东莞出入境检验检疫局增设沙田、龙通2个业务工作点，对备案的企业100%实施无纸化签证，实行诚信管理。推行中国—瑞士、中国—冰岛原产地证企业“自主声明”模式，首次为东莞信浓马达有限公司申请出具“中瑞原产地声明”。全年签发各类原产地证书20.7万份，签证金额70亿美元，为企业出口产品节省进口国关税2.49亿美金。收到各国海关退证查询函91份，涉及证书145份。

【检验检疫部门减轻企业负担】 2014年，东莞出入境检验检疫局贯彻落实检验检疫费减免政策，确保免收政策落实到位，全年为企业减免检验检疫费超过7000万元。

【检验检疫法制建设】 2014年，东莞出入境检验检疫局通过广东检验检疫局依法行政示范单位创建工作考核验收。组织“‘3·15’国际消费者权益日”“质量月”等主题宣传活动，宣传检验检疫法律法规。实施简易程序行政处罚175宗，立案一般程序案件27宗，其中结案14宗；涉案货值35.37万元，积极应对针对食品等投诉举报，调查3宗涉及进口食品的实名投诉举报，并作移交处理。

【检验检疫科技建设】 2014年，东莞出入境检验检疫局通过广东省科技厅验收的科技项目有1项，通过东莞市科技局鉴定的科研成果有1项，通过东莞市科技局验收的科技项目有4项、结题有2项。申报2014年度广东局科技计划项目15项，获得立项5项，获得资助经费15万元。申报2014年行业标准制（修）订计划项目10项，送审行业标准3项，通过审定1项，报批3项，获质检总局发布的行业标准2项。加强实验室检测技术储备，购置气相色谱-串联质谱联用仪等高精尖仪器设备，开发针对供港蔬菜重点品种重点农残项目的检测方法，保障香港《食物内除害剂残余规例》的平稳实施。提高进境粮谷实验室检验能力，开展进口粮谷实验室的蛋白质、脂肪、灰分、农残、金属元素等各个项目的检测，在转基因玉米及大豆的非法品系鉴定、进口小麦矮腥黑穗病鉴定等项目上大幅增强自检能力。以公共技术服务平台为主体举办“检测实验室开放日”活动，对外推介国家消费品安全检测重点实验室，举行玩具检测技术交流会，助推玩具和婴童用品质量安全示范区建设。 （蔡雪梅）

**附：2014年东莞出入境检验检疫局主要领导名录**

党组书记、局长：谭建明

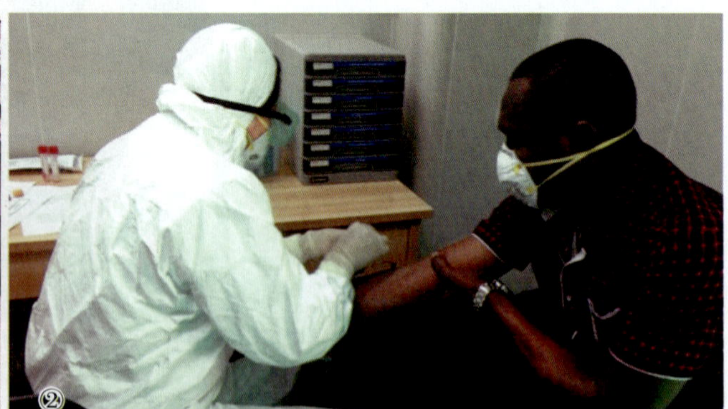

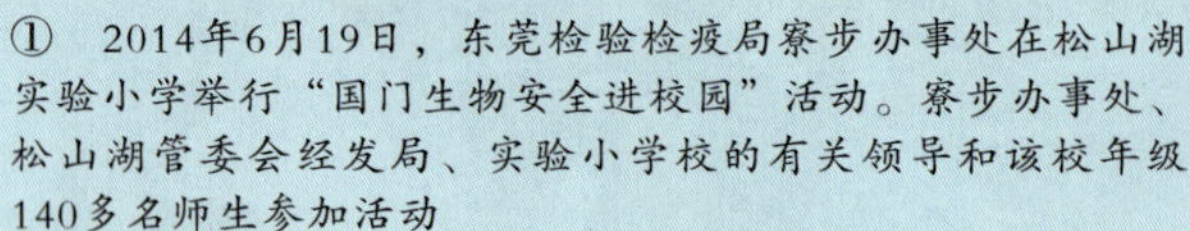

① 2014年6月19日，东莞检验检疫局寮步办事处在松山湖实验小学举行“国门生物安全进校园”活动。寮步办事处、松山湖管委会经发局、实验小学校的有关领导和该校年级140多名师生参加活动

② 2014年3月19日，东莞检验检疫局太平办事处从入境旅客中检出一例甲型H1N1流感确诊病例。

③ 2014年10月20日，东莞检验检疫局沙田办事处在对一批原产于非洲莫桑比克集装箱装载的光亮杂色豆原木实施检疫时，截获1头活体蟾蜍。此蟾蜍头体长约6厘米，体色呈灰黑色。样品经东莞检验检疫局综合技术中心鉴定确认为蟾蜍。这是东莞口岸首次截获此类物种

# 旅游业·餐饮业 TOURISM · CATERING

同沙生态公园

## 旅游业

**【旅游业概况】** 2014年，东莞市接待游客2790.98万人次，比上年减少1.25%，接待国际及港澳台游客356.21万人次，下降14.8%；其中接待外国游客122.18万人次，下降11.6%；接待港澳台游客234.03万人次，下降16.4%；接待国内游客2434.77万人次，增长1.1%。东莞组团外出旅游150.88万人次，下降6.3%。其中，国内旅游131.40万人次，下降8.4%；出境旅游19.48万人次，增长10.9%；旅游总收入374.6亿元，比上年增长8.1%，国际旅游外汇收入15.75亿美元，增长8.6%；旅游直接从业人员超过10万人；星级酒店63家，其中五星级21家、四星级19家；旅行社76家，其中出境游旅行社9家，普通旅行社56家，非法人分社11家；持证导游员1475名；东莞市国家A级旅游景区17家，其中4A级旅游景区11家。

**【“中国旅游日”东莞快乐游系列活动】** 2014年5月19日，东莞市在石排镇海仔湖广场，举行第四个“中国旅游日”东莞旅游系列活动，活动主题是“快乐旅游 公益惠民”，宣传口号是“爱旅游 爱生活”。主题活动包括：启动仪式、旅游惠民、各镇街节庆、旅游展示和文化休闲五大活动类型组成，吸引700多名各地游客参与。活动期间，厚街镇荔枝品评节、石龙镇中华龙民俗文化节、石碣镇青花陶瓷成品鉴赏会、麻涌镇水乡旅游美食节、桥头镇荷花节、沙田镇虎门港龙舟比赛暨龙舟巡游活动等各镇街的精彩节庆活动轮番上演。

**【旅游宣传促销】** 2014年，东莞市旅游局实施多元化旅游宣传营销，邀请旅游“达人”到莞撰写游记，编制《东莞旅游攻略》，编印旅游指南等系列资料，在各类旅游展会及重大活动上派发；利用报刊、网络、微信、微博、电视等宣传载体进行旅游宣传，在南方航空、武汉高铁、京港高铁沿线投放东莞市旅游宣传广告，开发建设集旅游资讯、旅行游记、优惠快讯、电子语音导游等功能于一体的“东莞旅游”智能手机APP（应用），创新“智慧旅游”宣传途径。

**【国家A级旅游景区创建】** 2014年，东莞市旅游局以指导景区开展创建国家A级旅游景区为抓手，提升景区管理和服务水平，指导茶山镇南社、石排镇塘尾明清古建筑群创建国家4A级旅游景区，指导中和堂博物馆创建国家3A级旅游景区；东莞展览馆、广东东江纵队纪念馆、清溪银瓶山森林公园创建成为国家4A级旅游景区。

**【旅游信息化建设】** 2014年，东莞市旅游局强化官方网站宣传问政功能，中英文网站完成升级改版，涵盖政务和资讯两大板块内容；加强微博平台建设，对网民的咨询和投诉做到即时响应；完善QQ工作群制度，通过网络教学的方式，在线为企业统计员提供培训和即时答疑；市旅游局新浪官微发布超过800条微博，粉丝数量突破7.5万人，在全市政务微博排行中名列第4位，获评“广东十大旅游机构微博”，并获评“新浪东莞10大便民微博”提名奖。

**【旅游质量监督与安全管理】** 2014年，东莞市旅游局贯彻实施《旅游法》，倡导文明旅游、安全出游。完善旅游安全应急救援机制，加大旅游市场执法检查和打假力度，重大节假日前开展旅游市场专项整治行动，开展旅游安全大督查，受理和妥善处理旅游投诉，建立旅行社“红黑榜”，通过强化市场监管和行业队伍建设，构建诚信旅游体系，维护东莞旅游市场秩序和游客的合法权益。2014年，依法处置违规经营旅行社2家，吊销旅行社经营许可证1家，教育整改旅行社21家，共收到有效旅游投诉73起，结案率100%，游客满意率100%，实现“零”重大旅游投诉和“零”旅游安全事故。

【旅游人才培训】 2014年，东莞市旅游局组织675人参加广东省全国导游员资格考试，开展2014年度出境旅游领队证的换证工作，161名领队进行换证。3月8—9日，组织15家单位、37名选手赴广州参加广东省首届酒店职业英语口语大赛，东莞市有7名选手晋级决赛，嘉华大酒店获评五星级酒店类团体一等奖，虎门美思威尔顿酒店选手获评客房组一等奖，另有3名选手获评三等奖。9月，联合市人力资源局主办“东莞市导游员职业技能大赛”，有近百名导游员报名参赛。

【麻涌镇华阳湖湿地公园对外开放】 2014年1月，东莞市麻涌镇华阳湖生态湿地公园对外开放，仅1月31日至2月6日，就吸引约6万人次游客参观游玩。华阳湖生态湿地公园占地约2平方公里，依托第二涌、第三滘水系、改造水岸两侧植物景观，复建“西园夜市”“北丫蕉雨”“白鹤榕荫”等部分“麻涌八景”，建设“泽乡花田”“芭蕉小筑”“湖畔塔影”等景点，打造成为融休闲旅游、农耕体验、科普文化认知城市生态功能保障等多功能于一体的岭南水乡湿地旅游区。

【南社斋醮民俗旅游文化节】 2014年12月12—14日，由茶山镇政府主办的南社斋醮民俗旅游文化节在南社村举行。主题是“南社斋醮，孝感百年”，举行茶山本土素食节、祭坛祈福仪式、南社斋醮大巡游、十大孝感人物榜样颁奖晚会等17项活动，主要宣扬南社古村落秉承的“敬天爱人”的传统美德及孝道精神。（李敬东）

**附：2014年东莞市旅游局主要领导名录**

局　长：梁少虾（任至9月）
　　　　林儒森（9月到任）

## 建设时尚休闲莞邑　打造国际旅游商都

① 2014年11月12日，副市长杨晓棠（左二）、市旅游局局长林儒森（右一）到厚街调研工业旅游工作

② 2014年11月13日，市旅游局局长林儒森（右二）前往道滘镇调研

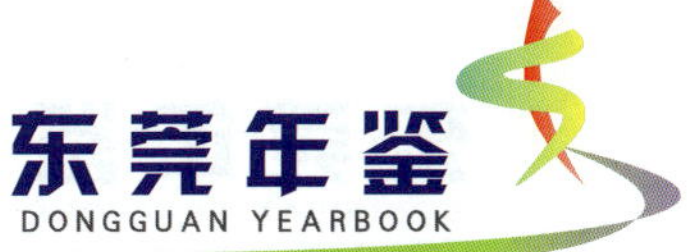


## 2014年东莞市旅游业情况

| 指标 | 单位 | 2014年 | 2013年 | 2014年比2013年增长（%） |
|---|---|---|---|---|
| 旅游总收入 | 亿元 | 374.6 | 346.43 | 8.1 |
| 旅游总外汇收入 | 亿美元 | 15.75 | 14.5 | 8.6 |
| 宾馆酒店客房开房率 | % | 51.2 | 56.87 | -5.67 |
| 星级宾馆酒店 | 家 | 63 | 89 | -29.2 |
| #五星级 | 家 | 21 | 22 | -4.5 |
| 四星级 | 家 | 19 | 24 | -20.8 |
| 三星级 | 家 | 18 | 29 | -37.9 |
| 二星级 | 家 | 5 | 13 | -61.5 |
| 一星级 | 家 |  | 1 | -100 |
| 全年接待旅游人次 | 万人次 | 2790.98 | 2826.32 | -1.25 |
| 国际及港澳台游客 | 万人次 | 356.21 | 418.04 | -14.8 |
| 国内游客 | 万人次 | 2434.77 | 2408.29 | 1.1 |
| 外出旅游人次 | 万人次 | 150.88 | 160.39 | -6.3 |

① 2014年11月30日，东莞市文明旅游宣传活动日在东城万达广场正式启动

② 2014年5月19日市旅游局在石排镇举办2014年"中国旅游日"东莞快乐游暨深莞惠、莞韶城际互游启动仪式

③ 2014年9月23日，市旅游局主办东莞市导游员职业技能大赛

## 东莞市旅游景点名录

| 序号 | 景点名称 | 地址 | 传真 | 电话 | 简介 | 公示时间 |
|---|---|---|---|---|---|---|
| 1 | 鸦片战争博物馆（国家AAAA级旅游景区） | 虎门镇解放路88号 | 85527770 | 85512065 | 纪念性和遗址性相结合的专题博物馆，林则徐销烟池与虎门炮台旧址是全国重点文物保护单位，是鸦片战争时期的历史见证，管理面积约80万平方米。博物馆庭院树荫如盖，绿草如茵，中轴线上依次矗立着虎门人民抗英群像、林则徐塑像、馆舍等。馆舍仿古炮台的立面设计，雄伟庄严。院内南侧是当年林则徐销毁鸦片时所开挖的销烟池。展馆分4层，建筑面积达2500平方米。陈列内容为《林则徐禁烟与鸦片战争史实》，详细介绍了鸦片战争的起因和经过，展出了销烟池的木桩、木板；林则徐手书的对联、条幅；抗英时用过的武器；当年缴获英军的洋枪、洋炮等珍贵的实物资料。博物馆先后被评为“全国爱国主义教育基地”、“全国爱国主义教育示范基地”、“国家AAAA级旅游景区”、“全国爱国主义教育示范基地先进单位”。 | 2004年 |
|  | 威远炮台（国家AAAA级旅游景区） | 虎门镇威远岛 | 85527770 | 85512065 | 位于虎门威远岛南面社区，包括威远、镇远、靖远、南山顶、蛇头湾、鹅夷等炮台，这些炮台构成立体的海防防御体系，被誉为“南方海上长城”。 | 2004年 |
|  | 沙角炮台（国家AAAA级旅游景区） | 虎门镇沙角 | 85527770 | 85512065 | 位于虎门镇沙角社区，保存完好，对外开放的有沙角门楼、濒海台、临高台、捕鱼台、节兵义坟、林则徐纪念碑、功劳炮、克虏伯大炮等文物遗存。沙角炮台是扼守珠江口的重要要塞，依山傍海，景色秀丽。 | 2004年 |
|  | 海战博物馆（国家AAAA级旅游景区） | 虎门镇威远岛 | 85527770 | 85512065 | 位于虎门镇威远岛南面社区，由陈列大楼、宣誓广场、观海长堤等组成纪念群体。基本陈列《鸦片战争海战陈列》被评为“2001年度全国十大精品陈列之最佳形式设计奖”。《虎门海战半景画》，采用艺术与声、光、电相结合的现代展示手法，具有强烈的艺术表现力和感染力。海战博物馆被列为全国禁毒教育基地之一。 | 2004年 |
| 2 | 松山湖景区（国家AAAA级旅游景区） | 松山湖工业园区内 | 22897688 | 22890769 | 规划控制面积72平方公里，坐拥8平方公里的淡水湖和14平方公里的生态绿地，保持着完好的充满岭南气息的原生态绿地，绿化覆盖率超过了60%。8平方公里水面的松山湖，四周峰峦环抱，湖面烟波浩渺。开发出了“生态游”“工业游”和“科技游”三大旅游产品，有松湖烟雨、松湖花海、状元笔公园、月荷湖公园、梦幻百花谷、桃源公园等主要景点，是集游览、休闲、度假、健身娱乐于一体的国家AAAA级旅游景区。创意生活城是松山湖整体生活配套的中心，也是“东莞制造”产业支持中心的载体，建立了东莞“名牌产品直销中心”，展销东莞知名产品，包括徐福记、圣心、华美等。松山湖先后被评为“中国最具发展潜力的高新技术产业开发区”“国家电子信息产业基地”“部省市共建国家火炬创新创业园试点计划”“跨国公司最佳投资的开发区”“中国青年留学人员创业基地”“国家高新技术创业服务中心”。 | 2009年 |
| 3 | 广东观音山国家森林公园（国家AAAA级旅游景区） | 樟木头镇石新区 | 87708666 | 87799666 | 全国首家民营国家级森林公园，园区总面积18平方公里，森林覆盖率达99%以上，是集生态观光、娱乐健身和宗教文化为一体的国家AAAA级旅游景区，被誉为“南天圣地、百粤秘境”。荣获“中国十佳休闲景区”“中国最佳旅游目的地”“广东大学生最喜爱的景区”等称号；联合国环境规划署认定的“中国最具发展潜力的企业”和“国际生态安全旅游示范基地”。观音山历史悠久，环境清幽，风景秀丽，空气清新，珍禽异兽时有出没，奇花异草漫山遍野。公园内景点林立，一步一景，主要景点有：慈云阁、国际会展中心、蔡子培将军像、八仙过海、观音广场、财神殿、大悲殿、感恩湖、三十六级瀑布等。园区内的观音山古树博物馆是国内首家古树博物馆，收藏了近年来出土的有研究价值和观赏价值的古树近百棵，先后被授予东莞市首批“科普教育基地”和“广东省青少年科普教育基地”称号。 | 2009年 |
| 4 | 东莞市科学技术博物馆（国家AAAA级旅游景区） | 新城市中心区元美中路2号 | 22835269 | 22835298 | 主要展示制造业科技和信息高新技术两大主题，同时兼顾启蒙科技、网上科技馆、影视天地三大辅题，是国内首创的具有东莞特色和现代意义的专题科技馆。馆内展品达300多件（套），90%为互动展品，80%为创新展品，在行业内地位较高，是东莞科技旅游示范点。占地面积4万平方米，建筑面积4万平方米，展示面积1.2万平方米，总投资3亿元人民币，建筑和投资规模继上海科技馆和中国科技馆之后。拥有华南地区第一家IMAX球幕影院、4D动感影院、普通电影院兼多功能报告厅，能与欧美同步放映科技大片和故事大片。是举办学术交流、科普会议、教育培训等重要场所。 | 2011年 |

续表

| 序号 | 景点名称 | 地址 | 传真 | 电话 | 简介 | 公示时间 |
|---|---|---|---|---|---|---|
| 5 | 新华南MALL欢笑天地（国家AAAA级旅游景区） | 万江街道万道路三元盈晖大厦 | 22430055 | 89833010 | 这是新华南MALL旗下娱乐休闲板块的主体部分，是与英国、新加坡、意大利、荷兰共同打造的目前中国最大的动感娱乐主题街区。这里不仅有缤纷各异的嘉年华游戏，还有全球最具代表性的各类室内、室外的娱乐项目及游乐设备。包括亚洲最长的室内过山车、中国第一台的“极速风暴”、中国最高的“九霄惊魂”、亚洲最具特色的“金字塔”激流历险，还有跳跃空间、飞虎骑兵、反斗骑士、摇摆旅程、鬼马碰碰车、激情桑巴、天旋地转等几十个动感娱乐项目，是适合同家人朋友、参与的综合性娱乐主题街区。 | 2011年 |
| 6 | 龙凤山庄影视旅游区（国家AAAA级旅游景区） | 凤岗镇馆井头嘉辉路嘉辉坊 | 87562288 | 87562288 | 龙凤山庄影视度假村位于东莞市凤岗镇，占地38万平方米，它毗邻深圳平湖、龙岗，集餐饮、娱乐、婚纱摄影、旅游、度假休闲为一体的“轻松驿站”。度假村内设有各式各样的游玩设施，万顷花海、“绿色长廊”、草莓基地、万棵荔枝园、千棵龙眼等生态园；“欢乐艺演台”动物表演、清明上河街民间杂技表演、梦幻西西里水上舞台大型歌舞表演、节假日大型中式、西式婚礼巡游表演，将带给游客不同的视觉体验，还有可容纳500人的大型自助烧烤场，度假村内蓝天、白云、青山、绿水、花海、人文景观和谐共生。在2011年荣获“东莞五大特色景区之一”“中国最佳拍摄基地”等称号，2012年2月正式被评定为国家AAAA级旅游景区，也是华南最大的婚纱外景拍摄基地。度假村内拥有地标式鸟笼、龙凤大殿、教堂、清明上河街等100多处特色景观，更能全方位的满足珠三角乃至全国婚纱影楼的摄影需求。 龙凤山庄配套准五星级婚嫁酒店嘉辉会酒店，500多间各具特色客房，千人宴会厅，多功能际商务会议厅，森巴游泳池、恒温池、盛世皇宫，让您商务休闲两不误，乐逍遥水疗中心，带您走进梦幻天堂，体验最高级的休闲、养生文化。 | 2012年 |
| 7 | 粤晖园（国家AAAA级旅游景区） | 道滘镇粤晖路1号 | 88386688 | 88389228 | “北游颐和园，南游粤晖园”。粤晖园是岭南园林的杰作，是一座占地面积50余公顷、总投资3亿元人民币的大型私家园林。粤晖园地处东江支流下游水网密布的道滘镇，毗邻珠江口，占地面积50余公顷，总投资3亿元人民币，是中国最大的古典园林之一。粤晖园布局精妙，将岭南园林传统艺术与现代审美情趣融合于一园，楼馆、亭台、水榭、曲廊、石桥、假山等108个园林景点，蕴含着清雅别致的岭南古建筑风格，掩映于青翠欲滴的古树名木之间，曲径通幽，步移景异。馨文馆是园中的主体建筑，面积一万多平方米，为岭南仿古楼阁之冠，珍藏着岭南文化艺术瑰宝。南韵馆则是古典剧场，可聆听传统粤曲的天籁之音。五元坊、诗廊、归水桥等众多景点，工艺精湛，富于岭南文化气息。粤晖园展现了恢弘壮阔的历史画卷和旖旎多姿的水乡风情，集观光度假、休闲娱乐、艺术鉴赏、拓展培训为一体的旅游胜地。 | 2012年 |
| 8 | 香市动物园（国家AAAA级旅游景区） | 寮步镇药勒村 | 82819903 | 82813399 | 香市动物园是东莞首个大型动物园，位于香市现代农业生态园内，占地面积700亩约合47万平方米。园内饲养了70余种1100多只来自世界各地的珍禽异兽，在动物舍建设上，突破了笼养式的传统模式，采用了大圈散养和混养的方式，并用水面、岛屿、玻璃和木栅栏进行区分各种动物的领域。拥有表演阵容强大的动物综合表演馆和海兽表演馆。除了可以观赏到白虎、狮子、河马、长颈鹿、麋鹿、黑猩猩等珍稀动物，还可以看到精彩的大象表演和海兽表演，让游客亲身体现与兽同行的刺激和快感，感受动物园带来的独有的香市韵味。 | 2013年 |
| 9 | 东莞市展览馆（国家AAAA级旅游景区） | 南城街道鸿福路97号 |  | 22834000 | 东莞展览馆建筑面积26397平方米，展览面积10000平方米，是一座以展示东莞名城风采为目标，再现东莞发展历程、发展成就和发展图景，浓缩东莞过去、现在、未来，集宣传、教育、咨询、娱乐功能于一体的现代化展览场馆 |  |
| 10 | 东莞市广东东江纵队旧址（国家AAAA级旅游景区） | 大岭山镇大岭村委会大王岭村 |  | 85651000 | 东莞广东东江纵队旧址分为广东东江纵队纪念馆和大岭山抗日根据地旧址两部分，为全国青少年教育基地、东莞市首批爱国主义教育基地，是东江纵队发祥地和重要活动地之一，是东江抗日根据地的重要组成部分，市华南敌后抗战的重要战场。广东东江纵队纪念馆是收藏、研究及展示东江纵队革命史迹的纪念性专题博物馆。大岭山抗日根据地旧址市华南地区保存最为完好、规模最大、历史风貌最为完整的抗日旧址 |  |

续表

| 序号 | 景点名称 | 地址 | 传真 | 电话 | 简介 | 公示时间 |
|---|---|---|---|---|---|---|
| 11 | 东莞市清溪银瓶山森林公园（国家AAAA级旅游景区） | 清溪镇石田二街53号 |  | 87386638 | 银瓶嘴森林公园位于广东东莞谢岗镇和惠州相接处，素有“小九寨沟”之称。银瓶嘴山主峰898米，有东莞第一高峰美誉，因远望像一樽银瓶，山尖如嘴而得名。银瓶嘴山峰连绵起伏，自然植物种类和花草品种繁多，野生动物不计其数。山里自然生态环境非常好，植被茂密，生长着珍贵的红花荷、赤藜、白橡、阿丁枫、樟树、荷木、桐木等植物，山中有清泉飞泻万丈，泉水从悬崖峭壁喷射而出，山泉清澈甘甜可口、耐人寻味、天下难寻，是最佳而且又最清纯的天然矿泉水 |  |
| 12 | 圣心糕点博物馆（国家AAA级旅游景区） | 茶山镇茶山工业园B区 | 86418779 | 81855326 | 国内第一个以糕点为主题的食品类博物馆，通过实物、图片、现场演示等方式，再现了我国历史悠久的传统糕点文化。圣心食品有限公司于2006年开始筹建国内首个糕点博物馆及厂房和文化旅游设施，博物馆展区面积有3000多平方米，搜集了糕点类制作器具、机械、包装、仿真品、实物、与糕点相关的民俗物件及图片1000多件，展出的有300多件。展示物品从“传统的中国文化演变、岭南糕饼文化、民俗文化以及与糕点相关的历史记载”等四个方面形象生动展示了中国糕点文化。博物馆注重游客的互动性，允许游客现场参与食品制作，并提供有关食品制作培训，将食品、民俗、文化有机结合在一起，让游客在食品的制作过程中，更好地了解东莞的饮食文化。 | 2010年 |
| 13 | 唯美陶瓷博物馆（中国建筑陶瓷博物馆）（国家AAA级旅游景区） | 高埗镇北王路 | 81304567-222 | 81133333-223 | 由企业兴建的产业资源类博物馆，耗资3000万元、占地2万多平方米，地处广东省唯美陶瓷有限公司总部，内有展品、藏品近8万余件，共分为唯美陶瓷馆、唯美历史陈列室、唯美壁饰展、唯美装饰展、唯美创作礼品作品展、中国建筑陶瓷史展厅、陈复澄唯美艺术馆及陶艺馆等8个展厅，是一个集陶瓷、书画艺术品展示与企业建筑陶瓷发展历史、中国陶瓷发展历史于一体的陶瓷博物馆。展馆一层富有现代气息，主要展示马可波罗和L&D两大主导品牌产品。整个展厅布局独具匠心，整体与局部处理恰到好处，幽雅的环境让置身其中的参观者心情放松，感叹连连。位于博物馆二三楼的唯美壁饰展、唯美装饰展、唯美创作礼品作品展、陈复澄唯美艺术馆等4个展馆、唯美历史陈列室一系列展示让参观者强烈感受到唯美企业特殊的背景和发展历程。中国建筑陶瓷史展厅则让人更加了解中国博大精深的建筑陶瓷文化。最受欢迎的应属互动型展厅陶艺馆，让观者在参与陶艺制作体验中回味无穷。 | 2013年 |
| 14 | 诺华中式家具博物馆（国家AAA级旅游景区） | 道滘镇南丫南阁工业区 | 88313441 | 88313441 | 诺华·中国家具博物馆地处美丽富饶的华南珠江三角洲，坐落于中国最重要的家具生产重地之一的东莞市，由中国知名家具企业东莞诺华家具有限公司全资建造，广东省家具行业协会为主要管理单位。诺华·中国家具博物馆的展示设计以不同历史时期（朝代）人们生活方式的变迁为背景，以家具品类的丰富演变历程为主线，用具代表性的家具及其配套艺术陈设营造出生动的生活场景，并借助丰富的图文史料与高科技的影像、多媒体演示等方式，采用“点（单件家具）面（生活场景）结合”的形式，真实地再现了各个历史时期的家具特质与生活风貌。诺华·中国家具博物馆展示面积约5000平方米，主要分为“商周秦汉”“两晋南北朝”“隋唐五代”“宋元”“明清”“民国”“文革时期”“现代时期”“当代设计师家具作品”“未来与概念家具体验”等10个展区。 | 2013年 |
| 15 | 森晖自然博物馆（国家AAA级旅游景区） | 莞城街道可园路博厦九坊（即可园斜对面） | 22247331 | 22227899 | 占地面积12000多平方米，博物馆展馆建筑面积6000多平方米，古玩城建筑面积约8000平方米。博物馆主要集古生物化石、根雕、奇石、名人字画、木雕等领域的收藏、展览、研究和科普等于一体，是一家规模较大、藏品较多、设施完善、功能齐备的自然科学博物馆；古玩城内设展览交流培训中心，精优商铺，主要经营以古典家具、奇石、根雕、翡翠、玉器、书画、瓷器、陶器、沉香、杂项等商品，是东莞较集中化、规模化、专业化，具备商务交流信息传播，培训鉴定，休闲淘宝，艺术创造为一体的古玩城。 | 2013年 |

续表

| 序号 | 景点名称 | 地址 | 传真 | 电话 | 简介 | 公示时间 |
|---|---|---|---|---|---|---|
| 16 | 中和堂博物馆（国家AAA级旅游景区） | 莞城街道旗峰路 | | | 中和堂博物馆简介中和堂，华南区规模最大、档次最高的专业艺术品收藏馆。总建筑面积达10000多平方米，是一间集收藏、研究、展示、销售于一体的艺术品收藏馆。中和堂馆藏各类珍贵艺术品，集古玉、青铜、金石、书画、瓷器、东莞文化及各类工艺品之大成于一体。其中展出红山玉器、良渚玉器距今已有五千年左右历史；商、周、春秋战国时代等时期青铜器，是人类文化宝库中的精华；历代名家书画齐全完备，堪称中国书画文明史；而瓷器更涵括了宋代五大名窑、八大窑系；元青花、青花釉里红；明洪武、永乐、宣德、成化、弘治、正德、嘉靖、隆关、万历；康雍 乾及嘉庆、道光、光绪等御用瓷器。 | |
| 17 | 冠和博物馆（国家AA级旅游景区） | 樟木头镇莞惠大道中心广场三楼 | 86267388 | 86269189 | 以收藏、展示、研究历代文物为主的综合性私人博物馆，广东省最大的民营博物馆，也是全国第一家以古典家具展览为主的博物馆，是国家AA级旅游景区。博物馆藏品颇丰，分为紫檀区、大长条案横匾区、民初区、兵器乐器区、大柜大床区等10个展区。古典家具展主要是以明、清两代为主，年代跨度为543年（公元1368—1911年），这个时期是传统家具的黄金时代，明代家具高大威昂，线条优美，花纹简朴，很有气派；清代家具精雕细刻、图案繁多，追求宫廷式的富丽堂皇。博物馆除了古典家具藏品外，收藏陈列的藏品还有兵器、陶瓷、书画、木雕、根雕、古乐器、民间工艺绣品、古代农村生活工具、文革时期纪念品、西方古典用具等十几个类别。 | 2003年 |

## 东莞市旅行社名录

| 序号 | 许可证号 | 旅行社名称 | 电话 | 传真 | 企业地址 | 邮编 |
|---|---|---|---|---|---|---|
| 1 | L-GD-CJ00105 | 东莞市国际旅行社 | 22458168 | 22473428 | 莞城街道东城大道188号新华大厦三楼 | 523008 |
| 2 | L-GD-CJ00106 | 东莞市中国旅行社 | 22008888 | 23091678 | 南城街道元美路华凯广场A栋二楼 | 523071 |
| 3 | L-GD-CJ00107 | 广东国泰国际旅行社 | 22088888 | 22225333 | 南城街道体育路26号盈峰中心 | 523000 |
| 4 | L-GD-CJ00108 | 东莞康辉国际旅行社 | 22488666 | 22001666 | 南城街道莞太路63号鸿福广场2、3楼 | 523075 |
| 5 | L-GD-CJ00109 | 东莞市腾龙假日国际旅行社 | 23362789 | 23361488 | 东城街道东城中心A2街道A二层19号商铺 | 523129 |
| 6 | L-GD-CJ00110 | 东莞市景鸿国际旅行社 | 22313888 | 22326555 | 东城街道东城南路联和大厦7楼 | 523129 |
| 7 | L-GD-CJ00111 | 东莞市东华国际旅行社 | 22663333 | 22623333 | 东城东路5号东华大厦1-2楼 | 523110 |
| 8 | L-GD-CJ00112 | 东莞市四海国际旅行社 | 22339888 | 22337732 | 莞城街道东城大道东平街223号 | 523000 |
| 9 | L-GD-CJ00113 | 东莞市青年国际旅行社 | 22239388 | 22228961 | 莞城街道新芬路42号 | 523007 |
| 10 | L-GD00262 | 东莞市泰平旅行社 | 85223236 | 85112748 | 虎门镇丰地南坊不夜天商场地方风味商铺区域13号1楼 | 523900 |
| 11 | L-GD00263 | 东莞市丰行旅行社 | 22388888 | 22388880 | 莞城街道罗沙路126号金沙大厦6楼 | 523008 |
| 12 | L-GD00264 | 东莞市讯通旅行社 | 22488786 | 22498698 | 莞城街道莞太大道5号讯通大厦8楼 | 523009 |
| 13 | L-GD00265 | 东莞市阳光旅行社 | 22825888 | 22827393 | 南城街道体育路26号盈锋商务中心2栋办公1002、1004室 | 523000 |
| 14 | L-GD00266 | 东莞市明珠旅行社 | 22335888 | 22300700 | 南城街道莞太路8号综合大楼五楼 | 523009 |
| 15 | L-GD00267 | 东莞市南湖旅行社 | 22112257 | 22112253 | 莞城街道南城路南城大厦十楼1002室 | 523007 |
| 16 | L-GD00268 | 东莞市南方观光旅行社 | 22501177 | 22508366 | 莞城街道园南路6号 | 523007 |
| 17 | L-GD00271 | 东莞市华夏旅行社 | 22386666 | 22385828 | 南城街道元岭新街4号 | 523000 |
| 18 | L-GD00272 | 东莞市广之旅旅行社 | 22480230 | 22500948 | 莞城街道东纵大道地王商务中心11楼10室 | 523000 |
| 19 | L-GD00269 | 东莞市君达假期旅行社 | 89914893 | 23135678 | 南城街道胜和建设路2号一楼9-10号 | 523000 |
| 20 | L-GD00274 | 东莞市幸福假期旅行社 | 22761432 | 22243528 | 莞城街道香港街维港6座201-206 | 523000 |
| 21 | L-GD00275 | 东莞市新华旅行社 | 85569955 | 85569977 | 虎门镇连升中路17号新华旅游大厦 | 523900 |
| 22 | L-GD00277 | 东莞市金运旅行社 | 89973333 | 89973332 | 莞城街道旗峰路76号 | 523000 |
| 23 | L-GD00273 | 东莞市金旅假期旅行社 | 85087788 | 85087000 | 南城街道鸿福元美西路8号华凯广场B幢605号 | 523960 |

续表

| 序号 | 许可证号 | 旅行社名称 | 电话 | 传真 | 企业地址 | 邮编 |
|---|---|---|---|---|---|---|
| 24 | L-GD00276 | 东莞市名界旅行社 | 22267868 | 22612038 | 南城鸿福路91号鸿基大厦12楼1205室 | 523000 |
| 25 | L-GD00278 | 东莞市南方阳光商务旅行社 | 22222260 | 85128525 | 虎门镇港口路12号新丰大厦首层 | 523898 |
| 26 | L-GD00279 | 东莞市文康旅行社 | 81768867 | 85421838 | 长安镇长盛社区长中路107号2铺 | 523850 |
| 27 | L-GD00280 | 东莞市欢泰旅行社 | 85044444 | 85198388 | 虎门镇太沙路81号地铺 | 523900 |
| 28 | L-GD00284 | 东莞市东行天下旅行社 | 22980218 | 21683228 | 南城街道宏远宏景中心C16号铺 | 523000 |
| 29 | L-GD00283 | 东莞市畅游天地旅行社 | 22229917 | 22116234 | 莞城街道莞太路城区工业园联丰楼401 | 523000 |
| 30 | L-GD00288 | 东莞市永泰旅行社 | 22416888 | 22428155 | 莞城街道东纵大道地主广场2区3号 | 523000 |
| 31 | L-GD00285 | 东莞市优游旅行社 | 22336999 | 22308699 | 东城街道新世界花园东城支路5号A铺 | 523000 |
| 32 | L-GD00281 | 东莞市会通旅行社 | 22880005 | 23394436 | 南城街道莞太路美佳大厦首层 | 523001 |
| 33 | L-GD00290 | 东莞市天马旅行社 | 82824444 | 82824422 | 常平镇东园南路16号裕隆大厦1208室 | 523573 |
| 34 | L-GD00289 | 东莞市松山湖旅行社 | 22890202 | 22897688 | 松山湖管控股大厦五楼 | 523808 |
| 35 | L-GD00286 | 东莞市宏途旅行社 | 23039032 | 23039066 | 东城西路鸿福大厦L区503 | 523000 |
| 36 | L-GD00282 | 东莞市金泰旅行社 | 85199981 | 85199986 | 虎门镇人民南路91号之十 | 523900 |
| 37 | L-GD00287 | 东莞市江南假期旅行社 | 81182668 | 82209855 | 常平镇沿河东三路18号威盛商务大厦三楼 | 523560 |
| 38 | L-GD00291 | 东莞市康泰旅行社 | 89995666 | 89990060 | 长安镇乌沙环南路4号之一 | 523850 |
| 39 | L-GD00292 | 东莞市飞马旅行社 | 33215681 | 23107272 | 寮步镇坑口三正乐事大街22号铺 | 523000 |
| 40 | L-GD00294 | 东莞市捷旅旅行社 | 22886628 | 22819090 | 南城街道莞太路81号亨美工贸大厦75号商铺 | 523000 |
| 41 | L-GD00293 | 东莞市车游天下旅行社 | 23392222 | 23390668 | 南城街道胜和体育路3号体育中心体育馆东面首层北段2号A铺 | 523000 |
| 42 | L-GD00921 | 东莞市益生旅行社 | 82388238 | 82383666 | 长安镇长盛社区中兴北街68号益生大厦一楼商铺 | 523850 |
| 43 | L-GD00966 | 东莞市瑞翔旅行社 | 88998666 | 88991234 | 东城街道东城中路辉煌大厦7楼D街道28-33 | 523000 |
| 44 | L-GD00967 | 东莞市众信旅行社 | 87001666 | 87002666 | 虎门镇金桥商住楼太沙2号商铺 | 523900 |
| 45 | L-GD00968 | 东莞市潮流假期旅行社 | 22025188 | 22025818 | 莞城街道旗峰路162号中侨大厦A座6楼C2 | 523000 |
| 46 | L-GD00969 | 广东中旅（东莞）旅行社 | 23188777 | 23096188 | 南城街道簪花路华凯豪庭C座首层 C33号 | 523000 |
| 47 | L-GD01025 | 风华旅行社 | 22010355 | 22013477 | 莞城街道东城大道248号 | 523000 |
| 48 | L-GD01024 | 东莞市环宇旅行社 | 89779956 | 22888358 | 南城街道金色华庭新霞阁109-1铺 | 523000 |
| 49 | L-GD01129 | 东莞市华南旅行社 | 22453913 | 22453913 | 南城街道新城市中心街道簪花路18号 | 523000 |
| 50 | L-GD01256 | 港中旅(东莞)国际旅行社 | 23329888 | 23326663 | 东城街道东城大道御景大厦5楼50874 | 523129 |
| 51 | L-GD01307 | 东莞市国通旅行社有限公司 | 23032223 | 23032226 | 莞城街道东城南路东升大厦一楼4号 | 523000 |
| 52 | L-GD01343 | 东莞市晨华旅行社有限公司 | 22201168 | 22992111 | 南城街道新城市中心街道元美东路东侧商业中心二期百安中心A幢903号 | 523000 |
| 53 | L-GD01352 | 东莞市飞扬旅行社有限公司 | 23398833 | 23398800 | 南城街道莞太路81号亨美工贸大厦7楼702室 | 523000 |
| 54 | L-GD01353 | 中国国旅（广东东莞）旅行社有限公司 | 23135388 | 22021260 | 莞城金牛路41号亚洲大厦一楼 | 523000 |
| 55 | L-GD01405 | 东莞市猎狐旅行社有限公司 | 23329936 | 23327237 | 东城街道主山高田坊联动大厦1楼106号 | 523120 |
| 56 | L-GD01490 | 东莞市中港旅行社有限公司 | 22255278 | 22255119 | 东城街道火炼树东城明苑第九期15号铺 | 523000 |
| 57 | L-GD01774 | 东莞市行知旅行社有限公司 | 22761666 | 22369246 | 南城鸿福西路中段阳光大厦19号 | 523000 |
| 58 | L-GD01785 | 东莞市星源假日旅行社有限责任公司 | 22993210 | 23022297 | 南城街道车站北路15号丰盛名苑2栋商铺110号 | 523000 |
| 59 | L-GD01799 | 东莞市五湖四海旅行社有限公司 | 28056248 | 28056925 | 南城街道鸿福路108号中盛商务大厦312商铺 | 523000 |
| 60 | L-GD01801 | 东莞市华粤旅行社有限公司 | 88881886 | 88881846 | 中堂镇G107国道新鹤田路口耀鸿大厦地面铺103单元 | 523000 |
| 61 | L-GD01832 | 东莞市东旅游旅行社有限公司 | 22477878 | 22466009 | 莞城街道学院路林科所综合大楼287号 | 523000 |
| 62 | L-GD01915 | 东莞市胜景游旅行社有限公司 | 81287886 | 89026343 | 长安镇锦厦东门中路百汇金融大厦11楼15号 | 523000 |
| 63 | L-GD01916 | 东莞市玩美假期旅行社有限公司 | 81616520 | 85059146 | 虎门镇白沙社区虎门国际公馆一期商业街A113-A213号铺 | 523000 |

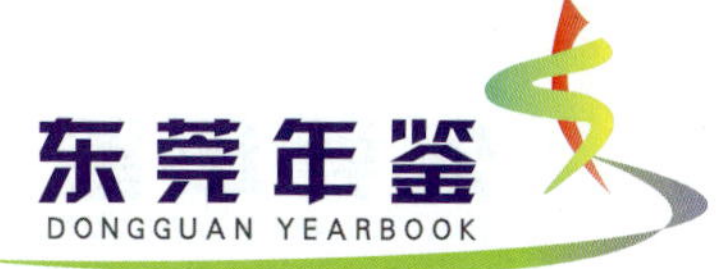

续表

| 序号 | 许可证号 | 旅行社名称 | 电话 | 传真 | 企业地址 | 邮编 |
|---|---|---|---|---|---|---|
| 64 | L-GD01949 | 东莞市致尚假期旅行社有限公司 | 22001121 | 22001211 | 南城街道鸿福路200号第一国际汇一城5号办公楼611 | 523000 |
| 65 | L-GD01968 | 东莞市出行易旅行社有限公司 | 33333339 | 88989666 | 东城街道桑园村银贵路2号（广仁驾校一楼） | 523000 |
| 66 | L-GD-CJ00004-DGFS001 | 广州广之旅国际旅行社东莞分公司 | 22480230 | 22500948 | 莞城街道东城西路39号右侧鸿福大厦地下2号铺位 | 523015 |
| 67 | L-GD-CJ00039-DGFS001 | 深圳中国国际旅行社有限公司东莞分公司 | 22388000 | 22100202 | 莞城街道新芬路42号之二 | 523007 |
| 68 | | 广东国旅国际旅行社东莞分公司 | 81569999 | 21681777 | 南城街道鸿福路200号第一国际财富中心写字楼C栋906单元 | 523000 |
| 69 | L-GD01319-DGFS001 | 国旅（惠州）国际旅行社有限公司东莞分公司 | 21995319 | 21995328 | 南城街道银丰路12街3巷5号一楼 | 523000 |
| 70 | L-GD-CJ00003-DGFS001 | 广东省中国青年旅行社东莞分社 | 22337222 | 22338807 | 南城街道三元里社街道财津商务大厦12楼1201-1216号 | 523000 |
| 71 | L-GD-CJ00020-DGFS001 | 中青旅广州国际旅行社有限公司东莞分公司 | 22020555 | 22033808 | 南城街道鸿福路82号腾龙大厦办公2011室 | 523009 |
| 72 | L-GD-CJ00010-DGFS001 | 广东粤侨国际旅行社有限公司东莞分公司 | 85081228 | 85081099 | 厚街镇康乐南路新城八八商业街A区036商铺 | 523000 |
| 73 | L-GD-CJ00019-DGFS001 | 广东南湖国际旅行社有限责任公司东莞分公司 | 22110769 | 22112253 | 莞城街道新芬路36号 | 523000 |
| 74 | L-GD01451-DGFS001 | 广州名扬国际旅行社有限公司东莞分公司 | 81706666 | 86625838 | 石龙镇红棉路一号第一层1F150-2号 | 523321 |
| 75 | L-JS-CJ00107-DGFS001 | 南京途牛国际旅行社有限公司东莞分公司 | 23033899 | 22200567 | 南城街道鸿福西路国际商会大厦1511号 | 523000 |
| 76 | L-GD-CJ00017-DGFS001 | 广东中信国际旅行社有限公司东莞分公司 | 22885111 | 22885100 | 南城街道胜和簪花路顶好大厦A座四楼407房 | 523000 |

▲ 虎门鸦片战争博物馆

## 餐饮业

【餐饮业概况】 2014年，东莞市住宿和餐饮业实现增加值179.96亿元，比上年下降4.5%；实现销售额123.48亿元，下降0.1%。住宿和餐饮业固定资产投资5.79亿元，下降16.3%；新增餐饮服务业牌照8396个。

【首届东莞（麻涌）水乡旅游美食节】 2014年6月1—13日，由麻涌镇政府主办的"东莞（麻涌）水乡旅游美食节"在麻涌镇中大渔人码头举行。主题为"水乡美食，美丽麻涌"，美食节以搭建东莞食品对外交流与合作发展的平台为目标，展示国内外名优食品企业品牌与传统特色美食文化。活动期间，展示126种糕点与名菜，举办近20场精彩的文体活动，包括开幕式、粮油食品展、美食文化节、粤剧曲艺表演、"乐在麻涌"等活动，通过大型展销、互动交流、文化展演等，助推美食产业的转型升级。

【塘厦第三届美食嘉年华】 2014年12月12日，塘厦第三届"塘厦味道·风味小吃"美食嘉年华活动在塘厦花园街广场开幕。活动设置60余个展位，供20个社区的"大妈"和十余家星级酒店大厨同台竞技，数十种塘厦特色风味小吃和其他美食令众多"吃货"大快朵颐。此次活动主要以展示、制作和品尝美食为主，发掘塘厦民间名小吃、土特产以及传统风俗，让广大群众在品味塘厦本土美食的同时，体验塘厦风俗民情，提升塘厦美食的知名度，推广塘厦的饮食文化。

### 东莞市星级酒店名录

| 序号 | 酒店 | 星级 | 联系电话 | 酒店传真 | 邮编 | 地址 |
|---|---|---|---|---|---|---|
| 1 | 凤岗名冠金凯悦大酒店 | 五星 | 87759888 | 87759388 | 523690 | 凤岗镇凤深大道158号 |
| 2 | 东莞豪门大饭店 | 五星 | 85117888 | 85111445 | 523907 | 虎门镇虎门大道 |
| 3 | 嘉华大酒店 | 五星 | 85928888 | 85923888 | 523949 | 厚街镇家具大道1号 |
| 4 | 东莞富盈雅高美爵酒店 | 五星 | 85888888 | 85888889 | 523940 | 厚街镇赤岭路段 |
| 5 | 索菲特东莞御景湾酒店 | 五星 | 22698888 | 22696666 | 523129 | 东城街道迎宾路8号 |
| 6 | 长安莲花山庄酒店 | 五星 | 85538388 | 85538662 | 523846 | 长安镇莲峰北路77号 |
| 7 | 长安海悦花园大酒店 | 五星 | 85318888 | 85539788 | 523840 | 长安镇霄边管理区二环路 |
| 8 | 柏宁长安国际酒店 | 五星 | 85333333 | 85332222 | 523843 | 长安镇德政路222号 |
| 9 | 石龙名冠金凯悦大酒店 | 五星 | 86188888 | 86181991 | 523325 | 石龙镇莞龙路西湖路段 |
| 10 | 东莞喜来登大酒店 | 五星 | 85988888 | 85908888 | 523962 | 厚街镇S256省道莞太路段 |
| 11 | 新都会怡景酒店 | 五星 | 87883888 | 87925439 | 523712 | 塘厦镇环市东路6号 |
| 12 | 太子酒店 | 五星 | 83363333 | 83364422 | 523749 | 黄江镇江北路32号 |
| 13 | 塘厦三正半山酒店 | 五星 | 87299333 | 87299999 | 523710 | 塘厦镇迎宾大道 |
| 14 | 汇华国际饭店 | 五星 | 83938888 | 83028288 | 523560 | 常平镇常平大道2号 |
| 15 | 帝豪花园酒店 | 五星 | 83122222 | 83138228 | 523788 | 大朗镇美景中路769号 |
| 16 | 丰泰花园酒店 | 五星 | 85708888 | 85239028 | 523900 | 虎门镇S358省道大板地路段 |
| 17 | 华尔登国际酒店 | 五星 | 81028888 | 81023333 | 523538 | 桥头镇广场路3号 |
| 18 | 悦莱花园酒店 | 五星 | 81118888 | 81112288 | 523400 | 寮步镇香市路8号 |
| 19 | 欧亚国际酒店 | 五星 | 82838888 | 83555300 | 523573 | 常平镇常东路8号 |
| 20 | 东莞虎门美思威尔顿酒店 | 五星 | 82888888 | 82888889 | 523900 | 虎门镇虎门大道黄河商业城 |
| 21 | 厚街国际大酒店 | 五星 | 85088888 | 81268888 | 523962 | 厚街镇东风路与S256省道交汇处 |
| 22 | 东莞宾馆 | 四星 | 22222222 | 22227255 | 523005 | 莞城街道东正路11号 |
| 23 | 江龙大酒店 | 四星 | 85838888 | 85812788 | 523962 | 厚街镇S256省道莞太路段 |
| 24 | 新都会酒店 | 四星 | 87713333 | 87717833 | 523625 | 樟木头镇维多利商业大道38号 |
| 25 | 宏远酒店 | 四星 | 22418888 | 22814630 | 523070 | 南城街道宏远路1号 |
| 26 | 汇美酒店 | 四星 | 83918888 | 83818288 | 523560 | 常平镇中元路9号 |
| 27 | 东莞市花园酒店 | 四星 | 87799888 | 87180208 | 523618 | 樟木头镇南城广场 |
| 28 | 长安酒店 | 四星 | 85532388 | 85532482 | 523841 | 长安镇中心S358省道旁 |
| 29 | 新世纪酒店 | 四星 | 83338888 | 83336668 | 523560 | 常平镇常平大道8号 |
| 30 | 厚街海悦花园大酒店 | 四星 | 85885888 | 85831837 | 523962 | 厚街镇厚街大道东 |
| 31 | 汇源美爵酒店 | 四星 | 85244888 | 85244333 | 523907 | 虎门镇虎门大道 |

续表

| 序号 | 酒店 | 星级 | 联系电话 | 酒店传真 | 邮编 | 地址 |
|---|---|---|---|---|---|---|
| 32 | 业丰大酒店 | 四星 | 83113888 | 83103928 | 523770 | 大朗镇莞樟路金朗大道23号 |
| 33 | 方中假日酒店 | 四星 | 86866666 | 86868686 | 523399 | 茶山镇茶山大道西28号 |
| 34 | 常平半岛酒店 | 四星 | 83988888 | 83988999 | 523562 | 常平镇北环路 |
| 35 | 波尔顿华禧酒店 | 四星 | 85383888 | 85338118 | 523869 | 长安镇S358省道上沙路段 |
| 36 | 嘉辉会酒店 | 四星 | 87563388 | 87553444 | 523709 | 凤岗镇官井头嘉辉路 |
| 37 | 美怡登酒店 | 四星 | 83028888 | 83028889 | 523560 | 常平镇中元路 |
| 38 | 天悦酒店 | 四星 | 81812222 | 81813333 | 523290 | 石碣镇崇焕路18号 |
| 39 | 华庭花园酒店 | 四星 | 81633333 | 81633322 | 523952 | 厚街镇广东现代国际展览中心南侧 |
| 40 | 新都会璜玛酒店 | 四星 | 87633338 | 87636999 | 523597 | 谢岗镇花园大道73号 |
| 41 | 石龙宾馆 | 三星 | 86613333 | 86617617 | 523326 | 石龙镇绿化中路2号 |
| 42 | 广彩城酒店 | 三星 | 22402088 | 22404196 | 523077 | 南城街道莞太路 |
| 43 | 石碣豪华大酒店 | 三星 | 86633333 | 86634679 | 523290 | 石碣镇新城区 |
| 44 | 金湖粤海酒店 | 三星 | 87869888 | 87869399 | 523710 | 塘厦镇塘厦大道南99号 |
| 45 | 黄江假日酒店 | 三星 | 83362888 | 83362036 | 523750 | 黄江镇黄江大道3号 |
| 46 | 西湖大酒店 | 三星 | 22822888 | 22822788 | 523083 | 南城街道西平板岭 |
| 47 | 明苑大酒店 | 三星 | 85122918 | 85105138 | 523918 | 虎门镇金龙大道南 |
| 48 | 宝石大酒店 | 三星 | 86662188 | 86662328 | 523500 | 企石镇振华路1号 |
| 49 | 恒丰酒店 | 三星 | 83343333 | 83346333 | 523520 | 桥头镇恒丰新村2号 |
| 50 | 嘉福海港酒店 | 三星 | 88682888 | 88682718 | 523981 | 沙田镇中心区港口大道17号 |
| 51 | 中明酒店 | 三星 | 88883368 | 88811767 | 523220 | 中堂镇新兴路1号 |
| 52 | 东逸酒店 | 三星 | 85396388 | 85396288 | 523847 | 长安镇莲峰路103号 |
| 53 | 鸿茂酒店 | 三星 | 83999388 | 83998998 | 523560 | 常平镇常黄路 |
| 54 | 宏信假日酒店 | 三星 | 87363888 | 87380688 | 523658 | 清溪镇香芒西路 |
| 55 | 天鹅湖酒店 | 三星 | 83338388 | 83338288 | 523562 | 常平镇天鹅湖路8号 |
| 56 | 中青旅山水设计师酒店 | 三星 | 21988888 | 21981213 | 523129 | 东城街道东纵大道189号 |
| 57 | 亚都酒店 | 三星 | 85343888 | 85344228 | 523800 | 长安镇长中路115号 |
| 58 | 金沙亚都酒店 | 三星 | 85413888 | 85393999 | 523861 | 长安镇靖海中路36号 |
| 59 | 耀豪酒店 | 二星 | 88865333 | 88863588 | 523981 | 沙田镇中心区 |
| 60 | 盈丰酒店 | 二星 | 83333333 | 83332988 | 523560 | 常平镇振兴路中段 |
| 61 | 海霞酒店 | 二星 | 82822888 | 82822888 | 523573 | 常平镇板石霞村路段 |
| 62 | 冠城酒店 | 二星 | 82804888 | 89308700 | 523560 | 常平镇中元街常平广场 |
| 63 | 海月酒店 | 二星 | 85926888 | 85939936 | 523947 | 厚街镇港口大道涌口路段 |

▲ 东莞索菲特御景湾酒店

# 金融业 BANKING

## 金融业综述

【金融业概况】 截至2014年，东莞市金融业总量保持全省第四位，增加值占生产总值和第三产业比重分别上升到6.3%和12.1%。全市有银行、证券、保险等金融机构129家，另有小额贷款公司19家、融资性担保公司41家。全市银行业金融机构各项存、贷款余额为9323.3亿元和5562.4亿元，分别比年初增长5.1%和11.5%。全市证券交易额成交量累计高达1.79万亿元，累计实现保费收入258亿元，继续保持广东省地级市首位。同时，村镇银行数量、全国股份转让系统和前海股权交易中心挂牌企业数量均居全省地级市第一位。

【科技、金融、产业融合发展】 2014年，东莞市政府向省申报科技、金融、产业融合创新综合试验区获得同意，向省政府提出给予东莞市科技、金融、产业创新发展若干差别化政策支持的申请获得省金融管理部门的指导与支持。东莞市推进发行专利权质押贷款、科技保险等产品，截至2014年，有5家银行与东莞市签约开展专利权质押贷款业务，其中13家企业获得专利权质押贷款9383万元。《东莞市科技保险试点工作方案》实施，于松山湖高新区试点开展科技保险。

【资本市场发展利用】 2014年，东莞市境内外上市企业达29家，上市后备企业达100家。在全国股份转让系统挂牌的企业有17家，在前海股权交易中心挂牌的企业近200家，数量均居全省地级市第一位。东莞市形成中小板、创业板、新三板、四板和上市后备企业的梯次结构，初步形成资本市场发展的后发优势。此外，“东莞红土”及“东莞中科中广”2只政府引导基金完成投资项目8个，投资总额达2.5亿元。东莞市政府出台《东莞市扶持中小企业发行私募债暂行办法》，推动3家企业发行中小企业私募债4.3亿元。

【地方金融机构稳步发展壮大】 2014年，东莞市推动地方金融机构根据自身发展需要，加快设立异地分支机构。东莞银行韶关分行、东莞农商银行清新支行相继成立，业务范围向粤东西北扩展。吸引民间资本参股设立村镇银行、小额贷款公司等新型经济金融组织。东莞市村镇银行数量达到6家，居全省地级市首位。

【金融对外交流加深】 2014年，东莞市推进莞台金融交流合作，广东省内（除深圳外）第二家台资银行彰化银行东莞分行于2014年设立；玉山银行东莞分行成功开办台资企业人民币业务及设立同城支行。开展莞港金融交流合作，推动设立东莞银行香港代表处，3家企业成功在香港联交所主板上市。同时，东莞金融局与韶关金融局共同签署《东莞韶关全面合作交流框架协议》，推动东莞、韶关两地金融业发展的良性互动、互利共赢。此外，全市跨境人民币结算量达到2283亿元，在全省地级市中排名第二位。

【2014中国（东莞）互联网金融高峰论坛】 2014年5月10日，东莞市人民政府金融工作局指导和讯网与团贷网在东莞共同举办“2014中国（东莞）互联网金融高峰论坛”。论坛以“推动互联网金融 创新助力实体经济发展”为主题，邀请包括著名经济学家、中国人民大学金融与证券研究所所长吴晓求等在内的国内知名研究机构专家学者，以及多家全国性知名财经媒体，探讨转型时

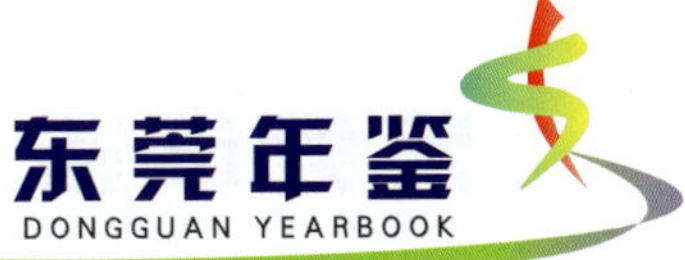


期的互联网创新传统制造业金融服务新模式。（林丹虹）

**附：2014年东莞市金融工作局主要领导名录**

局长：何锦成

【金融调控】 2014年，人民银行东莞市中心支行做好货币政策的宣传解释工作，不断提高货币政策传导效果。加强与市政府的沟通和协调，争取社会公众和市场主体的理解、支持和配合，督促金融机构优化资产结构，盘活存量、用好增量，加大对“三农”、小微企业、科技型企业的支持。截至2014年，全市小微企业贷款余额达到1098.22亿元，占全部企业贷款余额的31.65%。

做好再贴现、支小再贷款等新型货币政策工具在地方的应用推广，支持地方中小微企业发展 2014年，人民银行东莞市中心支行获得7亿元的支小再贷款额度，并于4月4日成功向东莞农商行办理全国首笔支小再贷款，合计贷款金额4500万元，全部发放给4家科技型小微企业。此外，人民银行东莞中心支行累计获得12亿元的再贴现额度，为7家银行办理572笔，共计8.88亿元中小微企业票据再贴现业务。

落实科技金融合作框架协议，推动科技金融发展 出台《关于做好科技金融服务促进科技金融创新试验区建设的指导意见》，引导金融机构继续做好科技金融服务。同时，加强与市财政局、科技局、金融局等部门的沟通协调，完善知识产权质押融资政策体系，将科技贷款风险准备金覆盖范围由专利权扩大至商标权，并精简知识产权质押融资办理流程。协助组织东莞松山湖高新区、辖区金融机构参加广州分行等部门在广州召开的“共同推进广东科技金融融合发展对接会议”，并分别与东莞银行、东莞农商行签署《运用支小再贷款 支持科技型小微企业创新发展协议》。指导辖区部分金融机构与松山湖高新区签署战略合作协议，计划未来3年内向松山湖高新区提供不少于165亿元的意向性授信额度，惠及科技型中小微企业超过700家。

【外汇业务监管】 2014年，人民银行东莞市中心支行落实《共同推动开放型经济发展合作框架协议》，全力扶持地方外向型经济发展。加强产业转型升级政策指引，简化验资询证审核模式。截至2014年，办理“三来一补”转“三资”企业2103家，不作价设备出资金额合计10.88亿美元。支持企业通过境外放款、跨境担保等外汇新政，为境外投资企业的发展提供资金支持，同时支持境内银行向“走出去”企业发放贷款。2014年，办理境外投资外汇登记80笔，境外直接投资14560.68万美元，比上年增长179.74%。帮助东莞都市丽人实业有限公司在半年时间里完成公司改制，并于2014年6月26日在香港联交所成功上市，所募资金14.3亿港元以外债方式调回境内。

推动跨境人民币结算业务实现跨越式发展。2014年，东莞跨境人民币结算工作成绩显著，全市跨境人民币结算业务结算量2282亿元，比上年增长37%，其中经常项目1834.93亿元，增长24.56%，资本项目445.69亿元，增长128.7%，小额批量1.50亿元，增长3233%。企业参与意愿持续高涨。随着跨境人民币结算业务的不断推进，东莞企业参与跨境人民币结算的意愿和意识不断增强。2014年，参加跨境人民币的企业有4289家，增加27.35%。人民币走出去地域不断拓展，踏足88个国家，比年初增加23个。

为了使企业充分享受“在东莞开展两岸金融合作试点”的政策红利，人民银行东莞市中心支行积极推动莞台跨境人民币合作，并将其与广州分行的“跨国企业集团跨境人民币资金集中运营试点业务”相结合，推荐东莞金宝电子有限公司作为广州分行第一批跨国企业集团跨境人民币资金集中运营试点企业。积极支持玉山银行东莞分行不断丰富业务种类，完善金融服务功能，积极推动彰化银行东莞分行加快进驻东莞步伐，全面放开人民币与新台币双向兑换业务。

贯彻落实《关于贯彻落实〈国务院办公厅关于支持外贸稳定增长的若干意见〉的指导意见》，取消跨境人民币担保以及境内非金融机构跨境人民币境外放款的业务备案，放开个人货物贸易和服务贸易项下跨境人民币业务，并做好对银行的政策指导。

开展外汇业务培训和政策宣讲，通过编制《企业办事指南》、印制宣传资料、开展培训班等多种措施，为企业答疑解惑，方便企业办理业务。截至2014年，组织开展业务培训18次，累计参与培训4076人次。

依托市政府平台，促进外商投资惠及社会民生。支持市政府首创外资企业十证联办，简化外商投资企业办事流程，为企业提供便利服务，企业在人民银行东莞市中心支行仅用10分钟即可拿到《业务登记凭证》，企业开办成本明显降低。

【金融环境监管】 2014年，人民银行东莞市中心支行加强东莞金融监管协调机制。人民银行东莞市中心支行制定《东莞市处置银行机构现金供应突发事件应急预案》，并以市政府文件形式印发全市贯彻执行，强化辖区现金供应风险防范机制。同时，与市金融局、银监局共同做好东莞市部分重点企业的债务风险防范和处置协调工作，避免风险扩散与传导。

实施全方位、全过程的日常金融风险监测，密切关注地方金融改革发展。对辖区银行业、证券业、保险业、金融基础设施、金融生态环境、上市公司情况以及影响经济金融的各类变量因素，定期进行全面监测分析，深入查找风险隐患。落实重大事项及重要信息日常报告制度，做到重大事项“一事一报”。

深入实施“两综合两管理”，合力有关单位促进全市经济金融平安和谐。认真完成外汇综合业务、支付结算业务、人民币现金收付业务检查，并依法对平安银行东莞分行进行综合执法检查、对交通银行东莞分行进行银行卡领域金融消费权益保护专项检查。创新沟通协调机制，加强与公安、检察、法院、海关、监察等部门的密切合作，进一步拓宽合作渠道和领域，切实增强合作的有效性，形成打击洗钱犯罪的工作合力。2014年，协助东莞市公安局侦破“‘6·20’特大网络赌博案”，冻结资金达1100万元；协助公安机关侦破一宗电信诈骗源头案件和一宗银行承兑汇票诈骗案，切实维护东莞辖区金融市场正常秩序。

【金融服务基础设施和服务体系建设】 2014年，人民银行东莞市中心支行着力支付管理体系建设，继续推动社区金融支付环境建设，结合《东莞市推进社区金融服务体系建设工作方案》，积极引导金融机构“进社区、进厂区、进农村、进学校”普及金融知识，打造一批支付服务示范社区、示范厂区、示范镇。致力金融惠民服务，积极做好金融IC卡应用推广工作，向市政府提交的《关于推广金融IC卡多行业应用支持智慧东莞建设的报告》，得到市领导的批示肯定。截至2014年，全市有27家银行机构发行金融IC卡，发卡总量1834万张，约占全省发卡量的11%，在全省地级市中排名前列。建立健全小面额现金供应和兑换机制，在10家商业银行、共计31个网点设立“小面额票币兑换专用窗口”，满足社会公众兑换小面额人民币的需求。

【人民币管理】 2014年，人民银行东莞市中心支行做好发行基金投放回笼与调拨管理，为地方经济建设保驾护航。严格执行发行基金管理的各项规定，严把发行基金出入库关；召开辖区人民币券别调剂工作联席会议，认真做好券别搭配投放，加强中小面额券别的投放力度，优化辖区流通人民币券别结构；抓好辖区商业银行回笼券的质量，做好对辖区商业银行现金业务的考核；继续做好残钞回收工作，加大原封新券的投放，促进辖区流通中人民币整洁度的全面提高，确保辖区现金供应安全；加强辖区现金投放回笼情况的分析预测和人民币流通状况监测预警工作。出色完成业务量居全省首位的发行基金投放回笼工作。

抓好反假货币和流通人民币管理，优化辖区货币流通环境。充分发挥反假货币工作联席会议的组织协调作用，积极推进辖区反假货币工作站的建设；抓好辖区开展自动柜员机配款记录、存储冠字号码的后续工作；认真开展反假货币工作专项检查，抓好反假宣传与培训，压缩假币犯罪的空间，切实维护群众的利益和人民币的信誉，2014年收缴假人民币22.69万张，面值合计723.60万元。

【经理国库】 2014年，人民银行东莞市中心支行履行经理国库职能，安全高效做好财政拨款、退库工作及出口退税业务。安全办理预算收入业务3513万笔，收纳各级预算收入1066.21亿元，比上年增长9%，其中市级收入入库696.28亿元，增长8%；在财税库行横向联网系统稳健运行的基础上，预算收入退税7.48万笔，共计507.32亿元，提高退税资金到账速度，缓解企业资金周转压力。

（齐红梅）

**附：2014年中国人民银行东莞市中心支行主要领导名录**

行　长：张清山（1月到任）

## 银行业

【银行业概况】 2014年，东莞市金融业顺应国家宏观调控要求，紧密配合市委、市政府工作思路，从容应对复杂严峻的发展形势，保持平稳健康发展的良好势头。截至2014年，全市有银行机构（含信托）36家，代表处1家，网点数量1342个，从业人员2.68万人。小额贷款公司新增1家，年末达到19家。银行业金融机构总资产达1.11万亿元，比年初增长10.84%，总负债1.06万亿元，比年初增长10.46%；银行业连续9年实现零案件。

*存款增量大幅下降* 2014年，东莞市本外币各项存款余额9323.28亿元，比上年增长5.05%，增幅下降10.34个百分点。全年各项存款比年初增加448.37亿元，少增571.77亿元，其中，单位存款余额4009.01亿元，增长6.87%，增幅下降9.76个百分点；个人存款余额5067.99亿元，增长3.54%，增幅下降9.79个百分点。

*贷款保持较快增长* 2014年，东莞市本外币各项贷款余额5562.36亿元，比上年增长11.48%，增幅下降0.72个百分点。全年各项贷款余额比年初增加572.86亿元，比上年增长30.19亿元。其中，短期贷款余额2220.39亿元，比上年增长0.08%，增幅下降12.24个百分点；中长期贷款余额3096.28亿元，比上年增长20.74%，增幅上升7.59个百分点。

全市银行业金融机构实现当年结益228.54亿元，比上年增加35.52亿元，增长18.4%，增速上升9.2个百分点；新增上市公司7家，上市后备企业达100家；金融业实现增加值266.9亿元，增长9.0%，占全市GDP的4.4%；截至2014年，全市金融总量保持全省第四位。

【信贷投放结构】 *贷款投向* 2014年，东莞市银行业金融机构中小微型企业贷款2758.82亿元，占全部企业贷款余额的79.52%，进一步缓解企业的资金压力，金融对实体经济的支持力度不断增强。

*贷款期限* 2014年，中长期贷款余额3096.28亿元，比年初增加531.16亿元，比上年多增233.28亿元，增长20.71%，增幅上升7.57个百分点；短期贷款余额2220.39亿元，比年初增加2.32亿元，比上年少增239.29亿元，增长0.1%，增幅下降12.12个百分点。

*贷款结构* 2014年，企事业单位存款余额4009.01亿元，比年初增加256.15亿元，同比少增246.7亿元，增长6.83%，增幅同比下降8.65个百分点；个人存款余额5067.99亿元，比年初增加173.43亿元，同比少增270.76亿元，增长3.54%，增幅同比下降6.44个百分点。

*房地产贷款增长较快* 截至2014年，东莞市房地产贷款余额1608.06亿元，比年初增加235.52亿元，增长17.16%，比各项贷款增幅高5.68个百分点。其中，房产开发贷款余额280.16亿元，比年初增加27.43亿元，增长10.85%，比各项贷款增幅低0.63个百分点；购房贷款余额1325.60亿元，比年初增加205.79亿元，增长18.38%，比各项贷款增幅高6.90个百分点。 （齐红梅）

【银行业支持实体经济】 2014年，东莞银监分局扶持符合东莞经济发展特点的优势产业发展，截至2014年，全市银行业对制造业、房地产业、租赁和商务服务业、批发和零售业等支柱行业贷款余额共计3480.65亿元，占全部贷款余额的62.56%，较好地满足东莞支柱行业信贷需求。督促各银行机构持续深化机制建设，单列年度小微企业信贷计划，并继续落实小微企业金融服务的差异化监管政策。年末辖内银行业小微企业贷款余额1431.72亿元，占全部贷款余额的25.73%，比年初增加263.28亿元，比上年同期增量增加95.75亿元，比年初增长22.53%，增速高于全部贷款增速11.02%。积极推动辖内农村金融工程及基础金融服务“村村通”工作，5家农村中小金融机构全年新设金融服务联系点36个，新增各类电子机具540台，新增授信农户2801户，创新农户（农村个人）信贷产品10种，支农金融服务的总体水平提升。

【银行体系建设】 2014年，东莞银监分局支持东莞科技金融体系建设，推动引导符合条件的银行机构探索设立专门为科技企业服务的分支机构，东莞市成立东莞银行松山湖科技支行和浦发银行松山湖科技支行2家专门服务科技企业的特色支行。推动农村金融服务体系提质扩容，东莞常平新华村镇银行、东莞虎门长江村镇银行、东莞黄江珠江村镇银行开业，东莞长安村镇银行和东莞厚街华业村镇银行分别在辖内设立1家支行，截至2014年，辖内村镇银行数达到6家，网点11个，村镇银行数量居全省地级市前列。指导东莞银行在香港设立代表处，对东莞银行设立中山分行、东莞农商行设立清新支行、东莞农商行参与发起设立四川雅安农村商业银行提出监管意见，截至2014年，东莞银行发起设立6家村镇银行、成立9家异地分行及香港代表处，东莞农商行发起设立4家村镇银行和2家异地支行。继续推进莞台金融合作，支持台湾彰化银行在莞设立首家分支机构，积极帮助指导玉山银行东莞分行开办台资企业人民币业务及设立同城

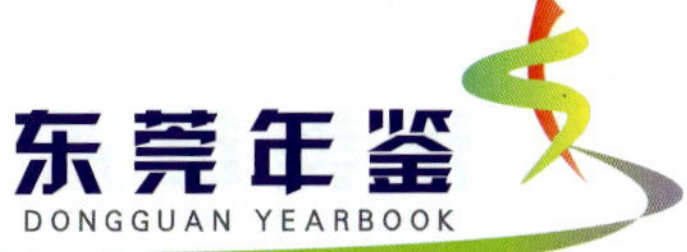


支行。东莞成为广东省内设立台资银行数量最多的地级市。

【银行业风险防控】 2014年，东莞银监分局严防信用违约风险，指导辖内银行机构积极防范因企业经营恶化可能引发的不良贷款集中暴露风险，及早做好存量不良贷款风险化解工作。截至2014年，东莞银行业不良贷款余额58.66亿元，不良贷款率1.05%，风险基本可控；稳妥处置集团客户风险和大额授信风险，针对爆发的信贷风险事件，积极配合市政府金融局牵头的多方协调工作，指导债权银行按照“一企一策”的原则积极推进企业的债务重组工作。严控影子银行业务风险，清理规范相关业务，防控风险向银行机构传递。严防案件风险、声誉风险及信息科技风险，加强安保和案防工作，建立健全“双线”风险防控责任制；积极监测引导舆情，有效处置舆情风险事件；加强信息科技监管，开展法人机构信息科技风险评级、信息安全及外包管理检查。

【银行业改革创新】 2014年，东莞银监分局督促地方法人银行业金融机构提升公司治理的有效性，继续实行并完善“一行（司）一策”的“清单制”监管方式和监管承诺制，指导法人机构健全“三会一层”架构和制衡有效、激励兼容的运行机制。推进同业、理财业务治理体系改革，重点督导东莞银行、农商行按期设立同业和理财业务专营部门，完善制度、架构并投入运营。开展对绩效考评的监管评价工作，督促法人机构科学设定经营目标、考核指标和考评方法，完善对附属机构绩效考评指标的运用。督促完善股权质押管理体系，要求东莞银行严格落实银监会关于加强股权管理的要求，通过修改公司章程等方式进一步规范股东质押银行股权行为，确保稳健经营和健康发展。

【银行业现场与非现场监管】 2014年，东莞银监分局强化现场检查的针对性和持续性，开展现场检查20项，累计投入检查工作量4048人天，发现问题202条，针对检查发现问题提出监管意见70条。提升非现场监管的前瞻性和有效性，对银行机构主要指标进行集中监测，分析筛选授信大户、重点行业贷款投向，强化数据质量管理，提升监管统计工作有效性；完成对辖内1家外国银行分行、3家法人机构及4家股份制银行分行的监管评级和风险评估，开展监管走访34次和高管约见谈话24次，召开审慎监管会谈10次，召开三方会谈1次。规范行政许可事项，严把市场准入关，办理118家银行机构网点筹建、开业、更名等审批事项，高管人员任职资格审核210人次，高管人员任职资格考试247人次，回复省局关于机构、高管等征求意见函30次，办理金融许可证换领106张。

（吴焕良）

【全国首笔支小再贷款业务成功办理】 2014年4月4日，人民银行东莞市中心支行成功为东莞市农商行发放全国首笔支小再贷款，金额4500万元。

【彰化银行东莞分行开业】 参见同类目第285页“彰化商业银行股份有限公司东莞分行”条目。

【东莞跨境人民币结算业务实现跨越式发展】 2014年，东莞市跨境人民币结算量2282亿元，比上年增长37%，在全省地级市中（不含深圳）排名第二位，占全省（不含深圳）跨境人民币结算量的17%。

（齐红梅）

**附：2014年东莞银监分局主要领导名录**

党委书记、局长：李惠和（任至12月）
刘震新（12月到任）

【中国农业发展银行东莞市分行】 截至2014年，中国农业发展银行东莞市分行日均贷款余额36.17亿元，比上年日均贷款余额增加6516.43万元，增幅1.83%；各项存款余额1.43亿元，比年初增加482.51万元，增幅3.48%；实现账面利润7380.11万元，比上年增加251.66万元，增幅1.74%；人均利润高达175.49万元。不良贷款余额继续保持为零。

支持粮油收储 2014年，发行政策性粮棉油购销储贷款余额33.94亿元，占各项贷款余额95.02%，支持贷款企业承担各级储备粮油任务。完成轮换储备粮8.52万吨，根据储备粮轮换进度，督促储备粮销售货款全部回笼，收回市级储备粮贷款2.56亿元，发放市级储备粮贷款3.14亿元，确保储备粮轮换。其中在麻涌镇投放政策性粮油贷款余额达32亿元，支持该镇建设成为南中国最重要的粮油产业基地和粮油产业聚集区。

支持农业农村基础设施建设 2006年起，在东莞市发放“三农”贷款20.35亿元，其中：发放农业农村基础设施建设中长期贷款2.15亿元支持中堂生态园、清溪镇杨梅坑水库、东莞市镇区联网路横沥段、桥头段等4个项目；向农业产业化龙头企业发放短期、中长期贷款18.2亿元，支持东莞市穗丰食品有限公司流动资金以及面粉车间项目、东莞市国丰粮油有限公司流动资金和粮食物流加工项目（省重点项目、东莞市“三重”建设项目）等。截至2014年，东莞市穗丰食品有限公司成为华南地区最大面粉生产企业之一。截至2014年，累计向东莞市国丰粮油有限公司发放粮食物流加工项目及配套流动资金贷款7.3亿元，该项目完成一期建设，小麦加工项目投产；筒仓和码头部分完工并投入使用。该粮食加工物流项目建成后面粉年加工能力72万吨，仓容可达36万吨，1万吨级码头2个。

（李　丹）

**附：2014年中国农业发展银行东莞市分行主要领导名录：**

党委书记、行长：黄小丽

【交通银行股份有限公司东莞分行】 截至2014年，交通银行股份有限公司东莞分行资产规模115.59亿元，其中，本外币各项存款余额108.71亿元；本外币各项贷款余额77.48亿元；实现中间业务净收入9952万元，比上年增长49%；实现经营利润1.96亿元，比上年增长34%。获评交通银行广东省分行投行条线中收竞赛“一马当先”奖、“攻坚克难、奋勇争先”电子银行业务劳动竞赛活动手机银行先进团队等多项业务单项奖。长安支行获评总行“2014年度网点发展超越赛优胜单位”。以“得利宝·天添利D款薪金版”获评《东莞日报》“2014东莞财富论坛暨东莞十佳银行理财产品”；获评人民银行“2014年度东莞市金融统计工作先进集体”三等奖。

2014年，交通银行股份有限公司东莞分行推动营业机构转型发展，筹备江南雅筑社区银行建设，完善机构布局，提升电子渠道服务能力。举办绿色生活社区行、银企交流峰会等活动，持续将惠民服务带给更多的老百姓；支持当地战略性新兴产业发展，2014年“绿色信贷”累计发放额为37.45亿元。

（谢　滢）

**附：2014年交通银行股份有限公司东莞分行主要领导名录**

行　长：王　峰

【中国工商银行股份有限公司东莞分行】 2014年，中国工商银行股份有限公司东莞分行本外币各项存款余额1037.11亿元，比年初增长40.38亿元；本外币各项贷款余额610.45亿元，比年初净增41.50亿元；中间业务收入比上年增长8%。其中，个人金融中间业务收入突破5亿元，成为中国工商银行系统首家个人金融中间业务收入突破5亿元的二级分行。实现全年无案件、无重大差错、无重大事故，安全稳定运营，获评工行广东省分行系统内“2014年度综合贡献奖”等7个奖项，连续15年跻身工行全国经营30强之列。小微商户逸贷公司卡还获评东莞市金融创新成果二等奖。

改革创新发展 2014年，工行东莞分行推出安全快捷的电子银行支付产品工银e支付。信用卡发卡突破百万张大关，成为全国系统、广东同业首家信用卡发卡量超100万张的地级城市行。与东莞理工学院签约“校园一卡通”合作项目。与东莞市水务投资集团有限公司签署《战略合作协议》，开启支持新型城镇化建设新里程。

提高服务水平 2014年，工行东莞分行全面推广柜员机10元券支付功能，增加便民小面额自助取现渠道，推进辖内网点运营标准化管理改革，投产运营指纹系统。实施网点无线上网项目，配合公安机关破获利用ATM机诈骗的犯罪团伙，保障客户资金的安全。

（骆扬扬）

**附：2014年中国工商银行股份有限公司东莞分行主要领导名录**

党委书记、行长：罗健强

## 工于至诚 行以致远

① 2014年11月28日，中国工商银行东莞分行行长罗健强（右三）在“广东省第十六期市长（书记）城建专题研究班结业典礼暨广东新型城镇化建设金融合作签约仪式”与东莞市水务投资集团有限公司签署《战略合作协议》，开启中国工商银行支持东莞市新型城镇化建设的新里程

② 2014年7月24日，中国工商银行东莞分行开展柜员“七步曲”晨会培训，提升网点服务“软件”能力

③ 2014年11月8日，中国工商银行东莞分行参加“传递正能量，共筑工行梦——广东省分行第一届员工综合运动会”，展现该行员工顽强拼搏、永不放弃、争分夺秒、奋力直追的精神

④ 2014年1月21日，中国工商银行东莞分行参加“梦牵岭南·情系工行——庆祝中国工商银行成立30周年全省员工文艺晚会”，展现该行员工团结协作、昂扬奋进、超越自我的精神风貌

⑤ 企业形象宣传

**【中国农业银行股份有限公司东莞分行】** 2014年，中国农业银行股份有限公司东莞分行各项存款余额879亿元，比年初下降28亿元；各项贷款余额553亿元，比年初增加12亿元；不良贷款实现有效管控，不良率控制在1%以下。

围绕东莞市新型城镇化建设和产业升级，优化信贷投放结构，加大对交通、电力、能源等基础设施以及城镇化建设项目和先进制造业的信贷支持力度，全年实现法人贷款有效净投放150余亿元。承办部分镇街财政集中支付业务，代理农村集体资产交易网上竞拍银行保证金，成为物维资金专户管理银行。落实"全行办外汇"，全年实现跨境人民币结算量270亿元，比上年增长39%，获评"东莞市跨境人民币工作突出贡献单位"。实施"网点强行"战略，完成32个网点立项改造，建成投产24个离行式自助银行点，新投放自助设备90台，新创建2个五星级网点，实现13个网点升格，网点经营管理能力和服务品质明显提升。2014年，获评"中国农业银行五一劳动奖状""第七届全国农行精神文明建设工作先进单位"。

（高国伦）

**附：2014年中国农业银行股份有限公司东莞分行主要领导名录**

行　长：孔潜发

## 为东莞新型城镇化建设积蓄正能量

中国农业银行广东省分行文件

农银粤发〔2014〕127号

转发总行关于表彰第四届中国农业银行劳动模范、2014年中国农业银行五一劳动奖状、五一劳动奖章和先锋号决定的通知

省行营业部，各分行：

现将总行《关于表彰第四届中国农业银行劳动模范、2014年中国农业银行五一劳动奖状、五一劳动奖章和先锋号的决定》(农银发〔2014〕106号)转发给你们。在此次表彰中，我行黎朝等5名同志被授予"第四届中国农业银行劳动模范"荣誉称号；东莞分行等2个单位被授予"2014年中国农业银行五一劳动奖状"荣誉称号；陈拥军等5名同志被授予"2014年中国农业银行五一劳动奖章"荣誉称号；省行机构业务部等4个单位被授予"2014年中国农

— 1 —

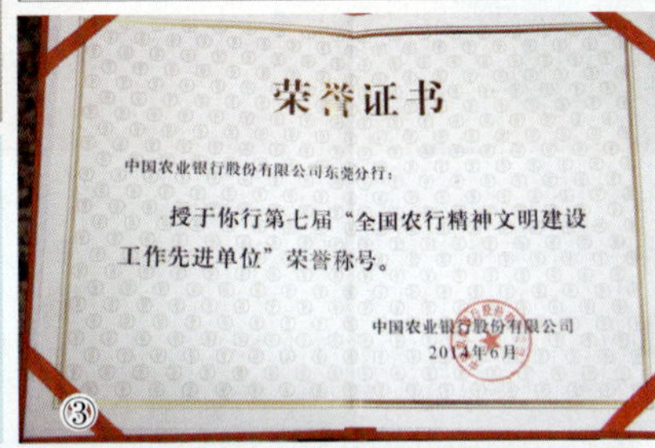


① 2014年11月，中国农业银行东莞分行参展东莞首届金融投资博览会
② 中国农业银行东莞分行获评"2014年中国农业银行五一劳动奖状"
③ 2014年6月，中国农业银行东莞分行获评"第七届全国农行精神文明建设工作先进单位"
④ 2014年12月，中国农业银行东莞分行举行第三届"爱行·松山湖"公益徒步健走活动

【中国银行股份有限公司东莞分行】

截至2014年，中国银行股份有限公司东莞分行本外币各项存款余额1040.06亿元；本外币各项贷款余额646.33亿元，比年初新增97.07亿元，其中人民币零售贷款余额突破200亿元；实现营业净收入31.43亿元，比上年增幅13.03%；全年国际结算业务量突破400亿美元，跨境人民币结算量突破880亿元。受到全国总工会、市政府、银监局、人民银行以及地区主流媒体等外部机构的一致认可，先后获评“全国职工教育培训示范点、东莞市金融创新成果奖三等奖、东莞市民最喜爱金融品牌、东莞公务员最喜爱金融品牌、东莞最佳中小企业金融服务银行、年度最佳投资理财银行、跨境人民币结算工作先进单位”等十余项荣誉表彰。

助力基础民生工程　2014年，该行组织授信资源投放到市政府主导的基础民生工程，为从莞高速公路等大型基建项目核定授信额度35亿元，医院类7亿元，教育类7.4亿元，水厂5.6亿元，合计授信额度逾55亿元。在路桥、医院、教育、水厂等重点工程建设方面的贷款余额达32亿元。该行新增投放公司贷款40.76亿元，新增贷款额居全市四大行之首。2010—2014年累计投放本外币贷款超过600亿元。

助力中小企业做大做强　2014年，该行为东莞市中小企业提供特色融资产品“中银通宝系列”，在担保方式上进行极大的创新。利用租金质押等一系列担保方式进行产品创新，为难以提供传统房地产抵押物的中小企业解决融资难的问题。截至2014年，该行民营中小企业授信客户超700户，授信余额达185亿元，村镇经济实体的授信客户突破90户，授信余额超过37亿元。

助力地区企业“走出去”　该行发挥传统优势业务优势，为企业提供跨境项下结算、汇兑、融资、担保等一系列服务，并根据市场需求及时推出新产品。2014年，累计办理进出口结算业务430亿美元，办理跨境人民币结算业务884亿元。为满足企业的授信融资需求，发展外币授信业务，凭借机构众多的海内外联行以及在涉外金融业务方面的专业优势，充足的外币贷款有效支持外资企业发展。截至2014年，该行各项外币贷款余额13.63亿美元。（宋方平）

**附：2014年中国银行股份有限公司东莞分行主要领导名录**

党委书记、行长：张正强

## 扎根莞邑大地　服务地方经济

① 2014年11月24日，中国银行广东省分行行长白志中（左二）来东莞分行调研

② 2014年11月5日，中国银行东莞分行行长张正强(左)，东莞市总工会副主席何志雄共同为“全国职工教育培训示范点”揭牌

③ 2014年1月23日，中国银行东莞分行大岭山玉屏路支行开业

④ 中国银行东莞分行获评2014第二届东莞金牌理财师大赛团体赛冠军、个人赛亚军

⑤ 2014年11月22日，中国银行东莞分行举办羽毛球比赛

⑥ 2014年6月，中国银行东莞分行举办中银私享亲子荟系列活动

【中国建设银行股份有限公司东莞市分行】 2014年，中国建设银行股份有限公司东莞市分行一般性存款日均新增58.8亿元，计划完成率123%，建设银行广东省分行系统内占比12%；实现中间业务收入9.51亿元，建设银行广东省分行系统内占比10.8%；综合融资业务量105亿元，二级分行排第一位，主要业务发展建设银行广东省分行系统内贡献度显著提升。

2014年，再次投放东财项目20亿元；同时，生态园、虎门投资、虎门港、粤海等城镇化项目营销均实现重大突破，累计投放政府类项目超50亿元，创历史新高，全面与松山湖、生态园、虎门港等大园区建立合作关系。获评中国建设银行总行年度“内控合规标兵”，全年堵截各类案件294件，堵截2870万大额虚假票据诈骗案、追堵某客户受骗被盗100万元案件。获评“全国金融系统企业文化建设先进单位”，成为中国建设银行系统五个获奖单位之一；下辖常平营业部、分行营业部获评全国“千佳网点”，获奖数量占中国建设银行全省系统2/3。 （张北全）

附：2014年中国建设银行股份有限公司东莞市分行主要领导名录

党委书记、行长：范 题

# 中国建设银行股份有限公司东莞市分行

① 中国建设银行东莞分行加强与东莞市生态园合作

② 中国建设银行东莞分行参加东莞市第二届理财师大赛

③ 中国建设银行东莞分行开展“八一”建军节军警慰问

④ 中国建设银行东莞分行履行社会责任，举行“城乡手拉手”活动

【东莞银行股份有限公司】 截至2014年，东莞银行股份有限公司资产总额达1858.81亿元，各项存款余额为1125.87亿元，各项贷款余额为777.99亿元，连续三年跻身全球银行业500强。该行下辖1家总行营业部、9家分行、筹建2家分行（东莞分行、中山分行已获取开业批复）、设立香港代表处，拥有2家子公司（开县泰业村镇银行股份有限公司、东源泰业村镇银行股份有限公司）。东莞银行于2014年6月30日设立香港代表处，成为广东省在香港设立办事机构的第二家法人银行、首家法人城商行，代表着粤港两地金融合作迈出又一实质性步伐。2014年，东莞银行理财“收益能力”连续4个季度蝉联全国区域性银行第一名；东莞银行“松湖烟雨”小微企业集合信贷产品获“2013年度东莞市金融创新成果奖一等奖”；获评《理财周报》“2014中国最佳财富管理城商行”；获评《信息时报》“东莞最具核心竞争力银行”及“东莞最佳中小企业金融服务银行”。

推进金融创新 2014年，东莞银行研发“家庭贷”产品，探索以家庭关系为纽带对客户家庭成员的集群化授信；推出全市首家全自动保管箱业务，满足客户日渐提高的安全存储及个人私密空间需求。开发“政采贷”授信业务，有效解决政府采购环节中小微企业生产及备货所需的资金问题；推出“小票融资”业务，解决中小企业拥有较多数量小面额银行承兑汇票，资金利用效率较低，又因抵质押物缺乏而融资难的问题。（钟伟连）

**附：2014年东莞银行股份有限公司主要领导名录**

党委书记、董事长：卢国锋

党委副书记、行长：程劲松

## 稳健创新 为东莞转型升级助力

东莞银行股份有限公司

“‘松湖烟雨’小微企业集合信贷担保产品”项目

2013年度东莞市金融创新成果奖一等奖

① 2014年9月23日，市委常委、常务副市长张科(左三)参加在松山湖举行的全市推动科技金融产业融合发展工作启动仪式。东莞银行作为东莞市推动科技金融产业融合发展工作的试点银行，现场与首批10家代表企业签订1.25亿元授信协议

② 2014年6月30日，东莞银行香港代表处设立。东莞银行成为全省首家在港设立办事机构的法人城商行、第二家法人银行

③ 2014年11月7日，东莞市政府发布《关于2013年度东莞市金融创新奖获奖项目的通报》，东莞银行“松湖烟雨”小微企业集合信贷产品获评“2013年度东莞市金融创新成果奖一等奖”

④ 2014年1月22日，东莞银行第九家异地分行——韶关分行开业

⑤ 2014年11月7日，东莞银行第四间助学图书室在韶关乐昌市沙坪镇山坪小学落成启用

【东莞农村商业银行股份有限公司】
截至2014年，东莞农村商业银行股份有限公司资产总额（按合并报表，含理财）2558亿元，比年初增加470亿元，增幅为22.50%；各项存款余额（含理财）达1806亿元，比年初增加109亿元，增幅为6.43%；贷款余额1068亿元，比年初增加116亿元，增幅为12.18%；存、贷款市场占有率自1996年起连续19年位居全市银行业首位。

打造“现代支农银行”特色品牌 2014年，东莞农村商业银行涉农贷款余额达138.66亿元，比年初增加22亿元，占各项贷款余额13%，实现银监会提出的涉农贷款“三个高于”的要求。

打造“中小微银行”特色品牌 2014年，东莞农村商业银行中小微企业贷款余额703.37亿元，比年初增加98.77亿元，实现小微贷款的“两个不低于”，是东莞市支持小微企业力度最大的银行。

打造“产业银行”特色品牌 2014年，东莞农村商业银行授信“三重”项目23个，授信金额50.5亿元。对于上市企业、后备上市企业、新三板挂牌企业、前海股权交易中心挂牌企业授信50家，贷款余额15.8亿元。

打造“社区智慧银行”特色品牌 2014年，东莞农村商业银行围绕社区银行、智能厅堂、智能视频银行，致力打造社区智慧银行。通过加大精品网点建设和自助设备投放，加快金融服务进村入社区。

履行社会责任 2014年，东莞农村商业银行纳税总额达12.96亿元，连续五年位居东莞市民营企业纳税第一名，1996—2014年间，累计纳税超过69亿元，2007—2014年连续8年跻身广东省纳税百强企业、东莞市纳税十强企业。

2014年，东莞农村商业银行获评《东莞时报》“最佳公益机构”奖项。向广东省政府及东莞市政府倡导的“扶贫日”等公益活动累计捐款876万元；2011—2014年连年在春运期间赞助“平安回家”活动累计80万元。 （倪 适）

**附：2014年东莞农村商业银行股份有限公司主要领导名录**

董事长：何沛良
行　长：陈锐强

## 实施第三次转型升级　打造现代创新型银行

① 2014年2月12日，市委副书记、市长袁宝成（右一）到东莞市钱币博物馆考察

② 2014年4月16日，广东省银监局原局长刘福寿（右一）在东莞农商银行董事长何沛良（右二）陪同下，到虎门镇某服饰有限公司进行调研

③ 2014年，东莞农商银行连续五年荣膺“东莞市民营企业纳税第一名”，图为董事长何沛良（左二）领取奖状

④ 2014年6月，东莞农商银行作为发起人之一参与发起设立四川雅安农商银行

⑤ 东莞农商银行加快异地支行布局，2014年11月，东莞农商银行第二家异地支行——清新支行开业

▲ 东莞民间金融街

【广发银行股份有限公司东莞分行】截至2014年，广发银行股份有限公司东莞分行营业收入19.81亿元，比上年增长17%。其中，中间业务收入6.9亿元，比上年增长48%。中间业务收入占营业收入比例达34.8%，比上年增加7.3%。

2014年，本外币存款余额470亿元，比年初增加43亿元，增幅10%。增量在全市33家同业中排名第四位。其中，对公存款余额277亿元，比年初增加29亿元，增幅12%，增量全市排名第五位；个人存款余额192亿元，比年初增加13亿元，增幅7%，增量全市排名第六位。

2014年，作为针对小微企业的多元化融资及综合金融服务产品的生意人卡，有效卡发卡量累计突破1万张，达到1.07万张，全年新增“生意人卡”(资产类客户)7722张，新发放贷款103亿元，生意人贷款余额增量20亿元。广发信用卡在东莞地区累计发卡量达144.3万张。获评媒体颁发的“2014年度最优服务银行”“2014度东莞最具成长性银行”“2014年度东莞最具社会责任银行”“2014年东莞市民最喜爱品牌”“2014年东莞公务员最喜爱品牌”等奖项。（杨天仁）

附：2014年广发银行股份有限公司东莞分行主要领导名录

党委书记、行长：陈健松（1月到任）

【平安银行股份有限公司东莞分行】截至2014年，平安银行股份有限公司东莞分行各项存款余额达到84.87亿元，比年初增加5.62亿元，增幅7.09%；各项贷款余额77.03亿元；比上年增加23.78亿元，增幅44.65%；拥有125个网点，13个管理部门、近40个对公和零售团队，员工340多人，拥有37万个人客户、1495个对公客户；资产规模、盈利能力、客户数、员工数、网点数均在不断攀升。（李　言）

附：2014年平安银行股份有限公司东莞分行主要领导名录

行　长：张金星

【中信银行股份有限公司东莞分行】截至2014年，中信银行股份有限公司东莞分行实现拨备前利润16.18亿元，在经济下行的形势下仍然保持增长势头，税前利润8亿元；总资产达550亿元，自营存款余额532亿元，比年初增长24.2亿元，增量为全市商业银行总增量的45%；各项贷款余额431亿元，比年初增长15亿元，其中，对公贷款余额355亿元，个人贷款余额76亿元。个人存款余额138亿元；个人存款余额市场所占比例近5%，在中小股份制商业银行中占比例高达23.20%。

中信银行股份有限公司东莞分行连续六年在总行等级行考评中获评“优秀行”“标兵行”，获评中信银行25周年行庆“十佳分行”；蝉联市政府“金融创新奖”；连续两年被知名杂志社《当代金融家》评选为中国银行业“经营管理十佳分行；在由《羊城晚报》主办的“2014金融新锐榜”评选活动中，获评“最佳客户服务奖”；在由东莞报业传媒集团主办、《东莞时报》承办的“2014年度东莞市民最喜爱品牌”评选活动中，获评“2014年度东莞市民最喜爱品牌”；获评2013年度东莞市金融创新成果奖。（邓嘉渝）

附：2014年中信银行股份有限公司东莞分行主要领导名录

党委书记：张建强

【中国光大银行股份有限公司东莞分行】截至2014年，中国光大银行股份有限公司东莞分行设立5家网点，包括分行营业部、虎门支行、厚街支行、长安支行、大朗支行。该行一般性存款余额61.46亿元，一般性贷款余额31.73亿元，不良贷款率为0.07%，风险可控、存贷款规模稳步扩大。2014年税收将近1800万元，2011—2014年税收增长4倍，成为2014年度东莞市东城街道纳税大户。2014年，中国光大银行股份有限公司东莞分行联合东莞市国税局、深圳微众税银信息服务有限公司创新税银服务，通过以“纳税信用”换取“信用额度”的形式，推出“光大-微众税银联名信用卡”，助力东莞小微企业发展。在社会各界的大力支持下，光大东莞分行多次获得上级行颁发的“十佳二级分行”“先进集体”“突出贡献奖”等；中国金融工会广东工作委员会颁发的“‘三农’和中小微企业金融服务劳动竞赛 优秀服务团队”；东莞市人民政府颁发的“‘融资支持’三等奖”；国家外汇管理局东莞市中心支局颁发的“诚信兴商宣传月 二等奖”“年度外汇信息调研奖”以及东莞市银行业协会颁发的“信息工作先进单位”。（余玉琪）

附：2014年中国光大银行股份有限公司东莞分行主要领导名录

党委书记 行长：罗乐贤

【兴业银行股份有限公司东莞分行】截至2014年，兴业银行股份有限公司东莞分行（简称“兴业银行东莞分行”）实现稳健发展良好态势，其中零售业务取得连续六年异地分行考核第一名的成绩，同业业务的规模和盈利保持增长。兴业银行东莞分行营业网点有13家，覆盖东城、南城、虎门、厚街、常平、大朗、塘厦、长安、石龙、石碣、寮步等镇街。截至2014年，各项存款余额为201.5亿元，其中人民币存款余额189.55亿元，外币存款余额11.95亿元；人民币各项贷款余额为130.75亿元，比较年初增加2.03亿元。获评“2014年度东莞市民最喜爱品牌”“2014年东莞十佳银行理财产品—现金宝一号”和广东省分行系统内“2014年度储蓄存款日均新增贡献奖”等奖项。

打造养老金融品牌　2014年，针对老年人客户群体的需求，打造全国首个

专属金融品牌——“安愉人生”养老金融服务，推出集身体健康管理、财产安全保障、法律援助等专项服务于一身的“松鹤”卡。全年举办7场大型“安愉人生”杯广场舞大赛，参赛队伍达99支，参与人数约1700人，带动新开“松鹤”卡1017张。

重点发展优质业务　2014年，重点把握东莞市政府对城市基础、公共设施建设模式的改革契机，加大对水资源、交通、房地产等基础设施项目信贷支持力度；建立与50多家东莞市上市后备企业IPO负债业务合作关系；首家成功签署东莞市人民医院掌上医院（含微信平台、支付宝平台）合作协议；承办东莞市公积金中心及10多家优质企业集中支付业务。

提升合规管控水平　2014年，兴业银行东莞分行深化合规培训与检查监督，建立健全规范员工异常交易行为长效机制；完善授信重点风险客户台账管理跟踪制度，加强风险监测与预警；完成规范性文件制度梳理与评价工作。

（谢雪仪）

**附：2014年兴业银行股份有限公司东莞分行主要领导名单**

党委书记、行长：刘永革

【华夏银行股份有限公司东莞分行】截至2014年，华夏银行股份有限公司东莞分行一般性存款余额72.39亿元，较年初增长27.69%；一般性存款日均57.76亿元，较年初增长28.81%；其中对公存款余额67.87亿元，较年初增长29.79%；对公日均53.97亿元，较年初增长31.73%；储蓄余额4.52亿元，较年初增加1200万元；储蓄日均3.79亿元；实现国际结算量18.62亿美元，较年初增长95%；中间业务收入2581.73万元；贷款总额30.15亿元，较年初增长23.62%；实现报表净利润752.48万。

2014年，华夏银行股份有限公司东莞分行重视机构建设，加快同城支行和自助银行的筹建工作，新增网点长安支行完成筹备工作，阳光假日自助银行完成装修工作；提升原有网点的服务水平，通过制定落实厅堂人员考核办法，强化绩效考核，加强营销培训等措施，提升网点的营销能力和服务质效。

（涂诗韵）

**附：2014年华夏银行股份有限公司东莞分行主要领导名录**

行　长：霍建强

【中国邮政储蓄银行股份有限公司东莞市分行】　截至2014年，中国邮政储蓄银行股份有限公司东莞市分行各项存款余额407亿元，新增39亿元，其中储蓄存款368亿元，单位存款38亿元；各项贷款余额75亿元，新增16亿元，贷款不良率0.41%；经营利润近2亿元，比上年增长41%；获评“东莞市中小企业金融服务金奖”。

普惠金融服务平台建立　截至2014年，东莞市有邮政储蓄网点122个，自助设备超过1700台，自助设备数量居全市银行业第一位。2014年，通过邮政渠道流向全国各地的资金总量达到725亿元。储蓄开户数达1476万户，活跃账户1443万户。自助设备日均交易量达30万笔，高峰时达50万笔。全市邮政营业厅发生各种交易650万笔。2014，共为中小企业提供贷款8600多笔，贷款金额达26.43亿元。为全市6000多家工厂企业提供代发工资服务，代发金额高达13亿元。

政务民生服务渠道拓展　2014年，联合市住房公积金管理中心，在全市邮政储蓄网点开通住房公积金提取业务，方便外来工就近快速办理住房公积金支取业务。先后开办异地交通违章罚款，代扣水费、电费、有线电视费、移动电话费等十多项代收代付服务，服务本地民生需求。同时，配合安监、消防、交警等政府部门多次采用信函和封片卡载体开展公益宣传和业务调研活动，邮政产品成为加强政情民意沟通的有效载体。

（任东东）

**附：2014年中国邮政储蓄银行股份有限公司东莞市分行主要领导名录**

行　长：杨德坚（任至12月）
　　　　张胜春（12月到任）
党委书记：王毅燕

【玉山银行商业银行股份有限公司东莞分行】　截至2014年，玉山银行商业银行股份有限公司东莞分行的资产总计折合人民币19.2亿元，吸收存款为折合人民币1.39亿元。2014年，营业收入折合人民币5197万元，净利润折合人民币2772万元。

玉山银行商业银行股份有限公司东莞分行于2014年4月29日获中国银监会批准经营，对在大陆地区台资企业办理人民币存取款业务，并增资折合人民币4亿元。于10月向中国银监会申请经营除中国境内公民以外客户的人民币业务资格，12月向东莞银监分局提出长安支行的开业申请。

（张毓庭）

**附：2014年玉山银行商业银行股份有限公司东莞分行主要领导名录**

行　长：曾振贤

【彰化商业银行股份有限公司东莞分行】　2014年11月19日，彰化商业银行股份有限公司东莞分行开业，这是进驻东莞市的第二家台资银行。该分行是彰化银行在东莞市设立的首家分支机构，营运资金为10亿元人民币等值的自由兑换货币，于2014年1月开始筹建，10月经中国银监会批准开业，11月19日对外营业，主要经营对各类客户的外汇业务。截至2014年，彰化商业银行股份有限公司东莞分行总资产为10.06亿元，净利润721.55万元。

（陈红娣）

**附：2014年彰化银行东莞分行主要领导名录**

行　长：王　宏（10月到任）

【东莞长安村镇银行有限公司】　截至2014年，东莞长安村镇银行股份有限公司下辖1个总行营业部、4家支行，共有员工75人。年末资产总额达20.26亿元，各项存款余额为15.86亿元，贷款余额为10.01亿元，实现营业收入0.77亿元，税后净利润0.23亿元。全年没有发生不良贷款。

（廖玲玲）

**附：2014年东莞长安村镇银行股份有限公司主要领导名录**

董事长：李志锋
行　长：郑伟军

【东莞厚街华业村镇银行股份有限公司】　截至2014年，东莞厚街华业村镇银行股份有限公司下辖2个营业网点，在职员工31人；资产总额为3.88亿元，各项存款余额为2.92亿元，各项贷款余额为2.82亿元，实现营业收入0.23亿元，利润总额0.017亿元，不良贷款为零。

（陈华茵）

**附：2014年东莞厚街华业村镇银行股份有限公司主要领导名录**

董事长：陈成仔
行　长：伍海涛

【东莞信托有限公司】　截至2014年，东莞信托有限公司总资产33.91亿元，续存信托项目179个，管理信托资产438.26亿元。2014年实现利润总额5.61亿元，净利润4.22亿元。为客户实现收益28.10亿元，比上年增长26%。在岗员工161人，本科及硕士以上学历占

91.92%，超过70%员工金融行业从业年限在5年以上。

2014年，东莞信托有限公司利用综合金融平台优势，引导民间资金尤其是村镇集体资金通过信托计划投入基础设施项目，为交通、路网、能源、污水处理、园区建设等基础设施建设的金融服务支持。东莞信托有限公司完善风险管理模式，根据市场特点制定风险管理政策，管理运用信托财产，维护受益人利益。根据全国信托公司2014年年报数据，东莞信托有限公司主动管理型信托资产占比达100%，在全行业68家信托公司中排名第一位；信托报酬率1.82%，排名全国第四位。参展第三届广东省金融交易博览会荣获最佳展示奖，在第二届东莞金牌理财师评比大赛中获评“金牌理财师团队”大奖。（王 琢）

**附：东莞信托有限公司主要领导名录**

董事长：廖玉林

总经理：黄晓雯

## 保险业

【保险业概况】 截至2014年，东莞市保险业实现保费收入258.07亿元，比上年增长24.59%。其中，财产险公司保费收入（含短期人身险）84.88亿元，增长18.53%；人寿险公司实现保费收入173.19亿元，增长27.79%。总保费规模及产、寿险保费占全省份额分别为14.35%、13.68%和14.70%，连续五年领跑全省各地级市。保险深度（保费收入与GDP之比）约4.39%，比上年提高0.62个百分点；保险密度（人均保费）约3970元（按650万人口估算），增长784元。东莞市有保险主体53家，其中寿险32家，产险21家；有保险从业人员4.39万人，其中营销员4万人。

▲ 中国人民财产保险股份有限公司东莞市分公司

【保险保障提供】 2014年，东莞市保险业为180万辆机动车、3.96万家企业和2.24万个家庭、480万人次提供保险保障。全年全市机动车保险保额1.19万亿元，非车财产保险保额1.97万亿元，寿险保额6698亿元。全年车险赔付金额36亿元，非车财产险赔付5亿元；寿险赔付18亿元。（严传彪）

**附：东莞市保险行业协会主要领导名录**

会　长：董国华

【中国人民财产保险股份有限公司东莞市分公司】 截至2014年，中国人民财产保险股份有限公司东莞市分公司实现保费收入26.99亿元，比上年增加3.70亿元，增长15.90%。

业务增长　2014年，中国人民财产保险股份有限公司东莞市分公司在车险方面，通过汽修厂、车队及散单展业政策，加速经营单位渠道业务增长。非车险方面，开展大项目开拓工作，承保国贸广场工程险、依利安达企财险等大项目，为客户提供风险管理服务。

盈利提高　2014年，中国人民财产保险股份有限公司东莞市分公司对合作单位和重点车型业务质量常态化监控，与理赔中心信息对接，形成预警机制，为前端承保政策及后端理赔政策提供数据支持。核查事故真实性，通过双方车辆痕迹对比、案件回访等核实案件真实性，控制代定损、强化稽查追偿，力推调解，降低案均赔款。

服务提升　2014年，中国人民财产保险股份有限公司东莞市分公司多措并举，提升服务。先后开通微信公众号，集信息发布、理赔查询、积分商城兑换等服务于一体；开展“人保之友”俱乐部各类活动；优化理赔服务举措，优化服务流程；加快出单时效；推出“助贷险”等新险种。（何惠知）

**附：2014年中国人民财产保险股份有限公司东莞市分公司主要领导名录**

总经理：王焱辉

【中国人寿保险股份有限公司东莞分公司】 截至2014年，中国人寿保险股份有限公司东莞分公司承保各类保单11.56万件，承保保费达18.76亿元，理赔处理案件2.21万件，赔付金额8824.23万元。

2014年，中国人寿保险股份有限公司东莞分公司在意外、重大疾病、医疗、养老保障等方面满足东莞老百姓的保障需求。2014年中国人寿保险股份有限公司推出专业“防癌险”，获评“南方金融年度最具竞争力创新金融产品”。2014年中国人寿保险股份有限公司东莞分公司开办东莞老龄人意外伤害保险，扩大“银龄安康行动”老年人保险参保年龄到60岁以上，发挥商业保险机构在养老保障中的作用。

按照中国人寿保险股份有限公司要求，推行理赔提速九大措施，包括多渠道便捷报案、全国通赔通付、设立全流程快速理赔通道（理赔立等可取）、理赔延滞息制度、简化索赔手续、主动理赔服务、理赔免填单、理赔过程及结果透明、邮递索赔。开展系列爱心公益活动：中国人寿杯少儿绘画大赛、关爱母亲客户服务活动、保险宣传咨询活动等。中国人寿保险股份有限公司东莞分公司获得“东莞诚信服务示范单位”“拥军优属先进单位”及“卓越品牌”“东莞市民最喜爱保险品牌”等称号。（江柔伽）

**附：2014年中国人寿保险股份有限公司东莞分公司主要领导名录**

总经理：吴赛佩

## 证券业

【证券经营概况】 截至2014年，东莞市有证券营业部75家，股票账户数215.83万户。2014年证券交易额1.79万亿元，比上年增长56.8%；股票市值942.83亿元，比年初增长87.17%。

【东莞证券股份有限公司】 东莞证券股份有限公司成立于1988年6月，注册资本15亿元，是国有控股的全国性综合类证券公司，也是全国首批承销保荐机构之一。截至2014年，该公司拥有分支机构57家（其中营业网点54家，上海分公司1家，深圳分公司1家，北京办事处1家），营业网点遍布珠三角、长三角及环渤海经济圈，“立足东莞、面向华南、走向全国”的格局基本形成。该公司全资拥有东证锦信投资管理有限公司，并参股华联期货有限公司。该公司以经纪、资管、投行三大业务为核心，积极发展两融、直投、债融、新三板和投资咨询等业务，实现从

收入来源单一型券商向收入来源多元化型券商的转型。

公司业务范围涵盖经纪、投资咨询、财务顾问、承销与保荐、证券自营、资产管理、基金代销、期货IB（介绍经纪商）、直接投资、融资融券、做市、股票期权经纪业务等领域。

（徐婷婷）

【上市公司概况】 2014年，东莞市继续落实帮扶措施，协调解决企业上市遇到的困难。截至2014年，东莞市有上市公司29家，其中境外上市公司14家，境内上市公司15家。截至2014年，A股上市公司总市值943亿元，约占东莞市2014年国内生产总值的16%。2014年，有4家企业于香港联交所及美国纳斯达克上市，为东莞市本土民营企业赴境外上市带来示范效应。

【广东伯朗特智能装备股份有限公司】 2014年1月24日，广东伯朗特智能装备股份有限公司在北京新三板挂牌上市，成为新三板全国扩容后全国首家挂牌新三板的非国家高新园区企业，同时也是线性机械手行业第一家挂牌企业。12月25日，广东伯朗特智能装备股份有限公司以东莞市首家做市交易的新三板挂牌公司的身份，开始做市交易。

【东莞诺华家具有限公司】 2014年7月2日，东莞诺华家具有限公司在纳斯达克交易中心举行上市仪式，成为首家在纳斯达克上市的中国家具企业。

【广东大盛通华矿业投资股份有限公司】 2014年12月18日，广东大盛通华矿业投资股份有限公司在上海股权托管交易中心挂牌，成为东莞市首个在E板挂牌的企业，也是在上股交挂牌的广东首个矿业企业。

【广东易事特电源股份有限公司】 2014年1月27日，广东易事特电源股份有限公司在深交所创业板正式挂牌上市，成为东莞市第13家A股上市公司，也是东莞市第6家在创业板上市的公司。

【岭南园林股份有限公司】 2014年1月19日，岭南园林股份有限公司在深交所中小板正式挂牌上市，成为东莞市第14家A股上市公司，也是国内园林行业第6家上市公司。

【全国首届新三板企业项目路演大赛（东莞站）举行】 2014年12月27日，全国首届新三板企业项目路演大赛在东莞市举行，为优质创业项目搭建与金融机构直接对话的平台。东莞市11个企业项目通过现场路演竞争，经过银行、券商、风险投资等机构15位评委的现场打分，东莞高新技术企业——广东车卫士信息科技有限公司的“车卫士”获得资本的青睐，现场融资1330万元。

（林丹虹）

## 期货业

【期货业概况】 截至2014年，东莞市有独立法人资格期货公司1家，期货营业部7家。2014年，累计代理交易额6926.82亿元。

【华联期货有限公司】 2014年，华联期货有限公司在广州、佛山、揭阳等市和东莞市东城、樟木头等镇街设有5家营业部。该公司成立于1993年4月，是国内首批取得期货业务经营许可权的期货公司之一。2007年10月，该公司完成股权变更和增资扩股，注册资本增加至1亿元，并由东莞证券有限责任公司、东莞信托有限公司控股。按照该公司三年业务发展规划，正以“立足珠三角、渗透区域金融中心”的经营思路稳健扩张，同时依托控股股东东莞证券有限责任公司在全国范围内的中间业务优势，将业务推向全国。

（林丹虹）

▲ 广东易事特电源股份有限公司

【东莞发展控股股份有限公司】 东莞发展控股股份有限公司是东莞市属唯一一家国有控股的上市公司（证券代码000828），主营业务为高速公路投资运营及融资租赁业务，注册资本10.39亿元，其中控股股东东莞市公路桥梁开发建设总公司持有41.54%股权。截至2014年，公司总资产58.90亿元，净资产41.39亿元，比上年分别增长12.29%、13.51%，实现国有资产的保值增值。

2014年，东莞发展控股股份有限公司推进产融双驱的发展战略，拥有莞深高速公路（含龙林高速公路支线）收费总里程55.7公里，分别持有虎门大桥公司11.11%股权、东莞证券公司20%股权、东莞信托公司6%股权、东莞长安村镇银行5%股权、东莞松山湖小额贷款公司20%股权，并拥有全资子公司——广东融通融资租赁有限公司及广东金信资本投资有限公司。

2014年，东莞发展控股股份有限公司围绕资产经营和资本运营两条主线开展工作，高速公路营运主业创下新高，资本运营再结硕果。在宏观经济发展放缓和东莞市转型升级的双重压力下，随着全省联网收费和计重收费项目的实施，结合梅观高速公路观澜段免费通行的形势变化，公司调整运营策略，加大主动营销力度，打造“畅通莞深”“平安莞深”“优质莞深”。2014年，公司经营业绩创下历史新高，实现主营业务收入9.11亿元，比上年增长22.36%。

在资本运营方面，强化对原有投资项目的管理，实施多渠道资金管理，实现资金成本最低化，效益最大化。公司2014年实现投资收益2.46亿元，增幅达81.56%。同时发挥上市公司的资本、资源优势，支持融资租赁业务发展，广东融通融资租赁有限公司的资金实力增强，业务规模扩大，经营业绩提升。公司在融资租赁领域的突破，实现公司从金融参股到全面控股运营的重大转变，解决单靠公路“吃饭”的问题，逐步向集金融投资、公用事业投资等业务方向转变。2014年全年广东融通融资租赁有限公司实现净利润3400万元，增幅达到80倍。 （宁诗敏）

**附：2014年东莞发展控股股份有限公司主要领导名录**

董事长：尹锦容

总经理：张庆文

# 东莞发展控股股份有限公司

① 2014年11月3日，东莞发展控股股份有限公司监事会、高管层成员代表参观内幕交易教育展

② 2014年3月27日，东莞发展控股股份有限公司召开党的群众路线教育实践活动工作座谈会

③ 东莞发展控股股份有限公司在全线收费站开展文明服务培训

# 财政·税务 FINANCE·TAXATION

寮步——现代绿色新香市

编辑：潘朝明

## 财 政

【财政概况】 2014年，东莞市财政收入1066.2亿元，比上年增长9.4%，其中：上划中央251.6亿元，增长16.5%；上划省165.1亿元，增长5.7%；市一般公共预算收入455.2亿元，增长11.2%；市政府性基金预算收入194.3亿元，增长0.5%。市一般公共预算收入和市政府性基金预算收入，加上上级返还性收入、上级转移支付收入、地方政府债券转贷收入和上年结余，全年市财政可支配财力760.8亿元。财政支出719亿元，具体包括：镇街分成支出308亿元；市本级安排支出331.8亿元；省追加支出29.4亿元；上解上级支出35.3亿元；地方政府债券转贷资金支出4.3亿元；补充预算稳定调节基金10.2亿元。收支相抵，结余41.8亿元。

【财政收入突破千亿元】 2014年，东莞市大力加强财政收入征管工作，切实提高财政统筹保障能力。积极培植财源，严格落实上级税费减免政策，减轻企业负担，优化营商环境，激发市场活力；加快推动产业转型升级，培育新的经济增长点。加强税源监控，密切关注经济运行情况，加强对镇街经济及财政状况的分析研究，做好重点镇街、行业、税源的数据监测工作，切实做到应收尽收。完善非税收入征管机制，依法加强对路桥年票费、污水处理费、垃圾处理费的征收，深入挖掘政府性物业增收潜力。经努力，2014年，来源于东莞的财政收入1,066.2亿元，其中市公共财政预算收入完成455.2亿元，稳居广东省第四位，增长11.2%。市公共财政预算收入中，税收收入完成364.7亿元，占80.1%，财政收入质量位居全省前列。非税收入方面，尽管面临取消和免征减征部分收费项目等政策因素影响，市财政等部门通过依法加强征收管理，挖掘收入潜力，全年非税收入完成90.5亿元，同比增加16.4%。

【财政投资保障民生】 促进教育事业均衡发展 2014年，东莞市投入11.3亿元，补助镇街基础教育经费。投入1.5亿元，提高全市免费义务教育补助标准，小学生每人每年补助金额提高200元，初中生每人每年补助金额提高400元；投入1.2亿元，实施中职学校免学费政策。投入1亿元，支持学前教育发展。投入3757万元，推动东莞外国语学校投入使用；投入2525万元，支持民办教育规范化发展。稳步提高社会保障水平 投入7.8亿元，用于城乡一体社会养老及基本医疗保险缴费支出，增加大病保障险种；投入1.4亿元，向低保对象等困难群体发放补助，扩大基本医疗救助范围，将五保供养标准由765元/月提高至1370元/月，新增对失独家庭每人每月发放扶助金1000元；投入1.1亿元，改善残疾人生活质量；投入8498万元，提高高龄津贴发放标准，扩大居家养老覆盖范围；投入2345万元，帮助低收入家庭修葺房屋和发放住房租赁补贴。积极发展公共卫生事业 投入1.3亿元，开展11项基本公共卫生服务，为莞籍妇女免费提供孕检婚检、"两癌"（乳腺癌、宫颈癌）筛查以及乙肝母婴阻断治疗等重大公共卫生服务项目；投入1.3亿元，支持公立医院建设，补助试点公立医院离退休人员经费，对试点医院取消药品加成给予财政补偿。

【财政投资促进经济转型发展】 全力扶持实体经济 2014年，东莞市投入"科技东莞"专项资金20亿元，助推实体经济发展，包括加速推进中科院云计算产业技术创新和育成中心、北京大

学东莞光电研究院、东莞深圳清华大学研究院等重大平台和重大项目建设；推动加工贸易转型升级，支持海博会、加博会、台博会成功举办；设立2亿元的信贷风险补偿资金池，加大银行对企业的信贷支持力度;设立2亿元的“机器换人”专项资金，推动工业企业应用机器人智能装备；设立1.5亿元的电子商务专项资金，大力支持电子商务发展。大力建设人才强市　投入“人才东莞”专项资金10亿元，重点支持培养、引进、激励创新人才和技术人才，包括大力引进创新创业领军人才；支持东莞人才发展研究院和院士工作站、博士后工作站建设，完善放宽人才入户条件后的财政补助政策；对入选“千人计划”的人才给予配套资金支持。努力打造文化名城　投入“文化东莞”专项资金10亿元，着力提升东莞市文化软实力，包括设立文化产业发展专项资金，扶持15项文化产业项目，推动文化产业加快发展；设立文化精品专项资金，扶持332项文化艺术精品创作。严格落实减负政策　积极推进“营改增”（营业税改增值税）改革试点工作；下调堤围防护费征收标准并实行“封顶”征收，免征月营业额2万元以下的中小微企业堤围防护费，取消、免征和降低商品房预售款监督管理服务费等行政事业性收费，为企业减负9.4亿元。

【财政投资促进区域协调发展】　打造水乡特色发展经济区　2014年，东莞市投入20亿元，统筹水乡特色发展经济区重大项目和基础设施建设，主要包括横海大桥工程及万望路升级改造工程，疏港大道延长线粤晖大桥和水乡大道提升工程，龙湾湿地公园工程等；在村（社区）基本公共服务、土地流转、高标准基本农田建设、农业产业园建设等方面给予倾斜支持。支持镇村和区域统筹发展　投入15亿元，支持粤海产业园建设；从市镇参与税收分成收入中切块5%，投入14.4亿元，用于村（社区）基本公共服务专项补助资金，推动村（社区）经济平稳健康发展；投入10.7亿元，加大市对镇街均衡性转移支付力度；投入2.1亿元，大力开展市内扶贫；投入1.6亿元，对村（社区）基本农田和非经济林实行分类生态补偿。

【节能减排财政政策综合示范城市建设】　2014年，东莞市启动“绿色水乡”节能减排综合示范区、清洁空气行动计划、主要污染物减排工程、节能改造工程四大节能减排典型示范项目，包括：投入7.6亿元用于截污管网建设、养护及污水处理，投入5609万元补贴全市公交车辆更换LNG（液化天然气）清洁能源公交车型和提前淘汰黄标车，投入4287万元用于生活垃圾无害化处理和垃圾填埋场整治，加快建设节能减排财政政策综合示范城市。

【社会综合治理投入加大】　加强平安东莞建设　2014年，东莞市投入公共安全方面专项支出7.9亿元，主要用于公安执法办案装备购置、互联网侦控系统升级扩容、人像应用共享服务平台、DNA（脱氧核糖核酸）数据库和人口信息管理系统建设维护；支持推进警务运行机制改革，实现警力下沉和治安巡逻常态化；完善社会治安、公交视频监控，奖励群众见义勇为和举报违法犯罪行为等。创新社会管理服务　投入3663万元，用于购买353个社工岗位服务，试行购买工伤职工帮扶、单亲和问题家庭深度支持等社会工作项目服务；投入2208万元，采取“以奖代补”方式，支持社区综合服务中心建设运营，培育发展社会组织。

【财政体制改革推进】　2014年，东莞市完善市镇财政管理体制，重新核定镇街行政、治安、教育等项目支出，整合原有补助政策，适当降低补助门槛，调整后市每年对镇街的补助增加3.1亿元，减轻欠发达镇街的支出压力。试编国有资本经营预算，出台市属国有资本经营预算试行办法，将市属国有企业的收益纳入预算管理，规范国有资本的收支行为，促进国有资本合理流动和优化配置。强化地方政府债务管控，全面开展地方政府性债务清理甄别工作，统一政府性债务口径，摸清存量债务规模，合理界定政府偿债责任。推进预算信息公开透明，“三公”（公务出国经费、公务用车购置及运行费、公务接待费用）预算信息公开范围扩大至全市300多个预算单位，并随同部门预算信息一同公开。首度公开64个预算单位部门决算及“三公”决算信息。提升预算绩效管理水平，选取33个项目开展重点项目绩效评价，评价报告全面公开；选取59个项目开展预算编制绩效评价，核减金额1.7亿元，切实提高财政资金使用效益。加大财政监督检查力度，全面检查部门预算超200万元的大额专项资金，对于检查中发现的专项资金超范围列支、未履行政府采购程序等问题，督促相关单位加快整改。

【财政支出监管】　2014年，东莞市财政局制定实施会议费、差旅费、外宾接待费、因公临时出国经费等管理办法，开展整治“三公”经费开支过大、严格公务接待标准等专项活动，推进办公用房清理整改工作，市本级“三公”经费支出大幅减少；修订完善局机关财务、资产、公务接待管理办法及年终考评工作办法，切实加强机关管理；办理人大代表建议及政协委员提议92件，包括承办件13件，会办件79件，主动加强与人大代表和政协委员的沟通，对其提出的问题逐一改进、逐一解决；推进政务公开，通过东莞财政网、财政微博等渠道主动公开财政政策和财政活动，自觉接受社会各界和服务对象的监督。2014年，东莞财政网累计发布政务信息6855条，受理各类财政咨询热线电话3429个。2014年，东莞市财政局获评广东省文明单位，并在市直单位年度工作考评中获经济建设类第一名。　（毛存中）

**附：2014年东莞市财政局主要领导名单**

党组书记、局长：罗军文

▲ 东莞市玉兰大剧院

# 税 务

## 国家税务

【国税概况】 2014年，东莞市国税局管辖纳税户38.54万户，负责征收管理的税种有增值税、消费税、企业所得税、储蓄存款利息所得个人所得税、车辆购置税。通过科学施策，团结拼搏，挖潜增收，制定部署系列征管措施，确保税收收入增长，国税收入跃上800亿元台阶，达到810.92亿元，同比增长18.53%，增收126.8亿元。

【金税三期工程实施】 2014年，东莞市国税局按照国家税务总局和省国税局实施金税三期工程的统一部署，集中人力物力，倒排工作进度，高效完成系统初始化、人员岗责梳理、数据质量提升及数据迁移核对、全员培训、特色软件改造等十九大类工作任务，实现金税三期单轨平稳、顺利上线。

【"便民办税春风行动"】 2014年，东莞市国税局创新推出"四个率先、四个覆盖、四个强化"便民措施，全面提升服务纳税人的水平。"四个率先"即率先成功办理全国首笔海关总署通关平台跨境电商出口退税业务，大力支持东莞市跨境电商零售出口的发展；率先在全省实现税务登记主动推送、即时办理服务，减轻纳税人和基层负担；率先试行代开增值税专用发票快递业务，使纳税人体验到"足不出户购买发票"的便捷；率先打造税银公众服务平台，主动助力中小微企业解决融资难题。"四个覆盖"即实现办税服务厅标准化建设、24小时办税服务区、纳税服务综合管理系统和"同城通办"在全市35个分局的覆盖，推动办税形式的多样化。"四个强化"即强化流程改造，简化增值税发票领用等5项业务流程和开票限额审批手续，取消34个进户执法项目和64种报送资料；强化咨询辅导，增加8个人工坐席，"12366"热线接通率由60%提升至95%，建成以市局为主校区、35个税务分局为分校区的纳税人实体学校；强化税法宣传，开展"春风送政策"活动，走访企业近2500户，举办座谈会50场，在各级主流新闻媒体开展便民办税春风行动系列报道，制作"春风行动"宣传片和"一分钟让你看明白"税收系列动漫；强化纳税服务规范落地，举办首届纳税服务规范知识竞赛，组织各分局积极参与，以竞赛促学习，同时大力推动规范落实，统一执行标准，提高规范实施软实力，为纳税人提供更快、更优的纳税服务。在东莞市2014年民主评议政风行风活动中，市国税局在全市26个办事群众满意度手机短信测评的窗口单位中名列第一。

## 聚财为国 执法为民

2014年11月，省国税局局长胡金木（前中）到东莞市国税局开展工作调研

【国税优惠政策落实】 2014年，东莞市国税局成功将铁路运输、邮政和电信业纳入“营改增”（营业税改增值税）试点，至年底全市“营改增”试点纳税人共4.16万户，全年为试点纳税人减轻税收负担12亿元。全面贯彻落实小微企业增值税减免和企业所得税减半征税优惠政策，分别减免增值税9181万元、企业所得税3.57亿元，覆盖面达100%；128户企业享受研发费用加计扣除优惠扩围新政策，加计扣除金额14.02亿元。在全省创新推行外贸供货企业分类管理办法，将出口300强民营企业纳入“当月退税”高速通道，加快出口退税进度，全年办理出口退税305.05亿元，同比增长15.11%，办理总额位居全省首位。

【国税基础建设夯实】 2014年，东莞市国税局着力打牢税收执法基础，重点抓好行政审批目录公开、稽查办案标准化建设、基层警税联合执法、出口退（免）税专项整治行动收尾和建章立制等工作；打牢风险管理基础，制定完善《税收风险监控管理办法》和《纳税评估管理办法》，搭建风险监控指标体系，在全省率先应用重点税源调查与分析系统（TRAS）加强高风险项目监控；打牢大企业管理基础，出台东莞市大企业税收集约化管理工作方案，实行党组成员挂点联系市局列名大企业制度，选定首批23户市局列名大企业，探索对大企业开展集中管理和个性化服务；打牢发票管理基础，加大整治纳税人不开票行为的力度，并在全省率先推行“以税控票”，通过“人机结合”并融入RED系统的预警监控功能，规范发票发售和票种核定岗位人员的执法行为。

（欧 薇）

**附：2014年东莞市国税局主要领导名单**

党组书记、局长：曹益镇

① 2014年7月，东莞市国税局局长曹益镇（右五）带队作客东莞电台“阳光热线”直播室，围绕“服务大局、服务税户”主题，与广大市民和纳税人直接交流

② 2014年9月3日，东莞市国税局办结全国首笔海关总署通关平台跨境电商出口退税，跨境电商零售出口部门监管创新迈出历史性一步，图为副市长杨晓棠（中）出席通关仪式

③ 2014年，东莞市国税局实现基层分局办税服务厅标准化建设和24小时自助办税厅全覆盖

④ 2014年3月4日，举行市公安局、国税局联合执法办公室揭牌仪式

## 地方税务

【地税概况】 2014年，东莞市地方税务局主要负责营业税、企业所得税、个人所得税、房产税、资源税、车船税、城市维护建设税、城镇土地使用税、土地增值税、印花税、契税、耕地占用税等12个税种的征管和社会保险费、教育费附加、文化事业建设费、堤围防护费、残疾人就业保障金、地方教育附加、价格调节基金、工会经费等8项规费的征收工作，管辖税务登记户46.83万户，其中内资企业18.39万户，外资企业1.25万户，个体经营26.74万户。2014年，东莞市地方税务局组织税费收入753.51亿元，比上年增长10.8%。其中，税收收入426.12亿元，比上年增长6.2%，可比增长（剔除营业税改增值税影响）6.9%；社会保险费收入272.97亿元，增长20.5%；其他收入54.42亿元，增长3.6%。

【地税税源控管】 2014年，东莞市地方税务局确立“强征管，扩税基，稳增长”工作思路，深化经济税源调查和征管现状分析，密切掌握税源变化及收入态势，及时研究部署抓收入措施，加强收入预测预警。加强重点税源管理，抓好企业所得税汇算清缴和后续核查，加强股权转让和高收入行业个人所得税管理，统筹指导提升土地增值税清算质效，开展房产税、土地使用税、城建税、印花税疑点数据核查，进一步加强各税种管理。

【地税税收征管】 2014年，东莞市地方税务局完成基础环境搭建、系统初始化、数据清理、系统测试、操作培训、业务差异分析处理等工作，全力推进金税三期上线。贯彻落实个体工商户定期定额征收管理新办法，调整个人所得税核定征收的行业所得率和代征率。开展欠税清查，建立健全欠税管理制度，做好欠税公告，加大清欠力度。推进数据管税，协调深化涉税信息交换共享，全年获取涉税信息171.37万条，做好数据分析比对，核查补缴税费3.97亿元。深入开展纳税评估，共对1.16万户纳税人实施评估，实现评估收入16.96亿元。探索税务登记制度改革，首创电子税务登记证，实现网上同步亮证和二维码联网验真；在试点分局实现集群注册的电子商务企业办理税务登记免填单和全程电子化，配合推进外资企业“十证联办”，参与信用信息公示平台建设。升级改造车船税系统，实现网银缴纳和全城通办。推进电子稽查建设，在8户企业调账检查中应用电子取证工具，为全省地税探索电子取证积累经验。

【规费和基金征收】 2014年，东莞市地方税务局加强部门协调和数据交换，规范社保费欠费管理，继续做好其他各项规费和基金的征收工作。其中，文化事业建设费收入3444万元，比上年下降10.3%；教育费附加收入19.42亿元，下降0.2%；地方教育附加收入12.97亿元，增长0.1%；堤围防护费收入10.50亿元，下降15.2%；残疾人就业保障金收入5.66亿元，增长14.6%；价格调节基金收入2.96亿元；工会经费收入2.47亿元。

【地税依法治理】 2014年，东莞市地方税务局严格执行新修订的税务行政处罚裁量基准，规范自由裁量权行使。全面清理税收行政审批事项，编制行政审批事项通用目录，明确市局审批事项13项、基层分局审批事项44项。对6个

## 发挥地方税收职能作用　促进经济发展方式转变

2014年4月10日，市地税局召开纳税人座谈会听取意见建议，深入开展党的群众路线教育实践活动（钟健均　摄）

分局开展税收执法督察，督促问题整改落实，防范执法风险。落实征管与稽查联席会议制度，发挥查促效应。抓好涉税案件查处、行业税收专项检查、重点税源企业检查、发票专项整治，开展转让定价调查和案件后续跟踪管理,加强预约定价安排监控管理等反避税工作，签订全省地税首宗双边预约定价安排执行协议，入库全省地税单笔最大金额非居民股权转让所得税款。加强警税联合执法，加大力度查处假发票案件。做好纳税人信用等级评定，结合市诚信“红黑榜”发布制度要求，及时公告A级纳税人红名单。规范进户执法项目，切实保障纳税人合法权益。落实各项优惠政策，严格执行税收优惠管理办法，做好政策梳理和宣传辅导，全年累计减免各项税收37.32亿元，减征免征堤围防护费3.21亿元。

【地税纳税服务】 服务平台建设 2014年，东莞市地方税务局优化办税平台，落实“便民办税春风行动”和纳税服务规范，全面铺开办税服务厅规范化建设，优化功能布局和窗口设置，推行一窗式、一次性告知、首问责任、导税、延时等服务措施，改善纳税人反映强烈的问题；推广应用电子办税服务厅和自助办税终端，全年分别办理业务15.8万宗和12.6万宗。提升“12366”热线服务质量，接通率达97.3%。全年受理各类咨询诉求6.32万宗，办结率100%。落实《办理涉税事项业务规程》，简化优化办税流程，19项征管文书审核环节由99个减少至61个，废止7份文书报表，退库办结时间由3个月缩短至1个月，超过80%登记类业务实现即时办理。税收宣传 加强税收宣传辅导，及时更新门户网站内容信息5872条，在报纸、电视、电台、网络等媒体制作宣传专栏44期，成立实体和上线网上纳税人学校，开展培训辅导410期，培训纳税人2.44万人次。 （陈群弟）

**附：2014年东莞市地方税务局主要领导名录**

党组书记、局长：钟毅民

① 2014年3月12日，全市地税系统开展税收宣传活动，现场为纳税人解疑释难
② 2014年3月25日，全省地税首宗双边预约定价安排执行协议签订（姚志成 摄）
③ 2014年9月10日，市地税局全面铺开办税服务厅规范化建设（邓 敏 摄）

# 经济管理 ECONOMIC MANAGEMENT

虎门镇

## 发展规划管理

【发展规划管理概况】 2014年7月，东莞市发展和改革局（简称“东莞市发改局”）合并原市物价局的职能，并接收市经信局节能减排和市人口与计生局人口发展规划等工作。合并后，东莞市发改局的职能主要为：制定实施全市国民经济和社会发展战略、规划及年度计划，分析研究宏观经济形势并提出政策建议，提出年度价格总水平调控目标及价格调控措施并组织实施，服务管理固定资产投资项目及重大项目，培育发展战略性新兴产业，推进产业结构转型升级，组织实施经济体制改革，监管实行市场调节价的商品和服务价格，开展粮食管理调控，协调对口援藏援疆等。还承担统筹全市轨道交通建设、开展国民经济动员、建设社会信用体系等工作。内设机构有19个科室，下辖粮食储备中心和价格认证中心2个事业单位。

【“三重”建设】 2014年，东莞市发改局狠抓工作落实，做好重大项目协调服务，推进项目建设进度，加快省、市“十二五”重要基础设施项目和轨道交通项目建设，狠抓“三重”（重大项目、重大产业集聚区、重大科技专项）项目签约率、开工率和履约率。起草制定《2014年“三重”目标管理责任制方案》《2014年市政府领导挂钩督导“三重”建设项目方案》，召开2014年全市“三重”建设工作会议。加快推进重大项目建设，实行重大项目动态管理，落实市政府领导挂钩督导等工作制度，推进项目建设进度，协调解决项目建设中出现的突出问题，实现开工率和投资完成率“两个100%”的目标。全年166个重大建设项目完成投资343.6亿元，超额完成年度计划9.7%，增长10.8%。26项列入省重点建设项目完成投资131.6亿元，超额完成年度计划8.4%，增长18.5%。

【发展规划编制】 2014年，东莞市发改局按照《东莞市市级发展规划编制管理办法》，对市级发展规划的编制立项、论证衔接、实施监督等重要环节进行协调管理。全年受理15宗市级发展规划的编制立项，综合提出立项审核意见报市政府审定，提高全市规划编制统筹管理水平。组织编制水乡特色发展经济区产业发展规划和产业发展指引，多次修改完善水乡经济区产业发展规划，并报省发改委审批；联合省产业发展研究院编制《水乡特色发展经济区产业指引》，牵头会同省产业发展研究院开展《广东粤海银瓶合作创新区发展总体规划》编制，全面启动全市“十三五”规划前期研究工作，制定“十三五”规划编制工作方案，研究确定18项发展规划作为东莞市“十三五”重点专项规划。

【宏观经济管理】 2014年，东莞市发改局贯彻执行《东莞市2014年国民经济和社会发展计划》，跟踪落实全市经济社会发展主要预期目标。起草《东莞市2014年国民经济和社会发展计划执行情况与2015年计划草案的报告》，研究提出2015年东莞市经济社会发展主要指标预期目标。切实发挥全市经济形势分析联席会议办公室和经济运行督导小组的作用，加强宏观经济分析监测，分析总结经济运行特点，研究查找经济运行中存在的矛盾和问题，提出有针对性和可行性的措施对策供领导决策参考。全年组织召开月度经济点评会6次、季度经济形势分析会2次、半年经济形势分析会1次。完成美国、日本、韩国、中国台湾、越南、泰国《制造业成本比较研

▲ 位于麻涌港区的省储备粮东莞直属库

究》等调研报告。

【固定资产投资管理】 2014年，东莞市发改局深化项目投资管理体制改革，取消市管权限的企业投资项目核准，优化精简立项流程，节省办理时间，提高工作效率。全年共完成固定资产投资1427亿元，比上年增长10%。办理项目立项642个，计划总投资1439.13亿元。加强市财政投资项目管理，实行市政府投资计划动态管理。起草《东莞市政府投资项目管理暂行办法(征求意见稿)》及细则，研究出台《东莞市政府投资项目评审操作暂行规定》。加强党政机关楼堂馆所项目管理，全面停止新建党政机关楼堂馆所。促进民间投资，研究确定莞番高速公路等3个项目作为东莞市面向民间投资招标的重大项目，并上报省发改委。

【轨道交通建设】 2014年，东莞市发改局（轨道办）及时协调解决在建轨道工程建设存在问题，召开工程专题协调会36次、现场踏勘督查23次、重点解决管线迁改、征地拆迁、工程施工交叉等瓶颈问题。统筹编制轨道交通前期规划，1号线一期工程工可报告完成专家咨询并修改完善；15个支撑性专题项目编制工作有序开展，其中7个完成最终成果、3个完成评审。全年穗莞深线洪梅至长安金沙段完成投资12.12亿元，穗莞深线新塘至洪梅段（东莞段）完成投资12.65亿元，莞惠线东莞段完成投资22.17亿元，均按时完成全年计划。市轨道交通2号线完成投资33.05亿元，超额完成年度计划5.5%。

【产业结构转型升级】 2014年，东莞市发改局推进新能源汽车产业发展和推广应用，全面启动生物产业规划编制。研究制定《东莞市配套国家、省发展改革专项项目资助管理办法》，为优质项目申请市财政配套资金提供文件依据。协调推进散裂中子源项目建设，推荐东莞市泰斗微电子科技有限公司的北斗导航芯片与车联网技术工程实验室等3个项目获得第四批省工程实验室立项；推选符合条件的东莞市深粮物流有限公司粮食物流项目申报国家2014年粮食现代物流项目。组织开展热电联产规划的修编工作，协调帮助项目单位解决项目建设中出现的问题，促进各个项目获批并开工。东莞中电新能源热电联产扩建项目获立项批复；华能东莞谢岗燃气-蒸汽联合循环热电联产项目、华电东莞立沙岛热电冷三联供项目、大唐华银东莞三联热电扩建项目3个项目获“路条”批复。落实碳排放管理和交易试点工作任务，组织纳入省碳排放管理范围的12家企业做好碳排放信息报告并对其开展碳核查，组织10家控排企业购买碳排放配额。

【经济体制改革】 2014年，东莞市发改局统筹全市经济体制改革，组织召开全市经济体制和生态文明体制改革专项工作会议。牵头开展全市公务用车制度改革，草拟全市公务用车制度改革领导小组及办公室的基本框架、东莞市新一轮公务用车制度改革初步方案等。牵头统筹全市信用体系建设，修改完善《东莞市社会信用体系建设规划（2014—2020年）》，起草《东莞市社会组织守信激励和失信惩戒试行办法（征求意见稿）》，组织汇编《东莞市公共信用信息资源目录》，全面启动公共信用信息管理系统建设和“信用东莞”网建设。推进管道天然气价格改革，建立购气价格与销售价格联动的动态调整机制。建立污水处理征收标准与收费水量处理率联动的动态调整机制及污水处理费征收标准与治污成效挂钩的减排约束价格机制，提高治污成效。助推公交运营体制改革，草拟《东莞市公共汽车票价优化调整实施方案》上报市政府审定，水乡5镇票价方案于7月1日起试行。修改完

善《东莞市公共汽车票价优化调整实施方案》。

【粮食调控管理】 2014年，东莞市发改局（粮食局）制定部署储备粮轮换计划。健全完善储备粮油管理制度，开展中央、省级和市级储备粮等库存专项检查，加强仓库安全使用、维修管理和结构检测等工作，确保储备粮账实相符、账账相符、质量良好、储存安全、管理规范。扶持粮食市场发展，会同省粮协、市粮协、常平粮食批发市场等举办“2014东莞（常平）粮油产品展示交易会”，吸引30多个地市粮食部门、全国各地150多家粮油加工企业、1000多家采购商、中间商参加，签订150万吨的产销合作意向书。严格军粮供应管理和粮食检查监督工作，建立健全军供粮油质量准入制度，确保东莞市军供粮油全部达到标准。加大粮食流通统计制度执行监督检查力度，落实各级监管责任，全年出动153人次，检查96家粮所、库、粮油经营企业。协助省粮食局举办“粮安民康·幸福圆梦——2014年广东省粮食安全·粮食科技活动周”大型活动。

【对口援藏援疆】 *援疆* 2014年，东莞市发改局编制年度援疆项目投资计划。组织实施27个援建项目，总投资达5.04亿元；组织编制兵团草湖广东纺织服装产业园规划；协调喀什经济开发区兵团分区招商团在莞开展招商引资活动。促成东莞职业技术学院与第三师图木舒克职业技术学院达成联合办学意向；推进医疗柔性人才援疆，促进市卫生局与第三师图木舒克市卫生局签订合作协议书。

*援藏* 2014年，东莞市发改局联同市援藏工作组共同编制2014年对口援藏项目投资计划，共安排17个援建项目，援藏资金达6461万元；协调受援方加快援建项目建设，截至2014年，完成投资3654万元。协助林芝县举办第十二届林芝桃花文化旅游节；组织虎门、塘厦、清溪和长安4个镇开展为期3年的结对帮扶工作，计划投入820万元，重点加快林芝县小康示范村建设。

【价格监督管理】 2014年，东莞市发改局落实各项减负政策，免征出口商品出入境检验检疫费，下调堤围防护费等，为企业减负9.44亿元。会同市减负办公室归纳整理《东莞市涉企收费项目目录》，并向社会公布，切实减轻企业负担。分别出台民办中小学和民办幼儿园收费管理、公办中小学服务性收费和代收费管理规范性文件，规范教育收费行为。加强医疗服务收费管理，重新梳理全市非营利性医疗机构备案耗材品规定，对306个品种进行备案；落实省有关药品价格改革政策，引导企业生产、医疗机构使用低价药品，取消4903个规格药品的最高零售价格。全市平价商店向群众让利1783.47万元。修订出台临时价格补贴与价格上涨联动机制，对殡葬服务收费、道路救援服务收费和保安服务收费等经营服务收费进行规范。针对人民群众重点关注的领域如教育、医疗、公交、出租车等行业价格违法情况进行监督检查。全年共查处价格违法案件37宗，实行经济制裁106.7万元。

（曾敏璋）

**2008—2014年东莞市居民消费价格总指数（上年=100）**

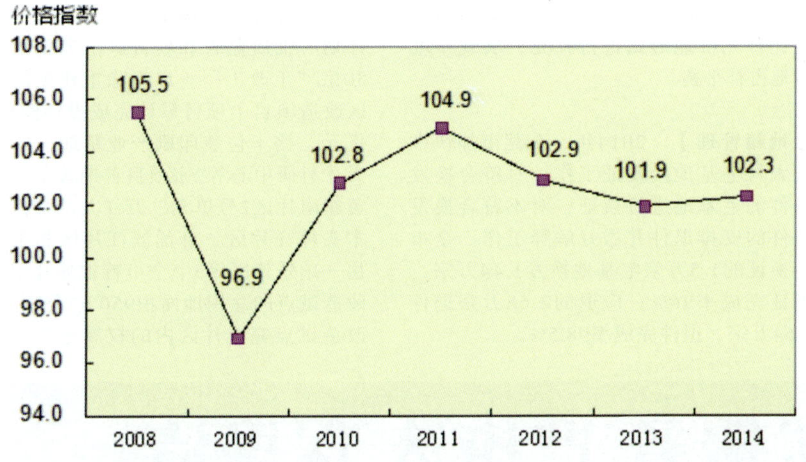


## 2014年东莞市价格变动情况

| 类别 | 价格指数（上年=100） | 比上年升降幅度（%） |
|---|---|---|
| 居民消费价格指数 | 102.3 | 2.3 |
| 食 品 | 106.0 | 6.0 |
| 其中：粮食 | 103.0 | 3.0 |
| 肉禽及其制品 | 104.3 | 4.3 |
| 油脂 | 97.2 | -2.8 |
| 蛋 | 105.3 | 5.3 |
| 菜 | 99.3 | -0.7 |
| 水产品 | 109.8 | 9.8 |
| 烟 酒 | 100.4 | 0.4 |
| 衣 着 | 100.3 | 0.3 |
| 家庭设备用品及维修服务 | 101.3 | 1.3 |
| 医疗保健和个人用品 | 100.3 | 0.3 |
| 交通和通信 | 98.3 | -1.7 |
| 娱乐教育文化用品及服务 | 101.7 | 1.7 |
| 居 住 | 100.8 | 0.8 |
| 商品零售价格指数 | 101.2 | 1.2 |
| 工业生产者出厂价格指数 | 99.0 | -1.0 |

**附：2014年东莞市发展和改革局主要领导名录**

党组书记、局长：朱斌华

## 国土资源管理

【国土资源管理概况】 截至2014年，东莞市土地总面积为24.6万公顷。农用地面积10.45万公顷，其中纯耕地面积1.37万公顷，可调整农用地2.34万公顷，园地面积3.16万公顷，林地面积3.41万公顷，草地面积830公顷，其他农用地面积2.43万公顷；建设用地面积11.39万公顷，其中城镇村及工矿用地面积10.30万公顷，交通运输用地面积7700公顷，水库及水工建筑面积3200公顷；未利用地面积2.76万公顷，其中水域及水利设施用地1.40万公顷，其他草地面积1.09万公顷，其他土地面积2700公顷。

2014年，东莞市国土资源局在全省土地市场动态监测评比中排第一名，在全市经济建设类优秀单位中排第二名，在全市民主评议政风行风排第三名，获评全省节约集约用地二等奖、“三旧”（旧城镇、旧厂房、旧村庄）改造三等奖、土地执法监察三等奖和“全市重大项目服务保障先进单位”。

【土地规划】 2014年，东莞市坚持新增建设用地指标由市统筹分配，优先保障重大项目和民生工程用地需求。全年省下达东莞市新增建设用地指标911.87公顷，农地转用指标695.80公顷。实际上报省市批次181个，占用新增用地887.63公顷，农地转用692.05公顷，年度计划指标全部使用完毕。

【耕地保护】 截至2014年，东莞市耕地保有量为3.69万公顷，基本农田面积2.83万公顷，均超额完成省下达的指标任务（2014年，省政府下达东莞市耕地保有量任务不得少于3.16万公顷，基本农田任务数为2.79万公顷）。2014年，东莞市批准占用耕地202.18公顷，全部采取有偿受让补充耕地形式进行补充，实现年度耕地占补平衡。

【地籍管理】 2014年，东莞市加快推进农村宅基地换发证工作，对符合换发条件的宅基地进行换证，对不符合换发条件的安排退件并做好解释工作。全市应换证的1.5万宗宅基地换发1.44万宗，换证完成率96%；应退的2.68万宗退件2.64万宗，退件完成率98.5%。

【土地利用】 2014年，东莞市深化投资项目用地审批体制改革，试行林地、社保、用地审核同步办理、并联审批，向国务院、省政府申报建设用地155个批次，涉及征地面积831.78公顷。使用2014年度计划指标65宗491.47公顷，取得省政府一般批次批复198宗896.51公顷，单独选址批复3宗56.47公顷，取得国务院批复1宗37.03公顷。全年盘活存量土地860.20公顷，处置闲置土地373.27公顷。

【“三旧”改造管理】 2014年，东莞市推行“三旧”（旧城镇、旧厂房、旧村庄）改造常态化全流程管理，建立改造单元统筹、市场主体准入、年度实施计划、批后监管和项目退出等新机制。30宗“工改工”（以拆除重建类的工业区改造项目）项目累计完成投资额13.08亿元，铭丰包装印刷产业基地、广东小天才科研中心等2宗项目首期竣工。东城黄旗南片区2号单元、万江龙湾片区、樟木头樟洋片区、麻涌滨江片区和茶山东岳—珀乐片区等5个全市首批连片组团式改造试点的总用地面积950.67公顷，5个改造试点完成片区内的权属地类调查、

2014年3月4日，东莞市国土资源系统召开“改革攻坚年”动员大会

房产调查、人口调查、产业经济调查等基础调查工作，基本完善试点片区的规划前期研究报告。

【土地市场】 2014年，东莞市一级市场通过网上交易系统成交土地95宗，总成交面积414.31公顷，总成交价94.74亿元。二级市场通过挂牌交易和鉴证交易方式办理转让地块194宗，总面积350.83公顷，总成交价28.73亿元。

【矿产资源管理】 截至2014年，东莞市共有矿山企业11家，其中矿泉水厂9家，盐矿厂1家，采石场1家。2014年，按期完成全市矿山企业的年检工作和矿产资源补偿费征收入库，规范矿业权许可证发证程序，对于不符合规定的矿山企业一律不予登记发证。加大矿产资源执法力度，全年没有发生无证开采和勘查、越界开采、非法转让矿业权、违法审批发证等案件，无安全事故发生。全年完成第一批56家关闭采石场整治复绿工程计划复绿面积的90.8%，总投入资金2.48亿元，复绿总面积210万平方公里。其中，虎门镇、厚街镇、大岭山镇、凤岗镇、大朗镇6个标段完工，进入植被养护阶段。

【地质灾害防治】 2014年，东莞市推进地质灾害防治工作，重新修订《东莞市突发地质灾害应急预案》，创建全市统一地质灾害应急平台。“5·12”全国防灾减灾日，市国土资源局联合20多个部门在樟木头镇开展地质灾害应急演练。举办地质灾害防治知识进课堂活动，向全市中小学捐赠地灾防治宣传资料40万份。全年排查出地质灾害隐患点358处，威胁人口1628人、威胁财产7890.5万元。完成地质灾害隐患点搬迁和治理55处，其中搬迁10处、治理45处。全年发生地质灾害及险情20起，未造成人员伤亡。

【测绘管理】 2014年，东莞市推进第一次全国地理国情普查，完成2465平方公里的内业解译、外业调绘核查等工作。完成“一村一镇一地图”工程，为全市567个行政村逐一编制正射影像地图。挂牌成立市测绘院，与中山大学、江西理工大学联合成立产学研基地，与武警东莞市支队等单位签定合作协议，使用无人机低空摄影测量技术，完成粤海产业园控地测绘等10多项重点测绘任务，测绘年总产值达1000万元。加快数字城市地理空间框架建设和推广，在应急指挥、旅游、教育等方面与20多个市直部门开展共建共享合作，为“智慧东城”“智慧石龙”“智慧松山湖”建设提供智能化的二维、三维地理信息服务。

截至2014年，全市有49家测绘资质单位，其中甲级1家、乙级6家、丙级1家、丁级41家。全年完成42家测绘资质年度注册、2家注销测绘资质、4家新核准丁级测绘资质、2家丙级升乙级测绘资质、9家变更单位法人代表、1家变更单位名称、1家变更单位地址、7家乙丙级单位测绘资质复审换证初审和40家丁级单位测绘资质复审换证审核工作。严格执行外来测绘单位登记备案制度，完成36家外来测绘单位登记备案工作。

【国土资源执法监察】 2014年，东莞市以土地例行督察整改和全省违法违规用地集中整治为契机，在全市开展违法违规用地整治大会战，整肃全市用地秩序，提升土地执法水平。全年拆除违章建（构）筑物30余万平方米，整改恢复土地原貌消除违法状态342宗，涉及土地

2014年5月5日，国家土地督察广州局进驻东莞市开展土地例行督察

面积约247公顷，累计罚款4500多万元。向纪检监察部门移送案件13宗，涉及纪律处分16人，向法院申请强制执行63宗，向公安机关移送案件4宗，追究涉嫌土地违法犯罪30人。截至2014年，公安机关刑事拘留4人。

**【土地信访案件跟进】** 2014年，东莞市国土资源局保持信访渠道畅通，专人跟进信访案件办理。严格执行信访值班制度，每宗信访案件均落实专人跟进处理。全年受理群众信访640件次，其中“12336”举报电话196次，来信299件，来访145批355人次。（黄 凰）

**【土地储备与供应】** 2014年，东莞市土地储备中心供应土地3.45公顷，回笼资金7.78亿元，平整土地19.6公顷，拆除地上建（构）筑物3.48万平方米。纳入龙湾片区的坝头03001地块中的3.04公顷与万江街道0.67公顷土地联合推出市场，土地交易结果为8.95亿元，其中储备土地部分7.32亿元；纳入南城中央商务区的02004号地块中的0.4公顷与南城街道1.04公顷土地联合推出市场，土地交易结果为1.6亿元，其中储备土地部分0.46亿元。

**【储备土地管理】** 土地专项清查 2014年，东莞市土地储备中心制订《市政府储备土地清查专项工作方案》对在库储备土地进行地籍调查，对每宗土地的权属来源情况、办理土地手续情况、地块推出市场需补充资料情况、土地利用现状、土地利用总体规划、城市规划等进行调查登记造册,确保储备土地来源清晰、手续完善。

土地前期开发 2014年，东莞市土地储备中心加快储备土地的前期开发。对万江西城02026储备地块19.6公顷进行前期的土地平整。对07001储备地块规划为仓储物流用地5.4公顷的地上建（构）筑物3.48万平方米进行拆除。配合会展片区地块改造工作，对拟推出市场的12.7公顷土地进行权属来源、使用现状等情况进行核查，并完善相关用地手续。

土地巡查管理 2014年，东莞市土地储备中心地块巡查小组定期对土地进行例行巡查的同时，重点加强对物业管理公司的监督管理。发现并及时制止侵占储备土地事件25起，拆除安全隐患的建（构）筑物7115平方米，清理易引发火灾的杂草土地18.5公顷。

土地出租管理 2014年，东莞市土地储备中心对储备土地临时租赁超2年的22宗土地进行整改，解除原有的土地临时租赁合同，并按《东莞市土地储备中心土地出租管理办法》，重新签订土地临时租赁合同。加强对临时租赁地块的监管，杜绝超面积、改变临时租赁用途等违反合同条款的行为出现，确保租赁合同各项条款的落实。

**【土地储备信息化建设】** 2014年，东莞市土地储备中心在东莞市国土资源电子政务平台上构建土地储备信息管理系统，搭建信息共享平台，实现土地储备信息管理的图形数据和属性数据的一体化管理，使土地储备从拟收储、已收储、土地供应、土地利用等科学化管理，提升储备土地管理的工作效率和水平。（卢惠锋）

**附：2014年东莞市国土资源局主要领导名录**

党组书记、局长：刘 杰

**附：2014年东莞市土地储备中心主要领导名录**

主 任：黄锦发

① 2014年5月12日，东莞市国土资源局与樟木头镇政府在樟木头裕丰社区联合举办地质灾害应急演练，组织国土、医疗、公安、消防等相关部门模拟应对山体滑坡导致人员伤亡的突发事件。图为国土部门用测量仪器对地质灾害进行监测

② 2014年5月17日，东莞市国土资源局领导参加“阳光热线”直播节目，回应群众利益诉求

# 国有资产监督管理

【国有资产监督管理概况】 截至2014年，东莞市国有资产主要分布在基础设施建设、园区开发、公益公共服务、战略性新兴产业产业等领域。市属国有企业资产总额3168.69亿元，比上年增长24.5%；资产负债率为78%，下降2.3%（非金融企业资产负债率为52.27%，下降3.7%）；净资产696.21亿元，增长39%；国有净资产527.23亿元，增长42.1%；营业收入285.66亿元，增长9.4%；实现利润总额66.93亿元，实现净利润52.04亿元，分别增长23.3%和25.8%；国有净利润24.92亿元，增长43%。

【国有企业改革】 国企改革规划制定 2014年，东莞市人民政府国有资产监督管理委员会（简称“东莞市国资委”）落实市委、市政府对东莞市国有经济提出做强做优做活的要求，由广东省综合体制改革研究院对市属企业改革、国有经济发展编制战略发展规划，市国资委起草市属企业战略发展规划（草稿），并对市属企业进行详细调研，制定实施市属企业发展混合所有制经济的政策（草稿）。

国有企业定位分类 根据市委、市政府文件精神，结合东莞市属企业及市属参股企业性质及经营业务等实际情况，明确市属企业功能定位，完善市属国有企业分类监管体系，经市政府同意将市国资委直接管理和履行出资人职责的市属企业划分为“竞争性”和“准公共性”两大类。

国企改革活动 落实中央、省和市深化国有企业改革、发展混合所有制经济的工作部署，东莞市国资委举办及参与相关重要活动：组织部分市属企业赴台交流，参加2014年第二次广东省国有企业混合所有制项目展示对接活动，配合做好2014广东21世纪海上丝绸之路国际博览会相关工作，配合市委组织部组织部分市属企业赴大连参加“提升企业核心竞争力、推动实体经济发展”的专题研讨学习班。

【国有企业监督管理】 国有资本经营预算 2014年初，东莞市国资委起草《东莞市市属国有资本经营预算试行办法》，5月中旬市政府明确将企业股利股息收入、产权转让收入、利润收入和清算收入纳入预算范围，并明确预算支出的几种情形，包括增加企业资本金，向优势企业、优质项目支持性支出等。

非公司制企业改造 市国资委选取东莞市燃料工业总公司和东莞市电子工业总公司实施公司制改造，两家公司基本完成公司制改造，东莞市燃料工业总公司变更为东莞市能源投资有限公司，并升级为东莞市能源投资集团有限公司；东莞市电子工业总公司变更为东莞市国弘投资有限公司，申请设立集团公司。此外，推进市公路桥梁开发建设总公司实施公司制改造及组建市交通投资集团。

重大项目建设推进 推动电化集团IGCC项目实施战略重组，电化集团下

## 做强做优做活东莞市国有经济

① 2014年10月14日，市委书记、市人大常委会主任徐建华一行到市国资委调研并召开座谈会

② 2014年2月26日，市委副书记、市长袁宝成到市国资委进行调研座谈

③ 2014年9月17日，市委常委、常务副市长张科（左二）带队到企业召开国有企业改革专题调研

属企业东莞天明电力有限公司及其引入的战略投资者香港鑫金明远投资有限公司，举行IGCC项目改造重启仪式。推进“广东广电大数据产业中心”项目，东莞市国资委协助该项目完成重大建设项目资格申请、项目立项和部分土地报批材料准备。因遇到土地政策的调整，项目无法如期开工，申请由“2014年市重大建设项目”调整为“2015年市重大预备项目”。

企业内审　东莞市国资委从2012年开始抽调部分人员，结合专业中介机构力量成立国资委内审小组，制定计划开展对市属企业内审工作。2014年完成五金交电、东盈公司、福地科技以及经贸总公司4家企业的内审工作。

企业产权登记　通知市属企业规范开展产权登记工作，使用产权登记系统，对占有、变更和注销产权事项严格审核，按程序报批、备案。2014年，共处理10项占有产权事项、12项变动产权登记事项和3项注销产权登记事项。其中，占有登记事项增加注册资本金1.07亿元，变动产权登记事项增加注册资本金107.6亿元，注销产权登记事项减少注册资本金2240万元。

**【市属关停企业历史遗留问题处置】**

市属关停企业历史债务　2014年，东莞市清理市属关停企业遗留历史债务，统计总额超过30亿元，绝大部分是在2000年前企业生产经营过程中形成的银行不良贷款。

信访接访　2014年，有二轻系统企业退休人员要求一次性发放生活补助费，市属关停、破产企业集体户口人员及家属难以移交社区，市建筑工程总公司未能妥善安置职工，市粮油运输公司职工信访案等。东莞市国资委与相关职能部门进行调查研究，并多次向信访人员解释政策，同时对信访人员反映的每一个问题，由各相关部门各司其职逐一研究解决思路。

企业脱钩交接　根据文件要求，东莞市所有党、政机关开办的经济实体都要移交资产经营公司管理。但仍有少数企业的开办单位名义上是移交给资产经营公司接管，实际管理权属尚在原开办单位。2014年，东莞市国资委理顺管理关系的企业有4家，提出处理办法的有4家，仍有3家既未提出具体处理方式也接受市资产经营公司管理，并专题向市政府上报《关于理顺脱钩企业权属管理关系有关问题的请示》，提出有关处理的建议。

**【政务信息宣传】**　国资委门户网站管理　2014年，东莞市国资委及时将工作开展情况及企业信息等在网站上向社会公布，发布信息506篇，其中国资要闻28篇、国资视点28篇、央企信息222篇、省市国资信息81篇、审核企业上报信息138篇。《市国资委大力推动市属国有企业公司制改造》等多篇简讯被省国资委、市政府信息科等录用。

国企改革信息宣传　2014年，东莞市国资委宣传国有资产监督管理和国有企业改革发展的方针政策，到市属企业开展采访报道，先后在《东莞日报》和《看东莞》杂志刊登《东莞控股华丽转身：有限多元化，产融双驱》《东江水务：供水由“温饱”迈向“小康”》《松山湖控股：打造园区综合运营服务商》《混合所有制将激活东莞经济》以及《国企新棋局—三中全会召开后的东莞国有经济观察》等专题报道。

（陈月婷）

**附：2014年东莞市人民政府国有资产监督管理委员会主要领导名录**

主　任：任洪杰

① 2014年3月16日，市国资委率领市属企业赴台湾举行企业交流座谈会

② 2014年2月25日，市国资委召开党的群众路线教育实践活动动员会

③ 2014年9月29日，东莞市国资系统积极参加2014年第二次广东省国有企业混合所有制项目展示对接活动

# 工商行政管理

**【工商行政管理概况】** 2014年，东莞市工商行政管理局（简称“东莞市工商局”）推进商事制度改革，加强市场监管，服务企业发展，保障社会民生。新登记各类市场主体11.48万户，比上年增长8.1%；查办各类经济违法违章案件6275宗，增长15.3%；受理消费投诉3619宗，为消费者挽回经济损失2400万元。市工商局获评“中央和省驻莞单位年度工作优秀单位”，大朗工商分局获评第四届全省“人民满意的公务员集体”。

**【商事制度改革】** *注册资本认缴制改革* 2014年3月1日起，东莞市工商局推行注册资本认缴制改革，在原来注册资本50万以下的公司实施首期零出资的基础上，进一步放宽限制，不再登记实收资本，不再限制注册资本的最低限额、首次出资比例、货币出资金额占注册资本的比例、公司股东缴足出资的期限等，降低市场准入门槛。

*“先照后证”改革* 2014年5月26日起，东莞市工商局执行《广东省工商登记前置审批事项目录》和《广东省工商登记前置改后置审批事项目录》，把前置审批由28项压缩至13项，并重新梳理经营范围规范关键词。

*全国首创电子商务企业集群注册* 2014年，以松山湖高新区为试点，成立集群注册托管公司，允许多家电商企业将地址登记为托管公司的住所，组成企业集群，并通过电子营业执照应用平台实现网上登记注册和登记注册信息公示。至年底，松山湖高新区有400家集群企业登记成立。

*全省地级市率先推行住所信息申报制* 2014年，以大朗镇为试点，除娱乐服务、重污染及餐饮等行业外，申请人自行申报住所或经营场所信息即可办理登记。自5月启动至年底，大朗镇新增市场主体4483户，比上年增长38.5%，远高于全市同期增幅。

*全程电子化网上登记* 2014年，东莞市工商局开发网上登记管理系统，在集群注册企业测试运行，依托数字证书进行身份认证，全流程网上申报、网上审核、网上发照。

*市场主体增长* 2014年，东莞市新登记市场主体11.48万户，比上年增长8.1%。新登记企业4.64万户，增长44%；新增企业注册资本976亿元，增长166.5%；新登记企业数量及注册资本双双创下历史新高。全市市场主体63.23万户，增长11.5%。全市实有各类企业21.08万户，增长21.8%。

▲ 2014年4月1日，东莞市在松山湖举行电子商务企业集群注册启动仪式发出首批电子营业执照（郎兴 摄）

**【市场监管体系建设】** *商改后续监管制度框架搭建* 2014年4月，东莞市印发《关于深化商事登记制度改革加强市场监管的实施意见》，明确开展企业信息公示、建设协同监管信息化系统、厘清部门职责等15项工作措施，配套制定12个改革方案，在全国率先形成系统化的商改后续监管模式，搭建“政府主导、部门监管、企业自律、社会监督”的多元共治体系。东莞市工商部门的做法入选全国工商系统“宽进严管”十大创新事例。

*综合监管试点* 2014年，东莞市工商局选取大朗镇作为后续监管样板试点，在基层实践网格化综合监管模式，为全市摸索可复制推广的经验。大朗镇以实施住所申报制为基础，配套建立村（社区）信息交换链、建立村级市场协管队伍、实行信用约束管理、完善投诉举报受理机制和建立督查考核机制5项严管措施，搭建基层综合监管模式。实行住所申报制后，大朗市场主体登记信息真实度达99%，商事主体证照齐全率91%，开业率93%。

*基层综合监管模式推广* 2014年8月，在大朗镇召开深化商事登记改革加强市场监管工作现场会，全面推广大朗试点经验。东莞市各镇街迅速行动，组建市场协管队伍559支，人数3100人，市场协管队伍整合村（社区）原有税务协管、食品安全协管等力量，引入网格化管理理念，开展市场主体核查，发现违法线索，并协助部门查处，实现线索发现与案件查处相分离。与此同时，全市上线应用商改后续监管系统，实现市级部门间信息互联互通，累计推送涉及许可项目的工商登记信息3.9万条，收到反馈信息3.4万条，信息反馈率87%。

**【商标品牌建设】** 2014年，东莞市工商局坚持培育和保护两手抓，加大对商标品牌培育力度，打击侵犯商标知识产权违法行为，发挥商标预警保护系统和东莞市商标（品牌）发展保护促进会的作用，捍卫东莞知名品牌的合法权益。全年工商系统查办商标侵权和制售假冒伪劣产品案件536宗，对“虎门”“常平”等公共商标资源被外地企业抢注及时进行预警并指导两镇政府应对商标威胁，帮助唯美、津威、东骏长和、美宜佳等重点企业开展跨区维权行动，为企业挽回经济损失300多万元。全市新增注册商标1.9万件，有效注册商标首次突破10万件，达到10.29万件。新增中国驰名商标10件，累计62件；新增广东省著名商标39件，累计283件。

**【企业诚信建设】** 2014年，东莞市工商局改革年检验照制度，实施企业年报公示工作，全市有5.5万市场主体报送年度报告；借助电子营业执照平台归集各部门1200多万条企业信用信息，在全省率先实现“一个窗口”公示；在东城和大朗工商分局试点违法企业登记受限机制，协调全市39个市场监管部门推广建立信用约束制度，初步形成信用约束合力；稳步开展市场转企业登记工作，全市683家市场实行企业登记，占全市市场总数的87.7%；全市有1395家企业被公示为2013—2014年度广东省“守合同重信用”企业，获公示企业数连续三年超过1000家，14家企业被公示为国家级“守合同重信用”企业。

**【服务企业融资发展】** 2014年，东莞市工商局出台《东莞市商标专用权质押融资资助暂行办法》，在全省率先实施商标专用权质押融资全方位资助，促进企业商标无形资产资本化运作。做好动产抵押和股权出质登记工作，全年办理动产抵押登记1392宗，登记金额201.46亿元，办理股权出质登记445宗，担保数额459.6亿元，帮助企业盘活资产，拓宽融资渠道。

**【市场秩序整治】** *“涉黄”整治* 2014年，东莞市工商局会同公安、文化、卫生部门，制定全市“涉黄”（涉及色情）专项整治方案，对工商部门主管的沐足行业实施全面停业整顿，查封沐足违法经营场所62家，立案查处沐足违法经营48宗，吊销“涉黄”市场主体10户，清理不符合沐足管理规定312户，通过验收开业的沐足做到持照和亮照经营。

*“三整治一规范”行动* 2014年，东莞市工商局组织开展以“整治无照经营、商标侵权及公用服务行业不公平合同格式条款行为，规范专业市场秩序”为内容的“三整治一规范”行动。以经营户数量较多、经营时间较长的无照经营集中区域为整治重点，清理无照经营1.27万宗，其中引导办照9006宗，取缔3679宗，立案3501宗，解决中堂镇蕉利村布碎皮革经营户长时间无照经营等问题。公用服务行业不公平合同格式条款方面，实地查访银行、通讯、保险公共服务及房地产企业30家，立案查处房地产业合同违法案件19宗，并约谈全市18家银行业、电信业企业，对行业存在的不公平格式条款现象进行分析点评和督促整改。对厚街鸿运鞋城及周边同类商城开展专项治理，以点带面指导全市同类专业市场规范经营秩序，厚街6家鞋城持照率由整治前不到50%上升至97%，经营的自有、加盟品牌增至83个。

*传销违法行为整治* 2014年，东莞市工商局坚持“打防结合、标本兼治”的原则，联合公安部门挖源头、捣窝点、摧网络，不断强化刑事打击力度。全市捣毁取缔传销窝点23个，比上年下降57%，查获传销参与人员256人，减少80%，其中工商部门行政处罚110人，公安部门刑事拘留38人。在莞城、大岭山、洪梅试点启动无传销镇街创建工作，加快“打击传销示范社区”创建步伐，全市建成“打击传销示范社区”74个，累计达到106个。

**【消费者权益保护】** 2014年，东莞市工商局围绕“‘新消法 新权益 新责任’年”主题，开展形式多样的消费维权培训、讲座、公众论坛活动，对新《消费者权益保护法》进行全方位宣传。实现“12315”和“12345”热线并网运行，统一投诉举报转办渠道，规范投诉举报办理程序，提升投诉举报处理效能。规范消费维权服务站运转，建立培训、督导、退出机制，搭建“能进能出”的竞争淘汰机制，取消62家考核不及格服务站资格。加强对消费投诉的分析预警，针对消费者反映4S店售车强制捆绑消费问题，开展大规模约谈活动，全市4S店全部书面公开承诺抵制捆绑消费行为。全年接待来电、来访、来信咨询投诉3.58万人次，成功调解消费投诉3076宗，为消费者挽回经济损失2400万元。

（冯庆才）

**附：2014年东莞市工商行政管理局主要领导名录**

党组书记、局长：范燕彬

## 2014年全市市场主体发展情况

| | 新发照数 | 年末实有数 | 增加实数 | 同比增幅（%） |
|---|---|---|---|---|
| 内资企业 | 1865 | 14487 | 437 | 3.11 |
| 外资企业 | 664 | 11947 | 80 | 0.67 |
| 个体工商户 | 68312 | 420664 | 27763 | 7.07 |
| 私营企业 | 43877 | 182628 | 37834 | 26.13 |
| 农民专业合作社 | 31 | 149 | 30 | 25.21 |
| “三来一补” | 0 | 1715 | －647 | －27.39 |
| 常驻代表机构 | 41 | 688 | －417 | －37.74 |
| 外国企业在中国境内从事经营活动 | 1 | 12 | 1 | 9.09 |
| 市场主体户数合计 | 114791 | 632290 | 65081 | 11.74 |
| 其中：企业 | 46406 | 210777 | 37704 | 21.79 |
| 注册资金合计（元） | 9994265.52 | 71167072.49 | 17714304 | 33.14 |
| 其中：企业 | 9759600.63 | 70036098.75 | 17580538 | 33.52 |

# 2014年全市各镇街注册商标情况

| 镇街名称 | 新增注册商标数（件） | 累计有效注册商标数（件） | 增长率（%） | 驰名商标数（件） | 著名商标数（件） |
|---|---|---|---|---|---|
| 虎门 | 2159 | 13162 | 18.34 | 2 | 13 |
| 东城 | 1441 | 7779 | 22.18 | 4 | 27 |
| 南城 | 1648 | 7112 | 30.14 | 1 | 6 |
| 厚街 | 1112 | 6903 | 17.94 | 7 | 18 |
| 长安 | 1219 | 6532 | 21.75 | 6 | 12 |
| 莞城 | 767 | 5501 | 13.28 | 3 | 10 |
| 万江 | 722 | 4176 | 19.93 | 4 | 11 |
| 寮步 | 814 | 4095 | 24.32 | 3 | 13 |
| 塘厦 | 929 | 3880 | 30.64 | 3 | 11 |
| 大朗 | 907 | 3457 | 32.20 | 1 | 11 |
| 大岭山 | 529 | 3173 | 20.46 | 4 | 9 |
| 常平 | 650 | 2994 | 27.19 | 1 | 8 |
| 中堂 | 313 | 2947 | 9.47 | 1 | 9 |
| 松山湖 | 396 | 2376 | 26.38 | 2 | 11 |
| 石龙 | 213 | 2256 | 8.88 | 1 | 10 |
| 茶山 | 376 | 2212 | 19.76 | 2 | 11 |
| 清溪 | 670 | 2103 | 44.74 | 1 | 5 |
| 黄江 | 381 | 2059 | 22.27 | 3 | 5 |
| 樟木头 | 375 | 1978 | 21.80 | 2 | 8 |
| 凤岗 | 436 | 1908 | 30.68 | 1 | 5 |
| 石排 | 328 | 1842 | 18.61 | 1 | 7 |
| 道滘 | 313 | 1817 | 20.73% | 2 | 7 |
| 石碣 | 385 | 1768 | 25.39% | 0 | 6 |
| 桥头 | 296 | 1554 | 21.69 | 0 | 7 |
| 横沥 | 341 | 1523 | 27.23 | 0 | 3 |
| 高埗 | 252 | 1408 | 22.33 | 1 | 4 |
| 企石 | 168 | 1201 | 15.26 | 1 | 4 |
| 麻涌 | 187 | 1184 | 18.76 | 0 | 8 |
| 沙田 | 201 | 1177 | 19.74 | 3 | 6 |
| 望牛墩 | 129 | 791 | 18.77 | 0 | 6 |
| 东坑 | 163 | 683 | 28.38 | 0 | 2 |
| 洪梅 | 100 | 650 | 18.18 | 1 | 4 |
| 谢岗 | 96 | 650 | 16.91 | 1 | 6 |
| 合计 | 19016 | 102851 | 21.71 | 62 | 283 |

## 质量技术监督

【质量技术监督概况】　2014年，东莞市质量技术监督局（简称“东莞市质监局”）深化改革和转变作风，推动各项工作取得进展。东莞市提前一年通过国家质检总局组织开展的质量强市建设现场验收，迎接国家质量工作考核。继续深化电梯安全监管改革工作，并推动改革成果向大型游乐设施、气瓶等领域拓展。实施技术标准战略，推动机器人产业组建智能机械手标准联盟，制定114项本地区标准和2项广东省地方标准。立足群众需求创建政务中心，提高办事效率。加大监督执法力度，对15类重点产品开展监督抽查，抽检6709批次，不合格发现率为6.78%；检查特种设备生产、使用单位1.49万家次，排查治理隐患3641项，立案查处特种设备违法案件131宗；统筹协调全市打假工作，立案4608宗，查获假冒伪劣商品货值1.2亿元。成立东莞市检测资源联盟协会，整合检测资源12万项；模具国检中心获国家质检总局批准筹建；全年检验特种设备10.48万台次，检定/校准计量仪器40.36万台（件），为4200多家企业出具质量检验报告5.24万份，办理代码证14万家、年检18万家。2014年，被东莞市委、市政府评为“中央和省驻莞机关先进单位”。

【质量强市建设】　2014年1月，东莞市通过国家质检总局组织开展的质量强市建设现场验收，提前一年完成创建任务。指导长安、虎门创建全国知名品牌示范区，开展2014年市政府质量奖评审工作，评选出3家质量奖企业、5家鼓励奖企业。举办2期卓越绩效管理自评师和3期首席质量官任职资格培训班，培训企业质量管理人员700余名。向广东卓越质量品牌研究院推荐73家企业的76个产品申报省名牌，获评63个（32个为新评、31个为复评），申报成功率83%，截至2014年，东莞市省名牌产品总数为193个，居全省第三位。开展莞香地理标志产品保护申报，实现东莞市地理标志产品零的突破。

【实施技术标准战略】　2014年，东莞市质监局推动机器人产业组建智能机械手标准联盟，编制东莞市城市共同配送标准化路线图，发动组建城市共同配送标准联盟，编制东莞市物流业、零售业、餐饮服务业标准体系规划。联合东城街道开展民政领域标准化试点工作，形成以区划地名管理、慈善服务中心、敬老院服务、公墓服务、社工服务站为架构的民政领域标准化体系。全年共推动企事业单位主导或参与28项国家标准、45项行业标准、5项地方标准的制修订，还承担两个新的国家标准工作组；新组建8个标准联盟，新发布40个联盟标准，组织申报工业和服务业地方标准49项，受理403个标准化项目共计资助1863.8万元，为15家企业争取省标准资助资金151万元，为891个产品标准办理备案手续，为1359种产品办理标准登记证书，有185个产品获得采标证书。推进智通人才、生益科技等标准化试点和茶山、塘厦、长安标准示范镇工作。举办标准宣贯会34场，培训企业874家，举办电子商务标准化人才培训班，培训相关单位110家。

【特种设备社会化监管模式改革】
2014年，东莞市质监局深化电梯安全监

## 以质取胜　创先争优促发展

① 2014年1月17日，国务院参事张纲（左二）带领“创建全国质量强市示范城市”验收专家组到东莞考察

② 2014年8月29日，国家质检总局副局长吴清海（左三）由省质监局局长任小铁（右一）陪同，到东莞考核质量工作

③ 2014年6月13日，副市长张科（前）出席液化石油气充装站泄漏事故应急演练，宣布演练开始

④ 2014年10月14日，东莞市城市共同配送标准联盟成立，省质监局副局长张燕飞（后排右六）、副市长喻丽君（后排左五）等参加成立仪式

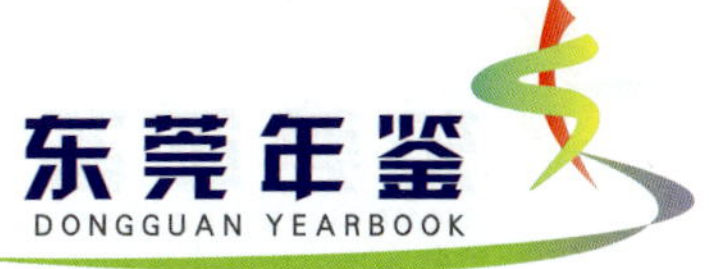

管改革工作。截至年底，完成6.95万台电梯“使用权者”确认、5.87万台电梯购买保险，分别占全市在用电梯总数的99.5%和84.1%，比上年分别增长14.2%和21.6%。在大型游乐设施安全监管领域推广社会化监管模式改革，开展使用权者确权、推广保险、分级管理等工作，实现全市大型游乐设施100%确权、97%购买责任险，42家运营单位中5家被评为A级（优秀）、30家被评为B级（优良）、7家被评为C级（合格）。

**【食品监管职能划转】** 2014年，东莞市质监局与东莞市食药监局签订食品监管职能划转协议，完成职能划转及后续工作。

**【质监政务中心创建】** 2014年3月，东莞市质监局成立政务中心，将分散在业务科室办理的10大项行政审批事项和相关的社会服务事项集中办理，创新行政首席官制度、“窗口分类”和“流程再造”，简化行政审批程序，优化办事流程，大幅缩短办事时间。办理特种设备业务共4.8万台（套）、特种设备作业人员证8598本，受理工业产品生产许可证业务293宗、企业标准备案1266宗，出具企业守法证明184份。

**【产品质量监管】** 2014年，东莞市质监局对15类重点产品开展监督抽查，抽检6709批次，不合格发现率为6.78%。强化后处理工作，发出整改通知书697份，对129家存问题企业进行立案查处，分析抽检结果，撰写6份质量分析报告及2份质量安全风险监测报告，召开7次行业治理分析会。开展重点产品质量提升整治工作，对社会关注度较高的消费品开展质量风险监测工作。开展生产食品相关产品企业摸底调查，落实食品相关产品监管工作要求。

**【特种设备安全监察】** 2014年，东莞市质监局开展20多项专项检查整治，全年共出动检查人员2.95万人次，检查特种设备生产、使用单位1.49万家次，排查治理隐患3641项，立案查处特种设备违法案件131宗；抓重大节假日、重要活动安全保障工作，检查相关单位425家次，及时发现和纠正隐患88处；抓特殊气象条件下安全预警工作，在恶劣天气来临前发布警示信息，提醒群众和相关单位做好相应防范措施；抓举报投诉处理，全年接受、处理群众举报投诉184宗，消除安全隐患70余处；开展老旧电梯专项检验，分析隐患，督促整改。面向企业开展点对点教育，开办200期培训班，培训发证学员8774人次；面向社会开展普及宣传教育，编印、派发法律手册、知识画册5万余份，举行5场应急救援公开演练；面向基层开展安全检查知识培训，对全市33个镇街、1600多名村（居）特种设备兼职安全监察员开展专业培训。

**【计量监管】** 2014年，东莞市质监局对全市商住小区“民用三表”（水表、电能表、燃气表）强检情况进行摸底调查，加强对加油站、加气站强检计量器具监管。开展制造计量器具获证企业监督检查，对全市社会计量校准机构和资质认定获证实验室开展执法检查。开展定量包装商品净含量专项执法检查和应节食品过度包装专项治理。联合交警部门对机动车安检机构监管开展两轮专项检查和一轮暗访，发出整改通知书40份，责令停业整顿2家。开展能源计量工作，完成4个镇（街）2013年节能目标现场考核，对13家重点用能单位开展监督检查。

**【打假执法】** 2014年，东莞市质监局注重行政处罚和宣传教育“两手抓”，注重了解企业违法的主客观原因，对30多家非故意违法的企业依法从轻处罚，并主动帮助企业查找违法原因，加强指导和帮扶。全年立案查处案件538宗，查获各类假冒伪劣产品货值1325.75万元。统筹协调全市打假工作，全市立案4608宗，其中重大制售假案件数337宗，移送公安机关168宗，打掉制假窝点221个，刑事拘留238人，查获假冒伪劣商品货值1.2亿元。发挥各质监分局行政执法和监管职能，推动质量强镇工作，狠抓安全监管，服务辖区经济发展，出动执法人员4000人次，检查企业1425家次，立案194宗。

**【质监技术能力建设】** 2014年，东莞市质监局赴香港检测和认证局、香港标准与检定中心调研，形成专题调研报告供市政府决策参考，联合东莞市社科联开展检测认证业科学发展专题调研。成立东莞市检测资源联盟协会，联盟协会成员增至80家，整合检测资源12万项，提供质量技术服务约1000批次，培训人数超2000人次，门户网站“质汇网”访问量突破7万次。五金模具省站通过三合一评审和验收，模具国检中心获国家质检总局批准筹建；质检中心完成三合一复评审及扩项评审、CMA扩项等，检测能力扩展至1998项（增长222项）；东莞计量院承担2项国家校准规范，填补国内空白。全年检验特种设备10.48万台次，检定/校准计量仪器40.36万台（件），为4200家企业出具质量检验报告5.24万份，办理代码证14万家、年检18万家。

（邱碧环）

**附：2014年东莞市质量技术监督局主要领导名录**

党组书记、局长：罗晓勤

## 食品药品监督管理

【食品药品监督管理概况】 2014年，东莞市新开办食品、药品、保健食品、化妆品和医疗器械生产经营企业1.53万家。省民生实事食品安全示范学校食堂创建共100家，超额完成省下达80家的建设任务。全市未发生重大食品药品安全事故。东莞市食品药品监督管理局被评为2014年度市直单位年度工作良好单位，食品药品安全进社区工作获2014年度全市自主申报项目“单打冠军”。

【食品药品监管体制改革】 2014年，东莞市食品药品监督管理局撤销原有6个直属分局，在27个镇（街道）、松山湖高新技术产业开发区和水乡特色经济发展区设立食品药品监督管理分局，继续保留原有食品药品监督站。1月，划入卫生、质监部门有关食品安全综合协调、食品生产安全监管职责，食品、化妆品的强制检验职能。截至2月，全市29个食品药品监管分局均完成组建并挂牌成立。3月，划入工商、经信部门有关食品流通环节、酒类食品安全监管职能。10月，开始承接综合执法部门对无证照生产、经营食品行为的监督检查、行政处罚和行政强制职能。并由各分局（监督站）与当地工商部门、综合执法部门直接移交相关职能。

【食品药品专项整治】 2014年，东莞市食品药品监督管理局开展食品药品重点领域突出问题专项整治行动，推动食品药品安全形势持续好转。根据省部署的“纠正食品药品安全方面损害群众利益行为专项行动”，推进医疗器械、农村食品市场整、中药制剂和互联网非法销售药品和化妆品“违法添加和违规标签标识”等整治，同时，推进学校周边食品安全、米面制品生产企业专项整治及集体食堂、腊味专项检查。推发挥市检察院、公安局、市食品药品监督管理局打击食品药品违法犯罪联络办公室作用，建立移交案件的快速通道。全市系统累计出动7.63万人次，检查企业6.56万家次，查处案件767宗，移送司法机关27起。

【食品药品安全进社区】 2014年，“食品药品安全进社区”被列入市政府十件民生实事内容。东莞市有593个社区开展食品药品安全进社区工作，并完成“一支协管员队伍，一个食品药品宣传教育平台，一套食品药品安全管理制度”的任务，累计建立协管员队伍601支，聘用协管员2239人，巡查发现涉嫌违法线索1028条，配合执法414次，符合立案条件72宗，设立宣传栏699个。食品药品安全进社区工作获评全市“单打冠军”。

【食品药品抽检】 2014年，东莞市食

### 以“依法、高效、廉洁、和谐”全力保障公众饮食用药安全

① 2014年7月28日，市委书记、市人大常委会主任徐建华（右四）、广东省食品药品监督管理局局长段宇飞（右三）到市食品药品监督管理局调研市食品药品安全监管工作情况

② 2014年11月26日，副市长喻丽君（右二）带队对市部分腊味生产企业进行实地检查

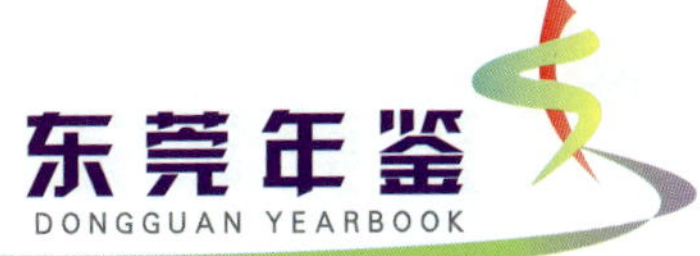

品药品检测中心建设立项，投入326.18万元购置购进电感耦合等离子体质谱仪等设备，累计通过实验室认可及实验室资质认定的检测能力445项。全年抽检生产环节食品3600批次、流通环节食品1800批次、餐饮环节食品1000批次、除标签不合格产品外，合格率分别达到93.9%、97.6%、88%；抽检药品1000批次、医疗器械76批次、保健食品151批次、化妆品408批次，合格率分别达到91.7%，100%，100%，99.8%。药品总体质量水平的评价性抽验合格率99.1%。

**【食品药品监管长效机制建设】** 2014年，东莞市食品药品监督管理局对现有规章制度进行全面清理，完成制修订加强监管、改进作风规章制度58项，完善食品药品突发事件应急机制，不定期发布食品药品安全预警；实施食品安全责任人约谈制度，促使食品企业提高第一责任人意识；在水乡片区试点开展农村集体聚餐食品安全管理，加强农村集体聚餐食品安全风险隐患管控。对生产经营企业开展分级管理，出台食品药品安全“黑名单”管理制度，在局网站设置食品药品安全“黑名单”专栏，建立“黑名单数据库”，对严重违法企业和相关人员实施行业限入；制定经营异常名录管理、生产经营主体退出制度，强化对食品药品生产经营使用单位信用管理。同时，设立企业红黑榜，将守法企业和失信单位以红黑榜的形式在媒体上予以曝光。充分发挥行业协会的作用，充分利用餐饮协会、药学会、保健食品行业协会等社会组织，发挥其行业自我管理和自律作用，规范行业发展。加强新闻宣传的计划性与主动性，“安全用药月”“食品安全宣传周”宣传在电视、广播、报纸、网络和公交视频全面铺开。同时，与新华社合作，开展舆情监测和跟踪处置。

**【食品药品监管能力建设】** 2014年，东莞市食品药品监督管理局设立投诉举报中心，开通“12331”热线，实现与市政府“12345”互联互通。对全局信息化建设进行总体规划，完善“市场通”“信誉通”“餐饮通”等电子监管系统，促进食品溯源电子化；试点推进“阳光厨房”建设。对全系统进行3次全员培训，并针对镇街监管人员举办15期（次）专门的业务培训班，培训3066人次。

**【食品医药产业发展】** 2014年，东莞市药品、医疗器械、保健食品和化妆品工业总产值80.2亿元，比上年增长30%，增幅高于全市平均水平。全市规模以上食品饮料加工业总产值600亿元，保持平稳增速。全市食品制造业、饮料制造业、农副产品加工业在周边城市乃至全国市场具有较强竞争力，区位竞争优势明显。形成以麻涌镇为中心的粮油食品，以茶山镇、南城街道为中心的烘焙食品，以道滘镇为中心的特色食品，以南城街道为中心的饮料制造等产业集聚区。松山湖高新技术产业开发区引进100多家生物技术企业、研发机构和高等院校，形成从教育、科研、中试到生产、销售的完整产业链，并聚集金美济、科威、华南协同创新研究院等一批医疗器械研发制造机构。（叶建荣）

**附：2014年东莞市食品药品监督管理局主要领导名录**

党组书记、局长：陈锡江

① 2014年12月11日，由广东省食品监督管理局、广东省公安厅、东莞市人民政府联合主办的第九届石龙食品药品打假协作会议在东莞市石龙镇召开。

② 新一轮食品药品监管体制改革中，东莞市在28个镇街（园区）和水乡片区陆续成立食品药品监管分局。图为2014年1月26日东莞市食品药品监督管理局常平分局挂牌，市食品药品监督管理局局长陈锡江（右三）、常平镇委书记陈桂明（左三）等为常平分局揭牌

## 安全生产监督管理

【安全生产概况】 2014年，东莞市安全生产监督管理局（简称“东莞市安全监管局”）落实安全生产“一岗双责”，开展安全隐患排查治理、推进企业标准化建设、深化安全宣传教育、强化安全保障能力建设、抓好机构队伍建设，遏制各类生产安全事故发生。全年发生事故4245宗、死亡526人，比上年分别下降3.7%、4.7%，其中工矿企业事故24宗、死亡29人，分别下降14.3%和持平，事故指标均在省安委会控制范围内。2014年，东莞市安全生产监督管理局被国务院安委办评为全国“安全生产月”优秀活动单位，在全市组织的重点单位政风行风评议活动中，全市安全监管系统被评为优秀（总分第一名）。东莞市安全监管局被市委、市政府评为全市落实安全生产责任制工作优秀单位；东莞市在广东省2013—2014年度安全生产责任制考核中，被省委、省政府评为“安全生产责任制考核优秀地市”。

【安全监管责任落实】 2014年，《东莞市安全生产工作职责》由市委办印发，进一步规范各级党政领导班子、主要领导、分管领导和成员单位的安全生产工作职责，层层签订安全生产责任书，落实责任分解，细化工作目标，开展履职考核，推进各级党政领导切实履行安全生产责任，形成主要领导亲自抓、分管领导具体抓、班子成员共同抓的领导责任体系。市政府坚持安全生产季度例会制度，认真履行“一岗双责”。

【安全生产执法监察】 2014年，东莞市安全监管局开展多项执法监察和隐患排查治理行动。全年安全监管系统实际监督监察生产经营单位3.87万个，监督监察覆盖率为83.6%；实际监督检查生产经营单位7.56万次，监督监察复查率95.3%；查处一般事故隐患3.65万项，应整改3.89万项，完成整改3.48万项，按期整改率96.8%；行政处罚次数202次。其中，对生产经营单位行政处罚156次，对生产经营单位主要负责人行政处罚40次，责令停产停业整顿生产经营单位93个；罚款次数185次，罚款697.31万元，实际收缴罚款586.17万元，收缴率84.7%；使用各类安全生产行政执法文书2.9万份。同时，在重要敏感时期和不同时段，组织开展全市性的安全生产大检查和专项整治行动20多项，在全市集中开展以油气管道、危险化学品、交通运输、建筑施工、消防、渔业船舶、粉尘爆炸危险等重点行业领域为重点的“打非治违”（打击非法违法生产经营活动行为）专项行动。

【安全生产行政许可】 2014年，东莞市安全监管局坚持“源头管理”的思路，严格危险化学品、烟花爆竹生产经营企业行政许可。完善工作制度和办事程序，重新梳理行政许可、备案业务27项，结合商事登记制度改革，取消危险化学品及烟花爆竹企业换证的安全监管分局的初审环节，实现行政审批提速50%。同时，重新编制各项审批事项

## 打造群众满意安监 推动东莞安全发展

① 2014年1月21日，市委书记、市人大常委会主任徐建华在全市安全生产工作会议上讲话

② 2014年6月4日，市委副书记、市长袁宝成（前排中）一行到中石化东莞寮步油库督查安全生产工作

③ 2014年1月21日，全市安全生产工作会议在会议大厦主会场召开

的办事指南和业务手册，通过局门户网站、办事大厅等途径向社会公开，方便群众查阅。执行发证审核程序，按照法律法规及技术标准对企业现场和申报材料进行审核。2014年，受理危险化学品安全生产行政许可及备案业务536宗，办结536宗。作业场所职业病危害项目申报受理1214宗，办结1214宗。受理企业应急预案备案341宗，办结285宗。

**【安全生产宣教培训】** 2014年，东莞市安全监管局以安全生产法律法规、安全生产知识技能为主要内容，通过广播电视台、LED屏、户外广告、《安全生产导报》、官方微博、门户网站等媒介，开展安全生产宣传教育活动，推动安全知识和理念“进企业、进校园、进工地、进社区、进家庭”，扩大安全宣传的覆盖面和影响力，在全社会营造“关爱生命，关注安全”的良好氛围。在“安全生产月”期间，全市举办大型宣传活动近百场，发放宣传资料近30万份。东莞市安全监管局获国务院安委会颁发的“2014年‘安全生产月’优秀活动单位”称号。同时，加强培训机构监管、丰富培训教育形式、严格落实考培分离、规范培训档案建设，推动安全培训上规模、上质量、上水平。全年培训2.2万人次。其中，生产经营单位主要负责人2065人次、安全管理人员6500人次、特种作业人员1.35万人次，对8300名初级安全主任提供免费再教育。

**【安全保障能力建设】** 2014年，东莞市安全监管局推进企业安全生产标准化工作。截至2014年，全市签订安全生产标准化评价合同3620家，其中规模以上企业2847家，提交安全生产标准化申报材料的企业2722家，完成达标企业2423家，达标率89%。开展全市生产经营单位职业健康危害情况的摸底调查。引导、鼓励存在职业病危害作业场所生产经营单位进行职业病危害申报，完成申报企业1.5万家，涉及劳动者总人数250万人。继续推动应急平台建设，全市34个分局中22个分局建成应急平台，9个分局的应急平台初步实现与市局平台的对接。安全生产应急平台系统登记市安委会成员单位用户178个，安监部门用户134个，社区安全办用户689个，完成1.6万家企业信息的录入。同时，组织34个分局对辖区危化品企业和规模以上企业开展普查，录入政府和重点企业的安全生产应急队伍2195支，安全生产应急装备信息记录4058条，危险化学品企业915家，重大危险源企业165家。组织修订和编制《东莞市生产安全事故应急预案》《东莞市危险化学品较大生产安全事故应急预案》《东莞市非煤矿山较大生产安全事故应急预案》3份应急预案，提请市人民政府发布。6月24日，在虎门港立沙岛百安石化举行全市性生产安全事故应急救援演练。

**【安全监管体制改革】** 2014年，东莞市安全监管局出台《东莞市全面深化安全生产领域改革实施意见》。按照“试点引路、逐步推进”原则，出台《东莞市镇（街道、园区）、村（社区）安全生产监督管理改革试点工作意见》《东莞市依靠专家查隐患促整改试点工作方案》和《东莞市村（社区）安全生产巡查队建设试点工作方案》，选取长安镇、大朗镇、沙田·虎门港作为试点镇开展试点工作。 （甘杰峰）

**附：2014年东莞市安全生产监督管理局主要领导名录**

党组书记、局长：莫淦泉（任至4月）
李建武（4月到任）

①② 2014年10月30日，市委常委、常务副市长张科一行到沙田虎门港督查中海油销售东莞储运有限公司油气管道、危险化学品安全生产工作

③ 2014年6月16日，市安委会在大朗镇举行安全生产咨询日暨安全生产宣传志愿者活动

**2014年东莞市安全生产事故**

| 项目事故类别 | | 事故宗数（宗） | 死亡人数（人） | 受伤人数（人） | 经济损失（万元） |
|---|---|---|---|---|---|
| 工矿企业事故 | 2013年同期 | 28 | 29 | 2 | 0 |
| | 2014年同期 | 24 | 29 | 3 | 0 |
| 亡人火灾事故 | 2013年同期 | 19 | 39 | 14 | 273.9 |
| | 2014年同期 | 7 | 14 | 2 | 538.9 |
| | #生产经营性亡人火灾事故 | 3 | 7 | 0 | 532.2 |
| 道路交通事故 | 2013年同期 | 4359 | 484 | 4941 | 606.53 |
| | 2014年同期 | 4213 | 482 | 4671 | 606.05 |
| | #生产经营性道路交通事故 | 715 | 135 | 724 | 130.1642 |
| 水上交通事故 | 2013年同期 | 2 | 0 | 0 | 292 |
| | 2014年同期 | 1 | 1 | 0 | 164 |
| 合计 | 2013年同期 | 4408 | 552 | 4957 | 1172.43 |
| | 2014年同期 | 4245 | 526 | 4676 | 1308.95 |
| | #生产经营性事故 | 742 | 171 | 727 | 662.3642 |

## 审　计

**【审计概况】** 2014年，东莞市审计局推进审计监督全覆盖，完成审计项目52个，分别查出违规资金1.15亿元、损失浪费780万元，促进财政增收节支1.52亿元。提交审计信息43篇，审计工作有效地促进政策措施落实和财政资金发挥绩效。

**【财政审计】** 市级预算执行审计　2014年，东莞市审计局审计市财政局组织预算执行情况和地税局税收征管情况，并对“科技东莞”等重大专项资金的管理使用情况进行跟踪审计，完成审计项目13项，主审部门20个，延伸审查单位超过50个，揭示和反映资金管理不规范、资金使用绩效不理想等问题，有关问题通过预算执行审计工作报告首次在审计局门户网站向社会公告，增强审计监督效应，促进提高预算约束力和资金使用效果。

财政财务收支审计　2014年，东莞市审计局组织对多个镇街的财政决算和部门单位的财政财务收支情况开展审计，对镇街政府性债务举借与使用情况、土地出让金等政府性基金收支情况进行审查，通过审计揭示问题，督促整改，促进完善制度，堵塞漏洞，防范风险。

土地出让金审计　2014年，东莞市审计局派出38名审计业务骨干分赴汕头、湛江两地，开展土地出让金审计。并抽调10名审计人员参与有关专项审计调查。

**【政策执行情况审计】** 2014年，东莞市审计局关注国家和省市宏观政策措施落实，在预算执行、财政决算等专业审计中把稳增长促改革调结构惠民生等政策措施落实情况作为重点审计内容，揭示一些政策措施落实不到位问题，促使相关部门加强政策执行力，提高政策落实效果。关注税收政策落实，加强农贸农批市场税收优惠等税收政策审计，促进税务部门加大税收优惠政策宣传，扩大税收政策优惠覆盖面。关注帮扶政策落实，开展援疆资金（项目）和“广东扶贫济困日”捐赠款物跟踪审计，督促有关部门单位对资金项目管理和款物使用过程中存在的不规范问题进行整改。加强“三公”经费［出国（境）费、车辆购置及运行费、公务接待费］管理使用情况审计，揭示和反映违规和管理不规范问题，促进有关单位加强“三公”经费管理，厉行节约，减少浪费。

**【经济责任审计】** 2014年，东莞市审计局按照《党政主要领导干部和国有企业领导人员经济责任审计规定》及其实施细则要求，推进经济责任审计工作。深化审计内容，拓宽审计覆盖范围，加大对重点单位、关键岗位和关键环节权力运行的审计监督力度。完成对28名领导干部的经济责任审计，查处一批违规和管理不规范资金，促进上缴财政和归还原渠道资金7000多万元。抓住突出问题深入剖析，提出审计意见和建议，督促有关部门严加整改，为职能部门加强领导干部监管提供重要参考依据。

**【专项资金审计】** 2014年，东莞市审计局开展对学前教育等多项专项资金的审计，深入相关职能部门和镇街跟踪审查专项资金的申领审核、日常管理及使用效果等情况，揭示一些资金管理不规范问题，促使相关部门及时完善制度，加强资金申领审核和政策执行检查监督，确保财政专项资金发挥效果。

**【固定资产投资审计】** 2014年，东莞市审计局对轨道交通、水库污染整治、截污管网等重点投资项目开展审计，审查工程建设进程和资金使用等情况，对项目管理不规范、工程变更审核不到位

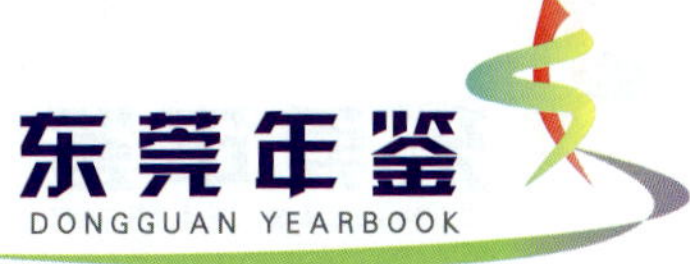


等问题督促建设单位及时作出整改完善，促进建设部门切实规范工程项目管理，严格控制投资规模，保障建设进度，确保政府投资工程项目按期投入使用，发挥投资效益。

**【内部审计】** 2014年，东莞市审计局配合纪检监察部门推进镇街纪检监察审计体制改革，在全市32个镇街实现纪检监察与审计合署办公，强化基层监督合力，推进基层反腐倡廉建设。通过专家授课、联合课题研究等形式，开展内审培训，全年开展计算机审计技术应用等培训班2期，培训内审人员近300人次；通过跟班学习的形式，组织30多人次的内审人员参与大型项目审计，促进内审人员提高审计实战技能。开展内审业务指导，全年内审机构开展各类型审计项目1676项，查出违规资金5.04亿元，损失浪费资金1161万元，促进增收节支8385万元，提交审计报告996篇，内审监督较好地发挥审计“免疫系统”功能。

（朱清荣）

**附：2014年东莞市审计局主要领导名录**

党组书记、局长：杜沛游

## 统计调查

**【统计调查概况】** 2014年，东莞市统计局、国家统计局东莞调查队以提高统计数据质量为目标，加强业务管理，完善制度规范，落实经济监测，提高预警效能，各统计专业高质量完成各项常规统计任务。同时做好第三次全国经济普查，为东莞全面深化改革、加快转型升级、实现高水平崛起提供有力的统计保障。

**【第三次全国经济普查完成】** 2014年，东莞市统计局组织5000名普查工作者，完成第三次全国经济普查单位核查、普查登记、数据审核验收、事后质量抽查、汇总评估等各个阶段的工作任务。全市普查登记从事第二产业和第三产业活动的法人单位10.68万个，比第二次全国经济普查增长102.2%；产业活动单位12.13万个，增长98.5%；有证照个体经营户19.16万个，增长3.5%。摸清全市第二、三产业单位、人员构成、地区分布等变化。该次普查充分运用现代信息技术，实现普查数据采集、报送和处理等手段的自动化、电子化。

**【经济统计规范化管理】** 2014年，东莞市统计局制定并执行规模以上工业日常业务规范，以保证企业上报、查询工作不出纰漏；贯彻落实一套表联网直报单位统计工作规范，夯实统计基础，提高数据管理和应用效率；注重对企业统计人员的业务培训，提高源头数据的填报质量。截至2014年，全市纳入国家“一套表”联网直报的企业突破万家，所有企业在国家规定的时间内完成数据上报。在上报的过程中，实时做好数据的监测、审核和分析工作，确保数据质量。

**【节能监测服务】** 2014年，东莞市统计局做好能耗监测预警工作，加强全市能源统计工作，执行统计报表制度、加强统计基础工作、强化统计数据质量管理，夯实能源统计基础，强化监测预警分析，履行市统计局作为节能减排示范城市建设领导小组成员的职责。同时，市统计局根据统计职责，按月统计监测全市关键能耗指标进展情况、通报各镇街规上工业能耗增速控制目标情况，按季分析节能目标进展情况。

**【科技活动统计】** 2014年，东莞市统计局联合市科技局，共同制定R&D（研究与开发）统计工作方案，通过强化组织协调机制、加强科技统计人员业务培训、开展科技活动摸底调查、加强对镇街和企业的监测督导、落实有关激励政策、建立R&D数据监测分析系统等一系列措施，提高企业填报科技报表的积极性和配合程度，高质量完成5358家规模以上工业企业和661家重点服务业企业的科技活动情况调查和统计工作。

**【文化产业统计年报完成】** 2014年，东莞市统计局加强与市委宣传部、市文广新局等职能部门的沟通联系，科学制定文化及相关产业单位认定方案及工作实施细则，加强对镇街认定工作的指导和督导，确保文化产业名录库名单不重不漏。经认定，全市文化产业法人单位共有8710家。在此基础上，市统计局进一步完善方法制度、强化数据质量把控，完成文化及相关产业年报工作。

**【服务业统计网上直报】** 2014年，东莞市统计局在经济普查中完善规模以上服务业企业名录库。由于规模以上服务业首次实行网上直报，市统计局采用网上审核与事后回访相结合的方式，加大规模以上服务业数据质量的审核力度。实行实时查询，务求将人为填报失误几率减到最低；专业人员对企业的网报数据进行人工审核，核实研判企业填报数据的准确性；上报期过后企业进行抽查回访，了解企业情况，比对企业原始资料，确保源头数据真实可靠。

**【电子商务统计推进】** 2014年，东莞市统计局组成课题组对电子商务统计进行专题调研，走访兄弟省市统计局、多个职能部门以及知名电商企业，形成《关于加强东莞市电子商务统计调研的情况报告》《关于福建模式的电商统计在我市推行的可行性调研报告》等调研材料，推进电子商务统计。

**【经济监测力度加大】** 2014年，东莞市统计局贯彻落实全市经济监测预警工作会议精神，加大经济监测工作力度，每月召开经济监测点评会，每季度召开经济形势分析会，强化市统计局综合核算的龙头地位。同时，协调市相关部门及镇街统计部门，配合做好全市经济监测工作，市统计局以各项核算指标为基础，制定部门和镇街监测指标情况表，每月监测指标的运行情况，及时发现问题、分析原因、提出可行性意见，履行统计监测职能。

**【统计专题分析精品打造】** 2014年，东莞市统计局每月召开经济分析会，研判经济发展态势。在此基础上，围绕全市中心工作的热点难点，组成课题写作小组，打造一批精品专题分析报告，全年累计刊发《东莞发展动态》38期，有多篇文章的观点进入决策层或被多个部门采用。此外，市统计局承接市委、市政府及上级统计部门委托的多项专题调研任务，其中有统计执法调研、电子商务统计调研、文化产业和R&D统计调研、用电与经济增长关系调研等。

（赖卓辉）

**【统计调查制度革新】** *城乡一体化住户调查* 2014年，国家统计局东莞调查队起草《关于进一步强化住户调查基层基础工作的意见》，提请市政府审定印发，并向有关镇街印发《关于规范城乡一体化住户调查工作的意见》，加强辅调员管理，落实住户调查和访户工作制度。扩充样本，如期开展分市县住户调查工作，同步开展高收入户收支情况调查，扩充高收入户样本，提高样本代表性。按期完成样本轮换，召开一体化住户调查样本轮换工作会议，组织人员夜访社区，提高一线调查能力。围绕为基层减负目标不断优化分镇街点调查方案，组织召开分镇街一体化住户摸底调查业务培训会议，建立调查员互动平台，完善程序审核功能，全过程对调查样本进行跟踪评估，实现数据有效衔接。

电子记账前期工作　2014年，国家统计局东莞调查队借鉴广州、深圳市电子记账的做法和经验，制定推进工作计划，编制出台《东莞住户调查电子记账工作方案》及电子记账户和调查员绩效管理办法，并与财政部门沟通，争取落实电子记账工作经费。同时，还对具备电子记账条件的调查户以及有意向开展电子记账的调查户进行摸底，确定分阶段电子记账的工作方向。

**【居民幸福感测评调查】**　2014年，国家统计局东莞调查队撰写《关于2013年东莞市各镇街居民幸福感测评调查报告》，为全市各镇街建设“幸福东莞”提供决策参考。报告的调查样本覆盖全部32个镇街，收回有效问卷过万份，了解群众在生活质量、个人发展、社会管理、权益保障、政府效能、人居环境等方面的主观感受。调查结果显示，东莞市居民总体上接近“比较幸福”，居民生活质量较高；超三分之一的镇街达到“比较幸福”水平，不存在“不幸福”镇街，其中望牛墩、常平、中堂、东城、麻涌、石碣、东坑、大朗、大岭山、石龙、莞城、南城等12镇街的幸福评价高于75分，总体上“比较幸福”。各镇街绿化建设、社区服务方面的工作获得居民认可，但食品安全、饮用水质量、空气质量、社会治安等方面的问题仍旧突出，应当关注新莞人、女性、低收入群体的诉求，有针对性地改进食品安全、环境保护、社会治安方面的问题，提升全民幸福感。

**【规模以下工业抽样调查】**　2014年，国家统计局东莞调查队加强数据审核，检查匹配性和逻辑性，核实奇异值情况，先后开展197家规模以下工业企业搬迁情况调查、65家企业生产经营重点难点问题调查和规模以下工业企业税费负担情况调查，结合新情况、新问题撰写出调查信息。

**【规模以下服务业抽样调查】**　2014年，国家统计局东莞调查队开始将部分服务业抽样调查改为规模以下部分服务业企业抽样调查，完成2013年年报和2014年定报工作。针对撤销或停业的样本企业都进行实地走访，一一进行核实，确保属于调查范围的企业不遗漏。分专业、分片区对企业进行培训，对小微样本企业进行集中培训。全年完成对59家样本企业的回访。

**【第三次全国经济普查个体抽样调查】**　2014年，国家统计局东莞调查队为完成第三次全国经济普查个体抽样调查任务（东莞任务量达全省1/10），构建市、镇、村三级700人调查网络，并配足配齐抽样调查物资。结合实际制定实施方案、管理办法、质量控制办法，制定《个体经营户抽样调查笔录》，分批次对全市600名基层调查员进行培训。确保一线调查员熟悉调查业务和PAD设备，做到现场采数、纠错、录入和报送。以队领导为组长组建督导组，到每个调查小区召开调查员工作座谈会，进行现场检查督导，确保工作均衡推进。经事后复查，调查数据差错率在国家允许范围之内。国家统计局东莞调查队被评为广东省唯一一个第三次全国经济普查个体抽样调查工作“地市级国家先进单位”。（陈德斌）

**【统计和统计调查服务水平提升】**　2014年，东莞市统计局逐月通报主要经济指标，为市、镇街主要领导科学决策提供统计保障。市统计局强化对珠三角规划纲要、小康社会、科学发展观等考核指标的监测分析，及时分析考核形势，并对考核工作中存在的问题提出意见建议。市统计局按月公布东莞房价、物价、主要经济指标，按季公布东莞经济运行情况，联系新闻媒体、解读统计数据、发布新闻稿。同时为社会公众服务，接待社会来电、来访，做好统计信息资料的查询服务。（赖卓辉）

2014年，国家统计局东莞调查队报送31篇经济信息，其中，发表在《东莞发展动态》13篇，被广东调查总队采用11篇，被省委采用1篇，被国家局网站采用1篇，被国家统计局《每日调查》采用1篇，被国家统计局《两办信息》采用1篇；公开发表于经济类优秀期刊2篇，获广东国家调查系统2013年招标课题重点课题类二等奖1篇。《全球价值链分工视角下东莞产业结构转型升级研究》被广东调查总队确定为中标课题。（陈德斌）

**【统计和统计调查法制建设】**　2014年，东莞市统计局加强对各镇街统计法制工作的督导，增强统计调查对象的依法统计观念。利用“中国统计开放日”“法制宣传日”等重要时点，通过召开座谈会、街头现场咨询、派发宣传手册等形式，开展统计法律法规宣传活动。组织镇街开展统计执法检查，重点查处拒报、迟报、瞒报、虚报和代报等统计违法行为。全年立案查处的统计违法案件共5宗，全部属于提供不真实统计资料的案件，对涉案企业给予警告行政处罚。（赖卓辉）

2014年，国家统计局东莞调查队重新修订执法文书，继续推行统计法律告知制度，定期向镇街（园区）综合统计负责人发送统计法知识短信。履行2014年东莞各镇街居民幸福感测评调查等项目的审批程序，做到依法立项，依法调查。重点围绕价格、规下工业、限下服务业等专业认真开展统计执法检查，并深入各镇街开展以第三次全国经济普查个体抽样的专项检查及其数据质量抽查督导工作，还对重点行业、大中型企业、新设立企业等调查样本的数据进行实时监测，依法处理严把源头数据质量关。（陈德斌）

**附：2014年东莞市统计局主要领导名录**

局　长：梁佳沂
党组书记：叶力强

**附：2014年国家统计局东莞调查队主要领导名录**

党组书记、队长：王志勋

# 科学技术·社会科学 ECONOMIC MANAGEMENT

东莞科技馆

编辑：黄文挺

## 科学技术

【科技概况】 2014年，东莞市围绕建设全省科技与产业融合发展示范区的目标，实施"科技东莞"工程，抓好重大科技专项，培育战略性新兴产业，促进科技、金融、产业"三融合"，全面实施知识产权战略，建设创新型城市，为全市实现高水平崛起发挥重要作用。2014年，全市发明专利申请量达6913件，比上年增长7.11%，占专利申请总量的24.31%，在全省排名第四位；发明专利授权量1624件，增长8.63%，在全省排名第三位；PCT（专利合作条约）专利申请量299件，在全省排名第三位；截至12月，全市有效发明专利量5426件，新增有效发明专利1198件，新增有效发明专利量排名全省第三位。全市有5个项目获评第十六届中国专利奖，获奖数量为历年之最。新增国家高新技术企业80家，总数达755家，位居省内地级市首位。新建东莞同济大学研究院、东莞前沿技术研究院2家新型研发机构。全市新增7个省创新科研团队立项，引进总数达22个，居全省第三位。2014年认定省级创新型企业和省级创新型试点企业各5家，累计全市省级创新型企业25家，省级创新型试点企业33家；认定市级创新型企业22家，其中市级创新型龙头企业9家，市级创新型培育企业13家。

【科技政策优化】 2014年，东莞市围绕"科技东莞"的核心任务，从财税支持、科技金融、成果转化、产业孵化、资产管理等方面制定一系列政策措施，细化操作规则，使更多措施落到实处。先后出台《东莞市重大科技项目总体实施方案（2015—2018年）》，着力提升重大科技项目对全市产业转型升级的带动地位；出台《东莞市创新财政投入方式 促进科技金融产业融合发展工作方案》《东莞市创新创业种子基金实施方案》，通过设立创新创业种子基金、信贷风险补偿金、贷款贴息、风险补助金、科技金融服务体系建设资金等，引导民间社会资本支持科技创新，促进科技金融产业的深度融合；出台《东莞市加快新型研发机构发展的扶持办法》，从财税支持、科技金融、成果转化、产业孵化、资产管理等方面扶持新型研发机构的建设发展；颁布《东莞市企业（单位）研发经费投入奖励实施方案》，鼓励全社会加大研发经费投入。

【科技产业发展】 2014年，东莞市认定通过国家高新技术企业235家，通过率达89%；国家高新技术企业复审通过69家，通过率达92%，在全省居地级市排名第一位，且国家高企数量达755家，继续领跑其他地级市。全市报名参加第三届中国创新创业大赛的173家企业中，共有22家晋级国家行业赛，晋级企业数在全省排名第一位。

推动LED（发光二极管）产业发展，受理50家企业申报584项LED产品检测和认证资助项目，受理1家企业申报4项LED专业技术人才培训资助项目；完成209项2013年市促进LED产业发展项目的受理和评审工作，资助18家企业133个项目，资助金额63万元。继续推广应用LED照明产品，39个镇街（单位）累计完成LED路灯改造19.75万盏，超过计划数1.13万盏；累计完成LED室内照明产品改造25.96万只，其中21.84万只属于公共室内照明产品。

【科技项目组织实施】 2014年，东莞市突出企业的创新主体地位，针对企业不同发展阶段的实际需求，鼓励、协助、推动符合条件的企业申报各级、各类科技项目。发布4批市科技项目的申报通知及申报指南，受理11类项目；组织举办2次科技项目申报指南宣讲会，有企事业单位代表400余人参加。

【企业研发机构建设】 2014年，东莞市发布《东莞市科技创新平台建设资助办法（征求意见稿）》，降低市级工程技术研究中心和重点实验室的认定条件和资助标准；发布市工程中心、重点实验室项目申报指南，受理申报市工程中心35家、市重点实验室11家、国家重点实验室1家，认可实验室资助13家、省工程技术研究中心34家；引导规模以上工业企业建立研发机构，按照《东莞市实施规模以上工业企业研发机构全覆盖计划工作方案》的要求，以有研发人员、研发场所、研发经费、研发设备以及研发项目为基本要求，印发《关于开展东莞市企业研发机构备案登记的通知》，加强研发机构政策宣传，组织和引导企业申请研发机构备案登记。对企业研发费用实行税前扣除优惠政策，全年有190家企业享受税前扣除，扣除额19.6亿元，减免所得税4.9亿元，比上年增长100%。颁布《东莞市企业（单位）研发经费投入奖励实施方案》，对在2013年研发投入填报不为零的746家的企业和单位给予每家3000元的奖励，对248家符合奖励条件的研发投入超过500万元的企业，分档次共奖励2108.8万元。

【高层次创新人才和团队引进】 2014年，东莞市引进一批省市创新科技团队，有7个团队项目获得省引进第四批创新科研团队立项和1.25亿元省财政经费资助，在全省排在第三位；8个团队通过市引进第一批创新科研团队项目立项，获得市财政立项资助6200万元。上述15个创新科研团队中，引进一批包括中组部“千人计划”入选者郑玉群研究员、教育部长江学者刘俊杰教授等在内来自美国、英国、新西兰、以色列等国家或地区的83名海内外高层次人才，其中博士和正高职称占90%以上，研究领域涉及高端新型电子信息技术、新能源、新材料、生物医药、节能环保等战略性新兴产业领域。截至2014年，东莞市累计引进四批次22个处于产业前沿的广东省创新科研团队，占全省引进团队数量近1/4，并获得省财政专项经费资助4.75亿元，排在全省第三位。

【科技创新平台建设】 2014年，东莞市新建东莞同济大学研究院、东莞前沿技术研究院2家新型研发机构；召开东莞同济大学研究院、东莞华中科技大学制造工程研究院等平台的理事会，审议通过各平台建设的发展计划；规划新平台，加强与北京航空航天大学、解放军信息工程大学等理工研究院的联系，洽谈引进相关高校院所创新资源到东莞市建设科技创新平台；推动清华东莞创新中心、华南协同创新研究院、东莞华南设计创新院、东莞同济大学研究院、东莞暨南大学研究院等平台入驻大学创新城。

【科技创新专业镇建设】 2014年，东莞市组织东城、麻涌、高埗、凤岗、石排5个镇街申报省级技术创新专业镇认定并获批。推动横沥模具产业协同创新中心建设，重点建成模具检测技术中心、模具产业3D打印技术中心、模具装备制造创新中心等，为全市模具企业提供相关科技服务。

【科技企业孵化器建设】 2014年，东莞市有市级科技企业孵化器7个、国家级科技企业孵化器培育单位7个、国家级科技企业孵化器6个。辅导组织符合资格的孵化器申报市、省级、国家级孵化器，受理市级孵化器申报认定的有8个，动员2个符合条件的国家级科技企业孵化器培育单位申报国家级科技企业孵化器并参加国家孵化器答辩，动员3家符合条件的孵化器申报省前孵化器试点单位，动员2家符合条件的孵化器申报科技创业孵化链条建设试点单位。

【科技交流与产学研合作】 2014年，东莞市拓展国际科技合作渠道，先后赴瑞典、丹麦、芬兰、俄罗斯、白俄罗斯等国开展国际人才团队引进，以及生物医药、纳米技术等方面的技术合作对接；同时，促进国际科技合作对接，累计组织近100家企业参加东莞—白俄罗斯科技交流合作对接会、由李嘉诚基金会主办的广东省“科技夹子”活动以及香港科技园公司“软着陆计划”等活动，推动该市企业与独联体焊接材料、以色列水处理技术、欧美消费电子产品等高端技术项目对接，促成20多家企业与有关机构达成初步合作意向。开展产学研合作，推进公共科技创新平台成果转化，组织多场产学研对接会，探索平台与行业协会、企业对接的创新机制，达成包括北京大学东莞光电研究院氮化镓功率器件等项目在内的合作意向33项。

【科技金融产业融合】 2014年，东莞市引导创业投资机构和商业银行进行金融创新，建立科技创新和产业进步项目“拨投联动”“拨贷联动”“拨贴联动”支持机制；制订《东莞市建设金融科技产业融合创新综合实验区实施方案》，于5月获得省政府批准成为省金融、科技、产业融合创新综合实验区；推动东莞深圳清华大学研究院创新中心联合科技银行、股权投资机构、科技担保公司、上市公司、上市后备企业和其他科技金融中介服务机构组建成立东莞市科技创业投资联合会，加速科技、金融、产业领域的资源对接，提供培训交流、上市辅导、联合投资、政企沟通等服务；规划建设的科技、金融与产业信息共享交流平台全面启动，知识产权交易服务平台进行专家评审。推进专利质押融资及科技保险工作，新增引入农业银行和广发银行开展专利质押融资业务，全年共发放7笔贷款，金额达到1990万元；通过竞标，人保、平安两家保险公司成为东莞市科技保险承保公司，全年共承保3家企业，保费19.88万元，保额达5.96亿元。

【“国家知识产权示范城市”建设】 2014年，东莞市成立由市主要领导挂帅的工作小组，统筹协调全市知识产权工作的实施开展；完成《东莞市建设国家知识产权示范城市工作方案》，明确到2016年东莞市知识产权工作目标和重点；松山湖获批建设省知识产权服务业集聚发展试验区；与省知识产权局召开知识产权合作会商工作会议，确定省、市共同推进的工作。推动专利申请及应用工作，启动“2014年东莞市发明专利申请促进行动”，开展“百所千企知识产权服务对接工程”，加强对镇街（园区）发明专利申请促进工作的督导，同时继续做好专利资助、电子申请、优势企业认定等工作。工业机器人产业专利导航项目获得省知识产权局珠三角地区重点产业转型升级专利导航工程立项；此外，利用省知识产权研究与发展中心的专利信息资源，依托8个专业镇创新平台，为中小微企业开展专利信息推送服务，推动专利信息分析利用能力建设。

【专利执法与维权援助服务】 2014年，东莞市立案受理专利侵权纠纷案件10宗，结案9宗；查处假冒专利案件5宗；进驻4家展会驻会维权，处理专利纠纷案件36宗，派出知识产权专家54人次，接收各类咨询632次，派发宣传资料1100余份；对樟木头、凤岗等镇街的大型卖场开展执法检查。3月，中国东莞（家具）知识产权快速维权中心授牌，并于5月启动运行，建立《处理专利纠纷工作制度》等10多项规章制度；创新维权模式，制定《家具商场知识产权（专

利）纠纷处理办法》等，协助家具卖场成功调解专利侵权投诉纠纷16宗，帮助一部分家具企业解决维权难、维权成本高等问题。

**【广东省知识产权局、东莞市人民政府2014年知识产权合作会商工作会议】** 于2014年6月16日在东莞市召开。广东省知识产权局局长马宪民、副局长袁有楼，东莞市市长袁宝成、副市长张科，市知识产权局局长何跃沛等领导出席会议，会议由张科主持。省知识产权局相关部门领导、市有关部门、松山湖高新区及各镇街分管知识产权工作的领导及部门负责人、知识产权服务机构代表等约120人参加会议。何跃沛提出，2014年东莞在建设松山湖知识产权综合服务区、建设中国东莞（家具）知识产权快速维权援助中心、实施专利导航产业发展计划、开展企业知识产权管理规范标准贯彻工作、推进专利行政执法与维权工作、促进知识产权与金融对接、推进专业镇知识产权服务建设、推进知识产权人才教育培训工作、促进专利申请质量提升等方面重点开展知识产权工作。袁有楼代表省知识产权局表示对上述工作从政策、项目、资金、培训等各方面给予东莞大力支持。马宪民肯定东莞的知识产权工作，指出知识产权要做好三“服务”：为服务转型升级、服务创新驱动发展、服务扩大内外需做贡献。袁宝成指出，良好的知识产权保护环境是促进科技创新的有力保障，是优化地方投资发展环境的重要因素，尤其在外资企业招商引资工作中，起到关键性和决定性的作用。要扩大知识产权执法主体的外延，发挥镇街综合执法队伍、知识产权维权援助机构和服务机构的力量，让全球优秀的科技资源聚集到东莞发展，让创新成果拥有者的合法权益在东莞得到最好保护。

**【全市专利工作会议】** 于2014年6月16日召开。东莞市人民政府副市长张科、市知识产权局局长何跃沛出席会议并讲话，会议由何跃沛主持。市有关部门、松山湖高新区及各镇街分管知识产权工作的领导及部门负责人、知识产权服务机构代表等约120人参加会议。何跃沛对全市专利工作进行形势分析和安排部署，要求全市提升对专利工作的认识，创新专利工作的方式，加大专利工作的力度。张科强调全市各知识产权部门要群策群力，形成合力，高标准建设好国家知识产权示范城市。

**【2014年广东省新型研发机构建设现场会】** 于2014年9月28日在东莞市召开，省委书记胡春华、省长朱小丹出席会议并讲话。会议强调要贯彻落实党中央、国务院关于全面深化科技体制改革、加快创新驱动发展的决策部署，学习借鉴东莞市的经验，发挥优势、主动作为，加快推进新型研发机构发展，促进全省产业转型升级。胡春华肯定广东省新型研发机构发展情况，对加快发展新型研发机构提出三点要求：一要高度重视发挥新型研发机构在促进广东省产业转型升级中的作用；二要发挥市场化优势，加快新型研发机构发展；三要把政府在推动新型研发机构发展中的作用发挥出来。朱小丹强调，要以新型研发机构建设为重要抓手，全面深化科技体制改革，完善开放型区域创新体系，加快提升自主创新能力和产业竞争力，不断优化自主创新环境，推进全省创新驱动发展战略实施。副省长陈云贤通报全省新型研发机构培育、建设和发展情况，东莞市政府、东莞华中科技大学制造工程研究院、深圳光启高等理工研究院代表分别发言。各地级以上市及顺德区主要负责人、分管科技相关负责人，省直有关单位、新型研发机构、省外高校和科研机构有关负责人参加会议，并赴松山湖高新区参观全省新型研发机构成果展及华南设计创新院、东莞华中科技大学制造工程研究院。

**【2014中国（东莞）国际科技合作周和全国数控一代工作研讨会】** 于12月2—5日在厚街镇举行。中国工程院院长周济、省长朱小丹、国家科技部副部长曹健林等出席开幕式。该届合作周活动设有“科技展览、高峰论坛、项目洽谈、授牌签约”四大专题，30多项子活动。由科技部以及中国工程院共同发起，组织全国16个数控一代示范省市的科技部门代表参会，就数控一代示范工作进行经验交流和成果展示。同期举办的还有东莞市招才引智活动以及第八届亚洲国际机器人锦标赛等活动。该届合作周以“智慧城市 智能制造”为主题，举办近30场科技和人才交流合作活动，组织约200家企业和1000多个项目参展，吸引400多名海内外高层次人才来莞洽谈对接，超过6万人次专业人士和观（听）众参加，达成合作意向项目超过200项。

**【第三届中国创新创业大赛（广东·东莞赛区）暨2014年天安数码城杯赢在东莞科技创新创业大赛】** 由东莞市科学技术局主办，广东粤科风险投资管理有限公司和东莞市电子计算中心承办，东莞市天安数码城有限公司冠名，分为初赛网络评审、复赛集中答辩与现场考察、半决赛电视录播和总决赛电视录播4个环节。其中大赛半决赛录播分别于2014年10月13日和20日在天安数码城和松山湖高新区进行；大赛总决赛于11月18日在电视台进行录播。经过多轮比赛角逐，最终创新创业组广东合微集成电路技术有限公司、创新资金组东莞市丰邦新能源科技有限公司获得大赛特等奖。

该届大赛得到省科技厅领导肯定，全市有173家企业报名参加中国创新创业大赛，参赛企业数量占总数的1/4，位居全省地级市第一位；有22家企业被推荐进入国家行业赛，其数量占总数的1/3，也位居全省第一位。聚合各种类别的创新资源，大赛在原有优惠措施的基础上，新增法律服务、宣传服务和环保服务三大支持政策以及10多家支持单位，形成包含风险投资跟投、银行跟贷、券商辅导、入园孵化等15项科技服务内容，荟萃中小企业发展过程中所需的各项创新要素。实现科技金融的融合对接，大赛合作银行——招商银行拿出1亿元的授信额度，合作风险投资公司——粤科风投、东科创投、清大创投各拿出上千万的风投资本，用于对大赛获奖企业实施跟投跟贷。加强赛事评审的透明度，在复赛集中答辩阶段，评审专家现场打分，参赛企业在答辩完毕后即可签收复赛比赛成绩单；大赛半决赛在天安数码城和松山湖高新区进行电视录播，首次将比赛现场拉到户外，让赛事评审全过程接受社会群众的监督；大赛总决赛和半决赛通过东莞电视台高清频道进行实况录播，让赛事评审全过程有迹可循。营造创新创业的社会氛围，该届大赛增加项目路演和电视录播，宣传该市重视科技创新的政策理念，让社会各界有机会接触各个参赛企业，营造勇于创新敢于创业的氛围，吸引更多全国各地的企业或团队来莞创新创业，塑造东莞创新创业热土的形象。（王少波）

**附：2014年东莞市科学技术（知识产权）局主要领导名单**

局　长：何跃沛（任至6月）
　　　　刘　宁（6月到任）

## 2014年东莞市科学技术奖获奖名单

| 序号 | 项目（个人）名称 | 完成单位 | 主要完成人 | 获奖等级 |
|---|---|---|---|---|
| 1 | 环境友好型聚酰亚胺薄膜挠性覆铜板关键技术研发及产业化 | 广东生益科技股份有限公司、四川大学 | 伍宏奎、顾宜、刘生鹏、茹敬宏、凌红、朱蓉琪、昝旭光、王克峰、沈文彬、梁铁军、王志勇、马伟军 | 一等奖 |
| 2 | 新型植绒质感聚氯乙烯墙纸的研发 | 广东玉兰装饰材料有限公司，广东省广美玉兰软装艺术创意研究院 | 张小琼、霍康、万庆棠、史培勇、金英爱、高树立、林绮芬、杨颐、陆勇新、王小辉 | 一等奖 |
| 3 | 一种封边条的印刷工艺研究及应用 | 东莞市华立实业股份有限公司 | 谢志昆、张一帆、吴锋、雷厚根、唐辉文、盘茂森 | 一等奖 |
| 4 | 晶硅太阳能光伏电池成套设备研发与产业化 | 东莞市科隆威自动化设备有限公司，华南理工大学 | 张宪民、唐岳泉、陈忠、何凤涛、邝泳聪、王军涛 | 一等奖 |
| 5 | 牲畜特种船研发及建造技术 | 广东中远船务工程有限公司 | 陈德林、陈焕然、吴兴武、王荣、李盟、卜育才、庄瑞民、王习稳、姚珍祥、陈楚明、唐先春、王海、陈起峰 | 一等奖 |
| 6 | MDCT辅助的预扩张超薄穿支皮瓣在面颈部大面积瘢痕修复中的临床应用研究 | 东莞康华医院 | 王春梅、杨思奋、许开元、徐伟、任家骠、梅劲、王德宏、王生钰、王洪财、田桂芹、柳辉、魏斌、梅小霞 | 一等奖 |
| 7 | 光动力疗法在痤疮治疗中的临床应用研究 | 东莞市太平人民医院 | 阮建波、张霞、朱和玲、谢嫦婷、王雅文、黄珍珍、郑文亮、邓天勤、邓向军、李萍、陈莉莉、朱瑞清、刘艳玲 | 一等奖 |
| 8 | Immuno-PCR法诊断早期梅毒方法学建立及其应用 | 东莞市寮步医院 | 蒲荣、梁浩凡、向华国、陈亚芹、郑文振、张德纯 | 一等奖 |
| 9 | 缺血修饰白蛋白对腹膜透析患者心血管事件的早期预测价值 | 东莞东华医院 | 苏晓燕、黄辉、郭发良、袁冰、张坤、唐杏明、邹朝晖、魏丽萍、苏伟平、关晓东、郑伟平、陈丽、邹原方 | 一等奖 |
| 10 | 微创可扩张通道下峡部截骨TLIF与开放TLIF、PLIF治疗单节段腰椎退变性疾病的临床对比研究 | 东莞市人民医院 | 黎松波、刘先银、莫新发、黎建文、方冠军、汪宇、庞广兴、张海滨、陈耀鑫、罗宇文、李艳红、吴丽云、叶国标 | 一等奖 |
| 11 | 高速精密立式加工中心 | 东莞市润星机械科技有限公司 | 陈铭、胡真清、王瑶、胡文祥、莫耀雄、宋炜、王仕平、白槟、陈建飞、董松林、潘普江 | 一等奖 |
| 12 | 类全圆剪夹装置冷镦成型机 | 东莞市国菱机械有限公司 | 杨东佐、高家才、陈达金、张明伟、伍海燕、何晓虹 | 一等奖 |
| 13 | 活血通络法（活血灵片）预防骨科大手术后深静脉血栓形成的实验及临床研究 | 东莞市中医院，东莞广州中医药大学中医药数理工程研究院 | 蔡立民、谭志超、曾勤、肖署阳、张斌山、梁志伟、黄中强、廖国强、桑传兰、邓怀东 | 二等奖 |
| 14 | 早产儿脑损伤评估和早期诊断的研究 | 东莞市太平人民医院，广州市妇女儿童医疗中心 | 李薇、周伟、胡泽华、赖丽芝、洪玉玲、钟顺平、万学凌、王德胜、王义炯、陈艳玲 | 二等奖 |
| 15 | 工业自动化设备无扰供电系统 | 广东易事特电源股份有限公司，中国人民解放军空军预警学院 | 刘平、朱忠尼、徐海波、陈元娣、汪家荣、宋庆国、刘德宝、亓迎川、董杰、唐朝阳 | 二等奖 |
| 16 | 超低克重高强瓦楞原纸的研制 | 东莞玖龙纸业有限公司 | 林新阳、张永春、尹显奇、孙占丰、陈霞、宋林林、吴垠、戴臻 | 二等奖 |
| 17 | 优质水果型黄瓜新品种选育与推广应用 | 东莞市农业科学研究中心 | 莫伟钦、苗兵兵、江南、罗诗、刘远星、吴代应、黎运通、毛丰伟、郑芝波、庾富文 | 二等奖 |

续表

| 序号 | 项目（个人）名称 | 完成单位 | 主要完成人 | 获奖等级 |
|---|---|---|---|---|
| 18 | 智能型高精密机器视觉检测设备 | 东莞市盟拓光电科技有限公司 | 周兴波、陈昌科、李文涛、吴楚侦、张杰、宋瑜、许方细、蒋润癸、周健、王勇 | 二等奖 |
| 19 | 多功能智能化变压组件及其制造技术 | 东莞市大忠电子有限公司 | 文成波、丁元勇、欧阳誉、李成、孙昌森、邓国强、胡纯华、袁灼洪、唐俊峰、王又雄 | 二等奖 |
| 20 | 智能型全封闭固体绝缘环网柜 | 广东阿尔派电力科技股份有限公司 | 卓克勤、彭成聪、陈庆金、冷先屹、刘福民、刘丽军、庞景夏、王鹏、肖淑伟、陈海 | 二等奖 |
| 21 | 观赏兰新品种产业化技术的优化集成与示范 | 东莞市粮作花卉研究所，华南农业大学 | 王燕君、刘伟、谭志勇、张乐萍、钟惠萍、刘运权、叶世贤、王亚平、赖永超、闻真珍 | 二等奖 |
| 22 | 香蕉品种加工特性评价 | 东莞市香蕉蔬菜研究所、华南农业大学食品学院、阳江职业技术学院 | 吕 顺、余 铭、刘文清、杨公明、曾莉莎、陈海强、梁少丽、白永亮、陈石、周建坤 | 二等奖 |
| 23 | 电子电路用光机电一体化系列检测系统 | 广东正业科技股份有限公司、东莞电子科技大学电子信息工程研究院 | 徐地华、梅领亮、段祖芬、刘占武、梁勇、贺恪、黄檐丽、黄际彦、林克、吴波 | 二等奖 |
| 24 | 立体结构印制线路板的制造技术 | 东莞生益电子有限公司 | 杜红兵、焦其正、袁继旺、吕红刚、任尧儒、王小平、李恢海、范金泽、杨兴、宋祥群 | 二等奖 |
| 25 | 远程多源综合资源和环境智能监控预警系统 | 广东大榕树信息科技有限公司 | 廖令红、张凤荔、林苏蓉、张盛鹏、苏国师、李佳星、陈伟聪、陈石胜、李肇扬 | 二等奖 |
| 26 | 垃圾填埋气高效发电技术研发及应用 | 康达新能源设备股份有限公司 | 廖永元、周福云、贺少君、周志标、沈剑山、严小亚、易金清、贺文、贺探宇、张永禄 | 二等奖 |
| 27 | 一种提高陶瓷砖防滑性能工艺的研究 | 东莞市唯美陶瓷工业园有限公司 | 王永强、陈志川、王彦君、杨福伟、肖艳、彭转林、罗荣辉、许永来、李镇津、满丽珠 | 二等奖 |
| 28 | 新型热熔胶免车缝TPU皮革的研制和应用 | 东莞市雄林新材料科技股份有限公司 | 何建雄、王一良、袁华、谢伟苗、杨建平、成金霞、欧阳丽曼 | 二等奖 |
| 29 | 大功率高性能等离子体电源及其智能控制技术 | 东莞市金河田实业有限公司、华南理工大学 | 方植麟、王振民、许旺亿、邓雄、张芩、吴祥淼、方小鑫 | 二等奖 |
| 30 | 新型PCB棕化剂研究与开发 | 东莞市富默克化工有限公司 | 伊洪坤、高艳、邓勇生、叶清霞、王金金 | 二等奖 |
| 31 | 聚乙烯（重包装）热收缩膜及其制备方法 | 东莞市正新包装制品有限公司 | 黄卫东、林城、罗振华、全明德、袁晓雯、莫应文 | 二等奖 |
| 32 | 脱硫废渣资源化利用技术及产业化示范基地建设 | 广东大众农业科技股份有限公司，华南理工大学，广东省土壤肥料研究所 | 林小明、石林、杨少海 | 二等奖 |
| 33 | 纳米材料的可控制备及其应用研究 | 东莞理工学院，东莞理工学院城市学院 | 程发良、张敏、陈妹琼、刘祖成、焦哲、蔡志泉、张燕、宁满侠、邓成良 | 二等奖 |
| 34 | TACE联合手术切除治疗肝细胞肝癌破裂出血 | 东莞康华医院 | 李志伟、王元喜、王海燕、郑宇、陈进、蔡烈、雷鞭、李里、王悦 | 二等奖 |
| 35 | 强电流相控合闸装置 | 东莞市广安电气检测中心有限公司 | 苗本健、林志力、曾宪斌、李旭、袁小娴 | 二等奖 |
| 36 | 基于精准数据匹配的线上线下互动智能人才招聘服务系统 | 广东智通人才连锁股份有限公司 | 项贤东、徐桂铮、曾强、蒋家增、杜丽、涂华、姜昕、张征峰、俞明理、何创成 | 二等奖 |
| 37 | 经内镜粘膜下剥离术与粘膜切除术治疗消化道早期肿瘤的对比研究 | 东莞市人民医院 | 张志坚、程树红、陈桂权、朱林昌、詹磊磊、黄妙兴、陈孟君、梁永强、唐志萍 、许哲 | 二等奖 |

续表

| 序号 | 项目（个人）名称 | 完成单位 | 主要完成人 | 获奖等级 |
|---|---|---|---|---|
| 38 | TIAP和PICC在肿瘤患者化疗和营养支持治疗的意义 | 东莞东华医院 | 覃谦、雷伶俐、文燕舞、陈丽菊、谭小明、庞伟、顾芸、徐雪平、钟巧弟、黄连涛 | 二等奖 |
| 39 | 人工真皮（皮耐克）修复手部热压伤、慢性皮肤溃疡和急性皮肤创伤的临床应用研究 | 东莞市厚街医院 | 余继超、彭文要、陈柏秋、邝日红、刘冰峰、吴庆梅、卢庆佳、邱加崇、邵纯玲、王擎 | 二等奖 |
| 40 | 自膨式补片（Kugel补片）前入路腹膜前腹股沟疝修补术的临床研究 | 东莞市中医院 | 周学鲁、张继峰、胡灏、莫琰、张剑锋、周上军、袁小强 | 三等奖 |
| 41 | 高精度光学基片及高损伤阈值紫外分光膜片 | 东莞市兰光光学科技有限公司 | 冷江勇、张建华、唐灿、杨明洋、刘秦江、杨文举、张晓燕 | 三等奖 |
| 42 | 锂电池隔膜复合机 | 广东科硕机械科技股份有限公司 | 叶美跃、程修华、汤光清、曾庆海、张志俊、屈文杰 | 三等奖 |
| 43 | 中华花龟种苗繁育及产业化关键技术 | 东莞市水生动物防疫检疫站，中国水产科学研究院珠江水产研究所，广东绿卡实业有限公司，东莞市水产技术推广站 | 李本旺、黄永强、王广军、黄启成、王晓斌、莫介化、刘邦辉 | 三等奖 |
| 44 | C-1510数控电脑皮革切割机 | 东莞市爱玛数控科技有限公司 | 王国权、陈永君、胡剑锋、岳博、李华斌、李雅楠、刘远 | 三等奖 |
| 45 | 模数化组合式低压配电柜研究及产品应用 | 东莞基业电气设备有限公司 | 潘任林、高广东、唐勇平、秦波、徐魁、吴鸿鹏、苏卓基 | 三等奖 |
| 46 | 数控精密推台锯 | 东莞市南兴家具装备制造股份有限公司 | 邓金贵、梁莉丽、容华兴、董延文、邓自强、罗平、胡伟 | 三等奖 |
| 47 | 香菇风味物质开发利用关键技术 | 东莞市百味佳食品有限公司，广东工业大学 | 吴克刚、王胜利、柴向华、唐忠盛、潘显宗、于泓鹏、段雪娟 | 三等奖 |
| 48 | 高性能钛酸锂负极材料及其动力电池的研究和制备 | 东莞市迈科科技有限公司，天津大学 | 王振勇、唐致远、张新河、王利娟、赵玲、苏方远 | 三等奖 |
| 49 | 食品中致病菌活菌检测的关键技术研究 | 东莞出入境检验检疫局检验检疫综合技术中心，华南理工大学轻工与食品学院 | 邱杨、黄伟、刘建丽、余以刚、陈进会、赵丽、肖性龙 | 三等奖 |
| 50 | 低温烧结NiCuZn射频铁氧体材料及应用 | 东莞电子科技大学电子信息工程研究院，广东成电华瓷电子科技有限公司 | 陈雷霆、李元勋、沈健、张怀武、滕林、康建宏、黄树锋 | 三等奖 |
| 51 | 新型绿色环保生物稳定型半合成水溶性金属加工浓缩液 | 东莞市垠星科技发展有限公司 | 敖小平、张巩、陈金才、张梅英、陈亚明、杨东强 | 三等奖 |
| 52 | 3C电子产品液态硅胶与塑胶一体成型防水技术 | 东莞劲胜精密组件股份有限公司 | 张绍华、王长明、唐臻、周永锋、赖愈华、田天斌、蒙峰 | 三等奖 |
| 53 | 高精度冷冲模五金拉伸合模机 | 东莞市耐斯机械制造有限公司 | 郭开、李文福、倪俊忠、张俊良、徐俊玉、杨海茂、姜广情 | 三等奖 |
| 54 | 重大灾情及突发事件遥感综合监测及应急辅助决策支撑系统 | 广东中科遥感技术有限公司 | 范海生、任伏虎、萧畅成、王永强、李镇伟 | 三等奖 |

续表

| 序号 | 项目（个人）名称 | 完成单位 | 主要完成人 | 获奖等级 |
|---|---|---|---|---|
| 55 | 红外线感应MCU控制方法及其应用 | 东莞巨扬电器有限公司 | 洪作财、陈明允 | 三等奖 |
| 56 | 多功能成人纸尿裤研究及产品应用 | 广东百顺纸品有限公司，东华大学 | 袁琴华、陈永华、朱泉、李俊、王家裕、王红珍、蔡光合 | 三等奖 |
| 57 | 打浆酶制剂及其制备方法和应用技术 | 东莞市绿微康生物科技有限公司 | 郭宏涛、陈盛平、石莉平、盘兴强、王双旭、梁赐禾、张清辉 | 三等奖 |
| 58 | LED高效导热绝缘高分子复合材料及其散热技术 | 广东银禧科技股份有限公司，华南理工大学 | 唐昌伟、赵建青、傅轶、刘述梅、谭颂斌、刘运春、艾少春 | 三等奖 |
| 59 | 高性能食品药品软包装用水性胶粘剂的研制 | 东莞市星宇高分子材料有限公司，华南理工大学 | 蒋颜平、胡剑青、赖淦荷、郑牧湘、赖志刚、何桂玲、涂伟萍 | 三等奖 |
| 60 | 废轮胎常温制取精细胶粉工艺及成套生产线 | 东莞市运通环保科技有限公司 | 邓裕潮、赵中华、王兴洪、胡华、叶修槐、吴利波 | 三等奖 |
| 61 | 自动转换式瓦楞纸板自动切送设备 | 东莞市勤善美瓦楞纸品工艺科技有限公司 | 王顺波、李军、刘光柱、郝贤平、钟镇华 | 三等奖 |
| 62 | 全自动焊齿机 | 东莞市俊知自动机械有限公司，东莞理工学院 | 韩清涛、孔海文、赖树明、胡耀华、罗仁彩、张丽娟、任斌 | 三等奖 |
| 63 | 中草药在畜禽生产中的应用技术研究 | 广东康达尔农牧科技有限公司 | 苏记良、梁祖满、罗秋兰、刘小雁、黄再莲、陈义方、蒋晓霞 | 三等奖 |
| 64 | 印刷锡膏夹具及使用该夹具修理集成电路板的方法 | 东莞技研新阳电子有限公司 | 明正东、王学林 | 三等奖 |
| 65 | 菊酯类农药降解酶高效表达工程菌的构建及发酵条件优化 | 东莞市农业科学研究中心，中山大学 | 罗华建、梁卫驱、刘玉焕、胡珊、黄皓、陈仕丽、李艳芳 | 三等奖 |
| 66 | 大功率高效低噪饼式线圈新型三相变压器的研制与产业化 | 东莞市光华实业有限公司 | 方木松、方朝晖、江丽民、毛棋、李俊洪、钟康旗 | 三等奖 |
| 67 | 基于精细线路的智能手机板研发及产业化 | 东莞市五株电子科技有限公司 | 孟昭光、冉彦祥、彭明、徐学军、柳超、王小时、林洪军 | 三等奖 |
| 68 | 纳米电极式加湿机 | 东莞市丰远电器有限公司 | 徐丰彩、谢晋、黄康荣 | 三等奖 |
| 69 | 低频无极植物生长灯 | 广东泰卓光电科技股份有限公司，东莞理工学院 | 赖树明、李伟坚、任斌、何春红、邓君、李丽娟、张丽娟 | 三等奖 |
| 70 | 注塑成型模具集成制造系统关键技术研究及应用 | 东莞钜升塑胶电子制品有限公司 | 左持兴、蒋仕元、邓立莹、刘雄飞、梁匡、黄浩、陈世昌 | 三等奖 |
| 71 | 网络数字音频扩声系统 | 东莞市龙健电子有限公司 | 陈宝远、吴丽华、孙晨琳、田雷雷、蒋鸿绪、张国忠、刘以续 | 三等奖 |
| 72 | 软坚散结法防治高血压左心室肥厚的临床与实验研究 | 东莞市中医院 | 叶小汉、李斐媛、吕洪雪、侯炽均、陈英俊、欧健钊、钟云良 | 三等奖 |
| 73 | 经自然腔道内镜手术诊断腹膜恶性肿瘤及治疗重症胰腺炎研究 | 东莞东华医院 | 朱惠明、郭少卿、廖秀敏、顾芸、熊高飞、孙贤久、刘美红 | 三等奖 |
| 74 | 天新SunBuilding决策支持系统 | 广东天新软件科技有限公司 | 姜国强、刘亚、何建华、胡岚、邓丽、万险峰、严贵林 | 三等奖 |
| 75 | 化学镀废液重金属及无机盐回收设备 | 东莞道汇环保科技有限公司 | 李朝林、朱希平、陆钢、刘鹏、崔海波、梁新刚、杨亚新 | 三等奖 |

## 防震减灾

【防震减灾概况】 2014年，广东省及附近海域发生2.0级以上地震26次，东莞市未发生地震事件。截至2014年，东莞市整合原有的25个地震监测台站，建立立体地震监测系统，形成对珠江三角洲地区1.5级以上地震监测能力。2014年，东莞市地震局获全国地市防震减灾工作先进单位，广东省市县防震减灾工作先进单位、地震灾害预防工作单项先进单位，东莞市市直单位（社会建设类）年度工作优秀单位。

【防震减灾示范城市创建】 东莞市防震抗震救灾联席会议暨创建防震减灾示范城市领导小组工作会议于12月12日召开，广东省地震局局长黄剑涛、东莞市政府副市长鲁修禄出席会议并讲话。黄剑涛指出东莞防震减灾工作成效显著，是全省的排头兵。鲁修禄强调全市各部门要依据《防震减灾法》《广东省防震减灾条例》，按照职责分工，各负其责，密切配合，共同做好防震减灾工作。松山湖高新区建（构）筑物抗震性能普查鉴定及地震地质环境调查分析评估 该项目普查鉴定建（构）筑物1031座（面积约690万平方米），完成钻探测试地震钻孔12个，于12月通过验收。项目的完成使松山湖高新区建（构）筑物抗震性能得到全面评估，为其他区域提供抗震性能评估参考。省地震安全示范社区创建和镇街（园区）地震应急避险场所建设 按照创建实施方案，在万江大莲塘、莞城罗沙、东城星城、南城新城等社区开展示范社区创建工作，完成创建申报工作；在市区4个街道、松山湖高新区开展应急避险场所建设，完成选址和设计。

【地震监测台网建设及震情分析处置】 2014年，东莞市地震局在同沙生态公园建成具有100米观测深井的东城地震综合观测站，监测手段包括测震、强震监测，该观测站与原有的黄江、虎门地震综合观测站形成三角形布局，覆盖全市范围，提高地震监测能力。加强监测设备运行维护日常管理、监测资料收集分析工作，做好监测值班、震情速报、异常核实、趋势会商等工作，全年报送《震情周报》52期、《震情简报》20期。定期检查调试现场流动监测设备，开展地震监测现场应急演练，提升现场应急实战能力。

【抗震设防服务】 2014年，东莞市地震局完成行政审批标准化工作和网上办事大厅建设，保留1项行政许可审批事项和2项日常管理事项，其中“重大建设工程抗震设防要求审核”行政许可审批事项纳入《广东省行政审批事项通用目录》。严格执行《广东省防震减灾条例》规定的地震安全性评价范围，办理学校、医院及其他重要建设工程抗震设防要求服务审批事项46项，完成抗震设防要求咨询服务约160次。做好市重大项目地震安评跟踪服务，包括组织镇街

## 防震减灾　平安东莞

① 2014年12月12日，东莞市政府召开市防震抗震救灾联席会议暨创建防震减灾示范城市领导小组工作会议。省地震局局长黄剑涛（左二）、副市长鲁修禄（右二）出席会议并讲话

② 2014年12月18日，副市长鲁修禄（右二）、市政府副秘书长李志东（右三）到市地震局调研，参观市地震监测与应急中心，指示市地震局做好基础性工作，通过积累、完善、深化，继续做好防震减灾工作

③ 2014年5月28日，市政府副秘书长李志东（右二）、市住建局局长朱川（左二）参加广东省地震局、四川省地震局领导来莞调研座谈会

（园区）城建部门、建设单位代表等100多人参加市重大项目地震安全服务保障业务培训班，召开安评单位座谈会，开展地震安评现场工作执法检查等。

【《东莞市地震应急预案》修订】东莞市地震局于9月起草预案修订征求意见稿，11月征求省地震局、市相关部门意见，待修改完善后按程序报市政府审定。该次预案修订主要是衔接新修订的省地震应急预案和市突发事件总体预案，增补市抗震救灾指挥部成员单位、调整应急工作组、调整地震灾害事件分级和应急响应启动条件等。

【东莞人民公园地震应急避险场所建成】1月，东莞市地震局在东莞人民公园建成首个市级地震应急避险场所，设置应急棚宿区、应急医疗救护、应急供水供电、应急厕所、应急消防、应急物资供应、应急指挥等设施，可利用避险面积2万平方米，可满足1万人应急避险需要。该场所的建成为全市各级地震应急避险场所建设提供示范。

【防震减灾宣传教育】2014年，东莞市地震局在东莞职业技术学院、市第二高级中学、东方明珠学校、中堂镇第四小学等学校和社区、企业等开展防震减灾科普宣传讲座25场，指导有关单位进行地震应急演练15次。利用电视、报纸、邮件、宣传栏、折页等多种途径开展宣传，发放宣传资料2万份。“‘5·12’防灾减灾日”活动期间，在东城文化广场开展咨询活动并派发宣传资料，在《东莞日报》刊登《创建防震减灾示范城市共建幸福平安东莞》专题文章，面向专业技术人员的《东莞建设科技》出版一期防震减灾专刊，邀请省地震局副局长梁干为建筑行业专业人员作城市化进程与防震减灾讲座，在东莞电视台《东莞新闻》栏目前播放防震减灾公益宣传片等。10月13日，联合市政府应急办、市教育局在市第二高级中学组织全校2200多名师生开展东莞市地震应急疏散和救援演练活动。11月19日，组织镇街（园区）地震助理员、志愿者、专业救援队员92人参加全市地震应急工作培训班，邀请省地震局副局长钟贻军授课。举办依法行政、地震监测技术高水平讲座，邀请省地震局副局长梁干、副局长吕金水授课。通过一系列活动提高市民地震自救互救意识和应急避险能力。

【河源东源3.8级和4.2级地震应急处置】2014年4月25日16时7分、7月11日13时43分，河源市东源县（东经114.5度，北纬23.9度）分别发生3.8级和4.2级地震，震中距离东莞市城区123公里，东莞市大部分镇街（园区）震感明显，但未造成人员伤亡和财产损失。地震发生后，东莞市地震局迅速核实震情，并通过官方网站、新闻媒体发布震情信息，解答公众来电咨询，维护社会稳定。

（黄远峰）

附：2014年东莞市地震局主要领导名录

局　长：陈伟东

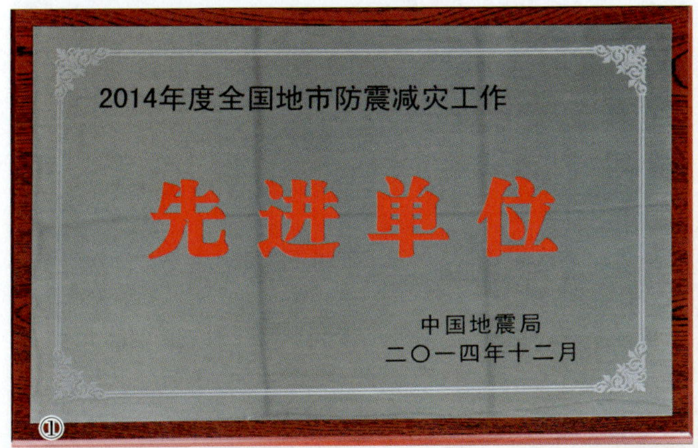

① 东莞市地震局获评2014年度全国地市防震减灾工作先进单位
② 松山湖开发区既有建（构）筑物抗震性能普查鉴定及地震地质环境数据管理系统
③ 东城地震综合观测站
④ 2014年10月13日，市政府应急办、市教育局、市地震局在东莞市第二高级中学组织开展东莞市地震应急疏散和救援演练活动

## 气　象

【气候概况】　2014年，东莞市总降水量1935.6毫米，比常年平均值偏多5.7%；年平均气温22.9℃，比常年平均值偏高0.3℃；年日照时数为1958.8小时，比常年平均值偏多3.7%。基本气候特征属正常年份。年内降水分布不均匀，偏多、偏少月份两极化。3月30日开汛，比常年偏早；汛期总降水量1460.6毫米，比常年平均值偏少3.3%，其中前汛期偏多12.6%，后汛期偏少22.6%。各月气温波动较大，夏秋气温持续偏高。全年高温（≥35℃）日数为14天，为近10年来最多，低温（≤5℃）日数为3天。

【1月干燥少雨】　2014年1月，东莞市降水量仅0.7毫米，较常年同期（38.7毫米）显著偏少98.2%，为有历史记录以来同期少雨第三位。月平均相对湿度仅为54.9%，较常年平均（70%）偏少27.5%，空气十分干燥。

【2月低温阴雨寒冷持续时间长】　2014年2月，东莞市气温较常年偏低1.4℃。2月8—15日受冷空气持续影响，全市连日以阴雨湿冷天气为主，全市日平均气温均低于12℃，10—15日日平均气温均低于10℃，其中12日最低为5.4℃，过程最低气温为3.9℃，天气非常寒冷。

【3月开汛急】　2014年3月29日夜间起到31日早上，东莞市出现多轮持续性暴雨降水，并伴有雷雨大风、冰雹等强对流天气。这是2014年首场暴雨，该次过程雨势急，雨强强，提前两周开汛（3月30日开汛）。29日20时至31日9时，全市累计降水量普遍超过100毫米，其中超过200毫米有26个镇街，最大为厚街镇325.2毫米，其次为寮步镇295.6毫米；1小时最大雨量达到84.5毫米，出现在常平；大部分镇街出现6级以上的大风，最大阵风出现在虎门，为31.2米/秒（11级）。该次强降水过程具有雨强强、降水频次密、多种灾害天气（雷雨大风、冰雹、强降水）并发的特点，为近年来同期罕见。据统计，全市1人因灾死亡，2人失踪，直接经济损失6502万元。

【5月暴雨连场】　2014年5月，东莞市出现连场暴雨，暴雨日数有4天，总降雨量为514.6毫米，较常年平均偏多92.6%，为历年同期多雨第五位；5月降水日达22天，其中5月8—11日和5月17—23日暴雨过程对该市影响严重：

5月11日早上至上半夜，受强盛西南暖湿气流和高空槽影响，出现持续性降水，部分镇街的雨势猛。根据全市气象站网的监测，11日零时至12日零时，

## 你的冷暖在我心中

① 2014年6月5日，省人大常委会委员、农村农业委员会副主任委员林进雄（前排右三），省气象局副局长邹建军（左一）率调研组到东莞开展《广东省气象灾害防御条例（草案）》立法调研

② 2014年3月22日，东莞市气象天文科普馆对外开放。副市长吴道闻（前排右二）与市民一起参观

③ 2014年9月10日，市人大常委会副主任尹景辉（左）到市气象局开展气象现代化调研

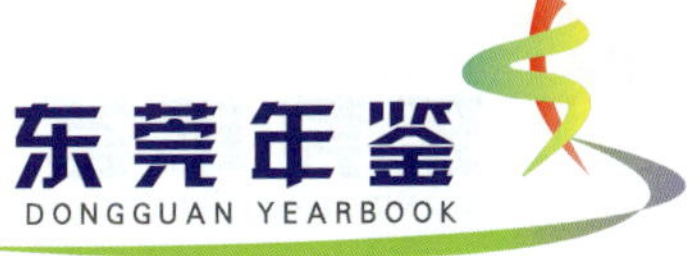


全市普遍出现暴雨，南部和东部镇街为大暴雨；降水量达到100毫米以上的镇街有凤岗、清溪、塘厦、虎门、大岭山、樟木头、谢岗、长安、松山湖、黄江、寮步11个镇街，最大雨量出现在凤岗镇为318.8毫米，1小时最大雨量达到81.9毫米，也出现在凤岗；另外部分镇街还出现短时雷雨大风，最大为清溪镇录得25.1米/秒（10级）。据统计，这次天气过程导致东莞东南部塘厦、凤岗等镇受灾严重，有7人因灾死亡，直接经济损失16.18亿元。

5月17—23日，受西南暖湿气流影响，东莞强降水和雷雨大风等强对流天气频繁，其中17日全市普降中到大雨，局部暴雨；18日中西部普降中到大雨；19日中到大雨，局部暴雨；20日普降中到大雨，局部大暴雨，最大降水量出现在凤岗，为202.5毫米；22日普降中到大雨；23日普降大雨到暴雨，局部大暴雨，最大降水量出现在塘厦，为152.2毫米。这次降水过程具有持续时间长、累积雨量大、局地性明显、短时雨强大的特点，持续时间接近一周，累计降雨量最大达371.1毫米，主要影响东南部山区片一带，1小时降水量最大达到72毫米。

【9月台风“海鸥”捎来强风大雨】 2014年，东莞市仅有“海鸥”台风带来风雨影响。“海鸥”在登陆菲律宾以后，以“超快”的移速，“稳定”的路径跨过南海，进入北部湾。受台风“海鸥”影响，从9月15日8时至16日15时，该市凤岗、清溪、塘厦、谢岗、麻涌、企石6个镇街出现暴雨，最大降水出现在凤岗为66.3毫米，其余各镇街出现大雨；最大阵风出现在樟木头为25.6米/秒（10级），其次为凤岗23.3米/秒（9级），其余镇街阵风7级到8级。

【夏秋高温日为近10年最多】 2014年夏秋季（6—11月），东莞市连续6个月各月平均气温偏高，总体创历年同期新高，其中7月平均气温29.8度，创历年同期新高；全年高温日数14天，为近10年来最多，其中7月高温日数多达9天，7月27日至8月2日出现持续7天的高温天气过程。

【年灰霾日数为2003年以来最少】 2014年，东莞市灰霾日数43天，是2003年以来最少的一年，较2013年少20天。灰霾天气主要出现在1月、2月、3月、11月和12月，5—8月灰霾日数较少。

【气象现代化建设】 2014年3月20日，东莞市政府组织召开全市气象工作会议，全面部署气象现代化工作。3月23日世界气象日，分管副市长在《东莞日报》发表《加快气象现代化建设，不断提高公共气象服务水平》的署名文章。副市长鲁修禄3次到东莞市气象局检查指导工作，与省气象局领导共商加快气象现代化工作。市人大常委会副主任尹景辉到市气象局检查指导，市人大农工委对气象现代化建设情况进行跟踪督办。扎实推进清溪、松山湖气象指标站建设，加大对气象规划项目、业务运行、预警信息发布、防雷装置检测、重大工程项目雷击风险评估等工作的力度，气象现代化考评实现稳中求进、稳中求好。在全省气象现代化建设考评中以83.6分位居全省第二，处于基本现代化阶段。

① 2014年3月20日，市政府召开全市气象工作会议，全面部署气象现代化建设工作

② 2014年10月21日，新华社和《人民日报》《光明日报》《中国气象报》等中央媒体到东莞市开展“走基层、看气象”宣传报道活动

③ 2014年9月18日，市委改革办与市气象局共商全面深化气象管理体制改革工作

【公共气象服务和重大活动保障】 2014年，东莞市气象局相继建立雾霾、负氧离子、城市热岛效应、回南天、人体舒适度等气象监测分析系统，并提供相应精细化气象服务产品。与市民政局、地震局合作，年内在10个社区推进“七有”（有固定工作场所和避险场所、有气象灾害防御工作负责人和气象信息员、有气象灾害应急处置预案、有气象信息接收终端、有宣传教育培训、有应急物资储备、有防灾减灾志愿者队伍）标准的安全气象社区建设，全市共建成66个安全气象社区，气象信息服务直达社区。配合中国气象局“媒体走基层”活动，组织《人民日报》、新华社、《光明日报》等多家中央媒体深入罗沙安全气象社区开展采访调研。加强镇街气象防灾减灾能力建设，探索在凤岗镇试点气象服务站建设。建立重大活动气象服务保障制度，全年共发布气象灾害预警信号9种123次，报送重大气象信息服务专报等决策气象服务材料113期，发布决策气象短信309次376万条，完成春运、“中高考”、莞商大会、漫博会等专题（专项）重大活动气象保障服务，提供气象信息专报165期。参与应对极端天气暨城市内涝应急演练、安全生产事故应急救援演练、应对“西电东送”大通道故障应急综合演练和赤潮灾害应急预案演练活动。

【预警信息发布体系】 2014年，东莞市突发事件预警信息发布中心成立，统一发布自然灾害、事故灾难、公共卫生等突发事件预警信息；建设突发事件预警信息发布系统，集成监控报警系统、气象灾害综合监测、气象灾害预警、精细化气象要素预报订正及公共气象服务等功能；利用网站、微博、微信、电视台（电台）、“12121”热线、手机短信、传真等多种渠道及时发布预警信息，提高气象预警信息的覆盖面；建立高级别气象预警电视电台滚动播出机制；与社会媒体加强合作，主流媒体均有专栏刊登气象信息，公共门户网站均与气象网站互链，提高气象信息的覆盖面。

【气象行政服务】 2014年，东莞市编制《东莞市项目投资建设直接落地防雷备案标准》和《探测环境保护许可清单》，建立68个直接落地项目清单，派专人跟踪服务首轮10个项目。8个事项进驻网上办事大厅，其中行政许可6项，非行政许可事项1项，社会服务事项1项，进驻率为100%，社会服务事项1项，进驻率为100%，所有进驻事项的办事深度均达到要求。制订《东莞市气象局信用约束管理制度》《东莞市气象局行政处罚自由裁量标准》，加强和规范气象社会管理工作。

【东莞市气象天文科普馆启用】 2014年3月22日，东莞市气象天文科普馆对外开放服务，该馆由市委市政府、中国气象局和广东省气象局共同投资建设。截至2014年，接待学校、企事业单位等超过100个参观团体，累计参观人数超过1.2万人。科普馆采取预约的方式对外免费开放，每周周一到周五工作时间对团体预约开放，每月双周的周六上午对个人预约开放。

【东莞市气象局获评全国气象科普教育基地】 *“气象应急科普大篷车”巡展活动* 2014年3月，东莞市气象局开展“气象应急科普大篷车”巡展活动，到全市各镇（街）人群聚集的地方，采用大篷车流动巡展的方式进行科普活动，宣传和普及气象灾害应急知识，增强市民安全意识，提高基层防灾减灾、自救互救等能力。*东莞市青少年气象科普知识竞赛活动* 5—6月，东莞市气象局、教育局、应急办、广播电视台联合举办首届东莞市青少年气象科普知识竞赛活动。全市各镇街有36支队伍参加初赛，其中8支进入决赛，最终东华小学获得冠军。此次竞赛活动的目的是，普及气象知识“从娃娃抓起”，让同学们从小形成防灾减灾的意识，同时带动家人、同学、老师、朋友关注气象应急知识，进而推动整个社会提高防灾减灾、自救互救的能力，减少气象灾害造成的损失。

2014年，东莞市气象局被中国气象局和中国气象学会命名为“全国气象科普教育基地”，这是全省唯一获评的单位。

（蔡奕萍）

**附：2014年东莞市气象局主要领导名录**

党组书记、局长：肖永彪（任至8月）
凌汉强（8月到任）

## 科学技术普及

【科普阵地建设】 2014年，东莞市共创建南城蛤地社区居委会、长安镇涌头社区居委会2个“国家级科普示范社区”，东莞电子科技大学电子信息工程研究院、东莞龙昌数码科技有限公司智能机器人科普教育基地、东莞市莞香楼饮食风俗博物馆3个“省科普教育基地”，南城新基社区居委会、樟木头镇金河社区居委会、莞城罗沙社区居委会3个“省科普示范社区”；认定万江大汾社区等12个“市科普标兵社区”，莞城中心小学等12所“市科普标兵学校”，石龙博爱医院等5家“市科普教育基地”，2个镇街科学馆。实施农业科技入户工程，认定荔枝生产科技成果转化示范基地等5家农业科技成果转化示范基地，伍氏火龙果种植专业合作社等24个科技示范户。

【科普项目资助】 2014年，东莞市财政拨付专项资金1977.20万元资助全市科普项目163项，包括国家级和省级配套科普教育基地、科普示范社区、青少年科学教育特色学校3项，市科普标兵社区、市科普标兵学校、市科普教育基地33项，重大科普活动项目59项，一般科普活动项目68项。

【青少年科技类竞赛】 2014年，东莞市科协、教育、科技、体育等部门联合举办省青少年科技创新实践能力挑战赛、省科普剧比赛、市青少年科技创新大赛、市青少年机器人竞赛、市青少年（生物学）实验技能大赛、市中小学生天文知识竞赛和市大学生科技创意设计大赛等青少年科技类竞赛。东莞市青少年科技教育协会组织青少年科技活动代表队参加国家级、省级科技活动8次，获省级以上奖励431项，其中参加第29届省青少年科技创新大赛，获奖52项（其中一等奖12项、二等奖21项、三等奖19项），一等奖数量位列广东省各地市第三名。

【青少年科普活动】 2014年，东莞市科协组织“老科学家科普报告希望行”活动，邀请8位国家级科技专家举办36场主题科普报告会。东莞科学馆组织自然科学体验夏令营、天文培训班等特色科普活动，策划主题科普展览，举办12场校园科普讲座，开展37场“科普大篷车”巡展活动，参与师生达6.2万人次。东莞市科普中心组织开展东莞市大学生科技创意设计大赛，参与师生达6千人；组织500名中小学生赴港开展“莞港青少年科技创意交流活动”；组织35名大学生参与香港世界五百强企业48小时街头营销大赛。东莞市科技馆深入全市各镇街开展科技课240余课时、科普秀表演280场次；科普剧团演出140场次，观看人数达3万人次；开展“飞行梦”“活的科学”等青少年科普教育活动，参与人数达1.2万人次。

**【科普惠民】** 2014年，东莞市科协组织开展“全国科普日”活动，统筹33个镇街及科协直属事业单位举办“创新发展全民行动”主题活动25场，累计受益群众达8万人次。期间，东城举办科技节活动，近400名科技工作者和科普志愿者参加，印发宣传资料达2万份。市科协联合市人民医院、中医院围绕健康饮食、职业病保健、老年人健康等社会热点，举办“健康新生活”科普系列讲座20场；邀请韦钰院士举办“科学教育，助力成长”科学教育系列讲座11场；深入镇街开展农村党员干部科学素质系列培训13期。东莞市农业部门组织开展各类农技培训140期，印发各类农技资料达3万份，发放种苗、农药、肥料等农资物品价值20万元，受训受益人数达2万人次。

**【基层科普活动】** 2014年，东莞市各基层科协组织聚焦民生和社会热点问题，创新开展各类科普宣传教育活动2000余场次，参与市民达65万人次，印发各类科普宣传资料26万余份（张）。东莞市科协所属54个学会（协会、研究会）开展各类科普活动2000余场次，参与市民达33万人次，印发科普宣传资料500万份（张）。全市科普教育基地、科普社区、科普学校共组织各种科普活动3790场次，参与市民达88万人次。

**【科普资源开发】** 2014年，东莞市利用大众传媒开展科普宣传，东莞广播电视台开设科普专题栏目，每周日播出专题节目《科普大篷车》。东莞市科协继续开发东江科普资源，编著科技系列图书《东江科普知识问答》；制作东江科普挂图和电视纪录光盘《走进东江》，总印数4万余册（张）；编印《漫说新科技》丛书一套共10册。东莞科技馆围绕场馆升级改造，开发智能导览系统升级版软件，研发马不停碲、隐身小屋、视觉和经验、保持平衡等6件（套）展品；组建科普动漫团队开发制作防灾动画片《暴风骤雨话安全》等。东莞科学馆充实“科普大篷车”的科普展教资源，增设多套热点主题展览、流动球幕影院、科学小实验、显微镜观测微观世界等多项内容。（潘韵庄）

## 社会科学

**【社会科学研究】** *社会咨政课题研究* 2014年，东莞市社科部门围绕“稳步迈过‘爬坡越坎’阶段，顺利突破转型升级的‘拐点’，努力开创高水平崛起的新局面”的战略目标，在2012年开展东莞高水平崛起“1+8”系列咨政研究、2013年开展东莞转型升级与创新发展系列咨政研究的基础上，突出开展东莞全面深化体制改革与社会治理系列咨政课题研究，包括东莞水乡特色发展经济区若干重大体制机制创新研究、东莞城镇化进程中“村改居”治理体系及路径选择研究、东莞文化产业发展态势及分类培育扶持策略研究、东莞参与21世纪海上丝绸之路建设的策略路径研究、东莞构建“三位一体”后续监管机制研究、东莞异地务工人口政策实施效果及优化路径研究、东莞政府购买社会服务机制与路径研究、东莞建设法治政府和法治社会策略路径研究等，其中《东莞城镇化进程中“村改居”治理体系及路径选择研究》《东莞文化产业发展态势及分类培育扶持策略研究》《东莞参与21世纪海上丝绸之路建设的策略路径研究》《东莞异地务工人口政策实施效果及优化路径研究》《东莞完善政府购买服务机制与路径研究》《东莞全面推进依法治国、建设法治东莞新常态研究》等6篇研究报告，获得市主要领导的亲自批示和高度评价。

*专题研究和决策论证* 2014年4月，省人大常委会牵头组织开展广东城镇化进程中“村改居”治理体系及路径选择大型专题调研，东莞市社科院与深圳市社科院联合组成课题组，经过调研形成《东莞城镇化进程中“村改居”治理体系及路径选择研究报告》，重点研究东莞城镇化进程中“村改居”治理体系建设的背景意义、基本情况、亮点做法、经验体会、面临问题、突破路径，并从全省发展大局和东莞实际出发提出相关建议。此报告获得主管城镇化工作的鲁修禄副市长批示和高度评价，并组织相关部门召开座谈会，研究有关措施的落实。7月9日，省人大常委会黄龙云主任主持召开“珠三角村改居治理体系及路径选择各调研小组调研成果汇报会”，市委副书记姚康、市人大副主任李满堂参加会议，并由市社科联王思煜主席作东莞调研点的调研情况汇报。10月18日，省委书记胡春华也对调研报告给予肯定，并作出重要批示。

东莞市社科联（院）牵头会同寮步镇政府、东莞市沉香协会及有关单位，对莞香文化产业的商业模式、产业标准、生产经营、产业园区等内容进行专项研究，形成《东莞莞香文化产业发展研究报告》，报市委市政府专题讨论，袁宝成市长批示发改局联合有关部门做专项研讨。

东莞市社科联（院）与东莞职业技术学院相关专家组成课题组，对东莞酒店业发展现状和养老产业的现状开展一系列的调研，探索东莞部分酒店转型为高端养老产业的可行性，撰写形成《东莞酒店业转型高端养老业可行性研究报告》，报市委市政府讨论。

东莞市社科联（院）联合东莞市检测资源联盟协会、东莞市绿色低碳经济技术研究院组建课题组，重点对市内包括政府检测、第三方检测和企业内部实验室三种不同类型机构及周边城市检测机构进行广泛走访调研，形成《东莞推进政府检测资源整合改革及检测行业创新发展的方案构想及政策建议》，已报送市政府。

**【社科学术活动】** *开展社科普及活动* 2014年5月，省十二届人大常委会第九次会议表决通过《广东省社会科学普及条例》，为加强对《条例》的宣贯普及，东莞市召开《广东省社会科学普及条例》宣贯座谈会，省社科联党组书记、主席王晓出席会议并作讲话。会上，省人大立法咨询专家、广东财经大学法学院院长邓世豹，就《条例》的出台背景、内容与形式、法律责任、相关部门的职责、经费保障、基础设施建设管理等进行解读。

根据省社科联关于开展社科普及周的要求和部署，广泛宣传普及社科知识，全面提升市民人文社科素质。11—12月，东莞市社科联（院）联合东莞阳光网，举办主题为“普及人文社科知识 提升市民人文素质”的2014年东莞市人文社科知识竞赛活动。为推进精神文明建设和新型城镇化建设，普及现代市民知识，东莞市社科联（院）于12月下旬，组织一批人文素质培训导师赴各镇（街）一个社区（村）或一家企业开展“如何当好一个现代市民”知识讲座。另外，还邀请市委宣讲团成员、市中级人民法院审判委员会委员、知识产权庭庭长程春华为主讲人，组织召开“全市社科界学习贯彻十八届四中全会精神专题报告会”。

*推动学会开展各项活动* 2014年，东莞市社科联（院）加大对高校分会和所属学会（协会、研究会）的支持力度，鼓励、组织各分会和所属学会（协会、研究会）根据自身领域特点开展各项活动。

3月，市法官协会与市博士创业促进会举办40多期“博士论坛”，把普法、学法、用法推进到高校、社区、企业等基层单位，论坛邀请国内外知名法学专家围绕法学领域的热点问题，进行解惑释疑和互动探讨。

4月，市社科联东莞理工学院分会邀请广东省社科联专职副主席、广东禅文化研究会副会长林有能教授就“禅宗六祖慧能研究中的争鸣”开展讲座，向师生讲述信仰和迷信的不同内涵，倡导学生广泛阅读，学会思考。

11月，市新闻工作者协会举行东莞市庆祝第十五个记者节暨东莞新闻界“融合创新”座谈会，响应中央关于“八项规定”精神，创新庆祝记者节的活动方式。市工商行政管理学会以“聚焦改革创新 共绘发展蓝图”为主题，开展征文活动，调动工商行政管理系统干部职工思考问题、研究问题、解决问题的积极性和主动性，最终评出15篇获奖作品在全系统表彰通报，并挑选10多篇优秀文章上报省工商局和省工商学会。

东莞经济与城市研究会举办“东莞市枢纽型社会组织建设论坛”“2014制造升级 质量强市”（东莞）高峰论坛、“融合创新 莞e腾飞——首届国际融合创新（东莞）峰会”、2014年经济年会等学术活动，探寻东莞经济转型升级的最佳路径。此外，各社科社团根据自身行业实际，结合工作特点，撰写大量调研报告，为部门领导决策提供智力支撑，推动工作发展。

【社科研究成果与学术著作】 2014年，东莞市社科联（院）根据《东莞市文化精品专项资金管理暂行办法》规定，启动东莞市第三届哲学社会科学优秀成果评奖工作。该届评奖活动共收到182项申报项目，最终评出21项获奖成果，其中有2项获得省级奖项，有5项被转载，有5项被引用及评论，有1项是国家社科基金项目和广东省社科规划项目的成果，有5篇调研成果得到徐建华书记的批示，有3篇调研成果获得袁宝成市长的批示。这些研究成果被广泛转载以及被有关党政决策部门采用，推动政策落实，为党委和政府的民主科学决策提供智力支撑，产生良好的社会效应。

此外，东莞市社科联（院）协助名城办开展东莞市文化精品专项资金申报评审工作，做好省学术年会稿件组织工作，在2014广东省社会科学学术年会中，东莞市共有9篇论文获得学术年会的奖励，其中一等奖两篇。 （冯　星）

## 东莞市第三届哲学社会科学优秀成果奖获奖名单

| 类别 | 等级 | 成果名称 | 作者 |
|---|---|---|---|
| 调研类 | 一等奖 | 提升东莞营商成本比较优势　打造综合营商成本最具竞争力城市 | 张志民、张出兰 |
| | 二等奖 | 关于防控加工贸易走私犯罪的调研报告——以东莞地区为视角 | 杨宗仁、陈昌盛、尹振宇、黄凤琴、程方伟、尹巧华 |
| | 二等奖 | 打响文化品牌 擦亮城市名片 促进文化与经济社会发展的互动融合 | 祝俊峰、邹琼 |
| | 三等奖 | 东莞治理商业贿赂新思考——以案件统计与案例分析为基础 | 王坚、孙霄汉、唐进 |
| | 三等奖 | 加强统筹协调 强化核心功能 彰显园区龙头引擎和辐射带动作用 | 胡青善、肖乃勇、刘川 |
| | 三等奖 | 东莞市民人文社科素质调研报告 | 张笑扬、郑超华、刘晓星等 |
| 著作类 | 一等奖 | 东莞社会管理创新研究 | 陈健秋、孙霄汉等著 |
| | 二等奖 | 中国共产党东莞历史 第一卷（1919—1949） | 中共东莞市委党史研究室著 |
| | 二等奖 | 税收征管博弈与激励机制研究 | 李传志著 |
| | 三等奖 | 东莞经济社会双转型理论与实践 | 达蕃钦、王思煜、孙霄汉、查日升等著 |
| | 三等奖 | 清代前期广东海防体制研究 | 张建雄著 |
| | 三等奖 | 打工文学的整体观察 | 刘定富著 |
| | 三等奖 | 全球化与乡村变迁——珠三角南村的实践 | 邹琼著 |
| | 三等奖 | 城步苗族：蓝玉故里的宗族与族群认同 | 于鹏杰著 |
| 论文类 | 一等奖 | 50—70年代戏剧改革与京剧现代化之路 | 田根胜 |
| | 二等奖 | 农民工市民化与户籍改革：对广东积分入户政策的分析 | 刘小年 |
| | 二等奖 | 意识形态嵌入与认知合理性生成 | 马俊领 |
| | 三等奖 | 公共电子阅览室的建设与思考 | 李东来 |
| | 三等奖 | 高等职业教育服务新农村建设研究——基于东莞市25镇区92村（居委会）的调查 | 肖霞、伍兴国 |
| | 三等奖 | 语文教学绩效：基于影响因素的分析与建议 | 李健 |
| | 三等奖 | 生活能源消费的人口敏感性分析 | 傅崇辉等 |

# 教　　育 EDUCATION

东莞理工学院城市学院校园

## 教育综述

【教育概况】　2014年，东莞市深入推进创建“广东省推进教育现代化先进市”工作，取得阶段性成果，基本达到创建要求。截至2014年，全市有中小学（幼儿园）1439所，在校生132.73万人，包括：幼儿园881所，比上年增加54所，其中，省、市一级幼儿园430所，增加177所；小学320所，在校生68.73万人，东莞市户籍学龄儿童入学率100%，小学毕业生升学率100%；初中172所（不含完全中学），在校生20.66万人，东莞市户籍适龄少年初中入学率100%，初中毕业生升学率98.4%；高中阶段学校65所，其中普通高中（含完全中学和多层次学校高中部）40所，在校生7.81万人，中职学校25所（含技工学校3所），在校生6.7万人；特殊学校1所，在校生0.05万人；普通高等院校6所，在校生6.99万人。全年普通高等院校招收本科、专科学生2.28万人，毕业生1.3万人。全市共有教职工9.12万名，其中专任教师6.69万名。成人教育机构和民办教育培训机构455所（不含技工学校、高校），年培训量51.2万人次。

【“教育现代化先进市”创建】　2014年，东莞市创建“广东省推进教育现代化先进市”工作，完成对大朗、高埗、道滘、望牛墩、茶山、常平、石碣、桥头、麻涌、沙田、大岭山、清溪、厚街、凤岗、黄江、虎门、企石、东坑、万江、横沥、石排等21个镇街创建东莞市推进教育现代化先进镇街的视察督导和评估验收。截至2014年，全市32个镇街有31个创建成为东莞市“推进教育现代化先进镇街”。

【教育投入】　2014年，东莞市教育总投入165.75亿元，比上年增加10.54亿元，增长6.8%。其中，财政性投入110.55亿元（含中央和省财政补助4.75亿元），增加7.52亿元，增长7.3%。义务教育民办学校公用经费和教科书补助政策落实　东莞市除公办小学、初中少收的杂费和课本资料费按二级办学的有关规定全部纳入正常经费供给渠道外，2013年起，扩大免费义务教育补助范围至民办学校，对民办学校在校生给予减免。2014年补助标准（包含公用经费补助和教科书费补助）为小学每生每年1050元，初中每生每年1730元。全年下拨义务教育公用经费和教科书补助经费6.54亿元，其中公用经费补助5.90亿元，教科书补助0.64亿元。市镇两级教育经费投入　市财政按东莞市规定标准下拨直属学校教育经费41.36亿元（不包括教育收费3.48亿元），并继续加大对镇街教育经费的投入，下拨镇街教育补助经费17.47亿元。同时，镇街财政相应投入教育经费51.72亿元，保障学校正常运作。学校硬件基础建设　学校基建总投入5.46亿元，新建、扩建、改建公办民办学校（幼儿园）65所（含跨年度建设学校及幼儿园），竣工建筑面积42.83万平方米。截至2014年，生均校舍面积小学10.13平方米，中学23.36平方米。民办教育经费投入持续增长　民办教育经费总投入55.73亿元，增加5.29亿元，增幅10.49%，民办教育经费占全市教育经费总投入的33.62%。

【直属学校基建工程建设】　2014年，东莞市先后完成东莞外国语学校改建工程、东莞市教师进修学校挡土墙加固工程、东莞市经贸学校莞城校区整修工程、东莞市商业学校学生宿舍食堂项目等4项基建工程建设，办理东莞启智学校新校的选址、异地扩建工程（小学部校区）前期建设手续。

【师资队伍建设】 截至2014年，东莞市有公民办专任教师6.69万人，其中，本科学历3.26万人，研究生学历928人，具有高级专业技术资格2732人，中级专业技术资格1.6万人。2014年，加大干部交流轮岗力度，选派5名教育局机关干部到学校挂职锻炼，集中选拔30名初中阶段校长后备干部并集中培训，在新提任的学校中层干部中选派5人到教育局机关、5人到直属学校跟岗锻炼或挂职交流。大力引进教育人才，公开招聘公办教师393人，其中研究生43人，本科350人，分别占总数的11%、89%。为382名师范类应届毕业生和986名社会申请人办理教师资格认定。全市大中专毕业生初次认定专业技术资格348人。获评全国教育系统先进单位1个，全国模范教师2人，全国教育系统先进工作者1人，全国优秀教师4人，全国中小学优秀德育课教师1人，全国中小学优秀班主任1人，全国中小学优秀德育工作者1人。

【教育督导】 2014年，东莞市教育行政部门组织督学全员培训，加强督导队伍建设；推行督学责任区制度，指导全市32个督学责任区开展督导，加强对学校经常性督导。继续推进基础教育均衡优质标准化发展，全市有省、市一级公办普通高中24所（含广东省国家级示范性普通高中7所），市一级民办普通高中9所；公办义务教育标准化学校比例达100%，民办义务教育标准化学校比例达86.5%。

【学校安全管理】 2014年，东莞市围绕打造学生安全防护平台和创建平安校园，推进学校安全管理信息化、制度化和系统化建设，维护普教系统的安全与稳定。巩固学校安全工作基础，举办4期学校安全管理责任人培训班，培训1500多名责任人；组织开展安全主题、专题宣传教育活动37次，发放宣传资料35.4万册，安装校园安全警示牌2300多处。推进校车安全规范化管理，审批同意2897辆校车的使用许可申请，发放校车标牌2385张；为全市5328辆校车安装校车行驶记录仪，建成市级校车监控平台；发放校车财政补贴资金1100多万

## 各级领导关怀教育事业发展

① 2014年9月9日，中共中央政治局委员、广东省委书记胡春华（右二）到东莞市看望慰问南城阳光第六小学教师代表

② 2014年5月，市委书记、市人大常委会主任徐建华（左三）等接见参加全国“中国汉字听写大会”参赛选手

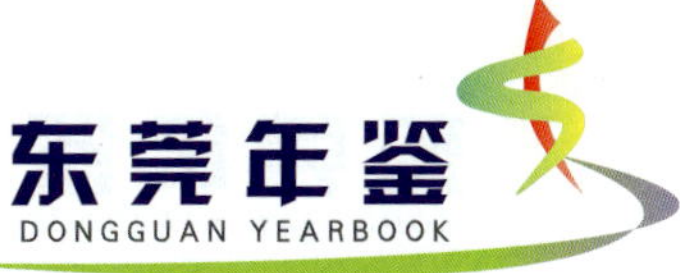

元。推进平安校园建设，完善校园安保设施，894所学校建成与公安部门联网技防设施，校园周边设立1328处护学岗，729所学校（幼儿园）被授予“平安校园”称号；开展消防安全“利剑”行动和既有建筑消防整治行动。加强校园及周边环境治理，治理涉校治安隐患；加强重要节点、重点时段涉稳管控，确保全市学校不发生大规模群体性事件；开展学生溺水专项整治行动，完善水源地警示标识、防护设施4977处；加强食品安全专项治理，整治校园周边食品安全隐患，查处无证店铺、摊档30家，净化学生成长环境。

【教育信息化建设】 2014年4月，东莞市完成建设48间全自动高清录播课室、2间微课制作室，基本覆盖大部分镇街、中小学各学段的学校；利用平台制作6000余节优质视频教育资源；建设全市统一的教育资源与应用服务平台，并且积极与国家教育资源公共服务平台对接，实现与国家优质教育资源的互联共享。教育信息化推进工程（三期）整合、开发24个信息化应用平台，供学生、家长、教师、教育管理人员使用；市教育局研发的“微课掌上通”于9月1日上线使用，为教师、学生、家长提供公益性家校互动沟通平台。组织第十五届全市中小学电脑制作活动、全市多媒体教育软件比赛、市读书节动漫比赛等信息技术应用能力竞赛活动，选送的5件作品在第十八届全国教育教学信息化大奖赛上全部获评一等奖。9月25日，市教育局联合市政府新闻办召开“教育信息化推进工程”专题新闻发布会，向省内外媒体发布东莞市教育信息化建设工作情况，向全市教育系统干部职工、师生家长宣传推介信息化有关项目。12月2—5日，参加“2014中国（东莞）国际科技合作周暨招才引智活动”展览，成为“智慧东莞”十大工程的重要组成部分。

【教育装备】 2014年，东莞市镇财政对全市公办学校教育装备总投入2.24亿元，其中投入电教、信息类装备2.18亿元，图书资源类设备544万元。截至2014年，公办学校教育装备总值达28.4亿元，比上年增加3.6亿元，增长14.5%。

【教育科研】 2014年，东莞市开展“教育科研成果推广年”活动，举办10场推广活动，参与活动的老师2000多人次，编辑《东莞教学研究》（教育科研成果专辑），推广优秀成果40项。开展市规划课题申报，共有申报课题726项，批准立项513项。组织开展“名师工作室”专项课题申报，批准10项课题立项。组织“精品课题”申报，收到申报课题61项，批准立项19项。组织申报广东省“强师工程”项目，有15项课题被批准立项，其中重点课题2项、一般课题13项，立项数量为历年最多。组织多场次课题成果结题鉴定，有214项课题通过结题验收，其中会议鉴定133项、通讯鉴定81项。组织申报首届国家级教学成果奖，4项成果获评二等奖。组织参加广东省中小学教育创新成果评奖，有56项成果获奖，其中二等奖11项、三等奖45项，获奖总数占全省32.7%，名列第一位。

① 2014年9月9日，市领导袁宝成（前排左二）、李小梅（前排左三）、鲁修禄（前排左一）在教师节前夕远程慰问教育工作者

② 2014年5月，副市长喻丽君（中）参观东莞市2014年职业院校技能竞赛启动仪式暨职业教育办学成果展

③ 2014年11月14日，东莞市召开申报广东省推进教育现代化先进市暨申报全国义务教育发展基本均衡市工作会议

【教育发展研究】 2014年，东莞市开展“十三五”教育事业发展规划编制前期调研，形成《东莞市“十三五”转变教育发展模式的战略研究报告》《东莞市“十三五”基础教育资源均衡配置研究报告》。围绕东莞教育发展重难点问题深入研究，《东莞市义务教育区域教师资源配置优化对策研究》《东莞市督学责任区“网格式”建设模式与长效机制研究》两项课题获市社科联立项批准并结题。积极开展学前教育普惠性发展专题研究，《东莞市普惠性幼儿园质量评价体系研究》获立项批准为基础教育科研重点招标课题，《构建公益普惠性学前教育公共服务体系的政策研究》获立项批准为广东省教育体制综合改革重大教育科研项目。

【教师支教】 2014年，东莞市积极选派教师参加上级安排的各类支教项目。其中，选派29名教师到韶关市乳源县和新丰县参加“边远贫困地区、边疆民族地区和革命老区人才支持计划教师专项计划”的支教工作；按照省委组织部部署、继续选派7名教师赴新疆建设兵团农三师图木舒克市中学和中职学校支教，并先期启动广东省的柔性援疆项目，新选派10名教师前往新疆建设兵团农三师第一中学，41团中学和草湖双语学校支教；选派1名初中英语教师前往西藏林芝地区支教；选派3名小学教师前往台商子弟学校支教。选派4名教师赴英国交流任教。

【语言文字工作】 2014年，东莞市调整市语言文字委员会成员，成员单位覆盖语言文字工作重点领域。以麻涌镇为重点镇，开展第17届全国推广普通话宣传周活动。弘扬中华优秀文化传统，组织开展中华经典诵读活动。积极创建语言文字规范化示范校，共有国家、省、市级示范校162所，其中市级示范校新增52所。规范汉字教育教学，麻涌第一中学代表队和东华初级中学3名港澳台籍学生代表广东省参加中央电视台举办的“中国汉字听写大会”全国总决赛。参加第六届广东省学生规范汉字书写大赛，全市150人参赛，145人获奖，其中71人获评特等奖，占全省特等奖获奖人数的28.7%。完成普通话培训测试1.14万人次。

【东莞外国语学校开办】 2014年，东莞市市首家公办外国语学校——东莞外国语学校于当年秋季学期开学，初次招收小学一年级、四年级和初一年级及高一年级学生，共计800余人。

## 基础教育

【学前教育】 2014年，东莞市有幼儿园881所，其中公办、集体办园189所，民办园692所。3—6周岁在园幼儿29.05万人，入园率99.2%。幼儿园教职工3.54万人，其中园长、教师2.01万人，教师学历达标率98.06%，大专以上学历占62.11%。有省、市一级幼儿园430所，其中省一级幼儿园16所、市一级幼儿园414所，等级幼儿园占全市幼儿园总数的48.8%。全市“广东省规范化幼儿园”849所，占全市幼儿园总数的96.4%。

【九年义务教育】 2014年，东莞市有小学320所，在校生68.73万人，比上年增加2.81万人，本市户籍学龄儿童小学入学率100%，小学毕业生升学率100%。有初中172所（不含完全中学），在校生20.66万人，增加5351人，本市户籍适龄少年初中入学率100%，初中毕业生升学率98.4%。

【新莞人子女义务教育】 2014年，东莞市义务教育学校非东莞户籍学生71.77万人，比上年增加3.74万人。非东莞户籍小学生57.66万人，增加2.72万人，其中在公办小学就读的非东莞户籍小学生12.73万人；非东莞户籍初中生14.11万人，增加1.02万人，其中在公办初中就读的非东莞户籍初中生3.61万人。通过积分制入读义务教育阶段公办学校及政府向民办学校购买学位的新莞人子女（含优惠政策群体）2.60万人。安排华侨华人和台胞子女388人在东莞市就读。

【普通高中教育】 2014年，东莞市有普通高中（含完中和多层次学校高中部）40所，在校生7.81万人，比上年增加1000人。其中，东莞高级中学新疆班招收新生187人；截至2014年，全市内地高中班在校生617人。

【特殊教育】 2014年，东莞市特殊教育学校在校生554人，东莞市户籍“三残”（智残、体残、肢残）儿童少年小学入学率99%，初中入学率98.5%。10月，市政府常务会议讨论同意东莞启智学校在东城钟屋围建设新校区。

【学生思想道德建设】 2014年，东莞市加强社会主义核心价值观教育，开展“梦起校园”主题教育系列活动，组织“我与长辈谈诚信”第九届中小学生书信活动，举办“梦起校园”主题演讲比赛等活动。开展“弘扬和培育民族精神月和民族团结进步宣传月”活动，组织收看教育部“开学第一课”。开展“爱学习、爱劳动、爱祖国”主题作文大赛和“我们的节日”“学雷锋”“向国旗敬礼”等主题教育活动。开展“千万少年快乐阅读”“‘梦·阅读’现场作文竞赛”“朝阳读书”“暑假读一本好书”等系列读书活动。建设“校园法苑”试点，开展“法律进学校”“‘12·4’国家宪法日暨全国法制宣传日”等系列法制宣传教育活动。举办全市中小学班主任专业能力大赛，选派4名代表参加省级班主任专业能力大赛获综合成绩一、二等奖各2名，单项成绩一等奖5个。设置首批10个市级名班主任工作室。开展“师德建设主题教育月”系列活动，加强师德建设，组织德育骨干教师培训，继续进行中职德育品牌创建活动，机电工程学校被省委宣传部定为培育和践行社会主义核心价值观示范点。加强德育科研工作，编制3期《德育工作简报》，48项德育成果在广东省“百系列”学校德育优秀成果展示活动中获奖。规范校外社会实践活动管理，开展博物馆菜单配送流动展览和主题讲座活动，推动学校少年宫和镇街青少年活动中心（宫）建设。成立东莞市普教系统志愿服务总队，并在机关、各镇街教育办（局）、学校成立志愿服务分队，大力开展志愿服务活动。

【体育、卫生工作和艺术教育】 体育工作 2014年，东莞市加强学校体育工作，全面实施《国家学生体质健康标准》，做好数据测试和上报；组织中小学开展学校体育工作自评；举办“阳光体育”冬季长跑启动仪式暨大课间体育交流活动，确保中小学生每天一小时校园体育活动，提高学生体质健康水平。举办东莞市中小学生乒乓球、羽毛球、篮球、网球、田径、健美操等一系列比赛，举办第一届小学生运动技术技能展示活动。代表广东省参加第十二届全国中学生运动会男子篮球项目比赛，组织参加省传统项目学校篮球、乒乓球、游泳、武术等锦标赛，以及全省中小学生篮球、跳绳、羽毛球、田径等系列比赛。选拔、集训东莞市参加广东省第十四届运动会学校组各项目代表队。
艺术教育 组建东莞市教师合唱团，参加由市委组织部、宣传部等部门主办的

## 2014年东莞市普通高考(普通高中类)录取情况

| 普通高中毕业生数（人） | 参加高考考生数（人） | 入围人数 | | | 录取人数 | | | 高考录取率（%） | 每万户籍人口录入重点大学人数（万人） | 每万户籍人口升本科人数（万人） | 每万户籍人口升大学人数（万人） |
|---|---|---|---|---|---|---|---|---|---|---|---|
| | | 总数（人） | 其中 | | 总数（人） | 其中 | | | | | |
| | | | 本科（人） | 专科（人） | | 本科（人） | 专科（人） | | | | |
| 25180 | 25143 | 23900 | 13271 | 10629 | 23769 | 14142 | 9627 | 94.54 | 15.65 | 65 | 134 |

第三届东莞市合唱节暨“唱响中国梦”广东省第十一届“百歌颂中华”合唱比赛（东莞赛区）获金奖（机关组第一名）。举办“东莞有你绘美丽”——少儿版画作征集活动和中小学生器乐比赛。组织参加全省第二届中小学生合唱比赛、第二届中小学生器乐比赛暨首届行进管乐和行进打击乐展演活动、首届中小学师生书法、摄影等比赛。举行庆祝教师节活动暨师生文艺汇演。**卫生工作** 开展爱国卫生运动，加强学生健康教育，落实晨检、因病缺勤病因排查和登记制度，完成32.3万名新入学学生（幼儿）疫苗接种情况查验，预防学校公共卫生事件。

**【心理健康教育】** 2014年，东莞市继续落实省中小学心理健康教育规范性文件，积极打造“心理对话平台”，提升学生心理素质。继续开展中小学心理健康教育示范学校创建工作。组织1期（B证）培训班、5期心理健康教师团体辅导培训班，有400多人参加培训。邀请专家来莞讲学，全市有300多名心理健康教育教师参加学习；继续开展心理健康教育片区交流活动，组织送课到校活动，提高心理健康教育质量和教研水平。

**【普通高考录取率及每万户籍人口升重点、升本科、升大学人数继续名列全省第一位】** 2014年，东莞市普通高考再创佳绩。上线入围方面，普通类考生25143人，高职类考生5567人。在普通类考生中，第一批本科（重点线）上线3560人，比上年增加771人，增幅27.64%；本科以上上线13271人，增加1083人，增幅8.89%；专科以上上线23900人，增加914人，增幅3.98%。在高职类考生中，上线3584人，增加94人，增幅2.69%。

录取方面，总录取23769人，总录取率94.54%，比全省平均水平高14.6个百分点。其中第一批重点院校录取3612人，增加600人，增幅19.92%，占考生总数14.37%，比全省平均水平高6个百分点；第二批本科A类院校录取4986人，第二批本科B类院校录取5544人，本科以上院校录取14142人，占考生总数56.25%，比全省平均水平高20个百分点。东莞市高职类录取3901人，占全省录取总人数15.95%。户籍考生录入第一批重点院校2957人，每万户籍人口升重点15.65人，比全省平均数高9人；录入本科以上院校12326人，每万户籍人口升本科65人，比全省平均数高35人；录入专科以上院校（录取总人数，含高职类考生）25239人，每万户籍人口升大学134人，比全省平均数高66人。普通高考录取率及每万户籍人口升重点、升本科、升大学人数四项高考质量主要指标继续名列全省第一位。

## 职业教育

**【中等职业教育概况】** 截至2014年，东莞市有中等职业学校25所（含技工学校3所），其中公办14所，民办11所；有省级以上重点中职学校12所，其中国家级重点10所；省级示范性中职学校4所，其中有2所国家示范性中职学校建设立项学校。中职学校在校生6.7万人，其中省级以上重点中职学校在校生5.17万人，占整个中职学校在校生人数的77.3%；招生2.46万人，其中接收广东省东西两翼和粤北山区的“双转移”（产业转移和劳动力转移）学生9793人。中职学校有教职工3612人，其中专任教师2943人；有“双师型”（具备学历证书和技能证书的教师）教师1366人，占专业教师的69.8%。中职学生的升学就业率98.64%。选拔和组织中职学校学生参加2014年广东省中等职业技术学校技能大赛，获一等奖12个，二等奖20个，三等奖43个，是历年最好成绩。其中9名学生代表广东省参加全国竞赛，并获1个二等奖，2个三等奖。2014年，东莞市教育局获评全国职业教育先进单位，是广东省唯一获奖的地级市教育行政部门。

**【中等职业教育专业调整】** 截至2014年，东莞市中等职业学校开设的专业有电子、计算机、会计、金融、服装、家具、模具、数控技术、汽车维修等50多个，其中省级重点建设专业（点）18个。2014年，调整优化中职学校专业设置，提出东莞市中职学校2014—2016年专业发展规划。当年公办中职学校招生增加4021个工科学位，工科专业招生8935人，增加4452人。

**【广东省中等职业教育示范学校和重点专业建设】** 2014年，东莞市信息技术学校、南华职业技术学校、五星职业技术学校、体育运动学校、汽车技术学校和南博职业技术学校改善办学条件，并将申报材料报送省教育厅。扶持东莞理工学校的汽车运用与维修专业和市商业学校的计算机平面设计专业成功创建为省级重点建设专业。东莞理工学校、市经济贸易学校和市汽车技术学校分别与行业企业合作筹备组建全国LED（发光二极管）产业产教融合（东莞）职业教育集团、东莞市财经职业教育集团、东莞市汽车职业教育集团。

**【东莞市纺织服装学校对口帮扶新疆农三师图木舒克职业技术学校】** 2014年9月起，东莞市纺织服装学校实施职业教育援疆，采取学校结对帮扶形式，由对口帮扶新疆农三师图木舒克职业技术学校，协助完善学校管理，提升办学水平。

**【职业教育国际合作办学】** 2014年，东莞理工学校继续与新西兰怀卡托理学院联合开办国际班，开设商务英语专业和计算机应用专业，共招生90人。东莞市电子科技学校与新西兰国立联合理工学院合作开办国际班，开设电子技术应用、计算机应用技术两个专业，分别对接该学院的电力工程、信息工程专业，从2014年秋季开始招生，首年招生100人。

## 东莞职教城

【东莞职教城概况】 东莞职教城位于东莞生态园和横沥镇交界处。截至2014年，占地面积101.69公顷（含建设用地75.47公顷，河堤、绿地26.23公顷），规划建筑面积43万平方米，包括东莞市技师学院、东莞市高技能公共实训中心、东莞理工学校、职教城公共服务区。总估算投资20多亿元，包括：东莞职教城工程（含房建和市政园林工程）投资16.91亿元，市政配套设施工程投资2.18亿元，防洪排涝工程投资1.7亿元，高压电塔迁改工程投资0.19亿元。从2011年7月开始动工兴建，2013年9月一期工程交付使用，总投资15亿元，建成面积29万平方米的建筑、4.83公里的市政道路、20.3万平方米的绿化、6.6公里的排渠和箱涵、1座新排水站。2014年，二期工程完成招标，正在建设之中。公共服务区的设计方案在深化，进行最后的审定。

【东莞市职教城管理办公室成立】 2014年，经市政府批复同意，东莞市职教城管理办公室成立，主要任务是负责统筹协调职教城日常管理工作以及二期工程建设；负责职教城公共区域范围内市政设施管理以及安全工作；协调各院校、单位之间关系、职教城与属地政府关系；承担职教城规划建设工作领导小组和职教城管理委员会日常工作。职教城内各院校、单位实行独立管理，公共服务区整合公共资源，规划图书馆、会堂、医疗服务、商业配套等设施，为各院校、单位提供服务，实现资源共享。

## 东莞市技师学院

【东莞市技师学院概况】 截至2014年，东莞市技师学院是东莞市唯一的公办国家重点技工院校。2014年，排名广东技工教育十强第四位。拥有两个校区，总占地面积约36公顷，总建筑面积30.9万平方米。其中东城校区建筑面积9.1万平方米；职教城校区建筑面积21.8万平方米，总投资7.8亿元，2013年9月投入使用。

2014年，东莞市技师学院有在校生7300多人，其中高技生占在校生比例达68%。设有机电工程、信息工程、机械工程、汽车技术、现代服务系和管理工程系等6个系和1个国际合作分院，常设专业36个，开展“中技、高技+大专”“预备技师+本科”和面向企业在职员工的“技师+本科”等多层次办学，学生毕业相应获得技师学院毕业证书、高等院校毕业证书，以及相应的职业技能等级职业资格证书，参加中德、中英国际合作班的学生还可获得欧洲乃至世界享有极高声誉的学历、职业资格证书，取得国内学士学位的毕业生，可到德国就读研究生，部分毕业生可到德国就业。东莞市技师学院“中德中英合作培养、企业新型学徒制培养、校企双制培养、员工技能提升弹性学制培养及‘学业+创业’培养”等五种职教模式，获得国家人力资源和社会保障部职业能力建设司、广东省人力资源和社会保障厅的认可。参加市级、省级、国家级职业技能竞赛，获评市级竞赛5项一等奖、11项二等奖、24项三等奖，1项省级一等奖；机电工程系学生魏志辉在全国工业控制竞赛中以第四名的成绩入选国家集训队。

【东莞市技师学院师资队伍建设】 截至2014年，东莞市技师学院有教职工448人，其中专职教师378人，且100%具有本科及以上学历，硕士学位以上超过15%，教授1人，高级讲师、高级实习指导教师、高级技师78人，讲师、技师137人，一体化专业骨干教师达70%以上，教师队伍中拥有一大批省级督导员、考评员和省市优秀教师及技术能手。高度重视师资队伍建设、通过引进学科带头人、选送骨干教师到国外培训、激励学历技能提升等机制，培养出一大批优秀人才，先后分批派出近100人次赴德国、奥地利、新加坡、中国香港等国家和地区培训进修。还从各行业聘请66名技术骨干、行业专家兼职。教师职业素养和业务水平较高，科学科研成果斐然，获评省级以上科研成果奖250多项，编写各类专业教材50多种，经国家出版社出版的教材有60多部（本）。

【东莞市技师学院国际合作办学】 2014年，东莞市技师学院抢先联合德国工商业联合会（IHK）、德国BBW职业教育集团、英国ASFI产业技术认证中心，分别设立“中国（东莞）IHK培训鉴定中心”“BBW学习型工厂及培训中心”“ASFI首个海外认证中心”，开办机电一体化（IHK/HWK机电师）、数控加工（IHK/HWK切削师）、工业设计（IHK/HWK机械产品设计师）、模具设计与制造专业（IHK/HWK模具制造师）、汽车机电（IHK/HWK汽车机电师）、现代物流（IHK/HWK物流师）等6个专业中德合作班，并与英国沃索学院联合开设ASFI酒店管理、国际商务模式的2个专业的国际班。截至2014年，国际合作班开办2届8个专业16个教学班，在校生573人。

【东莞市技师学院实践教学改革】 2014年，东莞市技师学院与德国BBW职业教育集团合作，建立“学习型工厂”，强化实践教学环节，改变理论教学与实践教学分开进行的做法，采用“课堂教学+校内‘学习型工厂’培训+企业岗位实习”的培训模式，实现实训占总学时60%—70%的目标，提高学生解决实际问题的能力。截至2014年，建有机电一体化、数控两个专业“学习型工厂”，还有服装学习型工厂、汽车医院、东技旅行社以及会计专业校企合作实训基地。

【东莞市技师学院校企合作】 2014年，东莞市技师学院与东莞庆泰电线电缆有限公司、东莞市天母蓝鸟咖啡公司、华为机器有限公司等9家公司达成合作协议，开办“进厂即进校、校企双师共同培养”的“庆泰、天母蓝鸟店长、华为机器”等10个高技班，学制三年，专业为电线电缆制造技术、烹饪、电子技术应用等。报读学生签署协议，拥有双重身份：在学校为学生，在企业为学徒。学校按企业提供的5个以上技术岗位要求制定并实施教学计划，以技术岗位为课程，实行工学结合。学生在校学习期间及企业实习期间均由企业发放生活补贴。

【东莞市技师学院校外职业技能培训】 2014年，东莞市技师学院加大社会培训力度，积极开展面向企业在职职工的技能提升、转岗和农民工转移、退役士兵培训，开设30多个专业（工种）培训，并采取送教上门、联合办班等形式，为东莞市企业在职职工终身学习提供帮助，全年职业技能培训量达1万多人次，取得校内校外培训“双赢”。

（周　辉）

**附：2014年东莞市技师学院主要领导名录**

院　长：刘海光

## 东莞市高技能公共实训中心

**【东莞市高技能公共实训中心概况】** 东莞市高技能公共实训中心位于东莞市职教城，成立于2010年9月。截至2014年，占地面积13.33公顷，建筑面积5万平方米，基建投资1.64亿元。设置高新技术实训中心、汽车/电子电工实训中心、现代制造业实训中心以及现代服务业实训中心等4个实训中心，共135个实训项目，重点突出"高（高端职业和技能）、新（新兴职业和技能）、长（长周期技能开发）、前（前瞻性技能开发）"，可同时容纳2200人实训；各种设备品种多、精度高、技术先进、通用性强、加工范围广，配套性好，资产总值逾2亿元。

**【东莞市高技能公共实训中心运营】** 2014年3月，东莞市高技能公共实训中心对外全面开展实训业务，与东莞市50多家职业院校和企业建立合作关系，接受职业院校学生和企业员工进行技能实训，至年底，完成技能实训8.1万人次；开展24个项目的师资培训班，培训职业院校专业教师501名；开展实训课题研究6个，开发实训教材1本。先后举办现代制造业技师和高级技师培训班，组织鉴定考试；举办东莞市中式面点师职业技能竞赛、东莞伯顿厨房部技能大赛等专业技能竞赛；承办东莞市现代制造技术职业技能竞赛。积极推进莞港合作，开展工业计量与测量不确定研讨会和为期21天的莞港会计专业学生暑期东莞交流学习活动，联合东莞市技师学院与香港职业训练局高峰进修学院，三方签署《合作开办职业技能培训课程协议书》，协议合作开办职业培训课程。

（刘　斌）

**附：2014年东莞市高技能公共实训中心主要领导名录**

负责人：李伟锋

## 东莞理工学校

**【东莞理工学校概况】** 东莞理工学校创建于1985年，2000年被评为国家级重点中专学校，2012年成为国家中等职业教育改革发展示范校创建单位，2014年通过国家中等职业学校教学质量合格评估。

2013年，东莞理工学校迁入职教城。截至2014年，新校区占地面积28公顷，建筑面积16万平方米，总投资超过5亿元。与原莞城校区一道，构成"一校两区、两区一体"的办学格局。作为东莞市职业教育的龙头学校，每年报考人数与招生数之比超过10：1，毕业生就业态势良好，就业率99%以上。学生参加东莞市职业技能大赛，均获现代制造技术、电子、汽车维修、工业设计、计算机、英语等项目团体总分第一名。先后获评"广东省中等职业教育先进单位""广东省文明单位""国家制造业和现代服务业技能紧缺人才培训基地"和"国家职业技能鉴定所"。

**【东莞理工学校师资队伍建设】** 2014年，东莞理工学校有教师239人，其中具有副教授、高级讲师等高级职称的教师93人，专业教师"双师型"（具备学历证书和技能证书的教师）比例达84.9%，并从行业、企业引进技术总监等能工巧匠，组织"教师下企业，技师进讲堂"，打造一流的职教师资团队。

**【东莞理工学校办学体系创新】** 2014年，东莞理工学校学校创建职业素养与专业技能并重的职业化培养体系，以"素养+规范+技能"为抓手，加强校企合作，分别与Fanac（发那科）、保时捷和德国Keller（凯勒）等知名企业合作，培养保时捷钢质技师、德国工商会IHK职业资格认证等高技能人才，为学生升学就业奠定良好的基础。学校与东莞职业技术学院、河源职业技术学院等省内职业院校联合办学，联通中职学生升学渠道。还与信宜中等职业学校、始兴中等职业学校联合办学，发挥学校师资、设备优势，为相对落后地区培养中等职业技术人才。开展国际化办学，与新西兰怀卡托理工学院合作办学，开东莞市职业学校创办国际班的先河。（林　松）

**附：2014年东莞理工学校主要领导名录**

党委书记、校长：巫　云

## 广东省东莞卫生学校

**【广东省东莞卫生学校概况】** 广东省东莞卫生学校位于道滘镇，创立于1958年，是一所公办的全日制普通中等卫生职业学校。截至2014年，校园占地面积15.4公顷，建筑面积7.19万平方米，购置教学设备设施5000多万元，实验实训设备2800多万元。教职工132人，其中高级职称33人，中级职称31人，博士学历或学位1人，研究生学历或学位22人，"双师型"（指具备学历证书和技能证书）教师58人。开设有护理、助产、中医护理、药剂、康复技术和中医康复保健共6个专业。

**【广东省东莞卫生学校教学质量提高】** 2014年，广东省东莞卫生学校加快内涵建设，深化教育教学改革，着力提高教育教学质量。2014届毕业生参加全国护士执业资格考试，通过率达93.6%，继续保持在全省乃至全国同类学校前茅。2012级药剂专业109名学生参加药品购销管理员考证考试，通过率96.33%。学校申报课题5项，教师获评省市级奖项17个。

**【广东省东莞卫生学校创建"省级重点中等职业学校"】** 2014年，广东省东莞卫生学校按照"省级重点中等职业学校"评估时提出的整改要求，制定和落实整改措施，调整专业设置，健全教学管理机构，完善教学管理制度，改革人才评价机制和提升管理服务水平，巩固和发展评估成果，提升办学水平，加快学校向更高层次发展。

（赖学林　黄剑光）

**附：2014年广东省东莞卫生学校主要领导名录**

校　长：甘赞

党支部书记、副校长：陈德添

## 东莞市经济贸易学校

**【东莞市经济贸易学校概况】** 东莞市经济贸易学校创建于1958年，是一所全日制普通中等职业学校。位于莞城街道，分校本部和莞城校区2个校区。截至2014年，占地面积10.67公顷。拥有一支"双师"型专业师资队伍，专任教师中，本科以上学历的教师占99%，中、高级职称比例达80%，"双师型"比例超80%。2013年4月，教育部、人力资源社会保障部、财政部批准东莞市经济贸易学校为"国家中等职业教育改革发展示范学校建设计划"第三批项目建设学校，是东莞市仅有的2所之一，2014年，东莞市经济贸易学校坚持以此建设为发展重心，提升教育质量。

【东莞市经济贸易学校创建“国家中等职业教育改革发展示范学校”】 2014年，东莞市经济贸易学校按计划开展“国家中等职业教育改革发展示范学校”创建，主动调整专业结构，形成以“财经商贸”类专业为核心，以会计、物流服务与管理和计算机网络技术等3个省重点专业为引领的专业结构，开设会计、物流服务与管理、计算机网络技术、计算机及应用、旅游服务与管理、金融、工商行政管理事务、电子商务、商务英语、美术设计与制作、社区公共事务管理等11个专业，基本涵盖东莞市经济现代服务业的主要方面。至9月，检查专家组对创建项目进行中期检查。专家组对学校第一阶段的创建工作成效和特色给予肯定，并提出有针对性的改进意见和建议。学校随后及时召开整改动员会，分析总结创建成果与经验，对照反馈意见与建议，逐项梳理逐项整改，争取在规定时间内完成创建工作。

【东莞市财经职业教育集团组建】 2014年，东莞市经贸学校推动校企深度合作，使学校人才培养，逐步由“企业配合”培养向“校企联合”培养转变，形成“企业冠名”“企业课堂”“企业驻校”等多种合作方式。与企业联合培养的包括“顺丰速运”“东莞证券”“创业店长”“彩华配送”等多个定向、定岗专班开办，为学生技能学习和实习就业提供切实保障。12月，学校牵头成立由行业、企业和高中职院校等100多家单位组成的东莞市财经职业教育集团，其中有东莞环众、用友新道、神州在线、顺风速运、东莞康辉、秦关面道、中国联通等多家企业与学校合作，职教集团的品牌效应逐步显现。

【东莞市经济贸易学校教学改革】 2014年，东莞市经济贸易学校以“国家中等职业教育改革发展示范学校”创建，带动教学改革，提高育人质量。全年教师发表期刊论文84篇，有2个国家级课题、1个省级题和5个市级课题立项；有16人次在国家级、省级各种专业教学技能竞赛中获奖；培养质量提升明显，学生获省级、国家级技能奖154个，市级199个。其中，会计专业学生继获得全国职业院校“用友新道杯”沙盘模拟经营大赛半决赛（中南区）第一名后，又获全国总决赛二等奖。 （彭天发生）

**附：东莞市经济贸易学校主要领导名录**

校长、党委副书记：颜辉盛

党委书记：陈仲良

## 成人教育

【成人教育概况】 截至2014年，东莞市有5所成人高等教育机构、32所乡镇成人文化技术学校，其中有12所省级示范成人学校，455所民办培训机构，年培训51.2万人次，各类成人高等学历教育规模5.89万人。

【成人高考】 2014年，东莞市参加成人高考报名2.44万人，其中报考专科起点升本科类7664人，高中起点升本专科（含脱产）类1.68万人，报考人数在全省排在第三位。全市成人高考录取2.10万人，录取率85.96%，比上年增加4个百分点。其中高中起点升本专科录取1.46万人，录取率87.37%，提升近5个百分点；专科起点升本科录取6352人，录取率82.88%，提高3个百分点。

【自学考试】 2014年，东莞市自学考试报考5.83万人次，报考11.69万科次。非学历证书考试（包括中英合作专业）报考8401科次。自学考试毕业生3195人，其中本科1372人，专科1823人，比上年增121人，增幅为3.9%。

【“省社区教育实验区”创建】 2014年10月底，南城、樟木头、虎门、厚街、大朗、大岭山、望牛墩、沙田镇.虎门港、高埗、石碣等10个镇街通过“省社区教育实验区”调研查检组的审查验收。截至2014年，全市有19个镇街成为“省社区教育实验区”。

【“全民终身学习活动周”】 2014年10月1—19日，东莞市继续开展“全民终身学习活动周”活动，32个镇街全部参加，参加免费教育咨询和课程培训活动的单位、社区和培训机构270多个，提供免费教育咨询和课程项目420多个，免费培训名额6万多个。

【社会培训机构管理】 2014年，东莞市教育部门联合14个部门清理无证和超范围经营教育培训机构，初步清理登记在册的无证和超范围经营的机构，取缔部分无证和超范围经营的机构，遏制无证和超范围培训泛滥的趋势。同年开始对培训机构进行信用约束管理，完善民办教育培训机构信用信息，并向社会公开，将存在信用风险的机构列入办学异常名录，将严重信用风险的机构列入办学“黑名单”，对应不同信用类别的机构，采取不同的监管力度和措施。利用巡查、年检等检查手段加强管理，通过“12345”平台、阳光网、社情民意等网络平台，接受群众的咨询和监督，规范教育培训机构的办学行为，促使教育培训机构依法依规办学。

## 民办教育

【民办教育概况】 截至2014年，东莞市经教育行政部门批准开办的民办普通中小学（下称民办中小学）258所（含2所国际学校和1所台商子弟学校），其中办学层次为小学的有113所，九年一贯制学校120所，初级中学10所，高级中学1所，完全中学1所，从幼儿园到高中的多层次民办学校13所；批准开办的民办幼儿园703所（含1所国际幼儿园）。专门招收新莞人子女的民办中小学228所。2014年，新增开办民办中小学6所，幼儿园53所。

截至2014年，全市民办中小学和民办幼儿园在校生82.42万人，其中，幼儿园22.27万人、小学46.11万人、初中11.82万人、普通高中2.22万人。民办中小学就读学生占全市在校生的61.89%；义务教育阶段新莞人学生在民办学校就读的56.78万人，占全市义务教育阶段新莞人学生总数的77.18%；民办幼儿园就读幼儿占全市在园幼儿76.67%。

【民办教育扶持】 2014年，东莞市对全市评选出的59所民办学校（含幼儿园）给予410万元专项资金扶持，对115所认定为“广东省义务教育标准化学校”的民办学校，给予2025万元的奖励资金。2014年，全市义务教育阶段和学前教育阶段均获评省级民办教育专项资金一等奖。东莞市1所高中阶段学校、5所义务教育阶段学校、13所幼儿园获280万元省级民办教育专项资金奖励。创建“广东省义务教育标准化学校”的民办学校218所，全市义务教育阶段标准化民办学校比例达86.5%。

【民办教育管理】 2014年，东莞市教育行政部门建立排查无证办学月报制度，做到及时发现，及时清理，依法取缔10所无证幼儿园，分流安置幼儿1270人。对全市889所民办学校（幼儿园）开展年度检查，合格率94.7%，并将结果通过媒体和东莞教育网公布，接受群众和社会监督。为更好地促进行业自律，

指导东莞市民办教育协会成立石碣、常平、大岭山3个分会。截至2014年，全市有9个分会，有571个单位会员和个人会员。

【东莞市东华教育集团概况】　东莞市东华教育集团由东莞市东华实业有限公司创办。截至2014年，下辖东华高级中学（内设剑桥国际中心）、东华初级中学、东华小学和东华幼儿园，为社会提供从幼儿园到高中的优质教育服务，各中小学纳入市直属学校管理，为全市规模最大的民办公助基础教育机构。拥有学生2.3万人，教职工近2400人。办学13年来，全面推进素质教育，教育教学质量不断攀升，高考中考成绩稳居全市公民办学校前列。

东华高级中学　2014年，东华高级中学大力推动“高效课堂改革”向纵深化、内涵化发展。高考成绩斐然，5人高考总分进入广东省文理科前10名，23人进入省前100名，有41人达到清华大学或北京大学录取分数线。本科大学录取1628人，重点大学录取701人。清华大学或北京大学录取27人（占全市69.2%），北京重点高校录取85人，中山大学录取104人。师生参加各类竞赛成绩优异，教师1人获评全国一等奖，3位学生3人获评全国一等奖，学生9人获评全国二等奖。学校是清华大学“新百年领军计划”优质生源基地、北京大学“中学校长实名推荐制”学校、省“普通高中新课程实验样本校”，2014年获评“东莞最美校园”。

东华初级中学　2014年，东华初级中学中考再创佳绩。2630人参加中考，总平均分686.87分，高出全市平均分104.19分；总分合格率99.58%，优秀率88.40%，均居全市前列。1位学生以总分774分获全市总分状元。高分段人数众多，全市总分前20名，学校占15人。学生参加学科竞赛，有18人获评全国一等奖，46人获评市一等奖。学校获评“全国教育系统先进集体”，获评市“创新人才培育基地学校”；获市中学生田径比赛团体总分第一名；“3+X生态课堂”课题被选为市精品课题。

东华小学　2014年，东华小学继续创建“文明校园”，开展第十三届体育艺术节和第八届读书节等一系列教育活动，为学生个性发展提供广阔的平台；大力推进“小组合作、以学带讲”的课堂改革，促进学生综合素质不断提升；成立“名班主任工作室”和“名教师工作室”，打造优秀的教师团队。师生获评市级以上奖项251个。其中，教师2人获评全国一等奖，教师1人获评广东省一等奖，学生1人获评全国二等奖。

▲　台商子弟学校

东华幼儿园　截至2014年，东华幼儿园注重培养幼儿形成健康、自信、活泼、乐观的个性和养成尊重人、有礼貌的良好习惯。幼儿园各项制度完善，教科研工作勇于探索与实践，成效显著。师生在各类比赛中成绩显著，获评全国性奖37人次，全省性奖48人次，全市性奖83人次。　　（万学军）

附：2014年东华教育集团主要领导名录

董事长：李胜堆

【东莞台商子弟学校】　东莞台商子弟学校创立于2000年9月，由广东省教育厅直接管理、东莞市台商投资企业协会举办的公益性学校。以台湾教育模式办学。师资来自两岸（台湾约占70%）及外国，使用经广东省教育厅、省台办审查核准的台湾版教材，两岸承认学历。是一所包括幼儿园、小学、初中、高中的全日制住宿型学校。截至2014年，经历15年的办学，学生从698人增到近2500人；教学质量不断提升，2015年台湾繁星推荐榜单在3月公布，学校有41名同学上榜，人数创历年之最。其中有15名考取台湾公立大学，录取率达65%，遍及台湾大学等名校。

【“台校骑迹　环游台湾”“跋山涉水　走读台湾”活动】　2014年，东莞台商子弟学校首次组织师生45人开展“台校骑迹　环游台湾”“跋山涉水　走读台湾”活动，包括：台湾环岛自行车骑行938公里，横渡日月潭3.3公里，攀登玉山3952米，称之为“台湾铁人3项”。其中，有5名师生完成3项，7名师生完成其中2项，33名师生完成单个项目。透过活动，增加学生与大自然接触，在户外严苛的环境下，锻炼其意志力、生命力及团队向心力。参加活动的学生，在性格、心态上都变得更加积极、热心、友善，并努力地组织和参与集体活动。

（冯鸽葳）

附：2014年东莞台商子弟学校主要领导名录

董事长：叶宏灯

校　长：陈全妆

## 高等教育

【高等教育概况】　截至2014年，东莞市拥有高等院校9所，分别为东莞理工学院、东莞职业技术学院、广东医学院（东莞校区）、东莞理工学院城市学院、广东科技学院、广东亚视演艺职业学院、中山大学新华学院（东莞校区）、广东创新科技职业学院、东莞广播电视大学。按类别分，有普通本科院校5所、高职院校3所、成人高校1所。各类院校拥有硕士专业38个，本科专业139个，专科专业106个，拥有实验室和实训中心470个，实习基地1206个，其中省级重点实验室9个。截至2014年，普通高等教育在校生9.46万人，比上年增加12.3%。共有专任教师5213人，其中教授职称474人，副教授职称1051人。

（贾浩华）

附：2014年东莞市教育局主要领导名录

局　长：杨靖波

党组书记：梁凤鸣

## 东莞理工学院

【东莞理工学院概况】　2014年，东莞理工学院有普通全日制学生1.57万人，成人教育学生8194人。设有15个院（系、部），35个本科专业。有教职工1090人，其中正高职称107人，副高职称254人，博士252人，享受国务院特殊津贴专家5人。“千百十工程”国家级培养对象1人、省级培养对象9人，东莞市科技领军人才或后备人才11人。专任教师中，78%以上是具有博士、硕士学位的中青年教师或者是出国留学、进修人员，44%具有副高以上职称。

【东莞理工学院制度建设】　2014年，《东莞理工学院创新发展战略规划（2013—2020年）》编制完成，经市政府常务会议审定并由市府办颁布实施。研究制定与规划相配套的应用型人才培养、学科建设与科研服务、人才队伍建设、国际化办学、校园文化建设和提升治理能力等6个专项行动计划。编制实施《东莞理工学院高等教育“创新强校工程”2014—2016年建设规划》，制定出台《中共东莞理工学院委员会关于全面深化改革的若干意见》，系统部署推动学校重点领域改革。以学校章程修订为契机，推进内部治理体系建设。

【东莞理工学院教育教学】　2014年，东莞理工学院积极推动省市共建制造业高素质应用型人才协同培养基地建设，深化卓越工程师教育培养计划改革，推进工程教育专业认证。印发本科教学白皮书，确定本科教学审核评估与评建工作方案。举办高素质应用型人才协同培养对接会及第二届“高水平应用型大学高峰论坛”。新增经济与金融、网络工程2个本科专业。与东莞职业技术学院联合申报专科升本科应用型人才培养试点项目。“制造业应用型人才培养协同育人平台”获批广东省首批协同育人平台；新建校外实习基地62个；新增立项土木工程和经管信息化与仿真2个省级实验教学中心。

【东莞理工学院学科建设与科研】　2014年，东莞理工学院开展新增硕士学位授予单位立项建设与验收准备工作，获市政府批复同意安排2500万元专项资金支持。化学工程、电路与系统等2个省级重点学科获中央财政支持地方高校发展专项资金各100万元资助。新增华中科技大学为联合培养研究生单位，建成研究生活动室。获批建设“广东省新型纳米材料研究与应用工程技术研究中

## 东莞理工学院

① 2014年10月31日，2014广东海上丝绸之路国际博览会上，中共中央政治局委员、省委书记胡春华视察东莞理工学院与横沥镇共建的3D打印平台展位

② 2014年11月3日，东莞理工学院学生创业团队项目获2014年“创青春”国赛金奖（张友炳　摄）

③ 2014年6月13日，诺贝尔物理学奖获得者、东莞理工学院名誉校长杨振宁博士为东莞理工学院获得“杨振宁奖学金”的学生颁奖（张友炳　摄）

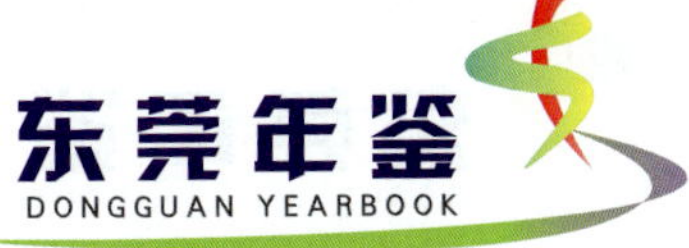

心”“广东省化工材料清洁生产工程技术研究中心”等2个广东省工程技术研究中心。与松山湖管委会联合成立电子商务服务中心，共同筹建东莞产业经济研究院。与横沥镇共建3D打印公共服务中心和模具检测技术中心。获批“863”项目课题1项、国家自然科学基金11项（连续两年保持双位数）、省自然科学基金项目14项（比上年增长100%）、省科技计划项目4项，学校纵向项目经费4378万元；进一步服务地方企业、产业和社会组织，签订横向项目合同70多个，合同金额2439万元，增长24%；科研经费总额7757万元。

【东莞理工学院师资建设】　2014年，东莞理工学院全面修订“千百十人才培养工程”实施办法、师资队伍建设委员会章程、强师工程实施方案、教职工继续教育规定、教职工出国（境）进修管理暂行办法、双结构师资培养方案、青年教师培养导师制暂行办法等。进一步优化高级人才的引进工作机制，制定符合应用型大学建设要求的高级人才考核方案及其引进工作流程，与东莞市高级人才“绿色通道”对接。制定柔性引进高层次人才暂行办法，鼓励二级教学科研机构多途径引进有利于学校应用型人才培养工作的权威科学家、高水平科技人员或高端管理者、社会科学领域专家等。实施教职工素质与能力三年提升计划，安排134位教师赴国（境）内外进修研讨。继续选派第二批8名青年博士到市直部门、园区或镇（街）挂职锻炼，强化学校与地方政府、企事业单位的联系。年内列入“千百十人才工程”计划国家级1人、省级4人、校级17人。举行20年校龄教职员工致谢典礼活动，239名教职员工受到表彰。

【东莞理工学院国际交流合作】　2014年，东莞理工学院推进建设中外合作办学机构及校际合作项目，与加拿大BCIT、法国国立工艺学院签订合作框架协议，与日本长崎国际大学、英国哈德斯菲尔德大学、加拿大圣玛丽大学签署本科双学位项目专项协议。选派50名教师寒假赴香港理工大学参加“学生事务管理专题研讨班”“大学行政事务管理专题研讨班”，选派51名教师暑假赴台北科技大学参加应用型大学学科建设、专业建设和管理方式专题研讨活动，教师赴外交流比上年增加43人次；选派16名学生赴美国北爱荷华大学、阿肯色中央州立大学、日本长崎国际大学等参加交流项目或文化交流活动，学生赴外交流学习次数比上年多11人次。

【东莞理工学院学生工作】　2014年，东莞理工学院实际录取全日制本科生4728人，比上年增长14%。增加1个一本线招生的省份，实现江西、海南、甘肃3个省份一本线招生，生源质量持续提升。首次获得“挑战杯创青春”广东省大学生创业大赛“优创杯”，获“挑战杯创青春”全国大学生创业大赛金奖、铜奖各一项，各类学科竞赛获国家级三等奖以上27项、省级三等奖以上39项，创造历年最好水平。联合智汇谷集团举办创新创业大赛；联合东莞市人力资源局、东莞外商投资企业协会、阿里巴巴（中国）网络技术有限公司、松山湖管委会等举办校园招聘会、企业专场宣讲会，毕业生就业率达98.65%，用人单位对2014届毕业生的满意度为96.04%。

（彭晓波　李利平）

**附：2014年东莞理工学院领导名录**

党委书记：成洪波

党委副书记、院长：李　琳

① 2014年6月13日，东莞理工学院举行高素质应用型人才协同培养对接会（张友炳摄）

② 2014年12月18日，东莞理工学院举办第二届应用型人才培养高峰论坛（张友炳摄）

## 东莞理工学院城市学院

【东莞理工学院城市学院概况】 东莞理工学院城市学院是2004年经国家教育部批准，由东莞理工学院、广东鸿发投资集团有限公司合作举办的全日制本科独立学院。位于寮步镇。截至2014年，占地面积81.87公顷，规划建筑面积66万平方米，完成建筑面积44万平方米，成为办学设施齐备、教学实验设备充足、教学教务机构健全合理的新型本科院校。

【东莞理工学院城市学院十周年校庆】 2014年10月18日，东莞理工学院城市学院举办建校十周年华诞庆典大会，广东省教育厅、东莞市人民政府、东莞理工学院、市教育局、团市委、寮步镇政府及兄弟院校等领导出席庆典大会。台湾义守大学等20多所境内外高校发来贺信，广大校友也以不同方式送来祝福。当天，还举行“印象城院暨《美丽中国·多彩世界》摄影展、十年教学成果展示、校史展览厅剪彩仪式、校友代表座谈会、时间囊启动仪式、篮球文化节、庆祝建校十周年文艺晚会”等主题庆典活动，并成立校友会，设立校友基金。

【东莞理工学院城市学院学科专业建设】 2014年，东莞理工学院城市学院新增物联网工程、环境工程、市场营销等3个专业。截至2014年，本科专业总数增至28个；经省级批准立项的专业建设项目有1个省级重点专业、2个省级示范专业、2个综合改革试点专业。以理工科为重点，多学科协调发展的学科专业体系已具雏形。

【东莞理工学院城市学院教学科研】 2014年，东莞理工学院城市学院通过平台建设、科研团队建设、重大项目带动促进教师积极开展科研工作。直接用于科研培育工作的经费比上年增长35.7%；教师申请发明专利4项，学院获得授权专利2项，被SCI、EI、CSSCI等收录论文19篇。党建研究论文及课件获多项全国、省级奖励；学子在第六届全国大学生机械创新设计大赛、中国包装创意设计大赛、广东省大学生电子设计竞赛、“创青春”广东大学生创业大赛等全国性竞赛或省级竞赛中获得多个奖项。

【东莞理工学院城市学院师资队伍建

## 内涵发展 改革创新 建设特色鲜明的应用型本科院校

① 2014年10月18日，省教育厅副厅长魏中林(右五)等领导出席东莞理工学院城市学院建校十周年庆典活动

② 2014年9月2日，台湾义守大学嘉宾来城市学院交流

设】 截至2014年，东莞理工学院城市学院形成一支数量基本够用、师资结构渐趋合理、稳定的自有教师队伍。每年设立教师队伍建设专项资金，并通过实施青年导师制、教学基本功训练、境内外研修学习、国内外访学、下企业挂职锻炼、设立青年教师发展基金、成立教师发展中心等举措，加强教师队伍建设。2014年，引进各类人才25名，其中正高职称5人；累计选派156名中青年教师到国内外访学进修、在职攻读博士学位，占专任教师总数21.28%。

**【东莞理工学院城市学院招生与就业】** 2014年，东莞理工学院城市学院积极开展多渠道就业指导，拓宽就业渠道，增强就业竞争力。本科学生初次就业率达98.52%，位居全省本科高校前列。招生工作实现招生规模、生源质量双突破，录取5395人，报到率达95.01%，在省内同类院校中名列前茅。

**【东莞理工学院城市学院国际、港澳台合作与交流】** 2014年，东莞理工学院城市学院与淡江大学签订合作协议。截至2014年，学院与台湾台中科技大学、义守大学、嘉南药理大学等6所高校建立合作联盟关系。2014年，选拔58名学生赴台交流学习；与美国圣道大学、英国格林尼治大学、澳大利亚新英格兰大学、南昆士兰大学等国外高校探讨合作办学；与澳门城市大学、澳门理工学院达成硕士研究生项目合作意向。

（李玉嵩）

**附：2014年东莞理工学院城市学院主要领导名录**

院　长：杨敏林

党委书记：王卫平

① 2014年5月24日，中共东莞理工学院城市学院第二次代表大会召开

② 2014年6月13日，东莞理工学院城市学院（莞城校区）最后一届毕业生毕业，之后，城市学院办学实体全部搬迁到寮步

③ 2014年9月13日，东莞理工学院城市学院综合馆2014级新生报到场景

④ 东莞理工学院城市学院新生军训

## 广东医学院

【广东医学院概况】 广东医学院始建于1958年，由东莞校区和湛江校区组成。2014年有全日制在校生2万余人。设有15个学院（部），22个本科专业。有一级学科博士学位授权点1个，二级学科博士点18个，一级学科硕士学位授权点1个，硕士学位授权点26个，拥有临床医学、医学检验2个广东省名牌专业以及临床医学、医学检验、护理学、医学影像学4个国家级和省级特色专业建设点。有教职工1400余人，其中博士生导师22人，硕士生导师454人，享受国务院颁发的政府特殊津贴专家15人，全国模范教师和全国优秀教师9人，广东省教学名师4人，14人列为广东省“千百十人才培养工程”重点培养对象。

【广东医学院创新强校工程建设】 2014年，广东医学院抓好创新强校工程，编制《广东医学院创新强校工程建设规划（2014—2016年）》并组织实施，取得初步成效，在广东省教育厅组织的年度考核中，获创新强校专项建设资金2488万元。全面修订本科专业人才培养方案，获得19项省高校教学质量与教学改革工程本科类立项建设项目。强化临床理论教学与见习、实习，协同育人的《校院合作协同育人学院型医院建设项目》及“卓越工程师”培养计划启动，提高人才培养的质量。2014年获得广东省教育厅教学成果奖一、二等奖，获省级各类教学改革立项课题数41项，发表教育教学研究论文221篇。基础医学实验教学中心、化学与药学实验教学中心和临床技能培训中心等3个实验教学中心通过验收，获评“省级实验教学示范中心”。

【广东医学院人才培养】 2014年9月12日，广东医学院首届内科学、肿瘤学等6个专业的6名博士研究生入学报到，标志着广东医学院在成为博士学位授予单位后首次独立招收和培养博士研究生，形成“本科—硕士—博士”完整的人才培养体系。硕士研究生及本科专业学生培养质量提高。2014年获省级优秀硕士学位论文2篇；获免试招收香港学生资格；英语专业四级考试、八级考试通过率分别超全国平均水平26.49和14.10个百分点。学生在省级及以上各类竞赛活动中获奖185项。研究生总体就业率为98.26%；本科毕业生初次就业率达93.83%，总体就业率达96.58%，在全省高校毕业生就业工作督查中获评为优秀院校。

【广东医学院师资队伍建设】 2014年，广东医学院聘请中国科学院院士侯凡凡和葛均波为“双聘院士”，推动附属医院肾脏病内科和心血管内科学科的发展，提升学校相关学科领域的教学和科研实力。聘任英国皇家学会Bill Richardson院士为客座教授，对组建国际一流的神经病学研究团队、申报广东省科技创新团队计划和广东省衰老相关心脑疾病重点实验室升格为国家级重点实验室具有重要意义。职称自主评审工作取得突破，获得临床医学专业副高职称自主评审权。2名教师入选“千百十人才培养工程”省级培养对象。7人入选省优秀青年教师培养计划。青年教师参加全省青年教师教学授课大赛获得三等奖。

【广东医学院科技创新能力提升】 2014年，广东医学院获得校外纵向及横向科研项目172项，资助经费3300万元，其中国家自然科学基金项目35项。申请专利17项，授权8项；获计算机软件著作权2项，版权4项。广东医学院附院肾病内科刘华锋教授、刘伟敬博士、罗勉娜医生撰写的论著“Autophagy activation reduces renal tubular injury induced by urinary proteins”在国际著名期刊Autophagy 2014年第二期发表，最新影响因子为12.05，是广东医学院首篇SCI影响因子超过10.0、并具有独立知识产权的科研论文。筹建养老产业研究院，首次开展对外合作，获得研究经费76万元；与广东广弘投资有限公司签署养老产业战略合作协议，与多家企事业单位达成合作意向，涉及医院共建、人才培养、老年康复器械研发等项目，提升服务社会能力。

【广东医学院国际合作与交流】 2014年，广东医学院先后与英国哈德斯菲尔德大学、加拿大汤姆逊河大学、澳大利亚昆士兰科技大学、日本NPO国际护士育英会、爱尔兰都柏林大学、中国澳门镜湖医院、中国台湾中山医学大学等国（境）外高校及教研机构开展合作项目，开辟国际化办学新途径。相继选派171名学生赴国（境）外研修交流，拓宽学生的国际视野。选派6批次54名行政干部、专任教师及科研人员赴中国台湾高校进行生命文化、养老产业、通识教育以及PBL教学等方面的培训学习。

【广东医学院校园文化建设】 2014年11月7—8日，“生命文化学：对象·元理论·方法论·价值”国际学术研讨会暨广东省生命文化学会2014年年会在广东医学院东莞校区召开。来自境内高校与科研机构、中国台湾地区和欧美国家的学者齐聚一堂，共议生命文化学的学科建制和学科价值等问题。9月21日，“无语良师”感恩追思暨《人体解剖学》课程开课仪式首次对外开放，吸引不少市民前来参加，与700多名大学新生一同感受庄重的仪式，新华网、光明网、《南方日报》及《新华日报》等各大媒体给予报道，并有数十家网站转载，在社会上引起良好反响。加强通识教育，将传统文化教育融入育人全过程。在本科生及硕士研究生毕业典礼上，院长郑学宝身着唐装在授予学位时与毕业生相互鞠躬，几千名毕业生齐穿上传统旗袍或中山装，集体三鞠躬，行谢师礼。传统文化特色的毕业典礼获得《南方日报》、《南方都市报》、光明网、中国青年网等多家媒体的关注报道。（范雪香）

▲ 广东医学院东莞校区

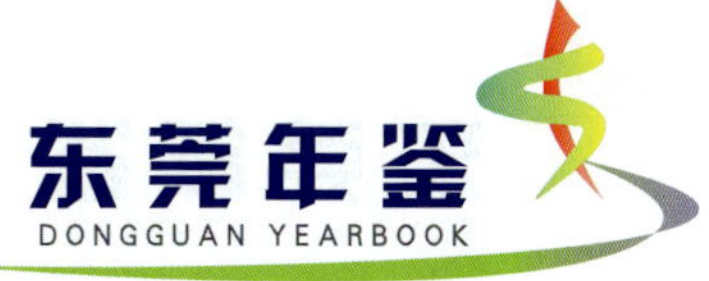


**附：2014年广东医学院主要领导名录**
党委书记：江文富
院　长：郑学宝

## 广东科技学院

【广东科技学院概况】　广东科技学院创建于2003年，是国家教育部批准设立的一所以工学为主，管理学、经济学、文学、艺术学等多学科协调发展的全日制普通本科院校。截至2014年，开设本科招生专业14个、专科招生专业25个，有全日制在校学生1.49万人，专任教师700余人（其中具有高级职称教师和硕士及以上学位教师占专任教师的比例分别达32%和55%）。设有机电工程系、计算机系、管理系、财经系、应用英语系、艺术系、公共基础课部、思想政治理论课教学部、继续教育学院、国际教育学院等系（部、院）。占地面积62.27公顷，建筑面积46万余平方米，图书馆面积2.36万平方米，拥有各类图书178万册，建成多个设备先进、配套完善的大型实训中心，教学仪器设备总值1.04亿元，建有校内实验实训室140余个，其中汽车检测与维修实训基地被省教育厅评为省级实训基地。2010—2014年连续蝉联"广东省高等教育院校（民办）竞争力10强"第二名。

【广东科技学院教学科研】　2014年，广东科技学院以提高人才培养质量为中心，以本科学士学位授权专业与单位评审指标建设、"质量工程"项目建设及师生"云空间"建设为抓手，在教学和科研方面加大工作力度。组织开展"创新强校工程"（本科人才培养类）项目（竞争性项目）申报工作；开展本科教学质量与教学改革工程建设，获得6类30项省级"质量工程"项目立项，5项国家级大学生创新创业训练计划项目立项。加大"云空间"课程建设力度，在"世界大学城"云平台上新开通空间账号9644个，"云空间"账号开通总数达1.57万个。组织申请并获批实用新型专利3项、授权软件2项；完成省级科研项目申报11项；申报市级及以上政府和社会学术团体课题30项；获批立项重点重大课题8项，实现重点重大项目立项历史性跨越；完成各级各类结项课题29项，其中省部级5项、厅市级3项、院级21项；教职工发表论文853篇，其中中文核心期刊15篇（双核心期刊8篇）、EI收录8篇、CPCI收录3篇；教师编写出版著作及教材19本，其中编著1本、规划教材6本；科研成果获奖34项，其中省（部）级5项、厅市级29项。学科（专业）竞赛成绩喜人，师生参加51项各层次及类型学科专业竞赛，参与人数1132人次，师生获奖194项，其中，国家级奖项54项，省级86项，市级54项，获奖510人次。

【广东科技学院队伍建设】　2014年，广东科技学院以迎接学士学位授予权单位评审为中心，拓宽引才渠道，完善用才机制，加强人才队伍建设，提高教职员工的教育教学、科研、管理和服务水平。通过拓宽人才引进渠道，提高教师薪酬待遇，完善"多劳多得、优劳优酬"的分配机制等措施，建立有利于吸引人才、激励人才和用好人才的一系列机制，引进教职员工167人，其中高职称24人，高学历128人。完成图书馆副馆长、保卫处副处长等3个岗位的公开竞聘工作。成立教师发展中心，开展专业发展、业务技能培训及教学竞赛活动，同时选派教师外出参加培训交流；邀请校内外专家举办不同主题的专业培训，帮助教师更新教育教学理念，熟悉应用型本科教育模式；继续开展教师说课、讲课和多媒体课件比赛，提升教师的教学能力与水平，促进教学质量的提高。

【广东科技学院学生就业工作】　2014年，广东科技学院通过加强就业指导、完善就业服务等措施，提高毕业生就业率和就业满意度，毕业生2903人，初次就业率达93.39%，最终就业率达99.00%，超额完成省教育厅下达的任务指标；在毕业生就业满意度调查方面，各系满意率均达90%以上。通过省教育厅的就业工作督查，被评为大学生就业"优秀等级单位"。

于6月举行2015届毕业生供需见面会，吸引448家用人单位进场揽才，提供就业岗位1.56万个，岗位数比上年增长50%，在此次见面会中，有2051名学生与企业达成初步意向，有1109名当场签约。探索创新招聘活动形式，举办首届"校园职场特务通缉令"活动，并得到《南方日报》等6家媒体的高度关注。对就业信息网升级改造，使注册企业用户达358家，发布有效招聘信息2152条，提供2.2万个就业岗位；结合专业和年级特点，开展有针对性、分层次的全程式就业指导；举办创业教育讲座和开展以就业为主题的学生活动，提升学生的就业竞争力；探索开展创业指导工作新途径，启动学生创业孵化基地（互联网创业为主）的建设。

【广东科技学院国际交流】　2014年，广东科技学院继续加强与台湾圣约翰科技大学、树德科技大学、中国科技大学的交流合作，在上两年选派100余名学生的基础上，2014年又选送49名优秀学生和3名老师到台湾高校进行为期一个学期的研修，还派遣3名部门负责人赴台湾考察和学习；积极探索新的合作模式，邀请台湾高校教师来学院举行专题讲座，为双方开展多层次合作奠定基础。积极与国外高校进行交流沟通，与美国、英国、日本等15所高校协同开展专科升本科、双学位、本科升硕士、交流互访等多种形式的交流与合作，为学生到以上国家交流学习提供多层次的便捷通道。经中国普通高校联合招生办公室批准、教育部备案，学院获得港澳台联合招生资格，招收港澳台学生。　（刘运华）

**附：2014年广东科技学院主要领导名录**
名誉院长：林国梁
院　长：王国健
党委书记、省政府督导专员：梁瑞雄

## 东莞职业技术学院

【东莞职业技术学院概况】　东莞职业技术学院是2009年4月经广东省人民政府批准、国家教育部备案，由东莞市政府投资兴建的一所全日制普通高等职业院校，是广东省第三批示范性高等职业院校立项建设单位。截至2014年，占地面积62万平方米，建筑面积33.95万平方米，实验实训场所8.9万平方米，教学科研仪器设备总值1.38亿元。设有机电工程系等10个系和公共教学部、思政部2个部，对接东莞支柱产业和特色产业，形成八大专业群，开设有机械制造与自动化、电子信息工程技术等31个专业；有中央财政支持高等职业学校提升专业服务产业能力项目2个、省级质量工程项目16个、院级精品资源共享课程28门。有在校生9600人，教职员工610人，其中专任教师464人，高级职称158人，专任教师中有行业、企业经历的占50%以上。"双师"（具备学历证书和技能证书的教师）素质教师比例占专任教师总数的79%，具有硕士及以上学位教师占青年教师总数的81%。建有校内外实训实习基地337个，国家技能鉴定所、机械行业职业技能鉴定站等培训载体10个，各种教学仪器设备总值1.38亿元；学生获评奖项300多个，其中国家级奖项30多个。

▲ 东莞职业技术学院

【东莞职业技术学院改革创新】 2014年，东莞职业技术学院通过省高等职业院校人才培养工作合格评估和省示范性高职院校建设项目中期检查；公选出55名中层干部；完成经费分配及绩效工资方案；"创新强校工程"（2014—2016年）建设规划通过专家论证。

【东莞职业技术学院人才培养】 2014年，东莞职业技术学院探索实践中高职三二分段、自主招生人才培养模式；开展三二分段专科升本科应用型人才培养试点，与东莞理工学院共同探索实践"高（职）本（科）衔接"人才培养模式。新增电子商务、城市轨道与交通、物联网3个专业。新增省级重点专业5个、省级高职教育精品资源共享课程2门、省级实践实训基地5个。出版校本教材5本，新启动校本教材建设19本。学生在全国各类职业技能大赛中获得奖项118个，其中国家级10多个。承办全国职业院校技能大赛广东省选拔赛、第九届广东大中专学生校园文体艺术节等国家级、省市级大赛近10场次。2名学生获评省首届大学生"廉洁·诚信"主题辩论赛"优秀辩手"，2名学生获省教育厅"励志成才成长"表彰。

【东莞职业技术学院校企合作】 2014年，东莞职业技术学院坚持校企合作，产教融合。成立东莞市职业教育"政校行企"协同育人指导委员会和东莞市职业培训联盟，新增4个职教联盟及联盟培训基地。举行两场校企合作集体签约仪式，新增合作企业近百家。

【东莞职业技术学院师资队伍建设】 2014年，东莞职业技术学院推进"强师工程"建设，获得省教育厅"强师工程"项目资助136万元。2名教师入选省第八批"千百十人才培养工程"，1名教师被确定为省高等学校优秀青年教师培养计划培养对象。评选出"三育人"先进个人57人，招聘教职工19人。学院团委获评广东省"五四红旗团委"，学工团队获评省"高校学生工作优秀团队"，学工教师获评省高校学生工作"红棉奖"和"先进个人"，辅导员获评第三届广东省高校辅导员职业技能大赛三等奖。

【东莞职业技术学院招生就业】 2014年，东莞职业技术学院新生生源素质和就业质量稳步提升。录取新生3636人，报到入学3433人，新生报到率为94.42%，连续三年在省高职院校中保持第一位。其中，首次招生的城市轨道交通运营管理、电子商务等专业招生火热；三二分段专科升本科应用型人才培养试点项目（计算机应用技术专业）录取最低分数为435分，超出省线35分；"3+证书类"录取分数超出省线106分。毕业生最终就业率为99.54%，位居全省高职院校前列。

【东莞职业技术学院对外交流】 2014年，东莞职业技术学院与佛光大学、龙华科技大学、朝阳科技大学等台湾高校签订合作协议。选派学生赴佛光大学开展研修学习，选派教师赴龙华科技大学开展师资培训。与美国达拉斯大学等美国高校开展合作交流。与新疆第三师图木舒克职业技术学校、东莞长安新区、市高技能公共实训中心签署合作协议。承办省高校图工委高职高专分委会年会等省市级会议近10场。与省委组织部调研组、省教育厅考察团40多批来访客人进行交流。

【东莞职业技术学院社会服务】 2014年，东莞职业技术学院以科学研究、对口支援和社会培训为重点，提高社会服务水平和服务效益。获得"教育部人文社会科学研究"等项目立项50项、市专利资助34项、市文化精品奖励32项；完成市科技局高等院校科技项目绩效评价9项。院级科研资金项目立项112项。获准设立国家职业技能鉴定所，新增广东省技能培训示范基地4个，全年社会培训总量达8000多人次。设立东莞职业技术学院新疆教学基地，东莞市委副书记、市长袁宝成，新疆建设兵团第三师师长程广田等领导出席揭牌仪式；开展两轮教育援疆，选派17位教师赴疆开展支教。选派32位教师赴粤东、粤西高职院校开展对口支援，其中2位教师被聘为客座教授。开展志愿服务、"三下乡"（文化、科技、卫生）等活动16场次；学生志愿服务活动获副省长林少春高度肯定；志愿服务队获评省志愿者暑期文化科技卫生"三下乡"社会实践活动优秀团队。 （李玮炜）

**附：2014年东莞职业技术学院领导名录**

党委书记：朱益民

院　长：贺定修

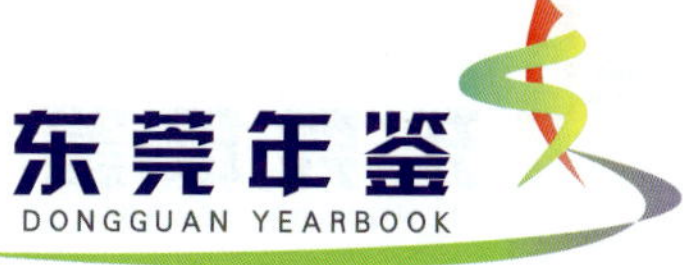


## 中山大学新华学院

【中山大学新华学院概况】 中山大学新华学院是中山大学与广东东宝集团有限公司申办，于2005年经教育部批准设立并招生的多科性独立学院。截至2014年，设有广州校区和东莞校区，占地总面积97.07公顷，建筑面积32.3万平方米，其中东莞校区工程2014年继续被列为省、市重大建设项目，在建校舍6栋，共9.2万平方米；6月学院和麻涌医院共建的东莞校区医务室启用；10月东莞校区直达广州的穗莞跨市368路、369路公交开通。聘有教师949人，其中专任教师631人，具有高级职称的教师204人，占32.3%，具有硕士及以上学位的520人，占82.4%。设有16个系、2个教学研究部、32个专业，招收10届学生，在校生1.64万人，其中1.1万人在东莞校区就读。应届毕业生初次就业率为94.60%，总体就业率为96.25%，用人单位满意度、社会认可度高，据《武书连2014中国296所独立学院本科毕业生质量排行榜》显示，本科毕业生质量位居全国第十八名，广东省第三名。

【中山大学新华学院专业建设】 截至2014年，中山大学新华学院依托中山大学宽厚的学科专业基础，结合区域经济社会发展需要，构建专业体系，拥有32个本科专业，其中康复治疗学、听力与言语康复学、信息资源管理专业为新增并于当年招生，新增专业均为省内独立学院鲜有开设的专业，其中听力与言语康复学专业是广东省第一个听力本科专业。学院也是国内第三家获得教育部核准的从事听力学本科教育、第二所成立听力与言语科学系的高校。

【中山大学新华学院招生规模】 2014年，中山大学新华学院推进结构性招生工作增长，招生计划5200人，实际报到5179人，报到率为93.04%，在全省名列前茅。首次招收省外生源，省外生源来自海南、湖南、广西、福建、江西、四川、山东、吉林、辽宁等9省区；首次本科插班生招生，本科插班生涵盖护理学、计算机科学与技术、电子信息科学与技术、英语、行政管理、公共关系学、电子商务、市场营销、物流管理、经济学等专业。

【中山大学新华学院创新人才培养模式】 2014年，中山大学新华学院紧跟国内外教育改革步伐，深化“开天窗、接地气”系列举措。开天窗——与美国、中国台湾等院校签订合作交流项目协议，出国（境）留学与实习的本科生37人；探索应用型研究生培养及联合培养机制。接地气——立足社会发展实际需要，由领导率队走进用人单位调研毕业生质量和满意度，依据调研反馈优化人才培养计划；瞄准社会需求和行业产业发展趋势，打破专业壁垒，加强跨学科教育，共建协同创新育人平台，培养新兴学科专业和交叉学科的复合应用型人才；注重课堂教学与校外实践相结合，先后在130多家企事业单位、政府机构建立实习基地，11月“南铺北店”线下体验中心进驻东莞校区，是学院首次将校企合作项目引驻校园内的基地，开启校企合作创新模式。

【中山大学新华学院“创新强校”工程建设】 2014年，中山大学新华学院制定《中山大学新华学院创新强校工程2014—2016年建设规划》，加强顶层设计，提升自主创新能力和办学层次，推进学院内涵式、跨越式发展。同时对2013年度“创新强校工程”实施情况进行总结，编制《中山大学新华学院“创新强校工程”项目管理办法》《中山大学新华学院“创新强校工程”专项资金管理办法》，完成2013年度“创新强校工程”的考核，获得省财政专项资金85万元。

【“逸仙新华班”创办】 2014年，中山大学新华学院在独立学院首创“逸仙新华班”，推进教改，培育英才。专门成立以国家教学名师院长王庭槐为组长的培养工作小组，负责“逸仙新华班”的发展定位与规划，制定选拔、培养方案，全程指导教学实践、聘任导师、考核评估等人才培养工作。“逸仙新华班”采取“三导师制”（指全程班级导师、专业导师和特长导师）联合培养以及“2+2”培养模式，以德、智、体、美全面发展为目标，培养品德优良、人格健全、身体健康、特长发展、有知识、有智慧、有能力和有修养的复合应用型人才。

【慕课（MOOC）荟萃平台建立】 2014年，中山大学新华学院建立慕课（MOOC——大规模开放性在线网络课程）荟萃平台，网罗全世界优秀课程，覆盖广泛的科技学科以及人文社会科学，丰富学生的课外知识。

【中山大学新华学院科学研究】 2014年，中山大学新华学院注重学术交流，开展科研系列讲座，积极组织科研项目申报。12月承办2014国际护理教育现状及前景展望论坛，100多名国内外护理学界、教育界知名专家学者齐聚一堂，研讨国际护理教育改革与未来发展，推动学科专业发展。2014年获评科研立项项目和课题共25项，其中广东省“质量工程”项目13项，广东省教育研究院教育研究课题4项，广东省高校省级重点平台和重大科研项目4项，广东普通高校教育科学“十二五”规划认定项目2项，广州市“技术创新与经济转型”重点研究基地课题1项，广州市哲学社会科学发展“十二五”规划课题1项。教职工发表论文177篇，编写教材12部、专著3部。

【中山大学新华学院校园文化建设】 2014年，中山大学新华学院继续开展具有品牌效应的“新华讲坛”，举办“与信仰对话·飞Young中国梦”为主题系列精品报告会、大型文艺晚会，开展大学生“走下网络、走出宿舍、走向操场”活动、第九届校园文体艺术节、科技学术节系列活动，启动“微创业”大学生创业能力提升计划；开展“三下乡（文化、科技、卫生）”社会实践活动，9支团队入围2014年度“镜头中的三下乡”活动总决赛，7支团队入围“2014年全国大学生社会实践评选”活动总决赛，在首届全国大学生“三下乡”支教课程设计竞赛获二等奖、优秀指导老师奖、优秀通讯员奖及最佳组织奖；成立志愿行动指导中心，统筹学院公益活动，积极服务地方与社区，2014年注册16个公益性组织志愿时账号，党团志愿者4498名，累计服务时长9009小时，组织开展志愿服务活动184项，3个公益项目获得天河区立项资助。学生积极参加各类竞赛活动，成绩可喜，其中2014年两岸三地大学生会计与商业管理案例竞赛冠军、最佳院校组织奖，第五届“蓝桥杯”全国软件专业人才设计与创业大赛本科院校Java组全国总决赛一等奖，“第二届全国英语口语测评大赛（NSEC）”大学生—本科英语专业组一等奖等。 （潘 梅）

**附：2014年中山大学新华学院主要领导名录**

董事长：刘荣海

院　长：王庭槐
党委书记：刘美南

## 广东亚视演艺职业学院

【广东亚视演艺职业学院概况】　广东亚视演艺职业学院是广东省全日制学历教育的艺术职业大专院校。位于广东省东莞市塘厦镇。2000年1月获广东省高等教育厅批准成立，2002年1月由广东省人民政府批准为自主招生。截至2014年，设有5个系：音乐舞蹈系、艺术设计系、戏剧影视系、经济管理系、信息工程系，在校学生2302人。先后被评为“十大专业特色民办高校”、广东省民办“竞争力20强高校”。

【广东亚视演艺职业学院专业建设】截至2014年，广东亚视演艺职业学院设有18个专业，包括影视表演、主持与播音、编导、音乐表演、舞蹈表演、摄影摄像技术、人物形象设计、电视节目制作、装潢艺术设计、服装设计、环境艺术设计、数字媒体设计与制作、影视动画、社区管理与服务、人力资源、会计、工商企业管理、计算机应用技术等，形成融汇艺术专业与非艺术专业的综合性艺术院校。学院还是音响调音师及录音师国家职业资格技能鉴定点、演出经纪人资格证考点和中国舞蹈家协会舞蹈教师培训基地，办有相关培训班，对学生实施学历证书和职业资格证书“双证书”培养体制。

【广东亚视演艺职业学院师资队伍建设】　截至2014年，广东亚视演艺职业学院拥有强大的师资团队，汇聚中央戏剧学院、北京电影学院、上海戏剧学院、中央音乐学院、北京舞蹈学院、莫斯科国立柴可夫斯基音乐学院、俄罗斯新西伯利亚舞蹈学院、中央电视台、长春电影制片厂等单位的艺术家、专家教授，聘有专任教师147人，其中，副教授（含）以上职称的教师36人，硕士及以上学历的38人，“双师型”（具备学历证书和技能证书的教师）教师50人；有4人先后获评省级、市级优秀教师，有2人获评省级、市级优秀共产党员。

【广东亚视演艺职业学院教学科研】2014年，广东亚视演艺职业学院编著出版教材1套，翻译出版教材《录音实用技术》等。与虎门鸦片战争博物馆、75234部队、塘厦城市展示馆等单位长期进行文化文明共建。参与塘厦镇越唱越红打工歌曲竞赛、东八区合唱团、塘厦镇各类文艺团体的活动。多个质量工程项目获得省级立项：院长刘国臻主持的《高职教育影视表演专业课程建设与教学思考》、音乐舞蹈系主任李显青主持的《艺术职业学院音乐表演方向声乐课程教学研究》、影视戏剧系主任刘金龙负责的《东莞市塘厦镇文化广播电视服务中心主持与播音专业校外实践教学基地》，另外有影视戏剧系的《模特与礼仪培训工作室》《音响影视制作工作室》。教师积极在各类学术期刊上发表论文、出版著作。教师冯大磊在香港国际声乐公开赛中获艺术歌曲公开组第一名及歌剧公开组第一名，夏道法的作品获评“吉祥草原·丹青鹿城”2014年全国中国画作品展优秀作品奖，黄海明获评广东省第二届青年教学竞赛三等奖，李显青撰写的《努力创新艺术高职院校声乐专业教学模式》论文，获评2014年广东省第四届大学生艺术展演活动艺术教育科研论文三等奖，王霁在2014年度广东省高校思想政治理论课青年教师教学基本功比赛中获评优秀奖。师生参加国内外各种比赛，在全国职业院校技能大赛中国舞比赛广东赛区比赛中获一等奖、三等奖及全国三等奖，在第九届全国信息技术应用水平大赛中，获评“国教华腾”服装创意设计及现代制造技术团体赛二等奖，参加东莞市职业研究发展协会论文征集活动获三等奖，参加东莞高校会计知识邀请赛获团体第三名。

【广东亚视演艺职业学院校园文化建设】　2014年，广东亚视演艺职业学院开展国家助学金、奖学金、励志奖学金工作，组织“我的中国梦”摄影、摄像、微电影、诗歌朗诵、假期社会实践等系列活动，发起向“全国舍己救人优秀学生”多杰宽学习，“向上行善进行时——全国大学生道德实践成果网络巡视”活动，倡导共建和谐校园的活动。组织重大节日庆祝活动，迎新晚会、国庆元旦晚会、毕业晚会；组织第十届声乐比赛、第八届大学生辩论会、各种音乐会、小品演出、“亚视读书会”、社团文艺演出、学生会干部“茶话会”；进行毕业实训展演、新生才艺展示、新生篮球赛、师生篮球友谊赛、“爱我校园大家行”校园卫生清洁志愿服务活动。

【广东亚视演艺职业学院学生就业工作】　截至2014年，广东亚视演艺职业学院向省内外输送各类演艺人才5000多名，他们活跃在全国各省市电视台、文化机构、歌舞团、影视公司、艺术中心、影视剧组，特别是珠三角地区的电视台、文化影视公司、动画公司、装潢设计公司等单位。其中，朱晓渔参加《护国军魂传奇》《木府风云》等影视剧的拍摄；张竞达参加《建元风云》《闪婚》等影视剧的拍摄；李婉僮参加《九龙佩》等影视剧的拍摄；韩熙庭在《金陵十三钗》中饰演怡春；刘言语参加《新雪山飞狐》等影视剧的拍摄；田维英成为著名女高音歌手，深圳市音乐家协会会员；阮慧慧成为中国歌舞团东莞分团独唱演员；刘中志任澳门澳亚卫视主播，主持《澳亚新闻》等；邹长江被“世界和谐促进会”和之声艺术团特聘为男高音歌唱演员；付豫在中央电视台7台工作；邸思悦在深圳卫视任《年代秀》节目主持人。

附：2014年广东亚视演艺职业学院领导名录

院长：刘国臻

## 东莞市广播电视大学

【东莞市广播电视大学概况】　东莞市广播电视大学成立于1979年，是直属东莞市教育局的一所综合性成人高等学校，业务上隶属于广东开放大学。主要举办中职、大专、本科学历教育和各种非学历培训。2014年，本科、专科、中职在校生8600多人，办学规模在广东省市级广播电视大学中名列前茅。坚持服务（地方），送教上门，在全市设立18个分教点，分教点在校生占全校学生总数的50%以上。

【东莞市广播电视大学稳步发展】东莞广播电视大学本科、专科和中职在校生规模，2011—2014年连年超过8000人。其中，2014年春季两季招生共2003人，位列广东省市级广播电视大学第一位。2014年，东莞市广播电视大学加强教学的过程监控与质量管理，更好地服务学生；引导与组织教研活动，促进中青年教师迅速成长，在广东省广播电视大学系统各项竞赛评比中屡获佳绩，办学成绩在全省广播电视大学系统中名列翘楚。　（徐文龙）

附：2014年东莞市广播电视大学主要领导名录

校　长：陈汉光

# 文　化 CULTURE

南社古建筑群

编辑：刘　丹

## 文化综述

【文化名城建设概况】 公共文化服务提档升级　2014年，东莞市全面推进文化名城建设，国家公共文化服务体系示范区创建工作获评全市"单打冠军"，成功入选标准化试点城市，规划制定基本公共文化服务保障标准、技术标准和评价标准。制定出台系列政策文件。全面实施文化惠民工程，开展公益培训209场次、组织公益演出1000场、放映公益电影超1万场。完善文化志愿者常态化管理和制度化建设，受到国家文化部和省文化厅高度评价。文艺精品创作成效显著　莞产音乐剧《妈妈再爱我一次》，东莞原创音乐作品《百年一梦》获评中宣部"五个一工程"奖，音乐剧《钢的琴》和歌曲《中国梦》获评广东省第九届精神文明建设"五个一工程"奖。第六届广东省群众音乐舞蹈花会，东莞市获6金6银2铜，居全省金牌榜首。创作拍摄大型连续剧《袁崇焕》，启动开展《大明长城》等10个东莞本土重大历史题材美术创作工程。举办东莞市2014年群众音乐舞蹈花会、东莞第十届读书节、2014南国书香节暨东莞书展等活动。文化产业发展推动有力　做好第五批国家级文化产业示范园区和第六批国家文化产业示范基地的申报工作及2013年度文化产业专项资金评审工作。以"文化·艺术·创意"为主题，组织部分镇街和企业代表参展第十届深圳文博会，现场交易额19万元，意向交易额约1000万元。完成东莞市级文化产业园区、基地和重点文化企业的认定工作。文化市场执法监管力度加大　积极推进网吧准入试点工作。以歌舞娱乐场所"涉黄"集中整治为突破口，全面开展文化市场专项整治工作。全年行政处罚案件850宗，比上年1059宗下降19%。"1·10"东莞市大昌印刷有限公司未经批准接受委托印刷境外出版物及未将印刷的境外出版物全部运输出境案被文化部评为"2014年度全国文化市场重大案件"。文化市场综合执法大队获评"2014年广东省文化市场综合执法工作先进单位"，文化执法工作获评全市"单打冠军"。文化遗产保护加强　启动历史文化街区申报与历史建筑评定，形成《东莞城市历史文化特色与价值》研究成果。开展第一次全国可移动文物普查。大力扶持民办博物馆，截至2014年，全市有各类民办博物馆14座，居全省第一位。海战博物馆基本陈列改造项目立项；袁崇焕纪念园引进《"蓝色革命——海上丝绸之路的见证"瓷器展览》，受到国家文物局高度重视；组织策划"到博物馆睇坚嘢"等系列文物精品展览和鉴赏活动。新闻出版广电事业稳步发展　做好创建"全国版权示范城市"准备工作，支持松山湖高新科技产业区获评"全国版权示范园区（基地）"，协助东莞市和丰文化传播有限公司获评"广东省版权兴业示范基地"，组织部分印刷企业通过国家印刷复制示范企业认定及绿色印刷认证；抓好"春节""两会"等安全播出重要保障期工作，建立"广播电视渔船通"设备维护点，推进广播影视产业发展，全年电影票房达3.55亿元，比上年增长44.7%，居全省第三位、地级市第一位。

【公共文化服务】 深化示范区后续建设　2014年，东莞市成功创建为全国首批国家公共文化服务体系示范区后，制定构建现代公共文化服务体系的系列政策文件，逐步建立和完善公共文化服务长效发展机制；积极申报创建国家公共文化服务标准化试点，成为全国首批10个试点城市之一；加强交流学习，与近40个省、市交流示范区创建工作经验。贯彻落实市人大常委会对公共文化服务体系建设情况视察工作报告。统筹开展群众文化活动 承接"大地情深"国家艺术院团（馆）文化志愿服务走基层活动煤矿文工团来莞慰问新莞人专场演出；统筹组织元旦、春节、中秋、国庆等重大节庆文化活动；做好"东莞市文化惠民千场文艺演出进基层""东莞市第一届群众音乐舞蹈花会""第三届东莞市合唱节""2014东莞第十届读书节""2014南国书香节暨东莞书展"等活动，指导塘厦镇做好"同饮一江水"广东省农民工歌唱大赛及2014年全国打工歌曲创作大赛等活动。加强非物质文化遗产保护 组织开展第三批市级非物质文化遗产名录、第四批省级非物质文化遗产项目代表性传承人、第四批国家级非物质文化遗产代表性项目及第二批省级非物质文化遗产传承基地的申报工作。积极整合全市相关非物质文化遗产项目，策划举办东莞市非物质文化遗产系列活动。做好广东省非物质文化遗产专场巡回演出、"两岸四地"客家山歌（东莞·凤岗）邀请赛、广东21世纪海上丝绸之路博览会非物质文化遗产展示。组织开展文化志愿服务边疆行 组织市、镇部分文化志愿者赴新疆参与"春雨工程"2014年广东省文化志愿者边疆行活动，在边疆地区开展大舞台、大讲堂、大展台活动，免费为当地老人和困难家庭拍摄照片并打印，向当地捐赠广场演出音响设备。

【音乐剧之都打造】 2006—2014年，东莞市连续创编《妈妈再爱我一次》《钢的琴》《王二的长征》《聂小倩与宁采臣》《蔬菜总动员》《小鬼当家》《海的女儿》《下一个出口，望牛墩》等10部原创音乐剧，在全国上演700多

## 共创文化名城 共建幸福东莞

① 2014年8月21日，在第六届漫博会主会场，东莞松山湖高新区获国家广电新闻出版总局颁发"全国版权示范园区（基地）"。国家新闻出版广电总局版权司司长于慈珂(右三）、广东省新闻出版广电局副局长陈春怀（左三）、东莞市副市长喻丽君（右二）、东莞松山湖高新区管委会常务副主任蔡康（左二）、东莞市文化广电新闻出版局局长陆世强（右一）、东莞市松山湖管委会副主任曾莉（左一）等领导出席并揭牌

② 2014年9月15日，市政府出台"1+4"政策文件。10月27日，市文化广电新闻出版局举办"1+4"政策文件解读培训班。"1+4"政策文件的出台，构建起现代化公共文化服务体系，逐步建立和完善公共文化服务长效发展机制

场，平均上座率八成以上，获国内外重要奖项9个，成为享誉全国的“音乐剧之都”。东莞市浓烈的音乐剧文化氛围，也吸引三宝、李盾、影子等一大批国内顶尖的音乐剧创作团队落户东莞市，并在东莞市组建3个“国字号”的中国音乐剧创作基地。

## 文艺活动

【专业文艺团队活动概况】 截至2014年，东莞市有专业文艺团队16个，包括东莞市东声粤剧团、东莞市石排燕岭粤剧团、东莞市荔香粤剧团、广东三正歌舞团有限公司、东莞市精战杂技艺术团、东莞市巴黎舞剧团有限公司、东莞保利文化演艺团有限公司、东莞盛泰飞扬女子艺术团有限公司、东莞塘厦松雷音乐剧剧团有限公司、东莞市度香亭杂技艺术团、东莞市维亚艺术团、东莞市红伶粤剧团、广东艾利发剧院管理有限公司东莞儿童艺术剧团、东莞市摩登影子音乐剧团有限公司、东莞市魅力岭南艺术团和东莞市水乡风情艺术团。

东莞塘厦松雷音乐剧剧团有限公司 截至2014年，创作推出的音乐剧《妈妈再爱我一次》演出159场。2014年6月，该剧赴韩国参加第八届大邱国际音乐剧节，获评组委会最高奖项——评委会大奖。9月，由东莞市妇联推送、全国妇联选送，音乐剧《妈妈再爱我一次》参评并获得中宣部第十三届精神文明建设“五个一工程”奖，填补东莞市在舞台艺术项目获“五个一工程”奖的空白。11月，该剧获得第十二届广东省艺术节优秀剧目一等奖。

东莞保利文化演艺团有限公司 2014年9月，创编推出的音乐剧《钢的琴》获评广东省第九届精神文明建设“五个一工程”奖；在2014年12月第四届中国·东莞音乐剧节开幕式上，该公司推出第八部莞产音乐剧《聂小倩与宁采臣》，并开始全国巡演。截至2014年，音乐剧《王二的长征》完成第一轮60场的巡演。

东莞市精战杂技艺术团 2014年12月，在第四届中国·东莞音乐剧节中合成推出杂技音乐剧《蔬菜总动员》。

广东艾利发剧院管理有限公司东莞儿童艺术剧团 截至2014年，创作推出的儿童剧《小鬼当家》，经过全国巡演近百场。并代表东莞市在2014年11—

① 2014年6月18日，东莞市文化惠民千场文艺演出走进大朗

② 2014年9月13日，音乐剧《妈妈再爱我一次》获评中宣部第十三届精神文明建设“五个一工程”奖，成为20多年来东莞第一部获评中宣部“五个一工程”奖的作品，填补东莞在全国“五个一”评选中的空白，刷新东莞文艺精品获奖的最高纪录

12月参评第十二届广东省艺术节获得优秀剧目奖。该团在2014年12月第四届中国·东莞音乐剧节中合成推出儿童音乐剧《海的女儿》。

东莞市摩登影子音乐剧团有限公司　在2014年12月第四届中国·东莞音乐剧节中推出一个人的音乐剧《下一个出口，望牛墩》。

【文艺家协会活动概况】　2014年，东莞市各文艺家协会围绕实现“中国梦”这一时代主题，组织创作一大批精品力作，获得多个文艺奖项，同时创新各类文艺活动载体和形式，开展评比竞赛、培训授课、论坛沙龙、演出展览、慈善拍卖等文艺活动，弘扬社会主义核心价值观，充分展示东莞美丽形象。

作家协会　2014年，东莞市作家协会组织开展“发现精彩·秀美水乡”全市征文，收到稿件近200份，最终评出一等奖2名，二等奖5名，三等奖8名，优秀奖25名；举办“中国梦”创作座谈会，明确任务，落实创作选题，组织重点作者近50人参加，通过4个月时间，完成中短篇文学作品的选题。

文艺评论家协会　2014年1月，东莞市文艺评论家协会承办的《解密〈变形记〉》研讨会在东莞文学艺术院举行，被新华社、《文艺报》等媒体重点报道，新华社播发的新闻通稿被数百家媒体转载。

中华诗词学会　2014年6月，东莞市中华诗词学会与广东中华诗词学会、东莞市袁崇焕纪念园联合主办纪念袁崇焕诞辰430周年活动，并举行特邀全国诗词家创作的《赤胆忠心——袁崇焕诞辰430周年纪念诗词集》首发式。

青年诗歌学会　2014年7月30日，东莞市青年诗歌学会编印的会刊《南方诗歌》出版，8月2日举行首发式。10月25日，与市朗诵艺术家协会承办“漂泊与回归”诗歌名家朗诵会，邀请著名诗人洛夫、方明、杨克和广大诗歌爱好者参与晚会，被称为东莞历史上“最专业、最文学、最感人”的诗歌晚会之一。

戏剧曲艺协会　2014年，东莞市戏剧曲艺协会指导麻涌少儿粤剧团参加国内外赛事，获评13个金奖，指导中堂镇、虎门镇、道滘镇参加第三届广东省曲艺大赛获评多个奖项，粤曲小组唱《青春似火永流芳》获得第三届广东省曲艺大赛总决赛节目类一等奖；6月，由道滘镇文广中心创作的木鱼歌说唱《木鱼情歌》在第八届中国曲艺牡丹奖曲艺大赛中获评创作提名奖。中堂镇政府获评“创建中国曲艺之乡工作先进单位”。

音乐家协会　2014年1月，东莞市音乐家协会承办“梦圆东莞”——东莞市十佳原创流行歌曲颁奖音乐会，收到作品60余首，邀请广东省著名词曲作家担任评委，最终评选出《妈妈在家等你》《拥抱篮球》等十佳歌曲；2014年6月，市音乐家协会与东莞报业集团新媒体发展中心联合推出“音乐很忙”栏目，推荐东莞市优秀音乐人；在广东省第六届群众音乐舞蹈花会上，东莞市青年大提琴演奏家颜乐的乐器独奏《坡》脱颖而出，获评音乐类金奖。

舞蹈协会　2014年3月，东莞市舞蹈协会承办东莞市第四届个人风采舞蹈大赛；11月，在清溪镇举行的“广东省第四届岭南舞蹈大赛”，市舞蹈协会获评优秀组织奖，东莞市作品《禾雀花开了》《候考父母》《机器进化论》分别获评金银奖项；9月，东莞市国际标准舞协会组队参加广东省第九届青少年国际标准舞锦标赛，取得8个第一名的成绩；11月，市国际标准舞协会承办东莞市第六届国际标准舞锦标赛，来自全市各镇街的45个代表队，有1200多名选手参加比赛。

美术家协会　2014年，东莞市美术家协会推进艺术品走向市场，与东莞市的画廊建立合作和联盟关系，推出有实力的美术家作品，使本土好作品在艺术市场上得到认可；在2014年“广东扶贫济困日”暨“东莞慈善日”慈善书画拍卖上，市美术家协会组织会员捐出美协作品28幅，为东莞市慈善事业作出贡献；3月，“传神会心·黄泽森画展”在广州南岸至尚美术馆开幕，中国美协副主席、广东省文联主席许钦松在开幕式上发表讲话，对黄泽森在艺术上的贡献作出高度评价；2014年，市青年美术家协会主办“风·物十六人书画成扇展”，协办“庆祝中华人民共和国成立65周年——广东省美术作品展览”等多场展览。

书法家协会　2014年，东莞市书法家协会以“中国梦·翰墨情”为主题，举办“东莞市中国书协会员优秀作品展”“东莞市首届妇女书法展”“东莞市首届老年书法展”等10多项系列书艺活动；在岭南美术馆举办“鳌台书院杯”东莞市第八届书法篆刻大赛作品展等一系列颇具影响的展览；协助举办第四届“东莞慈善日”书画慈善拍卖活动，现场拍卖所得善款322.4万元；与中堂镇纪委、东莞中华诗词学会联合举办“清廉如水志洁行芳”诗文书法大赛，打造中堂“清如水，廉为荣”的廉政文化教育名片；2014年，东莞市书法作者在全国书法大展赛中入展作品4件，在全省书法大展赛中获奖、入展42件，在中国硬笔书法协会主办的国家级展览中，全市有49人获奖、入展。

摄影家协会　2014年，东莞市摄影家协会举办“发现精彩·秀美水乡——东莞市‘水乡情韵’摄影大赛”“东莞市第二届‘廉泉杯’廉洁文化摄影比赛”“聚焦森林城市·情系美丽东莞——东莞市创建国家森林城市摄影大赛”等3个大型影赛影展；组织和协助组织举办“长安首届摄影周”及“东莞市民摄影周”；全市有30名摄影家在省级以上摄影赛获奖，入选作品近百幅。

民间文艺家协会　2014年6月10日，东莞市民间文艺家协会承办的“2014龙舟文化论坛”在中堂镇举行，来自全国各地龙舟文化研究领域的著名专家、学者云集，共同交流和探讨全国各地各具特色的龙舟文化，深度挖掘龙舟民俗文化。配合做好东莞市“发现精彩·秀美水乡”文化宣传推广活动，深入挖掘水乡地区的特色文化资源，完成《东莞水乡故事》《东莞水乡风俗》的编辑工作。全力支持和协助大朗镇申报“中国编织艺术传承基地”，并于10月成功申报。

朗诵艺术家协会　2014年，东莞市朗诵艺术家协会承办“朗吟中国梦　诵唱莞乡情——2014年东莞市原创优秀诗文朗诵会”“让所有梦想都开花——‘南粤新诵’走进长安美文美声欣赏会”“漂泊与回归——诗歌名家洛夫、杨克、方明暨东莞诗人作品朗诵晚会”等朗诵艺术活动。8月和12月，分别组队参加省朗诵艺术家协会主办的“首届‘广朗杯’朗诵大赛”和广东团省委、省文化厅、省文联主办的“诵读青春——广东省青少年中华经典诗文朗诵大赛”，获评多个奖项。

【文学创作收获丰盛】　参见“民主党派·社会团体”类目第143页同名条目。

（何　伟）

**附：2014年东莞市文化广电新闻出版局主要领导名录**

党组书记、局长：陈志伟（任至5月）
陆世强（5月到任）

# 传播媒体

## 报 刊

【报业概况】 2014年，东莞日报社（东莞报业传媒集团）拥有《东莞日报》《东莞时报》、东莞时间网、东莞手机报、《看东莞》杂志等5个媒体和各媒体官方微博、微信，以及广告公司、多维新媒体公司、编辑出版中心、印务公司、万家通报刊发行物流公司等8家经营公司，员工943人。全年经营收入2.30亿元，其中广告收入1.06亿元。围绕“融合发展年”的主题，通过做好平台、延展纸媒传播力，做强内容、保持纸媒公信力，做优品牌、扩大纸媒影响力，做大数据、凝聚纸媒创造力，做活营销、提高纸媒竞争力。并先后承办东莞市2014年社会评议科（所、站）长试点活动、2014年“发现精彩·东莞印象”微摄影大赛、“2014东莞最美人物评选”、“苏迪曼杯”羽毛球赛徽标征集和宣传报道等多项活动。各项工作稳中有进，卓有成效。旗下各媒体获得市级以上新闻奖项314件，其中广东新闻奖一等奖8件，东莞新闻奖一等奖18件；《东莞日报》广告市场份额在同城媒体中排名第一位；获评“2013—2014中国报刊广告投放价值排行榜全国城市日报十强”“中国报业户外20强”“中国地市报新闻创新十强”“年度视觉先锋党报”以及“广东省五四红旗团支部”等荣誉。

【报刊新闻报道】 2014年，东莞日报社围绕宣传全国、省和市“两会”、贯彻落实东莞市委市政府1号文件、弘扬社会主义核心价值观、“中国梦”主题宣传、党的群众路线教育实践活动等中心工作，组织策划30余组重大新闻宣传报道；围绕“第六届中国国际影视动漫版权保护和贸易博览会”“广东21世纪海上丝绸之路国际博览会”“2014东莞台湾名品博览会”“世界莞商大会”等重大活动，开展60余个专题报道；此外，采写的“温暖东莞的力量”“虎门男孩爱心事件”“最美护士”等新闻精品，积极宣传报道发生在东莞的好人好事，正面宣传东莞，得到广大读者的高度评价。

【报刊优化升级】 2014年，东莞日报社着力提升产品质量，推进旗下媒体优

## 本土就是主流 贴近就是力量

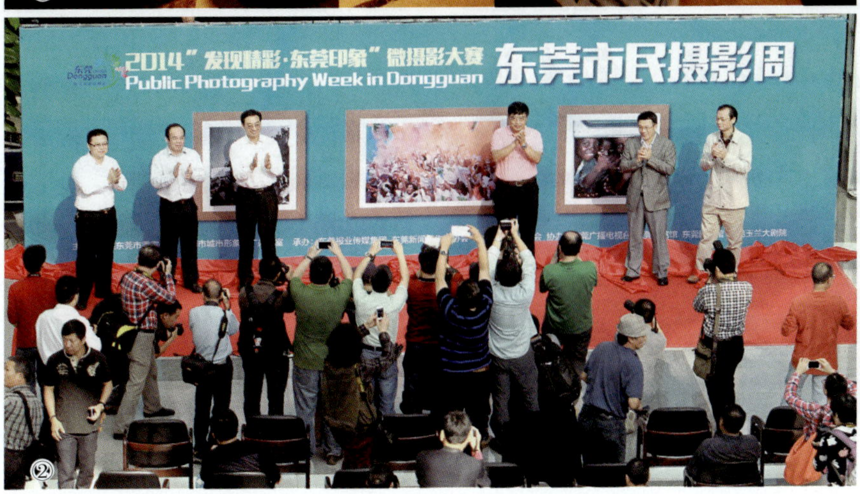


① 2014年10月31日，首届海博会开幕式当天，东莞日报社推出四联版海博会特刊。图为市委书记、市人大常委会主任徐建华（前排右）在观看海博会特刊（郑琳东 摄）

② 2014年11月23日，市委常委、市委宣传部部长潘新潮（左三）等市领导出席由东莞日报社承办的2014年“发现精彩·东莞印象”微摄影大赛东莞市民摄影周开幕仪式（杨泽彬 摄）

③ 2014年6月18日，东莞日报社社长、总编辑曾平治（前排左三）率领采编中层以上党员干部一行20多人到东莞市轨道公司开展走基层活动

④ 2014年，东莞日报社联合东莞市农业局（市内扶贫办）、东莞市瓦蓝栈公益服务中心等单位组织开展“助学圆梦”活动，筹集助学善款超200万元，捐助2273位贫困学子。图为9月10日，在东莞市扶贫开发工作会议上举行的“助学圆梦”活动认捐仪式，徐建华、袁宝成等市领导与“助学圆梦”活动的认捐代表合影（陈栋 摄）

⑤ 2014年10月31日，“广东21世纪海上丝绸之路国际博览会”在东莞举行，东莞日报社策划推出四联版珍藏特刊——《商通四海 莞香丝路》

化升级。《东莞日报》于7月21日完成第六次改版，通过增设“民情”“为民”等版面，整合相关周刊版面，开创《远见周刊》，凸显主流政经大报风范，夯实党的舆论阵地，《中国新闻出版报》对《东莞日报》第六次改版作专题报道，称“党报变身城市文化名片”；《东莞时报》于3月26日、8月18日两次对版式优化升级，使报纸更贴近普通市民，更突出民生服务，更追求融合互动，更深入精神世界。

【万家通报刊发行物流有限公司进军快递市场】 该公司是东莞日报社的全资子公司，2008年成立。2014年5月11日，万家通报刊发行物流有限公司历经两年筹备，宣告全线进军快递市场，致力于打造一个网络健全、管理规范、专业操作、产品多元的现代化物流快递公司，走在广东省报刊发行企业向快递业转型发展的前列。

【“全媒体基层行”大型采访活动】 2014年7—9月、11—12月，东莞日报社社长、总编辑曾平治率领旗下各子媒体采编人员组成采访团，围绕东莞市委、市政府中心工作，开展两轮“全媒体基层行”大型采访活动。采访团走访东莞市30多个镇街（园区）及有关部门，聚焦东莞市基层加速推进“三重”建设等中心工作的成效与思路、信心与激情，为东莞市攻坚发展摇旗呐喊。《东莞日报》《东莞时报》和东莞时间网同步推出《奋战攻坚》大型策划报道，并在各媒体官方微博、微信上及时发布动态信息。

【报刊公益广告发布】 2014年，东莞日报社积极组织《东莞日报》《东莞时报》、东莞时间网、《看东莞》杂志、党报阅报栏等媒介，围绕中心工作，发布大量主题鲜明、重点突出、形式活泼的公益广告，取得较好的社会效益。发布平面媒体公益广告、网络公益广告、杂志公益广告、阅报栏公益广告和宣传短片等合计版面刊例价值超3500万元。

【“助学圆梦”活动】 2014年8—9月，东莞日报社联合东莞市农业局（市内扶贫办）、东莞市瓦蓝栈公益服务中心等单位，组织开展大型社会助学行动——“助学圆梦”活动。活动相关报道推出后，在社会上引起热烈反响，筹集助学善款超200万元，捐助东莞、韶关、揭阳市的2273位贫困学子。9月10日，“助学圆梦”活动认捐仪式在东莞市会议大厦举行，市委书记徐建华和市长袁宝成等市领导出席活动，并给予高度肯定。

【广东报纸副刊年会暨省报纸副刊年赛】 2014年3月26—29日，由东莞日报社承办的“2014年广东省报纸副刊年会暨2013年度广东省报纸副刊作品年赛”在东莞报业大厦举行。中国报纸副刊研究会、广东省报纸副刊研究会相关负责人及广东省内近20家报社负责人齐聚一堂，共同交流副刊改革创新经验、共商副刊未来发展大计。广东省报纸副刊研究会会长周建平表示，这是历届规格、服务水平最高的一次年会。

（黄佳珣）

**附：2014年东莞日报社（东莞报业传媒集团）主要领导名录**

社长、总编辑、党组书记：

陆世强（任至5月）

曾平治（5月到任）

③

④

⑤

## 广播·电视·电影

【广播、电视、电影业概况】 截至2014年，东莞市拥有广播电台1个、电视台1个、电影放映单位60个，影视制作经营机构38家；拥有公共广播节目63套，公共电视节目36套，有线数字电视用户149万户，其中高清用户50万户、宽带用户14.9万户；建有加入城市电影院线的影院60家，银幕352块，座位5万个。广播电视安全播出 先后开展一系列安全检查、督查活动，重点抓好“春节”“全国两会”“南京青奥会”“国庆”“十八届四中全会”“APEC会议”等10个重要保障期安全播出保障工作，确保全市无发生一起重大安全播出责任事故。广播影视公共服务 优化公益电影放映活动，积极送电影下乡、进社区、进企业、进学校，深入到工业区、新莞人聚居地实施公益放映，丰富和活跃广大群众、新莞人的文化生活，累计放映公益电影超过万场，受惠人数超过270万人次，超额完成省下达的放映任务，任务完成比例居全省第一位。优化“广播电视渔船通”工程，协调虎门、沙田等镇做好辖区安装使用“广播电视渔船通”设备的渔船渔户跟踪回访和设备检测维护，并协调设备供应商在东莞市建立设备维护网点，确保设备得到有效管理和使用，确保工程长期通、优质通。广播影视行业管理 先后协调组织开展低俗涉性节目清查整顿、电视购物短片广告专项整治、打击非法设置电台和非法安装使用卫星电视干扰器专项治理、境外卫星电视传播秩序专项整治、影院售票系统升级检查验收等系列检查、整治工作，查处取缔8个非法电台和一批非法卫星地面接收设施，强化广播影视行业管理，规范广播影视传播秩序。广播影视产业发展 广播电视产业保持良好发展态势，东莞广播电视台实际创收2.16亿元，其中广告经营收入2亿元；省广播电视网络股份有限公司东莞分公司经营收入6.59亿元，比上年增长8.69%，实施高清整体转换活动，高清双向机顶盒净增15.4万台。电影市场继续增长，新增数字影院14家，电影放映62万场次，观众1102.37万人次，电影票房收入3.55亿元，比上年增长44.7%，位居全省第三位、地级市第一位。影视内容产业不断扩大，新设立影视制作经营机构5家。电视剧制作备案公示6部/220集，电视动画片制作备案公示5部/1149集/1.50万分钟，获准发行的原创电视动画片3部/1020集/1.22万分钟。

【东莞广播电视台概况】 2014年，东莞广播电视台播出广播新闻6.84万条、电视新闻2.94万条、《平安东莞》专题300多期、公益广告5.8万条（次）；东莞阳光网刊发原创稿件3500条，策划制作专题385个，播出原创视频及专题宣传片162个。3月，东莞电视台入选“全国

## 追求精彩、创造精彩、奉献精彩

① 2014年8月21日，国家新闻出版广电总局党组副书记、副局长聂辰席（中），在省新闻出版广电局局长黄小玲（右二）、党组书记白洁（左三），东莞市委副书记、市长袁宝成（右一）等陪同下到东莞广播电视台调研

② 2014年6月13日，市委书记、市人大常委会主任徐建华在东莞广播电视中心550平方米开放式新闻演播厅接受人民网“群众路线基层行”系列访谈，并就东莞市教育实践活动开展以来的总体情况、创新学习教育方式、查找“四风”问题等逐一进行解答

③ 2014年5月30日，以“绿野拾翠”为主题的2013年度广东省广播影视奖颁奖会在东莞广播电视中心1000平方米演播厅举行，省新闻出版广电局局长、党组副书记黄小玲，党组书记、副局长白洁，市委常委、宣传部部长潘新潮等领导出席颁奖会并为获奖者颁奖

城市电视台满意度前十名”，全国地级市仅东莞和佛山两家电视台获此殊荣。7月，东莞电台获评“全国最具特色市级广播电台”；8月，东莞电台综合广播入选“全国城市电台新闻类频率综合收听率前十强”。9月，东莞阳光网获评中国地市新闻网站联盟颁发的“2014年度最具影响力品牌奖”。

【广播电视主题报道】 2014年，东莞广播电视台围绕“两会”“中国梦”“社会主义核心价值观”“东莞深化改革”“党的群众路线教育实践活动”“打击整治涉黄行动”“海博会”等重大宣传主题，组织策划“改革 跨越”“弘扬社会主义核心价值观”“聚力攻坚”“聚焦法治东莞”等60多个专栏和系列报道，推出“聚焦2014东莞两会”“聚焦东莞市委2014年一号文”“2014世界莞商大会”等120多个网络专题，承办东莞市群众路线教育实践活动的官方网站——“东莞群众路线网”，协办“发现精彩·微电影大赛”活动，较好地宣传市委、市政府的中心工作，营造良好的舆论氛围。11月19日，省新闻出版广电局对东莞广播电视台和广东广播电视台两家媒体在“海博会”期间的宣传工作予以书面通报表扬，市委、市政府对此也给予充分肯定。

【广播稿件采用率居全省第一位】 2014年，东莞广播电视台积极向上级广播电视机构报送新闻，稿件被广东电视台采用153条，被中央电视台采用12条，被广东电台采用634条，特别是广播稿件采用率连续12个月排名全省第一位，创造连续三年领跑全省各地市台的纪录。

【广播电视作品参评省级政府奖综合排名居全省地级市第一位】 2014年，东莞广播电视台在广东省广播影视奖评选中，选送的31件作品从全省广电系统991件作品中脱颖而出，获评一等奖6件、二等奖13件、三等奖12件，综合排名居全省地级市第一位，创下建台以来最好成绩。

【《禾雀花开》《心·湖》微电影获评国际大奖】 2014年，在第23届伦敦创意文化节首届华语微电影周评选中，东莞广播电视台与有关单位联合出品的微电影《禾雀花开》和《心·湖》获评最佳影片奖、最佳摄影奖、最佳导演和最佳制片人共4项国际大奖。自2013年启动微电影产业项目以后，东莞广播电视台先后推出6部优秀微电影作品，摘取十多项国际国内大奖，得到省委常委、宣传部长庹震的充分肯定。2014年6月，东莞广播电视台“阳光微电影影视频道”通过考核，入选省重点网站“一网一品牌”项目，并获得省委宣传部扶持奖励金30万元。

【广播、电视、网站融合】 2014年6月，东莞广播电视台整合广播、电视、网站三大媒体优势，申请组建东莞广播电视传媒集团。10月，按照“大部制”机构改革的思路，整合新闻中心、阳光网站及万江、东城、南城3个办事处，重新组建新闻中心，并设立新媒体中心，同时将“@东莞”移动客户端升级为“东莞阳光台”，将广播、电视、网站、杂志等优势资源汇集一起，推进传统媒体与新媒体融合。

【广播电视栏目改版】 2014年4月起，东莞广播电视台对电视新闻栏目改版，撤并（销）《体育·莞》《百姓关注》《追梦》《莞邑联播》《路况直播》等收视率和效益长期不佳的栏目，集中更多资源支持优势栏目的发展。调

①

②

③

① 2014年7月8日，东莞轨道交通2号线首期工程视讯媒体资源合作项目签约仪式在东莞广播电视中心举行，图为市委宣传部副部长、东莞广播电视台台长黄永贵与市轨道交通有限公司总经理陈波签订合作协议

② 2014年12月6日，东莞广播电视台在东城星河城启动首个大型户外直播室，同步开播《声动零距离》栏目，通过新颖独特的方式，实现主持人与听众的零距离互动

③ 2014年10月11日，以“信不信由你”为主题的道德讲堂在广电中心1号演播厅举行，市委宣传部副部长、东莞广播电视台台长黄永贵与员工分享他对“信”及其衍生的“信任”“信心”“信念”的理解

整《今日莞事》《东莞新闻》《新闻午餐》《平安东莞》《新闻夜总汇》《新闻早早睇》等栏目的播出时间和时长，优化内容设置，打造特色版块，着力提升节目的服务性和吸引力。整合万江、东城、南城办事处的宣传资源，全新推出《市区新闻》栏目，构建大市区新闻宣传新格局，开播以后，收视率位居同时段前列。

【广播电视收听、收视率和网站点击率持续领先东莞市场】　2014年，东莞电台以近七成的市场份额连续9年稳居东莞地区收听市场第一位；东莞电视台收听收视率长期占据东莞地区榜首，特别是3月24日至4月20日黄金时段收视率连续四周排名第一位；东莞阳光网日均浏览量达500万人次，排名连年保持东莞地区首位。

【珠三角八城市电视主频道相互落地工作完成】　2014年6月，由东莞广播电视台倡议并牵头开展的珠三角八城市（东莞、惠州、肇庆、佛山、江门、珠海、中山和清远）电视主频道相互落地工作全面完成，标志着珠三角地区电视频道进入互联互通时代，上述城市的观众坐在家中便可收看到其他几个城市台的精彩节目。

【开创广播户外直播新模式】　2014年12月6日，东莞广播电视台首次将电台直播室搬到户外，在东莞星河城设立户外直播室，同步开播《声动零距离》栏目，让主持人与听众零距离互动，提升媒体形象和节目影响力。

【广播电视产业经营】　东莞广播电视台积极探索产业经营模式，在做好广告经营主业的同时，通过合作经营、延伸产业链，拓宽产业经营渠道，实现跨媒体、跨行业和多元化发展。在省内地市广播电视台经营普遍大幅下滑的情况下，东莞广播电视台2014年实现经营收入2.48亿元。特别是广播广告保持稳定发展的态势，经营额达5761万元，比上年增长6.6%。　（凌文通）

**附：2014年东莞广播电视台主要领导名录**

党组书记、台长：黄永贵

①　2014年12月26日，东莞市2014年“发现精彩”系列活动颁奖典礼在东莞广播电视中心1号演播厅举行。图为市委常委、宣传部部长潘新潮（左四）为获奖者颁奖

②　2014年3月28日，“广电九载 爱在精彩”——东莞广播电视台9周年台庆嘉年华在东莞广播电视中心1号演播厅（主会场）和南城元美公园“完美大舞台”（分会场）上演，东莞电台、东莞电视台和东莞阳光网同步直播，向全市广大受众和全球10多万阳光网友分享这一精彩时刻

## 网络媒体

【东莞日报社新媒体概况】 微信矩阵建设 2014年，东莞日报社（东莞报业传媒集团）初步建成以《东莞日报》《东莞时报》和东莞时间网为主号的微信矩阵，开通“今日头条”“网易新闻”等聚合类的东莞专区。截至2014年，微信矩阵运营账号17个，微信矩阵用户超过26万户，微博粉丝数超过82万人。媒体融合战略推进 先后推行全媒体营销、新媒体夜班取稿等举措。新媒体夜班取稿制度的设立，使得《东莞日报》《东莞时报》的优质内容及时通过新媒体在移动阅读高峰期迅速传播出去，显现出良好的社会影响力；除“时间问政”外，《东莞日报》改版后多个版块设置新媒体互动栏目，专门开发微信报料系统，加强报网互动。“i东莞”APP（应用）安卓版产品上架 年初，开始谋划“i东莞”手机客户端项目。前期借助报社强大的本土内容原创主打新闻资讯，并逐渐向本地生活服务方向转型。截至2014年，“i东莞”APP完成安卓版、ios版的测试版开发，安卓版产品上架供网友下载。“i东莞”手机客户端与《东莞日报》派报、《东莞时报》派报构成APP的“三驾马车”。

【东莞时间网概况】 网站改版升级 2014年11月18日，东莞时间网全新改版上线，继续依托东莞日报社（东莞报业传媒集团）本土新闻资源优势，打造“本土新闻门户网站，东莞精彩生活圈子”。东莞时间网完成首页、新闻频道、娱乐频道的改版，全年访问量日均超过200万人次，IP（网络地址）数超过15万个，实现网站更加适应移动端阅读，行业类垂直化平台增加，浏览更便捷，资讯量更大，本土新闻更丰富，问政功能更强大，实用性功能更多，得到社会各界的高度好评，网站整体访问量回升。网络媒体运营 大胆采用O2O模式，利用线下资源的优势，开展推广策划、经营销售活动，线下活动吸引线上网友参与，线下活动引导市民关注。“清溪赏花行”项目创收过百万元，其中“彩色跑”项目，通过线上招募网友参与，创造两日报名过万人的“神话”，同时又为“东莞日报微生活”增加7000名粉丝。 （王 凯）

【东莞阳光网概况】 官方微博、微信关注度大幅提升 2014年，东莞广播电视台旗下的东莞阳光网业务迅猛增长。官方微博粉丝量逾11万人，比上年增长17%，在全市政务微博排名中居于前列。东莞广播电视台官方微博粉丝量逾10万人，增长28%。东莞阳光网微信公众平台粉丝量逾7万人，增长250%，影响力居珠三角各市媒体微信公众号之首。手机阳光网流量实现突破 手机阳光网日均浏览量达35万次，增长75%；日均访客量达25万人次，增长150%，网站流量创下历史新高。移动客户端运营初见成效 “东莞阳光台”移动客户端的总下载量逾14万次，初步显现传统媒体与新媒体融合发展所带来的活力。

## 新闻出版

【新闻出版概况】 2014年，东莞市有全国统一刊号出版单位5家：《东莞日报》《东莞时报》《看东莞》《东莞理工学院学报》《东莞理工学院院报》；登记备案的驻莞出版机构2个：南方日报东莞记者站和羊城晚报东莞记者站；连续性内部资料出版单位61家，其中2014年新办6家。2014年，全市公开发行出版物4420.26万份（册），其中《东莞日报》3266.27万份；全市内部资料出版36.54万册；审批一次性内部资料性出版物200宗，加工贸易项下光盘进出口业务171宗。完成全市报刊、驻莞记者站和连续性内部资料性出版物的年检工作，开展新闻采编人员岗位培训考核，并做好2014年换发新闻记者证的工作。

【版权保护】 2014年，东莞市围绕“4·26保护著作权宣传周”积极开展“版权保护大家谈”等各项活动，使著作权保护意识深入人心。在第六届中国（东莞）国际影视动漫版权保护和贸易博览会举办期间，设立版权服务工作站，共受理并完成登记程序的参展作品著作权免费登记 325宗，并在现场核发《作品著作权登记证书》198个，签订承诺书和核发《著作权来源信息登记卡》880张，接受版权业务咨询160多人次。松山湖高新科技产业开发区获评“全国版权示范园区（基地）”，并在漫博会开幕当天，由国家版权局版权司司长于慈珂为其授牌。东莞市和丰文化传播有限公司获评“广东省版权兴业示范基地”，其旗下的“《马可波罗东游记》系列人物形象、道具、摄影和剧本版权作品”和东莞市功夫龙影视传媒有限公司美术作品“《功夫龙》人物形象系列”获评“2013年度最具价值版权产品”。全市有4家企业单位获评“广东省版权兴业示范基地”，并拥有4项“广东省最具价值版权产品”。参加在成都举办的第五届中国国际版权博览会，充分展示松山湖成功创建“全国版权示范园区（基地）”的成果和东莞市优秀版权企业的文化特色。与此同时，做好版权审核工作和对涉嫌非法出版物的鉴定工作，为各基层执法单位作出出版物鉴定共24宗，涉及音像制品鉴定656种1224张，出版物鉴定86种。

【印刷发行】 截至2014年底，东莞市印刷企业共有3320家，出版物发行单位1058家。2014年，完成全市印刷企业、出版物发行单位每四年一次的印刷经营许可证和出版物经营许可证换证工作。审批出版物印件1354宗48042种，涉及加工数量8.9亿册。办理包装装潢和其他印刷品来（进）料加工备案508宗，出口总重量7.1亿千克，出口总值98.4亿元。

## 非物质文化遗产

【非物质文化遗产概况】 截至2014年，东莞市初步形成国家、省级、市级、镇街级的非物质文化遗产名录体系，有市级名录以上86项，其中含省级名录33项，国家级名录8项。

【非物质文化遗产名录和传承人申报】 2014年，东莞市完成《东莞市非物质文化遗产申报与评审工作指引》、“东莞市非物质文化遗产专家库”增补工作，对市级以上的非物质文化遗产保护名录进行常规性管理，对市级以上的非物质文化遗产项目代表性传承人进行经费补贴。截至2014年，走访28个镇街调研63个项目及29名传承人的近况，掌握大量的非物质文化遗产线索和项目保护情况。组织非物质文化遗产项目参加高水平展示展览活动，其中东莞市莞香制作技艺项目参加“中国非物质文化遗产年俗文化展示周”“东盟十国文化产业博览交易会”，莞香制作技艺、莞草编制、麒麟制作等项目参加“广东21世纪海上丝绸之路博览会”。积极做好申报工作，寮步香市、莞香制作技艺、麒麟制作等3个项目获批第四批国家级非物质文化遗产代表性项目。黄欧、卢细妹、黄汉光、刘国权等4人获评第四批省级非物质文化遗产项目代表性传承人。

# 东莞市非物质文化遗产名录

| 序号 | 项目名称/类别 | 保护单位 | 获市级名录 | 获省级名录 | 获国家级名录 | 传承人姓名及基本情况 |
|---|---|---|---|---|---|---|
| 1 | 灯彩（东莞千角灯） | 莞城区文化服务中心 | 第一批（2007年） | 第一批（2006年） | 第一批（2006年） | 张金培，男，莞城区，2009年过世，国家级第三批（2009年）<br>张树祺，男，莞城区，1946年9月出生，省级第二批（2011年） |
| 2 | 龙舟制作技艺 | 中堂镇文化广播电视服务中心 | 第一批（2007年） | 第二批（2007年） | 第二批（2008年） | 冯怀女，男，中堂镇，1931年8月出生，国家级第三批（2009年）<br>霍灼兴，男，中堂镇，1961年8月出生，省级第一批（2008年） |
| 3 | 麒麟舞（“樟木头舞麒麟”为国家级名称） | 樟木头镇文化广播电视服务中心 | 第一批（2007年） | 第一批（2006年） | 第三批（2011年） | 蔡玉财，男，樟木头镇，1962年3月出生，省级第一批（2008年）<br>刘伟团，男，樟木头镇，1966年7月出生，市级第二批（2014年） |
| 4 | 木鱼歌 | 东坑镇文化广播电视服务中心 | 第一批（2007年） | 第三批（2009年） | 第三批（2011年） | 李仲球，男，东坑镇，1947年10月出生，省级第二批（2011年） |
| 5 | 龙舟月（“赛龙舟”为国家级名称） | 万江区文化服务中心 | 第一批（2007年） | 第三批（2009年） | 第三批（2011年） | |
| 6 | 传统香制作技艺（莞香制作技艺） | 东莞市尚正堂莞香发展有限公司<br>大岭山镇文化广播电视服务中心 | 第二批（2010年） | 第四批（2012年） | 第四批（2014年） | 黄欧，男，东城区，1968年4月出生，市级第二批（2014年），省级第四批（2014年）<br>汤锦华，男，大岭山镇，1967年6月出生，市级第二批（2014年） |
| 7 | 寮步香市 | 寮步镇文化广播电视服务中心 | 第一批（2007年） | 第二批（2007年） | 第四批（2014年） | |
| 8 | 彩扎（麒麟制作） | 清溪镇文化广播电视服务中心 | 第一批（2007年） | 第二批（2007年） | 第四批（2014年） | 黄素明，男，清溪镇，1951年4月出生，省级第一批（2008年）<br>黄志成，男，清溪镇，1982年3月出生，省级第一批（2008年） |
| 9 | 咸水歌 | 沙田镇文化广播电视服务中心 | 第一批（2007年） | 第二批（2007年） | | 黄锦玉，男，沙田镇，1941年4月出生，省级第一批（2008年） |
| 10 | 东莞龙舞 | 大朗镇文化广播电视服务中心 | 第一批（2007年） | 第二批（2007年） | | 叶旭筹，男，大朗镇，2009年过世<br>叶伍槐，男，大朗镇，1946年9月出生，省级第一批（2008年） |
| 11 | 醒狮 | 石排镇文化广播电视服务中心 | 第一批（2007年） | 第二批（2007年） | | 王裕坤，男，石排镇，1944年出生，省级第一批（2008年） |
| 12 | 莞草编织 | 厚街镇文化广播电视服务中心<br>道滘镇文化广播电视服务中心（其中厚街为省级保护单位） | 第一批（2007年） | 第二批（2007年） | | 梁女，男，厚街镇，1935年4月出生，市级第一批（2010年） |
| 13 | 七夕贡案 | 望牛墩镇文化广播电视服务中心 | 第一批（2007年） | 望牛墩以“乞巧节”项目名称申报成为省第二批非遗项目（2007年） | | 陈杰芳，女，望牛墩镇，1947年9月出生，省级第一批（2008年）<br>黄妍，女，望牛墩镇，1936年7月出生，省级第一批（2008年） |
| | | 道滘镇文化广播电视服务中心 | | 道滘以“七夕贡案”项目名称申报成为省第四批非遗项目（2012年） | | |

续表

| 序号 | 项目名称 / 类别 | 保护单位 | 获市级名录 | 获省级名录 | 获国家级名录 | 传承人姓名及基本情况 |
| --- | --- | --- | --- | --- | --- | --- |
| 14 | 东坑卖身节 | 东坑镇文化广播电视服务中心 | 第一批（2007 年） | 第二批（2007 年） | | |
| 15 | 塘尾康王诞（“康王宝诞”为省级名称） | 石排镇文化广播电视服务中心 | 第一批（2007 年） | 第二批（2007 年） | | |
| 16 | 莫家拳 | 桥头镇文化广播电视服务中心 | 第一批（2007 年） | 第三批（2009 年） | | 莫柏许，男，桥头镇，1942 年 4 月出生，市级第一批（2010 年），省级第三批（2012 年） |
| 17 | 盆菜（“长安大盆菜”为省级名称） | 长安镇文化广播电视服务中心 | 第一批（2007 年） | 第三批（2009 年） | | |
| 18 | 舞木龙 | 厚街镇文化广播电视服务中心 | 第一批（2007 年） | 第三批（2009 年） | | |
| 19 | 端午游木龙 | 常平镇文化广播电视服务中心 | 第一批（2007 年） | 第三批（2009 年） | | |
| 20 | 草龙舞 | 企石镇文化广播电视服务中心<br>横沥镇文化广播电视服务中心（其中企石为省级保护单位） | 第一批（2007 年） | 第三批（2009 年） | | |
| 21 | 石龙醒狮头制作技艺 | 石龙镇文化广播电视服务中心 | 第一批（2007 年） | 第三批（2009 年） | | 郭润棠，男，石龙镇，1963 年 5 月出生，省级第二批（2011 年） |
| 22 | 中堂龙舟景 | 中堂镇文化广播电视服务中心 | 第二批（2010 年） | 第三批（2009 年） | | |
| 23 | 茶山公仔 | 茶山镇文化广播电视服务中心 | 第一批（2007 年） | 第四批（2012 年） | | 林暖钦，男，茶山镇，1930 年 9 月出生，市级第一批（2010 年），省级第三批（2012 年） |
| 24 | 横沥牛墟 | 横沥镇文化广播电视服务中心 | 第一批（2007 年） | 第四批（2012 年） | | |
| 25 | 麒麟引凤 | 道滘镇文化广播电视服务中心 | 第一批（2007 年） | 第四批（2012 年） | | 刘东良，男，道滘镇，1939 年出生，市级第一批（2010 年），省级第三批（2012 年） |
| 26 | 麒麟舞（清溪麒麟舞；塘厦舞麒麟为省级扩展项目） | 清溪镇文化广播电视服务中心 | 第二批（2010 年） | 第四批（2012 年） | | 黄鹤林，男，清溪镇，1965 年 2 月出生，市级第一批（2010 年），省级第三批（2012 年） |
| | | 塘厦镇文化广播电视服务中心 | | 第五批（2013 年） | | 黄汉光，男，塘厦镇，1947 年 5 月出生，市级第二批（2014 年），省级第四批（2014 年） |
| 27 | 白沙油鸭制作技艺 | 虎门镇文化广播电视服务中心 | 第二批（2010 年） | 第四批（2012 年） | | 方咸仔，男，虎门镇，1947 年 9 月出生，市级第一批（2010 年），省级第三批（2012 年） |
| 28 | 厚街腊肠制作技艺 | 厚街镇文化广播电视服务中心 | 第二批（2010 年） | 第四批（2012 年） | | 陈什根，男，厚街镇，1949 年 10 月出生，市级第一批（2010 年），省级第三批（2012 年） |
| 29 | 道滘裹蒸粽制作技艺 | 道滘镇文化广播电视服务中心 | 第二批（2010 年） | 第四批（2012 年） | | 李志平，男，道滘镇，1951 年 9 月出生，市级第一批（2010 年）<br>卢细妹，女，道滘镇，1959 年 11 月出生，市级第二批（2014 年），省级第四批（2014 年） |
| 30 | 客家山歌（扩展项目） | 清溪镇文化广播电视服务中心 | 第一批（2007 年） | 第五批（2013 年） | | 刘国权，男，清溪镇，1941 年 1 月出生，市级第二批（2014 年），省级第四批（2014 年） |
| | | 凤岗镇文化广播电视服务中心 | | | | 杜带娣，女，凤岗镇，1944 年 8 月出生，市级第二批（2014 年） |
| 31 | 过洋乐 | 莞城区文化服务中心 | 第一批（2007 年） | | | |
| 32 | 貔貅舞 | 横沥镇文化广播电视服务中心 | 第一批（2007 年） | | | 吴子成，男，横沥镇，2012 年去世，市级第一批（2010 年）<br>吴满水，男，横沥镇，1952 年 3 月，市级第二批（2014 年） |
| 33 | 粤剧 | 长安镇文化广播电视服务中心 | 第一批（2007 年） | | | |
| 34 | 木偶戏 | 大朗镇文化广播电视服务中心 | 第一批（2007 年） | | | |

续表

| 序号 | 项目名称 / 类别 | 保护单位 | 获市级名录 | 获省级名录 | 获国家级名录 | 传承人姓名及基本情况 |
|---|---|---|---|---|---|---|
| 35 | 粤曲 | 道滘镇、麻涌镇文化广播电视服务中心 | 第一批（2007 年） | | | 黄日辉，男，麻涌镇，1953 年 8 月出生，市级第二批（2014 年） |
| 36 | 龙舟说唱 | 石碣镇文化广播电视服务中心 | 第一批（2007 年） | | | |
| 37 | 灯笼仔制作技艺 | 石龙镇文化广播电视服务中心 | 第一批（2007 年） | | | 叶　安，女，石龙镇，1942 年出生，市级第一批（2010 年） |
| 38 | 客家服饰制作技艺 | 樟木头镇文化广播电视服务中心 | 第一批（2007 年） | | | |
| 39 | 百岁制作技艺 | 中堂镇文化广播电视服务中心 | 第一批（2007 年） | | | 胡　葵，女，中堂镇，1925 年 2 月出生，市级第一批（2010 年） |
| 40 | 凉帽制作技艺 | 桥头镇文化广播电视服务 | 第一批（2007 年） | | | 邓佰稳，男，桥头镇，1957 年 8 月出生，市级第一批（2010 年） |
| 41 | 交盘会 | 石碣镇文化广播电视服务中心 | 第一批（2007 年） | | | |
| 42 | 放河莲花 | 道滘镇文化广播电视服务中心 | 第一批（2007 年） | | | |
| 43 | 东莞粥品 | 东莞市花园粥城饮食有限服务公司 | 第一批（2007 年） | | | |
| 44 | 东莞小吃 | 东莞市花园粥城饮食有限服务公司 | 第一批（2007 年） | | | |
| 45 | 海月风帆传说 | 厚街镇文化广播电视服务中心 | 第二批（2010 年） | | | |
| 46 | 盲佬话 | 洪梅镇文化广播电视服务中心 | 第二批（2010 年） | | | |
| 47 | 老人歌 | 东城区文化服务中心 | 第二批（2010 年） | | | |
| 48 | 哭嫁歌 | 大朗镇文化广播电视服务中心 | 第二批（2010 年） | | | |
| 49 | 客家山歌（市级扩展项目） | 大岭山镇、塘厦镇文化广播电视服务中心 | 第二批（2010 年） | | | |
| 50 | 红漆描花传统木屐制作技艺 | 石龙镇文化广播电视服务中心 | 第二批（2010 年） | | | 梁锦泉，男，石龙镇，1962 年 5 月出生，市级第一批（2010 年） |
| 51 | 石龙新昌鼓制作技艺 | 石龙镇文化广播电视服务中心 | 第二批（2010 年） | | | 叶任和，男，石龙镇，1957 年 8 月出生，市级第一批（2010 年） |
| 52 | “李全和”麦芽糖、糖柚皮制作技艺 | 石龙镇文化广播电视服务中心 | 第二批（2010 年） | | | 李凤丽，女，石龙镇，1960 年 5 月出生，市级第一批（2010 年） |
| 53 | 冼沙鱼丸 | 高埗镇文化广播电视服务中心 | 第二批（2010 年） | | | |
| 54 | 糖不甩 | 东坑镇文化广播电视服务中心 | 第二批（2010 年） | | | |
| 55 | 焙荔枝干 | 大朗镇、常平镇文化广播电视服务中心 | 第二批（2010 年） | | | |
| 56 | 客家酿酒 | 清溪镇文化广播电视服务中心 | 第二批（2010 年） | | | 张凤英，女，清溪镇，1943 年 5 月出生，市级第一批（2010 年） |
| 57 | 阴菜 | 东坑镇文化广播电视服务中心 | 第二批（2010 年） | | | 卢善波，男，东坑镇，1927 年 10 月出生，市级第一批（2010 年）<br>卢国华，男，东坑镇，1955 年 8 月出生，市级第二批（2014 年） |
| 58 | 厚街什锦菜头制作技艺 | 厚街镇文化广播电视服务中心 | 第二批（2010 年） | | | 王慧婵，女，厚街镇，1965 年 1 月出生，市级第一批（2010 年） |
| 59 | 厚街濑粉手工制作技艺 | 厚街镇文化广播电视服务中心 | 第二批（2010 年） | | | 余球，男，厚街镇，1940 年 10 月出生，市级第一批（2010 年） |
| 60 | 寮步豆酱 | 寮步镇文化广播电视服务中心 | 第二批（2010 年） | | | |
| 61 | 土法凉茶“春明茶” | 大朗镇文化广播电视服务中心 | 第二批（2010 年） | | | 刘金玉，女，大朗镇，1937 年 8 月出生，市级第二批（2014 年） |

续表

| 序号 | 项目名称 / 类别 | 保护单位 | 获市级名录 | 获省级名录 | 获国家级名录 | 传承人姓名及基本情况 |
|---|---|---|---|---|---|---|
| 62 | 浸冬瓜水 | 常平镇文化广播电视服务中心 | 第二批（2010 年） | | | |
| 63 | 开灯习俗 | 东城区文化服务中心<br>洪梅镇文化广播电视服务中心<br>大朗镇文化广播电视服务中心 | 第二批（2010 年） | | | |
| 64 | 东莞传统婚俗 | 东城区文化服务中心<br>麻涌镇、常平镇、横沥镇文化广播电视服务中心 | 第二批（2010 年） | | | |
| 65 | 疍家传统婚俗 | 沙田镇文化广播电视服务中心 | 第二批（2010 年） | | | |
| 66 | 客家传统婚俗 | 凤岗镇、大岭山镇文化广播电视服务中心 | 第二批（2010 年） | | | |
| 67 | 入伙习俗 | 东城区文化服务中心 | 第二批（2010 年） | | | |
| 68 | 喊惊习俗 | 东城区文化服务中心<br>东坑镇文化广播电视服务中心 | 第二批（2010 年） | | | |
| 69 | 中秋习俗 | 东城区、麻涌镇、桥头镇文化广播电视服务中心 | 第二批（2010 年） | | | |
| 70 | 祝寿习俗 | 黄江镇文化广播电视服务中心 | 第二批（2010 年） | | | |
| 71 | 新年习俗 | 常平镇文化广播电视服务中心<br>东城区文化服务中心 | 第二批（2010 年） | | | |
| 72 | 端阳节 | 望牛墩镇文化广播电视服务中心 | 第二批（2010 年） | | | |
| 73 | 古琴音乐（岭南派） | 莞城区文化服务中心 | 第三批（2014 年） | | | 王可逊，男，1973 年 6 月，市级第二批（2014 年） |
| 74 | 竹塘麒麟舞 | 凤岗镇竹塘村委会 | 第三批（2014 年） | | | |
| 75 | 凤岗中国象棋 | 凤岗镇文化广播电视服务中心 | 第三批（2014 年） | | | |
| 76 | 龙形拳 | 塘厦镇文化广播电视服务中心 | 第三批（2014 年） | | | |
| 77 | 道滘蟛蜞酱制作技艺 | 道滘镇文化广播电视服务中心 | 第三批（2014 年） | | | |
| 78 | 庾家粽制作技艺 | 东莞市花园粥城服务有限公司 | 第三批（2014 年） | | | |
| 79 | 高埗矮仔肠制作技艺 | 高埗镇文化广播电视服务中心 | 第三批（2014 年） | | | |
| 80 | 莞城花灯制作技艺 | 莞城区文化服务中心 | 第三批（2014 年） | | | |
| 81 | 樟木头麒麟制作 | 樟木头镇文化广播电视服务中心 | 第三批（2014 年） | | | |
| 82 | 万江新村腐竹制作 | 万江区文化服务中心 | 第三批（2014 年） | | | |
| 83 | 茶园游会 | 茶山镇文化广播电视服务中心 | 第三批（2014 年） | | | |
| 84 | 大步巡游 | 麻涌镇文化广播电视服务中心 | 第三批（2014 年） | | | |

续表

| 序号 | 项目名称 / 类别 | 保护单位 | 获市级名录 | 获省级名录 | 获国家级名录 | 传承人姓名及基本情况 |
|---|---|---|---|---|---|---|
| 85 | 东莞传统民居建筑习俗 | 南城区文化服务中心 | 第三批（2014 年） | | | |
| 86 | 东莞卖懒习俗 | 南城区文化服务中心 | 第三批（2014 年） | | | |

注：1. 市级名录三批共86项，其中含省级33项，国家级5项。

2. 七夕贡案保护单位为望牛墩镇、道滘镇，2007年望牛墩镇成功申报省级第二批名录，名称为“乞巧节”；2012年道滘镇成功申报省级第四批名录，名称为“七夕贡案”。

3. 莞香制作技艺保护单位原为大岭山镇文化广电服务中心，2013年底申报第四批国家级非遗项目名录时，按省文化厅要求更改为东莞市尚正堂莞香发展有限公司。

东莞市莞香制作技艺、木鱼歌、麒麟制作等3个项目传承基地获批第二批广东省非物质文化遗产传承基地。公布第三批市级非物质文化遗产名录项目14个、第二批市级非物质文化遗产项目代表性传承人名单10人。

【非物质文化遗产专题活动】 2014年，东莞市开展非物质文化遗产走进镇街活动4场，为配合文化遗产日的主题“非遗保护与城镇化同行”，结合水乡片区开展的龙舟月活动，在望牛墩镇、中堂镇巡回开展龙舟文化展活动。以专题形式开展非物质文化遗产展，在东莞市非物质文化遗产展示馆举办“古风今韵”展6场。还进行城际非物质文化遗产交流活动，联合清远市文广新局、清远市文化馆，于清远市举办莞清非物质文化遗产图片展。积极做好进校园传承工作，开展“莞脉传承”之非物质文化遗产进校园专题活动8场，涉及东莞市高等院校、中小学。组织做好非物质文化遗产骨干与传承人交流，于6月组织全市非物质文化遗产工作者、传承人参加“全市非遗保护经验交流会暨图文整理、实物征集学习班”，10月组织全市各镇街非物质文化遗产保护骨干参观首届广东21世纪海上丝绸之路博览会，并召开全市骨干经验交流会。

## 文物·博物

【文物、博物概况】 截至2014年，东莞市拥有市级以上文物保护单位135处，其中全国重点文物保护单位7处，省级文物保护单位20处，市级文物保护单位108处；拥有博物馆34家。2014年，东莞市文物博物保护工作以创建国家历史文化名城为统领，推进各类文化遗产保护利用，弘扬优秀传统文化，传承东莞历史文脉。

【文物资源保护】 2014年，东莞市人民政府公布第十批东莞市文物保护单位，包括邓蓉镜、邓尔雅故居等15处文物，并公布其保护范围和建设控制地带。组织指导各镇街规范标注120处文物保护单位保护范围和建设控制地带以及459处不可移动文物本体地理坐标，纳入全市城乡规划监控体系，实现文物保护与城市规划建设无缝对接。深化东莞城市历史文化价值与特色研究，形成5万余字的《东莞城市历史文化特色与价值》研究成果。结合东莞市创建国家历史文化名城宣传工作，策划制作《东莞市创建国家历史文化名城图片展》，并赴各镇街巡展。依托东莞市历史文化资源，策划出版《东莞地域历史文化丛书》，其中《袁崇焕集》出版；《东莞历代碑刻选集》于年底出版，并配套举办碑刻拓片展览。

【博物馆体系建设】 2014年，可园博物馆完成基本陈列《岭南传统园林与建筑》陈列大纲编写；广东东江纵队纪念馆完成基本陈列第七展厅《高风亮节》升级改造；袁崇焕纪念园完成《一代督师袁崇焕生平与纪念陈列》设计制作并对外开放，结束该园无基本陈列的历史。市属博物馆引进《“蓝色革命——海上丝绸之路的见证”瓷器展览》《瓯骆风　八桂情——广西民族历史文化展》等精品展览87场，全年参观人数1005.17万人次。着力丰富博物馆宣教活动，在“‘5·18’国际博物馆日”及“中国文化遗产日”期间，组织策划“到博物馆睇坚嘢”——文物精品展览和鉴赏互动系列活动61项，参与人数35万人次。策划开展袁崇焕诞辰430周年纪念系列活动，制作相关宣传专版。会同市教育局，统筹组织各市属博物馆整合资源，以“博物馆菜单配送流动展览和主题讲座”为主题，策划制作流动活动项目25项，形成博物馆流动展览菜单整体推出，全年有37所学校、3家企业、4个村（社区），申报开展活动95场。编制《东莞市民办博物馆发展规划（2014—2016年）》《东莞市民办博物馆发展2014年工作计划》，报请市政府设立民办博物馆扶持资金。制定《东莞市民办博物馆扶持暂行办法》，具体指导厚街国寿红木家具博物馆、厚街鑫源食品文化博物馆、大朗毛织博物馆、东城开合箱盒文化博物馆、黄江竹藤草家具博物馆等20家民办博物馆筹建工作，积极推动民办博物馆发展。

【第一次全国可移动文物普查推进】 2014年，东莞市制定并印发第一次全国可移动文物普查信息采集登录阶段工作方案，编制普查手册，组织举办可移动文物普查培训班、文物普查摄影技术培训班、可移动文物信息登录平台操作培训，明确技术规范，提升操作技能。完成非文博系统文物藏品认定工作，认定9家收藏单位共1912件可移动文物。指导文物收藏单位规范采集及登录文物数据信息，文物藏品登录完成率162%，居全省第二位；登录藏品总数1.62万件（套），居全省第二位；登录单位信息比重100%，居全省第一位。

## 2014年东莞市博物馆情况

| 序号 | 名称 | 性质 | 建筑面积（平方米） | 展厅面积（平方米） | 所在地 |
|---|---|---|---|---|---|
| 1 | 鸦片战争博物馆 | 国有 | 35000 | 9000 | 虎门镇 |
| 2 | 东莞市博物馆 | 国有 | 5800 | 3300 | 莞城街道 |
| 3 | 可园博物馆 | 国有 | 41771 | 2534 | 莞城街道 |
| 4 | 广东东江纵队纪念馆 | 国有 | 5001 | 3989 | 大岭山镇 |
| 5 | 东莞展览馆 | 国有 | 26000 | 10000 | 南城街道 |
| 6 | 东莞市袁崇焕纪念园 | 国有 | 10582 | 860 | 石碣镇 |
| 7 | 东莞科学技术博物馆 | 国有 | 40000 | 10000 | 南城街道 |
| 8 | 东莞蚝岗遗址博物馆 | 国有 | 2659 | 1260 | 南城街道 |
| 9 | 石龙博物馆 | 国有 | 2600 | 700 | 石龙镇 |
| 10 | 石龙镇信息产业展示馆 | 国有 | 1000 | 800 | 石龙镇 |
| 11 | 石龙镇举重博物馆 | 国有 | 560 | 560 | 石龙镇 |
| 12 | 塘厦城市展示馆 | 国有 | 2600 | 700 | 塘厦镇 |
| 13 | 凤岗历史博物馆 | 国有 | 1500 | 1400 | 凤岗镇 |
| 14 | 沙田水文化展览馆 | 国有 | 800 | 500 | 沙田镇 |
| 15 | 容庚故居纪念馆 | 国有 | 203 | 203 | 莞城街道 |
| 16 | 李任之生平事迹陈列馆 | 国有 | 200 | 200 | 常平镇 |
| 17 | 卢子枢艺术纪念馆 | 国有 | 350 | 350 | 虎门镇 |
| 18 | 中国建筑陶瓷博物馆（唯美陶瓷博物馆） | 民办 | 10000 | 16000 | 高埗镇 |
| 19 | 钱币博物馆 | 民办 | 3000 | 2400 | 东城街道 |
| 20 | 冠和博物馆 | 民办 | 3305 | 3000 | 樟木头镇 |
| 21 | 诺华中式家具博物馆 | 民办 | 8000 | 4000 | 道滘镇 |
| 22 | 森晖自然博物馆 | 民办 | 7800 | 6500 | 莞城街道 |
| 23 | 观音山古树博物馆 | 民办 | 2000 | 2000 | 樟木头镇 |
| 24 | 旗峰山艺术博物馆 | 民办 | 10000 | 5782 | 东城街道 |
| 25 | 东莞饮食风俗博物馆 | 民办 | 1000 | 880 | 万江街道 |
| 26 | 圣心糕点博物馆 | 民办 | 16000 | 3000 | 茶山镇 |
| 27 | 陈伯陶史迹陈列馆 | 民办 | 210 | 210 | 中堂镇 |
| 28 | 东莞粤剧博物馆 | 民办 | 3800 | 500 | 道滘镇 |
| 29 | 蚝岗民俗文物馆 | 民办 | 1798 | 900 | 南城街道 |
| 30 | 啤酒博物馆 | 民办 | 167333 | 3000 | 松山湖 |
| 31 | 石龙奇石馆 | 民办 | 180 | 180 | 石龙镇 |
| 32 | 潢涌陈列馆 | 民办 | 2050 | 2050 | 中堂镇 |
| 33 | 开合箱盒文化博物馆 | 民办 | 1200 | 720 | 南城街道 |
| 34 | 东桥艺术品博物馆 | 民办 | 914 | 2892 | 大岭山镇 |

## 东莞市市级以上文物保护单位

| 序号 | 名称 | 年代 | 地点 | 级别 | 公布登记日期 |
|---|---|---|---|---|---|
| 1 | 林则徐销烟池与虎门炮台旧址 | 清 | 虎门镇 | 全国重点文物保护单位 | 第二批，1982年2月23日 |
| 2 | 东莞可园 | 清 | 莞城街道 | 全国重点文物保护单位 | 第五批，2001年6月25日 |
| 3 | 南社村和塘尾村古建筑群 | 明—清 | 茶山镇<br>石排镇 | 全国重点文物保护单位 | 第六批，2006年5月25日 |
| 4 | 却金亭碑 | 明 | 莞城街道 | 全国重点文物保护单位 | 第六批，2006年5月25日 |

续表

| 序号 | 名称 | 年代 | 地点 | 级别 | 公布登记日期 |
| --- | --- | --- | --- | --- | --- |
| 5 | 大岭山抗日根据地旧址 | 抗日战争 | 大岭山镇 | 全国重点文物保护单位 | 第六批，2006年5月25日 |
| 6 | 蚝岗贝丘遗址 | 新石器时代 | 南城街道 | 全国重点文物保护单位 | 第七批，2013年5月18日 |
| 7 | 广九铁路石龙南桥 | 1911年 | 石龙镇 | 全国重点文物保护单位 | 第七批，2013年5月18日 |
| 8 | 燕岭古采石场遗址 | 明—清 | 石排镇 | 广东省文物保护单位 | 第四批，2002年7月17日 |
| 9 | 村头村遗址 | 新石器时代 | 虎门镇 | 广东省文物保护单位 | 第三批，1989年6月29日 |
| 10 | 松岗遗址 | 明—民国 | 清溪镇 | 广东省文物保护单位 | 第七批，2012年10月20日 |
| 11 | 卫佐邦墓 | 清 | 东城街道 | 广东省文物保护单位 | 第五批，2008年11月18日 |
| 12 | 道滘大坟 | 清 | 道滘镇 | 广东省文物保护单位 | 第七批，2012年10月20日 |
| 13 | 金鳌洲塔 | 明 | 万江街道 | 广东省文物保护单位 | 批三批，1989年6月29日 |
| 14 | 横山康王庙 | 清 | 石排镇 | 广东省文物保护单位 | 批四批，2002年7月17日 |
| 15 | 黎氏大宗祠及古建筑群 | 宋—明—清 | 中堂镇 | 广东省文物保护单位 | 第四批，2002年7月17日 |
| 16 | 方氏宗祠 | 明 | 厚街镇 | 广东省文物保护单位 | 第五批，2008年11月18日 |
| 17 | 苏氏宗祠 | 明—清 | 南城街道 | 广东省文物保护单位 | 第五批，2008年11月18日 |
| 18 | 榴花塔 | 明 | 东城街道 | 广东省文物保护单位 | 第七批，2012年10月20日 |
| 19 | 余屋进士牌坊 | 明—清 | 东城街道 | 广东省文物保护单位 | 第七批，2012年10月20日 |
| 20 | 云岗古寺 | 明—清 | 石排镇 | 广东省文物保护单位 | 第七批，2012年10月20日 |
| 21 | 蒋光鼐故居 | 1930年 | 虎门镇 | 广东省文物保护单位 | 第四批，2002年7月17日 |
| 22 | 国殇冢 | 1949年 | 道滘镇 | 广东省文物保护单位 | 第四批，2002年7月17日 |
| 23 | 容庚故居 | 清 | 莞城街道 | 广东省文物保护单位 | 第五批，2008年11月18日 |
| 24 | 牛眠埔洪仁玕避难遗迹（含永培书室遗址、福音堂、鼎和堂、张彩廷纪念碑、张声和夫妇墓） | 清 | 塘厦镇 | 广东省文物保护单位 | 第五批，2008年11月18日 |
| 25 | 朱执信纪念碑 | 民国 | 虎门镇 | 广东省文物保护单位 | 第五批，2008年11月18日 |
| 26 | 石龙公园史迹（含周恩来演讲处、李文甫纪念亭、莫公璧殉难纪念碑、凯旋门） | 民国 | 石龙镇 | 广东省文物保护单位 | 第七批，2012年10月20日 |
| 27 | 雁田抗英指挥部旧址 | 1899年 | 凤岗镇 | 广东省文物保护单位 | 第七批，2012年10月20日 |
| 28 | 万福庵贝丘遗址 | 新石器时代 | 企石镇 | 东莞市文物保护单位 | |
| 29 | 龙眼岗贝丘遗址 | 新石器时代 | 石排镇 | 东莞市文物保护单位 | 第八批，2004年1月8日 |
| 30 | 宋皇姑赵氏墓 | 宋 | 东城街道 | 东莞市文物保护单位 | 第四批，1989年1月7日 |
| 31 | 陈莲峰墓 | 明 | 虎门镇 | 东莞市文物保护单位 | 第四批，1989年1月7日 |
| 32 | 熊飞墓 | 明 | 东城街道 | 东莞市文物保护单位 | 第四批，1989年1月7日 |
| 33 | 李桤墓 | 明 | 桥头镇 | 东莞市文物保护单位 | 第四批，1989年1月7日 |
| 34 | 叶永青家族墓 | 明 | 茶山镇 | 东莞市文物保护单位 | 第八批，2004年1月8日 |
| 35 | 郑瑜墓 | 明 | 虎门镇 | 东莞市文物保护单位 | 第八批，2004年1月8日 |
| 36 | 温皋谟家族合葬墓 | 明 | 寮步镇 | 东莞市文物保护单位 | 第八批，2004年1月8日 |
| 37 | 黄旗胜迹 | 宋 | 东城街道 | 东莞市文物保护单位 | 第七批，1993年6月22日 |
| 38 | 迎恩门城楼 | 明 | 莞城街道 | 东莞市文物保护单位 | 第三批，1982年8月24日 |
| 39 | 东岳庙 | 明 | 茶山镇 | 东莞市文物保护单位 | 第五批，1989年5月31日 |
| 40 | 大汾古桥 | 明 | 万江街道 | 东莞市文物保护单位 | 第七批，1993年6月22日 |
| 41 | 单氏小宗祠 | 明 | 石碣镇 | 东莞市文物保护单位 | 第七批，1993年6月22日 |
| 42 | 郭真人古庙 | 明 | 虎门镇 | 东莞市文物保护单位 | 第七批，1993年6月22日 |
| 43 | 黄氏宗祠 | 明 | 企石镇 | 东莞市文物保护单位 | 第七批，1993年6月22日 |
| 44 | 逆水流龟村堡 | 明 | 虎门镇 | 东莞市文物保护单位 | 第七批，1993年6月22日 |
| 45 | 王氏大宗祠 | 明 | 石排镇 | 东莞市文物保护单位 | 第八批，2004年1月8日 |
| 46 | 钟氏祠堂 | 明 | 寮步镇 | 东莞市文物保护单位 | 第八批，2004年1月8日 |
| 47 | 孙杜古桥 | 明 | 石龙镇 | 东莞市文物保护单位 | 第八批，2004年1月8日 |
| 48 | 鸡啼岗黄氏宗祠 | 明 | 黄江镇 | 东莞市文物保护单位 | 第八批，2004年1月8日 |

续表

| 序号 | 名称 | 年代 | 地点 | 级别 | 公布登记日期 |
|---|---|---|---|---|---|
| 49 | 彭氏大宗祠 | 明 | 东坑镇 | 东莞市文物保护单位 | 第八批，2004年1月8日 |
| 50 | 丁氏祠堂及丁屋村古围墙 | 明 | 东坑镇 | 东莞市文物保护单位 | 第八批，2004年1月8日 |
| 51 | 埔心村古建筑群 | 明—清 | 石排镇 | 东莞市文物保护单位 | 第八批，2004年1月8日 |
| 52 | 福隆文阁 | 明—清 | 石排镇 | 东莞市文物保护单位 | 第八批，2004年1月8日 |
| 53 | 江边村古建筑群 | 明—清 | 企石镇 | 东莞市文物保护单位 | 第八批，2004年1月8日 |
| 54 | 迳联村古建筑群 | 明—清 | 桥头镇 | 东莞市文物保护单位 | 第八批，2004年1月8日 |
| 55 | 西溪村古建筑群 | 明—清 | 寮步镇 | 东莞市文物保护单位 | 第八批，2004年1月8日 |
| 56 | 半仙山村古建筑群 | 明—清 | 横沥镇 | 东莞市文物保护单位 | 第八批，2004年1月8日 |
| 57 | 桥梓村古建筑群 | 明—清 | 常平镇 | 东莞市文物保护单位 | 第八批，2004年1月8日 |
| 58 | 文光庙 | 明—清 | 大朗镇 | 东莞市文物保护单位 | 第八批，2004年1月8日 |
| 59 | 大井头村古建筑群 | 明—清 | 大朗镇 | 东莞市文物保护单位 | 第八批，2004年1月8日 |
| 60 | 金刚经云石塔 | 清 | 莞城街道 | 东莞市文物保护单位 | 第三批，1982年8月24日 |
| 61 | 巍焕楼 | 清 | 道滘镇 | 东莞市文物保护单位 | 第七批，1993年6月22日 |
| 62 | 薰莱亭 | 清 | 桥头镇 | 东莞市文物保护单位 | 第七批，1993年6月22日 |
| 63 | 叶氏宗祠 | 清 | 大岭山镇 | 东莞市文物保护单位 | 第七批，1993年6月22日 |
| 64 | 马山古迹 | 清 | 大岭山镇 | 东莞市文物保护单位 | 第七批，1993年6月22日 |
| 65 | 慕香书室 | 清 | 凤岗镇 | 东莞市文物保护单位 | 第八批，2004年1月8日 |
| 66 | 郑氏宗祠 | 清 | 虎门镇 | 东莞市文物保护单位 | 第八批，2004年1月8日 |
| 67 | 礼屏公祠 | 清 | 虎门镇 | 东莞市文物保护单位 | 第八批，2004年1月8日 |
| 68 | 浮竹山文阁 | 清 | 寮步镇 | 东莞市文物保护单位 | 第八批，2004年1月8日 |
| 69 | 兰田别墅 | 清 | 横沥镇 | 东莞市文物保护单位 | 第八批，2004年1月8日 |
| 70 | 颂遐书室 | 清 | 常平镇 | 东莞市文物保护单位 | 第八批，2004年1月8日 |
| 71 | 陈氏家祠及胜起家祠 | 清 | 中堂镇 | 东莞市文物保护单位 | 第八批，2004年1月8日 |
| 72 | 福庆桥 | 清 | 中堂镇 | 东莞市文物保护单位 | 第八批，2004年1月8日 |
| 73 | 铁场客家围 | 清 | 清溪镇 | 东莞市文物保护单位 | 第八批，2004年1月8日 |
| 74 | 清厦客家围 | 清 | 清溪镇 | 东莞市文物保护单位 | 第八批，2004年1月8日 |
| 75 | 恬甲村古建筑 | 清—民国 | 南城街道 | 东莞市文物保护单位 | 第八批，2004年1月8日 |
| 76 | 中山路民国建筑群 | 民国 | 石龙镇 | 东莞市文物保护单位 | 第八批，2004年1月8日 |
| 77 | 保安圩古街 | 民国 | 大朗镇 | 东莞市文物保护单位 | 第八批，2004年1月8日 |
| 78 | 新埠正街 | 民国 | 横沥镇 | 东莞市文物保护单位 | 第八批，2004年1月8日 |
| 79 | 翟氏宗祠 | 明—清 | 莞城街道 | 东莞市文物保护单位 | 第九批，2012年11月6日 |
| 80 | 宋氏宗祠 | 清 | 南城街道 | 东莞市文物保护单位 | 第九批，2012年11月6日 |
| 81 | 白衣庙遗址 | 南宋—清 | 南城街道 | 东莞市文物保护单位 | 第九批，2012年11月6日 |
| 82 | 李氏大宗祠 | 明—清 | 南城街道 | 东莞市文物保护单位 | 第九批，2012年11月6日 |
| 83 | 陈氏宗祠 | 明—清 | 南城街道 | 东莞市文物保护单位 | 第九批，2012年11月6日 |
| 84 | 何氏大宗祠 | 明—清 | 万江街道 | 东莞市文物保护单位 | 第九批，2012年11月6日 |
| 85 | 陈氏大宗祠 | 明—清 | 万江街道 | 东莞市文物保护单位 | 第九批，2012年11月6日 |
| 86 | 元信陈公祠 | 清 | 万江街道 | 东莞市文物保护单位 | 第九批，2012年11月6日 |
| 87 | 节度陈公祠 | 清 | 厚街镇 | 东莞市文物保护单位 | 第九批，2012年11月6日 |
| 88 | 莫氏祠堂 | 明—清 | 麻涌镇 | 东莞市文物保护单位 | 第九批，2012年11月6日 |
| 89 | 李氏宗祠 | 明—清 | 东坑镇 | 东莞市文物保护单位 | 第九批，2012年11月6日 |
| 90 | 福隆当铺 | 明—清 | 石排镇 | 东莞市文物保护单位 | 第九批，2012年11月6日 |
| 91 | 谷吓文阁 | 清 | 石排镇 | 东莞市文物保护单位 | 第九批，2012年11月6日 |
| 92 | 埔心古塔 | 清 | 石排镇 | 东莞市文物保护单位 | 第九批，2012年11月6日 |
| 93 | 海月岩 | 宋 | 厚街镇 | 东莞市文物保护单位 | 第五批，1989年5月31日 |

续表

| 序号 | 名称 | 年代 | 地点 | 级别 | 公布登记日期 |
|---|---|---|---|---|---|
| 94 | 神仙水 | 明 | 厚街镇 | 东莞市文物保护单位 | 第七批，1993年6月22日 |
| 95 | 观音山古迹 | 明 | 大岭山镇 | 东莞市文物保护单位 | 第七批，1993年6月22日 |
| 96 | 崖山古迹 | 清 | 谢岗镇 | 东莞市文物保护单位 | 第七批，1993年6月22日 |
| 97 | 殷氏宗祠 | 明 | 大岭山镇 | 东莞市文物保护单位 | 第八批，2004年1月8日 |
| 98 | 洪全福故居 | 清 | 凤岗镇 | 东莞市文物保护单位 | 第八批，2004年1月8日 |
| 99 | 大沙村西门楼 | 清 | 大岭山镇 | 东莞市文物保护单位 | 第八批，2004年1月8日 |
| 100 | 大片美游击队税站旧址 | 清 | 大岭山镇 | 东莞市文物保护单位 | 第八批，2004年1月8日 |
| 101 | 广东人民抗日游击队东江纵队路东干部训练班旧址 | 抗日战争 | 清溪镇 | 东莞市文物保护单位 | 第三批，1982年8月24日 |
| 102 | 东莞县博物馆旧址 | 民国 | 莞城街道 | 东莞市文物保护单位 | 第五批，1989年5月31日 |
| 103 | 欧仙院 | 民国 | 石龙镇 | 东莞市文物保护单位 | 第六批，1990年2月1日 |
| 104 | 孙中山先代故乡旧址 | 清—民国 | 长安镇 | 东莞市文物保护单位 | 第八批，2004年1月8日 |
| 105 | 霄边农会旧址 | 清—民国 | 长安镇 | 东莞市文物保护单位 | 第八批，2004年1月8日 |
| 106 | 张廷辅墓 | 民国 | 南城街道 | 东莞市文物保护单位 | 第八批，2004年1月8日 |
| 107 | 李任之故居 | 民国 | 常平镇 | 东莞市文物保护单位 | 第八批，2004年1月8日 |
| 108 | 东江纵队第一支队三龙大队部及驻军营地旧址 | 民国 | 高埗镇 | 东莞市文物保护单位 | 第八批，2004年1月8日 |
| 109 | 东圃小学旧址 | 民国 | 高埗镇 | 东莞市文物保护单位 | 第八批，2004年1月8日 |
| 110 | 高埗大桥旧址 | 中华人民共和国 | 高埗镇 | 东莞市文物保护单位 | 第八批，2004年1月8日 |
| 111 | 太公岭村抗日旧址 | 民国 | 大岭山镇 | 东莞市文物保护单位 | 第八批，2004年1月8日 |
| 112 | 东莞县新二区区府旧址 | 民国 | 大岭山镇 | 东莞市文物保护单位 | 第八批，2004年1月8日 |
| 113 | 东莞中学民国建筑建筑群（含民国教学楼、报功祠） | 民国 | 莞城街道 | 东莞市文物保护单位 | 第九批，2012年11月6日 |
| 114 | 明伦堂财产信条碑亭 | 1937年 | 莞城街道 | 东莞市文物保护单位 | 第九批，2012年11月6日 |
| 115 | 讴歌亭 | 1921年 | 莞城街道 | 东莞市文物保护单位 | 第九批，2012年11月6日 |
| 116 | 虎门医院旧址 | 1933年 | 虎门镇 | 东莞市文物保护单位 | 第九批，2012年11月6日 |
| 117 | 郡尉公祠 | 1923年 | 厚街镇 | 东莞市文物保护单位 | 第九批，2012年11月6日 |
| 118 | 济川善堂 | 1936年 | 道滘镇 | 东莞市文物保护单位 | 第九批，2012年11月6日 |
| 119 | 崖山碉堡 | 1943年 | 塘厦镇 | 东莞市文物保护单位 | 第九批，2012年11月6日 |
| 120 | 莫萃华故居 | 20世纪20年代 | 洪梅镇 | 东莞市文物保护单位 | 第九批，2012年11月6日 |
| 121 | 邓蓉镜、邓尔雅故居 | 晚清 | 莞城街道 | 东莞市文物保护单位 | 第十批，2014年9月15日 |
| 122 | 主山黄氏宗祠 | 明清 | 东城街道 | 东莞市文物保护单位 | 第十批，2014年9月15日 |
| 123 | 乌石岗黎氏宗祠 | 明—民国 | 东城街道 | 东莞市文物保护单位 | 第十批，2014年9月15日 |
| 124 | 绍贤家塾 | 1937年 | 东城街道 | 东莞市文物保护单位 | 第十批，2014年9月15日 |
| 125 | 温塘文阁 | 清 | 东城街道 | 东莞市文物保护单位 | 第十批，2014年9月15日 |
| 126 | 周屋周氏宗祠 | 明清 | 东城街道 | 东莞市文物保护单位 | 第十批，2014年9月15日 |
| 127 | 余屋余氏宗祠 | 明清 | 东城街道 | 东莞市文物保护单位 | 第十批，2014年9月15日 |
| 128 | 修鳌峙塘围堤记碑 | 1948年 | 东城街道 | 东莞市文物保护单位 | 第十批，2014年9月15日 |
| 129 | 雅园张氏宗祠 | 清—民国 | 南城街道 | 东莞市文物保护单位 | 第十批，2014年9月15日 |
| 130 | 雪松李公祠 | 1917年 | 南城街道 | 东莞市文物保护单位 | 第十批，2014年9月15日 |
| 131 | 五玉翟公祠 | 清中期 | 南城街道 | 东莞市文物保护单位 | 第十批，2014年9月15日 |
| 132 | 上甲谢氏宗祠 | 明清 | 万江街道 | 东莞市文物保护单位 | 第十批，2014年9月15日 |
| 133 | 耕乐祖祠 | 清—民国 | 万江街道 | 东莞市文物保护单位 | 第十批，2014年9月15日 |
| 134 | 耕读祖祠 | 清—民国 | 万江街道 | 东莞市文物保护单位 | 第十批，2014年9月15日 |
| 135 | 谷涌庾氏宗祠 | 清—民国 | 万江街道 | 东莞市文物保护单位 | 第十批，2014年9月15日 |

注：全市共有市级以上文物保护单位135处，其中全国重点文物保护单位7处，省级文物保护单位20处，市级文物保护单位108处。

## 图书馆·文化馆·影剧院·美术馆

【图书馆】 截至2014年，东莞市拥有公共图书馆641个。其中，东莞图书馆建筑面积4.47万平方米，设有大陆首家漫画图书馆、全国首家自助图书馆、衣食住行图书馆、东莞书屋、台湾书屋等10个馆中馆，拥有20余个对外服务窗口。同时，在莞城街道新芬路另设9000余平方米的少年儿童图书馆。2014年，东莞图书馆馆藏图书增至214万册，接待读者236万人次，实现书刊外借223万册次，举办各类读者活动400余次。举办2014南国书香节东莞书展暨东莞第十届读书节，参与群众420万人次，其中“我讲书中的故事”儿童故事大王比赛共有31个镇街1万余人参与。继续成为中国国际影视动漫版权保护和贸易博览会分会场。以“漫画馆十周年”为主题，策划23项活动，累计吸引5.6万人参加。学术科研再创佳绩，2014年立项和在研的国家级课题2项，省部级课题4项，市厅级课题4项，承办2014年中国图书馆年会第12分会场“图书馆读书会与阅读推广”学术会议。获评首届“伯鸿书香组织奖提名奖”，“2012年中国图书馆年会的业务策划与组织”“漫画图书馆的建设与服务提升”2个项目获评第二届广东省图书情报创新奖。东莞图书馆被人力资源社会保障部、文化部授予“全国文化系统先进集体”称号。

【文化馆】 东莞市文化馆是东莞市群众文化的活动中心、创作中心、培训中心、资源配置中心、信息集散中心、群文理论研究中心，非物质文化遗产保护中心，2011年被文化部评为一级文化馆。2014年，东莞市文化馆积极推进市民艺术中心建设，完善新馆功能布局，开展非物质文化遗产展厅布展等工作。丰富文化惠民活动，“千场演出”完成1000场演出任务；首次面向省内外实行公益演出服务公开招标采购，以及扶持市内优秀艺术团队参演，惠及群众超过100万人次；“百场培训”举办209场，受惠市民1.17万人次；“走进艺术”公益培训开始设立镇街教学点，学位数量达1532个，为上年2倍。举办2014年东莞市群众音乐舞蹈花会和市第三届合唱节。组织东莞合唱团、民乐团、舞蹈团等排练，东莞合唱团获评“第四届中国（南充）嘉陵江合唱艺术节”金奖第一名、优秀指挥奖以及优秀伴奏奖。启动“文化志愿者大舞台”项目，举办演出41场和沙龙活动10期，受到文化部表彰。志愿者大舞台等项目入选国家级示范项目，市文化志愿者服务总队获评省先进文化志愿服务集体。群众文艺创作再创新高，结合“中国梦”和核心价值观宣传，推广歌曲《中国梦》，获评省“五个一”工程奖；打磨群文优秀作品参加省第六届音乐舞蹈花会比赛获6金6银2铜，成绩为全省第一名；编印《东莞市践行社会主义核心价值观优秀文艺作品集》等，并做好作品推广和节目展演。

【影剧院】 截至2014年，东莞市拥有东莞玉兰大剧院、塘厦演艺馆、东城影剧院、常平影剧院、莞城文化周末、望牛墩影剧院、长安影剧院、道滘粤韵馆、高埗影剧院、石碣影剧院、宵边影剧院、石排影剧院、凤岗影剧院、清溪影剧院、莲城影剧院等10多座剧院（影剧院）。其中玉兰大剧院是东莞市标志性的文化建筑，总建筑面积4.03万平方米，拥有1600座的大剧场1个和400座的多功能小剧场1个。2014年，玉兰大剧院组织164场国外经典节目演出，先后举办“绽放的玉兰”“打开艺术之门”“市民音乐会”等一系列公益活动。2014年12月，东莞市举办第四届中国·东莞音乐剧节，音乐剧节共有13台剧目、28场优秀音乐剧在玉兰大剧院以及塘厦演艺馆、“莞城文化周末”场馆、东城影剧院、常平影剧院、长安影剧院、望牛墩影剧院等多个场馆演出，吸引超过4万名市民前来观看。

【美术馆】 截至2014年，东莞市拥有岭南美术馆、莞城美术馆等10多家各类性质的美术馆。其中，岭南美术馆是市公益性事业单位，在省内外具有较大的影响力。2014年，岭南美术馆举办“写意江山—中国写意油画名家作品展”“反观工笔——中国当代工笔画学术邀请展”等46个大型展览；策划举办的“传神写真——岭南美术馆馆藏人物画精品展”是“文化部2014年全国美术馆馆藏精品展出季”的组成部分，展览所有展品来自岭南美术馆的典藏，涵盖多种艺术门类，并结合展览开展著名画家黄泽森人物画导赏与现场写生活动及“我是小小画瓷人”少儿美术活动。岭南美术馆打造“艺术与欣赏”公共教育品牌，举办多场公益艺术活动，提高市民对艺术的关注度和鉴赏力。开展《可园符号——岭南画派与现代中国画》研究课题，该课题申报广东省哲学社会科学“十二五”规划项目，获得批准立项，这是岭南美术馆第一个省级课题。截至2014年，岭南美术馆收藏艺术品1481件，其中国画799件，油画222件，雕塑30件，水彩94件，版画78件。主要以岭南地区近现代美术作品、广东当代美术作品和1919年起东莞籍人士创作的美术作品为主，国内现当代美术界具有较大学术影响力的艺术家代表作品及国外具有一定影响力艺术家的美术作品为辅。

莞城美术馆是莞城街道的公益性事业单位，是广东省首个镇街美术馆。2014年，“馆校共建”活动让莞城美术馆的公共服务深入学校，举办21个展览，接待观众近7万人，参观团体110个。截至2014年，莞城美术馆馆藏作品囊括书画、水彩、油画、陶瓷等作品累计7868件，成为当地收藏作品艺术鉴赏价值较高的美术馆。

（张玉纯　张佩欣）

## 党史·地方志·档案

### 党　史

【党史研究】 2014年，东莞市委党史研究室完成《中国共产党东莞简史》《袁振英研究史料》等书的编辑出版。开展《中国共产党东莞历史》第三卷（1978—2015）征编工作，完成2014年度党史大事记的编写。为配合全市党的群众路线教育实践活动的开展，组织开展党的群众路线资政专题研究，形成《群众路线是党的生命线——东莞党组织坚持群众路线的实践与经验》研究成果，受到广泛关注。结合东莞实际，选取改革开放初期东莞经济社会发展亮点，围绕“改革开放初期东莞‘三来一补’的兴起及其历史作用”进行专题研究，完成省党史部门下达的《广东改革开放实录》第一辑关于“特殊政策、灵活措施”的党史专题任务。编纂的《中国共产党东莞历史》（第一卷）被评为东莞市第三届哲学社会科学优秀成果著作类二等奖。撰写的《中国梦的再认识与对中国特色社会主义理论的启迪》，入选由中央党史研究室与中共贵州省委联合举办的“第二届全国党史文化论坛”。

【纪念粤赣湘边纵队成立65周年座谈会】 2014年1月10日，东莞市委党史研究室与东莞市原东边纵战士联谊会联合举办纪念中国人民解放军粤赣湘边纵队成立65周年座谈会。粤赣湘边纵队老战士代表和党史工作者欢聚一堂，重温边纵在解放战争中的光辉岁月，缅怀革命先烈的丰功伟绩。粤赣湘边纵队特别是东江纵队一支队三团在东莞进行革命斗争的历史，是东莞地方党史上光辉的篇章。粤赣湘边纵队广大指战员所表现的“坚定信念、爱国为民，不畏艰险、勇于胜利，艰苦奋斗、无私奉献”的边纵精神，是粤赣湘边纵队留给东莞、留给后人的宝贵精神财富。座谈会得到老同志充分肯定。

【袁振英诞辰120周年纪念活动】 2014年7月28日，为纪念中国共产党和中国社会主义青年团创始人之一袁振英诞辰120周年，东莞市委党史研究室组织人员参加“中国共产党建党史暨袁振英诞辰120周年学术研讨会”，中央党史研究室原副主任章百家、中央党校党建部原主任陈登才、广东省党史研究室主任杨汉卿、浙江省委党史研究室主任金延锋、上海市委党史研究室副主任严爱云等中央、省级党史专家100余人参加研讨会。2014年12月20日至2015年1月20日，东莞市委党史研究室与共青团东莞市委联合举办的“袁振英生平图片展”在东莞海战博物馆展出，通过“东莞骄子”“北大印记”“无政府共产主义的信徒”“精研易卜生”“共产主义马前卒”“中学男女同校的先行者”等12个部分展示袁振英跌宕起伏的一生。“袁振英生平图片展”还在南京市梅园新村纪念馆、浙江省嘉兴南湖革命纪念馆、黄埔军校纪念馆展出，扩大东莞重要党史人物在全国的影响。

【《中国共产党东莞简史》】 2014年，东莞市委党史研究室完成《中国共产党东莞简史》编辑出版。《中国共产党东莞简史》简要记述1924年12月中共东莞组织诞生至2012年中共十八大召开这88年间，中共东莞组织团结带领东莞人民，争取民族独立和人民解放，探索社会主义建设和发展道路，坚持改革开放和社会主义现代化建设的光辉历程，真实展现中共东莞组织和共产党人在新民主主义革命时期、社会主义革命和建设时期以及改革开放新时期的活动历史。该书的出版发行，为东莞广大党员、干部和群众学习党史提供一本简明、系统的地方党史普及读本。

【《袁振英研究史料》】 2014年，东莞市委党史研究室完成《袁振英研究史料》等书的编辑出版。袁振英是中国共产党和中国社会主义青年团的创始人之一，为在中国传播马克思列宁主义、创建中国共产党和中国社会主义青年团作了积极贡献。《袁振英研究史料》共43万字，分为袁振英文选、袁振英译作、袁振英著作、袁振英书信、袁振英活动、袁振英自述和附录七个部分。许多史料为第一次公开披露，对加强袁振英生平研究、袁振英思想与中共早期思想理论关系的研究、袁振英与其他著名历史人物关系的研究，具有重要的史料价值。 （黄勇胜）

**附：2014年中共东莞市委党史研究室主要领导名录**

主 任：叶淦奎

## 地方志

【地方志工作概况】 2014年，东莞市地方志部门先后编纂出版《东莞市志（1979—2000）》；《东莞年鉴（2014）》《东莞名片（2014）》《东莞之最》等，组织出版《东莞市统一战线志》《高埗镇志》《南城区志》《厚街镇志》《大岭山镇水朗村志》《石龙镇新维村志》等部门志、镇街志和村志，指导编纂《大朗年鉴》《虎门年鉴》《松湖年鉴》等镇街年鉴、部门年鉴，平均每月出书一部以上。召开地情资源开发利用工作会议，促使4个地情资源开发利用项目结项；开展读志用志，3—6月举行10批次赠书活动，12月启动地方志进校园系列活动；利用方志馆平台收藏、展示东莞历史文化，提供地情服务；加强理论研究，论文《一位被历史忽略的明代方志大家》在两年举办一次的评选中获全省第一名。截至2014年，东莞市二轮修志编纂出版148种地方志，超额完成出版100种地方志的总任务，出书数量、质量居全省各地级市前列。在10月东莞市人民政府地方志办公室（下称“市志办”）被省人社厅、省地方志办评定为广东省唯一参加全国地方志系统先进集体评选的单位。

【年鉴编纂“两会”机制形成】 截至2014年，东莞市经过多年的实践与探索，形成每年举行年鉴编纂“两会”机制：一是在年初市委市政府下发《〈东莞年鉴〉编纂规划与实施意见》文件之前，召开年鉴编目研讨会；二是在当年年鉴稿交付印刷之前，召开年鉴评稿会。其中2014年1月，在市方志馆召开《东莞年鉴》编目研讨会，邀请专家出席。而8月的年鉴评稿会，市志办抓住省地方志办在东莞市召开全省年鉴评议现场会暨年鉴质量建设座谈会的机会，主动拿出《东莞年鉴》2014卷初稿作蓝本，邀请省内外专家，从框架设计、

▲ 东莞市方志馆

▲ 2014年12月26日，市志办在南开实验学校举行首场“东莞历史简介”讲座和“东莞名片”图片展览，启动地方志进校园系列活动

条目编写、装帧设计等多个方面进行评议。通过“两会”，为《东莞年鉴》2014年卷的质量提升奠定坚实基础。

【读志用志赠书活动举行】 2014年，市志办先后举行读志用志赠书活动，其中3—6月举行10批次赠书活动，先后把1662套《东莞市志（1979—2000）》送到市教育局、市委党校、市社科联、东莞世界莞商联合会等单位；市内6所高等院校；市各级图书馆（室）、中小学校图书馆；南城中学、东城街道民办中小学等学校、8家《东莞年鉴》图片优秀供稿单位、企石聚盈公司等企业。此次赠书活动，受到市内几家主流媒体的持续报道，得到各级领导和广大人民群众好评。

【地方志进校园系列活动举办】 2014年12月26日，市志办在南开实验学校举行首场“东莞历史简介”讲座和“东莞名片”图片展览，启动地方志进校园系列活动。参观图片展览及收听讲座的观众1000多人次，师生对图片展览及讲座反应热烈。其中“东莞名片”图片展览，以东莞市获得的主要荣誉为主线，以图片的形式展示东莞经济社会发展的历史和现状，彰显东莞的特色和风采。“东莞历史简介”讲座则以时间为线索，串起东莞悠久而又辉煌的历史，分别是：古代东莞——千年古县，近代东莞——近代史开篇地，现代东莞——改革开放先行地。

【方志馆建设】 截至2014年，东莞市方志馆（临时）保存5.4万册地方志，主要是东莞市内志书、年鉴、地情丛书等，还有部分市外乃至省外地方志书与年鉴。其中收藏东莞市一轮及二轮修志书籍2万多册，部分明清朝代古籍136册，地情资料、历史文献、历史资料、诗歌、杂志、图册等书籍约3万册；另有广东省内地方志（除东莞）790册，省外地方志600册。市方志馆举行不定期举行单位或个人对方志馆的赠书活动，增加藏书，其中8月11日与莞城图书馆举行互赠书刊活动。接待访客，既有茶山、厚街等镇的热爱历史群众，又有市文化馆的工作人员、中山大学的毕业生、世界莞商联合会的作家等专业人士。走出社会，特别是12月26日到南开实验学校举行“东莞历史简介”讲座和“东莞名片”图片展。

方志馆新馆建设有序进行 7月31日由市政府召开市博物馆新馆（含市方志馆新馆）规划协调会，明确将市青少年活动中心东侧地块、玉兰大剧院南侧地块作为项目选址的比选方案。市规划局作出市方志馆新馆投资估算约1亿元。启动编制《东莞市方志馆建设工程项目建议书》，向工程咨询公司提供相关批示、会议纪要、市临时方志馆藏书情况和未来40年藏书预估等资料。并与市文广新局、规划局、发改局、财政局等部门协调沟通，密切跟进建馆各个环节工作。

【地方志信息化建设】 截至2014年，东莞市上传至市情网有志书15本，其中《东莞市志（1979—2000）》发布500万字，《东莞年鉴》13卷发布2600万字，文章类10万字，发布图片3000多幅，通过电子化手段，推广应用志书。网站总访问人数72万人。

【《东莞年鉴》2014年卷出版】
2014年9月，《东莞年鉴》2014年卷由广东人民出版社出版发行。全书200多万字，千多幅彩照，大16开，四色精装，图文并茂地记载2013年东莞市的大事要事及各行各业的发展历程。重点反映水乡特色发展经济区建设、“三重”建设、公共文化服务体系示范区建设、商事登记制度改革等方面的情况。该年鉴具有多项亮点：收录2013年市委、市政府重点工作完成情况；大幅增加“工业”“商贸流通业”类目的内容；重点记载一大批重点项目概况；“人物”类目增加全国五一劳动奖章获得者等先进群众的记载，包括全国五一劳动奖章获得者等系列。

【《东莞名片》2014年卷出版】
2014年6月，《东莞名片》2014年卷出版发行。该书由东莞市人民政府地方志办公室编制，全书分“概况篇”“荣誉篇”“改革篇”三大部分，共8.5万字，以东莞市获得的主要荣誉为主线，展示一张张亮丽的“名片”，简介东莞经济社会发展的历史和现状，图文并茂地彰显东莞的特色和风采，提升东莞城市形象。

【《东莞之最》出版】 2014年6月，《东莞之最》出版发行。该书由东莞市人民政府地方志办公室、东莞世界莞商联合会共同编制，选编400多个条目，按“综合、特色镇街、基础设施、经济、政治、教育·科技、文化、体育·卫生、社会”九大类汇编。该书主要记述东莞行政区域内所创造的在珠三角、全省、华南地区、全国乃至亚洲、世界居首位的事物，从而体现东莞人民勤劳、勇敢、智慧的风采和敢为天下先的东莞精神。记述上限不限，下限至2013年，重点记载中华人民共和国成立以来，特别是改革开放以来东莞开拓进取、奋勇争先所创造的奇迹。

【《东莞市望牛墩镇志》出版发行】
2014年6月26日，《东莞市望牛墩镇志》举行首发式。该镇志时间断限上始于宋末，下限至公元2009年，重点记载望牛墩改革开放以来的自然、经济、政治、文化、社会等方面的历史。专志分21篇，另设有大事记、概述、编后记、附录等，共99万字，有200多幅图片、300多幅图表，综合采用述、记、志、传、图、表、录等各种体裁。

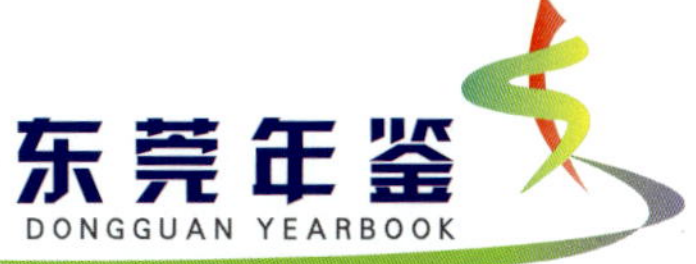


【《大岭山镇水朗村志》出版】 2014年，《大岭山镇水朗村志》出版。该村志上限自水朗村立围（约明朝成化年间，公元1465—1487年），下限至2013年底。从“地理环境、自然风貌、经济文化、风土人情”等方面记载水朗村500多年的发展过程，着重再现中华人民共和国成立后，尤其是中共十一届三中全会后，水朗村充分利用国家有利政策和独特区域地理优势，锐意进取、开拓创新，不断创造幸福美好生活的历史新篇。全书14.3万字，分为24个章节。

【《石龙镇新维村志》出版】 2014年7月，《石龙镇新维村志》出版。该村志记叙新维村从清朝中期到2013年新维村发展的历史，突出表现中华人民共和国成立后、特别是改革开放以来所取得的成就。分为自然、乡村建设、经理、政治、军事治安、教育体育卫生、文化、社会、人物等9篇，全书35万多字，共300多页。该村志为石龙镇第一部村志。

（王学林）

**附：2014年东莞市人民政府地方志办公室主要领导名录**

主任：潘朝明

## 档 案

【档案事业概况】 2014年，东莞市档案工作得到各级领导的重视和支持，国家档案局局长杨冬权、副局长胡旺林分别来东莞视察，充分肯定东莞档案工作。东莞市委、市政府关心和支持档案工作，经市政府常务会议讨论通过同意印发的有关档案工作的文件4份；档案工作经费投入得到保障，市政府拨款581万元作为馆藏档案数字化专项经费，民国报纸和古籍文献修复抢救工作第一期投入90万元，方言建档工作投入100万元。全市各镇街和副处以上单位投入档案信息化经费2700多万元，历年累计达6700多万元。档案工作业务指标稳步增长，全市档案室面积8.53万平方米，室藏档案1600多万卷，其中文书档案12万9千卷又352万件。全市档案数字化6667万页，历年累计达4亿5500万页。全市查阅利用档案达40万卷，19万人次。档案工作亮点纷呈，大朗镇的档案工作和东莞市机关事务管理局档案综合管理在全市58项“单打冠军”中榜上有名；东莞市档案馆在全省国家综合档案馆评估中连续第5年被评为优秀等次；东莞市档案馆被省档案局、省教育厅命名为广东省级中小学档案教育社会实践基地。

【档案服务中心工作】 2014年3月，经市政府同意，东莞市档案局、市发改局联合印发《东莞市重大建设项目档案管理办法》，做好重大建设项目档案管理。其中，东莞市档案局参与或组织东部快速路工程、西部干道市政工程、莞深高速公路东城段工程、角布变电站工程等9个建设项目的档案验收工作，并开展项目档案指导调研，举办项目档案管理专题培训班。截至2014年，全市开工的106个重大项目中，档案登记管理的有85个，登记率80%。同时，与相关部门联系，为创建国家森林城市、国家生态市、全国农村综合改革等示范试点做好档案服务工作；做好党的群众路线教育实践活动中形成的档案收集归档，基本完成东莞市卫生局、计生局、物价局、口岸局、外经贸局等撤并机构的档案处置和移交接收。

【依法治档】 2014年，东莞市加强档案目标管理认定，共有99个单位实现省级档案综合目标管理。截至2014年，全市共有533个单位实现省级档案综合目标管理，100%村（社区）实现省级档案工作目标管理认定。完成321个单位档案复查工作，对2个单位的档案违法行为进行执法检查并作出处分意见，印发《关于加强我市档案中介机构规范管理的意见》，规范档案中介机构管理。

【档案资源体系建设】 “档案馆收集档案年”活动 2014年，东莞市档案馆接收纸质档案8597卷又3万件，征集档案100多件，馆藏档案总计达14.63万卷又59.39万件，其中民生档案占馆藏总数52.1%。档案信息化 召开全市镇街、市直单位数字档案室建设现场推进会，各选出3个试点单位，推进数字档案馆（室）建设。在全市范围内推广使用东莞市数字档案馆（政务网）平台，设置121个单位用户和468个个人用户，可使用档案目录中心、虚拟档案室、监督指导系统等系统。启用东莞市电子文档中心，实现网上文件流转管理系统与电子文档中心数据的交接。开展第十期馆藏档案数字化工作，完成档案数字化加工著录3.52万件，扫描12.86万页。名人档案 2014年，按《东莞市名人档案管理办法》规定，经市政府审核同意，共有27位名人入选第三批名人档案库，收集、接收和整理纸质档案302件、实物档案109件、照片277张。截至2014年，共有263人入选名人档案库。方言档案 3月，东莞市印发《建立东莞方言档案工作实施方案的通知》，东莞成为广东省首个开展方言建档工作的地级市。截至2014年，莞城街道、樟木头镇的方言建档工作完成，石龙、虎门、大岭山、凤岗、清溪和谢岗镇启动方言建档工作。

【档案利用】 2014年，东莞市档案馆为社会和群众提供利用档案1844卷又1211件，图书资料177册，照片500多张，土地证87户，提供档案资料复印1.18万页，接待查阅利用人次比上年增加204%。接收公开文件1554件，通过网站和手机查阅利用公开文件和开放档案的点击量超过1.2万人次。

【档案宣传】 宣传活动 2014年，东莞市档案馆举办“公众开放日”等活动，累计接待来馆参观人数近1700人次，比上年增长100%。其中，3月举办主题为“莞邑巾帼‘3·8’相约档案馆”活动，接待来馆参观者457人次；5月举办“儿童美术手工作品展”，接待来馆参观者近600人次。“‘6·9’国际档案日活动”期间，接待参与活动市民500多人次。与市政协共同筹办《一座城市的记忆——百年东莞图片展》，先后在东莞市会议大厦、莞城图书馆、市图书馆等地巡展，最后在市档案馆固定展出。基地建设 5月，经广东省档案局和广东省教育厅考察组考察认定，东莞市档案馆成为全省首批“广东省中小学档案教育社会实践基地”，市商业学院、东莞理工学院、市光正实验学校等先后组织近1200学生来馆参观学习。7—8月，举办6期中小学生暑期实践活动。

【档案编研培训】 2014年，东莞市档案局(馆)与市政协联合编印《一座城市的记忆——百年东莞图片集》。编写完成《东莞市档案志》。编印乡土教材《东莞革命斗争故事选编（一）》。编辑《东莞档案》5期。编写《档案资政参考》2期。举办档案培训班12期，其中与省档案局联合举办广东省档案人员岗位培训班2期，专题业务培训班10期，培训1014人次。

（廖 威）

**附：2014年东莞市档案局(馆)主要领导名录**

局（馆）长：成洪生

# 体育·卫生 SPORTS · HEALTH

东莞篮球中心

编辑：施雪芬

## 体 育

【体育概况】 2014年，东莞市深化体育改革，加快转变体育发展方式，加大经费及人力投入，工作重心向群众体育倾斜。举办各类群众体育活动、赛事超过330项，超过30万人次参加。承办广东省第八届老年人运动会，以704.65分的总成绩，获得全省团体总分第一名；以13枚金牌（第一名）获得全省金牌数第一名；以27枚奖牌（一等奖）获得全省奖牌数第一名，捧得分量最重的“团体总分一等奖”。参加省第五届少数民族传统体育运动会，获单项4枚金牌，团体总分居全省第八名。参加省工人运动会获单项一等奖3个，团体总分居第三名。

2014年，东莞市竞技体育稳中提升，举办第八届市运会实现预期目标，参加国内、国际大赛夺金实力增强。东莞籍运动员参加亚运会、亚残运会，夺得5枚金牌、1枚银牌。

2014年，东莞市完成第六次全国体育场地普查，加强夏季泳池开放监督检查，寻求民间资本合作，体育彩票销售再攀新高，销售额达15.09亿元。

【群众体育设施建设】 2014年，东莞市设立专项经费290万元，比上年增长1.15倍，资助村（社区）建设全民健身广场29个。截至2014年，全市有广场、公园晨晚练点262个。对各镇街的健身路径安全和使用情况进行汇总，实现全市体育健身路径网上公示，进一步完善公共体育设施检修维护制度。

【群众体育服务质量提高】 2014年，东莞市提高国民体质监测的数据质量，完成监测样本7500份。培训二级社会指导员89人，三级社会指导员305人。增设20个社会体育指导员活动站点，17个健身气功站点。

【群众体育组织发展】 2014年，东莞市新成立体育协会3个。截至2014年，全市有体育社会组织96个，其中市级单项体育协会27个。设立专项经费79万元，用于补助协会组织、参加体育赛事。

【东莞运动员亚运会、亚残运会摘金夺银】 2014年9月24日，在第十七届仁川亚运会上，虎门运动员张芏夺得男子赛艇2000米四人双桨金牌。10月3日，麻涌运动员郭建力在现代五项中夺得团体金牌及男子个人金牌，东莞籍运动员时隔32年再获个人项目金牌。10月22—24日，在亚残运会上，东城运动员周国华获得女子T11-13级4×100米接力比赛金牌、女子T12级100米个人金牌及400米银牌。

【姚基金篮球慈善赛在东莞市举行】 2014年8月31日，姚基金篮球慈善赛在东莞市举行。美国著名篮球明星托尼·帕克领衔的美国职业男篮明星队与中国男篮明星队为观众奉献一场顶级篮球赛事。当晚举行东莞篮球中心开馆仪式、东莞十大慈善人物颁奖、球星签名物品慈善拍卖、美国球星巴蒂尔退役仪式等活动。该次慈善赛筹得善款700.08万元。

【东莞麻涌光大龙舟队扬名国内外】 2014年6月6日，东莞麻涌光大龙舟队参加香港国际龙舟邀请赛，夺得500米标准龙国际公开金杯赛冠军、500米标准龙国际公开锦标赛冠军及500米小龙舟国际公开锦标赛冠军。9月4—8日，参加世界龙舟俱乐部锦标赛，在意大利拉文纳皮划赛艇基地夺得标准龙最高级别公开组200米冠军、500米冠军及2000米季军。12月6—7日，参加在海南陵水举行的中华龙舟大赛总决赛，勇夺500米直道竞速冠军和200米直道竞速第二名，取得该次总决赛冠军，并力压顺德乐从队夺得中华龙

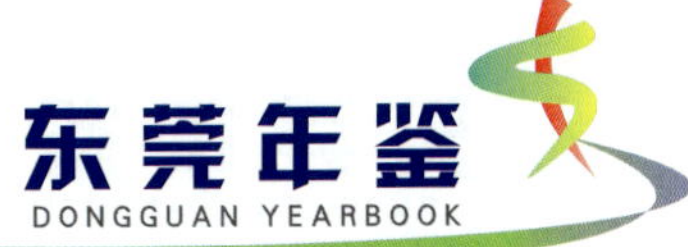


舟大赛年度总冠军。

【广东世纪城羽毛球俱乐部夺得羽毛球超级联赛冠军】 2014年5月3日，广东世纪城羽毛球俱乐部在东莞市体育馆主场拿下总决赛第二回合，夺得2013—2014赛季羽毛球超级联赛冠军。

【东莞划船队参加省青少年赛艇锦标赛获佳绩】 2014年8月26—29日，东莞划船队37名运动员参加广东省"体彩大乐透杯"青少年赛艇锦标赛，摘获5枚金牌、9枚银牌、6枚铜牌，以团体总分380分居全省第三名。

【2014年新年环城跑活动举行】 2014年1月2日，2014年东莞市新年环城跑活动在市体育中心广场举行。市有关单位干部职工、企业员工以及社会各界群众近1.2万人参加长跑。队伍按方阵依次从市体育中心广场出发，沿胜和路、鸿福路慢跑，经石竹路、体育路，最后到达市行政办事中心北门，全程约3公里。

【东莞市第八届运动会举办】 2014年6—10月，东莞市举办第八届运动会。有5000多名运动员参加，竞赛项目设21个大项，517个小项，比赛产生795.35枚金牌，金牌总数和参加人数均创历史新高，实现选拔与练兵的预期目标。第八届市运会包含市篮球联赛项目，南城、大朗、麻涌队分获男子甲级第一、二、三名，松山湖、常平、大朗队分别夺得女子甲级第一、二、三名。

【苏迪曼杯赛事筹备】 2014年，苏迪曼杯世界羽毛球混合团体锦标赛筹备工作全面铺开。东莞市成立赛事筹委会，由市长袁宝成担任主任，下设11个赛事职能部门，统筹筹备工作。定期召开工作协调会，制定筹备工作方案和重要工作时间节点。落实财政预算及招商工作，完善场馆赛事服务。计划开展34项文体推广活动，其中市体育局牵头负责16项。赛事徽标、口号、吉祥物征集活动结束。官方网站进入试运行阶段。志愿者招募、培训工作进行。城市综合管理抓好。

【第六次全国体育场地普查】 2014年1—4月，东莞市组织对全市（除解放军、武警、铁路系统外）各系统、各行业、各种所有制形式的体育场地普查。截至2013年，全市有各类体育运动场地1.32万个（片），其中体育场20个，综合体育馆57座，篮球场5652片，足球场102个，全民健身路径1050条，室外游泳池285个，游泳馆46座，羽毛球场1535片。

【夏季泳池开放监督检查】 2014年5月开始，东莞市组织对全市32个镇街的80多个游泳场馆进行检查，重点检查泳

## 深化体育改革　转变发展方式

① 2014年10月27日，副市长鲁修禄（左四）、喻丽君（右四）率队出席2014年仁川亚残运会冠军周国华团队凯旋仪式

② 2014年10月3日，莞籍运动员郭建力（中）夺得2014仁川亚运会现代五项团体及个人冠军

池按国家新标准设计情况和配套人员、设备设施情况。举办救生员培训班3期，114人参加。印发1万份夏季游泳安全知识手册，免费派发到各泳场，倡导群众到正规游泳场所游泳，提高安全防范意识。

【市篮球中心启用】 2014年8月31日，东莞市篮球中心启用。该项目总投资7.3亿元，规划用地面积26.75公顷，包括主体育馆、后勤楼、地下动力房，一期总建筑面积5.68万平方米，容积率为0.23；总建筑占地面积为2.67万平方米，建筑密度为10%；总绿地面积8.03万平方米，绿化率为30%；拥有1657个停车位，其中室内停车位55个，室外停车位1602个；固定座椅1.12万个，活动座椅3333个，贵宾包厢1583个，共计1.61万个，此外还有残疾人位48个。建筑主体高度为36.5米。该馆以篮球活动为主，兼顾武术、柔道、羽毛球、排球、乒乓球、体操、击剑、举重、摔跤、拳击等赛事以及演唱会场等功能，具备旅游观光、宴会、餐饮等功能。

【体育彩票销售额刷新纪录】 2014年，东莞市销售体育彩票15.09亿元，比上年增加2.68亿元，增长21.6%，超额完成省下达的13.3亿元年度销量任务，取得销售总量全省排第三名、全省地级市排第一名的成绩，再次刷新体育彩票销售记录。

【网球赛事合作举办】 2014年，东莞市网球中心承办暑假青少年网球培训班，并与中国电信、奥利弗、东莞网球协会等企业、社会组织合作，承办东莞市网球公开赛、东莞市“天翼4G杯”珠三角网球团体邀请赛、“奥立弗杯”东莞市青少年网球公开赛、东莞市中小学生网球赛及“网协杯”东莞业余网球公开赛等10余项赛事，众多市民参与。

【2014塘厦高尔夫球博览会】 2014年11月13—16日，2014塘厦高尔夫球博览会在东莞市塘厦镇塘龙广场举行。展厅规模为1.9万平方米，设高尔夫球杆球具及配件展区、高尔夫服饰展区和个人消费品区、高尔夫球场和练习场展区、媒体中心和媒体展区、高尔夫设备试打区、交易洽谈及休闲区、高尔夫展示表演区、会议中心区等8大展区，设标准展位616个。吸引日本、韩国、美国、新西兰和北京、上海、广州等国内外高尔夫企业200多家参展。展会延续“展会+赛事”的办展模式，11月11—16日，2014年“塘厦杯”中国高尔夫球业余公开赛（总决赛）在观澜湖东莞球会开打。

（刘秋香）

**附：2014年东莞市体育局主要领导名录**

党组书记、局长：彭启尧

① 2014年8月31日，姚基金篮球慈善赛在东莞市篮球中心举行，姚明（左一）出席美国著名球星巴蒂尔（右二）当晚举行的退役仪式

② 2014年5月3日，东莞世纪城羽毛球俱乐部在主场夺得2013—2014赛季中国羽毛球俱乐部超级联赛冠军

③ 2014年9月12日，东莞市第八届运动会在市体育馆举行开幕式

## 2014年东莞市运动员参加全省重要比赛（不含交流赛、友谊赛等）前三名

| 项目 | 时间 | 地点 | 比赛名称 | 姓名 | 性别 | 小项 | 名次 | 输送镇街 |
|---|---|---|---|---|---|---|---|---|
| 田径 | 2014年7月 | 湛江 | 2014广东省青少年田径锦标赛 | 李鑫铭 | 男 | 男子乙组800米 | 1 | 东城 |
| | | | | 李鑫铭 | 男 | 男子乙组1500米 | 1 | 东城 |
| | | | | 高 露 | 女 | 女子甲组1500米 | 1 | 莞城 |
| | | | | 何 锋 | 男 | 男子乙组800米 | 2 | 东城 |
| | | | | 何 锋 | 男 | 男子乙组1500米 | 2 | 东城 |
| | | | | 于欣彤 | 女 | 女子乙组3000米竞走 | 2 | 莞城 |
| | | | | 辛 灵 | 女 | 女子乙组5000米竞走 | 2 | 莞城 |
| | | | | 赵伟焱 | 女 | 女子乙组800米 | 3 | 东城 |
| | | | | 李 妍 | 女 | 女子乙组400米栏 | 3 | 虎门 |
| | | | | 于欣彤 | 女 | 女子乙组5000米竞走 | 3 | 莞城 |
| | | | | 辛 灵 | 女 | 女子乙组3000米竞走 | 3 | 莞城 |
| | | | | 郭翠凤 | 女 | 女子乙组4×100米接力 | 3 | 麻涌 |
| | | | | 邓长虹 | | 女子乙组4×100米接力 | | 桥头 |
| | | | | 梁冬悦 | | 女子乙组4×100米接力 | | 横沥 |
| | | | | 香妙婵 | | 女子乙组4×100米接力 | | 横沥 |
| | | | | 许 盈 | 女 | 女子甲组标枪 | 3 | 麻涌 |
| | | | | 邓长虹 | 女 | 女子乙组400米 | 3 | 桥头 |
| 击剑 | 2014年8月 | 广州 | 2014广东省青少年击剑锦标赛 | 陈志伟 | 男 | 乙组花剑团体 | 1 | 谢岗 |
| | | | | 杜启帆 | | | | 塘厦 |
| | | | | 林 斌 | | | | 南城 |
| | | | | 刘梓浩 | | | | 南城 |
| | | | | 方世杰 | 男 | 甲组佩剑个人 | 1 | 常平 |
| | | | | 林 斌 | 男 | 乙组花剑个人 | 1 | 南城 |
| | | | | 陈志伟 | 男 | 乙组花剑个人 | 2 | 谢岗 |
| | | | | 赖江玲 | 女 | 甲组重剑团体 | 3 | 莞城 |
| | | | | 梁嘉琪 | | | | 洪梅 |
| | | | | 罗秋琪 | | | | 厚街 |
| | | | | 申华君 | | | | 东城 |
| | | | | 方世杰 | 男 | 甲组佩剑团体 | 3 | 常平 |
| | | | | 廖祖威 | | | | 塘厦 |
| | | | | 阮国政 | | | | 南城 |
| | | | | 张志深 | | | | 南城 |
| | | | | 林俊杰 | 男 | 甲组花剑个人 | 并3 | 塘厦 |
| | | | | 吕 韬 | 女 | 甲组佩剑个人 | 并3 | 南城 |
| 体操 | 2014年8月 | 珠海 | 2014广东省青少年体操锦标赛 | 陈思凯 | 男 | 15—16岁组个人全能 | 1 | 长安 |
| | | | | 刘付伟 | 男 | 10岁组吊环 | 1 | 南城 |
| | | | | 胡景文 | 男 | 9岁组单杠 | 1 | 南城 |
| | | | | 潘厚行 | 男 | 9岁组吊环 | 1 | 莞城 |
| | | | | 郭旭刚 | 男 | 9岁组吊环 | 1 | 莞城 |
| | | | | 周诗怡 | 女 | 乙组8岁组跳马 | 1 | 长安 |
| | | | | 王 震 | 男 | 乙组10岁组个人全能 | 2 | 南城 |
| | | | | 王 震 | 男 | 10岁组吊环 | 2 | 南城 |
| | | | | 王 震 | 男 | 10岁组双杠 | 2 | 南城 |
| | | | | 王 震 | 男 | 10岁组单杠 | 2 | 南城 |

续表

| 项目 | 时间 | 地点 | 比赛名称 | 姓名 | 性别 | 小项 | 名次 | 输送镇街 |
|---|---|---|---|---|---|---|---|---|
| 体操 | 2014年8月 | 珠海 | 2014广东省青少年体操锦标赛 | 皮　鹏 | 男 | 13—14岁组个人全能 | 2 | 莞城 |
| | | | | 郭旭刚 | 男 | 9岁组自由操 | 2 | 莞城 |
| | | | | 郭旭刚 | 男 | 9岁组双杠 | 2 | 莞城 |
| | | | | 郭旭刚 | 男 | 9岁组单杠 | 2 | 莞城 |
| | | | | 梁桦惠 | 女 | 乙组8岁组自由操 | 2 | 莞城 |
| | | | | 周诗怡 | 女 | 乙组8岁组个人全能 | 2 | 长安 |
| | | | | 周诗怡 | 女 | 乙组8岁组平衡木 | 2 | 长安 |
| | | | | 刘付伟 | 男 | 10岁组单杠 | 3 | 南城 |
| | | | | 胡景文 | 男 | 乙组9岁组个人全能 | 3 | 南城 |
| | | | | 胡景文 | 男 | 9岁组吊环 | 3 | 南城 |
| | | | | 胡景文 | 男 | 9岁组双杠 | 3 | 南城 |
| | | | | 杜盈慧 | 女 | 乙组8岁组平衡木 | 3 | 南城 |
| | | | | 刘文浩 | 男 | 9岁组自由操 | 3 | 东城 |
| | | | | 郭旭刚 | 男 | 9岁组山羊 | 3 | 莞城 |
| | | | | 郭旭刚 | 男 | 9岁组跳马 | 3 | 莞城 |
| | | | | 史家萁 | 女 | 甲组10岁组个人全能 | 3 | 莞城 |
| | | | | 史家萁 | 女 | 甲组10岁高低杠 | 3 | 莞城 |
| 篮球 | 2014年8月 | 深圳 | 2014广东省青少年男篮锦标赛 | 胡明鑫 | 男 | 男子甲组 | 2 | 南城 |
| | | | | 李佳益 | | | | |
| | | | | 徐祥伟 | | | | |
| | | | | 赵天熠 | | | | |
| | | | | 周志远 | | | | |
| | | | | 罗文俊 | | | | |
| | | | | 徐明智 | | | | |
| | | | | 胡明轩 | | | | |
| | | | | 叶锦彪 | | | | 东城 |
| | | | | 黄树豪 | | | | |
| | | | | 钟达威 | | | | |
| | | | | 黄　梓 | | | | |
| | | | | 徐　杰 | 男 | 男子乙组 | 3 | 南城 |
| | | | | 张　湛 | | | | |
| | | | | 原靖博 | | | | |
| | | | | 徐崇朗 | | | | |
| | | | | 王昊宇 | | | | |
| | | | | 吴　优 | | | | |
| | | | | 宋承翰 | | | | |
| | | | | 郭　鉴 | | | | |
| | | | | 张皓嘉 | | | | |
| | | | | 纪　卓 | | | | |
| | | | | 杨　东 | | | | |
| | | | | 杜润旺 | | | | |

续表

| 项目 | 时间 | 地点 | 比赛名称 | 姓名 | 性别 | 小项 | 名次 | 输送镇街 |
|---|---|---|---|---|---|---|---|---|
| 篮球 | 2014年7月 | 广州 | 2014广东省青少年女篮锦标赛 | 肖小月 | 女 | 女子乙组 | 2 | 长安 |
| | | | | 张馨月 | | | | |
| | | | | 胡　珂 | | | | |
| | | | | 毕慧怡 | | | | |
| | | | | 于　悦 | | | | |
| | | | | 辛博薇 | | | | |
| | | | | 刘晓君 | | | | |
| | | | | 杨佳乐 | | | | |
| | | | | 钟　雯 | | | | |
| | | | | 李官霞 | | | | |
| | | | | 李月汝 | | | | |
| | | | | 黄海轩 | | | | |
| 射击 | 2014年7月 | 广州 | 2014广东省青少年射击锦标赛（步手枪） | 戴圣辉 | 男 | 甲组25米手枪速射60发 | 1 | 东城 |
| | | | | 刘凤婷 | 女 | 甲组10米气步枪40发团体 | 1 | 虎门 |
| | | | | 祝晓雯 | | | | 东城 |
| | | | | 邓丽桦 | | | | 桥头 |
| | | | | 李依婷 | 女 | 甲组10米气手枪40发 | 1 | 桥头 |
| | | | | 张子为 | 男 | 乙组50米步枪60发卧射 | 1 | 南城 |
| | | | | 张子为 | 男 | 乙组10米气步枪60发 | 1 | 南城 |
| | | | | 张子为 | 男 | 乙组10米气步枪60发团体 | 1 | 南城 |
| | | | | 麦鑫源 | | | | 石碣 |
| | | | | 冯宏业 | | | | 桥头 |
| | | | | 卢乐烽 | 男 | 乙组25米手枪速射8秒6秒各30发团体 | 1 | 茶山 |
| | | | | 郝睿轩 | | | | 长安 |
| | | | | 卢逸添 | | | | 虎门 |
| | | | | 谭芷仪 | 女 | 乙组10米气步枪40发 | 1 | 桥头 |
| | | | | 谭芷仪 | 女 | 乙组10米气步枪40发团体 | 1 | 桥头 |
| | | | | 卢诗贤 | | | | 茶山 |
| | | | | 王淑仪 | | | | 虎门 |
| | | | | 刘晓敏 | 女 | 乙组10米气手枪40发 | 1 | 茶山 |
| | | | | 刘晓敏 | 女 | 乙组10米气手枪40发团体 | 1 | 茶山 |
| | | | | 李思亭 | | | | 南城 |
| | | | | 蔡思琪 | | | | 长安 |
| | | | | 郑嘉杰 | 男 | 甲组25米手枪速射4秒30发 | 2 | 虎门 |
| | | | | 冯宏业 | 男 | 乙组50米步枪60发卧射 | 2 | 桥头 |
| | | | | 冯宏业 | 男 | 乙组50米步枪三种姿势 | 2 | 桥头 |
| | | | | 梁智颖 | 男 | 乙组50米手枪慢射30发 | 2 | 石碣 |
| | | | | 麦鑫源 | 男 | 乙组10米气步枪60发 | 3 | 石碣 |
| | | | | 叶建烽 | 男 | 甲组50米步枪三种姿势 | 3 | 石碣 |
| | | | | 祝晓雯 | 女 | 甲组50米步枪三种姿势 | 3 | 东城 |
| | | | | 刘凤婷 | 女 | 甲组10米气步枪40发 | 3 | 虎门 |
| | | | | 张梓凡 | 男 | 乙组10米气手枪60发团体 | 3 | 桥头 |
| | | | | 李子彬 | | | | 南城 |
| | | | | 何志辉 | | | | 虎门 |

续表

| 项目 | 时间 | 地点 | 比赛名称 | 姓名 | 性别 | 小项 | 名次 | 输送镇街 |
|---|---|---|---|---|---|---|---|---|
| 射击 | 2014年7月 | 广州 | 2014广东省青少年射击锦标赛（步手枪） | 卢乐烽 | 男 | 乙组25米手枪速射8秒6秒各30发 | 3 | 茶山 |
| | | | | 卢诗贤 | 女 | 乙组10米气步枪40发 | 3 | 茶山 |
| | | | | 李思亭 | 女 | 乙组10米气步枪40发 | 3 | 长安 |
| | | | | 李思亭 | 女 | 乙组25米手枪15+15发 | 3 | 长安 |
| | 2014年7月 | 东莞 | 2014广东省青少年射击锦标赛（飞碟） | 盖启才 | 男 | 甲组飞碟多向125靶 | 1 | 厚街 |
| | | | | 敦　宇 | 男 | 甲组飞碟双向125靶团体 | 1 | 厚街 |
| | | | | 田道政 | | | | 厚街 |
| | | | | 李梓宏 | | | | 厚街 |
| | | | | 盖启才 | 男 | 甲组飞碟双多向150靶 | 1 | 厚街 |
| | | | | 盖启才 | 男 | 男女混合飞碟多向混合团体 | 1 | 厚街 |
| | | | | 张　杰 | 男 | | | 谢岗 |
| | | | | 陈凤琳 | 女 | | | 厚街 |
| | | | | 敦　宇 | 男 | 甲组飞碟双向125靶 | 2 | 厚街 |
| | | | | 陈凤琳 | 女 | 甲组飞碟多向75靶 | 2 | 厚街 |
| | | | | 田道政 | 男 | 甲组飞碟双向125靶 | 3 | 厚街 |
| 羽毛球 | 2014年7月 | 清远 | 2014广东省青少年羽毛球锦标赛 | 张照逸 | 男 | 甲组团体 | 1 | 莞城 |
| | | | | 雷兰曦 | | | | 莞城 |
| | | | | 邓祺翔 | | | | 莞城 |
| | | | | 任翔宇 | | | | 东城 |
| | | | | 李若碧 | 女 | 甲组团体 | 1 | 莞城 |
| | | | | 胡羽翔 | | | | 莞城 |
| | | | | 刘思怡 | | | | 莞城 |
| | | | | 杨洪祺 | | | | 莞城 |
| | | | | 雷兰曦 | 男 | 甲组单打 | 1 | 莞城 |
| | | | | 杨洪祺 | 女 | 甲组双打 | 1 | 莞城 |
| | | | | 胡羽翔 | | | | 莞城 |
| | | | | 雷兰曦 | 男 | 甲组混合双打 | 1 | 莞城 |
| | | | | 胡羽翔 | 女 | | | 莞城 |
| | | | | 陈冠宏 | 男 | 乙组团体 | 1 | 莞城 |
| | | | | 李宁舟 | | | | 莞城 |
| | | | | 黄道风 | | | | 莞城 |
| | | | | 罗滨汉 | | | | 南城 |
| | | | | 陈芳卉 | 女 | 乙组单打 | 1 | 莞城 |
| | | | | 徐子硕 | 男 | 丙组团体 | 1 | 南城 |
| | | | | 廖曙琳 | | | | 莞城 |
| | | | | 程　星 | | | | 莞城 |
| | | | | 张祖锐 | | | | 莞城 |
| | | | | 徐子硕 | 男 | 丙组单打 | 1 | 南城 |
| | | | | 周　柯 | 女 | 丙组单打 | 1 | 莞城 |
| | | | | 廖曙琳 | 男 | 丙组单打 | 2 | 莞城 |
| | | | | 艾晨羽 | 女 | 丙组团体 | 2 | 莞城 |
| | | | | 王语嫣 | | | | 莞城 |
| | | | | 周　柯 | | | | 莞城 |
| | | | | 贾之凡 | | | | 南城 |

续表

| 项目 | 时间 | 地点 | 比赛名称 | 姓名 | 性别 | 小项 | 名次 | 输送镇街 |
|---|---|---|---|---|---|---|---|---|
| 羽毛球 | 2014年7月 | 清远 | 2014广东省青少年羽毛球锦标赛 | 肖　瑶 | 女 | 乙组团体 | 2 | 东城 |
| | | | | 陈芳卉 | | | | 莞城 |
| | | | | 罗雨欣 | | | | 莞城 |
| | | | | 韦琬秋 | | | | 莞城 |
| | | | | 程　星 | 男 | 丙组单打 | 3 | 莞城 |
| | | | | 刘思怡 | 女 | 甲组单打 | 3 | 莞城 |
| 摔跤 | 2014年 | 湛江 | 2014广东省青少年摔跤锦标赛 | 罗兰暖 | 女 | 女子自由式乙组45公斤 | 1 | 石排 |
| | | | | 黎彩萍 | 女 | | | 石排 |
| | | | | 劳燕连 | 女 | | 2 | 石排 |
| | | | | 黎彩萍 | 女 | | | 石排 |
| | | | | 杜冬林 | 女 | | | 石排 |
| | | 深圳 | | 李万军 | 女 | | 3 | 石排 |
| | | | | 杜冬林 | 女 | | | 石排 |
| | | | | 郑承迪 | 男 | 男子自由式乙组48公斤 | 2 | 石排 |
| 乒乓球 | 2014年7月 | 珠海 | 2014广东省青少年乒乓球锦标赛 | 林一森 | 男 | 男子甲组双打 | 2 | 长安 |
| | | | | 张一夫 | | | | |
| | | | | 林一森 | 男 | 男子甲组团体 | 3 | |
| | | | | 张一夫 | | | | |
| | | | | 张展亮 | | | | |
| | | | | 杨博翔 | | | | |
| | | | | 刘乙麟 | | 丁组混合团体 | 3 | |
| | | | | 王曹雨 | | | | |
| | | | | 郭学海 | | | | |
| | | | | 孙乐婷 | | | | |
| | | | | 陈佳琳 | | | | |
| 武术 | 2014年7月 | 湛江 | 2014广东省青少年武术锦标赛 | 张晓爽 | 女 | 少年女子乙组太极拳 | 1 | 长安 |
| | | | | 张晓爽 | 女 | 少年女子乙组太极剑 | 1 | 长安 |
| | | | | 隋瀚娇 | 女 | 少年女子甲组长拳 | 1 | 长安 |
| | | | | 隋瀚娇 | 女 | 少年女子甲组剑术 | 2 | 长安 |
| | | | | 隋瀚娇 | 女 | 少年女子甲组枪术 | 2 | 长安 |
| | | | | 王蕊芯 | 女 | 少年女子乙组剑术 | 2 | 长安 |
| | | | | 王蕊芯 | 女 | 少年女子乙组长拳 | 3 | 长安 |
| | | | | 王蕊芯 | 女 | 少年女子乙组枪术 | 1 | 长安 |
| | | | | 唐彦雯 | 女 | 少年女子南刀 | 1 | 长安 |
| | | | | 唐彦雯 | 女 | 少年女子南拳 | 2 | 长安 |
| | | | | 王晓慧 | 女 | 少年女子甲组太极剑 | 2 | 长安 |
| | | | | 刘潆霞 | 女 | 少年女子南刀 | 3 | 长安 |
| | | | | 卢巍东 | 男 | 少年男子甲组太极拳 | 2 | 长安 |
| | | | | 卢巍东 | 男 | 少年男子甲组太极剑 | 3 | 长安 |
| 手球 | 2014年9月 | 广州 | 2014广东省青年手球锦标赛 | 陈慧娴 | 女 | 女子手球比赛 | 3 | 常平 |
| | | | | 陈慧榆 | | | | |
| | | | | 黄杰华 | | | | |
| | | | | 黄漂钰 | | | | |
| | | | | 黄巧仪 | | | | |
| | | | | 梁慧琳 | | | | |
| | | | | 廖华玲 | | | | |
| | | | | 林海敏 | | | | |

续表

| 项目 | 时间 | 地点 | 比赛名称 | 姓名 | 性别 | 小项 | 名次 | 输送镇街 |
|---|---|---|---|---|---|---|---|---|
| 手球 | 2014年9月 | 广州 | 2014广东省青年手球锦标赛 | 林 静 | 女 | 女子手球比赛 | 3 | 常平 |
| | | | | 舒 怡 | | | | |
| | | | | 谭雅贤 | | | | |
| | | | | 尹婉婷 | | | | |
| | | | | 袁晓雅 | | | | |
| | | | | 张惠仪 | | | | |
| | | | | 郑思婷 | | | | |
| | | | | 周妙仙 | | | | |
| 乒乓球 | 2014年5月 | 顺德 | 2014广东省中学生乒乓球锦标赛 | 饶云鹏 | 男 | 团体 | 1 | 横沥 |
| | | | | 方文轩 | | | | |
| | | | | 彭伟铬 | | | | |
| | | | | 张 涛 | | | | |
| | | | | 周莉媛 | 女 | | | |
| | | | | 夏之阅 | | | | |
| | | | | 郑妍冰 | | | | |
| | | | | 路 阳 | | | | |
| | 2014年7月 | 顺德 | 2014广东省体育传统项目学校乒乓球锦标赛 | 饶云鹏 | 男 | 团体 | 1 | 横沥 |
| | | | | 方文轩 | | | | |
| | | | | 彭伟铬 | | | | |
| | | | | 蒋智能 | | | | |
| | | | | 周莉媛 | 女 | | 2 | 横沥 |
| | | | | 夏之阅 | | | | |
| | | | | 郑妍冰 | | | | |
| | | | | 路 阳 | | | | |
| | | | | 周冠宇 | 男 | | | |
| | | | | 伍 枫 | | | | |
| | | | | 梁俊华 | | | | |
| | | | | 刘梓健 | | | | |
| | | | | 彭伟铬 | 男 | 双打 | 2 | 横沥 |
| | | | | 蒋智能 | | | | |
| | | | | 饶云鹏 | 男 | | 3 | |
| | | | | 方文轩 | | | | |
| | 2014年7月 | 珠海 | 2014广东青少年乒乓球锦标赛 | 杨麒琛 | 男 | 团体 | 3 | 横沥 |
| | | | | 张泳茵 | 女 | | | |
| 飞碟 | 2014年8月 | 东莞 | 2014年广东省青少年飞碟射击锦标赛 | 盖启才 | 男 | 男女多向混合团体 | 1 | 麻涌 |
| | | | | | | 男子多向 | | |
| | | | | | | 男子双多向 | | |
| | | | | 敦 宇 | 男 | 男子双向团体 | 1 | 厚街 |
| | | | | | | 男子多向 | 2 | |
| | | | | 李梓宏 | 男 | 男子双向团体 | 1 | 厚街 |
| | | | | 陈凤琳 | 女 | 男女多向混合团体 | 1 | 厚街 |
| | | | | | | 女子多向 | 2 | |
| | | | | | | 女子双向 | | |

续表

| 项目 | 时间 | 地点 | 比赛名称 | 姓名 | 性别 | 小项 | 名次 | 输送镇街 |
|---|---|---|---|---|---|---|---|---|
| 自行车 | 2014年7月 | 广州 | 广东省青少年自行车锦标赛 | 韩　飞 | 男 | 男子乙组公路原地5公里 | 1 | 黄江 |
| | | | | 刘佳鑫 | | 男子乙组公路原地1公里 | 2 | |
| | | | | 洪丹炯 | | 男子甲组公路原地1公里 | 3 | |
| | | | | 朱玉锋 | 女 | 女子乙组公路原地500米 | 3 | 黄江 |
| 举重 | 2014年7月 | 湛江 | 2014年广东省青少年举重锦标赛 | 韩　丹 | 女 | 抓举 | 1 | 石龙 |
| | | | | | | 挺举 | | |
| | | | | | | 总成绩 | | |
| | | | | 庄海英 | 女 | 挺举 | 1 | |
| | | | | | | 总成绩 | | |
| | | | | 刘海慧 | 女 | 抓举 | 1 | |
| | | | | 谢安海 | 男 | 抓举 | 1 | |
| | | | | | | 挺举 | | |
| | | | | | | 总成绩 | | |
| | | | | 王　悦 | 女 | 抓举 | 2 | 石龙 |
| | | | | 庄海英 | 女 | 抓举 | 3 | 石龙 |
| | 2014年11月 | 东莞 | 2014年广东省青少年举重冠军赛 | 谢安海 | 男 | 抓举 | 1 | 石龙 |
| | | | | | | 挺举 | | |
| | | | | | | 总成绩 | | |
| | | | | 王　悦 | 女 | 抓举 | 1 | 石龙 |
| | | | | 庄海英 | 女 | 挺举 | 2 | 石龙 |
| | | | | | | 总成绩 | | |
| | | | | 曾田甜 | 女 | 抓举 | 2 | |
| | | | | | | 总成绩 | | |
| | | | | 王　颖 | 女 | 抓举 | 2 | |
| | | | | 王　悦 | 女 | 总成绩 | 3 | 石龙 |
| | | | | 曾田甜 | 女 | 挺举 | 3 | |
| | | | | 唐小蜜 | 女 | 挺举 | 3 | |
| | | | | | | 总成绩 | | |
| | | | | 刘海慧 | 女 | 挺举 | 3 | |
| 游泳 | 2014年11月 | 深圳 | 2014年广东省青少年游泳冠军赛 | 郭　佳 | 女 | 女子少年丙组100米蛙泳 | 1 | 东城 |
| | | | | | | 女子少年丙组200米蛙泳 | | |
| | | | | 陈慧慧 | 女 | 女子少年甲组800米自由泳 | 1 | 长安 |
| | | | | | | 女子少年甲组200米自由泳 | 2 | |
| | | | | 张卓亚 | 女 | 女子少年甲组100米仰泳 | 3 | 道滘 |
| | | | | 钟海媚 | | 女子少年乙组200米自由泳 | | |
| | | | | 谭英贤 | | 女子少年乙组100米蛙泳 | | |
| | | | | 郭伊诺 | | 女子少年乙组800米自由泳 | | |
| | | | | 郭伊诺 | | 女子少年乙组200米蝶泳 | | |
| | | | | 刘馨黎 | 女 | 女子少年丙组100米仰泳 | | 东城 |
| | | | | | | 女子少年丙组200米个人混合泳 | | |
| | | | | 苗成林 | 男 | 男子少年乙组100米蝶泳 | 3 | 东城 |
| | | | | | | 男子少年乙组200米蝶泳 | 2 | |
| | | | | 赵方硕 | 男 | 男子少年甲组200米仰泳 | 1 | 莞城 |
| | | | | 周　茗 | | 男子少年丙组400米自由泳 | | |

续表

| 项目 | 时间 | 地点 | 比赛名称 | 姓名 | 性别 | 小项 | 名次 | 输送镇街 |
|---|---|---|---|---|---|---|---|---|
| 游泳 | 2014年11月 | 深圳 | 2014年广东省青少年游泳冠军赛 | 周　茗 | 男 | 男子少年丙组100米自由泳 | 3 | 莞城 |
| | | | | 黄弘毅 | | 男子少年甲组400米个人混合泳 | | |
| | | | | 赵方硕 | 男 | 男子少年甲组100米自由泳 | 1 | 道滘 |
| | | | | 赵方硕 | 男 | 男子少年甲组200米自由泳 | 3 | 道滘 |
| | | | | 龚　睿 | | 男子少年丙组200米蝶泳 | | |
| | 2014年7月 | 惠州 | 2014年广东省青少年游泳锦标赛 | 张　熙 | 男 | 男子少年甲组50米自由泳 | 1 | 莞城 |
| | | | | 黄弘毅 | | 男子少年甲组400米混合泳 | | |
| | | | | 周　茗 | | 男子少年丙组自由泳全能 | | |
| | | | | 周　茗 | 男 | 男子少年丙组800米自由泳 | 2 | 莞城 |
| | | | | 张　熙 | | 男子少年甲组100米蝶泳 | | |
| | | | | 陈泳尧 | | 男子少年乙组蛙泳全能 | | |
| | | | | 陈泳尧 | | 男子少年乙组200米蛙泳 | | |
| | | | | 黄弘毅 | 男 | 男子少年甲组100米仰泳 | 3 | 莞城 |
| | | | | 赵方硕 | 男 | 男子少年甲组100米自由泳 | 2 | 道滘 |
| | | | | 赵方硕 | 男 | 男子少年甲组200米自由泳 | 3 | 道滘 |
| | | | | 乔荣欣 | | 男子少年乙组1500米自由泳 | | |
| | | | | 龚　睿 | | 男子少年丙组蝶泳全能 | | |
| | | | | 苗成林 | 男 | 男子少年乙组50米自由泳 | 3 | 东城 |
| | | | | 赵方硕 | 男 | 男少甲4×100米自由泳接力 | 2 | 道滘 |
| | | | | 黄弘毅 | | | | 莞城 |
| | | | | 刘伟民 | | | | |
| | | | | 张　熙 | | | | |
| | | | | 赵方硕 | 男 | 男少甲4×100米混合泳接力 | 2 | 道滘 |
| | | | | 黄弘毅 | | | | 莞城 |
| | | | | 刘伟民 | | | | |
| | | | | 张　熙 | | | | |
| | | | | 苗成林 | 男 | 男少乙4×100米混合泳接力 | 2 | 东城 |
| | | | | 陈泳尧 | | | | 莞城 |
| | | | | 陈文超 | | | | 道滘 |
| | | | | 乔荣欣 | | | | |
| | | | | 苗成林 | 男 | 男少乙4×100米自由泳接力 | 3 | 东城 |
| | | | | 陈泳尧 | | | | 莞城 |
| | | | | 叶子由 | | | | 道滘 |
| | | | | 乔荣欣 | | | | |
| | | | | 陈俊熙 | 男 | 男少丙4×100米混合泳接力 | 3 | 莞城 |
| | | | | 周梓鹏 | | | | |
| | | | | 周　茗 | | | | |
| | | | | 龚　睿 | | | | 道滘 |
| | | | | 李剑光 | 男 | 男少丙4×100米自由泳接力 | 3 | 莞城 |
| | | | | 周梓鹏 | | | | |
| | | | | 周　茗 | | | | |
| | | | | 龚　睿 | | | | 道滘 |

续表

| 项目 | 时间 | 地点 | 比赛名称 | 姓名 | 性别 | 小项 | 名次 | 输送镇街 |
|---|---|---|---|---|---|---|---|---|
| 游泳 | 2014年7月 | 惠州 | 2014年广东省青少年游泳锦标赛 | 张卓亚 | 女 | 女少甲4×100米自由泳接力 | 3 | 道滘 |
| | | | | 叶婉芬 | | | | |
| | | | | 陆凯悦 | | | | 莞城 |
| | | | | 陈慧慧 | | | | 长安 |
| | | | | 王　译 | 女 | 女少甲4×100米混合泳接力 | 3 | 东城 |
| | | | | 陆凯悦 | | | | 莞城 |
| | | | | 孙悦雯 | | | | |
| | | | | 陈慧慧 | | | | 长安 |
| | | | | 蒋少宏 | 女 | 女少乙4×100米自由泳接力 | 3 | 东城 |
| | | | | 张嘉欣 | | | | 中堂 |
| | | | | 柳裕婷 | | | | 望牛墩 |
| | | | | 钟海媚 | | | | 道滘 |
| | | | | 王诗淇 | 女 | 女少丙4×100米自由泳接力 | 3 | 莞城 |
| | | | | 罗泽敏 | | | | |
| | | | | 陈天凤 | | | | 道滘 |
| | | | | 刘馨黎 | | | | 东城 |
| | | | | 王诗淇 | 女 | 女少丙4×100米混合泳接力 | 3 | 莞城 |
| | | | | 郭　佳 | | | | 东城 |
| | | | | 刘馨黎 | | | | |
| | | | | 叶佩谦 | | | | 高埗 |
| | | | | 张卓亚 | 女 | 女子少年甲组50米自由泳 | 1 | 道滘 |
| | | | | 郭　佳 | 女 | 女子少年丙组蛙泳全能 | 1 | 东城 |
| | | | | 刘馨黎 | 女 | 女子少年丙组仰泳全能 | 3 | 东城 |
| | | | | 陈慧慧 | 女 | 女子少年甲组400米自由泳 | 3 | 长安 |
| | | | | 陈慧慧 | 女 | 女子少年甲组800米自由泳 | 3 | |
| | | | | 郭伊诺 | 女 | 女子少年乙组800米自由泳 | 3 | 道滘 |
| | | | | 钟海媚 | 女 | 女子少年乙组自由泳全能 | 3 | |
| | | | | 谭英贤 | 女 | 女子少年乙组蛙泳全能 | 3 | |
| | | | | 陆凯悦 | 女 | 女子少年甲组100米仰泳 | 3 | 莞城 |
| 跳水 | 2014年7月 | 湛江 | 2014年广东省青少年跳水锦标赛 | 张南橘 | 女 | 女子甲组跳台 | 1 | 南城 |
| | | | | 何小洁 | 女 | 女子乙组双人3米板 | 1 | 长安 |
| | | | | 周嘉祺 | | | | |
| | | | | 尤梦娇 | 女 | 女子丙组双人3米板 | 1 | |
| | | | | 梁焱鑫 | | | | |
| | | | | 岳　琪 | 男 | 男子甲组双人3米板 | 1 | 长安 |
| | | | | 文彦翔 | | | | |
| | | | | 岳　琪 | 男 | 男子甲组双人跳台 | 1 | |
| | | | | 文彦翔 | | | | |
| | | | | 史震宇 | 男 | 男子乙组双人跳台 | 1 | |
| | | | | 肖淞译 | | | | |
| | | | | 史震宇 | 男 | 男子乙组跳台 | 1 | |
| | | | | 覃　浩 | 男 | 男子儿童组跳台 | 1 | |
| | | | | 覃　浩 | 男 | 男子儿童组双人跳台 | 1 | |
| | | | | 江力飞 | | | | |
| | | | | 文彦翔 | 男 | 男子甲组跳台 | 2 | 长安 |
| | | | | 岳　琪 | 男 | 男子少年甲组1米板 | 2 | |
| | | | | 岳　琪 | 男 | 男子少年甲组3米板 | 2 | |

续表

| 项目 | 时间 | 地点 | 比赛名称 | 姓名 | 性别 | 小项 | 名次 | 输送镇街 |
|---|---|---|---|---|---|---|---|---|
| 跳水 | 2014年7月 | 湛江 | 2014年广东省青少年跳水锦标赛 | 史震宇 | 男 | 男子少年乙组双人跳板 | 2 | 长安 |
| | | | | 肖淞译 | | | | |
| | | | | 肖易铭 | 男 | 男子少年乙组双人跳台 | 2 | |
| | | | | 肖淞耀 | | | | |
| | | | | 江力飞 | 男 | 男子儿童组1米板 | 2 | |
| | | | | 何小洁 | 女 | 女子少年乙组3米板 | 2 | |
| | | | | 何小洁 | 女 | 女子少年乙组跳台 | 2 | |
| | | | | 尤梦娇 | 女 | 女子少年丙组1米板 | 2 | |
| | | | | 尤梦娇 | 女 | 女子少年丙组个人全能 | 2 | |
| | | | | 梁焱鑫 | 女 | 女子少年丙组双人跳台 | 2 | |
| | | | | 尤梦娇 | | | | |
| | | | | 肖妮娜 | 女 | 女子儿童组跳台 | 2 | 道滘 |
| | | | | 郭昊宇 | 男 | 男子少年甲组1米板 | 3 | 长安 |
| | | | | 郭昊宇 | 男 | 男子少年甲组3米板 | 3 | 长安 |
| | | | | 肖淞译 | 男 | 男子少年乙组跳台 | 3 | 长安 |
| | | | | 刘　晨 | 女 | 女子少年丙组1米板 | 3 | 长安 |
| | | | | 江力飞 | 男 | 男子儿童组双人跳板 | 3 | 长安 |
| | | | | 王嘉鑫 | | | | 东城 |
| 皮划艇 | 2014年6月 | 广州 | 广东省青少年皮划艇锦标赛 | 赵　梦 | 女 | 女子乙组200米单人皮艇 | 3 | 虎门 |
| | | | | 左　鹏 | 女 | 女子甲组200米双人皮艇 | 1 | 虎门 |
| | | | | 宁林颖 | | | | |
| | | | | 郭珊珊 | 女 | 女子乙组200米单人皮艇 | 1 | 虎门 |
| | | | | 李政中 | 男 | 男子甲组200米单人划艇 | 2 | 中堂 |
| | | | | 李　影 | 男 | 男子乙组200米单人皮艇 | 2 | 南城 |
| | | | | 潘思欣 | 男 | 男子乙组200米单人划艇 | 2 | 黄江 |
| | | | | 田　梦 | 女 | 女子甲组500米单人皮艇 | 3 | 虎门 |
| | | | | 左　鹏 | 女 | 女子甲组500米双人皮艇 | 1 | 虎门 |
| | | | | 宁林颖 | | | | |
| | | | | 李政中 | 男 | 男子甲组1000米单人划艇 | 1 | 中堂 |
| | | | | 江润泽 | 男 | 男子甲组1000米双人划艇 | 3 | 高埗 |
| | | | | 赵　晶 | | | | 横沥 |
| | | | | 郝雪迪 | 女 | 女子甲组8000米K1对抗赛 | 2 | 虎门 |
| | | | | 田　梦 | | | | |
| | | | | 张艺雯 | | | | 南城 |
| | | | | 王安波 | 男 | 男子甲组8000米K1对抗赛 | 2 | 横沥 |
| | | | | 吴铭杰 | | | | 道滘 |
| | | | | 苑志强 | | | | 虎门 |
| | | | | 杨子军 | 男 | 男子甲组1000米双人皮艇 | 2 | 洪梅 |
| | | | | 杜晨哲 | | | | 南城 |
| | | | | 苑志强 | 男 | 男子甲组1000米双人皮艇 | 3 | 虎门 |
| | | | | 吴铭杰 | | | | 道滘 |
| | | | | 郭珊珊 | 女 | 女子乙组HEAD TO HEAD K1对抗赛 | 1 | 虎门 |
| | | | | 林妙琪 | | | | |
| | | | | 赵　梦 | | | | |
| | | | | 李梦圆 | 女 | 女子甲组HEAD TO HEAD K1对抗赛 | 2 | 虎门 |
| | | | | 宁林颖 | | | | |
| | | | | 左　鹏 | | | | |

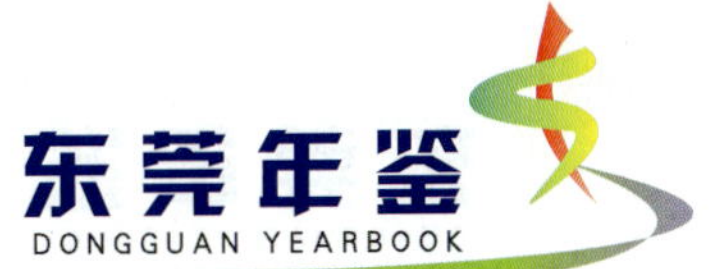


续表

| 项目 | 时间 | 地点 | 比赛名称 | 姓名 | 性别 | 小项 | 名次 | 输送镇街 |
|---|---|---|---|---|---|---|---|---|
| 皮划艇 | 2014年6月 | 广州 | 广东省青少年皮划艇锦标赛 | 李　影 | 男 | 男子乙组HEAD TO HEAD K1对抗赛 | 1 | 南城 |
| | | | | 吴居正 | | | | 虎门 |
| | | | | 辛　权 | | | | |
| | | | | 陈镇城 | 男 | 男子乙组HEAD TO HEAD K1对抗赛 | 2 | 麻涌 |
| | | | | 潘思欣 | | | | |
| | | | | 叶俊强 | | | | 塘厦 |
| 赛艇 | 2014年8月 | 广州 | 广东省青少年赛艇锦标赛 | 余　丹 | 女 | 女子甲组轻量级8公斤单人双桨团体 | 2 | 高埗 |
| | | | | 李　倩 | | | | 中堂 |
| | | | | 骆美雪 | | | | 虎门 |
| | | | | 余　丹 | 女 | 女子甲组轻量级2公斤单人双桨 | 2 | 高埗 |
| | | | | 余　丹 | 女 | 女子甲组轻量级8公斤单人双桨 | 2 | 高埗 |
| | | | | 袁倩文 | 女 | 女子甲组公开级2公斤单人双桨 | 2 | 寮埗 |
| | | | | 袁倩文 | 女 | 女子甲组公开级8公斤单人双桨团体 | 1 | 寮埗 |
| | | | | 林童童 | | | | 东坑 |
| | | | | 李　寒 | | | | 黄江 |
| | | | | 黄洁婷 | 女 | 女子甲组公开级2公斤双人单桨 | 3 | 石碣 |
| | | | | 周方慧 | | | | 虎门 |
| | | | | 袁倩文 | 女 | 女子甲组公开级8公斤单人双桨 | 1 | 寮埗 |
| | | | | 林童童 | | | 3 | 东坑 |
| | | | | 景祥慧 | 女 | 女子乙组公开级8公斤单人双桨团体 | 1 | 中堂 |
| | | | | 胡金金 | | | | 沙田 |
| | | | | 刘丽阳 | | | | 东城 |
| | | | | 张　静 | 女 | 女子乙组公开级8公斤单人双桨团体 | 3 | 黄江 |
| | | | | 朱盼盼 | | | | 东城 |
| | | | | 何家怡 | | | | 石碣 |
| | | | | 景祥慧 | 女 | 女子乙组公开级2公斤单人双桨<br>女子乙组公开级8公斤单人双桨 | 2 | 中堂 |
| | | | | 方　宁 | 男 | 男子甲组轻量级2公斤单人双桨 | 1 | 虎门 |
| | | | | 丁　旺 | | | 3 | 南城 |
| | | | | 吴开明 | 男 | 男子甲组轻量级2公斤双人单桨 | 3 | 虎门 |
| | | | | 夏振华 | | | | 麻涌 |
| | | | | 方　宁 | 男 | 男子甲组轻量级2公斤单人双桨团体 | 1 | 虎门 |
| | | | | 丁　旺 | | | | 南城 |
| | | | | 夏振华 | | | | 麻涌 |
| | | | | 夏振华 | 男 | 男子甲组轻量级8公斤双人单桨 | 2 | 麻涌 |
| | | | | 吴开明 | | | | 虎门 |
| | | | | 孙健强 | 男 | 男子乙组公开级2公斤单人双桨 | 2 | 中堂 |
| | | | | 孙健强 | 男 | 男子乙组公开级8公斤单人双桨团体 | 2 | 中堂 |
| | | | | 米浩铭 | | | | 虎门 |
| | | | | 张布宇 | | | | 东城 |

续表

| 项目 | 时间 | 地点 | 比赛名称 | 姓名 | 性别 | 小项 | 名次 | 输送镇街 |
|---|---|---|---|---|---|---|---|---|
| 赛艇 | 2014年8月 | 广州 | 广东省青少年赛艇锦标赛 | 李金龙 | 男 | 男子甲组公开级8公斤单人双桨团体 | 3 | 石龙 |
| | | | | 王纪强 | | | | 中堂 |
| | | | | 郭子亮 | | | | 黄江 |
| 拳击 | 2014年8月 | 湛江 | 广东省青少年拳击锦标赛 | 陈嘉愉 | 女 | 54—62公斤 | 1 | 虎门 |
| | | | | 钟爱利 | 女 | 52—58公斤 | 2 | |
| | | | | 郑陈涛 | 男 | 45公斤 | 3 | 东城 |
| | | | | 李鉴辉 | 男 | 56公斤 | 3 | 虎门 |
| | | | | 古利珊 | 女 | 44—51公斤 | 3 | 虎门 |
| 跆拳道 | 2014年8月 | 湛江 | 广东省青少年跆拳道锦标赛 | 韦丽娜 | 女 | 女乙47公斤 | 3 | 虎门 |
| | | | | 黄　豫 | 女 | 女乙52公斤 | 3 | |
| | | | | 谢　维 | 男 | 男甲74公斤 | 3 | 虎门 |

## 2014年东莞市运动员参加全国重要比赛（不含交流赛、友谊赛等）前三名

| 项目 | 时间 | 地点 | 比赛名称 | 姓名 | 性别 | 小项 | 名次 | 输送镇街 |
|---|---|---|---|---|---|---|---|---|
| 射击 | 2014年5月 | 辽宁沈阳 | 2014年全国射击射箭重点城市联合会射击比赛 | 戴圣辉 | 男 | 青年组手枪速射8、6、4秒 | 1 | 东城 |
| | | | | 戴圣辉 | 男 | 青年组手枪速射8、6秒 | 2 | |
| | | | | 尚　彪 | 男 | 青年组手枪慢射60发 | 2 | 长安 |
| | | | | 尚　彪 | 男 | 青年组气手枪60发 | 3 | |
| | | | | 张子为 | 男 | 青年组气步枪60发 | 1 | 莞城 |
| | | | | 冯宏业 | 男 | 少年组气步枪60发 | 2 | 桥头 |
| | | | | 冯宏业 | 男 | 少年组运动步枪3×20 | 2 | 桥头 |
| | | | | 卢诗贤 | 男 | 青年组气步枪40发 | 3 | 茶山 |
| | | | | 蔡思琪 | 女 | 少年组气手枪40发 | 2 | 长安 |
| 射击 | 2014年7月 | 河南郑州 | 2014年全国青少年射击锦标赛 | 张子为 | 男 | 青年组10米气步枪 | 1 | 南城 |
| | | | | 冯宏业 | 男 | 青年组50米步枪卧射 | 3 | 桥头 |
| 体操 | 2014年5月 | 广西南宁 | 2014年全国体操锦标赛 | 陈　荔 | 女 | 团体 | 2 | 莞城 |
| | 2014年11月 | 上海 | 2014年全国体操冠军赛 | 陈　荔 | 女 | 自由操 | 2 | |
| 羽毛球 | 2014年4月 | 广东东莞 | 2014年全国少年乙组羽毛球比赛 | 周　柯 | 女 | 单打 | 2 | 莞城 |
| | | | | 周　柯 | 女 | 女子双打 | 2 | 莞城 |
| | | | | 艾晨羽 | 女 | | | |
| | | | | 廖曙琳 | 男 | 男子双打 | 2 | 莞城 |
| | | | | 程　星 | 男 | | | |
| | | | | 程　星 | 男 | 单打 | 3 | 莞城 |
| | 2014年5月 | 上海 | 2014年全国青年羽毛球锦标赛 | 徐　涯 | 女 | 女子双打 | 1 | 莞城 |
| | | | | 胡羽翔 | 女 | | | |
| 田径 | 2014年10月 | 江苏 | 2014年全国田径锦标赛 | 覃　健 | 男 | 4×400米接力 | 1 | 长安 |

续表

| 项目 | 时间 | 地点 | 比赛名称 | 姓名 | 性别 | 小项 | 名次 | 输送镇街 |
|---|---|---|---|---|---|---|---|---|
| 篮球 | 2014年4月 | 吉林延边 | 2014年“泉阳泉杯”全国U15男子篮球比赛 | 徐　杰<br>张　湛<br>王昊宇<br>吴　优<br>徐崇朗<br>张皓嘉<br>郭　鉴<br>宋承瀚<br>纪　卓<br>原靖博<br>杜润旺<br>王映然<br>杨　东<br>李英博 | 男 | 男子篮球 | 2 | 南城 |
| 举重 | 2014年3月 | 江西新余 | 2014年全国青年男女举重锦标赛暨青奥会选拔赛 | 刘胜男 | 女 | 挺举 | 2 | 石龙 |
| | 2014年4月 | 河北迁安 | 2014年全国女子举重锦标赛暨亚运会选拔赛 | 陈幼娟 | 女 | 抓举 | 1 | 石龙 |
| | | | | | | 挺举 | 3 | |
| | | | | | | 总成绩 | 1 | |
| | 2014年10月 | 山东淄博 | 2014年全国女子举重冠军赛 | 钟　婷 | 女 | 抓举 | 2 | 石龙 |
| | | | | | | 挺举 | | |
| | | | | | | 总成绩 | | |
| | 2014年10月 | 浙江江山 | 2014年全国男子举重冠军赛 | 李绍兴 | 男 | 抓举 | 3 | 石龙 |
| 跳水 | 2014年1月18—19日 | 湖南长沙 | 2014年全国少年儿童跳水冠军赛 | 尤梦娇 | 女 | 女子甲B组跳台 | 1 | 长安 |
| | | | | 尤梦娇 | 女 | 女子甲B组三米板 | 1 | |
| | | | | 史震宇 | 男 | 男子甲A组一米板 | 1 | 长安 |
| | | | | 史震宇 | 男 | 男子甲A组跳台 | 1 | |
| | | | | 江力飞 | 男 | 男子乙A组跳台 | 1 | 长安 |
| | | | | 白　雨 | 女 | 女子儿童甲C组三米板 | 2 | 南城 |
| | | | | 向川宜 | 男 | 男子儿童甲B组跳台 | 2 | 长安 |
| | | | | 肖易铭 | 男 | 男子儿童甲A组三米板 | 2 | |
| | | | | 梁焱鑫 | 女 | 女子儿童甲B组跳台 | 2 | 长安 |
| | | | | 肖易铭 | 男 | 男子儿童甲A组跳台 | 2 | 长安 |
| | | | | 白　雨 | 女 | 女子儿童甲C组跳台 | 3 | 南城 |
| | | | | 覃　浩 | 男 | 男子儿童乙A组跳台 | 3 | 长安 |
| | | | | 肖易铭 | 男 | 男子儿童甲组一米板 | 3 | |
| | | | | 向川宜 | 男 | 男子儿童甲B组三米板 | 3 | |
| | 2014年2月21—26日 | 重庆 | 2014年全国青年跳水冠军赛 | 张南橘 | 女 | 女子单人十米台 | 1 | 南城 |
| | | | | 文彦翔<br>岳　琪 | 男 | 男子双人十米跳台 | 1 | 长安 |
| | 2014年3月28日至4月2日 | 江苏常州 | 2014年全国跳水冠军赛 | 文彦翔 | 男 | 男子团体 | 1 | 长安 |
| | | | | 张南橘 | 女 | 女子团体 | 1 | 南城 |
| | | | | 张南橘 | 女 | 女子双人十米台 | 2 | |
| | | | | 文彦翔 | 男 | 男子双人十米台 | 3 | 长安 |

续表

| 项目 | 时间 | 地点 | 比赛名称 | 姓名 | 性别 | 小项 | 名次 | 输送镇街 |
|---|---|---|---|---|---|---|---|---|
| 跳水 | 2014年6月25—30日 | 广东中山 | 2014年全国青年跳水锦标赛 | 杨盼盼 | 女 | 男女混合全能 | 2 | 长安 |
| | 2014年8月8—13日 | 上海 | 2014年全国少年儿童跳水锦标赛 | 肖淞耀 | 男 | 男子少年组跳台 | 2 | 长安 |
| 跳水 | 2014年8月31日至9月5日 | 上海 | 2014年全国跳水锦标赛 | 张南橘 | 女 | 女子双人十米台 | 1 | 南城 |
| | | | | 张南橘 | 女 | 女子团体 | 1 | 南城 |
| | | | | 何小洁 | | | | 长安 |
| | | | | 杨盼盼 | | | | 长安 |
| | | | | 岳　琪 | 男 | 男子个人全能 | 3 | 长安 |
| 皮艇 | 2014年7月 | 安徽合肥 | 全国皮划艇青年赛 | 宁林颖 | 女 | 女子皮艇500米四人艇 | 1 | 虎门 |
| | | | | 左　鹏 | | | | |
| | | | | 郭珊珊 | | | | |
| | | | | 宁林颖 | | | | |
| | | | | 郭珊珊 | 女 | 女子皮艇200米单人艇 | 2 | |
| | 2014年1月 | 四川 | 全国冬季冠军赛 | 李振雨 | 男 | 2000米 | 2 | 沙田 |
| 赛艇 | 2014年7月 | 浙江 | 全国赛艇青年赛 | 李　磊 | 男 | 女子轻量级2000米四人双桨 | 2 | 虎门 |
| 划艇 | 2014年8月 | 江西 | 全国皮划艇锦标赛 | 余鹏越 | 男 | 单人艇200米 | 2 | 虎门 |

## 2014年东莞市运动员参加世界、亚洲重要比赛（不含交流赛、友谊赛等）前三名

| 单位 | 项目 | 时间 | 地点 | 比赛名称 | 姓名 | 性别 | 小项 | 名次 | 输送镇街 |
|---|---|---|---|---|---|---|---|---|---|
| 体校 | 田径 | 2014年5月 | 中国澳门 | 2014年澳门亚洲城市田径邀请赛 | 陈晓彤 | 女 | 200米 | 1 | 茶山 |
| | | | | | 陈晓彤 | 女 | 100米 | 2 | 茶山 |
| | | | | | 香妙婵 | 女 | 200米 | 3 | 横沥 |
| | | | | | 李鑫铭 | 男 | 1500米 | 3 | 东城 |
| 石龙 | 举重 | 2014年11月 | 哈萨克斯坦 | 2014年世界举重锦标赛 | 陈幼娟 | 女 | 抓举 | 2 | 石龙 |
| | | | | | | | 总成绩 | 3 | |
| 游泳中心 | 现代五项 | 2014年9月 | 韩国仁川 | 第17届亚运会 | 郭建力 | 男 | 男子个人 | 1 | 麻涌 |
| | | | | | | | 男子团体 | | |
| 虎门 | 赛艇 | 2014年9月 | 韩国仁川 | 第17届亚运会 | 张　荃 | 男 | 四人双桨2000米 | 1 | 虎门 |
| 虎门 | 皮艇 | 2014年9月 | 韩国仁川 | 第17届亚运会 | 李振雨 | 男 | 双人皮艇1000米 | 3 | 沙田 |

▲ 滨江体育馆

## 卫 生

【医疗卫生概况】 2014年，东莞市有医疗卫生机构2443个，其中，专业公共卫生服务机构5个，计划生育技术服务机构34个，各级各类医疗机构2404个，包括：医院87个（民营医院占47.1%），分院18个，社区卫生服务中心（站）397个，农村卫生站938个，门诊部358个，诊所186个，卫生所、医务室420个。全市有卫生人员5.30万人，其中，卫生技术人员4.31万人，包括：执业（助理）医师1.51万人，注册护士1.88万人，医护比例为1∶1.25。全市有编制床位3.39万张，实际开放床位2.67万张（民营医院床位数占25.3%）。全市大型医用设备中，X线电子计算机断层扫描装置（CT）有63台，医用磁共振成像设备（MRI）有29台，800毫安以上数字减影血管造影X线机（DSA）有19台。全市医疗机构总诊疗人次为6536万人次（民营医疗机构门急诊量约占24%），医院门急诊量前四位科室分别是妇产科、内科、儿科、急诊医学科。全市出院人数为89.6万人次，出院者平均住院日为8.5天，病床使用率为80%，住院量前四位科室分别是妇产科、外科、内科、儿科。

【卫生计生资源整合】 2014年3月，原东莞市卫生局、东莞市人口计生局合并，组建成立东莞市卫生和计划生育局（简称东莞市卫生计生局），在机构设置、政策法规、服务体系、队伍建设、信息化平台、宣传教育、健康指导等方面进行资源整合。

【疾病预防与控制】 2014年，东莞市无甲类传染病发生，全市报告法定管理乙类、丙类传染病26种9.19万例。开展流感样病例监测和病原学监测，13个流感样病例监测哨点累计发现流感样病例12.5万例。全市预防接种门诊增至79个，免费接种国家免疫规划疫苗291.86万人次，各类免疫规划疫苗接种率均保持在95%以上。做好登革热、人感染H7N9禽流感等重点传染病疫情防控，强化防治技术培训和应急演练，落实部门联防联控工作机制，落实疫情防控措施和病例救治。完成市政府十件民生实事“艾滋病感染者（病人）关怀支持项目”，为一批艾滋病感染者（病人）提供个性化服务。

【妇幼保健】 2014年，东莞市继续实施优生健康惠民工程和免费孕前优生健康检查项目，免费孕前优生健康检查项目增加地中海贫血基因检测和G6PD缺乏症检测。加大财政投入，继续免费提供婚前医学检查、孕前优生健康检查、孕期健康检查预防艾滋病、梅毒和乙肝母婴传播、地中海贫血防控、“两癌”（乳腺癌、宫颈癌）筛查等10项妇幼公共卫生和计划生育服务项目，财政补助经费8752万元。为1.19万对夫妇提供免费孕前优生健康检查，为47对携带同型地贫基因夫妇发放胎儿产前诊断补助。承办2014年省政府民生实事预防艾滋病、梅毒和乙肝母婴传播项目，推进母婴阻断项目实施。东莞市孕产妇死亡率、婴儿死亡率保持低于国家妇女儿童规划纲要提出的目标水平；孕产妇艾滋病、梅毒和乙肝总检测率98.60%；艾滋病、梅毒和乙肝感染孕产妇及其所生婴儿免费干预服务总比例97.89%。

【卫生监督】 2014年，东莞市创新监督管理模式，出台市场主体信用约束管理制度和违法违规医疗机构“黑名单”制度，向社会公布92家“黑名单”。针对不同阶段的检查重点，组织开展整顿医疗秩序打击非法行医、放射诊疗、医疗美容、打击买卖《医疗机构执业许可证》和出租承包科室等专项行动，查处医疗机构301间次，吊销《医疗机构执业许可证》11个。

【卫生应急管理】 2014年，东莞市发生突发公共卫生事件3起，发病人数289人，无死亡病例。在登革热、埃博拉出血热、人感染H7N9禽流感疫情防控上，东莞市卫生计生局快速反应，联合市各有关部门共同应对疫情，取得良好的防控效果。继续加强卫生应急队伍能力建设，先后举办3期应急技能培训班和2期卫生应急演练，组织应急处置和临床医疗救治技术骨干等约700人次参加。

【医政管理】 2014年，东莞市开展“平安医院”创建活动，成立创建“平安医院”活动领导小组，建立成员单位联席会议制度，出台创建活动实施方案，47家二级管理以上医院全部设立医院警务室，完善视频监控系统。开展临床路径管理和优质护理服务，医疗和护理服务质量明显提升，病人满意度明显提高。狠抓医疗核心制度，启动医疗质量和医疗服务第三方评价工作，促进临床合理检查、合理治疗、合理用药。基层医疗机构医院感染管理整治行动取得显著成效，基层中医药服务能力提升工程考核位居全省地级市第一名。出台医疗纠纷预防与处理办法，探索医疗责任险统保，完善医疗纠纷调处机制，重大医疗纠纷事件和“医闹”事件比上年分别下降32%、38%。

【药物政策】 2014年，东莞市全面推进“阳光用药”制度建设，通过省、市“阳光用药”制度建设专家组检查验收和“回头看”督导。全市有95个医疗卫生机构通过省第三方药品交易平台采购基本药物，二级以上公立医院阳光用药制度建设覆盖率达100%。完成2009年版“阳光用药”电子监察系统升级开发，实现全市公立医院新版“阳光用药”电子监察系统全覆盖。

【公立医院改革】 2014年，东莞市试点5个公立医院实施取消药品加成政策，为群众减轻医药费用负担4723万元，平均每诊疗人次药品让利10.22元，每床日药品让利20.82元。建立相应的补偿机制，推广使用基本药物和适宜技术，提高医院配备使用基本药物的比例，控制医药费用。出台《东莞市公立医院实施取消药品加成政策补偿方案（试行）》，2015年在全市40家公立医院实施取消药品加成政策，所有药品零差价销售。开展市属公立医院低值医用耗材集中招标采购试点，采购价平均下降33.34%，节省采购成本1283万元。剥离镇街公立医院公共卫生职能，在32个镇街和松山湖分别组建卫生监督所与疾病预防控制中心，健全基层公共卫生服务网络。

【基层卫生与公共卫生服务均等化】 2014年，东莞市社区卫生服务机构诊疗人次约占全市门诊总量的26%，人均门诊费用为全市门诊次均费用的三分之一。全市建成使用的社区卫生服务机构397个，全部执行基本药物制度，实现药物零差率销售，全面实施居民健康档案、慢性病管理等11类基本公共卫生服务，提供平价药包服务。稳步开展家庭医生式服务试点镇工作，出台《东莞市城乡家庭医生式服务工作实施方案》，有18个镇街推行家庭医生式签约服务，成立全科医生团队602支，签约群众2.82万人，累计建立居民健康档案894.4万份。东莞市有2家社区卫生服务中心获评全国“群众满意社区卫生服务机构”。全市铺开农村卫生站转型工作，明确农村卫生站的产权归属和经营性质，有722个农村卫生站申请转型设置医疗机构，占全市农村卫生站总数的59%，验收并签发许可证222个，核定性质为营利性医疗机构。

【中医药事业】 2014年，东莞市继续实施基层中医药服务能力提升工程，加大财政专项投入，加强中医药服务区域基础设施建设，引进中医药专业人才，强化中医科研教育，推进社区卫生服务机构中医药服务能力建设。全市有33个社区卫生服务中心和307个社区卫生服务站能够提供中医药服务，能够开展15项以上中医药适宜技术的社区卫生服务中心有24个，开展6项以上中医药适宜技术的社区卫生服务站有273个。在全省基层中医药服务能力提升工程督查评估中，东莞市取得评审等级为“优秀”、全省第一名的成绩。

【爱国卫生运动】 2014年，东莞市印发国家卫生城市长效管理的实施意见，切实加强国家卫生城市长效管理。组织开展第26个“爱国卫生月”活动和以“预防登革热、共建卫生城”为主题的“爱国卫生统一行动日”活动，坚持每周星期五开展全市统一的爱国卫生大行动，向市民广泛宣传卫生防病知识，发动群众参与开展环境卫生综合整治，清理闲置地卫生死角，铲除蚊虫孳生地，改善城乡环境卫生面貌。厚街镇等9个镇通过国家卫生镇复审工作，南城街道宏图社区等40个村（社区）申报创建省卫生村。截至2014年，全市28个镇有26个国家卫生镇，2个省卫生镇；591个村（社区）有538个省卫生村，省卫生村覆盖率达91%。

【卫生科研管理和继续医学教育】 2014年，东莞市组织申报医疗卫生科研项目432项，获得国家、省、市立项341项，有14项医疗卫生科技成果拟评为市科技进步奖（一等奖5项、二等奖6项、三等奖3项）。印发《关于加强继续医学教育工作的意见》，规范继续医学教育项目管理，强化学分审核工作，召开全市继续医学教育工作会议。组织申报国家级、省级继续医学教育项目，获批准的国家级继续医学教育项目11项、省级继续医学教育项目48项。举办市级继续医学教育项目326期，培训9.6万人次。有27个高等医学院校教学医院，其中7个非直属附属医院。

【公立医院经济管理与内部审计】 2014年，东莞市市属公立医院管理中心对7家市属公立医院开展清产核资工作，印发《东莞市市属公立医院资产处置实施细则》和《东莞市非中心镇公立医院资产处置实施细则》，规范市属公立医院及非中心镇公立医院资产处置审批工作，防止国有资产的流失。建立公立医院50万元以上医用设备及市属公立医院50万元以上修缮工程立项论证审批制度，限制不合理的设备申购行为和控制市属公立医院盲目扩张。启动建设市属公立医院经济监管信息系统，提高市属公立医院财务监控及成本核算水平。

（张明远）

**附：2014年东莞市卫生和计划生育局主要领导名录**

党组书记、局长：金行中

**树服务先锋形象　做人民健康卫士**

2014年7月1日，国家卫生计生委副主任崔丽（右一）一行到东莞市调研健康教育与健康促进工作，实地视察石龙健康绿道、石龙博物馆与全民健康生活方式主题展览。副市长喻丽君（左二）陪同调研

（吴宗才　摄）

① 2014年1月22日，副省长林少春（中）到泗安医院看望和慰问麻风病休养员、志愿者和医务人员（吴宗才 摄）

② 2014年7月31日，市委书记、市人大常委会主任徐建华（中）率市人口计生领导小组成员单位到虎门镇挂钩督查人口计生工作（吴宗才 摄）

③ 2014年9月25日，省卫生计生委主任陈元胜（前排左三）率督查组督查东莞市登革热防控工作，现场查看虎门、麻涌镇登革热疫点防控情况和市第五人民医院登革热病例救治情况。副市长喻丽君（前排左二）陪同（吴宗才 摄）

④ 2014年5月29日，省卫生计生委主任陈元胜（左二），副主任、省医改办主任黄飞（右二）等一行到省泗安医院东城门诊部、东莞市妇幼保健院、东莞台心医院进行调研（吴宗才 摄）

▲ 东莞市举办人感染H7N9禽流感应急处置演练

【东莞市疾病预防控制中心概况】 2014年，面对严峻的登革热、人感染H7N9禽流感以及埃博拉出血热等疫情防控形势，东莞市疾病预防控制中心完善疾控体系建设，依法科学防控突发传染病，规范开展免疫规划工作。

基层疾控体系建设取得新突破 实现镇街公立医院疾病预防控制职能划入社区卫生服务中心，挂牌成立33个镇街（园区）疾病预防控制中心，结束东莞市基层无疾病预防控制机构的历史，全市疾病预防控制事业进入崭新的发展阶段。

重大传染病防控取得新成效 面对近30年来最严重的登革热疫情，采取以“清积水、灭蚊虫”为重点的综合防控措施，强化重症病例早期发现和救治，疫情迅速得到有效控制。面对埃博拉出血热高输入风险，加大对疫区人员入境的追踪管理，实现“严防病例输入、严控属地感染”的目标。坚持“立足防，强化治，防治结合”的原则，科学有效防控H7N9疫情。完成市政府十件实事之一“艾滋病感染者/病人关怀支持项目”。

免疫规划工作取得新进展 各类免疫规划疫苗接种率均保持在95%以上，全市连续20年保持无脊髓灰质炎状态，连续11年无白喉病例报告，5岁以下儿童乙肝表面抗原携带率下降到1%以下，疫苗可预防传染病防控成效显著。在全省率先启动疫苗冷链系统实时动态监测与报警系统，全市疫苗冷链管理工作迈上新台阶。 （谢杨效）

附：2014年东莞市疾病预防控制中心主要领导名录

主　任：刘志权（任至9月）
　　　　张巧利（9月任职）

【东莞市卫生监督所概况】 2014年，东莞市卫生监督所坚持“执法为民、护卫健康”理念，依法打击各类危害人民群众健康权益的违法违规行为。严把卫生行政许可发证关，树立为民务实清廉的良好形象。

依法行政 完善卫生监督执法内部制约机制，开展对内设职能科室的专项稽查，加强卫生行政处罚案件预审工作。协助市卫生计生局举办卫生行政执法案件评查专题讲座、研讨会及全市卫生监督员业务培训班。抓好群众投诉举报案件处理工作。

医疗机构监督 健全医疗机构受理和初审制度，落实医疗机构记分、校验和“黑名单”公示工作。创新节假日和夜间执法模式，组织开展专项整治行动，严打医疗机构违法违规行为。抓好医疗广告监测。加强宣传教育，举办医疗机构负责人培训班，开展重点医疗机构负责人约谈工作。

公共卫生监督 开展娱乐服务行业专项整治，全面整顿和规范娱乐服务场所经营行为。加强对公共场所和生活饮用水单位的商事登记改革后续市场监管。组织开展国家文明城市复审迎检等专项检查，保障重大节假日及重大活动公共卫生安全。开展学校卫生综合评价试点。

职业卫生监督 组织开展职业卫生、放射卫生重点监督检查及放射诊疗专项整治行动。抓好对医疗机构放射诊疗建设项目的卫生审查。完成放射卫生监督分级管理工作。加强放射工作人员培训。开展《职业病防治法》宣传周活动。

传染病监督 针对不同阶段的传染病防控形势，组织开展手足口病、登革热、H7N9等专项督查。抓好传染病疫情应急监督工作。开展餐饮具集中消毒单位专项整治。加强对医疗机构临床用血及采供血机构的监督检查。

受理发证 严把卫生行政许可准入关，缩短承诺期限，提高服务效率，推行延时服务、快捷服务、回告服务等，打造“一站式”优质服务窗口。

卫生监督信息化建设 完成全市卫生许可平台服务器升级工作。4月将商事登记制度改革后续监管模块整合至卫生许可平台，为卫生计生系统商事登记改革后续市场监管提供信息化支撑服务。 （刘志方）

附：2014年东莞市卫生监督所主要领导名录

所　长：肖文忠

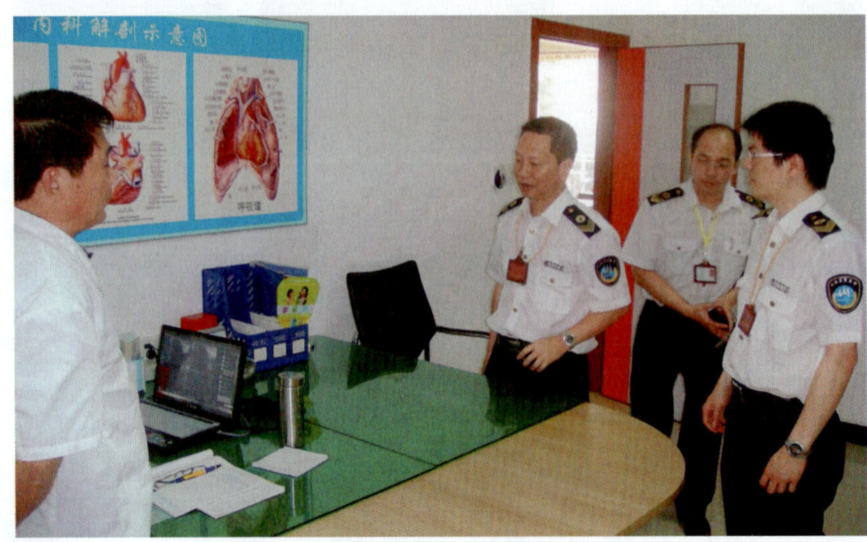


▲ 医疗机构监督

# 社会生活 SOCIAL LIFE

生态石碣

编辑：李文蔚

## 婚姻·家庭

【婚姻登记管理概况】 2014年，东莞市共办理国内结婚登记1.87万对，国内离婚登记3634对，国内补领结婚证1930对和国内补领离婚证223对；办理涉外、港澳台、华侨结婚登记143对，离婚登记63对。

【婚姻法律知识专题讲座】 2014年11月20日，东莞市举办婚姻法律知识专题讲座，邀请法律专家为全市80多位婚姻登记员授课，丰富婚姻登记员的法律知识，提升依法行政水平。

【婚姻登记管理中心乔迁新址】 2014年9月28日，东莞市婚姻登记管理中心由莞城街道万寿路76号搬迁至莞城街道八达路140号恒丰商业大厦办公。新场地面积为1200平方米，设置候登大厅、中西式宣誓颁证厅、9个婚姻登记窗口；增设婚姻家庭辅导室、阅览区、上网区、饮水区、电视区等，并提供药箱、雨衣、老花镜、打印等便民措施，新场地环境更加优美，服务进一步优化，受到群众好评。

【婚姻登记机关争创国家4A级】 2014年，东莞市婚姻登记管理中心根据《民政部关于开展婚姻登记机关等级评定工作的通知》精神，开展“国家4A级婚姻登记机关”创建工作，于9月向民政部上报创建材料。

【家庭教育】 参见“民主党派·社会团体”类目第140页同名条目。

（田小兵）

## 计划生育

【人口和计划生育概况】 2014年，东莞市户籍人口出生21383人，出生率11.2‰，自然增长率5.83‰。全市32个镇街和22个人口计生领导小组成员单位均完成2014年度人口计生工作目标任务。

【计划生育目标管理考核】 2014年，东莞市出台历年最严格的考核方案，把计划生育“一票否决”制作为对镇街领导班子考核的重要内容，对考核过程中出现严重问题的党政主要领导进行问责。制定《东莞市计划生育工作整改方案》进行分类督查整改。建立“定管理职责、定责任区域、定工作任务、定成绩排名”的预警倒逼通报机制。审核单位、个人评优评先1605人次，否决25人次（单位），对违反计划生育政策的党员干部作出党纪政纪处理23人。

【计划生育综合服务管理】 2014年，东莞市卫生计生局开展流动人口计生服务管理专项活动，完成流动人口动态监测、入户调查和问卷数据录入，清查出租屋14.01万间、商铺9.26万间、厂区宿舍近1万间，查验流动人口计生证明3.5万人，落实流动人口查环查孕50.44万人次。加强与外省、外市区域协作工作机制，开展湘莞两地区域协作，推进商会协会区域联动，依托异地商会开展流动人口双向管理。依法开展查处“两非”（非医学需要的胎儿性别鉴定和非医学需要的人工终止妊娠行为）专项行动，查处“两非”案件8例。开展社会抚养费征收管理专项检查，依法开展社会抚养费征收。出台《东莞市人口和计划生育基层群众自治示范村（居）创建活动实施方案》，强化村（居）人口计生网络建设和阵地建设，创建国家级示范村（居）19个，省级示范村（居）72个，

市级示范村（居）439个。贯彻实施“单独两孩”政策（一方是独生子女的夫妇可生育两个孩子的政策），开辟“绿色通道”，做到快接、快审、快批，受理“单独两孩”再生育申请4638份，办结4165份。

【计划生育利益导向】 2014年，东莞市落实计生养老奖、节育奖、特殊家庭扶助、失独家庭扶助等计生奖励扶助政策，按时足额发放奖励扶助金。全市发放计生养老奖励金5095.57万元，发放节育奖404.03万元，发放特殊家庭补助23.19万元，发放失独家庭扶助金46.9万元。市政府出台《东莞市居家养老服务实施方案》，从2015年起，将计划生育家庭纳入居家养老无偿服务或低偿服务范围。推广计划生育家庭意外伤害保险，覆盖32个镇街，为超过2万个家庭提供抵御意外风险的保障。开展“新家庭计划——家庭发展能力建设”和创建幸福家庭活动，将“关爱女孩行动”“圆梦女孩志愿行动”融入到各类主题活动中，宣传计划生育法律法规，开展促进出生人口性别结构平衡警示教育。开展独生子女、农村纯二女家庭困难户慰问活动。

【计划生育宣传】 2014年，东莞市卫生计生局举行以“家庭和睦　健康同行”为主题的“世界人口日”系列宣传活动，5000多名网民通过东莞市卫生计生局官方网站、官方微博等媒体参与网络有奖问答。建立并开通青少年健康教育的官方微信平台——“青春驿站”，通过微信平台定期发布青春期方面知识和开展各类活动的预告。完成100场青春健康教育培训和50个个案的跟进服务。

（张明远）

附：2014年东莞市卫生和计划生育局主要领导名录

党组书记、局长：金行中

## 妇女·儿童

【妇女儿童权益宣传】 2014年，东莞市妇联制作《坚持男女平等　促进妇女全面发展》《关爱儿童　关注未来》两部公益宣传短片，在东莞电视台和东莞电台播出。印制妇女儿童“两个规划”、儿童友好社区建设宣传画册及东莞市降低孕产妇死亡率和消除新生儿破伤风项目宣传折页发放到镇街及村（社区），营造全社会知晓、关注和参与规划实施的氛围。组织望牛墩、东城、莞城、企石和石排等镇街参与“童心共筑中国梦”儿童发展规划百场巡演活动，提高群众关注儿童权利意识。累计建成儿童友好社区343个。完成首轮妇女“两癌”（乳腺癌、宫颈癌）筛查，为23万多名妇女免费提供“两癌”筛查服务，筛查率82.15%。对东莞市妇女儿童发展现状与需求进行调查，形成《东莞市妇女发展需求调查报告》《东莞市儿童发展需求调查报告》。

【帮扶困难妇女儿童】 2014年，东莞市妇联出台《东莞市妇联救助困难妇女儿童实施办法》，为57名患重病或遭遇意外事故使家庭生活陷入极度困境的妇女儿童提供救助，救助资金61.3万元；春节、“六一”儿童节前后，市、镇两级妇联组织慰问帮扶特困单亲母亲、困难儿童3190名，慰问帮扶金额和物资189.84万元；在缓解困难妇女家庭经济困难的同时，给予精神鼓励与社会支持。联合公安、卫生等部门深入收容教育所，对失足妇女开展2期帮教活动，通过开展法制、道德和健康知识教育，艾滋病与性病健康检查，关爱失足妇女身心健康，引导失足妇女树立正确的人生观、价值观，争取尽快回归社会。

【妇女创业就业】 2014年，东莞市妇联联合有关部门，参与“就业援助月”“春风行动”“就业服务日”等活动，为城乡失业妇女免费提供就业服务。截至2014年，全市举办美容、面点、烹饪、家政服务等免费技能培训班491期，培训2.8万多人次，提高妇女的创业就业技能。创办“村民车间”、家庭作坊等就业场所1239个，累计帮助2.6万名妇女实现就业。宣传妇女创业小额贷款政策，累计指导和帮助1840名妇女获得创业小额贷款1.7亿元。

▲ 《跟我一起跳舞》

【“六一”国际儿童节庆祝活动】 2014年5月29日，东莞市委书记、市人大常委会主任徐建华，市委副书记、市长袁宝成率领市妇联、市教育局、团市委、市关工委及石龙、石排、望牛墩、道滘镇的相关负责人，组成两个慰问组分别到小学、幼儿园进行慰问。徐建华率领的第一慰问组在石龙镇中心小学，观看模型展，参观创意平台，与学生玩互动游戏。在石排镇大博士幼儿园，与孩子们共同完成拼图游戏。袁宝成率领的第二慰问组在望牛墩第二幼儿园，与孩子们一起做手工、打乒乓球，在道滘镇中南学校，观看学生素描练习、合唱练习等文娱活动，并和学生们一起观看学校迎“六一”主题汇演。（李玉兰）

【学生接送站管理】 2014年，东莞市民政部门根据商事登记改革相关规定，会同消防、建设、食品药品监督等部门做好学生接送站后续市场监管工作。开展《东莞市学生接送站管理办法》修订的前期调研。2014年，办理学生接送站登记208家。截至2014年，全市有学生接送站562家。（田小兵）

## 老年人

【老年人概况】 2014年，东莞市60岁以上的户籍人员27.85万人，其中，非农业户籍人员13.29万人，农业户籍人员14.56万人。60—64岁年龄段8.85万人，65—69岁年龄段6.60万人，70—79岁年龄段7.67万人，80—89岁年龄段4.16万人，90—99岁年龄段5761人，100岁以上111人。

【老年人文娱活动】 *第六届老年人文化艺术节获奖优秀节目（作品）巡演（巡展）* 2014年，东莞市民政局组织开展第六届老年人文化艺术节获奖优秀节目（作品）巡演（巡展），活动覆盖东城、南城、石龙、塘厦、洪梅等镇街。2月14日，在洪梅镇文化体育广场，来自全市的140多名老年人演员为洪梅镇第五届洪梅花灯节献上12个舞蹈、粤曲等精彩节目，1000余名观众观看演出。*参加第四届中国老年文化艺术节* 东莞市民政局为展示东莞市老年人风采，组织老年艺术团队参加第四届中国老年文化艺术节的舞蹈、合唱、器乐3个项目比赛，取得2枚金牌、2枚银牌。

【老人高龄津贴发放】 2014年2月21日，东莞市印发《市民政局关于做好百岁老人高龄津贴发放工作的通知》，从2014年1月1日起，将100周岁以上户籍老年人高龄津贴发放标准由每人每月300元调升至每人每月500元。全年为12.38万名70岁以上东莞户籍老年人发放高龄津贴1.06亿元。

【敬老优待卡宣传片制发】 2014年，东莞市民政局组织东莞市的老年志愿者，拍摄《东莞市敬老优待卡宣传片》，制作1200余张碟，投放到各镇街广播电视台、老年人活动中心、村（社区）办事窗口宣传推广，引导老年人正确使用敬老优待卡，做好敬老优待卡的管理。

【“敬老月”系列活动】 2014年9月1日至10月31日，东莞市开展以“传承中华美德　弘扬敬老文化”为主题的“敬老月”系列活动，组织走访慰问送温暖、为老志愿服务、敬老文化宣传教育、老年文化体育、老年维权优待等活动。各镇街、村（社区）、单位联手打造一批富有特色的专题敬老活动品牌，其中石龙镇第四届“敬老文化节”获一致好评。“敬老月”期间，东莞市民政局联合医疗部门开展“康到社区”关爱长者巡回义诊活动，为莞城罗沙、石龙中山东等社区老年人免费提供血压测量、体质诊断、健康咨询、针灸治疗等服务；组织志愿者探访慰问555名70周岁以上孤寡、“空巢”老人；动员民间社团组织募捐，并将募集到的500份“福袋”（内有大米、蜂蜜、收音机等礼品）捐赠给高埗、桥头、东坑、石龙、石碣等镇街五保、低保老人。

【东莞市第十二届老年人运动会举行】 2014年10月29日至12月23日，东莞市举行第十二届老年人运动会。运动会开幕式于10月29日在东莞市体育馆举行，省、市有关领导出席并致辞，南城老年舞蹈队、莞城建设小学等团队、单位献演9个精彩体育文艺节目，全市约4000名老年人运动员及群众参加开幕式。该届运动会设门球、飞镖、钓鱼、健身操等17个赛项，全市42个代表团、2000余名老年人运动员参赛。经过角逐，决出单项团体名次216个、个人名次242个，产生各类奖牌1773枚。

【“银龄安康行动”】 2014年11月20日，经东莞市政府十五届第一百零二次常务会议讨论研究，东莞市决定自2015年1月1日起，由福利彩票公益金市级留成资金中出资，为东莞市户籍的75周岁以上老年人和五保户、低保户中的60周岁以上老年人，每人购买1份“老年人意外伤害综合保险”，每份保费标准为30元，保险期限为1年，惠及8.7万名老年人。

【非莞籍老年人免费乘坐公交优待】 2014年12月9日，经东莞市政府十五届第一百零四次常务会议讨论，东莞市原则同意从2015年1月1日起，对东莞市男性年满70周岁、女性年满65周岁以上的非莞籍老年人乘坐市内公交车给予优惠。（田小兵）

## 残疾人

【残疾人概况】 截至2014年，东莞市有各类残疾人7.4万人，约占全市户籍人口的4.03%，其中，视力残疾1.04万人，听力残疾1.88万人，言语残疾1586人，肢体残疾1.68万人，智力残疾3753人，精神残疾7238人，多重残疾1.60万人。

【视力残疾人扶助项目】 2014年，东莞市为400辆公交汽车安装车载导盲系统、为400名视力残疾人（盲人）配送导盲终端机，为1500名有迫切需求的视力残疾人免费提供盲人语音读屏软件项目，被纳入省政府重点民生工作。东莞市残联作为牵头单位，协调联系有关部门，分别成立工作领导小组，结合东莞市实际制定实施方案，圆满完成工作任务。东莞市残联在全市开展盲人定向行走训练指导师培训班，扩大盲人定向行走训练服务队伍，对300名视力残疾人进行定向行走训练。

【残疾人基层服务组织建设】 2014年，东莞市残联先后在石龙镇、万江街道举办业务培训班，为镇街康复就业服务中心培训社工和职业训导师100人次，并组织镇街康复就业服务中心工作人员赴深圳市考察学习。加大对镇街康复就业服务中心经费补助，发放服务机构运作补贴127万，学员补助经费153.2万元，向大岭山、石排、大朗镇发放康复就业服务中心建设一次性启动经费110万元。

【残疾人节日活动】 2014年，东莞市残联借助残疾人节日契机，组织开展一系列活动，丰富残疾人生活，营造扶残助残氛围。

*全国助残日* 2014年全国助残日主

题为“关心帮助残疾人，实现美好中国梦”。5月18日，东莞市残联联合东城街道在东城文化广场举行全国第二十四次助残日活动。各镇街康复就业服务中心学员举行文艺表演、现场盆栽制作、手工作品义卖，东莞市残联各直属单位开展业务咨询、义诊、现场招聘等活动，吸引全市近千名残疾人、残疾人家属及社会热心人士参加。东莞市慈善总会、市残疾人福利基金会现场捐赠价值5万元轮椅、5万元儿童轮椅及5万元盲文书籍，其中儿童轮椅主要赠送给脑瘫儿童。

全国爱耳日　2014年3月3日是第十五个国际爱耳日，主题为“爱耳护耳，保护听力——预防从初级耳科保健做起”。东莞市聋人协会与东莞市残联各直属单位共同配合，分别在人民公园东门广场与市康复医院举办活动，现场宣讲初级耳科保健知识，进行专业听力测评，赠送参加活动的聋人朋友们手写板、振动闹钟、助听器电子、助听器干燥盒等常用贴心小礼物。

全国爱眼日　2014年6月6日是第十九个全国爱眼日，主题为“关注眼健康，预防糖尿病致盲”，东莞市盲人协会为广大盲人朋友开展“预防糖尿病，关注眼健康”的专题讲座，通过大量典型病例，向盲人朋友普及糖尿病及生活健康的有关知识；东莞市残疾人辅助器具服务中心现场进行盲人定向行走训练。

肢残人活动日　2014年8月11日为第五个全国肢残人活动日，主题为“环境无障碍，方便你我他”。东莞市肢残人协会举办交通安全知识宣讲和无障碍设施参观体验活动，引导残疾人文明出行，体验残疾人无障碍出行的便利。

国际盲人节　2014年10月13日是第三十一届国际盲人节，主题是“走进盲人，服务盲人”。东莞市盲人协会组织100多名盲人及盲人家属齐聚市康复医院，共同学习公交导盲软件的使用方法；组织残疾人观看无障碍电影，鼓励残疾人参与社会生活。

国际残疾人日　2014年11月29日，东莞市残联在虎英公园举办“我梦想·我登高——残健同行　畅游绿道”活动。50名肢残人、50户爱心家庭及80名志愿者约300人畅游虎英公园。东莞市聋人协会组织近60名聋人代表参观历史纪念馆，畅游旗峰公园，帮助更多的残疾人走出家门。

**【残疾人职业技能竞赛】**　2014年11月，东莞市组队参加第五届全省残疾人职业技能竞赛。东莞市代表队有20名选手，包括9名肢体残疾人、3名盲人和8名聋哑人，参加盲人保健按摩、计算机操作员、美甲师等12个小项的竞赛。其中肢体残疾人尹家容在30多名残疾人激烈竞争中，获计算机操作员（文本处理）第三名，另有13名选手获竞赛实操合格成绩，东莞市代表队获广东省第五届残疾人职业技能竞赛“组织奖”。

**【慈善助残】**　2014年，东莞市残联开展各类公益助残活动，发动爱心人士参与扶残助残。8月30日，东莞市残疾人福利基金会与东莞泛亚太生物科技有限公司举办中秋联欢晚会，通过义卖字画等方式，现场募集善款7.14万元。东莞市残疾人艺术团开展与爱同行走进校园、工厂爱心巡回演出活动，向社会传递残疾人正能量，活动现场举行助残募捐活动。继续实施“关爱残疾儿童——蓓蕾行动”计划，东莞市残疾人福利基金会资助40.36万元帮助残疾儿童抢救性康复675人次。资助2.7万元设立9个镇街残疾人轮椅公益维修部，为残疾人就近提供轮椅维修服务。在广东狮子服务队资助下，举办5期民办残疾人康复机构培训活动，帮助54名民办残疾人康复机构教师参加国家级康复训练师培训，提高民办残疾人服务机构的服务水平。开展志愿助残行动，推选石龙镇为志愿助残省级示范基地，寮步镇为志愿助残阳光行动省级联系点，发动东莞市残联干部职工志愿助残，全年注册志愿者428名，建立9支志愿服务分队。　（安红妍）

## 新莞人

**【新莞人子女积分制入学和异地中考受理审核】**　2014年，东莞市人力资源局贯彻实施新莞人子女积分制入学政策，制定申办指引，加强与各成员单位沟通协调，指导镇街开展资料审核。受理积分制入学申请1.92万份，比上年增长3.6%；受理异地中考资格认定申请1.04万份，增长30%。

**【新莞人社会融合试点】**　2014年，东莞市人力资源局制定实施新莞人社会融合试点方案，选取莞城、虎门、黄江和水乡特色经济发展区“一区三镇街”作为试点，探索建立新莞人社会融合机制。建立健全沟通交流机制，搭建新莞人参政议政平台，引导新莞人参与司法监督，促进新莞人政治融入，137位“优秀新莞人”应邀参加市中级法院45批次的庭审听审、评议、座谈等活动。

**【新莞人社工志愿服务】**　2014年，东莞市人力资源局将新莞人社工服务覆盖范围拓展到15个镇街，新莞人岗位社工增加到36名，驻点开展法律、家庭社工、心理咨询等服务。推广关爱新莞人志愿服务，开展慰问困难新莞人家庭活动，创建14个社会服务实践基地（点），建成32个关爱新莞人志愿者服务站，招募志愿者8100多人，开展关爱新莞人活动近8000场次，服务30多万人次。万江街道、厚街镇等志愿服务项目先后在国家级评比中获奖。

**【新莞人居住环境改善】**　2014年，东莞市人力资源局加强出租屋租赁登记备案管理，全市登记备案出租屋27.58万栋（套）。规范出租屋税征收管理，代征租赁税3900万元。按照运营商“全建全投”模式建设出租屋视频监控摄像头2.7万套，厚街镇还率先启用手机客户端管理系统，提高出租屋信息化管理水平。

**【“幸福e站”建设】**　2014年，东莞市人力资源局推动长安、厚街、虎门、高埗、石龙等15个镇街建立“幸福e站”42个，设立服务专员47人，覆盖员工近20万人，推动新莞人服务窗口前移，让新莞人就地就近享受便捷服务，预受理积分制入户、入学申请108份。

（黎燕嫦）

**附：2014年东莞市新莞人服务管理局主要领导名录**

局长：张拔海（任至5月）

## 民族事务

**【少数民族概况】**　参见“总述”类目第54页“民族”条目。

**【少数民族民情民意考察】**　2014年3月14日，东莞市民宗局深入开展党的群众路线教育实践活动，召开全市民族宗教界代表人士征求意见座谈会，面对面听取少数民族代表人士、各宗教教职人员和部分信教群众的意见和建议。东莞市民宗局多次到厚街镇绿洲鞋厂、东莞

纺织服装学校等少数民族集中的企业、学校，以及市伊斯兰教协会和各伊斯兰教（临时）聚礼点走访，深入一线实地调研东莞城市民族工作的突出问题，关注少数民族在东莞的就业情况和各伊斯兰教临时聚礼点的管理状况。

**【“东莞民族宗教事务专栏”开设】** 2014年，东莞市民宗局继续通过《东莞日报》开设“东莞民族宗教事务专栏”，扩大民族团结宣传教育覆盖面，刊登东莞民族宗教事务专栏12期，分别是：《我市民族团结进步模范单位出炉——9个村、社区获评市民族团结进步模范社区》《我市民族团结进步模范学校出炉——东莞高级中学、东莞市纺织服装学校、中堂中学、中堂展华学校、寮步镇石步小学等5所学校上榜》《东莞市民族团结进步模范企业出炉——路逊梯卡华宏（东莞）眼镜有限公司、东莞极盛电子有限公司、广东日之泉有限公司、东莞银辉玩具有限公司等四家企业上榜》《全市规模最大的寺院　芙蓉寺》《优秀少数民族代表李子波：化解彝族乡亲劳务纠纷的“金牌调解员”》《谨防假冒僧尼行骗》《全国首个非民族地区的民族医药协会落户东莞——东莞民族医药协会推广民族医药文化》《道教基本知识》《东莞市伊斯兰教协会副会长赵志海——搭建政府和穆斯林沟通桥梁的使者》《2014年民族团结进步宣传月活动圆满结束——各界群众营造出“民族团结一家亲”和谐氛围》《天主教知识》《认清本质　筑牢抵制邪教的防线——中国明确认定呼喊派等14个邪教组织》。

**【东莞市少数民族暨民族风情摄影图片展】** 2014年，东莞市民宗局协同虎门摄影协会、东莞展览馆主办首届“‘民族艺影　东莞情韵’东莞市少数民族暨民族风情摄影图片展”。展出摄影作品101幅，分为莞情类和风情类两大部分，其中莞情类64幅，风情类37幅。莞情类展出少数民族群众在东莞市安居乐业的各个生活片段，包括少数民族务工经商情况、内地新疆班学生校园生活、少数民族拾金不昧、见义勇为的好人好事、少数民族的宗教生活、节庆活动等等；风情类展示部分少数民族地区的传统特色、风情、习俗、活动等。摄影作品分别于8月6日至9月8日在东莞展览馆展出，于9月11—30日在东莞理工学院松山湖校区展出。

**【民族团结进步宣传月】** 2014年9月11日，东莞市民宗局举办全市民族宗教工作业务培训讲座，向各有关单位、各镇街（园区）领导干部及各村（社区）民族工作联络员派发《2014年东莞市民族团结进步宣传月活动方案》《广东伊斯兰教》增刊等有关书籍以及5000多份民族团结进步宣传海报，发动全市各有关单位积极开展宣传月活动，提升民族宗教业务水平。9月27日，东莞市民宗局组织市伊斯兰教协会、市民族医药协会在市人民公园广场举办民族团结进步宣传月现场咨询活动，向群众派发《民族宗教工作》、宣传小扇子等资料，宣传民族宗教政策、伊斯兰教文化、清真饮食和民族医药养生等知识，吸引大量群众前来咨询；市伊斯兰教协会还现场烹煮清真牛羊肉供群众免费品尝，大受群众欢迎；东莞市民宗局连同东莞市疾控中心、凉山州社会性别与艾滋病防治研究会举办在东莞凉山州彝族务工人员红丝带健康包发放活动，免费赠送健康包500多个，向彝族务工人员送健康、送温暖；现场交流活动为少数民族和当地群众搭建交流平台。

宣传月期间，东莞市民宗局组织有关镇街领导干部深入少数民族人数较多的企业、社区、学校进行走访慰问，及时了解少数民族员工、学生在生活工作中遇到的困难并协助解决，使少数民族人员真切感受到政府的关心关怀。东莞市民宗局联合市城市综合管理局、市摄影家协会设计印制融入东莞背景元素的民族团结进步宣传海报和路桥牌、T牌，并于宣传月期间张贴、悬挂在各社区和莞长路、环城路人流、车流集中的区域和路段。

全市各镇街、各部门通过群众喜闻乐见的形式进行宣传，共悬挂宣传标语400多条，粘贴海报近6000张，电视、各类LED（发光二极管）显示屏以及各大官方微博等宣传媒介滚动播放、发布标语、图片、视频等近6万次。开展民族政策现场咨询、民族知识有奖问答等活动，解答群众疑难200多起，派发宣传单张3000多份。召开座谈会、交流会等，开展民族团结进步宣传教育活动。结合社区文艺活动，将民族文化融入表演节目进行宣传介绍。各学校举办辩论赛、召开主题班会、开展板报展等宣传介绍民族风俗，引导学生树立民族团结进步意识。

**【民族工作队伍建设】** *村、社区民族工作兼职联络员业务培训*　2014年9月11日，东莞市民宗局举办全市民族宗教工作业务培训讲座，市有关单位、各镇街(园区)领导干部及全市各村（社区）民族工作联络员约750人参加，广东省民族宗教委原副主任杨源兴作《当前民族宗教工作的形势和任务》专题报告。

*彝族代表人士政策法规培训班*　7月7日，东莞市民宗局组织举办2014年东莞市彝族代表人士政策法规培训班，70多名在东莞从事劳务领工工作的彝族代表参加培训。培训班由广东省高级普法宣讲团高级讲师、律师李道君授课，用生动的案例和通俗的语言重点向彝族代表讲授劳动、社会保险以及依法维权等政策法规，受到彝族代表一致好评。

*少数民族代表人士普法培训*　6月5日，东莞市民宗局组织回族、东乡族、撒拉族、维吾尔族、柯尔克孜族、彝族等近百名少数民族代表人士进行普法培训。培训由市委党校法学教研室博士王坚授课，讲授租赁合同和购买社保的重要性，以及拉面店等小餐饮行业的有关法律法规，增强在莞拉面从业人员守法意识、用法能力。

*维吾尔族代表人士培训*　5月26日，东莞市民宗局协调市公安局国保支队、市城管局机动执法大队召开新疆籍经商人员代表座谈会，在东莞经商的近20名新疆和田地区维吾尔族商人代表参加座谈。会上，维吾尔族代表和市城管局有关人员就经商摆卖问题交换意见，消除误解，与会代表表示遵守城市管理要求，管好工人，服从执法部门管理，杜绝发生冲突行为。12月19日，东莞市民宗局协助新疆和田县党政宣讲团进行普法宣讲，20多名和田籍商贩与宣讲团进行座谈。

**【少数民族传统体育运动会创佳绩】** 2014年9月16—21日，第五届广东省少数民族传统体育运动会在惠州市举行，有来自全省21个地级以上市、佛山市顺德区和广东技术师范学院的23个代表团，41个民族的2760多名运动员、教练员参赛，设13个竞赛项目和26个表演项目。东莞代表团参加龙舟、射弩和高脚竞速等项目，夺得4枚金牌、6枚银牌、9枚铜牌，获团体第八名，获道德风尚奖和优秀组织奖。

**【《东莞市内地新疆班学生适应校园生活情况调研报告》】** 2014年，东莞市民宗局通过印发调查问卷、与内地新疆班师生座谈等多种形式深入调查内地新疆班学生在适应东莞校园生活的情况，根据调查情况撰写《东莞市内地新疆班学生适应校园生活情况调研报告》。2005年东莞高级中学开始承办内地新疆高中班后，2011年东莞纺织服装学校也开始承办内地新疆中职班。调研报告阐述两班的办学情况、教学成效、办学困难以及新疆籍学生适应校园生活的情况，针对两校在承办内地新疆班过程中存在的困难以及学生适应校园生活存在的问题，就做好内地新疆班学生的服务管理工作提出意见建议。该调研报告获评2014年度东莞市统战理论政策研究一等奖。

**【《东莞市清真拉面行业经营情况和存在问题调查》】** 2014年，东莞市有穆斯林约7700人，其中从事清真拉面行业的近3000人，拉面店近600家。清真拉面店为穆斯林群众解决清真饮食问题，同时也以其卫生、便捷、实惠的优势得到广大非穆斯林群众喜爱。东莞市民宗局通过问卷调查，镇街上报，实地走访，查阅资料等方式，对拉面行业经营情况、人员诉求、存在问题进行分析，提出对策建议。该调研为做好拉面行业规范化管理，推动拉面店办理《餐饮服务许可证》等证照起到重要的指导作用。

**【少数民族代表子女就近入学问题解决】** 2014年，东莞市民宗局协调市教育局、各镇街宣教办和社会事务局（办）等部门解决穆斯林代表人士子女就近入学问题。经协调，东莞市解决31名少数民族代表人士子女就近入学问题。

**【少数民族代表人士走访慰问】** 2014年，东莞市民宗局藉7月20日彝族火把节、7月29日伊斯兰教开斋节、10月5日古尔邦节，走访慰问李子波等彝族少数民族代表人士、市伊斯兰教协会和市内各伊斯兰教（临时）聚礼点的主要负责人和阿訇，并送去节日慰问。（李敏瑜）

## 宗教事务

**【宗教概况】** 截至2014年，东莞市经东莞市民族宗教事务局批准登记的宗教活动场所有62个。其中，佛教寺（庵）38个，道教宫观6个，基督教福音堂8个、聚会点7个，天主教堂1个、活动点1个，伊斯兰教聚礼点1个。2014年，新增登记宗教活动场所2个：基督教樟木头聚会点、天主教塘厦聚会点。新增外国人宗教活动临时地点1个，使东莞市成为继广州市后广东省第二个拥有外国人宗教活动临时地点的地级市。东莞市各宗教和睦相处，宗教领域保持稳定与和谐。

**【平安宗教活动场所创建】** 2014年1月2日，东莞市民宗局通报表彰东莞市第二批“平安宗教活动场所”创建先进单位，有18个宗教活动场所：云岗古寺、地藏王寺、欧仙古寺、隐贤寺、金沙寺、三宝寺、般若念佛堂、海潮庵、福善庵、涌池庵、清溪福音堂、道滘福音堂、石龙福音堂、凤岗福音堂、迳贝福音堂、基督教长安聚会点、海月岩、纯阳古观。

**【“宗教慈善周”活动】** 2014年6月，东莞市民宗局结合广东扶贫济困日、东莞慈善日活动，开展以“慈爱人间，五教同行”为主题的“宗教慈善周”活动。活动在保留由宗教团体、宗教活动场所各自开展慈善活动方式的基础上，创新活动方式：响应广东省援疆工作，东莞市宗教界向新疆喀什地区定向捐赠4万元。与宗教团体、镇街和媒体联合开展走访慰问困难家庭活动，由东莞电视台“今日莞事”栏目、部分镇街有关部门和各宗教团体、宗教活动场所选取帮扶对象，由东莞市民宗局局长胡茌光带领市民宗局、宗教团体、宗教界代表人士深入相关镇街，将慰问金和生活用品送到困难人士手中。东莞市民宗局将部分特定帮扶对象的受资助金额定在1—3万元，其他帮扶对象受助金额也在5000元以上。6月25日、26日，市宗教界爱心服务队伍走访14个镇街，为24户困难家庭送去19万元的善款和物品，解决部分困难人群的燃眉之急。东莞电视台“今日莞事”栏目对此爱心活动从6月25日起至7月播出10期，同时在“今日莞事”官方微博和微信公众号中播发。

**【宗教政策法规学习】** 2014年6月，东莞市民宗局开展宗教政策法规学习月活动，举办多期全市宗教教职人员培训班，内容涉及宗教政策法规、社保知识、消防安全、场所财务管理等方面；市基督教两会举办一期基督教堂点负责人培训班。指导全市各宗教团体和宗教活动场所组织宗教教职人员及信教群众参与省民族宗教委开展的宗教政策法规知识答题活动。

**【宗教政策法规普及宣传】** 2014年6月18日，东莞市民宗局和市佛协于6月18日在《东莞日报》民族宗教专栏联合发表《谨防假冒僧尼行骗》一文，介绍假冒僧尼行骗的方式和识破骗局的方法，讲解合法宗教活动场所与非法宗教活动场所的区别，呼吁广大信教群众和市民提高人身、财产安全保护意识，不给假冒僧尼行骗机会。开展反邪教宣传教育，东莞市民宗局印制反邪教宣传小册子发放给宗教活动场所、宗教教职人员和信教群众；12月17日，在《东莞日报》民族宗教专栏整版推出《认清本质，筑牢抵制邪教的防线》大型反邪教专题宣传，帮助市民认识邪教组织的反动本质、歪理邪说、骗人手法、现实危害，提高对邪教的识别、防范和抵御能力。同时，东莞市民宗局制定下发《东莞市宗教活动场所突发气象灾害应急工作指引》，还将《东莞市突发气象灾害防御规定》第三章的内容印制成海报发放、张贴悬挂在各宗教活动场所。

**【“发挥正能量，共筑中国梦”主题征文演讲比赛参加】** 2014年，东莞市民宗局组织全市宗教教职人员和信教群众参与省民族宗教委开展的以“发挥正能量，共筑中国梦”为主题的征文比赛活动。东莞市民宗局选送的市佛教协会会长释了空的《我的“中国梦”》、市佛教协会常务副会长释觉悟的《汇聚正能量　共筑中国梦——浅谈佛教界如何加强自身建设服务社会》和市基督教两会岳丽的《中国梦在基督里飞翔》，均被选为优秀征文刊登在省民族宗教委的门户网站上。释觉悟被评为优秀征文作者，并作为东莞市佛教界代表，9月25日，参加由省民族宗教委在广州举办的以“发挥正能量共筑中国梦”为主题的演讲比赛，获三等奖。

**【市基督教两会换届】** 2014年4月24日，东莞市基督教第十二次代表会议在莞城福音堂召开，全市88名基督教代表参加会议。省基督教协会会长梁明牧师，副总干事雷玉明牧师，东莞市民宗局有关领导应邀出席会议。会议审议通过市基督教三自爱国会第十一届委员会和市基督教协会第九届委员会工作报告、修改后的市基督教两会章程，选举产生新一届市基督教两会领导班子：选举卢翰衢为市基督教三自爱国会主席，刘桂滨、高祥叶为副主席；选举马雄华为市基督教协会会长，谢生莲、崔岷为副会长，汪浩为三自爱国会秘书长兼协会总干事。

**【市佛教文化传播促进会成立】**

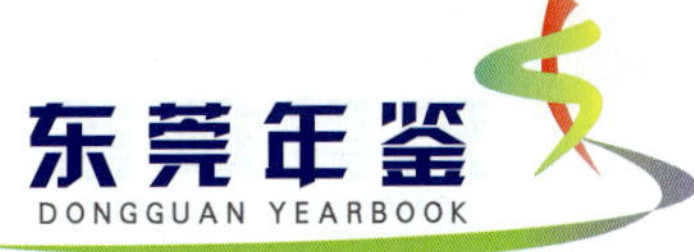


2014年5月6日，东莞市佛教文化传播促进会选举大会在黄江镇芙蓉寺召开，东莞市民宗局有关领导出席会议。会议审议通过佛教文化传播促进会章程和选举办法，选举黄培源为会长，释了空为名誉会长，高洪星、释至信、池冬云、林佩谕、邓春梅为副会长，夏妮燕为秘书长。东莞市佛教文化传播促进会宗旨是广泛、系统、深入地研究佛教文化，为合理地开发利用佛教文化资源提供服务平台，组织会员参加有利于社会稳定和社会发展的公益性活动，促进社会和谐进步，扩大并推动东莞市佛教文化的对外宣传和交流。

**【佛教放生护生活动】** 2014年6月6日，东莞市佛教协会组织的“2014年佛教放生护生活动”在东莞市石龙镇金沙湾东江放流点举行。东莞市民宗局局长胡荏光、市海洋与渔业局副局长张伟发、石龙镇党委委员袁燕霞等出席。省佛教协会常务副秘书长、市佛教协会名誉会长、黄旗观音古寺方丈释自度大和尚，市佛教协会会长、芙蓉寺方丈释了空大和尚，市佛教协会常务副会长、资福寺住持释觉悟法师等主法放生法会，100多名佛教教职人员、100多名义工和1000多名信众参加，放生150万尾鱼和鱼苗。

**【东莞市伊斯兰教协会成立】** 2014年5月15日，东莞市伊斯兰教协会筹备会议召开，会议选举产生协会领导成员，达蕃钦当选会长。东莞市伊斯兰教协会是代表全市各族穆斯林群众合法权益的群众组织，是党和政府团结、教育、联系各族穆斯林群众的桥梁和纽带。协会由在东莞生产、生活的少数民族穆斯林企业家、学者专家、教育家、宗教人士以及经商人员组成。广东省民族宗教委、省伊斯兰教协会分别对协会的成立表示祝贺并提出要求，东莞市民宗局副局长胡炳棋代表协会业务主管部门对大会的召开表示祝贺，并从加强协会建设、发挥好桥梁纽带作用和树立东莞穆斯林新形象三个方面对协会工作提出希望和要求。

**【第二届两岸四地高僧书画展】** 2014年11月13—18日，“第二届两岸四地高僧书画展”在东莞市艺展中心举办。书画展主题是“祥和大千，文化盛会”，目的是弘扬佛教文化艺术，促进两岸四地文化交流。由广东禅文化研究会、省书法评论家协会、市文联、省佛教工艺用品行业协会联合主办，东莞市艺展经纬展览馆、广东省大千佛文化交流中心联合承办，东莞市佛教协会协办。11月13日，书画展在艺展中心经纬展览馆举行开幕式，广东省宗教文化交流协会副会长杨源兴，及省委统战部、省文联、省社会科学院、省社会主义学院，市委统战部、市民宗局、市文联等有关部门领导，省佛教协会副会长耀智法师、光明法师，台湾中华国际供佛斋僧功德会理事长净耀法师，香港佛联会执行副会长宽运法师，澳门佛教中心协会理事长戒晟法师，东莞市佛协会长了空法师等出席活动并剪彩。11月17日，市委常委、市委统战部长李小梅、市民宗局局长胡荏光一行参观书画展，对参展作品给予高度评价，对书画展弘扬佛教文化艺术，促进两岸四地文化交流方面给予充分肯定。11月18日，“2014两岸四地高僧书画展放生祈福大法会”“2014两岸四地高僧书画展闭幕式暨圆满感恩文艺汇演”在黄旗观音古寺举行，活动在庄严祥和的佛教乐曲中结束。

（林　睿）

**附：2014年东莞市民族宗教事务局主要领导名录**

*局　长：胡荏光*

## 收入·消费

**【居民收入】** 2014年，东莞市居民收入保持平稳增长态势，人均可支配收入35712元，比上年增长8.7%。

从城乡划分来看，农村常住居民可支配收入增速快于城镇居民。按新口径测算，2014年东莞市城镇常住居民人均可支配收入36764元，增长8.6%；农村常住居民人均可支配收入22327元，增长9.0%。

从收入构成来看，东莞市居民人均工资性收入27928元，占人均可支配收入的78.2%；人均财产性净收入6242元，占人均可支配收入的17.5%。

**【居民消费】** 2014年，东莞市居民消费价格总水平比上年上涨2.3%。其中居住类上涨0.8%，娱乐教育文化用品及服务类上涨1.7%，衣着类上涨0.3%，食品类上涨6.0%，医疗保健和个人用品类上涨0.3%，烟酒类上涨0.4%，交通和通信类下降1.7%，家庭设备用品及维修服务类上涨1.3%。此外，全年商品零售价格上涨1.2%。工业生产者出厂价格下降1.0%。

**【消费维权】** 2014年，东莞市工商局和消委会围绕“‘新消法　新权益　新责任’年”主题，以强化新《消费者权益保护法》宣传和完善消费维权网络为重点，发挥消委会消费指导、社会监督和调解纠纷的职能，提升消费维权水平，营造健康和谐的消费环境。市消委会（含分会）接待来电、来访、来信咨询投诉3.58万人（次），受理消费者投诉3619宗，成功调解3076宗，调解成功率为84.99%，为消费者挽回经济损失2400万元。

**【新《消费者权益保护法》宣传】** 2014年，东莞市消委会突出对新《消费者权益保护法》的宣传，召开“3·15”新闻发布会，开设媒体互动栏目，披露点评10大典型案例，动员和指导消委会分会、社会团体、企业开展独具特色的消费维权公益活动；开设消费维权培训、讲座、公众论坛等活动，宣传新《消费者权益保护法》及消费维权知识，让社会各界了解新权益、新责任；与东莞电台“与法同行”专栏合作开办消费维权节目，宣传新《消费者权益保护法》“七天无理由退货”“退一赔三”等热点内容，曝光消费黑点。开展现场咨询活动33场次，派发宣传资料12万份，开展新《消费者权益保护法》培训讲座15场次，受训3100多人次，参加12期消费维权节目，其中涉及新《消费者权益保护法》内容的专题5期，对房地产、汽车等消费领域霸王条款进行点评。

**【消费维权服务站建设】** 2014年，东莞市消委会发挥消费维权服务站的基础优势，组织大规模业务培训活动，根据不同的辖区经济特色、行业性质和受训对象，采取基础培训、行业培训、专题培训、网上自学等形式，分7批对全市服务站进行业务培训。搭建“能进能出、择优汰劣”奖惩考核机制，规范消费维权服务站运作，启动消费维权服务站的首次考核活动，对全市消费维权服务站进行检查，其中62家服务站因考核不及格被取消资格，保留消费维权服务站533家。消费维权服务站全年接待消费者投诉3667宗，成功调解3667宗，和解率达100%，为消费者挽回经济损失256万元，实现消费投诉的就地分流、就地解决，受到广大消费者欢迎和好评。

**【消费热点预警】** 2014年，东莞市消委会加强对消费投诉的分析预警，将教育指导做在前面，防止社会矛盾激化。发布8期消费提示，内容涉及春节促销、影院强制消费、电视电话购物、免费赠水处理器、合同和汽车陪驾等领域。针对消费者反映4S店售车强制捆绑消费问题，立即启动消费投诉预警机制，对4S店开展大规模的约谈活动，劝喻企业停止违法行为，约谈4S店272家，4S店全部书面公开承诺抵制捆绑消费行为，相关投诉大幅减少。

**【手机类投诉居消费投诉首位】** 2014年，东莞市工商局“12315”投诉举报中心接到消费类投诉2681宗，其中商品消费类投诉2380宗。商品消费类投诉中，涉及手机类的投诉648宗，占27.23%，居首位；涉及家用电器类的投诉373宗，占15.67%；涉及日用百货类的投诉345宗，占14.50%。关于手机类产品的投诉主要集中于：手机质量不过关，经常出现黑屏闪屏、死机、通话有杂音、无法正常通话；部分经营者不履行或不能及时履行国家政策，“三包”有效期内拒绝为消费者免费维修，以各种理由搪塞消费者等。市工商局在处理消费者投诉的同时，加强查处，全年立案查处手机类案件134宗。

**【“12315”与“12345”热线并网】** 2014年12月17日，东莞市政府开通“12345”政府服务热线，整合包括工商部门“12315”热线在内的首批34个部门的35条热线，开通60个坐席，配备79名热线咨询员，一周7日24小时不间断值班，全天候向市民提供政务服务咨询、消费维权申诉、经济违法举报、行政效能投诉等政府服务。“12315”和“12345”热线并网以后，东莞市工商局和消委会加强与“12345”政府服务热线信息对接，完善工作机制，做好消费者咨询、投诉和举报事项的分流转办和处理。截至2014年，接到平台转来的各类咨询投诉312件，包括投诉141件，举报89件，咨询82件，全部转基层工商部门和镇街消委会分会跟进处理，并按规定时限回复。（冯庆才）

## 基层政权建设·社区建设

**【基层社会治理政策体系完善】** 2014年，东莞市研究制定《东莞市村（社区）社区综合服务管理中心建设方案》《东莞市关于加强新时期下村（居）民自治工作的指导意见》《关于建立村（居）务监督委员会的通知》等一系列政策文件，相关工作被纳入全市创新基层社会治理改革重点任务。

**【社区综合服务中心（站）建设】** 2014年，东莞市出台《东莞市社区综合服务中心建设“以奖代补”实施方案》，实施社区综合服务中心“以奖代补”运行机制，指导镇街新建17个社区综合服务中心（站），其中8个社区综合服务中心（站）符合“以奖代补”建设奖励条件，资助经费393.04万元，有5个自建社区综合服务中心站经评估中心评估合格，符合“以奖代补”运营奖励条件。

**【社区社会组织培育】** 2014年，东莞市通过备案登记、降低资金门槛、提供场地支持等措施培育2373个社区社会组织，其中登记的有521个，备案的有1852个。东莞市、镇两级采取分批培训的方式组织开展业务培训、专题培训、骨干研修、领导干部培训，全年培训社会建设人员3000多人，其中市级召开6期培训班，培训1114人，镇街培训约2000人。

**【社区居委会、村民委员会换届选举】** 2014年，东莞市完成第五届社区居委会、第六届村民委员会换届选举。全市村（社区）书记、主任“一肩挑”比例为86.7%，“两委”［支委、村（居）委］成员“交叉任职”比例87.7%，达到省委提出的“两个80%”目标任务。

**【村（社区）示范单位创建】** 2014年10月，民政部印发《关于确定全国和谐社区建设示范单位的通知》，东莞市莞城街道北隅社区、南城街道胜和社区、东城街道岗贝社区、寮步镇横坑社区、黄江镇梅塘社区、石碣镇城中社区被评为“全国和谐社区建设示范创建达标村（社区）”。全市有54个村、34个社区获评“广东省第四批村（居）务公开民主管理示范村（社区）”。东莞市民政局协助市社工委开展创建东莞市样板社区工作，确定东城东泰花园、莞城运河东一号、寮步万科城市高尔夫等8个住宅小区为创建样板社区试点小区。（田小兵）

## 社会救助·救助管理

**【社会救助】** 低保救助（补助） 2014年，东莞市最低生活保障标准510元/人·月，有低保对象9389户2.06万人，支出低保救助金5889.72万元，并为低保家庭按照每人每月60元的标准发放食品燃气用水补助及助学补助，城镇低保人均月补差412元，农村低保人均月补差361元。

五保供养 2014年，东莞市五保供养标准为1370元/人·月，有五保对象854人，连同各镇街、村（社区）为五保对象按月拨付生活补助、水果金、零用钱、生活费、医疗费等资金后，实际支出五保供养总资金1408.62万元，年供养水平达1.65万元/人。

医疗救助 2014年，东莞市支出低保基本医疗救助金5763.05万元，其中为所有低保对象购买医疗保险（个人支付部分）856.61万元，为患病低保对象就医报销支出医疗救助金4906.44万元，实现低保对象、特困人员基本医疗住院、普通门诊、特定门诊“一站式”结算服务。

助学补助 2014年，东莞市有低保（含低保边缘）家庭在读学生1.31万人，发放助学金4048.68万元，其中，发放中学生寄宿费127.42万元。

临时救助 2014年，东莞市向533人次发放临时救助金259.61万元，及时为生活出现临时困难的低保和低保边缘家庭提供救助。

渔民救助 2014年，东莞市向1439名困难渔民发放休渔期、禁渔期困难渔民补助金180.16万元。

低保生活补助 2014年，东莞市向低保对象发放食品、燃气、用水补助1484.98万元。

困难群众慰问 2014年春节前夕，东莞市几套班子领导组成32个春节慰问团分赴各镇街慰问低保户、老党员（困难党员）、困难新莞人和敬老院老人；向4.05万户困难群众家庭发放春节慰问金2673.4万元。

**【社会救助联席会议制度健全】** 2014年，东莞市制定《东莞市社会救助联席会议成员单位职责》《东莞市社会救助工作联席会议制度》。5月，对市社会救助工作联席会议成员进行调整，完善市社会救助协调机构和工作制度体系。

**【低保家庭经济状况核对】** 2014年8月中旬，东莞市民政局以联席会议名义印发实施《东莞市救助申请家庭经济状况核对工作实施方案（试行）》。8月底，组织开展低保救助申请家庭经济状况全面核对工作。

**【敬老院运营管理】** 2014年，东莞市民政局指导各镇街开展敬老院事业单位法人登记工作，全市31所敬老院完成事业单位法人登记，登记率100%。实施《东莞市敬老院建设运营补助试行方案》，印发《关于开展东莞市敬老院建设规范与服务成效评估工作的通知》，通过第三方评估机构对全市原有31间镇街敬老院进行评估，根据评估结果拨付常规运营经费，对新建、扩建项目新增床位拨付新增床位补助。截至2014年，全市敬老院有床位2158张，拨付补助金155.7万元。

**【救助管理】** 2014年，东莞市开展打击操纵乞讨违法犯罪行动和流浪乞讨未成年人救助保护专项行动，制定出台《东莞市流浪乞讨未成年人综合救助保护暂行办法》，切实加强流浪乞讨人员的管理和流浪未成年人救助保护。东莞市救助站争创国家一级救助管理机构，提升救助服务水平，全年实施救助9265人次，其中流浪未成年人720人次。

▲ 2014年6月30日，2014年“广东扶贫济困日暨东莞慈善日”活动启动仪式举行（杨泽彬　摄）

## 社会福利·慈善事业

**【社会福利概况】** 2014年，东莞市新增50个村（社区）开展居家养老服务，城市社区和农村社区居家养老覆盖率分别达到100%和57%；为4000名符合条件的孤寡老人家庭安装“平安铃”。新增养老床位600多张，养老床位总数达6520张，每千名老年人拥有养老床位25张。下拨孤儿基本生活费（含艾滋患儿）1269.22万元、孤儿基本医疗救助金5.27万元、孤儿助学金64.63万元。根据《东莞市社会福利中心成年孤儿安置工作试行方案》，安置7名成年孤儿。依法办理25宗国内收养，解除收养关系2宗，办理涉外送养45宗。

**【慈善事业概况】** 2014年，东莞市在“广东扶贫济困日”暨“东莞慈善日”活动，筹集善款6376.06万元。围绕助医、助学、助老、助残等领域开展慈善公益活动，累计投入慈善资金3091.91万元，实施慈善公益项目90个，扶助困难群众超过1万人次。

**【福利彩票发行概况】** 2014年，东莞市销售福利彩票27.26亿元，比上年增长2.14亿元，增长率8.5%，销售总额在全省排第三位，是省下达24.8亿元销售任务的110%。福利彩票市场占有率为64.37%，筹集公益金7.4亿元，市级留成2.64亿元。全年中出“双色球”一等奖31注，缴交地税5976.15万元。电脑票、即开票、视频票三大票种协调发展，形成以电脑票为龙头，即开票和视频票为两翼的格局，电脑票保持稳定增长，销售17.29亿元，占总销量63.4%，比上年增长8512万元，增长率5.18%；即开票销售4.67亿元，与上年持平；视频票增长势头迅猛，销售5.31亿元，比上年增加1.29亿元，增长率32.31%。（田小兵）

## 殡葬事业

**【殡葬改革概况】** 2014年，东莞市印发《关于我市党员干部带头推动殡葬改革的实施意见》，全面深化殡葬改革，推动殡葬改革事业发展。*殡葬惠民政策落实*　根据《免除低收入群众和其他特殊群体殡葬基本服务费用实施方案》规定，东莞市减免760宗符合条件的对象殡葬基本服务费用90.78万元。市殡仪馆自行减免其他特殊困难群体33宗53.23万元。*海葬、树葬推广*　东莞市举办2次骨灰海葬活动和2次树葬活动，免费为79份骨灰抛洒大海和71份骨灰深埋树下。根据《东莞市骨灰海葬、树葬补贴实施方案》规定，向符合相关条件的死者家属发放骨灰海葬、树葬补贴2.6万元。*公墓管理制度完善*　4月，东莞市民政部门印发《关于进一步加强公墓（骨灰楼）建设管理的通知》，明确要求各镇街、市直有关单位要科学制定骨灰楼建设规划、从严控制新建公墓，同时规范公墓建设标准及公墓（骨灰楼）建设的审批管理，全面加强对公墓的各项管理。

**【阳光殡葬建设】** 2014年3月29日，东莞市殡仪馆举办以“关注群众热点，推行阳光殡葬”为主题的公众开放日活动，30名社会各界公众代表和10家媒体代表通过“零距离”接触殡葬工作，加深对殡葬工作认识，产生良好的社会反响。各殡葬服务机构推进视频监控设备的安装，据统计，市殡仪馆及2个经营性公墓累计投入资金250万元安装视频监控摄像机144个，做到殡葬服务机构工作场所视频监控全覆盖、无死角、无盲区。

**【东莞市殡仪馆建设】** 2014年，东莞市民政部门为解决市殡仪馆业务办事场地狭小，设施简陋的问题，经市政府同意，启动市殡仪馆群众接待处扩建项目。项目占地面积约500平方米，总建筑面积约1000平方米，投资总规模500万元。市殡仪馆强化软件管理，提升服务水平，改善服务形象，全馆整体建设得到发展，受到社会各界好评，被广东省民政厅评为省一级殡仪馆。（田小兵）

# 园 区 ZONE

东莞生态园

## 松山湖高新技术产业开发区

【松山湖高新区概况】 东莞松山湖高新技术产业开发区（简称松山湖高新区）是国家级高新技术产业开发区。位于大朗、大岭山、寮步三镇交汇处，地处东莞几何中心。截至2014年，拥有8平方公里的淡水湖和14平方公里的生态绿地，规划控制面积72平方公里。2014年，松山湖高新区实现地区生产总值、工业总产值和税收分别为239.75亿元、1269.77元和42.39亿元，比上年分别增长16.2%、81.4%和36.0%。

【松山湖高新区产业发展】 2014年，松山湖高新区实施经济提升计划，实行领导班子挂点包干服务。完善产业发展政策，先后出台高水平建设台湾高科技园的若干意见、“莞榕计划”实施细则、促进集成电路产业发展实施办法、扶持大型现代商贸流通企业发展若干意见等产业发展政策。构建现代产业体系，提升高端电子信息产业，推进生物技术产业；重点发展机器人产业，推动机器人产业基地挂牌；成立新能源车产业技术联盟，加快发展新能源产业；培育发展文化创意产业，设立创意公园，举办第六届“漫博会”以及Hit FM Live松山湖系列活动，创建国家级版权示范园，成为广东省首个国家版权示范园区，该项工作获评市年度考核“单打冠军”；发展电子商务业，建成市跨境贸易电子商务松山湖产业园等近10万平方米的电商载体，筹划打造现代服务生态产业带，在全市首推电子商务企业集群注册试点。

【松山湖高新区改革创新】 2014年，松山湖高新区探索实施“莞榕计划”，以松山湖台湾高科技园和两岸生物技术产业合作基地为试点，通过互贵转移平台公司，引进台湾上市、上柜和兴柜企业进驻松山湖高新区。开展电子商务企业集群注册试点，全年有300多家企业获集群注册登记。探索新型研发机构体制机制改革，推动校地合作改革，提高科技平台科技服务和成果转化能力。按照对原有政府服务资源进行“调整、整合、盘活”的思路，围绕主导产业体系，探索组建松山湖高新区主导产业专业服务团队，在创新资源、产业政策、市场拓展、金融服务等方面为企业发展提供全方位的专业化服务。

【松山湖高新区“三重”建设】 2014年，松山湖高新区强化“三重”（重大项目、重大产业集聚区、重大科技专项）建设目标管理责任，按照“主要领导负总责，分管领导具体抓、工作专班抓落实”的要求，在业务审批部门、项目单位、“三重”办公室3个层面成立工作专班，明确责任领导和责任人，实行重大项目推进工作定岗、定人、定时、定责制度。

重大平台　2014年，松山湖高新区加快台湾高科技园、两岸生物技术产业基地建设，引进晋弘、泰合、耀威等6家台湾上市企业进驻，加快红珊瑚药业等购地项目建设。加快中以产业园建设，协助推进下马四围水环境治理、大东洲填埋场渗沥液处理示范项目，赴以色列加大产业园招商推介，协助举办首届珠三角水处理创新交流会，完成首个开发区域主体架构建设。加快机器人产业基地建设，规划3个机器人产业集聚区，吸引红杉资本、台湾WKT投资基金等全球知名投融资机构意向落户。加快大学创新城建设，首期工程进展顺利，按照“需求一栋、建设一栋”的建设原则，

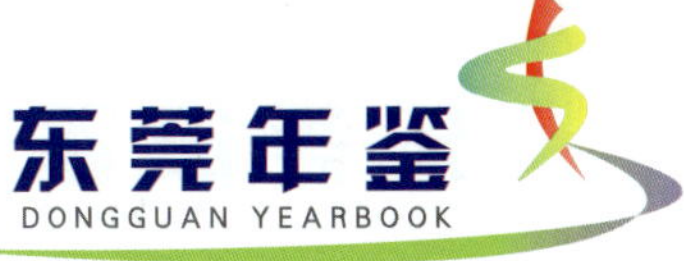

明确清华创新中心、华南协同创新研究院、华南创新设计院等6家研究院进驻。

重大项目　2014年，松山湖高新区加快推动重大项目建设，12个市重大建设项目累计完成投资25.07亿元，为年度计划的128.5%，4个新开工项目全部动工，开工率达100%。

重大科技专项　2014年，松山湖高新区申报重大科技专项，协助中科生物制药、云计算育成中心、中科遥感技术、固高自动化等项目申报市重大科技专项，筛选培育清华东莞创新中心单晶蓝宝石纤维及其增强复合材料研发及产业化、东莞同济大学研究院超材料天线罩技术、中央千人计划人才庄德津博士新型电容式运动控制编码器等一批重大科技项目。

【松山湖高新区择商选资】　2014年，松山湖高新区以电商团队、机器人团队为试点，探索组建主导产业专业服务团队。拓展招商渠道，发挥仲量联行等第三方机构的中介作用，推行中介招商；利用广东新能源车产业技术联盟等行业协会、松湖华科等研究院，实行以商招商。开展招商推介，组建招商小分队分赴北京、上海、深圳、中国台湾和日本、韩国等地拜访目标企业，举办2014年福布斯·中国创新峰会、第四届松山湖·中国IC高峰论坛、黑马大赛电商消费行业总决赛、创意创业大赛等活动。全年协议引进项目314个，投资总额235.4亿元。

【松山湖高新区投融资创新】　2014年，松山湖高新区借助省粤科金融集团的科技金融平台探索“投资、担保、贷款”相结合的投融资创新服务模式，为中小微科技企业提供1300万元资金支持和金融服务；以项目为纽带推动区内PE/VC的合作联动，为多家企业推荐匹配的投资机构；促进东莞银行对36家科技型企业进行授信5.9亿元；推动13家中小企业成为“东莞市政府创新财政投入方式，推动科技金融产业融合发展工作”首批签约企业，合计获得东莞银行和浦发银行两家科技支行1.6亿元授信；颁布推动多层次资本市场建设管理暂行办法，推动易事特、正业科技2家公司在创业板挂牌上市，新增4家上市后备企业，共有10家东莞市上市后备企业；推动7家企业在“新三板”挂牌，5家企业在深圳前海股权交易中心挂牌，5家企业在广州股权交易中心挂牌。

【松山湖高新区科技服务】　2014年，松山湖高新区推进新型研发机构服务工作，协助北大光电研究院等6家新型研发机构办理入驻前期准备，建立新型研发机构详细产业化台账。持续提升科技服务水平，鼓励企业申报各类科技项目和专利，全年有14家企业被认定为国家高新技术企业，10家高新技术企业通过复审；专利申请总量为2930件，专利授权总量为1572件。5家企业获东莞市专利奖，其中金奖2项；3家企业被认定为东莞市专利优秀企业。

【松山湖高新区招才引智】　2014年，松山湖高新区落实领导联系点工作，做好市领导联系园区高层次人才的服务协调和跟进落实，实行园区领导班子对口联络高层次人才。打造企业招才品牌，探索并实施“预招才”“定制招才”“提前试用招才”“小型科技研发项目引才”，将政产学研组团联合招才活动发展为东莞企业在国内招引高素质科技研发人员的品牌。推进“大孵化器”合作计划，与华中科技大学、省物联网中心等合作，建立留学生创业园分园、博士创业园分园。设立海外人才工作站，与清华大学深圳研究院的欧洲中

**科学发展示范区　转型升级引领区**

2014年3月24日，中共中央政治局委员、广东省委书记胡春华（中）在市委书记、市人大常委会主任徐建华（左四），市委副书记、市长袁宝成（左二）的陪同下到松山湖调研

心和北美创新创业中心合作建设松山湖海外人才工作站，初步建立以硅谷和伦敦为中心的海外人才引进网络。推进政产学研联合人才培训，利用园区高校、研究院的教育资源和创新资源，开展各类人才培训、企业辅导服务。全年引进国家“千人计划”入选者4人，市创新创业领军人才7人，博士219人，硕士619人。

【松山湖高新区配套建设】 2014年，松山湖高新区启动北部园区配套完善工程，优化各组团内部配套。完善居住配套，建成科苑公寓A区和科技公寓三期共3160套公租房，推动100多家不同业态的商家进驻绿荷居、华为南方公寓、台科花园等商业街，设立社区综合服务中心，在重点区域实现无线WIFI网络覆盖。完善教育配套，实现松山湖实验中学建筑封顶，动工建设松山湖中心小学分校，启动松山湖实验小学扩建申请工作，筹建机器人产业基地国际学校。提高医疗配套环境，做好东莞市第二人民医院股权移交及筹建工作；建成国医堂并开业，开展名专家专题讲座、“健康直通车”“三伏天炙”等特色医疗服务活动；与广州中医药大学和周边镇三甲医院合作，选派专家常驻松山湖社区卫生服务中心坐诊，逐步构建“小病在社区，大病进医院，康复回社区”的服务格局。优化交通配套，对园区公交线路进行优化微调，做好“松山湖至深圳北站”的交通对接工作，推进新能源公交车的应用。

【松山湖高新区社会治理】 2014年，松山湖高新区实行多部门联动，清理松湖烟雨景区、联胜公司周边、青竹园等重点区域的自行车违规租赁、乱摆乱卖等现象。通过加强水质监测、建设视频监控系统、加大查处力度、协调周边镇加快截污管网建设等措施，治理松木山水库污染。做好维稳综治工作，处理“汇功夫龙机油”和联胜公司员工遣散事件，并在此基础上建立园区应急处理工作机制；建立首个建筑工地维稳工作站，信访案件化解率达97.2%。强化社会治安打防管控和服务，武装巡逻、设卡盘查人员3.9万余人次、车辆2.7万余辆，扣押非法摩托车2108辆，便衣伏击抓获犯罪嫌疑人22人；成立武装应急反恐机动队，执行应急处突任务23次。实施专项整治，强化涉“黄赌”问题专项打击和源头治理。扎实推进科技强警，建成高清治安视频点145个共280路图像，高清治安卡口22个共126条车道，实战指挥平台部署到基层所队，“智能天网”建设及应用走在全市前列，入选全省首批8个公安信息化应用实战基地之一。重点抓好危险化学品、建筑施工、道路交通、特种设备、学校等领域安全生产工作，全年无较大以上事故发生。以道路交通事故预防为抓手，深入开展交通安全隐患排查治理，确保园区道路交通安全秩序稳定。加强消防安全管理，全面加强对园区重点单位、人员密集场所、公众聚集场所、餐饮行业、“三小”场所等单位的防火检查，推行消防安全“网格化”管理，形成“横向到边、纵向到底”的消防安全监管网络，实现“无缝隙、无缺口”的消防安全监管格局。加大食品安全治理，组建6支协管员监督队伍严抓无证照生产经营食品行为，推进阳光厨房建设。 （祁雪仪）

**附：2014年东莞松山湖高新技术产业开发区管委会主要领导名录**

管委会主任、工委书记：殷焕明

① 2014年9月24日，市委书记、市人大常委会主任徐建华（前排左二），市委常委、常务副市长张科（前排左三）到松山湖调研。图为参观中大研究院
② 2014年5月27日，市委副书记、市长袁宝成（左三），市委常委、常务副市长张科（右二）到松山湖调研
③ 2014年11月5日，市委常委、常务副市长张科（右四）到松山湖调研。图为参观东莞理工学院北大光电研究中心

① 2014年6月1日，“六一”节万人拥抱活动

② 2014年12月7日，首届松山湖全民健身运动会

③ 2014年4月12日，举办第四届“创新杯”50公里徒步走活动

④ 2014年7月2日，松山湖女子篮球队获得东莞女子篮球甲级联赛冠军（决赛：松山湖VS常平）

① 2014年9月19日，松山湖第二届广场舞大赛

② 滨湖路

③ 碧波荡漾

④ 美丽松山湖

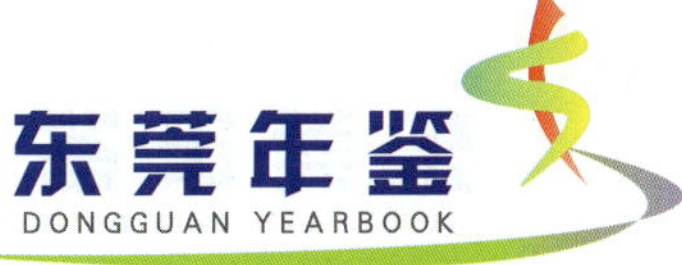

① 松湖烟雨
② 桃源公园
③ 松湖美景
④ 松湖花海

## 虎门港

（参见“镇街”类目“沙田镇·虎门港”分目）

## 东莞生态产业园区

【东莞生态园概况】　广东东莞生态产业园区（简称“东莞生态园”）位于东莞市寮步、东坑、横沥、企石、石排、茶山六镇汇合处。截至2014年，规划面积31平方公里，建设用地面积15.58平方公里，非建设用地14.96平方公里；拥有生态绿地和湿地10平方公里，可开发产业用地8平方公里。东莞生态园是东莞市重大产业聚集区域之一，是东莞市承接重大项目的重要基地，先后获批为省级园区、省首批循环经济工业园区、广东省环境教育基地，国家生态示范工业园区、国家城市湿地公园。2014年，《东莞生态产业园区高端产业片区控规》《东莞生态产业园区中心片区控规》与《东莞生态产业园区文教片区控规》通过市政府审批。12月，松山湖高新区与东莞生态园实行统筹发展。

【东莞生态园土地统筹】　2014年，《东莞生态产业园区联系服务周边镇村工作方案》出台，解决历史遗留问题12个，协助解决问题31个；收回土地13.87公顷，清拆简易建筑物6601平方米，永久建筑物清拆965.66平方米。截至2014年，累计收回土地2881公顷，完成收地任务的96%；累计清拆46.81万平方米，完成清拆任务的97%；累计清拆26.13万平方米，完成清拆任务的82%。

【东莞生态园市政管理】　2014年，东莞生态园出台《东莞生态产业园区园边界管理制度》《东莞生态产业园区闲置地市容环境管理办法》《东莞生态产业园区河堤管理制度》等17项规章制度。投入2748万元用于城市管养。根据空间划分、同类整合、方便管理和节约资源等原则，将所有项目整合成10个标段，进一步统一养护标准，并加大对养护单位监管力度，最大限度地向社会购买服务，对园区推出市场的绿化、环卫和路灯等养护项目进行监理制管理，提升管理水平。打造园区“大城管”格局，整合园区综合执法分局及公用中心，构建完善高效的城管体系。编写《东莞国家城市湿地公园管理工作方案》《东莞国家城市湿地公园管理工作任务分解表》，完善国家城市湿地公园后续管理。

【东莞生态园安全管理】　2014年，东莞生态园建立社会治安管控电子档案，推动社会治安网格化管理，重拳打击各类违法犯罪活动，开展打击“涉黄”问题等整治行动，侦破“两抢一盗”（抢劫、抢夺、盗窃）案件32宗。加强防溺水教育劝导及开展专项打击捕鱼猎鸟行动，加强在月塘湖、中央水系、湿地公园等部位进行反复巡查，依法扣押网鱼、电鱼、捕鸟等违法工具。全年发生溺亡事件11宗，比上年下降15.4%；

【东莞生态园工程建设管理】　2014年，东莞生态园在建工程建设全面提速，包括AB匝道、11号路、中央水系绿化工程等。完成竣工验收工程3项，包括17号路、新排渠建设工程一标、大圳埔排渠二标；新启动建设工程3项，包括公租房、园区32号路及东坑片区防洪排涝工程。加强园区内水利设施巡查，做好排渠及时清理，确保园区内10条支渠水面卫生。至年底，修复二号节制闸处挡土墙塌方，修复漏水供水管道11处，更换DN800阀门3处。

【东莞生态园重大项目建设】　2014年，《东莞生态产业园区投资指南（2014版）》修编完成，“网上投资促进系统”搭建运行，园区客户经理制度、联系服务企业制度出台，根据国家、省、市扶持实体经济相关政策，为企业量身打造“企业服务大礼包”。引进长盈、东华、光启等项目，招商引资金额达249.41亿元。2014年重大项目普联项目开工率100%，履约率100%。配合长盈、吉润、东华落实用地指标报批，并做好项目建设厂区周边道路、天然气、市政给水、排水、污水管网连接。

【东莞生态园环境建设】　截至2014年，东莞生态园开展18项治水工程建设及6项环境绿化工程，包括“一水系、两排渠、三排站”的区域性治水工程，以及大圳埔湿地公园、燕岭湿地公园、下沙湿地公园、东部快速路两侧风景走廊绿化工程、月湖公园等环境完善工程。修建“三横五纵”路网43公里，修建省绿道25公里、市绿道47公里。园区水、电、气等公共设施不断完善。新（扩）建排站3座和道路排水系统35.2公里，园区排涝标准从原来农业排涝提升到城市排涝，河涌防洪标准从原来10年一遇提高到20年一遇。

【东莞生态园控股公司运营】　2014年，东莞生态园控股公司拓宽融资渠道，探讨新形式的融资方式和渠道，新增10亿元融资款，同时加强公司的财务管理，确保资金安全，并做好已借贷款的还本付息。制定园区土地出租管理方案及《东莞生态园建设用地填土管理办法》，梳理土地租赁合同80份，面积499.37公顷，完成对出租土地的建档造册和完善档案管理。规范园区土地出租及建设用地填土，全年完成挖、填土方量64万立方米。　（祁雪仪）

**附：2014年东莞生态产业园区管委会主要领导名录**

管委会主任、工委书记：
　翟崇碧（任至12月）
　殷焕明（12月到任）

## 长安新区

【长安新区概况】　长安新区地处珠三角东部、交椅湾的几何中心，南与深圳市相邻（距离前海25公里），北靠长安镇和虎门镇，西隔珠江与广州市南沙区相望，是环珠江口的重要空间节点。截至2014年，长安新区规划面积20.36平方公里，其中海域面积12.01平方公里，陆域面积8.35平方公里。

2014年，长安新区按照加快围填海工程与基础设施建设的总要求，重点抓好长安新区总体规划报批、土地收管、长安新区控股公司筹建以及围堤填海工程和基础设施项目建设准备等工作。

【长安新区规划研究】　总体规划　2014年，长安新区重点从功能定位、产业定位、城市定位、用地规划、区域交通等对《东莞市长安新区总体规划（2014—2030）》进行完善，突出滨海特色，使规划更具战略性、前瞻性和科学性。6月，通过专家和部门审查。10月，通过市政府常务会议审定。综合发展战略　2014年，长安新开展综合发展战略课题研究，重点围绕长安新区发展方向、发展定位、产业规划、产业对接及体制机制创新进行研究谋划，明确发

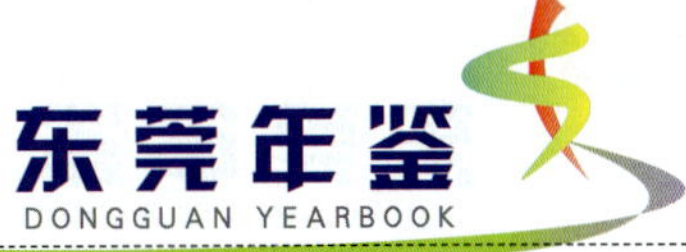


展思路、战略定位和主攻方向。

**【长安新区土地收管】** 土地征收　2014年，长安新区与长安镇配合，成立专门工作小组跟进收地工作，收回新区规划范围内800公顷土地。土地管理　2014年，长安新区同步做好回收土地的围蔽管理、巡查监管工作。一期全长1990米围蔽工程通过竣工验收，二期全长5560米围蔽工程完成65%，三期全长9821米围蔽工程正在推进。同时，专门组织土地巡查小组每天定时对新区土地进行土地安全巡查，及时发现并制止在新区土地范围内非法偷倒淤泥、建设废料和生活垃圾等行为。

**【长安新区基本设施建设】** 2014年，长安新区启动新区基础工程建设。多次主动与市发改局、财政局等部门沟通，开展项目建议书编制，协调解决进场路、长安新河立项报批，启动海岸综合整治项目一期前期准备。

**【长安新区控股公司筹建】** 2014年，长安新区经与市国资委、长安镇、虎门镇进行协商，选举控股公司股东会、董事会、监事会，通过章程。与市财政局、国资委、虎门镇、长安镇、东实公司等单位多次沟通协调，在长安新区控股公司的组建、经营管理及股权达成共识。控股公司筹建工作基本完成。

（庚伟航）

**附：2014年东莞市长安新区管理委员会主要领导名录**

主　任：王炜东（任至12月）
　　　　郭荣新（12月到任）

## 水乡特色发展经济区

**【东莞水乡经济区概况】** 2012年，东莞市启动水乡地区统筹发展战略，明确水乡地区包括石龙、万江、中堂、望牛墩、麻涌、石碣、高埗、道滘、洪梅、沙田以及虎门港等10个镇街和1个港区，面积510平方公里。2013年12月，经省政府同意，省发改委印发《广东东莞水乡特色发展经济区发展总体规划（2013—2030年）》，定位为水乡生态文明建设示范区、粤港澳优质生活圈的特色区域、珠江口东岸产业优先发展先导区、穗莞战略合作重要平台。2014年1月，市委、市政府制订《〈广东东莞水乡特色发展经济区发展总体规划（2013—2030年）〉实施方案》。4月，经省政府批准成立东莞水乡特色发展经济区（简称“东莞水乡经济区”）管理委员会。

**【东莞水乡经济区环境治理和生态建设】** 2014年，东莞水乡经济区通过大力实施工业污染综合整治、综合治水、生态建设等措施，主要河涌水质从中度污染转变为轻度污染，水体环境质量提升。

“两高一低”企业全面整治与引导退出　2014年，东莞水乡经济区出台系列政策文件，全面整治和引导退出“两高一低”（高污染、高耗能、低效益）企业，全面摸查并取缔新增无证无照污染企业和小作坊。其中，纳入引导退出计划的“两高一低”企业有101家，包括造纸企业54家，漂染、洗水、印花、电镀、制革等其他行业企业47家。”

综合治水　2014年，东莞水乡经济区生活污水集中治理、生活污水分散治理、中小河流综合治理及内河涌整治有序开展。150公里截污次支管网建设任务、石碣沙腰污水处理厂扩建工程等稳步推进。下马四围河涌综合治理示范项目试点运行。“河长制”实施，开展对水环境治理的监测、考核、问责等。

生态建设　2014年，东莞水乡经济区存量垃圾治理及生态市政公园项目选址有序推进。麻涌环保热电厂主要招标工作基本完成。同时，植树造林、生态绿化、湿地公园建设、城市（社区）公园建设、农田公园建设及岸线生态整治等稳步开展。

**【东莞水乡经济区重点项目建设】** 2014年，东莞水乡经济区继续把道路等基础设施建设作为重点工作，一批重大基建项目建成投入使用。横海桥重建工程、虎门港穗丰年水道整治项目竣工，石龙红海大桥、疏港大道粤晖桥等项目如期推进，挂影洲中心涌水环境综合整治、石碣沙腰污水处理厂、儿童医院、疏港大道延长线、横向南通道、梅沙大桥连接线、广深高速公路水乡段隔音屏设置等项目动工。全面启动10大示范片区、6条特色村落和4段标志岸线的规划建设。其中，麻涌华阳示范片区、万江龙湾示范片区、望牛墩赤滘口河西岸示范片区基本建成。

**【东莞水乡经济区产业结构调整】** 2014年，东莞水乡经济区加快淘汰落后产业，引进大项目，重点发展轻软产业，逐步优化产业结构。出台水乡经济区产业发展指引，明确产业发展导向，鼓励发展知识密集型、技术密集型、现代服务型和生态环保型产业，限制和禁止发展“两高一低”产业及不符合水乡经济区定位和功能布局、不利于生态环保和产业转型升级的产业项目。以大招商促进大发展，接洽重大项目15个，吸引京东现代服务产业园、菜鸟网络中国智能骨干网节点、阿里巴巴华南区域O2O体验式购物中心、“亚洲云”中国总部基地等一批重大项目落户。

**【东莞水乡经济区休闲旅游示范项目】** 2014年，东莞水乡经济区挖掘自然和文化资源，谋划发展休闲旅游业，打造休闲旅游示范项目。下半年，麻涌华阳湖吸引游客近100万人次，成为休闲旅游热门景点。沙田穗丰年疍家文化体验园完成一期工程，旅游发展潜力增强。发展农田公园、农田庄园，鼓励和扶持村庄在原有基础上恢复特色风貌，展示民俗风情，打造城市居民回归自然、体验乡村生活的理想之地。马滘河“花海漂流”、华阳湖夜游等旅游项目建成。以岭南水乡生活体验、生态农业体验、健康休闲体验、民俗文化体验、工业产品体验为主题，以麻涌华阳、道滘大罗沙、大岭丫等村为试点，打造一批体验式旅游精品项目。

**【水乡品牌传播】** “中国梦·水乡梦”主题宣讲　2014年，东莞水乡经济区组织10个宣讲小组，深入水乡经济区各镇街、村（社区）、大型企业宣讲水乡统筹发展蓝图和相关政策，使水乡统筹决策部署深入人心，营造浓厚舆论氛围。

“发现精彩·秀美水乡”文化宣传　2014年，东莞市组织广大文艺工作者和媒体工作者，把镜头、目光聚焦到水乡经济区，通过组织优秀作品征集评比、巡回展览、结集出版、媒体报道等方式，对水乡经济区的历史文化、民俗风情、社会发展新成就、富裕文明和谐新生活等进行全面展示。

“东莞水乡”门户网站建立　2014年，东莞水乡经济区建立宣传水乡经济区建设的动态信息和进展情况的平台——“东莞水乡”门户网站。

（梁韵婷）

**附：东莞水乡特色发展经济区管理委员会主要领导名录**

主　任：姚　康

# 镇　　街 URBAN AND TOWNSHIP

望牛墩镇中心区

编辑：张德全　苏淑娴　梁炜强　李缙文

## 莞城街道

【莞城街道概况】　莞城街道位于东莞市北部偏西，东江下游南支流的东岸，地处东莞市区中心。截至2014年，面积11.17平方公里，辖 8个社区。户籍人口17.67万人，常住人口16.74万人。

2014年，莞城街道实现生产总值141.98亿元（第二产业31.69亿元、第三产业110.29亿元），比上年增长4.98%；全社会固定资产投资总额20.22亿元，增长-18.5%；总用电量5.17亿千瓦时，增长4.6%；社会消费品零售总额11.26亿元，增长5.12%；实际利用外资3888万美元，增长-21.79%；外贸出口总额12.47亿美元，增长12.8%；各项税收总额29.78亿元，增长8.63%；镇街可支配财政收入7.34亿元，增长5.44%。全年经济平稳发展，改革创优，办好民生实事，获评镇街领导班子年度工作良好镇街，社区综合服务工作获评全市“单打冠军”。

【莞城街道招商引资】　2014年，莞城街道招引超亿元大项目2个，分别是投资5.1亿元的不二越轴承项目和投资4.45亿元的广东宏达机房项目。推动一批骨干企业增资扩产或利润再投资，其中京滨、万宝至、恩斯克公司各1亿元，使莞城科技园的汽配和光电产业配套更齐全、产业规模更聚集。2014年，莞城科技园工业总产值约81亿元，创税约8亿元。

【莞城街道项目建设】　2014年，莞城街道促成1个项目纳入市级重大建设项目，3个项目纳入市投资审批体制改革第一批试点项目，2个项目享受“绿色通道”办理，1个项目实行并联审批。万科企业总部及配套项目一期主体工程部分封顶；百电宝照明项目基本建成，预计2015年3月投产；广东中建、冈本卫生科技项目正在建设，预计2015年上半年投产；大洲电子、不二越轴承等项目动工建设。

【莞城街道现代服务业】　2014年，莞城街道协助智通人才公司在新三板成功挂牌，推进玉兰装饰材料有限公司筹备上市，新增乐琪光电等4家民营企业为国家高新技术企业，东莞银行和东莞证券公司2家企业被新认定为东莞市总部企业。促成中国铁塔东莞分公司、恒大集团东莞分公司等企业进驻，推动广东融通融资租赁有限公司追加注册资本9.5亿元。发挥文化优势，在巩固提升原有创意园区的同时，新增“工农8号”“智慧小镇”2个文化创意产业园。

【莞城街道农村综合改革】　2014年，莞城街道抓好全国农村综合改革试点工作，在巩固社区基层统筹联动的基础上，选拔优秀新莞人党员挂任社区党工委不受薪兼职委员。建立农资交易平台和农资监管平台，实现集体资产管理的透明化和规范化。2014年，通过资产交易平台交易集体资产156宗，成交6278万元，平均溢价13%。以“组财村管、组章村管”的方式，完成村组经济统筹，推动村组经济组织共融合作。加强村组债权管理，开展集中追收行动，收款率94.5%，为东莞市最高。村组两级净资产比上年增长2.27%，总收入增长3.13%，纯收入增长5.11%，资产负债率3.84%，资产负债率连续三年居东莞市最低。

【莞城街道教育综合改革】　2014年，莞城街道新增1所公办幼儿园，民办幼儿园在教科研“紫钻奖”中实现零的突破。加大校际支教帮扶力度，出台《莞城小学教师支教交流实施方案》，选派

名优秀教师、学科带头人到相对薄弱的学校进行支教，促进校际师资均衡。推进教学和评价改革，聚焦课堂改革，形成简约课堂、立美课堂、35分钟高效课堂、乐思课堂等教学模式，探索创新学生评价机制，促进学生全面发展，获上级部门在东莞市推广经验。全年各学校、幼儿园获评市级以上奖励1168人次，比上年增长50%。

【莞城街道文化建设】　2014年，莞城街道建立跨地区的文化资源共享联动机制，与法国普罗旺斯南法书院合作，策划"在南方相遇"系列诗画雅集活动，被国家"中法文化之春"活动纳入当中；"文化周末"少年合唱团代表中国，参加在台北举行两岸三地的专场展演。依托"文化周末"、《莞城》报和"文化莞城"官方网站、微博等拓展对外宣传渠道；与中山大学深化"校地合作"模式，共建教学实践基地，接待近30位国际MPA学员前来参观考察，塑造正面宣传形象。深化"菜单式"文化服务，服务项目从原来的18项增至65项，开展培训、讲座、晚会等服务活动114场次，受惠人数近10万人次。美术馆、图书馆创新公共文化服务，推出"在美术馆上美术课""展览进校园""共建教育基地"等服务，参与"馆校共建""馆企合作"的学校和企业有20多所（家），受惠人数3万人次。

【莞城街道社会建设】　2014年，莞城街道抓好"社会文化建设"等2个市级创新试点项目和"莞老师"等3个市级创新观察项目的建设。对老城区房屋缺乏物业管理的问题，推行"视频+门禁"楼宇服务管理模式，保障社区平安和谐。所有覆盖的试点出租屋取得重大安全事故为零、隐藏重大犯罪窝点为零、入屋盗窃发案数为零的成效。以"一事一议""以奖代补"制度为抓手，鼓励和推进居民自治，推出"学悦家园"等公益服务，发挥30多支"红袖章"义务巡逻队的作用，解决一批关于城市"六乱"、安全隐患、邻里纠纷以及社区旧楼宇外墙剥落、楼梯破损等民生项目。

【莞城街道城市环境改善】　2014年，莞城街道推进"三旧"改造，累计获市审批通过的项目21宗、面积58.89公顷，新盘活存量土地7.67公顷和处置闲置土地2.3公顷。整治内涝，完成市桥河排涝泵站改造工程和市区内涝整治应急三期北侧分流工程，对炉街、运河西三路、东城中路等排水管道进行清淤。

【莞城街道平安建设】　2014年，莞城街道整治"涉黄"违法犯罪，查处案件17宗，处理人员56名，建立娱乐场所长效管理机制，净化社会风气。围绕"平安莞城"目标，开展"6+1"专项行动，整治突出问题，全年命案发案为零，治安环境安全稳定。抓好"日排查、周研判、月分析"工作，预防和减少社会矛盾。拓展网上信访，在门户网站增设"领导信箱"，落实领导接访、领导包案和带案下访等机制，信访结案率97%。抓安全生产、食药品安全、消防安全等专项整治，全年未发生重特大安全事故。

【东莞市外贸转型升级支援服务中心建设】　2014年，莞城街道以联丰"创意谷"为试点，建设东莞市外贸转型升级

## 莞　城

2014年7月23日，市委书记、市人大常委会主任徐建华（中）到莞城创意产业园区开展调研活动

支援服务中心，汇聚“工业设计、生产力提升辅导、服务外包、生产性服务”等外贸服务资源和机构，发展成为东莞市外贸转型升级的“一站式”支援服务公共平台。该中心基本完成建设，制定出配套扶持资金使用办法，截至2014年，有华南工业设计院、香港生产力促进局、台湾工业设计中心等15家机构确认进驻。

2014年12月6日，国务院发展研究中心农村部部长叶兴庆（左二）到莞城调研新型城镇化工作

**【莞城街道社会综合服务工作获评全市“单打冠军”】** 2014年，莞城街道以社区综合服务中心为平台，在开展公益性服务和便民服务基础上，拓展党员服务、法律服务和文化服务等；创新医疗服务，推出“家庭医生式”上门服务，为残疾人、老年人等105名行动不便的群众提供综合卫生服务；以罗沙社区为试点，设立首个公共法律服务站，实现法律服务进社区常态化；组建巾帼志愿服务队，实施为独居长者打造“暖窝”计划，提供家政及情感支援服务；创新和深化志愿服务，精心制作“莞城爱心地图”12期，组织志愿服务活动500多场次，服务群众1.5万人次。2014年，“社区综合服务”工作获评东莞市“单打冠军”。（黄慧华）

**附：2014年莞城街道党委、人大、办事处主要领导名单**

党委书记、人大联络委主任：刘林宏
办事处主任：陈慧贞

## 2010—2014年莞城街道主要经济指标

| 指标＼年份 | 2010 | 2011 | 2012 | 2013 | 2014 |
| --- | --- | --- | --- | --- | --- |
| 户籍人口（人） | 170310 | 172281 | 173776 | 175239 | 176655 |
| 常住人口（万人） | 16.21 | 16.43 | 16.67 | 16.58 | 16.74 |
| 面积（平方公里） | 11.17 | 11.17 | 11.17 | 11.17 | 11.17 |
| 生产总值（万元） | 1196478 | 1288562 | 1323607 | 1327200 | 1419815 |
| 第一产业（万元） | 0 | 0 | 0 | 0 | 0 |
| 第二产业（万元） | 386025 | 387954 | 382515 | 369015 | 316944 |
| 第三产业（万元） | 810453 | 900609 | 941092 | 958185 | 1102870 |
| 总用电量（万千瓦时） | 53903 | 51232 | 50841 | 49433 | 51707 |
| 全社会固定资产投资总额（万元） | 165197 | 249020 | 255912 | 248110 | 202210 |
| 社会消费品零售总额（万元） | 1181364 | 979600 | 1048870 | 1071073 | 1125951 |
| 外贸出口总额（万美元） | 61458 | 77814 | 102311 | 110555 | 124702 |
| 实际利用外资（万美元） | 2415 | 3932 | 4436 | 4971 | 3888 |
| 镇级可支配财政收入（万元） | 56626 | 74397 | 74510 | 69640 | 73431 |
| 各项税收总额（万元） | 332872 | 292371 | 302851 | 274172 | 297838 |
| 城乡居民储蓄存款余额（万元） | 2266112 | 2381163 | 2042360 | 2097387 | 2027096 |

① 2014年9月18日，全国总工会副主席、书记处书记、党组副书记刘国中（中）到莞城企业调研

② 2014年3月21日，市委副书记姚康（中）视察罗沙社区内的"阳光雨"党员服务中心及综合服务中心

③ 2014年11月13日，市人大常委会常务副主任黄双福（中）到莞城开展联系走访活动，并调研电子商务发展情况

④ 2014年4月15日，市委常委、宣传部部长潘新潮（左）到森晖博物馆调研

⑤ 2014年7月3日，莞城街道党委书记、人大联络委主任刘林宏（左）到兴塘社区慰问老党员

⑥ 2014年5月26日，莞城2014年引进的市重大项目——广东宏达机房项目动工

① 2014年2月26日，莞城召开党的群众路线教育实践活动工作会议

② 2014年12月4日，“中山大学政治与公共事务管理学院教学实践基地”落户莞城

③ 2014年9月30日，在全国首个烈士纪念日，东莞市各界代表到东莞人民公园革命烈士纪念碑共祭英烈

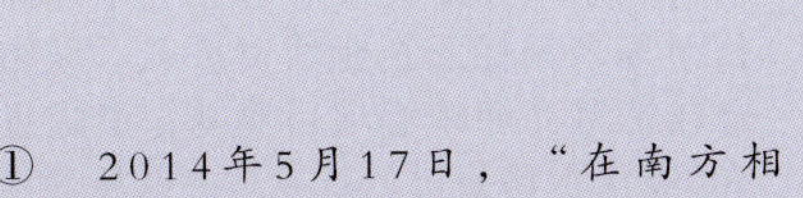

① 2014年5月17日，“在南方相遇——中法诗歌雅集（东莞·莞城）”系列活动在莞城揭开序幕

② 2014年1月14日，莞城举行《容庚学术著作全集》《容肇祖全集》出版发布会暨地方文献整理与东莞学人精神研讨会

③ 2014年7月31日，文化周末少年合唱团参加台北国际合唱音乐节的“FUN声高歌——国际儿童合唱交流活动”

## 石龙镇

【石龙镇概况】 石龙镇位于东莞北部。截至2014年，面积13.83平方公里，辖7个村、3个社区。户籍人口7.19万人，常住人口14.33万人。

2014年，石龙镇实现地区生产总值81.76亿元（第一产业21万元，第二产业44.52亿元，第三产业37.23亿元），比上年增长9.26%；全社会固定资产投资总额21.99亿元,增长9.22%；总用电量7.50亿千瓦时，增长5.60%；社会消费品零售总额29.67亿元，增长5.66%；实际利用外资7069万美元，增长37.42%；外贸出口总额21.49亿美元，增长11.18%；各项税收总额16.17亿元，增长9.88%；镇级可支配财政收入7.25亿元，增长7.25%。获评镇街领导班子年度工作考评良好镇街、市环保责任考核优秀镇街奖；获评东莞市优秀服务窗口（人力资源分局）、广东省生态村（西湖村）、“无假药社区”示范镇3项市“单打冠军”；京瓷办公设备科技（东莞）有限公司获评市实际出口前10名外资企业。

【石龙镇深化改革】 2014年，石龙镇出台全面深化改革的实施意见，明确政治建设、经济建设、文化建设、社会建设、生态文明建设、党的建设等领域共38个深化改革项目。创新镇属资产管理机制，搭建行政事业单位国有资产管理平台，完成所有镇属国有资产信息的录入。在东莞市率先探索开展农村土地承包经营权确权登记颁证，通过选取西湖村作为试点村，研究制定实施方案，力争2015年完成颁证。推进商事登记制度改革，前置审批从28项压缩到13项，各类市场主体年均增长20%。创新“公私合办”的博物馆经营管理模式，实现政府资源与社会资源“合作双赢”。民营资本投资运营添百汇信息科技产业园。首推家庭医生签约服务。扩大政府购买公共服务范围，社会工作专业人员队伍壮大，服务于各领域的社工发展到50人，承接职能社工机构6家，社会组织数量增至95家。医疗、户籍等民生领域改革加快推进。

【石龙镇产业调整】 2014年，石龙镇出台以东莞站及周边地区为重点的《东莞市石龙镇产业布局研究》，明确产业发展的策略和目标。启动“商旅强镇”发展战略，制定16个大项、29个小项的工作措施，成立商贸旅游联盟和商贸旅游业发展专项资金、举办商旅文化系列活动、建设“智慧商旅”等一系列创新举措，推动商贸旅游业发展，以此带动传统产业转型发展，争取2018年镇内三产比例提高到54%以上，建设成为东江片区的商旅文化服务中心。

【石龙镇“三重”建设】 2014年，石龙镇协议投资总额22.38亿元，日本电产三协、联兴食品包装、理想电子、津威公司等多家优质企业增资扩产；城市综合体汇星商业中心项目奠基；引进世界500强沃尔玛公司；石龙高中低压通断试验基地二期项目投产试运营，填补广东省及华南地区高压电器检验的空白；中外运物流项目完成码头集装箱吞吐量比上年增长11%，铁路集装箱装卸量增长68%，争取开通一级口岸功能，省交通厅将其列入落实“一带一路”战略和促进外贸增长的省重点项目。

## 打造国际宜居商名镇　建设幸福石龙

①

**【石龙镇科技创新】** 2014年，石龙镇加强产学研结合，组织7家科研院所与10多家企业对接洽谈，推动天意电子公司与广东工学院、中科院云计算中心合作项目获得省产学研项目立项；日本电产三协公司研发中心投产运营。推动企业融入电商发展，成立石龙电子商务协会，建设电商产业服务园区；企业发展服务外包业务，2014年完成服务外包金额约100万美元。2014年，石龙镇通过“省创新示范专业镇”验收，科技创新水平提升。

**【石龙镇交通枢纽建设】** 2014年1月8日，位于石龙镇的东莞火车站开站运营。截至2014年，石龙镇完善以东莞火车站为交通枢纽的路网功能配套，温泉路主路、站前西路通车，新城区方正东路延长升级改造工程完工；红海大桥工程进行，累计投资7410万元，占总投资62.1%；南二桥扩建工程动工建设；龙中东路建设工程施工图设计完成；东江大道畅通工程中的莞龙公路积水整治工程主体施工完毕。组建东江公共的士公司，新投放95台公共的士，购置24辆新能源公交车，优化调整公汽线路6条，增设1条。

**【石龙镇城市配套设施】** 2014年，石龙镇推进城市公共综合服务设施，市儿童医院动工，石龙体育中心建成启用，实验小学扩建、中心小学西湖学校建设、中山公园公共设施配套、示范性兴龙警务中心（含应急处突培训基地）、举重博物馆、东征博物馆、市民活动中心等多项工程加快推进，御龙湾、奕翠园、星际湾、海伦湾等多项安居工程陆续推出市场。推进东江堤岸重点地段绿化美化、南畲塱截污主干管建设、莞龙公路积水整治等工程，开展城乡环境综合治理、餐饮行业油烟整治、“黄标车”限行及淘汰、“两高一低”（高污染、高能耗、低效益）企业整治等专项行动，推动首批24辆新能源公交车投入使用，促进石龙生态环境。2014年，西湖村获评“广东省生态村”称号，成为东莞市第一个省级生态村。

**【石龙镇平安建设】** 2014年，石龙镇开展“扫黄”攻坚战，将全镇24间娱乐服务场所的视频监控接入“智能天网”，建立“扫黄”工作机制，娱乐服务场所“涉黄”违法犯罪消除。开展“六大专项”及“两抢一盗”打击整治行动，全年没有发生刑事命案；深化责任制，排查消防和安全生产隐患，全年无重大安全事故发生。开展社会矛盾化解年活动，建立欠薪企业会议制度和问题企业约谈制度，完善劳动监察“两网化”（网络化、网格化）管理。东莞市平安现场会在石龙镇举行，石龙镇平安建设经验做法得到肯定。2014年，石龙镇蝉联“创建平安东莞暨社会治安综合治理工作先进镇街第一名”，获评综合整治摩托车工作先进镇街、命案零发案镇街。

**【石龙镇社会治理创新】** 2014年，石龙镇推进社会建设创新社会管理工程，“智能天网”视频监控系统二期投入使用；食品药品“两建”进社区试点工作推动，出台《石龙镇食品药品安全三年规划》，获评省创建“无假药社区”示范镇。成立石龙志愿者协会、企业“幸福e站”服务平台，启动“关爱新莞人子女暑期活动营”“健康石龙”提升工程、青春期健康教育项目、平安医院建设等一系列创新项目，激发社会多元共

① 2014年7月1日，国家卫生计生委副主任崔丽（前排右三）率调研组到石龙镇调研公民健康教育促进情况，副市长喻丽君（前排右二）等陪同调研 （周泽文 摄）

② 2014年7月25日，省人大常委会副主任、省依法治省工作领导小组副组长兼办公室主任陈小川（右三）率队到石龙镇对石龙镇法治工作开展情况进行调研 （陈沛鸿 摄）

③ 2014年5月29日，市委书记、市人大常委会主任徐建华（前中）到石龙镇中心小学看望孩子们 （周泽文 摄）

治的活力。建设“智慧石龙”工程，推动视频资源共享平台、数字市政地理信息系统升级改造、公共文化服务平台、智慧招商平台、智慧公交WiFi上网服务等项目建设；编制《石龙镇移动通信基站规划》，完成6个新建基站的选址，在东莞火车站开展“无线石龙”4G免费体验活动，提高社会管理信息化水平。

【石龙镇惠民利民工作】　2014年，石龙镇实施文化惠民工程，举办第四届中华龙民俗文化节、敬老月系列活动、主创群文精品文化活动周、第十届读书节等大型文化活动，加快推进仙溪福地欧公文化景区创建国家3A级旅游景区，编制出版《石龙铁路世纪行》图书，建立体育指导员服务站和5个全民健身练习点，丰富群众文化活动载体。教育事业结硕果，中考超市平均分12.32分；高考重点大学上线人数和本科上线人数均创历史新高。成立石龙镇卫生监督所和疾病预防控制中心，应对登革热、禽流感，全年镇内没有发生相关疫情。加强民生保障，2014年民生资金投入5.65亿元，占镇财政支出的78.35%。加大扶贫开发力度，开展“千干扶千户”活动，落实“双到”扶贫、对口新疆50团的结对交流、市内外扶贫以及“广东扶贫济困日”“东莞慈善日”工作。推进就业再就业和职业技能培训，城镇登记失业率控制在1.5%以内，毕业生首次就业率达99.58%。　（罗汝玲）

**附：2014年石龙镇党委、人大、政府主要领导名录**

镇委书记、镇人大主席：黄贵洪

镇　长：周年有

① 2014年6月25日，省商务厅第一副厅长、省口岸办主任吴军（前中）率省口岸办调研组对石龙中外运物流中心和东莞火车站的口岸硬件建设情况开展调研，副市长贺宇（前排右二）陪同调研　（张凯欣　摄）

② 2014年1月8日上午7点22分，和谐号D7043次动车从东莞站开出，市委副书记、市长袁宝成（右一）以及广铁集团执行董事、总经理申毅（右二）等乘车体验　（姚小琴　摄）

③ 2014年12月23日，石龙镇举行第一个大型城市综合体——滙星商业中心项目奠基动工仪式　（陈沛鸿　摄）

④ 2014年8月23日，石龙少骏会举行第二届会务委员会就职典礼暨才艺汇演　（李慧雯　摄）

⑤ 2014年3月28日，石龙镇工商业联合会挂牌成立　（张娟　摄）

## 2010—2014年石龙镇主要经济指标

| 指标 \ 年份 | 2010 | 2011 | 2012 | 2013 | 2014 |
|---|---|---|---|---|---|
| 户籍人口（人） | 70770 | 71183 | 71444 | 71705 | 71940 |
| 常住人口（万人） | 14.2 | 14.24 | 14.29 | 14.34 | 14.33 |
| 面积（平方公里） | 13.83 | 13.83 | 13.83 | 13.83 | 13.83 |
| 生产总值（万元） | 563812 | 629604 | 674289 | 768510 | 817648 |
| 第一产业（万元） | 18 | 20 | 28 | 40 | 21 |
| 第二产业（万元） | 304608 | 335392 | 351445 | 411491 | 445255 |
| 第三产业（万元） | 259186 | 294192 | 322817 | 356979 | 372372 |
| 总用电量（万千瓦时） | 70228 | 74417 | 73289 | 71067 | 75045 |
| 全社会固定资产投资总额（万元） | 194445 | 173142 | 176316 | 201316 | 219873 |
| 社会消费品零售总额（万元） | 230009 | 240109 | 259993 | 280794 | 296679 |
| 外贸出口总额（万美元） | 178576 | 193430 | 212000 | 193284 | 214900 |
| 实际利用外资（万美元） | 6866 | 7649 | 2256 | 5144 | 7069 |
| 镇级可支配财政收入（万元） | 52727 | 59100 | 62806 | 67554 | 72450 |
| 各项税收总额（万元） | 107372 | 123514 | 132656 | 147169 | 161705 |
| 城乡居民储蓄存款余额（万元） | 905687 | 967071 | 1099302 | 1131933 | 1139044 |

① 2014年12月18日，总部设在石龙镇的广东大盛通华矿业投资股份有限公司在上海股权托管交易中心挂牌，股份简称“大华矿业”，股份代码100338。“大华矿业”是石龙第一家在该中心挂牌企业、东莞市第一家在此中心E板挂牌民企、广东省第一家正式挂牌E板民营矿业公司，是该中心第一家矿业挂牌企业 （姚小琴 摄）

② 2014年11月17日，位于石龙镇的市重大项目——东莞市儿童医院举行开工仪式，该院将按照三级甲等专科医院标准建设，住院床位600张 （周泽文 摄）

③ 2014年10月23日，石龙镇2014年敬老月系列活动闭幕式暨“贤长有为风范奖”颁奖典礼举行 （姚小琴 摄）

① 2014年12月21日，石龙镇第一届“商旅总动员”嘉年华活动启动，来自全市的1000多名市民集聚石龙汇联步行街参加活动（周泽文 摄）

② 2014年6月7日，石龙镇第四届”中华龙民俗文化节“闭幕式暨龙舟锦标赛举行 （姚小琴 摄）

③ 石龙镇交通网 （常惠森 摄）

④ 石龙镇商业区 （常惠森 摄）

①　“一河三埠”　（陈沛鸿　摄）
②　石龙镇江边绿道　（陈沛鸿　摄）
③　石龙镇夜景
④　石龙镇全景

## 虎门镇

【虎门镇概况】 虎门镇位于东莞市西南部，珠江出海口东侧。截至2014年，面积178.5平方公里，辖30个社区。户籍人口13.15万人，常住人口63.93万人。

2014年，虎门镇实现地区生产总值413.28亿元（第一产业1.77亿元，第二产业174.59亿元，第三产业236.92亿元），比上年增长7.9%；全社会固定资产投资总额106.79亿元,增长17.33%；总用电量42.12亿千瓦时，增长3.76%；社会消费品零售总额167.08亿元，增长7.87%；实际利用外资1.90亿美元，增长21.10%；各项税收总额61.67亿元，镇级可支配财政收入22.8亿元，年底各项人民币存款余额分别为639亿元、344亿元。被住建部、国家发改委等7部委列为“全国重点镇”，创建成为“广东休闲服装国际采购中心”“省社区教育实验区”“市推进教育现代化先进镇”，服装服饰电商重要基地建设、资产交易平台建设、妇联工作等3项工作获评全市“单打冠军”。

【虎门镇重大项目推进】 2014年，虎门镇列入市重大项目有滨海大道项目、宏业货柜码头迁建项目、中国电子东莞产业园项目、以纯集团总部大厦项目等4个项目，计划总投资额108.3亿元，全年完成投资26.07亿元，超额完成年度投资计划。其中中国电子东莞产业园一期42座单体厂房基本完成主体结构封顶，建成60万平方米厂房（含地下室）。

【虎门镇服装服饰产业转型升级】 截至2014年，虎门镇纳入市统计口径的规模以上服装服饰生产企业累计有75家，其中2014年增加12家，服装服饰市场销售额增长8%。2014年举办系列活动，助推企业转型升级：3月，虎门镇组织“以纯”等10个服装品牌参加第22届中国国际服装服饰博览会，参展数量是虎门镇参展最多的一届；4—10月，举办中国（虎门）国际童装网上设计大赛；7月，虎门镇30家服装企业组团参加2015香港时装节春夏系列，以“虎门服装”专区的整体形象亮相香港会议展览中心，彰显虎门服装服饰产业完整的产业链与雄厚的实力；11月7—10日，举办第十九届中国（虎门）国际服装交易会暨2014虎门时装周，主会场设在黄河时装城六楼，展区总面积1.86万平方米，共有展位569个，设22个分会场，期间，举办第15届“虎门杯”国际青年设计（女装）大赛、2014中国旅游服装服饰设计大赛、第二届虎门（国际）服装网上交易会等活动。

【虎门镇电子商务发展】 截至2014年，虎门镇有电子商务企业及个体户6000多家，比上年增长20%。2014年通过第三方平台实现的网上销售额295亿元，增长34.7%。截至2014年，有快递企业33家，其中华南区总部或东莞分公司注册在虎门镇的有24家，年快递业务量2.3亿票，增长30%，日均快递业务量近63万票，约占全市的50%。有电商专业园区8个，落户和签约入驻的电商企业超3000家。2014年6月25日至7月1日，虎门镇举办首届虎门国际电商节，由虎门电子商务协会主办，为广东休闲服装

## 虎门——建设珠江口湾区节点城市

国际采购中心系列活动之一，主题为“产业升级，电商先行”。主会场设于虎门电商产业园，分会场分别有虎门品牌孵化展贸中心、大莹服装电商城、意法电商城、百达国际电商城和虎门跨境电商园等5个电商产业园。

【虎门镇科技创新】　2014年，虎门镇加强科技创新平台建设，深化与中国纺织工业联合会、东华大学等单位的合作，建好虎门服装协同创新中心，该项目由市镇两级财政和企业共同投资1.5亿元。新增国家高新技术企业5家，总量达40家；新增市民营科技企业45家，总量77家；有7项产品被认定为广东省高新技术产品。截至2014年，拥有省知识产权优势企业1家，市专利试点企业11家，专利培育企业28家；有1家科技上市企业（银禧公司）和1家科技后备上市企业（虎彩公司）；有省级工程中心1个，市级工程中心5个，市级重点实验室2个；省级技术中心4个，市级技术中心5个；全镇有专利申请872项，授权专利678项，位居全市前列。2014年，虎门镇加工贸易提质增效，战略性新兴产业、高技术产业合同吸收外资增长90%，转为法人企业的来料加工企业有51%开展内销业务，42%拥有自主品牌。5月，经国家工商行政管理总局商标评审委员会评定，东莞市新虎威实业有限公司“Fieree tiger”及图标（“新虎威”商标）被评为“中国驰名商标”，这是广东省鞋类商标中继“百丽”之后的第二个获得该殊荣的商标，也是虎门镇继“以纯”之后的第二个“中国驰名商标”。

【虎门镇集体经济壮大】　截至2014年，虎门镇区组两级集体总资产达129.4亿元，比上年增长10%；全年区组两级总收入17.2亿元，增长7.5%；区组两级纯收入10.5亿元，增长13.6%。区组两级总支出、总负债、资产负债率均实现下降，其中资产负债率下降至近10年来最低水平。虎门镇于9月率先在全市运用镇农村集体“三资”管理服务平台举行村民集资项目交易会。

【虎门镇城市建设】　2014年，虎门镇完善中心南片区等18项控制性详细规划的编制和报批，其中行政中心、博涌、中心南等10个片区控制性详细规划完成审批备案，颁布实施；大宁东等3个控制性详细规划通过专家评审会审议。加快城市基础设施建设，在建主干道滨海大道、长堤路、外环岛路分别完成总投资的88.5%、75%、74%，部分路段实现通车。外语规划一路（南面路）工程、滨海公园停车场工程、骏马路交叉口工程等6项工程完工。稳步推进变电站项目建设，电力建设投资总额6.5亿元，其中110千伏江门站、威远站扩容工程建成投产；白沙变电站终端场选址、富马变电站用地报批和居岐变电站用地预审等完成；白沙变电站迁建费用补偿、南边变电站规划选址评估等推进；110千伏北南北威线改造升级工程于6月完成。加强环境治理，投资170多万元，于9月建成环境空气质量自动监测站，完成“2014年市政府十件实事”之一——“治理环境污染”其中一项任务；环保专业基地A区、B区的电镀污水处理厂分别完成100%和98%，A区6家电镀企业基本完成废气整改，沙角电厂群降氮脱硝工程全部完成；开展畜禽养殖业专项整治，清理违法养猪12.75万头。

① 2014年11月22日，农业部部长韩长赋（右二）在虎门镇委书记、镇人大主席叶孔新（前排左一）的陪同下对虎门镇农村集体资产管理和交易情况进行考察调研。图为韩长赋在虎门镇集体资产管理交易中心，与参加竞投南栅社区厂房人士交谈

② 2014年4月1日，市委书记、市人大常委会主任徐建华（左三）到虎门镇开展调研工作。图为徐建华在虎门镇委书记、镇人大主席叶孔新（右三），虎门镇委副书记、镇长曲洪淇（左二）的陪同下考察调研虎门服装产业协同创新中心十大平台

③ 2014年4月16日，东莞市虎门镇工商业联合会举行揭牌仪式，虎门镇委副书记、镇长曲洪淇（左三），虎门镇工商业联合会主席张佛恩（右三）参加仪式

【虎门镇社会管理】 2014年，虎门镇推动“平安虎门”建设，重拳出击开展“扫黄打非”专项行动，建立健全长效机制。开展娱乐服务场所视频联网的技术方案制定和平台建设，有182家完成安装视频联网。加快高清治安视频系统建设，投入3200多万元，建成试运行包括220个点677路高清视频监控的一期工程；有9个社区建成500多路高清视频监控。实施平安细胞工程，建成平安社区20个、平安校园65个、安全生产标准化建设达标的规模以上企业122家。刑事案件、火灾事故分别比上年下降19.8%和43%；办理信访案件332宗，下降23.5%，调处率92.5%；受理调处矛盾纠纷1851宗，调处成功率98%。改善交通环境，推进交通设施建设、停车管理。加强食品安全管理，成立镇食品药品监督管理分局、卫生监督所和疾病预防控制中心、市场监管综合协管中心。组织开展打假专项整治行动，出动执法人员1.97万人次，检查经营场所3.17万户次，捣毁制假窝点多个，处理投诉446宗，查获假冒商品总货值400多万元。

【虎门镇民生投入加大】 2014年，虎门镇为2.33万人次办理就业补贴1577万元。在加快改善公办学校办学条件的同时，加大扶持民办学校提高办学水平，促进公办、民办教育均衡发展，建成怀德小学新校，新增2所市一级学校、1所市“四星级民办学校”，公办学校实现100%等级化，“广东省规范化幼儿园”创建率达93%，获评“广东省社区教育实验区”。公办学校积分制招收新莞人学生1812人，比上年增长19.2%。投入5452万元用于城乡一体社会养老及基本医疗保险等；发放大病医疗救助金、低保户保障金、农村五保供养金、困难群众春节慰问金、高龄津贴和各类优抚金、优待金1500多万元；“广东扶贫济困日暨东莞慈善日”期间，募集捐款235万元。防控登革热，开展以防蚊灭蚊为重点的爱国卫生行动，清理蚊虫孳生地2.18万处，环境整治面积6356万平方米，灭蚊面积3.56亿平方米，使用药物30.64吨。

【虎门镇群众文化】 2014年，虎门镇继续打造包括周末文化大舞台、影像虎门艺术中心、暑期青少年篮球联赛、元旦成年男子篮球联赛、春节中国象棋公开赛、“文化惠民”工程等六大群众文体品牌活动。其中，周末文化大舞台主舞台设在虎门公园，演出12场，惠及群众8000多人次；影像虎门艺术中心举办展览15个，累计接待国家、省市各级艺术名家、文艺爱好者及游客16万人次，开展艺术创作交流和培训11场，出版季刊5期和名家作品集8册；“文化惠民”工程包括“千场演出”30场，“百场培训”5场以及“公益电影”放映480场，惠及群众超30万人次。创建培训基地，包括粤曲培训基地（虎门中心小学）、舞蹈培训基地（东方小学）、音乐培训基地（威远小学）、曲艺培训基地（沙角小学）、镇文联书画摄影培训基地（东莞纺织服装学校）以及青少年体育培训基地（各体育培训机构）等六大文体培训基地，积蓄后备力量。

【虎门镇地方文化】 2014年，《虎门年鉴（2014）》出版，这是虎门镇第二本综合性地方年鉴。完成《千秋之门》《虎门文史》第二、三、四辑和虎门题材美术作品系列丛书第一、二部编选；

① 2014年11月7—10日，第19届中国（虎门）国际服装交易会暨2014年虎门时装周在虎门镇举行。图为开幕推彩仪式

② 2014年7月7日，为期四天的“香港时装节2015春夏系列”在香港会议展览中心开幕。图为虎门镇委书记、镇人大主席叶孔新（前排右二）一行看望虎门参展企业

③ 2014年7月8—9日，“2014 UL全球电线电缆论坛”在虎门镇举行，副市长杨晓棠（前排右六）出席论坛

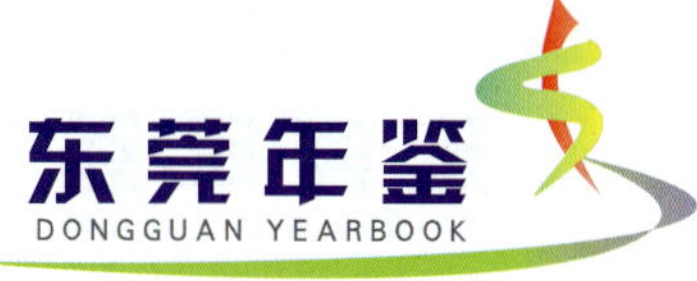


摄影作品《任重道远》获评首届全国检察机关预防职务犯罪摄影大赛特等奖，并在平遥国际影展展出；相声《不认倒霉》参加"CCTV相声大赛"，这是东莞市首个参加全国电视相声大赛的作品；群舞《生死签》获评"广东省第六届音乐舞蹈花会比赛"金奖和"东莞市首届群众文化音乐舞蹈花会比赛"金奖；相声小品《选择》参加广东省第七届曲艺大赛获评表演一等奖；合唱《我想您，妈妈》获评"东莞市第三届合唱节比赛"金奖；国际标准舞协会获评广东省第21届国际标准舞锦标赛5个冠军。

**【虎门镇体育事业】** 2014年，虎门镇划船运动员在第17届仁川亚运会中夺得1枚金牌、1枚铜牌，创东莞运动员参加近六届亚运会最好成绩。6—8月，虎门镇在第八届市运会中，夺得全市团体总分、奖牌总数双第一名、金牌总数第二名。7月，虎门镇在东莞市第十二届老年人运动会中，获团体总分第一名。11月，虎门镇代表东莞市在广东省第八届老年人运动会获10枚金牌、4枚银牌、6枚铜牌。

**【中国（虎门）国际童装网上设计大赛】** 2014年10月，中国（虎门）国际童装网上设计大赛获奖名单揭晓，参赛选手来源广泛，分别来自国内以及乌克兰、俄罗斯等国家；专业性提高，其中有英国曼彻斯特城市大学、意大利柏丽慕达时装学院、中央美术学院等著名高校的在读学生或毕业生，也不乏就职于各大知名服装公司的职业设计师，大赛由4月面向全世界公开征稿，收到来稿465件，最终中国选手王昊的《地中海的眼光》夺得金奖。

**【虎门信息传输线缆协会】** 2014年7月8—9日，大中华区电线电缆协会和虎门信息传输线缆协会等3个组织共同在虎门镇举办"2014UL全球电线电缆论坛"，主题为"新技术、新市场、新机遇"，吸引360多家企业近530名行业人员参加。2014年，虎门信息传输线缆协会发布线缆行业联盟标准10项。截至2014年，发布行业标准总量33项，居全市各行业前列。

**【虎门镇推动网络施政】** 2014年，虎门网络问政平台收到群众来信2191封，处理率98%。虎门太平政务微博在广东政务微博影响力调查中，排名广东第五位，蝉联东莞市第一位，获评"2014年度广东十大外宣微博"和"东莞十大便民微博提名"。虎门旅游微博在广东省旅游政务微博影响力调查中排名第二位，获评"2014年度广东十大旅游机构微博"。

**【虎门镇对口帮扶工作】** 截至2014年，虎门镇对口帮扶乳源县乳城镇共和、新兴、岭溪、大桥镇红云、柯树下、深源等6个村的贫困户543户2010人。落实帮扶资金1628万元，落实帮扶项目138个（其中民生项目59个，基础设施建设项目79个）。村集体和贫困户的年收入实现稳步增长，2014年，6个村集体年纯收入都超过8万元，贫困户人均年收入7500多元。（王景民）

**附：2014年虎门镇党委、人大、政府主要领导名录**

镇委书记、镇人大主席：叶孔新

镇　长：曲洪淇

## 2010—2014年虎门镇主要经济指标

| 指标＼年份 | 2010 | 2011 | 2012 | 2013 | 2014 |
|---|---|---|---|---|---|
| 户籍人口（人） | 127556 | 129105 | 129798 | 130592 | 131470 |
| 常住人口（万人） | 63.87 | 64.07 | 64.32 | 64.42 | 63.93 |
| 面积（平方公里） | 178.5 | 178.5 | 178.5 | 178.5 | 178.5 |
| 生产总值（万元） | 2852000 | 3105000 | 3480905 | 3819357 | 4132811 |
| 第一产业（万元） | 17635 | 17434 | 17927 | 19379 | 17675 |
| 第二产业（万元） | 1410761 | 1352694 | 1526167 | 1631323 | 1745903 |
| 第三产业（万元） | 1411953 | 1729882 | 1936811 | 2168655 | 2369233 |
| 总用电量（万千瓦时） | 390844 | 396923 | 400707 | 405989 | 421271 |
| 全社会固定资产投资总额（万元） | 722791 | 917940 | 783984 | 910145 | 1067910 |
| 社会消费品零售总额（万元） | 1248077 | 1213844 | 1359300 | 1550424 | 1670776 |
| 外贸出口总额（万美元） | 227099 | 286091 | 303476 | 332323 | 273214 |
| 实际利用外资（万美元） | 11390 | 12166 | 14678 | 15692 | 19003 |
| 镇级可支配财政收入（万元） | 169952 | 204919 | 212576 | 225958 | 227971 |
| 各项税收总额（万元） | 438385 | 459405 | 527904 | 580772 | 616672 |
| 城乡居民储蓄存款余额（万元） | 3590249 | 3786685 | 4339299 | 4589828 | 4627977 |

① 2014年1月19日，东莞市第一个侨联归国留学人员联谊会镇街分会——东莞市侨联归国留学人员联谊会虎门分会成立。图为市侨联主席曾民盛（右三），虎门镇委副书记、镇长曲洪淇（左三）等为侨留会虎门分会成立揭牌

② 2014年8月29日，创建于1908年的怀德小学，举行新校区落成暨荣获市一级学校挂牌典礼。图为虎门镇委书记、镇人大主席叶孔新（左五）等为怀德小学新校区落成暨荣获市一级学校揭牌

③ 2014年1月24日，虎门镇对为保护他人财产与歹徒搏斗，英勇牺牲的“见义勇为好市民”贺永祥家属进行慰问。图为虎门镇委副书记、镇长曲洪淇（右）为贺永祥妻子送上抚恤金

④ 2014年6月5日，2014年东莞市渔业资源增殖放流活动在虎门镇威远岛举行

⑤ 2014年9月24日，虎门镇选手张荃在第十七届仁川亚运会上获得2000米四人双桨项目冠军。图为中国队选手张荃、刘荡、刘治宇和马健（从左至右）在领奖台上

⑥ 2014年4月27日，为期四天的2014年全国健身秧歌及健身腰鼓大赛在江苏张家港圆满落幕。虎门镇健身秧歌代表队作为广东省唯一参赛队伍并获冠军

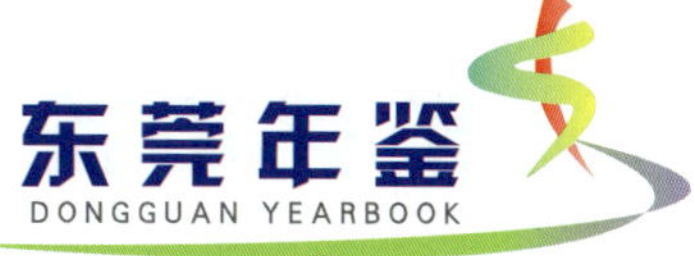

① 改造后的裕隆桥

② 京港高铁虎门站

③ 丰泰华园山庄景色

## 东城街道

【东城街道概况】　东城街道位于东莞市中部。截至2014年，面积约110平方公里，辖23个社区和2个国营林场。户籍人口9.64万人，常住人口49.51万人。

2014年，东城街道实现地区生产总值341.41亿元（第一产业481万元，第二产业129.43亿元，第三产业211.99亿元）比上年增长5.93%；全社会固定资产投资总额78.14亿元,增长11.80%；总用电量29.88亿千瓦时，增长2.2%；社会消费品零售总额107.58亿元，增长6.5%；实际利用外资3.52亿美元，增长92.90%；外贸出口总额41.49亿美元，增长16.50%；各项税收总额75.83亿元，增长5.60%；镇级可支配财政收入20.90亿元，增长3.40%。在第四届全国精神文明建设工作表彰大会上获评“全国文明单位”，在全市镇街领导班子年度量化考核中获评“优秀镇街”，并获得食品安全管理、家庭教育、殡葬工作等3项市“单打冠军”。

【东城街道产业升级】　*招商引资成效显著*　2014年，东城街道设立每年2亿元的产业引导资金，引进一批重点项目，加快产业转型升级。新注册认缴资本300万元以上的内资企业304宗，认缴资金38.6亿元。实际引进外资3.52亿美元，比上年增长93%。*创新能力提升*　国家高新技术企业增到60家。规模以上科技企业总产值达229亿元，占工业总产值的60.4%。技术进出口总额4093万美元，增长16.3%。各级研发中心、工程中心和实验室增到18个。企业自主品牌增到63个。新增专利授权量和发明专利授权量分别为1566件和186件，均位居全市前列。*都市经济繁荣*　环球经贸中心、台心医院、万达广场、文华酒店等项目建成营业，中央商贸区的地位巩固。引进荷仕兰乳业、梦世代信息科技等第三产业外资项目30个，第三产业成为外商投资新热点。

【东城街道改革创新】　*行政服务改革步伐加快*　2014年，东城街道推进商事登记改革试点，工商登记审批时间基本缩短到3个工作日，新增各类企业3440户，比上年增加46.5%。完成省、市、街道、社区四级网上办事大厅的互联互通，推动32个部门的563项业务网上办理。*经济领域改革亮点纷呈*　好外商投资企业“十证联办”、项目投资建设“直接落地”等试点，加快投资建设进度。抢抓跨境贸易电子商务发展机遇，投入2000万元打造全国首个跨境电子商务公共监管仓，为全市外贸电商提供快捷通关服务。*基层治理改革成效突出*　完成社区统筹改革，社区党工委、居委会以及经联社的管理更加规范，社区两级集体总收入达10.7亿元，增长2.9%；纯收入6.3亿元，增长9.9%；总费用4.3亿元，减少5.7%。建成20个社区政务服务中心，整合各项网上办理业务115项，基本实现社区“一站式”行政服务。

## 东城——东莞城市封面

①

【东城街道城市建设】 重点项目建设 2014年，东城街道财政投入4.8亿元推进重点工程建设，立新横岭回迁小区、星城综合楼等8项主体工程基本完工，峡口回迁小区、东纵路人行天桥等6项工程进度加快。民盈大厦、国际金融中心等项目启动建设，格兰名筑、天骄御峰等高品质商住项目先后建成。城市改造推进 黄旗山南片区纳入市连片组团式改造范围，牛山钟屋围旧村改造被列为全省重点“三旧”（旧城镇、旧厂房、旧村庄）改造项目。总投资70亿元的万达广场等“三旧”改造项目建成投入使用。积极配合省市加快交通基础设施、环境综合整治、城市更新改造等重点工程建设，征收补偿用地28.9万平方米，补偿建筑面积5.3万平方米，总补偿金额1.8亿元。基础设施完善 实施宜居社区建设，投入3500万元建设“小山小湖”城市亮点；投入6500多万元推进6条主干道路的升级改造和8条社区道路的外立面装饰；对40条道路排水管进行清淤疏浚，完成1.2万个下水道防坠网的安装。城市管理力度加大 开展综合执法监管，查处和纠正城市违法违规行为9200多宗次，拆除违法建筑4.3万平方米。强化环境监察执法，检查重点企业1500多家次，淘汰“黄标车”5000多辆。积极创建广东省生态镇街，城市宜居环境有效提升。

【东城街道社会管理】 社会治安综合治理 2014年，东城街道全面开展“扫黄”专项整治，基本消除娱乐场所“涉黄”行为。构建社会治安防控体系，开展“6+1”专项打击行动，辖区接报警情下降6%，提升群众安全感。化解社会矛盾纠纷 受理各类信访投诉1267件次，按时办结率达99.3%。处理劳资突发事件32宗次、欠薪逃匿案件20宗次，为672名劳动者追讨工资197.3万元。妥善处置万士达公司遣散工人事件，保障员工合法权益。强化公共安全监管开展安全生产专项整治，各类安全生产事故比上年下降14.5%，全年无较大以上安全事故发生。强化交通安全执法管理，交通事故下降3.5%。加大食品药品安全执法力度，获评全市食品药品监管体制改革“单打冠军”。

【东城街道民生事业】 民生保障 2014年，东城街道用于民生事业的财政支出达15亿元，占财政总支出的72.5%。社会保障不断完善，征收社会保险基金12.6亿元，支付各项社会保障待遇2.5亿元。公共服务 加大教育经费投入，教育教学质量进一步提高。提供505个公办学位给新莞人子女积分入读，615名新莞人实现积分制入户。鼓励群众就业创业，为1.7万人次发放就业补贴1240多万元。本地生源大学毕业生就业率达98.4%。继续为老人、儿童、婚育妇女实施免费健康体检，建立居民健康档案11万份。继续稳定低生育水平，积极推动单独两孩政策的落实。儿童友好社区创建率居全市第一名，家庭教育工作获评全市“单打冠军”。文体活动 推进“文化惠民”工程，开展群众文化活动484场次。音乐剧和儿童剧等文化品牌

① 2014年9月23日，市委书记、市人大常委会主任徐建华出席东城人大代表工作室揭牌仪式并致辞

② 2014年7月3日，东城领导考察中韩智慧城市产业园

③ 2014年10月17日，东城召开党的群众路线教育实践活动总结大会

深入人心。承办全省演讲大赛、老年人运动会、世界斯诺克巡回赛等高级别赛会，提升知名度。**扶贫帮困** 落实1670多万元，保障各类困难家庭、残疾人和优抚对象的基本生活。对口帮扶新丰县工作推进，两地出资1亿元成立项目运营公司，加快帮扶项目建设。

**【东城万达广场盛大开幕】** 2014年9月12日，东莞东城万达广场暨万达文华酒店开业典礼举行。该项目总投资约70亿元，开发用地12.39万平方米，总建筑面积约55万平方米，是全市“三旧”改造示范性项目。东城万达广场成为万达集团在华南地区开业的首家旗舰店。

**【“2014年莞香采香日文化活动”举办】** 2014年11月22日，“2014年莞香采香日文化活动”在东城街道和大岭山镇举办，该活动集采香庆典、表演、品香、观光、展览为一体，旨在弘扬莞香优秀文化，保护莞香传统技艺，提升莞香文化品牌影响力。其中，莞香文化发展论坛在东城街道文化服务中心展览馆举行，专家们就莞香非物质文化遗产保护传承及产业化等话题进行深入探讨和交流，为东莞市莞香文化和莞香产业把脉。

**【东城街道获评市食品安全“单打冠军”】** 2014年，东城街道开展安全生产专项整治，健全完善“地方政府负总责、监管部门各负其责、食品经营户为第一责任人”的食品安全责任体系，加大食品药品安全监管、执法力度，群众满意度从66.9%提升至90.3%，被授予全市食品药品监管体制改革“单打冠军”。 （王康伟）

**附：2014年东莞市东城街道党委、人大、办事处主要领导名录**

党委书记：陈志伟（3月到任）
黄少文（任至3月）
人大联络委主任：陈志伟（4月到任）
黄少文（任至4月）
办事处主任：刘学聪

① 2014年6月23日，东城举办投资环境推介新闻发布会，宣布出台奖励政策加速转型升级

② 2014年7月3日，东城智慧城市推进暨东城中韩智慧城市产业园启动仪式举行

③ 2014年9月12日，东城万达广场暨万达文华酒店开业

④ 2014年9月12日，万达集团董事长王健林（左二）到访东城

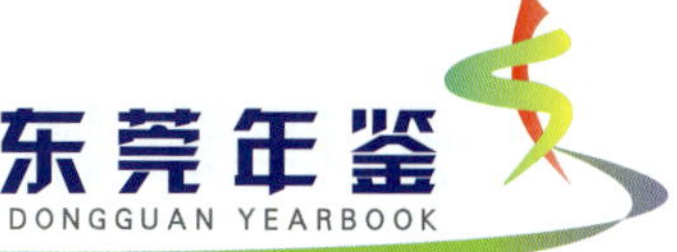


## 2010—2014年东城街道主要经济指标

| 指标 \ 年份 | 2010 | 2011 | 2012 | 2013 | 2014 |
|---|---|---|---|---|---|
| 户籍人口（人） | 87657 | 90116 | 92474 | 94257 | 96377 |
| 常住人口（万人） | 49.29 | 49.57 | 49.79 | 49.68 | 49.51 |
| 面积（平方公里） | 110 | 110 | 110 | 105 | 105 |
| 生产总值（万元） | 2309506 | 2600000 | 2729294 | 3223053 | 3414062 |
| 第一产业（万元） | 391 | 400 | 430 | 461 | 481 |
| 第二产业（万元） | 952986 | 978518 | 937223 | 1196326 | 1294259 |
| 第三产业（万元） | 1356129 | 1574131 | 1791641 | 2026266 | 2119862 |
| 总用电量（万千瓦时） | 256029 | 247719 | 286361 | 289123 | 298813 |
| 全社会固定资产投资总额（万元） | 526388 | 533500 | 558062 | 698933 | 781403 |
| 社会消费品零售总额（万元） | 1106285 | 847956 | 930290 | 1009621 | 1075848 |
| 外贸出口总额（万美元） | 218834 | 280171 | 316425 | 356137 | 414907 |
| 实际利用外资（万美元） | 12978 | 13658 | 16398 | 18250 | 35199 |
| 镇级可支配财政收入（万元） | 138353 | 156688 | 173810 | 202190 | 209036 |
| 各项税收总额（万元） | 468433 | 542514 | 593748 | 717802 | 758289 |
| 城乡居民储蓄存款余额（万元） | 2611030 | 2863771 | 3514174 | 3643572 | 3704206 |

① 2014年3月25日，东城工商业联合会挂牌成立

② 2014年6月27日，2014世界莞商联合会领导成员到东城恳亲联谊

①

②

① 2014年9月25日，广东省演讲大赛暨广东省演讲与朗诵艺术人才培训基地启动仪式在东城文化中心举行

② 2014年11月23日，广东省第二届中小学生器乐比赛暨首届行进管乐和行进打击乐展演活动在东城举行

③ 2014年11月22日，2014年东莞市莞香采香日文化系列活动之莞香产业与文化发展论坛在东城展览馆举行

④ 2014年9月4日，东莞市文化惠民千场文艺演出暨东城区庆中秋文艺晚会在东城世博广场举行

⑤ 2014年6月22日，香港东莞东城同乡会会董、乡亲代表120多人在会长李家仁（右）带领下回乡观光联谊

⑥ 2014年4月25日，全市侵权盗版及非法出版物集中销毁活动和“绿书签行动”系列宣传活动在东城文化广场举行

⑦ 东城风情步行街夜景

⑧ 东城万达广场夜景

⑨ 旗峰公园

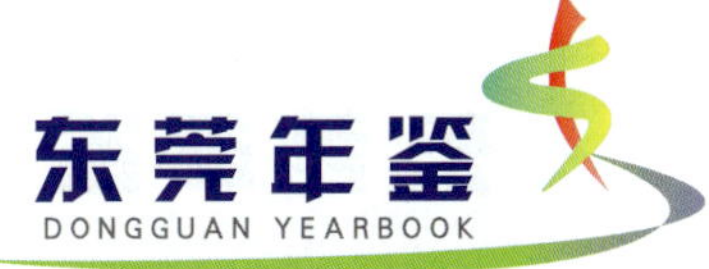
东莞年鉴
DONGGUAN YEARBOOK

McDonald's
⑦

万达广场
永辉超市
⑧

⑨

## 万江街道

【万江街道概况】 万江街道位于东莞市西部，邻近珠江入海口。截至2014年，面积48.5平方公里，辖28个社区。户籍人口8.16万人，常住人口24.83万人。

2014年，万江街道实现地区生产总值103.35亿元（第一产业3726万元，第二产业41.26亿元，第三产业61.72亿元），比上年增长5.0%；全社会固定资产投资总额28.78亿元,增长6.52%；总用电量13.43亿千瓦时，增长5.37%；社会消费品零售总额41.08亿元，增长8.28%；实际利用外资3920万美元，增长21.97%；外贸出口总额4.44亿美元，增长16.37%；各项税收总额19.05亿元，增长3.14%；镇级可支配财政收入7.31亿元，增长-0.61%。获评“广东省民族团结进步模范集体”“城乡规划工作成绩先进单位”“宜居城乡建设工作先进单位”，水乡统筹落实排名全市第二位。

【万江街道商务平台集聚】 2014年，万江街道龙湾滨江片区稳步推进，特色项目之一的龙湾湿地公园开放，辖区内一批升级改造工程完工投入使用，综合开发项目土地统筹进展顺利，新城文化商业区稳步推进；E汇商务港、大合谷、大塘电商中心、银华生物旧改等一批电子商务平台效益逐步显现。2014年，万江街道共有专业市场11个，营业额20亿元，增长130%，缴纳税金1992.35万元，增长71.6%。

【万江街道重点项目建设】 2014年，万江街道加快重点项目建设，添翔服饰研发生产及电子商务中心、市中心定点屠宰场及肉类制品加工基地、铭丰包装、印刷研发及制造基地项目完成投资超2.7亿元，其中铭丰包装、印刷研发及制造基地项目开始试产，铭丰包装品制造有限公司获评“东莞市第二批加工贸易转型升级示范企业”；岭南文化创意产业基地项目于5月被纳入市重大建设项目，首期项目泰库产业园进入改造施工和招商阶段；12月，东莞市人民政府与菜鸟网络科技有限公司签订框架协议，总投资约30亿元的菜鸟公司O2O项目落户万江；“东江之星”项目落地，该项目由新加坡首铸集团投资约40亿元，年底基本完成土地供应及前期建设准备工作；颐合·幸福里、联聚包装、英伦公鸡服饰营运总部等一批重大项目正在策划筹建中。

【万江街道创新驱动战略推进】 2014年，万江街道实施“省数控一代机械产品创新应用示范专业镇”项目见成效，承担国家科技支撑计划项目1个，承担广东省数控一代专项重点项目2个，太阳能与建筑一体化综合利用技术创新团队获评市引进创新团队奖。数控装备行业专利申请累积520多件，研发数控机械装备新产品累积60多台（套）。新增国家高新技术企业4家，市专利优势企业1家，市中小企业创新基金项目6个。为辖区内40家数控机械装备制造企业300多名一线的技术人员实行专题培训。

【万江街道城市建设】 生态环境优化 2014年，万江街道国家级生态街道创建工作完成公示。13个社区创建为东莞市生态社区；推动“创优宜居小环境”工作，设立鼓励社区专项补助资金2000万元，89个项目稳步推进；“十里汾

### 活力万江 滨水绿城

溪”项目进入规划论证阶段；“两高一低”（高污染、高能耗、低效益）企业整治及引导退出工作有序推进；深入实施“南粤水更清”计划，对辖区主要河涌开展水质控制和环境整治工作，投资270多万元对区内水域面源进行清理保洁，对13段河涌实施清淤通畅工程，长度总计约12千米，清淤约6.3万立方米。基础设施完善　完成泰新路新谷涌水闸段、金泰桥、教育路口、曲海大桥北桥底等10处交通节点整治，水乡横向南通道万江段开工建设；3月，万江街道办事处与东莞供电局签订电力合作协议，着力保障重点区域、重点项目的电力供应；华南Mall人行天桥、铭丰工业园排水工程等一批市政工程启动并基本建成；市民艺术中心、工人文化宫完工，丰富群众休闲活动；水利防灾减灾、截污管网工程一批建成。“三旧”改造见效　申报纳入标图建库的累计750.89公顷，16份改造方案通过市“三旧”改造批复；旧福苑地块和三界坊地块的“三旧”改造报批手续获得省、市通过，龙湾片区纳入市连片组团式“三旧”改造试点，推动下坝坊休闲街区上升到市一级层面改造提升；文化创意街区、体验式电商集聚区、都市型工业创意园区、成熟商业街区等新业态元素逐步集聚。

【万江街道社会管理】　社会安全维护　2014年，万江街道在辖区重点路段设立警企联动岗点161个，设立停车场瞭望台16个，改造治安视频监控中心，在辖区主要公共复杂场所建立181个高清视频监控点及6套治安卡口系统，强化群防群治，增强路面见警率。扎实开展“涉黄”问题整治、“六大专项”及“两抢一盗”打击整治行动，“平安医院”、“平安社区”取得成效。食品药品安全群防群治监督网络实现全覆盖。新莞人服务管理　完成安装出租屋视频系统1954套并投入使用，推广出租屋保险39.71万份；受理积分制人才入户申请154人次，受理积分制入学336人次。全面推进社会服务实践基地建设，3月，万江街道社会服务实践基地在“东莞阳光网”社区公益版块上线，征集新莞人意见诉求，累积发布81篇信息。创新管理 2014年6月，胜利社区党政公共服务中心试点启用，该中心集党务、政务和公共服务于一体，采取“代办+办结”模式，实现117项业务可到社区办理或代办，着力为群众解决办事难问题。截至12月，共有25个社区公共服务中心建成并使用，获得群众一致好评。以4个综合服务中心为网点，为社区居民提供550场次的服务，以特色项目创新服务。其中，大莲塘社区于2月建成全市首个防震减灾示范社区；万江“爱心农场”志愿服务项目在12月成为东莞市第二批社会管理创新项目之一；万江首条“家庭教育一条街”建成投入使用；“一社区一法律顾问”推进，将综治维稳工作向一线延伸。

【万江街道民生实事】　财政投入加大　2014年，万江街道涉及民生的财政支出超过4亿元，占财政总支出的比重超过60%；发放市、区就业创业等补贴1600多万元，帮助解决居民就业830多人；累计支付养老、失业、工伤、医疗等保险待遇超3.8亿元，社会保险扩面工作稳步推进发放最低生活保障金、高龄津贴400多万元，老年群体、困难群众及残疾人保障等工作取得进展。教育优先发展　开展“创优人文小环境”工作，编制义务教育阶段资源优化配置专项规划，创建成为“东莞市推进教育现代化先进镇街”，教育“两创”活动推进，新评定

① 2014年1月16日，全国政协副主席王正伟（前排左四）到万江街道指导民族工作，市委副书记姚康（左二）陪同调研

② 2014年1月29日，副省长刘志庚（前排中）在市委常委、常务副市长张科（前左）的陪同下视察东莞汽车总站

③ 2014年2月11日，市委书记、市人大常委会主任徐建华（前排右二）、市委副书记、市长袁宝成（前排右三）等领导视察龙湾湿地公园

市一级幼儿园5所，增长71%；推进“平安校园”创建，创建23所平安校园。公共文化服务　探索创新公共服务供给，与社会资本合作建设“新文化中心”项目，打造丰富群众文化生活的新型基层公共文化服务阵地；调动社会组织力量，推动万江龙舟文化节从“政府部门主导”向“民间组织主导”转变。开展体育项目培训累计350多人；成立社会体育指导员服务站，将免费体育指导培训服务常态化，截至2014年，有300多名社会体育指导员；增加15个新型公共电子阅览室，满足读者需求。

【万江街道改革深化】　农村综合改革　2014年，万江街道试点社区级预算管理，集体经济增资减债效果明显，截至2014年，社区两级纯收入增长9.1%，资产负债率13.1%，比上年降低0.95%，收不抵支的经联社减少5个；农村集体资产管理和交易平台的增值作用初显，成交易额4.37亿元，较原合同溢价14.5%；环卫绿化统筹、生活垃圾运输统筹基本完成。商事登记改革　市场主体总数首次突破2万户，达2.11万户，增长23.53%；其中新登记市场主体3528户，增长20.65%。提高办事效率，实现取号不超过5分钟，业务等候受理不超过1小时，由受理到发照最快1小时，一般1-2个工作日，最长不超过5个工作日的高效服务，推行“导办台”“雷锋岗”等便民服务举措，优化营商环境。

【E汇商务港】　E汇商务港位于莞穗大道万江桥段，是万江街道首家“一站式”电商产业园，万江街道集体资产“三旧”（旧城镇、旧厂房、旧村庄）改造典型案例。由4座写字楼和2座商务公寓组成，项目总建筑面积3.5万平方米。项目分二期开发，第一期由2座写字楼组成，面积1.1万平方米，于2014年10月全面营业，吸引76家企业进驻，其中电子信息类28家，电子商务类37家，软件研发4家，配套服务机构7家，招商率达100%。第二期进入施工改造和招商阶段，完成60%的招商任务，且吸引统一公司等一批实力较强的企业入驻，建设集“B2C、B2B、O2O电子商务产业基地”“区域电子商务运营总部基地”“电子商务专业人才教育实训基地”为一体的电子商务核心产业区。

【社区党政公共服务中心建立】　2014年，万江街道在推进农村综合改革示范点工作中，创新基层社会治理服务体制，率先在全市建立25个社区党政公共服务中心，从整合公共资源、创新服务方式、丰富服务内容、强化人员素质等方面入手，探索党务、政务和公共服务向社区延伸。社区党政公共服务中心承办117个事项，业务涉及社会事务、人口计生与新莞人服务、劳动就业与社会保障、城市管理、工商管理等5大类15个具体业务范畴，使社区公共服务事项全部进入中心一站式办理。较以前分散办公相比，办事人员减少34人，平均每社区减少1.8人，下降22.97%；每月办公经费比以往节约8.3万元，平均每个社区节约4372元，下降18.35%。　（何洁珊）

**附：2014年东莞市万江街道党委、人大、办事处主要领导名录**

党委书记：吴志刚
人大联络委员会主任：吴志刚
办事处主任：莫伟权

① 2014年12月10日，市委书记、市人大常委会主任徐建华（前排右二）到万江调研

② 2014年5月15日，省国土厅副厅长杨林安（右二）到万江铭丰公司视察

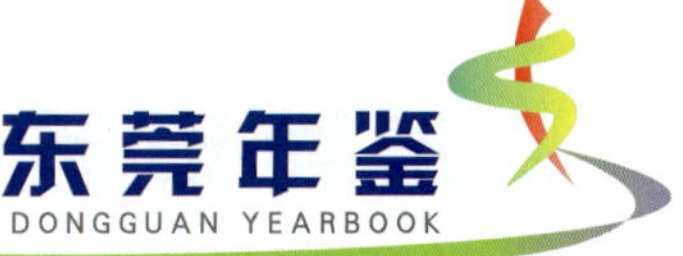


## 2010—2014年万江街道主要经济指标

| 指标＼年份 | 2010 | 2011 | 2012 | 2013 | 2014 |
|---|---|---|---|---|---|
| 户籍人口（人） | 76826 | 78281 | 79721 | 80538 | 81627 |
| 常住人口（万人） | 24.48 | 24.63 | 24.63 | 24.71 | 24.83 |
| 面积（平方公里） | 48.5 | 48.5 | 48.5 | 48.5 | 48.6 |
| 生产总值（万元） | 688921 | 769132 | 806632 | 916830 | 1033501 |
| 第一产业（万元） | 3590 | 4035 | 3332 | 3569 | 3726 |
| 第二产业（万元） | 271769 | 296564 | 294829 | 336322 | 412554 |
| 第三产业（万元） | 413562 | 468535 | 508471 | 576939 | 617221 |
| 总用电量（万千瓦时） | 119324 | 122094 | 122396 | 127433 | 134270 |
| 全社会固定资产投资总额（万元） | 228008 | 261089 | 253466 | 270226 | 287832 |
| 社会消费品零售总额（万元） | 319865 | 348180 | 352765 | 379354 | 410761 |
| 外贸出口总额（万美元） | 31068 | 37251 | 37609 | 38130 | 44372 |
| 实际利用外资（万美元） | 1537 | 1125 | 2522 | 3214 | 3920 |
| 镇级可支配财政收入（万元） | 54033 | 59429 | 62575 | 73532 | 73086 |
| 各项税收总额（万元） | 98898 | 131670 | 158779 | 184654 | 190450 |
| 城乡居民储蓄存款余额（万元） | 833149 | 947985 | 1126144 | 1223059 | 1286142 |

① 2014年9月23日，万江街道成立人大代表工作室，市人大常委会常务副主任黄双福（前排中）参加揭牌仪式

② 2014年3月6日，东莞市供电局与万江街道办事处签订电力合作协议

① 2014年4月1日，万江街道工商联成立暨挂牌仪式

② 万江街道社区党政公共服务中心

③ 2014年5月29日，举办第七届东莞市莞乡杯裹粽大赛

④ 万江街道下坝坊创意文化街区

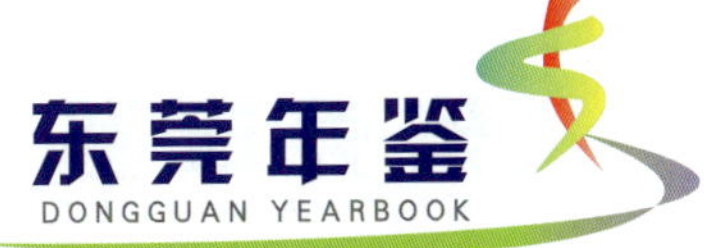

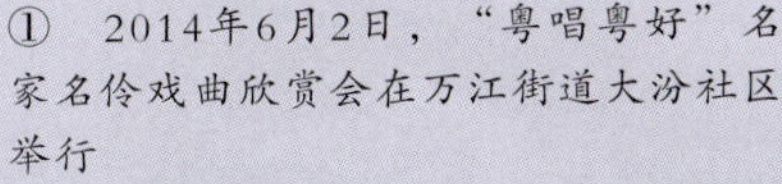

① 2014年6月2日，“粤唱粤好”名家名伶戏曲欣赏会在万江街道大汾社区举行

② 2014年5月29日，万江街道游龙趁景活动

③ 龙湾湿地公园

## 南城街道

【南城街道概况】 南城街道位于东莞市新城市中心区,是东莞市委、市政府所在地。截至2014年，面积56.62平方公里，辖18个社区。户籍人口8.30万人，常住人口30.25万人。

2014年，南城街道实现地区生产总值323.38亿元（第一产业1022万元，第二产业70.53亿元，第三产业252.75亿元），比上年增长8.20%；全社会固定资产投资总额43.73亿元,增长-60.73%；总用电量11.06亿千瓦时，增长4.10%；社会消费品零售总额168.87亿元，增长13.5%；实际利用外资1.84亿美元，增长62.30%；外贸出口总额45.96亿美元，增长31.9%；各项税收总额89.85亿元，增长-1.7%；镇级可支配财政收入17.16亿元，增长1.32%。获评全市镇街领导班子年度工作优秀镇街，获评全市镇街领导班子年度工作第二名。

【南城街道“三重”建设】 2014年，南城街道抓好“三重”项目建设，为结构调整和经济发展提供有力支撑。5个项目累计完成投资11.48亿元，完成年度投资计划。其中，天安数码城的科技产业大厦、企业服务中心、科技人才公寓和科技产业大厦投入使用；联科国际信息产业园组建科技、金融、人才三大公共服务平台，并在北京、深圳和中国台湾、美国等地设立产业对接事务处，承接高新技术产业转移进驻；南方物流电商综合基地的基坑工程完成，项目建成后预计能提供直接就业岗位5000个；广东科技学院二期（国际学院）体育馆、国际学院办公楼和学生宿舍有序推进；凯达科技设计中心动工，将搭建能辐射周边各个镇街优势产业和高端应用科技的“技术中心平台”；国际商务区、总部基地正在加紧建设中，以为未来发展提供广阔的空间和载体。

【南城街道现代服务业】 2014年，位于南城街道的第一国际、华凯广场、胜和广场等一批纳税“亿元楼”持续发展。电子商务业发展迅速，辖区电子商务企业达360多家，总量位居全市第一位。金融中心优势进一步扩大，成功引进华润银行、广东华兴银行、前海股权交易中心等知名金融机构，累计注册金融企业252家。东莞民间金融街建设、招商顺利，签约进驻金融机构及企业29家，签约面积2.4万平方米，融资额累计达14.7亿元。

【南城街道集体经济管理】 2014年，南城街道社区村组两级集体经营总收入增长15.3%，净资产增长6.1%，负债总额减少29%，集体资产进一步优化。

## 南城——东莞城市会客厅

①

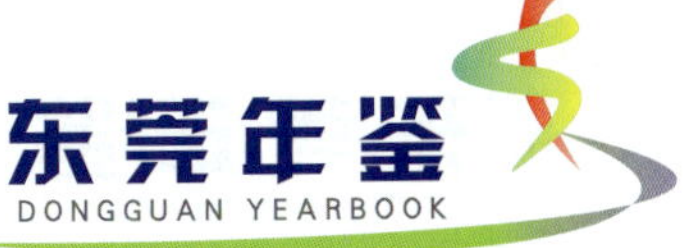

落实社区集体资产管理制度，加强对集体经济组织预算执行和收益分配情况的跟踪监督，分析资产的运营情况，及时向居民公布财务收支。制定《关于进一步加强村组增资减债工作的意见》，明确村组债务管理工作的目标任务。加强集体经济组织合同管理工作，清查合同3071份。推进农村集体资产管理改革，推广集体资产交易和“三资”监管平台软件系统的使用，对基层经济组织的经济运行实时监控。完善集体经济管理制度，加大增资减债力度，集体资产交易平台交易443宗，成交4.4亿元，总体溢价率32.8%。

【南城街道综合改革】 2014年，南城街道推进商事登记改革，新增市场主体6981户，比上年增长28.9%，新认缴注册资本139.16亿元，增长54.6%，增长数量、增长速度均创同期历史新高；深化社区综合改革，完成组级经济合作社改革，实现集体经济由二级管理逐步向一级管理过渡。

【南城街道科技创新】 2014年，南城街道实施“科技南城”工程，新增国家高新技术企业14家，总数达40家；新增发明专利申请1160件、授权专利880件。继2013年高盛科技园获评国家级科技企业孵化器后，天安数码城成为2014年全市仅有两个获评国家级科技企业孵化器的园区之一，科技企业和项目数量、科技企业孵化器规模、专利申请数量及质量均居全市前列。推动传统产业加快升级，协助6家重点制造企业申报东莞市“机器换人”专项资金。打造东莞市清研公共科技服务中心和南城科技服务中心两大公共科技平台，全年服务累计达280场次。

【南城街道“机器换人”实施】 2014年，南城街道推进企业实施“机器换人”工作，对辖区66家规模以上工业企业进行技术改造需求调查，同时积极协助相关企业申报“机器换人”专项资金和典型案例，并做好政策宣讲，组织44家企业参加由市经信局举办的“机器换人政策宣贯会”“技术改造政策宣讲会”“2014年机器换人产需对接会”，为企业搭建平台，促进企业了解政策。

【南城街道文体建设】 2014年，南城街道加强“文化惠民”工程，辖区各广场举办文化活动450场，惠及人数近200万人次。完善文物保护机制，《东莞传统建房风俗》《东莞卖懒习俗》2个项目入选东莞市第三批市级非物质文化遗产名录项目，雅园张氏宗祠、周溪翟氏五玉公祠和石鼓雪松李公祠等3处文物入选第十批东莞市文物保护单位。全民健身运动发展，体育水平提高，广东世纪城俱乐部夺得2013—2014赛季中国羽毛球俱乐部联赛冠军，同时南城街道在第

① 2014年9月9日，中共中央政治局委员、省委书记胡春华（右四），副省长陈云贤（左二），市委书记、市人大常委会主任徐建华（左四）到阳光第六小学看望慰问教职员工

② 2014年10月23日，副省长陈云贤（左三）到高盛科技园、钜大电子公司考察

③ 2014年8月21日，省委常委、宣传部部长庹震（右四）在市委书记、市人大常委会主任徐建华（左二）的陪同下到白马社区调研社会主义核心价值观“五善”工程

八届市运动会中金牌获得数再创历史新高，获“体育道德风尚奖”。

【南城街道教育医疗事业】 2014年，南城街道优先安排保障教育经费，创建成为市教育现代化先进镇街和省社区教育实验区，辖区青少年心理健康指导中心被中国心理学协会评为“学校心理健康教育先进集体”。设立招生办公室负责招生工作，改革招生工作流程，推进基本公共教育服务均等化，以积分制方式为新莞人子女提供218个公办学位。社区总门诊量23万人次，继续实施社区医疗救济基金制度，发放医疗补贴154万元，救助群众看病住院161人次。为老年人提供免费健康体检服务，受惠老人2985人次，做好卫生监督和疾病预防控制职能的承接，提高传染病防治能力。

【南城街道城市综合管理】 2014年，南城街道加强环卫绿化管理，开展明查暗访活动，发放整改督导函约80份，做好国家文明城市复评工作。整治城市“六乱”（乱扔吐、乱堆放、乱拉挂、乱张贴、乱搭建、乱摆卖），加快推进“黄标车”提前淘汰工作，淘汰注销“黄标车”3000多辆。拆除违法建筑21宗2800平方米。

【南城街道社会治安管理】 2014年，南城街道开展“六大专项”及“两抢一盗”打击行动，总体成绩排名全市第六位，其中打击银行卡及电信诈骗专项获评“单项冠军”。立刑事案件4675宗，比上年下降1%，破获案件1058宗，上升30.3%，命案破案率100%。出动警力1.26万人次，完成警卫安保任务125场次。

【南城街道综治维稳】 2014年，南城街道健全劳动关系风险预警机制，完善“日排查、周研判、月分析”制度，及时化解劳资纠纷，处理劳资纠纷案件968宗，处理劳动争议仲裁案件403宗，妥善调处楼盘生读书问题等一批重大信访问题，调处民间纠纷270宗，妥善处置突发事件63宗，避免群体性事件发生，遏制矛盾纠纷上行的势头。

【南城街道安全生产】 2014年，南城街道落实安全生产责任制，检查企业场所8125家，查处整治安全隐患2058处，未发生重特大安全事故。开展交通整治专项行动，辖区无较大以上安全事故或重大火灾事故发生，安全生产形势保持稳定。

【南城街道劳动社保体系】 2014年，南城街道落实就业优惠政策，开展“就业援助月”“春风行动”“就业服务日”活动，加大政策宣传力度，发放各

① 2014年9月1日，市委副书记、市长袁宝成（左三）到盛世商潮公司调研电子商务发展情况

② 2014年12月23日，副市长鲁修禄（右三）到天安数码城调研

③ 2014年12月31日，市委常委、宣传部部长潘新潮（左八）出席东莞艺展中心交易市场开业五周年庆典暨2014东莞艺展中心文化节系列活动

④ 2014年9月26日，南城街道党委副书记、街道办事处主任梁寿如（中）率队开展安全生产检查

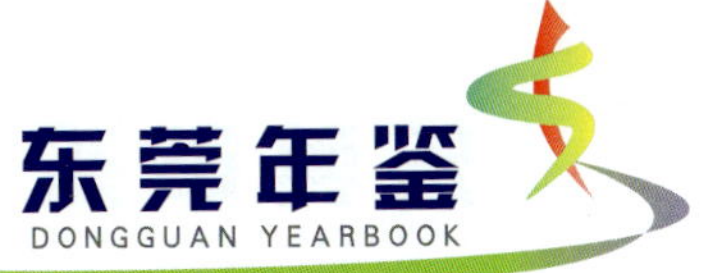


类就业优惠补贴1275万元，惠及2.07万人次，其中发放“3040”人员工资差额补助167万元，惠及6087人次。组建“村民车间”6个，安置46名社区居民就业。举办4场招聘会，组织456家用人单位提供9800多个就业岗位，吸引9700多名群众参与。推进社保扩面征缴工作，参保人数、参保率稳步提升，发放28.6万张社保卡，推进社保卡实现“诊疗一卡通”功能。社区居民个人养老保险、新莞人在读子女参保稳步推进。

【南城街道社会建设】　2014年，南城街道调整社会工作委员会成员，立足周溪社区新莞人融合服务管理体系建设作为市第一批社会管理创新观察项目的优势，推广试点项目经验。白马社区是全市4个培育与践行社会主义核心价值观示范点之一，并被省委宣传部定为全省示范点，南城街道推进白马社区“五善”工程建设，把培育践行工作融入到社区服务和基层治理。南城街道申报的东莞市星扬社会工作服务社的《“自强·筑爱”残障志愿者服务队——南城残障人士增能计划》，成为全市第二批社会治理创新观察试点项目。

【南城街道森林城市建设】　2014年，南城街道实施“森林进城、森林围城”战略布局，积极推进宜居社区建设，建成蛤地公园、罗大塘景观等系列宜居景观工程。截至2014年，辖区种植树苗10.2万株，绿化覆盖面2436.99公顷，森林覆盖率25.2%，建成公园81个，公园绿地面积1091公顷，人均公园绿地面积36平方米。

【联科国际信息产业园项目】　该项目位于南城街道。总建筑面积30万平方米，总投资27亿元，主要建设龙头企业大楼、高端信息产业企业研发大楼、企业孵化器与附属配套设施等。其中一期建筑面积10万平方米，重点引进创新型科技企业总部。东莞市首个“机器换人”公共服务平台的线下展厅设立在联科国际信息产业园，由公共技术服务区、典型行业应用示范区、技术推广及人才培养区、工业机器人核心技术研发区等部分组成。

【天安数码城项目】　该项目位于南城街道。总建筑面积超100万平方米，总投资50亿元，于2010年开工。截至2014年，该项目首期9.8万平方米的科技产业大厦和企业服务中心、二期配套科技人才公寓和三期9.6万平方米的科技产业大厦投入使用，天安数码城注册企业达330家，入驻企业260家，成为2014年全市仅有两个获评国家级科技企业孵化器的园区之一。（莫沛安）

**附：2014年南城街道党委、人大、办事处主要领导名录**

党委书记、人大联络委主任：
黎惠勤（任至3月）
黄少文（3—6月）
陈桂明（6月到任）
办事处主任：陈志坚（任至1月）
简任昌（1—6月）
梁寿如（6月到任）

## 2010—2014年南城街道主要经济指标

| 指标＼年份 | 2010 | 2011 | 2012 | 2013 | 2014 |
|---|---|---|---|---|---|
| 户籍人口（人） | 71991 | 74532 | 76937 | 79178 | 82991 |
| 常住人口（万人） | 28.93 | 29.20 | 29.68 | 29.87 | 30.25 |
| 面积（平方公里） | 56.62 | 56.62 | 56.62 | 56.6 | 56.62 |
| 生产总值（万元） | 2005491 | 2328755 | 2606317 | 2988398 | 3233780 |
| 第一产业（万元） | 1173 | 1171 | 1051 | 1043 | 1022 |
| 第二产业（万元） | 654285 | 597078 | 624986 | 711233 | 705299 |
| 第三产业（万元） | 1479678 | 1730507 | 1980282 | 2276122 | 2527459 |
| 总用电量（万千瓦时） | 95732 | 102740 | 106594 | 106193 | 110598 |
| 全社会固定资产投资总额（万元） | 647484 | 1215628 | 930321 | 1113557 | 437269 |
| 社会消费品零售总额（万元） | 1166657 | 1358292 | 1409882 | 1487256 | 1688670 |
| 外贸出口总额（万美元） | 212243 | 251096 | 285589 | 348368 | 459587 |
| 实际利用外资（万美元） | 6755 | 8923 | 10220 | 11354 | 18430 |
| 镇级可支配财政收入（万元） | 154062 | 182904 | 186636 | 245003 | 171625 |
| 各项税收总额（万元） | 580338 | 704044 | 807018 | 914215 | 898492 |
| 城乡居民储蓄存款余额（万元） | 2233097 | 2535995 | 3144829 | 3493445 | 3513345 |

① 2014年10月14日，南城召开党的群众路线教育实践活动总结大会

② 2014年12月31日，市文联系统及南城的文艺工作者在艺展中心南门广场举办“中国梦 艺展情”——2014年东莞市文艺志愿团“送欢乐下基层”迎新年晚会

③ 2014年7月13—15日，南城组织“我成长，我快乐”心理品质夏令营

④ 2014年5月3日，广东世纪城俱乐部夺得2013—2014年中国羽毛球超级联赛冠军，图为羽毛球超级联赛决赛3V3比赛中（傅海峰、徐晨、于小含）

⑤ 2014年南城社区男子甲级篮球联赛

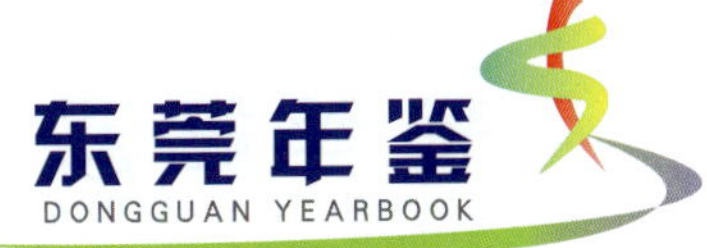

① 阳光实验中学

② 广东科技学院

③ 水濂湖

## 中堂镇

【中堂镇概况】 中堂镇位于东莞市西北部。截至2014年，面积60平方公里，下辖15个村、5个社区。户籍人口7.60万人，常住人口14.05万人。

2014年，中堂镇实现地区生产总值83.39亿元（第一产业9688万元，第二产业46.00亿元，第三产业36.42亿元），比上年增长5.04%；全社会固定资产投资总额15.39亿元,增长-42.0%；总用电量16.02亿千瓦时，增长12.97%；社会消费品零售总额23.52亿元，增长5.83%；实际利用外资635万美元，增长-78.28%；外贸出口总额3.28亿美元，增长21.021%；各项税收总额13.60亿元，增长12.47%；镇级可支配财政收入6.96亿元，增长4.49%。全镇居民幸福感测评得分排名全市前列。

【中堂镇环境优化】 2014年，中堂镇以建设美丽幸福村居为抓手，深化河涌治理，下马四围河涌综合治理项目成为全市综合治水示范工程，完成北海仔河13.5公里和篮球馆至凌角街段1公里河涌清淤，启动凤冲、袁家涌、吴家涌、鹤田共7.2公里河涌整治，建成镇中心区1.25公里截污次支管网。加强污染源头治理，落实禁燃区内工业锅炉整治和燃煤锅炉关停；治理扬尘污染，累计淘汰“黄标车”1720辆，超额完成市下达的年度任务；制定畜禽养殖业和无证照污染企业防治长效管理方案，清理遏制15处无证照污染场所反弹“回潮”；整治城市“六乱”，清查占道经营1800多宗、查处在建违法建筑94宗、拆除违法用地设施7宗。着力环境改善，投入1677万元实施G107国道以东8个村（社区）环境卫生统筹管理，整治卫生黑点340多处，通过“国家卫生镇”的复评验收。做好对接广州发展和融入水乡发展规划，主动争创并入围全省推荐的4个国家级生态保护与建设示范区之一，逐步形成倒逼产业转型升级的体制机制，全面推进生态保护与建设。

【中堂镇产业转型升级】 2014年，中堂镇促进重大项目建设投产，建成纸品批发市场和嘉达磁电项目，完成鱼珠木材市场和江南农批冷链物流项目一期主体，启动豆豉洲“滨江新城”项目前期工作。开展“两高一低”企业全面整治和引退，截至2014年，完成16家造纸企业的信息登记审核，有12家造纸企业签订关停协议，同时推动造纸企业进行技术改造、节能减排、环保设施提标升级、限值排放，促进造纸产业基地提质发展；同步推进洗水、漂染、印花、制革和无证照等污染等行业的整治，腾出环境容量，引进汽车商贸服务、跨境电商物流项目，提升产业质量。挖掘创意都市农业，新增统筹农地133.33公顷，其中44公顷引进发展创意农艺、体验农场、生态观光等高效农业项目。健全招商选资机制，新引进内资项目18宗，实际完成投资7.78亿元；内资增资项目10宗，实际增资1.79亿元。深化商事登记改

## 加快转型升级 建设幸福和谐中堂

①

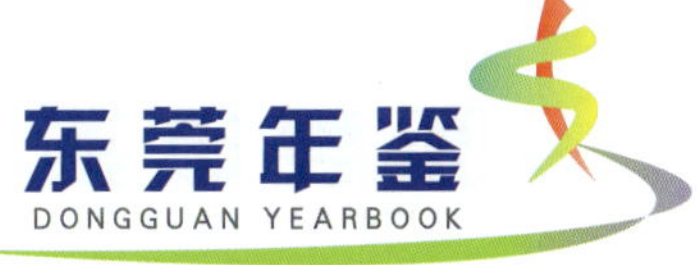


革，放宽市场准入，促进市场经济畅旺发展，新增企业及个体工商户1993家，增长29.84%；新增注册资金5.85亿元，增长45.1%。

【中堂镇帮扶企业】 2014年，中堂镇开展“千干扶千企”活动，由镇工作组挂点服务26家骨干企业和86家外资企业，缓解企业融资难、用工难等问题。协助企业申获科技资金补贴242万元、新增科技产品23个，帮扶5家企业认定国家高新技术企业和3家企业筹备上市，帮助8家重点能耗企业申获补贴670多万元完成电机能效提升。组织20多家企业参加“加博会”拓展产品销路，扶持实体经济做优做强。抓好村级经济管理，统筹村级富余资金7000多万元参加理财投资；督查落实村组集体资产上网交易，提交平台交易277宗，平均溢价17.34%。

【中堂镇社会管理】 2014年，中堂镇开展治安治理，以刮骨疗毒的决心，举全镇之力铁腕“扫黄”，累计清查场所2.51万间次，吊销证照场所5家，抓获“涉黄”违法人员97人，验收复业场所21家，健全打击“黄赌毒”违法犯罪长效机制。巩固社会治安、消防安全、安全生产、食品安全整治成效，突出抓好消防安全网格化管理、安全隐患整治、商事登记改革后续监管、食品安全进社区等工作，社会治理水平得到提升。

【中堂镇民生建设】 2014年，中堂镇市镇投入近1000万元，加强居家养老、社会工作、社区服务、残疾人康复就业服务；统筹建设“白玉兰”家庭服务、“莞香花”青少年服务、社区综合服务平台；抓好政策、资金、服务落实，累计帮扶群众就业创业1600多人次。高标准建好江南人行天桥和G107国道2个人行隧道；基本完成槎滘大道升级改造和南潢路架空线落地工作；投入100多万元统筹建成“阳光雨”党员服务中心和“先锋号”职工服务中心。推进潢涌农民公寓建设，动工建设槎滘农民公寓；抓好教育、文化、社保、医疗、扶贫、救济、助残康复、健康检查、新莞人积分入户入学等民生实事。2014年居民幸福感测评得分排名全市前列。

【中堂镇打造美丽水乡示范样板】 2014年，中堂镇以完成水乡风情岛6项工程及四乡、湛翠特色村为抓手，打造富有水乡特色的村居，指导凤冲等13个村（社区）申报创建美丽幸福村居，大力整治农村环境“脏乱差”问题，加强基础设施建设和环境综合治理，统筹连片农地资源，发展都市农业和体验经济，提升基础设施和生态环境，建设宜居、美丽的水乡生态休闲岛，打造美丽水乡的示范样板。基本完成风情岛6项工程及四乡、湛翠特色村的年度建设项目，编制完成三涌特色村规划方案。（吴嘉良）

**附：2014年度中堂镇党委、人大、政府主要领导名单**

镇委书记：尹照容
镇人大主席：尹照容
镇　长：姚铸锐

① 2014年11月12日，市委书记、市人大常委会主任徐建华（前排右三），市委副书记、市长袁宝成（前排右二），市委副书记姚康（前排右一）到中堂镇水乡风情岛参观调研

② 2014年5月5日，市委书记、市人大常委会主任徐建华（前排中）到东莞台商子弟学校调研

③ 2014年11月13日，省委巡视组到中堂镇潢涌村参观考察

① 2014年10月15日，市委副书记姚康（右三）到中堂镇水乡风情岛调研

② 2014年7月18日，市委常委、常务副市长张科（左二）到中堂镇四乡村驻点“补课”

③ 2014年7月10日，市委常委、政法委书记邓志广（右四）带队到中堂镇调研平安建设工作

④ 2014年8月1日，中堂镇召开十六届人大六次会议，姚铸锐当选中堂镇人民政府镇长

⑤ 2014年5月16日，中堂镇领导到揭阳市惠来县进行市外扶贫“双到”工作，向帮扶村捐赠市场建设资金

⑥ 2014年9月26日，中堂镇召开“两高一低”企业全面整治和引导退出工作动员会

⑦ 2014年10月14日，中堂镇召开党的群众路线教育实践活动总结大会

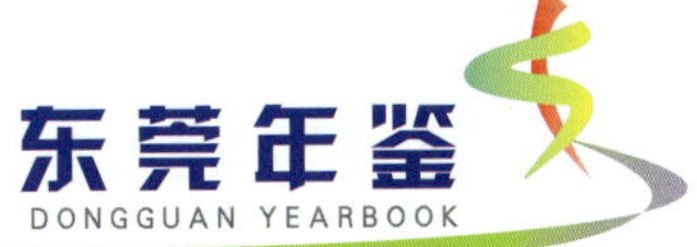


## 2010—2014年中堂镇主要经济指标

| 指标　　年份 | 2010 | 2011 | 2012 | 2013 | 2014 |
|---|---|---|---|---|---|
| 户籍人口（人） | 73756 | 74498 | 74947 | 75571 | 76035 |
| 常住人口（万人） | 13.96 | 14.04 | 14.05 | 14.12 | 14.05 |
| 面积（平方公里） | 60 | 60 | 60 | 60 | 60 |
| 生产总值（万元） | 669207 | 740824 | 737173 | 766424 | 833920 |
| 第一产业（万元） | 7035 | 7895 | 7873 | 8432 | 9688 |
| 第二产业（万元） | 478834 | 430871 | 411137 | 402894 | 460049 |
| 第三产业（万元） | 285536 | 302058 | 318163 | 355098 | 364183 |
| 总用电量（万千瓦时）（用电网电） | 131490 | 138213 | 140500 | 305228 | 160163 |
| 全社会固定资产投资总额（万元） | 196167 | 185220 | 221050 | 265394 | 153927 |
| 社会消费品零售总额（万元） | 157159 | 187020 | 203574 | 222277 | 235239 |
| 外贸出口总额（万美元） | 29317 | 25164 | 27625 | 27124 | 32826 |
| 实际利用外资（万美元） | 2087 | 2512 | 2173 | 2924 | 635 |
| 镇级可支配财政收入（万元） | 55757 | 61553 | 63418 | 66593 | 69586 |
| 各项税收总额（万元） | 93636 | 96315 | 102838 | 120925 | 136006 |
| 城乡居民储蓄存款余额（万元） | 574883 | 640589 | 725728 | 767014 | 806150 |

① 2014年4月3日，中堂镇工商业联合会挂牌仪式举行

② 东莞市嘉达磁电制品有限公司

③ 东莞市今麦郎食品有限公司

④ 2014年6月10日，中堂镇举行2014年龙舟文化节

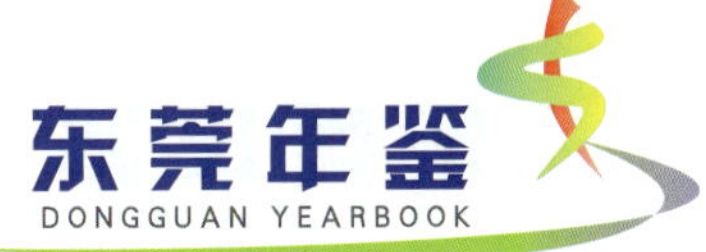

① 中堂镇四乡村中心公园

② 下马四围河涌

③ 中堂镇中心区概貌

# 望牛墩镇

【望牛墩镇概况】 望牛墩镇位于东莞市西北部，东江下游。截至2014年，面积31.57平方公里，辖21个村和1个社区。户籍人口4.78万人，常住人口8.59万人。

2014年，望牛墩镇实现地区生产总值52.01亿元（第一产业4594万元，第二产业26.12亿元，第三产业25.43亿元），比上年增长3.1%；全社会固定资产投资总额26.74亿元,增长20.03%；总用电量7.41亿千瓦时，增长5.43%；社会消费品零售总额7.31亿元，增长5.90%；实际利用外资3343万美元，增长45.92%；外贸出口总额2.77亿美元，增长-19.67%；各项税收总额8.58亿元，增长15.91%；镇级可支配财政收入5.06亿元，增长8.03%。获评水乡特色发展经济区工作落实前三名镇街，群众幸福感调查全市排名第四名，创建成为广东省生态镇。

【望牛墩镇重大项目建设】 2014年，望牛墩镇狠抓市重大项目的招引和落地，中集先进零部件制造基地、中集物流园、凸版有余公司、广东比伦公司等4宗市重大项目完成投资额4.1亿元，完成年度计划的145%，进度排名全市第二位。其中，中集先进零部件制造基地项目取得一期16.33公顷用地的《建设用地规划条件（批准书）》，完成一期工程的用地勘探工作，项目设计方案获市规划局审批通过，正筹备主体桩基动工事宜；凸版有余公司一期工程建成占地共8.46万平方米的厂房和1.4万平方米的宿舍楼，项目实现投产；广东比伦公司一期工程完成立项、规划、建筑设计方案审查和用地批准书、环评审批工作，进展顺利。同时，积极发展和壮大镇属优质项目，其中，富锦食品公司项目动工，顺裕纸业公司实现增资扩产。

【望牛墩镇特色水乡建设】 2014年，望牛墩镇打造扶涌村特色村落，通过恢复河涌水上交通功能、改善水质，建设入村牌坊、米酒码头、水翁茶室、百竹公园、群众滨水广场、环村慢行步道等景点和修葺村内历史建筑，同时开展岸线整治、建设分散污水设施，把扶涌村打造成城乡融合的水乡生态导向型村落。建设水乡公园，以“七夕文化、龙舟文化、粤剧文化、水乡文化”为主题，通过建设湿地鱼塘、民俗广场、水上墟市、渔耕花卷、水乡码头和游憩园等设施，重现昔日繁华而淳朴的水乡风貌，让水乡公园成为展现岭南水乡地区特色生态风貌和醇厚风俗的示范窗口。打造水乡文化体验区，以奥运蔬菜基地为主体，通过土地规模化、集约化经营，打造一个集特色果蔬（生态）种养、农业观光、休闲娱乐于一体的水乡文化体验区。

【望牛墩镇招商引资】 2014年，望牛墩镇注重招引高科技、高税收、高附加值的优质企业，积极做好“两高一低”（高能耗、高污染，低效益）企业全面整治与引导退出工作，接洽新投资项目23宗，引进首期投资7亿元的市重大预备项目中国美东水乡国际汽车城、投资5亿元的金添动漫食品和精战杂技团等一批优质项目。

## 望牛墩镇

①

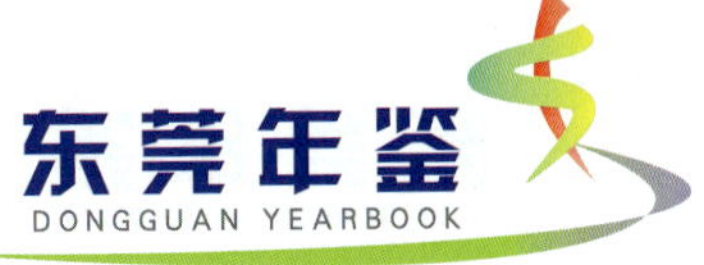


【望牛墩镇科技创新】 2014年，望牛墩镇鼓励支持企业自主创新，新增2家国家级高新技术企业和3家省名牌名标企业，专利申请量和授权量分别比上年增长64.2%和18.3%，其中发明专利申请增长362%，排名全市第一位。智源彩印公司纳税位列全市外资企业第八名，金达照明公司在“新三板”挂牌上市，泰昌纸业公司等19家企业获评省“守合同重信用”企业。

【望牛墩镇城市建设】 2014年，望牛墩镇启动城市基础设施建设，镇第二幼儿园、西富路等一批民生及基础设施项目相继建成并投入使用，横海大桥重建工程竣工通车。完成镇中路交通护栏安装工程，完善中心区停车位规划，完成古塔路、疏港大道等8个主要路段的交通配套工程，城市配套设施升级。

【望牛墩镇环境质量提升】 2014年，望牛墩镇实施“河长制”，推动水环境综合治理，开展内河涌清淤，完成截污主干网建设和望溪河水生态修复工程，启动新联联围、下漕联围生态护岸护坡建设，17个村完成内河涌清淤。强化对禽畜养殖、黑烟囱和无证照企业的常态化管理。开展“两高一低”企业引导与退出的摸底核查工作。超额完成淘汰黄标车和LED（发光二极管）路灯改造任务。按照有人行车道、自行车道、照明路灯、绿化带的标准，对入村主干道进行升级改造，全年镇财政补助850万元支持村完成17个环境建设项目，村居环境质量得到提升。

【望牛墩镇民生实事】 2014年，望牛墩镇财政总支出的57.3%用于民生事业，向社会承诺的十件实事完成。开设10个“村民车间”，推动1820名户籍人员实现就业；实施新成长劳动力就业补贴政策，召开招聘会、校企合作洽谈会、供需见面会，扩大就业岗位供给，鼓励青年就业创业，累计发放补贴180多万元，开展促进就业援助活动23场，提供就业岗位6100多个，推动1260名青年实现就业；投入250万元建立镇重大疾病医疗救助基金，为患重大疾病的镇户籍人员提供资金援助；投入410万元购买社工服务，为890位老人提供居家养老服务；推进廉租住房保障工作，投入325万元，通过重建、加层、修葺、发放租赁补贴等方式，提升50户低收入家庭的住房条件，工作排名全市第一位；望牛墩新医院落成启用，提升卫生医疗水平。

【望牛墩镇文化教育】 2014年，望牛墩镇推进文化活动入村进企业，举办“百场培训、千场演出、万场电影”等文化育民活动52场。打造精品文化，与中国孔子基金会合作，举办8期面向全镇民众的“中国梦·礼仪邦”教育大讲堂活动。培育发展动漫、魔术等文化产业，实现公共文化服务的多元化，成立镇青年志愿者协会，与摩登影子音乐剧团合作，打造具有望牛墩元素的音乐剧，其中《蔬菜总动员》《下一个出口，望牛墩》2部原创音乐剧获东莞音乐剧节优秀创新剧目奖和优秀剧目表演奖。创建成为省社区教育实验区和市教育现代化先进镇，推进名学校、名校长、名教师建设。出台新莞人子女特殊群体入读公办学校方案，为新莞人子女提供776个公办学位，推动教育基本公共服务向新莞人延伸。

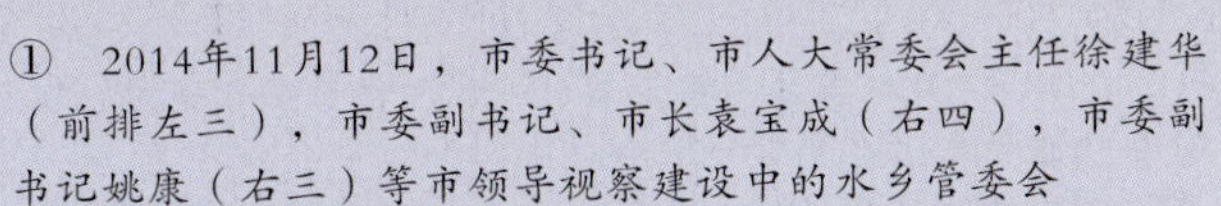

① 2014年11月12日，市委书记、市人大常委会主任徐建华（前排左三），市委副书记、市长袁宝成（右四），市委副书记姚康（右三）等市领导视察建设中的水乡管委会

② 2014年9月9日，市委副书记、市长袁宝成（右二），市委常委、统战部部长李小梅（右一）到望牛墩镇慰问困难教师及低保户

③ 2014年11月4日，市委副书记姚康（左五）一行到望牛墩镇调研水乡管委会建设进度

④ 2014年4月15日，副市长喻丽君（左三）到望牛墩镇督导重点项目建设

【望牛墩镇社会管理】2014年，望牛墩镇开展一系列专项行动，从严、从重、全覆盖打击“涉黄”违法行为，加强辖区高清视频监控建设，推进“平安细胞”创建工作，受理警情数1493宗，比上年下降32.1%，其中打击“两抢一盗”成效居全市第二位，各类警情保持低发态势。落实“日排查、周研判”制度，完善网上信访和企业风险信息预警系统，排查化解矛盾纠纷15宗，化解率达93%，没有发生进京和大规模赴省市上访案件，社会治安大局和谐稳定。抓好安全生产、消防安全等领域专项整治，未发生重特大安全生产事故；完成食品药品安全进社区工作，创建2家省级食品安全示范学校食堂；建立水产品快速检测试验室，开展水产品快速检测工作，保障群众饮食安全。优化“村账镇代管”制度，完善农资交易和监管平台，完成集体资产交易31宗，农村总收入和总资产各增长8%，资产负债率下降3.1%。（蔡盘新）

**附：2014年望牛墩镇党委、人大、政府主要领导名录**

镇委书记、镇人大主席：
黄庆辉（任至7月）
简任昌（7月到任）
镇　长：郭志祥

① 2014年7月11日，市委常委、宣传部部长潘新潮(左一)到望牛墩镇慰问老党员和困难党员
② 2014年11月6日，市委常委、市军分区政委刘卫芳（中）到望牛墩镇调研社会经济发展情况
③ 2014年7月11日，在望牛墩镇第十六届人大五次会议上，副市长喻丽君（右）为新当选镇人大主席简任昌颁发证书
④ 2014年9月1日，镇委书记、镇人大主席简任昌，镇长郭志祥率领镇部分班子成员、中层干部赴韶关市翁源县开展扶贫“双到”工作
⑤ 2014年10月16日，镇委书记、镇人大主席简任昌（右四）率领镇人大代表视察望牛墩农业生态园
⑥ 2014年6月26日，举行望牛墩新医院落成启用仪式

# 2010—2014年望牛墩镇主要经济指标

| 指标＼年份 | 2010 | 2011 | 2012 | 2013 | 2014 |
|---|---|---|---|---|---|
| 户籍人口（人） | 45881 | 46353 | 46823 | 47294 | 47768 |
| 常住人口（万人） | 8.48 | 8.53 | 8.57 | 8.62 | 8.59 |
| 面积（平方公里） | 31.57 | 31.57 | 31.57 | 31.57 | 31.57 |
| 生产总值（万元） | 356540 | 360982 | 372240 | 484362 | 520110 |
| 第一产业（万元） | 3498 | 3786 | 4108 | 4400 | 4594 |
| 第二产业（万元） | 166207 | 198059 | 187177 | 241181 | 261241 |
| 第三产业（万元） | 137195 | 159137 | 180955 | 238781 | 254276 |
| 总用电量（万千瓦时） | 61681 | 63971 | 65607 | 70313 | 74128 |
| 全社会固定资产投资总额（万元） | 117184 | 117361 | 139326 | 222760 | 267378 |
| 社会消费品零售总额（万元） | 31382 | 53710 | 59614 | 69034 | 73112 |
| 外贸出口总额（万美元） | 19012 | 21950 | 27022 | 34460 | 27683 |
| 实际利用外资（万美元） | 2254 | 2697 | 1933 | 2291 | 3343 |
| 镇级可支配财政收入（万元） | 33845 | 37308 | 40963 | 46894 | 50660 |
| 各项税收总额（万元） | 53985 | 54623 | 61850 | 74020 | 85799 |
| 城乡居民储蓄存款余额（万元） | 281740 | 299294 | 339125 | 350956 | 364171 |

⑥

① 望牛墩镇第二幼儿园

② 2014年6月26日，举行西富路通车仪式

③ 2014年6月26日，举行望牛墩镇志首发仪式

④ 2014年11月22日，举行东莞富锦食品有限公司奠基仪式

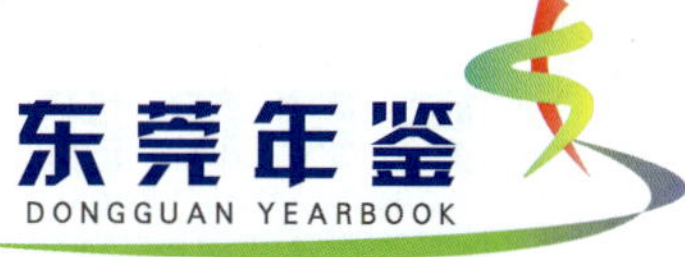

① 望牛墩镇田园水乡风貌

② 望牛墩镇聚龙江村水乡古屋风情

③ 望牛墩镇新城市中心区

## 麻涌镇

【麻涌镇概况】　麻涌镇位于东莞市西北部，毗邻广州市。截至2014年，面积91平方公里，辖13个村，2个社区。户籍人口7.45万人，常住人口12.09万人。

2014年，麻涌镇实现地区生产总值147.12亿元（第一产业1.54亿元，第二产业107.53亿元，第三产业38.05亿元），比上年增长0.29%；全社会固定资产投资总额43.48亿元,增长16.6%；总用电量13.4亿千瓦时，增长6.17%；社会消费与零售投资总额13.01亿元，增长9.97%；实际利用外资3.43亿美元，增长32.18%；外贸出口总额14.71亿美元，增长-9.52%；各项税收总额24.84亿元，增长-4.93%；镇级可支配财政收入9.06亿元，增长15.72%。获评全市水乡特色发展经济区工作落实第一名和龙舟文化建设、儿童工作两项“单打冠军”。

【麻涌镇经济发展】　*招商引资*　2014年，麻涌镇合同利用外资4.06亿美元，比上年增长92.7%；实际利用外资3.43亿美元，增长32.2%，两项指标分别位于全市第二位和第三位；协议引进内资36.7亿元，增长27.52%；实际引进内资17.2亿元，增长16.64%。*重大项目建设*　康美特宏远汽车等5个项目纳入直接落地试点，多个新引进项目纳入市“多证联办”试点。深粮、康美特等9个重大项目完成投资约11.25亿元，26个在建项目完成投资约14亿元，其中15个项目竣工。*转型升级*　推动玖龙纸业公司在东莞成立总部，促成超盈纺织公司在香港上市，设立国丰粮油检测中心。企业完成工业技改7.6亿元，比上年增长253%。玖龙纸业公司电机改造经验获全国推广。

【中央储备粮广东新沙港直属库散粮中转仓扩建项目】　该项目位于麻涌镇。总投资1.60亿元，其中土建投资9398万元，设备及安装投资4868万元，建设用地为粮库原有预留发展用地。用地面积1.13公顷，总建筑面积1.13万平方米，建设浅圆仓14栋，总仓容12万吨，3个输送设备塔架及相关自动化生产设备配套设施的建设。项目主要用于散粮的储备、中转，投产后可使新沙港粮库的物流吞吐量达到180万吨/年，粮库总仓容将达到62万吨。2014年，完成投资12291万元。截至2014年，累计完成投资12341万元。

【中粮广东粮油食品现代加工及物流配套项目】　该项目位于麻涌镇。总投资约123亿元，建设投资80亿元，用地面积62.07公顷。建成后主要产能：油料及饲料蛋白加工240万吨/年，油脂精炼78万吨/年，棕榈油分提30万吨/年，小包装灌装50万吨/年，葡萄糖加工10万吨/年，稻谷加工10万吨/年，小麦加工60万吨/年（一期30万吨/年），总仓容约70万吨，以及相关码头泊位、仓储物流设施、加工配套设施等，预留24万吨/年饲料加工、60万/年玉米加工、10万吨/年葡萄糖生产及配套设施用地。项目投产后预计年产值227.5亿元，年实现利税约为18亿元，带动地方就业2550人。2014年，完成投资9753万元。截至2014年，累计完成投资1.08亿元。

## 推进“都市田园·美丽麻涌”建设

①

【五矿钢铁物流项目】 该项目位于麻涌镇。总投资11.06亿元，其中土建工程、设备及安装投资6.46亿元，土地及其他费用投资3.52亿元，预留费用及利息1.09亿元。总规划用地面积61.38公顷，其中一期23.54公顷，二期37.84公顷。主要建设钢结构厂房、交割仓、监管仓、保税仓、剪切加工车间、露天堆场，以及配套的办公商务楼铺、生产辅助用房等，总建筑面积约35万平方米。园区配备先进的钢材纵剪、横剪机组及大型起重机等设备，运用数字化仓储系统、二维码及立体货仓等先进技术，为钢铁贸易供应链全线商户提供钢材的集中采购、仓储、剪切加工、物流配送、电子商务、金融物流、智能化信息等综合商务服务。项目达产后，年钢铁交易量约1000万吨，年交易额约500亿元。2014年，完成投资1.40亿元。截至2014年，累计完成投资2.95亿元。

【国丰粮油有限公司粮食现代物流及配套加工项目】 该项目位于麻涌镇。总投资7亿元，其中土建投资4亿元、设备及安装投资2亿元、土地投资1亿元。总规划用地面积22.6公顷，分两期建设。一期建设工程陆域部分3个子项：36万吨机械化立筒库；日加工2400吨小麦、年产50万吨的制粉车间；2座建设面积7600平方米的器材库。二期工程建设包括建设办公楼、员工生活区、第二制粉车间、40万吨浅圆仓等设施。2014年，完成投资1.15亿元。截至2014年，累计完成投资7.75亿元。

【康美特宏远汽车项目】 该项目位于麻涌镇。总投资25亿元，用地面积24.44公顷，由深圳市康美特科技有限公司和宏远集团共同投资，采取先进汽车技术，生产各类型豪华客车。完全投产后年产能达8000辆，实现产值52亿元，税收2.5亿元。项目总建设总体周期为五年，其中一期项目计划投资10亿元，规划建设钢结构厂房、试车跑道、生产辅助用房及配套的办公商务楼铺等，总建筑面积7万平方米；二期计划投资15亿元，规划建设钢结构厂房、生产辅助用房等，总建筑面积3万平方米。2014年新开工项目，至年底完成投资2.01亿元。

【深粮粮食仓储及码头工程项目】 该项目位于麻涌镇。总投资约12亿元，用地28.27公顷。建成日处理小麦2000吨面粉车间1座、年处理面粉10万吨营养挂面车间1座、粮食仓库25万吨、植物油罐3.0万立方、1万吨级粮食专用码头、粮食接收和发放设施、综合办公设施、电子商务交易中心、生产辅助设施，建筑物总用地面积5.29万平方米。建成后，预计可带动就业400人，进出口贸易额40亿元，完成1亿元的服务收入。项目全部投产后为地方贡献税收超过1亿元。2014年新开工项目，至年底，完成投资1.20亿元。

【四季飘香都市农场项目】 该项目位于麻涌镇。总投资约10亿元，建设投资约3亿元，用地面积309.28公顷。建设规模：迎宾广场占地4.5公顷，服务中心占地0.05公顷，科技大楼占地0.3公顷，国家农村（农舍）占地10.6公顷，游艇码头占地4公顷，度假村占地3.2公顷，商业街占地2公顷，员工宿舍占地0.15公顷，艺术村占地0.45公顷，水上游乐区占地0.5公顷，以及相关仓储物流设施、

① 2014年8月5日，农业部副部长张桃林（右一）到麻涌镇调研农业农村工作

② 2014年12月1日，中国工程院院长周济（前排左三）、工业和信息化部副部长苏波（前排左二）、广东省副省长刘志庚（前排左四）等到东莞玖龙纸业有限公司参观了解注塑机及电机系统节能改造情况

③ 2014年12月25日，省人大常委会副主任肖志恒（前排右二）率广东全国人大代表集中视察专题小组到麻涌调研

加工配套设施等。2014年新开工项目，至年底完成投资8328万元。

【中山大学新华学院二期工程】　该项目位于麻涌镇。中山大学新华学院是由中山大学与广东东宝集团有限公司共同创办的民办非企业单位，计划总投资16亿元，建成全日制在校生2.5万人办学规模的高校，项目一期招生9672人。项目二期计划投资9.2亿元，建筑面积35.5万平方米，建成一批新的学生宿舍、实验楼、学生食堂、教师公寓等，2013年3月25日动工，预计到2015年完成建设。2014年，完成投资2.43亿元。截至2014年，累计完成投资5.03亿元。

【麻涌镇城市功能配套完善】　水乡特色示范区建设　2014年，麻涌镇建成6公里花海漂游及8公里花海夜游项目，种植水生、陆生植物20多种共800多万株，投放生态增殖鱼苗930多万尾，半年共吸引珠三角游客近60万人次。建成华阳湖湿地公园环湖绿道、兴华桥等10多座景观桥和腾龙阁等一批配套设施。举办首届水乡旅游美食节，近百家商铺进驻古梅美食街和中大水上绿道总驿站，商业氛围日渐浓厚。城市基础设施完善　新沙工业旅游BT工程全面动工，东环路、学院南路、麻涌大道延长线等道路建设快速推进。古梅体育馆等体育设施建成开放，完善麻四魁楼晚望广场、兰陵戏台、白鹤榕荫、梅林曲苑等文化设施。生态环境好转　内河涌通过整治水质从V（五）类迅速恢复到IV（四）类，提前6年完成东莞市定目标。中成化工全面退出化工生产，121家“两高一低”（高能耗、高污染，低效益）污染企业列入整治或引导退出。

【麻涌镇新型城镇化建设】　2014年，麻涌镇村组两级总资产27.07亿元，比上年增长1.14%；总负债5.53亿元，下降7.95%。各村经营性收入的收款率达82.57%，资产负债率超过50%的集体经济组织由6个减少到3个。“三旧”改造启动，滨江区326.67公顷连片改造纳入东莞市5个试点之一，首个改造项目星河城市广场动工兴建，麻三村华阳湖精品酒店及风情古街项目完成90%拆迁，珠三角汽车博览中心项目于5月动工，麻四村金河湾项目动工。麻涌镇有1300多公顷耕地纳入统筹，四季飘香都市农场等10个总投资14亿元的农业项目动工建设。集体经济管理加强，累计完成农村集体资产平台交易56宗，涉及金额1.46亿元，比立项溢价500万元。

【麻涌镇社会治理水平提升】　安全保障　2014年，麻涌镇针对征地拆迁、劳资纠纷等问题开展专项工作。排查不稳定因素152宗，解决146宗。确保社会安全，强化消防应急救灾能力，新增漳澎、玖龙纸业2个消防站。加强安全生产监督和应急处置工作，妥善处理中成化工公司停产劳资纠纷隐患。治安管理　特警训练基地投入使用。专项整治涉毒犯罪战果东莞市排名第二。在淡水河桥等交通节点新设4个治安执勤点，主要道路安装高清视频监控78个。就业保障　为8045名户籍人员提供公共就业服务，发放促进创业就业补助金2300万元，惠及5.10万人次，设立村民车间28间，吸纳户籍劳动力2015人。

【麻涌镇民生事业】　文化体育发展

① 2014年11月12日，市委书记、市人大常委会主任徐建华（前排中），市委副书记、市长袁宝成（前排左二）率队到麻涌镇开展水乡特色发展经济区调研活动

② 2014年6月13日，市委副书记、市水乡特色发展经济区管理委员会主任姚康（前排中）到麻涌镇调研新基特色古村文化建设

③ 2014年7月2日，麻涌镇康美特宏远汽车生产基地举行奠基典礼

2014年，麻涌镇体育事业取得新突破，麻涌光大龙舟队夺得意大利世锦赛冠军和2014年中华龙舟锦标赛总冠军；在第八届市运会首次进入总分前3名；麻涌籍运动员郭建力在韩国亚运夺冠；少年足球队接连在全国U14、U15赛事夺冠。*教育品牌提升*　户籍中小学新生就读率比上年分别增长6.65%和6.55%。全国公开招聘2名小学名校长，麻涌第一中学汉字听写获得广东省冠军并代表广东参加全国大赛，少儿粤剧团在国内外粤曲比赛中获得多个金奖。*医疗社保水平提高*　投资近4亿的新麻涌医院全面动工建设。全镇各社区卫生机构就诊服务45万人次，社保报销比例达65%，为参保群众节省1700万元。开展无偿或低偿居家养老服务，对59户低收入住房困难家庭开展住房保障。

**【首届东莞麻涌水乡旅游美食节举行】**　2014年6月1日，麻涌镇举办首届东莞（麻涌）水乡旅游美食节，以“水乡美食·美丽麻涌”为主题，涵盖20项系列活动。麻涌镇以华阳湖生态湿地公园、绿道和水上绿道、现代农业园（农庄）等为主，打造生态游版块；以粤剧、龙舟、祠堂、凉棚、龙狮为主，打造人文游版块；以展示临港工业、粮油产业生产经营过程为主，打造工业旅游版块。126道纯正水乡美食亮相。马滘河“花海漂游”项目、古梅美食街和中大渔人码头商业街开业，其中“花海漂游”跨越华阳、南洲、麻一、麻二等4个村，河道长约6公里。

**【麻涌醒狮队获评全国“南狮王”】**　2014年“福永杯”第三届全国南狮公开赛于12月9—11日在深圳举行，该公开赛由国家体育总局社体中心、中国龙狮运动协会等部门共同主办，有来自世界各地的12支醒狮队伍参赛。麻涌镇群胜堂醒狮武术馆代表麻涌龙狮体育会，派出一支由领队、教练、运动员组成的10人参赛队，这是东莞唯一一支入列的队伍。首次参加全国性的公开赛，就在传统南狮鼓乐展示项目的比赛中，夺得第一名，成为全国“南狮王”。

**【东莞麻涌光大龙舟队勇夺12项冠军】**　2014年，东莞麻涌光大龙舟队先后于3月夺得中华龙舟大赛（海南万宁）职业男子组总成绩第一名，500米直道竞速第一名，200米直道竞速第二名。4月，夺得中华龙舟大赛（常州武进）职业男子组总成绩第二名，500米直道竞速第三名，200米直道竞速第三名。5月，夺得中华龙舟大赛（江西鄱阳）职业男子组总成绩第一名，500米直道竞速第一名，200米直道竞速第二名。6月，夺得中华龙舟大赛（浙江温州）职业男子组总成绩第一名，500米直道竞速第一名，200米直道竞速第一名。同月，分别夺得香港国际龙舟邀请赛小龙国际公开锦标赛、标准龙国际公开锦标赛、标准龙建行（亚洲）国际公开金杯赛等3枚金牌。代表中国俱乐部赴意大利参加第九届世界龙舟俱乐部锦标赛，在标准龙最高级别组的200米、500米、2000米的项目比赛中，同一级别的比赛有28支队伍，东莞麻涌光大龙舟俱乐部获得200米、500米金牌和2000米铜牌。

**【麻涌镇儿童工作获评市“单打冠军”】**　*优化儿童成长环境*　截至2014年，麻涌镇打造华阳湖湿地公园示范片区，利用22公里水上绿道和沿岸自行车绿道，连接华阳、新基等10个村的特色景点，为儿童成长提供优美、和谐的绿

## 2010—2014年麻涌镇主要经济指标

| 指标＼年份 | 2010 | 2011 | 2012 | 2013 | 2014 |
|---|---|---|---|---|---|
| 户籍人口（人） | 72332 | 72889 | 73368 | 73930 | 74478 |
| 常住人口（万人） | 11.81 | 11.88 | 11.93 | 11.99 | 12.09 |
| 面积（平方公里） | 91 | 91 | 91 | 91 | 91 |
| 生产总值（万元） | 1109110 | 1205818 | 1077177 | 1466840 | 1471155 |
| 第一产业（万元） | 9248 | 11411 | 12780 | 14761 | 15410 |
| 第二产业（万元） | 934928 | 967151 | 800453 | 1078002 | 1075251 |
| 第三产业（万元） | 164934 | 227256 | 263944 | 374077 | 380494 |
| 总用电量（万千瓦时） | 116520 | 127540 | 125995 | 126227 | 134009 |
| 全社会固定资产投资总额（万元） | 284849 | 296633 | 306933 | 372881 | 434794 |
| 社会消费品零售总额（万元） | 73891 | 96259 | 107166 | 118484 | 130130 |
| 外贸出口总额（万美元） | 164013 | 186389 | 195866 | 162582 | 147097 |
| 实际利用外资（万美元） | 25469 | 21444 | 23916 | 25928 | 34272 |
| 镇级可支配财政收入（万元） | 55622 | 59049 | 66006 | 78310 | 90622 |
| 各项税收总额（万元） | 165502 | 200027 | 227307 | 261313 | 248419 |
| 城乡居民储蓄存款余额（万元） | 355550 | 396647 | 460410 | 490114 | 491266 |

色发展环境。涵养儿童思想品性　截至2014年，全镇有近300名少儿接受粤曲业余培训。5月参加“粤港澳粤剧折子戏及粤曲表演大赛”香港决赛获金奖；在玉兰大剧院推出麻涌镇少儿粤剧团文艺专场演出；6月选送少儿粤剧团优秀剧目《天女散花》参加“第五届广东少儿戏曲小梅花大赛”获金花奖；7月《春草上路》《荔枝颂》参加中韩国际青少年艺术节暨中韩国际奖交流比赛获双金奖；8月参加“粤港澳粤剧折子戏及粤曲表演大赛”澳门总决赛获金奖；少儿粤剧团参加中央电视台11频道《一鸣惊人》节目录制。组织麻涌一中6名学生参加汉字听写大会，在2014年中国汉字听写大会东莞市选拔赛、广东省选拔赛分别夺得冠军，作为广东省唯一代表参加在北京举办的全国汉字听写大会总决赛。保障儿童发展权益　截至2014年，有748名“爱心父母”参加行动，帮扶困境儿童4089人次，帮扶款178.34万元。受助儿童有234人完成九年义务教育，70人完成高中学业，其中52人考上大学，120户受助儿童家庭实现脱贫。麻涌镇妇联、东莞市住建局获“爱心父母”大联盟集体金奖，金叶珠宝公司获集体银奖；3名“爱心父母”获省“爱心父母”大联盟个人金奖，5人获银奖，4名儿童获评自强好儿童。在儿童友好社区创建村开展“芳蕾绽放——困境儿童免费艺术培训班”，总计有170名家庭困难儿童免费参与培训课程。2012年起，组织大学生作为志愿者，长年与80名困难儿童结对开展课外辅导，举办活动65次。强化家庭教育　制定家庭教育计划，举行38场家庭教育讲座，参与人数5930人次。麻二社区开展社区家庭教育及全民读书活动三年计划；在沿河西路建成镇“家庭教育一条街”，辐射周边5个村（社区）、1所高等院校（中山大学新华学院）、1所中学（麻涌一中）及1所公办幼儿园（镇中心幼儿园），覆盖服务人群约3万多人。创建儿童友好社区　开展29场防拐、防溺、交通安全等内容的活动；举办34场家庭消防知识讲座，组织儿童观看消防教育影片，组织家庭参加镇消防知识竞赛。在儿童放学接送点、公园广场、路口、河岸边等地方设置维护儿童安全的公共设施。各村形成“一村一品牌”的工作亮点和重点工作项目。麻二社区获评广东省儿童友好社区。开展家庭服务　截至2014年，白玉兰家庭服务中心开展个案12个，社区走访56次，宣传活动21场，建立服务对象40个。以重大节假日为契机，开展儿童特色活动35场。设计举办儿童活动47场，增进亲子关系。（曹　进）

**附：2014年麻涌镇党委、人大、政府主要领导名录**

镇党委书记、镇人大主席：陈建枝
镇　长：袁国超（3月离任）
　　　　黄桥法（3月到任）

① 2014年10月3日，东莞麻涌籍运动员郭健力（中）参加2014仁川亚运会现代五项比赛，夺得个人和团体两块金牌

② 2014年7月，麻涌镇男子篮球队参加东莞市第八届运动会篮球比赛夺得甲组第三名

③ 2014年9月8日，东莞麻涌光大龙舟队在2014年第九届世界龙舟俱乐部锦标赛上获得标准龙最高级别公开组500米冠军，国家体育总局领导与龙舟队员合照

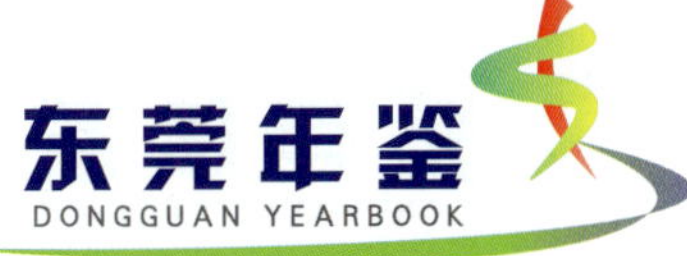

① 中央储备粮广州新沙港直属库

② 新沙港汽车滚装码头

③ 玖龙集团办公大楼

① 中山大学新华学院

②③ 马滘河花海漂游

① 马滘河花海夜游

② 麻涌镇古梅路

③ 梅林曲苑

④ 华阳湖美景

## 石碣镇

【石碣镇概况】　石碣镇位于东莞市北部，地处广深走廊之间。截至2014年，面积36平方公里，下辖14个村和1个社区，户籍人口4.61万人，常住人口24.8万人。

2014年，石碣镇实现地区生产总值124.52亿元（第一产业0.32亿元，第二产业81.48亿元，第三产业42.72亿元），比上年增长9.0%；全社会固定资产投资总额24.46亿元,增长17%；总用电量17.24亿千瓦时，增长5.6%；社会消费与零售投资总额24.73亿元，增长8.87%；实际利用外资0.89亿美元，增长18.52%；外贸出口总额39.12亿美元，增长3.73%；各项税收总额29.6亿元，增长35.98%；镇级可支配财政收入6.97亿元，增长10%。获评镇街领导班子年度工作考评良好镇街，获评“国家出口食品农产品质量安全示范区”和“全国综合减灾示范社区”两个“单打冠军”。

【石碣镇经济建设】　*招商引资力度加大*　2014年，石碣镇新签内资项目37宗，实际投资12.6亿元，比上年增长5.5%；新签外资项目7宗，增资7宗，实际利用外资8857万美元，增长18.5%。*科技创新初见成效*　推动企业从传统的加工配套生产向“两自”企业转型升级，全镇有国家高新技术企业13个，省工程中心3个，市工程中心4个；协助企业和个人申请专利647件，发明专利申请量超额完成年度工作任务；协助盈聚电子公司成功申报为广东省名牌产品企业。*企业服务加强*　完善镇“686”上市梯度培育企业及“323”高成长型中小企业数据库，建立“机器换人”项目库，实行领导挂点联系服务企业，协助东聚公司等8家企业列入市固定保用电企业，切实解决企业融资、新莞人员工子女入学等问题。*村组经济统筹发展*　强化农村“三资”监管，825宗集体资产在农村集体资产交易平台成功交易，溢价714万元，促进农村集体资产增收；推动村组统筹管理改革，村组统筹完成率92.9%。

【石碣镇城市建设】　*环境整治力度加大*　2014年，石碣镇开展城市“六乱”专项整治，查处各类“六乱”行为120多宗，立案44宗，查处违法建筑43宗，清理卫生死角500多宗，清理淤泥垃圾1500立方米，“牛皮癣”1.02万处；启动“两高一低”企业全面整治与引导退出工作，落实“环保为民”大气污染防治，推动落实“河长制”，完成黄标车及老旧车淘汰工作的阶段性任务。*市政设施完善*　大王洲大桥配套设施及石碣

## 石碣——江滨花园式电子信息产业名镇

⑪

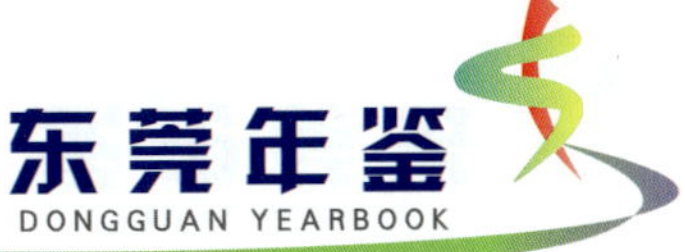


引桥路段升级改造工程等重点工程建设进展顺利；中心涌水环境整治工程取得实效，相关征地完成99.54%，建筑物征收完成95.71%；投入229万元，清理下水渠道38公里；推进生活垃圾无害化处理，建成2个垃圾压缩站，城市服务功能得到提升。宜居名村建设 加快横滘村、单屋村建设宜居村、镇级名村，完善宜居村、镇级名村建设的规划策划，分别投资340万元和540万元，全力打造休闲漫步风情自然街和文体休闲镇级生态名村。

**【石碣镇社会管理】** 社会治安整治 2014年，石碣镇开展涉黄问题专项整治、"6+1"专项打击等行动，侦破各类刑事案件735宗，比上年上升15.4%，命案破案率为93.3%，刑事立案下降26.2%，全年未发生影响重大的群体性事件或暴力恐怖案件。社会矛盾化解 以开展领导干部接访下访为重点，开展"社会矛盾化解年"工作，及时解决劳资纠纷、征地拆迁、工程款拖欠、出嫁女权益等矛盾问题。受理各类信访维稳案件531件次，办结率为99.06%，排查矛盾纠纷29起，调成率达97%。公共安全 落实安全生产责任制，开展安全生产专项整治，全年无发生较大以上工商贸生产安全事故；强化消防安全管理，完成网格化管理试点工作，火灾数比上年下降48.5%，五株公司"12·5"灭火战例被评为全省公安消防部队2个优秀战例之一；强化食品药品监督，开展食品药品安全进社区工作等20项食品药品安全整治行动，全年食品药品安全监督抽查135批次，创建学校示范食堂4家，全年无发生食品药品安全事故。

**【石碣镇民生事业】** 社会保障 2014年，石碣镇保障和改善"底线"民生，足额发放各类救助津贴；推进扩面征缴工作，全面完成养老、工商和医疗参保人数的扩面任务；15个村（社区）实现退管工作和居家养老服务"两个"全覆盖；为406人办理积分入学，为80人办理积分入户。就业帮扶 举办39场现场招聘会，服务企业400多间次，服务群众2500人次，推荐和落实就业885人次，城乡登记失业率控制在1.4%以内；组建28个村民车间，安置本地富余劳动力349人次，发放就业专项资金842.6万元，惠及1.9万人次，促进户籍劳动力创业，发放小额创业贷款1240万元。教育质量提升 创建广东省社区教育实验区和东莞市教育现代化先进镇，投入360多万元奖教奖学，中考成绩创历史新高，全镇平均分超市线18.64分，总分合格率超市线5.81%，居镇街前列，万人升大学，万人升本科取得突破性进展，跃升至东莞市第七名；促进民办教育发展，

① 2014年8月13日，省公安厅副厅长郑东（前排左二）率领督导组到石碣镇督导专项打击整治行动开展情况

② 2014年4月1日，市委副书记、市长袁宝成（前排右二）到石碣镇东莞盈聚电子有限公司开展"机器换人"专题调研

③ 2014年1月23日，市委副书记、市长袁宝成（左一）率队看望慰问困难党员、困难群众和敬老院老人

全年公用经费及教科书补助资金2000多万元。卫计工作　出生人口性别比为106.90，回归正常水平，成立查处“两非”联合执法队伍，开展打击行动，监督检查医疗机构262间次；开展社区卫生服务，深入各社区、学校、工厂企业开展健康知识普及工作，组织各类健康知识讲座228场、举行大小型义诊咨询活动达210次。文化事业　开展各类文明创建活动，提升市民文明素质，做好石碣镇全国文明镇复评工作，提高城市文明指数；新成立80支志愿服务队，开展各种便民、惠民志愿服务650多场次，志愿服务水平不断提升。扶贫力度提高　2014年，石碣镇对镇内帮扶对象实行结对帮扶，15户低保户稳定脱贫，脱贫率为88.2%，提前完成市全年下达的50%脱贫任务；推进惠来县4条贫困村“双到”扶贫工作，规划村帮扶项目60个，户帮扶项目2382个，统筹帮扶资金719万元；发展慈善事业，成立石碣慈善基金会，充分发挥资金会扶贫帮困作用。民生实事　推进十件民生实事落实，“平安石碣”、公办中学全寄宿工程、自来水供水主干管网升级改造工程、生活垃圾无害化处理、石碣医院新住院大楼建设工程等各项实事进展顺利，下水道清淤工程、路灯改造工程、“村民车间”、居家养老全覆盖、户籍困难群众危房改造等提前完成。

**【石碣盈聚电子新建项目】**　2014年该项目投资1.6亿元，累计完成投资5.1亿元。项目计划总投资6.5亿元，总用地面积5.57公顷，总建筑面积17万平方米，建设周期为2012年4月至2016年2月。一期土建工程完成，进行配套设施建设，园区市政道路铺设，园林绿化建设完成50%；两栋旧建筑做好外墙和内部装修，配套设备安装完成30%。二期工程完成规划报建等前期手续，其中，风正地块完成桩基础建设施工，进行主体建筑基建施工和第4层框架工程施工；振兴地块进行桩基承台建设施工。

**【石碣东聚电子增资扩产项目】**　2014年项目累计完成投资3626.8万元。项目计划投资3.54亿元建设PH5栋厂房和购置设备，其中厂房的建设投资0.54亿元，生产设备的投资3亿元。PH5栋厂房所在地块面积2.4公顷，用地面积9482平方米，建筑面积3.19万平方米，建设周期为2014年9月至2016年6月，拟在2016年投入使用，主要生产BT扬声器、WiFi扬声器、扬声器配件、耳机等。项目完成质量安全监督提前介入手续，办理施工许可证；工程建设方面，桩基础建设完成，主体结构建设完成，进行主体工程装修（水电、外墙、隔墙、防水等）。

**【石碣镇获评“国家出口食品农产品质量安全示范区”】**　2014年8月石碣镇被国家质检总局评为“国家级出口食品农产品质量安全示范区”。截至2014年，石碣镇有80多个供港蔬菜原料供应基地、40多个蔬菜原料分销点、120多个蔬菜原料加工点，供港蔬菜量占香港蔬

① 2014年3月6日，市人大常委会副主任王道平（左一）到石碣镇，就党的群众路线教育实践活动开展情况、市内扶贫、低保困难家庭生活保障等工作调研

② 2014年5月14日，全市推进平安村居建设工作现场会在石碣镇召开，市委常委、政法委书记邓志广（前排左三）出席会议。会后与会人员参观石碣镇西南、桔洲两个平安村居创建示范点

菜进口市场的30%，为全国最大的供港蔬菜基地。仅1—10月，供港澳蔬菜总量达29.13万吨，日均900多吨，出口总值达1.16亿美元。

截至2014年，石碣镇对农药购买、进出仓、使用等进行登记备案，及时掌握日常使用农药和新增农药品种，严格控制农药残留超标。年投入数百万元对管理规范、考核优秀的种植基地给予奖励。投入800多万建设东正农产品检测中心，配强选优专业检测设备和专业检测技术人员，对农药残留、重金属含量、产地环境等进行定量检测，检测量每月不少于1600份。投入100多万元设立检验检疫部门驻示范区工作点，由检验检疫部门派员驻点，对示范区供港澳蔬菜实行监装和铅封。定期召开农产品质量安全形势运行分析会议，通报农产品检测存在的问题。供港蔬菜抽检合格率超过99.96%。与企业签订农产品质量安全协议书，严格实施农药使用申报、田头检测、种植基地考核等制度。完善“基地生产管理系统”和“进出口业务管理平台”建设，实现供港澳蔬菜质量安全监管电子化。联合检验检疫部门建立供港澳蔬菜质量信息通报机制，制订农产品质量安全事故应急预案，加强蔬菜质量安全事件应急处理。

**【城中社区、横滘村、涌口村成功创建为“全国综合减灾示范社区”】** 截至2014年，石碣镇推进城乡社区防灾减灾体系建设，建立以“政府领导、民政牵头、社区创建、群众参与、社会支持”的工作机制。从2010年起，做好易发频发自然灾害分析研判。定期开展社区灾害隐患排查，组织编制社区灾害风险地图和社区综合灾害应急救助预案，安排成员单位开展防灾减灾演练。整合社区资源，推进社区应急避护场所建设，与村（社区）综合服务中心同步规划统筹。保障应急物资供应，储备储足救急物资。重点针对台风、洪水等自然灾害的防治，保障发生紧急情况下人员紧急疏散。组建救灾志愿者队伍，加强应急队伍在灭火、逃生、抢险、应急救援等重点项目的技能培训。定期组织开展地震应急疏散、灭火和人员疏散、内涝应急演练、医疗应急救护等演练。利用电视、广播、社区宣传栏等手段扩大防灾减灾宣传覆盖面，开展“防灾减灾日”主题活动，提高群众防灾减灾意识和自救能力。2014年，城中社区、横滘村、涌口村创建成为“全国综合减灾示范社区”。

**【东莞市首届蔬果节暨润丰(粤港澳)产销对接会】** 2014年12月28日，东莞蔬果节暨润丰（粤港澳）产销对接会在石碣润丰国际蔬果交易中心举行。170多家采购商以及东莞32个镇街的二三级采购市场，组成强大的采购团，构建起粤港澳产销对接平台。活动由广东省菜篮子工程协会、广东省蔬菜产业协会、东莞市农业局主办，东莞市润丰果菜有限公司承办。石碣润丰国际蔬果交易中心日均销售3000吨蔬菜，其中供港澳出口蔬菜900多吨，占香港出口蔬菜40%，是广东省供港蔬菜总量的70%。

（邹卫京　钟进锋）

**附：2014年东莞市石碣镇党委、人大、政府主要领导名录**

镇委书记：梁荣业

镇人大主席：梁荣业

镇　长：游耀波

## 2010—2014年石碣镇主要经济指标

| 指标＼年份 | 2010 | 2011 | 2012 | 2013 | 2014 |
|---|---|---|---|---|---|
| 户籍人口（人） | 43887 | 44806 | 45360 | 45769 | 46137 |
| 常住人口（万人） | 24.71 | 24.80 | 24.92 | 24.82 | 24.77 |
| 面积（平方公里） | 36.2 | 36.2 | 36.2 | 36.2 | 36.2 |
| 生产总值（万元） | 1119051 | 1120241 | 1126839 | 1152872 | 1245249 |
| 第一产业（万元） | 3295 | 3031 | 3139 | 3046 | 3184 |
| 第二产业（万元） | 741995 | 737704 | 727501 | 754524 | 814839 |
| 第三产业（万元） | 373761 | 379506 | 396199 | 395302 | 427226 |
| 总用电量（万千瓦时） | 155976 | 157717 | 161785 | 163253 | 172408 |
| 全社会固定资产投资总额（万元） | 153587 | 188735 | 169443 | 209061 | 244602 |
| 社会消费品零售总额（万元） | 177018 | 197524 | 207739 | 227127 | 247279 |
| 外贸出口总额（万美元） | 336334 | 361745 | 354376 | 377147 | 391205 |
| 实际利用外资（万美元） | 5135 | 5695 | 6639 | 7473 | 8857 |
| 镇级可支配财政收入（万元） | 42384 | 46618 | 52212 | 63347 | 69683 |
| 各项税收总额（万元） | 149419 | 159240 | 181699 | 217668 | 295981 |
| 城乡居民储蓄存款余额（万元） | 937744 | 1021382 | 1117585 | 1164959 | 1207248 |

① 2014年9月30日，石碣镇党政领导班子成员到东聚电子增资扩产项目现场视察

② 2014年4月4日，石碣镇在袁崇焕纪念园举行“清明祭英雄活动”

③ 2014年2月21日，石碣镇召开党的群众路线教育实践活动动员大会

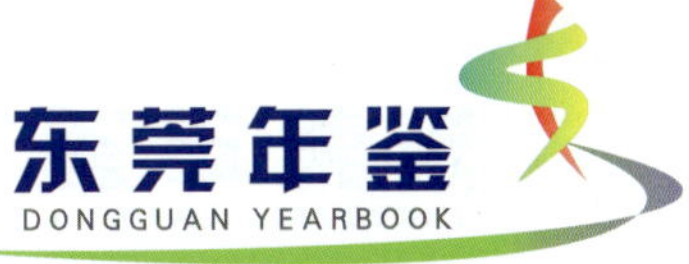

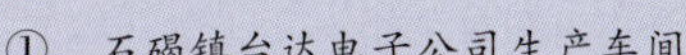

① 石碣镇台达电子公司生产车间

② 石碣盈聚电子公司生产线

③ 石碣镇广发制药公司生产车间

④ 石碣东聚电子增资扩产项目施工现场

①

②

③

④

① 石碣镇开展光明路清扫活动

② 2014年11月28日，“善行·大爱”十月份“东莞好人”颁奖典礼暨“道德模范与身边好人”现场交流活动在石碣镇举行

③ 石碣镇单屋古村

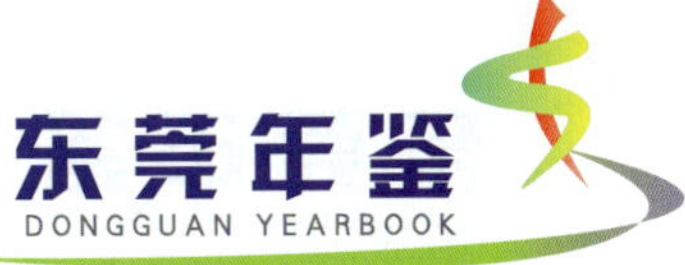

① 石碣镇滨江花园

② 石碣镇袁崇焕纪念园

③ 石碣镇东江大桥夜景

## 高埗镇

【高埗镇概况】　高埗镇位于东莞市北部。截至2014年，面积34.6平方公里，下辖18个村、1个社区。户籍人口3.9万人，常住人口21.75万人。

2014年，高埗镇实现地区生产总值110.29亿元（第一产业0.62亿元，第二产业69.88亿元，第三产业39.78亿元），比上年增长8.6%；全社会固定资产投资总额17.9亿元,增长-24.12%；总用电量13.22亿千瓦时，增长3.43%；社会消费与零售投资总额21.17亿元，增长7.92%；实际利用外资1.12亿美元，增长-40.53%；外贸出口总额14.2亿美元，增长2.72%；各项税收总额15.82亿元，增长19.86%；镇级可支配财政收入6.36亿元，增长14.15%。

【高埗镇强化创新驱动】　2014年，高埗镇推动企业加大科研投入和创建著名商标，实施“机器换人”行动计划，多家企业获得省、市转型升级专项资金及科学技术奖等奖励或资助800多万元。加强商改后续监管，建立村级综合协管队伍，完善投诉举报受理机制和督查考核机制，进一步放宽准入、强化后续监管。农村综合改革成效初显，统筹农地183.33公顷（2750亩），平均农地年租金由每亩1800元提升到3200元。发挥“三资”平台作用，全年交易261宗，交易底价3283万元，成交价3697万元，溢价率为12.6%，实现集体资产收益最大化。医疗、公交和户籍等民生领域改革推进。把重大项目建设作为拉动经济增长的主动力，华宏增资、东山精密和百茂物流城项目等市重大项目累计完成投资20.29亿元，占总投资75.4%，推动全镇经济全面提速。唯美陶瓷、冼沙鱼丸和矮仔肠等文化企业、产品崭露头角。高埗镇成功创建为广东省休闲体育用品专业镇。

【华宏眼镜增资项目】　总投资12.9亿元，占地面积24.67公顷，2014年完成投资1.01亿元，累计完成投资10.79亿元，占总投资83.6%。地块一投产，地块三办理施工图备案，地块四计划建设物流中心，开展土地统筹协商和前期工作。

【百茂物流城项目】　总投资6亿元，占地面积26.67公顷，2014年完成投资5000万元，累计完成投资4.5亿元，占总投资75%。二期项目10月底动工。

【东山精密项目】　总投资7亿元，占地面积12万平方米，2014年完成投资2亿元，累计完成投资5亿元，占总投资71.4%。利用空置厂房改造，原厂房翻新基本完成。

【莞香水果批发市场项目】　总投资1.5亿元，占地面积17.33公顷，2014年完成投资3547万元，累计完成投资1.4亿元，占总投资93.3%。其中建筑主体建成，装修工作完成60%，道路完成80%。进入招商阶段，场内和外围铺位930个，租出650个。

【新世纪颐龙湾房地产项目】　总投资40亿元，占地面积66.67公顷，2014年完成投资3.13亿元，累计完成投资20亿

## 建设东莞北部滨江新城

①

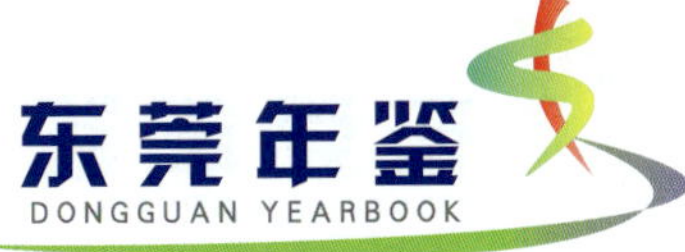


元，占总投资50%。一期完成出售；二期别墅及高层洋房进入工程尾声，进行初步验收；三期别墅主体全部封顶，进行墙体施工；四期、六期工程进入工程规划报建环节。

**【光大·江与城房地产项目】** 总投资17亿元，占地面积19公顷，2014年完成投资3.59亿元，累计完成投资3.9亿元，占总投资48%。项目一期投资8亿元，部分别墅封项，进行外墙工程施工；部分高层洋房进行主体工程施工。

**【高埗镇新型城镇化推进】** 2014年，高埗镇主动融入市西北组团。加快水乡基础设施建设，投入3800万元完成创兴路二期和中心西路，东江梨川大桥工程辖区内征地拆迁任务完成。加强水乡生态修复，编制完成《高埗镇中心涌示范区项目库》，中心涌高埗段截污次支管网和雨污分流建设项目完成环评报告批复和水土保持方案批复。加快中心涌水环境综合整治示范工程征地拆迁，完成任务96.7%。加强生态保护，引导一批“两高一低”企业退出、搬迁或关闭。加强生态镇创建，有17个村（社区）被命名为“东莞市生态村（社区）”，生态村（社区）创建率达89.4%，创建省生态镇工作通过省考核。

**【高埗镇民生保障】** 2014年，高埗镇加强公共就业服务，落实帮扶就业资金900多万元，惠及2万人次户籍劳动力，促进就业再就业605人。扩大参保覆盖面，累计征集社保基金约10.21亿元，五大险种参保人数达69.4万人次。帮扶困难群体，落实扶贫政策，为困难群众发放各类扶贫济困救助金1800多万元，居家养老服务初步实现全覆盖。推动文化惠民，组织举办系列节庆活动和文化活动，受惠群众55万人次。成立高埗镇曲艺社和青少年曲艺培训基地，成功创建为“广东省曲艺之乡”。提升教育水平，成功创建为“东莞市推进教育现代化先进镇”“广东省社区教育实验区”，高考和中考成绩有新突破。

**【高埗镇社会建设】** 2014年，高埗镇成功化解裕元公司劳资纠纷事件，进一步完善社保、住房公积金缴存等机制，保障企业员工合法权益。推进全省基层工会规范化建设试点工作，有26家试点企业建立企业工会。开展“扫黄”歼灭战，全面清剿“涉黄”违法行为，出动警力2.35万人次，检查桑拿、沐足、美容美发等各类娱乐服务场所3万多间次。维护治安稳定，开展专项整治行动，破获各类刑事案件371宗。化解矛盾纠纷，全年受理群众来访案件办结率99.3%，没有发生较大规模的上省进京越级集体访。抓好安全生产、食品安全、消防安全和交通安全等专项整治，全年没有发生重特大安全事故。

**【裕元公司劳资纠纷事件妥善解决】** （参见“党政机关”类目第68页同名条目） （林 郁）

**附：2014年高埗镇党委、人大、政府主要领导名录**

镇委书记：黄耀成
镇人大主席：黄耀成
镇 长：黄启光（12月离任）
张永艳（12月到任）

① 2014年1月16日，全国政协副主席王正伟（前排中）到高埗镇陆逊梯卡华宏（东莞）眼镜有限公司调研

② 2014年10月28日，省人大常委会副主任、省总工会主席黄业斌（左二）到高埗镇指导企业工会组建工作

③ 2014年12月10日，市委书记、市人大常委会主任徐建华（左二）到高埗镇莞香水果批发市场调研

④ 2014年4月1日，市委副书记、市长袁宝成（左一）到高埗镇唯美陶瓷有限公司调研“机器换人”推广工作

① 2014年9月3日，市委副书记姚康（中）到高埗镇督导中心涌片区综合整治工作
② 2014年2月20日，高埗镇召开娱乐服务业专项整治会议，部署整治行动
③ 2014年5月7日，高埗镇召开“申报东莞市推进教育现代化先进镇”自评报告会
④ 2014年3月19日，《东莞市高埗镇志》首发式暨总结会议召开
⑤ 2014年12月19日，高埗镇举办第三届“孝义之星”颁奖晚会

① 2014年6月，高埗镇举办2014年龙舟节传统龙舟趁景活动
② 2014年3月27日，高埗镇西联小学举行获评广东省“巾帼文明岗”挂牌仪式
③ 东山精密制造有限公司
④ 陆逊梯卡华宏（东莞）眼镜有限公司新厂区
⑤ 唯美陶瓷有限公司研发生产的壁饰

① 建设中的东江梨川大桥

② 2014年3月21日，胡明德山水画东莞巡回展高埗首展

③ 2014年7月，高埗镇“矮仔肠”获评“东莞市特色文化产品”

④ 高埗镇滨江夜景

⑤ 新城崛起——高埗镇商住小区

⑥ 水乡新貌——高埗镇新世纪颐龙湾

# 2010—2014年高埗镇主要经济指标

| 指标＼年份 | 2010 | 2011 | 2012 | 2013 | 2014 |
|---|---|---|---|---|---|
| 户籍人口（人） | 37832 | 38186 | 38401 | 38691 | 38951 |
| 常住人口（万人） | 21.74 | 21.79 | 21.77 | 21.81 | 21.75 |
| 面积（平方公里） | 34 | 34.4 | 34.4 | 34.4 | 34.4 |
| 生产总值（万元） | 697532 | 798981 | 833584 | 1019505 | 1067414 |
| 第一产业（万元） | 7337 | 6351 | 6707 | 7183 | 7499 |
| 第二产业（万元） | 451425 | 519762 | 535360 | 678172 | 693978 |
| 第三产业（万元） | 239770 | 272868 | 291517 | 334150 | 365937 |
| 总用电量（万千瓦时） | 133411 | 135668 | 126855 | 127832 | 132212 |
| 全社会固定资产投资总额（万元） | 158548 | 203971 | 224168 | 235943 | 179045 |
| 社会消费品零售总额（万元） | 137637 | 160169 | 173452 | 196190 | 211734 |
| 外贸出口总额（万美元） | 128663 | 126397 | 119928 | 138198 | 141959 |
| 实际利用外资（万美元） | 5608 | 3732 | 9098 | 18782 | 11170 |
| 镇级可支配财政收入（万元） | 39141 | 44572 | 48425 | 55722 | 63608 |
| 各项税收总额（万元） | 83324 | 100190 | 115218 | 132007 | 158225 |
| 城乡居民储蓄存款余额（万元） | 502032 | 520735 | 572138 | 605755 | 647470 |

## 洪梅镇

【洪梅镇概况】 洪梅镇位于东莞市西北部，紧靠虎门港立沙岛、新沙港。截至2014年，面积33.2平方公里，辖9个村委会，1个居委会。户籍人口2.26万人，常住人口5.83万人。

2014年，洪梅镇实现地区生产总值50.13亿元（第一产业0.5亿元，第二产业37.81亿元，第三产业11.81亿元），比上年增长24.67%；全社会固定资产投资总额13.7亿元，增长20.87%；总用电量5.93亿千瓦时，增长5.32%；社会消费与零售投资总额13.7亿元，增长7.09%；实际利用外资0.86亿美元，增长31.39%；外贸出口总额3.73亿美元，增长-6.04%；各项税收总额7.23亿元，增长12.77%；镇级可支配财政收入3.74亿元，增长0.28%。“一村（社区）一法律顾问”法律服务项目获评全市“单打冠军”。

【洪梅镇产业转型升级】 *重点项目落实* 2014年，洪梅镇落实重点项目督查机制，以政策扶持、开通绿色通道等措施，推动亚洲云、华平电子商务、富之源项目等3个市重大项目落地上马，推进华平一期、采博中心项目建成投产，加快推动亚洲云、理文纸业物流、安博物流项目等一批项目动工建设。*优势产业升级* 推动富之源三四期、三樱汽车部件、绿通新能源低速电动车项目等一批优质企业增资扩产。推动南华公司打造“曼哥夫”品牌总部大楼和物流基地。引导瑞鸿公司成立研发机构，促进投资总额5000万美元的阿比酷公司开展研发和服务外包业务。*新兴产业培育* 制定《洪梅镇电子商务发展规划（2014—2020年）》，组织跨境电子商务调研会议，引进安博物流中心、华平1号店等一批优质电商物流企业，形成竞争优势。

【华平“1号店”华南总部项目】 该项目位于洪梅镇。2013年11月动工，总投资17.5亿元，用地面积28公顷。2014年完成投资10162万元。截至2014年，累计完成投资18815万元。二期办理批次报批等前期手续。

【绿通高尔夫观光车增资扩产项目】 该项目位于洪梅镇。2014年11月动工建设。总投资2.26亿元，用地面积5.37公顷，二期办理批次报批等前期手续。

【东莞市荣庭实业投资有限公司项目】 该项目位于洪梅镇。2013年4月动工，总投资1.3亿元，用地面积3.8公顷。预计2016年1月建成投产。2014年完成投资9000万元。截至2014年，累计完成投资9000万元。

【“曼哥夫”品牌总部项目】 该项目位于洪梅镇。2014年完成办理曼哥夫公司设立的各项证照。总投资1.6亿元，其中“曼哥夫”品牌大楼用地0.51公顷，物流园用地1.33公顷。2014年注册资金为6760万元。

**建设珠三角轨道枢纽新城、临港产业服务基地，实现洪梅经济社会发展新跨越**

①

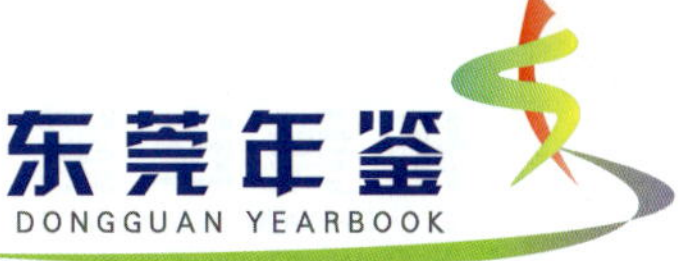


【东莞国际塑料模具机械采博中心项目】 该项目位于洪梅镇。2014年12月动工建设。总投资4亿元，用地面积20公顷，计划打造超大规模的国际性的塑料机械、模具机械的“沃尔玛”。预计2015年9月建成投产。

【东发节能环保玻璃生产加工项目】 该项目位于洪梅镇。2014年，项目一期工程完成办理土地使用证，办理环评和施工许可证，二期工程完成办理土地使用证，进行图纸设计。总投资2.8亿元，用地面积6.08公顷。2014年完成投资1800万元。截至2014年，累计完成投资1800万元。

【富之源饲料蛋白公司增资扩产项目】 该项目位于洪梅镇。2014年，该项目两条生产线建成试运营。该项目总投资5.1亿元，用地面积0.64公顷，在原厂区范围内开展技术改造以及增资扩建工作,全面运营后预计公司年产值将由50.9亿元增至130亿元，税收将由3000万增至1亿元。

【洪梅镇水乡建设】 城乡规划 2014年，洪梅镇编制出台《洪梅镇城镇主体功能区规划方案》，明确“东莞水乡经济区交通枢纽、综合服务中心，以发展现代服务、特色会展物流、先进制造为主的精致水乡”的发展定位和“一心两轴五区”的主体功能区布局。河西示范建设 完成洪屋涡水道标志性岸线西岸梅沙至新庄段工程及提升工程，完善“一河两岸”景观建设。成立东莞洪梅河西投资发展有限公司，推动河西片区的土地统筹和科学规划。水乡特色村庄 推动梅沙特色村庄塑造工程建设，完成树池、水闸、遗风古巷工程、道路房前屋后绿化工程。促进乌沙特色村塑造，推进乌沙村纳入宜居社区（村）建设范畴。道路交通设施建设 规划“三纵五横”基础路网，推动梅沙大桥及延长线、洪金路、省泗安医院连接线等一批路网建设，配合市有关部门做好疏港大道延长线、沿海公路中洪支线、水乡横向中通路、望沙路升级改造工程等一批市投资建设项目的设计规划工作。

【洪梅镇土地统筹】 市、镇、村统筹开发模式 2014年，洪梅镇与东实公司共同注册成立合作开发公司，实施市、镇、村合作统筹土地发展，推动土地连片开发。协调中心片区村民签订土地统筹协议，完善河西片区基本土地回收方案、拆迁企业异地重建方案。完成两大片区内企业、厂房的摸底调查，明确企业分类，完善相关信息统计。“三旧”改造 推进粤源等8个改造项目，完成改造面积35.33公顷。其中“工改工”项目4宗9.04公顷，“工改居”“工改商”项目4宗26.29公顷。闲置土地盘活 开展闲置土地清理，建立工作台账，修改完善闲置地处置方案，清理闲置土地175.5公顷，盘活存量土地10.83公顷。

【洪梅镇农村改革】 集体资产管理 2014年，洪梅镇推进农村集体资产交易平台和“三资”监管平台建设，加

① 2014年7月23日，由浙江省委常委、杭州市委书记龚正（前排左一）率领的杭州市党政代表团在东莞市委书记、市人大常委会主任徐建华（前排左二）等陪同下到洪梅镇考察垃圾处理情况

② 2014年1月8日，市委书记徐建华（中左一）参与洪梅代表团讨论，鼓励洪梅要积极谋划水乡新城建设

③ 2014年9月3日，副市长、市公安局局长杨江华（左三）带队到洪梅镇督导出租屋管理工作

强对集体经济的动态监控。探索建立镇、村二级联动的预算机制。农村经济活力增强　促进欠发达村集体增收，落实扶贫公益工作，引导村级集体资产进行低风险投资，促进集体资产增值。各村纯收入比上年增长7.7%，总负债下降11.9%。农村政务管理　采取“10村（区）1中心”新模式建设洪梅镇政务服务中心，组建“一站式”服务管理平台。推行民主管理制度，加强村级民主管理的规范化。现代农业发展　推动都市农业科普馆建设，推动丰润无花果农场纳入“东莞都市农业研究院”签约项目，加快推进乌沙大围农业园建设。

【洪梅镇城乡环境】　生态文明建设　2014年，洪梅镇开展广东省生态乡镇创建，通过省专家组现场验收。整治城市“六乱”4676宗，全面开展生活噪音、非法行医、无证经营专项整治，生态环境持续好转。治水　完成黎洲角内河涌整治和梅沙内河涌排水系统工程建设，推进27.8公里望洪截污主干管网截污管道工程建设。实施“河长制”管理制度，完成全镇水域面源整治工作。节能减排　开展“绿色水乡”节能减排综合示范区创建，促进单位GDP能耗下降9.75%。实施清洁空气行动计划，完成11家企业13台锅炉的拆除或注销停用。“两高一低”引退　运用监管执法、财政奖励等手段引导“两高一低”企业退出，完成镇内3家20万吨以下造纸企业的退出。

【洪梅镇民生建设】　民生实事　2014年，洪梅镇坚持教育优先发展战略，开展名师工程，为354名新莞人子女办理积分入学，推进中学宿舍楼、洪屋涡幼儿园等工程建设。推荐就业1233人次，落实市镇两级各项就业补贴金额约640万元。完成28户困难残疾人家庭无障碍工程改造，设立平价诊室。开展免费孕前优生健康检查13期，累计有135对夫妇参与。以梅沙村为引领打造曲艺精品，推进《水乡风云》演出。平安建设　开展“6+1”专项整治行动，侦破涉黄、赌、毒刑事案件分别24宗，侦破“两抢一盗”刑事案件80宗。新增高清视频监控点65个，治安卡口5个，出租屋安装门禁+视频系统153套，全年实现“零命案”。抓好消防安全、交通运输、食品药品等领域的安全监管，全年无重大安全事故。

【“一村（社区）一法律顾问”示范镇创建】　截至2014年，洪梅镇加强法律服务，做到有平台，设1个法律顾问室；有章程，建1套工作制度；有任务，法律顾问至少每周与村（社区）通1次电话、每月到村（社区）服务1天、每月主持1次村（社区）人民调解活动；有氛围，律师顾问定期举办1次法制宣传、提供1次法律培训、举办1次法治讲座，打造“一村（社区）一法律顾问”的法律服务“八个一”模式，让广大群众足不出户就能获得优质、高效、快捷的法律服务，创建成为东莞市“一村（社区）一法律顾问”示范镇。　（黄庆新）

**附：2014年东莞市洪梅镇党委、人大、政府主要领导名录**

镇委书记：吴淑萍
镇人大主席：吴淑萍
镇　长：周玉佳

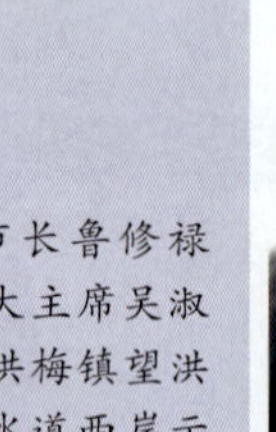

① 2014年5月29日，副市长鲁修禄（左一）在镇委书记、镇人大主席吴淑萍（左二）陪同下实地调研洪梅镇望洪枢纽站、金色水乡、洪屋涡水道西岸示范片区等项目建设情况

② 2014年12月16日，市政协副主席吕兢（右二）到洪梅镇夏汇村党代表工作室，开展领导干部驻点普遍直接联系群众活动

## 2010—2014年洪梅镇主要经济指标

| 指标 \ 年份 | 2010 | 2011 | 2012 | 2013 | 2014 |
|---|---|---|---|---|---|
| 户籍人口（人） | 21963 | 22271 | 22425 | 22576 | 22849 |
| 常住人口（万人） | 5.81 | 5.84 | 5.88 | 5.91 | 5.83 |
| 面积（平方公里） | 33.2 | 33.2 | 33.2 | 33.2 | 33.2 |
| 生产总值（万元） | 340229 | 378884 | 326380 | 402121 | 501312 |
| 第一产业（万元） | 4626 | 5001 | 4506 | 4826 | 5038 |
| 第二产业（万元） | 263103 | 281752 | 227057 | 292494 | 378149 |
| 第三产业（万元） | 73286 | 86153 | 94817 | 104801 | 118125 |
| 总用电量（万千瓦时） | 52489 | 52409 | 53847 | 56063 | 59255 |
| 全社会固定资产投资总额（万元） | 123218 | 113473 | 136677 | 113345 | 136998 |
| 社会消费品零售总额（万元） | 35895 | 38174 | 42484 | 46315 | 49110 |
| 外贸出口总额（万美元） | 24405 | 29091 | 32254 | 39689 | 37292 |
| 实际利用外资（万美元） | 10145 | 9240 | 18810 | 6556 | 8614 |
| 镇级可支配财政收入（万元） | 23020 | 31808 | 32013 | 37284 | 37390 |
| 各项税收总额（万元） | 41747 | 50391 | 48704 | 64136 | 72338 |
| 城乡居民储蓄存款余额（万元） | 142493 | 165831 | 189654 | 203418 | 212639 |

① 2014年10月15日，镇委书记、镇人大主席吴淑萍（右二）深入企业走访，了解企业的运营情况以及生产经营中碰到的问题和困难，鼓励企业坚定发展信心

② 2014年12月23日，镇委书记、镇人大主席吴淑萍来到洪屋涡，就水乡特色农业的发展进行调研，听取养殖户、种植户的意见

① 洪梅镇镇创建国家生态乡镇迎来省检查考评

② 2014年10月17日，洪梅镇开展“市、镇人大代表活动日”活动，组织全体市、镇人大代表视察华平电子商务华南总部项目的建设进展情况

③ 2014年12月9日，香港东莞洪梅同乡会第二届会董就职典礼在香港尖沙咀举行

④ 2014年9月23日，洪梅镇中心区人大代表工作室启用

⑤ 2014年10月31日，洪梅花灯参展省首届海博会水乡文化放异彩

⑥ 洪梅龙狮屡获殊荣

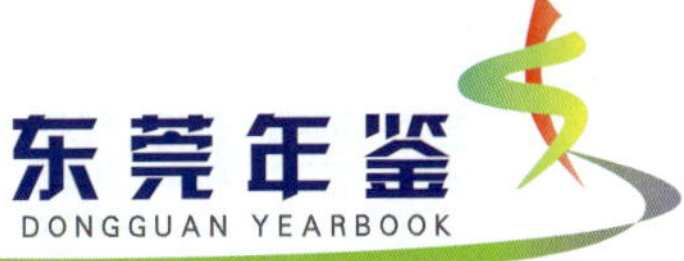

① 洪梅新貌

② 洪梅镇一景

③ 梅沙大桥

## 道滘镇

【道滘镇概况】 道滘镇位于东莞市西部、穗深经济走廊中部，毗邻东莞市区。截至2014年，总面积54平方公里，辖13个村民委员会，1个社区居委会，户籍人口5.71万，常住人口14.17万。

2014年，道滘镇实现生产总值（GDP）74.77亿元（第一产业1.12亿元，第二产业39.58亿元，第三产业34.07亿元），比上年增长6.4%；全社会固定资产投资总额18.38亿元，增长1.7%；总用电量12.8亿千瓦时，增长4.6%；社会消费品零售总额13.64亿元，增长9.1%；实际利用外资0.30亿美元，增长17.4%；外贸出口总额4.85亿美元，增长2%；各项税收总额13.61亿元，增长9.4%。镇本级可支配财政收入6.88亿元，增长10.1%；城乡居民储蓄存款余额62.02亿元，增长5.1%。

【道滘镇转型升级】 项目建设加速 2014年，道滘镇新开工重大建设项目2个（包括道滘镇佳佳美食品有限公司增资扩产项目和道滘盈华食品企业孵化基地项目），续建重大建设项目3个（包括道滘搜于特总部建设项目、道滘雄林TPU新材料生产项目和道滘思朗食品公司项目），完成投资7.78亿元，占年度投资计划的103.7%。获评年全市重大项目建设管理先进单位。招商引资加大 完善落实食品产业扶持办法，规划米面食品园区项目，举办第五届中国（道滘）美食文化节。推动招商引资工作，落实市联合招商和招商政策，赴浙江等地招商。引进粤能科技、家八七电子商务等内资项目20宗，实际利用内资约4亿元，比上年增长22%；引进外资项目8宗，实际利用外资2997万美元，增长17%。招商开发龙洲湾都市农业项目。制定并出台旅游文化发展规划，引导旅游文化产业发展。大力发展商贸服务业，佳佳美新商场、君汇半岛等商贸及地产项目相继运营。服务企业加强 制定扶持优质企业奖励实施细则，诚心服务企业，协助诺华公司在美国纳斯达克以新代码挂牌交易，成为首家在纳斯达克敲钟的中国家具企业，引导天逸公司筹备在新三板挂牌，完成对雄林公司的上市辅导。实行科技强镇、助优扶强等战略，指导洲亮、万泰公司等4家企业获评市先进技

## 现代和谐水乡新城——道滘

① 2014年11月12日，市委书记、市人大常委会主任徐建华（右二），市委副书记、市长袁宝成（右一）到道滘镇调研旅游产业发展、“两高一低”企业整治和引导退出等工作

② 2014年7月24日，省军区副司令员陈维展（前排左一），市委常委、市军分区政委刘卫芳（前排中）视察道滘镇武装建设工作

③ 2014年2月21日，道滘镇召开党的群众路线教育实践活动动员会

④ 2014年12月，道滘镇召开党的十八届四中全会精神宣讲活动会议

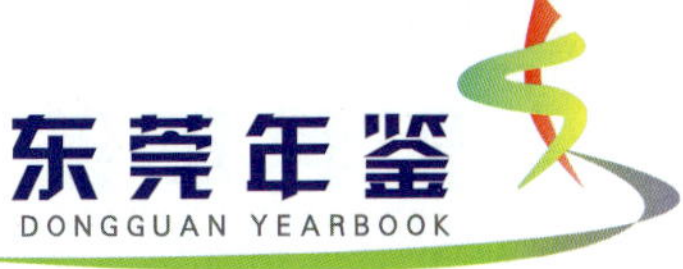


术型企业。开展走访企业、金融服务日等活动，并设立企业培育专项资金，推进商事改革及后续监管，不断优化营商环境，推动雄林、国立、瑞星公司等3家企业进入高成长型中小企业培育数据库，思朗、来拿德、正信公司等3家企业设立研发机构。

**【佳佳美食品有限公司增资扩产项目】** 2014年8月26日动工建设，用地面积2.03公顷，预计总投资2.3亿元，建筑总面积约3.5万平方米。建成投产后，预计企业年总产值可超2.5亿元，年纳税达1900多万元。项目投资建设粽子及系列传统食品生产加工基地，加强东莞传统食品的研发与推广，并强化整个传统食品产业的产业链条。

**【道滘盈华食品企业孵化基地项目】** 2014年9月30日动工建设，项目总投资6.2亿元，用地面积5.53公顷，建筑总面积约11万平方米。主要发展食品配套产业，包括检测中心、研发中心、创意中心、展览展示、电子商务、旅游观光于一体的综合工业项目，是道滘镇首个食品企业孵化中心。

**【道滘搜于特总部建设项目】** 2014年，该项目投资1.76亿元。2013年7月26日动工，总投资10.67亿，预计营业收入50亿元，税收5亿元。分三期建设：一期用地5.53公顷，建设综合办公楼、研发楼、产品展示楼、职工活动楼各一座，宿舍楼3座及地下车库，总建筑面积1.35万平方米；二期用地3.6公顷，建设物流仓库4座，宿舍楼1座，总建筑面积10.9万平方米，年产约2500万件；三期用地15.33公顷，建设物流仓库6座，宿舍楼1座，办公楼1座，总建筑面积约49.03万平方米，年产服装约8000万件。

**【道滘雄林TPU新材料生产项目】** 2014年，该项目投资8800万元。2013年7月29日动工，总投资5亿元。该项目总建筑面积5.43万平方米，计划建成生产厂房3座，办公楼1座，员工宿舍1座，投入35条TPU薄膜生产线，年产能达1万吨以上，年产值5亿元。

**【道滘思朗食品公司项目续建项目】** 2014年，该项目投资1.42亿元。该项目总投资6.3亿元，占地面积4公顷，总建筑面积5万平方米。2013年10月28日动工，其中第一期建设综合厂房、办公

楼、宿舍各一座，建筑面积4万平方米。该公司主要生产和销售饼干、月饼、面包等产品，年产量达到2.6万吨。

【道滘镇统筹发展】　规划引领　2014年，道滘镇配合市一级完成水乡经济区总体规划和望洪枢纽新城城市设计，做好镇内大罗沙示范片区、九曲特色村等规划编制工作，完成南阁片区控规、莞惠城轨道滘站规划。推进大岭丫大新工业区、闸口工业区等“三旧”改造项目，盘活存量土地19.6公顷和闲置土地1公顷。基建先行　加大基础设施建设，累计投入约5000万元用于道路、学校、景观等工程建设，完成大罗沙特色村、南阁西路、大新路等14项工程建设，推进马洲桥、南丫大桥右半幅等工程建设。环境整治　挂牌成立“水务工程建设运营中心”，加强水域面源清理和截污次支管网建设。完成693家企业“三废”排放调查，对34家企业进行节能考核，出台污染企业清退方案，引导淘汰“两高一低”企业退出。制定打通断头河方案，完成蔡白、大岭丫等4村“一村一河”整治。开展违法用地清理、城市“六乱”整治等工作。通过国家卫生镇复审，创建省生态乡镇，实现全镇生态示范村全覆盖。

【道滘镇民生实事】　基础保障加强　2014年，道滘镇全面落实助学、助医、助残、低保、就业补贴等民生工程，累计投入3300多万元加强民生保障，规范农（居）民社会养老保险个人缴费。促进全民充分就业，落实就业补贴近1000万元，30个“村民车间”安置劳动力952

① 2014年7月11日，市委副书记、市水乡特色发展经济区管理委员会主任姚康（前中）一行到道滘镇调研水乡统筹发展工作进展情况

② 2014年9月，道滘镇对口支援新疆农三师图木舒克44团

③ 2014年10月24日，市重大项目办领导到道滘镇开展重大项目巡查工作

④ 和谐道滘

⑤ 宜居道滘

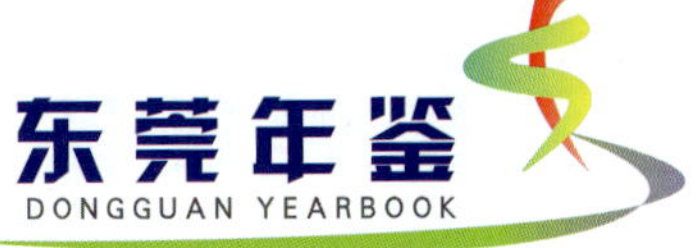


人，推进“双到”扶贫开发工作，保障群众基本生活水平。社会服务创新　投入专项资金500多万元用于公共卫生服务体系建设，通过公共卫生服务网格化，完善11项基本公共卫生服务项目，将医疗卫生服务有效延伸到养老、帮困等领域，提供基本医疗、预防、保健、健康教育、康复、计划生育指导等“六位一体”的综合服务。9月，道滘镇社区卫生服务中心被中国社区卫生协会授予“群众满意的社区卫生服务机构”的称号，成为广东省4个获此殊荣的社区卫生服务机构之一。文教事业繁荣　创新推出“菜单式文化服务”，创建市首批公共文化服务体系示范镇和2014—2016年度“中国民间文化艺术之乡”。安排教育资金1.55亿元，推进学校规范化建设、民办学校帮扶和素质教育工程，通过东莞市推进教育现代化先进镇验收，每万户籍人口升大学人数跃居全市第一位。

**【童心缘——新莞人随迁子女社区融入计划】**　2014年，道滘镇“童心缘—新莞人随迁子女社区融入计划”参加第三届中国公益慈善项目大赛，获全国第八名、创意类银奖，是东莞市唯一一个获得全国创意类奖项的项目。该大赛有全国31个省、直辖市、自治区及香港特别行政区的906个项目参赛，《童心缘——新莞人随迁子女社区融入计划》关注的是6—12周岁新莞人随迁子女的社区融入问题，项目计划从语言、心理、同辈交往、学业同步四个角度，打造语言学习、心理辅导、同辈交往和学业辅导的平台，促进新莞人子女能够尽快、更好地融入新社区。

**【道滘镇社会管理】**　治安环境净化　2014年，道滘镇以开展“6+1”专项行动为抓手，严厉打击“黄赌毒”“两抢一盗”等违法犯罪，查处治安案件609宗，破刑事案件364宗，打掉恶性犯罪团伙26个。安全监管加强　开展“打非治违”专项行动，加强消防安全、交通安全、食品质量安全监管，强化民兵应急分队和轻舟分队集训，处置“臭脚米粉”“11·11”危化品运输车侧翻泄漏等突发事件，保障人民群众生命财产安全。矛盾纠纷化解开展“社会矛盾化解年”活动和《广东省信访条例》系列宣传活动，加强法律援助、人民调解、纠纷调处等工作，实现民主法治村和一村（社区）一法律顾问全覆盖，受理583宗信访案件，办结率100%。创新信访维稳工作，其中“社工介入信访工作”项目获评全市“单打冠军”。

**【道滘镇农村发展】**　都市农业发展　2014年，道滘镇出台都市农业发展方案，完成九曲、北永、大鱼沙村43.73公顷农地统筹，新成立蔡白上口组冬瓜种植合作社，督促济丰农业产业园加快建设运营，基本建成大岭丫村水岸枫林、大罗沙村水松巷农田公园项目。农村管理体制改革　完成全镇治安、环卫统筹管理，12个村（社区）组级建制撤销和10个村60个组集体经济统筹管理，累计拨付治安、环卫、行政管理等农村基本公共服务补助6413万元，减轻农村集体负担。集体资产规范管理　加强“两个平台”建设，引导各村累计投入1.47亿元入股镇属物业和投资稳健理财产品，每年为村增收1100多万元，督促落实增资减债措施，规范集体资产管理，实现村组总资产比上年增长3.83%，纯收入增长5.28%，收款率达83%。　（卢润志）

**附：2014年道滘镇党委、人大、政府主要领导名录**

镇委书记、镇人大主席：
　陈灼林（任至3月）
　杨礼权（3月到任）
镇　长：钟浩滔

## 2010—2014年道滘镇主要经济指标

| 指标＼年份 | 2010 | 2011 | 2012 | 2013 | 2014 |
|---|---|---|---|---|---|
| 户籍人口（人） | 55842 | 56083 | 56378 | 56700 | 57089 |
| 常住人口（万人） | 14.31 | 14.34 | 14.34 | 14.38 | 14.17 |
| 面积（平方公里） | 54 | 54 | 63 | 63 | 54 |
| 生产总值（万元） | 515731 | 582545 | 610742 | 667682 | 747738 |
| 第一产业（万元） | 8181 | 9247 | 10033 | 10745 | 11218 |
| 第二产业（万元） | 289160 | 316509 | 318099 | 345379 | 395822 |
| 第三产业（万元） | 218390 | 256754 | 282610 | 311559 | 340698 |
| 总用电量（万千瓦时） | 125724 | 128414 | 120408 | 122895 | 128020 |
| 全社会固定资产投资总额（万元） | 117897 | 130781 | 149517 | 180669 | 183805 |
| 社会消费品零售总额（万元） | 77023 | 108947 | 115607 | 124906 | 136391 |
| 外贸出口总额（万美元） | 38588 | 40812 | 42808 | 47519 | 48479 |
| 实际利用外资（万美元） | 1242 | 2599 | 2027 | 2552 | 2997 |
| 镇级可支配财政收入（万元） | 50046 | 55149 | 59527 | 62502 | 68806 |
| 各项税收总额（万元） | 83687 | 98325 | 111858 | 124483 | 136130 |
| 城乡居民储蓄存款余额（万元） | 431256 | 476429 | 546933 | 590315 | 620215 |

① 东莞洲亮电镀设备有限公司研发中心

② 东莞市银禧科技公司机器化生产车间

③ 东莞市金瑞五金制品有限公司推动“机器换人”计划

④ 东莞市国祥空调设备有限公司推行机器化生产

⑤ 2014年1月26日，道滘业余民乐团成立仪式在济川广场举行

⑥ 生态道滘

① 2014年5月30日，第五届中国（道滘）美食文化节暨名优食品展开幕

② 2014年11月13日，道滘首个镇级农业园项目——龙洲湾项目举行奠基仪式

③ 道滘夏荷飘香

## 厚街镇

【厚街镇概况】 厚街镇位于珠江三角洲东岸，穗港经济走廊中段，北连东莞市区。截至2014年，面积125.7平方公里，下辖23个社区居委会，户籍人口10万人，外来常住人口33.8万人。

2014年，厚街镇实现地区生产总值309.34亿元（第一产业1.13亿元，第二产业165.67亿元，第三产业142.54亿元），比上年增长16.72%；全社会固定资产投资总额78.56亿元，增长41.05%；总用电量33.6亿千瓦时，增长4.04%；社会消费与零售投资总额109.63亿元，增长7.67%；实际利用外资0.91亿美元，增长-49.93%；外贸出口总额92.46亿美元，增长-5.34%；各项税收总额51.16亿元，增长16.74%；镇级可支配财政收入30.47亿元，增长72.54%。获评市领导班子年度工作良好镇街，知识产权保护项目获评市"单打冠军"。

【厚街镇重点领域改革】 经济领域改革 2014年，厚街镇建立"宽进"市场体系，推进"两建"（建设社会信用体系、建设市场监管体系）工作，新设立市场主体6777户，比上年增长20%。实施加工贸易增效计划，实现跨境电商货物通关"全国第一票"。完成全国第三次经济普查工作。行政体制改革 推行行政首长出庭应诉、镇和社区法律顾问制度，创新社会综合治理机制，提高依法行政水平。社会体制改革 加快建立社会养老服务体系，铺开21个社区居家养老服务。探索开展居家养老服务"平安铃"业务；选取涌口、白濠社区建立社区综合服务中心（站）。推进公交体制改革，组建镇属公交公司，统筹全镇公交运营改革，扩大公交覆盖范围。土地生态改革 创建国土资源节约集约模范镇，创新闲置土地分类处置，盘活存量土地40.13公顷、处置闲置土地7公顷，获市年度国土管理工作综合一等奖和耕地保护奖。农村综合改革 完善社区集体资产交易办法，理顺镇、社区事权和支出责任，完成社区党工委设置改革，实现社区集体经济经营性总收入、纯收入、净资产三增长，经营性总支出和总负债双下降的局面。

【厚街镇实体经济壮大】 重大平台建设 2014年，厚街镇家具行业木工数控设备技术服务平台通过省科技厅认定，获评广东省"数控"（利用数字化信息对机械运动及加工过程进行控制的一种方法）示范专业镇。家具知识产权快速维权中心投入运营，累计受理调解侵权纠纷19宗、企业提交预审案件121宗，获得授权102宗。自主创新能力增强 实施内外资"双百"（100家外资企业，100家民营企业）企业培育工程，推进近20家企业"机器换人"。培育"两创"（创建名牌名标和创新企业技术）企业创建自主品牌，新增名牌名标6个、专利670件，国家、省、市高新技术企业和企业研发机构分别达26家和5家，发明专利居全市前列，"邓福记食品"获评"广东老字号"。先进制造业增加值占规模以上工业的46.7%，新增规模以上工业企业27家，规模以上工业企业内销率提高到27.2%。现代服务业发展 国际名家具（东莞）展览会与名家居世博园联手打造家具展贸一体化平台，扩建和改造展览中心场馆硬件设施，协办第三届中国加工贸易博览会和首届广东21世纪海上丝绸之路国际博览会，承接国际科技

## 打造东莞城市副中心——厚街

合作周活动，举办各类大型展会20个，总展览面积180多万平方米，比上年翻一番。参与全市跨境贸易电子商务服务试点建设，引导家具、鞋业等行业企业建立电商平台，全镇约60家家具企业运用家具电商。在全市首推工业旅游，成立厚街工业旅游企业联盟，打造首批10家知名企业工业旅游示范点，接待游客逾3.5万人次，拉动消费近5000万元。

**【厚街镇重大项目建设】** *统筹五大板块建设* 2014年，厚街镇高铁板块展开厚街虎门路网接驳工程，城市中心板块中万达广场封顶，创新发展板块启动173.33公顷土地征收工作，会展板块打造展贸一体化平台，生态休闲板块完成土地存量和生态资源情况前期研究。*重大产业项目建设* 完成镇属省市7个重点项目年度投资计划，镇内41个重点项目中，完工投产项目7个；续建项目9个，新开工项目8个，正办理前期手续项目17个，重大项目投资总额达12.8亿元。厚街镇被评为东莞市2014年度重大项目建设管理先进集体。*招商引资* 新引进300万元以上优质内资项目91宗，其中1000万元以上新签内资项目28宗，实际投资总额17.4亿元；新签外资项目32宗，投资总额2.8亿美元；原有外资企业增资扩产16宗，增资4.6亿美元。

**【厚街镇在东莞市率先启动工业旅游项目】** 2014年6月，厚街镇提出将工业旅游列入镇年度重点工作之一，打造珠三角工业旅游“首选地”和省级工业旅游示范点，在全市率先启动工业旅游项目。科学规划，出台工业旅游文件，成立工作领导小组，精选11家知名企业，组建厚街工业旅游企业联盟，抱团拓展工业旅游业务。加大投入，镇财政设立200万元工业旅游专项基金，以“先建后补”“以奖代补”的方式，引导和鼓励工业企业和旅行社发展工业旅游；引导各联盟企业累计投资2500万元，用于打造工业旅游观光车间、产品展示区、企业“导游”培训等旅游配套设施；开通工业旅游专线巴士24个班次，每天免费接送旅客参观各工业旅游企业。搭建平台，加强与主流媒体互动，聚焦报道厚街工业旅游；利用中国会展名镇平台，借助“加博会”“海博会”等展会设立专业展位，推介工业旅游；通过举办推介会、项目启动仪式等大型活动，组织市内、外旅行社负责人亲身体验，推进旅行社参与厚街工业旅游的开发和宣传；开展“每月一企”系列主题活动，为厚街工业旅游集聚人气。推动酒店业和工业旅游“异业同盟”，把厚街的星级酒店与会议经济、工业旅游结合起来，其中嘉华酒店与名家居世博园组成战略合作同盟，为名家居世博园输送上万名游客，名家居世博园则为嘉华酒店客人提供VIP接待、专业导购服务，提升酒店的增值服务，实现“异业同盟”互利互惠。截至2014年，开辟工业旅游线路5条，举办各类交流推介会、采购节、店庆等旅游体验活动超过30次，接待游客逾3.5万人次，拉动消费近5000万元，单日最高接待旅客1600多人次。

**【名家居世博园项目】** 名家居世博园项目（即广东现代国际展览中心二期扩建项目）为2013—2014年东莞市重大项目之一。项目位于厚街镇会展片区核心腹地的家具大道旁，由广东现代国际展览中心投资50亿元建造。项目占地面积5.8万平方米，总建筑面积40万平方米，地上楼高五层33米，集家具（居）展览展示、采购直销、信息交流、工业

① 2014年6月19日，中共中央政治局委员、省委书记胡春华（前排中）在市委书记徐建华（前排右）、市长袁宝成（后排中）等领导的陪同下到厚街镇参观2014年中国加工贸易产品博览会

② 2014年6月18日，副省长招玉芳（第一排左一）、国家质检总局国家标准化管理委员会主任田世宏（第一排右一）、市长袁宝成（第二排左二）、镇委书记万卓培（第二排左一）等领导出席2014中国加工贸易产品博览会开馆仪式

③ 2014年12月30日，副省长李春生（左二）一行到厚街镇绿洲鞋业公司检查消防安全工作

设计和家居物流于一体；地下两层，其中地下一层为品牌饰品馆、二层为可停放900台车辆的立体式停车库。2013年2月28日启动建设，2013年底实现主体竣工，2014年6月21日开馆，共有505家国内外知名家具（饰品）企业进驻，有各类名牌名标近170个，其中包括“兰博基尼”“席梦思”“COMPELAND”“曼丽菲丝”等国际知名品牌17个，“慕思”“楷模”“芝华仕”“年年红”等国家级名牌名标近50个，“城市之窗”“富宝华师傅”等有省级名牌名标近100个。

【广东东莞黄金珠宝生产及配套项目】　2014年10月动工建设，计划2018年底项目整体竣工验收。项目位于厚街镇高新科技工业园，由东莞信泰企业投资管理集团有限公司投资投资21亿元建设。总用地面积16.73万平方米，计划分两期建设。其中项目一期用地面积8.57万平方米，总建筑面积25.54万平方米。建成后将引入5—10家有自主品牌和规模的国内大型黄金珠宝企业设立企业总部，约50家黄金首饰、翡翠玉器和钻石彩宝的中小型企业进驻；建成投资后2年内可实现加工黄金200吨、销售收入800亿元，税收贡献超1亿元。

【金诺黄金装备制造项目】　2014年8月动工建设，计划2016年9月底竣工验收。项目位于厚街镇高新科技工业园内，由东莞金诺珠宝有限公司投资8亿元建设。项目总用地面积7.97万平方米，总建筑占地面积2.69万平方米。项目投产后，填补东莞市乃至全国黄金珠宝行业高端、精准生产设备的空白，与厚街镇正在引进的重大项目——广东国际黄金珠宝城形成黄金珠宝产业的完整产业链条，增强和完备产业要素的集聚度。

【慕思寝具用品生产及配套项目】　2014年10月动工建设，计划2017年10月底竣工验收。项目位于厚街镇高新科技工业园内，由东莞市慕思寝室用品有限公司投资20亿元建设。项目用地面积1.67万平方米，其中一期总占地面积10万平方米，总建筑面积30万平方米，包括寝具用品生产车间、厂品展示中心、寝具用品研发中心以及员工生活配套等。项目一期建成达产后可实现年生产床垫、床上用品等寝具用品约15万套。

【东成石材有限公司新厂项目】　2014年，项目全面封顶，全面进行内部装修和检修安装。项目位于厚街镇河田环湖路，总投资为4.5亿元，其中2014年完成投资1.5亿元。项目用地面积12.47万平方米，总建筑面积7.06万平方米。预计2015年投产，投产后年产天然花岗位石建筑板材60万平方米，年产天然大理石建筑板材60万平方米，年产弧形板材5万平方米，年产拼花产品3万平方米，年产异型石材线条（打磨）150万米。

【厚街文化公园项目】　2014年9月对外开放。项目位于厚街镇寮厦社区，东至环莞快速路，南至富康路延长段，西至飞翔路，北至竹园路，工程总投资2918万元，用地总面积15.65万平方米，建设主要内容包括停车场、公厕、环山径、休闲健身设施、疏林草坪、人工湖、文化雕塑小品等。

【厚街镇城市建设】　2014年，厚街镇围绕打造东莞城市副中心，融入珠江口东岸现代产业集聚区规划发展，完成全镇总体规划修编前期研究工作。配合省市重点交通项目的征地拆迁、施工协调

① 2014年1月24日，副省长陈云贤（右一）到厚街镇慰问务工人员

② 2014年3月16日，省口岸办主任、商务厅副厅长吴军（左四）参观第31届国际名家展

③ 2014年3月16日，国家知识产权局执法处副处长王志超（左一）和镇委书记钱超（右一）出席东莞家具知识产权快速维权援助中心授版仪式

工作。改造环莞快速、家具大道、厚街大道、高速路口等城市道路景观；文化公园一期、富康路环莞快速跨线桥、家具大道标志建成，文化中心主楼封顶；厚沙东路跨线桥春节前投入使用。开展“工改工”（工业区改工业区）项目专题调研，完成厚街镇广场片区、南五旧厂片区单元规划，全镇纳入“三旧”（“旧城镇、旧厂房、旧村庄”）改造共有88宗，涉及用地面积582.33公顷。推进沙塘污水处理厂二期扩建和涌口污水提升泵站建设；完成LED（发光二极管）路灯改造、双岗家具企业环境污染专项整治，以及工业西路、恒通路、飞翔路截污次支管网工程建设；完成白濠社区40公顷、双岗社区66公顷现代标准农田建设；推进全镇市容环境卫生管理市场化运作，厚街镇入围“国家生态乡镇”推荐名单。

【厚街镇民生建设】 *平安细胞建设* 2014年，厚街镇铺开群防群治和出租屋与“三小”场所（小档口、小作坊、小娱乐场所）网格化管理，建设出租屋网络平台。建立“两抢”（抢夺和抢劫）违法犯罪打击激励机制，立命案数比上年下降50%，“两抢”警情和飞车抢夺警情分别下降11%和9.1%。整治“涉黄”违法犯罪活动，关停各类场所272间，查处涉黄案件54宗。*社会矛盾化解* 建设综合应急平台，抓好劳资纠纷和欠薪逃匿预警监控工作，镇综治信访维稳中心受理各类矛盾纠纷案件454宗，办结率96.9%；其中集体上访案件宗数和人次分别下降11.9%和10.8%。解决受理劳资纠纷案件95宗，其中涉及欠薪逃匿案件10宗。*社会保障水平提升* 推进妇女儿童活动中心、残疾人康复中心和厚街公共卫生服务大楼等工程建设；健全住房保障制度，解决12户低收入困难家庭的住房问题。*济困扶贫工作推进* 落实韶关翁源“双到”扶贫工作，启动建设项目9个，合同投资近9亿元，累计完成固定投资近亿元。做好结对低保困难户的脱贫工作，超额完成欠发达社区的扶贫脱贫任务。*教育资源统筹* 投入1.7亿元，推进竹溪中学等7所中小学校舍重建、改建工作，其中竹溪中学新校区投入使用。推进公办中小学网络升级工程和湖景中学教育云平台试点建设，解决1397个新莞人子女入读公办学校，创建三星级与四星级民办学校各两所、市一级幼儿园27所，创建广东省社区教育实验区，通过市推进教育现代化先进镇的评估验收，教育工作综合评分跃升至东莞市第二名。*文化事业发展* 完成厚街文化中心功能设计，完善鳌台书院、厚街图书馆和厚街广场配套设施，升级改造体育公园，创建广东省曲艺之乡，举办全镇性文艺活动480多场次。*社会热点问题解决* 设立“村民车间”37个，安置户籍劳动力约1000人。推行公汽公营，成立镇属公交公司，投入6000万元完善公交服务，新购公交车70台、新开公交线路14条投入运营。立案查处制假售假案件15宗、涉嫌违法建设工程87宗、涉嫌无证餐饮店铺和地下黑作坊9宗。2014年，厚街镇累计投入9.8亿元发展民生事业。

【全国首个家具知识产权快维中心——中国东莞（家具）知识产权快速维权援助中心运行启动】 2014年5月，厚街镇全国首个家具知识产权快维中心——中国东莞（家具）知识产权快速维权援助中心运行启动，实施专利快速预审网络申报，专利审批授权时限由原来4—6个月缩减至10天，同时建立专利纠纷快

① 2014年6月16日，省知识产权局局长马宪民（前排左二）在市委常委、常务副市长张科（前排右一）的陪同下调研中国东莞（家具）知识产权快速维权援助中心

② 2014年10月30日，市委书记、市人大常委会主任徐建华（前排中），市委副书记、市长袁宝成（前排左三）视察海上丝绸之路博览会筹备情况

③ 2014年12月24日，评估验收专家组组长、省督学、广东省第二师范学院成人教育学院院长熊焰（中），镇委书记、镇人大主席万卓培（右六）等领导出席厚街镇申报东莞市推进教育现代化先进镇评估验收总结会

速处理机制。2014年，累计受理调解侵权纠纷19宗、企业提交预审案件121宗，获得授权102宗。

截至2014年，厚街镇健全知识产权工作体系，成立“推进知识产权工作领导小组”，设立200万元的专项经费；成立厚街镇知识产权服务中心家具类工作站，专门负责开展家具产业的知识产权事务，先后配合市知识产权局和市中级人民法院调解或转交行政、司法处理各类知识产权纠纷案件102宗。加快企业知识产权制度的建设，引导企业通过专利、商标等形式构筑保护体系；协助恒锋家具博览中心制定知识产权制度，成为全国唯一一个家具类的知识产权重点保护专业市场。开发应用“家具行业专利预警分析系统”，帮助企业迅速甄别出相似专利，规避“专利陷阱”。

截至2014年，厚街镇累计申请专利1.73万件，授权专利1.26万件，申请量、授权量均位居全市前列；2014年全镇专利申请量2058件、专利授权量1611件，比上年分别增长17.2%、3.8%。培育发展省知识产权优势企业3家，市专利优势企业1家，市专利试点企业8家，市专利培育企业28家。

**【第31届国际名家具（东莞）展览会】** 2014年3月16—20日，第31届国际名家具（东莞）展览会在厚街镇开幕。展会吸引海内外1361家参展商参展，集内地和港澳台地区绝大部分知名家具品牌以及来自美国、意大利等国家的25个国际知名品牌；展会在上届25万平方米展览规模的基础上，新增两个大型展贸平台，展会面积达91万平方米，为历届规模最大的一次。

**【第32届国际名家具（东莞）展览会】** 2014年9月3—7日，第32届国际名家具（东莞）展览会在厚街镇广东现代国际展览中心举办，共占用21个展厅，分为10个展馆，展出面积27.86万平方米。新近落成的名家居世博园作为本届展会的9号馆参加展出，新老展馆同时开展，展会规模达到空前的91万平方米。展会吸引全球150多个国家和地区的参展商、30多万人次参观。

**【东莞市首家汽车电影院投入运营】** 2014年10月20日，东莞市首家汽车影院——华伟四方汽车影院运营，为华南地区唯一一家合法与院线同步的汽车电影院。该汽车电影院位于厚街涌口社区华伟四方汽车商贸园内，首期工程配备一块8米高、16米宽的大屏幕，由大地数字影院加盟商负责运营，每晚选取2—3部票房热门电影播放（暂不播放3D电影），可同时容纳50辆私家汽车停泊观影，每台车进场买票观影价格为150元/晚。该汽车电影院提供“无声”屏幕，观众则利用车内音响通过特设频道信号收看电影，并通过管道输送冷气到汽车内，观众收看电影时可停车熄火，满足省油、环保和自我空间的需求。

**【2014中国（东莞）国际科技合作周在厚街镇举行】** 2014年12月2—5日，以“智慧城市、智能制造”为主题的2014中国（东莞）国际科技合作周暨招才引智活动，在东莞市厚街镇广东现代国际展览中心举行，来自全球23个国家的科研人才携最新科技创新成果参加。本届国际科技合作周设有“科技展览、高峰论坛、项目洽谈、授牌签约”专题30多项子活动。突出物联网、云计算、移动互联、大数据、数控一代、机器人、智能装备、3D打印的新技术，结合科技、金融、人才与产业融合发展的新趋势，拓展科技合作与招才引智的新渠道，采用全新O2O（线上到线下）技术成果对接的新方法，充分发挥国际科技合作的新优势，全面集聚项目、技术、资金、人才、载体等创新要素，着力推动企业的技术创新和产业优化升级。全国数控一代工作研讨会也与国际科技合作周同期举办，全国16个数控一代示范省市的科技部门代表参会，就数控一代示范工作进行经验交流和成果展示。

① 2014年6月20日，厚街工业旅游项目启动

② 2014年10月31日，海上丝绸之路博览会开幕

③ 厚街镇体育公园　（方耀森　摄）

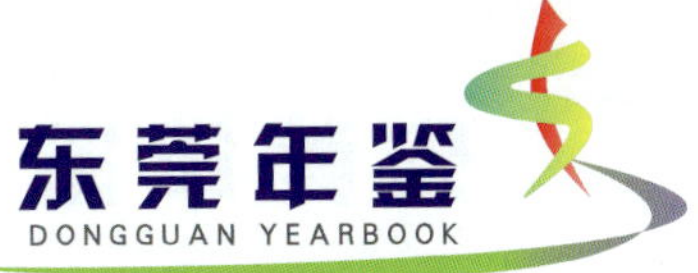

**【“龙昌杯”第八届亚洲机器人锦标赛在厚街镇举行】** 2014年12月1—4日“龙昌杯”第八届亚洲机器人锦标赛在东莞市厚街镇的广东现代国际展览中心举行。大赛由东莞市人民政府和亚洲机器人联盟共同主办，中国教育学会中小学信息技术教育专业委员会、东莞市科学技术局、东莞市教育局、东莞市经济和信息化局、东莞市科学技术协会、东莞市广播电视台、东莞理工学院、东莞市厚街镇人民政府、台湾人形机器人学会（台湾）、华夏技术学院（台湾）、澳门机器人发展协会（澳门）、Dongbu Robot（韩国）、Enhance Innovation Pte Ltd（新加坡）和香港博思联合协办。有来自新加坡、夏威夷、中国大陆、中国香港、中国澳门、中华台北等国家及地区的238支参赛队伍约1200人参加。参赛队伍及人数均创历届比赛之最。其中广东省共有24支队伍参加比赛。大赛设有四个项目，分别是：VEX机器人工程挑战赛、VEX IQ机器人竞赛、BDS机器人工程挑战赛、人型机器人竞赛。其中VEX 机器人工程挑战赛项目和VEXIQ机器人竞赛的优胜队伍获得2015年VEX和VEXIQ机器人世界锦标赛的资格。本次比赛设有52个专项奖，80个冠亚季军奖项。东莞代表队在本次比赛中取得优异成绩，取得3个专项奖，4个冠军，合计18个奖项。

**【广东21世纪海上丝绸之路国际博览会在厚街镇举办】** 参见“区域合作·扶贫开发”类目第167页“广东21世纪海上丝绸之路国际博览会”条目。

（王锦霞）

**附：2014年东莞市厚街镇党委、人大、政府主要领导名录**

镇委书记：钱　超（4月离任）
　　　　　万卓培（4月任）
镇人大主席：钱　超（4月辞任）
　　　　　　万卓培（4月任）
镇　长：万卓培（4月辞任）
　　　　蒋亚军（4月到任）

③

## 2010—2014年厚街镇主要经济指标

| 指标＼年份 | 2010 | 2011 | 2012 | 2013 | 2014 |
|---|---|---|---|---|---|
| 户籍人口（人） | 96939 | 98121 | 98557 | 99296 | 100166 |
| 常住人口（万人） | 43.83 | 43.97 | 44.16 | 44.25 | 43.79 |
| 面积（平方公里） | 126.15 | 126.15 | 126.15 | 126.15 | 125.7 |
| 生产总值（万元） | 1981416 | 2170463 | 2535484 | 2650175 | 3093400 |
| 第一产业（万元） | 9108 | 9736 | 10077 | 10792 | 11267 |
| 第二产业（万元） | 1063475 | 1149481 | 1445170 | 1365660 | 1656709 |
| 第三产业（万元） | 908833 | 1011247 | 1080237 | 1273723 | 1425424 |
| 总用电量（万千瓦时） | 327126 | 328340 | 325508 | 322975 | 336025 |
| 全社会固定资产投资总额（万元） | 378074 | 391163 | 438116 | 556975 | 785597 |
| 社会消费品零售总额（万元） | 678036 | 794542 | 898006 | 1018878 | 1096277 |
| 外贸出口总额（万美元） | 507157 | 682056 | 900540 | 976850 | 924639 |
| 实际利用外资（万美元） | 12120 | 15121 | 17243 | 18238 | 9131 |
| 镇级可支配财政收入（万元） | 93565 | 111564 | 123424 | 176574 | 304663 |
| 各项税收总额（万元） | 245523 | 298739 | 343628 | 438239 | 511568 |
| 城乡居民储蓄存款余额（万元） | 2143817 | 2337351 | 2605903 | 2854266 | 2811184 |

① 2014年1月3日，厚街镇23个社区党工委统一揭牌。图为镇长万卓培（左四）出席厚街社区工作委员会揭牌仪式

② 2014年2月25日，厚街镇召开党的群众路线教育实践活动动员大会

③ 2014年8月6日，由市中级人民法院设立的知识产权（家具）巡回审判庭启动

④ 2014年6月18日，2014中国加工贸易产品博览会在广东现代国际展览中心开馆

⑤ 涌口社区龙舟文化（姚泽林　摄）

⑥ 田园厚街（陈成基　摄）

⑦ 2014年8月26日，厚街社区平安志愿者启动仪式

① 2014年6月21日，名家居世博园开业（刘包稳 摄）

② 厚街夜景（张似平 摄）

③ 远眺厚街（陈成基 摄）

## 沙田镇·虎门港

【沙田镇、虎门港概况】　沙田镇、虎门港位于东莞市西南部，东江南支流出海口与狮子洋交汇处。截至2014年，面积111.5平方公里，沙田镇下辖16个村委会和2个社区。虎门港是1997年经国务院批准的国家一类口岸，也是东莞市龙头园区、首批对台直航港口之一，规划岸线22.3公里，泊位100个，总吞吐能力超1亿吨。户籍人口4.28万人，常住人口17.94万人。

2014年，沙田镇、虎门港实现地区生产总值93.38亿元（第一产业2.10亿元，第二产业42.51亿元，第三产业53.14亿元），比上年增长9.2%；全社会固定资产投资总额41.31亿元,增长24.8%；总用电量13.3亿千瓦时，增长12.8%；社会消费与零售投资总额19.07亿元，增长10.6%；实际利用外资0.99亿美元，增长14.1%；外贸出口总额29.8亿美元，增长135%；各项税收总额20.12亿元，增长30%；镇级可支配财政收入10.74亿元，增长-8.4%。

【沙田镇、虎门港港口发展】　2014年，沙田镇、虎门港新开通内贸航线6条，开展国际转运和配载台湾直航出口业务，码头作业能力达到沿海干线港口领先水平，港口运营效益和竞争力显著增强。码头泊位建设步伐加快，9-10号泊位及11个3000吨级驳船泊位建设启动，1—4号泊位建设前期工作有序推进。实行智能化通关改革，率先实施“三个一”（海关与检验检疫机构对进出口货物一次申报、一次查验、一次放行）通关模式，提升海关“24小时预约通关”的服务质量。东莞全港货物吞吐总量1.3亿吨，其中镇港货物吞吐量1.06亿吨；东莞全港集装箱吞吐量289.23万标箱，比上年增长45.6%，其中虎门港集团集装箱吞吐量229.36万标箱，增长51.6%，增幅连续3年保持全国超百万标箱集装箱港口第一位，成为珠三角第二大内贸港区。

【沙田镇、虎门港转型升级加快】　2014年，沙田镇、虎门港加大“科技沙田”扶持力度，推动4家企业设立研发机构，新认定国家级实验室1家、国家高新技术企业2家，专利授权增速全市排名第三位。推动1家企业成为东莞上市后备企业。加快“企业信息化平台”建设，减免和规范涉企收费，推进“领导挂点帮扶企业”工作，解决企业用工、用电等问题，组织企业参加“加博会”“海博会”等重大展会。

【沙田镇、虎门港重大项目建设推进】　2014年，沙田镇、虎门港统筹镇港招商资源，实施大项目、优质项目战略，先后引进易商等一批重大项目，投资总额约124亿元，超额完成100亿元年度招商目标。全年合同利用外资1.4亿美元，比上年增长36.7%；实际利用外资完成9932万美元，增长14.1%。健全挂钩督导、问责问效机制，推行现场办公模式，协调解决存在问题，推进重大项目建设，12个市重大建设项目累计完成投资21.2亿元，增长53.9%，其中4个项目

## 生态港湾新城——沙田镇·虎门港

⑪

超额完成年度投资任务。20个镇港年度开工项目中，9个项目动工，11个项目完成填土。

【沈恒粮油油脂深加工项目】　该项目选址麻涌港区新沙南作业区。总投资13.9亿元，用地面积16.66公顷。规划建设年产大豆油31万吨、豆粕124万吨、菜籽油32万吨、菜籽粕44.5万吨、棕榈油31万吨、小包装油18.6万吨、蛋白饲料48万吨和特种油18.6万吨的油脂深加工项目。2014年新开工项目。2014年，完成投资1.71亿元。

【海昌船务散杂货码头泊位项目】　该项目选址麻涌港区新沙南作业区。总投资11.6亿元，用地面积12.6公顷。使用岸线275米，建设规模为2个5万吨级散杂货泊位，结构按靠泊7万吨级散货船设计，设计年通过能力500万吨。2014年续建项目，是省重点建设项目。2014年，完成投资3.5亿元。

【虎门港益海嘉里粮油项目】　该项目选址麻涌港区新沙南作业区。总投资11.07亿元，用地面积13.33公顷。通过引进全球淀粉制糖技术最先进的法国Tereos Syral公司参与项目合作，规划年产谷元粉、各类代糖、糖浆等60万吨。2014年续建项目。2014年，完成投资4.87亿元。

【天津聚龙集团华南区粮油产业总部项目】　该项目选址麻涌港区新沙南作业区。总投资约20亿元，用地面积16.67公顷。规划建设20万至25万吨油脂仓储、100万吨的油脂加工及年包装1500万箱的包装油系统、年产50万吨的油脂深加工项目。2014年新开工项目。2014年，完成投资1.33亿元。

【易商招商食品加工项目】　该项目选址麻涌港区新沙南作业区。总投资9.25亿元，用地面积14.07公顷。规划建设1栋冷库、6栋多层钢筋混凝土框架式坡道仓库及项目配套设施等，以生鲜食品的采购加工和分销为主业。2014年新开工项目。2014年，完成投资0.12亿元。

【宏川化工码头仓储项目】　该项目选址立沙岛作业区。总投资9.8亿元，用地面积13.8公顷。规划建设一座5000吨级液体化工码头（长245米），年吞吐量120万吨；储罐59座、总罐容21.8万立方米。2014年新开工项目。2014年，完成投资1.05亿元。

【中油建兴立沙岛石化仓储项目】　该项目选址立沙岛作业区。总投资5.9亿元，用地面积13.8公顷，规划建设总库容40万立方米，配套柴油储油区、汽车装车设施、码头装船设施、油气回收设施及与其相配套的辅助生产及公用工程、生产管理设施等系统。2014年续建项目，为省重点建设项目。2014年，完成投资3.22亿元。

【盛源石化珠三角航空油品仓储项目】　该项目选址立沙岛作业区。总投资5.3亿元，用地面积19.8公顷。规划建设46.1万立方米储罐。2014年续建项目。2014年，完成投资1.8亿元。

① 2014年9月12日，中共中央政治局委员、国务院副总理汪洋（前排左四）到虎门港调研外贸工作

② 2014年9月3日，省委常委、常务副省长徐少华（前排右二）率省调研组到虎门港实地考察跨境电子商务发展情况

③ 2014年11月20日，市委书记、市人大常委会主任徐建华（前右二）到镇港调研市重大项目进展情况

【虎门港综合客运码头项目】　该项目选址西大坦作业区。总投资约5亿元，用地面积19.27公顷。岸线总长264.4米，规划建设工作船码头、水上观光客运码头及游艇码头，建设规模为3个500吨级水上观光客运泊位和208个游艇泊位，旅游客运泊位年设计通过能力为54万人次。2014年续建项目。2014年，完成投资1.34亿元。

【9号、10号泊位项目】　该项目选址西大坦作业区。总投资约12亿元，项目面积49公顷，其中用地面积44.91公顷。岸线总长648米，规划建设2个5万吨级（结构预留7万吨级）集装箱泊位和4个工作船泊位，年设计通过能力为件杂货60万吨，集装箱20万标箱，滚装汽车26万辆。2014年新开工项目，为省重点建设项目。2014年，完成投资1.2亿元。

【虎门港沙田港区西大坦作业区驳船码头】　该项目选址西大坦作业区。总投资8.36亿元，用地面积25.4公顷。项目岸线总长约1290.3米，规划建设11个3000吨级内河泊位（可兼顾靠泊15艘2000吨内河驳船）和部分工作船泊位（结构按3000吨级内河船设计），年设计通过能力为件杂货344.4万吨，集装箱20.9万标箱。2014年新开工项目。2014年，完成投资0.89亿元。

【联想增益供应链华南总部基地项目】　该项目选址虎门港西大坦作业区。总投资24.6亿元，用地面积25.63公顷，规划建设分拨中心及运营中心、冷库、生鲜加工区、交易区、宿舍楼、配套服务设施等，总建筑面积59.5万平方米。2014年续建项目。2014年，完成投资0.18亿元。

【沙田镇、虎门港港城建设】　2014年，沙田镇、虎门港确立“生态港湾新城”的总体目标，依托东江南支流水岸，整合优化滨海岸线资源和城镇空间资源，通过规划建设港湾大桥，将立沙岛、泥洲岛与虎门港主港区连成一片，促进镇港城市连片、码头联动、产业集约，建设“一江两岸”生态宜居的港湾水岸生活区，打造西南组团滨海新城重要支点。坚持路网先行，推进镇港交通路网的“内联外拓”，启动9条道路的建设前期工作，西大坦作业区中路等7条道路开工建设，银通路等4条道路建成通车。建成特勤消防站、危险品应急中心、口岸大楼2号楼等配套工程，加快推进污水管网和电网建设、供水管网改造，基础设施配套进一步完善。推进城市精细化管理，大力整治城市“六乱”，推进农村环境综合治理。

【沙田镇、虎门港生态建设】　2014年，沙田镇、虎门港整治环保城，电镀污水处理厂、印染污水处理厂（一期）及配套管网建成投入使用，阇西运河、稔洲运河等清淤工程完工，集中清理无证照污染企业130家，引导“两高一低”企业有序退出。节能减排工作成效显著，超额完成黄标车淘汰年度任务。优化环境，基本建成穗丰年水道疍家文化体验园，做好水乡生态林网保育管护，新增生态景观林带14.9公里。

【沙田镇、虎门港征地拆迁安置工作实现突破】　2014年，沙田镇、虎门港新增统筹用地83.53公顷，累计完成率

① 2014年7月1日，跨境电子商务平台在虎门港率先启用，海关总署科技发展司司长陈振冲（前排左三），市委书记、市人大常委会主任徐建华（前排左二），市委副书记、市长袁宝成（前排左四）等出席系列活动

② 2014年初，市委副书记、市长袁宝成（右三）到镇港调研重大项目建设情况

③ 2014年8月28日，市委副书记姚康（右四）率市水乡管委会、市文广新局、市城乡规划局、市旅游局相关负责人来到沙田镇、虎门港，调研穗丰年水道疍家文化体验园建设情况

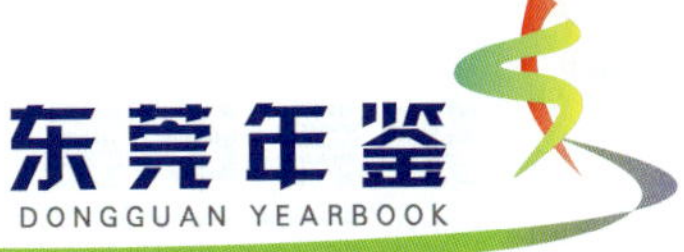

96%，新拆除房屋887户，累计完成率95%，虎门二桥征地拆迁推进；立沙花园三期竣工分房，西大坦安置区四期和穗丰年新区一期建设步伐加快，民田安置区建设前期工作启动。

【沙田镇、虎门港集体经济发展】 2014年，沙田镇、虎门港深化农村综合改革，落实26项改革任务，理顺村民小组管理关系，完成村组经济统筹。加强集体资产管理，农村集体资产交易平台系统全面上线运行，完成村级资产交易点建设。制定村组增资减债工作方案，通过建立还贷基金、闲置资金还款、理顺村组历史债权债务，促进集体资产保值增值。按照“政府统筹、公司运作、收益分成”的思路，统筹开发虎门港10%留用地，引进龙马化工、九丰CNG母站等优质项目落户。做好镇内扶贫工作，引导欠发达村参股虎门港通盈仓储项目，4个欠发达村年纯收入平均增长18.2%。村组两级总资产30.2亿元，比上年增长2.5%；纯收入1.7亿元，增长3.2%；负债率27.3%，下降1.5个百分点。

【沙田镇、虎门港民生事业】 2014年，沙田镇、虎门港做好就业工作，发放就业补贴1488.3万元，帮助450多名户籍群众实现就业，应届毕业生就业率达100%。完善社会保障和困难群众救助体系，发放各类补助3500万元。加快完善民生设施，新横流大桥等多项民生工程建成投入使用。健全医疗卫生服务体系，投入1000万元财政资金完善沙田医院医疗设备，落实卫生站转型及监管。市外扶贫“双到”工作成效明显，总投资607万元的56个帮扶项目推进。

【沙田镇、虎门港文体教育】 2014年，沙田镇、虎门港成功创建省社区教育实验区和市推进教育现代化先进镇，第一幼儿园开园，实现100%户籍儿童入读公办幼儿园，落实完善新莞人积分入学工作，公办中小学招收积分制入学和企业人才入学253人；建立教育信息网，推广应用“微课掌上通”。举办龙舟巡游、环保登山等文体活动，组织女子龙舟队参加广州国际龙舟邀请赛；实施文化惠民工程，《蓝色的路》获得省第六届群众音乐舞蹈花会金奖。

【沙田镇、虎门港人口计生管理】 2014年，沙田镇、虎门港完成市政府下达的常住人口政策生育率95%的目标任务，通过省市人口计生检查考核。强化流动人口计生工作力度，开展新莞人服务管理协作工作，实现“统一采集管理，多家共享使用”，全员人口信息覆盖率达100%。提升人口计生优质服务水平，超额完成市下达的优生优育任务。加强计生宣传及利益导向机制，开展“人口文化节”等活动，为群众提供全方位的计生便民服务。

【沙田镇、虎门港社会治理】 2014年，沙田镇、虎门港推进社会治安防控体系建设，升级治安视频监控系统，改造高清视频监控点140个，推进平安医院、平安公交创建，加强安置区赌博、盗窃等治安防控，整治“涉黄”违法犯罪，开展社会治安“6+1”专项行动，侦破案件399宗，摧毁各类违法犯罪团伙11个，有效维护社会平安稳定。加强矛盾纠纷排查调处，排查受理案件178宗，调处化解率93.3%，妥善处置各项社会不稳定因素。狠抓安全生产、消防安全、食

① 2014年4月15日，沙田镇第十六届人大第七次会议召开，詹志斌（左一）当选沙田镇人民政府镇长

② 2014年6月3日，易商招商食品东莞项目签约仪式举行

③ 2014年10月，虎门二桥项目东莞（沙田段）征收委托协议签约仪式举行

品药品安全等专项整治行动，严格落实安全生产“一岗双责”，突出抓好立沙岛精细化工园监管，建设危险化学品应急救援专业队，抓好“三防”和应急工作，全年未发生较大以上安全事故。

【沙田镇、虎门港跨境电子商务产业发展势头迅猛】 2014年，虎门港成功获批市跨境电商产业园。扶持虎门港启盈国际快件中心发展，该中心是集进出口快件通关、仓储、装卸、分理及物业租赁、物流信息综合处理等各项物流服务为一体的现代化国际快件通关中心，是全国首个接入海关总署跨境B2C贸易电子商务通关服务平台的海关监管场所。7月1日，海关总署跨境电商通关服务平台率先在东莞投入使用，启盈国际快件监管中心作为新系统测试试点的海关监管场所，在虎门港率先发出跨境电商货物通关 “全国第一票业务”。此外，启盈国际投资公司将与阿里巴巴菜鸟网、海航集团和天天快递等战略合作伙伴投资建设跨境电商综合服务平台。2014年累计出口货物5.5万票。

【东莞保税物流中心进出口货物总值跃居全国四强】 2014年，沙田镇、虎门港发展保税物流业务，拓展东莞保税物流中心功能，加快物流仓储及配套设施建设，计划开发仓储设施20万平方米，投入使用8万平方米。2014年，东莞保税物流中心完成进出口业务量15.09万票，比上年增长31.9%；货物总值65.21亿美元，增长14.6%，跃居全国保税物流中心（B型）四强。依托东莞保税物流中心全力加快申报建设综合保税区，按照“边申报、边招商、边建设”的工作思路，同步启动发展规划研究、修建性详细规划、征地拆迁等工作，并依托港口和东莞保税物流中心，推进园区招商工作，整合启盈跨境电商、普洛斯现代物流、百兴物流、联想增益供应链等综保区规划红线范围内的原有项目，推动综保区建设和管理早日出效益。

【穗丰年水道示范片区疍家文化体验园】 2014年，沙田镇、虎门港坚持开发与保护并重的原则，充分发挥滨海水韵特色优势，建成穗丰年水道疍家文化体验园，打造水乡建设亮点，形成纵贯南北的生态水道绿廊，营造城水相融、水绕城走的特色景观。穗丰年水道疍家文化体验园水道全长14公里，包含南环河、穗丰年河、淡水湖等两岸景观，向南延伸至狮子洋，北部连通杨公洲仁和特色村，全线分为临海段、乡野段、城韵段，临海段以生态保育为主，建设红树林景观、亲水广场、水上绿道、“祭海开渔广场”等；乡野段突出人文与景观相结合，恢复浓缩疍民历史上在珠江流域生产生活的场景，让居民和游客领略原生态的疍家生活劳作方式；城韵段规划建设商旅服务区，打造疍民文化体验项目，举办咸水歌会，疍家嫁娶婚庆仪式等文化活动；建设疍家美食一条街，推出一系列特色疍家美食；建设疍民服饰文化展览馆。

【通关信息平台建设】 2014年，沙田镇、虎门港加快通关信息平台建设，物流监控、船舶动态信息、船舶舱单传输、运抵报告申报、通关信息查询、海关业务管理等六大系统全面上线使用，初具地方电子口岸的雏形，在基础软硬件搭建、数据传输网络、系统功能建设等方面均满足各单位的需求。该平台自应用以来累计收发数据约600万条，为通关企业提供全天候不间断服务，共57家企业、170个用户通过通关信息平台进行海关业务申报。 （饶志旋）

**附：2014年沙田镇党委、人大、政府和虎门港管委会主要领导名录**

镇委书记、镇人大主席、管委会工委书记：邓流文

镇长、管委会主任：贾贵斌（任至4月）
詹志斌（4月到任）

① 2014年11月28日，鲑沙花园三期举行分房抽签

② 2014年9月5日，沙田镇欢送应征青年

③ 2014年12月17日，东莞市港口水域污染事故应急演练在立沙岛危化作业区海湾石油公司码头水域举行

## 2010—2014年沙田镇·虎门港主要经济指标

| 指标＼年份 | 2010 | 2011 | 2012 | 2013 | 2014 |
|---|---|---|---|---|---|
| 户籍人口（人） | 40697 | 41330 | 41789 | 42266 | 42828 |
| 常住人口（万人） | 17.75 | 17.82 | 17.96 | 18.01 | 17.94 |
| 面积（平方公里） | 107 | 107 | 107 | 111.5 | 117.7 |
| 生产总值（万元） | 789913 | 780132 | 711775 | 847173 | 977426 |
| 第一产业（万元） | 12903 | 15098 | 16940 | 18143 | 20998 |
| 第二产业（万元） | 470002 | 423610 | 368149 | 398937 | 425057 |
| 第三产业（万元） | 244052 | 285406 | 326685 | 430094 | 531371 |
| 总用电量（万千瓦时） | 105815 | 104589 | 107365 | 117701 | 133000 |
| 全社会固定资产投资总额（万元） | 203184 | 199191 | 187391 | 331000 | 413096 |
| 社会消费品零售总额（万元） | 87729 | 128775 | 143955 | 157359 | 190731 |
| 外贸出口总额（万美元） | 79514 | 85791 | 84391 | 119033 | 297974 |
| 实际利用外资（万美元） | 3105 | 2497 | 3962 | 8470 | 9932 |
| 镇级财政总收入（万元） | 44093 | 46450 | 52030 | 109025 | 107363 |
| 各项税收总额（万元） | 82215 | 100419 | 107652 | 154693 | 201172 |
| 城乡居民储蓄存款余额（万元） | 430431 | 485443 | 548784 | 601489 | 615987 |

注：2010—2012年为沙田镇数据；2013年为沙田镇·虎门港数据。

③

东莞年鉴
DONGGUAN YEARBOOK

① 鲩沙花园
② 穗丰年水道示范片区疍家文化体验园
③ 立沙岛石化工业园
④ 2014年12月14日，沙田镇举行第四届自行车公开赛
⑤ 盛源石化珠三角航空油品仓储项目基本建成
⑥ 虎门港集装箱码头
⑦ 镇港中心区

④

⑤

⑥

⑦

## 长安镇

【长安镇概况】 长安镇地处东莞市南端，东邻深圳市，南临珠江口，西连虎门港，北倚莲花山，G107国道、S358省道、广深高速、虎岗高速、广深沿江高速公路贯通全镇，是广深交通往来的南大门。截至2014年，全镇陆地面积98平方公里，下辖13个社区，户籍人口4.77万人，常住人口66.23万人。

2014年，长安镇实现地区生产总值336.93亿元（第一产业0.45亿元，第二产业229.51亿元，第三产业106.96亿元），比上年增长8.3%；全社会固定资产投资总额49.58亿元,增长-23.21%；总用电量60.56亿千瓦时，增长6.38%；社会消费品零售总额72.53亿元，增长8.8%；实际利用外资36759万美元，增长5.38%；外贸出口总额90.04亿美元，增长5.74%；各项税收总额75.16亿元，增长17.3%；镇级可支配财政收入20.02亿元，增长7.5%。

【长安镇经济发展】 重大项目建设 2014年，长安镇加大力度推进各重大项目建设。步步高、长发光电、龙辉科技3个市重大项目累计完成投资4.5亿元，完成年度投资计划的101%。促成加多宝公司增资8亿元建设新厂，促成恒业集团增资6亿元，建设广东恒业包装科技有限公司。内外源经济发展 长安镇实际利用外资3.7亿美元，企业进出口总额176.59亿美元，比上年增长13.0%，其中，出口总额90.0亿美元，增长5.7%。在外资的带动和政府的扶持推动下，长安民营经济不断发展壮大，全镇实际利用内资19.8亿元，投资100万元以上的民营企业达到1440家，注册资金总额16.73亿元。民营企业名牌名标创建工作成绩喜人，有中国名牌产品2个，中国驰名商标5个，广东省名牌产品15个，广东省著名商标14个。集体经济管理 长安镇各社区居组两级集体经营纯收入10.6亿元，比上年增长8.5%；债务控制良好，各社区债务总额下降15.9%。镇属集体企业长安集团加强改革创新，各项管理制度日趋完善，逐步实行现代企业管理。2014年，长安集团实现产值103.69亿元。

【长安镇转型升级】 特色产业水平提升 2014年，长安镇加快发展五金模具和电子信息两大特色产业，科技水平和产业竞争力不断提升。规模以上电子信息产业产值达到800.1亿元，比上年增长23.9%；规模以上五金模具产业产值164.3亿元，增长16.3%。成功举办第十四届中国（长安）国际机械五金模具展览会，吸引400多家中外企业参展。国家模具产品质量监督检验中心落户长安。2014年，长安五金机械模具基地被评为广东省第二批外贸转型升级专业型示范基地。科技创新 2014年，长安镇国家高新技术企业达到37家，省、市民营科技企业分别达到64家和165家，专利申请量3128件，居全市第一。科技奖励和产业升级扶持政策进一步配套完善，产学研合作有效开展，推动企业建立2个博士后科研工作站、1个省院士专家企业工作站，37个产品获“广东省高新技术产品”称号。东阳光公司“创新制剂国际化与产业化团队”入选广东省第四批创新科研团队；劲胜公司“高性能碳纤维复合材料在精密结构件上的应用及产业化创新创业科研团队”入选东莞市引进第一批创新科研团队。现代服务业发展 2014年，长安镇依托自身产业基础和区位优势，发展电子商务等现代服务业，与市邮政局合作，建设东莞市跨境贸易电子商务东莞邮政（长安）产业园。创新企业融资服务，鼓励金融机构加大对重点工程建设、中小企业等的信

## 建设“现代制造名城，湾区创新都市”——长安镇

①

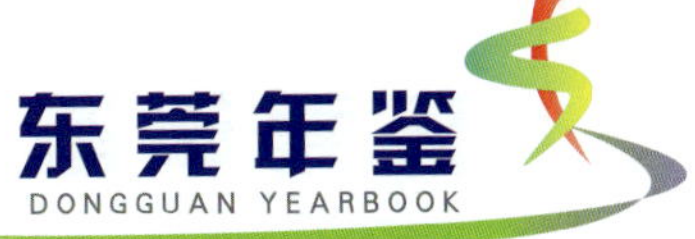


贷支持，通过成立投资中心、组织银企对接等措施，扶持成长性好的中小微科技企业，帮助企业融资8.5亿元。

【步步高研发生产项目】　2014年，该项目完成投资1.76亿元，累计完成投资6.43亿元，占总投资的17.1%。研发中心一期（宿舍楼）封顶；生产基地的vivo总部7月26日动工；小天才制造中心完成初步勘探，进行地基沉降处理施工图修改工作和工程预算编制。项目总用地面积为63.6公顷（其中研发中心用地3.6公顷，生产基地用地60公顷），总投资为37.5亿元（其中研发中心7.5亿元，生产基地30亿元），总建筑面积125万平方米（其中研发中心18万平方米，主要建设动漫产业研发楼、教育电子产品研发楼等设施；生产基地107万平方米，主要建设步步高教育电子厂区、步步高通信科技厂区及欧珀移动通信厂区）。生产基地主要生产智能手机、音乐手机、电话机、家教机、点读机、学习机等产品，建成后预计年产值约600亿元。

【长发光电研发生产项目】　2014年，该项目投资1.36亿元，累计完成投资2.50亿元，占总投资的39.7%。项目1号楼完成建设，2号楼建设至第三层，5、6、8号楼12月底动工建设。该项目位于长安厦岗社区复兴工业园，由东莞长发光电科技有限公司新建。总用地面积6.67公顷，总投资额6.3亿元，总建筑面积17.37万平方米，主要生产经营3D裸视产品、LED光电产品。2013年10月28日开工建设，预计2015年12月建成投产。预计投产后可实现年产值30亿元，实现税收1.5亿元，招收员工5000人。

【广东龙辉科技研发生产中心项目】　2014年，该项目投资1.20亿元，累计完成投资1.22亿元，占总投资20.06%。于9月30日动工，桩基工程结束，验桩工作完成，进行地基工程及厂房、宿舍建设。该项目位于长安沙头社区，隶属于龙光电子集团，是该集团推进产业升级的重点项目，属2014年新开工项目。项目总用地面积10公顷，建筑面积为20万平方米，总投资额达6亿元，将分两期建设龙光电子集团总部大楼，网络、通讯设备类产品研发中心及总装车间。项目全面投产后，员工可达4000人，预计年产值20亿元，每年实现近1亿元的税收。

【长安镇城市建设】　*城市规划*　2014年，长安镇启动第六轮总体规划修编工作，编制完成厦岗、乌沙南及新安南三个片区的控制性详细规划，以及公共交通、加油加气站等专项规划；规划建设科技商务区和人文生活区。做好长安新区收地工作，全面完成800公顷收地任务。*基础设施建设*　建成实验小学、青少年活动中心、体育馆等，推进莲花古寺建设。S358省道升级改造基本完工，推进新安大桥规划建设。完成霄边排涝站、沙涌排涝站和三八河渠道等水利工程。为长青街、霄边大街等加装防护栏和隔离栏，对全镇各道路66个路口的电子监控系统进行完善，优化红绿灯设置。推进“三旧”改造，推动小天才科研中心等6宗改造项目，首宗“三旧”改造大型商住项目万科广场建成开业。*生态环境保护*　推进节能减排，加强环保监管，严防企业违法排污。推进电镀、印染专业基地建设，A区12家电镀企业及民成污水处理站完成整改，B区电镀污水处理站完成主要污水处理设备安装。认真落实南粤水更清行动计划，着力抓好茅洲河、人民涌的污染整治工程。加强园林建设，编制《长安镇林业发展中长期规划（2015—2025）》，2014年长安镇植树7.5万株，造林总面积55.85公顷。

【长安镇社会治理】　*社会秩序和安全*　2014年，长安镇抓好“平安建

①　2014年9月11日，国务院副总理汪洋（前排左四）、省长朱小丹（前排左三）等领导到长安镇调研外贸工作

②　2014年9月19日，省政法委副书记、省综治办主任杨日华（中排左三）到长安公安分局指挥中心调研

③　2014年9月3日，市委书记、市人大常委会主任徐建华（前中）到长安镇调研经济社会各项事业发展情况

设”，制定总体方案、“平安细胞”工程建设方案。抓好重点治理，推进“扫黄”“打乞”“六大专项”等行动，2014年破获刑事案件1878宗，其中“涉黄”刑事案件32宗。注重科技强警，投入5700多万元建设和升级治安视频监控系统。成立东莞市首个平安建设促进会。突出加强校园安保，投入570万元完成东莞市首个教育信息化试点工程。法治建设　推进“矛盾化解年”工作，实行“一村居一法律助理”制度，招聘16名社区法律助理，协助社区综治信访维稳工作站（室）调处矛盾纠纷，引导上访者走司法途径解决，受理群众投诉、上访案件1425宗，调结1382宗，调解成功率96.9%。加强法治宣教，整合各类普法资源，推进“法治文化广场、法治文化网络平台、法治文化小区”等三个阵地建设，举办普法活动122场次，创建为“广东省法治文化建设示范镇”。社会服务　做好社区综合服务中心（站）建设和运营，新选定在霄边农民公寓建设霄边社区综合服务站。成立25个社区社会组织，在信义小区引进社工服务，培育、孵化社区社会组织，开展“社工+志愿者+业委会成员”的社区服务新模式。组建兴趣、增能、社交等各类小组53个，开展活动341次，服务近4000人次。

【长安镇公共安全】　安全生产、消防安全　2014年，长安镇落实安全责任制，加强对危险化学品、燃气、建筑施工、特种设备等重点行业和领域的安全检查，整治各类安全隐患，推动落实安全措施；开展安全生产月活动。建立消防安全管理信息系统，形成三级火灾防控网，对网格内的各类单位、场所实行动态监管，重点加强对“三小”场所、出租屋等的安全检查，严防火灾事故的发生。整改火灾隐患708处，清拆“三小”场所6218个，未发生重特大安全事故。交通安全　改善公交环境，投资8000多万元购置190辆LNG公汽并投入运营，将公的数量由100辆增加到180辆。开展交通执法检查，打击“黑的”、电动三轮车非法营运，以及超载、超速等行为；开展“治摩”统一行动。查扣各类违法车辆3000多辆。食品药品安全　成立东莞市食品药品监督管理局长安分局，承接由工商、质监、城市综合管理等部门分别划转的食品流通、食品生产小作坊、无证照食品生产经营，以及由市食药监局下放的“三品一械”安全监管职能。加强食品药品安全监管，实行餐饮单位量化分级，严厉打击制假售假等行为。检查餐饮服务单位1353户次、食品流通单位1120户次、“三品一械”52户次；创建3家中小学、幼儿园示范食堂；抓好防疫和医疗卫生安全，成功防控登革热、H7N9等疫情。打击非法行医，检查110间医疗机构，规范医疗机构经营行为；建设完善社区医疗卫生机构，满足群众就医需求。

【长安镇社会民生】　教育事业　2014年，长安镇启动全镇公办学校扩建工程，增加公办学位。实施素质教育，中考总平均分全市第二，优秀率达62.64%；成立首批5个名师工作室。增加投资800万元，实施民办教育提质工程，高薪诚聘3名民办学科带头人，为116名民办教师发放总额为74.52万元的教龄补贴。文化事业　继续开展“文化志愿大篷车”进“三区”等活动，办好“长安文化学堂”，推出“幸福有约沙龙”、高雅文化小剧场“08剧场”“榕树下”时尚文化空间等新品牌。举办第五届文化艺术节，东莞市第七届龙狮麒麟比赛。组织参加东莞市第八届运动会，获金牌总数第一名。12月，“筑梦—长安女工故事”摄影展在北京开展。民间博物馆建设稳步推进，长安天得茶文化博物馆建成开放，规划建设环球石材博物馆。长安文化站被文化部评为“2014年全国优秀文化站”。社会保障　在各社

① 2014年5月13日，市委副书记、市长袁宝成（右二），副市长杨晓棠（右一）到长安镇调研步步高研发生产基地建设情况

② 2014年7月4日，市人大常委会副主任尹景辉（左三）到长安镇开展下基层走访慰问活动

区设立“招工一条街”，使5000多名求职者找到工作；出台《长安镇促进农村居民就业创业试行办法》，举办就业创业培训，推进劳动就业。加强人才服务，2014年共办理人才入户59人，在东莞市首推长安“优才卡”制度，向具备条件的相关人员发放长安“优才卡”，为其在公共教育、医疗卫生、劳动就业等方面提供更多的优惠和便利；加强就业创业奖励，2014年，发放市镇各类奖励津贴452.8万元，涉及5146人；奖励129名高校毕业生就业创业，168.8万元。进一步扩大社保覆盖面，参保单位达到1.5万家，比上年增加11%，各项保险参保总人次达250万。做好各项社会救助和慈善工作，2014年发放各类补助或慰问金1500多万元。继续做好对企石和乳源、翁源等市内外对口帮扶工作。

**【第十四届中国(长安)国际机械五金模具展览会】** 2014年10月24—27日，第十四届中国(长安)国际机械五金模具展览会举办，展会由中国机械工业联合会主办，东莞市五金机械模具行业协会、广东联冠集团共同承办。以“模具名镇·装备中国”为主题，以搭建“高、精、尖”的行业展贸平台为宗旨，设品牌特装区、机床及设备展区、模具及配件展区、五金机电展区、金融服务展区、长安模具展区、行业媒体展区等功能展区，设标准展位650多个，加上联冠长荣国际五金模具广场、联冠聚和（国际）机床城、联冠长安商贸城五金模具广场近2000家厂商和经销商，展出面积达到20万平方米。

**【全市首条“家庭教育一条街”】** 2014年3月5日，东莞市首条“家庭教育一条街”在长安镇建成启用。“家庭教育一条街”位于体育路段中心小学、中心幼儿园一侧，根据儿童成长的需要以及家长对家教知识的需求，将科学、新颖、动态的家教知识，通过图文并茂、通俗易懂的展板形式，及时进行宣传，为家长搭建一个融学习、交流、提高为一体的开放式家教平台。第一期共推出展板39块，分为“理论篇”“方法篇”“指导篇”“实践篇”“平安专题”5个系列。其中，前3个系列由镇妇联统一内容，侧重理论指导与案例分析；“实践篇”由长安中心小学、长安中心幼儿园结合自身办学特点，侧重展示各自在家庭教育工作方面的成果与亮点；“平安专题”由长安消防大队提供内容，负责宣传家庭消防专题知识。宣传展板的内容每半年更新一次。

**【“筑梦——东莞长安女工的故事”摄影展】** 2014年12月26日至1月20日黄晓丽“筑梦——东莞长安女工的故事”摄影展于在中国妇女儿童博物馆一层临展厅展出。摄影展由中国女摄影家协会、中国妇女儿童博物馆主办，全国妇联宣传部、文化部公共文化司、中国人民大学新闻学院、人民网图片频道、央视网书画频道、中国摄影著作权协会、《中国摄影家》杂志社、中国文联摄影艺术中心志愿者大型活动部作为支持单位。影展作者用影像忠实记录新一代女工的工作、生活图景，展现50后、60后、70后、80后、90后5位女工的故事以及3家工厂百名女工的群像。活动邀请4位长安女工和30位来自北京房山民仁学校的孩子一同出席开幕式，中国妇女儿童博物馆副馆长杨源向孩子们赠送精致的儿童剪纸图书，尼康公司向孩子和女工赠送礼品。（黄　真）

**附：2014年长安镇党委、人大、政府主要领导名录**

镇委书记：何绍田
镇人大主席：何绍田
镇　长：李海文（任至4月）
　　　　郭荣新（4月到任）

## 2010—2014年长安镇主要经济指标

| 指标＼年份 | 2010 | 2011 | 2012 | 2013 | 2014 |
|---|---|---|---|---|---|
| 户籍人口（人） | 43697 | 44925 | 45956 | 46608 | 47713 |
| 常住人口（万人） | 66.42 | 66.58 | 66.85 | 66.92 | 66.23 |
| 面积（平方公里） | 83.47 | 83.4 | 98.0 | 98.0 | 98.0 |
| 生产总值（万元） | 2371479 | 2703545 | 2824669 | 3095001 | 3369300 |
| 第一产业（万元） | 4959 | 4522 | 4368 | 4355 | 4542 |
| 第二产业（万元） | 1450285 | 1550789 | 1369172 | 2057367 | 2295126 |
| 第三产业（万元） | 916235 | 1009059 | 1055955 | 1033279 | 1069632 |
| 总用电量（万千瓦时） | 540192 | 547110 | 561952 | 569302 | 605602 |
| 全社会固定资产投资总额（万元） | 505136 | 536135 | 570966 | 645745 | 495844 |
| 社会消费品零售总额（万元） | 453302 | 603000 | 634811 | 666401 | 725325 |
| 外贸出口总额（万美元） | 649950 | 736354 | 756397 | 851535 | 900420 |
| 实际利用外资（万美元） | 29237 | 28031 | 34526 | 34881 | 36759 |
| 镇级可支配财政收入（万元） | 131282 | 141989 | 164838 | 186269 | 200228 |
| 各项税收总额（万元） | 392401 | 475775 | 544685 | 640758 | 751620 |
| 城乡居民储蓄存款余额（万元） | 2753845 | 3016000 | 3321122 | 3451011 | 3626590 |

① 2014年8月14日，省环保厅督察组到长安镇督导茅洲河污染整治工作

② 2014年10月24日，中国机械工业联合会会长王瑞祥（左二）在副市长杨晓棠（左一）等领导陪同下参观第十四届中国（长安）国际机械五金模具展览会

③ 2014年7月18日，长安镇领导干部挂点服务企业活动动员大会召开

④ 2014年11月28日，长安镇新型城镇化工作会议召开

⑤ 2014年1月17日，长安镇13个社区党工委挂牌成立

⑥ 2014年9月28日，长安万科广场开业

⑦ 长安镇步步高生产基地

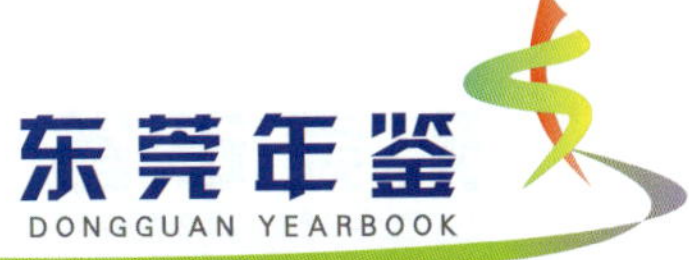

① 广东步步高电子工业有限公司
② 广东欧珀移动通信有限公司
③ 长安镇第五届文化艺术节
④ 绿城长安

## 寮步镇

【寮步镇概况】 寮步镇是广东省中心镇，毗邻东莞市主城区与松山湖（生态园）国家高新区，位于东莞中心组团的核心位置。截至2014年，面积71.38平方公里，辖10个社区、20个村。户籍人口7.46万人，常住人口约42万人。

2014年，寮步镇实现地区生产总值200.87亿元（第一产业1.49亿元，第二产业115.19亿元，第三产业84.17亿元），比上年增长10.26%；全社会固定资产投资总额55.24亿元，增长30.53%；总用电量25.88亿千瓦时，增长7.19%；社会消费品零售总额196.53亿元，增长11%；实际利用外资1.62亿美元，增长9.21%；外贸出口总额65.08亿美元，增长2.59%；各项税收总额40.6亿元，增长6.47%；镇级可支配财政收入13.01亿元，增长10.87%。获评市镇街领导班子工作优秀镇街（第三名），获评广东省慢性病综合防控示范区、广东省社区教育实验区两项全市“单打冠军”。

【寮步镇产业转型升级】 *招商引资* 2014年，寮步镇招引一批重大项目，内、外资签约项目150宗，实际利用外资1.6亿美元，比上年增长9.3%，协议内资投资55亿元，增长20.9%。引进总投资159亿元、首期投资30亿元的香市产业转型升级基地、总投资10亿元的金龙机电触摸屏生产基地、东莞市邮政跨境电子商务中心园区等重大项目。*“三重”建设* 2014年，寮步镇建立健全项目督导落实机制，狠抓“三重”建设（重大项目，重大产业集聚区，重大科技专项）。世界500强零售企业法国欧尚购物中心建成开业，南美世贸中心完成主体工程，百味佳华南调味品研发中心、嘉达物流项目等建成投产。香市产业转型升级基地加快控规调整，打造占地面积86.67公顷的大型企业孵化器（加速器）和创新型智慧产业社区。科隆威自动化设备有限公司与华南理工大学合作科研项目晶硅太阳能光伏电池成套设备研发与产业化获市科技进步一等奖。*科技、金融与产业融合* 投入500万元引导资金，引进东莞丰煜股权投资和广发银行增信贷两个融资规模3.5亿元的创投类基金项目，为镇内中小微型企业提供融资服务。成立寮步镇机电装备产业合作联盟，首批31家会员企业加入产业合作联盟。把握每年1000万元加工贸易转型升级奖励资金，鼓励41家企业开展“机器换人”，推动产业转型升级。寮步镇工业企业研发投入突破3.3亿元，汉莎产品技术检测中心获评为国家认可实验室，市级以上工程研发中心增至7个，国家级高新技术企业增至33家。

**坚持产城融合　加速城市化进程　全面建设东莞强镇**

⑪

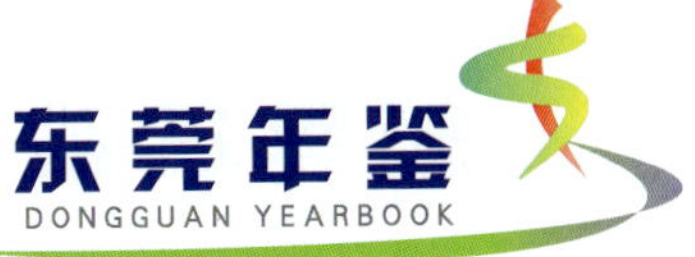


【寮步镇城市建设管理】 城市建设 2014年，寮步镇完成香市公园二期、中国沉香文化博物馆、寮步青少年活动中心等重点项目建设。完成市篮球中心、南美世贸中心周边路网和寮步公共停车综合服务中心建设，城市功能配套进一步完善。万润城市综合体、保利花园等10个大型商住项目动工建设，位于东部新城的万科松湖传奇、中惠松湖城等商住项目建成开盘，松山湖产业配套服务城逐步形成。环境整治 开展镇容村貌专项整治行动，统筹使用60名村级城管人员，加强日常巡查监管和实时督导反馈。2014年整治城市“六乱”（乱扔吐、乱停放、乱拉挂、乱张贴、乱摆卖）2.5万宗，查处违法建设行为228宗，拆除违法建筑180宗，树立牙香街为环境综合整治样板街、横坑社区为样板社区，通过“国家卫生镇”复评。生态建设 加强对大气污染、涉水污染企业的环境执法监管力度，立案查处环保违法行为104宗，发出行政处罚决定书114份，搬迁14家污染企业。开展水环境综合整治工作，落实“河长制”，对西南河进行清淤整治。推进绿色学校、绿色社区，以及环境教育基地等创建工作，石龙坑村、上屯村、向西村申报创建市级生态村。开展黄标车提前淘汰工作，完成提前淘汰7652辆黄标车任务。

【寮步镇“三旧”改造】 2014年，寮步镇上报省审批“三旧”改造（旧城镇、旧村庄、旧厂房）项目13宗，获批8宗；上报市“三旧”改造方案34宗，获批27宗。编制“三旧”改造单元规划项目5宗，其中美尔顿旧厂、陈家埔钜盛鞋厂和牛杨片区改造项目通过市审批。亭子边旧村、井巷市场、凫山市场3宗改造项目完成供地手续，改造面积13.3公顷，牛杨片区、东莞瓷厂和华欣旧厂3宗改造项目动工建设，改造总面积约20公顷。元生有色金属项目纳入市第二批“工改工”试点后备项目。

【寮步镇综合改革】 2014年，寮步镇出台全面深化改革的实施意见及行动计划，明确28条改革内容和30项改革事项，加速农村发展、社会综合治理、行政办事等重要领域和环节的改革步伐。完善镇级网上办事大厅建设，推动政务公开，简化行政办事服务流程，将345条服务事项纳入网上办理。采用“以奖代补”方式支持上屯村等13个村（社区）建成“一站式”便民服务站，为群众提供就业创业、居家养老、领办代办等便民服务。减债工作 严格规范工程和财政资金使用管理，降低行政管理成本。偿还政府性债务4.7亿元，负债总额比上年减少21%；“三公”经费和一般性支出分别减少59%、10.2%。基层法治建设 推进基层法治建设，设立政府法律顾问室，为政府实施重大行政决策行为和具体行政事项等提供法律咨询。寮步镇

① 2014年1月16日，全国政协副主席、国家民族事务委员会主任王正伟(左三)到寮步镇调研少数民族经商、务工服务管理工作

② 2014年3月5日,市委书记、市人大常委会主任徐建华（右五）到寮步镇开展党的群众路线教育实践活动

③ 2014年6月4日，市委副书记、市长袁宝成（右三）到寮步调研企业安全生产工作

30个村（社区）落实“一村居一法律顾问”工作机制，实现村（社区）法律顾问全覆盖。开设《香市讲法》电视普法栏目、“香市普法”微信普法平台，推动法治文化建设，提升全民法治意识。

【寮步镇农村经济管理】　2014年，寮步镇推进农村集体经济增资减债和组级经济统筹，提高集体经济收益水平。2014年村组两级总收入8.2亿元，其中经营纯收入4.4亿元，分别增长6.1%、14.4%；收回村组两级往年应收未收款3.65亿元，农村借款总额比上年减少7380万元。完成90%以上组级经济统筹。强化农村集体资产交易平台运营管理，推动集体资产保值增值，集体资产进平台竞价交易总额4.2亿元，比立项2014年标的增值35.7%。

【“平安寮步”建设】　社会治安管理　2014年，寮步镇强化社会综合治理，建立健全“涉黄”整治长效机制，出动警力3.2万人次，检查娱乐场所、重点出租屋等10.7万间次。开展“6+1”专项打击行动，围绕严打涉毒、涉黄赌、涉枪、涉车、涉食药假、涉电信及银行卡诈骗六大专项行动和“两抢一盗”等突出违法犯罪和社会治安问题，破获刑事案件比上年上升38%。投入100万元开展流动人口信息采集工作，信息采集率达99%，为完善流动人口服务管理提供决策依据。公共安全管理　加强安全生产、消防安全、食品药品安全等公共安全领域的监管，全年未发生重特大安全事故。开展职业危害、危化品、粉尘爆炸危险企业等专项安全隐患排查治理和安全宣传教育培训，加强安全生产应急能力建设。完善消防安全网格化管理机制，建立社会面火灾防控新格局。成立寮步镇食品药品监督管理分局，建立健全食品药品安全监管机制。矛盾调解　开展“社会矛盾化解年”工作，健全矛盾纠纷调处工作协调会议制度，依法依规化解农村土地历史遗留问题和矛盾纠纷。寮步镇综治信访维稳三级平台共受理案件472宗，成功调处457宗，调处率96.8%，维护社会和谐稳定。

【寮步镇民生事业】　就业创业　2014年，寮步镇扩大就业政策覆盖面，在汽车东站建立周末人才市场，在各村（社区）设立30个固定招聘点，优化就业服务环境。发放市镇两级就业补贴2000多万元，促进4952名本地村民和大学生就业创业，寮步镇就业率达97%以上。实施企业人才培养计划，筛选10名本科以上户籍应届毕业生进入企业工作，镇财政每年补贴3万元，连续补助5年，培养本地企业创新型管理人才。发展现代教育　加大教育投入力度，教育支出达2.46亿元。启动寮步中学、横坑小学教学楼新建改造工程，设立每年500万元民办教育扶持资金。完善教育事业发展激励办法，实现同工同酬。寮步镇中考、高考成绩再创新高，高考户籍人口万人升大学人数东莞市排名第一。医疗卫生　新增建设4个社区卫生服务站，构建“1+20”社区卫生服务体系（即1个社区卫生服务中心，20个社区卫生服务站点）。寮步社区卫生服务中心被纳入广东省“家庭医生式服务”试点单位，新增居民健康档案6.7万份。寮步医院Immuno-PCR法诊断早期梅毒方法学建立及其应用科研项目获市科技进步一等奖。社会保障　工伤保险参保人数21.2

① 2014年11月24日，市委副书记姚康（前排中）调研寮步横坑社区一站式便民服务站

② 2014年2月，寮步镇部署开展“扫黄”专项整治行动，镇委书记刘裕昌、镇长谢卫东等等镇主要领导一线督导“扫黄”行动

③ 2014年2月18日，寮步镇党政领导班子赴南城、万江、石排等镇街学习考察产业升级、城市建设管理等经验做法

万人，失业保险参保人数15.2万人，企业医疗保险参保人数20.8万人，常住人口养老保险覆盖率达80%。发放社会保险待遇3.38亿元，其中为1.5万民退休人员发放养老待遇1.4亿元，基本养老保险人均每月提高230元，发放医疗保险待遇74万人次，共1.64亿元。完善“社工+志愿者”联动机制，首创开展老人免费送餐、居家养老等社区服务，累计服务群众1.5万人次。社工服务扩大至教育、司法、医疗等10个领域。公共交通 推动公共交通运营改革，完善公共交通规划，以政府购买服务方式，新增投放70台新能源公交车，新增4条公交线路，启动4条镇村联网路升级改造工程，提升公共交通服务水平。

**【莞香文化建设】** 2014年，寮步镇与广东省沉香协会签订10年战略合作协议，创新市场化办展模式，成功举办第五届中国（东莞）国际沉香文化艺术博览会，交易总额达5亿元。“寮步香市”入选为国家非物质文化遗产名录。国内规模最大的中国沉香文化博物馆正式开馆，香市画院建成开放，引进沉香质量检测鉴定、交易中心等项目。

**【法国欧尚集团公司寮步大型购物中心暨东莞总部项目】** 该项目位于寮步镇。2014年12月，世界500强之一的法国欧尚集团公司投资的寮步大型购物中心暨东莞总部，落成试业。该项目面积3.55万平方米，总投资6亿元，建筑面积3.1万平方米，经营项目包括大型百货超市、休闲娱乐、餐饮服务等，为顾客提供休闲购物“一站式”体验服务。

**【寮步镇获评“广东省慢性病综合防控示范区”】** 2014年，寮步镇开展健康教育、慢性病管理、疾病预防等公共卫生项目，完善医疗服务保障体系，常住人口健康档案建档率达89.7%。寮步镇社区卫生服务中心作为全国18个高血压管理基地之一，与广东省医学科学院、广东省人民医院和东莞市卫生局共建“人群健康社区管理研究基地”，开展慢性非传染性疾病综合防控工作，对寮步镇1.2万名高血压、糖尿病患者建立慢性病管理卡，开展家庭式医生服务，加强预防干预和规范化治疗管理，创建成为“广东省慢性病综合防控示范区”。

**【寮步镇通过“广东省社区教育实验区”验收】** 截至2014年，寮步镇按照建设学习型社会的理念，将社区教育工作纳入经济社会发展整体规划，加大社区教育经费财政投入，累计投入3500万元，高标准建设镇村两级社区教育阵地，寮步镇30个村（社区）均按照“六个一”标准（即有一个教学教室，有一个图书馆，有一个文化活动场地，有一个社区教育培训服务网，有一支职社区教育教师志愿者队伍，有一套社区教育活动台账和管理制度）建立社区学校，构建以村（社区）为主体、以“人文化、数字化、多元化、服务化、生态化”为特色、推动教育现代化建设先进镇建设，提高人口素质和社会文明。2014年，通过“广东省社区教育实验区”评估验收。 （刘勋良）

**附：2014年寮步镇党委、人大、政府主要领导名录**

镇委书记、镇人大主席：刘裕昌

镇　长：谢卫东

## 2010—2014年寮步镇主要经济指标

| 指标 \ 年份 | 2010 | 2011 | 2012 | 2013 | 2014 |
|---|---|---|---|---|---|
| 户籍人口（人） | 68524 | 70111 | 71758 | 73117 | 74647 |
| 常住人口（万人） | 41.86 | 42.04 | 42.16 | 42.29 | 41.97 |
| 面积（平方公里） | 71 | 71 | 71 | 71.38 | 71.38 |
| 生产总值（万元） | 1335015 | 1471352 | 1574931 | 1821665 | 2008667 |
| 第一产业（万元） | 2395 | 2029 | 13635 | 14317 | 14947 |
| 第二产业（万元） | 774425 | 841514 | 880005 | 1039580 | 1151948 |
| 第三产业（万元） | 558195 | 627864 | 681292 | 767768 | 841772 |
| 总用电量（万千瓦时） | 219715 | 234053 | 241804 | 256459 | 258810 |
| 全社会固定资产投资总额（万元） | 241274 | 226926 | 348518 | 423189 | 552383 |
| 社会消费品零售总额（万元） | 1020929 | 1269005 | 1462349 | 1770608 | 1965324 |
| 外贸出口总额（万美元） | 537093 | 551692 | 584795 | 634369 | 650818 |
| 实际利用外资（万美元） | 9775 | 10300 | 11923 | 14837 | 16203 |
| 镇级可支配财政收入（万元） | 87284 | 96075 | 106652 | 117330 | 130082 |
| 各项税收总额（万元） | 207707 | 257789 | 313820 | 381337 | 406016 |
| 城乡居民储蓄存款余额（万元） | 969146 | 1092838 | 1265691 | 1386568 | 1471880 |

① 2014年8月13日，寮步镇举办"政商银"合作项目启动仪式，镇财政投入500万元引导资金，为镇内中小微企业搭建总规模3亿元的"增信贷"融资服务平台

② 2014年12月4日，投资10亿元的金龙机电触摸屏生产基地落户寮步横坑

③ 2014年10月28日，寮步镇机电装备产业合作联盟成立

④ 2014年4月27日，北京汽车杯——寮步镇首届"莞香花开"摄影大赛启动

⑤ 2014年12月18日，国内规模最大的沉香文化博物馆——中国沉香文化博物馆建成开馆

⑥ 2014年12月18日-21日，寮步镇探索市场化办展模式，成功举办第五届中国（东莞）国际沉香文化艺术博览会，国内外参展商家450多家，成交额达5亿元

① 2014年11月14日，寮步镇首批70台LNG（液化天然气）清洁能源公交车投入运营，公交线路从8条增加到12条

② 寮步镇市容环境整治样板街——牙香街

③ 寮步镇青少年活动中心

④ 东莞市篮球中心一景

## 大岭山镇

【大岭山镇概况】 大岭山镇位于东莞市中南部。截至2014年，面积110平方公里（包含松山湖高新区征地部分），辖21个村和2个社区。年末户籍人口4.7万人，常住人口28.12万人。

2014年，大岭山镇实现地区生产总值167.1亿元（第一产业2780万元，第二产业88.47亿元，第三产业78.32亿元），比上年增长12.53%；全社会固定资产投资总额29.54亿元，下降0.91%；总用电量19.72亿千瓦时，增长7.73%；社会消费品零售总额56.28亿元，增长9.81%；实际利用外资6028万美元，增长8.51%；外贸出口总额27.18亿美元，增长15.59%；各项税收总额27.81亿元，增长13.74%；镇级可支配财政收入10.59亿元，下降0.88%。获评东莞市镇街领导班子年度工作优秀镇街，考核总分位列全市第八名；精神文明建设、家庭医生式服务两项工作获评全市“单打冠军”。

【大岭山镇重大项目建设】 2014年，大岭山镇有5个市重大建设项目、1个重大预备项目，总投资25.5亿元，累计投资4.6亿元，占年度计划的110%。其中，金立工业园三期项目竣工投产，森源、华威、拓斯达项目动工建设，金太阳项目完成总投资51.4%。2014年重大建设项目前期工作计划完成率、年度投资计划完成率、新开工项目开工率100%完成，完成年度计划进度排东莞市第八位。推进新兴际华目的地中心、万科工业写字楼、信立泰药业、精研达电子、锦丰模具等大项目洽谈工作，争取落户。

【大岭山镇产业转型升级】 2014年，大岭山镇成功引进东莞华中科技大学制造工程研究院孵化器项目，为大岭山家具产业转型升级提供人才及科技的支撑；启动新一届“大岭山杯”金斧奖中国家具设计大赛，组织企业参展“加博会”“广交会”“海博会”，2家企业入选电商平台。鼓励企业加大研发投入，佳居乐公司在东莞职业技术学院设立厨房商学院，培育专业人才；全镇规模以上工业企业研发经费投入2.7亿元，占生产总值比重1.9%；拓斯达公司成功在“新三板”市场挂牌上市，实现本土民营企业上市零的突破。扩大莞香种植基地规模，打造集莞香种植、研发、特色旅游于一体的休闲观光园区；依托尚正堂公司等企业的莞香产业，形成以莞香种植为基础，集研发、加工、销售、养生、教育、科普功能于一体的完整莞香产业链。

【大岭山镇城市建设】 2014年，大岭山镇推进城市规划设计，完成城市设计框架及纲要方案，杨屋、颜屋两个片区控制性规划方案通过审批；探索土地生态复绿新模式，铺开矿山公园筹建工作，该公园规划设计、增减挂钩方案编制等工作顺利推进；推进金多港、环鑫、大岭山大道旁等地块统筹整合；加快“三旧”（旧城镇、旧厂房、旧村庄）改造，德实利、电信分局、第二工业区、悦发鞋材等项目审批程序稳步推进，东莞市“三旧”改造示范项目——山湖城启动建设。

## 加快转型升级 建设宜商宜居宜创业大岭山

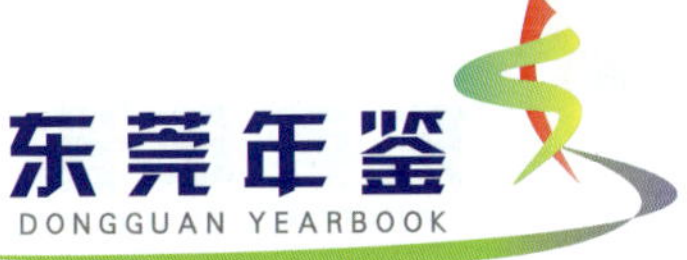


【大岭山镇环境整治】 2014年，大岭山镇完善市政和公共配套设施，推进公共卫生、市容环境及“脏乱差”整治，通过“国家卫生镇”的省级复审，为成功蝉联奠定基础；新增2个市生态村（社区），市生态村（社区）覆盖率达91.3%；打击环境污染行为，立案查处环境违法企业和个人219家次，责令限时搬迁企业80家；开展违法偷取地下水资源专项整治，遏制各种非法开采地下水资源行为；加快截污管网工程建设，完成截污主干管网48.5公里和截污次支管网21.5公里，金多港污水提升泵站建成投入使用。

【大岭山镇社会管理】 *社会治安* 2014年，大岭山镇深化平安创建，开展“六大专项”及“两抢一盗”打击整治行动，加强娱乐场所长效管理，全面清剿涉黄、涉毒违法犯罪行为，破获涉毒案件46宗、缴获毒品10.2千克；投入1400多万元，建成130个高清视频监控探头、6个高清治安卡口、92个治安视频监控点，新购置5台执勤车辆，全年大岭山镇刑事案件数比上年下降19%。*新莞人管理* 加强出租屋服务管理，出台《大岭山镇新莞人关爱共济金实施方案》，改革出租屋租住人员人身意外事故理赔模式，提高理赔效率；在连平片区8个村推行出租屋“星级”管理，试点村的警情发案率比上年下降37.8%。*综治维稳* 积极化解矛盾纠纷，及时消除企业劳资纠纷隐患，防止“裕元事件”影响在大岭山镇蔓延；成功化解广源海悦世家楼盘质量问题、颜屋村原鸵鸟场厂房消防隐患事件、金桔卫生站和振中门诊部医疗事故等矛盾纠纷案件。集中巡查用人单位488家次，涉及劳动者15.3万人次。处理劳资突发事件35宗，涉及劳动者9247人次，为2.15万名劳动者追发工资6806万元。

【大岭山镇文化教育】 2014年，大岭山镇推进教育现代化，聘任10名外教任教公办学校，组织9名师生暑假自费赴发达国家游学；实行合同制教师与在编公办教师同工同酬，对20名优秀公办教师实施轮岗；降低新莞人积分入学标准，为新莞人子女提供起始年级公办学位1193个；大岭山学子再创佳绩，全镇中考平均分超市17.1分，有1人考取博士、8人考取硕士、285人考取本科；成功创建省社区教育实验区。

【大岭山镇民生工程】 *医疗服务* 2014年，大岭山镇实施重大疾病救助及身故补助，发放救助金628.5万元；创新改革医疗卫生服务，将社卫中心委托大岭山医院代管；在水朗、元岭两村试点开展家庭医生式服务，2270人签约服务、签约率96%，获东莞市家庭医生式服务工作“单打冠军”。*市政卫生* 出台《大岭山镇市容环卫统筹管理实施暂行方案》，统筹全镇生活垃圾清运；挂牌成立食品药品监督管理分局，创新结合“两建”工作，实施餐饮服务食品安全监督量化分级管理，破获食品药品刑事案件6宗；更新70辆到期公的，改善公交服务。*劳动就业* 落实就业保障措施，发放就业补贴资金约709万元，惠及1.11万人次，组建“村民车间”16家，安置属地劳动力1011人；开展“再就业援助月”活动，为9200人次提供工资差额补贴和灵活就业补助；组织5719名新莞人参加岗前素质培训。扶贫济困 推进

① 2014年7月13日，埃塞俄比亚总统穆拉图（左二）到大岭山镇考察东莞兴昂鞋业有限公司。图为大岭山镇委书记、镇人大主席詹文光（二排右一）陪同考察

② 2014年6月13日，省人大常委会副主任肖志恒（前排左一）率省调研组一行在镇委书记、镇人大主席詹文光（左二）陪同下到大岭山调研《广东省企业集体合同条例》

③ 2014年7月13日，市委副书记姚康（中）到大岭山镇调研农村集体建设用地统筹开发

市外“双到”扶贫工作，开展50个帮扶项目，完成年度脱贫任务；做好市内扶贫工作，实现55户困难户脱贫、脱贫率达到88.7%，提早完成3年（2013—2015年）的脱贫目标任务；投入110.8万元推进22户困难家庭保障住房建设；发放救济金、补助707.99元。

【华威铜箔增资扩产项目】　该项目位于大岭山镇。该项目用地面积3.33公顷，总建筑面积12.5万平方米，总投资约3亿元，落实投资4900万元，其中土地购置2900万元，设备购置1500万元，其他500万元。项目建成投产后，从事高性能电子级铜箔的研发和制造。2014年8月底开工，计划分三期进行建设。至年底，完成投资约6000万元。

【广东森源蒙玛实业有限公司家具项目】　该项目位于大岭山镇。该项目建筑面积约30万平方米，总投资10亿元，落实投资1.78亿元，其中土地购置6300万元，工程建设9600万元，设备购置500万元，其他1400万元。项目建成投产后，从事高端酒店家具和精装豪宅家具的研发和制造。2014年7月底开工，计划分三期进行建设。至年底，完成土地平整、桩基工程建设，完成投资2亿元。

【金立工业园三期项目】　该项目位于大岭山镇。该项目建筑面积7.6万平方米，总投资约10亿元，落实资金7.2亿元。2010—2011年，第一期、第二期项目先后建成投产。第三期项目投资3亿元，其中2012年投资2000万元，2013年投资2亿元，2014年投资8000万元。第三期项目于2012年10月全面开工，2014年，竣工投产。

【大岭山镇“家庭医生式服务”获评全市“单打冠军”】　截至2014年，大岭山镇按照“保基本、广覆盖”的要求，为群众提供质优价廉的基本医疗和公共卫生服务，建立家庭医生式的新型医疗保健服务模式，促进社区卫生服务向契约式、主动式服务模式转变，满足群众的健康需求。大岭山镇设有1个社区卫生服务中心、11个服务站，该服务中心连续5年获评东莞市社区卫生服务一等奖，成为广东省全科医学教育实践基地、东莞市人民医院全科医学规范化培训基地、广东省骨质疏松健康促进示范基地，于2012年获评全国示范社区卫生服务中心。2014年在水朗站及农场站的元岭村开展的“家庭医生式服务”试点工作，是广东省的试点项目之一。试点村693户户籍家庭中，签约668户，签约2270人，签约率高达96.4%。2014年，获评东莞市“家庭医生式服务”项目“单打冠军”。

【大岭山镇获评“广东省文明村镇”】　截至2014年，大岭山镇重视经济、政治、文化、社会、生态文明等“五位一体”建设，把精神文明建设摆在突出位置，为转型发展加速加力，为城市形象提档升级，在2011年获评“东莞市文明镇”后，2012—2014年，大岭山镇坚持经济发展和精神文明建设两手抓，围绕文明创建宗旨，推动大岭山镇经济社会各项事业持续快速健康发展。2014年，大岭山镇晋级为“广东省文明村镇”。（邝学斌）

**附：2014年大岭山镇党委、人大、政府领导名录**

镇委书记、镇人大主席：詹文光

镇　长：严继宗

① 2014年2月17日，副市长喻丽君视频接访大岭山基层群众，镇委书记詹文光（右二）等班子成员及相关单位负责人参加市领导视频接访活动

② 2014年11月11日，市委常委、市政法委书记邓志广率市调研组一行到大岭山镇调研专项打击整治行动

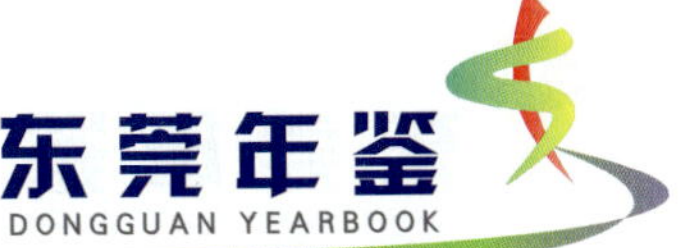


## 2010—2014年大岭山镇主要经济指标

| 指标＼年份 | 2010 | 2011 | 2012 | 2013 | 2014 |
|---|---|---|---|---|---|
| 户籍人口（人） | 44481 | 45325 | 45813 | 46530 | 47009 |
| 常住人口（万人） | 27.94 | 28.04 | 28.15 | 28.21 | 28.12 |
| 面积（平方公里） | 95 | 95.5 | 95.5 | 95.53 | 95.53 |
| 生产总值(万元） | 1060202 | 1221652 | 1325413 | 1484727 | 1670751 |
| 第一产业（万元） | 2407 | 2463 | 2558 | 2663 | 2780 |
| 第二产业（万元） | 613793 | 575529 | 636324 | 767169 | 884733 |
| 第三产业（万元） | 491669 | 643660 | 686531 | 714895 | 783238 |
| 总用电量（万千瓦时） | 169086 | 171397 | 178777 | 183025 | 197180 |
| 全社会固定资产投资总额（万元） | 326038 | 271008 | 279367 | 298085 | 295362 |
| 社会消费与零售总额（万元） | 389971 | 427058 | 466827 | 512510 | 562766 |
| 外贸出口总额（万美元） | 217776 | 257927 | 228044 | 235156 | 271822 |
| 实际利用外资（万美元） | 11274 | 6285 | 7987 | 5555 | 6028 |
| 镇级可支配财政收入（万元） | 77270 | 85017 | 90534 | 106804 | 105867 |
| 各项税收总额（万元） | 155293 | 185403 | 201406 | 244483 | 278086 |
| 城市居民储蓄存款余额（万元） | 743551 | 831686 | 946612 | 1022240 | 1095686 |

① 2014年8月7日，市委常委、市委统战部部长李小梅（左一）在镇委书记、镇人大主席詹文光（左三），镇委副书记、镇长严继宗（左四）陪同下到大岭山镇开展调查研究暨挂钩督查人口计生工作

② 2014年11月22日，市委常委、市委宣传部长潘新潮（前排左三）在镇委书记、镇人大主席詹文光，镇委副书记、镇长严继宗的陪同下，到大岭山镇出席“东莞香典——农历小雪采香月文化活动”

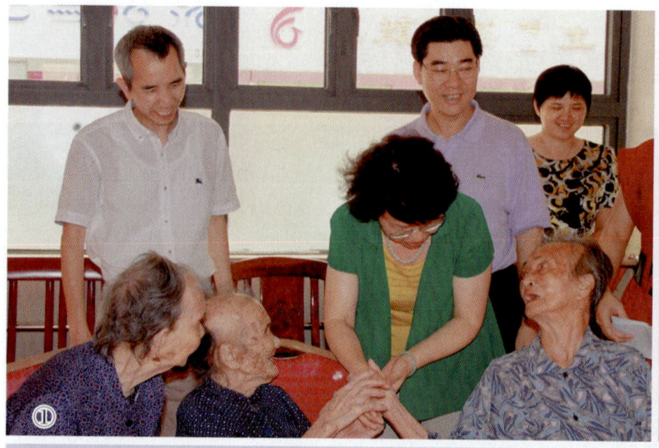

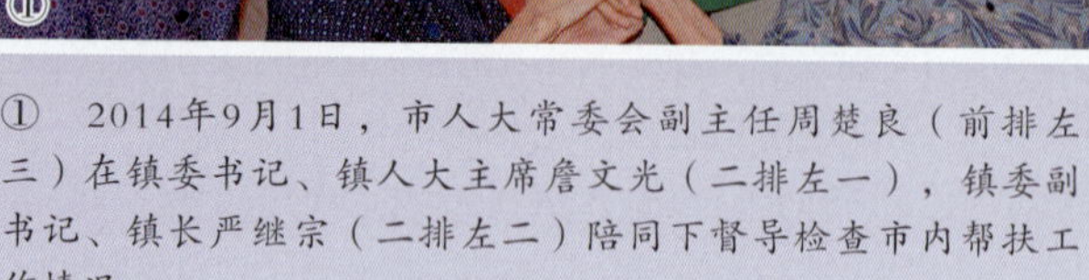

① 2014年9月1日，市人大常委会副主任周楚良（前排左三）在镇委书记、镇人大主席詹文光（二排左一），镇委副书记、镇长严继宗（二排左二）陪同下督导检查市内帮扶工作情况

② 2014年2月13日，镇委书记、镇人大主席詹文光（右三）等镇领导为东莞市食品药品监督局大岭山分局举行成立挂牌仪式

③ 2014年5月7日，镇委书记、镇人大主席詹文光（二排左二）就群众路线教育实践活动接受省市媒体集中采访

④ 2014年11月26日，东莞市信立实业有限公司20周年庆典晚会在大岭山信立国际农产品贸易城举行。镇委书记、镇人大主席詹文光（左三）出席庆典仪式

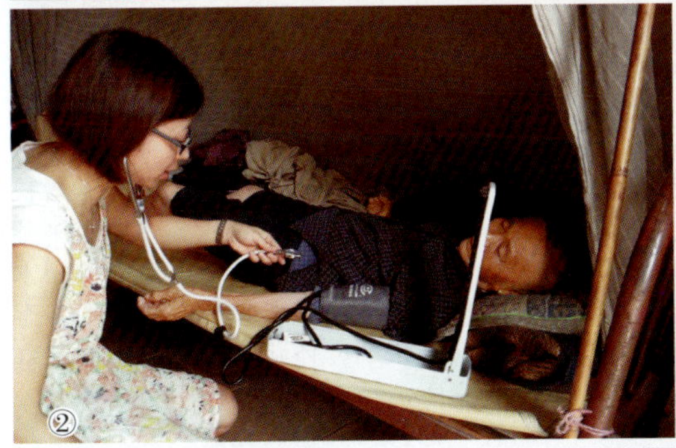

① 2014年12月24日，拓斯达公司在“新三板”市场挂牌上市，实现大岭山镇本土民营企业上市零的突破

② 2014年7月21日，大岭山镇家庭医生为老人提供身体检查服务

③ 2014年3月26日，东莞市大岭山镇工商业联合会成立

④ 2014年3月16—20日　大岭山镇30家品牌家具企业亮相第三十一届国际名家具（东莞）展博会

⑤ 2014年3月20日，大岭山镇外教公开课研讨会在第三小学召开

⑥ 2014年11月22日，一年一度的莞香采集活动在百花洞老虎岩水库边山坡上的莞香种植园举行。图为2014年第一块莞香采自大岭山

## 大朗镇

【大朗镇概况】　大朗镇是广东省中心镇，位于东莞市中南部。截至2014年，面积118平方公里，辖28个社区（村）。户籍人口7.45万人，常住人口32万人。

2014年，大朗镇实现地区生产总值200.7亿元（第一产业2503万元，第二产业107.53亿元，第三产业92.93亿元），比上年增长9.47%；全社会固定资产投资总额50.76亿元，增长19.78%；总用电量28.2亿千瓦时，增长10.5%；社会消费品零售总额62.92亿元，增长8.04%；实际利用外资2.19亿美元，增长17.35%；外贸出口总额26.13亿美元，增长7.32%；各项税收总收入27.37亿元，增长15.21%；镇级可支配财政收入9.54亿元，增长10.06%。在东莞市镇街综合量化考核评比中排名第九。获评"镇街领导班子年度工作优秀镇街"和商事登记基层综合监管试点改革工作、外贸转型升级示范基地培育工作、档案工作等3个全市"单打冠军"，获评"中国毛织纱线集散基地""中国编织艺术传承基地"，在中国综合实力百强镇中，大朗镇位居全国第54位、东莞市第七第7位。

【大朗镇改革创新】　*商改基层综合监管试点*　2014年，大朗镇被定为全市商事登记制度改革基层综合监管试点镇。以实施住所申报制为基础，建立基层综合监管"大朗模式"，全镇市场主体比上年增长39%，安全生产事故、无证照经营等指标均实现较大幅下降。东莞市深化商事登记制度改革加强市场监管工作现场会在大朗镇召开，在全市推广"大朗经验"。大朗商事登记基层综合监管试点改革工作获评全市"单打冠军"。*项目投资直接落地改革试点*　2014年，大朗镇成为东莞市项目投资建设直接落地改革试点镇，开展以企业依法承诺制、备案制和事后监管制为主要内容的改革试点。大朗镇探索实施前置事项承诺加备案、事后监管等制度，日清包装项目等2个试点项目比原计划提前近半年动工建设。*社会治理改革创新*　抓好"数字公安、数字城管、数字交通、数字教育、数字医疗"等5个信息化项目，"数字大朗"建设再上台阶。探索建立基层社会综合管理"一支队伍"的模式，创新推进社区（村）网格化管理。

【大朗镇城市建设】　*城市面貌优化*　2014年，大朗镇深入推进"两城一区一体化"。环球贸易广场、纺织创意产业中心、巷头大厦等标志性建筑拔地而起，毛织商贸城建设日新月异。规划建设东莞（大朗）科学城，散裂中子源项目进入设备安装阶段，并打造"一园一群一中心四大产业"，即规划建设一个国家级的森林公园，搭建和运营国家实验室群，建设华南云计算中心，发展新材料产业、民用核技术产业、生物医药产业和科技服务产业。城市核心区的承载力日渐增强，拉动大朗镇社会消费品零售总额达到62.9亿元，比上年增长8%。迎宾大道建成通车，松水路等多条对接松山湖的道路加快规划建设，松木山水库排洪相关4项水利工程完工，有效推动"松朗一体化"。*基础设施建设*　青少年活动中心、新图书馆、体育公园等一批公共文化设施进入方案评审阶段。*"三旧"改造*　5宗43.8公顷"三旧"改造地块完成报省征地手续办理，巷头秧塘地块、巷尾成就地块2宗"工改工"项目报批工作加快推进。巷头茶叶交易市场完成初步规划。*环境治理*

**全面建设和谐、富裕、幸福、美丽大朗**

求富路社区创建为广东省社会主义核心价值观示范点。巷头、圣堂农民公寓建设进展顺利，巷尾农民公寓成功获市审批，成为实行《东莞农民住房管理暂行办法》试点项目。大朗环保专业基地建成投入使用，淘汰黄标车及老旧车1000多辆，更新投放LNG（液化天然气）清洁能源公交车20辆。市级生态社区（村）增至23个，大小公园32个，建成区绿地面积1705万平方米，绿化覆盖率达46.06%。

【大朗镇转型升级】 毛织产业 2014年，大朗镇加快实施“机器换人”，共有毛织企业及个体工商户6000多家，数控织机使用量超过4万台。围绕10平方公里毛织商贸城，打造“大朗元素”，实施5项毛织联盟标准，行业话语权显著提升。举办“第十三届中国（大朗）国际毛织产品交易会”和全省外贸转型升级示范基地培育工作现场会，大朗镇“三来一补”企业实现100%转独资。科技产业 加快产业规划建设，东莞（大朗）科学城稳步推进。散裂中子源项目完成投资1.6亿元，占年度计划的107.2%，项目进入设备安装阶段，为2016年试运行打下基础。电子商务 大朗镇联合阿里巴巴公司，建设阿里巴巴·大朗毛织产业带，挂牌成为“东莞市跨境电商产业园”，全镇电商企业及个体户增至5308家，全年电商交易额66.4亿元，比上年增长33%，毛织类电商交易额39.3亿元，增长40%。自主创新 专利申请量772件，专利授权量611件，新增国家高新技术企业10家，新增研发机构10家。迈科新能源公司等9家企业与市公共科技创新平台、国内外高校院所等签订13项产学研协议。

【大朗镇项目攻坚】 招商引资 2014年，大朗镇引进超亿元项目6宗，新项目投产后预计每年增加工业产值近40亿元，税收增加近2亿元。引进外资项目45宗，包括新签17宗、增资28宗；合同吸收外资1.7亿美元，实际利用外资2.2亿美元，比上年增长17.4%。项目建设 19个镇属重点项目完成投资20.2亿元，雅科、以诺项目建成投产，巷头花园、酷比通讯项目完成总工程量的97%以上。4个市重大项目完成投资8.1亿元，占年度计划115.1%。三星高新塑料项目创造东莞外商投资建设的最快速度，展现“东莞速度”和“大朗效率”。散裂中子源项目实验配套区和辅助设备区投入使用，首台设备负氢离子源安装成功，科学城建设加快推进。土地统筹 出台《大朗镇土地统筹工作方案》，累计统筹2公顷以上土地147.33公顷，收购土地4宗5.4公顷，与东实公司合作开发2个地块13.8公顷。推动集体厂房资源集约利用，强制拆除违法建筑26宗3.3万平方米，为土地资源的开发利用腾出空间，提升效益。企业服务 优化行政服务中心“一站式”服务，办理事项超过6.8万宗。帮助70多家企业解决用地、供水、供电等问题约100宗，争取奖励和扶持资金近6000万元，帮助企业减负1470万元。

【大朗镇社会管理】 平安建设 2014年，大朗镇开展“六大专项”“两抢一盗”“黄赌毒”打击整治行动，刑事立案数比上年下降27.6%，刑事案件破案数上升36.8%，命案发案率下降42%，检查各类娱乐场所超过3.3万间次，申请复业的51间娱乐场所全部复业，复业率100%。狠抓安全生产、食品安全、消防安全等专项整治，2014年未发生重特大安全事故。科技强警 优化“平安管家”社会服务管理平台，实现多平台对接的综合性社会服务管理平台。建立辅警培训基地，镇村两

① 2014年3月23日，中共中央政治局委员、省委书记胡春华（中）在东莞市委书记、市人大常委会主任徐建华（右二），市委副书记、市长袁宝成（左二）等市领导的陪同下到大朗实地调研中国散裂中子源项目建设情况

② 2014年4月28日，江西省委书记、省人大常委会主任强卫（中），在东莞市委书记、市人大常委会主任徐建华（右二）的陪同下到大朗调研

③ 2014年5月14日，国家档案局局长、中央档案馆馆长杨冬权（右二）到大朗调研档案工作

级监控视频增至1129个，采集各类社会信息超过156万条。

**【大朗镇民生事业】** 文教体事业　2014年，大朗镇创建成为“中国编织艺术传承基地”，开展举办“我是民星”、朗艺讲堂、青年集体婚礼等特色活动，惠及群众134万人次。设立教育发展资金，创建成为“省社区教育实验区”“市推进教育现代化先进镇”，2所公办中学中考成绩超市平均分近30分，连续三年获评 市初中教育质量一等奖。社会保障　社区卫生服务站增至15个，设立“医疗发展资金”，筹集资金1000万元。社会养老保险待遇增幅达18.5%。制定《大朗镇促进户籍高校毕业生就业创业试行办法》，鼓励大学生就业创业。本地人就业车间增至29间，帮助1300多名户籍劳动力解决就业问题。扶贫帮困　加强乐昌对口帮扶工作，设立“韶关专供东莞”农产品大朗直营店。推进扶贫“双到”工作，向乳源县4个贫困村落实扶贫资金约2000万元。

**【第十三届中国（大朗）国际毛织产品交易会】** 2014年11月6—11日，第十三届中国（大朗）国际毛织产品交易会在大朗镇举办，由中国国际贸易促进委员会纺织行业分会和中国毛纺织行业协会联合主办，由东莞市毛纺织行业协会承办。本届展会以“时尚织城 美丽大朗”为主题，在延续创新、续写时尚的同时，对办展模式进行两项改革：一是举办时间由4天调整为6天。前3天为专业展，面向专业人士；后3天为毛衣购物节，面向社会各界。二是由政府办展向社会办展转变。第十三届织交会共设2000多个展位，展览面积约20万平方米，六天累计超过12万人次参观采购，意向成交额达32亿元。

**【全省外贸转型升级示范基地培育工作现场会】** 2014年11月7日，全省外贸转型升级示范基地培育工作现场会在大朗召开。副省长招玉芳、袁宝成市长等省市领导以及21个市商务部门、15个省级基地、各行业协会共150人出席参加了现场会。现场会上，招玉芳副省长8次提及大朗，认为大朗毛织外贸转型升级基地的培育模式值得全省推广，其培育经验为广东其他传统外贸企业转型升级提供了宝贵的启示和借鉴。

**【大朗镇获评“中国毛织纱线集散基地”】** 截至2014年，大朗镇毛织纱线产业发展突出，注册的纱线相关企业超过1200家，形成富康路、富华北路和神塘路3条纱线销售专业街，年销售额达300亿元，成为华南地区最重要的毛织纱线销售基地之一。大朗镇毛织纱线产业发展突出，2014年获评“中国毛织纱线集散基地”。

**【中国散裂中子源项目（东莞中子科学中心）】** 该项目位于大朗镇。总规划用地66.67公顷，总投资23.5亿元，2012年5月动工，预计于2018年前后建成。建成后，成为中国最大的大科学装置，和美国、日本、英国散裂中子源装置一起，构成世界四大脉冲式散裂中子源装置。截至2014年，散裂中子源项目一期工程建设进展顺利，完成投资6.37亿元，完成合同总造价的121.3%，综合实验楼、综合服务楼、测试实验楼、维修站及仓库、冷冻站等8座单体建筑全部交付使用，一期工程预计2015年12月各单体土建完工。（刘苑文）

**附：2014年东莞市大朗镇党委、人大、政府领导名录**

镇委书记、镇人大主席：胡浩举
镇　长：邓卫洪

① 2014年11月7日，副省长招玉芳（左二）到大朗指导全省外贸转型升级示范基地培育工作现场会

② 2014年11月2日，市委书记、市人大常委会主任徐建华（中）视察海上丝绸之路博览会大朗展馆

③ 2014年12月8日，市委副书记、市长袁宝成（右二）调研大朗项目投资建设“直接落地”改革进展情况

## 2010—2014年大朗镇主要经济指标

| 指标＼年份 | 2010 | 2011 | 2012 | 2013 | 2014 |
|---|---|---|---|---|---|
| 户籍人口（人） | 70192 | 71280 | 71994 | 72718 | 73492 |
| 常住人口（万人） | 31.09 | 31.22 | 31.38 | 31.46 | 31.39 |
| 面积（平方公里） | 118 | 118 | 118 | 118 | 118 |
| 生产总值（万元） | 1352689 | 1469179 | 1564995 | 1698817 | 2007114 |
| 第一产业（万元） | 1352 | 1555 | 1872 | 2012 | 2502 |
| 第二产业（万元） | 807882 | 855609 | 895278 | 946183 | 1075277 |
| 第三产业（万元） | 543455 | 612021 | 667844 | 750577 | 929335 |
| 总用电量（万千瓦时） | 205043 | 223665 | 239833 | 254393 | 281950 |
| 全社会固定资产投资总额（万元） | 391952 | 364833 | 350221 | 423795 | 507609 |
| 社会消费与零售总额（万元） | 404381 | 467499 | 513769 | 581765 | 629154 |
| 出口总额（万美元） | 161076 | 193901 | 243043 | 243447 | 261257 |
| 实际利用外资（新口径、万美元） | 11442 | 12285 | 14213 | 18668 | 21907 |
| 镇级可支配财政收入（万元） | 64159 | 71613 | 78580 | 86723 | 95451 |
| 各项税收总额（万元） | 146624 | 190738 | 214343 | 237910 | 273673 |
| 城乡居民储蓄存款余额（万元） | 1325695 | 1482436 | 1662900 | 1826301 | 1921560 |

① 2014年11月6日，第十三届中国（大朗）国际毛织产品交易会开幕

② 2014年8月12日，全市深化商事登记制度改革加强市场监管工作现场会在大朗召开

③ 2014年7月17日，市委副书记姚康（中）、市人大常委会副主任尹景辉（右四）到大朗开展农村集体建设用地统筹开发及出让分成专题调研

① 2014年11月6日，中国毛纺织行业协会会长黄淑媛（右）授予大朗“中国毛织纱线集散基地”称号

② 2014年9月27日，市委常委、市委政法委书记、市社工委副主任邓志广（左三），副市长、市社工委副主任喻丽君（左四）等出席“南粤幸福活动周暨幸福在社区”启动仪式

③ 2014年3月19日，省委第六督导组常务副组长陈文杰（左二）前往“阳光雨”党员服务中心实地考察教育实践活动开展情况

④ 2014年7月22日，大朗镇举行“我与镇长有约”青年座谈会

⑤ 2014年6月26日，大朗镇迎宾大道通车

⑥ 2014年大朗镇4个市属重点项目（雅盛、三星、长园、德津）

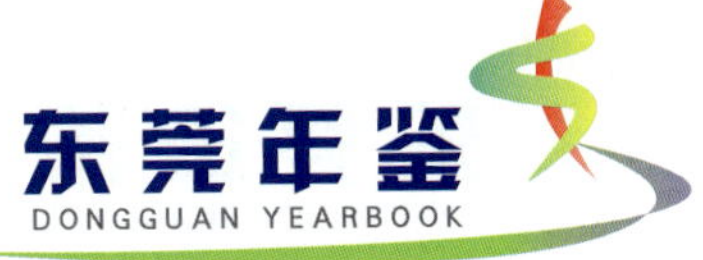

① 2014年7月2日，大朗镇举办镇级篮球赛决赛
② 2014年5月4日，大朗镇举办“相约松朗，情牵一世”青年集体婚礼
③ 2014年11月7日，大朗镇举办“省长杯”服装设计专项赛
④ 天朗气清——大朗中心区全景
⑤ 山水如画——仙村湖

## 黄江镇

【黄江镇概况】　黄江镇位于东莞市东南部经济带的腹部，东连樟木头镇，西接大朗镇，北靠常平镇，南临深圳市光明新区。截至2014年，面积约98平方公里，辖7个社区。户籍人口2.7万人，常住人口23.45万人。

2014年，黄江镇实现地区生产总值131.02亿元（第一生产942万元，第二生产68.76亿元，第三生产62.17亿元），比上年增长10.5%；全社会固定资产投资总额32.52亿元，增长45.16%；总用电量18.1亿千瓦时，增长5.82%；社会消费品零售总额28.09亿元，增长6.61%；实际利用外资1.81亿美元，增长26.32%；外贸出口总额39.67亿美元，增长-11.86%；各项税收总额21.16亿元，增长16.38%；镇级可支配财政收入12.6亿元，增长-14.52%。

【黄江镇经济发展】　*招商引资*　2014年，黄江镇以东莞市新型城镇化工作为契机，探索出台新的招商选资奖励措施，打造承接深圳优质产业转移前沿阵地。针对有意向的优质项目，引进一批优质项目，其中国泰达鸣公司投资9.3亿元。2014年引进内、外资项目82宗，新签项目68宗，增资项目14宗；协议投资总额26.4亿元，比上年增长32.5%。引导企业增资扩产，推动恩智浦公司增资6000万美元，追加注册资本2500万美元。*转型升级*　推动19家外资企业设立研发机构，6家企业认定为“先进技术型企业”，8家企业研发投入实现“零突破”，8家企业设立分销机构。外资企业内销总额78.5亿元，增长17.8%。通过广州交易会、加工贸易博览会、21世纪海上丝绸之路国际博览会，帮助50多家企业实现销售渠道和销售市场“双拓展”。协助维升电子、鹏驰五金公司等企业投入1.45亿元推进“机器换人”。企业申请专利848件，居全市第十二位。推动4家民营企业纳入高成长中小企业数据库。惠伦晶体公司获评市首批创新型企业及省院士工作站，爱旺电子公司等4家企业获评国家高新技术企业，太阳神公司获得省部级产学研项目立项。协助鹏驰五金公司获评国家驰名商标，惠伦晶体、海陆通公司获评广东省名牌产品，精诚厨具公司获得广东省著名商标。协助惠伦晶体公司预备上市，推动兴锐电子公司成功上市新三板。*企业帮扶*　开展挂点服务企业活动，18名班子领导带队完成27家骨干企业的走访任务，帮助解决问题20个。实行大型出口企业对口联络制度，锁定黄江镇出口前20名的企业，安排专人加强沟通交流。完成300家外资企业走访，收集问题90个，解决70个，问题解决率78%。

*重大项目建设*　建立健全重大项目倒逼机制，将建设情况纳入部门年终考核，安排专人专职跟踪协调，及时掌握进展情况，保障市镇重大项目进展顺利。太阳神项目完成投资5078万元，占年度计划145%；东吴实业项目于11月部分投产；顺络电子项目纳入市重大预备项目；协助恩智浦新增设备项目获得临时审批，推动产能增加；国泰达鸣项目一期于7月建成投产。

【黄江镇社会管理】　*社会治安*　2014年，黄江镇清剿“涉黄”违法行为，清查娱乐服务场所8000间次，查处涉黄刑事案件12宗，打掉团伙4个，处理“获

**“宜工、宜商、宜居、宜旅”生态新黄江**

①

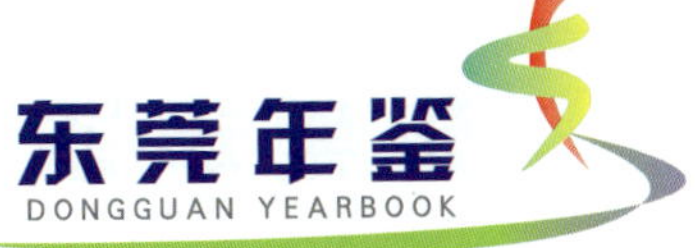

利者、经营者、组织者”等三类人员98人。建立长效机制，出台长效监管制度，对28家复业场所建档立案开展动态化监管，防止“涉黄”问题。积极部署“6+1”专项行动，查处治安案件1125宗，侦破刑事案件860宗。完成梅塘消防站建设，深化“一化五网”建设，消防网格化管理有序开展。创新出租屋治理模式，建立75人专职户管员队伍，网格化管理黄江镇8000多间出租屋。*城市管理* 整治城市“六乱”，打击学校、市场及其周边乱摆卖、占道经营、乱搭建等违法行为，查处违规行为3963宗，查处违章广告1368宗。清理在建违法建筑，强制拆除违法建筑63宗，责成自行拆除10宗。开展公路路域景观整治，突出治理公路“三乱”现象，处理违法现象533宗。*社会治理* 整改火灾隐患2400处，整改安全生产隐患1279处，协助全镇339家企业完成职业危害申报工作。成立食品药品监督管理分局，查处食品药品安全违法行为23宗。开展“平安黄江系列绿色工程”“扫黄打非”等工作，查处文化市场违法违规经营行为52宗。推进商改后续工作，黄江镇各类市场主体累计1.45万户，与商改前相比增长17.1%。

*矛盾纠纷处理* 健全矛盾排查调处机制，排查出不稳定因素和苗头320条，排查矛盾纠纷26宗，调处23宗；受理信访案件502宗，办结502宗，办结率100%；接待来访群众946人次；实现零进京上访。强化劳资纠纷防控工作，出台企业信息员制度、欠薪企业主会议制度，受理劳资案件1334宗，调解结案1201宗，调解率90%，追发8130名劳动者工资3463万元。化解裕元工业区裕成厂员工社保纠纷事件，处置群体性劳资突发事件19宗，涉及人数1675人。

**【黄江镇城市建设】** *城乡规划* 2014年，黄江镇启动“十三五”规划编制工作。推进《东莞市黄江镇总体规划（2010—2020）》修编，前期研究成果通过市规划局审批，规划草案编制完成报送市规划局审查。开展黄牛埔、黄京坑、龙见田等3个片区控制性详细规划编制工作。对北岸片区F01街坊等6宗地块控规进行合理调整。*基础设施建设* 推动黄朗路、西环路、环城南路、洪圣路、袁岗路等道路建设。投资711万元对官山围桥、烟花厂桥进行整治，投入700万元应急加固清泉水库大坝。开展17宗“三旧”改造项目，改造面积91.13公顷，华南塑胶城、138工业区等15宗项目改造方案通过东莞市审查，面积79.4公顷。开发房地产，金地、碧桂园、君悦蓝庭、蜜糖等楼盘陆续开盘预售，投资超8亿元的伯爵希尔顿逸林国际五星级酒店完成封顶。*环境治理* 完成《东莞市黄江镇环境保护规划》（2012—2020年）草案。推进国家生态乡镇创建工作，完成56项创建目标和任务。规划建设大屏嶂公园景区、黄牛埔水库生态景区、芙蓉寺文化景区和巍峨山森林公园景区等四大景区。提升绿化养护效果，黄江镇公园绿地面积达1266万平方米，绿化覆盖率达64.6%。开展水源地企业排污整治，整治长龙部队工业区23家环保违法企业。启动黄牛埔水库（长龙片区）截污次支管网工程建设。淘汰黄标车1826辆，更换新能源公的70辆、新能源公交21辆。推进生活垃圾分类试点工作，生活垃圾无害化处理率100%。

**【黄江镇民生实事】** *民生热点问题* 2014年，黄江镇“教育现代化先进镇”通过验收，计划引进投资6.5亿元的华南师范大学附属黄江学校。新黄江中学建

① 2014年6月4日，广东省委副书记马兴瑞（前排左二）在市委书记、市人大常委会主任徐建华（前排左三）等陪同下，到黄江镇调研村级体制改革工作

② 2014年3月21日，广东省军区司令员盖龙云（右四）到黄江镇走访慰问“拥军妈妈”黄莲开（右三）

③ 2014年6月23日，市委副书记、市长袁宝成（右二）到黄江惠伦晶体有限公司调研

④ 2014年4月2日，叶锦锐被任命为黄江镇镇委书记

设完成工程量的85%。受理积分制入学申请397人、异地中考资格认定申请266人。医疗卫生提升，黄江医院和社区卫生门诊量达114万人次。新黄江医院建设完成工程量的98%。设立宝山、田美、梅塘及黄江广场4个社区公益招聘点，应届毕业生就业率达98.5%。社会保障完善，五大险种参保人数达44万人次。发放各类低保金、救济金、慰问金及重大疾病救助金等1000万元，投入300万元用于残疾人服务，投资64万元用于敬老院维护和老年人服务，发放34万元补贴黄江镇租赁住房70户。文体事业 组织各类文艺演出、展览活动等332项，群众参与文艺演出、参观展览、观看电影等累计超过300万人次。举办首届汽车嘉年华，建成蔡茂友（广东）艺术馆，音乐电视《梦圆黄江》获全市优秀电视专题评选活动二等奖。承办省第八届老年人运动会门球比赛，获柔力球项目规定动作和自选动作两个一等奖，黄江镇运动员在省青少年自行车锦标赛中摘得一金二银二铜。社会事业 推进新莞人服务，录入新莞人信息近14万条，受理积分制入户申请138户。开展计生服务，为近万名已婚育龄妇女提供免费查环查孕、健康检查等服务。推进居民水电服务，完成供水量3838万立方米，供电量18.5亿千瓦时。开展法制教育服务，举办法制讲座25场，法制宣传活动34场。开展工会服务，新组建工会组织72家，发展会员3862人。开展志愿服务，服务群众达2万人次。开展家庭教育项目，举办家庭教育大讲堂15期。

【黄江镇农村改革】 社区服务管理 2014年，黄江镇探索社区网格化管理模式，建立社区政务服务中心与综合服务中心人事、薪酬管理制度。增加宝山、田美、新市3个社区综合服务中心（站）建设计划。建立社区综合服务中心运营管理自查机制，促进社区综合服务中心运营。基层组织建设2014年，黄江镇作为东莞市农村组织换届试点镇，实现“一肩挑”和“交叉任职”两个100%。建立“志愿服务中心”党支部，成立黄江镇“阳光雨”党员志愿服务队，吸收党员志愿者80名。集体经济管理 完成

①

②

③

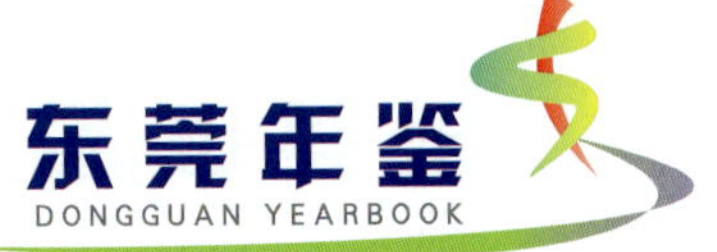


63个原组一级经济组织撤销工作，以田心经联社为试点探索聘请职业经理人、专业运营团队负责集体资产经营。发挥农村集体资产交易和"三资"（资金、资产、资源）监管平台作用，镇集体资产交易管理中心完成交易103宗，总金额3.1亿元，溢价6120万元，溢价率为25.1%。全镇集体经济组织资产19.8亿元，比上年增长6.7%；净资产17.5亿元，增长8.5%；经营总收入2.6亿元，增长6.5%；经营纯收入1.8亿元，增长12.3%；资产负债率11.7%，下降1.5%。

【东莞市东吴实业投资有限公司项目】　该项目位于黄江镇。总占地面积7.13公顷，建筑面积107.2平方千米，计划总投资3.6亿元。东吴实业投资有限公司注册资金1000万元，主要从事中粮集团葡萄酒物流仓储和分销分配、彩印包装品生产等。该项目于2012年纳入市重大项目，项目建成以后，年营业收入约6亿元，年纳税2000万元，直接带来就业岗位2000个。2014年，完成投资7040万元。截至2014年，累计完成投资3.15亿元。

【广东太阳神集团总部建设项目】　该项目位于黄江镇。广东太阳神集团有限公司计划投入2.5亿元，在黄江镇梅塘社区建设集团总部，项目占地15.51公顷，建筑面积155.07平方千米。主要生产化妆品、饮用纯净水、植物饮料、保健品，建成投产后，预计实现年销售额20亿元，每年创税2.11亿元，为黄江镇带来1500个就业机会。2012年，项目动工建设，整个项目分两期建设，第一期工程计划于2016年完成。2014年，完成投资5424万元。截至2014年，累计完成投资2.61亿元。（刘志勇）

**附：2014年东莞市黄江镇党委、人大、政府领导名录**

镇委书记、镇人大主席：
杨礼权（任至3月）
叶锦锐（4月到任）
镇　长：叶锦锐（任至3月）
叶沃昌（4月到任）

④

⑤

⑥

⑦

① 2014年4月17日，叶沃昌（左一）当选为黄江镇人民政府镇长
② 2014年2月20日，黄江食品药品监督管理分局挂牌
③ 2014年2月21日，黄江镇召开党的群众路线教育实践活动动员大会
④ 2014年4月28日，黄江镇首个白玉兰家庭服务中心挂牌启用
⑤ 2014年6月19日，广东国泰达鸣精密机件有限公司举行黄江厂区厂房落成庆典仪式
⑥ 2014年6月6日，举行香港东莞黄江同乡会成立三周年典礼
⑦ 2014年6月14日，全国柔力球大篷车公益惠民万里行活动在黄江镇举行

① 在黄江镇举办的山地自行车赛

② 黄江绿道

③ 黄江住宅小区

## 2010—2014年黄江镇主要经济指标

| 指标＼年份 | 2010 | 2011 | 2012 | 2013 | 2014 |
|---|---|---|---|---|---|
| 户籍人口（人） | 24700 | 25491 | 25917 | 26440 | 27133 |
| 常住人口（万人） | 23.14 | 23.23 | 23.36 | 23.41 | 23.45 |
| 面积（平方公里） | 98 | 98 | 98 | 98 | 98 |
| 生产总值（万元） | 890200 | 962000 | 1079436 | 1185746 | 1310246 |
| 第一产业（万元） | 745 | 765 | 842 | 902 | 942 |
| 第二产业（万元） | 493492 | 488300 | 554519 | 598516 | 687599 |
| 第三产业（万元） | 395974 | 472956 | 524076 | 586328 | 621705 |
| 总用电量（万千瓦时） | 159909 | 163041 | 163593 | 171019 | 180966 |
| 全社会固定资产投资总额（万元） | 251963 | 309557 | 189121 | 224046 | 325232 |
| 社会消费品零售总额（万元） | 180699 | 222663 | 244274 | 263493 | 280916 |
| 外贸出口总额（万美元） | 421300 | 276594 | 446276 | 449970 | 396610 |
| 实际利用外资（万美元） | 12756 | 14022 | 12956 | 14339 | 18113 |
| 镇级可支配财政收入（万元） | 54000 | 102117 | 59705 | 147444 | 126031 |
| 各项税收总额（万元） | 108072 | 132963 | 152092 | 181829 | 211619 |
| 城乡居民储蓄存款余额（万元） | 755117 | 804891 | 997188 | 1076025 | 1121875 |

① 黄江镇梅塘社区
② 黄江裕元工业园
③ 黄江集源公司田美南区工业园
④ 黄江精成科技集团
⑤ 黄江惠伦晶体科技有限公司
⑥ 黄牛埔水库
⑦ 黄江新貌

## 樟木头镇

【樟木头镇概况】 樟木头是广东省中心镇，位于东莞市东南部。截至2014年，面积约119平方公里，下辖10个社区（含新型社区）。年末户籍人口2.9万人，常住人口13.49万人。

2014年，樟木头镇生产总值79.58亿元（第一产业358万元，第二产业35.97亿元，第三产业43.58亿元），比上年增长5.7%；全社会固定资产投资总额19.05亿元，增长-3.13%。总用电量10.02亿千瓦时，增长5.25%；社会消费品零售总额47.61亿元，增长8.33%；实际利用外资1584万美元，增长-54.25%；外贸出口总额7.79亿美元，增长4.68%；各项税收总额14.54亿元，增长24.69%；镇级可支配财政收入7.8亿元，增长3.56%。

【樟木头镇城镇建设】 环境治理 2014年，樟木头严格落实“河长制”，开展石马河综合整治，截污次支管网建设和废旧石场复绿，垃圾填埋场无害化处理达Ⅱ级水平；完成黄标车淘汰任务。基础设施建设 推进市政道路建设，东四路延长线和石新堵塞点跨线桥工程完工，南博汽车城堵塞点、南城片区规划一路一期、金河工业大道延长线等道路工程顺利推进。完善城镇各类配套设施，凹背围排水渠、LED（发光二极管）路灯改造工程完工，中心区护栏、公交站牌建设和桥梁加固维修工程加快实施。“三旧”改造 17个项目通过市会审，绿景RTD新城项目成为省市“三旧”改造重点示范性项目，罗屋旧村改造进入装修阶段，特艺达、柏百顺项目等2个项目纳入市产业类项目预备计划，宝山工业区、先威旧厂区改造均取得进展。城市管理 实施26个专项工程，开展中心区综合整治“百日大会战”，治理城市管理难点和顽疾。加强环卫、绿化、户外广告招牌、公共交通等管理，推动垃圾分类回收试点，推进“宜居社区”“市容环境示范村小组”创建工作，营造良好城市环境。

【樟木头镇转型升级】 企业转型升级 2014年，樟木头镇外资企业拓展内销额18.6亿元，内销税1.6亿元；专利申请622件，比上年增长18%；专利授权442件，增长14.2%；新增国家高新技术企业4家，国家级、省级名牌名标各一个。推进“机器换人”、清洁生产工作，引导企业投入技改资金7099万元、电机改造1.01万瓦、注塑机改造108标准台，单位生产总值能耗0.792吨标准煤/万元，完成市下达任务。商事登记改革 通过商事登记制度改革，优化营商环境，市场主体总量和资金实力显著增长，新增各类市场主体430户，增长17.3%；新增注册资本14.1亿元，增长62.3%。商贸旅游业 扶持专业市场发展，优化商业布局和业态结构，批零销售额126亿元，增长13%；社会消费品零售总额47.6亿元，增长8.3%。整合生态、文化等旅游资源，实施旅游带动战略，从景点规划、对外

## 建设“工商并重、文旅并举、产城融合”宜居宜业幸福新樟城

①

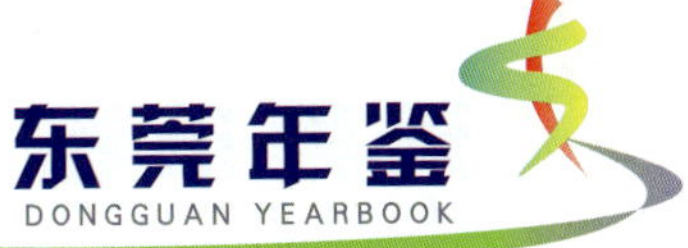


宣传入手，打响旅游品牌知名度。

【樟木头镇招商引资】　2014年，樟木头镇通过招商引资，实施“揽月行动”，抓招商引资，引进美国空气化工产品、正大集团动物营养保健品等2宗世界500强企业项目以及广东百樟荟实业有限公司特种空调项目、创能数控机械加工中心、鑫聚光电光学膜材生产基地、特艺达装饰材料产业园、协荣模具与精密塑胶制品等5宗无污染、高投资强度、高税收的民营项目，总投资达24亿元，预计年产值47亿元以上、税收3亿元以上，工业税收实现翻番。

【樟木头镇重大项目建设】　2014年，樟木头镇实施领导包干等工作机制，推动广东百樟荟实业有限公司特种空调项目、创能数控机械加工中心、国际塑胶电子交易中心等3个项目纳入2015年市重大建设项目，宝山汽车城、樟洋电厂二期扩建项目等2个项目纳入市重大预备项目，实现市重大项目“零的突破”；官仓河客家风情街等一批项目如期推进，创能数控机械加工中心、正大集团动物营养保健品等5个项目成为市项目投资建设直接落地改革试点。

【樟木头镇社会管理】　社会治理　2014年，樟木头镇加强法制建设，实现社区“一村一法律顾问”覆盖。开展“社会矛盾化解年”活动，多宗重大信访案件得到化解。创新流动人口服务管理模式，“安全文明出租屋”达标率达到90%以上。平安建设　开展打击“涉毒、涉黄赌、涉食药假、涉电信诈骗及银行卡、涉车、涉枪”“两抢一盗”“大收戒”等专项整治，“6+1”专项行动取得阶段性的成果，侦破盗抢宝石、信用卡诈骗等大要案，各类警情比上年均呈下降趋势，打击各类违法犯罪行为。投入3500万元建成治安视频监控、警用地理信息、移动警务等系统，警务效能进一步提升。积小安为大安，创建樟木头镇18个“平安细胞”。

【樟木头镇民生事业】　文教卫事业　2014年，樟木头镇实施“三名”〔名医（名科）、名医院、名诊所〕工程，开展“军民共建医院”活动，加快社区卫生站转型，提升医疗服务水平；创建“广东省社区教育实验区”，为新莞人子女提供387个公办学位；活跃群众文化，设立作家村“作家工作室”18间，其中一位作家作品获得东莞市首个全国“五个一工程奖”；摘除东莞市“计生重点整改镇街”的帽子，有效防控登革热、H7N9传播，重大传染病、慢性非传染病的防治取得进展，多层次医疗保障体系初步形成。社会保障　推进住房公积金、社会保险扩面工作，完善促进就业机制，为全镇低保、优抚对象增购重大疾病健康保险，依法协调劳资关系，维护劳动者和经营者合法权益，社会保障能力增强。完成市内市外扶贫任务，落实对口扶贫韶关翁源项目资金240万元。　（黄　幸）

**附：2014年樟木头镇党委、人大、政府主要领导名录**

镇委书记、镇人大主席：陈灼林

镇　长：周伟森

① 2014年7月1日，市委书记、市人大常委会主任徐建华（右二），副市长杨晓棠（左一）到樟木头镇视察重点建设项目

② 2014年12月9日，省“三旧”改造重点项目督导组到樟木头镇樟洋社区考察绿景RTD“三旧”改造项目

③ 2014年11月13日，省巡视组到樟木头镇实地考察并召开工作座谈会

① 2014年7月1日，市委书记、市人大常委会主任徐建华（左一）到樟木头镇开展党的群众路线教育实践活动

② 2014年7月10日，市委常委、东莞军分区政委刘卫芳（右二）到樟木头镇开展下基层走访慰问困难党员活动

③ 2014年7月14日，市委常委、政法委书记邓志广（左三）到樟木头公安分局“110”指挥中心了解警情以及治安巡逻、视频监控建设等方面的情况，并现场观看通过指挥中心呼叫的警力集结演示

④ 2014年6月4日，副市长贺宇（右三）率市国土、规划等多个部门到樟木头镇督导有关工程项目进展工作

⑤ 2014年9月23日，樟木头镇樟罗、官仓两个社区“人大代表工作室”挂牌运行

⑥ 2014年1月17日，樟木头镇与空气化工产品（中国）投资公司举行工业气体建设项目签约仪式

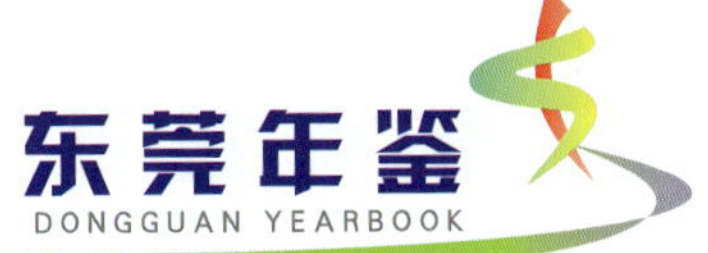


# 2010—2014年樟木头镇主要经济指标

| 指标 \ 年份 | 2010 | 2011 | 2012 | 2013 | 2014 |
| --- | --- | --- | --- | --- | --- |
| 户籍人口（人） | 27434 | 28038 | 28453 | 28835 | 29337 |
| 常住人口（万人） | 13.28 | 13.35 | 13.41 | 13.46 | 13.49 |
| 面积（平方公里） | 119 | 119 | 119 | 118 | 118 |
| 生产总值（万元） | 550388 | 623121 | 647297 | 735816 | 802410 |
| 第一产业（万元） | 404 | 445 | 357 | 382 | 399 |
| 第二产业（万元） | 234874 | 259066 | 264182 | 308495 | 345714 |
| 第三产业（万元） | 315110 | 363610 | 382758 | 426938 | 456297 |
| 总用电量（含企业自有机组发电）（万千瓦时） | 91847 | 94807 | 95677 | 95249 | 100246 |
| 全社会固定资产投资总额（万元） | 159966 | 145040 | 151849 | 437937 | 190541 |
| 社会消费品零售总额（万元） | 330520 | 362763 | 406894 | 74445 | 476114 |
| 外贸出口总额（亿美元） | 9.24 | 9.12 | 8.76 | 7.44 | 77930 |
| 实际利用外资（万美元） | 5564 | 6623 | 4306 | 3462 | 1584 |
| 镇级可支配财政收入（万元） | 43794 | 135913 | 62979 | 73942 | 77984 |
| 各项税收总额（万元） | 72120 | 100226 | 101657 | 116626 | 145421 |
| 城乡居民储蓄存款余额（万元） | 767445 | 842036 | 944625 | 991529 | 1010324 |

① 广东小猪班纳服饰股份有限公司

② 东莞市莎米特箱包有限公司

① 2014年7月16日，樟木头镇与深圳市创能机械有限公司签订数控机械加工中心项目投资协议书

② 2014年7月8日，中国作家第一村创作基地、东莞市小作家培育基地揭牌启用

③ 2014年7月7日，中国作家协会副主席高洪波（左四）、省文联原主席刘斯奋（右三）、省作协主席蒋述卓（右一）等为中国作家第一村作家工作室启用揭牌

④ 2014年7月6日，中国作家第一村工作室启用暨东莞市文联文艺志愿服务团“送欢乐下基层”文艺晚会在樟木头镇西城文化广场举办

⑤ 2014年12月16日，东莞市第八高级中学举办第四届艺术节文化汇演

① 观音山森林公园

② 远眺樟木头镇

③ 樟木头镇中心概貌

# 凤岗镇

【凤岗镇概况】　凤岗镇地处东莞市东南端，东、南、西三面分别与深圳接壤。截至2014年，面积82.5平方公里，辖12个村（居）。户籍人口2.5万人，常住人口约35万人。

2014年，凤岗镇实现地区生产总值194.52亿元（第一产业1808万元，第二产业100.79亿元，第三产业93.54亿元），比上年增长16.74%；全社会固定资产投资总额62.5亿元，增长37.06%；总用电量25.95亿千瓦时，增长10.9%；社会消费品零售总额33.51亿元，增长9.55%；实际利用外资4.49亿美元，增长54.8%；外贸出口总额34.39亿美元，增长8.35%；各项税收总额33.31亿元，增长21.31%；镇级可支配财政收入18.46亿元，增长56.07%。

【凤岗镇产业转型升级】　重大项目建设　2014年，凤岗镇引进4个重大内资项目，投资总额150亿元，建成投产预计总产值超300亿元，获评“东莞市招商引资工作先进单位”第一名。推动都市丽人（福民）物流园、深交所南方信息技术中心、米亚精密金属科技、中集、华润万家物流配送中心、鲜食中心、天安数码城、金银珠宝产业中心等6个市重大项目和预备项目建设，完成年度投资9.8亿元，完成率达101%。产业转型升级　推动都市丽人公司在香港上市和雅路家纺、嘉田电子公司等2家公司上市筹备工作，协助楚天龙公司、联洲公司申报市上市后备企业。扶持企业培育自有品牌，9家公司产品获评“广东省名牌产品”，“民兴电缆”获评“中国驰名商标”，实现凤岗镇获国家名牌商标零的突破。引导企业拓展内销，2014年外企开展内销223家，内销亿元以上19家，外企内销总额102亿元，比上年增长21.7%。鼓励企业加强科研，投入220万元扶持资金，推动新设立研发机构12家，达到62家；新增国家高新技术企业7家，达到21家；各项专利申请量772件、获取授权量453件。开展科技活动企业37家，技改投入2.2亿元，占生产总值的1.1%；研发经费2.3亿元，占生产总值的1.2%。创建为“广东省技术创新专业镇”，获评“东莞市转变结构发展方式工作先进单位”。出口税收迁入　出台《企业出口及税收转移扶持奖励暂行办法》，筛选20家“镇内生产、镇外出口”的重点企业，签订《出口及税收转移备忘录》，实现出口4.1亿美元，税收3.6亿元。

【凤岗镇城市环境提升】　基础设施建设　2014年，凤岗镇省重点工程博深高速公路雁田互通立交完工。重点工程石马河黄洞桥至金凤凰桥河道整治、油甘埔人行天桥和水背环桥等9项工程建设完成。推动“三旧”改造，17宗项目94公顷地块完成报批，深交所南方信息技术中心、侨安、雅路等3宗“工改工”项目通过省、市审批。获评东莞市耕地保护目标责任考核综合一等奖、全市国土资源管理工作先进单位、东莞市“三旧”改造专项工作先进单位。生态环境保护　完成LED（发光二极管）专项节能改造，年节约用电达376万千瓦时。加强绿化建设养护，新增绿化面积约10万平方

## 加快转型升级　建设幸福凤岗

①

米。开展省生态镇创建和市生态村创建工作，市级生态村（居）数量上升至11个。推进石马河综合整治、中心区垃圾填埋场无害化综合整治，加大截污管网等污水处理设施建设，整治黄洞河3.9公里，完成凤岗镇生活垃圾外运招标，建成垃圾压缩中转站。获评全市城市管理工作、整治环境卫生工作、清理违建工作先进单位。

【凤岗镇社会管理】 违法犯罪打击　2014年，凤岗镇开展“六大专项行动”“雷霆扫毒”“打黑恶、反盗抢、攻积案、保民安”等一系列严打整治专项行动。开展“涉黄”专项整治行动，强化娱乐场所长效管理，查处“涉黄”案件60宗。公共安全管理　加强消防安全隐患排查，推动三大工业园区开展分租式工业园消防安全管理试点工作，针对“厂中厂”和分租厂房开展排查治理。加强安全生产监督，开展“打非治违”、安全生产“百日行动”等专项行动，检查生产经营单位762家。社会矛盾化解　化解群众矛盾纠纷1186宗涉及4228人，比上年减少142宗，下降10.7%。

【凤岗民生事业】 民生实事办理　2014年，凤岗镇石马河黄洞桥至金凤凰桥段河道整治工程、首批77处181个高清视频监控点建设、油甘埔小学教学综合楼工程、龙平路人行天桥、南门山森林公园、食品安全示范校园创建、垃圾外运处理等10宗民生实事完成。实现大学生初次就业184人，凤岗镇15间“村民车间”安置本地劳动力289人。投入120万元对口帮扶新丰县马头镇。保障底线民生，发放保障金、助学金、医疗救助金、残疾人津贴等340万元；发放高龄老人津贴150万元、60周岁以上农业户籍老人生活津贴170万元、大学生和村民就业补贴310万元；在居委、三联、油甘埔、黄洞实施居家养老试点，首批购买20名社工服务。发展公共交通，投放20辆LNG新能源公交车，更新投放95辆出租车。办理人大代表提出的关系民生热点难点问题的意见和建议，2013年底所提出的43项完成办理39项，完成率91%。教育投入加大　教育经费投入2亿元，占财政支出总额23%。新中心幼儿园投入使用，为积分入学新莞人子女和重点企业人才子女提供591个公办学位。创建“广东省社区教育实验区”“东莞市推进教育现代化先进镇”，创建3所市标准化学校、7所市一级幼儿园和16所省规范化幼儿园，创建6所现代教育技术实验学校。打造家庭教育品牌，“家长义工参与学校管理的实践研究”国家级课题顺利结题，油甘埔小学成为东莞市首批“全国优秀家长实验学校”。文化惠民工程　举办（中国·凤岗）客侨文化节暨“两岸四地”客家山歌邀请赛和第六届“杨官璘杯”全国象棋公开赛。龙凤山庄影视度假村被授予全市首批市级文化产业基地。送戏下乡演出35场，送电影下乡220场。成立客侨文化研究中心，推进客侨文化重大课题的研究工作。中国象棋（凤岗）获批市第三批非物质文化遗产。农村综合改革　村组两级经济的9个集体经济组织和49个经济社，以设置分社方式统筹组级经济，完成分社股东代表、监事会和分社理事的聘任工作。集体资产交易平台和“三资”（资金、资产、资源）监管平台运行良好，交易项目136宗，成交总额约2亿元，总

②

③

④

① 2014年11月4日，市委书记、市人大常委会主任徐建华（前排左二）率队来到凤岗镇，先后对凤岗都市丽人物流园、深证通、华润万家、米亚科技公司增资项目等市重大项目进行现场考察，实地了解项目建设进展，并要求凤岗镇继续扶持企业，加快推动项目落实，促进经济增长

② 2014年5月8日，市委常委、政法委书记邓志广（左二）与凤岗镇领导到油甘埔村听取群众意见

③ 2014年11月11日，副市长杨晓棠（右一）率市商务局、市府办相关负责人一行，到凤岗镇调研外经贸发展情况

④ 2014年7月4日，市政协副主席何嘉琪（左一）到凤岗镇开展下基层走访慰问党员活动

体溢价率4.1%。村组两级集体总资产76亿元，比上年增长7%；村组两级总收入7.7亿元，增长6%，纯收入5.5亿元，增长6.8%。

【第六届“杨官璘杯”全国象棋公开赛】 2014年9月22—26日，第六届“杨官璘杯”全国象棋公开赛在凤岗镇体育馆举行，来自18个国家和地区的180名中国象棋高手对决。该赛事由中国象棋协会、广东省棋牌运动管理中心、东莞市体育总会主办，凤岗镇人民政府承办。分专业组、海外组、公开组三大组别。其中，专业组有34名国内顶尖专业男女棋手参赛，12名是现役全国冠军；海外组有来自美国、马来西亚、越南、澳大利亚、加拿大以及中国香港、中国澳门、中国台湾等17个国家和地区的66位棋手参赛；公开组赛事则有80位象棋好手参加，其中34名是象棋大师。

【深证通项目】 该项目位于凤岗镇。2014年3月动工建设，比原计划提前2个月动工。截至2014年，完成投资3.6亿元，占总投资的40%。该项目的通信大楼加固工程完工，准备进行土建及机电安装工程施工。 （尧春华 董克菲）

附：2014年东莞市凤岗镇党委、人大、政府领导名录

镇委书记：朱国和

镇人大主席：朱国和

镇 长：梁杰钊

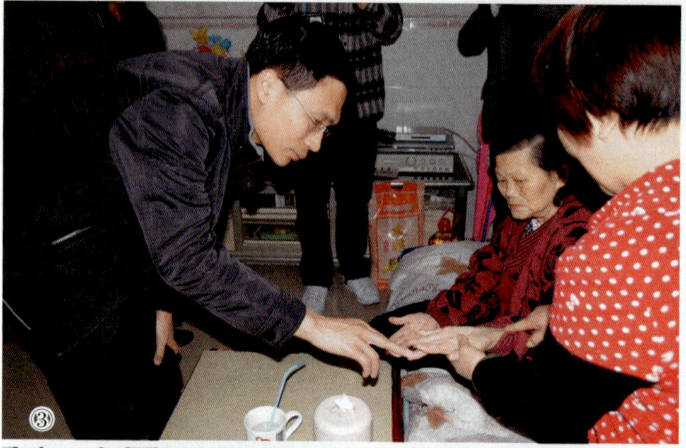

① 2014年5月11日，镇委书记、人大主席朱国和（左二）到竹尾田村指挥防汛救灾工作

② 2014年3月6日，朱国和（右三）、任焕林（左三）等镇机关党代表走上街头，深入群众当中倾听意见，热心为群众服务

③ 2014年3月14日，镇委副书记、镇长梁杰钊（左一）走访看望低保户

④ 2014年3月16日，中国国际海运集装箱（集团）股份有限公司的全资子公司中集集团集装箱控股有限公司与凤岗镇人民政府签署“中集凤岗物流装备制造项目”投资协议

## 2010—2014年凤岗镇主要经济指标

| 指标＼年份 | 2010 | 2011 | 2012 | 2013 | 2014 |
|---|---|---|---|---|---|
| 户籍人口（人） | 24245 | 25018 | 25535 | 25991 | 26527 |
| 常住人口（万人） | 31.90 | 32.00 | 32.13 | 32.03 | 31.86 |
| 面积（平方公里） | 82.5 | 82.5 | 82.5 | 82.5 | 82.50 |
| 生产总值（万元） | 1114665 | 1305676 | 1388730 | 1666213 | 1945157 |
| 第一产业（万元） | 1222 | 1370 | 1566 | 1644 | 1808 |
| 第二产业（万元） | 599388 | 629700 | 637064 | 789904 | 1007922 |
| 第三产业（万元） | 569638 | 674606 | 750100 | 874664 | 935427 |
| 总用电量（万千瓦时） | 205623 | 215910 | 221561 | 234021 | 259526 |
| 全社会固定资产投资总额（万元） | 310244 | 330900 | 374920 | 456048 | 625039 |
| 社会消费品零售总额（万元） | 222052 | 256097 | 282636 | 305851 | 335059 |
| 外贸出口总额（万美元） | 183624 | 207658 | 287411 | 317343 | 343852 |
| 实际利用外资（万美元） | 13367 | 17171 | 19682 | 29037 | 44948 |
| 镇级可支配财政收入（万元） | 80171 | 98898 | 174725 | 118276 | 184594 |
| 各项税收总额（万元） | 167525 | 198149 | 223793 | 274578 | 333096 |
| 城乡居民储蓄存款余额（万元） | 933126 | 1052569 | 1204962 | 1284834 | 1351120 |

① 凤岗镇都市丽人实业有限公司2010年4月在凤岗镇投产，2014年被市认定为东莞市总部企业，并于2014年6月在香港上市，2014年纳税总额1.8亿元

② 2014年6月26日，凤岗企业——中国最大的品牌贴身衣物企业都市丽人（中国）控股有限公司在香港联交所主板上市

③ 2014年7月11日，深圳天安数码城集团与雁田村等单位签订合作意向书，此举标志着该集团在凤岗镇打造的总部产业园将落户雁田村

① 联丰商业集团于2007年起在凤岗镇投资设厂，设立包括米亚精密金属科技有限公司在内的4家企业，投资总额约13亿美元，于2014年至2015年两年再增资40亿元，年出口总额超过4亿美元。图为米亚精密金属科技有限公司

② 2014年9月22—26日举行的第六届“杨官璘杯”全国象棋公开赛。图为各组冠、亚、季军合影

③ 2014年11月1日，由广东省文化厅、广东省侨联、东莞市政府联合主办的“两岸四地”客家山歌邀请赛落下帷幕，有8个节目获评金奖

④ 2014年12月11日，“中国好魔术”魔王争霸赛暨国际大魔术师杯邀请赛在凤岗镇开幕。图为颁奖典礼

⑤ 2014年11月2日，“歌声漂过五洲洋”——2014（中国·凤岗）客侨文化节闭幕式

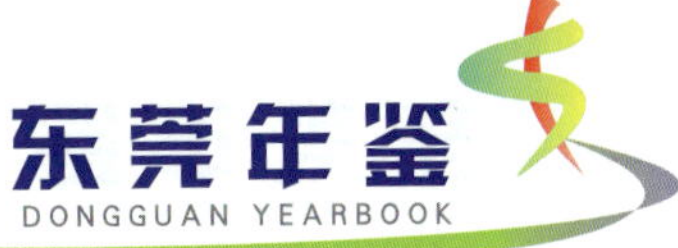

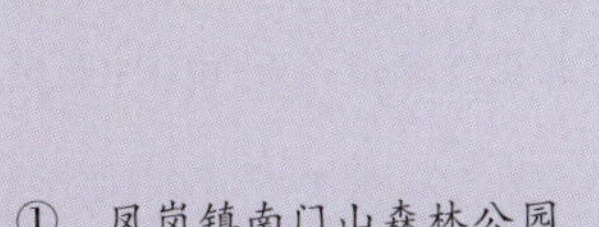

① 凤岗镇南门山森林公园

② 凤岗镇“一河两岸”景观

③ 凤岗镇人民公园

## 谢岗镇

【谢岗镇概况】 谢岗镇是东莞市东大门，东与惠州市接壤，西与樟木头、常平、桥头等镇相连，处于珠三角深莞惠东部城市群几何中心。截至2014年，面积103平方公里，辖11个村、1个社区。户籍人口2.12万人，常住人口9.82万人。

2014年，谢岗镇实现地区生产总值61.97亿元（第一产业1.57亿元，第二产业40.71亿元，第三产业19.69亿元），比上年增长6.2%；全社会固定资产投资总额11.78亿元，增长-4.97%；总用电量8.91亿千瓦时，增长7.27%；社会消费品零售总额10.63亿元，增长6.25%；实际利用外资5785万美元，增长11.42%；外贸出口总额6.35亿美元，增长-11.49%；各项税收总额8.33亿元，增长15.15%；镇级可支配财政收入4.4亿元，增长7.96%。

【谢岗镇转型升级】 重大项目建设 2014年，谢岗镇加快华能、泰诚塑料、谢岗新医院等重大项目建设，华能项目完成热电联产规划、环境评估报告、用地预审等各项前期工作，泰诚塑料项目于4月提前动工并完成相关补办手续，谢岗新医院完成主体工程建设。华通科技项目建成投产。扶持经济发展 落实走访企业制度，走访200家次，帮助企业解决在生产经营中遇到的问题。发放各项资助奖励88.7万元扶持企业发展。出台镇领导服务大型骨干企业工作方案，对产值超2亿元的11家企业实施镇领导班子成员一对一挂点服务。推动企业自主创新，成功创建广东省名牌产品、名牌商标8个，获得广东省高新技术产品4个，推动企业申报各项科技项目13个，成功申报发明专利22项，润星机械公司获评东省工程研发中心。新增12家规模以上企业。特色产业发展 完成现代农业产业园规划调整总体方案，推进银瓶山森林公园三期建设，开展南部生态旅游专项规划，推动“谢岗荔枝”成功申报国家绿色食品，创建“银瓶红”品牌。优化营商环境 深化商事登记制度改革，新增市场经济主体1240户，比上年增长16.7%，新增注册资本12.7亿元，增长221.4%，累计登记市场主体6201户，增长14.7%。规范涉企业收费，为企业减负495万元。

【谢岗镇环境建设】 城市基础夯实 2014年，谢岗镇在全方位对接粤海产业园规划基础上，完成全镇城市总体规划、燕东桥片区控制性规划修编，开展东部片区控制性规划、中心片区控制性规划修编工作。完善中心区眼口地块、中心区富盈地块控制性规划。完善基础设施建设，建成育贤湖体育公园、环城一路，完成社卫中心、谢山村环境改造一期工程，完成银丰路工程总量的85%，规划建设爱民大道（宝湖路）、消防大楼等城市基础设施。环境整治 开展城乡环境联合整治，整治一批环境突出问题，有效治理石马河污染。开展“六乱”“牛皮癣”和建筑垃圾等专项整治行动，集中整治中心区、银湖工业区“六乱”计114宗；查处违法用地33宗、违章建筑193宗，制止144宗，拆除37宗、拆除面积1万平方米；清理反弹畜禽养殖场59个，清理生猪5747头；完成大厚排渠内河涌整治工程；完成380辆黄标车淘汰任务。完成各村（社区）环卫统筹。节能生态建设 万元GDP能耗比

生态名镇　工业新城　幸福谢岗

①

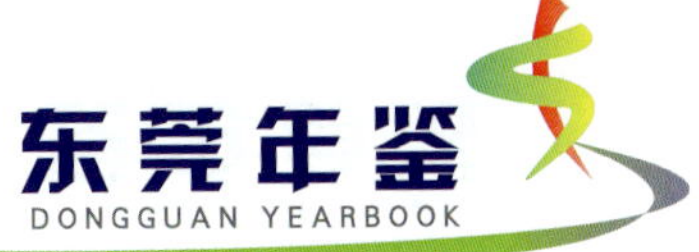


上年下降4.1%。筹备创建省级生态镇，有10个村（社区）成功创建市级生态村，创建率达83.8%。

**【谢岗镇社会管理】** “平安谢岗”创建　2014年，谢岗镇落实“扫黄”工作部署，检查娱乐服务场所及其他场所1.3万间次，停业整顿娱乐场所10间，查处“涉黄”案件6宗，抓获违法犯罪嫌疑人20人。开展“六大专项”“两抢一盗”打击整治行动，侦破盗抢汽车、制假、涉毒、涉赌等一批要案，刑事案件破案率比上年上升6%。维护社会稳定，推进视频监控系统和边界接入平台建设。开展平安村居等6个“平安细胞”创建工作。落实领导接访和包案制度，受理信访案件182宗，领导包案20宗，办结率97%。集体资产管理　强化资产管理，全镇没有新增债务，减债3287万元，村组两级银行借款比上年减少263万元。“三公”经费支出下降13%。整合盘活空置厂房，镇属厂房46.99万平方米，租出43.8万平方米，空置率6.8%。村组两级减少银行借款债务263万元；村组两级经营总收入1.06亿元，增长15%；经营纯收入7102万元，增长28.6%；村组两级总资产13.65亿元，增加5.65亿元，增长70.6%。村集体资产交易33宗，成交金额1000多万元，比立项底价增加111万元，溢价率12.3%。推动村级参股镇属厂房租赁项目，盘活闲置土地资金，预计为参股村增加年收益1440万元。

**【谢岗镇民生实事】** 就业保障服务　2014年，谢岗镇开展各类就业服务活动，落实各项就业补贴310万元，解决500多人就业。超额完成扩面征缴工作任务，实现村（社区）退休人员社会化管理服务站全覆盖，落实最低生活保障、社会救济和高年龄津贴等各类补助资金766万元。投入76.6万元开展双拥和优抚安置工作。计生和新莞人管理服务　户籍人口出生293人，政策生育率91.6%，在市考核中获得优秀等级；2014年办理新莞人入户49人，入读公办学校189人。社会保障　落实市外扶贫资金372.2万元，帮助2个对口扶贫村推进扶贫项目建设；市镇投入市内扶贫资金1515万元，用于4个扶贫村入股优质厂房租赁项目和91户扶贫户帮扶，谢岗镇有48户有正常劳动能力的低保户达脱贫水平，脱贫率达52.7%。文教卫事业　开展文化惠民活动283场次，建成市、镇、村三级图书通借通还网络系统，完成黎村小学规划设计，开展中心幼儿园选址，推动谢岗中学、中心小学、谢岗小学、南园幼儿园成功创建升级，推动全镇公民办学校入网率达100%。做好H7N9禽流感疫情和登革热疫情防控工作，全年无发现病例。

**【粤海产业园建设】** 2014年，谢岗镇推动粤海产业园建设取得重大突破。土地统筹成效显著，完成1103.13公顷土地统筹，完成第一阶段土地统筹任务。银瓶合作创新区申报进展顺利，立项工作取得突破，创新区发展上升为省级战略。银瓶合作创新区发展总体规划通过市政府审定，上报省发改委、省政府审批。园区控股公司组建方案及融资方案通过市政府审批，成功组建，完成17.56亿元融资。普洛斯电商物流项目如期动工建设；总投资100亿元的环普项目签订三方投资协议，完成规划调整，正在办理“招拍挂”前期手续。园区基础设施建设有序推进，全面接管30号路工程建设，完成主路工程建设，实现主线通车。抓好29号路建设，优化设计方案，开展工程可行性研究、环境影

① 2014年11月20日，市委书记、市人大常委会主任徐建华（中）与广东粤海控股有限公司董事长黄小峰（右），普洛斯中国区总裁杨传德（左）出席在谢岗镇黎村举办的东莞粤海银瓶合作创新区粤海普洛斯电商物流项目动工仪式暨粤海环普工业园项目签约仪式

② 2014年5月28日，市委书记、市人大常委会主任徐建华（前排右二）到谢岗镇调研粤海产业园建设情况

③ 2014年4月16日，市政协主席李毓全（前排左二）带队到谢岗镇调研

④ 2014年12月15日，市委常委、常务副市长张科（右二）到谢岗镇调研镇经济社会发展情况

响评价、水土保持等前期工作。协调相关部门同步开展粤海大道、厚龙路、大黎路等道路建设前期工作。完成园镇统筹草案，上报市政府审定。制定粤海产业园安置规划和补偿方案，将报市政府审批实施。

**【中国华能东莞（谢岗）燃气热电联产项目】** 该项目位于谢岗镇乐园工业区。占地面积18.9公顷。项目规划建设4台400MW级燃气-蒸汽联合循环热电联产机组，总投资额约60亿元，年发电量为86.8亿千瓦时，预计电力部分产值49.8亿元，发电直接产生税收7.2亿元。其中，一期工程建设2台机组，静态总投资约38亿元，投产后供热规模最高可达600吨/小时，以此热源为核心打造“热电冷”经济循环产业区。2014年，完成投资约600万元。截至2014年，累计完成投资900.91万元。

**【谢岗新医院项目】** 该项目总建筑面积3.79万平方米，分两期建设，总投资1亿元。2014年，完成项目主体工程建设。同时，谢岗镇重点对接好东莞市人民医院，明确东莞市人民医院与谢岗新医院联合办院模式，引进各类专家和优秀医生。2015年启用市人民医院谢岗院区。　　（谢鸿博）

**附：2014年谢岗镇党委、人大、政府主要领导名单**

镇委书记、镇人大主席：
　　尹照容（任至4月）
　　贾贵斌（4月到任）
镇　长：胡毅峰

① 2014年4月29日，市委常委、政法委书记邓志广（中）率队到谢岗镇召开山区片信访专题调研座谈会

② 2014年5月19日，副市长贺宇（右四）出席在谢岗镇召开的粤海产业园项目联合办公会议

③ 2014年12月25日，谢岗镇领导赴韶关南雄县澜河镇洞底村开展扶贫“双到”工作

④ 2014年4月2日，谢岗镇举行全镇领导干部大会，尹照容（左二）调任中堂镇工作，贾贵斌（右一）到任谢岗镇委书记

⑤ 2014年10月28日，谢岗中学飞鹅山生态园通过省、市环保专家团队评估验收，创建成为广东省环境教育基地

⑥ 2014年1月15日，谢岗镇召开第一次外商协调会，现场研究解决企业提交的问题建议

# 2010—2014年谢岗镇主要经济指标

| 指标＼年份 | 2010 | 2011 | 2012 | 2013 | 2014 |
|---|---|---|---|---|---|
| 户籍人口（人） | 20441 | 20661 | 20797 | 21003 | 21181 |
| 常住人口（万人） | 9.94 | 9.97 | 10.02 | 10.04 | 9.82 |
| 面积（平方公里） | 103 | 103 | 103 | 103 | 103 |
| 生产总值（万元） | 358653 | 416269 | 467190 | 510860 | 619691 |
| 第一产业（万元） | 8230 | 10748 | 14028 | 15024 | 15685 |
| 第二产业（万元） | 216560 | 255645 | 288711 | 317874 | 407106 |
| 第三产业（万元） | 133863 | 149876 | 164451 | 177961 | 196899 |
| 总用电量（万千瓦时） | 66888 | 71273 | 76158 | 83082 | 89121 |
| 全社会固定资产投资总额（万元） | 85586 | 85031 | 101716 | 123988 | 117822 |
| 社会消费品零售总额（万元） | 85895 | 85030 | 93253 | 100052 | 106306 |
| 外贸出口总额（万美元） | 45567 | 55770 | 61820 | 71735 | 63493 |
| 实际利用外资（万美元） | 5022 | 6297 | 4496 | 5192 | 5785 |
| 镇级可支配财政收入（万元） | 30808 | 33325 | 36954 | 40801 | 44048 |
| 各项税收总额（万元） | 35976 | 48025 | 53799 | 72345 | 83304 |
| 城乡居民储蓄存款余额（万元） | 276067 | 306742 | 354097 | 380028 | 722254 |

①

②

③

④

⑤

① 2014年6月27日，世界莞商联合会谢岗办事处挂牌成立
② 2014年11月，投资6亿元的广东华通新材料科技有限公司建成投产
③ 东莞鸽珍电子科技有限公司生产车间
④ 国家级高新技术企业——东莞市润星机械科技有限公司数控机床生产车间
⑤ 2014年6月28日，“东莞，给荔中国”——2014年东莞名优荔枝现场推介活动在谢岗镇南面村举行

① 银瓶山美景

② 银瓶山森林公园石鼓水库

# 塘厦镇

【塘厦镇概况】 塘厦镇位于东莞市东南部，东连清溪镇，西邻黄江镇，北接樟木头镇，南与凤岗镇和深圳市观澜街道接壤。截至2014年，面积128平方公里，辖21个社区，户籍人口5万人，常住人口48.73万人。

2014年，塘厦镇实现地区生产总值278.85亿元（第一产业1.5亿元，第二产业168.03亿元，第三产业109.35亿元），比上年增长7.58%；全社会固定资产投资总额58.52亿元，增长-4.73%；总用电量38.31亿千瓦时，增长8.3%；社会消费品零售总额66.66亿元，增长7.71%；实际利用外资3.04亿美元，增长4.86%；外贸出口总额50.74亿美元，增长5.19%；各项税收总额60.28亿元，增长22.18%；镇级可支配财政收入17.55亿元，增长8.22%。2014年，塘厦镇成功创建为东莞市推进教育现代化先进镇。

【塘厦镇经济转型升级】 企业转型升级 2014年，塘厦镇创建省实施技术标准战略示范镇，实现30家企业产品获国际标准采标证书；开展节能降耗工作，重点对49家耗能企业实施节能考核，完成电机能效提升2.6万千瓦，注塑机伺服节能改造1.06万千瓦，折合528标准台。内外源经济发展 新增民营工业企业1819家，比上年增长8%，民营企业实现税收28.82亿元，增长24.5%；新签合同利用外资协议101宗，实际利用外资3.04亿美元，增长4.9%；完成新签、增资的内资项目51宗（不包含房地产），协议投资额12.52亿元，实际投资额9.76亿元。科技创新 成功推动凯昶德电子、星河生物、超霸电池、俊知机械公司等4家企业的产学研合作项目，获得项目资助340万元；截至2014年，塘厦镇有94家外资企业设立研发机构。全年各类企业申请专利1606件。配套建设 完善科苑城信息产业园、凤凰科技产业园等各工业园区公共配套设施建设；推动康舒电子、三洋电子公司等8家企业入选东莞市大型骨干企业培育名录，抓好坚朗、誉铭新公司等7家上市后备企业培育工作；推广“机器换人”，实施名牌带动战略，塘厦镇名牌总数达32个，落实产业企业扶持资金250万元；推进文化创意产业，音乐剧《妈妈再爱我一次》全国巡演票房超1600万元；推进高尔夫产业发展，举办第六届高尔夫球博览会。

【塘厦镇城市配套建设】 规划布局 2014年，塘厦镇在《塘厦镇总体规划（2012—2020）》基础上编制控制性详细规划，盘活存量建设用地38.27公顷，处置闲置地8.27公顷；实施《塘厦镇“宜居城镇”建设十年发展规划纲要》，推进莆心湖宜居建设项目，龙背岭古村落入选第三批中国传统村落；制定《东莞市塘厦移动通信基站站址规划（2014—2016）》，助力“智慧塘厦”——无线城市覆盖建设规划工作。生态建设 推进林业生态建设，完成33.33公顷水源涵养林改造和86.67公顷幼林抚育，建成14.1公里生态景观林带；淘汰改造7家企业的高污染锅炉，依

**建先进制造业活力强镇 创新型城镇化魅力名城**

法否决25个污染项目，清理生猪养殖场146户，生猪1.4万头；推进石马河流域塘厦段综合整治工程，完成勘察、测量及《项目建议书》的专家评审工作。城市建设　推进环市北路升级改造、塘厦林村隔水围公路桥、布心湖龙尾河整治等24项重点民生工程。维护市政基础设施，疏通修复排水管网80多公里，完成40.5公里的供水管网改造，开展石马河等镇内主要河道清淤、河岸环境卫生整治工作。

【塘厦镇民生事业】　教育事业　2014年，塘厦镇加大公办幼儿园的教育投入，第一幼儿园开园，第二幼儿园完成设计方案，第三幼儿园开工建设。社会保障　完善医疗卫生服务，建成莲湖社区卫生服务站，完成全镇50岁以上老年人和1.3万名儿童健康体检，落实“单独二孩”及人口计生利益导向政策；改善教育保障，实施公办学校扩班和购买民办学校学位，为新莞人子女提供超500个公办学位；提升养老保障，增加退休人员基本养老金，单位企业和社区分别增加182.91元和131.31元；促进就业创业，举办“春风行动”、高校毕业生专场等系列招聘活动，发放各类就业补贴1033.64万元；落实“5·11”水灾救助，减免受灾外资企业30%—50%协作服务款、“三来一补”企业来料加工工缴款，落实其它救助资金32.5万元。文体事业　落实文化惠民措施，开展“千场文艺演出”进基层活动，举办全国打工歌曲创作大赛和广东省打工者歌唱大赛；创作文艺精品，原创音乐剧《妈妈再爱我一次》和音乐作品《百年一梦》摘得国家文艺最高奖项“五个一工程”奖；铺开“加快转变体育发展方式示范镇”创建工作。扶贫开发　实施对口帮扶始兴，投入帮扶资金7950.9万元，为始兴搭建发展平台；对口帮扶新丰遥田贫困村，帮助成立凉粉草农产品专业种植合作社，资助186户改建住房，为1.49万人购买农村合作医疗保险；落实市内镇内扶贫济困，给予谢岗镇5个欠发达村41万元帮扶资金，为市内镇内困难户发放慰问品和慰问金约5万元。社区综合改革　重新修订社区集体资产交易办法，强化社区集体资产交易和“三资”监管平台建设，统筹社区、组两级集体经济，加大农业土地流转，建设150.93公顷高标准农田。

【塘厦镇社会治理】　社会管理　2014年，塘厦镇以林村社区综合服务中心建设为试点，推行社区综合服务中心建设；以隆福花园小区为样板，打造新型社区服务管理；在社工委委员单位及社区中，建立资源共享的社会工作网络，调动各方力量参与社会管理。平安建设　开展“六大专项”和“两抢一盗”打击整治行动，深化“四化五警”建设，实施治安管理“网格化”，推动警力下沉，完善“天网”建设，安装各类治安视频监控732个，覆盖全镇各主要进出道路；完善消防安全“网格化”，重点单位“户籍化”管理工作，发挥消防主题公园宣传教育作用，开展“除火患、保平安”、清查“三小”场所违规住人等专项整治行动；维护道路交通秩序，查处各类交通违法行为1.37万宗。社会秩序维护　建立健全信访维稳平台，做好

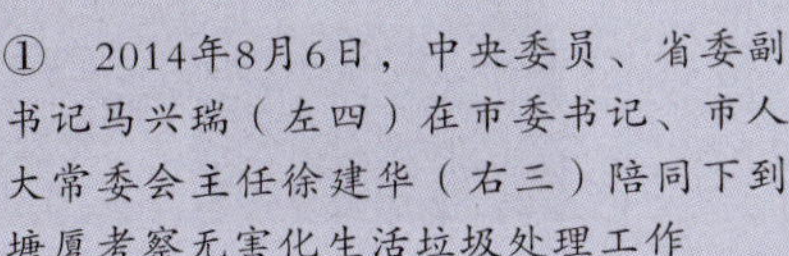

① 2014年8月6日，中央委员、省委副书记马兴瑞（左四）在市委书记、市人大常委会主任徐建华（右三）陪同下到塘厦考察无害化生活垃圾处理工作

② 2014年6月24日，国家发改委副秘书长王一鸣（左二）、副司长耿书海（左一），省发改委副巡视员赵建华（右二）一行到塘厦镇参观考察

③ 2014年3月11日，市委书记、市人大常委会主任徐建华到塘厦镇调研经济社会发展情况

矛盾纠纷化解工作，受理各类信访案件379宗，立案324宗，调解成功324宗，结案率100%；推进出租屋管理，安装出租屋门禁1004套，自助申报系统9009套，创建“安全文明出租屋”4256套；创建“打击传销示范社区”，完成石鼓、诸佛岭、莲湖、莆心湖四个社区创建任务，捣毁传销窝点9个。企业风险监管　加强“企业风险预警系统”的信息情报收集，为8237名劳动者追讨拖欠工资2893万元，行政处罚严重违法用工企业13家，发出《劳动监察整改指令书》182份；创建20条“执照守信经营一条街”，查处无照经营案件209宗。

【音乐剧《妈妈再爱我一次》获评“五个一工程奖”】　2014年6月，塘厦镇原创音乐剧《妈妈再爱我一次》，由东莞市委宣传部、市文化广电新闻出版局、塘厦镇人民政府联合东莞市妇联，推荐至中华全国妇女联合会，将这部母爱题材的音乐剧作品参评中宣部精神文明建设“五个一工程”奖〔该奖是中国文艺创作领域的最高奖项。“五个一”指：一部好的戏剧作品，一部好的电视剧(或电影)作品，一部好的图书(限社会科学方面)，一部好的理论文章(限社会科学方面)，一首好歌〕。经过层层遴选，该剧于9月获评中宣部戏剧类“五个一工程”奖，创造东莞市文艺精品获奖的最高纪录。

【“5·11”洪涝灾害抗御】　2014年5月7日至11日，塘厦镇普降暴雨到大暴雨，累计降雨量345.4毫米，石马河洪峰水位高达22.15米，比日常水位高出7米多，形成百年一遇的灾情。造成塘厦镇17个社区受灾。受灾人口12.04万人，紧急转移3.01万人；因灾溺水死亡7人，意外触电死亡1人；倒塌房屋222间；农作物受灾面积541公顷，水产养殖受灾面积88公顷，水产养殖损失510吨；停产企业649家，公路中断29条次（县级以上公路中断4条），供电中断53条次，通讯中断1条次；损坏堤防1处40米，损坏护岸4处，损坏供水水厂2座，损坏污水处理厂设备2座，损坏辉利排涝机电泵站1座。直接造成经济损失14.56亿元，其中农业直接经济损失3912万元，工业交通业直接经济损失14.14亿元、水利工程水毁直接经济损失297万元。

塘厦镇积极抗御洪涝灾害，出动抢险人员8100人次（含其他镇街支援力量），其中部队官兵5000人次，地方抢

①　2014年10月20日，塘厦镇召开第十六届人民代表大会第九次会议，选举黎雪琴为塘厦镇人民政府镇长
②　2014年2月21日，塘厦镇党的群众路线教育实践活动动员会议在行政办事服务大厦一楼会议厅召开
③　2014年3月7日，始兴县党政代表团到塘厦镇，图为塘厦、始兴对口帮扶工作第一次联席会议
④　2014年6月27日，塘厦镇世界莞商恳亲座谈会
⑤　塘厦被评为广东省社区教育实验区
⑥　塘厦镇石鼓社区获评广东省传统龙狮、麒麟锦标赛二等奖
⑦　塘厦镇公用事业服务中心塘厦生活垃圾卫生填埋场获评Ⅰ级无害化填埋场
⑧　塘厦镇文化广播电视服务中心报送的音乐剧《妈妈再爱我一次》获评第十三届精神文明建设“五个一工程”优秀作品奖

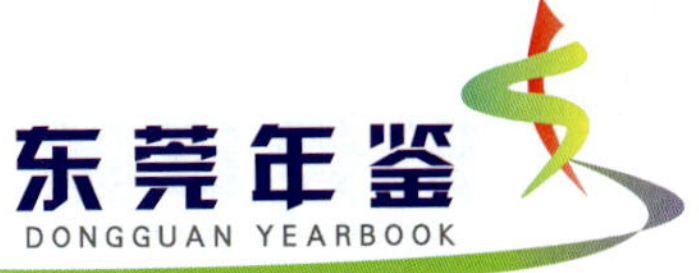


险队伍3100人次；投入抢险舟船211舟次，救生衣1444件，交通运输设备1039班次，抢险机械设备15台班；投入编织袋2.5万条，编织布4.1万平方米，沙石料410立方米，木材60立方米，钢材2.1吨，抗灾用油25吨，用电4.2万千瓦时，总物资消耗折算资金412.55万元。减少受灾人口700人，解救洪水围困群众6200人，减灾经济效益1.12亿元。

【安琪食品生产项目】　该项目位于塘厦镇。2014年，完成投资1.21亿元，占年度计划投资100.4%。项目立项、第一期报省的征地、环境影响评价审批、建设用地规划等批准完成，建设规划和设计方案通过审批，质量安全监督提前介入等手续办理完毕。第二期用地通过省国土厅批复。一号厂房封顶，正在做第二层砌墙；二号厂房正在做地下室。部分机器设备完成订购。

【源暄塑胶配件生产项目】　该项目位于塘厦镇。2014年，完成投资2.32亿元，占年度计划投资101%。项目立项、环境影响评价手续、规划用地批准书、国土报批及先行用地审批、建设规划和设计方案等审批完成，并办理质量安全监督提前介入等前期手续。一号厂房整座外墙面洗墙完成，室内地面二、三层完成。二号厂房屋面板封顶，混凝土全部浇灌完成，三层进入抹灰内装饰，整座墙体砌体完成，外墙瓷砖粘贴。三号厂方主体完成，二层墙砌体完成。

【鹏程宝汽车城项目】　该项目位于塘厦镇。2014年，完成投资4626万元，占年度计划投资15.42%。办理完成规划选址、用地预审、环境影响评价、立项批复、用地规划许可证、建设工程规划许可证（1—8号仓库）。项目4、6号仓库完成打桩，1、2、3、5、7、8号仓库于12月完成住建局的图纸备案手续。

（罗　攀）

**2014年东莞市塘厦镇党委、人大、政府领导名录**

镇委书记、镇人大主席：管敏政
镇　长：李　纲（任至6月）
　　　　黎雪琴（10月到任）

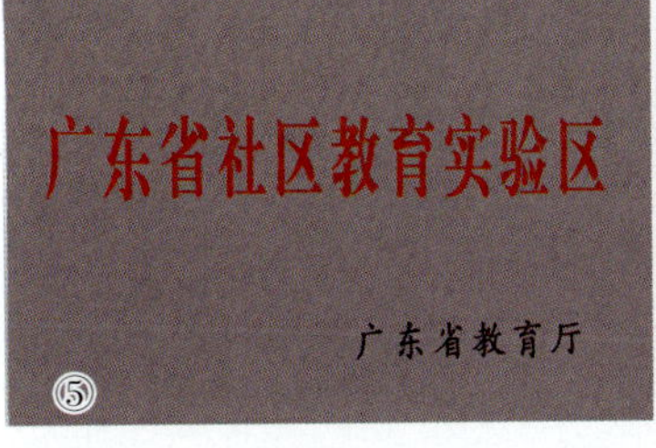

⑤

⑥

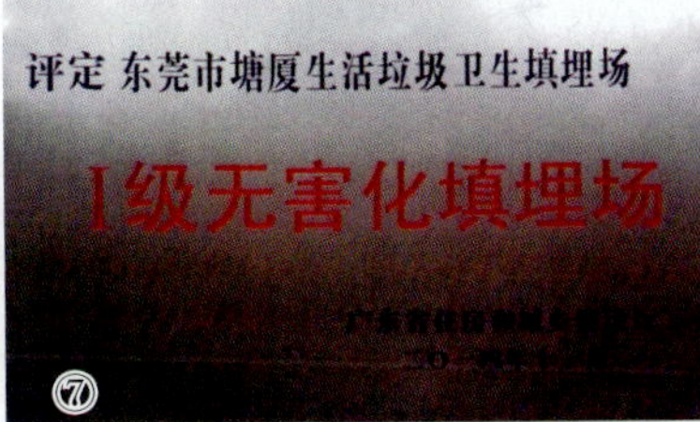

⑦

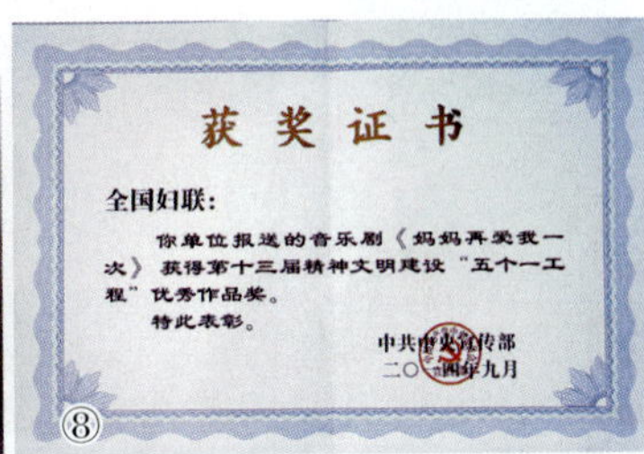

⑧

## 2010—2014年塘厦镇主要经济指标

| 指标＼年份 | 2010 | 2011 | 2012 | 2013 | 2014 |
|---|---|---|---|---|---|
| 户籍人口（人） | 45569 | 47140 | 48272 | 49155 | 50382 |
| 常住人口（万人） | 48.24 | 48.40 | 48.61 | 48.70 | 48.73 |
| 面积（平方公里） | 128 | 128 | 128 | 128 | 128.2 |
| 生产总值（万元） | 1854479 | 2136115 | 2296084 | 2612946 | 2677207 |
| 第一产业（万元） | 11288 | 11593 | 13283 | 13965 | 15992 |
| 第二产业（万元） | 1148809 | 1250805 | 1262674 | 1577367 | 1619712 |
| 第三产业（万元） | 694383 | 873717 | 1020128 | 1021614 | 1041503 |
| 总用电量（万千瓦时） | 313145 | 324518 | 337223 | 353751 | 383099 |
| 全社会固定资产投资总额（万元） | 271924 | 362852 | 557124 | 614302 | 585240 |
| 社会消费品零售总额（万元） | 485027 | 528815 | 564833 | 618866 | 666595 |
| 外贸出口总额（万美元） | 367782 | 406354 | 446045 | 482387 | 507408 |
| 实际利用外资（万美元） | 15021 | 18581 | 24580 | 28990 | 30398 |
| 镇级可支配财政收入（万元） | 113876 | 134356 | 145327 | 162171 | 175502 |
| 各项税收总额（万元） | 296313 | 354541 | 393748 | 493380 | 602788 |
| 城乡居民储蓄存款余额（万元） | 1434245 | 1609674 | 1778630 | 1922981 | 1958116 |

① 2014年2月13日，东莞市食品药品监督管理局塘厦分局成立

② 2014年4月30日，东莞市东部公证处塘厦办证点成立

③ 2014年9月23日，莆心湖社区居委会人大代表工作室成立

④ 2014年10月14日，塘厦镇智通人才市场塘厦公共就业招聘点启用

⑤ 2014年9月19日，东莞市第三市区人民检察院大楼启用

⑥ 2014年12月22日，塘厦镇首个“校园法苑”成立

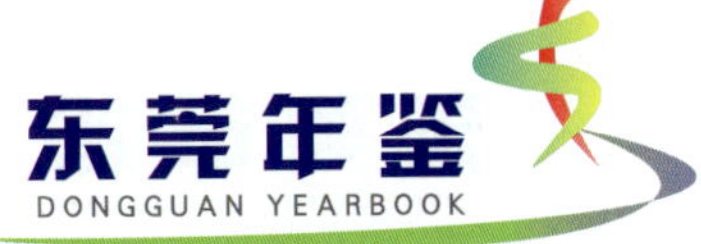

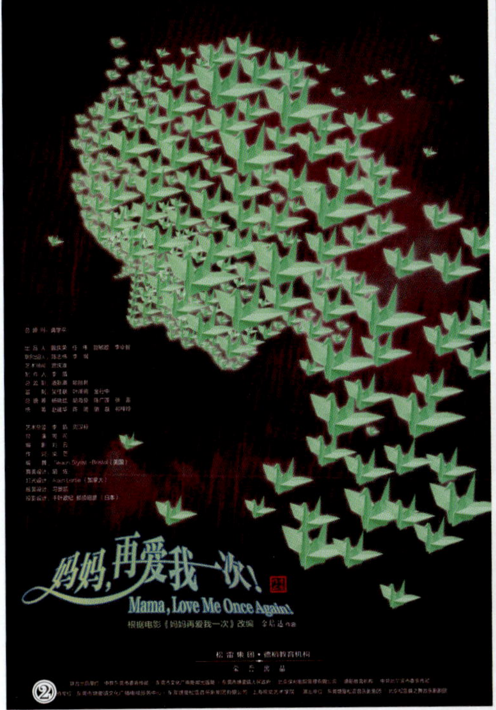

① 2014年12月5日，2014塘厦第十届读书节总结大会暨优秀节目汇演在塘厦演艺馆举行

② 音乐剧《妈妈再爱我一次》海报

③ 2014年10月26日，“同饮一江水”2014广东打工者歌唱大赛年度总决赛暨颁奖晚会在塘厦镇塘龙广场举行

④ 2014年12月3日，塘厦镇践行社会主义核心价值观暨第四届廉政相声、小戏、小品创演大赛决赛在塘厦演艺馆举行

⑤ 2014年11月13日，塘厦第六届高尔夫球博览会开幕

## 清溪镇

【清溪镇概况】　清溪镇位于东莞市东南部，与深圳、惠州两市接壤。截至2014年，面积140平方公里，辖21个村（社区），户籍人口3.72万人，常住人口32万人。先后获评“国家可持续发展实验区”“全国小城镇建设试点镇”“国家卫生镇”“全国出口创汇百强镇”“全国文明镇”“中国最美小镇”。在2014年中国中小城市综合实力百强镇排名中，清溪名列第63位。

2014年，清溪镇实现地区生产总值199亿元，比上年增长4.7%；规模以上工业增加值110.3亿元，增长4%；固定资产投资总额37.3亿元，增长20.5%；社会消费品零售总额38.8亿元，增长9.8%；各项税收总额32.6亿元，增长15.3%。

【清溪镇入选“全国重点镇”】　2014年8月，清溪镇入选为“全国重点镇”，该名单由住房城乡建设部、国家发展改革委、财政部、国土资源部、农业部、民政部、科技部联合公布。意味着清溪镇在区位交通、经济发展、规划管理、服务功能、科技创新等方面具备良好的基础。“全国重点镇”是小城镇建设发展的重点和龙头，清溪镇将在政策、土地及项目安排上得到支持，借助优势加快发展。

【清溪镇投资增量提升】　2014年，清溪镇新签投资超亿元项目16宗，协议投资总额200亿元，其中产值超百亿元、税收超亿元项目3宗，在全市名列前茅；引进内资协议投资总额104.8亿元，比上年增长约77倍，总量和增速均在全市排名第一。2013—2014年引进投资超亿元项目21宗，协议投资总额322亿元，预计年产值共876亿元。其中，百亿元项目有6宗，包括：奋达科技（清溪）项目、讯滔公司总部搬迁项目上市主体市值超过250亿元、力合双清产业园项目预计带动投资和年产值均超100亿元、惠科东莞平板显示集群电子商务产业园项目预计年产值超100亿元、中国智能骨干网（东莞·清溪）项目预计年销售额超100亿元、硅谷动力·移动智能终端产业基地项目预计年产值超100亿元。奋达科技（清溪）项目、惠科东莞平板显示集群电子商务产业园项目、中国智能骨干网（东莞·清溪）项目、铭利达项目、力合双清产业园项目、北大智汇谷项目、清溪保税物流中心（B型）项目、明门增资项目等8个项目，列入2015年东莞市重大建设项目；硅谷动力·移动智能终端产业基地项目、黄金谷项目2个项目列入东莞市重大预备项目。清溪镇是全市列入市重大项目最多的镇。

【“光电通讯区域”品牌建设】　2014年，清溪镇继2012年获“广东省光电通讯产业集群升级示范区”和“广东省光电通讯技术创新专业镇”称号后，该镇“光电通讯区域品牌”又入围全国首批产业集群区域品牌建设试点。清溪镇充分发挥光电通讯“一区一镇一品牌”效应，成立东莞市光电通讯行业协会，推动集群内200家光电通讯企业抱团发展，实现规模以上企业增加值44.7亿元，占全镇规模以上工业增加值近五成。

【清溪镇创新产业培育】　2014年，清溪镇以市政府与英国爱丁堡大学、中英CCUS中心开展的“中英绿色低碳城镇化

## 建设环境优美　幸福和谐新清溪

合作项目”为抓手，借助清华力合双清产业园、北大智汇谷等校地产业化合作项目，以及多个新引进高新科技项目的力量，打造“低碳产业创新示范区”，发展低碳创新产业。以海关总署等四部委批准在清溪镇建设东莞市清溪保税物流中心（B型）为抓手，借助中国智能骨干网（清溪节点）、华鹏飞物流等现代物流项目的带动作用，并借助东莞市跨境贸易电子商务公共服务平台试点，打造“无水港”和电子商务服务中心。以清溪镇获评“全国特色景观旅游名镇”“全国十佳生态旅游示范景区”，以及清溪银瓶山森林公园获评国家4A级旅游景区、清溪生态农业产业园获评“全国休闲农业与乡村旅游示范点”为抓手，凭借镇内丰富的生态文化旅游资源，发展都市农业及生态旅游业。此外，清溪镇依托该镇高端童车占全球市场70%份额，以及拥有多家行业内领先的婴幼童产品企业的优势，发挥龙头带动效应，整合上下游产业链，培育婴幼童产品产业集群。

【东莞清溪投资发展推介会】 2014年，清溪镇举办“东莞清溪投资发展推介会”，来自广州、深圳、东莞等市的知名实业、房地产企业、商会和行业协会代表参加活动，参与人数达400余人，参与单位110多家，知名学者郎咸平及有关企业负责人，围绕清溪镇的经济发展、投资环境、居住环境等进行演讲。同时，清溪镇通过向社会力量购买服务，联手中原集团共同举办该次推介会，利用中原集团的窗口和渠道向外界推荐清溪镇，促进清溪镇招商引资和转型升级。

【清溪镇城市建设】 2014年，清溪镇实施“扩容提质”工程，委托中国城市规划设计研究院深圳分院和东莞市城建规划设计院联手，开展清溪镇新一轮城市总体规划修编；实施“强心带动”工程，委托深圳市城市规划设计研究院开展镇中心区城市更新设计，将镇中心区域总面积约6平方公里纳入整体规划设计；实施“内畅外联”工程，委托东莞市城建规划设计院开展综合交通体系规划。

【清溪镇道路建设】 截至2014年，从莞高速公路及其清溪支线、博深高速公路和深圳外环高速公路的建设，围绕清溪镇形成“井”字结构，在清溪镇内及周边设有8个出入口。2014年，市政府支持在清溪镇实施10个外联道路项目包括：从莞高速公路谢坑出入口连接东深二线道路、省道S358清溪段升级改造、博深高速公路清溪出入口连接线、县道X886段清溪九乡—东风坳路段升级改造、从莞高速公路合水出入口至X886（北环路）道路、县道X231清凤路升级改造、清溪谢坑至塘厦横塘道路、从莞高速公路谢坑出入口至塘厦桥清路连接线、县道X886清溪罗马段升级改造、清溪莲塘路升级改造。其中，省道S358清溪段升级改造工程纳入市2015年“迎国检”项目，是清溪镇首次获国家部委、省两级约3000万元资金补助的交通建设项目。同时，清溪镇拟定2014—2018年镇内交通路网建设计划，计划新建道路13条、升级7条、休闲景观绿道2条。

【“平安清溪”建设】 2014年，清溪镇开展打击整治专项行动，量化评价总分958.1分，排名全市第一。侦破公安部目标案件“2014-555”梁某士等人特大贩毒案、“3·11”陈某特大武装贩毒案。全镇有效警情比上年下

① 2014年10月23日，市委书记、市人大常委会主任徐建华（右三）率市调研组一行到清溪镇调研经济社会发展情况

② 2014年7月21日，市委副书记、市长袁宝成（左三）一行到清溪镇，实地调研经济社会建设等各方面工作情况

③ 2014年2月17日，副市长唐庆涛（左四）出席清溪镇华鹏飞现代物流项目签约仪式

降3.12%，违法犯罪警情下降8.2%，涉"黄赌毒"警情下降7.8%。清溪医院创建为市级"平安医院"。全镇无发生重大交通、消防、安全生产和食品药品安全事故。清溪镇被市依法治市工作领导小组办公室评为"按法治框架解决基层矛盾试点镇"。清溪镇创建"全省法治县（市、区）"和土桥村创建"全国民主法治示范村（社区）"通过省考核组检查考核。

【清溪镇文化艺术】　2014年，清溪镇获"中国民间文化艺术之乡""广东省魔术艺术创作基地"和"IMS中国魔术艺术创作基地"等称号。自主制作的微电影《禾雀花开》在第23届伦敦创意文化节首届华语微电影周被评为最佳影片、最佳摄影；舞蹈作品《禾雀花开了》获第四届岭南舞蹈大赛作品金奖、创作金奖、表演金奖及音乐创作奖；《雀花飞》获东莞市第一届群众音乐舞蹈花会比赛舞蹈类作品第一名。清溪彩扎麒麟制作技艺获国务院列入第四批国家级非物质文化遗产代表性项目名录。此外，还承办IMS中国魔术大赛暨交流大会、广东省第四届岭南舞蹈大赛、2014广东广播"大爱有声—打工者之梦"清溪站巡演和第18届山区片歌手大赛总决赛等活动。

【清溪镇基础教育】　2014年，清溪镇重视教育事业发展，强化科学统筹，促进中小学教学质量稳步提升。清溪中学连续5年获"教育质量进步奖"和"初中教育质量优秀单位奖"，2014年中考成绩比上年增加25分。清溪镇创建成为"广东省社区教育实验区"和"东莞市推进教育现代化先进镇"。

【清溪镇民生实事】　2014年，清溪镇安排低保五保救济、贫困救济、医疗救济、助残养老等救助资金518万元，向2187名70岁以上老人发放高龄津贴329.8万元，发放优抚补助、安置补贴269.5万元，筹集市内外扶贫资金2091万元。吸纳64人积分入户，752名新莞人子女积分入读公办学校，补助10所民办学校2509.85万元，受益学生1.9万人。在新一轮扶贫开发"双到"（规划到户、责任到人）工作中，清溪镇对口帮扶的韶关乐昌市白山村实施的肉兔养殖扶贫基地项目被列为全省扶贫开发"双到"工作现场会的参观考察点之一。结对帮扶援建的西藏林芝鲁朗镇东巴才村实施的小康示范村建设项目，清溪镇投资500多万元援助其改造人居环境、提高村民收入以及公共服务水平。

【清溪镇改革深化】　2014年，清溪镇96%的经济合作社通过经济统筹方案，94.5%的集体土地完成确权登记。在全市率先实现环卫清扫保洁、垃圾清运作业市场化的全覆盖。继续推动商事登记改革，新增市场主体2500多户，市场主体变更登记新增注册资本逾6亿元。出台《清溪镇机关事业单位工作激励方案》；制订《清溪镇土地统筹开发利用实施办法》，实施"镇主导规划开发、镇村利益分享"的土地合作开发模式；出台《清溪镇村（居）招商引资税收奖励实施办法》，推进招商引资税收分成机制改革。同时，引导村（居）转变发展模式，培育和引进优质税源型企业，推动镇村共同发展。

【广东省第四届岭南舞蹈大赛在清溪举行】　2014年11月24—29日，由广东省文联、省舞蹈家协会主办的广东省第四

① 2014年10月14日，市委常委、市委政法委书记邓志广（右三），市委常委、常务副市长张科（左三），出席清溪银瓶山森林公园国家4A级旅游景区挂牌仪式

② 2014年10月14日，市委常委、政法委书记邓志广（右三），市委常委、常务副市长张科（左二）等领导共同出席东莞清溪投资发展推介会暨全国重点镇揭牌仪式

③ 2014年3月16日，市委宣传部常务副部长叶泽驹（右二），市委宣传部副部长、东莞报业传媒集团社长、总编辑陆世强（左二），市委宣传部纪检组长李国全（左一）出席以"花香十里·醉美清溪"为主题的清溪镇第四届赏花行开幕仪式

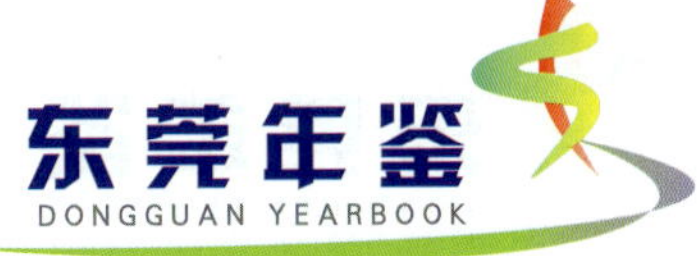


届岭南舞蹈大赛举行。其中：职业、非职业、院校专业、院校非专业四大组别的比赛在清溪镇举行，小舞剧组在江门市举行。清溪镇原创舞蹈作品《禾雀花开了》获创作金奖、表演金奖、作品金奖和音乐创作奖4个奖项。

【IMS中国魔术大赛在清溪举行】 2014年7月12—13日，由广东省杂技家协会，国际魔术师协会IMS中国广东分会，清溪文广中心联合主办的IMS中国魔术大会在清溪镇举行。来自广东、广西及香港、澳门等12个地区的41名选手进入决赛。清溪选手刘可获舞台组金奖和最佳创意奖、马来西亚魔术大会特别奖和2014IMS中国魔术大会杰出奖。清溪镇被确定为“IMS中国魔术艺术创作基地”和“广东省魔术艺术创作基地”。

【清溪获评“中国民间文化艺术之乡”】 截至2014年，清溪镇重视传统文化的保护、挖掘和提升，特别是麒麟舞、麒麟制作、客家山歌等传统客家文化。麒麟舞、客家山歌在国家、省、市大型比赛中多次获金奖，麒麟制作入选国家级非遗保护项目名录。在文化部公布2014—2016年度“中国民间文化艺术之乡”名单中，清溪镇榜上有名，成为全国442个“中国民间文化艺术之乡”之一。

【广东省首届客家新民歌征集评选活动的在清溪举行】 2014年，“中国梦·客乡情”——广东省首届客家新民歌征集评选活动，由广东省公共文化促进会、省音乐家协会、东莞市文化广电新闻出版局、清溪镇人民政府联合组织，5月至9月，共收到各地参赛作品100余件，其中15件获优秀作品奖。清溪镇选送的《莞香花》歌曲获得优秀歌曲奖。旨在展示广东客家民系突出的文化特色和独特的民俗风情，挖掘和培养优秀客家新民歌创作及表演人才，打造广东客家新民歌原创音乐品牌。

【奋达科技智慧产业建设项目】 该项目位于清溪镇。主要从事精密加工与制造，3D打印、电声产品研发与制造，智能可穿戴设备、智能家居(智慧家庭)研发与制造，健康电器、医疗设备与移动医疗设备研发与制造。该项目总投资110亿元，用地80公顷，总建筑面积169万平方米，项目建成后预计年实现工业产值400亿元，实现营业税及附加16亿元，所得税9亿元。2014年，完成投资3000万元。

【讯滔电子有限公司公司总部搬迁项目】 该项目位于清溪镇。截至2014年，该项目购买土地面积8公顷，已建面积7万平方米，通过升级改造旧厂房及新增厂房工程扩建为10万平方米。完成上市主体及其子公司的搬迁工作后，预计年营业额30亿元。2014年，该项目引进设备及技术，注册成立科技研发机构，申报国家高新技术企业，并办理深圳上市主体搬迁手续。

【力合双清产学研建设项目】 该项目位于清溪镇。以产城融合为产业转型的大平台，建设产学研创新体系、国际教育培训中心、清华大学珠三角校友总部活动基地、上市公司研发基地、生态科技产业园区、人才宜居社区等。项目计划投资7.8亿元，工业及科研用地15.2公顷，生活配套设施用地9公顷。项目完工后，预计年产值35亿元，年税收3亿元。2014年，完成投资1000万元。

## 2010—2014年清溪镇主要经济指标

| 指标＼年份 | 2010 | 2011 | 2012 | 2013 | 2014 |
|---|---|---|---|---|---|
| 户籍人口（人） | 35682 | 36307 | 36656 | 36903 | 37192 |
| 常住人口（万人） | 31.26 | 31.34 | 31.49 | 31.53 | 31.59 |
| 面积（平方公里） | 140 | 140 | 140 | 140 | 140 |
| 生产总值（万元） | 1561503 | 1522825 | 1530352 | 1720175 | 1991128 |
| 第一产业（万元） | 5864 | 6550 | 7470 | 8105 | 8476 |
| 第二产业（万元） | 967020 | 899945 | 870284 | 985131 | 1198137 |
| 第三产业（万元） | 525251 | 616331 | 652598 | 726939 | 784515 |
| 总用电量（万千瓦时） | 232463 | 232951 | 236726 | 244476 | 263987 |
| 全社会固定资产投资总额（万元） | 219724 | 229144 | 253966 | 309826 | 373363 |
| 社会消费品零售总额（万元） | 276625 | 299187 | 324513 | 352893 | 387507 |
| 外贸出口总额（万美元） | 575103 | 532103 | 525177 | 546058 | 544164 |
| 实际利用外资（万美元） | 12688 | 17603 | 17845 | 19656 | 13692 |
| 镇级可支配财政收入（万元） | 60191 | 73694 | 77113 | 82495 | 118555 |
| 各项税收总额（万元） | 155687 | 199573 | 209261 | 282414 | 325530 |
| 城乡居民储蓄存款余额（万元） | 846646 | 935645 | 1063674 | 1140655 | 1192221 |

【惠科东莞平板显示集群电子商务项目】　该项目位于清溪镇。通过TV产业、LED显示器产业、平板电脑产业、智能手机等实体产业的发展，带动相关配套产业的入驻和发展，完成垂直产业链的整合，并衍生出软件服务、仓储物流、商务办公服务等直接相关行业，以及IT传媒、互联网金融、融资租赁、保理等增值服务性行业。项目总投资24亿元，用地面积20公顷，建筑面积40万平方米。项目建成达产后，预计年产值100亿元，年税收超亿元。2014年，完成投资4000万元。

【中国智能骨干网电商物流东莞清溪项目】　该项目位于清溪镇。依托阿里巴巴集团电子商务平台，将整合电子商务订单资源，通过物联网技术，逐步实现电子商务订单的处理标准化。项目将建设大型电子商务智能物流节点，开展物流仓储、电子商务平台销售业务，打造区域性电子商务服务中心。项目总投资3.54亿元，用地面积9.86公顷。项目建成后，预计每年创造100亿元的电商销售收入。2014年，完成投资600万元。

（张利达）

**附：2013年东莞市清溪镇党委、人大、政府主要领导名录**

镇委书记、镇人大主席：黄宇富

镇　长：梁绍光

① 2014年12月2日，中国消费品质量安全促进会理事长李长江（右二）、国家质量检验检疫总局计划财务司司长王铁夫（左三）等领导到清溪镇明门（中国）幼童用品有限公司调研

② 2014年7月13日，广东省杂技家协会和IMS（国际魔术师协会）中国分会分别授予清溪镇“广东省魔术艺术创作基地”和“IMS中国魔术艺术创作基地”称号，广东省委宣传部副巡视员钟健（右三），中国杂技家协会副主席、省杂技家协会主席宁根福（左四）等领导等出席揭牌仪式

③ 2014年6月26日，清溪镇广大党员干部传唱《二十四字歌》

④ 2014年10月14日，举办东莞清溪投资发展推介会，铭利达签约仪式

⑤ 2014年11月6日，清溪镇与国金黄金集团签署黄金谷项目协议书

① 《采蜜》

② 禾雀花

③ 清溪城市新貌

④ 清溪镇客家文化——麒麟表演

⑤ 清溪客家舞蹈——《禾雀花开了》

⑥ 清溪全景

## 常平镇

【常平镇概况】 常平镇位于东莞市东部。截至2014年，面积103平方公里，辖31个村、2个社区。户籍人口7.65万人，常住人口38.95万人。

2014年，实现地区生产总值257亿元，比上年增长6.1%；规模以上工业增加值100.8亿元，增长7%；实际利用外资2.4亿美元，增长20.2%，高于全市平均水平5.2个百分点；社会消费品零售总额93.7亿元，增长6%；人均生产总值增长10.95%，获评镇街领导班子年度工作考评优秀镇街。通过“全国文明村镇”复评。

【常平镇重大项目建设】 2014年，常平镇建立健全项目工作组、重大项目进度周报制度及建设协调督导会议制度，狠抓重大项目落地、投产工作。常平环保专业基地、常平汽车客运站、东莞东站改扩建工程、美吉特国际采购中心、世通口岸式保税物流项目、大京九现代物流基地等13个市属重大项目累计完成投资21.4亿元，实现年度投资计划的108.9%。

【常平镇招商引资】 2014年，常平镇招商接洽新项目24个，总投资额约190亿元。汽贸城新增高端品牌车厂8家，15家车厂实现年营业额22.1亿元，增长22%。举办中国玩具和婴童用品协会会长会议；举办东莞（常平）粮油产品展示交易会，实现签约金额20亿元。

【常平镇企业服务】 2014年，常平镇出台减收费用实施方案，进一步规范和减少涉企收费，协助132家企业成功申领市加工贸易转型升级专项、服务贸易发展专项等补助约1627万元；落实镇领导走访挂点联系重点企业制度，形成“一企一策”扶持方案，帮助解决问题211个。同时，制定加工贸易增效计划，实施民营企业上市梯度培育工程和高成长型中小企业培育工程，促使18家企业纳入市高成长型中小企业目录。

【常平镇科技创新】 2014年，常平镇推广“机器换人”工作，重点推广电机能效提升和注塑机伺服节能技改，13家企业开展技术改造，完成投资总额2.3亿元。发挥常平科技园国家级科技企业孵化器的作用，引入90多家初创型科技企业和5家科技服务机构。先进制造业、高新技术产业增加值占规模以上工业增加值比重提升至43.1%，R&D（研究与开发）经费投入4.54亿元，增长14%。新增国家高新技术企业10家、总数达到28家。

【常平镇改革创新】 2014年，常平镇通过组建、撤并等方式改革政府机构，对17个部门（单位）进行调整，厘清部门权责。进一步放宽准入，强化商事登记制度改革后续监管，开展企业信用管理、农资市场诚信体系建设，新增各类市场主体5302户，增长13.1%。完善村组经济管理，建成全市首个理财产品信息发布平台，村组年度经营总收入增长4.76%，纯收入增长6.18%，收不抵支村组下降25%。

【常平镇生态建设】 2014年，常平镇以“国家卫生镇”复审为抓手，完善市政设施、抓好市容环境整治，新增7个市

## 东莞东部中心——常平镇

级生态村，生态村覆盖率提升至80.6%。建成富田路、15号路、沥唇河两岸、仁和水元江元桥等一批道路桥梁工程，启动旧石马河（常平司马段）整治、仁和水河道清淤、田尾排涝站等11项水利工程，完成旗岭森林公园、体育公园、新城公园、河西公园等一批休闲项目设计，东西部污水处理厂超额完成年度减排任务。

**【"平安常平"建设】** 2014年，常平镇刑事案件发案量比上年下降35%，破案率上升30%。推进"一村一警长"工作，为32个村（社区）和两个火车站配备专职警长，并由警长兼任村（社区）党工委副书记。投入4000万元，加快"天网"视频监控系统建设。健全政府法律服务体系，实现32个村"一村一法律顾问"全覆盖。落实领导干部接访、下访和社会矛盾排查化解工作，处理各类信访案件547宗，办结率98%。扎实推进食品药品、安全生产、应急处置、火灾隐患等专项整治，查处不符合安全标准食品药品7吨，评定30家镇级食品安全示范点，在全国率先推进"阳光食堂"建设。筹建火车站站场管理处，重点整治站场周边环境，提升窗口形象。整改违法用地43宗面积11.5公顷，拆除违法建筑46宗3.2万平方米，拆除违章户外广告860个，捣毁"牛皮癣"制作窝点6个，注销黄标车及老旧车3887辆。

**【常平镇民生实事】** 教育文体　2014年，常平镇投入3814万元改善常平中学初中部、常平中心小学办学环境，出台新莞人子女特殊群体入读公办学校实施办法，为新莞人子女提供公办学位557个，考入重点大学人数增长65.3%，创建成为市教育现代化先进镇。获市运会金牌43枚和女篮亚军。就业创业　举办大小型招聘会37场，组建"村民车间"15个，建立创业就业实习基地，帮助878人实现就业。累计发放各类就业补贴1019.3万元。社会保障　开展社保、公积金存缴扩面和新社保卡换发工作。推进扶贫救济、帮扶就业、拥军优属、保障房建设等工作。全年发放低保资金、助学补助、高龄老人生活津贴等432万元。

**【常平环保专业基地项目】** 常平环保专业基地位于常平镇谢常路新石马河东边，是整治工业废水的一个重点环保专业基地。该项目总面积36.5公顷，总投资8亿元。2014年，完成投资2亿元。截至2014年，累计完成投资3.9亿元，占总投资的48.8%。

**【常平汽车客运站项目】** 常平汽车客运站位于常平镇横江厦村，总面积10.67公顷，建筑面积约3.1万平方米。该项目按照省一级汽运站标准建设，总投资2.19亿元。2014年，完成投资1.61亿元。截至2014年，累计完成投资1.57亿元，占总投资的71.5%。

**【东莞东站改扩建工程项目】** 该项目位于常平镇。东莞东站改扩建工程是京九铁路电气化改造工程的重要组成部分，总面积24.8公顷，新站房总建筑面积2万平方米。项目总投资7.17亿元。2014年，完成投资3.57亿元。截至2014年，累计完成投资5.4195亿元，占总投资的75.6%。

**【美吉特国际采购中心项目】** 该项目位于常平镇。美吉特国际采购中心项目由商业广场、塑料中心、商务中心三大

① 2014年8月6日，副省长邓海光（左二）到常平镇调研

② 2014年7月3日，市委书记、市人大常委会主任徐建华（左四），市委副书记、市长袁宝成（左五）到常平镇现场督导检查重大产业项目建设

③ 常平镇一景

板块构成。项目规划用地20公顷，总建筑面积31万平方米，可容纳商户2000多家，年交易额预计100亿元，于2013年3月开工。项目总投资10亿元。2014年，完成投资2亿元。截至2014年，累计完成投资6.42亿元，占总投资的64.2%。

【世通口岸式保税物流项目】 该项目位于常平镇。按照保税物流中心（A型）功能要求进行规划建设，将“两仓”功能合一，并同时设置为其配套服务的海关施封、查验通关平台。项目总面积24公顷，建设专业仓库13万平方米，配套海关监管场1万平方米，日查验车辆100台（次）。项目总投资5.23亿元。2014年，完成投资1.18亿元。截至2014年，累计完成投资2.67亿元，占总投资的51%。

【大京九现代物流基地项目】 该项目位于常平镇。大京九现代物流基地项目建设国际标准物流仓储中心、信息中心及配套设施，建筑面积25万平方米，于2013年8月开工。项目总投资9.68亿元。2014年，完成投资1亿元。截至2014年，累计完成投资1.83亿元，占总投资的18.9%。

【常平中心小学新校项目】 常平中心小学位于常平镇金美村，用地面积7.31万平方米，总建筑面积5.46万平方米。项目总投资2.2亿元。2014年，完成投资1亿元。截至2014年，累计完成投资1.73亿元，占总投资的78.4%。

【中南电子通讯产品及新材料研发生产项目】 该项目位于东部工业园常平园区内。占地16.9公顷。项目建成投产后，预计年产值18亿元，纳税1亿元。总投资8.12亿元。2014年，完成投资1亿元。

【世源大型数码印刷机和精密检测设备生产基地项目】 该项目位于东部工业园常平园区内。占地9.73公顷，于2014年9月动工。项目总投资6.3亿元，建成投产后，计划运营大型数码印刷线15条。总销售额3.5亿元。2014年，完成投资6500万元。

【环球经典新型建材生产经营项目】 该项目位于常平镇横江厦村。占地27.8公顷。项目完成投产后，预计年产300万平方米新型装饰建材产品，年产值12亿元，其中出口创汇1亿美元。总投资12亿元。2014年，完成投资1.5亿元。

【宝力金银珠宝产业基地项目】 该项目位于常平镇上坑村。宝力金银珠宝产业基地是以研发设计为重点，集聚金银珠宝上下游企业及生产性服务企业，项目总投资22亿元，用地17.12公顷，总建筑面积70万平方米。2014年9月动工，至年底，完成投资2.2亿元。 （杨 艳）

**附：2014年常平镇党委、人大、政府主要领导名录**

镇委书记、镇人大主席：
陈桂明（任至6月）
黄庆辉（7月到任）
镇 长：唐耀文（任至11月）
朱默河（11月到任）

① 2014年5月12日，投资15亿元的常平高分子材料产业基地项目举行签约仪式

② 2014年6月26日，世源数码项目奠基

## 2010—2014年常平镇主要经济指标

| 指标 \ 年份 | 2010 | 2011 | 2012 | 2013 | 2014 |
|---|---|---|---|---|---|
| 户籍人口（人） | 73738 | 74894 | 75681 | 76497 | 77500 |
| 常住人口（万人） | 38.64 | 38.80 | 38.87 | 38.95 | 39.05 |
| 面积（平方公里） | 103 | 103 | 103 | 103.3 | 103.3 |
| 生产总值（万元） | 1686376 | 1823461 | 2000198 | 2334224 | 2599814 |
| 第一产业（万元） | 7102 | 7851 | 8372 | 8967 | 10935 |
| 第二产业（万元） | 861382 | 868851 | 934772 | 1153613 | 1186883 |
| 第三产业（万元） | 817892 | 946759 | 1057054 | 1171644 | 1401996 |
| 总用电量（万千瓦时） | 264291 | 276345 | 218088 | 288493 | 300209 |
| 全社会固定资产投资总额（万元） | 299417 | 301084 | 335884 | 411190 | 402053 |
| 社会消费品零售总额（万元） | 633463 | 685111 | 737046 | 883353 | 936580 |
| 外贸出口总额（万美元） | 353498 | 395840 | 465714 | 540687 | 534100 |
| 实际利用外资（万美元） | 6361 | 11610 | 13828 | 20006 | 24039 |
| 镇级可支配财政收入（万元） | 94628 | 105796 | 116451 | 129349 | 142295 |
| 各项税收总额（万元） | 194419 | 231684 | 267522 | 324044 | 329145 |
| 城乡居民储蓄存款余额（万元） | 1695848 | 1906429 | 2202582 | 2393551 | 2360500 |

① 常平珠宝文化产业园奠基

② 2014年1月15日，常平金美大桥拆除重建

① 建设中的常平中心小学

② 东莞东站外围道路升级改造

③ 2014年9月5日，新城大道北段完成升级改造后竣工通车

④ 常平汽车客运站

⑤ 2014年12月12日，音乐剧《妈妈再爱我一次》在常平上演

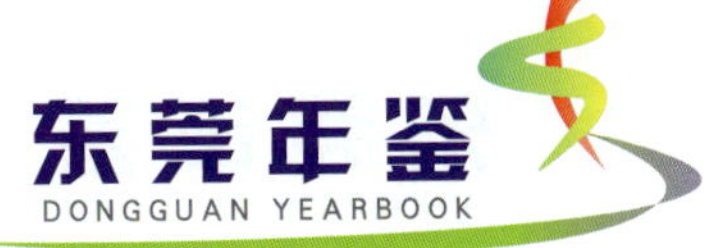

① 常平镇绿道

② 东莞东站列车站台

③ 东莞东站

## 桥头镇

【桥头镇概况】　桥头镇位于东莞市东部，是“中国荷花名镇”。截至2014年，面积56平方公里，辖11个村、6个社区，户籍人口3.68万人，常住人口16.54万人。

2014年，桥头镇实现国内生产总值103.6亿元，比上年增长4.8%；工业总产值269.8亿元，增长2%；规模以上工业增加值57.3亿元，增长3%；出口总值30.4亿美元，下降3.8%；总用电量16.2亿千瓦时，增长4.7%；社会固定资产投资22.2亿元，下降16.6%；引进1000万元以上内资项目12宗，累计协议投资额18亿元，增长127%；实际利用外资9844万美元，增长14.7%；社会消费品零售总额21.2亿元，增长6.9%；各项税收收入14.4亿元，增长15.5%；镇级财政收入6.7亿元，增长7.6%。获评全国重点镇、全国社会扶贫先进集体、广东省文明镇、全市镇街领导班子年度工作良好镇街、全市落实安全生产责任制工作优秀镇街，东莞市推进教育现代化先进镇。

【桥头镇重点项目建设】　2014年，桥头镇加快推进重大项目建设，完善镇班子成员包项目督办制度，全力做好重大项目协调、对接、跟踪等服务，解决项目在建设过程中遇到的难题，新增嘉颐项目和美盈森三期项目2个市重大建设项目。同时，汉维新材料、汇林包装、鸿裕纺织项目等镇重点项目建设进展顺利，基本完成年度投资建设计划。

【桥头镇创新驱动】　2014年，桥头镇落实“机器换人”行动计划，鼓励企业开展生产线升级和技术改造，全年“机器换人”投资超过1亿元，1家企业获得省产业技术进步项目资助。鼓励企业增加研发投入，14家企业成立研发机构，协助企业申请发明专利99件，指导9家企业申报高新技术企业并通过公示，全年新增省名牌名标各1件，1家企业获市专利优秀奖，全镇研究与发展经费支出达3.6亿元，目标完成率排名全市前列。加强企业上市服务，日新传导、金润和电子等2家企业成功挂牌“新三板”。与4家高校和多家企业共建环保包装协同创新中心，并完成应用人才培训中心和产品检测中心等2个子中心建设。

【桥头镇农村经济管理】　2014年，桥头镇全面加强农村集体经济合同、资产交易和收支预算管理，完善“三资”（资金、资产、资源）监管平台建设，建成收支监控模块，在全市率先全面建立合同管理台账，全年新签合同年标的额比原合同年标的额增长60.4%，总体交易溢价率达6.4%。加强农村债权债务管理，加大农村应收款追收力度，全镇村组应收款实收率达70%，应收款项比上年下降29.7%；农村总负债比上年末减少16.9%，资产负债率下降3.2个百分点，连续7年实现下降，创历史新低。

**产业强镇　文化名镇　宜居新城**

①

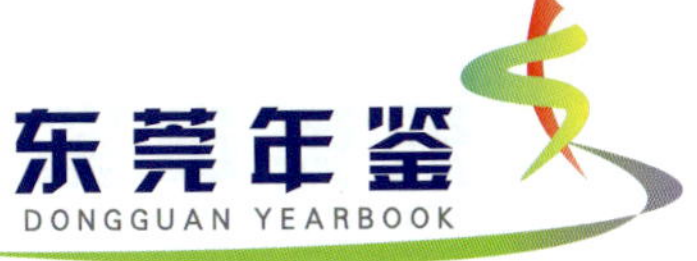


【桥头镇城镇建设】 2014年，桥头镇进一步完善虎尾岭片区、田新青枣场片区等区域规划设计工作，配合做好29号路等与粤海产业园对接的路网规划，加快推进经三路、李屋至屋厦路以及桥东引桥拆除重建工程建设。全面完成牛头窝防洪堤、龙屈排涝站等水利防灾减灾工程建设。推进鸿隆温馨家园、石竹山水园六期、御荷二期等房地产项目。

【“国家级生态乡镇”创建】 2014年，桥头镇配合推进大东洲垃圾填埋场综合治理示范项目建设，实施东太湖排渠整治工程、截污次支管网工程、污水处理厂二期扩建工程等生态工程。推进节能减排，累计完成注塑机伺服节能改造196台，目标完成率141%；完成电机能效提升约1万千瓦，年度节能工作考核全市排名第七位。加强污染治理，落实石马河流域污染治理“河长制”，完成企业清洁生产改造和重污染企业整治任务，创建“国家级生态乡镇”进入最后审核阶段。

【桥头镇社会治理】 治安防控 2014年，桥头镇全力开展“扫黄”（清理黄色书刊、黄色音像制品及歌舞娱乐场所、服务行业的色情服务）歼灭战，铁腕整治涉黄违法犯罪行为，建立娱乐场所长效管理机制。全面完成治安视频监控体系建设，投入3000多万元新建196个高清视频监控点，基本实现全镇视频监控全覆盖。强化重点地区和突出治安问题治理，开展打击整治行动，严打各类违法犯罪，侦破一批大要案，全镇刑事案件破案数上升34.8%。公共安全 做好消防安全隐患重点地区整治工作，建立消防安全“网格化”管理信息系统平台，建成东太湖消防分站，社会面火灾防控形势持续稳定。开展安全生产大排查、食品安全、交通安全、校园安全等专项整治。全年没有发生重特大安全事故。社会稳定 开展“社会矛盾化解年”活动，狠抓矛盾纠纷排查调处，加强网络信访和企业风险评估预警工作，创新形成矛盾预防化解工作格局。强化应急管理，建立覆盖全镇水利、环保、消防、劳动、食品、医疗、反恐、台风等领域的应急预案机制。

【桥头镇民生实事】 文化建设 2014年，桥头镇扩大“一湖两花”（莲湖；荷花、油菜花）文化品牌效应，举办第11届东莞桥头荷花节及新春赏花行活动，莲湖风景区成为“东莞市十大婚纱摄影基地”。《圆谎》《再美一点》等多项文艺作品获奖或被中央媒体录用。学校教育 加强学校教学管理，改进教学方式和质量，桥头中学中考成绩取得较大进步，总平均分与全市平均分拉近21分。开展“高效课堂”工程和校本教研工作，实现全镇等级民办学校和省规范幼儿园全覆盖。文明创建 弘扬社会主义核心价值观，开展公民道德、广东精神、中国梦等主题教育活动，促进市民素质和文明程度提升，创建成为“广东省文明镇”，并铺开“全国文明镇”创建工作。社会保障 扩大非本市户籍职工在莞就读子女参加医保试点学校范围。落实扶贫“双到”，扎实开展“广

① 2014年11月5日，市委书记、市人大常委会主任徐建华（右二）到桥头镇企业调研参观

② 2014年9月4日，省人大常委会副主任陈小川（左三）到桥头镇调研石马河流域污染整治工作

③ 2014年6月28日，市委常委、统战部部长李小梅(前排右九)，市政协副主席钟淦泉（前排左九）、莫布兴（前排右八）等出席香港桥头同乡会第二届会董就职典礼

④ 2014年9月23日，举办桥头镇人大代表工作室挂牌仪式。莫厚良、邓德安及市镇人大代表出席仪式

东扶贫济困日”活动，全面启动镇内帮扶欠发达村工作。开展困难救助、低保救济等社会救助工作，为11户困难家庭提供住房保障。公共服务　开展惠民健康工程，优化社区卫生就诊转诊服务，开展家庭医生试点，增设平价诊室、平价药物。完善公共交通服务管理，购置更新49辆LNG新型公交车，改善群众出行环境。全面开展爱国卫生运动，有效防控登革热、H7N9等疾病传播，创建“国家卫生镇”通过复审验收。

【桥头镇被评为“中国小小说名镇”】　2014年1月，“2013年中国小小说名家沙龙年会暨桥头小小说现象研讨会”在桥头镇三正半山酒店召开。会议宣布，“桥头小小说”现象被评为“2013年中国小小说十大重要事件”，桥头小小说领军作家莫树材被评为“2013年中国小小说十大热点人物”，桥头镇被评为“中国小小说名镇”。在同时举行的“桥头小小说”现象研讨会上，与会人员为桥头镇文学发展的思路和方向建言献策。

【桥头莲湖风景区获评“东莞市十佳婚纱摄影景区”】　莲湖风景区位于桥头镇中心，由20公顷莲湖、凌波阁、健身区、展览区、观景曲桥、亲水平台、赏荷长廊、二龙戏珠、盆栽荷展区、休闲小广场、体育中心、莲湖公园等景点构成，周边配套五星级酒店、羊肉美食街、小食街及其他餐饮休闲设施。景区内莲湖每年春、夏分别盛放油菜花和荷花，吸引大批游客赏花观光和婚纱摄影。2014年，桥头莲湖风景区获“东莞十佳婚纱摄影景区”称号。

【桥头举办新春赏花行活动】　2014年1月，桥头镇新春赏花行活动在莲湖油菜花景区举行。同时，在莲湖周边设精品冬荷展，在沿游湖栈道、水道播种醉蝶花、波斯菊、金鱼草、蓝花鼠尾草、虞美人、蜀葵和硫华菊等野花组合草花种，打造七彩花田景观。活动以“赏花、品味、游桥头”为主题，突出“等你，在桥头……”的城市宣传口号，打造“赏冬荷娇姿、品羊肉美食、亲油菜花海、享人间亲情”的旅游休闲新体验。活动历时1个月，吸引30万人次参观游览。

【东莞嘉颐实业有限公司项目】　该项目位于桥头镇桥东工业园。东莞嘉颐实业有限公司将建成一个集包装产品设计、流转、仓储以及生产辅助的现代化综合生产基地。该项目占地面积10.67公顷，建筑面积16.5万平方米，总投资6.8亿元。项目投产后年预计产值10亿元，年税收5000万元。截至2014年，累计完成投资1.67亿元，占总投资24.5%。

【美盈森三期项目】　该项目位于桥头镇。美盈森环保科技有限公司是以包装产品生产为依托，集包装产品的设计、流转、仓储直至生产辅助的一体化服务提供商。美盈森三期项目为增资扩产，主要建设厂房和购置各类先进设备，项目投产后年预计产值6亿元，预期税收为每年5000万元。该项目占地面积4.77公顷，建筑面积5.84万平方米，总增资4.55亿元。截至2014年，累计完成投资3.05亿元，占总投资67%。　（邵旭泉）

**附：2014年桥头镇党委、人大、政府主要领导名录**

镇委书记、镇人大主席：莫厚良

镇　长：翟耀东

①

②

③

④

## 2010—2014年桥头镇主要经济指标

| 指标＼年份 | 2010 | 2011 | 2012 | 2013 | 2014 |
|---|---|---|---|---|---|
| 户籍人口（人） | 35887 | 36327 | 36522 | 36735 | 36809 |
| 常住人口（万人） | 16.68 | 16.73 | 16.80 | 16.83 | 16.54 |
| 面积（平方公里） | 56 | 56 | 56 | 56 | 56 |
| 生产总值（万元） | 593138 | 651918 | 750036 | 864729 | 1036247 |
| 第一产业（万元） | 5738 | 4900 | 5253 | 5625 | 5873 |
| 第二产业（万元） | 286829 | 296495 | 374632 | 437367 | 588871 |
| 第三产业（万元） | 300571 | 350523 | 370151 | 421737 | 441503 |
| 总用电量（万千瓦时） | 127799 | 133769 | 143005 | 154734 | 161999 |
| 全社会固定资产投资总额（万元） | 126566 | 122780 | 216209 | 266441 | 222183 |
| 社会消费品零售总额（万元） | 319182 | 164725 | 175143 | 199929 | 21182 |
| 外贸出口总额（万美元） | 153052 | 164534 | 248038 | 316095 | 304092 |
| 实际利用外资（万美元） | 3063 | 4389 | 6025 | 8582 | 9844 |
| 镇级可支配财政收入（万元） | 40533 | 53844 | 54656 | 62511 | 67253 |
| 各项税收总额（万元） | 64461 | 76990 | 89934 | 124467 | 144090 |
| 城乡居民储蓄存款余额（万元） | 578266 | 639719 | 723422 | 777356 | 787527 |

⑤

⑥

① 2014年9月10日，桥头镇召开庆祝第三十个教师节大会
② 2014年1月17日，桥头镇第十六届人民代表大会第四次会议召开
③ 2014年1月17日，中国共产党桥头镇第十三届代表大会第二次会议召开
④ 2014年11月4日，桥头镇举办荣获全国社会扶贫先进集体授牌仪式
⑤ 2014年1月10日，2013年中国小小说名家沙龙年会暨桥头小小说现象研讨会在桥头镇召开。桥头镇被评为“中国小小说名镇”
⑥ 2014年6月23日，中国东莞（桥头）小小说创作基地在桥头图书馆揭牌成立，并与首届作家签约

① 2014年12月30日，华南地区环保包装应用技术交流会暨第五届环保包装高峰论坛在桥头镇湖南工业大学东莞包装学院举行

② 2014年6月26日，桥头镇的市重大项目东莞嘉颐实业有限公司动工建设

③ 2014年10月29日，桥头镇举办中华文化道德讲堂暨“广东省文明镇”揭牌仪式

④ 宜居桥头

⑤ 幸福桥头

⑥ 水道弯弯菜花黄——桥头油菜花节

⑦ 欢乐春雨——桥头一景

## 横沥镇

【横沥镇概况】 横沥镇位于东莞市东部。截至2014年，面积44.67平方公里，辖16个村和1个社区。户籍3.8万人，常住人口20.57万人。

2014年，横沥镇全面实施“产城联动”战略，坚持创新驱动，推动由模具名镇向模具强镇跨越。实现地区生产总值92亿元，比上年增长10%；规模以上工业增加值38.5亿元，增长12%；固定资产投资10.67亿元，增长63.2%；引进内外资13.1亿元，实际利用外资8134万美元，27家企业增资扩产；外贸出口15.5亿美元，外企内销40.8亿元，分别增长9.4%和39%；镇本级可支配财政收入5.83亿元，增长13.6%；税收总收入14.2亿元，增长10.5%；社会消费品零售总额23.37亿元，增长9.2%。

2014年东莞市监测的5项主要经济指标，横沥镇增速均排名全市前五位，其中地区生产总值、固定资产投资总额、限上批零和住餐等指标增速排名全市第一位，并获市“城镇精神塑造”项目的“单打冠军”。

【模具产业支柱地位突出】 2014年，横沥镇模具产值85亿元，比上年增长21.4%，模具产业支柱地位突出。推进模具产业重大集聚区建设，进一步完善“模具园、模具城、模具网、模具展、模具高峰论坛”5个平台。推进东方亮彩项目动工建设。落实挂点联系服务企业工作，形成问题认领、工作例会、督办检查、问题销号、走访报告、绩效考核等制度，帮助企业解决实际问题。中泰模具、台一盈拓等一批优质模具企业增资扩产，一批中小企业茁壮成长。“横沥模具”的产业集聚度和品牌知名度进一步提升。

【横沥镇创新驱动】 创新服务平台构建 2014年，横沥镇以协同创新中心为科技引擎，推进模具检测中心、设计中心、装备节能中心等10个技术中心建设，提升整体产业的创新服务水平。同时，推动模具创意产业园二期、创新设计园、科技企业孵化器、模具产业配套服务园建设，形成创新服务格局。“三融合”服务体系推进 推进科技、金融、人才的产业“三融合”，促成近35个校企合作项目，其中3个项目在“东莞国际科技合作周”上签约，成为签约项目最多的镇街之一。新增研发机构8家，国家高新企业4家。与光大银行等7家金融机构合作共建金融综合服务一体化平台，获得“市金融创新推进奖”。截至2014年，协助企业融资9.96亿元。借力东莞职教城，协助企业科技创新，深化产学研究合作，推动“模具技术培训学院”“模具师傅培训工程”等平台建设。3D打印技术公共服务平台打造 横沥镇先后引进智维立体成型、鸿泰自动化等创新企业，并协助智维团队申报省科技创新团队。东莞市3D打印技术产业联盟落户横沥，推进3D打印创意设计产业园规划建设。

【横沥镇产业与城市同步升级】 2014

### 百年牛墟 模具强镇

2014年6月13日，市委书记、市人大常委会主任徐建华（右四）到横沥镇协同创新中心，参观3D打印技术公共服务平台，了解3D打印产业发展及3D打印技术应用情况

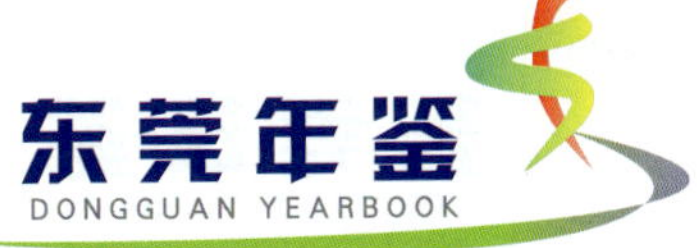

年，横沥镇坚持产业与城市同步升级，推进产业转型升级的同时，全面完善城市各项配套设计，营造宜居宜商优质环境。东引运河中心区段整治工程开工。建成启用裕宁铁路公园，推动振兴路、瑞康路、彩霞路等道路升级改造。配合做好职教城二期代建、神山桥重建等有关工作，推进从莞高速公路横沥段征拆，完善从莞高速公路水边出口连接线规划。碧桂园、碧悦湾、名巨中央等一批房地产项目开盘或在建。

**【横沥镇村组经济】** *农村综合改革推进* 2014年，横沥镇推进农村综合改革，基本完成组级经济统筹，铺开村级预算管理试点工作。农村集体资产交易平台发挥作用，资产上平台交易平均溢价26%。*集体经济增收减债* 村、组两级总收入2.78亿元，比上年增长6.1%；纯收入1.24亿元，增长16%。15个村收入增长，16个村纯收增长。村、组两级资产总负债率比2013年期末下降2.6个百分点。减轻农村负担，补助治安、环卫等公共服务支出3556万元。

**【横沥镇“小城大爱”文明品牌】** 2014年，横沥镇注重文明城镇建设，促进社会和谐进步。12人获“全国道德模范”“广东好人”“东莞好人”等称号，全市首场“东莞好人”评选颁奖活动在横沥镇举办。“好人接力”“好人森林”现象得到中央、省、市媒体的关注，“小城大爱”逐渐成为横沥镇精神文明建设的品牌和亮点。

**【“平安横沥”建设】** 2014年，横沥镇违法犯罪警情两年下降27.6%，违法犯罪警情两年累计下降27.6%，“两抢一盗”（抢劫、抢夺、盗窃）案件下降19.1%。开展“社会矛盾化解年”工作，排查化解农村矛盾隐患。加强综治维稳信访工作，开展“涉黄”专项整治行动。同时，全镇重视安全生产，安全生产形势保持稳定。

**【横沥镇民生实事】** 2014年，横沥镇把握民生导向，加大民生投入，发放各类就业补贴132万元，发放低保金、老人金、助学金、残疾人津贴852万元。镇慈善分会发放救济金36万元。加强镇内“双到”（规划到户、责任到人）扶贫，帮助低保家庭脱贫。

**【横沥镇文化教育】** 2014年，横沥镇开展“活力横沥”主题系列活动，丰富群众的文化生活。举办第八届广东东莞模具制造·机械展览会暨2014百年牛墟风情节，11项围绕“风情横沥、人文横沥”为主题，充分体现牛乡文化特色。通过“东莞市推进教育现代化现代镇”评估验收。创建市一级幼儿园6所、省规范化幼儿园9所，实现“省规范化幼儿园”100%的目标。

**【横沥镇获市“城镇精神塑造”单打冠军】** 2014年，横沥镇开展精神文明建设，重视立德树人，把建立健全合理联动教化育人机制作为根本措施，加强和改进未成年人思想道德建设。同时，坚持以评促建，相继推出“道德模范”评选、现代“慈母、贤妻、孝女”评选、劳动模范评选、和睦家庭评选等一系列“道德明星”评选活动，挖掘横

① 2014年5月20日，市委副书记、市长袁宝成（前排右二）以及市经信、科技等部门负责人到横沥镇开展党的群众路线教育实践活动

② 2014年10月29日，“东莞好人”颁奖典礼暨“道德模范与身边好人”现场交流会在横沥镇举行，对18位“东莞好人”进行表彰。市委常委、宣传部长潘新潮（右）出席活动

③ 2014年5月4日，市委常委、常务副市长张科（左三）到横沥镇调研重大项目推进工作和模具重大产业集聚区建设情况

沥好人、道德模范的感人故事,带动横沥镇精神文明建设。截至2014年，评选各类道德典型人物32名，其中张扬锦、徐祥龄、黄柱深、陈惠松等12人获“全国道德模范”“广东好人”“东莞好人”“见义勇为人物”等称号。全镇形成关爱好人的良好氛围，形成“好人接力”现象，被东莞市文明委誉为“小城大爱”。横沥镇获东莞市2014年度“城镇精神塑造”单打冠军。

**【广东东方亮彩精密技术有限公司项目】** 该项目落户横沥镇田坑高新科技园。总投资6.2亿元，用地面积4.18公顷，拟兴建8.6万平方米的工业厂房、宿舍及配套设施。2014年7月底动工，至年底，主体结构封顶并预留2.2公顷土地用于增资扩产，发展新项目。

**【东莞万好食品有限公司二期项目】** 该项目位于横沥镇西城工业区。总用地面积1.17公顷，投资总额2.1亿元，2012年8月动工，土建工程于2013年11月竣工并完成验收，2014年12月投产。

（席　娟）

**附：2014年横沥镇党委、人大、政府主要领导名录**

镇委书记、镇人大主席：陈锡稳

镇　长：刘国康（任至9月）

何植尧（9月到任）

① 2014年9月23日，副市长贺宇（前中）到横沥镇调研3D打印产业发展情况

② 2014年9月26日，副市长喻丽君（左三）到横沥镇协同创新中心及横沥中学调研，了解横沥镇经济社会发展情况

③ 2014年12月14日，由东莞市文明办及横沥镇委、镇政府共同举办的培育和践行社会主义核心价值观暨“小城大爱”横沥城市精神研讨会在横沥镇举行

④ 2014年9月23日，由广东省模具工业协会、广东省机械模具科技促进协会、东莞市机械模具产业协会共同主办的“第八届广东东莞模具制造·机械展览会”在横沥汇英国际模具城展示中心开幕

## 2010—2014年横沥镇主要经济指标

| 指标 \ 年份 | 2010 | 2011 | 2012 | 2013 | 2014 |
|---|---|---|---|---|---|
| 户籍人口（人） | 36760 | 37387 | 37765 | 38033 | 38313 |
| 常住人口（万人） | 20.48 | 20.55 | 20.67 | 20.70 | 20.57 |
| 面积（平方公里） | 50 | 44.67 | 44.67 | 44.67 | 44.67 |
| 生产总值（万元） | 624788 | 674318 | 683498 | 800168 | 900092 |
| 第一产业（万元） | 3982 | 5177 | 5232 | 5604 | 5850 |
| 第二产业（万元） | 370547 | 339962 | 355688 | 415314 | 472308 |
| 第三产业（万元） | 250259 | 293748 | 322578 | 379251 | 421933 |
| 总用电量（万千瓦时） | 119845 | 124903 | 131186 | 136667 | 148688 |
| 全社会固定资产投资总额（万元） | 109761 | 129794 | 85627 | 65397 | 106752 |
| 社会消费品零售总额（万元） | 152151 | 174161 | 194295 | 214098 | 233703 |
| 外贸出口总额（万美元） | 128323 | 133081 | 133482 | 141202 | 154507 |
| 实际利用外资（万美元） | 8625 | 7820 | 5989 | 7453 | 8134 |
| 镇级可支配财政收入（万元） | 42368 | 47858 | 46362 | 51371 | 58353 |
| 各项税收总额（万元） | 78913 | 96333 | 109473 | 128607 | 142088 |
| 城乡居民储蓄存款余额（万元） | 569499 | 641452 | 732887 | 783295 | 843373 |

④

① 2014年3月12日，横沥镇举办党的群众路线教育实践活动“向群众学习——身边人、身边事”主题报告会

② 2014年5月27日，横沥众达知识产权服务中心在协同创新中心揭牌成立

③ 2014年9月10日，横沥镇文化广场的家庭教育一条街正式揭牌，为广大家长搭建一个融学习、交流、提高为一体的开放式家教平台

④ 2014年6月12日，东莞市3D打印技术产业联盟在横沥模具产业协同创新中心揭牌成立

⑤ 2014年1月15日，横沥镇西城工业区的广东双红生物发酵制品有限公司与韩国韩医学研究院、韩国锦山国际人参药草研究所签署战略合作协议

① 2014年11月29日，隔坑社区服务中心十周年庆典系列活动举行，市、镇及香港等各界有关人士出席活动，为徐祥龄纪念墙揭牌，共同庆祝隔坑社区服务中心成立十周年

② 2014年3月20日，横沥镇社会工作咨询委员会成立

③ 2014年9月23日，第八届广东东莞模具制造展览会暨2014百年牛墟风情节举行，会展展示横沥模具制造实力和水平

## 东坑镇

【东坑镇概况】　东坑镇位于东莞市中部。截至2014年，面积23.8平方公里，辖14个村、2个社区。户籍人口3.07万人，常住人口13.71万人。

2014年，东坑镇实现地区生产总值90.3亿元（第一产业1556万元，第二产业59.68亿元，第三产业30.46亿元），比上年增长8.2%；全社会固定资产投资总额24.1亿元，增长36.8%；总用电量9.46亿千瓦时，增长7.96%；社会消费品零售总额17.25亿元，下降2.9%；实际利用外资9426万美元，增长16.6%；外贸出口总额19.5亿美元，下降3.93%；各项税收总额11.4亿元，增长13.6%；镇级可支配财政收入6.29亿元，增长-3.93%。2014年，东坑镇在全市镇街综合考评中排名第六，综合排名进步全市第一。在59项量化指标中，社会保障水平、单位GDP能耗2项指标全市排名第一位；机构编制管理、防范群体性事件等4项指标并列第一。创建“广东省生态示范乡镇”，突破性地取得社区教育实验工作、国家卫生镇、全国休闲农业与乡村旅游示范区3项全市“单打冠军”。

【东坑镇“三重”建设】　2014年，东坑镇加快“三重”（重大项目、重大产业集聚区、重大科技专项）建设，发展后劲明显增强。全镇5个市重大项目完成投资9.53亿元，完成年度投资计划103.6%。推动佳虹电子、富强电子项目完成一期主体工程建设，建升压铸项目预计2015年投产，5个项目投产后，预计年创税达1.8亿元。此外，爱玛电动车项目纳入市预备重大项目，已完成一期省征地、产业核准等手续。

【东坑镇经济发展】　*产业协调*　2014年，东坑镇调整产业结构，夯实第二产业基础，全镇通讯电子制造业增加值39.5亿元，占规模以上工业增加值的69.1%，工业主导产业优势突显。加快中心区改造，完善商贸配套功能，加快推进特色街区建设，激发商贸活力。推进农业园发展铁皮石斛等“名优特”种植业，发展现代都市农业，实现产业协调互动发展。*招大引强*　围绕通讯电子主导产业，突出精准招商、外出招商、以商招商，引进爱玛电动车、银宝山新科技、迈特通信、晖大机械等优质项目45宗，协议投资总额17.8亿元，投资超千万元项目16宗。*龙头企业培育*　在要素保障、项目落地、外贸出口、科技创新、用工用电等方面，提供有力的服务，重点扶持富港、歌乐、爱玛、华荣等龙头大型骨干企业做大做强，打造东坑“产业航母战斗群”。*园区升级*　实施拆旧建新、扩容升级，加快建设占地34.4公顷的东坑信息产业园，推动三甲、凤大两个“三旧”（旧城镇、旧厂房、旧村庄）改造工业园建设，打造产业示范园区。推动正崴、东兴两个旧园区升级，完善园区综合服务大厅，实行封闭式集中管理、集中服务，加大“腾笼换鸟”力度，新建高层厂房近60万平方米。

【东坑镇科技创新】　2014年，东坑镇联合中介、专利大户建立知识产权保障机制，镇科技创新基地与CQC华南实验室共建平台吸引15家科技服务企业入驻，业务覆盖150多家企业。重点培育入世丰、爱玛、国亮等4家公司申报省名牌产品，推动富港公司获“东莞市专利优

## 提升东坑发展质量　建设精品特色小镇

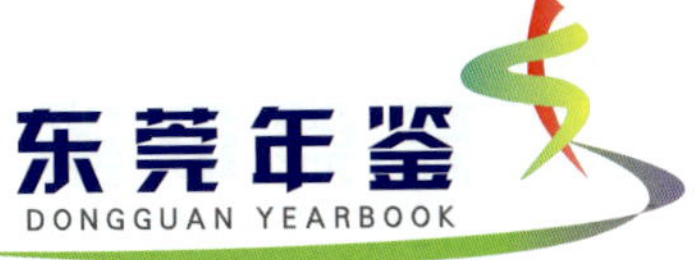


势企业”称号，全镇拥有技术专利累计3500多件。全镇实施“机器换人”企业37家（总投入资金约1.3亿元），其中凯励电子公司获“广东省转型升级示范企业”称号。

【东坑镇镇村统筹】 农村综合改革 2014年，东坑镇深化农村综合改革，投入近3000万元统筹农村治安管理，并对农村环卫、行政管理进行补助，减轻农村刚性支出。完善农村集体资产交易平台和“三资”（资金、资产、资源）监管平台，全年镇、村两级资产交易平台完成交易148宗，其中竞标项目平均溢价率分别为22.9%和10.5%。组级经济组织统筹比例达到92.9%。增收提效 引导村组整合改造现有资源，开发建设高层物业；鼓励中心村发展配套服务项目，参与现代都市农业发展；鼓励村组利用闲置资金发展投资型经济，购买稳健型理财产品，促进集体资产保值升值。全年村组两级经营总收入2.6亿元，比上年增长5.9%；资产负债率为19.4%，减少0.8个百分点；资产负债率超过50%的村组保持0个。

【东坑镇城镇建设】 生态文明挖掘 2014年，东坑镇统筹优化闲散农用地，完善农业园、亭岗岭等生态公园设施建设，提升14个村级休闲文化广场品质，形成覆盖全镇的生态网络。拓展东坑农业园业务领域，加快发展现代都市农业。建成7.5公里城市绿道，完成19.6千米截污管网建设，投入1200万元，完成竹山-黄麻岭、角社片区、岭贝坑等渠道拓宽、清淤硬化工程。“三旧”改造推进 把握市“税费返还、专项补助”等“三旧”改造政策契机，出台《东坑镇节约集约用地鼓励方案》，采取统租统建、兜底补助等措施，鼓励村集体、民营企业家积极参与“三旧”改造，推进城市更新。实施的“三旧”改造项目共9宗（工业、商业、商住项目各3宗），总面积18.2公顷。其中三甲工业城项目，进入主体工程建设阶段，凤大工业旧区推出市场招、拍、挂，井美东富厂地块改造项目被认定为2014年产业类项目《预备计划》项目。城镇环境优化 全面铺开城市总体规划修编工作，推进镇中心区改造，完善商贸配套功能，形成皇家公馆步行街、东兴路等商圈。推进宜居创建工作，初坑、长安塘等村完成道路改造、鱼塘美化清淤等工程，井美、新门楼等村完成文化广场、休闲公园等惠民项目建设。实施精细化管理，全面规范流动摊贩管理，连片整治镇容村貌，创建“广东省生态镇”。加强土地管理，打击违法用地行为，获得“土地执法监察奖”及6.67公顷用地指标奖励。

【东坑镇民生实事】 2014年，东坑镇优先保障民生投入，民生事业投入4.1亿元，占财政总支出65.7%，民本民生进一步改善。超额完成住房公积金扩面和社保扩面任务，发放新社保卡13万多张，及时发放低保金、残疾人津贴、高龄老人生活津贴等各项救济资金。加快民生工程建设，建成16个村（社区）退管站，新增10个居家养老服务中心，启用残疾人康复就业服务中心，扩大公交站亭和站牌建设范围。加强群众就业帮扶，累计发放就业创业政策补贴金额653万多元，超额完成年度就业安置任务。帮扶8户贫困家庭脱贫，提前超额完成脱贫任务；提供免息借款各500万元帮扶凤大村和黄麻岭村；投入帮扶资金897万元，做好普宁县东洋村和登峰村结对扶贫工作，完成文化广场、小学改造等一

① 2014年12月3日，市委书记、市人大常委会主任徐建华（前排左二）到东坑调研新东坑中学，勉励东坑打造精品教育、特色学科，镇委书记张耀洪（前排右二）、镇长李刚（前排右一）陪同调研

② 2014年12月3日，市委书记、市人大常委会主任徐建华（前中）到东坑调研康德威变压器项目，勉励东坑做好“精”、“特”文章，提升发展质量

③ 2014年3月2日，东坑二月初二“卖身节”开幕式现场

批民生工程。

【东坑镇平安建设】 2014年，东坑镇全面落实“社会矛盾化解年”各项工作部署，推进打击整治行动，深化警务运行机制改革，推进治安网格化管理，加强劳资纠纷、土地纠纷等矛盾隐患以及食品药品、建筑施工等安全隐患排查治理。强化信息搜集和形势预测，力促矛盾化解在基层，全年共受理矛盾纠纷案件739宗，办结率达96.9%，全镇未发生群众到市集体上访、到省集体上访、进京非正常上访案件。

【东坑镇惠民工程】 教育惠民 2014年，东坑镇推进教育均衡发展，全面完善新东坑中学配套设施，新图书馆建成投用，镇村实现“社区学校、文化广场、老人活动中心、社区体育场所、电子阅览室和专（兼）职社区教育教师队伍”配套率6个100%。创建东莞市推进教育现代化先进镇，教育实力稳步提升。全年为新莞人子女提供公办学位834个，新莞人子女在公办学校学生总人数中占比超过60%。镇中心小学英语特色教学成为市英语特色教学跟岗基地。文化惠民 利用市优惠政策，加快文化基础设施建设步伐，开展“百场培训、千场演出、万场电影”等系列文化惠民活动，组织广场舞、化妆艺术培训、群众演出等公共文化活动，受惠群众达5万多人次。启动古建、古树、古人文“三古”文化传承工作，逐步铺开文物修复保护、人文景观建设等工作，“世界莞商联合会业余曲艺团”落户东坑，大型城雕艺术精品《希望》落成。

【“卖身节”节俭办节】 2014年，东坑镇将“卖身节”活动交由东坑民营商会等民间团体主办，取消鸣放礼炮、鲜花布置、领导讲话、礼仪服务等环节，节目以镇内群众自排自演为主，不再邀请专业团队表演，进一步凸显“农耕非遗、社会参与、全民同乐”的节庆特色，办节成本压缩58%。

【东坑镇获评市社区教育实验工作“单打冠军”】 截至2014年，东坑镇加大教育经费投入，累计投入3亿元建成中心幼儿园、新东坑中学等教育设施，募集5000万元成立东坑教育基金。完善镇村社区学校、文化广场、老人活动中心、社区体育场所、电子阅览室和社区教育教师队伍。创新“校企合作”模式，开办“工学结合”“订单式”培训，电大分校成为产业工人培训基地。探索书香校园、英语特色跟岗、木鱼歌传习所等特色教学，全面提升教学质量。全镇每万人升大学人数达156人，全市排名第二位。群众对社区教育的知晓率达85.1%、认同率达84.3%。2014年，获评全市社区教育实验工作“单打冠军”。

【东坑镇获评国家卫生镇“单打冠军”】 截至2014年，东坑镇以创建“国家卫生镇”为契机，实施城市精细化管理，投入400多万元建设110个标准摊档，推动流动摊贩规范化、人性化管理，市容环境大大提升。落实“门前三包、两扫一洗、日常重点错峰保洁”等工作机制，整治环境卫生，加强背街小巷的清扫保洁，消除卫生死角。投入90多万元，购置后压缩垃圾车、环卫巡查车等设备一批，新增新型环保果皮箱160套，建成压缩式垃圾转运站10个，提升垃圾收运处理能力。加大食品安全、农贸市场等专项整治力度，严格查处违章违法建设行为。2014年，东坑镇获评国家卫生镇“单打冠军”。

【东坑镇获评全国休闲农业与乡村旅游示范区“单打冠军”】 截至2014年，东坑镇按照生产、生态、生活“三融合”思路，建成标准化农田67.3公顷、自动喷淋系统57.9公顷的现代农业设施，引进国方医药、博瑞生物科技等18家农业企业及科研单位，发展台湾莲雾、铁皮石斛、名贵花卉等名优特种植产业；打造滩美湖80万立方米的清洁水源储蓄功能，建设江库联网工程，形成科学的灌溉、排涝系统，提高水资源利用率以及耕地产出率；打造休闲垂钓、田园观光、产品采摘、亲子农场等休闲旅游项目，推介东坑风味农家菜、土特产、新春花市一条街等特色业务，日均到园区参观休闲人数1000人。2014年，东坑镇获评全国休闲农业与乡村旅游示范点“单打冠军”。

【东莞富强电子有限公司增资项目】 该项目位于东坑镇。东莞富强电子有限公司主要研究开发和生产手机蓝牙、移动硬盘、电子通讯零件、充电器、连接线等电子产品，是苹果iPhone、iPad的主要零组件供货商和代理商。该增资项目占地11.2公顷，总投资1.2亿美元，一期建筑面积9.6万平方米，于2013年12月开工。2014年，完成投资3.08亿元。截至2014年，累计完成投资5.06亿元，占总投资的70.3%。

【东莞佳虹电子科技有限公司研发生产项目】 该项目位于东坑镇信息产业园。东莞佳虹电子科技有限公司主要从事研发、制造、销售手机配件、移动电源、充电器、聚合物锂离子电池及电池组等，主要应用于手机、笔记本电脑、PDA、数码相机和携带式光盘等电子产品。该项目占地面积7.4公顷，总建筑面积12.6万平方米。于2013年6月开工。项目总投资6亿元，2014年，完成投资1.3亿元。截至2014年，累计完成投资3亿元，占总投资50%。

【东莞市维智电子科技有限公司研发生产项目】 该项目位于东坑镇信息产业园。东莞市维智电子科技有限公司是集通讯配件研发、制造、营销于一身的高新技术型企业。主导产品有手机电池、充电器、耳机、数码产品电池等系列。该项目占地面积8.07公顷，总建筑面积15万平方米，于2013年3月开工。总投资6亿元。2014年，完成投资1.3亿元。截至2014年，累计完成投资2.8亿元，占总投资的46.7%。

【东莞市博瑞实业投资有限公司嘉丰印刷包装生产项目】 该项目位于东坑镇博瑞生物科技园区。东莞市博瑞实业投资有限公司主要研发生产生物医药科技产品、公共环境消毒防疫产品、可降解环保型软性包装印刷制品等。嘉丰印刷包装生产项目占地面积3.33公顷，总建筑面积8.36万平方米，总投资6.1亿元。于2013年3月开工。2014年，完成投资2.1亿元。截至2014年，累计完成投资3.5亿元，占总投资的57.5%。

【东莞市建升压铸科技有限公司通讯设备制造增资扩产项目】 该项目位于东坑镇。东莞市建升压铸科技有限公司从事精密模具加工、铝合金压铸、重力压铸、精密机械制造、通讯类产品研发及生产等，是华为、中兴、烽火通讯等国际著名企业的一级核心供应商。该增资扩产项目占地面积4.33公顷，总建筑面积7.56万平方米，于2013年3月开工。总投资3亿元。2014年，完成投资1.75亿元。截至2014年，累计完成投资2.83亿元，占总投资的94.4%。　（禤国辉）

**附：2014年东坑镇党委、人大、政府主要领导名录**

镇委书记、镇人大主席：
黄为国（任至4月）
张耀洪（4月到任）
镇　长：张耀洪（任至4月）
李　刚（4月到任）

## 2010—2014年东坑镇主要经济指标

| 指标＼年份 | 2010 | 2011 | 2012 | 2013 | 2014 |
|---|---|---|---|---|---|
| 户籍人口（人） | 29932 | 30217 | 30340 | 30380 | 30747 |
| 常住人口（万人） | 13.88 | 13.92 | 13.97 | 13.98 | 13.71 |
| 面积（平方公里） | 23.7 | 23.8 | 23.8 | 23.8 | 23.8 |
| 生产总值（万元） | 495426 | 624978 | 704773 | 825806 | 903038 |
| 第一产业（万元） | 1420 | 1621 | 1549 | 1490 | 1556 |
| 第二产业（万元） | 325976 | 425730 | 473215 | 550685 | 859684 |
| 第三产业（万元） | 168030 | 197628 | 230010 | 273632 | 304642 |
| 总用电量（万千瓦时） | 79618 | 81416 | 88115 | 87630 | 94607 |
| 全社会固定资产投资总额（万元） | 110282 | 125582 | 146520 | 176192 | 241009 |
| 社会消费品零售总额（万元） | 84875 | 103331 | 145549 | 161345 | 172498 |
| 外贸出口总额（万美元） | 142518 | 167463 | 192947 | 200811 | 195029 |
| 实际利用外资（万美元） | 5198 | 6037 | 7273 | 8087 | 9426 |
| 镇级可支配财政收入（万元） | 48245 | 57213 | 62103 | 65460 | 62887 |
| 各项税收总额（万元） | 49935 | 68883 | 77527 | 100299 | 113908 |
| 城乡居民储蓄存款余额（万元） | 384164 | 415415 | 473887 | 504085 | 539924 |

① 城市新貌

② 2014年4月25日，东坑镇举行六大项目签约仪式

③ 东坑镇皇家公馆商业步行街

① 2014年3月2日，东坑二月初二“卖身节”开幕式上《五彩广西》节目剧照
② 东坑新图书馆
③ 东坑二月初二“卖身节”人才交流会
④ 东坑二月初二“卖身节”特色巡游
⑤ 东坑康德威变压器项目外景

① 夜色醉人

② 东坑农业园滩美湖

③ 工业园区（中德电缆）

④ 东坑中心区夜景

## 企石镇

【企石镇概况】 企石镇位于东莞市东北部。截至2014年，面积58.29平方公里，辖19个村和1个社区。户籍人口4.35万人，常住人口12.3万人。企石镇是东莞市推进教育现代化先进镇。

2014年，企石镇实现地区生产总值50.96亿元（第一产业2170万元，第二产业28.57亿元，第三产业22.17亿元），比上年增长6%；外贸出口总额6.59亿美元，增长46.2%；全社会固定资产投资总额11.63亿元，增长20.54%；总用电量8.99亿千瓦时，增长9.7%；社会消费品零售总额13.71亿元，增长8.1%；实际利用外资3434万美元，增长7.5%；各项税收总额9.05亿元，增长20%；镇级可支配财政收入4.76亿元，增长20.1%；城乡居民储蓄存款余额57.12亿元，增长5.9%。

【企石镇经济建设】 2014年，企石镇招商引资稳中有升，新签协议7宗，补充协议13宗，新签及补充协议金额1684万美元，实际利用外资3434万美元，外贸出口总额6.59亿美元，比上年增长46.2%。新增民营企业363家，新增注册资金5.55亿元，增长37.69%；规模以上民营企业工业产值52.6亿元，增长10.5%。企业转型升级推进 扶持开展"机器换人"和企业自主创新，申请各类专利301件，获得授权专利273件，新增国家高新技术企业6家。

【企石镇农村经济发展】 2014年，企石镇充分利用帮扶政策和资金，整合农村土地、园区、厂房资源，促进农村经济加快发展。将深巷等9个欠发达村的市发展优质项目补助资金统一入股镇自来水公司，预计每年可为欠发达村带来350万元的收益。全年村组两级经营总收入1.81亿元，比上年增长8.6%；纯收入0.86亿元，增长26.1%。企石镇农村集体资产交易管理服务中心19个村级交易点全部挂牌成立，镇村两级交易平台完成交易188宗，成交合同金额达3.44亿元，溢价率达33.9%。

【企石镇城乡建设】 2014年，企石镇从莞高速公路企石段征地拆迁工作全部完成；江南大道（南城段）市政工程、环企大道（东山段）与企桥路连通段完成并交付使用；镇文化活动中心、宝石社区综合服务中心及康复就业服务中心改造工程建成投入使用；鼎峰/碧桂园·城市花园一期开盘销售。编制完成企石镇排水专项规划和内河涌整治规划（2013—2020年）。完成对镇中心区排水渠系清淤维保、东莞大堤企石段排水设施保养等工程。整治违章建筑、违法用地、禽畜养殖业污染，全年共拆除违法建筑11宗、面积5620平方米，查处违法用地33宗、面积13.7公顷，拆除关闭养殖场268个、清理完成率达87.6%。登记在册的黄标车全部淘汰，35辆天然气（LNG）清洁能源公交车投入运营。加大城乡环境整治力度，推广实施环卫统筹管理和垃圾分类回收试点，促进生态环境和城乡面貌持续改善。

### 夯实发展基础 加快转型升级 努力建设幸福企石

2014年11月5日，市委书记、市人大常委会主任徐建华（中）带领市财政、住建、水务等部门有关负责人来到企石镇，就该镇经济社会发展情况进行专题调研。徐建华强调，企石镇要深刻把握镇情，选准主攻方向，站在全市一盘棋和区域一体化的高度，抢抓国家新型城镇化战略机遇，加快发展 （刘苏东 摄）

【“平安企石”建设】　2014年，企石镇深入推进警务机制改革，加强辅警队伍建设，抓好政法网远程视频系统建设，进一步完善治安防控网络。深入开展打击整治行动，社会治安持续明显好转，“涉黄”问题基本得到整治。深入开展创建平安村居、平安医院、平安校园等活动，湖美等12个村（社区）创建平安村居即将验收，3宗医疗纠纷案件全部得到化解。落实安全生产责任，强化安全隐患排查整改，全镇200多家企业编制应急预案，危险化学品和重大危险源单位应急预案备案率达100%，举办各类应急演练45场（次），69家规模以上企业创建成安全生产标准化企业，全镇安全生产形势稳定向好。深入开展“社会矛盾化解年”活动，建立健全诉求表达、矛盾调处、舆情研判的信访维稳工作机制，全年群众上访、集体上访总量比上年分别下降46%、58%，没有出现重大群体性信访事件、重大社会治安案件、重大安全生产事故。

【企石镇文化工程】　截至2014年，企石镇文化活动中心投入使用以来共举办书法展览、粤剧演出、文艺表演等活动14场次，举办东莞市第六届国际标准舞锦标赛，组织参加市第三届合唱节获银奖第一名，选派参加东莞市第一届群众音乐舞蹈比赛获一银两铜的成绩。举办书法培训班，召开音乐、书法、摄影、美术协会会员大会。莫氏宗祠被确定为“东莞市不可移动文物”。

【企石镇民生实事】　2014年，企石镇212名新莞人子女通过积分制入读镇公办学校，149名新莞人子女申请异地中考。投入专项资金推进镇敬老院扩建，改善孤寡老人居住条件。全面落实就业政策，发放工资差额补贴、就业补贴、参训补贴、岗位补贴等872万元，在镇中心区、部分村设立12个固定求职招聘点，村民车间增至24个。完善社会保障体系，加大对困难群体的救助帮扶力度，发放低保金、补助金、高龄生活津贴等1332万元。做好预防登革热、H7N9禽流感等流行性疾病防控工作。抓好对内、对外扶贫工作，自身脱贫稳步推进，11条欠发达村集体经营性纯收入达2248万元，比上年增长39.7%；完成结对帮扶韶关市金星村、辉星村以及新疆农三师四十五团的年度目标任务。

【“阳光夜校”教育平台】　2014年，企石镇针对“两新”组织（新经济组织和新社会组织）党员工作时间的实际情况，建立“阳光夜校”教育平台，方便白天上班的党员参加教育，进一步完善“阳光雨”党员服务中心教育培训功能。结合党的群众路线教育实践活动，引导“两新”组织开展“明党史、强党性、知党情、懂党务”等主题教育实践活动，开展3期党组织书记培训班和1期入党积极分子培训班，通过系列辅导讲座、咨询、交流等形式抓好学习教育。“主题党日”以开展活动为主，组织“两新”党员干部观看红色电影，举办书法比赛、党史知识竞赛、学习沙龙等活动6个，参加人员达320人次；“主题党会”以支部为单位，围绕献计献策、学习成果报告、查摆问题等内容，进行集中性研究探讨。“阳光夜校”所有活

① 2014年12月10日，市委副书记、市长袁宝成（中）在企石镇调研经济发展工作　（王道辉　摄）

② 2014年4月25日，企石镇党委书记、镇人大主席陈福坤（左二）来到其联系点之一的东莞聚盈功能材料公司，开展党的群众路线教育实践活动，并征求员工的意见和建议　（王道辉　摄）

动做到与各级指定的学习内容相衔接，让“两新”组织的党员接受深刻的思想教育和心灵洗礼；与听取意见建议相衔接，让党员洞悉民情、广纳民意；与“三八”“五一”“五四”等重要节日相衔接，活动更加丰富多彩。“阳光夜校”成为企石镇教育实践活动的亮点。

**【“阳光伴我行”夏令营】** 2014年，企石镇“阳光雨”党员服务中心、“先锋号”职工服务中心举办“阳光伴我行”暑期夏令营，为镇内的企业党员员工子女提供免费的照顾和教导服务，丰富他们的暑期生活，使他们在暑期活动中增长知识、开阔视野、提高素养，让他们度过一个快乐、安全、有意义的假期。夏令营活动从7月15日至8月16日每周星期二至星期六举行。参加人员是6—12岁的镇企业党员员工子女，共65人。夏令营活动以舞蹈、合唱、绘画、兴趣班、辅导作业等为主要内容，授课老师均具备专业职业技能，老师和负责照顾辅导学生的党员志愿者都是无偿提供服务。通过学习、体验一系列活动，孩子领会“信用为人敬”“待人讲忠诚”“亲切懂感恩”“相处如手足”“勇敢不怕难”的为人处世之道。8月2日，夏令营还开展户外活动，在该镇部分路段的空白围墙开展亲子“涂鸦”活动，培养孩子们的精神文明意识；8月10日，举行“阳光伴我行”泳衣表演秀，给孩子们提供展示自我的平台。夏令营活动得到许多企业党支部的支持，企业党员志愿服务队发动党员参与活动，许多党员、入党积极分子等参加到夏令营的志愿活动中，夏令营成为志愿服务与关爱的平台地。

**【企石镇书籍漂流活动】** 2013年9月至2014年9月，企石镇“阳光雨”党员服务中心举办书籍漂流活动。党员群众通过多读书，与书为友，养成多读书、读好书的良好习惯，形成“学习型”的党组织。“漂流行动”吸引园区50多名流动党员、77名企业职工及周边居民40余人参与捐书、换书，“阳光雨”党员服务中心提供党建方面书籍50册，企业提供书籍46册，群众捐赠书籍13册。“以书换书”达45次，书籍漂流达107次。志愿者通过对书籍进行整理发现，书籍内放置的“漂流卡”写满阅读者个人感悟、党史故事和心得感受。　（王道辉）

**附：2014年企石镇党委、人大、政府主要领导名单**

镇委书记、镇人大主席：陈福坤

镇　长：熊仕权

2014年2月21日，企石镇党的群众路线教育实践活动动员会召开　（王道辉　摄）

## 2010—2014年企石镇主要经济指标

| 指标＼年份 | 2010 | 2011 | 2012 | 2013 | 2014 |
|---|---|---|---|---|---|
| 户籍人口（人） | 41830 | 42323 | 42780 | 43212 | 43455 |
| 常住人口（万人） | 12.17 | 12.23 | 12.25 | 12.29 | 12.3 |
| 面积（平方公里） | 58.29 | 58.29 | 58.29 | 58.29 | 58.29 |
| 生产总值（万元） | 373899 | 355064 | 385851 | 435131 | 509617 |
| 第一产业（万元） | 1976 | 1817 | 1941 | 2078 | 2170 |
| 第二产业（万元） | 224958 | 196388 | 202636 | 224281 | 285747 |
| 第三产业（万元） | 146965 | 166013 | 181274 | 208772 | 221700 |
| 总用电量（万千瓦时） | 71391 | 77172 | 81478 | 81917 | 89893 |
| 全社会固定资产投资总额（万元） | 56643 | 66726 | 70788 | 96522 | 116350 |
| 社会消费品零售总额（万元） | 83592 | 98957 | 110913 | 126869 | 137098 |
| 外贸出口总额（万美元） | 64693 | 76961 | 40214 | 45069 | 65878 |
| 实际利用外资（万美元） | 2673 | 2293 | 2074 | 3196 | 3434 |
| 镇级可支配财政收入（万元） | 26006 | 37957 | 36055 | 39607 | 47566 |
| 各项税收总额（万元） | 42649 | 56114 | 64986 | 75410 | 90504 |
| 城乡居民储蓄存款余额（万元） | 367920 | 418246 | 508259 | 539463 | 571245 |

① 2014年1月22日，企石镇第十五届人民代表大会第四次会议召开，熊仕权代表镇人民政府作工作报告。1月22日，经过代表的投票选举，熊仕权全票当选为企石镇人民政府镇长。镇委书记、镇人大主席陈福坤（右）为熊仕权颁发当选证书　（王道辉　摄）

② 2014年3月25日，企石镇“两新”组织党支部书记在东莞市行政办事中心参观“光荣印记，薪火相传”主题部史展，重温市委组织部88年发展历程　（王道辉　摄）

③ 2014年3月3日，企石镇在“阳光雨”党员服务中心创新举办阳光夜校讲堂，为“两新”组织、窗口行业的党员解决了工学时间矛盾。图为省委党校副校长苟志效教授在授课　（王道辉　摄）

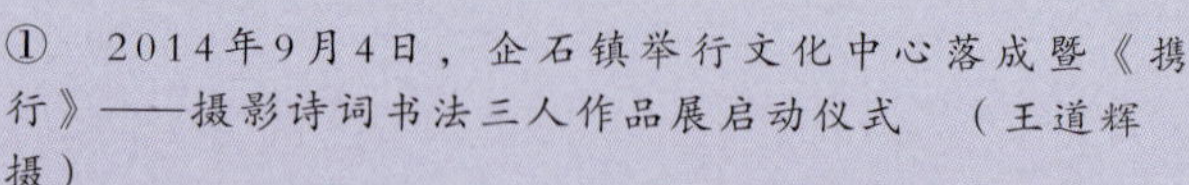

① 2014年9月4日，企石镇举行文化中心落成暨《携行》——摄影诗词书法三人作品展启动仪式　（王道辉　摄）

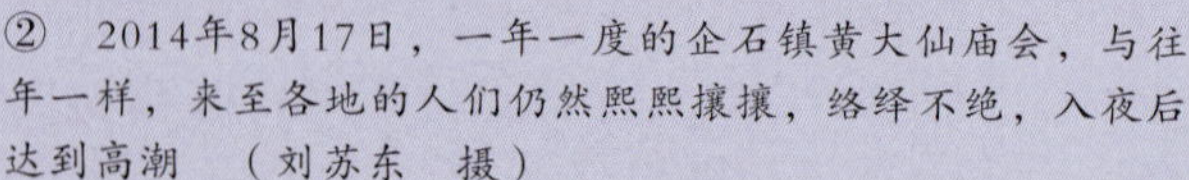

② 2014年8月17日，一年一度的企石镇黄大仙庙会，与往年一样，来至各地的人们仍然熙熙攘攘，络绎不绝，入夜后达到高潮　（刘苏东　摄）

③ 2014年前三季度，企石镇外经贸形势运行相对平稳，进出口总值增速居全市第一位　（张伟　摄）

④ 2014年11月22日，企石镇旧围村综合服务中心落成并投入使用，设有青少年活动室、体育活动室、家庭服务室、残疾人康复室、志愿者室、曲艺室、图书阅览室、书画室、棋艺室、便民学校、室内舞蹈室　（王道辉　摄）

① 东莞市联宝科技有限公司（王道辉　摄）

② 2014年第一季度，企石镇主要经济指标稳中有升，进出口总值增速居全市第二位，出口总值增速居第一位。图为启光集团生产车间（郑志波　摄）

③ 家住企石镇博夏村的七旬老汉黄杞全是远近闻名的“励志爷爷”——自幼双目失明，面对命运的不公报以积极乐观的态度，不仅学会盲佬歌，还以超常的毅力徒手“摸”出一套竹编技艺，数十年如一日编织竹器坚持自力更生（刘苏东　摄）

④ 企石镇秋枫公园一角（王道辉　摄）

①

②

③

④

## 石排镇

【石排镇概况】 石排镇位于东莞市东北部，东江中下游南岸，拥有东江岸线14.5公里，西距东莞市区20公里、广州50公里，南往深圳70公里，北与惠州市博罗县隔江相望。截至2014年，面积48.7平方公里，辖18个行政村和1个社区，户籍人口4.42万人，常住人口16.09万人。

2014年，石排镇实现地区生产总值68.73亿元，规模以上工业增加值25.86亿元，增长12.1%；各项税收总额10.61亿元，增长17.6%；镇本级可支配财政收入5.39亿元，增长9.2%；社会消费品零售总额22.51亿元，增长6.8%。石排镇获"东莞市推进教育现代化先进镇"、"广东省园林城镇"、"广东省生态乡镇"、"广东省通信部件专业镇"等称号。

【石排镇城市建设管理】 城市建设 2014年，石排镇建设石排图书馆，升级改造公园南路东江段、中心路东园大道至太和路段，整治塘尾明清古村落景区周边环境。同时，整治全镇主干道两旁闲置土地29块。城市管理 开展违章广告牌清拆、燃气安全联合大检查和道路综合清理整顿工作。加强道路交通管理，开展客运车辆违章行驶专项整治行动，规范交通秩序。

【"国家生态乡镇"创建】 2014年3月，石排镇召开创建"国家生态乡镇"动员会议，建设宜居宜商的生态环境。谋划潇滟湖、海仔湖、木兰周周边绿化整治，续建红石山燕岭古采石场遗址景区；启动申报塘尾明清古村落为国家4A级旅游景区，并申报为国家第一批传统村落；承办2014年"中国旅游日"东莞快乐游启动仪式，创作并宣传推介石排旅游文化歌曲《红石恋》。

【石排镇经济建设】 重大项目引进 2014年，石排镇引进佳禾电声科技、夏晖百麦食品供应链中心、精丽制罐、纳利光学项目等4个重大项目，累计投资总额27.5亿元、预计合同税收总额2.8亿元。重大项目建设 推动重大项目落地建设，建成安博物流一期项目，星弛光电和康师傅饮品即将投产；如期推进东立普洛斯、气派科技等项目的建设。服务企业机制完善 发动镇、村两级干部走访近300家企业，为企业解决难题，增强企业的发展信心，全年推动外资企业实现内销总额17.38亿元，增长31.27%。企业研发实力增强 设立企业研发机构2个；支持企业创建自主品牌，新增1个中国驰名商标，省级名牌名标达到13个；帮助企业申请科技资助资金820.6万元，新增国家高新技术企业2家。

【石排镇农村综合改革】 2014年，石排镇深化农村综合改革，组级经济统筹完成，农村集体资产交易平台运营；继续实施"一村一策"，各村共引进19个产业项目，投资总额1.31亿元。2014年，村级总收入1.67亿元，增长2.2%，7个村总收入超过1000万元；总负债2.66亿元，下降2.8%。

【石排镇社会管理】 社会治安综合治理 2014年，石排镇严抓社会治安综合治理，深入开展严打整治系列专项行动，开展"扫黄"歼灭战，共抓获"涉黄"违法犯罪嫌疑人员57人，停业整顿娱乐场所24家；铁腕打击恶性案件和多发案件，全年侦破刑事案件623宗，查处治安案件591宗，命案破案率100%。安全生产管理 开展危险化学品管理、特种设备、道路交通、消防火灾、建筑施工、学校安全等安全专项整治，对全镇的危险化学品生产经营单位、重大危险源单位、重大消防隐患单位、生产企业、出租屋和"三小"场所（小档口、

## 建设红石古镇 打造最美小镇

①

小作坊和小娱乐场所）、商场、酒店等人员密集场所进行重点检查，共排查隐患687处，全年无发生重特大安全生产事故。食品安全管理　挂牌成立镇食品药监分局，加大食品生产加工企业、小作坊以及农贸市场的整治力度，捣毁无证食品窝点9个，暂扣假冒过期食品1000多公斤，立案查处涉嫌制售不合格食品案件45宗。矛盾纠纷排查调处　及时解决群众的合法诉求，受理群众来信、来访、来电572宗，办结率100%；处理劳资突发事件20宗，监察检查用人单位2174家次，为劳动者追回拖欠工资738.21万元。

【石排镇民生实事】　2014年，石排镇10件实事全部完成，各村为村民办29件实事。累计培训群众4269人次，组建“村民车间”27个，免费推荐就业1839人次，发放就业创业各类补贴696万元。投入371.68万元发放最低生活保障金，投入203万元发放重大疾病专项补助资金，投入260万元落实揭西“双到”扶贫和对口帮扶新疆第3师49团。促进公、民办教育均衡发展，高考每万户籍人口升大学人数全市排名第八，录取606位新莞人子女入读公办学校，发放奖学、助学资金157万元。加强医疗卫生市场的监管，对全镇36家医疗机构进行经常性巡查和监督管理，确保群众安全放心就医。全年共举办各类文体活动117场。在全市群众幸福指数调查中，石排位列第11位。

【安博物流项目】　该项目位于石排镇。由标准普尔500强美国安博公司投资，建设以电子商务为主，集世界500强企业加工配送基地以及高端消费品物流配送中心为一体的商贸综合性物流园区。总投资9000万美元，用地面积24.16公顷，总建筑面积25万平方米，投资总额5.5亿元，合同税收总额8000万元。该项目分三期进行建设，项目一期用地13.3公顷，2013年12月建成后，2014年引入德邦物流东莞总部、迪卡侬电商和顺丰快递公司。二期和三期正在推进中。

【广东星弛光电有限公司增资扩产项目】　该项目位于石排镇。用地面积8.95公顷，投资总额5.29亿元，预计税收总额5000万元。该项目主要生产高强度超薄手机、平板电脑视窗防护屏产品等，分两期进行建设。截至2014年，项目一期用地4.38公顷，已建设2座厂房和1座动力中心。

【康师傅饮品项目】　该项目位于石排镇。按康师傅公司的设计要求进行厂房及配套设施的建设管理，出租给康师傅公司作为生产和经营场所，计划兴建4条矿物质水生产线。项目总用地面积5.23公顷，投资总额2.4亿元，预计税收总额3000万元。该项目分二期进行建设。截至2014年，项目一期完工。

【东立普洛斯物流项目】　该项目位于石排镇。建设制造业采购结算配送基地、高档汽车零部件配送基地、区域性零售服务结算配送基地、现代医药商业分拨基地及配套设施。项目总用地面积19.13公顷，投资总额1亿美元，合同税收总额8000万元。该项目2013年12月动工，2014年正在建设中。

【气派科技半导体封装测试项目】　该项目位于石排镇。投资总额12.5亿元，用地面积6.67公顷，建设16万平方米的半导体封装测试生产线及其配套设施、办公楼、员工宿舍。截至2014年，该项目累计完成投资3.53亿元，占总投资的28.2%。该项目分两期建设，一期用地3.67公顷，2014年建成1座厂房及1座宿舍楼。　　（黄宜秋）

**附：2014年东莞市石排镇党委、人大、政府主要领导名录**

镇委书记、镇人大主席：陈志明

镇　　长：邓　辉

①　2014年5月29日，市委书记、市人大常委会主任徐建华（前排中）、市委常委、宣传部部长潘新潮（右一）等领导到石排进行“六一”慰问和调研活动

②　2014年12月10日，市委副书记、市长袁宝成（左二）在镇委书记、镇人大主席陈志明（左三），镇委副书记、镇长邓辉（右一）的陪同下到石排安博物流园调研

③　2014年9月16日，市委常委、常务副市长张科（中）在镇委书记陈志明（左一）等陪同下到塘尾古村落调研

## 2010—2014年石排镇主要经济指标

| 指标＼年份 | 2010 | 2011 | 2012 | 2013 | 2014 |
|---|---|---|---|---|---|
| 户籍人口（人） | 42811 | 43331 | 43581 | 44052 | 44219 |
| 常住人口（万人） | 16.02 | 16.10 | 16.23 | 16.25 | 16.09 |
| 面积（平方千米） | 56 | 48.7 | 48.7 | 48.7 | 48.7 |
| 生产总值（万元） | 507685 | 527052 | 529243 | 610840 | 687254 |
| 第一产业（万元） | 7520 | 7558 | 8006 | 8574 | 7355 |
| 第二产业（万元） | 299884 | 289733 | 282664 | 322660 | 390947 |
| 第三产业（万元） | 200281 | 229761 | 238572 | 279606 | 288952 |
| 总用电量（万千瓦时） | 109237 | 114265 | 119915 | 125930 | 139190 |
| 全社会固定资产投资总额（万元） | 174179 | 118379 | 133998 | 182855 | 173703 |
| 社会消费零售总额（万元） | 133354 | 175309 | 191819 | 228691 | 225143 |
| 出口总额（万美元） | 52718 | 64004 | 70244 | 82402 | 94394 |
| 实际利用外资（万美元） | 5722 | 3560 | 4075 | 5454 | 6879 |
| 镇级可支配财政收入（万元） | 36685 | 37118 | 40171 | 49363 | 53910 |
| 工商税收总额（万元） | 48281 | 59751 | 73222 | 90228 | 106145 |
| 城乡居民储蓄存款余额（万元） | 523225 | 589370 | 686226 | 747494 | 788967 |

① 2014年8月27日，2014年石排镇中秋节前夕，镇委书记、镇人大主席陈志明（左二）到福隆村困难群众家慰问

② 2014年7月3日，石排镇国家卫生镇复检工作迎来省考评验收，图为省技术评估组组长许立凡（右二）在镇委副书记、镇长邓辉（左二）及市爱卫办相关人员的陪同下到石排利丰市场检查

③ 2014年1月23日，石排镇在《人民日报》人民网主办的第二届寻找“中国最美小镇”的活动中获评“中国最美小镇”称号。图为镇委副书记、镇长邓辉（右四）在颁奖仪式上

① 2014年2月13日，在影剧院召开镇委扩大会议，600余人参加会议
② 2014年2月21日，召开石排镇党的群众路线教育实践活动动员会议
③ 2014年2月14日，召开石排镇“扫黄”专项工作会议
④ 2014年1月17日，在石排镇行政办事中心大会议室召开石排镇第十六届人大四次会议，人大代表及列席人员200余人参加会议

① 铭普光磁项目（投资总额3.5亿元，总用地面积4.73公顷）

② 安博物流园建成投入使用

③ 公园南路建成通车

① 2014年7月8日，石排镇白玉兰家庭服务中心、先锋号职工服务中心、莞香花青少年服务中心启用

② 2014年5月19日，2014年中国旅游日东莞快乐游主题活动暨莞深惠、莞韶城市互游活动启动仪式，图为旅游爱好者在启动仪式上参加彩色酷跑活动

③ 市民在木兰园观赏木兰花

④ 村民在下沙村新建文化广场上打篮球

## 茶山镇

【茶山镇概况】　茶山镇位于东莞市中北部。截至2014年，面积45.4平方公里，辖16个村和2个社区。户籍人口4.6万人，常住人口15.7万人。先后获评“中国食品名镇”“中国品牌服装制造名镇”和“中国电子信息产业名镇”。

2014年，茶山镇实现地区生产总值99.4亿元，比上年增长7.9%；规模以上工业增加值44.4亿元，增长8.7%；各项税收总额14.6亿元，增长15.1%；镇本级财政收入7.3亿元，增长18.3%；固定资产投资19.6亿元，增长25.7%；社会消费品零售总额26.5亿元，增长8.8%；年末各项人民币存款余额119.5亿元，增长1.3%。

【茶山镇重大项目建设】　2014年，茶山镇坚持每月召开重大项目督导协调会，落实制度推进重大项目建设。4个重大项目完成投资4.3亿元，超额完成年度计划，在全市的排名比上年前进10位。康盛创富中心城项目被认定为市产业转型升级基地、首批投资改革试点项目，容积率达到7.0，是全市容积率最高的工业项目。加大土地统筹力度，成立镇城市更新与土地整备中心，理顺土地统筹工作，共盘活、整合、统筹土地45.5公顷。

【茶山镇招商引资】　2014年，茶山镇开展登门招商、以商引商，促成百顺纸品、福哥电子等60多家企业增资扩产，全镇实际利用外资1.1亿美元，增长6.6%。扶持企业开拓市场，投入218万元，支持企业参加各类展会，达成协议金额超4亿元。

【茶山镇“机器换人”计划实施】　2014年，茶山镇推动“机器换人”计划实施，申请资助资金740多万元。引导企业开展电机效能提升、注塑机伺服节能改造，超额完成市下达任务，全年节电约240万千瓦时。

【茶山镇商事登记改革】　2014年，茶山镇深化商事登记改革，新增市场主体2200户，增长21.4%，增速居埔田片第一位，市场主体总数超过1.3万户，创历史新高。同时，取得“华美”“茵茵”中国驰名商标2个，实现驰名商标“零的突破”；新增省著名商标5个，增量全市排名第二位。

【茶山镇城镇建设】　2014年，茶山镇城市总体规划修改获得市政府审议通过，全镇控规编制覆盖率达到92%，完成全镇综合交通和给水排水专项规划初步方案。新石大路主线全线通车，配套工程动工建设，方中路延长线建设加紧推进。14号路工程竣工，15号路工程建设加快推进，秋源路、中心区路网二期完成设计，超朗、下朗、沙墩农民公寓建设进展顺利。东岳珀乐片区、水泥厂地块等“三旧”（旧城镇、旧厂房、旧村庄）改造项目加快建设，东岳珀乐广场一期完成供地。茶山中学排站、茶山渡头二排站通过验收，中心区排站主体工程完成建设，四美洲排渠完成综合整治。

## 东莞门户　幸福茶山

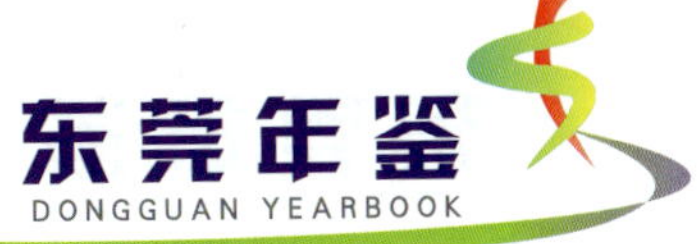


**【茶山镇村组经济发展】** 2014年，茶山镇深化农村综合改革，促进村组经济发展，新增经营性物业面积5.6万平方米，村组两级总收入4.2亿元，增长3.9%；纯收入2.2亿元，增长9%。

**【茶山镇民生实事】** 2014年，茶山镇发放社保待遇1.1亿元，发放困难群体补助资金1400万元，发放就业补贴770多万元，安置250多名户籍劳动力稳定就业。设立“裕杨”奖励自强残疾人基金，连续5年对户籍残疾人创业就业进行奖励，有就业能力残疾人就业率达90%以上。

**【“平安茶山”建设】** 2014年，茶山镇成为全市唯一一个贯彻实施《广东省信访条例》、运用法治方式解决信访突出问题的试点镇，推进诉访分离，受理群众诉案。推进政府法律顾问制度，实现一村（社区）一法律顾问。打击涉黄违法犯罪行为，开展专项整治行动，破案数增加19%，飞车抢夺警情数下降。强化火车站及周边环境综合治理，火车站启用至今茶山辖区保持“零发案”。落实安全生产“一岗双责”，加强台账管理，建立应急信息互通机制，全年未发生重特大安全事故。加强食品药品安全监管机构建设，完善食品药品监管体系。推进消防安全“网格化”管理，整治消防隐患。

**【茶山镇教育与文化】** 教育发展 2014年，茶山镇286人被大学本科录取，其中考入十大名校6人，考入100强23人，其他本科有257人。每万户籍人口升大学人数全市排名第12位。投入1.1亿元发展教育事业，通过市推进教育现代化先进镇评估验收。新中心幼儿园进入招投标阶段，新茶山中学完成选址。343名新莞人子女入读公办学校，增长36%。文化惠民 “茶园游会”成功申报为市级非物质文化遗产，南社古村创建国家级4A景区，策划举办南社斋醮等活动，吸引游客超过22万人次。培育和践行社会主义核心价值观，建立社会主义核心价值观示范点5个。

**【“茶园游会”入选第三批市级非遗保护名录】** 2014年2月，茶山镇申报的“茶园游会”入选东莞市第三批市级非物质文化遗产保护名录。截至2014年，“茶园游会”作为茶山镇独有特色的民俗活动，已有501年历史。在每年农历三月廿五至廿七，当地居民及四方香客、游人到东岳庙祭祀，高抬东岳大帝和民间吉祥物出巡，祈求风调雨顺、国泰民安。2010年，茶山镇重新举办停办60年的“茶园游会”，以“福满茶山，祥和家园”为主题，培育群众文化，彰显茶山文化的深刻内涵和独特魅力，同时通过吸引企业参与游会活动营销，推动食品、电子、品牌服装、旅游等优势产业与文化的融合发展。“茶园游会”成为茶山镇一张闪亮的文化名片。

**【康盛创富中心城项目】** 该项目位于茶山镇。由康盛集团（国际）有限公司投资建设，主营业务是研发生产及销售负离子空气清新机、节能LED产品等。该项目选址茶山镇伟建工业园，定位为集技术研发生产、企业孵化、成果展示、产品信息发布、人才培训和综合管

① 2014年1月23日，市委书记、市人大常委会主任徐建华（正中）到茶山镇慰问增埗村老人

② 2014年1月3日，市委副书记、市长袁宝成（右二）到茶山镇三泰环保渔业公司调研农业农村工作

③ 2014年12月23日，市委常委、常务副市长张科出席康盛集团创富中心城开工仪式并讲话

理服务于一体、立足东莞辐射珠三角的产业创新服务中心。该项目总投资10亿元，用地3.35公顷，建筑面积24万平方米，分两期建设，首期建筑面积11万平方米，二期建筑面积13万平方米。项目全面运营后，预计年产值15亿元，年税收达1亿元。2014年，完成投资额1100万元。（林晓峰）

**附：2014年东莞市茶山镇党委、人大、政府主要领导名录**

镇委书记、镇人大主席：谢锦波

镇　长：黎寿康

① 2014年9月24日，市委常委、组织部部长甄瑞潮（前排中）在镇人大主席、镇委书记谢锦波（右一），镇委副书记、镇长黎寿康（右后二）陪同下参观东莞火车站

② 2014年10月20日，广东省文化厅副厅长胡振国（前排中）一行到茶山镇考察

③ 2014年3月26—28日，镇人大主席、镇委书记谢锦波（左一）到成都参加“2014第十届中国食品博览会”

④ 珀乐广场

⑤ 2014年10月1日，美康居建材城开业

⑥ 火车站东莞站（陈锐坚　摄）

# 2010—2014年茶山镇主要经济指标

| 指标＼年份 | 2010 | 2011 | 2012 | 2013 | 2014 |
|---|---|---|---|---|---|
| 户籍人口（人） | 44639 | 45079 | 45276 | 45440 | 45688 |
| 常住人口（万人） | 15.65 | 15.70 | 15.72 | 15.74 | 15.73 |
| 面积（平方公里） | 56 | 45.4 | 45.54 | 45.54 | 45.4 |
| 生产总值（万元） | 710237 | 713124 | 765976 | 894397 | 994123 |
| 第一产业（万元） | 2878 | 3341 | 3822 | 4093 | 4273 |
| 第二产业（万元） | 415234 | 360722 | 403755 | 470633 | 563429 |
| 第三产业（万元） | 292125 | 358061 | 358399 | 419670 | 426421 |
| 总用电量（万千瓦时） | 128337 | 131220 | 132917 | 138728 | 151307 |
| 全社会固定资产投资总额（万元） | 173325 | 123239 | 129621 | 155749 | 195769 |
| 社会消费品零售总额（万元） | 162570 | 193674 | 214575 | 243521 | 265316 |
| 外贸出口总额（万美元） | 54455 | 59300 | 69826 | 79452 | 92727 |
| 实际利用外资（万美元） | 6801 | 7534 | 8395 | 10143 | 10808 |
| 镇级可支配财政收入（万元） | 44297 | 50299 | 55568 | 61365 | 72595 |
| 各项税收总额（万元） | 79876 | 94026 | 105216 | 126798 | 146002 |
| 城乡居民储蓄存款余额（万元） | 625931 | 695206 | 797082 | 845436 | 869679 |

⑤

⑥

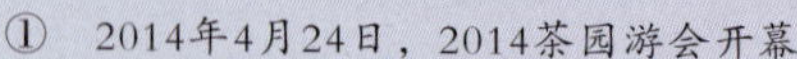

① 2014年4月24日，2014茶园游会开幕
② 茶山镇生产力促进中心
③ 广东百顺纸品有限公司
④ 茶山镇布料辅料交易中心
⑤ 超朗村牛过蓢古村落——古树群
⑥ 南社明清古村落

① 伟建工业园产业公园一景
② 伟建工业园（第二、三期）

# 人　　物 FIGURES

高埗镇江滨广场

编辑：李俊玉

## 新任职市领导

**戚优华**　男，汉族，1964年2月出生，江西遂川人，1984年5月加入中国共产党，1983年9月参加工作，在职研究生学历。

1979年9月至1983年7月，在杭州大学气象专业学习，本科毕业；1983年9月至1984年7月，空军雷达学院学员；1984年7月至1985年1月，空军雷达兵第二十五团二连排长；1985年1月至1985年12月，空军雷达兵第二十五团二连副政治指导员；1985年12月至1987年11月，广州军区空军政治部组织处组织科副连职干事；1987年11月至1990年12月，广州军区空军司令部办公室秘书科正连职秘书；1990年12月至1992年6月，广州军区空军司令部办公室秘书科副营职秘书；1992年6月至1993年8月，空军技勤五所行政后勤处政治协理员；1993年8月至1994年8月，广州军区空军司令部办公室秘书科正营职秘书；1994年8月至1995年4月，广州军区空军政治部组织处青年科科长；1995年4月至1997年4月，广州军区空军政治部组织处组织科科长；1997年4月至2001年2月，空军耒阳场站政治委员（正团）；2001年2月至2004年4月，省纪委副处级纪检监察员；2004年4月至2007年9月，省纪委干部室正处级副主任（其间：2003年9月—2006年7月在中央党校经济学专业学习，研究生毕业）；2007年9月至2013年12月，省纪委干部室副厅级主任（其间：2012年5月任省纪委委员）；2013年12月起，任东莞市委常委、东莞市纪委书记。

**张科**　男，汉族，1968年2月出生，重庆人，1987年1月加入中国共产党，1989年6月参加工作，研究生，公共管理硕士，高级审计师。

1985年9月至1989年6月，在中山大学管理学院审计学专业学习，本科毕业；1989年6月至1990年6月，省审计局外资审计处审计见习干部；1990年6月至1992年4月，省审计局外资审计处科员（其间：1989年12月至1991年1月在省曲仁矿务局花坪矿基层锻炼）；1992年4月至1993年11月，省审计局外资审计处副主任科员；1993年11月至1998年6月，省审计厅外资审计处主任科员；1998年6月至2000年7月，省审计厅外资审计处副处长；2000年7月至2001年3月，省审计厅经贸审计处副处长（其间：1999年12月至2000年12月参加省第一批高层次管理人才出国培训班赴美国加州洛杉矶州立大学进修金融管理一年）；2001年3月至2012年5月，省委台办副主任（其间：2009年3月至2010年1月在新加坡南洋理工大学公共管理专业学习，硕士研究生毕业）；2012年5月至2012年6月，东莞市人民政府副市长人选；2012年6月至2014年7月，东莞市人民政府副市长、党组成员；2014年7月起，任中共东莞市委常委、东莞市人民政

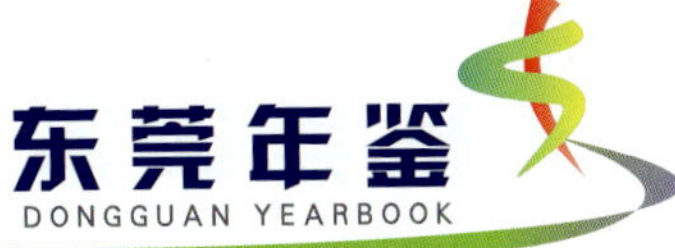


府常务副市长。

**李满堂** 男，汉族，1958年12月出生，东莞长安人，1979年9月加入中国共产党，1978年2月参加工作，省委党校研究生学历。

1978年2月至1979年4月，广州军区一二一师三六一团一营三连战士（其间：1979年2月至1979年3月参加对越自卫还击战）；1979年4月至1979年9月，广州军区一二一师三六一团一营三连班长；1979年9月至1981年9月，在西安陆军学校学习，中专毕业；1981年9月至1982年7月，解放军步兵第一六五团一营一连排长；1982年7月至1983年8月，解放军步兵第一六五团三营七连排长；1983年8月至1984年1月，解放军步兵第一六五团三营七连副连长；1984年1月至1986年6月，解放军步兵第一六五团三营七连连长；1986年6月至1986年12月，转业等待分配；1986年12月至1987年8月，东莞市长安镇武装部干事；1987年8月至1990年10月，东莞市长安镇党委办副主任、锦厦管理区党总支部书记；1990年10月至1992年5月，东莞市长安镇党委副书记、党政办主任；1992年5月至1993年12月，东莞市长安镇党委副书记、镇房地产公司经理（其间：1990年9月至1993年8月在省委党校党政管理专业学习，大专毕业）；1993年12月至1995年3月，东莞市长安镇党委副书记、镇长；1995年3月至1996年7月，东莞市长安镇党委书记；1996年7月至2000年1月，东莞市长安镇党委书记、镇人大主席（其间：1996年9月定为副处级；1995年9月至1998年7月在省委党校经济专业学习，研究生毕业）；2000年1月至2000年8月，东莞市长安镇人大主席；2000年8月至2000年9月，东莞市委副秘书长，长安镇人大主席；2000年9月至2000年12月，东莞市委副秘书长（其间：2000年12月定为正处级）；2000年12月至2002年5月，东莞市东坑镇党委书记；2002年5月至2003年10月，东莞市东坑镇党委书记、镇人大主席；2003年10月至2003年11月，东莞市横沥镇党委书记；2003年11月至2008年8月，东莞市横沥镇党委书记、镇人大主席；2008年8月至2008年9月，东莞市樟木头镇党委书记；2008年9月至2012年11月，东莞市樟木头镇党委书记、镇人大主席；2012年11月至2013年1月，东莞市人大常委会党组成员，樟木头镇人大主席；2013年1月至2013年12月，东莞市人大常委会党组成员、秘书长；2013年12月至2014年1月，东莞市人大常委会党组成员；2014年1月起，任东莞市人大常委会党组成员、副主任。

**杨江华** 男，壮族，1960年8月出生，广东连山人，1985年11月加入中国共产党，1977年7月参加工作，中山大学在职研究生、高级管理人员工商管理硕士。1977年7月至1979年9月，连南县财贸知青农场知青；1979年9月至1983年7月，在中央民族学院法律专业学习，本科毕业；1983年7月至1985年5月，广东省公安厅预审处办事员；1985年5月至1987年3月，广东省公安厅预审处科员；1987年3月至1993年5月，广东省公安厅预审处副科长；1993年5月至1996年1月，广东省公安厅预审处正科级预审员兼副科长（其间：1993年4月至1994年7月挂任省人民警察学校业务室副主任）；1996年1月至1998年1月，广东省公安厅预审处副处长；1998年1月至1998年12月，广东省公安厅刑侦局经济案件侦察处副处长；1998年12月至2000年5月，广东省公安厅经济保卫处副处长；2000年5月至2005年8月，广东省公安厅经济犯罪侦查处处长；2005年8月至2008年11月，广东省公安厅禁毒局局长（副厅级）；2008年11月至2014年2月，广东省公安厅刑侦局局长（其间：2011年9月至2013年6月在中山大学高级管理人员工商管理硕士专业学习，取得硕士学位）；2014年2月起，任东莞市人民政府副市长。

**鲁修禄** 男，汉族，1962年1月出生，湖北洪湖人，民进会员，1982年8月参加工作，华南农业大学农业经济管理专业博士研究生，管理学博士。

1978年9月至1982年7月，在武汉水运工程学院船舶设计专业学习，本科毕业；1982年7月至1989年10月，交通部长江航运科学研究所技术员、工程师；1989年10月至1993年7月，交通部长江航务管理局《中国河运》杂志社编辑部副主任；1993年7月至1994年8月，珠海市交通委员会综合科副科长；1994年8月至2000年3月，珠海市重点工程建设办公室综合科负责人、科长；2000年3月至2001年10月，珠海市港务管理局副局长（其间：2000年10月至2000年12月参加珠海市社会主义学院中青班学习；2001年5月至2001年8月参加省社会主义学院党外中青班学习；1998年5月至2000年9月参加珠海市委组织部与美国国际东西方大学合办的工商管理硕士学位班学习）；2001年10月至2003年5月，珠海市交通局副局长、港务管理局副局长；2003年5月至2004年5月，民进珠海市主委，珠海市交通局副局长、港务管理局副局长；2004年5月至2007年3月，民进珠海市主委，珠海市政府副秘书长，市重大项目推进工作指挥部办公室常务副主任；2007年3月至2008年8月，民进珠海市主委，珠海市政府副秘书长，市发展和改革局（物价局、粮食局）局长、市国民经济动员办主任；2008年8月至2012年6月，省发展和改革委员会副主任（其间：2006年9月至2010年12月在华南农业大学农业经济管理专业学习，博士研究生毕业）；2012年6月至2014年4月，省发展和改革委员会副主任、民进省委会兼职副主委；2014年4月起，任东莞市人民政府副市长、民进省委会兼职副主委。

**杨晓棠** 男，汉族，1965年11月出生，东莞莞城人，1985年6月加入中国共产党，1989年5月参加工作，硕士研究生学历。

1982年9月至1986年7月，在中山大学历史专业学习，本科毕业；1986年9月至1989年6月，在中山大学中国古代史明清经济史专业学习，硕士研究生毕业；1989年5月至1989年11月，东莞市外经发展公司业务员；1989年11月至1991年10月，东莞市外经委办公室办事员；1991年10月至1992年7月，东莞市外经委办公室主办科员；1992年7月至1994年4月，东莞市外经委外资引进科副科长；1994年4月至1998年9月，东莞市外经贸委办公室副主任；1998年9月至2000年12月，东莞市外经贸委主任科员；2000年12月至2001年7月，东莞市外经贸委副主任；2001年7月至2001年11月，东莞市对外贸易经济合作局副局长；2001年11月至2003年11月，东莞市对外贸易经济合作局党组成员、副局长；2003年11月至2007年10月，东莞市教育局党组书记、局长；2007年10月至2011年3月，东莞市教育局党组书记、局长，市教育局直属学校管理中心主任；2011年3月至2011年4月，东莞市纪委副书记，市教育局局长、市教育局直属学校管理中心主任；2011年4月至2011年9月，东莞市纪委副书记、市教育局直属学校管理中心主任；2011年9月至2012年2月，东莞市纪委副书记；2012年2月至2012年3月，东莞市纪委副书记，长安镇党委书记；2012年3月至2012年4月，东莞市纪委副书记，长安镇党委书记、镇人大主席；2012年4月至2013年12月，东莞市长安镇党委书记、镇人大主席；2013年12月至2014年7月，东莞市委秘书长；2014年7月起，任东莞市人民政府副市长。

## 全国五一劳动奖章获得者

**侯光远**　男，汉族，1972年5月出生，籍贯广东汕头市潮阳区，中共党员，一级警司，大专学历，1991年12月应征入伍，2006年12月转业参加公安工作，2013年4月起任东莞市公安局望牛墩分局洲涡派出所政治教导员。立足派出所岗位，为广大群众排忧解难；面对违法犯罪行为，勇往直前，舍生忘死。2012年4月，与毒贩作生死搏斗，英勇负伤。先后立个人二等功1次、个人三等功1次、个人嘉奖2次，获评东莞市社会治安综合治理工作先进个人、东莞市公安局“亚运安保先锋”和“忠诚为民卫士”、首届“感动东莞·十佳人民警察”。2013年获得广东省五一劳动奖章，2014年获得全国五一劳动奖章。

**金玉华**　女，汉族，1976年11月出生，籍贯黑龙江省，中共党员，硕士学历，1996年7月参加工作。2014年，任日本电产精密马达科技（东莞）有限公司副总经理、党支部书记及工会主席。从一名普通日语翻译奋斗至公司副总经理，帮助公司在塘厦镇企业中第一家组建工会、党支部和团委；为员工争取合法权益，使该公司在塘厦镇企业中第一家代表工会与公司签订集体劳动合同、定期召开职工代表大会以及为全体员工购买住房公积金。先后获评东莞市“优秀青年”“劳动模范”“普法先进个人”以及广东省“优秀工会干部标兵”。2012年获得广东省五一劳动奖章，2014年获得全国五一劳动奖章。

**韦金香**　女，壮族，1964年11月出生，籍贯广西宜州市，高中学历，1981年8月参加工作，2003年1月起从事环卫清扫工作，2014年供职于东莞市家宝园林绿化有限公司。负责南城最繁华的莞太路鸿福路口至建设路口路段的清扫保洁。每天凌晨5点半到岗，晚上8点下班，清扫道路面积3800平方米，清洗果皮箱及“牛皮癣”。一干就是11个春秋，任劳任怨，埋头苦干，不怕脏和累，注重学习作业技巧，提高工作效率和保洁质量。据估计，清扫道路面积共2192万平方米，清除垃圾1980多吨。先后两次获评东莞市环卫先进个人奖。2013年获得广东省五一劳动奖章，2014年获得全国五一劳动奖章。

（尹淑芬）

**苏青云**　男，汉族，1980年3月出生，籍贯广西合浦市，中共党员，硕士研究生学历，2002年7月参加工作，东莞市农产品质量安全监督检测所科员（助理工程师）。从事农业环境、农药、兽药残留检测工作，为东莞市民食品安全和吃上“放心肉”把好关。主持开发大容量农药残留检测技术及软件，降低仪器配置成本和操作难度，提高检测效率。钻研食品检测技术，在重要期刊上发表多篇论文，两次在全国农产品质量安全检测技能竞赛中获评畜禽产品兽药残留定量检测一等奖；2013年获得第二届广东省农产品质量安全检测技能竞赛总分第一名及“广东省技术能手”称号。2014年获得全国五一劳动奖章。

（黄椿颖）

## 广东省五一劳动奖章获得者

**陈　献**　男，汉族，1980年10月出生，籍贯湖南省湘乡市，共青团员，大专学历，2000年3月参加工作。2014年任东莞市京滨汽车电喷装置有限公司制造部课长兼工会主席。工作严谨，创新采用精益生产方式，提高生产效率，带领团队屡获公司奖励。管理以人为本，在公司实施岗位分等级培训方式，严格培训新进员工和在岗员工；提高员工重病慰问金，帮助困难员工家庭；提倡工会委员走基层。促成工会与公司签订集体劳动合同，实现工资和年终奖集体协商。2013年获评东莞市劳动模范，2014年获得广东省五一劳动奖章。

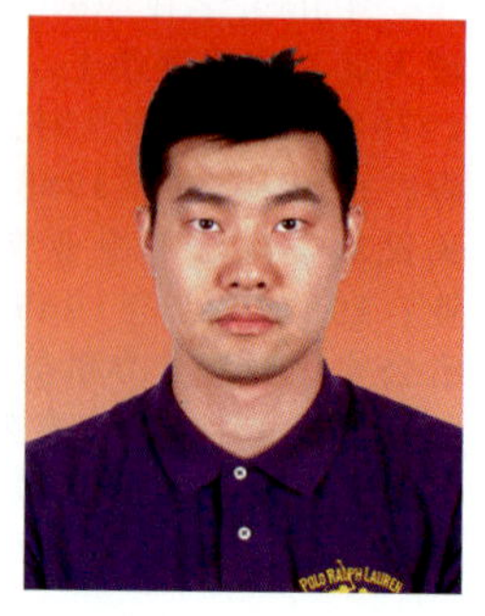

**王仕鹏**　男，汉族，1983年4月出生，籍贯辽宁省，中共党员，本科学历，1997年入选广东宏远篮球青年队，1999年入选广东宏远篮球队，2005年入选中国男子篮球队。他中远投精准，攻守意识强，心理素质好，在重要比赛和关键时刻发挥稳定。两次在比赛最后关头，投中压哨三分

球，使中国男篮逆转取胜。参加2008年和2012年奥运会，取得第8名和第12名；参加2005年、2006年、2007年亚洲男子篮球锦标赛，取得冠军。2005年取得全运会亚军，2009年在全运会为广东省首次夺得大球项目冠军。在2003-2004赛季，助力广东宏远队成为第3支夺取CBA总冠军的球队。此后，广东宏远队10年间夺得8次CBA总冠军。在2011—2012CBA联赛中，获评“最有价值球员”，2013年获评东莞市劳动模范，2014年获得广东省五一劳动奖章。

**黄　丹**　男，壮族，1975年11月出生，籍贯广西百色市，中共党员，本科学历，1996年应征入伍，2001年一级士官退役，2002年5月起在东莞市国家税务望牛墩税务分局任协税员，兼任民间公益组织“东莞市阳光公益服务中心”理事会理事。不断学习，掌握税务专业知识；母亲病重，仍坚守岗位，做好国家税务总局综合征管软件系统测试工作。热心公益，12年来每个月拿出100元资助贫困地区孩子上学。2007年加入“东莞市阳光公益服务中心”，利用假期先后25次自费深入湖南、贵州、广东、广西等省区贫困山区开展爱心助学活动，累计帮助4000名学生联系资助人，其中自己资助6名学生。2013年获得东莞市第四届道德模范提名奖，获评东莞市劳动模范，2014年获得广东省五一劳动奖章。

**尹利平**　女，汉族，1977年10月出生，籍贯湖南省攸县，硕士研究生学历，1996年参加工作，2014年任广东省东莞耀盛工业炉有限公司工会主席、营销总监。她通过组织探访敬老院、为汶川及玉树地震灾区捐款捐物、员工生日会、趣味运动会等活动提高员工凝聚力，营造良好劳资关系和文化氛围。公司连续5年获评“员工满意企业”，2012年获评“东莞市劳动关系和谐企业”，2013年获评“广东省总工会重点企业”。她于2014年获得广东省五一劳动奖章。

**刘　鹏**　男，汉族，1981年8月出生，籍贯山西省潞城市，中共党员，硕士研究生学历，2008年参加工作，2014年任东莞市中镓半导体科技有限公司经理。主要从事半导体器件及材料的表征方面研究，申请发明专利39项，发表论文3篇。承担3项国家科技部“863”计划项目研究，参与1项“973”计划研究，参与信息科学部重大科研仪器设备研制专项；承担1个广东省专利技术实施计划项目，参与3个广东省科技计划项目。2009年设计出单片基HVPE设备；2010年成功组建3片基HVPE先进设备，将生产效率提高3倍。2010年入选东莞市科技领军后备人才培养队伍，2011年获评东莞市优秀共产党员，2013年获评东莞市劳动模范，2014年获得广东省五一劳动奖章。（尹淑芬）

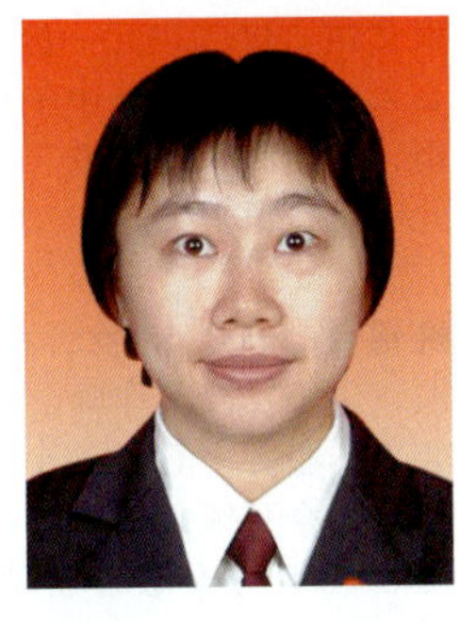

**熊素冰**　女，汉族，1977年10月出生，籍贯东莞莞城，本科学历，2000年7月参加工作。2003年7月进入东莞市社会保障局工作，2013年4月起任养老保险科科长。负责养老失业保险政策拟订、方案报备及贯彻实施。心系群众利益，为东莞市建立城乡一体社会养老保险制度，出台原农保制度从未缴费退休人员养老金调整政策、提高退休人员基本养老金最低保障线政策、继续执行暂缓调整社会养老保险单位费率措施，调整失业保险金，解决基本养老金倒挂问题，制定病残津贴标准等做大量研究。2012年获评全国新型农村和城镇居民社会养老保险工作先进个人，2014年获得广东省五一巾帼奖（个人）及广东省五一劳动奖章。（陈柳平）

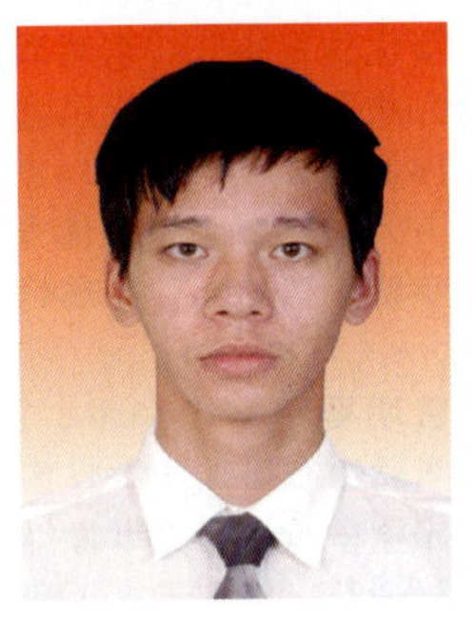

**龙健彬**　男，汉族，1992年2月出生，籍贯广东省广州市，共青团员，中专学历，2010年7月起在东莞新奥燃气有限公司高压管网分公司任运行工，2014年4月始为抢修工。常顶着烈日，利用午休时间投入训练；晚上挑灯夜读，学习理论知识。熟练掌握业务技术，先后获得第二届“燃气杯”广东省选拔赛第一名、第二届“燃气杯”全国决赛荣誉奖。改造不停输封堵工艺设备，赴泉州、湛江、肇庆等地推广应用。帮助班组成员提高业务水平，使班组先后获评“2012年广东省先进集体”“2013年东莞市先进集体”。不论严寒酷暑、风吹雨打，坚守抢修工作第一线，及时抢修，保障市民用气安全便利。2014年获得广东省五一劳动奖章。（黄炜燮）

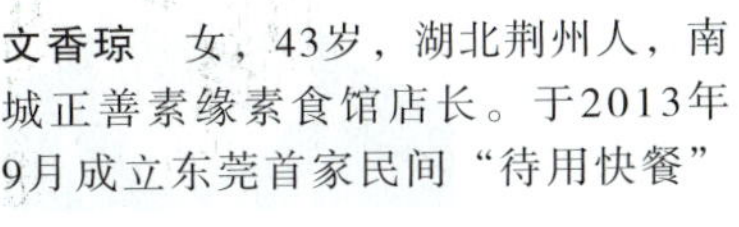

## 第二届东莞十大慈善人物

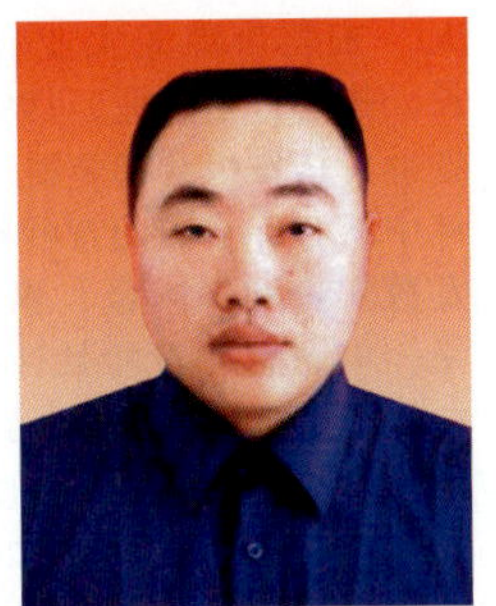

**程恩波**　男，43岁，河南驻马店人，河南上蔡县文楼村党支部书记、东莞河南商会会长、东莞市清溪旺润塑胶五金制品有限公司董事长。20年前初来东莞，身无分文，创业成功后，满怀感恩，回馈社会，热心公益。多次向家乡学校、敬老院等捐款，向雅安地震灾区捐款30万元、向虎门车祸受伤少年献爱心。据估计，捐款累计500多万元。2008年获评感动天中十大人物、2010年被上蔡籍（广东）企业家联谊会授予功勋奖、2011年获评“中国低碳建材领军人物”、2014年获评“东莞好人”，是东莞各商会中唯一获评的会长。

**文香琼**　女，43岁，湖北荆州人，南城正善素缘素食馆店长。于2013年9月成立东莞首家民间“待用快餐”

素食馆，供应13元一份（后降为10元）的“待用快餐”，让热心人士认购。每天中午13点多和晚上20点下班后，不管刮风下雨，骑行在大街小巷，给需要帮助的环卫工人、残疾人、流浪儿等免费送盒饭。

**姚锦柱**　男，36岁，东莞市企石镇人，中级社会工作师，东莞市普惠社会工作服务中心社工、志愿者联合会理事，企石镇志愿服务中心常务副主任、社工与志愿者联动指导中心主任、志愿者协会会长，中国社会工作协会特邀会员。20年来热心参与社会公益事业，事迹引起多家省市媒体报道，中央文明网、人民网、中青网转载。先后获评“东莞市优秀志愿者”“东莞市志愿服务金奖”“东莞市优秀青年”“东莞市道德模范提名奖”“温暖东莞十大新闻人物”“广东省五星志愿者”“全国志愿服务先进个人”“中国最美社工”。2014年参加第五届中国社工年会，成为全国唯一入选20名“中国优秀社工人物”的一线社工。（参见《东莞年鉴》2014年卷第764页“‘梦起莞邑’新闻人物”分目）

**曾明香**　女，43岁，广东梅州人，东莞市东城佳华学校董事，佳华幼儿园董事长，东莞市青年企业家协会副秘书长，广东省青年商会理事。从事民办教育投资和中华传统文化传播工作。关爱失学儿童和困难家庭，把帮扶入学写进办学章程。为单亲家庭幼儿、残疾幼儿和贫困幼儿提供免费入读机会或资金帮扶，累计帮助幼儿250人、资金约40万元。激发和影响一批民营企业家奉献爱心，自发对云南、贵州、湖南、江西等贫困革命老区、边远山区的希望工程实行对口捐赠，兴建希望小学。

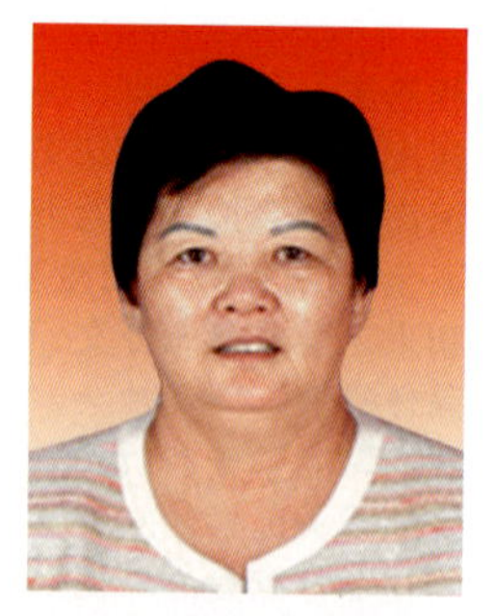

**叶小红**　女，57岁，东莞市塘厦镇人，东莞市港龙实业有限公司董事长。热心公益事业，1993年登上广东省世界扶贫组功德金榜。1995年始每年中秋和春节向龙背岭社区全体老人发放实物和慰问金，累计金额260万元。向塘厦龙背岭社区捐赠5万元、向雅安地震灾区捐赠1万元，向2名贫困中学生提供助学金7.2万元。截至2014年，累计捐款442.26万元。

**黄建平**　男，51岁，广东普宁人，广东唯美陶瓷有限公司董事长、总裁，中国建筑陶瓷博物馆第一任馆长。投资3000多万元兴建公益项目——中国建筑陶瓷博物馆、在公司内部成立“唯美爱心基金”、联合东莞市慈善会成立“马可波罗爱心基金”，累计捐款捐物1200多万元。自基金成立以来，“马可波罗瓷砖慈善之旅”走进西宁、兰州、贵州铜仁、四川雅安、南京、武汉、无锡、合肥、杭州、南昌、盐城等地，捐钱、捐物、建学校，累计捐助学子225人次。在四川雅安地震中，连夜赶制5000件雨衣、2000把雨伞以及购买大量食品药品送往芦山县。公司的“爱心基金”用于救助贫病员工，累计捐款超过90万元。

**张　茵**　女，57岁，中国香港人，玖龙纸业有限公司董事长。在各种公益活动中累计投入超亿元。公司长期开办“玖龙班”，资助偏远山区贫困学生学习深造，提供就业机会；为广东高州洪涝地质灾害灾民捐建“侨心居”；为重庆市彭水县贫困山区800名留守儿童和贫困学生提供“玖龙爱心午餐”；捐款100万元支持侨爱工程“点亮藏区生活计划”活动；向汶川、玉树和雅安地震灾区分别捐赠1500万元、1000万元和1000万元；在广东省“扶贫济困日”活动中，累计捐款5020万元。

**郑耀南**　男，39岁，福建古田人，广东都市丽人实业有限公司董事长兼总裁，第七届广东省十大杰出青年，广东省政协委员、东莞市政协委员。关注家乡基础设施建设，改善教育、医疗等设施；成立都市丽人公益基金，捐助青少年公益事业。先后向福建古田扶贫基金、广东扶贫基金、广东青少年发展基金、中国光彩事业基金、湖南宁德政协之友、深圳创业帮扶基金、中山博爱基金、东莞凤岗慈善会、汶川地震灾区、玉树地震灾区等捐款、捐物超过2000万元。

**宋　涛**　男，48岁，山东青岛人，东莞市生物技术产业发展有限公司董事长。20世纪80年代开始从事慈善活动。筹集10万元成立松山湖慈善会；在全市推动实施“心露计划”，一对一资助1000个东莞贫困学生家庭，每人每年2500元，累计发放助学金51.38万元。先后于2000年将自己获得亚运会金牌义卖所得的31万元新台币捐给台湾“9·21”大地震灾民；2007年捐赠22万元支持姚明纳什慈善篮球比赛帮扶西部贫困学生；2012年组织近200名企业家和市民参加义卖活动，筹得277.8万元善款用于助学。连续6年资助江苏如东县贫困学生学习和江苏苏州社会福利院建设，为重庆、德阳等地修建4所希望小学，支持四川地震灾区重建。

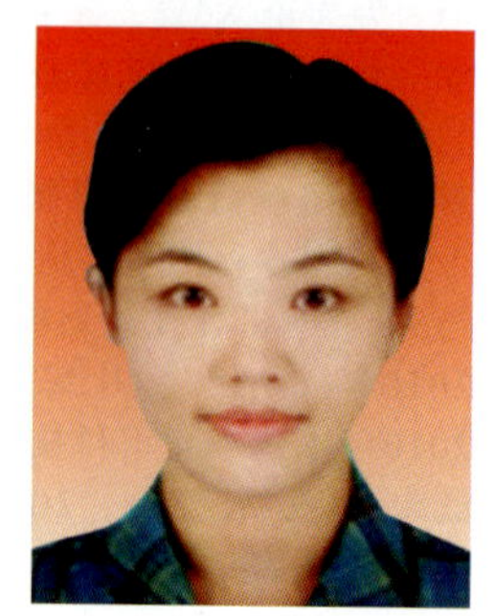

**赵妍昱**　女，29岁，甘肃兰州人，东莞广播电视台记者。运用传统媒体与新媒体结合的特殊慈善方式，弘扬志愿精神，呼吁社会为困难个人和家庭

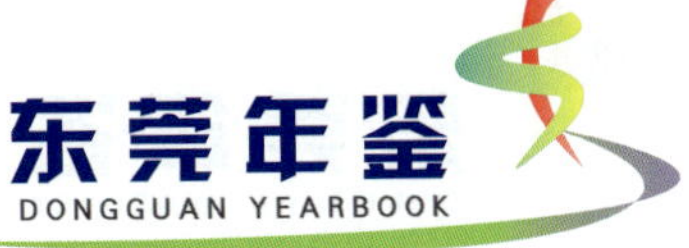


提供帮助，累计为困难人士及其家庭募集捐款约54万元。（田小兵）

## “感动东莞”人物

**程恩波**　（参见第611页“第二届东莞十大慈善人物”）

**熊玉香**　女，东莞长安胜百吉鞋厂清洁工。1994年，为供儿子读书，独自到东莞市长安镇务工，成为建溢鞋厂（后改名为胜百吉）清洁工人。只读过初中，但坚持每月写信回家教育和激励儿子，维系感情；工作勤恳认真，20年如一日默默做好清洁工作，获评“模范员工”，是儿子的榜样。在她影响下，儿子从小懂事，努力学习，2014年9月博士毕业后到英国剑桥大学工作。

**关相兰**　女，大朗中学教师。家庭困难，女儿是脑瘫儿。为筹钱给女儿治病，重当教师，争挑重担，一直工作在教学最前线。截至2014年，任教初三英语10年，每年都获评学校优秀教师或先进班主任，两次获评大朗镇“巾帼建功”岗位能手。

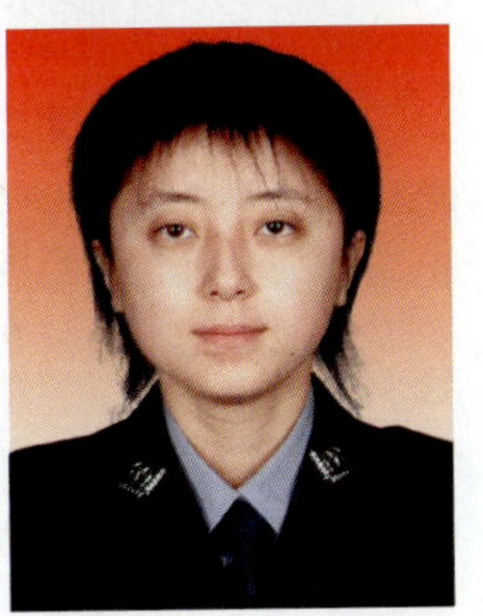

**王家晖**　女，寮步公安分局刑侦大队技术中队科员。九年如一日工作在刑事侦查第一线，参与破获重特大刑事案件300多宗。2014年4月，利用技术手段，串并分析锁定3个活跃在寮步入室盗窃团伙，在同事配合下，破获入室盗窃案40余宗。乐于助人，加入东莞市志愿者服务队，利用空余时间到市图书馆做义工；资助贫困地区失学儿童读书；2012年发起“心灵公社”心理学公益组织，为大众提供免费心理咨询。

**文香琼**　（参见第611页“第二届东莞十大慈善人物”）

**吴柏枝**　男，沙田镇齐沙村党工委副书记兼治保主任、民兵营长。忠于职守，凡事躬亲，维护村治安稳定。2014年2月5日凌晨4时，在追捕两名盗窃嫌疑人时，被其中一名嫌疑人持刀捅伤，后经抢救无效死亡。100多名乡亲自发为其送殡。东莞市将其事迹作为联系服务群众典型，在全市范围内开展学习讨论活动。

**黄杞全**　男，70岁，企石镇博夏村失明孤寡老人。3岁时因病致双目失明。身残志坚，自力更生。早年学习盲佬歌，在周边镇街表演；盲佬歌式微后，学习编竹器，靠卖竹器补贴生活。讲诚信，有原则，当竹器卖不出去时，面对想帮助他的人，他坚持只卖给有需要的人，因为不想造成浪费。他的精神感动着许多人。

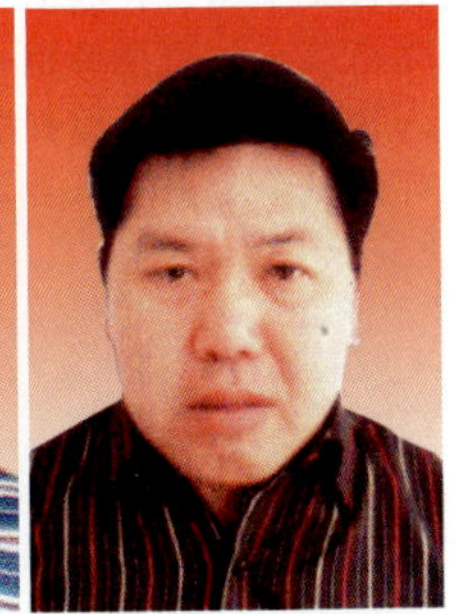

**陈四平（左）、覃官玉（右）**　陈四平，男，横沥镇先丰五金厂工人；覃官玉，男，横沥五金制品厂工人。2014年10月3日，横沥镇华润商场门口发生一起抢劫案，陈四平和覃官玉听到事主呼救后，毫不畏惧，接力擒匪。搏斗中，均被劫匪捅伤，其中陈四平肝脏被捅破，失血过多以致休克；覃官玉忍着疼痛尽力制服劫匪。在公安机关去慰问时，陈四平和覃官玉不愿意接受奖励金，认为见义勇为是每个人应该做的事，不需要奖励。

**王　伟**　男，横沥镇隔坑社区服务中心社工。截至2014年，从事新莞人社工近4年，不论工作日还是周末，总是骑着自行车走访新莞人社区、出租屋和民办学校，了解新莞人现状和需求。待人热忱，得到服务对象信任。2012年10月，为两位新莞人地贫儿童筹款近22万元。秉持“助人自助”理念，帮助服务对象解决困难，同时提高他们自助能力。获评东莞市2013年度优秀社工。

**程善道**　男，虎门镇品宅装饰有限公司执行董事。2014年7月27日，东莞市虎门镇下着大雨，程善道开车途经滨海大道，看见一位老人倒在快车道上，立即停车实施救助。老人脸朝地下没动弹，程善道将其扶起，为其打伞，任由自己被雨水淋湿。由于救助及时，老人身体并无大碍。这是程善道第三次扶起倒地者，尽管第一次扶人时遭到讹诈，仍不改变救助别人的善心。（吴诗娴）

## 逝世人物

**徐祥龄**　男，汉族，中国香港人，祖籍北京，1933年10月出生，2014年6月逝世。1963年起从事社会工作，在香港做过29年专职社工，致力于边缘青少年服务工作，是香港第一个研究并实践“外展社工”的先行者，被誉

为中国“十大社工人物”、香港“外展社工之父”、东莞“民工服务之父”。逝世前任香港特区选举委员会委员、香港社会工作交流协会主席、香港社会福利专业人员注册社工、香港青协青年服务委员会委员、东莞市横沥镇隔坑村社区服务中心创办人、总干事。先后获评英女皇颁授荣誉勋章、香港十大杰出长青义工奖、香港第三届杰出义工奖、香港第四届爱心奖、东莞市第二届道德模范——助人为乐奖，中国社会工作年度十大人物、南方华人慈善盛典慈善人物、东莞市荣誉市民、首届珠江公益节公益达人。2014年8月被追授“东莞市慈善事业特别贡献奖”。

2004年，徐祥龄和妻子谭翠莲，拿出100多万元退休金，在东莞市横沥镇创办全国首家非盈利民办外来工服务中心——东莞市横沥镇隔坑社区服务中心。该中心拥有会员3000多名，先后资助2800多人次农民工子女重返课堂，累计服务新莞人和弱势群体超过30万人次。该中心于2010年获评“全国先进社区服务中心”。在广西开展“关爱留守儿童、关爱留守老人、关爱留守妇女”公益服务项目。徐祥龄在生命的最后时刻一直关心留守乐园的建设和申报工作。（田小兵）

# 人物表录

## 2014年获国家部委以上表彰先进人物

| 获奖项目 | 获奖者 | 工作单位 | 授予单位 | 授予时间 |
|---|---|---|---|---|
| 全国“六五”普法中期先进个人 | 吴　敏 | 东莞市司法局 | 全国普及法律常识办公室 | 2014年3月 |
| 全国“六五”普法中期先进工作者 | 傅小春 | 东莞市司法局清溪分局 | 全国普及法律常识办公室 | 2014年3月 |
| 全国五一劳动奖章 | 侯光远 | 东莞市公安局望牛墩分局洲涡派出所 | 中华全国总工会 | 2014年4月 |
| 全国五一劳动奖章 | 金玉华 | 日本电产精密马达科技（东莞）有限公司 | 中华全国总工会 | 2014年4月 |
| 全国五一劳动奖章 | 苏青云 | 东莞市农产品质量安全监督检测所 | 中华全国总工会 | 2014年4月 |
| 全国五一劳动奖章 | 韦金香 | 东莞市家宝园林绿化有限公司 | 中华全国总工会 | 2014年4月 |
| 国家级社会指导员 | 杜志东 | 万江区体育运动委员会 | 国家体育总局 | 2014年4月 |
| 第13届精神文明建设“五个一工程”奖(2012-2014)（《百年钟声——香港深思录》） | 张雅文 | 中国作家第一村 | 中共中央宣传部 | 2014年9月 |
| 全国农村五保供养工作先进个人 | 钱凤明 | 东城区敬老院 | 中华人民共和国民政部 | 2014年9月 |
| 全国民族团结进步模范个人 | 达蕃钦 | 东莞市委党校 | 国务院 | 2014年9月 |
| 全国优秀教师 | 邵焕娣 | 桥头镇中心小学 | 中华人民共和国教育部 | 2014年9月 |
| 全国中小学优秀德育课教师 | 邵焕娣 | 桥头镇中心小学 | 中华人民共和国教育部 | 2014年9月 |
| 全国优秀教师 | 熊　莺 | 莞城中心小学 | 中华人民共和国教育部 | 2014年9月 |
| 全国中小学优秀班主任 | 熊　莺 | 莞城中心小学 | 中华人民共和国教育部 | 2014年9月 |
| 全国社会扶贫先进个人 | 叶松柏 | 东莞市人民政府经济协作办公室 | 国务院扶贫开发领导小组 | 2014年10月 |
| 全国组织系统2014年度“十佳网宣员” | 容剑锋 | 东莞市委组织部 | 中共中央组织部 | 2014年12月 |
| 全国粮食生产突出贡献农业科技人员 | 陈志坚 | 中堂镇风冲水稻科研站 | 中华人民共和国农业部 | 2014年12月 |
| 全国检察机关刑事申诉检察业务标兵 | 张宇冰 | 东莞市第二市区人民检察院 | 最高人民检察院 | 2014年12月 |
| 全国孝亲敬老之星 | 赖锡芬 |  | 全国老龄办、民政部、国家新闻出版广电总局、教育部、共青团中央、全国妇联、中国关工委 | 2014年12月 |

## 2014年东莞市获省委、省政府及省厅表彰先进人物

| 获奖项目 | 获奖者 | 工作单位 | 授予单位 | 授予年月 |
|---|---|---|---|---|
| 广东省基层先进宣传文化工作者 | 赵建华 | 塘厦镇文化广播电视服务中心 | 中共广东省委宣传部、广东省文化厅、广东省新闻出版广电局 | 2014年1月 |
| 广东省基层先进宣传文化工作者 | 黄惠伶 | 东城区文化服务中心 | 中共广东省委宣传部、广东省文化厅、广东省新闻出版广电局 | 2014年1月 |
| 第四届广东省人民满意的公务员 | 潘家扬 | 东莞市公安局厚街分局 | 广东省人民政府 | 2014年3月 |
| 南粤建功立业女能手 | 周　静 | 东莞市旗峰律师事务所 | 广东省总工会 | 2014年3月 |
| 广东省五一劳动奖章 | 熊素冰 | 东莞市社会保障局 | 广东省总工会 | 2014年3月 |
| 广东省五一巾帼奖（个人） | 熊素冰 | 东莞市社会保障局 | 广东省总工会 | 2014年3月 |
| 广东省五一劳动奖章 | 陈　献 | 东莞市京滨汽车电喷装置有限公司 | 广东省总工会 | 2014年4月 |
| 广东省五一劳动奖章 | 尹利平 | 东莞耀盛工业炉有限公司 | 广东省总工会 | 2014年4月 |
| 广东省五一劳动奖章 | 王仕鹏 | 广东宏远篮球俱乐部有限公司 | 广东省总工会 | 2014年4月 |
| 广东省五一劳动奖章 | 黄　丹 | 东莞市国家税务局 | 广东省总工会 | 2014年4月 |
| 广东省五一劳动奖章 | 刘　鹏 | 东莞市中镓半导体科技有限公司 | 广东省总工会 | 2014年4月 |
| 广东省群众文艺作品舞蹈类金奖 | 谭少梅 | 东莞市南城区阳光第一小学 | 广东省文化厅 | 2014年4月 |
| 广东省爱心父母大联盟银奖 | 黄国权 | 国文制衣有限公司 | 广东省妇女联合会 | 2014年5月 |
| 广东省首届美术与设计教师作品双年展 | 陈海波 | 东莞市南城阳光实验中学 | 广东省教育厅、广东省美术家协会 | 2014年6月 |
| 广东省五一劳动奖章 | 龙健彬 | 高压管网分公司抢维修中心站 | 广东省总工会 | 2014年7月 |
| 2014年广东省青少年游泳锦标赛体育道德风尚奖教练员 | 朱　靖 | 东莞市游泳运动管理中心 | 广东省体育局 | 2014年8月 |
| 第三届广东省廉洁读书月征文活动优秀征文 | 何月华 | 东莞市洪梅镇社会保障分局 | 广东省纪委、广东省文化厅 | 2014年9月 |
| 广东省归侨侨眷先进个人 | 叶小红 | 东莞市港龙实业有限公司 | 广东省侨联与广东省人社厅 | 2014年11月 |
| 广东省归侨侨眷先进个人 | 王春霞 | 长安镇侨联 | 广东省侨联与广东省人社厅 | 2014年11月 |
| 全省离退休干部先进个人 | 李炳根 | 东城区关心下一代工作委员会 | 中共广东省委组织部、中共广东省委老干部局、广东省人力资源和社会保障厅 | 2014年12月 |
| 广东省民族团结进步模范个人 | 陈　俊 | 东莞市海洋与渔业局 | 广东省人民政府 | 2014年12月 |
| 广东省民族团结进步模范个人 | 叶亮荣 | 东莞市民族宗教事务局 | 广东省人民政府 | 2014年12月 |
| 广东省民族团结进步模范个人 | 张志略 | 东莞高级中学 | 广东省人民政府 | 2014年12月 |
| 2014年广东省优秀工会工作者 | 李礼棠 | 大岭山镇新塘村工会联合会 | 广东省总工会 | 2014年12月 |
| 2014年广东省优秀职工之友 | 欧阳振球 | 大岭山镇政府 | 广东省总工会 | 2014年12月 |
| 2014年广东省“扫黄打非”工作先进个人 | 李建军 | 东莞市文化市场综合执法大队 | 广东省“扫黄打非”工作领导小组办公室 | 2015年1月 |
| 2014年度全省党委系统信息工作先进个人 | 王锦霞 | 厚街镇党政办 | 中共广东省委办公厅 | 2015年3月 |
| 2014年广东省基层宣传文化工作先进工作者 | 黄惠伶 | 东莞市东城区文化服务中心 | 中共广东省委宣传部、广东省文化厅、广东省新闻出版广电局 | 2015年3月 |
| 2014年广东省基层宣传文化工作先进工作者 | 赵建华 | 塘厦镇文化广播电视服务中心 | 中共广东省委宣传部、广东省文化厅、广东省新闻出版广电局 | 2015年3月 |
| 2014年广东省基层宣传文化工作先进工作者 | 陈柱基 | 长安镇宣传文体局 | 中共广东省委宣传部、广东省文化厅、广东省新闻出版广电局 | 2015年3月 |

## 2014年东莞市“十佳莞邑好警”（个人）名单

王家晖　东莞市公安局寮步分局刑侦大队技术中队科员
王　洁　东莞市公安局松山湖分局政工监督室主任
曾家乐　东莞市公安局刑警支队副支队长
赖信兵　东莞市公安局厚街分局沙溪派出所科员
王树安　东莞市公安局清溪分局刑侦大队刑警中队科员
岑先总　东莞市公安局麻涌分局川槎派出所科员
吕军兴　东莞市公安局禁毒支队二大队科员
蔡广志　东莞市公安局交警支队厚街大队勤务中队中队长
姜晓良　东莞市公安局东城分局刑侦大队九中队副中队长

（李寒来）

## 2014年“东莞好人”名单

| 类别 | 姓名 | 性别 | 工作单位及职务 | 当选时间 |
|---|---|---|---|---|
| 助人为乐类（29人） | 石登峰 | 男 | 中海油销售东莞储运有限公司操作工 | 1月 |
| | 王　伟 | 男 | 横沥镇隔坑社区服务中心 | 4月 |
| | 胡燕萍 | 女 | 东莞市太子珠宝有限公司总经理、董事长 | 4月 |
| | 程恩波 | 男 | 清溪旺润塑胶五金制品有限公司董事长 | 5月 |
| | 文香琼 | 女 | 正善素缘素食馆 | 6月 |
| | 王天勇 | 男 | 大朗镇长塘社区卫生服务站 | 7月 |
| | 冯桂章 | 男 | 虎门镇公共汽车有限公司 | 7月 |
| | 曾明香 | 女 | 佳华学校 | 7月 |
| | 明奇斌 | 男 | 明辉胶袋厂 | 7月 |
| | 赵云芳 | 男 | 东莞市常平医院 | 7月 |
| | 邓仲芬 | 男 | 横沥镇隔坑社区服务中心社工助理 | 7月 |
| | 马向阳 | 男 | 东莞市维拉诗服饰有限公司董事长 | 8月 |
| | 陈慧冰 | 女 | 星海音乐学院古筝表演系学生 | 8月 |
| | 袁锐华 | 男 | 黄江锦绣星途幼儿园校董 | 8月 |
| | 翟银笑 | 女 | 中堂社保分局　科员 | 8月 |
| | 刘立勇 | 男 | 东莞市六度公益服务中心 | 9月 |
| | 刘喜云 | 女 | 缝纫工 | 9月 |
| | 江顺风 | 男 | 自由职业 | 9月 |
| | 刘志雄 | 女 | 虎门镇太平小学教师 | 9月 |
| | 周海清 | 男 | 东莞市公安局交通警察支队厚街大队科员 | 9月 |
| | 冯　晏 | 男 | 东莞市港创建材股份有限公司 | 9月 |
| | 杨家伟 | 男 | 下沙村委会工作人员 | 9月 |
| | 何　欢 | 女 | 莞城志愿者心理服务大队长 | 10月 |
| | 张志锋 | 男 | 莞城兴塘社区疍船澳居民小组办事员 | 10月 |
| | 黄穗萍 | 女 | 常平镇兴实业有限公司 | 10月 |
| | 刘惠顶 | 男 | 桥头中学团委书记/校志愿服务站站长 | 11月 |
| | 龙文洪 | 男 | 常平镇房地产开发有限公司联邦花园管理处经理 | 11月 |

续表

| 类别 | 姓名 | 性别 | 工作单位及职务 | 当选时间 |
|---|---|---|---|---|
| 助人为乐类（29人） | 田克辉 | 男 | 清溪百子论文公益互助中心行政主任 | 11月 |
| | 温海松 | 男 | 桥头天真玩具店店长 | 12月 |
| 敬业奉献类（44人） | 邓永忠 | 男 | 虎门交警大队科员 | 1月 |
| | 侯　英 | 女 | 维康蔬菜基地总经理助理 | 4月 |
| | 李方胜 | 男 | 沙田虎门港分局指挥中心科员 | 4月 |
| | 杨素梅 | 女 | 重河村委会两委 | 4月 |
| | 张　扬 | 男 | 塘厦镇文化广播电视服务中心主播 | 5月 |
| | 关相兰 | 女 | 大朗中学 | 5月 |
| | 钟雅莹 | 女 | 东莞市寮步医院护士 | 5月 |
| | 尹敏如 | 女 | 东莞市寮步医院 | 5月 |
| | 刘　海 | 男 | 莞城兽医站　检疫员 | 6月 |
| | 陈广祺 | 男 | 沙田虎门港分局刑事侦查大队科员 | 6月 |
| | 刘照洪 | 男 | 石碣镇新莞人服务管理中心办事员 | 6月 |
| | 石开喜 | 男 | 樟木头环境卫生管理所工人 | 6月 |
| | 吴彩玉 | 女 | 东莞市石龙人民医院（护士长） | 6月 |
| | 孟　豪 | 男 | 广东守门神电子科技有限公司 | 6月 |
| | 陈利芳 | 女 | 东莞市南城医院 | 7月 |
| | 刘镜涛 | 男 | 东莞市公安局万江分局金泰派出所 | 7月 |
| | 蒋四清 | 男 | 广东旗峰律师事务所 | 7月 |
| | 王家晖 | 女 | 东莞市寮步分局刑侦大队技术中队 | 7月 |
| | 叶进国 | 男 | 广东昊盟律师事务所律师 | 7月 |
| | 陈　东 | 男 | 寮步镇社区卫生服务中心石步站站长 | 7月 |
| | 袁燕茹 | 女 | 东莞市工商行政管理局虎门分局科员 | 8月 |
| | 刘　城 | 男 | 东坑镇文化站职员 | 9月 |
| | 宋淦军 | 男 | 桥头镇经济科技信息局办事员 | 9月 |
| | 管栋晓 | 男 | 东莞市公安局常平分局刑事侦查大队九中队副中队长 | 9月 |
| | 黄　程 | 男 | 东莞市公安局塘厦分局田心派出所　科员 | 9月 |
| | 卢　钢 | 男 | 东莞市公安局塘厦分局石潭布派出所科员 | 9月 |
| | 肖　航 | 女 | 东莞茂森金属冲压有限公司人事主管 | 9月 |
| | 沈宏平 | 男 | 中国联合网络通信有限公司东莞市分公司 | 9月 |
| | 郑楚城 | 男 | 沙田镇虎门港分局治安管理大队科员 | 9月 |
| | 梁笑梅 | 女 | 黄江镇黄江中学教师 | 10月 |
| | 李英浩 | 男 | 东莞市公安局沙田分局刑警队科员 | 10月 |
| | 谷英英 | 女 | 高埗镇社区卫生服务中心 | 10月 |
| | 姜晓良 | 男 | 东莞市大岭山医院内科主任 | 11月 |

续表

| 类别 | 姓名 | 性别 | 工作单位及职务 | 当选时间 |
|---|---|---|---|---|
| 敬业奉献类（44人） | 任亚军 | 男 | 大朗镇鸣凤小学 | 11月 |
| | 刁树念 | 男 | 沙头辅警四分队队员 | 11月 |
| | 彭达平 | 男 | 东莞市东坑医院ICU主任 | 11月 |
| | 黄丽云 | 女 | 常平镇中心小学教师 | 12月 |
| | 陈　献 | 男 | 东莞京滨制造课长兼工会主席 | 12月 |
| | 杨笑媚 | 女 | 东莞市公安局清溪分局指挥中心勤务中队长 | 12月 |
| | 张景传 | 男 | 东莞市公安局清溪分局治安大队队长 | 12月 |
| | 王卫峰 | 男 | 大朗医院党总支部副书记、副院长 | 12月 |
| | 龙响国 | 男 | 东莞市公安局万江分局刑事侦查大队大队长 | 12月 |
| | 陈国豪 | 男 | 东莞市公安局洪梅分局科员 | 12月 |
| | 周国华 | 女 | 运动员 | 12月 |
| 见义勇为类（27人） | 欧阳爱国 | 男 | 企石镇盛钜塑胶制品厂 | 2月 |
| | 吴柏枝 | 男 | 沙田镇齐沙村党工委副书记、村治保主任 | 3月 |
| | 麦喜声 | 男 | 东莞市公安局清溪分局清溪派出所民警 | 4月 |
| | 何紫溪 | 男 | 东莞市公安局交通警察支队企石大队科员 | 5月 |
| | 谢锦荣 | 男 | 东莞市公安局交通警察支队企石大队交通协管员 | 5月 |
| | 龙茂兵 | 男 | | 5月 |
| | 邓镇瑞 | 男 | 沙田镇百乐钓鱼场个体户 | 6月 |
| | 刘勇军 | 男 | 中堂镇江滨豪庭别墅保安 | 7月 |
| | 罗炳锐 | 男 | 在家务农 | 7月 |
| | 钟志杨 | 男 | 在家务农 | 7月 |
| | 陈　文 | 男 | 东莞市公安局中堂分局潢涌派出所科员 | 8月 |
| | 李秋钩 | 男 | 塘厦镇公共汽车有限公司公交驾驶员 | 8月 |
| | 罗林波 | 男 | 塘厦镇公共汽车有限公司公交驾驶员 | 8月 |
| | 谢沛林 | 男 | 退休老人 | 8月 |
| | 徐润华 | 男 | 东城街道鳌峙塘富耀鞋厂厂长 | 8月 |
| | 程善道 | 男 | 东莞市品宅装饰有限公司、执行董事 | 9月 |
| | 岑先总 | 男 | 东莞市公安局麻涌分局川槎派出所科员 | 9月 |
| | 黎板球 | 男 | 大岭山镇某幼儿园司机 | 10月 |
| | 黎海成 | 男 | 大岭山镇水朗村村民 | 10月 |
| | 覃建强 | 男 | | 10月 |
| | 罗桂添 | 男 | 东城街道某电器公司保安 | 10月 |
| | 黄军辉 | 男 | 东莞市公安局凤岗分局治安管理大队科员 | 11月 |
| | 陈润光 | 男 | | 11月 |
| | 刘其旭 | 男 | 茶山镇旭信印唛厂经理 | 12月 |
| | 吴景林 | 男 | 务农 | 12月 |

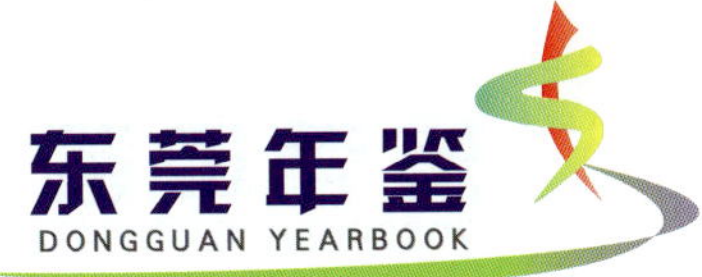


续表

| 类别 | 姓名 | 性别 | 工作单位及职务 | 当选时间 |
|---|---|---|---|---|
| 见义勇为类（27人） | 袁锡祥 | 男 | 中堂镇袁家涌治保会 | 12月 |
| | 黄澎哮 | 男 | 东莞市公安局塘厦分局治安管理大队科员 | 12月 |
| 孝老爱亲类（15人） | 王宏达 | 男 | | 4月 |
| | 黄宋齐 | 男 | | 5月 |
| | 叶笑媚 | 女 | 石排镇某煤气充气点工作人员 | 6月 |
| | 陈夏莹 | 女 | 东莞市沙田第一小学四（2）班班长 | 6月 |
| | 朱月妹 | 女 | | 6月 |
| | 叶沛钦 | 男 | | 7月 |
| | 王丽霞 | 女 | 石排镇福隆村 | 7月 |
| | 赖素芳 | 女 | 东莞市厚街医院副主任护师 | 7月 |
| | 黄淑芳 | 女 | 石排镇锦泰面包店销售员 | 8月 |
| | 郭敏尤 | 女 | 东莞市华艺玻璃厂 | 9月 |
| | 李汝丽 | 女 | 洪梅镇梅沙图书馆管理员 | 10月 |
| | 黄伟华 | 女 | 凤岗镇竹塘环卫队环卫工 | 11月 |
| | 黄玉娥 | 女 | 石龙人民医院护士 | 11月 |
| | 熊玉香 | 女 | 胜百吉鞋厂清洁工 | 12月 |
| | 邓秀勤 | 女 | 零售业 | 12月 |
| 诚实守信类（1人） | 李晓昀 | 男 | 嘉华电器公司总经理 | 12月 |

（吴诗娴）

## 2014年高级专业技术资格人员名单

（共548人）

### 一、正高级（共119人）

**（一）卫生系列（108人）：**

谢学仪　黄显峰　刘　妙　冯永洪　吴　谋　高文静　黄晓红
杨秀丽　刘　霞　李志辉　王　斌　全海英　叶长钦　董敏杰
王　群　刘宏胜　王晓红　刘建新　何　怡　梁赤波　邹锦考
赵小泉　彭　颖　王廷玉　吴贵平　蔡勇辉　齐青松　刘　磊
杜二珠　李宏辉　林欢儿　熊　峻　郑穗瑾　汪盛参　彭昌贵
陈行友　管　健　罗　磊　陈志峰　袁丽娟　丁新民　孙小金
王　浩　黄长武　黄　鹏　李群华　张伟彬　刘水萍　方润婷
张绍伟　黄正有　欧召喜　宁华丽　周植森　肖秋香　林景涛
黎明华　钟春华　蒋壮志　贺香毓　张庆林　李诗海　陈菊香
薛爱国　黄福香　吴欣洪　李军政　黎小玲　孙华芳　陈旭生
刘　凯　史伟文　李财凤　施承松　李学远　郑　智　苗海锋
王世芳　冯　泉　曾文胜　杨育菲　边宝娟　邹胜祥　莫楚溪
李培敏　赵　曦　邓鸥鸥　李　刚　欧阳山　张镇滔　朱玉霞
张立新　朱海鹏　张军莲　梁桥安　徐婉芳　周　萍　黎松波
蓝业平　欧阳新根　周　雪　梁润林　张锡迎　岳耀光
曾宪明　黄大成　叶根榕　张玉琼

**（二）高等学校教师系列（9人）：**

刘华珠（2013年）　任　斌（2013年）　吴运建（2013年）
徐钦桂（2013年）　唐元松（2013年）　路晓军（2013年）
李绍群（2013年）　李龙根　郑继海

**（三）艺术系列（1人）：**

刘定富

**（四）群众文化专业（1人）：**

张　波

### 二、副高级（共429人）

**（一）卫生系列（381人）：**

吴玉辉　江均贤　阮颖彦　邓东海　钟　欣　谭稻香　贾雪梅
李树金　关健强　黄连芳　韩思源　黄若珠　曾秀芳　王锦丽
苏厂尧　潘海东　郭建军　利桂河　王君宁　李建瑜　刘　丹
黎　燕　冯伟军　吴春华　王美华　邱志建　钟权昌　刘金成
姜丽萍　李红玲　蒋金菊　余艳霞　姬成茂　黄小屏　邹凤云
覃春艳　王起华　李妙琴　郑进财　涂桂英　陈海湛　陈晓阳
叶健如　李乃娥　黄丽金　张菊兰　罗秀兰　温小兰　谷晓辉
曾晓春　蔡元文　刘俊伟　周燕凤　董路湖　孙玉贞　吴剑云
钟雪琼　余　筱　郑霞飞　温洪波　张继红　占松涛　仰涢霞
刘艳芳　许邑匡　廖　捷　陈艳玲　莫秀娟　邱小灵　林兰芳
唐劭年　胡振华　梁玉英　曹彭钢　范彩霞　郑衬喜　黄伟芳
王　庆　甘亮珠　赖　伟　罗林翼　王　彬　李　强　刘　萍
唐启斌　刘　斌　卢银侃　梁燕媚　谭　静　黄富群　陈森浦
梁春香　袁　诚　郭建生　卢燕玲　郑丽燕　朱颖文　关江伟
姚亮平　陈健华　朱立柏　陈进杰　丁玲玲　龙海东　林晓悦
周将浪　钟运香　朱安国　欧小凤　王晓岚　罗运红　卢钊楷
褚小丽　孙　妍　林淑珍　易泉英　杨晓生　文力群　曾六仔
阮炳炎　罗润军　莫顺景　黄燕玲　张东云　吴晓冰　潘婉婉

刘国珍　叶雪英　高东奔　杨晓军　张　鹏　李玉芹　唐　莉
聂芙蓉　王　刚　连金媚　王红梅　李　波　陈志红　袁小静
刘军平　李素娥　宋小梅　林利展　唐永红　洪　霞　谢云民
时文晓　陈慧豪　陈敬欢　陈伟兵　戴晓莲　蔡奕华　邵耀宁
蔡建良　方倩瑜　黎锐勤　罗德成　李玉莲　刘凤年　刘　霞
吴东升　董晓莺　方莉萍　汪泳涛　吴秋兰　叶玉兰　黄胜奇
袁红枝　林靖淇　陆忠红　李兆华　伍彩云　吴爱婵　向瑾操
容咏新　蔡鹏宇　王彩红　卢志锦　刘伟媚　廖春妍　陆　奔
吴　维　冯锡坚　尹满群　陶　强　邓海亮　郭主声　杜秀珍
钟凤兰　蔡艳玲　张雪飞　钟秀玲　徐志鸿　叶晓霓　蓝洁珍
龙丽如　潘碧霞　郑颖聪　吴海谊　李巧仪　高红菊　祝俭平
陈泽华　朱秀兰　刘贵章　吴利映　林　艳　赵艳海　李凤联
曾碧美　张晓燕　袁锡裕　伍堂洪　王海会　吴坤远　张寿清
叶启文　郑　剑　陈　莉　黄洁莲　袁灼彬　张妙兴　雷梅芳
黄文彩　单祝环　杨宇峰　袁东彬　廖春燕　阳成英　蔡永辽
陈凤仪　喻　兰　李启芬　周慧兰　谢晗飞　陈淑玲　叶文卫
石思雄　宋秀婵　林晓平　杨凤玲　刘丽芬　陈　晶
欧阳其适　谢　飞　詹立红　刘新凤　李玉梅　夏晓芹
尤洁芳　刘爱兵　刘志华　刘梅芳　麦远长　吴玉芳　柯学礼
何乃泉　章晓峰　王　琴　林云宾　梁俊斌　韩巧芳　欧吏秀
陈建华　李炳娣　王文刚　李　哲　孙　岗　张震坤　陈艳雅
费亚涛　李丽琴　欧阳杰　章家琳　张　玫　林　彬　王艳娜
周丽华　吴雪婷　陈贵彬　麦婉平　何　华　冼慧仪　李　卉
钟刘培　许　哲　钟晓燕　廖真防　徐　文　吴依芬　张志玲
程　巍　陈丽桢　陈凤兰　谢　颖　王益俊　萧佩多　何晓明
何晓丹　龚华景　莫春燕　刘琼弟　王　丹　李剑强　黎琳欢
邓卓超　梁进华　高敏坚　李栩萍　田桂芹　方丽华　徐　伟
王玉芬　刘鲜桂　吴婉华　朱苗飞　郑富强　王升强　刘淑芳
周美英　梁　蓉　冼丽英　王元喜　吴见安　张　俊　秦姣红
邱建华　莫带弟　黄聚香　蒋敏桥　冯兰青　彭雪梅　张建文
吴丽华　杨　隆　温志勋　李胜利　何柳君　张春兴　李爱萍
罗　思　蔡南盛　钟碧芳　陈建安　卢润广　姚瑞霞　陈伟岗
黄国祥　梁景林　陈国雄　黄钟声　吴志强　邸红岩　李仲均
罗丽娇　黄瑞如　陈妙玲　何灼彬　王青云　邓丁梅　汪春晖
何　飞　农炜煜　秦　微　温宜清　黄昌琴　陈巨汉　程卡米
王　君　谭　媛　郑文振　言献波　张颂华　荣秀花　邱佳玲
温海洋　华　山　周群英　王善花　蔡喜传

**（二）高等学校教师系列（21人）：**
赖颖昕（2013年）　尹辉斌（2013年）　陈洪伟（2013年）
陈　倩（2013年）　孔小伟（2013年）　刘群锋（2013年）
肖凤良（2013年）　冯炎红（2013年）　李文新（2013年）
吴丽娟（2013年）　刘　蕾（2013年）　徐海容（2013年）
黄　彬（2013年）　王　贺（2013年）　彭小兰（2013年）
蒋　键　丁度坤　谢志伟　肖　霞　李铭超　李鸿明

**（三）技工学校教师系列（4人）：**
黄汉昌　宿彦军　徐能有　莫映红

**（四）党校教师专业（3人）：**
江炎骏　刘晋飞　何　清

**（五）工艺美术系列（2人）：**
李鸿明（2013年）　柳　翰（2013年）

**（六）图书资料系列（6人）：**
李金波（2013年）　俞传正　李晓辉　余爱嫦　李保东
陆晓红

**（七）文物博物系列（2人）：**
曾杰冈　张巨保

**（八）群众文化专业（1人）：**
陈海清

**（九）艺术系列（2人）：**
蒋　楠　詹文格

**（十）林业工程系列（3人）：**
王　怡　陈志良　林志君

**（十一）化工工程系列（2人）：**
黄伟壮　袁继旺

**（十二）电力工程系列（2人）：**
刘称辉　全李桃

（黎燕嫦）

# 经济社会统计资料 ECONOMIC AND SOCIAL STATISTICS

厚街镇中心区

# 2014年东莞市国民经济和社会发展统计公报

东莞市统计局　国家统计局东莞调查队

2014年是全面贯彻落实党的十八届三中、四中全会精神，全面深化改革的起始之年，也是东莞推动高水平崛起的攻坚之年，在市委、市政府的坚强领导下，全市上下紧紧围绕“稳增长、调结构、促改革、惠民生”的核心任务，着力优环境、抓改革、促转型，牢牢把握发展大势，奋力激发市场活力，着力培育创新动力，全市经济在“新常态”下保持平稳运行，社会保持和谐稳定。

## 一、综合

初步核算，2014年东莞生产总值（GDP）5881.18亿元，比上年增长7.8%。分产业看，第一产业增加值20.84亿元，增长2.5%；第二产业增加值2697.90亿元，增长9.2%；第三产业增加值3162.44亿元，增长6.3%。三大产业比例为0.3：45.9：53.8。人均地区生产总值70604元，增长7.4%。

在现代产业中，规模以上先进制造业增加值1219.54亿元，增长13.9%；现代服务业增加值1845.79亿元，增长7.6%。

在第三产业中，交通运输、仓储和邮政业增长2.9%，批发和零售业增长4.8%，住宿和餐饮业下降4.5%，金融业增长9.0%，房地产业增长3.2%，其他服务业增长10.9 %。

年末，全市工商登记总数62.93万户，同比增长11.0%。其中企业工商登记20.89万户，增长20.7%；个体户登记41.96万户，增长6.8%。私营企业登记户数增长较快，增长24.9%。从新登记注册情况看，2014年，全市工商新登记114278户，增长7.6%；新登记企业45633家，增长41.6%。

全年居民消费价格总水平比上年上涨2.3%。其中居住类上涨0.8%，娱乐教育文化用品及服务类上涨1.7%，衣着类上涨0.3%，食品类上涨6.0%，医疗保健和个人用品类上涨0.3%，烟酒类上涨0.4%，交通和通信类下降1.7%，家庭设备用品及维修服务类上涨1.3%。此外，

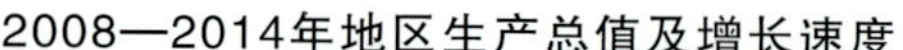


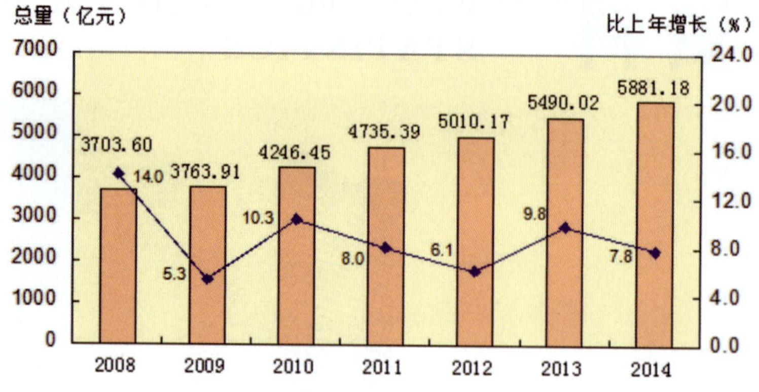


2008—2014年居民消费价格总指数（上年=100）

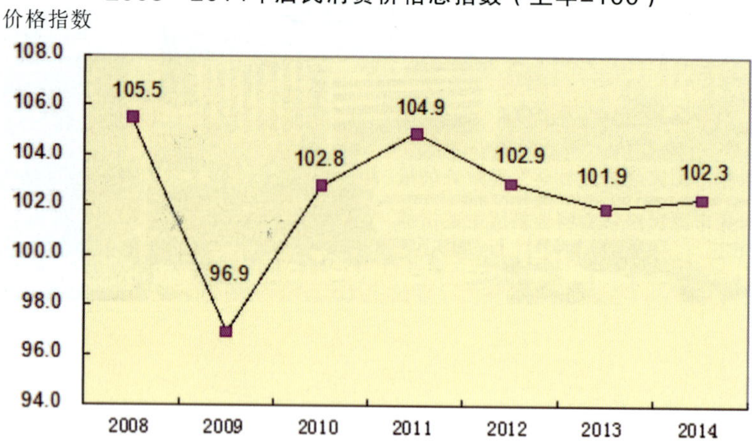


## 2014年价格变动情况

| 类　别 | 价格指数（上年=100） | 比上年升降幅度（%） |
| --- | --- | --- |
| 居民消费价格指数 | 102.3 | 2.3 |
| 食品 | 106.0 | 6.0 |
| 其中：粮食 | 103.0 | 3.0 |
| 肉禽及其制品 | 104.3 | 4.3 |
| 油脂 | 97.2 | -2.8 |
| 蛋 | 105.3 | 5.3 |
| 菜 | 99.3 | -0.7 |
| 水产品 | 109.8 | 9.8 |
| 烟酒 | 100.4 | 0.4 |
| 衣着 | 100.3 | 0.3 |
| 家庭设备用品及维修服务 | 101.3 | 1.3 |
| 医疗保健和个人用品 | 100.3 | 0.3 |
| 交通和通信 | 98.3 | -1.7 |
| 娱乐教育文化用品及服务 | 101.7 | 1.7 |
| 居住 | 100.8 | 0.8 |
| 商品零售价格指数 | 101.2 | 1.2 |
| 工业生产者出厂价格指数 | 99.0 | -1.0 |

全年商品零售价格上涨1.2%。工业生产者出厂价格下降1.0%。

全年来源于东莞的财政收入1066.21亿元，比上年增长9.4%。市公共财政预算收入455.21亿元，增长11.2%。市公共财政预算支出457.68亿元，增长2.9%。其中，一般公共服务支出39.53亿元，公共安全支出53.69亿元，教育支出118.94亿元，社会保障和就业支出28.96亿元。全年全市税收总额1237.04亿元，增长14.0%。

年末城镇实有登记失业人数1.20万人，全年失业人员安置就业人数0.83万人，城镇登记失业率为2.26%。

## 二、农业

2014年全市农林牧渔业总产值33.94亿元，比上年增长（按可比价计算，下同）1.0%。其中农业产值20.35亿元，增长6.6%，占农林牧渔业总产值的59.9%；林业产值0.36亿元，下降1.6%，占1.1%；牧业产值4.51亿元，下降11.6%，占13.3%；渔业产值7.73亿元，下降4.1%，占22.8%。全年农作物总播种面积36.61万亩，其中水果种植面积19.83万亩。全年粮食产量1.24万吨；水产品总产量7.27万吨；蔬菜产量39.05万吨，增长2.1%；生猪出栏20.82万头，下降10.4%；家禽出栏428.14万只，下降7.4%。

2014年新增23家农民专业合作社、广东省名牌产品（农业类）9个。目前，全市共有农民专业合作社144家、农业龙头企业19家（其中省级以上10家，国家级3家）、有效期内的省级农业类名牌产品达47个（含林业、渔业）。

## 三、工业和建筑业

全年全市规模以上工业实现增加值2593.54亿元，比上年增长8.8%。在规模以上工业中，重工业增加值1482.63亿元，增长11.8%，占57.2%；轻工业增加值1110.91亿元，增长5.0%，占42.8%。

全年全市规模以上五大支柱产业完成增加值1803.81亿元，增长10.6%；四个特色产业完成增加值249.66亿元，增长4.0%。

全年高技术制造业增加值增长16.3%，其中，医药制造业增长9.2%，电子及通信设备制造业增长19.8%，电子计算机及办公设备制造业增长0.1%，医疗设备及仪器仪表制造业下降6.2%。

全年先进制造业增加值增长13.9%，其中，装备制造业增长14.4%，钢铁冶炼

## 2014年规模以上工业主要产品产量

| 产品名称 | 计量单位 | 产量 | 增长（%） |
|---|---|---|---|
| 啤酒 | 千升 | 379694 | -1.7 |
| 果汁和蔬果类饮料类 | 吨 | 7085 | -98.8 |
| 服装 | 万件 | 143997 | 11.1 |
| 轻革 | 万平方米 | 365.49 | -18.0 |
| 人造板 | 万立方米 | 33.33 | -0.8 |
| 人造板表面装饰板 | 万平方米 | 747.52 | -0.2 |
| 复合木地板 | 万平方米 | 8.32 | -72.1 |
| 家具 | 万件 | 5596.20 | -5.0 |
| 纸浆（原生浆及废纸浆） | 万吨 | 39.84 | -2.7 |
| 机制纸及纸板（外购原纸加工除外） | 万吨 | 1545.59 | 26.6 |
| 塑料制品 | 万吨 | 123.44 | -0.4 |
| 水泥 | 万吨 | 821.34 | 179.4 |
| 瓷庚砖 | 万平方米 | 2591.47 | 9.1 |
| 平扳玻璃 | 万重量箱 | 3654.29 | 11.3 |
| 卫生陶瓷制品 | 万件 | 154.12 | -2.0 |
| 金属集装箱 | 万立方米 | 652.32 | 13.0 |
| 数码照相机 | 万台 | 29.69 | -32.1 |
| 模具 | 万套 | 7.72 | -53.5 |
| 太阳能热水器 | 万平方米 | 16.82 | 11.3 |
| 灯具及照明装置 | 万套（万台、万个） | 26603.31 | 8.0 |
| 电子计算机整机 | 万台 | 184.92 | 15.4 |
| 打印机 | 万台 | 89.83 | -2.2 |
| 电话单机 | 万部 | 3916.82 | 0.7 |
| 移动通信手持机(手机） | 万台 | 20286.37 | 51.5 |
| 数字激光音、视盘机 | 万台 | 5166.90 | 43.6 |
| 电视接收机顶盒 | 万台 | 51.34 | -8.2 |
| 集成电路 | 万块 | 13846 | -11.0 |
| 电子元件 | 亿只 | 10936.42 | 6.0 |
| 印制电路板 | 万平方米 | 1887.19 | 8.1 |
| 汽车仪器仪表 | 万台 | 58.87 | 20.5 |
| 光学仪器 | 万台（万个） | 98.97 | -7.5 |
| 眼镜成镜 | 万副 | 5814.62 | 9.1 |
| 自来水生产量 | 亿立方米 | 16.67 | -1.3 |

及加工业增长22.7%，石油及化学制造业增长5.4%。装备制造业中，汽车制造业增长13.8%，船舶制造业和环境污染防治专用设备制造业分别增长10.9%和8.5%；钢铁冶炼及加工业中，钢压延加工增长22.7%；石油及化学行业中，石油加工、炼焦及核燃料加工业增长10.8%，化学原料及化学制品制造业增长7.4%，橡胶制品业下降5.5%。

全年优势传统产业增加值增长4.0%，其中，纺织服装业增长4.9%，食品饮料业下降5.0%，家具制造业增长1,2%，建筑材料增长11.9%，金属制品业增长12.6%，家用电力器具制造业下降7.2%。

规模以上工业综合经济效益指数为148.7%，实现利润总额331.86亿元。

全年全市建筑业实现增加值91,35亿元，比上年增长3.3%。建筑企业完成总产值195.84亿元，增长8.1%；施工面积1102.92万平方米，增长39.5%；竣工面积505.87万平方米，增长29.1%。建筑企业按施工产值计算的全员劳动生产率为30.7万元/人，增长7.3%。

### 四、固定资产投资

全年固定资产投资1427.11亿元，比上年增长10.0%。按登记注册类型分，国有经济投资209.33亿元，增长18.9%；集体经济投资92.79亿元，下降22.8%；民营经济投资949.68亿元，增长10.9%；外商及港澳台商投资223.47亿元，下降

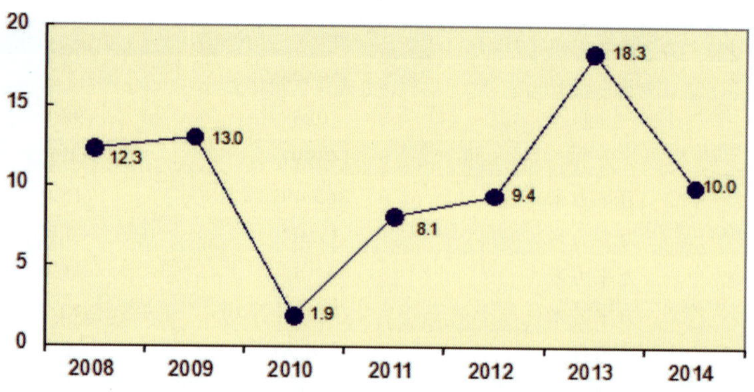


## 2014年分行业固定资产投资情况

| 行业 | 投资额（万元） | 增长（%） |
|---|---|---|
| 总计 | 14271099 | 10.0 |
| 农、林、牧、渔业 | 2739 | -75.0 |
| 制造业 | 3513278 | 0.04 |
| 电力、热力、燃气及水生产和供应业 | 455356 | 13.6 |
| 建筑业 | 1800 | -71.6 |
| 交通运输、仓储和邮政业 | 1711835 | 14.4 |
| 信息传输、软件和信息技术服务业 | 382470 | 94.5 |
| 批发和零售业 | 210904 | 2.2 |
| 住宿和餐饮业 | 57950 | -16.3 |
| 金融业 | 92650 | 3.3 |
| 房地产业 | 6676809 | 16.5 |
| 租赁和商务服务业 | 78341 | 29.9 |
| 科学研究和技术服务业 | 230777 | 14.3 |
| 水利、环境和公共设施管理业 | 584002 | 5.1 |
| 居民服务、修理和其他服务业 | 6349 | -22.0 |
| 教育 | 126408 | -47.1 |
| 卫生和社会工作 | 56507 | 4.4 |
| 文化、体育和娱乐业 | 63913 | -40.2 |
| 公共管理、社会保障和社会组织 | 14945 | -43.2 |

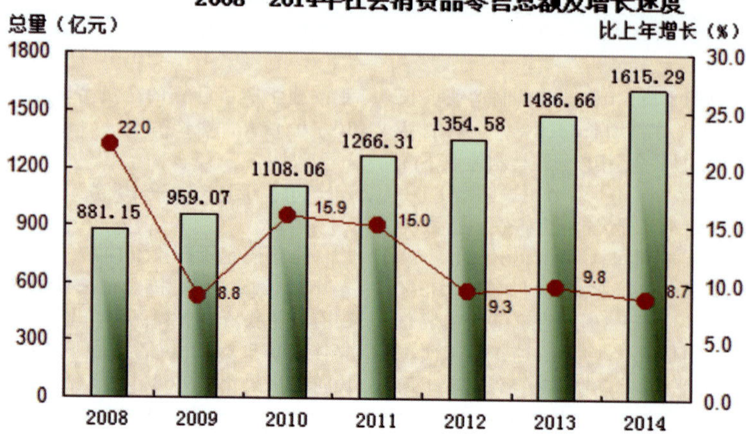


6.2%。

从产业投向看，投资集中在第二、三产业。第二产业投资397.45亿元,其中制造业投资351.33亿元；第三产业投资1029.39亿元。全年完成投资5000万元以上项目414个，共完成投资601.80亿元。

全年完成房地产开发投资588.06亿元，增长18.2%。商品房施工面积3585.66万平方米，增长26.3%；竣工面积264.94万平方米，下降26.9%；新建商品房网上签约销售面积665.05万平方米，下降20.7%，其中商品住宅销售面积558.74万平方米，下降25.4%。全年新建商品房网上签约销售额644.13亿元，下降16.9%，其中商品住宅销售额511.28亿元，下降22.1%。

## 五、国内贸易

全年全市批发和零售业实现增加值588.68亿元，增长4.8%；住宿和餐饮业实现增加值179.96亿元，下降4.5%。

全年社会消费品零售总额1615.29亿元，比上年增长8.7%。分行业看，批发零售贸易业零售额1491.81亿元，增长9.4%；住宿餐饮业零售额123.48亿元，下降0.1%。

在限额以上批发和零售业中，食品、饮料、烟酒类零售额增长3.2%；服装鞋帽、针、纺织品类下降1.4%；日用品类增长4.3%；汽车类增长6.9%。

## 六、对外经济

全年全市进出口总额1625.30亿美元，比上年增长6.2%。其中进口654.61亿美元，增长5.2%；出口970.69亿美元，增长6.8%。

按贸易方式分，一般贸易出口268.77亿美元，增长33.9%；加工贸易出口657.50亿美元，下降3.7%；其他出口44.42亿美元，增长77.7%。

按出口的地区分，对亚洲出口516.68亿美元，增长4.1%；对北美洲出口237.32亿美元，增长3.4%；对欧洲出口159.22美元，增长16.0%；对拉丁美洲出口32.05亿美元，增长17.0%；对大洋洲出口13.36亿美元，增长23.3%。

全年机电产品出口696.25亿美元，增长5.8%，占出口总额的71.7%；高新技术产品出口365.24亿美元，增长8.7%，占37.6%。

全年全市新签外商直接投资项目465宗，合同外资金额43.15亿美元，增长6.8%。实际利用外资45.29亿美元，增长15.0%。其中电子及通信设备制造业实际

## 2014年主要商品出口情况

| 商品名称 | 金额（万美元） | 增长（%） |
|---|---|---|
| 机电产品（包括本目录已具体列名的机电产品） | 6962482 | 5.8 |
| 晶新技术产品 | 3652375 | 8.7 |
| 自动数据处理设备及其部件 | 797628 | 7.1 |
| 服装及衣着附件 | 596005 | 4.7 |
| 电话机 | 575031 | 98.5 |
| 家具及其零件 | 440795 | 11.2 |
| 自动数据处理设备的零件 | 406763 | 2.9 |
| 静止式变流器 | 361863 | -2.6 |
| 鞋类 | 308832 | 3.5 |
| 电线和电缆 | 239765 | 5.6 |
| 玩具 | 225640 | 12.8 |
| 箱包及类似容器 | 222882 | 3.4 |
| 通断保护电路装置及零件 | 219286 | 4.1 |
| 灯具、照明装置及类似品 | 194056 | 14.0 |
| 塑料制品 | 186052 | 11.5 |
| 打印机（包括多功能一体机） | 177195 | 16.3 |
| 纺织纱线、织物及制品 | 161603 | 5.8 |
| 电视、收音机及无线电讯设备的零附件 | 129735 | -2.6 |
| 印刷电路 | 96172 | 8.3 |
| 眼镜及其零件 | 85998 | 19.4 |
| 液晶显示板 | 82633 | 0.8 |
| 二极管及类似半导体器件 | 82321 | 61.9 |

## 2014年分行业利用外资情况

| 行业名称 | 合同外资金额（万美元） | 增长（%） | 实际利用外资（万美元） | 增长（%） |
|---|---|---|---|---|
| 总计 | 431459 | 3.1 | 452919 | 15.0 |
| 制造业 | 312867 | -0.2 | 362095 | 13.3 |
| 纺织业 | 10988 | 71.4 | 12886 | 84.8 |
| 纺织服装、鞋、帽制造业 | 23754 | 128.0 | 8597 | -7.7 |
| 家具制造业 | 1991 | -45.5 | 5074 | 213.8 |
| 通用设备制造业 | 9130 | -28.9 | 13548 | 12.0 |
| 专用设备制造业 | 24716 | 26.6 | 23876 | -17.4 |
| 电气机械及器材制造业 | 16518 | -50.7 | 26795 | 0.8 |
| 通信设备、计算机及其他电子设备制造业 | 69623 | -8.3 | 90002 | 7.7 |
| 金属制品业 | 28623 | 48.9 | 32290 | 132.0 |
| 塑料制品业 | 22943 | -18.6 | 31676 | -1.6 |
| 文教体育用品制造业 | 4957 | -32.2 | 7967 | -1.4 |
| 造纸及纸制品业 | 19867 | 104.0 | 19416 | 102.5 |
| 其他制造业 | 79757 | -7.9 | 89968 | 3.8 |
| 交通运输、仓储和邮政业 | 17306 | 0.5 | 11491 | 36.8 |
| 批发和零售业 | 49567 | -4.7 | 41864 | -13.1 |

利用外资9.00亿美元，增长7.7%；专用设备制造业实际利用外资2.39亿美元，下降17.4%。

## 七、交通、邮电和旅游

全年全市交通运输、仓储和邮政业实现增加值158.39亿元，增长2.9%。

截至2014年底，全市公路通车里程5144.9公里，公路密度208.7公里/百平方公里，继续位居全省前列。年末全市机动车保有量（民用）165.14万辆，增长6.8%。其中汽车保有量155.96万辆，增长12.3%。

全年公路货物运输量10915万吨，货物周转量75.52亿吨公里；水路货物运输量4460万吨，货物周转量372.48亿吨公里。全年公路运输完成客运量5524万人，旅客周转量85.26亿人公里；水路运输完成客运量31.00万人，旅客周转量2004万人公里。全年港口旅客吞吐量31.32万人次，货物吞吐量12900万吨。

全年完成邮电业务收入169.46亿元，比上年下降3.6%。邮政发送信函4369万件，邮政特快专递88万件，邮政汇款金额122.16亿元。年末全市固定电话用户（含小灵通、公共电话）327.21万户，比上年增加5.22万户；移动电话用户1763.09万户，减少87.30万户。全年长途电话通话时长248.76亿分钟，年末互联网用户204.86万户，比上年减少11.25万户；宽带接入用户195.89万户，减少11.65万户。

年末全市有星级酒店63家，其中五星级酒店21家。全市有旅行社76家，全年接待国际及港澳台游客356.21万人次，下降14.8%。其中接待外国游客122.18万人次，下降11.6%；接待港澳台游客234.03万人次，下降16.4%。国际旅游外汇收入15.75亿美元，增长8.6%。全年接待国内游客2434.77万人次，增长1.1%。国内旅游总收入374.60亿元，增长8.1%。全年东莞组团外出旅游150.88万人次，下降6.3%。其中，国内旅游131.40万人次，下降8.4%；出境旅游19.48万人次，增长10.9%。

## 八、金融

全年全市金融业实现增加值266.85亿元，增长9.0%。

年末全市有各类金融机构129家，其中银行类机构37家（含1家代表处），保险类机构52家，证券期货类机构40家。年末全市金融机构各项人民币存款余额9069.92亿元，比年初增长5.1%。其中

## 2014年客（货）运量、周转量

| 指标 | 单位 | 数值 | 增长（%） |
|---|---|---|---|
| 客运量 | 万人 | 5555 | -1.5 |
| #公路 | 万人 | 5524 | -1.5 |
| 旅客周转量 | 亿人公里 | 85.46 | -1.4 |
| #公路 | 亿人公里 | 85.26 | -1.5 |
| 货运量 | 万吨 | 15375 | 4.7 |
| #公路 | 万吨 | 10915 | -0.7 |
| 货物周转量 | 亿吨公里 | 448.01 | 2.9 |
| #公路 | 亿吨公里 | 75.52 | 5.6 |

2008—2014年年末电话用户数

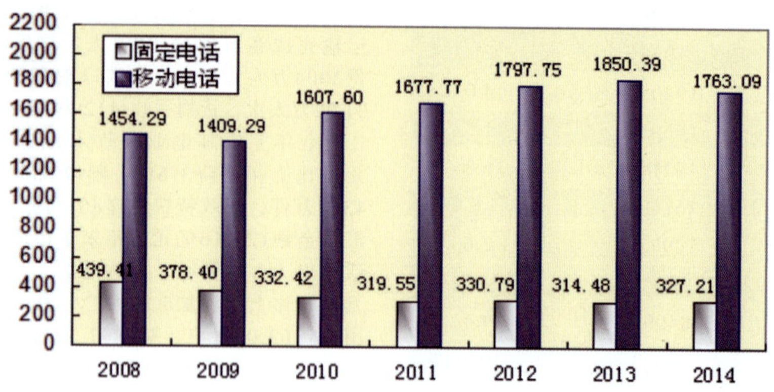


2008—2014年城乡居民储蓄存款余额及其增长速度

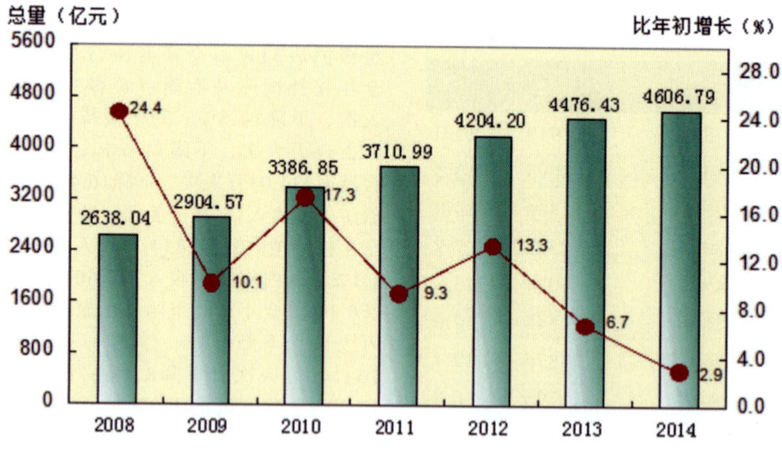


城乡居民储蓄存款余额4606.79亿元，增长2.9%。各项人民币贷款余额5331.63亿元，增长11.7%。在个人消费贷款余额中，个人住房按揭贷款余额1182.98亿元，增长18.8%；个人汽车消费贷款余额5.48亿元，增长0.8%。

全年股票总成交额12723.86亿元，同比增长54.3%。年末保证金余额161.89亿元，增长145.3%。

全年全市各类保险保费收入258.00亿元，同比增长24.6%。其中财产险保费收入84.88亿元，增长18.5%；人寿险保费收入173.12亿元，增长27.7%。全年保险赔款与给付金额70.27亿元，综合赔付率为27.2%。

## 九、科技和教育

全年新增国家高新技术企业80家，235家企业拟通过认定，总数预计达755家，位居省内地级市首位。全市专利申请量和授权量分别为28431件和20336件。其中，发明专利申请量为6913件，同比增长7.11%，占专利申请总量的24.31%；发明专利授权量为1624件，同比增长8.63%，排全省第3位；PCT专利申请量为299件，排全省第3位。科技资源加快集聚。新建东莞同济大学研究院和东莞前沿技术研究院2家新型研发机构；成功举办2014中国（东莞）国际科技合作周；全市新增7个省创新科研团队立项，引进总数达到22个，居全省第三；新引进8个市级创新科研团队，团队立项资助6200万元；国家可持续发展实验区申报工作稳步推进。科技金融结合得到加强。推动出台《东莞市创新财政投入方式，促进科技金融产业融合发展工作方案》，启动科技保险试点，专利质押融资累计贷款1.12亿元。

年末，全市有幼儿园881所，同比增加54所，其中，省、市一级幼儿园276所，比上年增加139 所。全市有小学320所，在校学生68.73万人，本市户籍学龄儿童入学率达100%，小学毕业生升学率达100%。全市有初中172 所（不含完全中学），在校学生20.66万人，本市户籍适龄少年初中入学率100%，初中毕业生升学率98.4%。全市高中阶段学校共有65所，其中普通高中（含完中和多层次学校高中部）40所，在校生7.81万人，中职学校25所（含技工学校3所），在校生6.44万人。全市有普通高等院校6所，在校学生6.99万人。全年普通高等院校共招收本科、专科学生2.28万人，毕业生1.3万人。

## 十、文化、卫生和体育

年末全市有群众艺术馆1个，文化站33个，公共图书馆641个，博物馆33个，艺术表演场所13个，电影放映单位60个，网吧1136间。全市有公共广播节目63套，公共电视节目36套。全年共发行报纸4403.69万份，其中《东莞日报》3266.27万份；各类杂志70.83万册，电影放映62万场次，观众1102.37万人次。

年末全市有医疗机构2156个，其中，三级甲等医院7所，门诊、诊所、医务室、卫生站、社区卫生服务机构等基层医疗机构2070个。全市卫生技术人员4.31万人，医疗机构病床2.67万张。全年

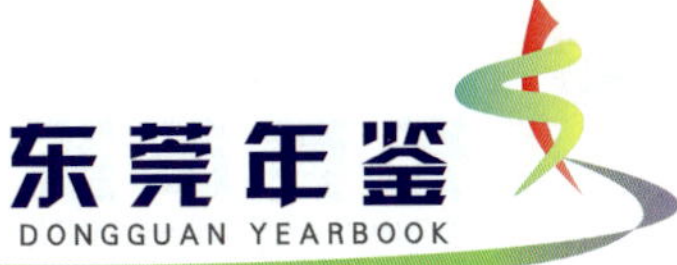


## 2014年教育情况

| 指标 | 招生（万人） | 增长（%） | 在校生（万人） | 增长（%） | 毕业生（万人） | 增长（%） |
|---|---|---|---|---|---|---|
| 普通本专科 | 2.28 | 9.7 | 6.99 | 14.8 | 1.3 | 11.7 |
| 成人本专科 | 0.66 | -8.7 | 1.75 | 1.3 | 0.51 | -35.1 |
| 中等职业技术教育 | 2.45 | -0.4 | 6.44 | 6.1 | 1.75 | 12.4 |
| 普通高中 | 2.67 | 2.7 | 7.81 | 1.3 | 2.52 | 3.4 |
| 初中 | 7.54 | 1.7 | 20.66 | 2.7 | 5.75 | 6.5 |
| 小学 | 12.50 | -1.7 | 68.73 | 4.3 | 8.67 | 2.4 |
| 学前教育 | 12.62 | 14.2 | 29.05 | 4.6 | 7.75 | -8.1 |

诊疗总人数下降4.9%。

全年全市运动员共获得124枚金牌、134枚银牌、111枚铜牌。其中夺得全国赛金牌8枚；广东省赛金牌113枚、银牌100枚、铜牌92枚。全年举办全市全民健身活动333次，参加人数18.87万人次。全市有各类体育运动场地13860个（座），其中体育场516个，体育馆166座，灯光篮球场5316个，足球场102个，健身路径1384条，室外游泳池353个，室内游泳池56个，室外羽毛球场1378个。全市有体育彩票发行网点979个，销售总额15.09亿元，体彩公益金10956万元。

## 十一、人民生活

2014年东莞居民收入保持平稳增长态势，全年东莞居民人均可支配收入35712元，名义增长8.7%。

从城乡划分来看，农村常住居民可支配收入增速快于城镇居民。按新口径测算，2014年东莞城镇常住居民人均可支配收入36764元，名义增长8.6%；全年东莞农村常住居民人均可支配收入22327元，名义增长9.0%。

从收入构成来看，东莞居民人均工资性收入27928元，占人均可支配收入的78.2%；人均财产净收入6242元，占人均可支配收入的17.5%。

## 十二、社会保障和安全生产

全市五大险种参保总人次为2748.28万人次，比上年增长6.7%。基本医疗保险615.69万人次，失业保险392.59万人次，工伤保险492.28万人次。全年社会保险基金总收入287.05亿元，保险基金总支出131.22亿元，年末保险基金累计余额887.78亿元。

年末全市有收养类福利事业单位37个，其中社会福利院1个，社会福利中心1个，敬老院34个，敬老院供养老人1603人。社会福利事业单位收养2724人，全年社会救济2.1万人。全市居民最低生活保障支出10404万元，自然灾害生活救助支出467万元，慈善基金结余2.35亿元。全市纳入“五保户”对象有854人，“五保户”费用支出2123万元。

## 十三、人口、资源和环境

年末全市户籍人口191.39万人。全年出生人口2.14万人，出生率为11.2‰；死亡人口1.03万人，死亡率为5.37‰；人口自然增长率为5.83‰。年末全市常住人口834.31万人，其中城镇常住人口740.95万人。人口城镇化率为88.81%。

全年雨日天数174天，日照时数1959小时，平均气温22.9摄氏度，相对湿度74%，降水量1936毫米。

年末全市森林公园达19个，新增森林公园配套设施一批。林业用地面积80.37万亩，生态公益林32.96万亩，林木积蓄量282.90万立方米，林木总生长量12.75万立方米。

年末全市建成区土地面积922.02平方公里，公共管理与公共服务用地面积45.60平方公里。森林覆盖率为36%。城市建成区绿地率为44.5%，绿化覆盖率为47.5%，城市人均公园绿地面积17.3平方米；全市已建成公园1210个，面积1.45万公顷。

注：

1. 本公报中2014年数据为初步统计数,统计图中2008—2013年数据为年报数，最后统计数据以《东莞统计年鉴—2015》为准。

2. 地区生产总值、各行业增加值、农业总产值绝对数按当年价格计算，增长速度按可比价格计算。

3. 从2011年起，规模以上工业统计口径由年主营业务收入500万元调整为2000万元及以上的工业法人企业；固定资产投资项目统计起点由计划总投资50万元提高到500万元，增速为可比口径。

4. 五大支柱产业包括电子信息制造业、电气机械及设备制造业（包括电气机械及器材制造业，仪器仪表制造业，通用设备制造业，专用设备制造业，铁路、船舶、航空航天和其他运输设备制造业以及汽车制造业）、纺织服装鞋帽制造业（包括纺织业，纺织服装、服饰制造业，皮革、毛皮、羽毛及其制品和制鞋业）、食品饮料加工制造业（包括食品制造业,酒、饮料和精制茶制造业,农副产品加工业）、造纸及纸制品业。

四个特色产业包括玩具及文体用品制造业、家具制造业、化工制品制造业（包括化学原料及化学制品制造业，石油加工、炼焦业及核燃业）、包装印刷业。

先进制造业包括装备制造业、钢铁冶炼及加工制造业、石油及化学制造业。

高技术制造业包括医药制造业、航空、航天器及设备制造业、电子及通信设备制造业、医疗仪器设备及仪器仪表制造业、信息化学品制造业。

5. 根据《广东省人民政府办公厅关于开展全省城乡一体化住户调查的通知》（粤办函［2013］561号）要求，全省自2014年起正式启动分市县城乡一体化住户调查改革工作。由于城乡一体化住户调查的统计范围、口径和方法不同，一体化住户调查数据与原城镇居民人均可支配收入和农村居民人均纯收入等老口径数据不可比。

①可支配收入的指标内涵大幅收窄。

②调查范围和对象扩大影响城镇居民收入数据。

③城乡居民组别调整影响城乡居民收入数据。

6. 阅读本公报时，请注意统计指标的时间、口径和计算方法等。

7. 资料来源：本公报中城镇实有登记失业人数及失业人员安置就业人数、城镇登记失 业率数据来自市人力资源局；新增农民专业合作社、龙头企业及省级农业类名牌产品数来自市农业局；进出口、利用外资数据来自市外经贸局；公路通车里程、交通运输、公路、水路相关数据来自市交通运输局；邮电业务收入、邮政发送信函、电话用户等数据来自市邮政、电信、移动等相关运营商；星级酒店及旅游情况来自市旅游局；年末各类金融机构数据来自金融工作局；人民币存贷款余额来自市人民银行；股票总成交额及年末保证金余额数据来自证券期货业协会；保险保费及赔

款与给付来自市保险行业协会；国家高新技术企业家数、专利申请和授 权量以及科研成果奖等数据来自市科学技术局；教育数据来自市教育局；艺术馆、文化站、博物馆、公共图书馆、公共广播节目、报纸杂志等数据来自市文化广电新闻出版局；卫生医疗机构等数据来自市卫生局；运动员获得奖牌、健身活动、体育彩票发行情况来自市体育局；社会保障数据来自市社会保障局；福利单位、敬老院等数据来自市民政局；户籍人口数据来自市公安局；出生和死亡人口等相关数据来自市卫生和计划生育局；气象数据来自市气象局；森林公园、林业用地、生态公益林、林木积蓄量等数据来自市林业局；建成区及公共管理与公共服务用地面积来自市城乡规划局；建成区绿地率、绿化覆盖率、人均公园绿地面积及公园数据来自市城市综合管理局。

## 2014年东莞市国民经济和社会发展主要指标

| 指　　标 | 单 位 | 2014年 | 2013年 | 2014年比2013年增长（%） |
|---|---|---|---|---|
| 一、人口与劳动力 | | | | |
| 年末常住人口 | 万人 | 834.31 | 831.66 | 0.3 |
| 年末户籍户数 | 万户 | 55.88 | 55.03 | 1.5 |
| # 非农业户 | 万户 | 29.19 | 28.54 | 2.3 |
| 年末户籍人口 | 万人 | 191.39 | 188.93 | 1.3 |
| # 非农业人口 | 万人 | 99.17 | 97.34 | 1.9 |
| 外来暂住人口 | 万人 | 415.86 | 434.68 | -4.3 |
| 年末全社会从业人员 | 万人 | 660.46 | 633.25 | 4.3 |
| 二、经济总量 | | | | |
| 地区生产总值 | 亿元 | 5881.18 | 5490.02 | 7.8 |
| 第一产业 | 亿元 | 20.84 | 20.09 | 2.5 |
| 第二产业 | 亿元 | 2697.90 | 2518.88 | 9.2 |
| 第三产业 | 亿元 | 3162.44 | 2951.06 | 6.3 |
| 三、农业 | | | | |
| 农林牧渔业总产值 | 亿元 | 33.94 | 33.15 | 1.0 |
| 粮食播种面积 | 万亩 | 4.13 | 4.11 | 0.5 |
| 粮食总产量 | 万吨 | 1.24 | 1.24 | |
| 蔬菜播种面积 | 万亩 | 30.46 | 30.38 | 0.3 |
| 蔬菜总产量 | 万吨 | 39.05 | 38.26 | 2.1 |
| 水果面积 | 万亩 | 19.83 | 19.43 | 2.1 |
| 水果总产量 | 万吨 | 6.25 | 6.11 | 2.3 |
| 禽畜总肉量 | 万吨 | 2.01 | 2.28 | -11.8 |
| 水产品产量 | 万吨 | 7.27 | 7.45 | -2.4 |
| 四、工业 | | | | |
| 规模以上工业企业主要指标 | | | | |
| 工业企业单位数 | 个 | 5237 | 5361 | |
| 工业增加值 | 亿元 | 2593.54 | 2425.62 | 8.8 |
| 利税总额 | 亿元 | 528.60 | 596.95 | 8.5 |
| # 利润总额 | 亿元 | 331.86 | 313.75 | 10.2 |
| 先进制造业增加值 | 亿元 | 1219.54 | 1119.98 | 13.9 |
| 高技术制造业增加值 | 亿元 | 953.31 | 864.23 | 16.3 |
| 五、固定资产投资 | | | | |
| 固定资产投资总额 | 亿元 | 1427.11 | 1383.94 | 10.0 |

注：1. 2014年地区生产总值为初步核算数，绝对值按当年价计算，增长速度按可比价计算。

2. 农林牧渔业总产值按当年价计算，增长速度按可比价计算。

3. 规模以上工业企业统计范围为年主营业务收入2000万元及以上的工业法人企业，2014年数据来源于2014年12月快报，增速为同比增速，2013年数据来源于2013年年报。

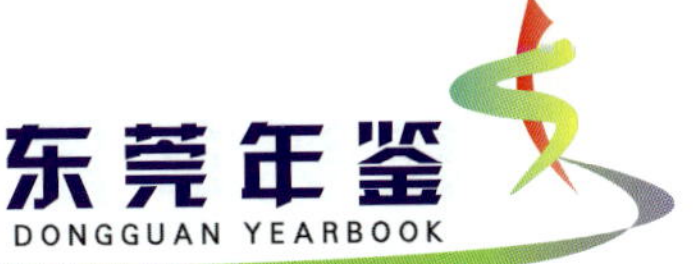


续表

| 指　标 | 单 位 | 2014年 | 2013年 | 2014年比2013年增长（%） |
|---|---|---|---|---|
| ＃房地产开发 | 亿元 | 588.06 | 497.66 | 18.2 |
| 新建商品房网上签约销售面积 | 万平方米 | 665.05 | 838.63 | -20.7 |
| 新建商品房网上签约销售额 | 亿元 | 644.13 | 774.73 | -16.9 |
| 六、运输与邮电 | | | | |
| 公路通车里程 | 公里 | 5145 | 5002 | 2.9 |
| ＃高速公路 | 公里 | 335 | 335 | |
| 机动车辆保有量（民用） | 万辆 | 165.14 | 154.69 | 6.8 |
| 旅客周转量 | 亿人公里 | 85.46 | 86.71 | -1.4 |
| 货物周转量 | 亿吨公里 | 448.01 | 435.40 | 2.9 |
| 港口货物吞吐量 | 万吨 | 12900 | 11187 | 15.3 |
| 邮电业务收入(含快递) | 亿元 | 227.97 | 221.98 | 2.7 |
| 邮政汇款汇出总额 | 亿元 | 122.16 | 188.61 | -35.2 |
| 程控电话用户（不含小灵通） | 万户 | 325.22 | 318.05 | 2.3 |
| 小灵通 | 万户 | 1.99 | 3.93 | -49.4 |
| 移动电话用户 | 万户 | 1763.09 | 1850.39 | -4.7 |
| 互联网用户 | 万户 | 204.86 | 216.11 | -5.2 |
| 七、国内贸易与物价 | | | | |
| 社会消费品零售总额 | 亿元 | 1615.29 | 1486.66 | 8.7 |
| 商品零售价格总指数 | 上年=100 | 101.2 | 100.6 | 1.2 |
| 居民消费价格总指数 | 上年=100 | 102.3 | 101.9 | 2.3 |
| 工业生产者出厂价格指数 | 上年=100 | 99.0 | 98.9 | -1.0 |
| 八、对外经济贸易 | | | | |
| 进出口总额 | 亿美元 | 1625.30 | 1530.72 | 6.2 |
| 进口总额 | 亿美元 | 654.61 | 622.08 | 5.2 |
| 出口总额 | 亿美元 | 970.69 | 908.64 | 6.8 |
| 利用外资项目宗数 | | | | |
| 新签 | 宗 | 465 | 506 | -8.1 |
| 增资 | 宗 | 564 | 625 | -9.8 |
| 合同外资金额 | 亿美元 | 43.15 | 40.41 | 6.8 |
| 实际利用外资 | 亿美元 | 45.29 | 39.38 | 15.0 |
| 九、供用电 | | | | |
| 总供电量 | 亿千瓦时 | 655.72 | 617.20 | 6.2 |
| 全社会用电量 | 亿千瓦时 | 660.99 | 622.51 | 6.2 |
| ＃工业用电 | 亿千瓦时 | 482.95 | 453.80 | 6.4 |
| 十、财政、税收、金融 | | | | |
| 来源于东莞的财政收入 | 亿元 | 1066.21 | 974.16 | 9.4 |
| 财政总收入 | 亿元 | 1122.61 | 996.09 | 12.7 |
| ＃中央 | 亿元 | 514.84 | 443.27 | 16.2 |
| 省级 | 亿元 | 152.56 | 143.81 | 6.1 |
| 市公共财政预算收入 | 亿元 | 455.21 | 409.29 | 11.2 |
| 市公共财政预算支出 | 亿元 | 457.68 | 444.66 | 2.9 |
| 全市税收总额 | 亿元 | 1237.04 | 1085.36 | 14.0 |
| ＃国税（不含关税） | 亿元 | 810.92 | 684.12 | 18.5 |

注：1. 固定资产投资项目统计起点为计划投资500万元。
2. 公路通车里程含专用公路和村道。

续表

| 指　标 | 单 位 | 2014年 | 2013年 | 2014年比2013年增长（%） |
|---|---|---|---|---|
| 地税（含耕地占用税和契税） | 亿元 | 426.12 | 401.24 | 6.2 |
| 各项人民币存款余额 | 亿元 | 9069.92 | 8630.73 | 5.1 |
| # 城乡居民储蓄存款余额 | 亿元 | 4606.79 | 4476.43 | 2.9 |
| 各项人民币贷款余额 | 亿元 | 5331.63 | 4774.23 | 11.7 |
| 各项本外币存款余额 | 亿元 | 9323.28 | 8874.91 | 5.1 |
| # 城乡居民储蓄存款余额 | 亿元 | 4648.27 | 4517.59 | 2.9 |
| 各项本外币贷款余额 | 亿元 | 5562.36 | 4989.50 | 11.5 |
| 十一、人民生活 | | | | |
| 东莞居民人均可支配收入 | 元 | 35712 | 32854 | 8.7 |
| # 城镇常住居民人均可支配收入 | 元 | 36764 | 33853 | 8.6 |
| 农村常住居民人均可支配收入 | 元 | 22327 | 20484 | 9.0 |
| 十二、工商注册登记情况 | | | | |
| 年末工商注册登记户数 | 户 | 629333 | 567209 | 11.0 |
| # 国有企业 | 户 | 890 | 925 | -3.8 |
| 集体企业 | 户 | 1549 | 1706 | -9.2 |
| 公司 | 户 | 11968 | 11400 | 5.0 |
| 外商投资企业 | 户 | 11932 | 11867 | 0.5 |
| 三来一补企业 | 户 | 1715 | 2362 | -27.4 |
| 私营企业 | 户 | 180829 | 144794 | 24.9 |
| 个体户 | 户 | 419584 | 392901 | 6.8 |
| 农民专业合作社 | 户 | 146 | 119 | 22.7 |
| 年末工商注册资金 | | | | |
| #国有企业 | 亿元 | 11.95 | 12.26 | -2.5 |
| 集体企业 | 亿元 | 45.63 | 51.07 | -10.7 |
| 公司 | 亿元 | 1481.99 | 1088.29 | 36.2 |
| 外商投资企业 | 亿美元 | 394.72 | 371.46 | 6.3 |
| 私营企业 | 亿元 | 2837.71 | 1838.54 | 54.4 |
| 个体户 | 亿元 | 109.87 | 98.80 | 11.2 |
| 其他 | 亿元 | 0.48 | 0.41 | 17.1 |
| 十三、农村集体经济 | | | | |
| 村组两级集体总收入 | 亿元 | 171.47 | 162.97 | 5.2 |
| 村组两级集体纯收入 | 亿元 | 103.80 | 93.85 | 10.6 |
| 村组两级收益分配总额 | 亿元 | 107.43 | 104.63 | 2.7 |
| 村组两级总资产 | 亿元 | 1375.90 | 1316.64 | 4.5 |
| 村组两级总负债 | 亿元 | 242.92 | 256.37 | -5.2 |
| 村组两级净资产 | 亿元 | 1132.98 | 1060.27 | 6.9 |
| 十四、社会保险 | | | | |
| 参加各类社会保险人次数 | 万人次 | 2748.28 | 2576.55 | 6.7 |
| 社会保险基金总收入 | 亿元 | 287.05 | 256.87 | 11.7 |
| 社会保险基金总支出 | 亿元 | 131.22 | 116.24 | 12.9 |
| 十五、教育、文化、卫生 | | | | |

注：1. 存贷款余额增长速度为比年初增长。

2. 1.2013年起，工商注册登记数据含常驻代表机构和外国企业在中国境内从事经营活动企业数。

3. 根据省住户办的统一部署，从2014年起发布使用东莞居民人均可支配收入以及新口径的城镇常住居民人均可支配收入和新口径的农村常住居民人均可支配收入。

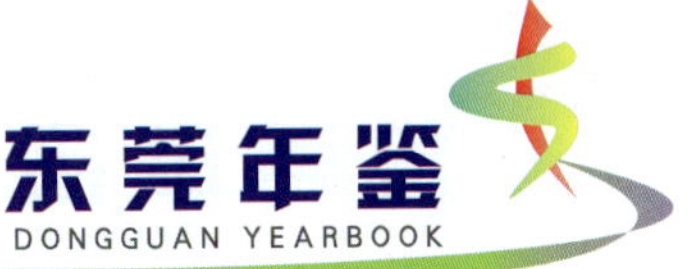


续表

| 指　标 | 单 位 | 2014年 | 2013年 | 2014年比2013年增长（%） |
|---|---|---|---|---|
| 在校学生数 | | | | |
| 普通高等学校 | 人 | 69866 | 60877 | 14.8 |
| 中等职业技术学校 | 人 | 64412 | 61011 | 5.6 |
| # 技工学校 | 人 | 14192 | 13101 | 8.3 |
| 普通中学 | 人 | 284648 | 278289 | 2.3 |
| 小学 | 人 | 687269 | 659138 | 4.3 |
| 小学学龄儿童入学率 | % | 100 | 100 | |
| 小学毕业生升学率 | % | 100 | 100 | |
| 初中毕业生升学率 | % | 98.4 | 98.4 | |
| 高中毕业生升学率 | % | 98.4 | 95.4 | 3.0 |
| 高考省线入围人数 | 人 | 18766 | 18405 | 2.0 |
| 各种报纸发行量 | 万份 | 4403.69 | 4733.90 | -7.0 |
| 各种图书发行量 | 万册 | 3888.00 | 3903.20 | -0.4 |
| 各种杂志出版印数 | 万册 | 70.83 | 79.51 | -10.9 |
| 卫生机构病床床位数 | 张 | 26704 | 25736 | 3.8 |
| 卫生技术人员数 | 人 | 43091 | 42132 | 2.3 |
| # 执业（助理）医师 | 人 | 15081 | 14864 | 1.5 |

注：在校学生数含新莞人在读子女。

## 2014年全国主要经济指标

| 指 标 名 称 | 单 位 | 2014年 | 2013年 |
|---|---|---|---|
| 年末总人口 | 万人 | 136782 | 136072 |
| 国内生产总值 | 亿元 | 636463 | 588019 |
| 工业增加值 | 亿元 | 227991 | 217264 |
| 固定资产投资总额 | 亿元 | 512761 | 444618 |
| 社会消费品零售总额 | 亿元 | 262394 | 237810 |
| 出口总额 | 亿美元 | 23427 | 22090 |
| 实际利用外商直接投资 | 亿美元 | 1196 | 1176 |
| 全国公共财政收入 | 亿元 | 140350 | 129210 |
| 全国公共财政支出 | 亿元 | 151662 | 139744 |
| 金融机构各项人民币存款余额 | 亿元 | 1138645 | 1043847 |
| # 城乡居民储蓄存款余额 | 亿元 | 485261 | 447602 |
| 金融机构各项人民币贷款余额 | 亿元 | 816770 | 718961 |
| 居民消费价格总指数 | 上年＝100 | 102.0 | 102.6 |
| 居民人均可支配收入（新口径） | 元 | 20167 | 18311 |
| 城镇居民人均可支配收入 | 元 | 28844 | 26955 |
| 农村居民人均可支配收入 | 元 | 10489 | 9433 |

## 2014年广东省主要经济指标

| 指 标 名 称 | 单 位 | 2014年 | 2013年 |
|---|---|---|---|
| 年末常住人口 | 万人 | 10724 | 10644 |
| 本省生产总值 | 亿元 | 67792 | 62475 |
| 工业增加值 | 亿元 | 29328 | 26540 |
| 固定资产投资总额 | 亿元 | 25928 | 22829 |
| 社会消费品零售总额 | 亿元 | 28471 | 25454 |
| 出口总额 | 亿美元 | 6462 | 6364 |
| 实际利用外商直接投资 | 亿美元 | 269 | 250 |
| 地方公共财政预算收入 | 亿元 | 8060 | 7081 |
| 地方公共财政预算支出 | 亿元 | 9134 | 8411 |
| 中资金融机构各项人民币存款余额 | 亿元 | 118908 | 111881 |
| # 城乡居民储蓄存款余额 | 亿元 | 52411 | 49288 |
| 中资金融机构各项人民币贷款余额 | 亿元 | 76096 | 66889 |
| 居民消费价格总指数 | 上年＝100 | 102.3 | 102.5 |
| 居民人均可支配收入（新口径） | 元 | 25685 | 23414 |
| 城镇常住居民人均可支配收入 | 元 | 32148 | 29537 |
| 农村常住居民人均可支配收入 | 元 | 12246 | 11068 |

## 2014年长三角十六市主要经济指标

| 市　别 | 地区生产总值（亿元） | 比上年增长（%） | 地方公共财政预算收入（亿元） | 比上年增长（%） | 出口总额（亿美元） | 比上年增长（%） | 实际利用外资（亿美元） | 比上年增长（%） | 固定资产投资总额（亿元） | 比上年增长（%） | 社会消费品零售总额（亿元） | 比上年增长（%） |
|---|---|---|---|---|---|---|---|---|---|---|---|---|
| 上海市 | 23560.94 | 7.0 | 4585.55 | 11.6 | 2102.77 | 3.0 | 181.66 | 8.3 | 6016.43 | 6.5 | 8718.65 | 8.7 |
| 南京市 | 8820.75 | 10.1 | 903.49 | 8.7 | 326.28 | 1.1 | 32.91 | −18.4 | 5460.03 | 3.7 | 3957.97 | 13.0 |
| 苏州市 | 13760.89 | 8.3 | 1443.82 | 8.5 | 1811.78 | 3.1 | 81.20 | −6.6 | 6230.67 | 3.8 | 4061.11 | 12.0 |
| 无锡市 | 8205.31 | 8.2 | 768.01 | 8.0 | 442.31 | 7.5 | 31.16 | −6.7 | 4634.21 | 16.0 | 3054.75 | 11.5 |
| 常州市 | 4901.87 | 10.1 | 433.88 | 6.1 | 213.84 | 5.0 | 31.21 | 0.3 | 3310.05 | 16.1 | 1804.19 | 13.1 |
| 镇江市 | 3252.38 | 10.9 | 277.76 | 9.1 | 66.02 | 6.1 | 12.95 | −57.2 | 2142.34 | 22.2 | 976.56 | 12.7 |
| 南通市 | 5652.69 | 10.5 | 550.00 | 13.2 | 224.80 | 5.7 | 23.05 | 0.9 | 3896.39 | 18.1 | 2153.52 | 11.8 |
| 扬州市 | 3697.89 | 11.0 | 295.19 | 13.9 | 76.82 | 1.7 | 13.88 | −20.9 | 2416.66 | 19.3 | 1232.00 | 12.1 |
| 泰州市 | 3370.89 | 10.8 | 283.00 | 9.2 | 61.82 | −1.8 | 9.39 | −29.0 | 2200.19 | 21.3 | 937.17 | 12.0 |
| 杭州市 | 9201.16 | 8.2 | 1027.32 | 8.7 | 427.68 | 11.3 | 63.35 | 20.1 | 4952.70 | 16.2 | 3838.73 | 8.7 |
| 宁波市 | 7602.51 | 7.6 | 860.61 | 8.6 | 731.09 | 11.3 | 38.11 | 16.4 | 3989.46 | 16.6 | 2992.00 | 13.5 |
| 嘉兴市 | 3352.80 | 7.5 | 307.07 | 8.8 | 236.51 | 10.0 | 24.96 | 13.1 | 2221.21 | 16.3 | 1347.02 | 12.5 |
| 湖州市 | 1955.96 | 8.4 | 167.84 | 8.5 | 88.06 | 8.9 | 9.84 | −7.0 | 1242.92 | 16.2 | 871.20 | 13.7 |
| 绍兴市 | 4265.83 | 7.5 | 317.27 | 8.3 | 297.51 | 6.6 | 6.71 | −16.9 | 2304.68 | 15.1 | 1487.14 | 12.8 |
| 舟山市 | 1021.66 | 10.2 | 101.02 | 9.1 | 57.76 | −13.2 | 2.00 | −4.6 | 960.88 | 28.1 | 376.58 | 13.5 |
| 台州市 | 3387.51 | 7.5 | 265.21 | 7.1 | 193.51 | 3.4 | 2.42 | −39.6 | 1765.93 | 17.1 | 1646.32 | 13.6 |

## 2014年珠三角十二市（区）主要经济指标

| 指标＼市别 | 东莞市 | 广州市 | 深圳市 | 珠海市 | 佛山市 | 惠州市 | 肇庆市 | 江门市 | 中山市 | 番禺区 | 顺德区 | 南海区 |
|---|---|---|---|---|---|---|---|---|---|---|---|---|
| 地区生产总值（亿元） | 5881.18 | 16706.87 | 16001.98 | 1857.32 | 7603.28 | 3000.73 | 1845.06 | 2082.76 | 2823.01 | 1480.06 | 2764.98 | 2373.08 |
| 比上年增长（%） | 7.8 | 8.6 | 8.8 | 10.3 | 8.6 | 10.0 | 10.0 | 7.8 | 8.0 | 9.2 | 8.6 | 8.7 |
| 固定资产投资总额（亿元） | 1427.11 | 4889.50 | 2717.42 | 1135.05 | 2612.45 | 1606.71 | 1138.73 | 1111.65 | 903.66 | 502.17 | 550.38 | 792.04 |
| 比上年增长（%） | 10.0 | 14.5 | 13.6 | 23.5 | 15.0 | 19.0 | 19.0 | 16.8 | 15.0 | 15.0 | 15.1 | 15.6 |
| 社会消费品零售总额（亿元） | 1615.29 | 7697.85 | 4844.00 | 815.71 | 2560.58 | 968.70 | 559.90 | 1003.35 | 981.80 | 1013.12 | 826.31 | 831.51 |
| 比上年增长（%） | 8.7 | 12.5 | 9.3 | 13.2 | 13.1 | 12.3 | 13.5 | 11.0 | 10.0 | 14.2 | 13.2 | 13.2 |
| 地方公共财政预算收入(亿元) | 455.21 | 1241.53 | 2082.44 | 224.15 | 500.73 | 300.65 | 139.10 | 177.08 | 251.60 | 79.27 | 173.93 | 166.59 |
| 比上年增长（%） | 11.2 | 8.9 | 20.3 | 23.6 | 14.4 | 20.2 | 15.2 | 12.1 | 11.7 | 8.6 | 12.9 | 14.0 |
| 税收总额（亿元） | 1237.04 | 4109.02 | 4706.52 | 599.33 | 1152.45 | 763.15 | 198.65 | 381.14 | 552.90 | 240.85 | 390.83 | 386.69 |
| 比上年增长（%） | 14.0 | 9.1 | 18.3 | 19.2 | 11.6 | 4.7 | 8.7 | 8.1 | 12.6 | 14.5 | 9.1 | 15.5 |
| 出口总额（亿美元） | 970.69 | 727.15 | 2844.03 | 290.54 | 467.20 | 363.31 | 46.17 | 150.88 | 278.80 | 107.27 | 206.42 | 107.90 |
| 比上年增长（%） | 6.8 | 15.8 | −7.0 | 9.3 | 9.9 | 9.0 | −4.3 | 7.8 | 5.3 | 3.0 | 10.5 | 13.0 |
| 实际利用外资（亿美元） | 45.29 | 51.07 | 58.05 | 19.31 | 26.56 | 19.66 | 13.33 | 8.54 | 6.81 | 2.85 | 8.12 | 8.07 |
| 比上年增长（%） | 15.0 | 6.3 | 6.2 | 14.5 | 5.4 | 7.2 | 7.4 | −7.5 | 5.3 | 4.8 | 5.6 | 5.2 |
| 全社会用电量（亿千瓦时） | 660.99 | 765.85 | 779.93 | 134.32 | 564.13 | 276.41 | 156.24 | 227.87 | 237.64 |  | 162.79 | 213.37 |
| 比上年增长（%） | 6.2 | 7.8 | 8.1 | 10.3 | 7.0 | 11.3 | 9.6 | 9.9 | 9.5 |  | 8.6 | 8.3 |

# 2014年大事记 CHRONICLE OF MAJOR EVENTS IN 2014

东莞大道与四环路交汇处

编辑：黄文挺

## 1 月

1日　东莞设立海关检验检疫驻邮办的意见得到海关总署支持，国家邮政集团公司批准在莞设立国际邮件交换局。这标志着东莞电子商务的发展以跨境贸易为新的增长点和驱动器。

2日　市政府2014年“一号文”《关于进一步扶持实体经济发展的若干意见》发布，出台扶持实体经济“50条”，涉及国家、省、市三级年度扶持资金和减负资金达101.8亿元。提出要把发展先进制造业作为发展实体经济的主要任务，坚持稳增长与调结构并进，加快构建统一开放、竞争有序的市场体系，打造“东莞制造”升级版，全面提高东莞实体经济实力。

▲ 6日　国家林业局和海关总署在东莞市举行“执法查没象牙公开销毁活动”，共销毁来自全国各地执法行动中查没的6.1吨象牙（含黄埔海关查获的2.5吨象牙原牙）。

□至8日　中国人民政治协商会议东莞市第十二届委员会第三次会议召开，审议通过市政协十二届常委会工作报告和提案工作情况报告等。

7日　市委书记、市人大常委会主任徐建华亲切会见韩国牙山市议长金应圭一行，双方就两市立法机关的友好合作机制进行交流，探讨两市互派公务员交流学习的相关事宜。

□至9日　东莞市第十五届人民代表大会第四次会议召开，表决通过市十五届人大四次会议《关于东莞市人民政府工作报告的决议》等6项决议，以及《加快水生态文明进程 建设幸福美丽东莞的议案》的决议。

8日　东莞火车站正式启用并开办客运业务，石龙火车站只保留货运业务。东莞火车站位于东莞市石龙镇西湖区岭南东路。

10日　“等你在桥头——2013年中国小小说名家沙龙年会”在东莞市桥头镇举行。

13—14日　中国共产党东莞市第十三届委员会第四次全体会议召开，审议通过《中共东莞市委关于学习贯彻党的十八届三中全会精神全面深化改革的意见》。

14日　中国刑警学院科研孵化中心揭牌仪式在松山湖举行。作为科技强警的重要平台，该中心由中国刑警学院与广东东穗视讯科技有限公司合作建成。

15日　市政府常务会议审议通过《东莞市项目投资建设审批体制改革实施方案》《东莞市低保家庭在校学生助学补助实施方案》《关于进一步加强社区卫生服务体系建设的若干意见》，确定市第二批市级名村、镇街名村及宜居社区（村）建设名单等事项。

□　在第九届中国音乐金钟奖颁奖盛典上，由东莞市文化馆、塘厦镇文广中心选送的男声小组唱《脚印》，获得第九届中国音乐金钟奖作品奖最佳作品奖，这是东莞市首次夺得金钟奖最佳作品奖。

16日　《东莞市项目投资建设审批体制改革实施方案》新闻发布会正式宣布东莞“投改”计划，对东莞全部审批事项和整个流程进行调整优化，打造适用于所有投资项目的快速通道。

□　国家民委调研组到莞调研，鼓励少数民族经商务工人员踏实工作做事，营造和谐社会。

17日　东莞市创建“全国质量强市示范城市”完成国家级验收，全国质量强市创建工作获肯定。

□　东莞市第二届新方志编修总结暨《东莞市志（1979—2000）》首发式在市行政中心举行。

21日　东莞韶关对口帮扶“七组团”对接会议在韶关举行。东莞大朗镇等七个对口帮扶镇（街）与韶关乐昌市等7个县市进行对接工作。

22日　新疆兵团第三师图木舒克市党委副书记、师长程广田率第三师图木舒克市党政代表团来莞对接交流。

□　市政府常务会议审议通过《〈广东东莞水乡特色发展经济区发展总体规划（2013—2030年）〉实施方案》《广东省东莞市国家森林城市建设总体规划》《东莞市城市供水管理办法》，调整完善东莞市残疾人就业保障金分成比例，决定对X240海景大桥等7座桥梁进行整治等事项。

□　由新华社等10家中央级主要媒体、香港电台等15家香港主流媒体及近10家广东省主要媒体组成的中央惠港政策媒体代表团近50人来东莞参观采访，了解东莞与香港的合作情况。

23日　市委2014年“一号文”《中共东莞市委关于全面深化改革的实施意见》发布，提出东莞全面深化改革的系统考虑、目标任务和政策措施，要求以扶持实体经济发展为重点，深化开放型经济体制改革，增强发展内生动力，全面提升发展质量，为转型升级再创体制机制新优势。这是中央和省委全面深化改革精神与东莞实际相结合的集中体现，是指导东莞市全面深化改革的行动纲领。

□　水利部珠江水利委员会与省水利厅组成联合审查组在东莞市召开《东莞市创建国家水生态文明城市实施方案》审查会议，并一致通过方案的评审。

24日　副省长陈云贤来莞慰问务工人员和困难群众党员。

□　广东伯朗特智能装备股份有限公司在北京新三板挂牌上市，这是新三板扩容后全国首家挂牌新三板的非国家高新园区企业。12月25日开始做市交易，这是东莞市首家做市交易的新三板挂牌公司。

27日　市政府常务会议审议通过一系列人才入户政策文件、《东莞市口岸中长期发展规划（2014—2020年）》《东莞市重点污染企业搬迁入园补助办法》、提高百岁老人高龄津贴等事项。

28日　工信部公布第五批“国家新型工业化产业示范基地”名单，东莞松山湖高新技术产业开发区以“电子信息（通信设备）”产业集聚入选，这也是东莞首次进入该名单。

29日　副省长刘志庚到莞检查督导春运工作，强调要确保广大旅客安全回家。

## 2　月

8—15日　受冷空气持续影响，东莞市连日阴雨湿冷，日平均气温低于12℃，其中12日最低为5.4℃，过程最低气温为3.9℃。

9日　央视对东莞市部分酒店经营色情业的情况进行报道。东莞市委、市政府召开会议部署全市查处行动。14日，广东省对扫黄不力相关责任人进行问责处理。经东莞市第十五届人民代表大会常务委员会第十七次会议通过，决定任命杨江华为东莞市人民政府副市长、市公安局局长。

13日　山东省济宁市党政代表团到莞考察，称东莞转型升级经验值得借鉴。

▲ 17日　市委常委会议审议并原则通过《东莞市人才入户管理办法》《东莞市条件准入类人才入户实施细则》和《东莞市积分制人才入户实施细则》等人才入户政策，旨在通过政策的优化推动东莞人口结构的优化。

□　市政府批准并公布东莞市第三批市级非物质文化遗产名录：古琴音乐（岭南派）、竹塘麒麟舞、中国象棋（凤岗）、龙形拳、道滘蟛蜞酱制作技艺、庾家粽制作技艺、高埗矮仔肠制作技艺、莞城花灯制作技艺、樟木头麒麟制作技艺、万江新村腐竹制作技艺、茶园游会、大步巡游、东莞传统建房风俗、东莞卖懒习俗等14个项目。

19日　东莞市政府出台《东莞市城市供水管理办法》，从2014年3月28日起施行，有效期至2019年3月27日。根据规定，东莞城市供水优先保障城市居民生活用水，统筹安排工业用水和其他用水，保障饮用水水质，促进节约用水。

20日　市政府常务会议审议通过《东莞市全国重要饮用水水源地安全保障达标建设实施方案》《东莞市无线通信基站建设管理暂行办法》《东莞市重大科技项目管理办法》、在全市基层建立水产品快速检测网络等事项。

□　市委副书记、市长袁宝成会见以色列驻广州总领事馆总领事安亚杰一行，双方共同商讨推进中以国际科技合作产业园发展，以及东莞与以色列霍隆市结友的相关事宜。

□　市政协第十二届委员会第十一次常委会议审议通过《2014年市政协常委会工作要点》《2014年政协第十二届东莞市委员会常务委员会和专门委员会工作计划》，并审议通过相关人事任免决定。

21日　东莞宣布启动建设跨境贸易电子商务产业园，并为首批两家跨境贸易电子商务产业园（东莞市跨境贸易电子商务东莞邮政产业园和东莞市跨境贸易电子商务松山湖产业园）举行授牌仪式。中国邮政集团公司总经理李国华，市委书记、市人大常委会主任徐建华，省邮政公司总经理李雄，副市长唐庆涛等出席仪式并为产业园揭牌。

□ 香港工业总会代表团一行专程来莞，谋求与东莞加深合作、推动在莞港企扎根发展。市委副书记、市长袁宝成会见代表团一行。

**24日** 副省长刘志庚到莞调研交通及经信工作，希望东莞交通建设继续走在全省前列。

□ 驻外使节团访莞并为该市扩大对外开放等建言献策，市委书记、市人大常委会主任徐建华会见驻外使节团一行。

**26日** 市政府常务会议审议通过《东莞市重大建设项目档案管理办法》、在东莞理工学院松山湖校区内新建学生宿舍和饭堂项目等事项。

□ 由鸿纳（东莞）新材料科技有限公司研发建设的全球首条千吨级石墨烯生产线正式投产，填补东莞在石墨烯生产领域的空白。

**27日** 呼伦贝尔市党政代表团到莞考察。

**28日** 市政府组织召开全市公共科技创新平台与行业协会、金融创投机构对接会，16家创新平台将平台最新科研成果、创新服务项目等进行集中展示。全市近20多家行业协会、科技企业、金融投资机构负责人入会“淘宝”。

□ 市政府下发《东莞市重大科技项目管理办法》，对重大科技项目的组织管理、项目合同管理、项目监理、项目资金管理和验收结题管理等方面进行详细规定。

## 3 月

**1日** 市政府印发《东莞市口岸中长期发展规划（2014—2020年）》，提出东莞市口岸远期发展以邮轮游艇码头和直升机低空客运口岸等高端口岸业态的发展为重点。

□ 市委常委、统战部部长李小梅会见以香港青年联会主席霍启刚为团长的香港青年联会考察团一行。

**2日** 东莞市大型便民集市志愿服务活动在莞城文化广场举行，开启2014年全市志愿服务统一行动月活动。全市300多名志愿者为市民提供各类志愿服务，实现志愿服务的需求方、组织方、提供方有效对接。

□ 东莞麻涌光大龙舟队取得2014中华龙舟大赛（海南万宁站）职业组男子500米直道赛第一名和男子200米直道赛第二名，以总成绩摘得该站赛桂冠。

**3日至4日** 中国国民党桃园县主委许福明以及桃园县议会议长邱奕胜率党部以及议会的22人组团来莞参访。市委常委李小梅会见中国国民党桃园县党部、议会参访团一行。

**4日** 2014年东莞市中学生汉字听写大会决赛在阳光实验中学举行，10个在初赛中胜出的比赛团体以及10名港澳台籍优胜选手角逐，麻涌镇第一中学荣获团体特等奖。

□ 全市首条“家庭教育一条街”在长安镇率先建成启用，把家庭教育知识送上街头、送到百姓身边。

**7日** 市委书记、市人大常委会主任徐建华率市党政代表团到清远学习考察。

**9日** 东莞市新生代产业工人“圆梦计划”开学典礼在莞城文化广场报告厅举行，来自32个镇街的“圆梦计划”学员代表、“圆梦计划”相关负责人、高等院校代表共800多人参加开学典礼，见证1996名新生代产业工人圆大学梦。

**10日** 副省长陈云贤来莞调研科技金融发展情况，肯定东莞科技金融产业发展取得的成效，强调东莞要借鉴科技平台建设的成功经验加快金融集聚平台建设。

**16—20日** 第31届国际名家具（东莞）展览会在厚街举行。该届展会有海内外1361家参展商参展，集中两岸三地绝大部分知名家具品牌以及来自美国、意大利等国家的25个国际知名品牌；吸引来自国内外150多个国家和地区的专业买家122046人，其中海外买家10889人。展会面积达91万平方米，为历届规模最大的一次。

**18日** 市政府常务会议审议通过东莞市主要河流“河长制”实施方案、石马河“河长制”实施细则、环境保护责任考核办法、环境保护责任考核指标体系、2014年度石马河污染综合整治工作方案等五项举措，要求严格落实政府环境保护责任，保障生态建设和生态保护各项重点工作的实施。

□ **“3·18世界社工日”** 东莞社会工作发展五周年系列活动暨2014年“岭南社工宣传周”启动仪式在莞举行，东莞市社会工作宣讲团正式成立。

**19日** 副省长招玉芳到东莞调研外经贸发展情况，对东莞企业积极探索转型升级新模式的做法以及所取得的成果给予肯定。

□ 《东莞市项目投资建设审批体制改革实施细则》发布，明确各个审批环节时限，60项改革举措全部落实就位。

**22日** “为平凡的人歌唱——东莞市原创歌曲演唱会”在莞城“文化周末”剧场上演。活动主办方还特意邀请数百位农民工朋友和产业工人代表走进剧场，让他们与东莞原创文艺精品零距离接触，聆听东莞好声音。

□ 东莞市气象天文科普馆开放。该馆是东莞市城乡防灾减灾工程的重要组成部分，是中国气象局、省气象局和市委市政府共同投资建设的项目。

**23日** 广东省打击整治“涉黄”问题专项工作会议在东莞市召开。省委书记胡春华主持会议并作讲话，强调要形成打击整治“涉黄”问题的长效机制，绝不允许卖淫嫖娼等社会丑恶现象在广东蔓延，东莞要交出物质和精神文明建设两份好的答卷。

□**至24日** 省委书记胡春华到东莞市进行专题调研，强调东莞要巩固稳中向好的经济发展态势，扎实推进产业转型升级，推动经济社会发展再上新台阶。

▲ **24日** 中国（东莞）IHK培训鉴定中心签约仪式暨首届中德合作班开学典礼在莞举行。市人力资源局、东莞市技师学院、德国莱比锡工商联合会（IHK）、德累斯顿工业大学职业教育和继续教育学院，就“建立德国莱比锡IHK中国（东莞）培训鉴定中心合作意向书”进行四方签约。

**25日** 国家发改委发布《关于同意东莞市等30个城市创建国家电子商务示范城市的通知》。

**29—31日** 东莞市出现多轮持续性暴雨降水，并伴有雷雨大风、冰雹等强对流天气。提前两周开汛（3月30日开汛）。全市累计降水量普遍超过100毫米，其中超过200毫米有26个镇街，最大为厚街镇325.2毫米，其次为寮步镇295.6毫米；1小时最大雨量达到84.5毫米，出现在常平镇。大部分镇街出现6级以上的大风，最大阵风出现在虎门镇，为31.2米/秒（11级）。造成1人因灾死亡，2人失踪，直接经济损失6502万元。

## 4 月

▲ **1日** 东莞市电子商务企业集群注册登记仪式举行，为首批申请集群注册的12家电商企业代表颁发营业执照，这标志着该市全国首创的电子商务企业集群注册登记改革正式开始。市委副书记、市长袁宝成向全省全国全球创业者发出邀请，欢迎全省全国全球创业者、电商企业来莞注册、来莞发展。

□ 东莞—白俄罗斯国际科技合作项目推介洽谈会在莞举行，东莞市20多家企业参加白俄罗斯100多项科技项目的推介洽谈。会议期间还举行“东莞—白俄罗斯国际技术转移中心”揭牌仪式。

**□至4日** 第十五届中国（东莞）国际纺织制衣工业技术展在东莞厚街广东现代国际展览中心举行，来自中国、德国、荷兰、意大利、日本、韩国、瑞士等多个国家及中国香港、中国台湾等多个地区的350家企业参展。

**2日** 市政府常务会议审议通过医疗、教育、养老等多个民生事项，包括建立全科医生制度的实施意见、调整离退休人员基本养老金方案、2014年义务教育阶段新莞人子女积分制入学积分方案、深化商事登记改革后续监管的实施意见、2014年度茅洲河污染整治方案、水乡特色发展经济区特色农业发展实施意见、发展临海工业实施方案等内容。

**9日** 市第十五届人大常委会第十八次会议举行。会议听取和审议市政府“商事登记制度改革”工作情况以及“加快水生态文明进程，建设幸福美丽东莞的议案”办理方案。会议还表决通过任命鲁修禄为东莞市人民政府副市长等人事任免事项。

**11日** 市委常务会议审议通过《中共东莞市委、东莞市人民政府关于加强新时期科协工作的实施意见》等事项。

**16日** 市政府常务会议决定调整住房困难家庭房屋修葺中全面改造补助标准、推动建立东莞韶关农产品专供门店、对2013年度123个文化精品项目给予扶持，并审议通过《关于进一步加强三防工作完善三防应急机制的实施方案》《广东省引进创新科研团队东莞市财政配套经费管理暂行办法》《东莞市引进创新科研团队项目实施管理暂行办法》等事项。

**18日** 由东莞承办的中国（广东）——马来西亚经贸合作交流会在吉隆坡举行，中共中央政治局委员、省委书记胡春华，以及东莞市委书记、市人大常委会主任徐建华等省市领导出席会议，出席嘉宾还包括马来西亚高级政商代表。交流活动期间，东莞与马来西亚企业签订合作项目有23个，金额达22.07亿美元，占全省的59%。

**22日** 由东莞质检中心筹建的位于长安镇的广东省质量监督五金模具检验站通过验收，获批成立。这是省内首家经广东省质监局授权的五金模具专业检测机构，每年可为规模以上东莞企业节省检测成本数十万元至数百万元，免除企业出口过程中不必要的重复检测。

**23日** 马来西亚前总理马哈蒂尔·穆罕默德率团到莞参观考察，深入了解东莞的经济社会发展情况和营商环境，增进双方交流，推动马来西亚与东莞开展经贸合作。市委书记、市人大常委会主任徐建华，市委副书记、市长袁宝成会见马哈蒂尔·穆罕默德一行。

□ 文化志愿者大舞台启动仪式暨首场演出在市行政中心广场都市彩虹剧场上演。首演之后，文化志愿者大舞台演出在每周三晚八时准时定点为市民奉上。

**25日** 16时7分河源市东源县（东经114.5度，北纬23.9度）发生3.8级地震，震中距离东莞市城区123公里，大部分镇街震感明显，但未造成人员伤亡和财产损失。

**28日** 江西省委书记、省人大常委会主任强卫率江西省党政代表团来莞学习考察，深入企业、社区、创新平台，重点考察东莞在促进产业转型升级、推进新型城镇化、深化行政管理体制改革、践行社会主义核心价值观等方面经验做法。省领导黄龙云、林少春，市领导徐建华等陪同考察。

## 5 月

**6日** 市政府常务会议审议通过《东莞市推动开放型经济转型升级“四大体系”实施办法》、建设东莞外贸转型升级支援服务中心等事项。

**8日** 广东省网上办事大厅建设东莞现场会召开，东莞市作网上办事大厅建设工作交流汇报。省委常委、常务副省长徐少华肯定东莞市网上办事大厅取得的成效。

**9日** 中国社科院社会科学研究所发布《中国城市竞争力蓝皮书2014》，在城市综合经济竞争力排名中，东莞位列全国第12名，与上年持平；在全域城市竞争力方面，东莞排名全国第4，比上年上升1位，东莞在信息城市竞争力一项中排名第10，是唯一进入前十的地级市。

**11—12日** 东莞市普遍出现暴雨，南部和东部镇街为大暴雨。降水量达到100毫米以上的镇街有凤岗、清溪、塘厦、虎门、大岭山、樟木头、谢岗、长安、黄江、寮步等镇街，最大雨量出现在凤岗镇，为318.8毫米，1小时最大雨量达到81.9毫米，也出现在凤岗镇。另外部分镇街还出现短时雷雨大风，最大为清溪镇，录得25.1米/秒（10级）。导致塘厦、凤岗等镇受灾严重，有7人因灾死亡，直接经济损失16.18亿元。

**12日** 市政府常务会议审议通过《东莞市2014年大气污染防治实施方案》《东莞市跨境贸易电子商务服务试点工作方案》《东莞市市属国有资本经营预算实行办法》《东莞市开展

清理整治无证民办教育培训机构工作方案》等事项。

13日　由新疆生产建设兵团第三师图木舒克市党委副书记、师长程广田率领的师市党政代表团，来东莞市交流对接对口援建工作。市委副书记、市长袁宝成会见代表团一行。

15日　市委书记、市人大常委会主任徐建华会见英国能源与气候变化部部长格雷戈里·巴克一行，双方就加强在发展低碳经济、推动减排节能等领域的交流合作进行交流。

16日　第四届松山湖中国IC创新高峰论坛在松山湖举行。该届峰会聚焦面向智能互联网终端领域的IC产品创新应用，共吸引行业协会代表、专家学者、IC设计公司代表及珠三角地区系统厂商和方案商代表逾百人参加。

□至19日　2014年第七届东莞国际茶业博览会在东莞国际会展中心举行，吸引海内外商家、消费者进场超过10万人次，现场采购订单超过1.4亿元。

17—23日　东莞市强降水和雷雨大风等强对流天气频繁，其中17日全市普降中到大雨，局部暴雨；18日中西部普降中到大雨；19日中到大雨，局部暴雨；20日普降中到大雨，局部大暴雨，最大降水量出现在凤岗镇，为202.5毫米；22日普降中到大雨；23日普降大雨到暴雨，局部大暴雨，最大降水量出现在塘厦镇，为152.2毫米。累计降雨量最大达371.1毫米，主要影响东南部山区片，1小时降水量最大达到72毫米。

20日　全国制鞋标准化技术委员会2014年标准起草工作会议在虎门召开，这是鞋类标准起草工作会议首次在东莞举行，莞企通过参与标准起草工作获得更大话语权。

□　2014年东莞市渔业资源增殖放流活动在东江（石碣段）启动。

21日　副省长许瑞生到莞调研集约用地等工作，支持东莞创建国土资源节约集约模范市。

□　市政府常务会议审议通过医疗纠纷预防与处理办法、高污染燃料禁燃区内锅炉淘汰或改造项目财政补助实施方案、行政审批事项目录管理办法等事项。

22日　中国东莞（家具）知识产权快速维权援助中心在厚街启用。这是全国首个家具知识产权快维中心，具备专利快速预审、快速确权、快速维权三大功能。

24日　东莞市2014年职业院校技能竞赛在国际会展中心举行，现场通报该市在2014年全省职业院校技能大赛获奖情况，并进行全市职业院校技能竞赛汽车维修整车检测项目竞赛和职业院校办学成果展示。

26日　“我的中国梦”——第二届全国打工歌曲创作大赛暨第二期全国优秀青年词曲作家高级研修班创作采风活动在塘厦启动，来自全国各地的36名优秀青年词曲作家进行为期6天的集体采风活动，并举办全国优秀青年词曲作家高级研修班。

30日　国家工信部网站公示首批通过审核的“国家低碳工业园区”试点名单，全国共55家，松山湖国家高新技术产业开发区成为广东省首个入选的园区。

## 6　月

1日　为期13天的首届东莞（麻涌）水乡旅游美食节举行。这是麻涌镇首次举办的集传统美食文化展示、旅游资源推介、旅游线路宣传为一体的盛会，吸引东莞各镇街以及广州、深圳等珠三角城市的数万名游客前来游玩。

2日　在中华龙舟大赛（温州站）决赛中，东莞麻涌光大龙舟队勇夺男子200米直道竞速和500米直道竞速两项比赛冠军，蝉联分站赛总成绩第一，首次包揽三冠。

4日　省委副书记马兴瑞来莞调研农村综合体制改革和新农村建设情况，鼓励东莞继续积极探索研究，为全省积累经验。

□　市政府常务会议审议通过《东莞水乡特色发展经济区基础设施规划》、开展黄江镇黄牛埔水库（长龙片区）截污次支管网工程建设等事项。

5日　市委副书记、市长袁宝成会见英国国会下议院能源及气候变化特别委员会主席蒂姆·叶奥一行，双方就推动绿色低碳合作取得共识，并出席爱丁堡大学中英低碳、能源和可持续发展创新中心筹备工作组成立仪式。

6日　市委常委会议审议并原则通过《广东东莞水乡特色发展经济区产业发展规划（2013—2030年）》和《东莞市事业单位引进高层次人才和短缺专业人才试行办法》。

□　国务院发展研究中心农村部部长叶兴庆带队的调研组一行4人，到东莞市调研考察农村集体经济产权制度改革情况。

□至8日　在香港维多利亚港举行的2014香港国际龙舟邀请赛，东莞麻涌光大龙舟队在小龙国际公开锦标赛、标准龙国际公开锦标赛、标准龙建行（亚洲）国际公开金杯赛三项赛事中获得冠军，赢得三冠王。

17日　副省长林少春率调研组来莞调研就业创业和人才工作。

□　雀巢中国东莞研发中心启用，这是雀巢中国第三家研发中心，专注于糖点和冰淇淋两大产品类别研发，并为亚洲或世界其他地区的业务提供科技支持。

18—21日　2014中国加工贸易产品博览会在莞举行，有1210家企业报名参展，6300多家采购企业、16200多名专业买手到会，吸引8个国家13个境外采购团，入场观展、采购的人员达9万人次，共达成商贸合作项目（含合同、协议和意向）7109宗，意向成交金额达896亿元。

19日　东莞市在全省率先召开首场企业诚信“红黑榜”新闻发布会，28家“黑榜”企业及1208家“红榜”企业的名单被集中公示。

□　省委书记胡春华到莞参观2014年中国加工贸易产品博览会，要求东莞积极引导民营资本向实体经济发展。

□　河池市党政代表团来莞考察学习。

21日　第三届东莞市合唱节暨“唱响中国梦”广东省第十一届“百歌颂中华”合唱比赛（东莞赛区）在东城影剧院开赛，来自机关组和企业组的27支合唱队参加。

25日　市政府常务会议审议通过《关于加快推动工业机器人智能装备产业发展的实施意见》和《东莞市推进企业“机器换人”行动计划（2014—2016年）》，修订低收入群体临时价格补贴与价格上涨联动机制，决定开展政府采购信用担保和信用融资工作等事项。

26日　2014世界莞商大会在东莞市会议大厦召开。来自全球各地的莞商代表、世界莞商联合会全体会员等共1300余人参加。20名企业家获颁“优秀青年莞商”，14个由莞商投资或参与的重大项目进行奠基竣工视频庆典，涉及投资总额近200亿元。

□　漳州市党政代表团来莞学习考察，代表团重点对松山湖国家高新区的规划建设、运作管理和产业规划发展的先进经验和典型做法进行考察。

□　广东省禁毒委员会在东莞虎门镇海战博物馆广场举办大型毒品公开销毁暨禁毒千人宣誓活动，共销毁毒品约240千克。

▲ 27日　东莞与罗马尼亚布里扎市签订《友好合作交流城市备忘录》。

30日　市第十五届人大常委会召开第十九次会议，审议通过市政府关于2013年东莞市社会保险基金预决算情况的报告，以及关于东莞市依法行政工作情况报告，并表决通过相关人事任免事项，决定杨晓棠任市政府副市长，免去梁国英的市政府副市长职务，免去唐庆涛的市政府副市长职务等。

□　东莞市2014年“广东扶贫济困日暨东莞慈善日”活动启动仪式在市会议大厦举行。

## 7　月

1日　作为海关总署跨境贸易电子商务通关服务平台的首个试点单位，黄埔海关在东莞率先启动由该平台运作的跨境贸易电子商务零售出口试点，“全国第一票”通关业务在莞发出。同时，东莞市跨境电商公共服务平台评审通报暨电商项目签约仪式在虎门港举行，大龙网、递四方等一批大中型跨境电商项目签约落户东莞。

2日　广州、东莞市高速公路建设督导会在莞召开，副省长刘志庚率省交通、国土等有关部门来莞督导高速公路建设。

□　省政协调研组到莞开展“我省新型城镇化建设”专题调研。

□　东莞诺华家具有限公司在纳斯达克交易中心举行上市仪式，成为首家在纳斯达克敲钟的中国家具企业。

8日　2014UL全球电线电缆论坛首次在莞举行，吸引500名业内人士参与，国内外20多名业内权威和学术专家做专题研讨，为中国电线电缆行业献计献策。

11日　市政府常务会议审议通过《东莞市住宅专项维修资金管理办法》《东莞市生活饮用水二次供水管理办法》，研究调整《关于规范村社区居民社会养老保险个人缴费工作的指导意见》等事项。

□　13时43分，河源市东源县（东经114.5度，北纬23.9度）发生4.2级地震，震中距离东莞市城区123公里，大部分镇街震感明显，但未造成人员伤亡和财产损失。

□至14日　2014东莞文化产业博览交易会在东莞国际会展中心举行，重点突出东莞本土文化品牌，内容覆盖莞邑风俗、古玩收藏、文创产品、沉香文化、锦鲤文化、红木文化、饮食文化等文化产品和服务，并辐射创意设计、文化旅游、现代传媒等新兴文化产业。

12—13日　IMS中国魔术大赛暨交流大会在清溪镇举行，来自全国12个省区的41名魔术高手参加。同时，清溪被广东省杂技家协会和IMS（国际魔术师协会）中国分会分别授予“广东省魔术艺术创作基地”和“IMS中国魔术艺术创作基地”，并举行揭牌仪式。

15日　市政府常务会议审议通过《东莞市大气污染防治行动实施方案》《东莞市促进小微工业企业发展资金实施细则》《东莞市建设质量强市2014—2015年行动计划》《东莞市气象灾害应急预案》《东莞市安全生产专项资金管理办法》等事项。

16日　东莞在全国范围内首创的电机能效提升网上申报系统上线，企业足不出户，就可在网上完成全套申报流程。

21日　《中共东莞市委东莞市人民政府关于加快发展海洋经济的意见》出台，提出到2017年，全市海洋经济生产总值达900亿元，年均增长率8%以上；到2020年，东莞基本建成海洋强市，并初步建成全省重要的海洋产业示范区、海洋科技人才集聚区和海洋生态宜居区。

□　住建部、国家发改委等7部委下发《住房城乡建设部等部门关于公布全国重点镇名单的通知》，东莞市清溪镇入选“全国重点镇”。

23日　市政府常务会议审议通过《东莞市跨境贸易电子商务公共服务平台规划方案》等多个事项，标志着东莞市跨境贸易电子商务公共服务平台建设正式启动。

□　杭州市党政代表团来莞考察垃圾处理经验，在实地考察洪梅镇垃圾场处理项目现场后，称赞东莞垃圾处理先进做法。

## 8　月

5日　市政府常务会议审议通过《关于深化项目投资建设审批体制改革工作的配套规定》《关于实施政策性贴息贷款推进我市海洋渔船更新改造》《加快推进我市黄标车提前淘汰工作》《修订“十二五”期间工业固定资产投资项目能耗控制意见》等事项。

□　农业部副部长张桃林到东莞考察调研农业农村工作，肯定东莞对农产品实行实时与网络监控的做法。

6日　市委常委会议审议通过《东莞市项目投资建设直接落地改革试点方案》《东莞市贯彻落实中央〈建立健全惩治和预防腐败体系2013—2017年工作规划〉和省〈实施办法〉的意见》《东莞市流浪乞讨未成年人综合救助保护暂行办法》等议题。

□　省信息化工作暨国家级两化深度融合智能制造试验区建设会议在东莞市召开，东莞市“国家级两化深度融合暨智能制造试验区”揭牌成立。

14日　市政府常务会议审议通过《东莞市构建现代公共文化服务体系实施意见》及《东莞市公共文化服务体系绩效评估办法》《东莞市公共文化服务社会化发展促进办法》《东莞市加强村（社区）公共文化服务实施办法》《东莞市进一步引导企业加强文化建设实施办法》“14”政策文件，将东莞市建成全国领先的国家公共文化服务体系示范区。

15日　东莞市爱国拥军促进会成立，选举产生首任会长、常务副会长、副会长、秘书长等人选，审议促进会工作架构、人员设置、财务制度等。

16日　第五届亚洲机器人锦标赛中国区选拔赛在莞举行，来自北京、上海、江苏等全国20个省市，以及香港、澳门地区中小学的机器人高手在东莞理工学院的竞赛场内进行为期2天的比赛。

20日　《东莞时报》创办的全国首份带有驱蚊功效的“香

报”面市。

21—25日 第六届中国国际影视动漫版权保护和贸易博览会（简称“漫博会”）在东莞国际会展中心举行。该届漫博会成交额达34.9亿元，共有海内外参展企业443家，举办88项活动，入场参观和直接参与的观众达63万人次。

22日 市委常委会议审议并原则通过《关于进一步规范全市创建达标活动的意见》和《保留的全市创建达标活动目录》（2014年度）、《关于全面深化农村改革加快发展现代农业的意见》《东莞市深化一村（社区）一法律顾问工作实施方案》。

25日 市重点工程石龙高压电器试验基地宣布投产试运营，标志着东莞市已成为东南亚地区高中低压电器检验中心。

26日 副省长许瑞生到莞调研大气污染整治工作，肯定东莞市大气污染防治工作的成效。

28日 市政府常务会议提出要把举办海上丝绸之路合作交流会放在突出位置，审议通过《东莞市进一步加快电子商务发展实施意见》、提出设立市级疾病应急救助专项资金、审定第二届东莞十大慈善人物名单。

□ 市第十五届人大常委会举行第二十次会议，分别听取和审议市政府关于东莞市2013年决算草案和2014年上半年预算执行情况的报告、东莞市2013年度市级预算执行和其他财政收支情况的审计工作报告、东莞市十五届人大四次会议代表提出的建议、批评和意见的办理情况报告、东莞市农村综合改革工作情况的报告以及审议个别市人大代表的代表资格审查报告，并表决通过相关人事任免事项。

31日 东莞篮球中心开馆仪式举行，并进行第二届东莞十大慈善人物颁奖仪式和2014姚基金东莞篮球慈善赛——中国男篮明星队和美职篮匹克明星队比赛。

## 9 月

2—7日 在意大利拉文纳市举行的第九届世界龙舟俱乐部锦标赛上，东莞麻涌光大龙舟队分别夺得标准龙最高级别公开组200米和500米的冠军以及2000米比赛的第三名。

3日 省委常委、常务副省长徐少华率省调研组到莞调研转型升级工作，强调要加快推进深莞惠一体化。

□ 省发改委发布《关于进一步做好涉企收费管理减轻企业负担工作的通知》，鼓励有条件的地市借鉴东莞等市做法，拓展为企业减负空间。

3—7日 第32届国际名家具(东莞)展览会在东莞市厚街镇举行。该届展会启用10个展馆，面积达78万平方米，吸引来自中国大陆、香港、台湾及海外的1245家参展商，共有6.8万人次入场参观，其中海外采购商达3655人次，是全球最大的家居展贸一体化平台。

4—5日 以“水处理产业变革与创新”为主题的首届珠三角（东莞）水处理创新交流会在东莞松山湖高新区开幕，300多位水业专家会诊珠三角水环境。

5日 东莞南方报业LED联播网暨南方快讯珠三角新闻正式上线新闻发布会在天安数码城举行，东莞市首个户外媒体联网播控系统启用。

□ 东莞跨境电商零售出口退税首笔单一业务办结仪式、首笔集约化退税业务启动仪式举行，标志着中国跨境电商零售出口业务在海关总署通关平台开通。

9日 省委书记胡春华来莞看望慰问教育工作者。

10日 市委全面深化改革领导小组第三次会议审议并原则通过《东莞市外商投资企业网上多证联办实施办法（试行）》《东莞市生态文明体制改革实施方案》《加强“三旧”改造常态化全流程管理方案》《东莞市加快新型研发机构发展的扶持办法》《东莞市改革事项综合评估工作方案》等改革文件。

□ 省人大常委会党组副书记、副主任肖志恒率调研组到莞召开立法调研座谈会，征求对《广东省企业集体合同条例》的修改意见和建议。

11日 国务院副总理汪洋到莞调研外贸工作，强调要坚定不移地推进结构调整和转型升级，加快培育国际竞争新优势，促进进出口稳定增长，努力构建对外贸易新格局。

□ 市政府常务会议审议通过多个民生、环保事项，分别包括《水乡特色发展经济区“两高一低”企业全面整治与引导退出工作有关文件》《东莞市建设项目差别化环保准入实施意见》等环保事项，审议通过调整完善东莞市部分底线民生保障工作的事项、《统一核心市区特定群体乘车优惠范围和财政补贴政策》、补贴改造升级农贸市场等民生事项及《东莞市违反农村集体资产管理行为责任追究办法》。

□ 东莞市政府公布第十批东莞市文物保护单位及其保护范围和建设控制地带，共15处，加上原来公布的前九批118处，东莞市文物保护单位共133处。

12日 东莞东城万达广场暨万达文华酒店开业典礼举行，这是万达集团在华南地区开业的首家旗舰店，东莞也成为万达集团在全国布点最多的地级市。

□至29日 东莞市第八届运动会举行，共有33个代表团5000多名运动员参加23个项目比赛，为历年参加人数最多的一届运动会。

□至10月19日 首届“珠三角环保电影展——锐角：珠三角文化交流计划”在东莞21空间美术馆启动，来自粤港两地的多名新晋导演带来多部环保主题影片参展，向市民特别是广大青少年传递“绿色”生活理念。

13日 中宣部第十三届精神文明建设“五个一工程”评选结果揭晓，由东莞塘厦生产出品的音乐剧《妈妈再爱我一次》、东莞本土原创音乐作品《百年一梦》和樟木头“中国作家第一村”村民作品《百年钟声——香港沉思录》三部作品获优秀作品奖，填补东莞在全国“五个一工程”评选中的空白，刷新东莞文艺精品获奖的最高纪录。

15日 东莞市委办公室、市政府办公室联合印发《关于进一步加强和规范娱乐服务场所管理的意见》和《东莞市娱乐服务场所经营行为规范》《东莞市娱乐服务场所监管工作指引》《东莞市娱乐服务场所监管操作若干规定》《东莞市娱乐服务场所监管问责暂行办法》等“1+4”系列政策文件，为长效治理娱乐服务场所提供制度保障，这是东莞市开展群众路线教育实践活动的重要成果。

15—16日 受台风“海鸥”影响，东莞市凤岗、清溪、塘厦、谢岗、麻涌、企石6个镇街出现暴雨，最大降水出现在凤岗镇，为66.3毫米，其余各镇街出现大雨。最大阵风出现在樟木头镇，为25.6米/秒（10级）；其次为凤岗镇23.3米/秒（9级）；其余镇街阵风7级到8级。

16日 市政府常务会议审议通过《在东莞慈善会设立“未成年人思想道德建设专项基金”》《东莞市创建黄唇鱼省级自然保护区方案》、资助东莞市虎门服装协同创新中心建设等事项。

□至25日 市委副书记、市长袁宝成率领东莞政企代表团开展“走进南美”系列经贸、外事交流活动，达成各类投资贸易合作金额约28亿元人民币。

17—18日　全国总工会副主席刘国中一行调研东莞市工会工作。

18日　副省长招玉芳来莞调研外经贸工作，勉励东莞构建开放型经济新格局，为全省乃至全国提供示范和借鉴。

21日　“无语良师”感恩追思暨人体解剖开课仪式，在广东医学院东莞校区解剖楼前举行。这是全国首家高校《人体解剖学》开课仪式向公众开放，旨在让广大市民参与“无语良师”感恩追思活动。

□至25日　第十届粤、港、澳、台盆景艺术博览会在市体育中心举行。这是全国规模最大的盆景展，展出400多盆艺术精品，吸引游客8万多人次。

22日　国务院新闻办组织中外记者来莞采访企业集群注册改革情况，作为电商企业集群登记注册中唯一的集群注册托管公司——东莞市清研联华集群注册托管有限公司，首度举行媒体见面会。

□　东莞市政府在巴西圣保罗举办中国东莞—巴西圣保罗经贸合作交流会，13家东莞企业与180家巴西当地企业进行对接，达成投资、贸易合同总额人民币28亿元。

□至25日　在第四届中国（南充）嘉陵江合唱艺术节上，作为广东省唯一代表队的东莞合唱团首次参加全国合唱赛事并获得金奖。

□至26日　第六届“杨官璘杯”全国象棋公开赛在凤岗镇体育馆举行，来自国内外180名象棋高手参加这次象棋“世界杯”比赛。

23日　全市77个人大代表工作室全部挂牌运行，这是人大代表更好履行职责、服务群众、发挥作用的重要抓手。

25日　副省长许瑞生来莞对企业信息公示及年度报告工作进行调研指导。

□　广东省演讲大赛、广东省朗诵大赛暨广东省演讲与朗诵艺术人才培训基地在东莞东城启动。

26日　东莞市“两化”深度融合智能制造对接会在东莞理工学院举行，全市首个“机器换人”公共服务平台亮相，其线下展厅落户南城联科国际信息产业园。

27日　2014年东莞市“南粤幸福活动周暨幸福在社区”在大朗镇长富社区启动，在全市范围内开展50余项文化体育惠民活动。

28日　2014年广东省新型研发机构建设现场会在东莞市召开，省委书记胡春华、省长朱小丹出席会议并讲话。会议强调贯彻落实党中央、国务院关于全面深化科技体制改革、加快创新驱动发展的决策部署，学习借鉴东莞市的经验，加快推进新型研发机构发展，更好地促进广东省产业转型升级。10月9日，《东莞市加快新型研发机构发展的扶持办法》出台，涉及加大建设和运营的财税扶持，加快技术创新的成果转化，促进技术服务与企业孵化良性互动，完善对科技项目的投融资功能，推动各类科技资源开展协同创新，帮助引进和留住高水平技术和管理人才等六个方面。

□　首届移动互联O2O跨界合作论坛在东莞市举行，来自各界的专家及东莞企业家就移动互联网时代的跨界合作等话题展开探讨。

□至10月12日　东莞首届开明书画陶瓷展在市图书馆开展，共展出200多件书法和陶瓷工艺品。

29日　市委常委会议审议通过《东莞市国家可持续发展实验区建设规划（2014—2018）》，要把东莞建成国家可持续发展的实验区、外向型经济转型升级的示范区、提升人口质量的引领区、先发地区资源环境治理的样板区。

□　市政府新闻办微信公众号“莞香花开”上线，网民通过关注“莞香花开”微信号，可了解把握东莞经济社会发展情况。

## 10　月

3日　东莞运动员郭建力在仁川亚运会男子现代五项中获团体金牌和个人金牌，这是东莞本土选手时隔32年后在亚运再夺冠。

5日　东莞健儿在仁川亚运会中取得3枚金牌2枚银牌和1枚铜牌，创24年来亚运最佳战绩。

11日　市政府常务会议审议通过《东莞市公共汽车票价优化调整实施方案》，确立东莞市首批创新型企业、2013年东莞市工程中心和重点实验室资助立项项目、2013年度东莞市研发经费投入拟奖励企业和2010—2012年省财政支持产业技术进步项目配套资助计划。

13—19日　东莞市2014年全民终身学习活动周举行，全市32个镇街都设立分会场，参与免费教育咨询和课程培训活动的机构270多个，免费教育咨询和课程项目517个，免费培训名额6万多个，免费为市民提供教育培训服务。

14日　广东省2014年世界标准日宣传纪念大会在莞召开，东莞市智能机械手标准联盟在现场举行签约成立仪式，同时成立的还有东莞市城市共同配送标准联盟。

15日　市委书记、市人大常委会主任徐建华会见东盟七国驻穗总领事，就加强东莞与东盟国家之间的经贸合作、文化交流等进行交谈。

□至16日　第六届“馆校结合·科学教育”论坛在东莞市科技馆举行，共有来自全国各地科技馆、博物馆、学校、科普教育基地、青少年活动中心的专家学者约200人参会。

▲ 16日　省委副书记马兴瑞来东莞调研台企转型升级，强调东莞要支持台资企业提升竞争力。

□　深莞惠经济圈（3+2）党政主要领导联席会议在东莞举行，这是河源、汕尾加入深莞惠经济圈后召开的第一次五市党政主要领导联席会议。会议通报深莞惠经济圈建设的进展情况，审议通过《深莞惠交通运输一体化规划》以及几市共同推进21项重点合作事项。

□至19日　“2014东莞台湾名品博览会”在东莞国际会展中心举行，共有27.1万人次进场参观采购，总成交金额26.2亿元人民币。

17日　市政府常务会议审议通过《关于加快推进我市云计算发展的实施意见》，决定开展莞韶中职教育联合办学，确定

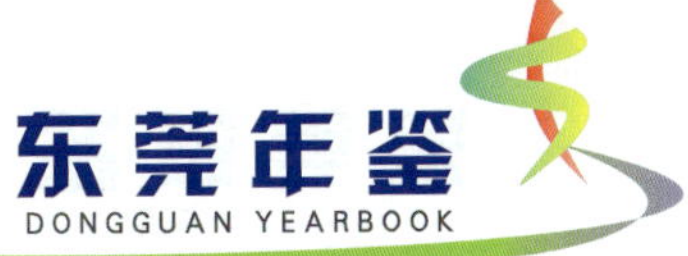

"广东宝力实业投资有限公司"等2家企业为市产业转型升级基地开发企业资格等问题。

**18—29日** 在广州番禺区举行的2014年广东水产养殖职业技能竞赛上，东莞市水生动物防疫检疫站获得团体第一名和个人总分第一、第二名。

**20日** 东莞华伟四方汽车电影院投入运营，成为东莞首家汽车电影院，也是华南地区唯一一家合法且与院线同步的汽车影院。该影院位于厚街镇涌口社区华伟四方汽车商贸园内。

**23日** 市政府常务会议审议通过《关于促进我市高校毕业生就业创业的实施意见》、确立在轨道交通2号线四换乘站设置五幅文化墙、设立民办博物馆扶持资金等事项。

□ 副省长陈云贤率队到莞调研科技企业孵化器工作。

▲ **24日** 第14届中国（长安）国际机械五金模具展览会在长安镇联冠长荣国际五金模具广场举行。展会各类展位650多个，总规模达到20万平方米。

□ 海斯坦普汽车组件（东莞）有限公司开业庆典活动在东莞生态园举行。这是广东第一家采用热冲压成型工艺技术生产汽车车身和结构件的生产项目，也是东莞市加快"三重"建设后首个投产的重大项目。

□ 副市长鲁修禄会见英国国会下议院能源及气候变化特别委员会主席蒂姆·叶奥一行，双方共同探讨在发展低碳经济、推动减排节能等领域的交流合作。

**26日** "同饮一江水"2014广东打工者歌唱大赛年度总决赛暨颁奖晚会在东莞市塘厦镇举行，来自东莞赛区的和芳获得年度总冠军。

**29日至12月23日** 东莞市第12届老年人运动会举行，共设置钓鱼、飞镖、门球、乒乓球、实心球、自行车竞慢等17个项目，全市42个代表团、2000多名老年运动员参加。

**30日** 市政府常务会议审议决定，从2015年起东莞市所有药品实行零差率销售，全面取消公立医院现行药品加成政策。

□ 市第十五届人大常委会第二十一次会议审议并通过市政府关于东莞市学前教育情况报告及市政府关于开展新一轮绿化东莞大行动工作情况报告。会议表决任免一批人大、政府、人民陪审员及检察院人员。

**31日** 东莞诞生首张国税电子税务登记证，纳税人足不出户就可完成办理。

**□至11月2日** 2014广东21世纪海上丝绸之路国际博览会在东莞举行，共有42个国家和地区的173个境内外商协会、1015家参展企业，6000多家境内外采购企业，达成签约项目451个，签约金额1747亿元。中共中央政治局委员、省委书记胡春华致辞并与参会的国内外嘉宾共同见证海上丝绸之路跨境电子商务平台开通。

□ 为期三天的2014东莞国际金融投资博览会暨连锁加盟展举行，在向大众普及金融知识的同时，为金融机构、中小企业、市民投资等搭建沟通桥梁。

## 11 月

**3日** 东莞中以创业投资合作研讨会在东莞迎宾馆举行，中以产业园被授牌全国创业投资示范基地，成为全国第六家、广东省第一家获得该称号的产业园区。

**4日** 市政府常务会议决定，2015年1月起东莞市最低生活保障标准从每人每月510元提高为每人每月610元。此外，审议通过《东莞市医疗废物管理规定》《东莞市"三旧"改造产业类项目2014年实施计划和预备计划》等事项。

□ 东莞市举办首场"民营资本投资实体经济项目对接会"，一批高科技实体经济优质项目受到金融和创投机构的青睐。

**5日** 文化部公布国家公共文化服务标准化试点地区名单，东莞作为全国10个城市之一、广东唯一成功入选，继续着力打造全国领先的现代公共文化服务体系"高地"。

**6日** 松山湖国际机器人产业基地揭牌仪式举行，项目总投资约27亿元，致力于培育三大企业群：运动控制与高端装备企业群、工业与服务机器人企业群和高端消费产品企业群。

□ 《东莞年鉴》2014年卷出版发行，该书是市委、市政府主办的一部按年度连续出版的大型综合性信息资料工具书。

**□至11日** 第十三届中国（大朗）国际毛织产品交易会在大朗镇举行，大朗镇并被授予"中国毛织纱线集散基地"称号。

**□至17日** 广东省第八届老年人运动会在莞举行，全省21个地级市、省直和中央驻穗单位以及香港、澳门共32个代表团、180支队伍、2388名运动员参加9个项目的比赛。东莞代表团以704.65分的总成绩获得全省团体总分第一名，13枚金牌数以及27枚奖牌数也位居金牌榜和奖牌榜榜首。

**7日** 全省外贸转型升级示范基地培育工作现场会在大朗镇召开，总结广东省外贸转型升级示范基地的成效及经验做法。副省长招玉芳等领导参加现场会。

□ 第十二届中国（大朗）毛织服装设计大赛决赛举行，来自全国各大院校的33位新生代设计者和业界资深的自由设计师们参加。

**□至9日** "2014东莞（常平）粮油产品展示交易会"在常平粮油批发市场举行，全国各地20多个地市150多家粮油加工企业同台对接千家采购商中间商。

**□至10日** 第十九届中国（虎门）国际服装交易会暨2014虎门时装周在虎门镇举行。

**9日** 东莞市家庭服务业职业技能大赛总决赛举行，全市共有500多名选手报名参赛，有60名选手进入总决赛，18名选手获得优胜名次。

□ 广东边防总队在东莞边检站沙田分站召开海港勤务综合指挥系统暨勤务创新建设现场会，来自全省各边检站的站长、业务参谋60余人通过现场参观，了解东莞市海港勤务创新建设成果。

□ 2014年生态东莞马拉松挑战赛在东莞生态产业园区举行，来自全国各地的800名马拉松爱好者参加，这是东莞首个马拉松全程赛事。

□ 由民政部开展的"第二届全国优秀志愿服务项目与志

愿者工作案例征集活动”结果公布，东莞市普惠社会工作服务中心申报的“将爱传递——东莞市优秀新莞人参与志愿服务项目”获三等奖。

10日　省文联和省文艺志愿者协会在清溪设立“广东省文联文艺志愿者创作基地”，省文联还与清溪荔横村签订《广东省文艺家精品创作深入基层采风活动合作意向》。

11日　东莞中英ASFI职业教育项目暨中国东莞ASFI产业技术认证中心授权签约仪式在东莞市技师学院职教城校区举行。省内外职业院校、东莞市有关企业、行业协会等单位代表、嘉宾共200余人参加仪式。

□至13日　由东莞检验检疫局承建的国家消费品安全检测重点实验室、国家电器附件安全检测重点实验室和国家食品接触材料检测重点实验室等3个国家级重点实验室同时通过国家质检总局验收组的评审。

□至15日　东莞市政企代表团赴以色列开展外事、经贸交流活动，东莞与以色列霍隆市签署《友好交往合作备忘录》。

□至16日　2014年“塘厦杯”中国高尔夫球业余公开赛（总决赛）在塘厦镇举行，中、美、澳、韩等多个国家和地区的众多业余高尔夫精英参加。

13日　市委常委会议审议通过《东莞市社会信用体系建设规划（2014—2020年）》，努力使东莞诚信建设走在全省前列。

□至16日　2014（第六届）塘厦高尔夫博览会在塘厦镇举行，吸引来自美国、日本和澳大利亚等30多个国家和地区的200多家展示最新成果，共吸引国内外5万余人次前来参观参展，现场成交额超过9000万元。

14日　有“大陆第一台协”之称的东莞台商投资企业协会成立21周年，东莞台心医院正式启用。

15日　东莞市第六届国际标准舞锦标赛在企石镇举办，来自全市各镇街国际舞分会、舞蹈艺术培训中心的45支队伍共1267名参赛选手参与角逐。

18日　全市新型城镇化工作会议召开，提出东莞市全面建设国际制造名城现代生态都市的目标。

□　第三届中国创新创业大赛（广东·东莞赛区）暨2014年天安数码城杯赢在东莞科技创新创业大赛总决赛举行，173家参赛企业中有16家进入总决赛，12家进入中国创新创业大赛的国家行业赛。

19日　凤岗镇玉泉工业园安科工业园B2栋5楼的东莞市今明阳电池科技有限公司发生火灾，共造成5名员工抢救无效死亡，6名员工受伤。

□　第16届东莞国际模具、金属加工、橡塑胶及包装展在厚街镇广东现代国际展览中心举行，吸引来自世界各地的1230余家参展商参展。

20日　市政府常务工作会议审议并通过《东莞市2014—2015年冬季大气污染防控专项行动工作方案》《东莞市“银龄安康行动”实施方案》《第一批东莞市院士工作站拟建站单位名单》《水乡特色发展经济区黑烟囱和无证无照污染企业长效监管工作方案》等内容。

□　厚街镇珊瑚路伟成商务旅馆5楼501房发生一起火灾事故，共造成4人熏晕受伤，其中3人经抢救无效死亡，1人轻伤。

□　东莞粤海银瓶合作创新区粤海普洛斯电商物流项目动工仪式暨粤海环普工业园项目签约仪式在谢岗镇举行，标志着东莞粤海银瓶合作创新区启动产业建设步伐。

21日　东莞市党政代表团赴伊朗、土耳其、希腊等国家开展为期10天的经贸旅游文化交流和外事活动，共达成各类投资贸易合作项目金额约17.2亿元。

□　东莞市电子信息产业发展院士论坛暨院士专家项目对接会举行，推动产学研结合。

□　农业部部长韩长赋一行到莞就农村改革和现代农业发展等工作开展专题调研。

22日　民营经济转型升级暨东莞民营资本投入实体经济研讨会在莞举行，共议民营经济发展的方向、路径和对策。

□　“2014年莞香采香日文化活动”在大岭山镇和东城街道举办，该活动不仅集采香庆典、表演、品香、观光、展览为一体，还举办莞香文化发展论坛，邀请专家为东莞莞香文化和莞香产业把脉。

23日　2014年东莞农业文化创意稻田收获日活动在东城周屋举行。

□至30日　2014“发现精彩·东莞印象”微摄影大赛·东莞市民摄影周活动举行。该次展览分市展览馆、市图书馆和玉兰大剧院三个场馆，通过“名家展”“本土展”“影赛联展”三大板块，向市民分享30多个展览、近千幅作品、多场名家摄影讲座。

□　广东省第二届大中小学生器乐比赛暨首届行进管乐和打击乐展演活动在东城举行，有来自全省的18支队伍参加。

25日　东莞市与德国乌波塔尔市缔结友好合作交流城市协议。

□　副市长喻丽君会见以色列特拉维夫市市长罗恩·胡尔代一行。

□　市政府常务会议审议通过《关于大力推广融资租赁促进技术改造的工作方案》、审核批准2014年度东莞市政府质量奖获奖和获鼓励奖企业并决定安排第四批广东省引进创新科研团队项目市配套资金。

□至29日　第四届广东省岭南舞蹈大赛在清溪镇举行，包括省内各专业、业余舞蹈团体及个人，独舞、双人舞、三人舞、群舞等各类舞种。

27日　汇聚香港56个莞籍社团的“香港东莞社团总会”在香港会议展览中心举行成立暨首届会董就职典礼，省委常委、统战部部长林雄等逾2000名莞籍乡贤、政商高朋、家乡领导参加仪式。

□　东莞市与林芝地区党政代表团援藏工作座谈会在东莞市举行，双方共商新一轮援藏工作。

28日　东莞市在常平镇朗贝三鸟批发市场附近确诊一例人感染H7N9禽流感病例，这也是全省2014年冬首例禽流感病例。

29—30日　2014年东莞市现代制造业职业技能竞赛举行，全市11家职业技工类院校和20多家企业参加数控车工和数控铣工两个项目的比赛。

## 12　月

1日　全国电机能效提升工作现场会在莞召开，东莞市介绍电机节能改造的经验做法。

2日　东莞市政府与中国交通建设股份有限公司的新型城镇化建设与产业转型升级全面战略合作协议签约仪式在东莞举行。省委副书记、省长朱小丹等出席仪式。

□　以“智汇东莞·成就精彩”为主题的2014年东莞市招才引智活动在广东现代国际展览中心举行，包括人才工作成果展、高层次人才交流洽谈会、人才发展论坛、松山湖高新区创业环境推介会等活动。

□至5日　2014中国（东莞）国际科技合作周在厚街镇广

东现代国际会展中心举行，这是东莞第11次举办国际科技合作周，活动同期举办全国“数控一代”机械产品创新应用示范工程工作交流会、东莞市招才引智活动。中国工程院院长周济,广东省省长朱小丹等领导出席开幕式。活动期间共有500多家企业参与洽谈对接会，达成合作意向超过200项。

**3日** “中韩智慧城市”技术对接会在东莞市举行，推动东莞的智慧城市建设与国际接轨。

□ 东莞首个台商投资运营的综合性网络购物平台“7GOTW商城”上线，专营台湾进口产品、台商在大陆生产的自有品牌以及代理国外品牌。

□ 2014年“龙昌杯”第八届亚洲机器人锦标赛在厚街镇举行，有来自新加坡、夏威夷、中国大陆和港澳台地区的238支参赛队伍的1200多名选手参加。

**4日** 2014东莞第一届股权众筹高峰论坛在广东国际现代展览中心举行，帮助中小企业实现科技创新。

**5日** 东莞市召开市长经济顾问专题咨询会，为东莞谋划“十三五”的各项工作建言献策，为东莞加快推动转型升级、实现科学发展提供指引。

**□至7日** 东莞市首次举行大型公益志愿服务对接会，为优秀的志愿服务项目搭建集中展示的平台，促进社会资金与优秀志愿服务项目对接。

**6日** 第四届中国·东莞音乐剧节举行，除优秀音乐剧展演外，“中国音乐剧运作的东莞模式”研讨会等多项活动也陆续展开。

**□至7日** 在海南陵水举行的2014年中华龙舟大赛总决赛上，东莞麻涌光大龙舟队夺500米直道竞速冠军和200米直道竞速第二名，取得总决赛冠军。

**8日** 在广东省第六届群众音乐舞蹈花会上，东莞市获得6金6银2铜的成绩，金奖总数全省排名第一。

▲ **9日** 东莞市轨道交通2号线全线贯通仪式举行，这是该市轨道交通建设史上一个重要里程碑。

□ 市政府常务会议审议通过《东莞市非莞籍老年人乘车优惠实施方案》《东莞市科技创新平台建设资助办法》《2014年配套资助国家、省商贸流通专项资金项目扶持计划》等事项。

□ “发现精彩·秀美水乡”文物征集成果汇报展在东莞展览馆开展，800余件文物展示东莞水乡的历史风貌和民风民俗。

**11日** “中国好魔术”全国魔王争霸赛暨国际大魔术师杯邀请赛在凤岗镇龙凤山庄举行。该次赛事为期23天，吸引中国、美国、智利、德国、加拿大等13个国家的上百名中外魔术师参加。

**12日** 在深圳市举行的2014年“福永杯”第三届全国南狮公开赛上，首次参赛的麻涌醒狮队在传统南狮项目中荣膺全国“南狮王”。

□ 茶山首届“南社斋醮民俗旅游文化节”举行，包括茶山本土素食节、祭坛祈福仪式、南社斋醮大巡游、十大孝感人物榜样颁奖晚会等17项活动。。

**□至14日** 塘厦第三届“塘厦味道·风味小吃”美食嘉年华活动在塘厦花园街广场举行

**13日** 东莞市青少年环保创意制作大赛暨作品义卖活动在东城举行，活动共征集到各类环保创意作品151件，筹集到善款3330元。

**□至14日** 东莞市第七届龙狮麒麟比赛在长安镇举行，来自全市各镇街的30多支龙狮麒麟队参加舞龙、麒麟、传统狮、高桩狮四个项目的比赛。

**14日** 2014年企业职工大型公益登山活动在水濂山公园举行，全市逾1000名来自企事业单位工会的青年男女参赛。

□ 第四届自行车公开赛在沙田镇虎门港举行，来自国内外的300多名自行车运动爱好者参赛。

**15日** 由广东中远船务工程有限公司为新加坡KC Maritime集团旗下Chellsea公司建造的首艘海洋工程平台供应船UT771-WP（N603）在麻涌镇举行下水仪式。

□ 东莞开合箱盒文化博物馆在东城区星河新天地举行开馆仪式。东莞市文物管理部门、东城区政府、开合公司合作伙伴、客户代表等50多人出席活动。

□ 广东省律师协会、东莞市律师协会联合在东莞市举办“农村集体土地改革高峰论坛”，来自广东地区、主要是东莞地区的广大律师和社会各界人员约500人参加。

**□至16日** 市委副书记、市长袁宝成率领东莞代表团赴揭阳实地考察帮扶项目。

**□至21日** 2014台湾美食节在东莞国际会展中心品举行，现场可以品尝到50多种地道的台湾小吃。

**16日** “2014年侨资企业法律咨询服务(东莞)活动日”首次在东莞市举行，广东省侨办负责人及来自东莞市的128名企业代表参加活动。

□ 东莞市举行东南、西南组团新型城镇化发展战略研究签约仪式。北京大学课题组全方位助力东南、西南组团（含长安、长安新区、虎门港、凤岗、清溪等镇、园区）优化发展空间，科学推动新型城镇化建设。

□ 中国残联党组书记、理事长鲁勇一行赴东莞调研残疾人工作。副省长、省残联主席邓海光等陪同。

**17日** 12345政府服务热线开通，东莞市打造24小时在线服务型政府迈出历史性一步。

□ “2014年海外华裔青少年冬令营——中马文化交流（东莞）之旅”开营仪式在南城翰林学校国际部举行，32名来自马来西亚的华裔青少年开始为期5天的东莞之旅。

□ 在莞港企升级转型联席会议在香港举行，会议主要了解香港工商界对商务形势的判断，介绍最新的扶持政策，并针对香港工商界提出的问题进行回复。

□ 东莞市港口水域污染事故综合应急演练在立沙岛危化作业区海湾码头举行，东莞海事局等单位代表共100余人、13艘船艇参与演练。

18日 东莞微众税银服务平台举行启动仪式，中小微企业凭借纳税信用可向银行申请信用融资，无需抵押。

□ 东莞本土民企、位于石龙镇的广东大盛通华矿业投资股份有限公司在上海股权托管交易中心挂牌，成为东莞市首个在E板挂牌的企业，也是在上股交挂牌的广东首个矿企。

□ 东莞市发布环境保护责任考核办法和考核指标体系，要求全市所有镇街都要建设空气质量监测点，监测数据计入环保责任考核体系。

□ 东莞市人民政府—菜鸟网络科技有限公司—北京银泰置地商业有限公司投资合作框架协议签约仪式举行，由马云担任董事长的菜鸟网络公司计划在东莞投资中国智能骨干网节点项目、华南区域O2O体验式购物中心项目。

□ “调解家事，守护家园”特使行动计划项目在万江启动，这是市妇联在家庭调解工作上的新探索，也是“集思公益，幸福广东”——支持妇女计划自助项目之一。

□至21日 2014中国（东莞·第五届）国际沉香文化艺术博览会在东莞市中国（寮步）沉香文化博物馆广场举行。同时，中国首座最具规模的沉香文化博物馆开馆。

19日 中港企业家协会成员单位一行十多家企业负责人受邀组团来莞交流、洽谈合作，东莞市中小企业发展与上市促进会和中港企业家协会签订友好合作框架协议。

□ 市政府常务会议审议通过《东莞市重大行政决策听证办法》，决定修订《东莞市困难家庭临时救助暂行办法》《关于加强契税耕地占用税征收管理的通告》等事项。

□ 来自卢旺达、加蓬共和国等多个非洲国家的驻华使节团到莞，希望东莞更多企业选择投资非洲。

□ 在宁波市召开的全国公共文化服务体系建设工作会议上，东莞市道滘镇（粤曲）、清溪镇（麒麟舞、麒麟制作）、长安镇（粤剧、摄影）和中堂镇（龙舟民俗）成功入选2014—2016年度“中国民间文化艺术之乡”。

□至27日 “发现精彩·秀美水乡”文化宣传推广活动优秀作品展在道滘镇启动，展览在水乡地区巡展。

20日 全球唯一IMAX胶片电影博物馆在东莞华南MALL万达影城店开幕。

22日 东莞市下发《关于全面推进新型城镇化发展的意见》，把建设“国际制造名城、现代生态都市”作为未来一段时期东莞城市发展的定位。

□ 东莞首家众筹模式O2O互联网主题咖啡吧——网来咖啡在南城开业。

23日 东莞市第三届中小学美术特色教育成果展示活动在东城第六小学举行，展出寮步中学等10所中学的和东城六小等9所小学的美术特色教学成果。

□ 2014年东莞市第六次媒地沟通交流会在常平镇举行，中央、省、市20多家媒体的代表负责人实地参观常平珠宝文化产业园和常平科技园，了解东莞市“三重”项目建设、文化产业发展情况。

□ 东莞市2014年重大建设项目、产业转型升级示范基地项目——康盛集团创富中心城项目举行动工仪式。

□ 东莞市“健康知识进万家”宣传活动启动仪式暨科学育儿知识讲座举行，传播健康知识，提高市民健康素养，倡导健康生活方式。

24日 东莞市举行首批市级文化产业园区（基地）、重点文化企业集中授牌仪式，21家单位获得授牌，集中展示文化产业发展成果。

25日 广东全国人大代表集中视察专题小组走进松山湖和麻涌镇，就东莞的科技创新、水乡统筹等工作进展情况实地视察，寻求破解之道。

26日 2014第四届东莞迎春茗茶展暨新年茶叶采购大会在东莞国际会展中心举行，有来自全国多个地区500多家企业产品参展。

□ “筑梦——东莞长安女工的故事”摄影展在中国妇女儿童博物馆中心展厅开幕，共展出240多幅作品。

□ 市委常委会议审议并通过《关于进一步加强村组债权管理工作的意见》和招商引资系列文件。

27日 全国首届新三板企业项目路演大赛（东莞站）在松山湖举行，11个高科技项目进行比拼，吸引24家风投机构到场投资。

□ 《2014中国地方政府效率研究报告》在北京发布，首次推出54个全国重点城市政府效率排行榜，东莞市政府效率排在第一位。

28日 东莞市首届蔬果节暨润丰(粤港澳)产销对接会在石碣润丰蔬菜交易中心举行，有来自全国各地200家的品牌企业参展。

29日 东莞市村（社区）生活垃圾分类试点工作在东城梨川社区启动，全市垃圾分类试点工作从生活小区扩展到村（社区）。

□ 市委下发《关于启动项目投资建设直接落地改革第二轮试点工作的通知》，东莞直接落地改革第二批试点启动。

□ 国家发改委等11个部委联合印发《国家新型城镇化综合试点方案》，在全国62个市、县、镇晋升“国家级”试点中，东莞入选国家新型城镇化综合试点地区。

30日 东莞出口玩具和婴童用品质量安全示范区省级考核验收总结会举行，广东省内第一家出口玩具和婴童用品质量安全示范区创建成功。

□ 副省长、省消防安全委员会主任李春生一行到东莞市检查督导冬季防火工作和劳动密集型企业消防安全专项治理工作等情况。

31日 东莞水乡门户网站（http://dgsx.dg.gov.cn/）上线启用。

# 附 录 APPENDIX

南城沿河一景

## 文件选录

### 2014年中共东莞市委文件选录

| 序号 | 文号 | 文件名 | 发文时间 |
|---|---|---|---|
| 1 | 东委发［2014］1号 | （中共东莞市委关于全面深化改革的实施意见） | 2014年1月23日 |
| 2 | 东委发［2014］5号 | （中共东莞市委关于学习贯彻省委十一届三次全会精神的意见） | 2014年1月17日 |
| 3 | 东委发［2014］6号 | （中共东莞市委关于印发《中共东莞市委常委会2014年工作要点》的通知） | 2014年2月25日 |
| 4 | 东委发［2014］8号 | （中共东莞市委关于印发《东莞市2014年依法治市工作要点》的通知） | 2014年4月23日 |
| 5 | 东委发［2014］9号 | （中共东莞市委、东莞市人民政府关于加强新时期科协工作的实施意见） | 2014年5月19日 |
| 6 | 东委发［2014］10号 | （中共东莞市委、东莞市人民政府关于党政机关厉行节约反对浪费的实施意见） | 2014年6月12日 |
| 7 | 东委发［2014］11号 | （中共东莞市委、东莞市人民政府关于加快发展海洋经济的意见） | 2014年7月7日 |
| 8 | 东委发［2014］12号 | （中共东莞市委关于认真组织学习《习近平总书记系列重要讲话读本》的通知） | 2014年8月14日 |
| 9 | 东委发［2014］13号 | （中共东莞市委印发《关于贯彻落实中央建立健全惩治和预防腐败体系2013—2017年工作规划和省实施办法的意见》的通知） | 2014年8月26日 |
| 10 | 东委发［2014］15号 | （中共东莞市委、东莞市人民政府关于全面深化农村改革加快发展现代农业的意见） | 2014年9月12日 |
| 11 | 东委发［2014］16号 | （中共东莞市委关于印发《中共东莞市委常委班子党的群众路线教育实践活动整改方案》的通知） | 2014年9月30日 |
| 12 | 东委发［2014］17号 | （中共东莞市委关于学习贯彻党的十八届四中全会精神的意见） | 2014年11月3日 |
| 13 | 东委发［2014］19号 | （中共东莞市委、东莞市人民政府关于全面推进新型城镇化发展的意见） | 2014年12月19日 |

续表

| 序号 | 文号 | 文件名 | 发文时间 |
|---|---|---|---|
| 14 | 东委办发［2014］7号 | （关于印发《东莞市深化一村（社区）一法律顾问工作实施方案》的通知） | 2014年9月4日 |
| 15 | 东委办发［2014］8号 | （中共东莞市委办公室、东莞市人民政府办公室关于关于进一步规范全市创建活动的意见） | 2014年9月9日 |
| 16 | 东委办发［2014］9号 | （中共东莞市委办公室、东莞市人民政府办公室印发《关于进一步加强和规范娱乐服务场所管理的意见》的通知） | 2014年9月15日 |
| 17 | 东委办发［2014］10号 | （中共东莞市委办公室、东莞市人民政府办公室印发《关于进一步加强我市消防宣传教育工作的意见》的通知） | 2014年9月29日 |
| 18 | 东委办发［2014］12号 | （中共东莞市委办公室、东莞市人民政府办公室关于印发《东莞市深入开展“四风”突出问题专项整治方案》的通知 | 2014年9月30日 |
| 19 | 东委办发［2014］14号 | （中共东莞市委办公室、东莞市人民政府办公室印发《关于我市党员干部带头推动殡葬改革的实施意见》的通知） | 2014年10月10日 |
| 20 | 东委办发［2014］15号 | （中共东莞市委办公室、东莞市人民政府办公室关于印发《东莞市安全生产工作职责》的通知） | 2014年12月31日 |
| 21 | 东委办发［2014］16号 | （中共东莞市委办公室、东莞市人民政府办公室转发《东莞市社会管理综合治理委员会关于倡导建立“平安建设促进会”工作机制的意见》的通知） | 2014年12月31日 |
| 22 | 东委办发［2014］17号 | （中共东莞市委办公室、东莞市人民政府办公室关于印发《东莞市创新基层社会治理综合改革实施方案》的通知） | 2014年12月31日 |
| 23 | 东委办［2014］11号 | （关于印发《东莞市“扫黄”专项行动打击工作方案》、《东莞市“扫黄”专项行动斩链挖伞工作方案》和《东莞市“扫黄”专项行动宣传工作方案》的通知） | 2014年2月27日 |
| 24 | 东委办［2014］23号 | （关于全面深入推进东莞市“六大专项”打击整治行动的通知） | 2014年5月29日 |
| 25 | 东委办［2014］25号 | （中共东莞市委办公室、东莞市人民政府办公室印发《关于建立健全防治庸懒散奢等不良风气常态化制度的实施意见》的通知） | 2014年6月10日 |
| 26 | 东委办［2014］28号 | （中共东莞市委办公室印发《关于培育和践行社会主义核心价值观的行动方案》的通知） | 2014年7月4日 |
| 27 | 东委办［2014］34号 | （中共东莞市委办公室、东莞市人民政府办公室关于严格执行禁止收送“红包”纪律规定的通知） | 2014年9月5日 |
| 28 | 东委办［2014］40号 | （中共东莞市委办公室印发《关于建立镇（街道）领导干部驻点普遍直接联系群众制度的实施意见》的通知） | 2014年11月6日 |

（黄慧敏）

## 2014年东莞市人大常委会文件选录

| 序号 | 文号 | 文件名 | 发文时间 |
|---|---|---|---|
| 1 | 东常【2014】2号 | 东莞市人民代表大会常务委员会关于接受林伟忠辞去市第十五届人民代表大会代表职务请求的决定 | 2014年1月3日 |
| 2 | 东常【2014】5号 | 关于省人大常委会召开运用第三方评估成果深化淡水河石马河流域污染整治工作座谈会的情况报告 | 2014年2月27日 |
| 3 | 东常【2014】10号 | 东莞市人民代表大会常务委员会关于补选一名市人大代表大会代表的决定 | 2014年4月9日 |
| 4 | 东常【2014】19号 | 东莞市人民代表大会常务委员会关于接受黄文艾同志辞去东莞市人民检察院检察长职务请求的决定 | 2014年10月16日 |
| 5 | 东常【2014】20号 | 东莞市人民代表大会常务委员会关于来向东同志代理东莞市人民检察院检察长职务的决定 | 2014年10月16日 |
| 6 | 东常【2014】21号 | 东莞市人民代表大会常务委员会关于接受部分同志辞去市十五届人大常委会委员职务的决定 | 2014年6月30日 |
| 7 | 东常【2014】22号 | 关于我市开展贯彻实施《广东省信访条例》运用法治方式解决信访突出问题试点工作的请示 | 2014年7月23日 |
| 8 | 东常【2014】23号 | 东莞市人民代表大会常务委员会关于批准东莞市2013年市级决算的决议 | 2014年8月28日 |
| 9 | 东常【2014】24号 | 东莞市人民代表大会常务委员会关于接受林儒森同志辞去市第十五届人大常委会委员职务请求的决定 | 2014年8月23日 |
| 10 | 东常【2014】30号 | 关于专送《关于对我市“涉黄”整治工作调研督查的情况综合》的报告 | 2014年9月25日 |
| 11 | 东常【2014】36号 | 东莞市人民代表大会常务委员会关于接受部分同志辞去市人大常委会组成人员职务请求的决定 | 2014年12月31日 |
| 12 | 东常【2014】38号 | 东莞市人民代表大会常务委员会关于表彰优秀代表议案建议和先进承办单位的决定 | 2014年12月31日 |

续表

| 序号 | 文号 | 文件名 | 发文时间 |
|---|---|---|---|
| 13 | 东常【2014】39号 | 东莞市人民代表大会常务委员会关于召开东莞市第十五届人民代表大会第五次会议的决定 | 2014年12月31日 |
| 14 | 东常【2014】40号 | 东莞市人民代表大会常务委员会关于批准东莞市2014年财政预算调整方案的决议 | 2014年12月31日 |

（彭　玲）

## 2014年东莞市人民政府文件选录

| 序号 | 文号 | 文件名 | 发文时间 |
|---|---|---|---|
| 1 | 东府〔2014〕1号 | 关于进一步扶持实体经济发展的若干意见 | 2014年1月2日 |
| 2 | 东府〔2014〕8号 | 关于印发《东莞市项目投资建设审批体制改革实施方案》的通知 | 2014年1月17日 |
| 3 | 东府〔2014〕11号 | 关于印发《东莞市公共基础设施项目投资市镇分担暂行办法》的通知 | 2014年1月20日 |
| 4 | 东府〔2014〕12号 | 关于印发《东莞市小额创业贷款实施方案》的通知 | 2014年1月16日 |
| 5 | 东府〔2014〕23号 | 关于划定禁止燃用高污染燃料区域的通告 | 2014年1月30日 |
| 6 | 东府〔2014〕27号 | 关于批准并公布东莞市第三批市级非物质文化遗产名录的通知 | 2014年2月17日 |
| 7 | 东府〔2014〕30号 | 关于印发《东莞市城市供水管理办法》的通知 | 2014年2月26日 |
| 8 | 东府〔2014〕39号 | 关于印发《2014年市政府领导挂钩督导“三重”建设项目方案》的通知 | 2014年3月31日 |
| 9 | 东府〔2014〕46号 | 关于印发《东莞市2014年国民经济和社会发展计划》的通知 | 2014年4月3日 |
| 10 | 东府〔2014〕48号 | 关于印发《东莞市人才入户管理办法》的通知 | 2014年4月2日 |
| 11 | 东府〔2014〕49号 | 关于印发《东莞市条件准入类人才入户实施细则》的通知 | 2014年4月2日 |
| 12 | 东府〔2014〕50号 | 关于印发《东莞市积分制人才入户实施细则》的通知 | 2014年4月2日 |
| 13 | 东府〔2014〕52号 | 关于印发《东莞市节能减排财政政策综合示范城市建设总体工作方案》的通知 | 2014年4月9日 |
| 14 | 东府〔2014〕55号 | 东莞市人民政府关于调整市政府领导同志分工的通知 | 2014年4月15日 |
| 15 | 东府〔2014〕57号 | 关于深化商事登记制度改革加强市场监管的实施意见 | 2014年4月16日 |
| 16 | 东府〔2014〕61号 | 关于高水平建设东莞台湾高科技园的若干意见 | 2014年5月7日 |
| 17 | 东府〔2014〕67号 | 关于公布实施《东莞市人民政府2014年行政审批制度改革事项目录（第三批）》的通知 | 2014年5月30日 |
| 18 | 东府〔2014〕70号 | 关于印发《东莞市医疗纠纷预防与处理办法》的通知 | 2014年6月10日 |
| 19 | 东府〔2014〕78号 | 关于全面推广使用国V车用燃油的通告 | 2014年6月23日 |
| 20 | 东府〔2014〕81号 | 关于印发《东莞市大气污染防治行动实施方案（2014—2017年）》的通知 | 2014年8月1日 |
| 21 | 东府〔2014〕92号 | 关于印发《东莞市生活饮用水二次供水管理办法》的通知 | 2014年8月1日 |
| 22 | 东府〔2014〕94号 | 关于加快推动工业机器人智能装备产业发展的实施意见 | 2014年8月5日 |
| 23 | 东府〔2014〕95号 | 关于印发《东莞市人民政府行政复议委员会试点工作实施方案》的通知 | 2014年8月6日 |
| 24 | 东府〔2014〕100号 | 关于印发《东莞市流浪乞讨未成年人综合救助保护暂行办法》的通知 | 2014年8月18日 |
| 25 | 东府〔2014〕102号 | 关于印发《关于深化项目投资建设审批体制改革工作的配套规定》的通知 | 2014年8月22日 |
| 26 | 东府〔2014〕103号 | 关于调整市与镇街财政管理体制的通知 | 2014年8月22日 |
| 27 | 东府〔2014〕106号 | 关于印发《东莞市住宅专项维修资金管理办法》的通知 | 2014年8月26日 |
| 28 | 东府〔2014〕107号 | 关于认定东莞市第八批上市后备企业的通知 | 2014年8月26日 |
| 29 | 东府〔2014〕116号 | 关于印发《东莞市加快新型研发机构发展的扶持办法》的通知 | 2014年9月22日 |
| 30 | 东府〔2014〕128号 | 关于实施东莞市进一步扩大环保标志限制通行管理措施的通告 | 2014年9月30日 |
| 31 | 东府〔2014〕130号 | 关于印发《东莞市人民政府党组党的群众路线教育实践活动整改方案》的通知 | 2014年10月17日 |
| 32 | 东府〔2014〕139号 | 关于印发《东莞市生态文明体制改革实施方案（2014—2017）》的通知 | 2014年11月14日 |
| 33 | 东府〔2014〕147号 | 关于印发《关于加强“三旧”改造常态化全流程管理的方案》的通知 | 2014年12月8日 |
| 34 | 东府〔2014〕151号 | 关于印发《东莞市社会信用体系建设规划(2014—2020年)》的通知 | 2014年12月30日 |
| 35 | 东府办〔2014〕59号 | 关于印发《东莞市事业单位引进高层次人才和短缺专业人才试行办法》的通知 | 2014年6月17日 |
| 36 | 东府办〔2014〕62号 | 关于印发《东莞市“小山小湖”保护利用工作方案》的通知 | 2014年7月3日 |
| 37 | 东府办〔2014〕63号 | 关于印发进一步完善低收入群体临时价格补贴与价格上涨联动机制的通知 | 2014年7月7日 |
| 38 | 东府办〔2014〕64号 | 关于印发《东莞市公共机构合同能源管理实施方案（试行）》的通知 | 2014年7月11日 |
| 39 | 东府办〔2014〕65号 | 关于印发《东莞市创新创业种子基金实施方案》的通知 | 2014年7月14日 |
| 40 | 东府办〔2014〕68号 | 关于印发《东莞市贯彻落实外贸稳定增长若干措施》的通知 | 2014年8月6日 |
| 41 | 东府办〔2014〕72号 | 关于印发《东莞市推进企业“机器换人”行动计划（2014—2016年）》的通知 | 2014年8月5日 |

续表

| 序号 | 文号 | 文件名 | 发文时间 |
| --- | --- | --- | --- |
| 42 | 东府办〔2014〕73号 | 关于印发《东莞市电子商务专项资金管理暂行办法》的通知 | 2014年8月6日 |
| 43 | 东府办〔2014〕74号 | 关于印发《东莞市安全生产专项资金管理办法》的通知 | 2014年8月8日 |
| 44 | 东府办〔2014〕75号 | 关于印发《东莞市建设金融、科技、产业融合创新综合试验区责任分工表》的通知 | 2014年8月13日 |
| 45 | 东府办〔2014〕76号 | 关于印发《东莞市促进小微工业企业发展资金实施细则》的通知 | 2014年8月13日 |
| 46 | 东府办〔2014〕77号 | 关于印发《东莞市“机器换人”专项资金管理办法》的通知 | 2014年8月17日 |
| 47 | 东府办〔2014〕78号 | 关于印发《东莞市实施规模以上工业企业研发机构全覆盖计划工作方案》的通知 | 2014年8月19日 |
| 48 | 东府办〔2014〕79号 | 关于实施国家节能减排财政政策综合示范城市期间（2014－2016年）工业固定资产投资项目能耗控制的意见 | 2014年8月25日 |
| 49 | 东府办〔2014〕80号 | 关于印发《东莞市建设质量强市2014—2015年行动计划》的通知 | 2014年8月22日 |
| 50 | 东府办〔2014〕81号 | 关于印发《东莞市黄标车提前淘汰鼓励补贴实施方案（2014—2015年）》的通知 | 2014年8月25日 |
| 51 | 东府办〔2014〕82号 | 关于印发《东莞市进一步扩大环保限行管理实施方案》的通知 | 2014年8月25日 |
| 52 | 东府办〔2014〕83号 | 关于颁发2013年东莞市专利奖的通报 | 2014年8月26日 |
| 53 | 东府办〔2014〕84号 | 关于印发《东莞市项目投资建设直接落地改革试点方案》的通知 | 2014年8月26日 |
| 54 | 东府办〔2014〕85号 | 关于印发《东莞市重大项目管理办法》的通知 | 2014年8月29日 |
| 55 | 东府办〔2014〕86号 | 关于印发《东莞市商标专用权质押融资资助暂行办法》的通知 | 2014年9月2日 |
| 56 | 东府办〔2014〕87号 | 关于印发《国家卫生城市长效管理的实施意见》的通知 | 2014年9月3日 |
| 57 | 东府办〔2014〕88号 | 关于印发《东莞市绿色建筑行动实施方案》的通知 | 2014年9月10日 |
| 58 | 东府办〔2014〕89号 | 关于印发《东莞水乡特色发展经济区“两高一低”企业全面整治与引导退出工作方案》的通知 | 2014年9月18日 |
| 59 | 东府办〔2014〕94号 | 关于印发《关于推进东莞水乡特色发展经济区“两高一低”企业全面整治与引导退出的若干措施》的通知 | 2014年9月18日 |
| 60 | 东府办〔2014〕95号 | 关于调整完善我市部分底线民生保障工作的通知 | 2014年9月29日 |
| 61 | 东府办〔2014〕96号 | 关于印发《东莞市违反农村集体资产管理行为责任追究办法》的通知 | 2014年9月30日 |
| 62 | 东府办〔2014〕97号 | 关于进一步加强旅客运输及危化品运输交通安全管理工作的通知 | 2014年9月30日 |
| 63 | 东府办〔2014〕98号 | 关于认定东莞银行股份有限公司和东莞证券有限责任公司为东莞市总部企业的通知 | 2014年10月11日 |
| 64 | 东府办〔2014〕99号 | 关于印发《东莞市政府领导班子党的群众路线教育实践活动制度建设计划》的通知 | 2014年10月17日 |
| 65 | 东府办〔2014〕101号 | 关于进一步加强2015年部门预算编审工作的通知 | 2014年10月31日 |
| 66 | 东府办〔2014〕102号 | 关于2014年东莞市环卫先进个人的通报 | 2014年10月31日 |
| 67 | 东府办〔2014〕103号 | 关于建立镇街法律顾问制度的实施意见 | 2014年11月6日 |
| 68 | 东府办〔2014〕104号 | 关于印发《2015年苏迪曼杯世界羽毛球混合团体锦标赛筹备工作方案》的通知 | 2014年11月5日 |
| 69 | 东府办〔2014〕105号 | 关于2013年度东莞市金融创新奖获奖项目的通报 | 2014年11月6日 |
| 70 | 东府办〔2014〕107号 | 关于印发《东莞市12345政府服务热线建设实施方案》的通知 | 2014年11月12日 |
| 71 | 东府办〔2014〕108号 | 关于印发《关于促进我市高校毕业生就业创业的实施意见》的通知 | 2014年11月13日 |
| 72 | 东府办〔2014〕109号 | 关于加快推进我市云计算发展的实施意见 | 2014年11月14日 |
| 73 | 东府办〔2014〕110号 | 关于印发《东莞市“十三五”规划编制工作方案》的通知 | 2014年11月14日 |
| 74 | 东府办〔2014〕111号 | 关于印发《东莞市公立医院实施取消药品加成政策补偿方案（试行）》的通知 | 2014年11月18日 |
| 75 | 东府办〔2014〕113号 | 关于印发《东莞市关于促进节能服务与金融产业融合加快推进节能减排典型示范项目建设工作方案》通知 | 2014年11月27日 |
| 76 | 东府办〔2014〕114号 | 关于印发《关于大力推广融资租赁促进技术改造的工作方案》的通知 | 2014年12月12日 |
| 77 | 东府办〔2014〕116号 | 关于印发《东莞市政府购买社会工作服务实施办法》的通知 | 2014年12月3日 |
| 78 | 东府办〔2014〕120号 | 关于印发《东莞市科技创新平台建设资助办法》的通知 | 2014年12月25日 |
| 79 | 东府办〔2014〕121号 | 关于印发《东莞市全面深化气象管理体制改革实施细则》的通知 | 2014年12月30日 |

（郭　佳）

# 中央、省重点媒体涉莞重要报道

## 2014年《人民日报》涉莞重要报道目录

| 时间 | 刊载版面 | 报道题目 |
|---|---|---|
| 1.3 | 第5版 | 企业“宽进”之后如何“管好” |
| 2.25 | 第1版 | 为有源头活水来——十八届三中全会以来我国经济体制改革述评（多处以东莞为例） |
| 3.9 | 第9版 | “营商环境和政府效能要看行政审批效率” |
| 3.1 | 第11版 | 别让一纸户口挡住梦想（介绍东莞经验） |
| 4.4 | 第13版 | 门槛降低了 对象拓宽了 东莞整合人才入户政策 |
| 4.4 | 第15版 | 《王二的长征》中国音乐剧　迈入新征程 |
| 5.3 | 第6版头条 | 近年，音乐剧这种新兴艺术形式越来越为中国观众所熟悉——以音乐之名　向艺术出发 |
| 5.14 | 第7版 | 倾心构建现代公共文化服务体系 |
| 5.14 | 第6版 | 首个以全国道德模范　命名志愿服务团成立 |
| 5.22 | 第5版 | 聚餐申报还需服务到家 |
| 6.3 | 第17版 | 加强市县党代会党代表直接联系群众制度建设——党代表履职须常态化 |
| 6.9 | 第11版 | 一名法官加两名陪审员，平等阅卷、参审、表决——东莞　陪审不再作陪衬 |
| 6.14 | 第4版 | 东莞公布对“丐帮”报道的调查结果——视频图片多系网传　不在东莞拍摄 |
| 6.19 | 第10版 | 打品牌、转内销、开网店　加工贸易转型有戏 |
| 6.23 | 第1版头条 | 广东攻坚正当时——推进“国字号”　种好“岭南田” |
| 6.25 | 第6版 | 简政放权一场政府的“自我革命” |
| 6.28 | 第4版 | 来自海内外的莞商相聚在广东东莞荔枝树下 |
| 6.29 | 第10版 | 聚焦‘机器换人’转型中的农民工　”系列报道整版第2篇产业转型　农民工如何“升级”？ |
| 7.2 | 第10版 | 中小出口企业通关更便捷了——全国统一版海关跨境贸易电子商务服务平台正式启用 |
| 7.5 | 第7版 | 河南留守儿童　找爸妈过暑假（关爱留守儿童东莞亲情行活动） |
| 7.18 | 第11版 | 重回“谁审批谁监管”模式　东莞撤销城管综合执法局　转为市城管局内设“综合执法支队 |
| 7.19 | 第7版 | 姚基金慈善篮球赛下月开打 |
| 7.3 | 第23版 | “就算被讹也救人”可贵在哪（东莞路虎哥救人事迹的评论） |
| 8.1 | 第5版 | 走出义与利的“纠结困境”（东莞路虎哥救人事迹的评论） |
| 8.4 | 第13版 | 第六届漫博会8月21日东莞开幕——注重产业对接凸显办展优势　打造国际动漫产业最佳对接平台 |
| 8.15 | 第1、2版（第1版头条） | 中央、地方媒体转载新华社通讯引领中国经济巨轮扬帆远航——以习近平同志为总书记的党中央推动经济社会持续健康发展述评（多处引用东莞改革亮点） |
| 8.22 | 第15版 | 原创水准大幅提升　第六届漫博会开幕 |
| 8.25 | 第20版 | 广东东莞　统一受理行政复议 |
| 9.2 | 第17版 | 东莞实行外企多证网上联办 |
| 9.7 | 第2版 | 国内首个水技术创新服务平台上线 |
| 9.9 | 第18版 | 今年以来，广东东莞人才落户更容易更方便——政策“一本通”　涵养人才“洼地” |
| 9.13 | 第4版 | 汪洋在广东调研外贸工作时强调　加快转型升级　实现创新驱动 |
| 9.22 | 第13版 | 东莞：以工富民　以文“化”人——大力实施文化名城战略，三部作品获中宣部“五个一工程”奖 |
| 9.22 | 第13版 | 助推文化名城建设　给力高水平崛起 |
| 9.22 | 第13版 | 东莞大力实施　文化精品战略 |
| 9.23 | 第11版 | 东莞出台娱乐场所经营规范　重大“黄赌毒”案一律异地查办 |

续表

| 时间 | 刊载版面 | 报道题目 |
|---|---|---|
| 9.29 | 第10版 | 广东涌现百余家新型研发机构 |
| 10.8 | 第19版 | 听学员讲述“警察故事” 穿起警服，注定要牺牲太多 |
| 10.9 | 第11版 | 东莞检企共建“预防职务犯罪工作联系点” 地铁工程反腐，这样筑牢防火墙 |
| 10.1 | 第15版 | 2015年苏迪曼杯征集会徽、口号和吉祥物 |
| 10.11 | 第5版 | 专题活力东莞 轻“羽”飞扬——2015年苏迪曼杯落户“运动之城”东莞 |
| 10.14 | 第11版 | 图片新闻——警民互动 |
| 10.16 | 第10版 | 中国散裂中子源首台设备投装 |
| 10.17 | 第10版 | 广东将办海上丝绸之路博览会 |
| 10.21 | 第8版 | 中国散裂中子源工程在东莞安装关键设备 |
| 10.23 | 第16版 | 海博会：21世纪海上丝绸之路新支点 |
| 10.23 | 第16版 | 借力海博会 再创新优势（市委书记徐建华署名文章） |
| 10.23 | 第16版 | 海博会为何“花落”东莞 |
| 10.23 | 第16版 | 东盟各国支持东莞转型升级 |
| 10.23 | 第12版 | 乡镇微电影走上国际舞台 |
| 10.24 | 第11版 | “容庚学术出版基金”成立 |
| 10.31 | 第13版 | 从“珠江时代”迈入“海洋时代”——写在广东21世纪海上丝绸之路国际博览会开幕之际 |
| 10.31 | 第13版 | 东莞与“海丝”沿岸国家经贸合作成效明显 |
| 10.31 | 第13版 | 抢占跨境电商“制高点” |
| 11.3 | 第6版 | 广东再饮“头啖汤”——举办国内首个海上丝绸之路经贸合作交流会 |
| 11.3 | （海外版）第2版 | 海上丝绸之路国际展举行 |
| 11.13 | 第10版 | 以技术红利替代人口红利 市场倒逼企业 机器正在换人 |
| 11.13 | 第18版 | 面向本土经济转型升级需求——东莞理工学院锻造创业人才 |
| 11.21 | （海外版）第8版 | 东莞东城：从城市封面 到中央商圈——广东省东莞市东城区转型升级再掀序幕 |
| 11.22 | 第9版 | 广东推进精细化天气预报，完善防灾减灾机制 让预警信息跑赢气象灾害 |
| 12.2 | 第10版 | 明年将累计推广高效电机1.7亿千瓦 |
| 12.8 | 第11版 | 东莞招才引智凸显“国际范” |
| 12.15 | （海外版）第5版 | 做大莞香文化产业“大蛋糕” |
| 12.18 | 第22版 | 用音乐剧滋养城市和心灵——东莞全力建设“音乐剧之都” |

## 2014年中央电视台涉莞重要报道目录

| 时间 | 刊载节目 | 报道题目 |
|---|---|---|
| 1.10 | CCTV-2《新城记》特别节目 | 新型城镇化：当市民还是当村民？ |
| 1.18 | CCTV-2《新城记》特别节目 | 我是新莞人 |
| 2.20 | CCTV-4《走遍中国》 | 打工仔的快乐年 |
| 2.25 | CCTV-1《新闻联播》 | 践行核心价值观——“金牌”牛经纪张扬锦 |
| 3.2 | CCTV-1《新闻联播》 | 中华龙舟大赛万宁站比赛举行 |
| 3.3 | CCTV-3《我爱满堂彩》 | 再美一点儿 |
| 3.8 | CCTV-13“两会见证履职” | 袁宝成参加分组讨论时发言 |
| 4.8 | CCTV-13《新闻直播间》 | 广东女童被卡6楼 托举哥挺身相救 |
| 4.11 | CCTV-4《中国新闻》 | 清溪镇举办"赏花行"活动的盛况 |
| 4.11 | CCTV-4《中国新闻》 | 清溪赏花行吸引两岸四地游客 |
| 4.12 | CCTV-13《法治在线》 | 孝子弑母案追踪 |
| 6.2 | CCTV-1《新闻联播》 | 多样民俗感受端午传统魅力 |

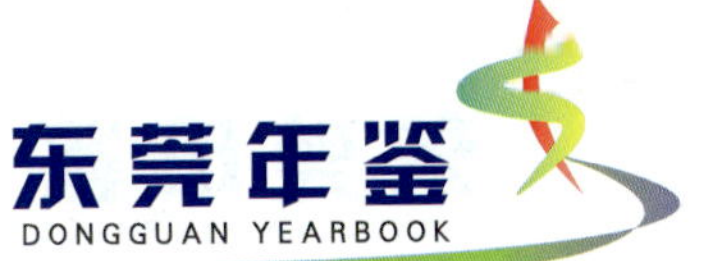


续表

| 时间 | 刊载节目 | 报道题目 |
|---|---|---|
| 6.18 | CCTV-13《新闻直播间》 | 东莞首创电子商务企业集群注册 |
| 6.21 | CCTV-1《新闻联播》 | 2014中国加工贸易博览会落幕 |
| 6.24 | CCTV-4《远方的家》 | 时尚古村下坝坊及龙舟采青祭龙神 |
| 6.26 | CCTV-13《新闻直播间》 | 175年后再销烟 |
| 6.27 | CCTV-13《晚间新闻》 | 世界莞商大会：千名莞商出谋划策 |
| 6.27 | CCTV-4《中国新闻》 | 2014世界莞商大会在广东举行 |
| 7.3 | CCTV-1《新闻联播》 | 海关跨境贸易电商统一平台上线运行 |
| 7.6 | CCTV-13《新闻直播间》 | 32个留守娃见爸妈感受团聚温暖 |
| 8.3 | CCTV-13《新闻直播间》 | 路遇倒地老人　车主及时施救 |
| 8.16 | CCTV-1《晚间新闻》 | 亚洲机器人锦标赛　选拔竞技中 |
| 8.17 | CCTV-13《面对面》 | 程善道：风雨中的搀扶 |
| 8.21 | CCTV-1《新闻联播》 | 第六届漫博会今天在东莞开幕 |
| 8.31 | CCTV-5《体育新闻》 | 直播：2014姚基金东莞篮球慈善赛 |
| 9.1 | CCTV-5《体育新闻》 | 姚基金慈善赛中国男篮大胜美国明星队 |
| 9.5 | CCTV-5《篮球公园》 | 姚基金东莞篮球慈善赛专题 |
| 9.12 | CCTV-13《晚间新闻》 | 汪洋副总理在深圳东莞珠海考察 |
| 10.12 | CCTV-13《24小时》 | 广东东莞：警方摧毁武装贩毒特大犯罪网络 |
| 10.13 | CCTV-1《新闻联播》 | 东莞摧毁制售枪支武装贩毒团伙 |
| 10.16 | CCTV-13《新闻直播间》 | 我国散裂中子源进入设备安装阶段 |
| 10.17 | CCTV-1《晚间新闻》 | 超级显微镜开始安装　中子作“探针” |
| 10.31 | CCTV-1《新闻联播》 | 21世纪海上丝绸之路国际博览会开幕 |
| 11.3 | CCTV-2《经济信息联播》 | 广东海博会：旅游公司扎堆寻找商机 |
| 11.22 | CCTV-1《新闻联播》 | 广东首推外企落户证照网上联办 |
| 12.3 | CCTV-1《新闻联播》 | 第八届亚洲机器人锦标赛东莞开战 |
| 12.3 | CCTV-13《晚间新闻》 | 中国国际科技合作周东莞开幕 |
| 12.26 | CCTV-1《朝闻天下》 | 广东东莞:实施五善工程　打造幸福社区 |

## 2014年新华社涉莞重要报道目录

| 时间 | 刊载版面 | 报道题目 |
|---|---|---|
| 1.17 | | 东莞出台60条项目投资审批改革新政 |
| 3.10 | | 6名发布“东莞遭恐怖袭击”谣言者被拘留 |
| 3.13 | | 袁宝成：东莞将成投资审批时间最短城市 |
| 3.23 | | 东莞开展为期两个月的打击操纵乞讨专项行动 |
| 3.25 | | 广东部署扫黄长效机制　绝不允许卖淫嫖娼蔓延 |
| 6.2 | | 国际影视动漫版权保护和贸易博览会将于8月在东莞举行 |
| 6.3 | | 广东东莞大幅压缩“三公”预算引发关注　“零”公费出国，可信吗? |
| 6.12 | | 东莞“扫黄”行动中43名公职人员被问责 |
| 6.13 | | 图片新闻“大力神杯”纪念品东莞造 |
| 6.18 | | 加博会：千余企业携万种商品云集东莞　线上线下掘金内销市场 |
| 6.27 | | “东莞全球联谊引智　千余莞商返乡贡献才智” |
| 7.17 | | 姚基金慈善赛8月底举行　帕克率NBA众星参赛 |
| 7.18 | | 姚基金慈善赛8月底东莞举行 |
| 8.22 | | 第六届漫博会在东莞开幕　5天近90场活动上演动漫盛宴 |
| 8.8 | | 第六届漫博会将提供一站式版权服务 |

续表

| 时间 | 刊载版面 | 报道题目 |
|---|---|---|
| 8.23 | | “动漫”与“制造”约会结出转型升级好姻缘——东莞从动漫产业中寻找发展新路径 |
| 8.25 | | 世界屋脊上的雄鹰——写在全面对口援藏20周年之际 |
| 8.25 | | 姚基金慈善赛阵容出炉　王哲林巴蒂尔领衔 |
| 8.26 | | 第六届漫博会揽下30多亿大单　动漫产业凸显巨大商机 |
| 8.29 | | 东莞从动漫产业中寻找发展新路径 |
| 9.1 | | 姚基金慈善赛募集善款超700万元 |
| 9.2 | | 中国篮球的东莞模式——专访东莞市副市长喻丽君 |
| 9.3 | | 李群：校园体育是男篮崛起和建设体育强国关键 |
| 9.4 | | 篮球样板　东莞制造 |
| 9.12 | | 广东东莞全国率先实行“十证联办”改革 |
| 9.19 | | 东莞规范娱乐场所出重拳　镇街涉黄将被“一票否决” |
| 9.27 | | 东莞“女德班”因违背道德风尚被责令停办 |
| 9.29 | | 广东：新型研发机构成创新驱动新引擎 |
| 10.11 | | “世界工厂”羽球情结　探秘苏迪曼杯举办地东莞 |
| 10.16 | | “中国散裂中子源”工程全面进入设备安装阶段 |
| 10.16 | | 中国散裂中子源安装首台设备　建成后将跻身世界四大脉冲式散裂中子源之列 |
| 11.1 | | “海丝沿线国家和地区在粤共谋合作大计” |
| 11.2 | | 海上丝绸之路铺就跨境结算“高速公路” |
| 11.2 | | 沿线国家看“海丝”期盼“中国战略”带来互利共赢 |
| 11.2 | | 全球专家学者热议“21世纪海上丝绸之路”建设 |
| 11.2 | | 从首届“海博会”看新一轮对外开放新格局 |
| 11.2 | | “海上丝绸之路”激发中国与沿线国家产业合作活力 |
| 11.3 | | 跨境电商贯穿海上丝路开启“双通路”格局 |
| 11.5 | | 马来西亚巴生港自贸区亮相海上丝绸之路国际博览会 |
| 12.2 | | 中国国际科技合作周在东莞举行 |
| 12.3 | | 中国国际科技合作周举行　各国积极寻求科技合作 |
| 12.10 | | 东莞转型样本解读 |
| 12.26 | | 新型研发机构力促“世界工厂”东莞转型“创新之城” |
| 12.27 | | ”世界工厂“东莞调结构迎来经济新亮点 |

## 2014年《南方日报》涉莞重要报道目录

| 时间 | 刊载版面 | 报道题目 |
|---|---|---|
| 1.1 | A10版 | 清溪：美丽升级　再添桂冠　清溪荣膺“十大魅力乡镇之中国最宜居城镇” |
| 1.3 | A8版 | 东莞市政府1号文首创电商集群注册模式　年度安排百亿扶持实体经济 |
| 1.4 | A7版 | 护送学生过马路被撞身亡　东莞“最美女教师”感动全城 |
| 1.5 | A4版 | 东莞东城区与新丰县率先落实合作共建机制　莞新产业园力争大后年产值百亿 |
| 1.9 | A10版 | 卅五载探索铸东莞奇迹　高水平崛起谱发展新篇 |
| 1.9 | A6版 | 东莞新火车站启用　接棒石龙火车站客运功能，春运将开行至武昌南昌等临客 |
| 1.9 | A18版 | 我省“高等学校教育创新强校”工程启动已半年，记者走进4校看变化　释放改革红利广东高校全面提质 |
| 1.10 | A15版 | 创造制度红利　再造发展奇迹 |
| 1.13 | A8版 | 东莞转型　中国样本 |
| 1.13 | A3版 | “东莞竟然是绿色的！”——凭借转型决心、技术力量，向过去低端、混乱、污染的既有印象告别 |
| 1.15 | A2版 | 东莞　逾300项改革推动高水平崛起 |

续表

| 时间 | 刊载版面 | 报道题目 |
| --- | --- | --- |
| 1.16 | A15版 | 创建“质量强市” 助东莞产业高水平崛起 |
| 1.18 | A8版 | 东莞投资改革改出营商环境新红利 |
| 1.19 | A8版 | 压减审批使“加班红眼”变改革红利 |
| 1.20 | A9版 | 东莞团代表：科技创新促进经济回升 |
| 1.20 | A7版 | 让企业投资更自由便捷 让营商环境更接轨国际 |
| 1.20 | A14版 | 商事登记改革的“东莞模式” |
| 1.23 | A8版 | 林少春慰问麻风病休养员和医务工作者 去年全省新发麻风病例85例 |
| 1.24 | A7版 | 东莞市委2014年一号文出台 330多项改革措施莞味浓 |
| 1.26 | A5版 | 东莞石排获颁“中国最美小镇” |
| 1.27 | A6版 | 东莞货源进出口总额首超万亿 去年实际利用外资居珠三角九市第一 |
| 1.28 | A12版 | 东莞进出口规模稳居全国第五 |
| 1.30 | A3版 | 刘志庚率省政府春运检查组到东莞检查指导工作 |
| 2.7 | 封二头条 | 徐建华书记署名文章继续保持敢为人先的改革锐气 |
| 2.7 | A5 | 东莞经济迈向内需外需平衡发展 |
| 2.9 | A2版 | 动员部署教育实践活动 注重因地制宜 不搞照搬照抄 |
| 2.18 | A2版 | 男童命悬8楼警民15分钟救下 |
| 2.20 | A11版 | 东莞中院加大食品药品监督 |
| 2.22 | A5版 | 东莞试水跨境贸易电子商务 |
| 2.23 | A2版 | 东莞韶关对口帮扶开局良好 |
| 2.24 | A2版 | 东莞编印群众路线教育“三字歌” |
| 2.24 | A4版 | 松山湖高新区不怕“用工荒”——园区企业开工率达到98.8% |
| 2.25 | A8版 | “东莞模式”系列报道之走向全国的公共文化“东莞模式” |
| 2.25 | A4版 | 副省长刘志庚莅莞调研交通及经信工作时强调——要大发展就要抓大交通 |
| 3.4 | A22版 | 世界斯诺克巡回赛东莞站今日开赛 丁俊晖宾汉姆同台竞技 |
| 3.5 | A7版 | 全国人大代表、东莞市市长袁宝成接受《南方日报》专访 东莞今年有信心突破转型升级“拐点” |
| 3.6 | A22版 | 《南方日报》记者对珠三角城市工商登记制度改革调查 “一元办公司”成现实 创业浪潮来临 |
| 3.7 | A15版 | 加强顶层设计 创新社会治理 东莞建立新莞人社会融合机制，完善积分入户入学制度，推动公共服务均等化改革 |
| 3.7 | A16版 | 东莞黄江镇鸡啼岗村民黄莲开情系绿色军营 “拥军妈妈”爱兵如子17载 |
| 3.8 | A6版 | 全国人大代表、东莞市市长袁宝成：力推加工贸易产业和传统产业进一步升级 |
| 3.10 | A11版 | 东莞长安：工业重镇中的绿洲 被誉为中国书法之乡中国粤剧之乡中国摄影之乡 |
| 3.11 | A12版 | 陈云贤赴东莞调研强调 促进金融科技产业融合创新 |
| 3.11 | A10版 | 高 镇狠抓水乡发展规划机遇 全力建设“东莞北部滨江新城” |
| 3.12 | A14版 | 东莞市领导“一对一”联系服务高层次人才 人才资助奖励率先打破户籍限制 |
| 3.13 | A9版 | 推动“行政区经济”向“经济区经济”转型 打造水乡主题省级战略“经济区” |
| 3.13 | A7版 | 保障体系从“广覆盖”向“高水平”迈进 粤率先实现养老保险城乡统筹 |
| 3.15 | A4版 | 东莞各方援手帮助四川老人圆与家人团聚梦 流浪14载 昨回老家 |
| 3.16 | A8版 | 带上好心情，来清溪看看那些花儿！ |
| 3.17 | A6版 | 创新平台成东莞创新能力新引擎——集聚国内外各类创新资源，形成多层次创新平台体系 |
| 3.17 | A7版 | 四川巴中老人程天述顺利返乡，亲人相见格外激动——“是他，没错！他回来了，是好事” |
| 3.19 | A12版 | “东莞模式”系列报道之东莞：城乡一体 同城同梦 |
| 3.19 | A10版 | 建设知识产权强市 助推东莞转型升级 |
| 3.20 | A6版 | 招玉芳调研东莞外经贸企业时强调 加强对企业的个性化服务 |

续表

| 时间 | 刊载版面 | 报道题目 |
|---|---|---|
| 3.20 | 第1版 | 图片新闻 |
| 3.21 | A9版 | 东莞投资审批改革细则下周一实施，在全国地级市中：率先实现项目投资建设网上审批 |
| 3.22 | A2版 | 清溪镇镇委书记黄宇富署名文章在全面深化改革中实现跨越式发展 |
| 3.23 | 第1版 | 5000多名党员群众　提出逾万条建议——东莞开展“走近基层、问计百姓”主题实践活动 |
| 3.24 | 第1版 | 我省打击整治“涉黄”问题专项工作会议在东莞市召开，胡春华强调 巩固前一阶段打击整治成效 认真部署做好下一阶段工作 |
| 3.25 | 第1版 | 胡春华在东莞调研时强调 扎实推进产业转型升级 推动经济发展再上新台阶 |
| 3.25 | A10版 | 莞农村综合改革再闯新路 力争新型城镇化领跑全国 |
| 3.26 | 第1版 | 东莞616个党代表工作室全开放，接访群众实现“零距离”　党代表广场“摆摊”直通民生“末梢” |
| 3.26 | A10版 | 加快转型升级 壮大集体经济 管好“钱袋子” 东莞深化农村改革破解“希腊化” |
| 3.26 | A12版 | 东莞入选国家电子商务示范城市 力争用3—5年时间建成电子商务名城 |
| 3.27 | A8版 | 东莞市级政府采购项目 预算金额全面公开 分项或分包预算同样须公布，各镇街可参照执行 |
| 3.27 | A10版 | 区域统筹 城乡一体 治理创新 东莞农村综合改革激发基层治理新活力 |
| 3.28 | A9版 | 东莞率先探索集体资产网上竞价交易 还将试水村民个人资产上集体平台交易 |
| 3.31 | A6版 | 东莞市政府协调 城巴公司和司机基本达成共识 |
| 4.2 | A6版 | 东莞全国首创 电商企业集群注册——电商企业无需办公或经营场所即可经营 |
| 4.3 | A7版 | 2014“加博会”在西安举行推介会——本届展会将设电子商务展区和工业设计服务区 |
| 4.3 | A7版 | “行政首长请出庭”且行且规范 东莞行政首长出庭应诉“一把手”超四成 |
| 4.8 | A01第1版 | 东莞推农村综改化解“希腊化”风险 |
| 4.8 | A4版 | 东莞市以解决基层债务问题为切入口，推动农村综合改革“增资减债”化解“希腊化”风险 |
| 4.9 | A6版 | 东莞开展“新角色、新体验”主题活动　“一把手”“私访”窗口部门找问题 |
| 4.9 | A7版 | 东莞松山湖推行行政审批超时默认制　对发生“超时默认”行为并由此引发不良后果的将追究相关人员责任 |
| 4.22 | A2版 | 东莞：主题学习教育解决群众最关心问题　社区医疗打通“最后一公里”，群众路线抓出企业生产力 |
| 4.22 | A9版 | 东莞警方侦破一起涉案金额达1.3亿元票据诈骗案　富豪被借2000万仅收回“利息”400万 |
| 4.25 | A12版 | 东莞一季度经济数据发布，媒体及网民评论称其“经济低迷”，分析数据发现——一季度外贸总值居全省第二 |
| 4.25 | A8版 | 东莞77岁好媳妇周转好：50年照顾失明家婆至百岁终老 |
| 4.28 | A2版 | 我省2013年主要污染物总量减排考核结果公布，深圳等17市（区）优秀，清远韶关良好，揭阳等3市合格 广东连续两年超额完成年度减排任务 |
| 5.2 | A13版 | 加博会6月东莞举行 |
| 5.3 | A8版 | 一个标准展位补助3000元 |
| 5.3 | A9版 | 三星新厂展现“东莞速度”——签约到投产仅用8个月，创三星在中国投资建设速度之最 |
| 5.4 | A4版 | 当地政府部门、企业家与本报共同促成心愿 好人阿婆想旅游，我们帮她圆愿了 |
| 5.4 | A3版 | 东莞多个展览陪市民过节日 |
| 5.16 | A6版 | 好机制选出好干部 分析民意，让敢抓敢管敢负责的干部上 |
| 5.18 | A5版 | 中法诗画雅集莞城 |
| 5.22 | A6版 | “践行社会主义核心价值观”东莞80后半导体材料专家刘鹏：带领团队打破国际技术垄断 |
| 5.28 | A12版 | 第三届加博会6月18日在莞开幕 |
| 5.29 | A10版 | 东莞再为企业减负近10亿元 |
| 5.29 | A1版 | 广东开展“裸官”任职岗位调整　专项治“裸”基本完成 |
| 6.1 | A1版 | 以经济转型推动城市转型社会转型——东莞抓好近3000亿元重大项目，力争2017年转变发展方式取得重要突破 |

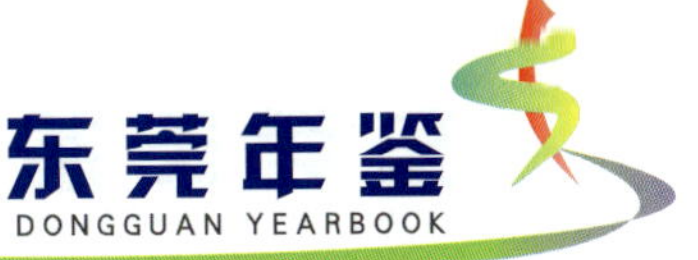


续表

| 时间 | 刊载版面 | 报道题目 |
|---|---|---|
| 6.2 | 封面导读、第1版 | 胡春华在东莞参观加博会——要求积极引导民营资本发展实体经济（配图） |
| 6.2 | A2版 | 东莞各界人士追悼徐祥龄——横沥“好人接力”现象引发广泛关注 |
| 6.2 | A4版 | “加博汇”助企业快速拓建全网分销渠道——该电商平台与淘宝、京东对接，企业进驻后可实现“全网营销” |
| 6.2 | A4版 | 电商平台减少企业铺设渠道资金——“加博汇”入驻819家企业，近两个月每月成交额都超亿元 |
| 6.3 | A12版 | 东莞高考尖子全省最多 |
| 6.4 | A10版 | 永不落幕加博会助企业“触电” |
| 6.4 | A13版 | 《影响中国的东莞人》即将出版 |
| 6.4 | A8版 | 道滘美食节五天吸金近6亿元 |
| 6.5 | A9版 | 东莞审议通过东莞水乡特色发展经济区基础设施规划　穗莞“双城记”将新增6通道 |
| 6.6 | A11版 | 这个周末到东莞麻涌　品水乡　尝美食　游花海 |
| 6.11 | A4版 | 因地制宜谋城市转型，跨区域城乡统筹生态优先　东莞水乡的华丽转身 |
| 6.11 | A10版 | 扶持转型紧盯“微笑曲线”两端　东莞创新服务引导“内外兼修” |
| 6.11 | A6版 | 刷信誉赚提成被骗6000元　拨“举报电话”再失10万元　东莞警方近两个月侦破电信诈骗案件127宗，同比上升131% |
| 6.13 | 封面导读、A6版 | 力争2017年实现转型升级的重大突破 |
| 6.13 | A10版 | 东莞坚持创新理念 力推加贸转型升级 |
| 6.14 | A5版 | 92岁诺奖得主杨振宁到东莞作学术报告　“有好想法时，不要轻易放弃” |
| 6.18 | A7版 | 加博会今天开幕 |
| 6.18 | A10版 | 吹响加工贸易企业转型集结号 |
| 6.18 | A13版 | 东莞工人“捧起大力神杯”——关注巴西世界杯狂欢背后的东莞制造业 |
| 6.18 | A16版 | 东莞转型升级借力楼宇经济 |
| 6.19 | 封面 | 6300多采购商加博会“淘金” |
| 6.19 | A14版 | 东莞规范会议费管理，日均会议费开支最高不得超过660元/人　职能部门开会原则上不安排过夜 |
| 6.23 | A10版 | 第三届加博会圆满闭幕——据不完全统计合作项目超7000亿　意向成交900亿 |
| 6.27 | 封面导读 | 又见虎门“销烟”省禁毒委在虎门公开销毁240公斤毒品 |
| 6.27 | 封面导读 | 世界莞商大会 助推东莞转型 海内外1300多名莞商嘉宾参会 |
| 6.27 | 第1版 | 2014世界莞商大会举行 海内外1300多名莞商、嘉宾齐聚东莞 |
| 6.27 | A8版 | 历时10个月，31万人次参与，“东莞十大行动”评选出炉　“三来一补”　“集资修桥”　“商改试点”入围 |
| 6.27 | A10版 | 2014世界莞商大会高峰论坛和院士论坛举行 创新推动莞商转型和二次创业 |
| 6.27 | A12版头条 | 禁毒日“虎门销烟”240公斤 |
| 6.28 | 第2版 | 核心价值观：实现高水平崛起的推进器 |
| 7.1 | A10版 | 注重内涵发展提升高中教育质量——东莞高考厚积薄发，5名考生进入全省文理前10名 |
| 7.1 | A7版 | 东莞异地务工人员可享失业待遇 |
| 7.3 | A11版 | 第六届漫博会吉祥物亮相 荔枝形象组成“漫仔一家”（配图） |
| 7.6 | A4版 | 东莞口岸反恐实战演练 |
| 7.7 | A6版 | “香农”黄欧：再续“莞香梦” |
| 7.12 | A1版 | 广东打工者歌唱大赛启动 |
| 7.13 | A2版 | 是法官也是“保姆”，东莞市第一法院南城法庭法官柯颖：“我把这些都当作分内事” |
| 7.14 | A2版 | 提升政府效能　行政审批再“瘦身”——东莞部署330多项具体改革任务，教育实践活动与中心工作“两手抓、两促进” |
| 7.15 | A3版 | 政府搭桥促科技金融产业“三融合”　粤出台系列措施最大限度发挥金融对科技的支撑作用 |
| 7.18 | A8版 | 明年电机能效提升180万千瓦　一年省出150万城镇人口的总用电量 |

续表

| 时间 | 刊载版面 | 报道题目 |
|---|---|---|
| 7.24 | A9版 | 莞韶园：打造广东装备制造业总部基地 |
| 7.24 | A10版 | 第六届漫博会8月21日东莞开幕——注重产业对接凸显办展优势 打造国际动漫产业最佳对接平台 |
| 7.25 | A2版 | 佛莞争谈产业转型升级，两制造业大市发展引大V关注 建议珠佛中江统一规划制造业发展 |
| 7.26 | A5版 | 东莞上半年GDP 增速达7.5% 经济基本面向好，下半年有望继续平稳回升 |
| 7.26 | A5版 | 莞韶争当全省新一轮对口帮扶排头兵 |
| 7.28 | A2版 | “粤来粤好”点击超6000万人次 政府说话坦诚获“点赞”，线上线下良性互动探索舆论沟通新模式 |
| 7.29 | A11版 | 为群众解决更多身边的难题——东莞市万江践行群众路线，力争出特色、见成效 |
| 8.2 | A14版 | 东莞常平铁路口岸开通20周年 铁路区位优势发力 助推地方经济发展 |
| 8.5 | A9版 | 东莞社区法官助理基本覆盖全市——法官人均结案数连续7年稳居全省第一 |
| 8.6 | A10版 | 松山湖超常规发力三重建设 “4+1”产业领衔转型攻坚 |
| 8.6 | A6版 | 莞香系——中国国香的千古传奇 |
| 8.6 | A11版 | 以中心工作融入实践活动 东莞市万江做强实体经济，让群众得实惠 |
| 8.7 | A7版 | 东莞国家级智能制造试验区揭牌 为全国第二个试点，三年内目标产值达千亿 |
| 8.8 | A7版 | 第六届“漫博会”本月21日举行 招展工作基本完成，参展企业443家比增6% |
| 8.8 | BT1版 | 民企兴，东莞兴 |
| 8.11 | A01第1版 | 东莞取消一手房销售价格备案 买卖双方根据市场状况约定销售价格，不受售价上下浮幅度限制 |
| 8.12 | A2版 | 如何提升用户体验？省市工商密集调研，提高办事效率 穗工商推出网上预约 登记“长龙”消失 |
| 8.12 | A4版 | 重大项目促进全省基础设施建设水平提升，带动各项产业转型升级 广东经济从“星星点点”变“星月辉映” |
| 8.12 | A10版 | 徐祥龄“爱心圣火”永续 东莞横沥“好人接力赛”受追捧 横沥镇践行社会主义核心价值观，创新社会管理出成效 |
| 8.13 | A8版 | 莞香挥师北上 广东沉香行业抱团进京——高端沉香国际巡回品鉴会北京首站成功举办纪实 |
| 8.15 | A9版 | 编制基层示范点建设手册 东莞创建核心价值观“样本细胞” |
| 8.15 | A10版 | 铁路口岸横空出世 常平启动发展“引擎” |
| 8.16 | A4版 | 在关于南国书香节的专题报道中东莞展出地方特色文献 |
| 8.18 | A9版 | 东莞：强化基层法庭建设 打造法治对外窗口 |
| 8.19 | A5版 | 《南方日报·东莞观察》开版十周年座谈会召开 《东莞观察》与南方网东莞频道融合发展正式启动 |
| 8.21 | A8版 | 第六届漫博会今日东莞开幕 原创化及国际化特色突显，动漫原创企业比上届增25% |
| 8.22 | A01第1版、A10版 | 第六届漫博会在东莞开幕 作品著作权登记证现场颁发 |
| 8.22 | A6版 | 刘志庚赴广州东莞现场督导高速公路建设项目 加快解决项目征地拆迁问题 |
| 8.23 | A2版 | 漫博会助动漫电影走入院线 |
| 8.23 | A5版 | “一站式”解决群众办税“最后100米” |
| 8.24 | A4版 | 动漫衍生品越来越多元化 |
| 8.25 | A2版 | 东莞国税便民办税系列报道之三东莞国税在10个分局率先实现自助办税服务 |
| 8.25 | A4版 | 首设创业创意大赛 发掘动漫新锐人才 “苹果皮”发明者“脸说”金点子夺魁 |
| 8.25 | A5版 | 东莞麻涌龙舟队竞逐世锦赛 |
| 8.25 | A7版 | 新一轮扶贫开发“双到”看韶关系列报道之四东莞对口帮扶韶关5县（市）近6000户贫困户 对口帮扶莞韶同心 力争取得新突破 |
| 8.25 | A10版 | 东莞李振强参加了北京奥运会，六年后儿子李耀峰参加了青奥会“农民马王”之子传递奥运梦想 |
| 8.27 | A2版 | 东莞国税全省首创“以税控票” 发票供应更加方便快捷 |

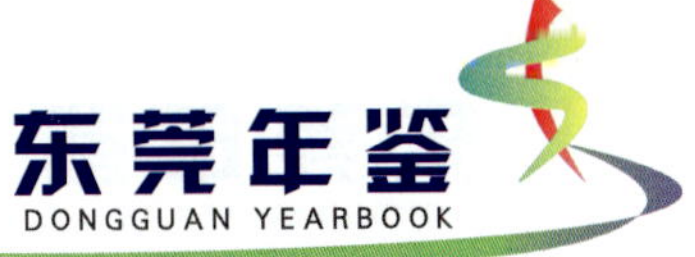


续表

| 时间 | 刊载版面 | 报道题目 |
|---|---|---|
| 8.27 | A12版 | 东莞：崇尚运动之风 活力魅力之城 汇聚国内外篮球明星的“姚基金慈善赛”今年从北京移师东莞 |
| 8.27 | A10版 | 物流人流齐聚常平 “京九重镇”迅猛崛起 |
| 8.28 | A8版 | 新莞人子女医保范围扩大——全市新增87所试点学校 |
| 8.28 | A5版 | 东莞茶山警方打掉1个食盐制假团伙，捣毁2个制售假盐窝点 25吨工业盐变“精制盐”险流向市场 |
| 8.29 | A10版 | 路网口岸全面升级 东部中心蓝图绘就 |
| 8.29 | A9版 | 观音山万元征集环保宣言 |
| 9.1 | 第1版 | 努力让外来务工人员随迁子女接受良好教育——教师节前夕，胡春华赴东莞看望慰问教师代表 |
| 9.1 | A12版 | 积极探索 多管齐下 ——东莞市东城文教体事业呈现蓬勃生机 |
| 9.1 | A9版 | 东莞石排“三重”建设成果显著 |
| 9.2 | A10版 | 东莞探路先进水处理技术合作创新 中以产业园与以色列海法工业园有望年内签署合作协议 |
| 9.2 | A5版 | 镇港融合释放经济活力 “大港区”成东莞崛起新引擎 |
| 9.2 | A6版 | 省沉香协会 主办香博会——与东莞寮步镇缔约十年合作 |
| 9.3 | A9版 | 东莞市领导走访高层次人才解决实际问题 市委书记助海归博士项目产业化 |
| 9.3 | A12版 | 首届珠三角（东莞）水处理创新交流会明起在莞召开 搭平台重治理 东莞打造水生态文明新样本 |
| 9.4 | 第1版 | 徐少华调研深莞惠经济圈产业转型升级情况时强调 开拓市场与转型升级互为促进 |
| 9.4 | A9版 | 东莞治水累计投入超300亿 借力“水交流会”深化水污染防治 |
| 9.5 | A9版 | 首届珠三角（东莞）水处理创新交流会在莞开幕 聚力“头脑风暴”破解珠三角水处理难题 |
| 9.5 | A7版 | 东莞南方报业LED联播网上线 |
| 9.5 | A16版 | 东莞完成全国首笔海关总署 通关平台跨境电商出口退税 |
| 9.7 | A2版 | 东莞龙舟队 世锦赛夺冠——“头名”晋级标准龙200米直道竞速 |
| 9.8 | 第1版 | 图片新闻感受乡音 |
| 9.9 | A3版 | 东莞监狱部分台湾籍服刑人员中秋节与家人团圆 高墙内尝家乡饭 念亲恩积极改 |
| 9.9 | A3版 | 东莞小朋友做花灯迎接中秋佳节 |
| 9.11 | 第1版 | 东莞启动外商投资市场准入“十证联办”改革——网上填一次表 3天拿10个证 |
| 9.11 | A10版 | 东莞首推外商投资“十证联办 ” 外商投资企业管理服务改革试点顺利推进 |
| 9.11 | A9版 | 打造全国领先公共文化服务“高地”——东莞出台公共文化服务“1+4”政策，构建现代公共文化服务体系 |
| 9.13 | A1版 | 加快转型升级 实现创新驱动 为进出口持续发展奠定坚实基础 |
| 9.13 | A6版 | 万达华南地区首家旗舰店东莞开业 |
| 9.13 | A4版 | 去年全省环保责任考核全部优良——珠中莞惠4市获优秀 |
| 9.15 | A6版 | 东莞石排：垒筑旅游文化基石 突破经济发展拐点 |
| 9.15 | A6版 | 虎门海战战报等珍贵档案资料揭开历史 77年前打响抗日海战第一炮 |
| 9.16 | 2版 | 新隆中对·国企 东莞农民的启示（上） |
| 9.16 | A2版 | 东莞高度重视网民建议和群众举报 群众路线网回应留言逾百条 |
| 9.16 | A5版 | 广东超半数随迁子女入读公办学校 今后随迁子女义务教育将纳入各级政府保障范围，积极增加公办学位 |
| 9.16 | A10版 | 东莞市中堂镇积极为群众解决难题 从身边事做起践行群众路线 |
| 9.16 | A12版 | 一落户企业能提供跨境电商一站式服务——东莞市虎门港打造跨境电商物流快速通道 |
| 9.17 | 封二版 | 东莞农民的启示（下） |
| 9.17 | A13版 | 东莞塘厦：建章立制促进经济社会发展 |
| 9.17 | A12版 | 抢抓机遇 后发争先 东莞水乡洪梅欲建轨道枢纽城 |

续表

| 时间 | 刊载版面 | 报道题目 |
|---|---|---|
| 9.18 | A8版 | 倡导低碳环保　万里骑行团骑进韶关 |
| 9.18 | A8版 | 敞开门听意见　回过头找缺漏 东莞“五补课”推动整改落实“向前走” |
| 9.18 | A9版 | 2014塘厦高尔夫球博览会11月13日开幕　高博会超七成展位被预订 |
| 9.19 | 封面导读、A8版 | 东莞“1+4”政策探索娱乐服务场所管理长效机制——从治标“扫”到治本“除”，是教育实践活动的重要成果，为全省提供借鉴 |
| 9.19 | A7版 | 招玉芳到东莞商务局调研　加快培育国际竞争新优势 |
| 9.22 | A10版 | 创新文艺作品生产机制，频频问鼎国内外大奖，三部作品近期获中宣部“五个一工程”奖——东莞文艺精品厚积薄发之路 |
| 9.23 | A3版 | 新型研发机构成创新驱动发展新力量 |
| 9.24 | A5版 | 中国（东莞）国际沉香文化艺术博览会签订主办十年战略合作协议 |
| 9.24 | A10版 | 东莞石排　开言路广纳意见　“四突出”推落实 |
| 9.24 | A11版 | 东莞中堂镇狠抓水乡统筹机遇　提升生态环境助力产业发展 |
| 9.24 | A7版 | 新型研发机构成产学研合作新标杆 |
| 9.25 | A6版 | 新型研发机构牵引科技体制深化改革 |
| 9.25 | A12版 | 东莞沙田镇虎门港：不断提升软硬件，打造港口发展新优势 |
| 9.29 | 封面导读、1版 | 全省新型研发机构建设现场会在东莞召开，胡春华强调——加快推进新型研发机构发展 更好促进我省产业转型升级 |
| 10.1 | A20版 | 苏迪曼杯明年5月在莞举行 |
| 10.1 | A6版 | 东莞着力建章立制　群众路线实践无止境——从“让群众跑”到“替群众跑” |
| 10.1 | A10版 | 2014东莞台博会16日开幕 |
| 10.2 | A10版 | 中国首台散裂中子源项目迎来奠基三周年 |
| 10.2 | A9版 | 2014台博会吸金26.2亿27.1万人次进场参观采购 |
| 10.3 | A12版 | 东莞去年与海丝沿线国家贸易总额增长16.4%　借举办海博会的契机，东莞将争创发展新优势 |
| 10.3 | A2版 | “学习贯彻市八届四中全会精神”专栏东莞　抓好六项工作 |
| 10.4 | 4版 | “广东高球30年”高尔夫球赛开赛 |
| 10.8 | A6版 | 东莞突出整改关系群众切身利益问题——一个微信号 连上警民心 |
| 10.8 | A8版 | 专题2014香博会12月18日将于寮步盛大举办 |
| 10.11 | 3版 | 十件民生实事利民惠民——东莞召开党的群众路线教育实践活动总结大会 |
| 10.13 | A14版 | 苏迪曼杯移师东莞 运动之城绽放精彩——东莞首次独立承办国际赛事，助力城市体育文化建设 |
| 10.14 | A12版 | 东莞构建15分钟社区卫生服务圈 |
| 10.15 | A7版 | 积极践行环保为民推动环境改善　东莞明年发布空气质量预报 |
| 10.16 | A01第1版 | 首届海博会31日在莞开幕 |
| 10.16 | 封面导读、A6版 | “中国散裂中子源”在东莞安装主标该项目 |
| 10.17 | A7版 | 东莞台博会开幕——自动化展区受青睐 |
| 10.17 | A9版 | 文化惠民无止境 文化机制再创新 |
| 10.17 | A10版 | 东莞改革创新打造党建“新常态” |
| 10.17 | A11版 | 松山湖全力打造机器人产业新锐高地 |
| 10.17 | A12版 | 观音山：探索建设生态文明样本 |
| 10.21 | A3版 | 培育内生动力，开展专业合作，跟上市场好脱贫 组织起来的农民赚钱快 |
| 10.21 | A14版 | 徐福记开展“福满校园”活动 将向山区学生捐37万元营养餐 |
| 10.24 | A11版 | 广东21世纪海上丝绸之路国际博览会即将开幕　预计42个国家和地区商协会及企业参展 |
| 10.24 | A12版 | 广东与东盟经贸合作规模全国最大——将发挥经济互补、华侨众多优势，与海丝沿线国家展开多层次经贸合作 |
| 10.24 | A14版 | 广东21世纪海上丝绸之路国际博览会10月31日至11月2日在东莞举办——争当21世纪海上丝绸之路建设排头兵 |

续表

| 时间 | 刊载版面 | 报道题目 |
|---|---|---|
| 10.24 | A14版 | 东莞：借力海博会再创新优势 |
| 10.24 | A5版 | 贫困户学起了新技能　劳动力培训助力实现根本脱贫 |
| 10.29 | A10版 | 东莞裕元集团工会联合会成立 |
| 10.29 | A11版 | 创新沃土成就创业精英辈出　松山湖机器人产业引领大众创业新浪潮 |
| 10.31 | 封面导读 | 海博会开幕 |
| 10.31 | A10版 | 广东21世纪海上丝绸之路国际博览会今在东莞开幕　42个国家和地区商协会及企业参展 |
| 10.31 | A12版 | 广东坐拥五大优势　积极进取大有可为 |
| 10.31 | A13版 | 一盏明灯为商旅　海丝传情牵古国 |
| 10.31 | A13版 | 掘金“尼罗河”中国企业布局爆发性增长 |
| 10.31 | A13版 | 专访中国驻埃及大使宋爱国文章今天的埃及就如同刚刚改革开放的中国 |
| 10.31 | A12版 | 海博会今日开幕 42个国家和地区6000多家企业将云集东莞 |
| 10.31 | 封面导读 | 东莞公立医院药品加成明年将全面取消 |
| 10.31 | 第1版 | 东莞公立医院明年起取消药品加成 |
| 11.1 | 封面导读 | 海博会预计签约1700多亿元 |
| 11.1 | 第1版 | 务实合作 供应发展 携手谱写21世纪海上丝绸之路新篇章 |
| 11.1 | 第1版 | 争当推进21世纪海上丝绸之路建设的排头兵 |
| 11.1 | A1版 | 以海博会为支点 构建广东对外开放新格局 |
| 11.1 | A3版 | 开放包容 寻求“海丝”合作“最大公约数” |
| 11.1 | A4版 | 粤跨境人民币结算量五连冠 累积结算量5.63万亿元，结算规模约占全国三分之一 |
| 11.1 | A4版 | 全国最大跨境点上专业展昨开展 |
| 11.1 | A4版 | 海博会为旅游合作“牵线搭桥” |
| 11.1 | A4版 | 8家航空相关企业 联合参展“海博会” |
| 11.1 | A4版 | 借助海博会等平台 加强互利共赢合作 |
| 11.1 | A4版 | 以海博会为支点 构建广东对外开放新格局 |
| 11.1 | A10版 | 大朗 为广东提供传统外贸产业转型升级路径借鉴 |
| 11.1 | A3版 | 让有权有钱有名望的人占不到“便宜”——广东减刑假释案审理全程公开，全国首创裁前报告制杜绝暗箱操作 |
| 11.2 | A4版 | 海博会开放日 市民进场“海淘”忙 |
| 11.2 | A4版 | 东莞成立跨进电商学院 计划三年引进3万大学生解决行业人才困局 |
| 11.2 | A4版 | 海博会为东莞跨境电商牵线做媒 东莞探索跨境电商新模式 |
| 11.2 | A4版 | 企业声音：电商物流企业 看好海丝“蓝海” |
| 11.2 | A9版 | 金砖国家治理体系与治理能力现代化建设国际研讨会召开　东莞作为唯一国内城市代表发言 |
| 11.2 | A10版 | 从“世界工厂”到“幸福家园”东莞城市新定位：国际制造名城 现代生态都市 |
| 11.2 | A12版 | 南方网网友激辩东莞道路建设水平，权威数据显示　东莞公路密度居全省第一 |
| 11.3 | 第1版 | “海丝”中国能量在广东率先爆发——从首届“海博会”看新一轮对外开放新格局 |
| 11.3 | A8版 | 近10万人次入场 451个项目签约——广东21世纪海上丝绸之路国际博览会顺利闭幕 |
| 11.3 | A8版 | 徐建华：努力争当全省建设21世纪海上丝路先行市 |
| 11.3 |  | 袁宝成：发挥东莞“制造”优势参与海上丝路建设 |
| 11.3 | A2版 | 专业赛事“开门办” 舞台劲刮“生活风”——“岭南舞蹈大赛”走过十年，文艺惠民为基层注入创作“活水” |
| 11.3 | A4版 | 东莞启动H7N9Ⅲ级应急响应——患者邓某有频繁接触生禽经历，感染原因需进一步调查 |
| 11.3 | A4版 | 东莞凤岗加快 社区服务改革——居民足不出户办理69项事务 |
| 11.4 | A8版 | 拉穆群岛的中国船员后裔 |
| 11.4 | A8版 | 蒙内铁路助海丝向内陆延伸 |

续表

| 时间 | 刊载版面 | 报道题目 |
| --- | --- | --- |
| 11.4 | A8版 | 中肯合作经贸和文化两个轮子一起转 |
| 11.4 | A8版 | “媳妇”的非洲时代 |
| 11.5 | A8版 | 远渡重洋　荔枝累累挂枝头 |
| 11.5 | A8版 | 推陈出新　新侨转型谋双赢 |
| 11.5 | A8版 | 我们希望学习中国改革开放经验 |
| 11.5 | A10版 | 第十三届中国（大朗）国际毛织产品交易会11月6日—11日举行 |
| 11.6 | A9版 | 中国国际科技合作周下月开幕——16个国家和地区代表将赴东莞参会 |
| 11.7 | A6版 | 切实抓好发行工作　确保完成任务 |
| 11.7 | A5版 | 省老年人运动会在东莞开幕 |
| 11.7 | A11版 | 松山湖国际机器人产业基地揭牌成立——东莞市长袁宝成：基地将助力东莞从“制造大市”向“制造强市”转变 |
| 11.8 | A4版 | 切实带动我省外贸转型升级——招玉芳出席全省外贸转型升级示范基地培育工作现场会时强调加快示范基地建设 |
| 11.11 | A7版 | 文艺精品创作采风活动在东莞市清溪镇举行　广东文艺家送欢乐下基层 |
| 11.11 | A10版 | 多项扶持措施助推大朗华丽转身 |
| 11.13 | A8版 | 东莞全面启动“多证联办”外企工商登记不用交纸材料，4天能拿“10个证” |
| 11.14 | A11版 | 东莞发布第3期企业诚信“红黑榜”今年已有4006家次企业登“榜” |
| 11.15 | A4版 | 东莞台心医院正式运营　成两岸医疗交流新平台 |
| 11.15 | A4版 | 东莞台商协会举办21周年庆典 |
| 11.17 | A6版 | 省作协分期分批组织作家到基层开展调研等活动 逾百名作家下基层深入生活实践 |
| 11.18 | A5版 | 东莞市委书记徐建华接受南方报业专访，畅谈“法治东莞”探索与实践 发挥先行先发优势推动顶层设计落地 |
| 11.18 | A22版 | 省第八届老年人运动会闭幕 |
| 11.18 | A21版 | 广东省作协开展“百名作家下基层”活动 蒋述卓：下基层要给作家真实的触动 |
| 11.19 | A8版 | 东莞召开新型城镇化会议公布新定位——国际制造名城　现代生态都市 |
| 11.19 | A8版 | 省文艺家赴“曲艺之乡”采风创作 |
| 11.21 | A9版 | 粤海产业园首个产业项目动工　百亿汽配核心制造项目进驻 |
| 11.23 | A4版 | 京东将在东莞投资20亿元 |
| 11.24 | A7版 | 七旬失明老人巧手编织励志人生　不依靠他人的救济，制作竹器自力更生 |
| 11.25 | A13版 | 15年光阴铸就观音山旅游品牌 |
| 11.26 | A11版 | 东莞陈启美年均主侦30余宗涉车案，5年追回逾300辆被盗车 刑警扮民工 巧抓偷车贼 |
| 11.27 | 第1版 | 粤率先推动商改全面激发市场活力 今年前10月新登记市场主体增长两成多，注册资本猛增1.5倍 |
| 11.29 | A5版 | 90人荣登“东莞好人”榜——“好人接力”成城市名片 |
| 11.29 | A3版 | 省禁毒办组织观看〈虎门长啸〉李春生观看演出， |
| 12.01 | A10版 | “人才东莞”驱动“智力之城”　东莞打出“1+N”政策组合拳吸引人才快增长 |
| 12.2 | 第1版 | 胡春华朱小丹会见中国工程院院长周济一行　希望继续支持　创新广东建设 |
| 12.2 | 第1版 | 2014年全国电机能效提升工作会议在东莞召开　推动中国制造　实现绿色发展 |
| 12.2 | A10版 | 全国电机能效提升工作会议：电机节能对绿色发展至关重要 |
| 12.2 | A8版 | 128万人才智汇东莞 顶尖科研成果助推产业转型升级 |
| 12.2 | A9版 | 东莞大力培育和践行社会主义核心价值观，崇德向善蔚然成风　“东莞好人”成名片 莞邑遍吹文明风 |
| 12.3 | A11版 | 莞韶创新对口帮扶工作　东莞将建成10个韶关农产品专供店 |
| 12.12 | 封面导读、1版 | 广州知识产权法院拟下周二挂牌——13位组成人员名单出炉，杨宗仁任首任院长 |
| 12.12 | A13版 | 探索设立专门的互联网食品药品违法信息监测机构——第九届石龙食品药品打假协作会议召开 |

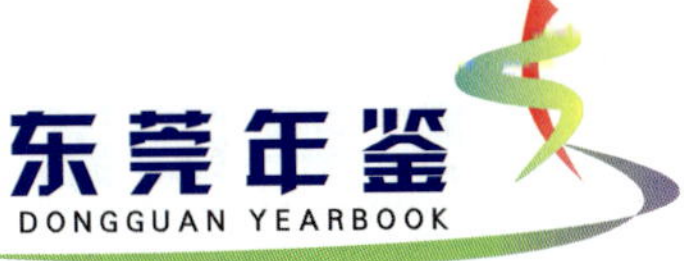


续表

| 时间 | 刊载版面 | 报道题目 |
|---|---|---|
| 12.16 | A10版 | 东莞启动打击非法用工专项行动　对违法招用童工一律顶格处罚 |
| 12.17 | A13版 | 加贸边角料网拍　东莞首拍成功 |
| 12.18 | A13版 | 东莞改写音乐剧版图　音乐剧改变东莞形象——第四届中国·东莞音乐剧节火热举行 |
| 12.19 | A6版、A7版 | 首日参观人次突破11万　成交额超过2亿元——2014中国（东莞·第五届）国际沉香文化艺术博览会昨日开幕<br>打造集研发、生产、检测、销售、展览于一体的“中国香都”将成东莞未来主攻方向 |
| 12.19 | A13版 | 60多万元现金遗落投注站 东莞销售员拾金不昧 |
| 12.19 | A20版 | 东莞麻涌吹响创建全国文明镇号角 |
| 12.22 | A6版 | 2014中国城市创意指数发布 广州深圳分列榜单第三第四 |
| 12.22 | A19版 | 今年沉香投资回暖成交超千亿 专家提醒，市场上假货比例大，投资应谨慎 |
| 12.22 | A4版 | 擦亮广东方志品牌 提升公共服务水平——广东省成为全国地方志工作的排头兵 |
| 12.24 | A14版 | 2014中国（东莞·第五届）国际沉香文化艺术博览会落幕，成交额达5亿“中国沉香文化第一展”参观人次超50万 |
| 12.24 | A5版 | 给权力“瘦身”为增长“加码”，广东对症下药化解风险适应发展“新常态”经济体制改革 做好“加减乘法” |
| 12.25 | A3版 | 基层法官郑水强：和劳动者打交道第一件事是握手 |
| 12.25 | A10版 | 东莞中院审理一起特大贩毒案 涉案冰毒110余公斤 |
| 12.25 | A8版 | 省人大常委会组织全国人大代表开展集中视察 |
| 12.26 | A11版 | 30万用户一年“省”5500万——东莞管道天然气价格改革惠民生 |
| 12.29 | A8版 | 摄影师用镜头讲述东莞女工故事　240多幅作品北京展出 |
| 12.31 | A13版 | 多树身边楷模　共倡良善之风——2014广东“最美街坊”致敬典礼向平民英雄特别致敬 |

## 2014年广东卫视台涉莞重要报道目录

| 时间 | 刊载栏目 | 报道题目 |
|---|---|---|
| 1.2 | 《广东新闻联播》栏目 | 东莞：50条措施百亿元扶持实体经济 |
| 1.19 | 《广东新闻联播》栏目 | 东莞:”投改”打造项目审批　用时最短城市 |
| 1.29 | 《广东新闻联播》栏目 | 为乘客营造温馨舒适的春运旅途 |
| 2.5 | 《广东新闻联播》栏目 | 东莞：留乡也能安居乐业 |
| 2.8 | 《广东新闻联播》栏目 | 广东各地群众路线教育实践活动全面铺开 |
| 2.16 | 《广东新闻联播》栏目 | 破解“用工荒”：留住人比招工更重要 |
| 2.21 | 《广东新闻联播》栏目 | 东莞大力发展跨境贸易电子商务 |
| 2.22 | 《广东新闻联播》栏目 | 东莞韶关对口帮扶工作开局良好 |
| 2.24 | 《广东新闻联播》栏目 | 十七载爱兵如子“兵妈妈”感动军营 |
| 2.24 | 《广东新闻联播》栏目 | 东莞要进一步抓好交通体制改革 |
| 3.13 | 《广东新闻联播》栏目 | 推进以人为核心的新型城镇化 |
| 3.15 | 《广东新闻联播》栏目 | 东莞各方援手助四川流浪汉回家 |
| 3.22 | 《广东新闻联播》栏目 | 东莞：6000多名党代表走基层访民生 |
| 3.24 | 《广东新闻联播》栏目 | 脚踏实地　甘于奉献 |
| 3.30 | 《广东新闻联播》栏目 | 广东遭受今年首次强对流天气袭击 |
| 4.1 | 《广东新闻联播》栏目 | 珠江流域休渔至6月1日 |
| 4.2 | 《广东新闻联播》栏目 | 东莞在全国首创电商企业集群注册 |
| 4.5 | 《广东新闻联播》栏目 | 清明节：追思先烈 缅怀英雄 |
| 4.8 | 《广东新闻联播》栏目 | 东莞一季度外经贸实现“开门红” |
| 4.16 | 《广东新闻联播》栏目 | 东莞商改后续监管实施意见今日发布 |

续表

| 4.23 | 《广东新闻联播》栏目 | 东莞：推进公共卫生服务均等化 |
|---|---|---|
| 4.26 | 《广东新闻联播》栏目 | 广东：减负政策为企业带来更大效益和发展后劲 |
| 4.28 | 《广东新闻联播》栏目 | 钟修重：自学中医延续妻子生命 |
| 5.1 | 《广东新闻联播》栏目 | 广东：金融机构增速“输血”实体经济 |
| 5.1 | 《广东新闻联播》栏目 | 东莞：电子商务平台助中小企业开拓市场 |
| 5.1 | 《广东新闻联播》栏目 | 青年莞商助力东莞经济转型 |
| 5.2 | 《广东新闻联播》栏目 | 广东：推动工商登记制度改革提速提质 |
| 5.3 | 《广东新闻联播》栏目 | 东莞：向高层次人才“送服务、献智慧” |
| 5.9 | 《广东新闻联播》栏目 | 候光远：退伍不褪色 军人作风的践行者 |
| 5.15 | 《广东新闻联播》栏目 | 全面深化改革推进区域创新发展 |
| 5.15 | 《广东新闻联播》栏目 | 广东有效发明专利量在全国率先破十万大关 |
| 5.16 | 《广东新闻联播》栏目 | 2014年中国加工贸易产品博览会将于6月18—21日在东莞举行 |
| 5.19 | 《广东新闻联播》栏目 | 广东：跨境电子商务成为外贸发展新业态 |
| 5.29 | 《广东新闻联播》栏目 | 第六届漫博会：强化产业对接功能 |
| 5.31 | 《广东新闻联播》栏目 | 2013年度广东省广播影视奖颁奖 |
| 6.2 | 《广东新闻联播》栏目 | 2014加博会成交金额896亿 |
| 6.12 | 《广东新闻联播》栏目 | 广东“扫黄”歼灭战取得阶段性成效 |
| 6.13 | 《广东新闻联播》栏目 | 刊播群众路线典型人物——东莞东城同沙党工委书记谢淦祺先进事迹 |
| 6.14 | 《广东新闻联播》栏目 | 从严从实抓作风 把教育实践活动引向深入 |
| 6.17 | 《广东新闻联播》栏目 | 2014中国加工贸易产品博览会明天开幕 |
| 6.18 | 《广东新闻联播》栏目 | 2014中国加工贸易博览会在东莞开幕 |
| 6.19 | 《广东新闻联播》栏目 | 胡春华在东莞参观加博会 要求积极引导民营资本发展实体经济 |
| 6.22 | 《广东新闻联播》栏目 | 横沥墟的百年“牛经纪” |
| 6.23 | 《广东新闻联播》栏目 | 东莞：四万师生唱响“二十四字歌” |
| 6.26 | 《广东新闻联播》栏目 | 世界莞商联合会团结莞商 |
| 6.26 | 《广东新闻联播》栏目 | 2014世界莞商大会举行 助推东莞转型升级 |
| 6.26 | 《广东新闻联播》栏目 | 国际禁毒日：远离毒品 健康生活 |
| 7.14 | 《广东新闻联播》栏目 | “弘扬群众路线 聚焦作风建设”系列报道 |
| 7.23 | 《广东新闻联播》栏目 | 广东：技改投入加大结构不断优化 |
| 7.25 | 《广东新闻联播》栏目 | 网络大V为佛莞产业转型升级点赞 |
| 8.1 | 《广东新闻联播》栏目 | 八一建军节东莞办警营开放日 虎门留守儿童走进舰艇 |
| 8.2 | 《广东新闻联播》栏目 | 第六届漫博会明天在东莞开幕 |
| 8.6 | 《广东新闻联播》栏目 | 广东：大力发展智能制造 |
| 8.8 | 《广东新闻联播》栏目 | 第六届漫博会8月21日在东莞开幕 |
| 8.11 | 《广东新闻联播》栏目 | 东莞取消一手房价格备案 |
| 8.16 | 《广东新闻联播》栏目 | 东莞:让核心价值观在基层社区落地生根 |
| 8.21 | 《广东新闻联播》栏目 | 第六届中国国际影视动漫版权保护和贸易博览会开幕 |
| 8.22 | 《广东新闻联播》栏目 | 漫博会：打造一站式版权保护和产业对接平台 |
| 8.23 | 《广东新闻联播》栏目 | 漫博会：公众开放首日人气爆棚 |
| 8.24 | 《广东新闻联播》栏目 | 漫博会分会场“创意十足” |
| 8.25 | 《广东新闻联播》栏目 | 漫博会今日闭幕 签约金额34.9亿元 |
| 8.27 | 《广东新闻联播》栏目 | 东莞4万外来工子女可参加社保 |
| 8.27 | 《广东新闻联播》栏目 | 创新帮扶方式 韶关农产品直销东莞 |
| 8.31 | 《广东新闻联播》栏目 | 金融风险防范从青少年抓起 |

续表

| | | |
|---|---|---|
| 9.3 | 《广东新闻联播》栏目 | 铭记抗战历史 纪念抗战胜利 |
| 9.4 | 《广东新闻联播》栏目 | 合力推进珠三角产业转型升级 |
| 9.4 | 《广东新闻联播》栏目 | 东莞边检开通台胞中秋返乡绿色通道 |
| 9.5 | 《广东新闻联播》栏目 | 东莞完成全国首笔海关通关平台跨境电商出口退税 |
| 9.9 | 《广东新闻联播》栏目 | 胡春华赴东莞看望慰问教师代表 努力让外来务工人员随迁子女接受良好教育 |
| 9.11 | 《广东新闻联播》栏目 | 东莞：以多证联办促外企网上办事提速 |
| 9.18 | 《广东新闻联播》栏目 | 东莞出台文件加强娱乐服务场所管理 |
| 9.24 | 《广东新闻联播》栏目 | 广东：扎实推进市场主体年报和信息公示工作 |
| 9.28 | 《广东新闻联播》栏目 | 东莞积极推进教育信息化建设 |
| 9.29 | 《广东新闻联播》栏目 | 广东新型研发机构建设现场会在东莞召开 |
| 10.2 | 《广东新闻联播》栏目 | 海上新丝路：拓展航运大通道 |
| 10.2 | 《广东新闻联播》栏目 | 东莞率先启用跨境贸易电子商务通关平台 |
| 10.3 | 《广东新闻联播》栏目 | 2海上丝绸之路沿线国家主流媒体关注海博会 |
| 10.3 | 《广东新闻联播》栏目 | 首届“海博会”明天在莞开幕 |
| 10.3 | 《广东新闻联播》栏目 | 散裂中子源:提升华南科技创新力 |
| 10.3 | 《广东新闻联播》栏目 | “21世纪海上丝绸之路”推进广东与西亚互利合作 |
| 10.15 | 《广东新闻联播》栏目 | 中国散裂中子源加速器首台设备安装 |
| 10.16 | 《广东新闻联播》栏目 | 广东21世纪海博会将于10月31日在东莞举办 |
| 10.27 | 《广东新闻联播》栏目 | “同饮一江水”2014广东打工者歌唱大赛年度总决赛上演 |
| 10.31 | 《广东新闻联播》栏目 | 首届广东21世纪海上丝绸之路国际博览会今天在东莞揭幕 |
| 10.31 | 《广东新闻联播》栏目 | 广东：争当推进21世纪海上丝绸之路建设的排头兵 |
| 10.31 | 《广东新闻联播》栏目 | 海上丝绸之路带动中阿合作不断升级 |
| 11.1 | 《广东新闻联播》栏目 | 海博会公众开放日首日特色产品受青睐 |
| 11.1 | 《广东新闻联播》栏目 | 海博会：海丝沿线国家地区旅游风情精彩纷呈 |
| 11.1 | 《广东新闻联播》栏目 | 旅游业发展揭开波斯神秘面纱 |
| 11.1 | 《广东新闻联播》栏目 | 发挥各自优势 深化互利合作 |
| 11.2 | 《广东新闻联播》栏目 | 首届海博会闭幕 签约金额达1747亿元 |
| 11.2 | 《广东新闻联播》栏目 | 忽鲁谟斯的前世今生 |
| 11.2 | 《广东新闻联播》栏目 | 东莞：粤海创业园首个产业项目动工 |
| 11.2 | 《广东新闻联播》栏目 | 广式腊味生产实现标准化、规模化 |
| 11.3 | 《广东新闻联播》栏目 | 千年商道更加繁荣 |
| 11.5 | 《广东新闻联播》栏目 | 2014中国东莞国际科技合作周将于12月2日至5日在广东省东莞市厚街举行 |
| 11.8 | 《广东新闻联播》栏目 | 转型升级让传统毛织产业焕发生机 |
| 11.12 | 《广东新闻联播》栏目 | 东莞在国内率先实施外企网上“多证联办” |
| 11.15 | 《广东新闻联播》栏目 | 广东百名作家下基层采风 |
| 11.27 | 《广东新闻联播》栏目 | 广东商事制度改革破解发展难题 |
| 12.1 | 《广东新闻联播》栏目 | 2014全国电机能效提升工作会议在东莞召开 |
| 12.2 | 《广东新闻联播》栏目 | 胡春华朱小丹会见中国工程院长周济 |
| 12.2 | 《广东新闻联播》栏目 | 2014中国（东莞）国际科技合作周开幕 |
| 12.2 | 《广东新闻联播》栏目 | 东莞与中交公司建立全面合作关系 |
| 12.2 | 《广东新闻联播》栏目 | 广东打造万亿元规模珠江西岸先进装备制造产业带 |
| 12.6 | 《广东新闻联播》栏目 | 东莞:开创多形式国际科技合作新格局 |

（胡文倩）

# 年度先进集体

## 全国工人先锋号

东莞玖龙纸业有限公司销售部成品库

## 广东省五一劳动奖状

广东小猪班纳服饰股份有限公司
东莞创富眼镜有限公司
东莞马士基集装箱工业有限公司
东莞市宏川化工供应链有限公司

## 广东省工人先锋号

东莞市社会保障局石龙分局办事服务大厅
东莞技研新阳电子有限公司金牌TCC班
中国电信股份有限公司东莞大朗分公司大朗营销服务中心
东莞恩斯克转向器有限公司CRV本组立生产线

## 东莞市先进工作单位名单

一、2014年度东莞市纳税前10名外资企业
东莞徐记食品有限公司　51790万元
中国移动通信集团广东有限公司东莞分公司　33954万元
东莞冠亚环岗湖商住区建造有限公司　32373万元
广东虎门大桥有限公司　29006万元
广东太阳神集团有限公司　20922万元
罗门哈斯电子材料（东莞）有限公司　20424万元
东莞雀巢有限公司　19909万元
东莞智源彩印有限公司　18329万元
东莞玖龙纸业有限公司　17823万元
东莞骏豪房地产开发有限公司　17233万元
二、2014年度东莞市纳税前10名民营企业
东莞农村商业银行股份有限公司　129581万元
东莞银行股份有限公司　76055万元
东莞市万科房地产有限公司　50963万元
广东光大集团有限公司　45606万元
维沃移动通信有限公司　42825万元
广东欧珀移动通信有限公司　64695万元
东莞市以纯集团有限公司　54584万元
广东步步高电子工业有限公司　50817万元
华为机器有限公司　41300万元
华为终端（东莞）有限公司　23761万元
三、2014年度东莞市实际出口前10名外资企业
东莞三星视界有限公司　41.41亿美元
金宝电子（中国）有限公司　14.58亿美元
东莞创机电业制品有限公司　13.06亿美元
东莞时力科技电子厂　12.42亿美元
东莞航天电子有限公司　11.55亿美元
东莞船井电机厂　9.24亿美元
京瓷办公设备科技（东莞）有限公司　8.97亿美元
精成科技电子（东莞）有限公司　8.95亿美元
东莞东聚电子电讯制品有限公司　8.22亿美元
东莞技研新阳电子有限公司　8.0亿美元
四、2014年度东莞市主营业务收入前10名民营企业
华为终端（东莞）有限公司　4310245万元
广东欧珀移动通信有限公司　2315025万元
广东步步高电子工业有限公司　2051968万元
华为机器有限公司　1639999万元
东莞市永盛通信科技有限公司　889177万元
东莞市以纯集团有限公司　699845万元
东莞华贝电子科技有限公司　589148万元
东莞农村商业银行股份有限公司　557057万元
东莞市宏川化工供应链有限公司　554439万元
东莞市金铭电子有限公司　541557万元

## 东莞市“十佳莞邑好警”（集体）

东莞维和警察

# 索　　引

## INDEX

**说　明**

1. 索引采用主题分析法编制，主题词按汉语拼音字母顺序排列；
2. 类目未作索引，分目采用黑体字，条目采用宋体字，表格采用楷体字；
3. 主题词后的数字表示内容所在页码，数字后的a、b、c分别表示该页码的左、中、右栏。

## A



## B



## C

## D

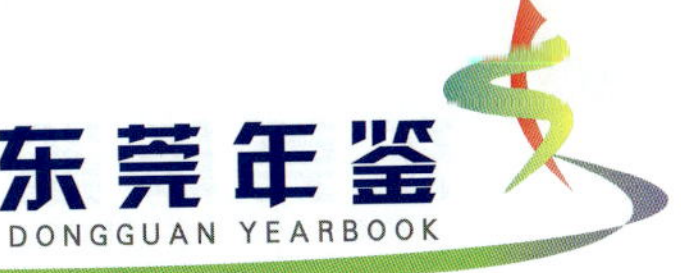

东莞年鉴
DONGGUAN YEARBOOK

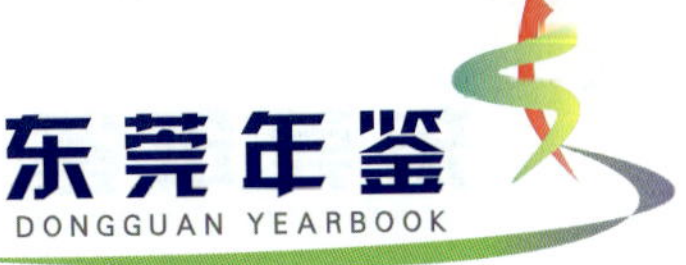




## I



## J

## K

## L



## M



## N

东莞年鉴
DONGGUAN YEARBOOK

东莞年鉴
DONGGUAN YEARBOOK

## Z